2023
中国饲料工业年鉴

农业农村部畜牧兽医局
全 国 畜 牧 总 站 编
中 国 饲 料 工 业 协 会

中国农业出版社
北 京

图书在版编目（CIP）数据

中国饲料工业年鉴. 2023 / 农业农村部畜牧兽医局，全国畜牧总站，中国饲料工业协会编. —北京：中国农业出版社，2024.1

ISBN 978-7-109-31659-1

Ⅰ. ①中… Ⅱ. ①农… ②全… ③中… Ⅲ. ①饲料工业—中国—2023—年鉴 Ⅳ. ①F326.3-54

中国国家版本馆CIP数据核字（2023）第247335号

2023中国饲料工业年鉴
2023 ZHONGGUO SILIAO GONGYE NIANJIAN

中国农业出版社出版
地址：北京市朝阳区麦子店街18号楼
邮编：100125
责任编辑：程　燕　　　文字编辑：李兴旺
版式设计：小荷博睿　　责任校对：周丽芳
印刷：北京通州皇家印刷厂
版次：2024年1月第1版
印次：2024年1月北京第1次印刷
发行：新华书店北京发行所
开本：787mm × 1092mm　1/16
印张：40.75　　插页：16
字数：1520千字
定价：500.00元

《中国饲料工业年鉴》（2023）
编辑委员会

2022年9月19日，农业农村部在京召开豆粕减量替代行动工作推进视频会，深入学习贯彻习近平总书记重要指示精神，落实党中央、国务院关于开展粮食节约行动的决策部署，全面推进豆粕减量替代行动，促进养殖业节粮降耗，保障国家粮食安全。农业农村部副部长马有祥，中国工程院院士李德发、谯仕彦出席会议。

2022年3月21日，农业农村部、最高人民法院、最高人民检察院、工业和信息化部、公安部、市场监管总局、供销合作总社七部门在京联合召开2022年全国农资打假专项治理行动视频会议。会议强调，要坚持标本兼治、打防结合、属地管理、部门协同，深入开展农资打假专项治理行动，为粮食安全和农产品质量安全保驾护航。农业农村部副部长马有祥出席会议并讲话。

2022年7月18日，农业农村部畜牧兽医局局长杨振海（前排右一）在出席全球重要农业文化遗产大会期间，调研指导浙江省青田县畜牧业，走访华春蜜园和浙江欣宏源生态农业有限公司。浙江省农业农村厅畜牧兽医处处长陪同调研。

2022年4月25日，全国畜牧总站、中国饲料工业协会、中国奶业协会、中国畜牧业协会、中国马业协会联合开展“庆共青团百年华诞，助畜牧业高质量发展”主题团日活动，号召畜牧系统青年同志积极学习，传承、发扬五四精神，争做新时代的奋进者、开拓者、奉献者。全国畜牧总站站长、中国饲料工业协会常务副会长兼秘书长王宗礼，农业农村部畜牧兽医局副局长孔亮，农业农村部种业管理司二级巡视员谢焱，全国畜牧总站党委书记时建忠，以及来自相关单位领导和青年代表等40余人参加活动。

2022年6月17日，为加快推动我国生物饲料产业和饲料安全与食品安全深度融合，促进饲料产业健康可持续发展，中国饲料工业协会在京召开生物饲料技术委员会会议。全国畜牧总站站长、中国饲料工业协会常务副会长兼秘书长王宗礼，农业农村部畜牧兽医局副局长辛国昌，中国工程院院士姚斌，以及生物饲料技术委员会委员等110余人，通过线上线下相结合的方式参会。

2022年3月10日，中国饲料工业协会《生猪低蛋白低豆粕多元化日粮生产技术规范》团体标准审查会在京召开，该标准由中国农业大学谯仕彦院士团队牵头起草，全国畜牧总站等多家单位参与制定。来自农业农村部畜牧兽医局、全国畜牧总站、中国农业科学院、中国农业大学等单位相关领导和专家参加会议。全国畜牧总站站长、中国饲料工业协会常务副会长兼秘书长王宗礼出席会议并讲话，标准审查会专家组组长由中国工程院院士、中国饲料工业协会会长李德发担任。

2022年3月14日，《中国饲料工业史》编纂工作会议在京召开，会议邀请中国工程院李德发、麦康森、印遇龙、姚斌、谯仕彦、侯水生6位院士对编纂工作指导、把关。农业农村部畜牧兽医局饲料饲草处处长黄庆生参加会议。

2022年7月11—13日，全国畜牧总站站长、中国饲料工业协会常务副会长兼秘书长王宗礼带队赴湖北开展生猪生产形势调研，并就生猪保供稳价做专项指导。

2022年1月24日，山西省畜牧中心组织召开山西省饲草产业高质量发展座谈会。山西省农业农村厅相关负责人、山西农业大学饲草专家以及部分饲草企业代表共21人参加了会议。山西省农业农村厅党组成员、副厅长茹栋梅出席会议。

2022年3月8日，海南省农业农村厅党组成员李芸（前排右一）考察海南澳斯卡国际粮油有限公司。

2022年3月中旬，山西省农业农村厅针对新冠疫情期间道路管控可能产生的影响，印发《关于在指定动物及动物产品入晋道口设立畜牧物资转运区的紧急通知》，依托13个省界指定动物及动物产品入晋道口，建立畜牧物资转运区，解决饲料等物资运转困难问题。

2022年5月5日，湖北省农业农村厅畜牧兽医处一行赴湖北益佳饲料生物科技有限公司开展现场检查，孝感市、应城市农业农村部门相关负责同志参加检查活动。

2022年5月11日，为全面提高湖北省饲料行业标签标准管理水平，湖北省饲料工业协会举办《饲料标签》标准和企业标准编写培训班，近360人参加线上培训。

2022年5月12日，中国饲料工业协会宠物饲料（食品）分会成立大会暨第一次会员代表大会在京召开，会议审议通过了宠物饲料（食品）分会筹备工作报告、选举办法等，选举产生了第一届理事会理事和负责人。农业农村部畜牧兽医局副局长辛国昌线上出席会议并讲话。全国畜牧总站站长、中国饲料工业协会常务副会长兼秘书长王宗礼宣布分会正式成立。中国农业科学院北京畜牧兽医研究所所长秦玉昌出席会议，并当选为中国饲料工业协会宠物饲料（食品）分会第一届会长。

2022年5月30日—6月1日，山东省畜牧兽医局二级巡视员杜明宏带队到山东省聊城、临沂等市调研，并召开饲料豆粕减量替代座谈会。

2022年5月31日，宁夏回族自治区饲料生产许可专家组围绕机构与人员、厂区布局与设施、工艺与设备、质量检验和制度等内容，对宁夏回族自治区宁夏斯隆生物技术有限公司进行现场审核。

2022年6月1日，辽宁省农业农村厅副厅长刘怀野（前排左五）带队到辽宁省阜新市双汇集团饲料厂调研。

2022年6月1日，广东省农业农村厅总畜牧兽医师屈源泉（前排右一）带队到正大康地（广州番禺）有限公司调研饲料安全生产工作。调研组一行现场参观了生产车间、热源机房、仓储车间、原料存贮室、中央控制室等生产区域，详细了解企业的生产经营与安全生产监管情况。

2022年6月4日，海南省委农村工作领导小组办公室主任、海南省农业农村厅党组书记、厅长何琼妹（前排左三）带队到海南碧月蓝生物科技有限公司，调研有益微生物产业发展和推广应用情况。

2022年6月7—8日，四川省农业农村厅饲料兽药处、四川省饲料工作总站、四川省饲料工业协会有关人员对四川省玉米豆粕减量替代应用情况开展调研并召开座谈会，旨在深入了解四川省玉米豆粕减量替代应用技术方案研发和储备情况。

2022年6月13—16日，陕西省畜牧示范中心赴榆林市和铜川市开展饲草试验示范调研工作，市、县（区）畜牧主管部门及部分涉草企业负责人参与调研。调研组全面了解饲草生产、供需情况，分析饲草产业的优势、薄弱环节和存在问题，为下一步立足陕西省各地资源禀赋优势，有针对性地开展饲草试验示范工作奠定基础。

2022年6月15日，陕西省饲料工作总站联合陕西华秦农牧等多家企业向陕西省饲料行业发出“勇担当、稳就业、促发展”倡议，号召陕西省饲料企业积极承担社会责任，拓展更多就业空间、创造更多就业机会，努力做到“不裁员、不降薪”，努力构建和谐的劳动关系。

2022年6月16—17日，2022’山东省饲料行业年会在泰安举办。山东省畜牧兽医局饲料兽药处、行政许可处和山东省饲料兽药质量检验中心、山东省畜产品质量安全中心，山东省部分市农业农村局、畜牧兽医中心、饲料协会有关人员，以及山东省饲料行业协会会员单位和全国饲料生产企业、检验机构、科研教学代表参加大会。

2022年6月23日，为做好河北省“瘦肉精”监管工作，确保河北省畜产品质量安全，河北省农业农村厅召开“瘦肉精”监管工作视频会议。唐山、沧州、保定、廊坊、张家口市分别就2022年“瘦肉精”监管工作开展情况进行了汇报，河北省农业农村厅畜牧业处、兽医处、畜禽屠宰与兽药饲料管理处、省农业综合执法局、省农产品质量安全监管局等处室分别就2022年“瘦肉精”专项整治行动工作进行了安排部署。河北省农业农村厅二级巡视员冯雪领出席会议。

2022年6月24日，全国畜牧总站副站长杨劲松（右一）一行到中国食品发酵工业研究院调研，参观了中国食品院成展示交流中心，考察了科研技术平台，听取了中国工业微生物菌种保藏管理中心在饲用微生物鉴定评价领域的研究进展等重要成果。双方还围绕饲料行业发展现状、管理要求和技术标准化研究等内容进行了座谈交流。

2022年6月27日，中国饲料工业协会团体标准项目座谈会在广西壮族自治区南宁市举行。会议介绍了2022年度中国饲料工业协会团体标准项目的申请情况和进度，并围绕团体标准项目的目的和意义进行了汇报。随后，专家对标准制定的适用范围、标准内容等给予了指导性意见和建议。

2022年6月29日，全国畜牧总站站长、中国饲料工业协会常务副会长兼秘书长王宗礼（前排右二）到中国农业科学院饲料研究所进行调研，并围绕饲料粮安全、畜产品有效供给、饲料科技创新等问题进行了座谈交流。中国农业科学院饲料研究所所长马莹主持座谈会。

2022年6月29日，内蒙古自治区农牧业技术推广中心在巴彦淖尔市举办内蒙古自治区优质饲草栽培和饲料饲草产品质量检验检测抽样技术培训班。来自各盟市农牧技术推广中心、畜牧发展中心、饲料饲草技术推广部门负责人和专业技术人员等40余人参加了培训。

2022年6月29日，新疆生产建设兵团农业农村局组织检查组对第四师益海嘉里英联马利(可克达拉)食品有限公司开展安全生产检查。

2022年6月30日，新疆生产建设兵团农业农村局组织专家对第四师新疆沂利泓生物新材料科技有限公司进行设立现场审核。

2022年8月9日，农业农村部畜牧兽医局饲料饲草处处长黄庆生（右二）到广西种猪营养工程技术研究中心调研工作。

2022年8月9—10日，2022饲料质量安全与预警技术培训班在广西壮族自治区南宁市举行，会议针对饲料预警工作的现状和风险趋势等方面进行了培训。农业农村部畜牧兽医局饲料饲草处处长黄庆生出席会议。部分省级饲料质量安全预警体系的负责人和技术人员、饲料企业代表及自治区饲料监测所检验检测人员等140余人参加培训。

2022年8月13日，内蒙古国际畜牧业博览会暨第二届全国草食家畜产业发展论坛在呼和浩特举办。全国畜牧总站站长、中国饲料工业协会常务副会长兼秘书长王宗礼（前排右三）出席开幕式并致辞。

2022年8月23—24日，2022年山东省“技能兴鲁”职业技能大赛山东省第一届饲料兽药监管执法岗比武竞赛决赛在青岛举办，农业农村部畜牧兽医局副局长辛国昌、山东省畜牧兽医局二级巡视员杜明宏指导观摩。山东省畜牧局饲料兽药处、机关党委，山东省饲料兽药质量检验中心，山东省畜产品质量安全中心等单位负责人参加竞赛活动。山东省各市饲料兽药行政管理部门分管负责人观摩决赛活动。

2022年8月28日—9月1日，农业农村部畜牧兽医局检查组到广西壮族自治区南宁市对饲料企业进行现场检查和产品监测抽样。检查组在南宁市宾阳县、良庆区等6个县区随机抽取了6家饲料生产企业，针对生产许可条件、安全生产、原料管理、产品质量控制、产品销售等情况进行现场检查，同时，随机抽取了16家饲料、饲料添加剂生产企业的配合饲料添加剂、浓缩饲料等样品64份。

2022年8月31日，中国饲料工业协会在京召开2022中国饲料工业展览会新闻发布会。全国畜牧总站站长、中国饲料工业协会常务副会长兼秘书长王宗礼出席发布会。

2022年9月2—7日，全国畜牧总站副站长杨劲松一行在湖北省宜昌等地开展饲料企业现场检查以及产品抽样工作，湖北省农业农村厅二级巡视员程正志陪同检查。

2022年9月8日，宁夏回族自治区党委编办事业机构编制管理处党支部联合自治区农业农村厅人事与老干部处党支部、畜牧兽医局党支部、饲料工作站党支部、畜牧工作站党支部、宁夏农垦滩羊产业有限公司党支部赴吴忠市盐池县高沙窝镇施记圈村开展“学习宣传贯彻党代会精神 技术推广赋能乡村振兴”联合主题党日活动，并向养殖户赠送饲料物资。

2022年9月9日，江苏省农业农村厅举办江苏省饲料管理工作会。会议总结江苏省饲料管理工作，分析当前饲料行业发展面临的形势，研究部署推动玉米豆粕减量替代和饲料行业数字化发展等重点工作。江苏省农业农村厅总畜牧兽医师袁日进出席会议并讲话。

2022年9月14—20日，中国农业科学院北京畜牧兽医研究所纪委书记王勇（右一）一行赴湖北省仙桃市等地检查自配料工作。检查组随机抽取了65家养殖户（合作社）的自配料样品80份。

2022年9月19日，全国豆粕减量替代行动工作推进视频会议在京召开，湖北分会场设在湖北省农业农村厅。湖北省农业农村厅机关相关处室负责同志，湖北省饲料工业协会和部分饲料企业代表参加会议。

2022年9月21—23日，山西省畜牧中心组织山西农业大学专家赴山西省运城市调研指导麦后复播饲草收贮工作，积极宣传国家粮改饲政策，推进优质饲草新技术示范推广课题，开展奶牛和肉牛养殖、饲草收贮等技术指导和服务工作。

2022年9月30日，四川省农业农村厅总畜牧师李春华（右一）率队赴四川省德阳市检查饲料兽药行业安全生产情况。

2022年10月10日，中国饲料工业协会联合国家粮食和物资储备局粮食研究培训中心召开线上线下饲料形势分析会。会议针对当前饲料粮和生猪行情特点、成因及影响进行了深入分析，交流讨论了饲料养殖企业的急难愁盼问题，并提出了建设性的意见和建议。

2022年10月14日，山西省畜牧中心与太原市农业农村局、清徐县农业农村局工作人员赴山西省太原市清徐县开展饲草生产调研指导，积极推进冬闲田种植饲用小黑麦工作。

2022年10月20—21日，2022年青海省饲草生产及饲料质量安全管理培训班在线上召开。针对青海省饲草料技术推广和行业监管中的薄弱环节，专题设置“优质饲草生产加工技术”“饲草料统计监测”“饲料质量安全”3个专场，多角度讲解饲草生产全程机械化技术、饲草料统计监测方法要求、饲料质量安全管理规范和政策法规等相关知识。青海省8市（州）41县（市、区）农业农村行政主管、技术推广和监督执法等单位，以及种植（养殖）合作社、家庭牧场、饲料生产企业等相关人员近400在线参加培训。

2022年10月28日，江西省农业农村厅畜牧兽医局在南昌举办饲料兽药监管培训班。各设区市饲料兽药管理人员、省饲料和饲料添加剂生产许可专家、拟增补省级兽药GMP检查员候选人共78人参加了培训。

2022年10月31日—11月1日，云南省饲料工业协会第八次会员大会暨技术交流会在云南省昆明市召开。云南省饲料工业协会会长、常务副会长、副会长、理事、专家咨询工作委员会部分委员，以及会员单位代表等160余人出席会议。

2022年11月1日，海南省农业农村厅、国家统计局海南调查总队、海南省畜牧技术推广总站和海口市农业农村局组成联合调研组，对海南恒兴饲料实业有限公司生产情况进行调研。

2022年11月4日，中国饲料工业协会组织召开《肉鸡低蛋白低豆粕多元化日粮生产技术规范》和《草鱼低蛋白低豆粕日粮生产技术规范》团体标准审定会。来自农业农村部畜牧兽医局、全国畜牧总站、中国科学院、中国农业科学院、中国农业大学等单位相关领导和专家参加会议。

2022年11月4—5日，2022年广西动物营养与饲料学术年会在广西壮族自治区南宁市召开，年会主题为"精准开源，提质增效"。来自全国的行业专家、学者、协会代表、企业管理与科技人员约350人参加线下会议，超过11万人次在线参加会议。

2022年12月9日，陕西省饲料工作总站和陕西省饲料协会共同举办低蛋白日粮氨基酸平衡饲料技术推广线上培训会，旨在积极贯彻落实国家关于《粮食节约行动方案》要求，在饲料养殖行业大力推广低蛋白氨基酸平衡饲料精准配方技术，进一步树立节约饲料用粮、提升饲料转化率、挖掘可替代资源的科学理念。陕西省饲料工作总站、陕西省饲料协会负责同志及各市（区）饲料管理支撑部门有关人员，饲料生产企业技术负责人参加线上培训。

前言

2022年，全国工业饲料产值、产量双增长，产品结构调整加快，规模企业经营形势总体平稳，饲料行业创新发展步伐加快。

全国工业饲料总产量30 223.4万t，比上年增长3.0%。其中，配合饲料产量28 021.2万t，增长3.7%；浓缩饲料产量1 426.2万t，下降8.1%；添加剂预混合饲料产量652.2万t，下降1.6%。全国饲料产量超千万吨的省份13个，与上年持平，分别为山东、广东、广西、辽宁、河南、江苏、河北、四川、湖北、湖南、福建、安徽、江西。其中，山东省产量达4 484.8万t，比上年增长0.2%；广东省产量3 527.2万t，下降1.3%。全国有22个省份的饲料产量比上年有所增长，其中宁夏、福建、内蒙古、安徽、河南5个省份增幅超过10%。

全国饲料工业总产值13 168.5亿元，比上年增长7.6%；总营业收入12 617.3亿元，增长8.0%。其中，饲料产品产值11 816.6亿元、营业收入11 363.8亿元，分别增长7.8%、8.2%；饲料添加剂产品产值1 267.7亿元、营业收入1 167.9亿元，分别增长9.8%、5.2%；饲料机械产品产值84.2亿元，下降26.9%；营业收入85.6亿元，增长11.1%。

《中国饲料工业年鉴（2023）》（以下简称《年鉴》）比较翔实地记录了2022年我国饲料工业及其相关行业的发展情况。

《年鉴》全书主要包括六个部分，即综合篇、专题篇、地方篇、企业篇、统计资料、大事记。另外，在正文之前以图文并茂的形式介绍了领导视察、行业发展、企业采风等。综合篇包括2022年发布实施的政策法规等，专题篇包括2022年饲料加工工业概况、主要饲料产品及原料工业情况、饲料添加剂工业、饲料机械制造工业、饲料工业许可证管理、饲料安全管理、饲料质量监督与检测、科技与推广、饲料工业标准化、饲料工业质量认证，地方篇包括除香港、澳门、台湾以外的全国所有省（自治区、直辖市）饲料工业概况，企业篇包括重点企业经验介绍和企业简介，统计资料包括全国饲料工业统计资料，大事记主要包括农业农村部畜牧兽医局饲料饲草处、中国饲料工业协会以及各地饲料工作办公室、饲料工业协会在2022年的主要工作与取得的成绩。

《年鉴》图片部分从不同侧面反映了行业的发展，文字内容丰富，覆盖面广，史实性强，是饲料行业行政事业单位、检测机构、科研机构等单位必备的工具书。《年鉴》的专题篇和地方篇撰稿人主要是各饲料行业主管部门和行业相关的专家学者。

《年鉴》反映的各省（自治区、直辖市）和有关企业等的文字材料及图片部分，只要涉及排序，均按时间排列；农业农村部畜牧兽医局饲料饲草处、中国饲料工业协会和各省（自治区、直辖市）提供的大事记，除按全国省份的行政区划排序外，都按时间排序。

《中国饲料工业年鉴》编辑部

2023 年 5 月 10 日

目　录

企 业 篇

统 计 资 料

大 事 记

综合篇

2022 年全国饲料工业发展概况

一、发展概况

发展情况

【饲料工业】

2022 年，全国饲料工业产值、产量双增长，产品结构调整加快，规模企业经营形势总体平稳，饲料行业创新发展步伐加快。

1. 饲料工业总产值继续增长。全国饲料工业总产值 13 168.5 亿元，比上年增长 7.6%；总营业收入 12 617.3 亿元，增长 8.0%。其中，饲料产品产值 11 816.6 亿元、营业收入 11 363.8 亿元，分别增长 7.8%、8.2%；饲料添加剂产品产值 1 267.7 亿元、营业收入 1 167.9 亿元，分别增长 9.8%、5.2%；饲料机械产品产值 84.2 亿元，下降 26.9%，营业收入 85.6 亿元，增长 11.1%。

2. 工业饲料总产量突破 3 亿 t。全国工业饲料总产量 30 223.4 万 t，比上年增长 3.0%。其中，配合饲料产量 28 021.2 万 t，增长 3.7%；浓缩饲料产量 1 426.2 万 t，下降 8.1%；添加剂预混合饲料产量 652.2 万 t，下降 1.6%。分品种看，猪饲料产量 13 597.5 万 t，增长 4.0%；蛋禽饲料产量 3 210.9 万 t，下降 0.6%；肉禽饲料产量 8 925.4 万 t，增长 0.2%；反刍动物饲料产量 1 616.8 万 t，增长 9.2%；水产饲料产量 2 525.7 万 t，增长 10.2%；宠物饲料产量 123.7 万 t，增长 9.5%；其他饲料产量 223.3 万 t，下降 7.2%。从销售方式看，散装饲料总量 10 703.1 万 t，比上年增长 18.5%，占配合饲料总产量的 38.2%，提高 4.8 个百分点。

3. 饲料添加剂总产量小幅下降。全国饲料添加剂总产量 1 468.8 万 t，比上年下降 0.6%。其中，单一饲料添加剂产量 1 368.7 万 t，增长 0.1%；混合型饲料添加剂产量 100.1 万 t，下降 8.8%。氨基酸产品产量 449.2 万 t，增长 5.6%。微生物、非蛋白氮等产品产量保持增长，分别增长 6.7%、59.1%。维生素产品产量 150.0 万 t，下降 15.4%。矿物元素、酶制剂、抗氧化剂等产品产量分别下降 0.7%、12.5%、14.1%。

4. 企业经营规模有所调整。全国年产百万吨以上规模饲料企业集团 36 家，比上年减少 3 家，合计饲料产量占全国饲料总产量的 57.5%，比上年减少 2.2 个百分点。有 6 家企业集团年产量超过 1 000 万 t。全国年产 10 万 t 以上规模饲料生产厂 947 家，比上年减少 10 家，合计饲料产量 17 381 万 t，比上年下降 1.8%，在全国饲料总产量中的占比为 57.5%，比上年下降 2.8 个百分点。全国有 13 家生产厂年产量超过 50 万 t，比上年减少 1 家，单厂最大产量 127.6 万 t。

5. 优势区域布局保持稳定。全国饲料产量超千万吨省份 13 个，与上年持平，分别为山东、广东、广西、辽宁、河南、江苏、河北、四川、湖北、湖南、福建、安徽、江西。其中，山东省产量达 4 484.8 万 t，比上年增长 0.2%；广东省产量 3 527.2 万 t，下降 1.3%。山东、广东两省饲料产品总产值继续保持在千亿元以上，分别为 1 712 亿元和 1 517 亿元。全国有 22 个省份的饲料产量比上年有所增长，其中宁夏、福建、内蒙古、安徽、河南 5 个省份增幅超过 10%。

6. 配方结构趋向多元化。全国饲料生产企业的玉米用量比上年增加 30.1%，在配合饲料中的比例比上年提高 7.0 个百分点。菜粕、棉粕等杂粕用量增长 11.5%，在配合饲料和浓缩饲料中的比例比上年提高 0.3 个百分点。小麦、大麦用量大幅减少，高粱用量大幅增加，麦麸、米糠、干酒精糟（DDGS）等加工副产品用量较快增加。

7. 产品创新加快推进。全年通过评审核发饲料添加剂新产品证书 5 个，枯草三十七肽和腺苷七肽为首次批准的生物肽类饲料添加剂。批准扩大 4 个饲料添加剂品种的适用范围，增补 1 种原料进入《饲料原料目录》。

（黄庆生）

中华人民共和国农业农村部令

2022年第1号

《农业农村部关于修改和废止部分规章、规范性文件的决定》已于2021年12月14日第17次部常务会议审议通过，现予公布，自2022年1月7日起施行。

部长　唐仁健

2022年1月7日

农业农村部关于修改和废止部分规章、规范性文件的决定

为深入贯彻落实国务院“放管服”改革决策部署，落实新修订的《行政处罚法》，进一步加强农业农村法治建设，农业农村部决定对28部规章和规范性文件的部分条款予以修改，对1部规章予以废止。

一、对《农业野生植物保护办法》（2002年9月6日农业部令第21号公布，2004年7月1日农业部令第38号、2013年12月31日农业部令2013年第5号、2016年5月30日农业部令2016年第3号修订）作出修改

（一）将第二十二条修改为：“出口国家重点保护野生植物，或者进出口中国参加的国际公约所限制进出口的野生植物，应当填报《国家重点保护野生植物进出口许可申请表》，并报申请者所在地省级农业农村主管部门办理《国家重点保护野生植物进出口许可审批表》。省级农业农村主管部门应当自收到申请材料之日起20日作出是否批准的决定，并通知申请者。

“省级农业农村主管部门应当将签发的进出口许可审批表抄送农业农村部、国家濒危物种进出口管理机构、海关等部门。”

（二）删去第二十三条第二项、第六项。

二、对《农产品质量安全监测管理办法》（2012年8月14日农业部令2012年第7号公布）作出修改

将第四十条中的“构成犯罪的，依法移送司法机关追究刑事责任”修改为“涉嫌犯罪的，及时将案件移送司法机关，依法追究刑事责任”。

三、对《绿色食品标志管理办法》（2012年7月30日农业部令2012年第6号公布，2019年4月25日农业农村部令2019年第2号修订）作出修改

将第二十九条中的“构成犯罪的，依法移送司法机关追究刑事责任”修改为“涉嫌犯罪的，及时将案件移送司法机关，依法追究刑事责任”。

四、对《农药登记管理办法》（2017年6月21日农业部令2017年第3号公布，2018年12月6日农业农村部令2018年第2号修订）作出修改

删去第三十八条第一款第五项中的“第三款”。

五、对《农药登记试验管理办法》（2017年6月21日农业部令2017年第6号公布，2018年12月6日农业农村部令2018年第2号修订）作出修改

（一）删去第二条第二款中的“新农药的登记试验，还应当经农业部审查批准”。

（二）删去第三条第一款中的“新农药登记试验审批”。

（三）将第十六条修改为：“开展农药登记试验之前，申请人应当根据农业农村部规定的程序和要求，通过中国农药数字监督管理平台向登记试验所在地省级农业农村部门备案。备案信息包括备案主体、有效成分名称、含量及剂型、试验项目、试验地点、试验单位、试验起始年份、与试验单位签订的委托协议、安全防范措施等。新农药登记试验备案还包括作用机理和作用方式。”

（四）删去第十七条、第十八条、第十九条、第二十条。

（五）删去第二十五条第一款中的“属于新农药的，还应当提供新农药登记试验批准证书复印件。”

六、对《肥料登记管理办法》（2000年6月23日农业部令第32号公布，2004年7月1日

农业部令第 38 号、2017 年 11 月 30 日农业部令 2017 年第 8 号修订）作出修改

（一）在第五条增加一款，作为第二款："肥料生产者生产大量元素水溶肥料、中量元素水溶肥料、微量元素水溶肥料、农用氯化钾镁、农用硫酸钾镁的，应当向农业农村部备案。"

（二）将第六条中的"登记"修改为"登记、备案"。

（三）删去第二十条中的"正式"。

（四）将第二十八条中的"行政处分"修改为"政务处分"。

（五）将第三十条修改为："省、自治区、直辖市人民政府农业农村主管部门负责本行政区域内的精制有机肥、床土调酸剂的登记审批、登记证发放和公告工作，负责本行政区域内的复混肥、掺混肥备案工作。省、自治区、直辖市人民政府农业农村主管部门不得越权审批登记和备案管理。

"省、自治区、直辖市人民政府农业农村主管部门参照本办法制定有关复混肥、掺混肥、精制有机肥、床土调酸剂的具体登记和备案管理办法，并报农业农村部备案。

"省、自治区、直辖市人民政府农业农村主管部门可委托所属的土肥机构承担本行政区域内的具体肥料登记工作。"

（六）删去第三十三条第一项中的"掺混或"。

七、对《蚕种管理办法》（2006 年 6 月 28 日农业部令第 68 号公布）作出修改

将第二十九条中的"处一万元以上五万元以下罚款"修改为"处五万元以上五十万元以下罚款"。

八、对《兽药进口管理办法》（2007 年 7 月 31 日农业部、海关总署令第 2 号公布，2019 年 4 月 25 日农业农村部令 2019 年第 2 号修订）作出修改

（一）删去第五条第二款第一项、第七条。

（二）删去第十四条。

（三）删去第三十条中的"兽用生物制品进口许可证"。

（四）将第三十一条修改为："兽药进口申请表可以从农业农村部官方网站下载。"

九、对《动物病原微生物菌（毒）种保藏管理办法》（2008 年 11 月 26 日农业部令第 16 号公布，2016 年 5 月 30 日农业部令 2016 年第 3 号修订）作出修改

将第三十五条修改为："保藏机构违反本办法规定的，由农业农村部责令限期改正，并给予警告；造成严重后果的，由其所在单位或者其上级主管部门对主要负责人、直接负责的主管人员和其他直接责任人员依法予以处理。"

十、对《饲料和饲料添加剂生产许可管理办法》（2012 年 5 月 2 日农业部令 2012 年第 3 号公布，2013 年 12 月 31 日农业部令 2013 年第 5 号、2016 年 5 月 30 日农业部令 2016 年第 3 号、2017 年 11 月 30 日农业部令 2017 年第 8 号修订）作出修改

（一）删去第八条、第九条中的"添加剂预混合饲料"。

（二）将第十九条中的"构成犯罪的，依法移送司法机关追究刑事责任"修改为"涉嫌犯罪的，及时将案件移送司法机关，依法追究刑事责任"。

十一、对《饲料添加剂和添加剂预混合饲料产品批准文号管理办法》（2012 年 5 月 2 日农业部令 2012 年第 5 号公布）作出修改

（一）将"饲料添加剂和添加剂预混合饲料产品批准文号管理办法"修改为"饲料添加剂产品批准文号管理办法"。

（二）删去第一条中的"和添加剂预混合饲料产品"。

（三）删去第二条第二款、第七条第二项、第十九条。

（四）将第三条、第四条第一款、第五条、第十条、第十七条中的“饲料添加剂、添加剂预混合饲料”修改为“饲料添加剂”。

（五）删去第九条中的“添加剂预混合饲料产品批准文号格式为：×饲预字（××××）××××××”。

（六）将第十四条第二款中的“构成犯罪的，依法移送司法机关追究刑事责任”修改为“涉嫌犯罪的，及时将案件移送司法机关，依法追究刑事责任”。

十二、对《新饲料和新饲料添加剂管理办法》（2012 年 5 月 2 日农业部令 2012 年第 4 号公布，2016 年 5 月 30 日农业部令 2016 年第 3 号修订）作出修改

将第二十二条第二款中的“构成犯罪的，依法移送司法机关追究刑事责任”修改为“涉嫌犯罪的，及时将案件移送司法机关，依法追究刑事责任”。

十三、对《兽药产品批准文号管理办法》（2015 年 12 月 3 日农业部令第 4 号公布、2019 年 4 月 25 日农业农村部令 2019 年第 2 号修订）作出修改

（一）将第十一条第二款中的“组织现场核查”修改为“并自商定的现场核查日期起 5 个工作日内组织完成现场核查”。

（二）将第十七条第一款修改为：“兽药产品批准文号有效期届满需要继续生产的，兽药生产企业应当在有效期届满前 6 个月内按原批准程序申请兽药产品批准文号的换发。”将第二款修改为：“同一兽药生产许可证下同一生产地址原生产车间生产的兽药产品申请批准文号换发，在兽药产品批准文号有效期内，经省级以上人民政府兽医行政管理部门监督抽检不合格 1 批次以上的，应当进行复核检验，其他情形不需要进行复核检验。”

十四、对《渔业行政处罚规定》（1998 年 1 月 5 日农业部令第 36 号公布）作出修改

（一）将第三条修改为：“渔业违法行为轻微并及时改正，没有造成危害后果的，不予处罚。初次实施渔业违法行为且危害后果轻微并及时改正的，可以不予处罚。当事人有证据足以证明没有主观过错的，不予行政处罚。对当事人的违法行为依法不予行政处罚的，应当对当事人进行教育。有下列行为之一的，应当从轻或者减轻处罚：

“（一）主动消除或减轻渔业违法行为后果；

“（二）受他人胁迫或者诱骗实施渔业违法行为的；

“（三）主动供述渔业执法部门尚未掌握的违法行为的；

“（四）配合渔业执法部门查处渔业违法行为有立功表现的；

“（五）依法应当从轻、减轻的其他渔业违法行为。”

（二）将第六条修改为：“依照《渔业法》第三十八条和《实施细则》第二十九条规定，有下列行为之一的，没收渔获物和违法所得，处以罚款；情节严重的，并处没收渔具、吊销捕捞许可证；情节特别严重的，可以没收渔船。罚款按以下标准执行：

“（一）使用炸鱼、毒鱼、电鱼等破坏渔业资源方法进行捕捞的，违反关于禁渔区、禁渔期的规定进行捕捞的，或者使用禁用的渔具、捕捞方法和小于最小网目尺寸的网具进行捕捞或者渔获物中幼鱼超过规定比例的，在内陆水域，处以三万元以下罚款；在海洋水域，处以五万元以下罚款。

“（二）敲舟古作业的，处以一千元至五万元罚款。

“（三）擅自捕捞国家规定禁止捕捞的珍贵、濒危水生动物，按《中华人民共和国野生动物保护法》和《中华人民共和国水生野生动物保护实施条例》执行。

“（四）未经批准使用鱼鹰捕鱼的，处以五十元至二百元罚款。

“在长江流域水生生物保护区内从事生产性捕捞，或者在长江干流和重要支流、大型通江湖泊、长江河口规定区域等重点水域禁捕期间从事天然渔业资源的生产性捕捞的，依照《中华人民共和国长江保护法》第八十六条规定进行处罚。”

（三）将第七条修改为：“按照《渔业法》第三十九条规定，对偷捕、抢夺他人养殖的水产品的，或者破坏他人养殖水体、养殖设施的，责令改正，可以处二万元以下的罚款；造成他人损失的，依法承担赔偿责任。”

（四）将第八条修改为：“按照《渔业法》第四十一条规定，对未取得捕捞许可证擅自进行捕捞的，没收渔获物和违法所得，并处罚款；情节严重的，并可以没收渔具和渔船。罚款按下列标准执行：

“（一）在内陆水域，处以五万元以下罚款。

“（二）在海洋水域，处以十万元以下罚款。

“无正当理由不能提供渔业捕捞许可证的，按本条前款规定处罚。”

（五）将第九条修改为：“按照《渔业法》第四十二条规定，对有捕捞许可证的渔船违反许可证关于作业类型、场所、时限和渔具数量的规定进行捕捞的，没收渔获物和违法所得，可以并处罚款；情节严重的，并可以没收渔具，吊销捕捞许可证。罚款按以下标准执行：

“（一）在内陆水域，处以二万元以下罚款。

“（二）在海洋水域，处以五万元以下罚款。”

（六）将第十条修改为：“按照《渔业法》第四十三条规定，对涂改、买卖、出租或以其他形式非法转让捕捞许可证的，没收违法所得，吊销捕捞许可证，可以并处罚款。罚款按以下标准执行：

“（一）买卖、出租或以其他形式非法转让捕捞许可证的，对违法双方各处一万元以下罚款。

“（二）涂改捕捞许可证的，处一万元以下罚款。”

（七）将第十一条修改为：“按照《中华人民共和国水污染防治法》第九十四条、《中华人民共和国海洋环境保护法》第九十条规定，造成渔业污染事故的，按以下规定处以罚款：

“（一）对造成一般或者较大污染事故，按照直接损失的百分之二十计算罚款。

“（二）对造成重大或者特大污染事故的，按照直接损失的百分之三十计算罚款。”

（八）将第十三条修改为：“违反《渔业法》第三十一条和《实施细则》第二十四条、第二十五条规定，擅自捕捞有重要经济价值的水生动物苗种、怀卵亲体的，没收其苗种或怀卵亲体及违法所得，并可处以三万元以下罚款。”

（九）将第十四条中的“中外合资、合作经营渔业企业的渔船”修改为“外商投资渔业企业的渔船”。

（十）将第十五条修改为：“外国人、外国渔船违反《渔业法》第四十六条规定，擅自进入中华人民共和国管辖水域从事渔业生产或渔业资源调查活动的，责令其离开或将其驱逐，可以没收渔获物、渔具，并处五十万元以下的罚款；情节严重的，可以没收渔船；涉嫌犯罪的，及时将案件移送司法机关，依法追究刑事责任。”

（十一）将第十八条修改为：“按照《渔业法》第三十八条、第四十一条、第四十二条、第四十三条规定需处以罚款的，除按本规定罚款外，依照《实施细则》第三十四条规定，对船长或者单位负责人可视情节另处一百元至五百元罚款。”

（十二）将第二十条修改为："在海上执法时，对违反禁渔区、禁渔期的规定或者使用禁用的渔具、捕捞方法进行捕捞，以及未取得捕捞许可证进行捕捞的，事实清楚、证据充分，但是当场不能按照法定程序作出和执行行政处罚决定的，可以先暂时扣押捕捞许可证、渔具或者渔船，回港后依法作出和执行行政处罚决定。"

十五、对《中华人民共和国渔业船员管理办法》（2014 年 5 月 23 日农业部令 2014 年第 4 号公布，2017 年 11 月 30 日农业农村部令 2017 年第 8 号修订）作出修改

（一）将第七条第一款第一项修改为："年满 18 周岁（在船实习、见习人员年满 16 周岁）且初次申请不超过 60 周岁"。

（二）将第八条第一款第二项修改为："初次申请不超过 60 周岁"。

（三）将第十九条修改为："中国籍渔业船舶的船长应当由中国籍公民担任。

"外国籍公民在中国籍渔业船舶上工作，应当持有所属国政府签发的相关身份证件，在我国依法取得就业许可，并按本办法的规定取得渔业船员证书。持有中华人民共和国缔结或者加入的国际条约的缔约国签发的外国职务船员证书的，应当按照国家有关规定取得承认签证。承认签证的有效期不得超过被承认职务船员证书的有效期，当被承认职务船员证书失效时，相应的承认签证自动失效。"

（四）将第二十一条修改为："渔业船员在船工作期间，应当符合下列要求：

"（一）携带有效的渔业船员证书；

"（二）遵守法律法规和安全生产管理规定，遵守渔业生产作业及防治船舶污染操作规程；

"（三）执行渔业船舶的管理制度和值班规定；

"（四）服从船长及上级职务船员在其职权范围内发布的命令；

"（五）参加渔业船舶应急训练、演习，落实各项应急预防措施；

"（六）及时报告发现的险情、事故或者影响航行、作业安全的情况；

"（七）在不严重危及自身安全的情况下，尽力救助遇险人员；

"（八）不得利用渔业船舶私载、超载人员和货物，不得携带违禁物品；

"（九）职务船员不得在生产航次中擅自辞职、离职或者中止职务。"

（五）将第二十三条第五项修改为："在渔业船员证书内如实记载渔业船员的履职情况"；将第六项修改为："按规定办理渔业船舶进出港报告手续"；增加一项，作为第七项："船舶进港、出港、靠泊、离泊，通过交通密集区、危险航区等区域，或者遇有恶劣天气和海况，或者发生水上交通事故、船舶污染事故、船舶保安事件以及其他紧急情况时，应当在驾驶台值班，必要时应当直接指挥船舶"。

（六）将第四十条修改为："违反本办法规定，以欺骗、贿赂等不正当手段取得渔业船员证书的，由渔政渔港监督管理机构吊销渔业船员证书，并处 2 000 元以上 2 万元以下罚款，三年内不再受理申请人渔业船员证书申请。"

（七）将第四十一条修改为："伪造、变造、买卖渔业船员证书的，由渔政渔港监督管理机构收缴有关证件，处 2 万元以上 10 万元以下罚款，有违法所得的，还应当没收违法所得。

"隐匿、篡改或者销毁有关渔业船舶、渔业船员法定证书、文书的，由渔政渔港监督管理机构处 1 000 元以上 1 万元以下罚款；情节严重的，并处暂扣渔业船员证书 6 个月以上 2 年以下直至吊销渔业船员证书的处罚。"

（八）将第四十二条修改为："渔业船员违反本办法第二十一条第一项规定，责令改正，可以处 2 000 元以下罚款。

“违反本办法第二十一条第三项、第四项、第五项规定的，予以警告，情节严重的，处 200 元以上 2 000 元以下罚款。

“违反本办法第二十一条第九项规定的，处 1 000 元以上 2 万元以下罚款。”

（九）将第四十三条修改为：“渔业船员违反本办法第二十一条第二项、第六项、第七项、第八项和第二十二条规定的，处 1 000 元以上 1 万元以下罚款；情节严重的，并处暂扣渔业船员证书 6 个月以上 2 年以下直至吊销渔业船员证书的处罚。”

（十）将第四十四条修改为：“渔业船舶的船长违反本办法第二十三条第一项、第二项、第五项、第七项、第十项规定的，由渔政渔港监督管理机构处 2 000 元以上 2 万元以下罚款；情节严重的，并处暂扣渔业船员证书 6 个月以上 2 年以下直至吊销渔业船员证书的处罚。违反第二十三条第三项、第六项规定的，责令改正，并可以处警告、2 000 元以上 2 万元以下罚款；情节严重的，并处暂扣渔业船员证书 6 个月以下，直至吊销渔业船员证书的处罚。违反第二十三条第四项、第八项、第九项、第十一项规定的，由渔政渔港监督管理机构处 2 000 元以上 2 万元以下罚款。”

（十一）将第四十五条修改为：“渔业船员因违规造成责任事故，涉嫌犯罪的，及时将案件移送司法机关，依法追究刑事责任。”

（十二）将第四十六条修改为：“渔业船员证书被吊销的，自被吊销之日起 2 年内，不得申请渔业船员证书。”

（十三）将第四十七条修改为：“渔业船舶所有人或经营人有下列行为之一的，由渔政渔港监督管理机构责令改正，处 3 万元以上 15 万元以下罚款：

“（一）未按规定配齐渔业职务船员，或招用未取得本办法规定证件的人员在渔业船舶上工作的；

“（二）渔业船员在渔业船舶上生活和工作的场所不符合相关要求的；

“（三）渔业船员在船工作期间患病或者受伤，未及时给予救助的。”

（十四）将第四十八条修改为：“渔业船员培训机构有下列情形之一的，由渔政渔港监督管理机构责令改正，并按以下规定处罚：

“（一）不具备规定条件开展渔业船员培训的，处 5 万元以上 25 万元以下罚款，有违法所得的，还应当没收违法所得；

“（二）未按规定的渔业船员考试大纲和水上交通安全、防治船舶污染等内容要求进行培训的，可以处 2 万元以上 10 万元以下罚款。

“未按规定出具培训证明或者出具虚假培训证明的，由渔政渔港监督管理机构给予警告，责令改正；拒不改正或者再次出现同类违法行为的，可处 3 万元以下罚款。”

（十五）增加一条，作为第五十一条：“海洋渔业船舶的所有人、经营人、船长、船员违反《中华人民共和国海上交通安全法》相关规定的处罚，按《中华人民共和国海上交通安全法》执行。”

十六、对《渔业捕捞许可管理规定》（2018 年 12 月 3 日农业农村部令 2018 年第 1 号公布，2020 年 7 月 8 日农业农村部令 2020 年第 5 号修订）作出修改

将第四十七条第二款修改为：“使用无效的渔业捕捞许可证或者无正当理由不能提供渔业捕捞许可证的，视为无证捕捞。”

十七、对《中华人民共和国管辖海域外国人、外国船舶渔业活动管理暂行规定》（1999 年 6 月 24 日农业部令第 18 号公布，2004 年 7 月 1 日农业部令第 38 号修订）作出修改

（一）将第十二条修改为："外国人、外国船舶在中华人民共和国内水、领海内有下列行为之一的，责令其离开或者将其驱逐，可处以没收渔获物、渔具，并处以罚款；情节严重的，可以没收渔船。罚款按下列数额执行：

"1. 从事捕捞、补给或转载渔获等渔业生产活动的，可处 50 万元以下罚款；

"2. 未经批准从事生物资源调查活动的，可处 40 万元以下罚款。"

（二）将第十三条修改为："外国人、外国船舶未经批准在中华人民共和国专属经济区和大陆架有下列行为之一的，责令其离开或者将其驱逐，可处以没收渔获物、渔具，并处以罚款；情节严重的，可以没收渔船。罚款按下列数额执行：

"1. 从事捕捞、补给或转载渔获等渔业生产活动的，可处 40 万元以下罚款；

"2. 从事生物资源调查活动的，可处 30 万元以下罚款。"

（三）将第十六条修改为："未取得入渔许可进入中华人民共和国管辖水域，或取得入渔许可但航行于许可作业区域以外的外国船舶，未将渔具收入舱内或未按规定捆扎、覆盖的，中华人民共和国渔政渔港监督管理机构可处以 3 万元以下罚款的处罚。"

十八、对《中日渔业协定暂定措施水域管理暂行办法》（1999 年 3 月 5 日农业部令第 8 号公布，2004 年 7 月 1 日农业部令第 38 号修订）作出修改

删去第十二条。

十九、对《中韩渔业协定暂定措施水域和过渡水域管理办法》（2001 年 2 月 16 日农业部令第 47 号公布，2004 年 7 月 1 日农业部令第 38 号、2019 年 4 月 25 日农业农村部令 2019 年第 2 号修订）作出修改

删去第十四条。

二十、对《进出口农作物种子（苗）管理暂行办法》（1997 年 3 月 28 日农业部令第 14 号公布）作出修改

将第十五条中的"构成犯罪的，交由司法机关追究其刑事责任"修改为"涉嫌犯罪的，及时将案件移送司法机关，依法追究刑事责任"。

二十一、对《农作物种子质量检验机构考核管理办法》（2019 年 8 月 27 日农业农村部令 2019 年第 3 号公布）作出修改

（一）删去第三十八条。

（二）将第三十九条修改为："种子检验机构以欺骗、贿赂等不正当手段骗取合格证书的，由考核机关撤销其合格证书。

"种子检验机构伪造测试、试验、检验数据或者出具虚假证明，情节严重的，由考核机关取消其种子检验机构合格证书。"

二十二、对《农作物种子生产经营许可管理办法》（2016 年 7 月 8 日农业部令 2016 年第 5 号公布，2017 年 11 月 30 日农业部令 2017 年第 8 号、2019 年 4 月 25 日农业农村部令 2019 年第 2 号、2020 年 7 月 8 日农业农村部令 2020 年第 5 号修订）作出修改

将第二十九条中的"构成犯罪的，依法移送司法机关追究刑事责任"修改为"涉嫌犯罪的，及时将案件移送司法机关，依法追究刑事责任"。

二十三、对《农作物种质资源管理办法》（2003 年 7 月 8 日农业部令第 30 号公布，2014 年 7 月 1 日农业部令第 38 号修订）作出修改

（一）将第三十八条中的"《种子法》第六十一条"修改为"《种子法》第八十一条"。

（二）将第四十条中的"《种子法》第六十三条"修改为"《种子法》第八十二条"。

二十四、对《农业机械事故处理办法》（2011 年 1 月 12 日农业部令 2011 年第 2 号公布）作出修改

将第四十九条、第五十条中的“构成犯罪的，依法移送司法机关追究刑事责任”修改为“涉嫌犯罪的，及时将案件移送司法机关，依法追究刑事责任”。

二十五、对《农业部关于印发〈农业行业职业技能鉴定管理办法〉的通知》（2006 年 6 月 1 日农人发〔2006〕6 号）作出修改

删去第三十六条中的“由省级农业行政主管部门视其情节轻重，给予警告、限期整改或停止鉴定的处罚”。

二十六、对《规范农业行政处罚自由裁量权办法》（2019 年 5 月 31 日农业农村部公告第 180 号）作出修改

（一）将第十三条修改为：“有下列情形之一的，农业农村主管部门依法不予处罚：

“（一）未满 14 周岁的未成年人实施违法行为的；

“（二）精神病人、智力残疾人在不能辨认或者控制自己行为时实施违法行为的；

“（三）违法事实不清，证据不足的；

“（四）违法行为轻微并及时纠正，未造成危害后果的；

“（五）违法行为在两年内未被发现的；涉及公民生命健康安全、金融安全且有危害后果的，上述期限延长至五年。法律另有规定的除外；

“（六）其他依法不予处罚的。”

（二）将第十四条修改为：“有下列情形之一的，农业农村主管部门依法从轻或减轻处罚：

“（一）已满 14 周岁不满 18 周岁的未成年人实施违法行为的；

“（二）主动消除或减轻违法行为危害后果的；

“（三）受他人胁迫或者诱骗实施违法行为的；

“（四）主动供述行政机关尚未掌握的违法行为的；

“（五）配合行政机关查处违法行为有立功表现的；

“（六）其他依法应当从轻或减轻处罚的。”

二十七、对《农药登记试验质量管理规范》（2017 年 9 月 3 日农业部公告第 2 570 号）作出修改

删去第三十七条第一项中的“及新农药登记试验批准证书编号”。

二十八、对《农业部关于印发〈奶畜养殖和生鲜乳收购运输环节违法行为依法从重处罚的规定〉的通知》（2011 年 4 月 11 日农牧发〔2011〕4 号）作出修改

将第一条中的“《饲料和饲料添加剂管理条例》第二十九条第二款”修改为“《饲料和饲料添加剂管理条例》第四十七条第一款”。

二十九、对《黄渤海区对虾亲虾资源管理暂行规定》（1990 年 11 月 8 日〔1990〕农（渔政）字第 17 号公布，1997 年 11 月 25 日农业部令第 39 号、2007 年 11 月 8 日农业部令第 6 号修订）予以废止。

此外，将有关条款中的“农业部”修改为“农业农村部”，“农业行政主管部门”修改为“农业农村主管部门”，“农业部门”修改为“农业农村部门”，对相关规章和规范性文件中的条文序号作相应调整。

本决定自公布之日起施行。

农业农村部办公厅文件

农办牧〔2022〕24号

农业农村部办公厅关于公布饲料中豆粕减量替代典型案例的通知

各省、自治区、直辖市农业农村（农牧）、畜牧兽医厅（局、委），新疆生产建设兵团农业农村局：

2021年以来，各地农业农村部门积极贯彻落实《粮食节约行动方案》，按照农业农村部部署，在饲料养殖行业实施豆粕减量替代行动，大力推广低蛋白多元化饲料精准配方技术，取得了明显成效。部分饲料养殖企业在实践中探索出成功的技术路径，涌现了一批典型案例，为全行业豆粕减量使用做出了示范。经专家评审，优选3类技术模式和8家企业典型案例予以公布。

各地要加大对典型案例的推介，加强政策扶持，引导饲料养殖企业加快技术创新，广泛推行豆粕减量替代措施，为保障国家粮食安全做出新贡献。

附件：1. 饲料中豆粕减量替代技术模式
2. 豆粕减量替代技术应用典型案例

农业农村部办公厅

2022年9月17日

附件 1

饲料中豆粕减量替代技术模式

一、低蛋白氨基酸平衡日粮技术

根据畜禽不同生理阶段的营养需求，科学确定日粮适宜的蛋白含量、净能水平和可消化氨基酸含量，减少豆粕等蛋白原料的使用量。在制定饲料配方时，采用饲料原料的净能值和可消化氨基酸含量等参数，准确测定饲料原料的氨基酸组成及其消化率，根据动物营养需求额外补充赖氨酸、苏氨酸、蛋氨酸、色氨酸和缬氨酸等限制性氨基酸，在合理下调饲料中蛋白含量基础上，最大限度满足动物的必需氨基酸需求。同时，充分考虑豆粕等蛋白原料减量条件下，饲料中的矿物质、维生素等其他养分平衡，合理使用饲料添加剂，适当采取饲料原料预处理工艺，提高饲料营养物质消化率，确保畜禽维持正常生产性能。

二、杂粮杂粕型多元化日粮技术

充分挖掘利用杂粮、杂粕、粮食加工副产物等资源替代玉米、豆粕，准确测定替代原料的化学成分、有效能值、氨基酸消化率等营养价值参数，综合考虑原料产地、品种、加工工艺等变异因素带来的参数差异，建立饲料原料营养价值数据库和动态参数模型。针对配方中替代原料的营养特性与抗营养因子种类，合理选用纤维素酶、β-葡聚糖酶、蛋白酶等添加剂，采取生物发酵等原料预处理工艺，改善饲料原料品质，配合采用特异性加工参数，提高杂粮杂粕型日粮中各类营养物质的利用效率。

三、饲料精准配方高效加工技术

应用近红外化学成分分析、体外仿生消化评价、动物消化代谢试验、体内氨基酸消化率精准评价等技术手段，评价饲料原料的常规化学成分、氨基酸消化率和净能值等重要营养价值参数，通过相关性分析与拟合回归方程建立原料精准营养价值数据库。基于不同原料的净能值和氨基酸组成及其消化率等参数，适当补充赖氨酸、蛋氨酸等合成氨基酸和维生素、矿物元素，精准制定饲料配方。根据不同原料加工特性和加工设备参数，对饲料加工设备的运行过程参数进行准确评估，对饲料粉碎粒度、膨化温度等加工参数进行实时优化调整，通过精细加工提高饲料加工效率和产品质量。

附件 2

豆粕减量替代技术应用典型案例

一、牧原食品股份有限公司生猪低蛋白日粮应用

通过精确评价饲料原料净能值、氨基酸组成及其消化率，建立了饲料原料净能和可消化氨基酸等营养参数数据库。在生猪养殖生产过程中，对不同原料配制饲料的饲喂效果进行评估和验证，构建与完善了不同阶段的生猪净能和可消化氨基酸需要量模型，形成了适合自身养殖品种和猪群结构的营养标准体系。应用实践证明，额外补充适量 5～6 种合成氨基酸（赖氨酸、蛋氨酸、苏氨酸、色氨酸、缬氨酸、异亮氨酸），可将生猪养殖全程饲料蛋白含量标准下调至 12%，比目前国内平均水平低 2～3 个百分点，大幅度减少豆粕等蛋白原料使用量，且不降低动物生产性能。

2021 年，公司生猪养殖使用配合饲料 1 580 万 t，豆粕平均用量占比为 6.9%，比养殖业消耗饲料中豆粕平均含量低 8.4 个百分点，相当于减少豆粕用量 130 万 t。

二、温氏食品集团股份有限公司利用仿生技术开展饲料精准配方应用

研究构建黄羽肉鸡、肉鸭、生猪等动物体外仿生消化系统平台，结合原料化学成分检测和近红外扫描分析方法，以可消化赖氨酸为核心参数对动物生长性能、屠宰性能等指标进行评估验证，建立了常用饲料原料常规化学成分与净能、可消化氨基酸的预测模型，由公司总部建设统一的饲料原料动态营养价值数据库，为各区域分公司制定精准饲料配方提供核心数据支撑。公司下属各饲料生产厂通过近红外扫描终端检测原料品质，结合动态预测模型，即时调整原料营养参数，控制杂粮杂粕原料的适宜用量，实现饲料配方精准、成本控制精确。在此基础上，采用可消化氨基酸参数确定猪禽必需氨基酸的添加种类和适宜水平，根据原料特性合理补充生物酶、脂肪酸、抗氧化剂、色素等添加剂，适当调整粉碎粒度、制粒温度等加工参数，形成了整套成熟的豆粕减量替代技术体系。

2021 年，公司配合饲料产量 1 150 万 t，豆粕平均用量占比为 7.4%，比养殖业消耗饲料中豆粕平均含量低 7.9 个百分点，相当于减少豆粕用量 90 万 t。

三、新希望六和股份有限公司猪禽多元化日粮应用

应用湿化学法和近红外分析模型测定原料化学成分和营养参数，开展动物消化代谢和体外仿生消化联合试验，准确分析有效能值和可消化氨基酸含量，即时校正更新营养参数，全面检测原料中抗营养因子、真菌毒素等安全指标，构建自主的饲料原料营养价值数据库。注重开发地源性饲料资源，采用生物发酵、酶解、吸附等技术手段，降低纤维、单宁、醇溶蛋白等抗营养因子以及真菌毒素的含量，提高替代原料在配合饲料中的使用比例。在饲料加工过程中，针对不同原料的物理特性，重点围绕原料粉碎粒度、混合均匀度和成品硬度、颗粒均匀度、含粉率等关键指标，适时调整饲料加工工艺参数，提高产品加工精细度。采用净能和理想氨基酸模式，补充合成氨基酸，配合使用酶制剂等添加剂，配制低蛋白日粮。

2021 年，公司猪禽配合饲料产量为 1 960 万 t，豆粕平均用量占比为 10.7%，比养殖业消耗饲料中豆粕平均含量低 4.6 个百分点，相当于减少豆粕用量 90 万 t。

四、广东海大集团股份有限公司杂粮杂粕类原料高效利用

充分参照国内外猪禽营养需要量标准，根据不同养殖区域的饲养管理条件和公司生产性试验结果，优化调整营养需求参数，建立了差异化的猪禽营养精准需要量体系。分析构建了公司常用饲料原料的完整营养价值数据库，除玉米、豆粕外，还涉及稻谷、小麦、大麦、高粱等替代谷物，花生粕、棉粕、菜粕、葵花籽粕等杂粕，麸皮、次粉、米糠、米糠粕、玉米胚芽粕等谷物加工副产物，主要指标包括干物质、蛋白质、粗脂肪、灰分、18 种氨基酸、粗纤维、中性洗涤纤维、酸性洗涤纤维等。通过长期大群饲养试验验证，以净能值和可消化氨基酸等关键参数为基础，在补充赖氨酸、蛋氨酸、苏氨酸和色氨酸等合成氨基酸的前提下，确定了不同杂粮杂粕原料在不同动物、不同生长阶段的适宜添加量。根据不同杂粮杂粕原料的抗营养因子组成和含量，采用体外仿生消化模型和动物饲养试验相结合的技术手段，结合酶制剂在加工过程中的稳定性评估结果和动物内源性消化酶活力参数，研究筛选适宜的酶制剂组合和用量。为消除杂粮杂粕原料的真菌毒素等风险因子，额外使用真菌毒素吸附剂等添加剂，提高杂粮杂粕原料添加比例。

2021 年，公司猪禽配合饲料产量 1 400 万 t，豆粕平均用量占比 12.0%，比养殖业消耗饲料中豆粕平均含量低 3.3 个百分点，相当于减少豆粕用量 46 万 t。

五、北京大北农科技集团股份有限公司饲料原料高效处理利用

应用我国饲料原料营养价值数据库（FeedSaas）和《中国猪营养需要》的重要参数，结合大群动物饲喂效果验证，对公司自有数据库中的原料营养价值和动物营养需要量参数进行实时修正，建立基于饲料原料净能和可消化氨基酸等核心参数的饲料配方软件系统。根据不同区域杂粮杂粕和粮食加工副产物的种类和营养特性，检测评估抗营养因子、真菌毒素等质量安全风险因子的种类与含量水平，针对性采用优良发酵菌株和高效酶制剂对原料进行发酵处理，降低原料中有害因子含量，提高营养物质消化率，最大限度扩大玉米、豆粕替代原料的选择范围。根据替代原料中的维生素、矿物元素等营养物质含量，精准补充亚油酸、生物素、氯化钠等添加剂，确保饲料中脂肪酸、电解质和酸碱的平衡性，提高杂粮杂粕型饲料品质。

2021 年，公司猪禽配合饲料产量 500 万 t，豆粕平均用量占比为 10.0%，比养殖业消耗饲料中豆粕平均含量低 5.3 个百分点，相当于减少豆粕用量 27 万 t。

六、禾丰食品股份有限公司饲料精准配方高效加工应用

系统检测分析饲料原料的常规化学成分，应用动物消化代谢试验和体外仿生消化试验相结合的技术手段，准确测定原料的有效能值和可消化氨基酸含量，参照国内外原料营养价值数据库和动物营养需要量数据，结合动物试验场的生产实践评估结果，即时校正更新公司自有数据库。应用原料净能和可消化氨基酸体系精准制定饲料配方，合理补充赖氨酸、蛋氨酸、苏氨酸、色氨酸等合成氨基酸。充分发掘利用豌豆、椰子粕、棕榈粕、木薯等资源，准确测定各类抗营养因子含量以及矿物质、色素、亚油酸等指标，采用酶解、发酵、高温调质等处理工艺，精准添加维生素和微量元素，针对性使用酶制剂，提高杂粮杂粕原料在配方中的使用比例。饲料加工过程中，重点关注粉碎粒度、饲料硬度、颗粒耐久性等指标，合理使用粉碎、膨化、制粒等方式，提高原料营养价值和适口性。

2021 年，公司生猪配合饲料产量 220 万 t，豆粕平均用量占比为 9.5%，比养殖业消耗饲料中豆粕平均含量低 5.8 个百分点，相当于减少豆粕用量 13 万 t。

七、广西扬翔股份有限公司生猪低蛋白多元化日粮应用

通过连续多年的生产实践积累，确定了生长育肥猪最佳阶段划分、各阶段饲料蛋白水平底限值和适宜净能值等参数，形成了适应自身养殖生产特点的生猪低蛋白氨基酸平衡日粮技术体系。通过合理添加赖氨酸、蛋氨酸、苏氨酸、色氨酸、缬氨酸和异亮氨酸等合成氨基酸，在保证生猪生产性能的前提下，将养殖全程饲料蛋白水平降至14%。对小麦、大麦、高粱等谷物类原料进行中性洗涤纤维、酸性洗涤纤维、淀粉、氨基酸、钠、钾等重要化学成分的全项分析检测，采用可消化氨基酸和净能预测模型，结合养殖试验场生产数据和饲料产品市场信息反馈，持续修正更新自有饲料原料数据库的营养参数，精准评估原料的可消化氨基酸及净能值等营养价值参数。公司自有生猪养殖用料和外销饲料产品全部采用低蛋白氨基酸平衡日粮技术。

2021年，公司生猪配合饲料产量200万t，豆粕平均用量占比为12.1%，比养殖业消耗饲料中豆粕平均含量低3.2个百分点，相当于减少豆粕用量6万t。

八、四川铁骑力士实业有限公司杂粮杂粕原料精细加工利用

应用体外仿生消化系统和动物消化代谢试验相结合的技术手段，对棉粕、花生粕、菜粕、米糠、玉米干酒精糟（DDGS）、玉米胚芽粕、小麦、大麦、面粉、稻麦混合物、高粱、米糠粕、谷氨酸渣等杂粮杂粕，进行营养价值参数评定、抗营养因子分析和真菌毒素分析，形成了相对完善且持续补充更新的自有饲料原料营养价值数据库。在生产实践中，充分参考国内外主要数据库的最新数据，实时收集动物生产实践的数据结果，筛选确定杂粮杂粕饲料原料添加量及其使用优先序。根据饲料配方中杂粮杂粕原料的组成及其营养特性，适当补充维生素、生物酶等添加剂，调整饲料加工过程中环模压缩比、粉碎粒度、膨化温度等加工参数，提高饲料适口性和营养物质消化率，保证正常养殖生产效率。

2021年，公司猪禽配合饲料产量近180万t，豆粕平均用量占比12.0%，比养殖业消耗饲料中豆粕平均含量低3.3个百分点，相当于减少豆粕用量6万t。

中华人民共和国农业农村部公告

第 600 号

根据《兽药管理条例》《饲料和饲料添加剂管理条例》规定，我部组织制定了《动物毛发中克仑特罗、莱克多巴胺、沙丁胺醇和苯乙醇胺 A 的测定　液相色谱—串联质谱法》检测方法，现予发布，自发布之日起实施。

特此公告。

附件：动物毛发中克仑特罗、莱克多巴胺、沙丁胺醇和苯乙醇胺 A 的测定　液相色谱—串联质谱法

农业农村部

2022 年 9 月 3 日

附件

动物毛发中克仑特罗、莱克多巴胺、沙丁胺醇和苯乙醇胺 A 的测定 液相色谱—串联质谱法

1 范围

本方法规定了动物毛发中克仑特罗、莱克多巴胺、沙丁胺醇和苯乙醇胺 A 残留的液相色谱—串联质谱测定方法。

本方法适用于猪、牛和羊的毛发中克仑特罗、莱克多巴胺、沙丁胺醇和苯乙醇胺 A 残留量的测定。

2 原理

动物毛发经清洗、烘干、粉碎处理后，经盐酸溶液水解，固相萃取柱净化，液相色谱—串联质谱仪测定，同位素内标法定量。

3 试剂和材料

以下所用试剂，除特别注明外均为分析纯试剂，水为符合《分析实验室用水规格和试验方法》（GB/T 6682）规定的一级水。

3.1 试剂

3.1.1 乙腈（C_2H_3N）：色谱纯。

3.1.2 甲酸（CH_2O_2）：色谱纯。

3.1.3 甲醇（CH_4O）：色谱纯。

3.1.4 十二烷基磺酸钠（$C_{12}H_{25}SO_3Na$）。

3.1.5 盐酸（HCl）：含量 36%～38%。

3.1.6 氨水（$NH_3 \cdot H_2O$）：含量 25%～28%。

3.2 溶液配制

3.2.1 十二烷基磺酸钠溶液：称取十二烷基磺酸钠 10g，加水溶解并稀释至 1 000mL，混匀。

3.2.2 0.1mol/L 盐酸溶液：量取盐酸 8.3mL，加水稀释至 1 000mL，混匀。

3.2.3 0.1%甲酸溶液：量取甲酸 1mL，加水稀释至 1 000mL，混匀。

3.2.4 0.1%甲酸乙腈溶液：量取乙腈 10mL，加入 0.1%甲酸溶液 90mL，混匀。

3.2.5 5%氨水甲醇溶液：量取氨水 5mL，加入甲醇 95mL，混匀。

3.3 标准品

3.3.1 盐酸克仑特罗、盐酸莱克多巴胺、沙丁胺醇和苯乙醇胺 A，纯度均≥98.0%。详见附录 1。

3.3.2 克仑特罗-D_9、盐酸莱克多巴胺-D_3、沙丁胺醇-D_3 和苯乙醇胺 A-D_3，纯度均≥98.0%。详见附录 1。

3.4 标准溶液的制备

3.4.1 克仑特罗、莱克多巴胺、沙丁胺醇和苯乙醇胺 A 标准储备溶液（1mg/mL）：取约

10mg 标准品（以克仑特罗、莱克多巴胺、沙丁胺醇和苯乙醇胺 A 计），精密称定，分别置于 10mL 棕色容量瓶中，用甲醇溶解并稀释至刻度，配成浓度均为 1mg/mL 的标准储备溶液。−18℃以下保存，有效期 12 个月。

3.4.2 内标储备溶液（1mg/mL）：取约 10mg 标准品（以克仑特罗-D_9、莱克多巴胺-D_3、沙丁胺醇-D_3 和苯乙醇胺 A-D_3 计），精密称定，分别置于 10mL 棕色容量瓶中，用甲醇溶解并稀释至刻度，配成浓度均为 1mg/mL 的内标储备溶液。−18℃以下保存，有效期 12 个月。

3.4.3 混合标准中间溶液（10μg/mL）：分别吸取标准储备溶液 0.10mL，置于 10mL 棕色容量瓶中，用甲醇溶解并稀释至刻度，配成浓度为 10μg/mL 混合标准中间溶液。−18℃以下保存，有效期 12 个月。

3.4.4 混合标准工作溶液（100ng/mL）：吸取混合标准中间液 0.10mL，置于 10mL 棕色容量瓶中，用 0.1%甲酸乙腈溶液溶解并稀释至刻度，配成浓度为 100ng/mL 混合标准工作溶液，现配现用。

3.4.5 混合内标中间溶液（10μg/mL）：分别吸取内标储备液 0.10mL，置于 10mL 棕色容量瓶中，用甲醇溶解并稀释至刻度，配成浓度为 10μg/mL 混合内标中间溶液。−18℃以下保存，有效期 12 个月。

3.4.6 混合内标工作溶液（100ng/mL）：吸取混合内标中间液 0.10mL，置于 10mL 棕色容量瓶中，用 0.1%甲酸乙腈溶液溶解并稀释至刻度，配成浓度为 100ng/mL 混合内标工作溶液，现配现用。

3.5 材料

3.5.1 固相萃取柱：混合型阳离子交换柱，60mg/3mL，或性能相当者。

3.5.2 微孔滤膜：孔径 0.22μm，疏水型。

4 仪器和设备

4.1 液相色谱—串联质谱仪：配有电喷雾电离源（ESI）。

4.2 分析天平：感量 0.000 01g 和 0.001g。

4.3 超声波清洗器。

4.4 电热干燥箱，控温精度±2℃。

4.5 球磨机：振动频率不低于 60 Hz。

4.6 干燥器。

4.7 旋涡振荡器。

4.8 恒温水浴：控温精度±1℃。

4.9 离心机：转速不低于 7 000 r/min。

4.10 氮吹仪。

4.11 固相萃取装置。

5 试料的制备与保存

5.1 样品采集

选取动物背部毛发，从根部剪断，保存备用。采集毛发的质量应不少于 4g。

5.2 样品制备

取 2g 毛发加入 50mL 烧杯中，加入 20mL 十二烷基磺酸钠溶液，于超声波清洗器上超声清洗 30min，再用水洗净毛发，置于 40℃电热干燥箱中烘干，用球磨机将其均质成粉末。

——取均质的供试毛发样品，作为供试试料。

——取均质的空白毛发样品，作为空白试料。

——取均质的空白毛发样品，添加适宜浓度的标准工作液，作为空白添加试料。

5.3 试料的保存

置于干燥器中保存。

6 测定步骤

6.1 提取

称取试料 0.5g（精确至 0.001g），于 10mL 离心管中，依次加入混合内标工作溶液 25μL、0.1mol/L 盐酸溶液 5mL，涡旋混匀。于 60℃水浴中水解 4h，7 000 r/min 离心 10min，取上清液备用。

6.2 净化

固相萃取柱依次用甲醇 3mL，水 3mL 预洗。取全部备用液过柱，依次用水 3mL、甲醇 3mL 淋洗，抽干，用 5%氨水甲醇溶液 3mL 洗脱，收集洗脱液，于 50℃氮气吹干，用 0.1%甲酸乙腈溶液 0.50mL 溶解，过 0.22μm 微孔滤膜，供液相色谱—串联质谱仪测定。

6.3 标准曲线的制备

精密量取混合标准工作溶液、混合内标工作溶液适量，用 0.1%甲酸乙腈溶液稀释成浓度为 0.50ng/mL、1ng/mL、2ng/mL、5ng/mL、10ng/mL、50ng/mL 和 100ng/mL 的系列标准工作溶液（含内标溶液均为 5ng/mL），供液相色谱—串联质谱仪测定。以待测分析物特征离子质量色谱峰的峰面积与内标物特征离子质量色谱峰的峰面积比值为纵坐标，相应的浓度为横坐标，绘制标准曲线；求回归方程和相关系数，相关系数应大于 0.99。

6.4 测定

6.4.1 液相色谱参考条件

a）色谱柱：C_{18}柱，柱长 100mm，内径 2.1mm，粒径 1.7μm。或性能相当者。

b）柱温：40℃。

c）进样量：10μL。

d）流动相：A：0.1%甲酸溶液；B：乙腈，梯度洗脱程序见表 1。

表 1 梯度洗脱程序

时间（min）	流速（mL/min）	A（%）	B（%）
0	0.3	98	2
2	0.3	98	2
7	0.3	40	60
8	0.3	98	2
10	0.3	98	2

6.4.2 串联质谱参考条件

a）电离方式：电喷雾电离，正离子模式（ESI+）。

b）检测方式：多反应监测（MRM）。

c）离子源温度：500℃。

d）离子化电压：4 500 V。

e）脱溶剂气、锥孔气、碰撞气均为高纯氮气及其他合适气体，使用前应调节各气体流量使质谱灵敏度达到检测要求；脱溶剂气、锥孔气、碰撞气参考值分别为 500L/h、30L/h 和 20L/h。

f）定性离子对、定量离子对、锥孔电压及碰撞能量的参考值见表 2。

表 2　定性离子对、定量离子对、锥孔电压及碰撞能量的参考值

被测物名称	定性离子对（m/z）	定量离子对（m/z）	锥孔电压（V）	碰撞能量（eV）
克仑特罗	277.0>203.1	277.0>203.1	25	17
	277.0>259.2			11
莱克多巴胺	302.1>107.0	302.1>164.1	20	17
	302.1>164.1			13
沙丁胺醇	240.1>148.1	240.1>148.1	25	20
	240.1>222.1			10
苯乙醇胺 A	345.0>327.0	345.0>150.0	22	17
	345.0>150.0			13
克仑特罗-D_9	286.0>204.1	286.0>204.1	25	17
莱克多巴胺-D_3	305.2>167.2	305.2>167.2	20	14
沙丁胺醇-D_3	243.0>151.2	243.0>151.2	25	14
苯乙醇胺 A-D_3	348.2>153.1	348.2>153.2	22	17

6.4.3　测定方法

a）定性测定

在相同的测试条件下，试样溶液的保留时间与标准溶液保留时间的偏差应在±2.5%之内；试样溶液中的离子相对丰度与标准溶液中的离子相对丰度相比，符合表 3 的要求。

表 3　试样溶液中离子相对丰度的允许偏差范围

相对离子丰度	>50%	>20%至 50%	>10%至 20%	≤10%
允许的相对偏差	±20%	±25%	±30%	±50%

b）定量测定

取试样溶液和标准工作溶液，作单点或多点校准，按内标法定量。标准工作溶液及试样溶液中目标物的响应值均应在线性范围内。如超出线性范围、应将试样溶液重新稀释至适当的浓度。在上述液相色谱—串联质谱条件下，标准溶液及对应的同位素内标溶液特征离子质量色谱图见附录 2。

6.5　空白试验

取空白试料，除不添加待测分析物外，采用完全相同的测定步骤进行平行操作。

7　结果计算和表述

试料中克仑特罗、莱克多巴胺、沙丁胺醇或苯乙醇胺 A 残留量按标准曲线或以下公式计算：

$$X=\frac{A\times A'_{iS}\times C_S\times C_{iS}\times V}{A_{iS}\times A_S\times C'_{iS}\times m}\times\frac{1\ 000}{1\ 000}$$

式中：

X——供试试料中克仑特罗、莱克多巴胺、沙丁胺醇或苯乙醇胺A残留量，单位为微克每千克（μg/kg）；

A——试样溶液中克仑特罗、莱克多巴胺、沙丁胺醇或苯乙醇胺A的峰面积；

A_S——标准溶液中克仑特罗、莱克多巴胺、沙丁胺醇或苯乙醇胺A的峰面积；

A_{iS}——试样溶液中克仑特罗、莱克多巴胺、沙丁胺醇或苯乙醇胺A对应内标的峰面积；

A'_{iS}——标准溶液中克仑特罗、莱克多巴胺、沙丁胺醇或苯乙醇胺A对应内标的峰面积；

C_S——标准溶液中克仑特罗、莱克多巴胺、沙丁胺醇或苯乙醇胺A浓度，单位为纳克每毫升（ng/mL）；

C_{iS}——试样溶液中克仑特罗、莱克多巴胺、沙丁胺醇或苯乙醇胺A内标浓度，单位为纳克每毫升（ng/mL）；

C'_{iS}——标准溶液中克仑特罗、莱克多巴胺、沙丁胺醇或苯乙醇胺A内标浓度，单位为纳克每毫升（ng/mL）；

V——溶解最终残余物体积，单位为毫升（mL）；

m——供试试料的质量，单位为克（g）。

注：测定结果用平行测定的算术平均值表示，保留三位有效数字。

8 方法的灵敏度、准确度和精密度

8.1 灵敏度

本方法对猪、牛和羊毛发中克仑特罗、莱克多巴胺、沙丁胺醇和苯乙醇胺A的检测限为0.5μg/kg，定量限为1μg/kg。

8.2 准确度

本方法对于猪、牛和羊的毛发中克仑特罗、莱克多巴胺、沙丁胺醇和苯乙醇胺A在1～100μg/kg添加浓度范围内的回收率为70%～120%。

8.3 精密度

本方法批内相对标准偏差≤20%，批间相对标准偏差≤20%。

附录 1

标准品的中英文名称、化学分子式和 CAS 号

标准品的中英文名称、化学分子式和 CAS 号见表 4。

表 4　标准品中英文名称、化学分子式和 CAS 号

中文名称	英文名称	化学分子式	CAS 号
盐酸克仑特罗	Clenbuterol hydrochloride	$C_{12}H_{18}ClN_2O \cdot HCl$	21898 - 19 - 1
盐酸莱克多巴胺	Ractopamine hydrochloride	$C_{18}H_{23}NO_3 \cdot HCl$	90274 - 24 - 1
沙丁胺醇	Salbutamol	$C_{13}H_{21}NO_3$	18559 - 94 - 9
苯乙醇胺 A	Phenylethanolamine A	$C_{19}H_{24}N_2O_4$	1346746 - 81 - 3
克仑特罗- D_9	Clenbuterol - D_9	$C_{12}H_9Cl_2D_9N_2O$	129138 - 58 - 5
盐酸莱克多巴胺- D_3	Ractopamine - D_3 hydrochloride	$C_{18}H_{20}D_3NO_3 \cdot HCl$	1219794 - 72 - 5
沙丁胺醇- D_3	Salbutamol - D_3	$C_{13}H_{18}D_3NO_3$	1219798 - 60 - 3
苯乙醇胺 A - D_3	Phenylethanolamine A - D_3	$C_{19}H_{21}D_3N_2O_4$	/

附录 2

克仑特罗、莱克多巴胺、沙丁胺醇和苯乙醇胺 A 的特征离子质量色谱图

克仑特罗、莱克多巴胺、沙丁胺醇和苯乙醇胺 A 标准溶液（10ng/mL）及内标溶液（5ng/mL）的特征离子质量色谱图见图 1。

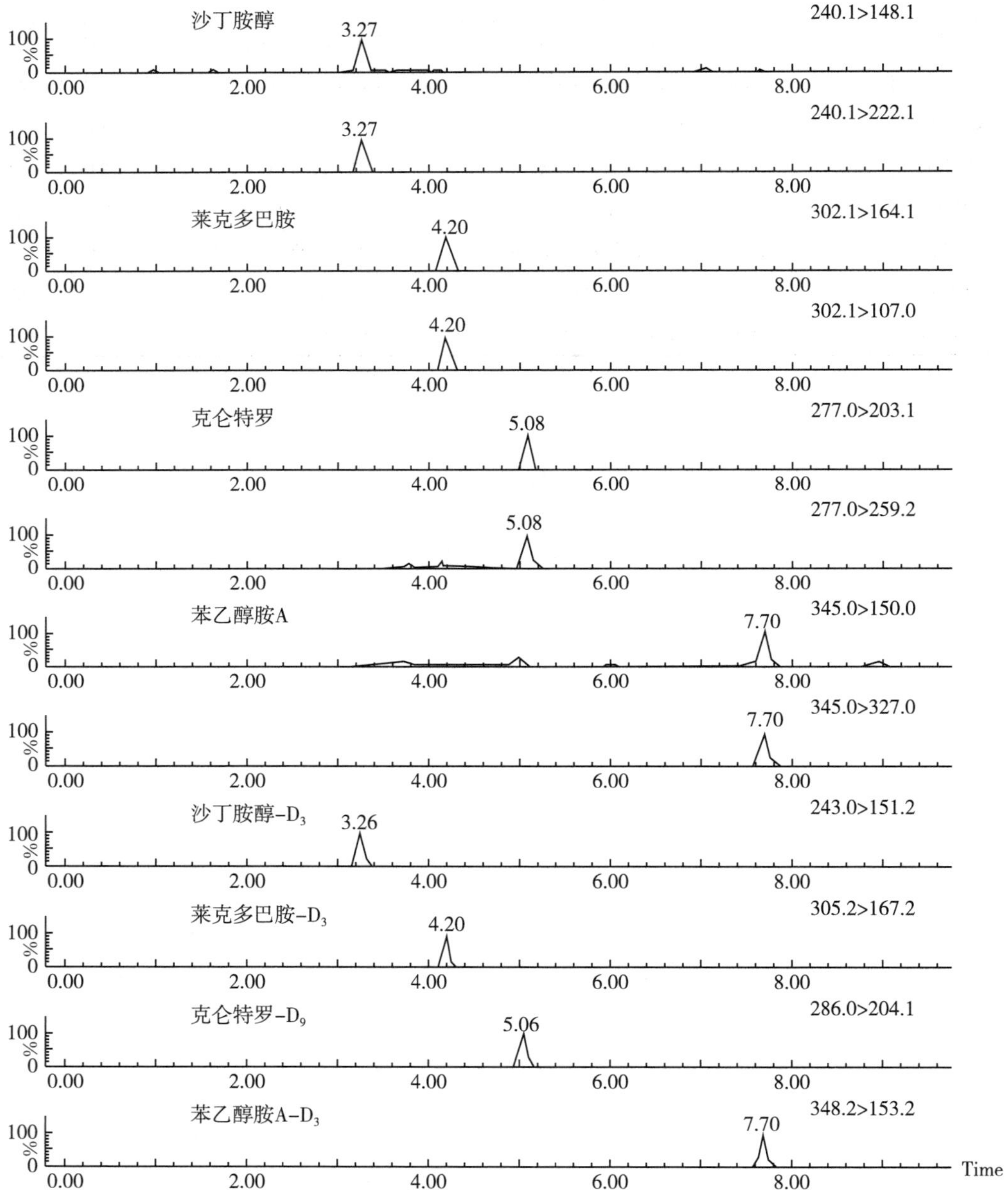

图 1　克仑特罗、莱克多巴胺、沙丁胺醇和苯乙醇胺 A 标准溶液及内标溶液的特征离子质量色谱图

中华人民共和国农业农村部公告

第 614 号

依据《饲料和饲料添加剂管理条例》《新饲料和新饲料添加剂管理办法》，我部组织全国饲料评审委员会对申请人提交的新饲料和新饲料添加剂产品申请材料进行了评审，决定批准鞣酸蛋白等新饲料添加剂品种，对部分饲料添加剂扩大适用范围，并对《饲料原料目录》进行增补。现将有关事项公告如下。

一、批准 5 个新饲料添加剂品种

批准广州英赛特生物技术有限公司、南雄英赛特精细化工科技有限公司联合申请的鞣酸蛋白，武汉泛华生物技术有限公司、湖北浩华生物技术有限公司联合申请的三丁酸甘油酯，晨光生物科技集团股份有限公司申请的万寿菊提取物（有效成分为槲皮万寿菊素），中农颖泰林州生物科园有限公司申请的枯草三十七肽，重庆市畜牧科学院、安杰利（重庆）生物科技有限公司联合申请的腺苷七肽为新饲料添加剂，并准许在中华人民共和国境内生产、经营和使用，核发饲料和饲料添加剂新产品证书（新产品目录见附件 1），同时发布产品标准（含说明书和标签，见附件 2、3、4、5、6）及相关检测方法标准（见附件 7、8）。产品标准、说明书、标签和检测方法标准自发布之日起执行。产品的监测期自发布之日至 2027 年 11 月底，生产企业应当收集产品的质量稳定性及其对动物产品质量安全的影响等信息，监测期结束后向我部报告。

二、扩大 4 个饲料添加剂品种的适用范围

（一）将 L-硒代蛋氨酸适用范围扩大至断奶仔猪和产蛋鸡。在断奶仔猪和产蛋鸡配合饲料中的推荐添加量不超过 0.20mg/kg（以干物质含量为 88%的配合饲料为基础，以硒元素计）；配合饲料中总硒最高限量为 0.50mg/kg，其中有机硒最大添加量不超过 0.20mg/kg（以干物质含量为 88%的配合饲料为基础，以硒元素计）。

（二）将胆汁酸适用范围扩大至产蛋鸡。在产蛋鸡配合饲料中的推荐添加量为 50～60mg/kg（以干物质含量为 88%的配合饲料为基础）。

（三）将地顶孢霉培养物适用范围扩大至泌乳奶牛，在泌乳奶牛饲料中推荐添加量为 30g/天·头。

（四）将丙酸铬适用范围扩大至肉仔鸡（产品信息表和质量标准见附件 9、10）。在肉仔鸡配合饲料中的推荐添加量为 0.2mg/kg（以铬元素计），最高限量为 0.2mg/kg（以铬元素计，单独或与其他有机铬同时使用）。

三、增补 1 种饲料原料进入《饲料原料目录》

增补奇亚籽进入《饲料原料目录》（《饲料原料目录》修订列表见附件 11），编号：2.24.3，特征描述：唇形科鼠尾草属芡欧鼠尾草（*Salvia hispanica* L.）的种子。

特此公告。

附件：1. 饲料和饲料添加剂新产品目录（2022－01、2022－02、2022－03、2022－04、2022－05）
2.《饲料添加剂　鞣酸蛋白》产品标准
3.《饲料添加剂　三丁酸甘油酯》产品标准
4.《饲料添加剂　万寿菊提取物（有效成分为槲皮万寿菊素）》产品标准
5.《饲料添加剂　枯草三十七肽》产品标准
6.《饲料添加剂　腺苷七肽》产品标准
7.《饲料中单宁酸的测定　分光光度法》
8.《饲料中槲皮万寿菊素的测定　高效液相色谱法》
9. 饲料和饲料添加剂产品目录—丙酸铬
10.《饲料添加剂　丙酸铬》产品标准
11.《饲料原料目录》修订列表—奇亚籽

农业农村部

2022 年 11 月 3 日

附件 1

饲料和饲料添加剂新产品目录（2022－01）

<table>
<tr><td>证书编号</td><td colspan="3">新饲证字（2022）01 号</td></tr>
<tr><td>申请单位</td><td colspan="3">广州英赛特生物技术有限公司、南雄英赛特精细化工科技有限公司</td></tr>
<tr><td>通用名称</td><td colspan="3">鞣酸蛋白</td></tr>
<tr><td>英文名称</td><td colspan="3">albumin tannate</td></tr>
<tr><td>产品类别</td><td colspan="3">其他类饲料添加剂</td></tr>
<tr><td>产品来源</td><td colspan="3">由五倍子单宁酸和大豆分离蛋白反应合成制得</td></tr>
<tr><td>适用动物</td><td colspan="3">断奶仔猪</td></tr>
<tr><td>在配合饲料中的推荐添加量（以干物质含量为 88%的配合饲料为基础）</td><td colspan="3">1 000～2 000mg/kg（以总单宁酸计），连续添加使用不超过 30 天</td></tr>
<tr><td>在配合饲料中的最高限量（以干物质含量为 88%的配合饲料为基础）</td><td colspan="3">2 000mg/kg（以总单宁酸计）</td></tr>
<tr><td rowspan="11">质量要求</td><td colspan="2">外观性状</td><td>红棕色粉末，无嗅</td></tr>
<tr><td colspan="2">总单宁酸（以干基计）/%</td><td>≥50.0</td></tr>
<tr><td colspan="2">游离单宁酸/%</td><td>≤1.0</td></tr>
<tr><td colspan="2">胃蛋白酶中不消化物/%</td><td>≥50.0</td></tr>
<tr><td colspan="2">水分/%</td><td>≤6.0</td></tr>
<tr><td colspan="2">灼烧残渣/%</td><td>≤1</td></tr>
<tr><td rowspan="2">粒度</td><td>0.80mm 孔径试验筛通过率/%</td><td>100</td></tr>
<tr><td>0.50mm 孔径试验筛通过率/%</td><td>≥90</td></tr>
<tr><td colspan="2">总砷（以砷元素计）/(mg/kg)</td><td>≤3</td></tr>
<tr><td colspan="2">铅（Pb）/(mg/kg)</td><td>≤2</td></tr>
<tr><td colspan="2">沙门氏菌（25g 中）</td><td>不得检出</td></tr>
</table>

饲料和饲料添加剂新产品目录（2022－02）

证书编号	新饲证字（2022）02 号	
申请单位	武汉泛华生物技术有限公司、湖北浩华生物技术有限公司	
通用名称	三丁酸甘油酯	
英文名称	tributyrin	
主要成分	三丁酸甘油酯（$C_{15}H_{26}O_6$）	
产品类别	其他类饲料添加剂	
产品来源	以丁酸和甘油为原料，经酯化反应和纯化精制制得	
适用动物	肉仔鸡	
在配合饲料中的推荐添加量（以干物质含量为 88%的配合饲料为基础）	500～2 000mg/kg	
质量要求	外观和性状	无色至微黄色油状液体
	三丁酸甘油酯（以 $C_{15}H_{26}O_6$ 计）/%	≥95.0
	单丁酸甘油酯与双丁酸甘油酯之和（以 $C_7H_{14}O_4$ 与 $C_{11}H_{20}O_5$ 之和计）/%	≤4.0
	丁酸/%	≤0.5
	水分/%	≤0.5
	总砷（以砷元素计）/(mg/kg)	≤3.0
	铅（Pb）/(mg/kg)	≤2.0

饲料和饲料添加剂新产品目录（2022－03）

证书编号	新饲证字（2022）03号	
申请单位	晨光生物科技集团股份有限公司	
通用名称	万寿菊提取物（有效成分为槲皮万寿菊素）	
英文名称	marigold extract（active substance quercetagetin）	
主要成分	槲皮万寿菊素	
产品类别	其他类饲料添加剂	
产品来源	以万寿菊（*Tagetes erecta* L.）或万寿菊渣为原料，经提取、浓缩、干燥等工艺制得	
适用动物	肉仔鸡	
在配合饲料中的推荐添加量（以干物质含量为88%的配合饲料为基础）	50～60mg/kg（以 $C_{15}H_{10}O_8$ 计）	
在配合饲料中的最高限量（以干物质含量为88%的配合饲料为基础）	80mg/kg（以 $C_{15}H_{10}O_8$ 计）	
质量要求	槲皮万寿菊素（以 $C_{15}H_{10}O_8$ 干基计）/%	≥80.0
	水分/%	≤5.0
	粗灰分/%	≤1.0
	粒度（0.59mm孔径试验筛通过率）/%	≥90
	总砷（以砷元素计）/(mg/kg)	≤3.0
	铅（Pb）/(mg/kg)	≤3.0

饲料和饲料添加剂新产品目录（2022－04）

证书编号	新饲证字（2022）04号	
申请单位	中农颖泰林州生物科园有限公司	
通用名称	枯草三十七肽	
英文名称	sublancin	
主要成分	枯草三十七肽	
产品类别	其他类饲料添加剂	
产品来源	以枯草芽孢杆菌（*Bacillus Subtilis* CGMCC 15 404）为生产菌种，经液体发酵、膜分离、浓缩、干燥等工艺制得	
适用动物	肉鸡	
在配合饲料中的推荐添加量（以干物质含量为88%的配合饲料为基础）	1.5～6.0mg/kg（以枯草三十七肽计）	
质量要求	外观与性状	淡黄色粉末
	枯草三十七肽（以干基计）/%	≥1.0
	水分/%	≤10.0
	粒度（0.42mm孔径试验筛通过率）/%	≥98
	柠檬酸/%	≤20.0
	总磷/%	≤2.0
	粗灰分/%	≤25.0
	水溶性氯化物（以NaCl计）/%	≤1.0
	总砷（以砷元素计）/(mg/kg)	≤2.0
	铅（Pb）/(mg/kg)	≤5.0
	汞（Hg）/(mg/kg)	≤0.1
	镉（Cd）/(mg/kg)	≤0.5
	黄曲霉毒素 B_1/(μg/kg)	≤10.0
	玉米赤霉烯酮/(mg/kg)	≤0.5
	霉菌总数/(CFU/g)	≤2.0×10^4
	大肠菌群/(MPN/g)	≤1.0×10^2
	沙门氏菌（25g中）	不得检出

饲料和饲料添加剂新产品目录（2022－05）

<table>
<tr><td>证书编号</td><td colspan="3">新饲证字（2022）05 号</td></tr>
<tr><td>申请单位</td><td colspan="3">重庆市畜牧科学院、安杰利（重庆）生物科技有限公司</td></tr>
<tr><td>通用名称</td><td colspan="3">腺苷七肽</td></tr>
<tr><td>英文名称</td><td colspan="3">johnisin-C</td></tr>
<tr><td>主要成分</td><td colspan="3">腺苷七肽</td></tr>
<tr><td>产品类别</td><td colspan="3">其他类饲料添加剂</td></tr>
<tr><td>产品来源</td><td colspan="3">以约氏乳杆菌（Lactobacillus johnsonii CGMCC 19 858）为菌种，经液体发酵、提取、添加载体进行喷雾干燥，再添加稀释剂制得</td></tr>
<tr><td>适用动物</td><td colspan="3">断奶仔猪</td></tr>
<tr><td>在配合饲料中的推荐添加量（以干物质含量为 88%的配合饲料为基础）</td><td colspan="3">2.5～5.0mg/kg（以腺苷七肽计）</td></tr>
<tr><td rowspan="14">质量要求</td><td colspan="2">腺苷七肽/%</td><td>≥1.0</td></tr>
<tr><td colspan="2">水分/%</td><td>≤10.0</td></tr>
<tr><td rowspan="2">粒度</td><td>1.18mm 孔径试验筛通过率/%</td><td>100</td></tr>
<tr><td>0.85mm 孔径试验筛通过率/%</td><td>≥90</td></tr>
<tr><td colspan="2">黄曲霉毒素 B_1/(μg/kg)</td><td>≤10.0</td></tr>
<tr><td colspan="2">玉米赤霉烯酮/(mg/kg)</td><td>≤0.3</td></tr>
<tr><td colspan="2">脱氧雪腐镰刀菌烯醇/(mg/kg)</td><td>≤1.0</td></tr>
<tr><td colspan="2">铅（Pb）/(mg/kg)</td><td>≤10.0</td></tr>
<tr><td colspan="2">总砷（以砷元素计）/(mg/kg)</td><td>≤2.0</td></tr>
<tr><td colspan="2">铬（Cr）/(mg/kg)</td><td>≤5.0</td></tr>
<tr><td colspan="2">镉（Cd）/(mg/kg)</td><td>≤1.0</td></tr>
<tr><td colspan="2">沙门氏菌（25g 中）</td><td>不得检出</td></tr>
</table>

附件 2

NYSL

新饲料和新饲料添加剂产品标准

NYSL—1001—2022

饲料添加剂　鞣酸蛋白

Feed additive—Albumin tannate

2022 - 11 - 03 发布　　　　2022 - 11 - 03 实施

中华人民共和国农业农村部　发布

前　言

本文件按照 GB/T 1.1—2020《标准化工作导则　第 1 部分：标准化文件的结构和起草规则》的规定起草。

本文件的某些内容可能涉及专利。本文件的发布机构不承担识别专利的责任。

本文件由中华人民共和国农业农村部畜牧兽医局提出，由全国饲料评审委员会归口。

本文件由广州英赛特生物技术有限公司起草，由国家饲料质量检验检测中心（北京）复核。

本文件主要起草人：彭险峰、覃宗华、区煜荣。

饲料添加剂　鞣酸蛋白

1　范围

本文件规定了饲料添加剂鞣酸蛋白的技术要求、检验规则、标签、包装、运输、贮存和保质期，描述了取样和试验方法。

本文件适用于以五倍子来源的单宁酸和大豆分离蛋白为原料，经化学合成、分离和干燥等工艺制备的饲料添加剂鞣酸蛋白。

2　规范性引用文件

下列文件中的内容通过文中的规范性引用而构成本文件必不可少的条款。其中，注日期的引用文件，仅该日期对应的版本适用于本文件；不注日期的引用文件，其最新版本（包括所有的修改单）适用于本文件。

GB/T 5917.1　饲料粉碎粒度测定　两层筛筛分法

GB/T 6435　饲料中水分的测定

GB/T 6682　分析实验室用水规格和试验方法

GB/T 8170　数值修约规则与极限数值的表示和判定

GB 10648　饲料标签

GB/T 13079　饲料中总砷的测定

GB/T 13080　饲料中铅的测定　原子吸收光谱法

GB/T 13091　饲料中沙门氏菌的测定

GB/T 14699.1　饲料　采样

GB/T 20195　动物饲料　试样的制备

中华人民共和国药典（2020年版）

3　术语和定义

本文件没有需要界定的术语和定义。

4　技术要求

4.1　外观与性状

红棕色粉末，无嗅。

4.2　技术指标

应符合表1规定。

表1　技术指标

项　　目	指　标
总单宁酸（以干基计）/%	≥50.0
游离单宁酸/%	≤1.0
胃蛋白酶中不消化物/%	≥50.0
水分/%	≤6.0

（续）

项目		指标
灼烧残渣/%		≤1
粒度	通过0.80mm试验筛/%	100
	通过0.50mm试验筛/%	≥90
总砷（以As计）/(mg/kg)		≤3
铅（Pb）/(mg/kg)		≤2
沙门氏菌（25g中）		不得检出

5 取样

按GB/T 14699.1规定执行。

6 试验方法

6.1 警示

本试验方法中使用的部分试剂具有腐蚀性或毒性，操作时须小心谨慎！必要时，需在通风橱中进行。如溅到皮肤上应立即用水冲洗，严重者应立即就医。

6.2 一般规定

除非另有说明，在分析中仅使用确认为分析纯的试剂和GB/T 6682中规定的三级水；所述溶液若未指明溶剂，均系水溶液。

6.3 感官检验

取适量样品置于清洁干净的白瓷盘中，在自然光下观察其颜色和性状，嗅其气味。

6.4 鉴别

6.4.1 试剂或材料

6.4.1.1 乙醇。

6.4.1.2 氯仿。

6.4.1.3 乙醚。

6.4.1.4 硝酸。

6.4.1.5 40g/L氢氧化钠溶液：称取40g氢氧化钠，用300～400mL水溶解，冷却，用水定容至1 000mL。

6.4.1.6 53g/L碳酸钠溶液：称取53g碳酸钠，用200～300mL水溶解，冷却，用水定容至1 000mL。

6.4.1.7 丙酮水溶液：丙酮＋水＝60＋40。

6.4.1.8 27g/L六水三氯化铁溶液：称取27g六水三氯化铁，用200～300mL水溶解后，用水定容至1 000mL。

6.4.2 鉴别方法

6.4.2.1 称取适量试样，难溶于水、乙醇（6.4.1.1）、氯仿（6.4.1.2）、乙醚（6.4.1.3），在氢氧化钠溶液（6.4.1.5）或碳酸钠溶液（6.4.1.6）中可溶。

6.4.2.2 称取两份0.10g试样。一份加水100mL，搅拌均匀后，加入六水三氯化铁溶液（6.4.1.8）0.5mL，溶液呈淡蓝色。另一份加入丙酮水溶液（6.4.1.7），搅拌均匀后，加入六水三氯化铁溶液（6.4.1.8）0.5mL，溶液呈青紫色。

6.4.2.3　称取0.1g试样，加硝酸（6.4.1.4）5mL，溶液显黄色。

6.5　总单宁酸

按附录A规定执行。

6.6　游离单宁酸

按附录B规定执行。

6.7　胃蛋白酶中不消化物

按附录C规定执行。

6.8　水分

按GB/T 6435规定执行。

6.9　灼烧残渣

按《中华人民共和国药典（2020年版）》规定执行。

6.10　粒度

按GB/T 5917.1规定执行。

6.11　总砷

按GB/T 13079规定执行。

6.12　铅

按GB/T 13080规定执行。

6.13　沙门氏菌

按GB/T 13091规定执行。

7　检验规则

7.1　组批

以相同材料、相同生产工艺、连续生产或同一班次生产的同一规格的产品为一批，批产量为100t。

7.2　出厂检验

检验项目为外观与性状、水分和总单宁酸（以干基计）含量。产品出厂前应逐批检验，检验合格并且附具合格证和产品使用说明书（见附录D）方可出厂。

7.3　型式检验

型式检验项目为第4章规定的所有项目。在正常生产情况下，每年至少进行1次型式检验。有下列情况之一时，亦应进行型式检验：

a）产品定型投产时；

b）生产工艺、配方或主要原料来源有较大改变，可能影响产品质量时；

c）停产3个月以上，重新恢复生产时；

d）出厂检验结果与上次型式检验结果有较大差异时；

e）饲料行政管理部门提出检验要求时。

7.4　判定规则

7.4.1　所验项目全部合格，判定为该批次合格。

7.4.2　检验结果中有任何指标不符合本标准规定时，可自同批产品中重新加倍取样进行复检。复检结果有一项指标不符合本文件规定，则判定该批产品不合格。微生物指标不得复检。

7.4.3 各项目指标的极限数值判定按 GB/T 8170 中全数值比较法执行。

8 标签、包装、运输、贮存和保质期

8.1 标签

按 GB 10648 规定执行，见附录 E。

8.2 包装

本品采用铝箔袋包装，1kg/袋、5kg/袋、10kg/袋、20kg/袋、25kg/袋（或按客户指定规格包装）。

8.3 运输

运输中防止包装破损、日晒、雨淋，禁止与有毒有害物质或碱性物质共运。

8.4 贮存

贮存时防止日晒、雨淋，禁止与有毒有害物质或碱性物质混贮。

8.5 保质期

未开启包装的产品，在规定的运输、贮存条件下，原包装自生产之日起的保质期为 24 个月。

附录 A

（规范性）

饲料添加剂鞣酸蛋白中总单宁酸含量的测定　分光光度法

A.1　原理

丙酮溶液打开鞣酸蛋白中单宁酸与蛋白结合的氢键，经过滤，溶于丙酮中的单宁酸与钨酸钠—磷钼酸混合溶液（福林酚试剂）和碳酸钠溶液发生显色反应，用分光光度计进行含量测定。

A.2　试剂或材料

除非另有说明，仅使用分析纯试剂。水为符合 GB/T 6682 规定的三级水。

A.2.1　丙酮溶液：丙酮＋水＋盐酸＝600＋400＋20。分别取 600mL 丙酮、400mL 水、20mL 盐酸，混合，摇匀，即得。

A.2.2　钨酸钠—磷钼酸混合溶液：称取 100.0g 钨酸钠、20.0g 磷钼酸，溶于约 750mL 水中，移入 1 000mL 回流瓶中，加入 50mL 磷酸，充分混匀，接上冷凝管，在沸水浴上加热回流 2h，冷却，转入 1 000mL 容量瓶中，用水定容至刻度，摇匀，过滤，置棕色容量瓶中保存。室温下可保存 2 周。或购买市售福林酚试剂。

A.2.3　碳酸钠溶液（75g/L）：称取 37.5g 无水碳酸钠溶于 250mL 温水中，混匀，冷却，稀释至 500mL，过滤到储液瓶中备用。室温下有效期 7d。

A.2.4　单宁酸标准品（$C_{76}H_{52}O_{46}$，CAS 号：1401－55－4）：含量≥95.0％。

A.2.5　单宁酸标准储备溶液（1mg/mL）：称取单宁酸标准品（A.2.4）约 100mg（精确到 0.1mg），于 100mL 棕色容量瓶中，用丙酮溶液（A.2.1）溶解定容。于 2～4℃保存，有效期为 2d。

A.2.6　单宁酸标准中间溶液（100μg/mL）：准确移取单宁酸标准储备液（A.2.5）5.00mL 于 50mL 棕色容量瓶中，用水定容。临用现配。

A.3　仪器设备

A.3.1　紫外可见分光光度计：波长精度±2nm。

A.3.2　分析天平：感量 0.1mg。

A.3.3　集热式恒温加热磁力搅拌器：控温精度±1℃。

A.3.4　离心机：转速不低于 10 000 r/min。

A.4　样品

按 GB/T 20195 制备样品，粉碎使其全部通过 0.425mm 孔径的分析筛，充分混匀，备用。

A.5　试验步骤

A.5.1　提取

平行做两份试验。称取试样约 0.1g，精确到 0.1mg，置于 250mL 具塞三角瓶中，准确加入 50mL 丙酮溶液（A.2.1），加塞密封，置于恒温加热磁力搅拌器（A.3.3）中，于 55℃水浴搅拌 1h，充分冷却后用丙酮溶液（A.2.1）定容至 100mL 棕色容量瓶中，摇匀，取 20mL 溶液置于离心管中，10 000 r/min 离心 10min，准确移取 5.00mL 上清液，用丙酮溶液（A.2.1）定容至 10mL 棕色容量瓶中，摇匀，备用。

A.5.2　测定

A.5.3　标准曲线的绘制和测定

准确移取单宁酸标准中间溶液（A.2.6）0.00mL、0.50mL、1.00mL、1.50mL、2.00mL、3.00mL，分别置盛有约30mL水的50mL棕色容量瓶中，摇匀；加钨酸钠—磷钼酸混合溶液（A.2.2）2.5mL，摇匀；加碳酸钠溶液（A.2.3）7.0mL，摇匀；分别用水定容至50mL，摇匀。单宁酸系列标准溶液浓度分别为：0.00mg/L、1.00mg/L、2.00mg/L、3.00mg/L、4.00mg/L、6.00mg/L，放置80min显色后，以标准曲线0.00mg/L为空白，在760nm波长处测定标准溶液的吸光度，以单宁酸浓度为横坐标，吸光度为纵坐标，绘制标准曲线。

A.5.4　试样的测定

准确移取试液（A.5.1）0.50mL，置于盛有约30mL水的50mL棕色容量瓶中，摇匀；加钨酸钠—磷钼酸混合溶液（A.2.2）2.5mL，摇匀；加碳酸钠溶液（A.2.3）7.0mL，摇匀；分别用水定容至50mL，摇匀。放置80min显色后，以标准曲线0.00mg/L为空白，在760nm波长处测定试样溶液的吸光度，根据标准曲线求出试液（A.5.1）中单宁酸的浓度。如果吸光度值超过6.00mg/L单宁酸的吸光度时，将试液（A.5.1）稀释后重新测定。

A.6　试验数据处理

试样中总单宁酸（以干基计），以质量分数 ω_1 计，数值以百分数（%）表示。按公式（A.1）计算：

$$\omega_1=\frac{\rho\times V\times n}{m\times 1\,000\times 1\,000\times(1-X)}\times 100 \qquad \text{(A.1)}$$

式中：

ρ——由标准曲线得出的试样溶液中单宁酸的质量浓度，单位为毫克每升（mg/L）；

V——提取溶液的体积，单位为毫升（mL）；

n——试样稀释倍数；

m——试样质量，单位为克（g）；

X——试样的水分含量，单位为百分比（%）。

测定结果以平行测定的算术平均值表示，保留到小数点后一位。

A.7　精密度

在重复性条件下，两次独立测试结果与其算术平均值的绝对差值不大于该算术平均值的2%。

附录 B

（规范性）

饲料添加剂鞣酸蛋白中游离单宁酸的测定　分光光度法

B. 1　原理

用水溶解鞣酸蛋白中游离单宁酸，过滤后，滤液中游离单宁酸与钨酸钠—磷钼酸混合溶液（福林酚试剂）和碳酸钠溶液发生显色反应，用分光光度计进行含量测定。

B. 2　试剂或材料

除非另有说明，仅使用分析纯试剂。水为符合 GB/T 6682 规定的三级水。

B. 2. 1　钨酸钠—磷钼酸混合溶液：称取 100. 0g 钨酸钠、20. 0g 磷钼酸，溶于约 750mL 水中，移入 1 000mL 回流瓶中，加入 50mL 磷酸，充分混匀，接上冷凝管，在沸水浴上加热回流 2h，冷却，转入 1 000mL 容量瓶中，用水定容至刻度，摇匀，过滤，置棕色容量瓶中保存。室温下可保存 2 周。或购买市售福林酚试剂。

B. 2. 2　碳酸钠溶液（75g/L）：称取 37. 5g 无水碳酸钠溶于 250mL 温水中，混匀，冷却，稀释至 500mL，过滤到储液瓶中备用。室温下有效期为 7d。

B. 2. 3　单宁酸标准品（$C_{76}H_{52}O_{46}$，CAS 号：1401－55－4）：含量≥95. 0%。

B. 2. 4　单宁酸标准储备溶液（1mg/mL）：称取单宁酸标准品（B. 2. 3）约 100mg（精确到 0. 1mg），于 100mL 棕色容量瓶中，用水溶解定容。于 2～4℃保存，有效期为 2d。

B. 2. 5　单宁酸标准溶液（100μg/mL）：准确移取单宁酸标准储备液（B. 2. 4）5. 00mL 于 50mL 棕色容量瓶中，用水定容。临用现配。

B. 3　仪器设备

B. 3. 1　紫外可见分光光度计：波长精度±2nm。

B. 3. 2　分析天平：感量 0. 1mg。

B. 3. 3　超声振荡器。

B. 4　样品

按 GB/T 20195 制备样品，粉碎使其全部通过 0. 425mm 孔径的分析筛，充分混匀，备用。

B. 5　试验步骤

B. 5. 1　提取

平行做两份试验。称取试样约 10. 0g，精确到 0. 1mg，置于 250mL 三角瓶中，准确加入 50mL 水，超声 5min，静置，用中速定量滤纸过滤，弃去初滤液，续滤液供测定用。

B. 5. 2　标准曲线的绘制和测定

准确移取单宁酸标准溶液（B. 2. 5）0. 00mL、0. 50mL、1. 00mL、1. 50mL、2. 00mL、3. 00mL，分别置盛有约 30mL 水的 50mL 棕色容量瓶中，摇匀；加钨酸钠—磷钼酸混合溶液（B. 2. 1）2. 5mL，摇匀；加碳酸钠溶液（B. 2. 2）7. 0mL，摇匀；分别用水定容至 50mL，摇匀。单宁酸系列标准溶液浓度分别为：0. 00mg/L、1. 00mg/L、2. 00mg/L、3. 00mg/L、4. 00mg/L、6. 00mg/L，放置 80min 显色后，以标准曲线 0. 00mg/L 为空白，在 760nm 波长处测定标准溶液的吸光度，以单宁酸浓度为横坐标，吸光度为纵坐标，绘制标准曲线。

B. 5. 3　试样的测定

准确移取试液（B. 5. 1）1. 00mL 用水稀释 10 倍后，取 1mL 稀释样品置于盛有约 30mL 水的 50mL 棕色容量瓶中，摇匀；加钨酸钠—磷钼酸混合溶液（B. 2. 1）2. 5mL，摇匀；加碳酸钠溶液（B.2.2）7.0mL，摇匀；分别用水定容至50mL，摇匀。放置80min显色后，以标准曲线0.00mg/L为空白，在760nm波长处测定试样溶液的吸光度，根据标准曲线求出稀释后试样中单宁酸的浓度。如果吸光度值超过6.00mg/L单宁酸的吸光度时，将试液（B.5.1）稀释后重新测定。

B.6 试验数据处理

试样中游离单宁酸的含量以质量分数 ω_2 计，数值以百分数（%）表示。按公式（B.1）计算：

$$\omega_2=\frac{\rho\times V\times n}{m\times 1\,000\times 1\,000}\times 100 \tag{B.1}$$

式中：

ρ——由标准曲线得出的稀释后试样中单宁酸的质量浓度，单位为毫克每升（mg/L）；

V——提取溶液的体积，单位为毫升（mL）；

n——试样稀释倍数；

m——试样质量，单位为克（g）。

测定结果以平行测定的算术平均值表示，保留到小数点后一位。

B.7 精密度

在重复性条件下，两次独立测试结果与其算术平均值的绝对差值不大于该算术平均值的2%。

附录C

（规范性）

饲料添加剂鞣酸蛋白中胃蛋白酶中不消化物的测定

C.1　原理

模拟动物胃内条件，考察在一定温度、酸及时间条件下胃蛋白酶对鞣酸蛋白的消化程度，计算出鞣酸蛋白的胃蛋白酶中不消化物百分比。

C.2　试剂或材料

除非另有说明，仅使用分析纯试剂。水为符合GB/T 6682规定的三级水。

C.2.1　胃蛋白酶：来源于猪胃，CAS号：9001-75-6，2 500IU/mg。

C.2.2　胃蛋白酶溶液：200IU/mL。称取8mg（精确到0.1mg）胃蛋白酶（C.2.1）溶于80mL水中，混匀，定容至100mL，预热至37℃备用，现配现用。

C.2.3　盐酸溶液（1mol/L）：量取43mL 36%浓盐酸用玻璃棒引流注入到装有300mL水的烧杯中，搅匀后转移至500mL容量瓶中，反复洗涤玻璃棒和烧杯2次～3次，定容至刻度线。

C.2.4　钨酸钠—磷钼酸混合溶液（或购买市售福林酚试剂）：称取100.0g钨酸钠、20.0g磷钼酸，溶于约750mL水中，移入1 000mL回流瓶中，加入50mL磷酸，充分混匀，接上冷凝管，在沸水浴上加热回流2h，冷却，转入1 000mL容量瓶中，用水定容至刻度，摇匀，过滤，置棕色容量瓶中保存。室温下有效期14d。

C.2.5　碳酸钠溶液（75g/L）：称取37.5g无水碳酸钠溶于250mL温水中，混匀，冷却，稀释至500mL，过滤到储液瓶中备用。室温下有效期7d。

C.2.6　单宁酸标准品（$C_{76}H_{52}O_{46}$）：CAS号为1401-55-4，含量≥95.0%。

C.2.7　单宁酸标准储备溶液（1mg/mL）：称取单宁酸标准品（C.2.6）约100mg（精确到0.1mg），于100mL棕色容量瓶中，用水溶解定容。于2～4℃保存，有效期为2d。

C.2.8　单宁酸标准溶液（100μg/mL）：准确移取单宁酸标准储备液（C.2.7）5.00mL于50mL棕色容量瓶中，用水定容。临用现配。

C.3　仪器设备

C.3.1　分析天平：感量0.1mg。

C.3.2　恒温水浴锅：带磁力搅拌。

C.3.3　紫外可见分光光度计：波长精度±2nm。

C.3.4　滤器：0.22μm。

C.4　样品

按GB/T 20195制备样品，粉碎使其全部通过0.425mm孔径的分析筛，充分混匀，备用。

C.5　试验步骤

C.5.1　鞣酸蛋白的胃蛋白酶消化试验

平行做两份试验。称取待测鞣酸蛋白样品约2g（精确到0.1mg），加入水75mL，再加入7mL盐酸溶液（C.2.3），加入胃蛋白酶溶液（C.2.2）25mL，摇匀，加盖密封在37℃水浴中静置3小时。冰水中冷却后用微孔滤膜过滤，滤液供测定酶消化释放的单宁酸用。

C.5.2　滤液样中单宁酸含量的测定

C.5.2.1　标准曲线的绘制和测定

准确移取单宁酸标准溶液（C. 2. 8）0. 00mL、0. 50mL、1. 00mL、1. 50mL、2. 00mL、3. 00mL，分别置盛有约 30mL 水的 50mL 棕色容量瓶中，摇匀；加钨酸钠—磷钼酸混合溶液（C. 2. 4）2. 5mL，摇匀；加碳酸钠溶液（C. 2. 5）7. 0mL，摇匀；分别用水定容至 50mL，摇匀。单宁酸系列标准溶液浓度分别为：0. 00mg/L、1. 00mg/L、2. 00mg/L、3. 00mg/L、4. 00mg/L、6. 00mg/L，放置 80min 显色后，以标准曲线 0. 00mg/L 为空白，在 760nm 波长处测定标准溶液的吸光度，以单宁酸浓度为横坐标，吸光度为纵坐标，绘制标准曲线。

C. 5. 2. 2　试样的测定

准确移取试液（C. 5. 1）1. 00mL，置于盛有约 30mL 水的 50mL 棕色容量瓶中，摇匀并用水定容至 50mL；取 1. 00mL 稀释后的待测溶液，置于盛有约 30mL 水的 50mL 棕色容量瓶中，摇匀加钨酸钠—磷钼酸混合溶液（C. 2. 4）2. 5mL，摇匀；加碳酸钠溶液（C. 2. 5）7. 0mL，摇匀；分别用水定容至 50mL，摇匀。放置 80min 显色后，以标准曲线 0. 00mg/L 为空白，在 760nm 波长处测定试样溶液的吸光度，根据标准曲线求出稀释后试样中单宁酸的浓度。如果吸光度值超过 6. 00mg/L 单宁酸的吸光度时，将试液稀释后重新测定。

C. 6　试验数据处理

试验中胃蛋白酶中不消化物含量以质量分数 ω_3 计，数值以百分数（%）表示。按公式（C. 1）计算：

$$\omega_3 = 1 - \frac{m_1 - m_B}{m_A - m_B} \times 100 \qquad \text{(C. 1)}$$

其中：

$$m_1 = \frac{\rho \times V \times n}{m \times 1\,000 \times 1\,000} \times 100 \qquad \text{(C. 2)}$$

式中：

ρ ——由标准曲线得出的稀释后试样中单宁酸的质量浓度，单位为毫克每升（mg/L）；

V ——酶消化液体积（见 C. 5. 1，V=107 mL）；

n ——稀释倍数，n=2 500；

m_1——样品经胃蛋白酶消化后游离单宁酸占样品总量的百分比（%）；

m_A——通过附录 A 计算的鞣酸蛋白中总单宁酸（以湿基计）含量，单位为百分比（%）；

m_B——通过附录 B 计算的鞣酸蛋白中游离单宁酸的含量，单位为百分比（%）；

m ——试样质量，单位为克（g）。

测定结果以平行测定的算术平均值表示，保留到小数点后一位。

C. 7　精密度

在重复性条件下，两次独立测试结果与其算术平均值的绝对差值不大于该算术平均值的 2%。

附录 D
（规范性）
产品使用说明

【新产品证书号】　　【生产许可证号】
【产品批准文号】　　【执行标准】

饲料添加剂　鞣酸蛋白
使用说明书

【产品名称】鞣酸蛋白
【英文名称】albumin tannate
【有效成分】鞣酸蛋白
【性 状】红棕色粉末，无嗅。
【产品成分分析保证值】

项　　目		指　标
总单宁酸（以干基计）/%		≥50.0
游离单宁酸/%		≤1.0
胃蛋白酶中不消化物/%		≥50.0
水分/%		≤6.0
灼烧残渣/%		≤1
粒度	通过 0.80mm 试验筛/%	100
	通过 0.50mm 试验筛/%	≥90
总砷（以 As 计）/(mg/kg)		≤3
铅（Pb）/(mg/kg)		≤2
沙门氏菌（25g 中）		不得检出

【作用功效】降低断奶仔猪腹泻率，改善肠道健康。
【适用范围】断奶仔猪。
【用法与用量】在断奶仔猪配合饲料中的推荐添加量为 1 000～2 000mg/kg（以总单宁酸计），连续添加使用不超过 30d，最高限量为 2 000mg/kg（以总单宁酸计）。
【净含量】
【保质期】24 个月。
【贮运】贮存时防止日晒、雨淋，禁止与有毒有害物质或碱性物质混贮。运输时防止包装破损、日晒、雨淋，禁止与有毒有害物质或碱性物质共运。
【生产企业】
地址　　邮编
电话　　传真
网址　　邮箱

附录 E
（规范性）
产品标签

【新产品证书号】 【生产许可证号】
【执行标准】 【产品批准文号】

饲料添加剂
鞣酸蛋白
Albumin tannate

【产品名称】鞣酸蛋白
【产品成分分析保证值】

项　　目		指　标
总单宁酸（以干基计）/%		≥50.0
游离单宁酸/%		≤1.0
胃蛋白酶中不消化物/%		≥50.0
水分/%		≤6.0
灼烧残渣/%		≤1
粒度	通过 0.80mm 试验筛/%	100
	通过 0.50mm 试验筛/%	≥90
总砷（以 As 计）/(mg/kg)		≤3
铅（Pb）/(mg/kg)		≤2
沙门氏菌（25g 中）		不得检出

【有效成分】鞣酸蛋白。
【作用功效】降低断奶仔猪腹泻率，改善肠道健康。
【适用范围】断奶仔猪。
【用法与用量】在断奶仔猪配合饲料中的推荐添加量为 1 000～2 000mg/kg（以总单宁酸计），连续添加使用不超过 30d，最高限量为 2 000mg/kg（以总单宁酸计）。
【净含量】
【保质期】24 个月。
【贮运】贮存时防止日晒、雨淋，禁止与有毒有害物质或碱性物质混贮。运输时防止包装破损、日晒、雨淋，禁止与有毒有害物质或碱性物质共运。
【生产企业】
　　地址　　　　　　邮编
　　电话　　　　　　传真
【生产日期】
【生产批号】

附件 3

NYSL

新饲料和新饲料添加剂产品标准

NYSL—1002—2022

饲料添加剂　三丁酸甘油酯

Feed Additive—Tributyrin

2022 - 11 - 03 发布　　　　2022 - 11 - 03 实施

中华人民共和国农业农村部　发布

前 言

本文件按照 GB/T 1.1—2020《标准化工作导则　第1部分：标准化文件的结构和起草规则》的规定起草。

请注意本文件的某些内容可能涉及专利。本文件的发布机构不承担识别专利的责任。

本文件由中华人民共和国农业农村部畜牧兽医局提出，由全国饲料评审委员会归口。

本文件由武汉泛华生物技术有限公司、湖北浩华生物技术有限公司起草，由国家饲料质量检验检测中心（北京）复核。

本文件主要起草人：侯永清、胡群兵、杨玲、李宝成。

饲料添加剂　三丁酸甘油酯

1　范围

本文件给出了三丁酸甘油酯的化学名称、分子式、相对分子质量和结构式，规定了饲料添加剂三丁酸甘油酯的技术要求、检验规则及标签、包装、贮存、运输和保质期，描述了取样和试验方法。

本文件适用于以丁酸和甘油为原料，经酯化反应和纯化精制制得的饲料添加剂三丁酸甘油酯。

2　规范性引用文件

下列文件中的内容通过文中的规范性引用而构成本文件必不可少的条款。其中，注日期的引用文件，仅该日期对应的版本适用于本文件；不注日期的引用文件，其最新版本（包括所有的修改单）适用于本文件。

GB/T 6682　分析实验室用水规格和试验方法

GB/T 8170　数值修约规则与极限数值的表示和判定

GB 10648　饲料标签

GB/T 13079　饲料中总砷的测定

GB/T 13080　饲料中铅的测定　原子吸收光谱法

GB/T 14699.1　饲料　采样

GB/T 26626　动植物油脂　水分含量测定　卡尔费休法（无吡啶）

《中华人民共和国兽药典》（2020 年版）

3　术语和定义

本文件没有需要界定的术语和定义。

4　化学名称、分子式、相对分子质量和结构式

化学名称：三丁酸甘油酯，CAS 号：60－01－5

分子式：$C_{15}H_{26}O_6$

相对分子质量：302.36（按 2016 年国际相对原子质量）

结构式：三丁酸甘油酯结构式见图 1。

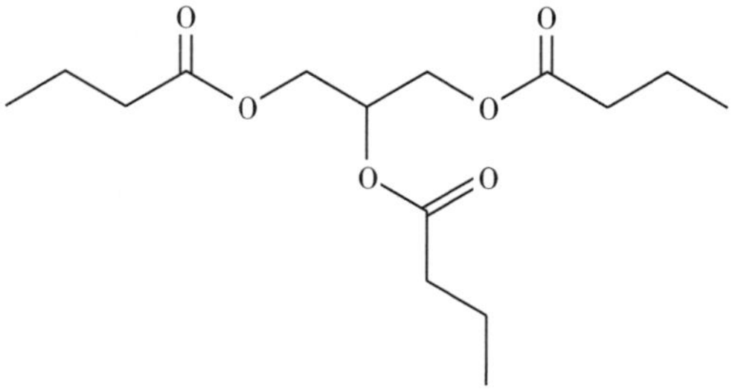

图 1　三丁酸甘油酯结构式

5 技术要求

5.1 外观与性状

本品为无色至微黄色油状液体，有特殊脂肪香味，易溶于乙醇、氯仿和乙醚，极难溶于水。

5.2 技术指标

应符合表1的规定。

表1 技术指标

项 目	指 标
三丁酸甘油酯（以 $C_{15}H_{26}O_6$ 计）/%	≥95.0
单丁酸甘油酯与双丁酸甘油酯之和（以 $C_7H_{14}O_4$ 与 $C_{11}H_{20}O_5$ 之和计）/%	≤4.0
丁酸/%	≤0.5
水分/%	≤0.5
总砷（以 As 计）/(mg/kg)	≤3.0
铅（Pb）/(mg/kg)	≤2.0

6 取样

按 GB/T 14699.1 的规定执行。

7 试验方法

除非另有规定，仅使用分析纯试剂。色谱分析用水应符合 GB/T 6682 规定的一级水，其他分析用水应符合 GB/T 6682 规定的三级水。

7.1 感官检验

取适量的试样放置于清洁、干燥的玻璃平皿或烧杯内，于自然光下、通风良好、无异味的环境中，观察其色泽和形态，并嗅其气味。

7.2 鉴别试验

7.2.1 试剂或材料

7.2.1.1 乙腈：色谱纯。

7.2.1.2 三丁酸甘油酯标准品：CAS 号为 60-01-5，纯度≥98.0%。

7.2.2 仪器设备

7.2.2.1 傅里叶变换红外光谱仪。

7.2.2.2 高效液相色谱仪：配紫外检测器。

7.2.2.3 分析天平：感量 0.000 1g。

7.2.3 鉴别

7.2.3.1 红外分光光度法

按照《中华人民共和国兽药典》（2020年版一部附录）规定，采用 KBr 液膜法，用傅里叶变换红外光谱仪在 4 000cm^{-1}～400cm^{-1}波数范围内录制光谱图。三丁酸甘油酯标准溶液红外光谱图见附录 A。

7.2.3.2 液相色谱法

按 7.3 进行检测，试样溶液中三丁酸甘油酯的保留时间与标准工作溶液中三丁酸甘油酯的保留时间一致，其相对偏差应在±2.5%之内。在重复性条件下，两次独立测定的保留时间绝对误差不大于 0.02min。三丁酸甘油酯标准溶液液相色谱图见附录 B。

7.3 三丁酸甘油酯

7.3.1 原理

试样用流动相溶解，用液相色谱仪分离，紫外检测器检测，外标法定量。

7.3.2 试剂或材料

7.3.2.1 乙腈：色谱纯。

7.3.2.2 流动相：乙腈＋水＝80＋20。

7.3.2.3 标准储备溶液：准确称取三丁酸甘油酯标准品（CAS 号为 60－01－5，纯度≥98.0%）0.25g（精确到 0.000 1g）置于 25mL 容量瓶中，加流动相（7.3.2.2）约 20mL，置超声波清洗器中超声 20min，冷却至室温后用流动相（7.3.2.2）稀释至刻度，充分摇匀。该标准储备溶液浓度为 10.0mg/mL。于 2～8℃保存，有效期为 1 个月。

7.3.2.4 标准溶液：准确移取 1mL 标准储备溶液（7.3.2.3）置于 10mL 容量瓶中，用流动相（7.3.2.2）定容至刻度。该标准中间溶液浓度为 1.0mg/mL，临用现配。

7.3.2.5 标准系列溶液：分别取三丁酸甘油酯标准溶液（7.3.2.4），用流动相（7.3.2.2）稀释为三丁酸甘油酯浓度为 0.1mg/mL、0.2mg/mL、0.4mg/mL、0.6mg/mL、0.8mg/mL、1.0mg/mL 的标准系列溶液。临用现配。上机前过 0.22μm 滤膜。

7.3.2.6 微孔滤膜：孔径 0.22μm，有机系。

7.3.3 仪器设备

7.3.3.1 高效液相色谱仪：配紫外检测器。

7.3.3.2 电子分析天平：感量为 0.000 1g。

7.3.3.3 超声波清洗器。

7.3.4 试验步骤

7.3.4. 试样溶液的制备

平行做两份试验。称取试样 0.2g（精确到 0.000 1g），置于 25mL 容量瓶中，加入流动相（7.3.2.2）约 20mL，超声波振动 20min 使试样溶解，冷却至室温后用流动相（7.3.2.2）溶液定容至刻度，摇匀，静置，即为试样溶液。取 5mL 试样溶液置于 50mL 容量瓶中，用流动相（7.3.2.2）定容到刻度，过 0.22μm 滤膜后，上机测定。

7.3.4.2 液相色谱参考条件

液相色谱参考条件如下：

a）色谱柱：十八烷基硅烷键合硅胶柱，柱长 250mm，内径 4.6mm，粒度 5μm，或者性能相当者。

b）流动相：7.3.2.2。

c）检测波长：210nm。

d）流速：1.0mL/min。

e）进样量：20μL。

f）柱温：30℃。

7.3.4.3 测定

在仪器的最佳条件下，取标准系列溶液（7.3.2.5）及试样溶液（7.3.4.1），分别上机测定。以三丁酸甘油酯标准系列溶液的浓度分别为横坐标，色谱峰面积为纵坐标，绘制标准曲线，标准曲线的相关系数不低于 0.995。三丁酸甘油酯标准溶液液相色谱图见附录 B。

7.3.5 试验数据处理

试样中三丁酸甘油酯含量以质量分数 w 计，数值以百分数（%）表示，按式（1）计算：

$$w=\frac{c\times V\times n}{m\times 1\ 000}\times 100 \tag{1}$$

式中：

C——由标准工作曲线计算出的试样中三丁酸甘油酯的浓度，单位为毫克每毫升（mg/mL）；

V——试样溶液定容体积，单位为毫升（mL）；

n——稀释倍数；

m——试样质量，单位为克（g）；

1 000——换算系数。

试验结果用平行测定的算术平均值表示，保留三位有效数字。

7.3.6 精密度

在重复性条件下，两次独立测定结果的绝对差值不大于 2.0%。

7.4 丁酸

7.4.1 原理

在气相色谱仪中注入待测试样，经毛细管柱分离，用氢火焰离子化检测器测定，面积归一法计算丁酸含量。

7.4.2 仪器设备

7.4.2.1 气相色谱仪：具有氢火焰离子化检测器。

7.4.3 试验步骤

7.4.3.1 试样的制备

平行做两份试验。取一定量的试样，过 0.22μm 滤膜后上机测定。

7.4.3.2 气相色谱参考条件

气相色谱参考条件如下：

a）色谱柱：HP－5 毛细管柱，柱长 30m，内径 0.32mm，膜厚 0.25μm，或性能相当者。

b）载气：氮气，1.5mL/min。

c）燃烧气：氢气，30mL/min。

d）助燃气：空气，300mL/min。

e）进样口温度：250℃。

f）程序升温：50℃保持 1min，以 20℃/min 的速率升至 120℃，保持 1min，然后以 7℃/min 的速率升温至 250℃，保持 4min。

g）检测器温度：280℃。

h）分流比：30∶1。

i）进样量：0.2μL。

7.4.3.3 测定

在仪器的最佳条件下，注入试样溶液。

7.4.4 试验数据处理

试样中丁酸的含量以质量分数 w_1 计，数值以百分数（%）表示，按式（2）计算：

$$w_1 = \frac{A_1}{\sum A_i} \times 100 \tag{2}$$

式中：

A_1——丁酸峰面积；

$\sum A_i$ ——各组分峰面积之和。

试验结果用平行测定的算术平均值表示，保留两位有效数字。

7.4.5 精密度

在重复性条件下，两次独立测定结果与其算术平均值的绝对差值不大于该算术平均值的5%。

7.5 单丁酸甘油酯与双丁酸甘油酯之和

7.5.1 原理

丁酸和甘油酯化合成三丁酸甘油酯的过程中会伴随生成单丁酸甘油酯与双丁酸甘油酯，总量减去其他成分含量即为单丁酸甘油酯与双丁酸甘油酯之和。

7.5.2 试验数据处理

试样中单丁酸甘油酯与双丁酸甘油酯之和以质量分数 w_3 计，数值以百分数（%）表示，按式（3）计算：

$$w_3 = 100\% - w - w_1 - w_2 \tag{3}$$

式中：

w——试样中三丁酸甘油酯含量（按7.3方法执行）；

w_1——试样中丁酸含量（按7.4方法执行）；

w_2——试样中水分含量（按7.6方法执行）。

试验结果用平行测定的算术平均值表示，保留两位有效数字。

7.6 水分

按GB/T 26626规定执行。

7.7 总砷（以As计）

按GB/T 13079规定执行。

7.8 铅

按GB/T 13080规定执行。

8 检验规则

8.1 组批

以相同原料、相同生产工艺、连续生产或同一班次生产的同一规格的产品为1批，每批产品不得超过60t。

8.2 出厂检验

出厂检验项目为：外观和性状、三丁酸甘油酯含量、水分。产品出厂前应逐批检验，检验合格并且附具合格证和产品使用说明书（见附录C）方可出厂。

8.3 型式检验

型式检验的项目为第5章规定的所有项目，在正常生产情况下，每半年至少进行一次型式检验。有下列情况之一时，亦应进行型式检验：

a）产品定型投产时；

b）生产工艺、配方或主要原料来源有较大改变，可能影响产品质量时；

c）停产 3 个月以上，重新恢复生产时；

d）出厂检验结果与上次型式检验有较大差异时；

e）饲料行政管理部门提出检验要求时。

8.4 判定规则

8.4.1 所验项目全部合格，判定为该批次产品合格。

8.4.2 检验结果中有任何指标不符合本部分规定时，可自同批产品中重新加倍取样进行复验。复验结果中有一项指标不符合本文本规定，即判定该批产品不合格。

8.4.3 各项目指标的极限数值判定按 GB/T 8170 中修约值比较法执行。

9 标签、包装、运输、贮存与保质期

9.1 标签

按 GB 10648 规定执行，产品标签样式见附录 D。

9.2 包装

本品采用高密度聚乙烯包装桶。

9.3 运输

运输过程中应防潮、防晒、防止包装破损，不得与有毒有害物质混运。

9.4 贮存

应贮存在干燥、无污染的库房内，防止日晒、雨淋。不得与有毒有害物质混贮。

9.5 保质期

未开启包装的产品，在规定的运输、贮存条件下，原包装自生产之日起的保质期为 12 个月。

附录 A

（资料性）

三丁酸甘油酯标准品红外光谱图

三丁酸甘油酯标准品红外光谱图见图 A. 1。

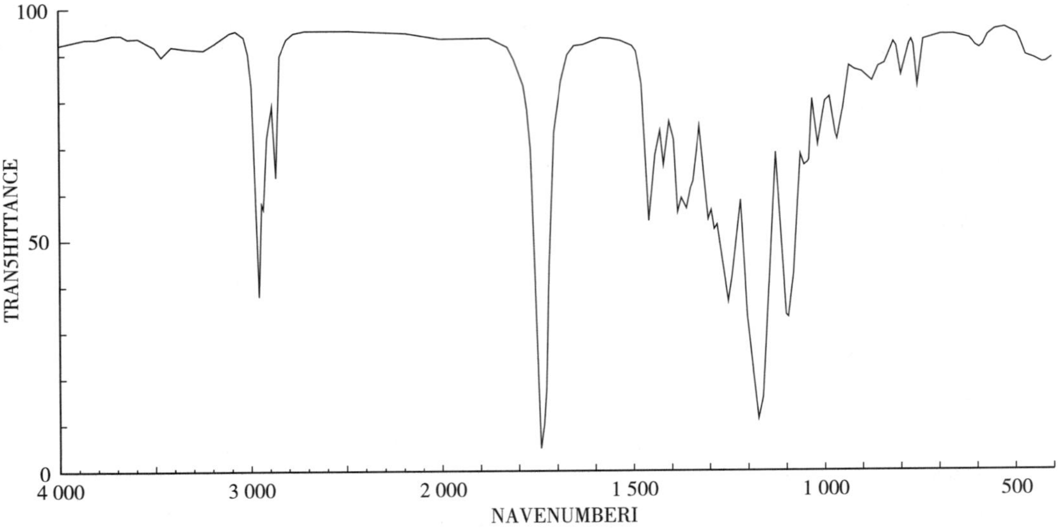

图 A. 1　三丁酸甘油酯标准品红外光谱图

附录 B

（资料性）

三丁酸甘油酯标准溶液液相色谱图

三丁酸甘油酯标准溶液液相色谱图见图 B.1。

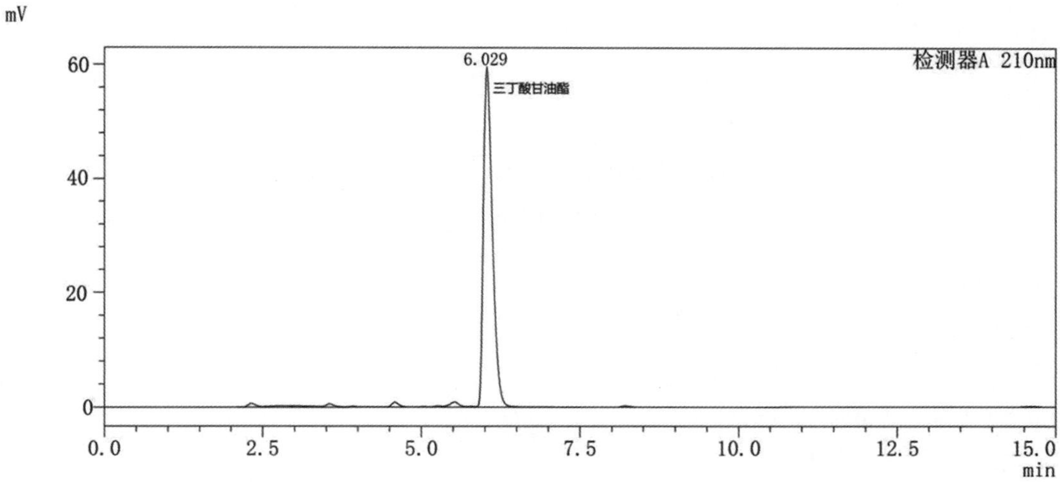

图 B.1　三丁酸甘油酯标准溶液（浓度 1.0mg/mL）液相色谱图

附录 C
（规范性）
产品使用说明书

【新产品证书号】
【生产许可证号】
【产品批准文号】
【执行标准】

饲料添加剂　三丁酸甘油酯
使用说明书

【产品名称】三丁酸甘油酯
【英文名称】Tributyrin
【有效成分】三丁酸甘油酯（$C_{15}H_{26}O_6$）
【性状】无色至微黄色油状液体
【产品成分分析保证值】

项　目	指　标
三丁酸甘油酯（以 $C_{15}H_{26}O_6$ 计）/%	≥95.0
单丁酸甘油酯与双丁酸甘油酯之和（以 $C_7H_{14}O_4$ 与 $C_{11}H_{20}O_5$ 之和计）/%	≤4.0
丁酸/%	≤0.5
水分/%	≤0.5
总砷（以 As 计）/(mg/kg)	≤3.0
铅（Pb）/(mg/kg)	≤2.0

【作用功效】改善肠黏膜形态，促进肠道健康。
【适用范围】肉仔鸡。
【用法与用量】在肉仔鸡配合饲料中的推荐添加量为 500～2 000mg/kg。
【净含量】
【保质期】12 个月。
【贮运】应贮存在干燥、无污染的库房内，防止日晒、雨淋；不得与有毒有害物质混贮。运输过程中应防潮、防晒、防止包装破损，不得与有毒有害物质混运。
【生产企业】

地址　　　　邮编
电话　　　　传真
网址　　　　邮箱

附录 D
（规范性）
产品标签

【新产品证书号】
【产品批准文号】
【生产许可证号】
【执行标准】

饲料添加剂　三丁酸甘油酯
Tributyrin

【产品名称】三丁酸甘油酯
【产品成分分析保证值】

项　　目	指　标
三丁酸甘油酯（以 $C_{15}H_{26}O_6$ 计）/%	≥95.0
单丁酸甘油酯与双丁酸甘油酯之和（以 $C_7H_{14}O_4$ 与 $C_{11}H_{20}O_5$ 之和计）/%	≤4.0
丁酸/%	≤0.5
水分/%	≤0.5
总砷（以 As 计）/(mg/kg)	≤3.0
铅（Pb）/(mg/kg)	≤2.0

【原料组成】三丁酸甘油酯（$C_{15}H_{26}O_6$）。
【作用功效】改善肠黏膜形态，促进肠道健康。
【适用范围】肉仔鸡。
【用法与用量】在肉仔鸡配合饲料中的推荐添加量为 500～2 000 mg/kg（以干物质含量为88%的配合饲料为基础）
【净含量】
【保质期】12 个月。
【贮运】应贮存在干燥、无污染的库房内，防止日晒、雨淋；不得与有毒有害物质混贮。运输过程中应防潮、防晒、防止包装破损，不得与有毒有害物质混运。
【生产企业】
　　地址　　　　　　　　　　邮编
　　电话　　　　　　　　　　传真
【生产日期】
【生产批号】

附件 4

NYSL

新饲料和新饲料添加剂产品标准

NYSL—1003—2022

饲料添加剂　万寿菊提取物
（有效成分为槲皮万寿菊素）

Feed additive-Marigold extract（active substance Quercetagetin）

2022－11－03 发布　　　　2022－11－03 实施

中华人民共和国农业农村部　发布

前　　言

本文件按照 GB/T 1.1—2020《标准化工作导则　第1部分：标准化文件的结构和起草规则》的规定起草。

请注意本文件的某些内容可能涉及专利。本文件的发布机构不承担识别专利的责任。

本文件由中华人民共和国农业农村部畜牧兽医局提出，由全国饲料评审委员会归口。

本文件由晨光生物科技集团股份有限公司、河北晨光检测技术服务有限公司起草，由国家饲料质量检验检测中心（北京）复核。

本文件主要起草人：吴迪、连运河、程远欣、高伟、焦利卫、吴娟娟、钱建瑞。

饲料添加剂　万寿菊提取物（有效成分为槲皮万寿菊素）

1　范围

本文件给出了槲皮万寿菊素的化学名称、通用名称、分子式、相对分子质量和结构式，规定了饲料添加剂万寿菊提取物（有效成分为槲皮万寿菊素）的技术要求、检验规则、标签、包装、运输、贮存和保质期，描述了取样和试验方法。

本文件适用于以万寿菊（*Tagetes erecta* L.）或万寿菊渣为原料，用丙酮等溶剂提取、浓缩、干燥等制成的饲料添加剂万寿菊提取物（有效成分为槲皮万寿菊素）。

2　规范性引用文件

下列文件中的内容通过文中的规范性引用而构成文件必不可少的条款。其中，注日期的引用文件，仅该日期对应的版本适用于本文件；不注日期的引用文件，其最新版本（包括所有的修改单）适用于本文件。

GB/T 602　化学试剂　杂质测定用标准溶液的制备
GB/T 603　化学试剂　试验方法中所用制剂及制品的制备
GB/T 5917.1　饲料粉碎粒度测定　两层筛筛分法
GB/T 6435　饲料中水分的测定
GB/T 6438　饲料中粗灰分的测定
GB/T 6682　分析试验室用水规格和试验方法
GB/T 8170　数值修约规则与极限数值的表示和判定
GB 10648　饲料标签
GB/T 13079　饲料中总砷的测定
GB/T 13080　饲料中铅的测定　原子吸收光谱法
GB/T 14699.1　饲料　采样

3　术语和定义

本文件没有需要界定的术语和定义。

4　化学名称、通用名称、分子式、相对分子质量和结构式

化学名称：3，3′，4′，5，6，7-六羟基黄酮

通用名称：槲皮万寿菊素

分子式：$C_{15}H_{10}O_8$

相对分子质量：318.24（按2018年国际相对原子质量）

结构式：

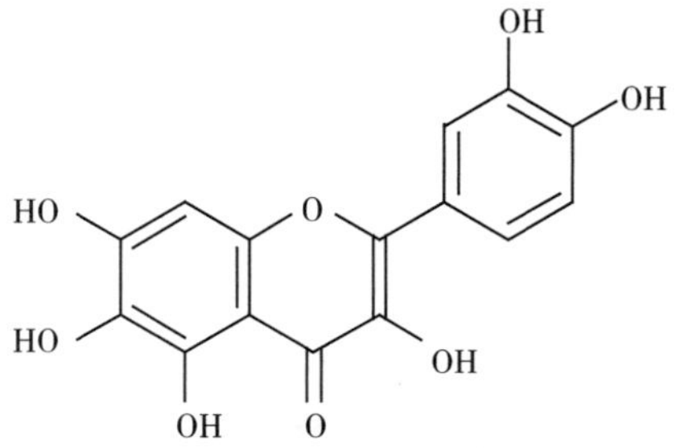

图1　槲皮万寿菊素结构

5 技术要求

5.1 外观和性状

产品为黄色粉末，无肉眼可见杂质，具有万寿菊特有气味。

5.2 鉴别指标

鉴别指标见表1。

表1 鉴别指标

项目		指标	
化学鉴别	三氯化铝反应	亮橘黄色	
紫外光谱	最大吸收波长	360nm、260nm	
特征图谱	特征峰数	2	
	特征峰相对保留时间	峰1（1.000） 峰2（1.325）	±5%以内

5.3 理化指标

理化指标应符合表2的规定。

表2 理化指标

项目	指标
槲皮万寿菊素（以 $C_{15}H_{10}O_8$ 干基计）/%	≥80.0
水分/%	≤5.0
粗灰分/%	≤1.0
粒度（0.59mm孔径试验筛通过率）/%	≥90
总砷（以As计）/(mg/kg)	≤3.0
铅（Pb）/(mg/kg)	≤3.0

6 取样

按GB/T 14699.1的规定执行。

7 试验方法

除非另有规定，仅使用分析纯试剂，色谱所用水应符合GB/T 6682中一级水规定，其他试验用水应符合GB/T 6682中二级水规定，试剂和溶液的制备应符合GB/T 602和GB/T 603的规定。

7.1 感官检验

取适量试样置于干净、干燥的白纸上，在自然光下观察其色泽和状态，并嗅其气味。

7.2 鉴别试验

按附录A规定执行，应满足表1规定。

7.3 槲皮万寿菊素含量

按附录B规定执行。

7.4 水分

按GB/T 6435的规定执行。

7.5 粗灰分

按 GB/T 6438 规定执行。

7.6 粒度

按 GB/T 5917.1 规定执行。

7.7 总砷

按 GB/T 13079 规定执行。

7.8 铅

按 GB/T 13080 规定执行。

8 检验规则

8.1 组批

以相同原料、相同工艺、连续生产或同一班次生产的同一规格的产品为一批。

8.2 出厂检验

出厂检验项目为外观和性状、水分、粗灰分、粒度、槲皮万寿菊素。产品出厂前应逐批检验，检验合格并且附具合格证和产品使用说明书（见附录 C）方可出厂。

8.3 型式检验

型式检验项目为第 5 章规定的所有项目，在正常生产情况下，每半年至少进行 1 次型式检验。有下列情况之一时，亦进行型式检验：

a）产品定型投产时；

b）生产工艺、配方或主要原料来源有较大改变，可能影响产品质量时；

c）停产 3 个月以上，恢复生产时；

d）出厂检验结果与上次型式检验结果有较大差异时；

e）饲料行政管理部门提出检验要求时。

8.4 判定规则

8.4.1　所检项目全部合格，判定为该批次产品合格。

8.4.2　检验结果有任何指标不符合本部分规定时，可自同批产品中重新加倍取样进行复检，复检结果有一项指标不符合本文件规定，则判定该整批产品不合格。

8.4.3　各项目指标的极限数值判定按 GB/T 8170 中修约值比较法执行。

9 标签、包装、运输、贮存和保质期

9.1 标签

按 GB 10648 规定执行，标签样式见附录 D。

9.2 包装

本品采用铝箔袋等包装。

9.3 运输

运输中应保证包装的完整，防止日晒、雨雪侵袭，禁止与有毒有害物质共运。

9.4 贮存

应贮存在清洁、干燥、通风处，防潮、防晒、防虫。禁止与有毒有害物质混储。

9.5 保质期

未开启原包装产品在规定的运输和贮存条件下，保质期为 24 个月。

附录 A
（规范性）
饲料添加剂万寿菊提取物鉴别试验

A.1　化学鉴别

A.1.1　试剂或材料

A.1.1.1　乙醇。

A.1.1.2　三氯化铝乙醇溶液（10g/L）：称取 10g 三氯化铝，用乙醇溶解后，转移定容至 1L 容量瓶中。

A.1.2　仪器设备

分析天平：感量 10mg。

A.1.3　鉴别方法

称取约 0.1g 试样，精确至 10mg，溶于 100mL 的乙醇中。取 1mL 试样溶液，滴加 2～3 滴三氯化铝乙醇溶液，溶液显亮橘黄色。

A.2　紫外光谱鉴别

A.2.1　试剂或材料

甲醇：色谱纯。

A.2.2　仪器设备

A.2.2.1　紫外可见分光光度计：波长精度±2nm。

A.2.2.2　分析天平：感量 0.1mg。

A.2.3　鉴别方法

称取试样约 15mg，精确至 0.1mg，溶于 100mL 甲醇中，在 200～600nm 波长范围内进行紫外扫描，紫外对照图谱如图 A.1 所示。试样溶液的紫外吸收光谱图应与万寿菊提取物（有效成分为槲皮万寿菊素）紫外吸收光谱图一致，在 360nm 和 260nm 波长处应有最大吸收。

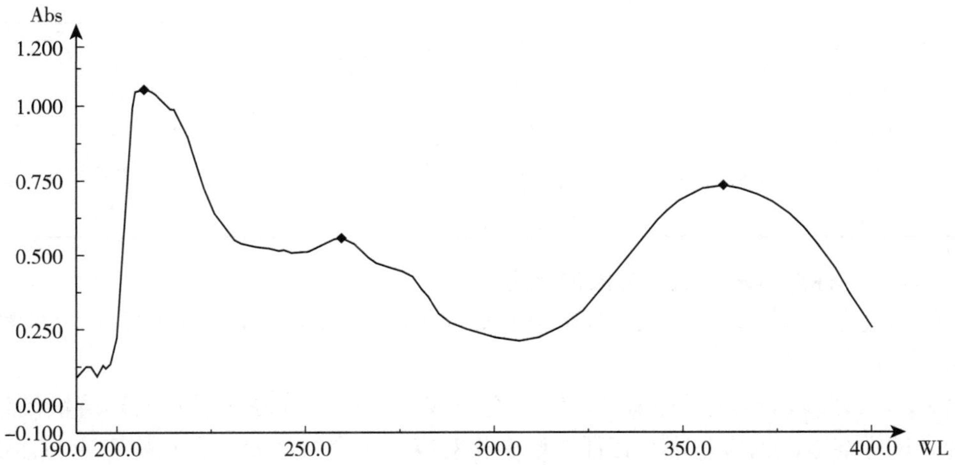

图 A.1　万寿菊提取物（有效成分为槲皮万寿菊素）紫外吸收光谱图

A.3　特征图谱鉴别

A.3.1　试剂或材料

A.3.1.1　乙腈：色谱纯。

A. 3. 1. 2　甲酸：色谱纯。

A. 3. 1. 3　甲醇：色谱纯。

A. 3. 1. 4　0. 1%甲酸溶液：取 1mL 甲酸，用水定容至 1L 容量瓶中。

A. 3. 1. 5　槲皮万寿菊素标准品：CAS：90 - 18 - 6，含量≥95. 0%。

A. 3. 2　仪器设备

A. 3. 2. 1　超高效液相色谱仪，配紫外检测器。

A. 3. 2. 2　分析天平：感量 0. 1mg。

A. 3. 2. 3　超声波清洗器。

A. 3. 3　试验步骤

A. 3. 3. 1　标准溶液制备：称取槲皮万寿菊素标准品约 5mg，精确至 0. 1mg，用甲醇溶解并定容至 10mL，浓度为 500μg/mL。2～4℃保存，有效期为 3 个月。

A. 3. 3. 2　试样溶液制备：称取试样约 0. 1g，精确至 0. 1mg，用甲醇溶解并定容至 100mL，即得试样溶液。

A. 3. 3. 3　测定

A. 3. 3. 3. 1　液相色谱参考条件

液相色谱参考条件如下：

a）色谱柱：C_{18}柱，柱长 50mm，内径 2. 1mm，粒径 1. 7μm，或性能相当者。

b）流动相：A 相为 0. 1%的甲酸溶液，B 相为乙腈；梯度洗脱，梯度洗脱程序见表 A. 1。

c）流速：0. 3mL/min。

d）柱温：40℃。

e）检测波长：260nm。

f）进样量：0. 6μL。

表 A. 1　梯度洗脱程序

时间（min）	A 相（%）	B 相（%）
0. 0	90. 0	10. 0
1. 0	90. 0	10. 0
12. 0	65. 0	35. 0
12. 5	90. 0	10. 0
15. 0	90. 0	10. 0

A. 3. 3. 3. 2　标准溶液和试样溶液的测定

在仪器的最佳条件下，分别取试样溶液与标准溶液，过 0. 22μm 微孔滤膜，上机测定。

A. 3. 4　试验结果

按照 A. 3. 3 步骤测得的万寿菊提取物（有效成分为槲皮万寿菊素）试样溶液图谱应如图 A. 2 所示。试样溶液图谱应呈现与特征图谱中相对应的 2 个特征峰。并且峰 1 应与槲皮万寿菊素标准溶液保留时间一致，将峰 1（槲皮万寿菊素）设定为 S 峰，计算峰 2 与 S 峰的相对保留时间，相对保留时间应在规定值的±5%以内。峰 2 规定值为 1. 325。

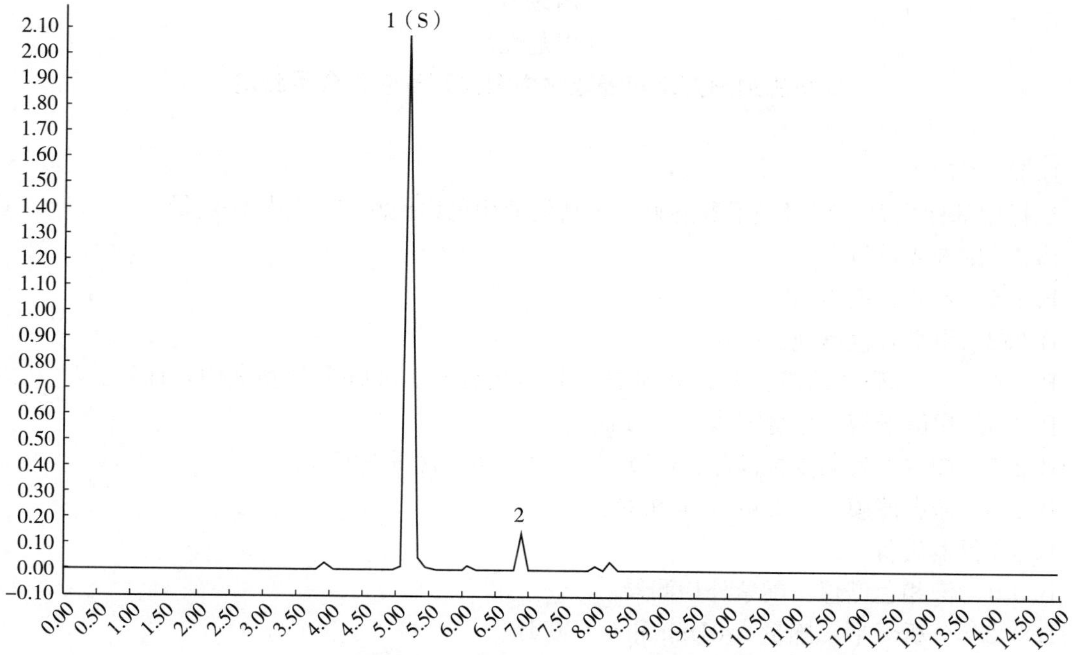

图 A.2　万寿菊提取物（有效成分为槲皮万寿菊素）的特征图谱

峰 1（S 峰）：槲皮万寿菊素

附录 B

（规范性）

饲料添加剂万寿菊提取物中槲皮万寿菊素含量测定

B.1　原理

试样中的槲皮万寿菊素经甲醇溶解，用高效液相色谱仪测定，外标法定量。

B.2　试剂或材料

B.2.1　乙腈：色谱纯。

B.2.2　甲醇：色谱纯。

B.2.3　0.2%磷酸溶液：取 2mL 磷酸，用水定容至 1 000mL 容量瓶中，摇匀。

B.2.4　甲醇溶液：甲醇＋水＝9＋1。

B.2.5　槲皮万寿菊素标准品：CAS：90－18－6，含量≥95.0%。

B.2.6　微孔滤膜：0.22μm，有机系。

B.3　仪器设备

B.3.1　液相色谱仪：配紫外检测器。

B.3.2　分析天平：感量 0.01mg 和 0.000 1g。

B.3.3　超声波清洗器。

B.4　试验步骤

B.4.1　标准溶液的制备

B.4.1.1　标准储备溶液：称取槲皮万寿菊素标准品 12.5mg（精确至 0.01mg），置于 25mL 容量瓶中，用甲醇溶解并定容，浓度为 500μg/mL。2～4℃冰箱保存，有效期 3 个月。

B.4.1.2　标准系列溶液：准确移取标准储备溶液适量，用甲醇稀释成浓度为 10μg/mL、20μg/mL、50μg/mL、100μg/mL、200μg/mL 和 500μg/mL 的标准系列溶液。临用现配。

B.4.2　试样溶液的制备

平行做两份试验。称取试样 0.06～0.07g（精确至 0.000 1g），置于 50mL 容量瓶中，先加入适量甲醇溶液，超声溶解后定容，摇匀。过 0.22μm 微孔滤膜，备用。

B.4.3　测定

B.4.3.1　液相色谱参考条件

液相色谱参考条件如下：

a）色谱柱：C_{18}柱，柱长 50mm，内径 4.6mm，粒径 2.7μm，或性能相当者。

b）流动相：A 相为 0.2%的磷酸溶液，B 相为乙腈。梯度洗脱，梯度洗脱程序见表 B.1。

c）流速：1mL/min。

d）柱温：40℃。

e）检测波长：260nm。

f）进样量：2μL。

表 B.1　梯度洗脱程序

时间/min	A/%	B/%
0.0	88.0	12.0
5.0	88.0	12.0

（续）

时间/min	A/%	B/%
5.5	10.0	90.0
7.5	10.0	90.0
8.0	88.0	12.0
9.0	88.0	12.0

B.4.3.2　标准系列溶液和试样溶液测定

在仪器的最佳条件下，分别取标准系列溶液和试样溶液上机测定。槲皮万寿菊素标准溶液的色谱图参见图 B.1。

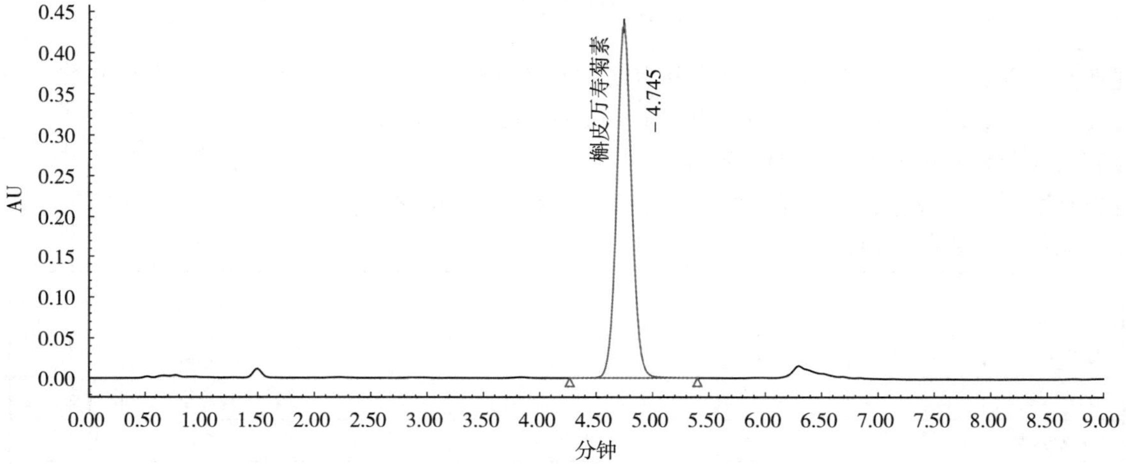

图 B.1　槲皮万寿菊素标准溶液（500 g/mL）高效液相色谱图

B.4.3.3　定量

以标准系列溶液的浓度为横坐标，色谱峰面积为纵坐标，绘制标准曲线，标准曲线的相关系数不应低于 0.99。试样溶液与标准溶液中槲皮万寿菊素的响应值均应在仪器检测的线性范围内。

B.4.4　试验数据处理

试样中槲皮万寿菊素（以 $C_{15}H_{10}O_8$ 干基计）的含量以质量分数 ω 计，数值以百分率（%）表示，按公式（B.1）计算：

$$\omega=\frac{\rho\times V}{m\times(1-\omega_0)\times 1\,000\times 1\,000}\times 100 \qquad (B.1)$$

式中：

ρ——由标准曲线计算得到的试样溶液中槲皮万寿菊素的浓度，单位为微克每毫升（μg/mL）；

V——试样溶液定容体积，单位为毫升（mL）；

ω_0——试样水分含量，单位为百分比（%）；

m——试样质量，单位为克（g）。

测定结果以平行测定的算术平均值表示，结果保留至小数点后两位。

B.4.5　精密度

重复性条件下获得的两次独立测定结果的绝对差值不大于其算术平均值的 3%。

附录 C

（规范性）

产品使用说明书

【新产品证书号】
【生产许可证号】
【产品批准文号】
【执行标准】

饲料添加剂　万寿菊提取物（有效成分为槲皮万寿菊素）使用说明书

【产品名称】万寿菊提取物（有效成分为槲皮万寿菊素）
【英文名称】Marigold extract（active substance Quercetagetin）
【有效成分】槲皮万寿菊素（$C_{15}H_{10}O_8$）
【性状】产品为黄色粉末，无肉眼可见杂质，具有万寿菊特有气味。
【产品成分分析保证值】

项　目	指　标
槲皮万寿菊素（以 $C_{15}H_{10}O_8$ 干基计）/%	≥80.0
水分/%	≤5.0
粗灰分/%	≤1.0
粒度（0.59mm 孔径试验筛通过率）/%	≥90
总砷（以 As 计）/(mg/kg)	≤3.0
铅（Pb）/(mg/kg)	≤3.0

【作用功效】提高机体抗氧化能力，改善生产性能。
【适用范围】肉仔鸡。
【用法与用量】在肉仔鸡配合饲料中的推荐添加量为 50～60mg/kg（以 $C_{15}H_{10}O_8$ 计），最高限量为 80mg/kg（以 $C_{15}H_{10}O_8$ 计）。
【净含量】
【保质期】24 个月。
【贮运】不应与有毒有害及其他污染物混贮。仓库保持干燥、通风、非阳光直射，地面有防潮设施，并注意防虫蛀、鼠害、霉变和污染。运输过程中应防潮、防高温、防止包装破损，不应与有毒有害物质共运。
【生产企业】

地址　　邮编
电话　　传真
网址　　邮箱

附录 D
（规范性）
产品标签

【新产品证书号】　　　　　　　　　　　　　　【生产许可证号】
【产品批准文号】　　　　　　　　　　　　　　【执行标准】

饲料添加剂
万寿菊提取物（有效成分为槲皮万寿菊素）
Marigold extract（active substance Quercetagetin）

【产品名称】万寿菊提取物（有效成分为槲皮万寿菊素）
【产品成分分析保证值】

项　　目	指　标
槲皮万寿菊素（以 $C_{15}H_{10}O_8$ 干基计）/%	≥80.0
水分/%	≤5.0
粗灰分/%	≤1.0
粒度（0.59mm 孔径试验筛通过率）/%	≥90
总砷（以 As 计）/(mg/kg)	≤3.0
铅（Pb）/(mg/kg)	≤3.0

【原料组成】槲皮万寿菊素（$C_{15}H_{10}O_8$）。
【作用功效】提高机体抗氧化能力，改善生产性能。
【适用范围】肉仔鸡。
【用法与用量】在肉仔鸡配合饲料中的推荐添加量为 50～60mg/kg（以 $C_{15}H_{10}O_8$ 计），最高限量为 80mg/kg（以 $C_{15}H_{10}O_8$ 计）。
【净含量】
【保质期】24 个月。
【贮运】不应与有毒有害及其他污染物混贮。仓库保持干燥、通风、非阳光直射，地面有防潮设施，并注意防虫蛀、鼠害、霉变和污染。运输过程中应防潮、防高温、防止包装破损，不应与有毒有害物质共运。
【生产企业】
　　地址　　　　　　　　　　　　　邮编
　　电话　　　　　　　　　　　　　传真
【生产日期】
【生产批号】

附件 5

NYSL

新饲料和新饲料添加剂产品标准

NYSL—1004—2022

饲料原料　乙醇梭菌蛋白

Feed additive—Sublancin

2022 - 11 - 03 发布　　2022 - 11 - 03 实施

中华人民共和国农业农村部　发布

前 言

本文件按照 GB/T 1.1—2020《标准化工作导则 第1部分：标准化文件的结构和起草规则》的规定起草。

本文件的某些内容可能涉及专利。本文件的发布机构不承担识别专利的责任。

本文件由中华人民共和国农业农村部畜牧兽医局提出，由全国饲料评审委员会归口。

本文件由中农颖泰林州生物科园有限公司起草，由国家饲料质量检验检测中心（北京）复核。

文件主要起草人：郭柑彤、何涛、赵俊锋、刘扬科、吴金梅、成鹏。

饲料添加剂　枯草三十七肽

1　范围

本文件给出了枯草三十七肽的化学名称、分子式、相对分子质量和结构式。规定了饲料添加剂枯草三十七肽的技术要求、检验规则、标签、包装、运输、贮存和有效期，描述了取样和试验方法。

本文件适用于以枯草芽孢杆菌（*Bacillus subtilis* CGMCC 15404）为生产菌种，以玉米淀粉或麦芽糊精为载体，经液体发酵、膜分离、浓缩、添加载体进行喷雾干燥生产的饲料添加剂枯草三十七肽。

2　规范性引用文件

下列文件中的内容通过文中的规范性引用而构成本文件必不可少的条款。其中，注日期的引用文件，仅该日期对应的版本适用于本文件；不注日期的引用文件，其最新版本（包括所有的修改单）适用于本文件。

GB/T 5917.1　饲料粉碎粒度测定　两层筛筛分法

GB/T 6435　饲料中水分的测定

GB/T 6437　饲料中总磷的测定　分光光度法

GB/T 6438　饲料中粗灰分的测定

GB/T 6439　饲料中水溶性氯化物的测定

GB/T 6682　分析实验室用水规格和试验方法

GB/T 8170　数值修约规则与极限数值的表示和判定

GB 10648　饲料标签

GB/T 13079　饲料中总砷的测定

GB/T 13080　饲料中铅的测定　原子吸收光谱法

GB/T 13081　饲料中汞的测定

GB/T 13082　饲料中镉的测定方法

GB/T 13091　饲料中沙门氏菌的测定

GB/T 13092　饲料中霉菌总数测定方法

GB/T 14699.1　饲料　采样

GB/T 18869　饲料中大肠菌群的测定

GB/T 20195　动物饲料　试样的制备

GB/T 23877　饲料酸化剂中柠檬酸、富马酸和乳酸的测定　高效液相色谱法

NY/T 2071　饲料中黄曲霉毒素、玉米赤霉烯酮和 T－2 毒素的测定　液相色谱法—串联质谱法

3　术语和定义

本文件没有需要界定的术语和定义。

4 化学名称、分子式、相对分子质量和结构式

4.1 化学名称

L-甘氨酰-L-亮氨酰-L-甘氨酰-L-赖氨酰-L-丙氨酰-L-α-谷氨酰-L-半胱氨酰-L-丙氨酰-L-丙氨酰-L-亮氨酰-L-色氨酰-L-亮氨酰-L-α-谷氨酰-L-半胱氨酰-L-丙氨酰-L-丝氨酰-L-甘氨酰-L-甘氨酰-L-苏氨酰-L-异亮氨酰-L-甘氨酰-L-半胱氨酰-L-甘氨酰-L-甘氨酰-L-甘氨酰-L-丙氨酰-L-缬氨酰-L-丙氨酰-L-半胱氨酰-L-α-谷氨酰-L-α-天冬氨酰-L-酪氨酰-L-精氨酰-L-α-谷氨酰-L-苯丙氨酰-L-半胱氨酰-L-精氨酰胺

4.2 分子式

$C_{162}H_{254}N_{50}O_{51}S_5$

4.3 相对分子质量

3879.8（按 2018 年国际相对原子质量）

4.4 结构式

枯草三十七肽的结构式见图 1。

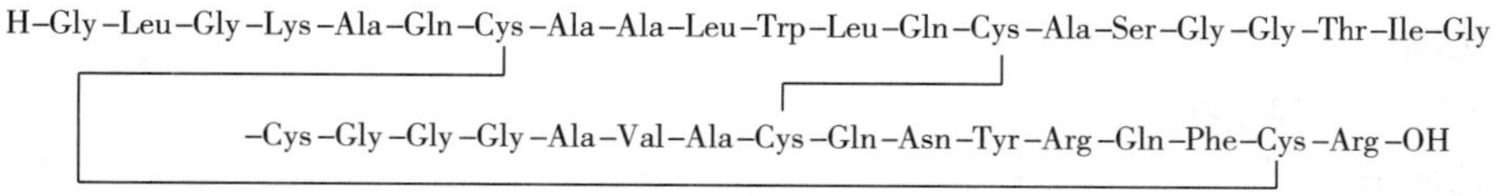

图 1 枯草三十七肽的结构式

5 技术要求

5.1 外观与性状

本品为淡黄色粉末，无明显成团结块，无异味。

5.2 技术指标

应符合表 1 中的规定。

表 1 技术指标

项 目	指 标
枯草三十七肽（以干基计）/%	≥1.0
水分/%	≤10.0
粒度（0.42mm 孔径试验筛通过率）/%	≥98
柠檬酸/%	≤20.0
总磷/%	≤2.0
粗灰分/%	≤25.0
水溶性氯化物（以 NaCl 计）/%	≤1.0
总砷（以 As 计）/(mg/kg)	≤2.0
铅/(mg/kg)	≤5.0
汞/(mg/kg)	≤0.1
镉/(mg/kg)	≤0.5
黄曲霉毒素 B_1/(μg/kg)	≤10.0
玉米赤霉烯酮/(mg/kg)	≤0.5
霉菌总数/(CFU/g)	$\leq 2.0\times10^4$
大肠菌群/(MPN/g)	$\leq 1.0\times10^2$
沙门氏菌（25g 中）	不得检出

6 取样

按 GB/T 14699.1 的规定进行。

7 试验方法

7.1 感官检验

取适量样品（约 250g），在非阳光直射的情况下，观其色泽、形态，嗅其气味。

7.2 枯草三十七肽

按附录 A 规定执行。

7.3 水分

按 GB/T 6435 规定执行。

7.4 粒度

按 GB/T 5917.1 规定执行。

7.5 柠檬酸

按 GB/T 23877 规定执行。

7.6 总磷

按 GB/T 6437 规定执行。

7.7 粗灰分

按 GB/T 6438 规定执行。

7.8 水溶性氯化物

按 GB/T 6439 规定执行。

7.9 总砷

按 GB/T 13079 规定执行。

7.10 铅

按 GB/T 13080 规定执行。

7.11 汞

按 GB/T 13081 规定执行。

7.12 镉

按 GB/T 13082 规定执行。

7.13 黄曲霉毒素 B_1

按 NY/T 2071 规定执行。

7.14 玉米赤霉烯酮

按 NY/T 2071 规定执行。

7.15 霉菌总数

按 GB/T 13092 规定执行。

7.16 大肠菌群

按 GB/T 18869 规定执行。

7.17 沙门氏菌

按 GB/T 13091 规定执行。

8 检验规则

8.1 组批

以相同材料、相同的生产工艺、连续生产或同一班次生产的同一规格的产品为一批。

8.2 出厂检验

出厂检验项目为外观与性状、枯草三十七肽、水分、粒度、铅、总砷、镉。产品出厂前应逐批检验，检验合格并且附具合格证和使用说明书（按照附录C执行）方可出厂。

8.3 型式检验

型式检验项目为第5章规定的所有项目。在正常生产情况下，每半年至少进行一次型式检验。有下列情况之一，亦应进行型式检验：

a）产品定型投产时；

b）生产工艺、配方或主要原料来源有较大改变，可能影响产品质量时；

c）停产三个月以上，重新恢复生产时；

d）出厂检验结果与上次型式检验结果有较大差异时；

e）饲料行政管理部门提出检验要求时。

8.4 判定规则

8.4.1 所有项目全部合格，判定为该批次产品合格。

8.4.2 检测结果中有任何指标不符合本文件规定时，可自同批产品中重新加倍取样进行复检。复检结果仍不符合本文件规定，即判定该批产品不合格，微生物指标不得复检。

8.4.3 各项目指标的极限数值判定按GB/T 8170中修约值比较法执行。

9 标签、包装、运输、贮存和保质期

9.1 标签

按GB 10648的规定执行，标签式样见附录D。

9.2 包装

本品采用复合铝箔袋包装，1kg/袋、5kg/袋、20kg/袋、25kg/袋（或按客户指定规格包装）。

9.3 运输

运输过程中应有遮盖物，防止日晒、雨淋、受潮，不得与有毒有害物质或其他有污染的物质混装、混运。

9.4 贮存

贮存时防止日晒、雨淋、受潮，不得与有毒有害物质或其他有污染的物质混贮。

10 保质期

未开启包装的产品，在规定的运输、贮存条件，原包装自生产之日起保质期为24个月。

附录 A
（规范性）
饲料添加剂枯草三十七肽中枯草三十七肽含量的测定

A.1　原理

试样中的枯草三十七肽经水提取，稀释后用高效液相色谱仪反相色谱系统分离，紫外检测器或二极管阵列检测器测定，外标法定量。

A.2　试剂或材料

除非另有规定，仅使用分析纯试剂。

A.2.1　水：GB/T 6682，一级。

A.2.2　三氟乙酸：色谱纯。

A.2.3　乙腈：色谱纯。

A.2.4　流动相 A：移取 1mL 三氟乙酸（A.2.2），加入 1 000mL 水中，过 0.22μm 水相滤膜，脱气 10min，密封备用。

A.2.5　流动相 B：量取乙腈（A.2.3）800mL，加入 200mL 水，混匀，再加入三氟乙酸（A.2.2）0.85mL 混匀，过 0.22μm 有机相滤膜，脱气 10min，密封备用。

A.2.6　枯草三十七肽对照品：含量 86.30%±0.22%。

A.2.7　枯草三十七肽标准储备溶液：准确称取枯草三十七肽对照品（A.2.6）50mg（精确至 0.01mg），置于 10mL 离心管中，加入 5mL 水，于旋涡混合器上振荡 3～5min，完全溶解后转移至 50mL 容量瓶中，用水清洗离心管 3 次，清洗液一并移入容量瓶中，继续超声 15～30min，用水定容，摇匀。该溶液枯草三十七肽浓度为 1 000μg/mL。2～8℃密封保存，有效期 7d。

A.2.8　枯草三十七肽标准系列溶液：准确量取枯草三十七肽标准储备溶液（A.2.7）适量，用水稀释，配制成浓度分别为 62.5μg/mL，125μg/mL、250μg/mL、500μg/mL、1 000μg/mL 枯草三十七肽标准系列溶液，临用现配。

A.2.9　滤膜：0.22μm，水相和有机相。

A.3　仪器设备

A.3.1　高效液相色谱仪：配有紫外检测器或二极管阵列检测器。

A.3.2　分析天平：感量为 0.01mg。

A.3.3　超声波清洗器。

A.3.4　旋涡混合器。

A.3.5　离心机：转速不低于 12 000 r/min。

A.4　样品

按 GB/T 20195 规定执行，选取有代表性的饲料样品至少 500g，四分法缩减至 100g，粉碎通过 0.42mm 孔径分析筛。

A.5　试验步骤

A.5.1　试样溶液制备

平行做两份试验。称取试样 5g（精确至 0.000 1g），置于 50mL 离心管中，加入 20mL 水，于旋涡混合器上振荡 3～5min，完全溶解后转移至 100mL 容量瓶中，用水清洗离心管 3 次，清洗液一并移入容量瓶中，再超声 15～30min，用水定容，摇匀。取适量溶液于离心管中，

12 000 r/min 离心 2min，用注射器吸取上清液约 2.5mL，过 0.22μm 滤膜，弃去前 1mL 滤液，接取后续滤液于样品瓶中，供高效液相色谱测定。

A.5.2 测定

A.5.2.1 高效液相色谱参考条件

高效液相色谱参考条件如下：

a）色谱柱：C_8 色谱柱，粒度 5μm，内径 4.6mm，柱长 150mm，或性能相当者。

b）流动相：流动相 A：（A.2.4）；流动相 B：（A.2.5）。梯度洗脱，洗脱梯度见表 A.1。

c）流速：1.0mL/min。

d）柱温：22℃。

e）进样体积：20μL。

f）检测波长：280nm。

表 A.1 流动相洗脱梯度表

时间/min	流动相 A/%	流动相 B/%
0.00	70.0	30.0
1.00	70.0	30.0
15.00	57.0	43.0
15.01	0	100.0
17.00	0	100.0
17.01	70.0	30.0
23.00	70.0	30.0

A.5.2.2 标准系列溶液和试样溶液的测定

在仪器的最佳条件下，分别上机测定标准系列溶液和试样溶液。以枯草三十七肽色谱峰面积为横坐标，标准系列溶液的浓度为纵坐标，绘制标准曲线，标准曲线的相关系数不低于 0.995。枯草三十七肽的液相色谱图见附录 B。

A.6 试验数据处理

试样中枯草三十七肽含量（以干基计）以质量分数 ω 计，数值以百分数（%）表示，按式（A.1）计算：

$$\omega=\frac{C\times V}{m\times（1-X）}\times 10^{-4} \qquad (A.1)$$

式中：

C ——由标准曲线计算的试样溶液中枯草三十七肽的浓度，单位为微克每毫升（μg/mL）；

V ——试样溶液定容体积，单位为毫升（mL）；

m ——试样质量，单位为克（g）；

X ——试样的水分含量，单位为质量百分数（%）；

10^{-4}——单位换算系数。

测定结果用平行测定值的算数平均值表示，计算结果保留两位有效数字。

A.7 精密度

A.1.0.1.1.1 在重复性条件下，两次独立测定结果的绝对差值不大于该算术平均值的 10.0%。

附录 B
（资料性）
枯草三十七肽标准溶液的高效液相色谱图

枯草三十七肽标准溶液的高效液相色谱图见图 B.1。

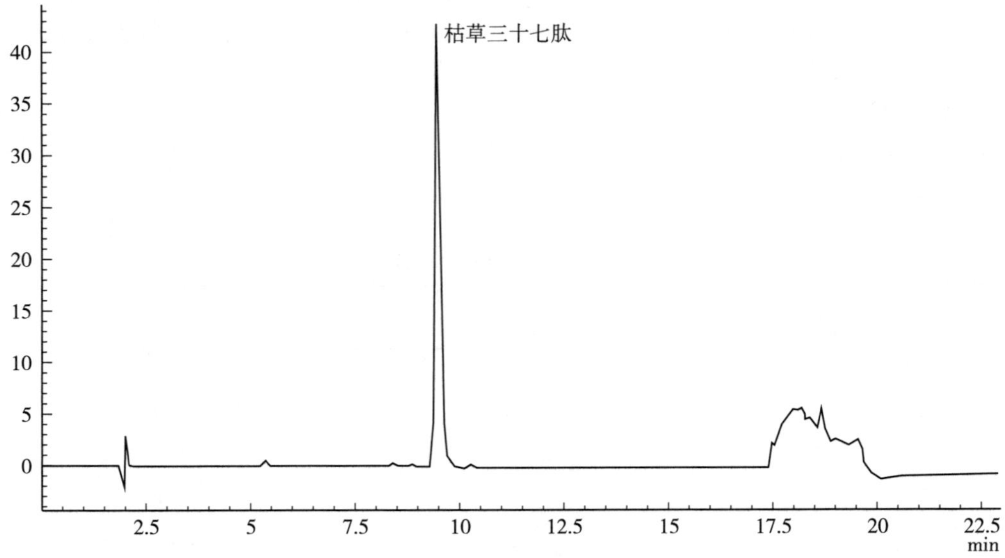

图 B.1　枯草三十七肽标准溶液的高效液相色谱图（125 g/mL）

附录 C
（规范性）
产品使用说明书

【新产品证书号】　　【生产许可证号】
【产品批准文号】　　【执行标准】

饲料添加剂　枯草三十七肽 使用说明书

【产品名称】枯草三十七肽
【英文名称】Sublancin
【性状】淡黄色粉末
【产品成分分析保证值】

项　　目	指　标
枯草三十七肽（以干基计）/%	≥1.0
水分/%	≤10.0
粒度（0.42mm 孔径试验筛通过率）/%	≥98
柠檬酸/%	≤20.0
总磷/%	≤2.0
粗灰分/%	≤25.0
水溶性氯化物（以 NaCl 计）/%	≤1.0
总砷（以 As 计）/(mg/kg)	≤2.0
铅/(mg/kg)	≤5.0
汞/(mg/kg)	≤0.1
镉/(mg/kg)	≤0.5
黄曲霉毒素 B_1/(μg/kg)	≤10.0
玉米赤霉烯酮/(mg/kg)	≤0.5
霉菌总数/(CFU/g)	≤2.0×10^4
大肠菌群/(MPN/g)	≤1.0×10^2
沙门氏菌（25g 中）	不得检出

【作用功效】可促进生长，增强机体免疫功能，改善肠黏膜形态结构和菌群组成。
【适用范围】肉鸡。
【用法与用量】在肉鸡配合饲料中推荐添加量为 1.5～6.0mg/kg（以枯草三十七肽计）。
【净含量】
【保质期】24 个月。
【贮运】贮存在干燥、洁净、通风的库房内，防潮、防晒、防雨淋，防止与有毒有害物质混贮混运。
【生产企业】
地址　　邮编
电话　　传真
网址　　邮箱

附录 D
（规范性）
产品标签

【新产品证书号】　　【生产许可证号】
【产品批准文号】　　【执行标准】

饲料添加剂
枯草三十七肽
Sublancin

【产品名称】枯草三十七肽
【产品成分分析保证值】

项　目	指　标
枯草三十七肽（以干基计）/%	≥1.0
水分/%	≤10.0
粒度（0.42mm 孔径试验筛通过率）/%	≥98
柠檬酸/%	≤20.0
总磷/%	≤2.0
粗灰分/%	≤25.0
水溶性氯化物（以 NaCl 计）/%	≤1.0
总砷（以 As 计）/(mg/kg)	≤2.0
铅/(mg/kg)	≤5.0
汞/(mg/kg)	≤0.1
镉/(mg/kg)	≤0.5
黄曲霉毒素 B_1/(μg/kg)	≤10.0
玉米赤霉烯酮/mg/kg)	≤0.5
霉菌总数/(CFU/g)	≤2.0×10^4
大肠菌群/(MPN/g)	≤1.0×10^2
沙门氏菌（25g 中）	不得检出

【有效组分】枯草三十七肽。
【作用功效】可促进生长，增强机体免疫功能，改善肠黏膜形态结构和菌群组成。
【适用范围】肉鸡。
【用法与用量】在肉鸡配合饲料中推荐添加量为 1.5～6.0mg/kg（以枯草三十七肽计）。
【净含量】
【保质期】24 个月。
【贮运】贮存在干燥、洁净、通风的库房内，防潮、防晒、防雨淋，防止与有毒有害物质混贮混运。
【生产企业】
　　地址　　邮编
　　电话　　传真
【生产日期】
【生产批号】

附件 6

NYSL

新饲料和新饲料添加剂产品标准

NYSL—1005—2022

饲料添加剂　腺苷七肽

Feed additive—Johnisin-C

2022-11-03 发布　　　　2022-11-03 实施

中华人民共和国农业农村部　发布

前　言

本文件按照 GB/T 1.1—2020《标准化工作导则　第 1 部分：标准化文件的结构和起草规则》的规定起草。

本文件的某些内容可能涉及专利。本文件的发布机构不承担识别专利的责任。

本文件由中华人民共和国农业农村部畜牧兽医局提出，由全国饲料评审委员会归口。

本文件由安杰利（重庆）生物科技有限公司起草，由国家饲料质量检验检测中心（北京）复核。

本文件主要起草人：杨贤彬、黄邦俊。

饲料添加剂　腺苷七肽

1　范围

本文件给出了腺苷七肽的化学名称、分子式、相对分子质量和结构式，规定了饲料添加剂腺苷七肽的技术要求、检验规则、标签、包装、运输、贮存和保质期，描述了取样和试验方法。

本文件适用于以约氏乳杆菌（*Lactobacillus johnsonii* CGMCC 19 858）为菌种，以玉米浆粉、酵母粉等为培养基，经液体发酵、提取、添加载体进行喷雾干燥，再添稀释剂制得的饲料添加剂腺苷七肽。

2　规范性引用文件

下列文件中的内容通过文中的规范性引用而构成本文件必不可少的条款。其中，注日期的引用文件，仅该日期对应的版本适用于本文件；不注日期的引用文件，其最新版本（包括所有的修改单）适用于本文件。

GB/T 5917.1　饲料粉碎粒度测定　两层筛筛分法

GB/T 6435　饲料中水分的测定

GB/T 6682　分析实验室用水规格和试验方法

GB/T 8170　数值修约规则与极限数值的表示和判定

GB 10648　饲料标签

GB/T 13079　饲料中总砷的测定

GB/T 13080　饲料中铅的测定　原子吸收光谱法

GB/T 13082　饲料中镉的测定方法

GB/T 13088　饲料中铬的测定

GB/T 13091　饲料中沙门氏菌的测定

GB/T 20195　动物饲料　试样的制备

GB/T 30956　饲料中脱氧雪腐镰刀菌烯醇的测定　免疫亲和柱净化—高效液相色谱法

NY/T 2071　饲料中黄曲霉毒素、玉米赤霉烯酮和 T－2 毒素的测定　液相色谱—串联质谱法

3　术语和定义

下列术语和定义适用于本文件。

3.1

发酵批　fermentation batch

采用发酵接种日期＋发酵罐号＋流水号为一个发酵批。

3.2

稀释批　dilution Lot

采用发酵批号＋稀释配方流水号为一个稀释批。

4　化学名称、分子式、相对分子质量和结构式

化学名称：甲酰基—丙氨酸磷酸酯腺苷七肽

分子式：$C_{39}H_{62}O_{18}N_{15}S_1P_1$

相对分子质量：1 091.2（按 2016 年国际相对原子质量）

结构式：腺苷七肽结构式见图 1

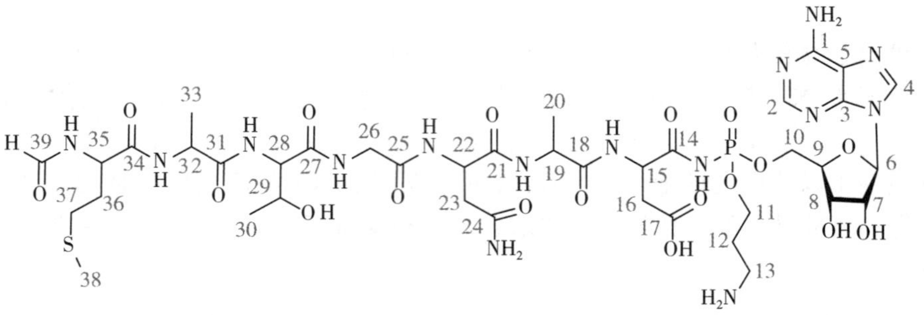

图 1　腺苷七肽结构式

5　技术要求

5.1　外观与性状

淡黄色粉末，色泽均匀，无肉眼可见杂质，具有吸湿性及发酵特殊香味。

5.2　技术指标

应符合表 1 中的规定。

表 1　技术指标

项　　目	指　标
腺苷七肽含量/%	≥1.0
水分/%	≤10.0
粒度（1.18mm 孔径试验筛通过率）/%	100
粒度（0.85mm 孔径试验筛通过率）/%	≥90
黄曲霉毒素 B_1/(μg/kg)	≤10.0
玉米赤霉烯酮/(mg/kg)	≤0.3
脱氧雪腐镰刀菌烯醇/(mg/kg)	≤1.0
铅/(mg/kg)	≤10.0
砷（以 As 计）/(mg/kg)	≤2.0
铬/(mg/kg)	≤5.0
镉/(mg/kg)	≤1.0
沙门氏菌（25g 中）	不得检出

6　取样

6.1　采样原则

样品的采集应遵循随机性、代表性的原则，采样过程应遵循无菌操作程序，防止一切可能的外来污染。

6.2　采样方法

6.2.1　应在同一发酵批或稀释批中采集样品，从容器或包装中采集的样品量应满足微生物指标检验的要求，一般不少于 500g。

6.2.2 独立包装小于等于 500g 的产品，取完整包装；独立包装大于 500g 的产品，应用无菌采样器从同一容器或包装的不同部分分别采取适量样品，放入同一个无菌采样容器内作为一个样品。

6.3 采集样品的贮存和运输

6.3.1 应尽快将样品送往实验室检测。

6.3.2 应在运输过程中保持样品完整。

6.3.3 应在接近原有贮存条件下贮存样品，或采取必要措施防止样品吸湿。

7 试验方法

7.1 感官检验

取适量样品（约 250g）于无色容器中，按照外观与性状指标，在自然光下，采用目测、鼻嗅的方法进行检验。

7.2 腺苷七肽含量

按附录 A 规定执行。

7.3 水分

按 GB/T 6435 规定执行。

7.4 粒度

按 GB/T 5917.1 规定执行。

7.5 黄曲霉毒素 B_1

按 NY/T 2071 规定执行。

7.6 玉米赤霉烯酮

按 NY/T 2071 规定执行。

7.7 呕吐毒素

按 GB/T 30956 规定执行。

7.8 铅

按 GB/T 13080 规定执行。

7.9 砷

按 GB/T 13079 规定执行。

7.10 铬

按 GB/T 13088 规定执行。

7.11 镉

按 GB 13082 规定执行。

7.12 沙门氏菌

按 GB/T 13091 规定执行。

8 检验规则

8.1 组批

以相同材料、相同的生产工艺，属同一发酵批稀释生产的产品（即稀释批）为一批，每批产品不超过 10t。

8.2 出厂检验

出厂检验项目为外观与性状、腺苷七肽含量、粒度、水分。产品出厂前应逐批检验，检验合格并且附具合格证和产品使用说明书（见附录 C）方可出厂。

8.3 型式检验

型式检验项目为本文件中第 5 章规定的所有项目。在正常生产情况下，每半年至少进行一次型式检验。有下列情况之一时，亦应进行型式检验。

a）产品定型投产时；

b）生产工艺，配方或主要原料发生较大改变，可能影响产品质量时；

c）停产 3 个月以上，重新恢复生产时；

d）出厂检验结果与上次型式检验结果有差异时；

e）饲料行政管理部门提出要求时。

8.4 判定规则

8.4.1　所有项目全部合格，判定为该批次产品合格。

8.4.2　检验结果中有任何指标不符合本文件规定时，可自同批产品中重新加倍取样进行复检，如复检仍不符合本文件规定，则判定该批产品不合格，微生物指标不得复检。

8.4.3　各项目指标的极限数值判定按 GB/T 8170 中修约值比较法执行。

9　标签、包装、运输、贮存和保质期

9.1 标签

按 GB 10648 规定执行，产品标签样式见附录 D。

9.2 包装

本品内包装采用铝箔袋密封包装，外包装采用珠光膜编织袋进行包装。

9.3 运输

运输工具与车辆必须清洁、卫生，并且有防雨、防晒、防潮措施。搬运装卸时小心轻放，不得与有毒有害污染物混装混运。

9.4 贮存

产品应于通风干燥的库房内存放。储存过程中防止鼠咬、虫蛀，勿与有毒、有污染的物品混放。

9.5 保质期

产品自生产之日起，在上述包装完好与贮存条件下，保质期为 12 个月。

附录 A

（规范性）

饲料添加剂腺苷七肽中腺苷七肽含量的测定

A.1　范围

本文件规定了饲料添加剂腺苷七肽中腺苷七肽含量测定的高效液相色谱法。

本文件方法检出限为 2μg/mL。

A.2　原理

试样中的腺苷七肽用水经超声提取后，反向色谱分离，紫外检测器测定，外标法定量。

A.3　试剂或材料

除非另有规定，仅使用分析纯试剂。

A.3.1　水：GB/T 6682，一级。

A.3.2　乙腈：色谱纯。

A.3.3　三氟乙酸：色谱纯。

A.3.4　流动相 A：0.1%三氟乙酸乙腈溶液：量取 1 000mL 乙腈，加入 1mL 三氟乙酸，用 0.22μm 有机滤膜过滤，超声脱气 10min。

A.3.5　流动相 B：0.1%三氟乙酸水溶液：量取 1 000mL 水，加入 1mL 三氟乙酸，用 0.22μm 滤膜过滤，超声脱气 10min。

A.3.6　腺苷七肽标准储备溶液：准确称取腺苷七肽对照品（纯度大于 90%）0.11g（精确至 0.000 1g）于 50mL 容量瓶，加入约 40mL 水，超声 5min，待全部溶解后，冷却，用水定容至刻度。此溶液中腺苷七肽浓度为 2 000μg/mL，2～8℃保存，有效期为 1 个月。

A.3.7　腺苷七肽标准系列溶液：准确移取一定体积的腺苷七肽标准储备溶液（A.3.6），用水稀释定容至 50mL，得到浓度分别为 20μg/mL、40μg/mL、100μg/mL、200μg/mL、400μg/mL、1 000μg/mL 的标准系列溶液。临用现配。

A.3.8　滤膜：0.22μm，水系。

A.4　仪器设备

A.4.1　高效液相色谱仪：具有紫外检测器或二极管阵列检测器。

A.4.2　分析天平：感量为 0.000 1g。

A.4.3　超声波提取器。

A.4.4　离心机：转速不低于 3 000 r/min。

A.5　样品

按 GB/T 20195 规定执行，选取有代表性的饲料样品至少 500g，四分法缩减至 100g，粉碎通过 0.425mm 孔径分析筛。

A.6　试验步骤

A.6.1　试样溶液的制备

平行做两份试验。称取试样 1g（精确至 0.000 1g）于 25mL 容量瓶中，加入 18mL 水，在超声波提取器（A.4.3）中超声提取 10～15min（中间振摇 1 次以防样品附着于瓶底）后，待温度降至室温，用水定容至刻度，摇匀。提取液 8 000 rpm，离心 10min，上清液过膜，供高效液相色谱测定。

A.6.2　测定

A. 6. 2. 1 液相色谱参考条件

液相色谱参考条件如下：

a）色谱柱：C_{18}柱，长 150mm，内径 4. 6mm，粒度 5μm。或性能相当者。

b）流动相：流动相 A：（A. 3. 4）；流动相 B：（A. 3. 5），梯度洗脱。洗脱梯度见表 A. 1。

c）流速：1mL/min。

d）柱温：25℃。

e）进样体积：20μL。

f）检测波长：254nm。

表 A. 1　流动相洗脱梯度表

时间（min）	A/%	B/%	流速/（mL/min）
0. 0	5	95	1
5. 0	5	95	1
8. 0	13	87	1
13. 0	13	87	1
18. 0	50	50	1
20. 0	100	0	1
25. 0	100	0	1
30. 0	5	95	1
35. 0	5	95	1

A. 6. 2. 2　腺苷七肽标准系列溶液的测定：将腺苷七肽标准系列溶液过 0. 22μm 滤膜后，分别注入液相色谱仪，以不同浓度腺苷七肽峰面积为纵坐标，对应的标准溶液浓度为横坐标，绘制标准工作曲线，标准曲线的相关系数不低于 0. 995。腺苷七肽标准溶液的高效液相色谱图见附录 B。

A. 6. 2. 3　试样溶液的测定：将试样溶液（A. 6. 1）注入液相色谱仪，以保留时间定性，试样溶液的峰面积代入 A. 6. 2. 2 绘制的标准工作曲线，计算试样中腺苷七肽含量。

A. 7　试验数据处理

试样中腺苷七肽的含量以质量分数 ω 计，数值以百分数（%）表示，按式（A. 1）计算：

$$\omega=\frac{A\times\rho\times V}{A_{st}\times m\times1\ 000\times1\ 000}\times100 \quad (A.1)$$

式中：

A ——试样溶液中腺苷七肽峰面积；

ρ ——由标准曲线计算得到的试样溶液中腺苷七肽的浓度，单位为微克每毫升（μg/mL）；

V ——试样溶液定容体积，单位为毫升（mL）；

A_{st}——标准溶液中腺苷七肽峰面积；

M ——试样质量，单位为（g）。

测定结果以平行测定的算术平均值表示，保留到小数点后一位。

A. 8　精密度

在重复性条件下，获得的两次平行测定结果与其算术平均值的差值不大于这两个测定值算术平均值的 5%。

附录 B
（资料性）
腺苷七肽标准溶液的高效液相色谱图

腺苷七肽标准溶液的高效液相色谱图见图 B. 1。

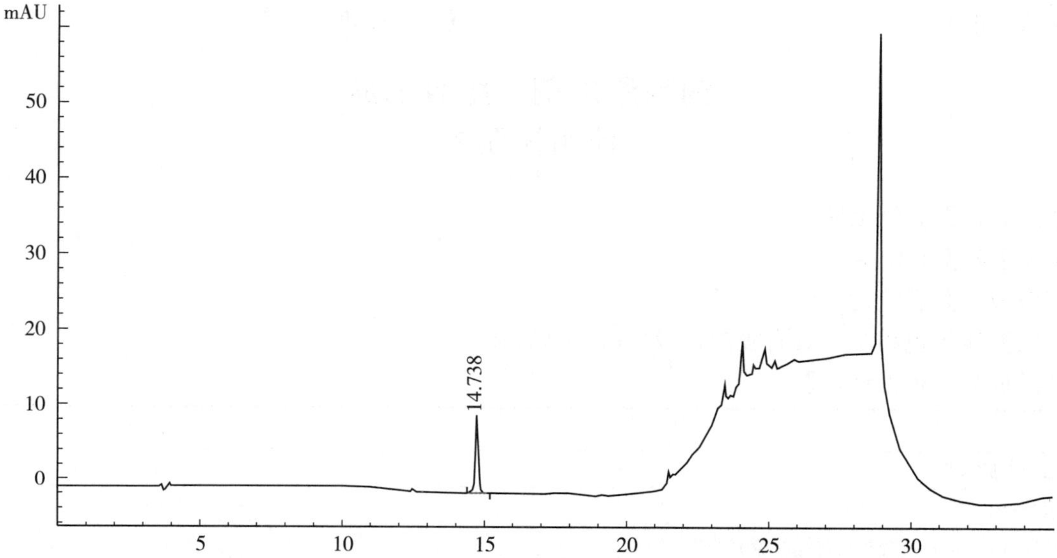

图 B. 1　腺苷七肽标准溶液（20 g/mL）的高效液相色谱图

附录 C

（规范性）

产品使用说明书

【新产品证书号】　　　　　　　　　　　　　　【生产许可证号】

【执行标准】　　　　　　　　　　　　　　　　【产品批准文号】

饲料添加剂　腺苷七肽
使用说明书

【产品名称】腺苷七肽

【英文名称】Johnisin-C

【有效成分】腺苷七肽

【性状】淡黄色粉末，具有吸湿性及发酵特殊香味。

【产品成分分析保证值】

项　　目	指　标
腺苷七肽含量/%	≥1.0
水分/%	≤10.0
粒度（1.18mm 孔径试验筛通过率）/%	100
粒度（0.85mm 孔径试验筛通过率）/%	≥90
黄曲霉毒素 B_1/(μg/kg)	≤10.0
玉米赤霉烯酮/(mg/kg)	≤0.3
脱氧雪腐镰刀菌烯醇/(mg/kg)	≤1.0
铅/(mg/kg)	≤10.0
砷（以 As 计）/(mg/kg)	≤2.0
铬/(mg/kg)	≤5.0
镉/(mg/kg)	≤1.0
沙门氏菌（25g 中）	不得检出

【作用功效】调节免疫功能，促进动物生长，降低料重比。

【适用范围】断奶仔猪。

【用法用量】在断奶仔猪配合饲料中推荐添加量为 2.5～5.0mg/kg（以腺苷七肽计）。

【净含量】

【保质期】12 个月。

【贮运】储于通风干燥库房内，储存过程中防止鼠咬、虫蛀，勿与有毒、有污染的物品混放。

【生产企业】

地址　　　　　　　　　　　　　邮编

电话　　　　　　　　　　　　　传真

网址　　　　　　　　　　　　　邮箱

附录 D
（规范性）
产品标签

【新产品证书号】　　【生产许可证号】
【执行标准】　　【产品批准文号】

饲料添加剂
腺苷七肽
Johnisin-C

【产品名称】腺苷七肽
【产品成分分析保证值】

项　目	指　标
腺苷七肽含量/%	≥1.0
水分/%	≤10.0
粒度（1.18mm 孔径试验筛通过率）/%	100
粒度（0.85mm 孔径试验筛通过率）/%	≥90
黄曲霉毒素 B_1/(μg/kg)	≤10.0
玉米赤霉烯酮/(mg/kg)	≤0.3
脱氧雪腐镰刀菌烯醇/(mg/kg)	≤1.0
铅/(mg/kg)	≤10.0
砷（以 As 计）/(mg/kg)	≤2.0
铬/(mg/kg)	≤5.0
镉/(mg/kg)	≤1.0
沙门氏菌（25 g 中）	不得检出

【有效组分】腺苷七肽。
【作用功效】调节免疫功能，促进动物生长，降低料重比。
【适用范围】断奶仔猪。
【用法与用量】在断奶仔猪配合饲料中推荐添加量为 2.5～5.0mg/kg（以腺苷七肽计）。
【净含量】
【保质期】12 个月。
【贮运】储于通风干燥库房内，储存过程中防止鼠咬、虫蛀，勿与有毒、有污染的物品混放。
【生产企业】
　　地址　　邮编
　　电话　　传真
【生产日期】
【生产批号】

附件 7

NYSL

新饲料和新饲料添加剂产品标准

NYSL—1006—2022

饲料中单宁酸的测定　分光光度法

Determination of tannin in feeds—Spectrophotometry

2022 - 11 - 03 发布　　2022 - 11 - 03 实施

中华人民共和国农业农村部　发布

前　言

本文件按照 GB/T 1.1—2020《标准化工作导则　第1部分：标准化文件的结构和起草规则》的规则起草。

请注意本文件的某些内容可能涉及专利。本文件的发布机构不承担识别这些专利的责任。

本文件由中华人民共和国农业农村部畜牧兽医局提出，由全国饲料评审委员会归口。

本文件由广州英赛特生物技术有限公司起草。

本文件主要起草人：彭险峰、覃宗华、区煜荣。

饲料中单宁酸的测定　分光光度法

1　范围

本文件规定了饲料中单宁酸的分光光度测定方法。

本文件适用于添加了饲料添加剂鞣酸蛋白的配合饲料、浓缩饲料、精料补充料、添加剂预混合饲料中单宁酸含量的测定。

本文件检出限为140mg/kg，定量限为420mg/kg。

2　规范性引用文件

下列文件中的内容通过文中的规范性引用而构成本文件必不可少的条款。其中，注日期的引用文件，仅该日期对应的版本适用于本文件；不注日期的引用文件，其最新版本（包括所有的修改单）适用于本文件。

GB/T 6682　分析实验室用水规格和试验方法

GB/T 20195　动物饲料　试样的制备

3　术语和定义

本文件没有需要界定的术语和定义。

4　原理

用丙酮溶液将鞣酸蛋白中单宁酸与蛋白结合的氢键打开，单宁酸溶于丙酮溶液而蛋白质不溶，经过滤后，取滤液加钨酸钠—磷钼酸混合溶液（福林酚试剂）和碳酸钠溶液，显色后，用分光光度计于760nm波长处测定吸光值，用单宁酸作标准曲线测定饲料中单宁酸的含量。由于饲料中可能含有还原性物质以及部分饲料原料可能含有少量单宁酸，会与福林酚试剂反应，故测试结果用空白饲料作校正。

5　试剂或材料

除非另有规定，仅使用分析纯试剂，水为符合GB/T 6682三级水。

5.1　丙酮溶液（丙酮＋水＋盐酸＝600＋400＋20）：分别取600mL丙酮、400mL水、20mL盐酸，混合，摇匀，即得。

5.2　钨酸钠—磷钼酸混合溶液：称取100.0g钨酸钠、20.0g磷钼酸，溶于约750mL水中，移入1 000mL回流瓶中，加入50mL磷酸，充分混匀，接上冷凝管，在沸水浴上加热回流2h，冷却，转入1 000mL容量瓶中，用水定容至刻度，摇匀，过滤，置棕色容量瓶中保存。室温下可保存14d。或购买市售福林酚试剂。

5.3　碳酸钠溶液（75g/L）：称取37.5g无水碳酸钠溶于250mL温水中，混匀，冷却，稀释至500mL，过滤到储液瓶中备用。室温下可保存7d。

5.4　单宁酸标准品（$C_{76}H_{52}O_{46}$，CAS，1401－55－4）：含量≥95.0%。

5.5　单宁酸标准储备液（1mg/mL）：称取单宁酸标准品（5.4）适量（精确至0.000 1g），于100mL棕色容量瓶中，用丙酮溶液（5.1）溶解定容。于4℃保存，有效期为2d。

5.6　单宁酸标准中间溶液（100μg/mL）：准确移取单宁酸标准储备液（5.5）5.00mL于50mL棕色容量瓶中，用水定容。临用现配。

6 仪器设备

6.1 紫外可见分光光度计：波长精度±2nm。

6.2 分析天平：感量 0.000 1g。

6.3 集热式恒温加热磁力搅拌器：控温精度±1℃。

6.4 离心机：转速不低于 10 000 r/min。

7 样品

按 GB/T 20195 制备样品，粉碎使其全部通过 0.42mm 孔径的分析筛，充分混匀，备用。选取相同但未添加鞣酸蛋白添加剂的饲料样品作为空白样品。

8 试验步骤

8.1 提取

8.1.1 试样的提取

平行做两份试验。称取试样 0.5～2g，准确至 0.000 1g，置于 100mL 具塞三角瓶中，准确加入 50.00mL 丙酮溶液（5.1），加塞密封，置于集热式恒温加热磁力搅拌器（6.3）中，于 55℃水浴搅拌 1h，充分冷却后，10 000 r/min 离心 10min，取上清液备用。

8.1.2 空白饲料的提取

称取空白饲料样品 0.5～2g，准确至 0.000 1g，置于 100mL 具塞三角瓶中，准确加入 50.00mL 丙酮溶液（5.1），加塞密封，置于集热式恒温加热磁力搅拌器（6.3）中，于 55℃水浴搅拌 1h，充分冷却后，10 000 r/min 离心 10min，取上清液备用。

8.2 测定

8.2.1 标准曲线的绘制

准确移取单宁酸标准中间溶液（5.6）0.00mL、0.10mL、0.20mL、0.50mL、1.00mL、1.50mL、2.00mL、3.00mL，分别置盛有约 30mL 水的 50mL 棕色容量瓶中，摇匀；加钨酸钠—磷钼酸混合溶液（5.2）2.5mL，摇匀；加碳酸钠溶液（5.3）7.0mL，摇匀；分别用水定容至 50mL，摇匀。单宁酸系列标准溶液浓度分别为：0.00mg/L、0.20mg/L、0.40mg/L、1.00mg/L、2.00mg/L、3.00mg/L、4.00mg/L、6.00mg/L，放置 80min 显色后，以标准曲线 0.00mg/L 为空白，在 760nm 波长处测定标准溶液的吸光度，以单宁酸浓度为横坐标，吸光度为纵坐标，绘制标准曲线。

8.2.2 试样的测定

准确移取试液（8.1.1）和空白饲料提取液（8.1.2）各 0.5mL，分别置于盛有约 30mL 水的 50mL 棕色容量瓶中，摇匀；加钨酸钠—磷钼酸混合溶液（5.2）2.5mL，摇匀；加碳酸钠溶液（5.3）7.0mL，摇匀；分别用水定容至 50mL，摇匀。放置 80min 显色后，以空白饲料显色液为空白，在 760nm 波长处测定试样溶液的吸光度，根据标准曲线求出试液（8.1.1）中单宁酸的浓度。如果吸光度值超过 6.00mg/L 单宁酸的吸光度时，将试液（8.1.1）用丙酮溶液（5.1）稀释后重新测定。

9 试验数据处理

试样中单宁酸以 ω 表示，数值以毫克每千克（mg/kg）表示。按公式（1）计算：

$$\omega=\frac{\rho\times V\times D}{m} \tag{1}$$

式中：

ρ——由标准曲线得出的试样测定液中单宁酸的质量浓度，单位为毫克每升（mg/L）；

V——试样提取溶液的体积，单位为毫升（mL）；

D——试样稀释倍数；

m——试样质量，单位为克（g）。

测定结果以平行测定的算术平均值表示，保留到小数点后一位。

10 精密度

在重复性条件下，两次独立测试结果与其算术平均值的绝对差值不大于该算术平均值的10%。

附件 8

NYSL

新饲料和新饲料添加剂产品标准

NYSL—1007—2022

饲料中槲皮万寿菊素的测定　高效液相色谱法

Determination of quercetagetin in feeds—
High performance liquid chromatography

2022 - 11 - 03 发布　　2022 - 11 - 03 实施

中华人民共和国农业农村部　发布

前　言

本文件按照 GB/T 1.1—2020《标准化工作导则第 1 部分：标准化文件的结构和起草规则》的规定起草。

请注意本文件的某些内容可能涉及专利。本文件的发布机构不承担识别专利的责任。

本文件由中华人民共和国农业农村部畜牧兽医局提出，由全国饲料评审委员会归口。

本文件由晨光生物科技集团股份有限公司、河北晨光检测技术服务有限公司起草，由国家饲料质量检验检测中心（北京）复核。

本文件主要起草人：吴迪、焦利卫、连运河、杨清山、钱建瑞、张晓芳。

饲料中槲皮万寿菊素的测定　高效液相色谱法

1　范围

本文件描述了饲料中槲皮万寿菊素的高效液相色谱测定方法。

本文件适用于配合饲料和添加剂预混合饲料中槲皮万寿菊素的测定。

检出限为3.0mg/kg，定量限为9.0mg/kg。

2　规范性引用文件

下列文件中的内容通过文中的规范性引用而构成文件必不可少的条款。其中，注日期的引用文件，仅该日期对应的版本适用于本文件；不注日期的引用文件，其最新版本（包括所有的修改单）适用于本文件。

GB/T 6682　分析实验室用水规格和试验方法

GB/T 20195　动物饲料　试样的制备

3　术语和定义

本文件没有需要界定的术语和定义。

4　原理

试样中的槲皮万寿菊素用含有乙二胺四乙酸二钠（EDTA）和二叔丁基对甲酚（BHT）的甲醇水溶解液经加热回流提取后，高效液相色谱仪测定，外标法定量。

5　试剂或材料

除非另有规定，仅使用分析纯试剂。

5.1　水：GB/T 6682，一级。

5.2　甲醇：色谱纯。

5.3　溶解液：称取0.2g EDTA和0.5g BHT，于100mL水中，超声使溶解，加入1mL磷酸，再加入900mL甲醇，混匀，用0.45μm有机系微孔滤膜过滤后备用。

5.4　0.2%磷酸溶液：移取1mL磷酸，加水溶解，定容至500mL。用0.45μm水系微孔滤膜过滤后备用。

5.5　槲皮万寿菊素标准品：CAS号：90-18-6，纯度≥95.0%。

5.6　标准储备溶液（200μg/mL）：准确称取槲皮万寿菊素标准品（5.5）10mg（精确至0.01mg），置于50mL容量瓶中，用溶解液（5.3）溶解并定容至刻度，摇匀。溶液转移至试剂瓶中，−18℃避光保存，有效期为6个月。

5.7　标准系列溶液：准确移取适量标准储备溶液（5.6）于25mL容量瓶中，用溶解液（5.3）稀释并定容，配成浓度分别为0.1μg/mL、0.5μg/mL、2.0μg/mL、10.0μg/mL、50.0μg/mL的标准系列溶液。临用现配。

5.8　微孔滤膜：0.45μm，有机系。

6　仪器设备

6.1　高效液相色谱仪：配有紫外检测器或二极管阵列检测器。

6.2 分析天平：感量为 0.01mg 和 0.1mg。

6.3 超声波清洗器。

6.4 恒温水浴锅：控温精度±2℃。

7 样品

按 GB/T 20195 制备样品，至少 200g，粉碎使其全部通过 0.425mm 孔径的分析筛，充分混匀，备用。

8 试验步骤

8.1 试样溶液的制备

平行做两份试验。称取配合饲料试样 5g（精确至 0.1mg），添加剂预混合饲料试样 1g（精确至 0.1mg），置于 250mL 磨口锥形瓶中，精密加入溶解液（5.3）150mL，称量后在 70℃水浴锅中回流 45min，降温补重（质量差异控制在 0.1g 以内），摇匀后取上清液过微孔滤膜（5.8），备用。

8.2 测定

8.2.1 液相色谱参考条件

色谱柱：C_{18}柱，柱长 150mm，内径 4.6mm，粒径 5μm。或性能相当者。

流动相：A：0.2%磷酸溶液（5.4），B：甲醇（5.2）。梯度洗脱，洗脱程序见表 1。

流速：1.0mL/min。

柱温：40℃。

检测波长：360nm。

进样体积：10μL。

表 1 洗脱程序

时间/min	A/%	B/%
0.0	80	20
3.0	80	20
8.0	58	42
15.0	58	42
16.0	30	70
20.0	30	70
21.0	80	20
23.0	80	20

8.2.2 标准系列工作溶液和试样溶液测定

在仪器最佳条件下，标准系列溶液（5.7）和试样溶液（8.1），分别注入高效液相色谱仪中测定。标准溶液的液相色谱图见附录 A。

8.2.3 定量

以标准系列溶液的浓度为横坐标，色谱峰面积为纵坐标，绘制标准曲线，标准曲线的相关系数不应低于 0.99。试样溶液与标准溶液中槲皮万寿菊素的响应值均应在仪器检测的线性范围内。如超出线性范围，应将试样溶液用溶解液（5.3）稀释（稀释倍数 n）至线性范围内，上机测定。

9 试验数据处理

试样中槲皮万寿菊素的含量以质量分数 ω 计，数值以毫克每千克（mg/kg）表示，按公式（1）计算：

$$\omega=\frac{\rho\times V\times D}{m} \tag{1}$$

式中：

ρ——由标准曲线计算得到的样品溶液中槲皮万寿菊素的浓度，单位为微克每毫升（μg/mL）；

V——试样溶液定容体积，单位为毫升（mL）；

n——超出线性范围，稀释倍数；

m——试样质量，单位为克（g）。

测定结果以两次平行测定结果的算术平均值表示，结果保留 3 位有效数字。

10 精密度

在重复性条件下获得的两次独立测定结果的绝对差值不大于其算术平均值的 10%。

附录 A

（资料性）

槲皮万寿菊素标准溶液高效液相色谱图

槲皮万寿菊素标准溶液高效液相色谱图见图 A. 1。

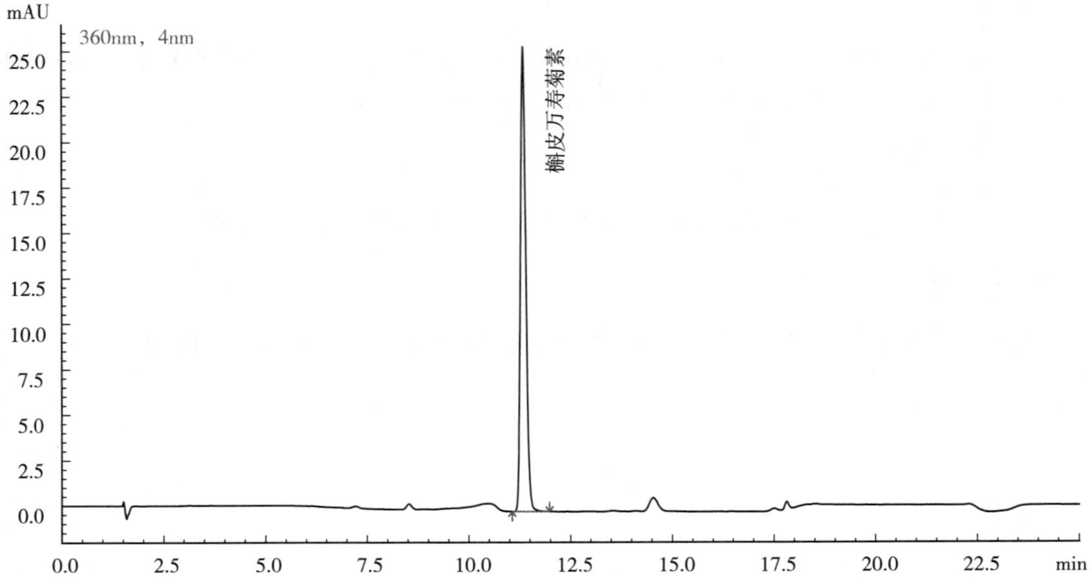

图 A. 1　槲皮万寿菊素标准溶液（20 g/mL）高效液相色谱图

附件 9

饲料和饲料添加剂产品目录

申请单位	建明（中国）科技有限公司	
通用名称	丙酸铬	
英文名称	Chromium Propionate	
主要成分	丙酸铬 ［Cr_3 (O) $(CH_3CH_2CO_2)_6$ $(H_2O)_3$］ $CO_2CH_2CH_3$	
产品类别	矿物元素及其络（螯）合物	
产品来源	以重铬酸钠和丙二醇为主要原料，丙酸过量的条件下氧化还原反应制得	
适用动物	肉仔鸡	
在配合饲料中的推荐添加量（以干物质含量为88%的配合饲料为基础）	0.2mg/kg（以铬元素计，单独或与其他有机铬同时使用）	
在配合饲料中的最高限量（以干物质含量为88%的配合饲料为基础）	0.2mg/kg（以铬元素计，单独或与其他有机铬同时使用）	
质量要求	外观与性状	深绿至黑色、黏稠状液体，具刺激性气味
	总铬/%	7.8～8.0
	丙酸铬/%	32.5～35.1
	丙酸/%	≥45.0
	总砷（以砷元素计）/(mg/kg)	≤1.00
	铅（Pb）/(mg/kg)	≤0.50
	汞（Hg）/(mg/kg)	≤0.50
	镉（Cd）/(mg/kg)	≤1.00
	六价铬（Cr^{6+}）/(mg/kg)	≤0.50

附件 10

NYSL

新饲料和新饲料添加剂产品标准

NYSL—1008—2022

饲料添加剂　丙酸铬

Feed additive—Chromium propionate

2022 - 11 - 03 发布　　　　2022 - 11 - 03 实施

中华人民共和国农业农村部　发布

前　言

本文件按照 GB/T 1.1—2020《标准化工作导则　第 1 部分：标准化文件的结构和起草规则》的规定起草。

本文件的某些内容可能涉及专利。本文件的发布机构不承担识别专利的责任。

本文件由中华人民共和国农业农村部畜牧兽医局提出，由全国饲料评审委员会归口。

本文件由建明（中国）科技有限公司起草，由国家饲料质量检测检验中心（北京）复核。

本文件主要起草人：李宁、刘永才、唐卓、李正、段智勇、黄生树。

饲料添加剂　丙酸铬

1　范围

本文件给出了丙酸铬的化学名称、分子式、相对分子质量和结构式，规定了饲料添加剂丙酸铬的技术要求、检验规则、标签、包装、运输、贮存和保质期，描述了取样和试验方法。

本文件适用于以重铬酸钠和丙二醇为主要原料，丙酸过量的条件下氧化还原反应制成的饲料添加剂丙酸铬。

2　规范性引用文件

下列文件中的内容通过文中的规范性引用而构成本文件必不可少的条款。其中，注日期的引用文件，仅该日期对应的版本适用于本文件；不注日期的引用文件，其最新版本（包括所有的修改单）适用于本文件。

GB/T 603　化学试剂　试验方法中所用制剂及制品的制备

GB/T 6682　分析实验室用水规格和试验方法

GB/T 7467—1987　水质 六价铬的测定　二苯碳酰二肼分光光度法

GB/T 8170　数值修约规则与极限数值的表示和判定

GB 10648　饲料标签

GB/T 13079　饲料中总砷的测定

GB/T 13080　饲料中铅的测定　原子吸收光谱法

GB/T 13081　饲料中汞的测定

GB/T 13082　饲料中镉的测定方法

GB/T 14699.1　饲料　采样

3　术语和定义

本文件没有需要界定的术语和定义。

4　化学名称、分子式、相对分子质量和结构式

化学名称：丙酸铬，CAS号：85561-43-9

分子式：$C_{21}H_{41}Cr_3O_{18}$

相对分子质量：737.5（按2016年国际相对原子质量）

结构式：$[Cr_3(O)(CH_3CH_2CO_2)_6(H_2O)_3]CO_2CH_2CH_3$

5　技术要求

5.1　外观与性状

深绿至黑色、黏稠状液体，具刺激性气味。

5.2　技术指标

应符合表1的规定。

表 1 技术指标

项 目	指 标
总铬/%	7.8～8.0
丙酸铬/%	32.5～35.1
丙酸/%	≥45.0
总砷（以 As 计）/(mg/kg)	≤1.00
铅（Pb）/(mg/kg)	≤0.50
汞（Hg）/(mg/kg)	≤0.50
镉（Cd）/(mg/kg)	≤1.00
六价铬（Cr^{6+}）/(mg/kg)	≤0.50

6 取样

按照 GB/T 14699.1 的规定执行。应采用清洁、干燥、耐腐蚀和密封性能好的容器保存样品。

7 试验方法

除非另有规定，本文件所用试剂均指分析纯试剂，水符合 GB/T 6682 中规定的一级水。试剂和溶液的制备按照 GB/T 603 的规定执行。

7.1 感官检验

取适量样品置于适宜的器皿中，在正常光照、通风良好、无异味的环境下，观察其色泽和形态，并嗅其气味。

7.2 鉴别试验

7.2.1 分光光度法

7.2.1.1 试剂或材料

7.2.1.1.1 丙酸铬标准品：CAS 号：85561-43-9，含量≥95%。

7.2.1.1.2 丙酸铬标准溶液：称取 0.2g 丙酸铬标准品，精确至 0.000 1g，于 100mL 容量瓶中，用水溶解，并定容至刻度，摇匀。该溶液浓度为 2.0mg/mL。

7.2.1.2 仪器设备

7.2.1.2.1 分光光度计：波长精度±2nm。

7.2.1.2.2 分析天平：感量 0.000 1g。

7.2.1.3 试验步骤

7.2.1.3.1 试样溶液制备

平行做两份试验。称取 0.5g 试样，精确至 0.000 1g，于 100mL 容量瓶中，用水溶解定容至刻度，摇匀。

7.2.1.3.2 测定

分别取一定量的丙酸铬标准溶液和试样溶液，以水为空白，在 380～780nm 范围进行吸收光谱扫描，得到标准溶液和试样溶液的紫外—可见光吸收光谱图。

将试样溶液与丙酸铬标准溶液紫外—可见分光光谱图进行对比，如果谱图一致，最大吸收波长出现在 443nm，在 585nm 处出现特征吸收波长，则可认定试样为丙酸铬。

7.2.2 高效液相色谱法

7.2.2.1 试剂或材料

7.2.2.1.1 乙腈：色谱纯。

7.2.2.1.2 1%丙酸水溶液：量取 10mL 丙酸于 1 000mL 容量瓶中，用水定容至刻度，摇匀。用前过 0.22μm 滤膜。

7.2.2.1.3 1%丙酸乙腈溶液：量取 10mL 丙酸于 1 000mL 容量瓶中，用乙腈（7.2.2.1.1）定容至刻度，摇匀。用前过 0.22μm 滤膜。

7.2.2.1.4 丙酸铬标准品：CAS 号：85561－43－9，含量≥95%。

7.2.2.1.5 丙酸铬标准溶液：称取 1g 丙酸铬标准品（精确至 0.000 1g）和 0.5g 丙酸钠（精确至 0.000 1g），于 100mL 容量瓶中，加入约 30mL 丙酸和约 50mL 水，超声波水浴溶解 1h，用水稀释至刻度，摇匀。该溶液浓度为 10mg/mL。

7.2.2.2 仪器设备

7.2.2.2.1 高效液相色谱仪：配紫外检测器或二极管矩阵检测器。

7.2.2.2.2 分析天平：感量 0.000 1g。

7.2.2.2.3 磁力搅拌器。

7.2.2.2.4 超声波水浴振荡器。

7.2.2.3 试验步骤

7.2.2.3.1 试样溶液制备

平行做两份试验。称取 2g 试样，精确至 0.000 1g，于 200mL 烧杯中，加入 70mL 1%丙酸水溶液，磁力搅拌溶解后，定容于 100mL 容量瓶中，摇匀。得到试样溶液。

7.2.2.3.2 液相色谱参考条件

液相色谱参考条件如下：

a）色谱柱：SB-Aq 柱①，柱长 250mm，内径 4.6mm，粒径 5μm，或者性能相当者。

b）流速：1.2mL/min。

c）温度：30℃。

d）进样量：10μL。

e）检测波长：443nm。

f）流动相：A 相为 1%丙酸水溶液，B 相为 1%丙酸乙腈溶液，梯度洗脱条件见表 2。

表 2 梯度洗脱条件

时间/min	A 相/%	B 相/%
0	0	100
8	100	0
8.1	0	100
14	0	100

7.2.2.3.3 测定

将丙酸铬标准溶液和试样溶液室温放置 24h 后，过 0.22μm 滤膜，在仪器的最佳条件下，分别上机测定。丙酸铬标准溶液的液相色谱图见附录 A。

① SB-Aq 柱：是由 Agilent 公司提供的产品。这一信息是为了方便本文件的使用者，并不表示对产品的认可。如果其他产品具有相同的效果，那么可使用这些等效产品。

将试样溶液与丙酸铬标准溶液高效液相色谱图进行对比，如果试样溶液与丙酸铬标准溶液色谱图上丙酸铬保留时间一致，其相对偏差在±2.5%之内，则可认定其为丙酸铬。

7.3 总铬

7.3.1 原理

试样中的铬在碱性条件下被过硫酸铵氧化，生成等量六价铬离子，六价铬离子在372nm处吸光度与产品中铬含量成正比，用分光光度仪测定六价铬，计算得出试样中铬的总含量。

7.3.2 试剂或材料

7.3.2.1 过硫酸铵。

7.3.2.2 40%氢氧化钠溶液：称取40g氢氧化钠，于200mL烧杯中，用水溶解，并定容至100mL，摇匀。

7.3.2.3 铬标准储备溶液：CAS号：7440－47－3，1 000μg/mL。购置商品化有证标准溶液。

7.3.2.4 铬标准溶液：移取10mL铬标准储备溶液（7.3.2.3）于100mL容量瓶中，用水稀释至刻度，摇匀。该溶液浓度为100μg/mL。2～4℃密封保存，有效期6个月。

7.3.3 仪器设备

7.3.3.1 分光光度计：波长精度±2nm。

7.3.3.2 分析天平：感量0.000 01g和0.000 1g。

7.3.3.3 可调加热板。

7.3.4 试验步骤

7.3.4.1 铬标准系列工作溶液制备

移取铬标准溶液（7.3.2.4）1.2mL、1.4mL、1.6mL、1.8mL、2.0mL于5个洁净的100mL烧杯中，分别各加入25mL水和1.5mL 40%氢氧化钠溶液，摇匀。称取0.8g过硫酸铵，精确至0.000 1g，于每个烧杯中。烧杯于加热板上，保持溶液微沸状态10min，其间，摇动烧杯二次。10min后，烧杯冷却至室温，溶液分别移入100mL容量瓶中，用水稀释并定容。取部分溶液离心，上清液待测。所得铬标准系列工作溶液浓度分别为1.2μg/mL、1.4μg/mL、1.6μg/mL、1.8μg/mL、2.0μg/mL。

7.3.4.2 试样溶液制备

平行做两份试验。称取0.08g试样，精确至0.000 01g，于100mL容量瓶中，用水溶解，并定容。取2.5mL上述溶液于100mL烧杯中，从加入25mL水和1.5mL 40%氢氧化钠溶液开始，同7.3.4.1操作，得到待测上清液。

用水代替试样同时做空白试验。

7.3.4.3 测定

用空白试液调零，于372nm处测定标准系列工作溶液和试样溶液的吸光度。

7.3.5 试验数据处理

试样中总铬的含量以质量分数X_1计，数值以百分含量（%）表示，按公式（1）计算：

$$X_1=\frac{\rho\times V_0\times V_2}{m\times V_1\times 1\ 000\ 000}\times 100 \qquad (1)$$

式中：

ρ——由标准曲线计算得到的试样溶液中铬的浓度，单位为微克每毫升（μg/mL）；

V_0——试样提取时定容体积，单位为毫升（mL）；

V_1——分取溶液进行氧化反应体积，单位为毫升（mL）；

V_2——氧化反应后定容体积，单位为毫升（mL）；

m—试样质量，单位为克（g）。

测定结果以平行测定的算术平均值表示，保留 2 位有效数字。

7.3.6 精密度

在重复性条件下，两次独立测定结果与其算术平均值的绝对差值不大于该算术平均值的 1.0％。

7.4 丙酸铬

7.4.1 方法 1 分光光度法

7.4.1.1 原理

试样中的丙酸铬经极性改性苯乙烯—二乙烯基苯聚合物固相萃取柱萃取，于 443nm 处测定吸光度，吸光度与丙酸铬含量成正比，以此计算试样中丙酸铬的含量。

7.4.1.2 试剂或材料

7.4.1.2.1 N，N-二甲基甲酰胺：色谱纯。

7.4.1.2.2 乙腈：色谱纯。

7.4.1.2.3 萃取液：量取 200mL N，N-二甲基甲酰胺（7.4.1.2.1）与 300mL 水混合均匀。

7.4.1.2.4 洗涤液：量取 50mL N，N-二甲基甲酰胺（7.4.1.2.1）与 450mL 水混合均匀。

7.4.1.2.5 洗脱液：量取 250mL 冰醋酸与 750mL 乙腈（7.4.1.2.2）混合均匀，用前过 0.22μm 滤膜。

7.4.1.2.6 丙酸铬标准品：CAS 号：85561-43-9，含量≥95％。

7.4.1.2.7 丙酸铬标准储备溶液：称取 0.2g 丙酸铬标准品，精确至 0.000 1g，于 50mL 容量瓶中，加入 5mL 甲醇轻轻摇晃将其溶解，用洗脱液（7.4.1.2.5）稀释至刻度，摇匀。该溶液浓度为 4mg/mL。2～4℃密封储存，有效期 1 个月。

7.4.1.2.8 固相萃取柱：Bond Elut-PPL 柱①，1g/6mL。或性能相当者。

7.4.1.3 仪器设备

7.4.1.3.1 分光光度计：波长精度±2nm。

7.4.1.3.2 分析天平：感量 0.000 1g。

7.4.1.3.3 多点磁力搅拌器。

7.4.1.4 试验步骤

7.4.1.4.1 标准系列工作溶液制备

分别移取铬标准储备溶液 2.0mL、4.0mL、6.0mL、8.0mL，于 10mL 容量瓶中，用洗脱液（7.4.1.2.5）稀释至刻度，得到浓度为 0.8mg/mL、1.6mg/mL、2.4mg/mL、3.2mg/mL 的丙酸铬溶液，连同标准储备溶液一起作为标准系列工作溶液。

7.4.1.4.2 试样溶液制备

平行做两份试验。称取 1g 试样，精确至 0.000 1g，于 100mL 烧杯中，加入萃取液

① Bond Elut-PPL 柱：是由 Agilent 公司提供的产品。这一信息是为了方便本文件的使用者，并不表示对产品的认可。如果其他产品具有相同的效果，那么可使用这些等效产品。

(7.4.1.2.3) 适量，搅拌溶解 10min，转移至 50mL 容量瓶中，定容，摇匀。得到试样溶液。

7.4.1.4.3 测定

用 2mL 乙腈润湿固相萃取柱（7.4.1.2.8），再加入 4mL 萃取液（7.4.1.2.3）活化。待萃取液全部流出后，移取 2mL 试样溶液（7.4.1.4.2），上柱。待试样溶液的液面下降到固相萃取柱填充材料的上表面以下后，加入 4mL 洗涤液（7.4.1.2.4），至无液体洗出，弃除所有洗出溶液。加入 4mL 洗脱液（7.4.1.2.5）洗脱，再加入 4mL 洗脱液重复洗脱 1 次，用 10mL 容量瓶接收所有洗脱下来的溶液，用洗脱液（7.4.1.2.5）稀释至刻度，摇匀。得到试样测试溶液。

注：如果用减压过柱，液体流速不得超过 2mL/min。

用洗脱液调零，于 443nm 处测定标准系列工作溶液和试样测试溶液的吸光度。

用 2mL 萃取液代替试样同时做空白试验。

7.4.1.5 试验数据处理

试样中丙酸铬的含量以质量分数 X_2 计，数值以百分含量（%）表示，按公式（2）计算：

$$X_2=\frac{(\rho-\rho_0)\times V_0\times V_2}{m\times V_1\times 1\,000}\times 100 \tag{2}$$

式中：

ρ——由标准曲线计算得到试样溶液中丙酸铬的浓度，单位为毫克每毫升（mg/mL）；

ρ_0——由标准曲线计算得到空白试样中丙酸铬的浓度，单位为毫克每毫升（mg/mL）；

V_0——试样提取时定容体积，单位为毫升（mL）；

V_1——分取溶液过柱体积，单位为毫升（mL）；

V_2——过柱后定容体积，单位为毫升（mL）；

m——试样质量，单位为克（g）。

测定结果以平行测定的算术平均值表示，保留 3 位有效数字。

7.4.1.6 精密度

在重复性条件下，两次独立测定结果与其算术平均值的绝对差值不大于该算术平均值的 1.0%。

7.4.2 方法 2 高效液相色谱法

7.4.2.1 原理

试样用 1%丙酸水溶液溶解，用高效液相色谱仪测定，外标法定量。

7.4.2.2 试剂或材料

7.4.2.2.1 乙腈：色谱纯。

7.4.2.2.2 1%丙酸水溶液：量取 10mL 丙酸于 1 000mL 容量瓶中，用水定容，摇匀。用前过 0.22μm 滤膜。

7.4.2.2.3 1%丙酸乙腈溶液：量取 10mL 丙酸于 1 000mL 容量瓶中，用乙腈（7.4.2.2.1）定容，摇匀。用前过 0.22μm 滤膜。

7.4.2.2.4 丙酸铬标准品：CAS 号：85561-43-9，含量≥95%。

7.4.2.2.5 丙酸铬标准储备溶液：称取 1g 丙酸铬标准品（精确至 0.000 1g）和 0.5g 丙酸钠（精确至 0.000 1g），置于 100mL 容量瓶中，加入 30mL 丙酸和 50mL 水，超声溶解 1h，用水稀释至刻度，摇匀。该溶液浓度为 10mg/mL。2～4℃密封储存，有效期 1 个月。

7.4.2.3 仪器设备

7.4.2.3.1　高效液相色谱仪：配紫外检测器或二极管矩阵检测器。

7.4.2.3.2　分析天平：感量 0.000 1g。

7.4.2.3.3　超声波水浴振荡器。

7.4.2.3.4　磁力搅拌器。

7.4.2.4　试验步骤

7.4.2.4.1　标准系列工作溶液制备

分别移取丙酸铬标准储备溶液 2.0mL、4.0mL、6.0mL、8.0mL，于 10mL 容量瓶中，用 1%丙酸水溶液稀释至刻度，得到浓度分别为 2.0mg/mL、4.0mg/mL、6.0mg/mL、8.0mg/mL 的丙酸铬标准溶液，与丙酸铬标准储备溶液一起作为标准系列工作溶液。室温放置 24h 后测定。

7.4.2.4.2　试样溶液制备

平行做两份试验。称取 2g 样品，精确至 0.000 1g，置于 100mL 烧杯中，加入 50mL 1%丙酸水溶液，搅拌至完全溶解，转移至 100mL 容量瓶，用 1%丙酸水溶液定容，摇匀。室温放置 24h 后测定。

7.4.2.4.3　液相色谱参考条件

液相色谱参考条件如下：

a）色谱柱：SB-Aq 柱①，柱长 250mm，内径 4.6mm，粒径 5μm。

b）流速：1.2mL/min。

c）温度：30℃。

d）进样量：10μL。

e）检测波长：443nm。

f）流动相：A 相为 1%丙酸水溶液，B 相为 1%丙酸乙腈溶液，梯度洗脱条件见表 2。

7.4.2.4.4　测定

室温放置 24h 后的标准系列工作溶液和试样溶液，过 0.22μm 滤膜，在仪器的最佳条件下，分别上机测定。以丙酸铬标准系列工作溶液的浓度分别为横坐标，色谱峰面积为纵坐标，绘制标准曲线，标准曲线的相关系数不低于 0.995。丙酸铬标准溶液的液相色谱图见附录 A。

7.4.2.5　试验数据处理

试样中丙酸铬的含量以质量分数 X_3 计，数值以百分含量（%）表示，按公式（3）计算：

$$X_3 = \frac{\rho \times V}{m \times 1\,000} \times 100 \qquad (3)$$

式中：

ρ——由标准曲线计算得到测试液中丙酸铬的浓度，单位为毫克每毫升（mg/mL）；

V——定容体积，单位为毫升（mL）；

m——试样质量，单位为克（g）。

测定结果以平行测定的算术平均值表示，保留 3 位有效数字。

7.4.2.6　精密度

在重复性条件下，两次独立测定结果与其算术平均值的绝对差值不大于该算术平均值的 1.0%。

---

①　SB-Aq 柱：是由 Agilent 公司提供的产品。这一信息是为了方便本文件的使用者，并不表示对产品的认可。如果其他产品具有相同的效果，那么可使用这些等效产品。

7.5 丙酸

7.5.1 原理

试样中丙酸和丙酸盐在酸性条件下用水提取，用高效液相色谱仪测定，外标法定量。

7.5.2 试剂或材料

7.5.2.1 4%氢氧化钠溶液：称取4g氢氧化钠，于200mL烧杯中，用水溶解，并定容至100mL，摇匀。

7.5.2.2 磷酸缓冲液：称取2.14g正磷酸（含量≥85%），精确至0.000 1g，于1 000mL的容量瓶中，用水定容。用4%氢氧化钠溶液调节pH值至2.5。

7.5.2.3 丙酸标准品：CAS号：79-09-4，含量≥99%。

7.5.2.4 丙酸标准储备溶液：称取1g丙酸标准品，精确至0.000 1g，于100mL容量瓶中，用水稀释定容。该溶液浓度为10mg/mL。2～4℃密封储存，有效期1个月。

7.5.3 仪器设备

7.5.3.1 高效液相色谱仪：配紫外检测器或二极管矩阵检测器。

7.5.3.2 分析天平：感量0.000 1g。

7.5.3.3 磁性搅拌器。

7.5.3.4 酸度计。

7.5.4 试验步骤

7.5.4.1 标准系列工作溶液制备

分别移取1.0mL、2.0mL、2.5mL、5.0mL、8.0mL的丙酸标准储备溶液，于10mL容量瓶中，用水稀释定容，得到浓度分别为1.0mg/mL、2.0mg/mL、2.5mg/mL、5.0mg/mL、8.0mg/mL的标准系列工作溶液。

7.5.4.2 试样溶液制备

平行做两份试验。称取1g试样，精确至0.000 1g，于200mL的容量瓶中，加入适量水，搅拌10min，转移至100mL容量瓶中，用水定容，摇匀。上清液待测。

7.5.4.3 液相色谱参考条件

液相色谱参考条件如下：

a）色谱柱：C_{18}柱，柱长250mm，内径4.6mm，粒径5μm，或者性能相当者。

b）流动相：磷酸缓冲液（7.5.2.2）。

c）温度：30℃。

d）流速：1.0mL/min。

e）检测波长：210nm。

f）进样量：10μL。

7.5.4.4 测定

标准系列工作溶液和试样溶液过0.22μm滤膜，在仪器的最佳条件下，分别上机测定。以丙酸标准系列工作溶液的浓度分别为横坐标，色谱峰面积为纵坐标，绘制标准曲线，标准曲线的相关系数不低于0.995。丙酸标准溶液的液相色谱图见附录A。

7.5.5 试验数据处理

试样中丙酸的含量以质量分数X_4计，数值以百分含量（%）表示，按公式（4）计算：

$$X_4=\frac{\rho\times V}{m\times 1\,000}\times 100 \tag{4}$$

式中：

ρ——由标准曲线计算得到试样溶液中丙酸的浓度，单位为毫克每毫升（mg/mL）；

V——定容体积单位为毫升（mL）；

m——试样质量单位为克（g）。

测定结果以平行测定的算术平均值表示，保留 3 位有效数字。

7.5.6　精密度

在重复性条件下，两次独立测定结果与其算术平均值的绝对差值不大于该算术平均值的 1.0%。

7.6　六价铬

7.6.1　原理

在酸性条件下，试样中六价铬与二苯碳酰二肼反应生成紫红色化合物，用分光光度计于波长 540nm 处测定。

7.6.2　试剂或材料

7.6.2.1　重铬酸钾：优级纯。

7.6.2.2　硫酸：优级纯。

7.6.2.3　磷酸：优级纯。

7.6.2.4　硫酸溶液：硫酸＋水＝1＋1。将硫酸缓缓加入同体积的水中。

7.6.2.5　磷酸溶液：磷酸＋水＝1＋1。将磷酸与水等体积混合。

7.6.2.6　显色剂：称取二苯碳酰二肼 0.2g，溶于 50mL 丙酮中，加水稀释至 100mL，摇匀，贮于棕色试剂瓶，2～4℃保存。颜色变深后，不能使用。

7.6.2.7　铬标准贮备溶液：称取于 110℃干燥 2h 的重铬酸钾 0.282 9g，精确至 0.000 1g，用水溶解后，移入 1 000mL 容量瓶中，用水稀释定容，摇匀。此溶液 1mL 含 0.10mg 六价铬。

7.6.2.8　铬标准溶液：吸取 5.00mL 铬标准贮备溶液（7.6.2.7）置于 500mL 容量瓶中，用水稀释至刻度，摇匀。此溶液 1mL 含 1.00μg 六价铬。临用现配。

7.6.3　仪器设备

7.6.3.1　分光光度计：波长精度±2nm。

7.6.3.2　电子天平：感量为 0.000 1g。

7.6.4　试验步骤

7.6.4.1　样品的预处理

7.6.4.1.1　溶解

平行做两份试验。称取试样约 5g，精确至 0.000 1g，于 200mL 容量瓶中，用水定容至刻度，摇匀。

7.6.4.1.2　色度校正

按 GB/T 7467—1987 的 6.1.2 操作。

7.6.4.2　空白试验

按 GB/T 7467—1987 的 6.2 操作。

7.6.4.3　测定

准确移取 50mL 试样溶液（7.6.4.1.1），置于 50mL 比色管中。从“加入 0.5mL 硫酸溶液……”起，按 GB/T 7467—1987 的 6.3 操作。

7.6.4.4　校准

按 GB/T 7467—1987 的 6.4 操作。

7.6.5 试验数据处理

试样中六价铬的含量以质量分数 X_5 计，数值以百分含量（%）表示，按公式（5）计算：

$$X_5=\frac{m_1\times V_1}{m_2\times V_2}\times 100 \tag{5}$$

式中：

m_1——由校准曲线查得的试样溶液中六价铬含量，单位为微克（μg）；

m_2——试样质量，单位为克（g）；

V_1——试样溶液体积，单位为毫升（mL）；

V_2——试样溶液分取体积，单位为毫升（mL）。

测定结果以平行测定的算术平均值表示，保留 2 位有效数字。

7.6.6 精密度

在重复性条件下，两次独立测定结果与其算术平均值的绝对差值不大于该算术平均值的 20%。

7.7 总砷

按 GB/T 13079 的规定执行。

7.8 铅

按 GB/T 13080 的规定执行。

7.9 汞

按 GB/T 13081 的规定执行。

7.10 镉

按 GB/T 13082 的规定执行。

8 检验规则

8.1 组批

以相同材料、相同的生产工艺，经连续生产或同一班次生产的同一规格的产品为一批，但每批产品不应超过 1 000kg。

8.2 出厂检验

出厂检验项目为外观与性状、铬、丙酸铬、丙酸及六价铬含量。产品出厂前应逐批检验，检验合格并且附具合格证和产品使用说明书（见附录 B）方可出厂。

8.3 型式检验

型式检验项目为第 5 章规定的所有项目。在正常生产情况时，每半年至少进行 1 次型式检验，有下列情况之一时，亦应进行型式检验：

a）产品定型投产时；

b）生产工艺、配方或主要原料来源有较大改变，可能影响产品质量时；

c）停产 3 个月以上，重新恢复生产时；

d）出厂检验结果与上次型式检验结果有较大差异时；

e）饲料行政管理部门提出检验要求时。

8.4 判定规则

8.4.1 所验项目全部合格，判定为该批次产品合格。

8.4.2 检验结果中有任何指标不符合本标准规定时，可自同批产品中重新加倍采样进行复检。复检结果即使有一项指标不符合本标准规定，则判定该批产品不合格。

8.4.3 各项目指标的极限数值判定按 GB/T 8170 中修约值比较法执行。

9 标签、包装、运输、贮存和保质期

9.1 标签

按 GB 10648 规定执行，产品标签样式见附件 C。

9.2 包装

采用高密度聚乙烯 HDPE 桶包装，密封。标准规格：25kg/桶、200kg/桶、1 000kg/桶，亦可根据客户实际需要进行包装。

9.3 运输

在运输过程中应严禁碰撞，防止包装破损，严禁与有毒有害物质混运。

9.4 贮存

置于干燥、通风处，勿受阳光直射，用后封口。严禁与有毒有害的物品混贮。

9.5 保质期

在上述贮存条件及包装完好的情况下，保质期为 12 个月。

附录 A

（资料性）

丙酸铬和丙酸标准溶液的液相色谱图

A.1 丙酸铬标准溶液的液相色谱图见图 A.1。

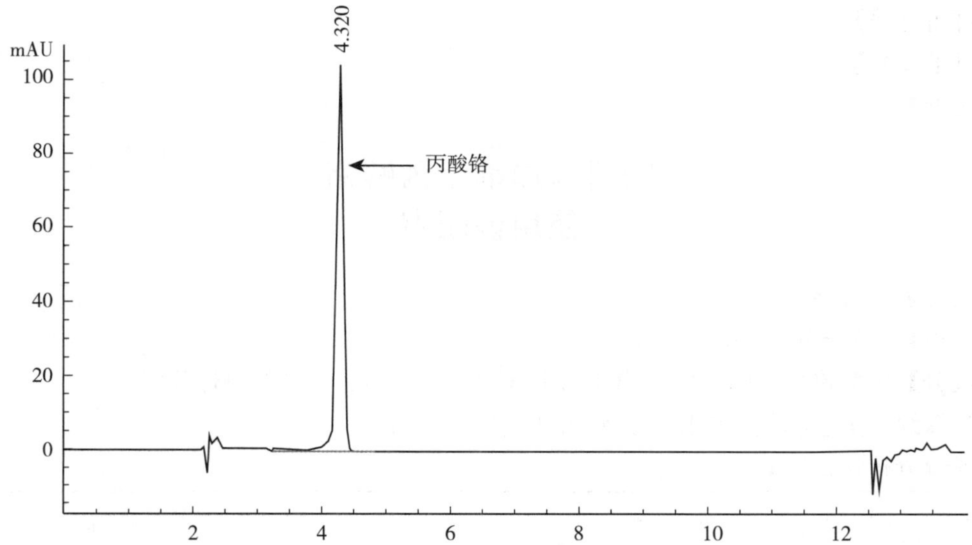

图 A.1 丙酸铬标准溶液（8mg/mL）的液相色谱图

A.2 丙酸标准溶液的液相色谱标准谱图见 A.2。

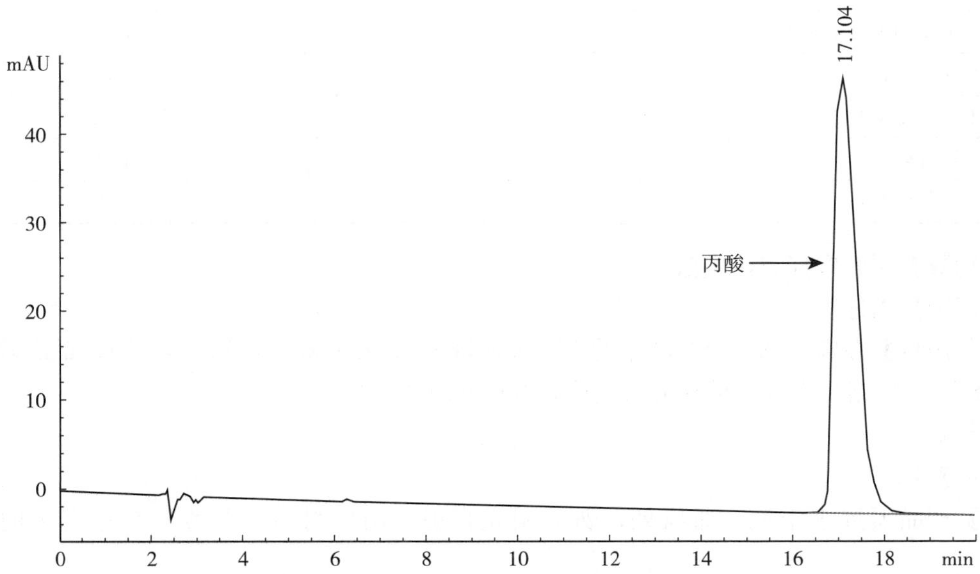

图 A.2 丙酸标准溶液（2mg/mL）的液相色谱图

附录 B

（规范性）

产品使用说明书

【新产品证书号】

【生产许可证号】

【产品批准文号】

【执行标准】

饲料添加剂　丙酸铬
使用说明书

【产品名称】丙酸铬

【英文名称】Chromium Propionate

【有效成分】丙酸铬（$[Cr_3(O)(CH_3CH_2CO_2)_6(H_2O)_3]CO_2CH_2CH_3$）

【性状】深绿至黑色黏稠状液体，具刺激性气味

【产品成分分析保证值】

项　　目	指　标
总铬/%	7.8～8.0
丙酸铬/%	32.5～35.1
丙酸/%	≥45.0
总砷（以As计）/(mg/kg)	≤1.00
铅（Pb）/(mg/kg)	≤0.50
汞（Hg）/(mg/kg)	≤0.50
镉（Cd）/(mg/kg)	≤1.00
六价铬（Cr^{6+}）/(mg/kg)	≤0.50

【作用功效】缓解肉仔鸡热应激。

【适用范围】肉仔鸡。

【用法与用量】在肉仔鸡配合饲料中的推荐添加量为0.2mg/kg（以铬元素计），最高限量为0.2mg/kg（以铬元素计，单独或与其他有机铬同时使用）。

【净含量】

【保质期】12个月。

【贮运】产品须置于干燥、通风处，勿受阳光直射，用后封口。严禁与有毒有害的物品混贮。

【生产企业】

地址　　　　邮编

电话　　　　传真

网址　　　　邮箱

附录 C
（规范性）
产品标签

【新产品证书号】 【生产许可证号】
【产品批准文号】 【执行标准】

饲料添加剂
丙酸铬
Chromium Propionate

【产品名称】丙酸铬
【产品成分分析保证值】

项　　目	指　标
总铬/%	7.8～8.0
丙酸铬/%	32.5～35.1
丙酸/%	≥45.0
总砷（以 As 计）/(mg/kg)	≤1.00
铅（Pb）/(mg/kg)	≤0.50
汞（Hg）/(mg/kg)	≤0.50
镉（Cd）/(mg/kg)	≤1.00
六价铬（Cr^{6+}）/(mg/kg)	≤0.50

【作用功效】缓解肉仔鸡热应激。
【适用范围】肉仔鸡。
【用法与用量】在肉仔鸡配合饲料中的推荐添加量为 0.2mg/kg（以铬元素计），最高限量为 0.2mg/kg（以铬元素计，单独或与其他有机铬同时使用）。
【净含量】
【保质期】12 个月。
【贮运】产品须置于干燥、通风处，勿受阳光直射，用后封口。严禁与有毒有害的物品混贮。
【包装规格】
【生产企业】
地址　　邮编
电话　　传真
【生产日期】
【生产批号】

附件 11

《饲料原料目录》修订列表—奇亚籽

原料编号	原料名称	特征描述	强制性标识要求
2.24	其他		
2.24.3	奇亚籽	唇形科鼠尾草属芡欧鼠尾草（*Salvia hispanica* L.）的种子。	

专题篇

2022 年饲料加工工业概况

2022 年，生猪基础产能稳固，禽养殖保持较高水平，水产和反刍动物养殖快速发展，饲料工业总产值连续 2 年超过万亿元，饲料总产量首次突破 3 亿 t 大关，实现产值产量双增长。

一、基本情况

1. 饲料工业总产值营收再创新高。全国饲料工业总产值 13 168.5 亿元，比上年增长 7.6%；总营业收入 12 617.3 亿元，增长 8.0%。其中，饲料产品产值 11 816.6 亿元、营业收入 11 363.8 亿元，分别增长 7.8%、8.2%；饲料添加剂产品产值 1 267.7 亿元、营业收入 1 167.9 亿元，分别增长 9.8%、5.2%；饲料机械产品产值 84.2 亿元，下降 26.9%，营业收入 85.6 亿元，增长 11.1%（图 1、图 2）。

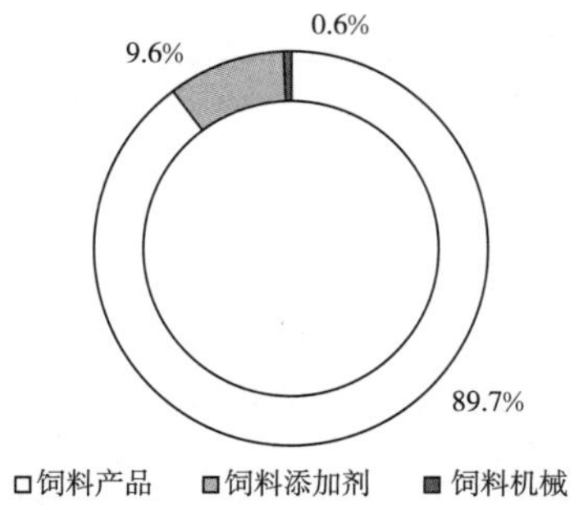

图 1　2022 年饲料工业总产值结构比重

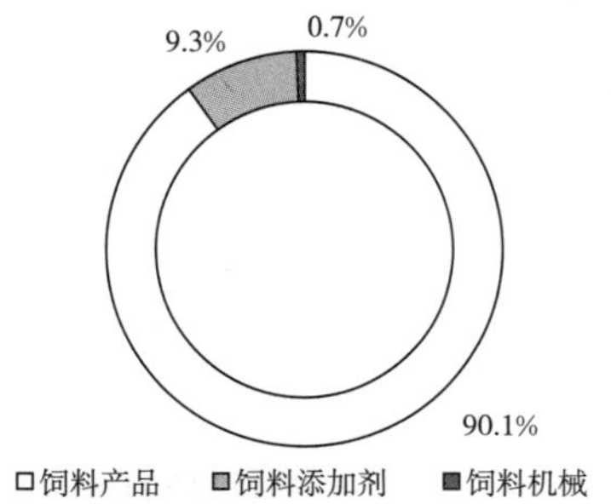

图 2　2022 年饲料工业总营业收入结构比重

2. 工业饲料总产量首次突破 3 亿 t。全国工业饲料总产量 30 223.4 万 t，比上年增长 3.0%。其中，配合饲料产量 28 021.2 万 t，增长 3.7%；浓缩饲料产量 1 426.2 万 t，下降 8.1%；添加剂预混合饲料产量 652.2 万 t，下降 1.6%（图 3）。

从不同品种看，分品种看，猪饲料产量 13 597.5万 t，增长 4.0%；蛋禽饲料产量 3 210.9 万 t，下降 0.6%；肉禽饲料产量 8 925.4 万 t，增长 0.2%；反刍动物饲料产量 1 616.8 万 t，增长 9.2%；水产饲料产量 2 525.7 万 t，增长 10.2%；宠物饲料产量 123.7 万 t，增长 9.5%；其他饲料产量 223.3 万 t，下降 7.2%（图 4、图 5）。

不同类别饲料产品情况，配合饲料中，猪配合饲料 12 405.1 万 t、同比增长 5.7%，蛋禽配合饲料 2 918.0 万 t、同比下降 0.5%，肉禽配合饲料8 806.5 万 t、同比增长 0.3%，水产配合饲料2 478.4万 t、同比增长 10.0%，精料补充料 1 206.3 万 t、同比增长 7.3%，其他配合饲料 207.0 万 t、同比下降 4.8%（图 6）。

浓缩饲料中，猪浓缩饲料 918.3 万 t、同比下降 11.3%，蛋禽浓缩饲料 110.0 万 t、同比下降 7.7%，肉禽浓缩饲料 72.8 万 t、同比下降 18.1%，水产浓缩饲料 7.0 万 t、同比增长 69.0%，反刍动物浓缩饲料 307.4 万 t、同比增长 15.0%，其他 10.7 万 t、同比下降 70.6%（图 7）。

添加剂预混合饲料中，猪预混合饲料 274.1 万 t、同比下降 11.2%，蛋禽预混合饲料 182.9 万 t、同比增长 2.0%，肉禽预混合饲料 46.1 万 t、同比增长 6.2%，水产预混合饲料 40.4 万 t、同比增长 11.0%，反刍动物预混合饲料 103.1 万 t、同比增长 16.2%，其他 5.6 万 t，同比下降 15.1%（图 8）。

3. 饲料添加剂产量小幅下降。全国饲料添加剂总产量 1 468.8 万 t，比上年下降 0.6%。其中，直接制备饲料添加剂产量 1 368.7 万 t，增长 0.1%；混合

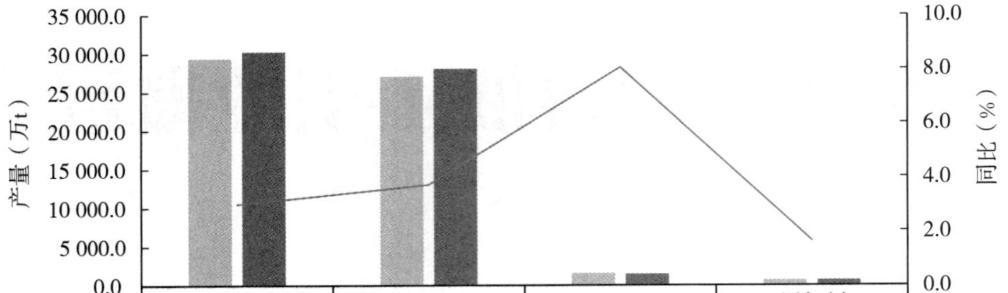

	总产量	配合饲料	浓缩饲料	添加剂预混合饲料
2021年	29 344.3	27 017.1	1 551.1	663.1
2022年	30 223.4	28 021.2	1 426.2	652.2
同比	3.0%	3.7%	−8.1%	−1.6%

图 3　2021—2022 年饲料总产量（分类别）同比

注：总产量包括宠物饲料。

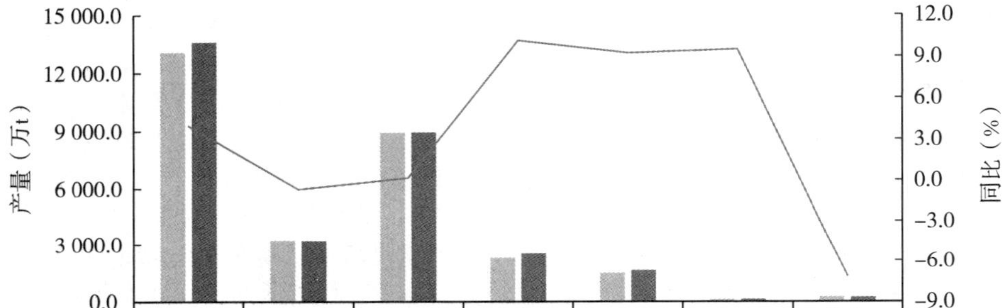

	猪	蛋禽	肉禽	水产	反刍	宠物	其他
2021年	13 076.5	3 231.4	8 909.6	2 293.0	1 480.3	113.0	240.5
2022年	13 597.5	3 210.9	8 925.4	2 525.7	1 616.8	123.7	223.3
同比	4.0%	−0.6%	0.2%	10.2%	9.2%	9.5%	−7.2%

图 4　2021—2022 年不同畜禽品种饲料产量同比

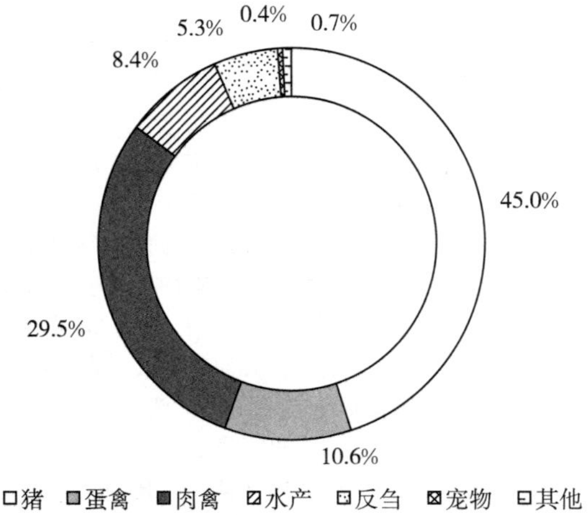

图 5　2022 年各品种饲料产量占总产量比重

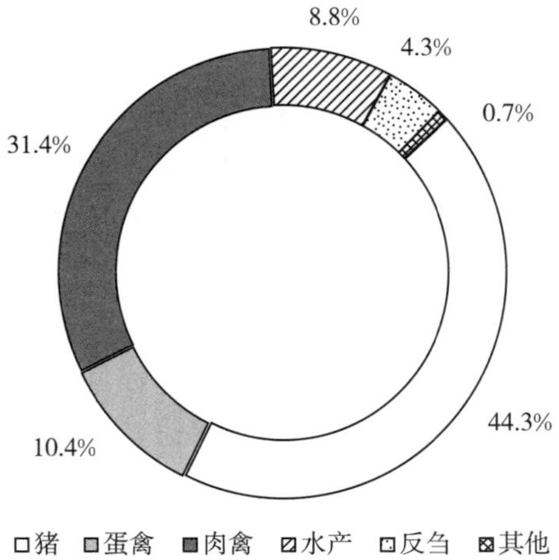

图 6　2022 年配合饲料结构图

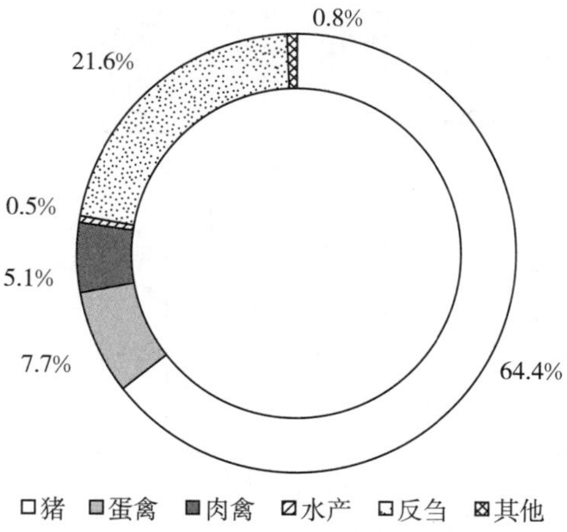

图7　2022年浓缩饲料结构图

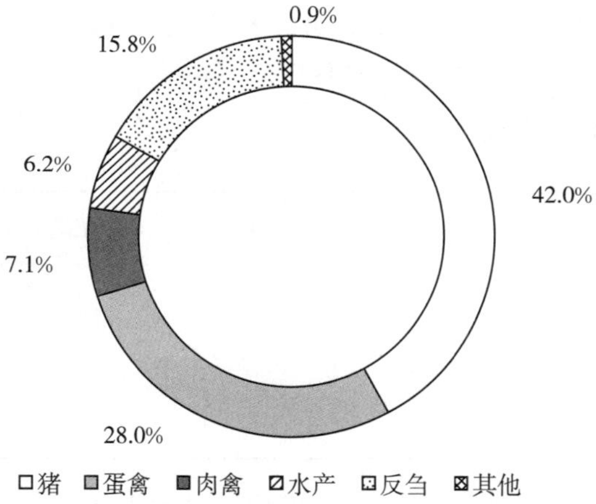

图8　2022年添加剂预混合饲料结构图

型饲料添加剂产量100.1万t，下降8.8%。氨基酸产品产量449.2万t，增长5.6%。微生物、非蛋白氮等产品产量保持增长，分别增长6.7%、59.1%。维生素产品产量150.0万t，下降15.4%。矿物元素、酶制剂、抗氧化剂等产品产量分别下降0.7%、12.5%、14.1%。

4. 优势区域布局保持稳定。2022年，饲料产量超千万吨的省份有13个，与上年持平，分别为山东、广东、广西、辽宁、河南、江苏、河北、四川、湖北、湖南、福建、安徽、江西。13个省份合计产量占全国比重的79.2%，比上年下降0.3个百分点。其中，山东省产量达4 484.8万t，同比增长0.2%；广东省产量3 527.2万t，同比下降1.3%；山东和广东两省饲料产品总产值继续保持在千亿以上，分别为1 712亿元和1 517亿元（表1）。

表1　2022年饲料产量过千万吨省份产量及比重

项目	2022年（万t）	2021年（万t）	同比（%）
全国	**30 223.4**	**29 344.3**	**3.0**
13个省份小计	23 923.7	23 305.6	2.7
13个省份占比	79.2%	79.4%	
山　东	4 484.8	4 476.3	0.2
广　东	3 527.2	3 573.3	−1.3
广　西	2 024.3	2 042.0	−0.9
辽　宁	1 707.1	1 780.5	−4.1
河　南	1 611.6	1 455.9	10.7
江　苏	1 486.0	1 467.8	1.2
河　北	1 445.4	1 375.8	5.1
四　川	1 439.1	1 438.4	0.0
湖　北	1 408.2	1 318.2	6.8
湖　南	1 313.9	1 249.5	5.2
福　建	1 200.7	1 057.9	13.5
安　徽	1 191.5	1 059.4	12.5
江　西	1 083.9	1 010.6	7.3

5. 大宗饲料原料消费量稳步增长。全国饲料生产企业大宗饲料原料消费量随产量增加而增加，配方趋向多元化。2022年，饲料企业大宗饲料原料消费总量23 966.8万t、同比增长4.4%。其中，玉米消费量同比增长30.1%，小麦、大麦消费量大幅减少，高粱消费量大幅增加，豆粕、棉籽粕、菜籽粕、其他饼粕消费量分别增长6.3%、10.3%、7.0%、14.2%。

二、商品饲料变化特点

1. 产业结构优化升级。养殖业规模化发展，配合饲料比重不断提高。2022年，配合饲料产量占总产量比重的92.7%，比2013年提高8.4个百分点；浓缩、添加剂预混合饲料产量比重分别下降7.7、1.1个百分点（图9）。

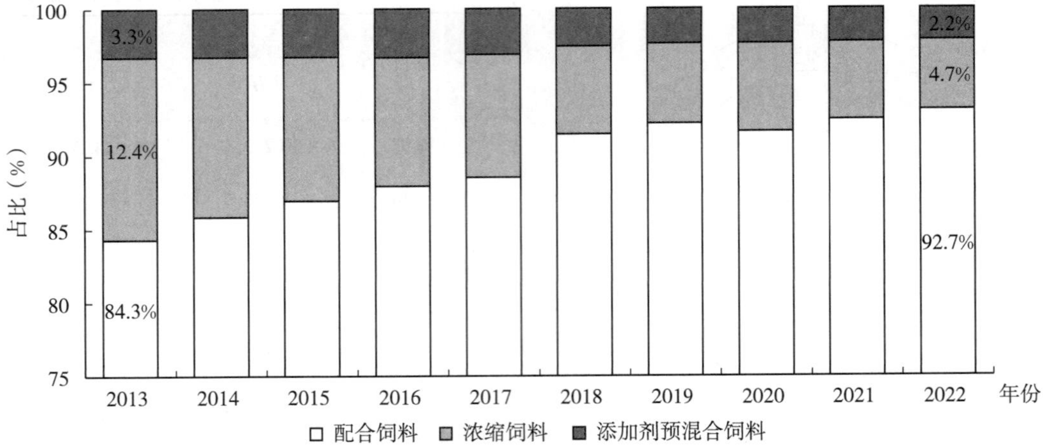

图 9　配合、浓缩、添加剂预混合饲料占比变化趋势

2. 猪、肉禽饲料是主要驱动力，水产反刍动物饲料稳步增长。2013—2022 年，猪、肉禽饲料产量年均增长率分别为 5.5%、6.8%，年均分别增加 576 万 t、442 万 t，占总产量增量的 84%；蛋禽、水产、反刍动物饲料年均分别增加 20 万 t、74 万 t、91 万 t，其中反刍动物饲料年均增长 8.2%（表 2）。

表 2　不同品种饲料产量情况

单位：万 t

年份	猪饲料	蛋禽饲料	肉禽饲料	水产饲料	反刍饲料	其他饲料
2013 年	8 411	3 035	4 947	1 864	795	288
2022 年	13 598	3 211	8 925	2 526	1 617	347
年均增量	576	20	442	74	91	7
年均增长率	5.5%	0.6%	6.8%	3.4%	8.2%	2.1%

3. 企业规模经营有所调整。2022 年，全国万吨规模以上的饲料生产厂 3 874 家，比上年增加 14 家，饲料产量占全国饲料总产量比重的 96.1%，较上年下降 0.2 个百分点。其中，10 万 t 以上规模饲料生产厂 947 家，比上年减少 10 家；饲料产量占全国饲料总产量的比重为 57.5%，比上年下降 2.8 个百分点。年产 50 万 t 以上的厂家有 52 家，占全国饲料总产量的 61.4%。年产百万吨以上的规模饲料企业集团 36 家，合计饲料产量占全国饲料总产量的 57.5%。其中有 6 家企业集团年产量超过 1 000 万 t，与上年持平（图 10）。

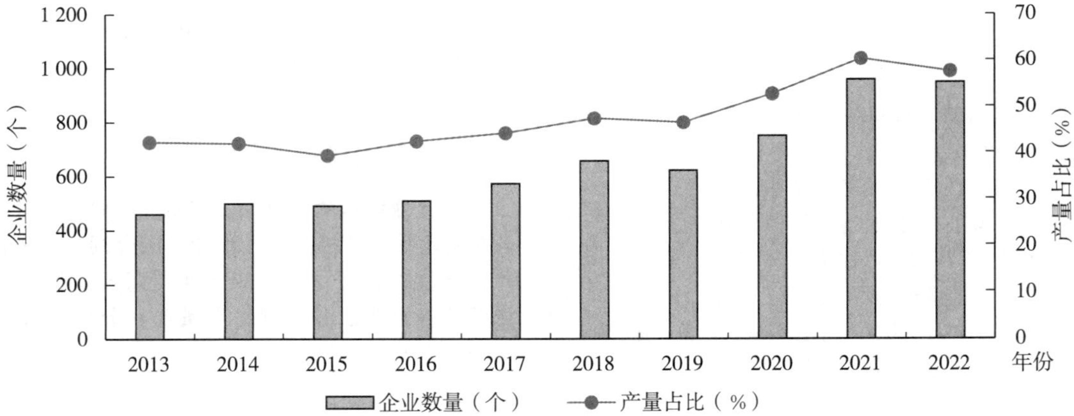

图 10　2013—2022 年年产 10 万 t 以上单厂企业情况

4. 产业人员素质不断提高。2022年，饲料企业年末职工人数为88.4万人、同比增长14.8%。其中，大学专科及以上学历的职工数为43.4万人、同比增长39.9%，占职工总数的49.1%，较上年增长8.8个百分点。特有工种8.0万人、增长2.8%。其中，检化验员、维修工分别增长2.4%、3.3%（表3）。

表3 从业人员情况

单位：万人

项目	职工总数	其中					特有工种人员	其中	
		博士	硕士	大本	大专	其他		检化验员	维修工
2022年	88.4	0.6	1.6	17.3	23.9	45.0	8.0	4.1	3.9
同比	14.8%	38.9%	8.4%	55.0%	33.2%	2.2%	2.8%	2.4%	3.3%

（陆泳霖　陈亚楠）

主要饲料产品概述

家禽饲料

2022年，家禽养殖成本上涨，盈利空间压缩。因新冠疫情、国际政治等影响，饲料原料价格上涨，养殖成本增加，但禽产品供给基本稳定。2022年，全国家禽出栏161.4亿只，比上年增加4亿只，增长率明显加快；存栏67.7亿只，同比降低0.2%。我国生产禽饲料1.2亿t，其中蛋禽饲料3 210.9万t，同比下降0.6%；肉禽饲料8 925.4万t，增长0.2%。

2022年全国禽蛋产量3 456万t，增长1.4%；禽肉产量2 443万t，增长2.6%。以2022年底14.1亿人口计算，禽蛋和禽肉人均占有量分别为24.5kg和17.3kg，禽蛋远超世界平均水平，禽肉与世界平均水平相当。以1996—2022年禽蛋与禽肉年均增速1.7%和3.5%推算，2025年人均禽蛋与禽肉占有量将达到25.7kg和19.2kg（图1）。

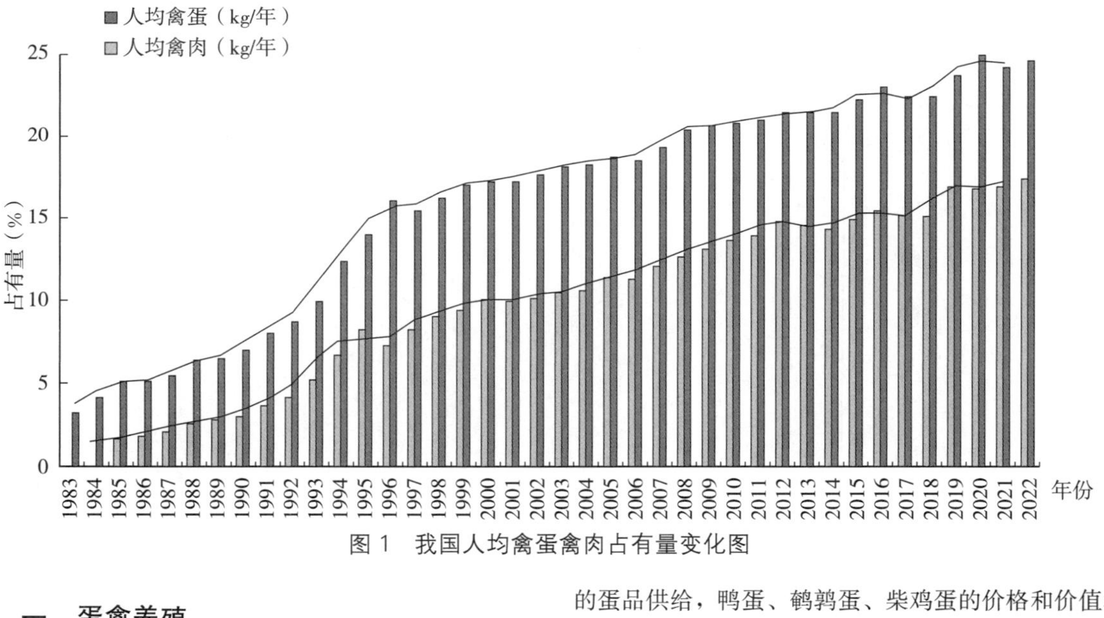

图1 我国人均禽蛋禽肉占有量变化图

一、蛋禽养殖

1. 产业现状。我国禽蛋总产量3 000多万t已经维持六年，占世界禽蛋总产量（9 520万t，其中鸡蛋约占93.2%）的36.3%，是当之无愧的禽蛋生产大国。2022年我国的禽蛋产量为3 456万t，其中有鸭蛋264.9万t、鹌鹑蛋约220万t，还有少量鸽子蛋和鹅蛋等，鸡蛋占比约85%。大量的鸡蛋用于基本的蛋品供给，鸭蛋、鹌鹑蛋、柴鸡蛋的价格和价值均增加明显。据海关统计，干去壳禽蛋出口9 228.9t，其他去壳禽蛋出口355.8t。

2022年高产蛋鸡存栏9.5亿只，较2021年（10.0亿只）下降了0.5亿只，较近六年存栏均值（10.2亿只）下降了0.8亿只；土杂地方品种等肉蛋兼用蛋鸡3亿余只。蛋鸭存栏1.5亿只，较2021年下降4.6%；鹌鹑存栏不足2亿只，不能满足需求

（约2.2亿只）。

种鸡生产仍处于产能过剩状态。2022年全国新增祖代蛋雏鸡56.0万套，在产祖代蛋种鸡存栏63.03万套；引进祖代蛋种鸡6.6万套，比2021年（引进15.7万套）下降57.9%，其中从美国引进4.0万套（61%）、加拿大引进2.6万套（39%），凸显自主育种对种业安全的保障作用。蛋价高、补栏意愿强、父母代种鸡存栏提升。2022年父母代蛋鸡存栏约1 550万套，在产父母代种鸡存栏1 302万套，较2021年度（1 295万套）增加7万套，较近六年平均存栏（1 312万套）下降10万套。

2. 产业特点。受疫情、全球政治环境等因素影响，蛋鸡产业呈现出不同往年的一些特点。

一是食品餐饮业用蛋量下降幅度较大，传统渠道销量下降，中青年偏爱“互联网+”渠道。

二是近年来小型蛋鸡养殖场户持续退出，中大型养殖企业迅速崛起，存栏1万～5万只的养殖场和存栏大于5万只的企业占比持续增加，占全部蛋鸡存栏的一半以上。适度规模化养殖是蛋禽产业健康发展的主要原因，规模化可提高蛋鸡养殖效率，降低养殖成本，保证鸡蛋质量，提高养殖业抗市场风险能力，2022年蛋鸡养殖规模化率约为82.2%。

三是禽蛋供需偏紧，价格仍有小幅提升空间，呈现淡旺季的波动规律。2021年鸡蛋批发均价为9.5元/kg，2022年为10.6元/kg；2022年蛋鸡养殖成本较高（饲料成本7.5元/kg），但蛋禽养殖效益尚可，平均蛋鸡养殖理论盈利为38.6元/只。淘汰鸡价格高位运行，2023年饲料成本或小幅回落，蛋鸡养殖理论盈利值上半年将继续提升。

四是成本（饲料、人工、机械）压力较大，蛋禽养殖利润受压。

3. 产业问题。2022年，我国蛋鸡产业还存在以下问题。

一是疫病防控任重道远，禽流感是影响我国（乃至世界）蛋鸡产业的主要疫病。环境卫生、生物安全需要加大力度。

二是鸡蛋增产存在制约因素，蛋鸡生产潜能待挖掘。虽有国家体系延长产蛋期的技术支撑，但延长产蛋周期更多是市场、饲养管理等问题。

三是蛋鸡养殖数字化、智能化不足，禽蛋生产仍然大量依靠经验、手工，鸡蛋可追溯仍需完善。

四是健康养殖可用手段有限，鸡蛋中抗生素残留时有曝光，效果好、性价比高的替抗方案仍有较长的路要走；低蛋白低豆粕的蛋鸡饲粮，导致鸡蛋品质下降的问题仍需要面对。

五是蛋鸡产业的高质量发展在乡村振兴和农业农村现代化建设中起着重要作用，国家（金鸡工程）和各地政府（尤其是有鸡蛋输入的省份），投入大量资金升级蛋鸡产业，增加了蛋鸡产业的集中度，但同时也带来了风险。

二、肉禽养殖

1. 产业现状。2022年四大肉鸡主产国（地区）仍为美国、中国、巴西和欧盟，产量分别为2 100.5万t、1 430.0万t、1 425.0万t和1 092.0万t；中国仍维持住了全球第二大肉鸡生产国的地位。2022年四大肉鸡生产国（地区）肉鸡生产增速放缓，增速低于全球平均水平，占全球肉鸡总产量的比重下降。

国产白羽肉种鸡凸显育种成就。2022年我国白羽肉鸡祖代更新96.4万套（进口34.3万套，科宝国内自繁祖代约30.8万套；国产31.3万套，其中“圣泽901”19.4万套、“广明2号”6.3万套、“沃德188”5.6万套），较2021年下降20%，位居历史低位。因2021年批准的3个国产肉鸡品种，使得祖代结构中增加了国产，且引进祖代、曾祖代种源国内自繁、国内自有品种繁育各占1/3的三元结构。2022年祖代种鸡平均月度总存栏178.5万套（其中在产121.1万套），在2021年的历史高位上继续增长3.8%（6.6%），其中后备祖代种鸡存栏（56.2万套）数量及所占比重明显下降（下降3.0%）。2022年父母代种鸡平均月度存栏6 941.2万套（在产3 853.1万套，后备3 088.1万套；连续高位补栏，二者相近），较2021年下降2.4%（在产下降8.5%，后备增长6.5%）。

黄羽肉种鸡去产能。2022年黄羽祖代肉种鸡平均月度存栏215.5万套（在产150.7万套、后备64.8万套），较2021年下降0.5%。2022年父母代种鸡平均存栏6 681.9万套（在产3 899.8万套，后备2 782.1万套），比2021年下降2.8%。受消费低迷、饲料价格上涨等肉鸡产业发展面对的共性因素，叠加“活禽管制”对黄羽肉鸡销售抑制等因素影响，近年来随着黄羽肉鸡出栏量和产量的持续下降，黄羽肉鸡产量在肉鸡总产量中的占比持续下降；从黄羽肉鸡内部的结构变动来看，快速型黄羽肉鸡占比下降，中速型相对稳定，慢速型占比增加。

2022年我国白羽肉鸡、黄羽肉鸡累计出栏98.2亿只（同比减少7.7%），其中白羽肉鸡60.9亿只（同比减少7.7%），黄羽肉鸡37.3亿只（同比减少7.9%）。小型白羽肉鸡出栏量为20.4亿只，较2021年增长6.7%。2022年累计鸡肉产量1 660.8万t，其中白羽肉鸡鸡肉1 192.0万t、黄羽肉鸡鸡肉468.8万t，分别较2021年下降8.5%和8.1%；小型白羽肉鸡产量为225.4万t，较2021年增长2.5%。

2022年我国肉禽市场震荡上涨，第四季度中后期有所回调。白羽肉鸡出栏价全年为 9.0 元/kg（2 月和 7 月分别为 7.8 元/kg 和 9.7 元/kg，价格波动较大），较 2021 年增长 7.5%；全产业链年度平均收益 0.5 元/只（同比下降 0.6 元/只）。其中祖代环节盈利 134.86 元/套，父母代环节亏损 6.4 元/套，商品代环节盈利 1.58 元/只，屠宰环节亏损 0.3 元/kg。黄羽肉鸡出栏价格全年平均为 17.4 元/kg（4 月和11 月分别为 15.8 元/kg 和 17.6 元/kg）。因青脚麻鸡、肉鸭及 817 小优鸡上游去产能幅度明显，饲料等成本高，使得青脚麻鸡价格（12.7 元/kg，同比增长 12.8%）明显高于其他家禽，肉鸭及 817 小优鸡（9.8 元/kg 和 10.0 元/kg，同比增长 11.7%和增长 10.5%）次之，三者年内月均价创近五年“新高”。全年肉鸭均价约为 10 元/kg（7.7～11.8 元/kg），比去年同期上涨 12.71%；鸭苗均价约 3.3 元/只（2.2～5.1 元/只）。淘汰鸡均价 11.3 元/kg，比 2021 年度（10.6 元/kg）上涨了 0.7 元/kg。

2. 产业特点。自由品牌肉种鸡（圣泽 901、广明 2 号、沃德 188）与进口祖代、进口自繁祖代平起平坐。随着环保和疫病防控压力增大，离水旱养（网上平养、立体笼养和生物发酵床养殖等）已成为我国肉鸭肉鹅的主要养殖模式。白羽肉鸡自由品种选育仍需持续推进，加快推进肉鸡种业科技自立自强，促进肉禽产业高质量发展。疫病防控任重道远，集约化养殖的细菌病、禽流感仍是世界难题，疫病的不确定性，使得综合动物保健、环境控制、生物安全、疫病防控等的高质量养殖方案成为急需。饲料粮价格上涨，工业饲料普及率较高的肉禽饲料价格持续在历史高位，低蛋白低豆粕多元化肉鸡饲料配方体系迫切需要构建。肉鸡产业在质量、安全、环境友好、消费者认知等方面还存在短板，迫切需要高质量发展。从国际禽肉消费来看，我国尚有较大的发展空间，从深加工、预制菜等方面，提升鸡肉消费份额的工作仍然十分艰巨漫长。

三、家禽饲料

2022 年饲料品种结构变化不大，“蛋禽＋肉禽”饲料占饲料总产量的比例继续下降。受阶段性供求错位、国际通胀压力传导、地缘政治等因素扰动，玉米、豆粕、添加剂等原料价格震荡走高，尤其是豆粕平均价格为 4 571 元/t，造成饲料成本大幅提升，给饲料和养殖企业均带来了较大的挑战。肉禽养殖基本上属于一条龙企业，多系配合饲料、蛋禽饲料行业预混合饲料、添加剂的市场空间较大。

1. 蛋禽饲料。2022 年蛋禽饲料产量 3 210.9 万 t。产量高于 200 万 t 的省份有河北（416.1 万 t）、湖北（321.8 万 t）、山东（321.0 万 t）、广东（221.7 万 t）、江苏（202.9 万 t）5 个省份。山东、广东、江苏蛋禽饲料产量下滑。

2022 年我国蛋鸡全价配合饲料平均成本 3 358 元/t，较 2021 年提高 153 元；蛋鸡饲养成本 169.18 元/只，同比增长 14.49%，蛋鸡饲料成本占饲养成本的 93.62%，同比增长 22.16 元/只。

2. 肉禽饲料。2022 年我国肉禽饲料产量 8 925.4 万 t，比 2021 年（8 909.6 万 t）略有增长（0.2%）。2022 年肉禽饲料产量超 300 万 t 的有 8 个省份，排名前三的省份（山东 2 763.2 万 t、广东 1 100.5 万 t、辽宁 717.0 万 t）占全国肉禽饲料产量的 51.3%。产量增幅较高的省份有：青海（99.1%）、天津（61.3%）、内蒙古（37.4%）。宁夏、上海、新疆等 11 个省份为负增长。

2022 年肉鸡全价配合饲料平均成本 3 713 元/t，较 2021 年增长 160 元/t。麻鸡、白羽肉鸡、817、肉鸭年均养殖成本分别为 11.3 元/kg、8.2 元/kg、9.6 元/kg和 8.4 元/kg。

（武书庚　邱　凯）

水产饲料

一、水产饲料行业的基本情况及发展阶段

水产饲料行业已发展成为我国饲料工业中一个重要的支柱产业，是支撑现代水产养殖业发展的基础，是联系种植业、水产养殖业、水产品加工业等产业的纽带，是关系到城乡居民水产品供应的民生产业。自改革开放以来，我国水产饲料行业经历了 30 多年的高速增长，逐步进入了产业化、规模化、集团化的发展阶段，行业兼并整合的速度加快，大批规模小、实力薄弱、技术落后的企业被市场淘汰，企业数量逐年减少。行业竞争加剧，企业规模化程度持续提高，大中型企业通过规模扩张或行业并购以实现规模效应，利用管理、品牌、技术赚取溢价，导致市场内分散的企业布局逐渐向集约化发展，具备资金优势、品牌优势、管理优势的公司将获取更多的市场份额，成为市场主流，行业集中度将不断提高。

随着我国经济持续健康增长、城乡居民收入和城市化进程提高，人民生活水平的不断提高，膳食结构也逐步改善，人们对水产品的需求处于持续增长态势，对品质好、价格高的水产品需求也越来越大，尤其是高端特种水产品，其营养价值高，风味独特，深受消费者青睐，同时在我国居民膳食结构中的比重不断增加。国家统计局数据显示，2022 年我国居民人均水产品消费量预计达到 14.6kg，已超过禽类、蛋类、牛羊肉，成为仅次于猪肉的第二大动物性食品来

源，水产品已成为关系到我国居民健康的重要食品来源。加之近年来预制菜产业的蓬勃发展，水产品预制菜对水产品需求不断增加，未来我国水产品的消费量将会稳步增长。然而由于受到天然水生生物资源的限制，捕捞业产量有限，因此水产品的需求将更多依赖于人工养殖，直接推动水产养殖业的快速发展。

我国水域资源丰富，拥有丰富的海洋和内陆水域资源，海岸线长度18 000多km，渤海、黄海、东海和南海海域面积达473万km^2，水深200米以内的大陆架面积约148万km^2，潮间带滩涂面积1.9万km^2，10m等深线以内的浅海7.3万km^2。内陆水域面积约17.6万km^2，湖泊、河流占内陆水域总面积的81.2%，水产养殖发展具有先天资源优势，为水产养殖行业的发展创造了先天有利条件。

根据农业农村部、中国饲料工业协会联合发布的《2022年全国饲料工业发展概况》数据显示：2022年，全国工业饲料产值、产量双增长，产品结构调整加快，规模企业经营形势总体平稳，饲料行业创新发展加快，全国工业饲料总产量比上年增长3%，其中水产饲料产量2 525.7万t，同比增长10.2%。随着国家不断推动水产养殖业工业化、规模化、标准化，水产养殖向集中化、规模化和生态化发展，现代海洋牧场建设的深入开展，其中深海网箱养殖、工厂化养殖等方式规模增长较快，带动水产饲料规模化发展。未来水产饲料行业在较长一段时间内仍将持续增长。

二、行业现状及趋势

1. 未来水产饲料行业仍将持续增长。根据农业农村部、中国饲料工业协会联合发布的《2022年全国饲料工业发展概况》数据显示：2022年全国水产饲料产量2 525.7万t，同比增长10.2%。农业农村部2021年印发《“十四五”全国渔业发展规划》，部署推进渔业高质量发展，统筹推动渔业现代化建设，提出建设海洋牧场，开展增殖放流，并鼓励发展水产品加工和休闲渔业，规范有序发展远洋渔业。2021年12月29日农业农村部印发《“十四五”全国渔业发展规划》，提出渔业产业目标从“十三五”末的6 500万t提升到“十四五”末的6 900万t，其中捕捞产量从1 300万t控制在1 000万t以内，养殖产量将增加，并提高占比，水产饲料与水产养殖业直接相关，水产养殖市场规模的增加将会进一步推动水产饲料的需求增长。2022年2月14日，农业农村部发布了《关于促进“十四五”远洋渔业高质量发展的意见》，提出以远洋渔业基地建设为核心，拓展水产品加工、储藏及渔船修造等领域，积极发展水产养殖，构建远洋渔业全产业链发展新格局。2023年2月13日，中央一号文件《中共中央　国务院关于做好2023年全面推进乡村振兴重点工作的意见》中指出：加力扩种大豆油料，深入推进大豆和油料产能提升工程，深入实施饲用豆粕减量替代行动；科学划定限养区，发展大水面生态渔业，建设现代海洋牧场，发展深水网箱、养殖工船等深远海养殖。随着可持续发展意识的增强，水产健康养殖方式的重要程度不断提高，农户的养殖观念与养殖方式开始逐步转变，国家不断推动水产养殖业工业化、规模化、标准化，水产养殖向集中化、规模化和生态化发展，现代海洋牧场建设的深入开展，势必会带动水产饲料普及率逐年提高，为水产饲料行业的发展提供了广阔的空间和强大的驱动力，未来水产饲料行业存在较大的增长空间。

水产品预制菜对水产品需求不断增加，未来，我国水产品的消费量将会稳步增长。而由于受到天然水生物源的限制，捕捞业产量有限，因此水产品的需求将更多依赖于人工养殖，直接推动水产养殖业的快速发展。水产饲料与水产养殖业直接相关，随着科学技术水平的快速进步以及国家对健康养殖模式的推广，农户的养殖观念与养殖方式开始逐步转变，规模化、标准化、专业化养殖模式增长较快，带动水产饲料普及率逐年提高，为水产饲料行业的发展提供了广阔的空间和强大驱动力，未来水产饲料行业较长一段时间内仍将持续增长。

2. 特种料市场份额持续提升。

（1）升级带动特种水产需求提升，特种水产饲料行业快速发展。国内水产品产量稳定增长，养殖占比超80%。水产品具有高蛋白、易消化吸收、EPA和DHA等不饱和脂肪酸含量高等优点，随着居民生活水平的不断提高，对水产品的需求量也在持续上升。根据国家统计局数据显示，2021年中国水产品总产量为6 690.3万t，相比2006年增长46.0%，2006—2021年复合增速为2.6%，始终保持稳定增长。从供给方式来看，因水域污染、过度捕捞等原因，可直接捕捞的水产品资源日益减少，不断增长的水产品消费需求逐渐依赖人工养殖。2021年养殖水产品产量5 394.4万t，同比增长3.3%，占水产品总产量的80.6%，较2006年提升12.6个百分点。

消费升级促进特种水产养殖业兴起。国内居民收入水平的提高和生活方式的转变，促进水产品需求由“温饱型”的传统家鱼（青鱼、草鱼、鲢鱼、鳙鱼）逐渐向以鳗鲡、大黄鱼为代表的质量型、健康型特种水产升级，国内特种水产养殖业应运而生，已在华东、华南、华中、西南等地形成较为稳定的养殖产业带。根据中国渔业统计年鉴数据显示，2009—2020年特种水产产量增速明显高于大宗家鱼类，特种水产中鲈鱼、鲟鱼、大黄鱼、石斑鱼和小龙虾产量的CAGR复合年增长率均达到12%以上，而青鱼、草鱼等大宗鱼类产量的 CAGR 均低于 6%。

特种水产配合饲料行业快速发展。下游特种水产养殖业的兴起带动了特种水产配合饲料市场蓬勃发展，根据饲料工业协会数据显示，2021 年国内特种水产配合饲料产量为 220.8 万 t，相较于 2006 年增长 194.3%，2006—2021 年复合增速为 7.5%，明显高于同期水产配合饲料行业 4.4%的增速。

（2）养殖规模扩大叠加养殖方式转变，特种饲料增量空间广阔。需求提升推动养殖规模扩大，奠定了特种水产饲料增长的基础。国内居民水产品消费量不断增长。我们认为伴随消费升级，国内营养价值更高的特种水产品消费需求还有很大增长空间。供给方式上，国内形成规模化养殖的特种水产种类并不多，尤其海水鱼类长期以捕捞为主，目前仅金鲳鱼、大黄鱼、石斑鱼等鱼类实现了从捕捞到规模化养殖的转变，未来还会有更多特种海水经济动物实现规模化养殖，将带动特种水产配合饲料行业进一步扩容。

在养殖方式上配合饲料替代冰鲜杂鱼势在必行，特水饲料渗透率提升空间可想象。特种水产食性多为肉食性或偏肉食性，传统投喂冰鲜杂鱼的养殖方式，一方面容易排放大量的氮、磷，造成海域污染和富营养化；另一方面容易导致养殖动物发生疾病，增加药品使用，造成水体污染和水产品安全等问题。因此采用配合饲料替代传统的冰鲜杂鱼势在必行，根据农业农村部制定的《饲料工业"十五"计划和 2015 年远景目标规划》，我国水产配合饲料目标普及率为 45%，目前主要特种水产中，鳗鲡、鳟鱼、鳖、乌龟、鲟鱼的饲料普及率均高达 88%以上，而海参、鲍鱼、大黄鱼等水产品类的饲料普及率不足 30%，整体渗透率较低，随着传统水产养殖方式逐步向高效、环保的饲料投喂转变，特种水产配合饲料渗透率有望持续提升。

3. 行业集中度进一步提升。过去十年水产饲料纯增量达到 670 万 t，增长率超 36%。2022 年，国内经济下行，但作为食品产业前端的饲料工业仍保持稳定增长，同时产品结构调整加快，规模企业经营总体平稳，饲料行业创新发展步伐加快，行业竞争加剧，行业市场集中度进一步提升。根据农业农村部、中国饲料工业协会联合发布的《2022 年全国饲料工业发展概况》数据显示，2022 年年产百万吨以上规模饲料企业集团 36 家，比上年减少 3 家；全国年产 10 万 t 以上规模饲料生产厂 947 家，比上年同期减少 10 家，企业规模化程度持续提高。我国水产饲料行业企业数量众多，截至 2022 年 11 月，我国水产饲料企业数量已超 11 万家，其中规模排名比较靠前的包括海大集团、通威股份、新希望、粤海、恒兴、澳华、旺海、汇海、天参等，其中海大集团和通威股份作为两强的第一梯队，新希望、粤海、恒兴、澳华等作为中型企业的第二梯队，剩下的大多是服务地方特色养殖品种的小企业。

从区域发展来看，我国水产饲料行业的产业区域主要集中在东部沿海和中西部长江沿江地区。东南部沿海地区（广东、江苏、福建、浙江、广西、山东、河北、辽宁、海南、天津、上海）水产饲料产量占全国水产饲料产量的比重超过 60%。中西部长江沿江地区（湖北、湖南、四川、江西、重庆、安徽）水产饲料产量占全国水产饲料产量的比重超过 20%（表 1）。

表 1　2021—2022 年全国不同省份水产饲料产量统计

单位：万 t

省份	2022 年产量	2021 年产量	增降幅
北　京	1	1	6.3
天　津	39	37	6.6
河　北	27	30	−11.2
山　西	0	0	56.3
内蒙古	0	0	−37.4
辽　宁	40	37	9.6
吉　林	0	0	−7.3
黑龙江	8	8	−2.7
上　海	2	3	−21.7
江　苏	411	361	14.0
浙　江	99	97	2.5
安　徽	50	37	35.7
福　建	191	167	14.8
江　西	73	60	22.8
山　东	46	42	9.3
河　南	32	29	7.9
湖　北	303	264	14.7
湖　南	151	134	12.6
广　东	805	749	7.5
广　西	63	63	1.0
海　南	42	41	2.3
重　庆	21	22	−5.2
四　川	73	66	9.7
贵　州	1	1	57.2
云　南	28	29	−2.7
陕　西	2	2	7.0
甘　肃	0	0	−68.3
青　海	0	0	0.0
宁　夏	2	2	1.4
新　疆	10	7	31.7
新疆兵团	2	2	−3.5
合计	**2 526**	**2 293**	**10.2**

水产饲料行业头部企业具有较高水平的成本控制能力及技术研发能力及养殖技术服务体系，头部企业展现出良好的成长性，水产饲料行业具有较大的整合空间。大中型企业通过规模扩张或行业并购以实现规模效应，利用管理、品牌、技术赚取溢价，导致市场内分散的企业布局逐渐向集约化发展，具备资金优势、品牌优势、管理优势的公司将获取更多的市场份额，成为市场主流，使行业集中度不断提高。未来水产饲料企业整合发展将成为行业发展的趋势。

其中部分优秀企业在不断构建适合自身的养殖技术服务体系发挥着重大作用：水产养殖的行业特征决定了饲料产品只是决定水产养殖成绩的众多因素之一，优质的种苗、科学的养殖模式和有效的养殖过程管理等均是决定养殖成绩的重要决定性因素。因此，对于水产饲料企业而言，要销售给养殖户的不应该是单一的饲料产品，而是通过种苗、饲料和动保产品等载体，为不同区域、不同气候环境中的养殖户提供个性化和系统性的科学养殖方案和养殖服务。优秀的水产饲料企业应该在产业链多元产品的基础上，构建具有造血功能和迭代能力的养殖技术服务体系，使得“种苗＋饲料＋动保”实现“1＋1＋1＞3”的体系效果。水产饲料企业应尽可能全程全产品方案参与养殖户的养殖过程，排除其他非己因素的干扰和对冲，确保自己的产品可以在客户的养殖成果中得到充分表达，提高对终端用户体验场景的掌控力。

4. 配方结构趋向多元化，产品创新加快推进。 2022年，全球农产品市场震荡加剧，国际农产品供应链出现局部断裂，粮食供需关系剧烈改变，蛋白原料、能量原料、油脂原料、填充辅料、添加剂等达到30%～100%的涨幅，带动饲料价格快速上涨。豆粕、菜粕、棉粕、鱼粉、鸡肉粉等主要水产饲料原料价格10月环比涨幅均超10%，也相对应地带动了整个饲料价格的涨幅，2022年水产饲料至少涨了10轮。2022年中国累计进口粮食14 687.2万t，同比降低10.7%，进口金额却同比增加10.5%，其中大豆仍然是占比最大的粮食进口品种，占比62%，全年大豆进口量9 108.1万t，同比下降5.6%，进口金额同比上涨14.4%。

饲料暴涨，鱼价下跌，部分鱼还没有10年前的鱼价高，饲料成本占水产养殖总成本的65%以上，养殖户的成本大幅度提升，养殖户的盈亏情况基本上是亏损一片，对饲料企业的信任度也降到了谷底。因此，在一个原料价格居高不下、水产品价格进入下行通道、水产饲料企业面临巨大冲击和挑战的背景下，只有具备成本领先、效率领先，具备核心竞争力的优势企业才能穿越周期，实现快速增长。

在失去行业高速成长所带来的红利之后，饲料原料资源日益紧缺、大宗原料价格波动反复，给整个水产饲料企业带来了前所未有的冲击和挑战，缺乏核心竞争力、无法构建差异化优势的饲料企业正逐渐面临发展困境。饲料行业是低毛利、高周转的行业，成本控制能力是企业竞争力的重要体现之一，企业的成本控制能力至少体现在玉米、豆粕、鱼粉等饲料原料采购中的成本控制力和在研发能力支撑的基础上，通过有效的配方转换，在不影响产品质量的前提下降低产品生产成本。作为动物投喂性生产资料，产品的安全性和稳定性是企业发展的根基，这需要研发能力的支撑。相对生猪和肉鸡行业较为成熟的动物营养研究，国内乃至全球对水产动物营养研究的可提升空间较大，这就意味着研发技术领先的企业可获得行业红利。水产养殖具有多样性、苗种质量参差不齐，养殖因地制宜，养殖模式灵活多样，标准化程度低，新品种趋于丰富，养殖过程受自然环境影响大等特点，这都需要技术研发的支持。

根据农业农村部、中国饲料工业协会联合发布的《2022年全国饲料工业发展概况》数据显示，2022年全国饲料生产企业的玉米用量同比增加30.1%，菜粕、棉粕等杂粕用量增加10.5%，小麦、大麦大幅减少，高粱用量大幅增加，麦麸、米糠、干酒精糟（DDGS）等加工副产品用量较快增加，2022年通过评审核发饲料添加剂新产品证书5个，枯草三十七肽和腺苷七肽为首次批准的生物肽类饲料添加剂，批准扩大4个饲料添加剂品种的适用范围，增补1种原料进入《饲料原料目录》。饲料精准配方和精细加工等技术加快普及，产品创新加快推进。

综合核心竞争力突出的企业能极大地表现出综合实力，在极其困难的生存期游刃有余，而中小规模饲料企业甚至无法在该背景下生存。企业应该充分考虑发挥自身优势，以贴近终端养殖客户、跟踪差异化需求为目标，依托技术、工艺等专业化生产能力，提供最优性价比产品，建立客户品牌黏性。新技术、新产品、新工艺、新原料、新市场、新需求所蕴藏的机会，仍有可能带来新的增量市场，并成为部分饲料企业新的“避风港”。

（何竺柳　彭志东　张　松）

反刍动物饲料

在我国工业饲料年产量结构中，生猪、禽饲料的占比较高，而反刍动物饲料的占比较低，随着畜牧业结构调整力度的加大，牛羊肉和奶业生产得到优先发展，反刍动物规模化养殖程度持续提升，从而推动了反刍动物饲料需求持续稳定增长。反刍动物饲料产量仍处于快速增长阶段，产品结构优化加速调整，行业规模化转型加速，企业集中度得到进一步提升，行业整体素质稳步提升。

一、反刍动物饲料生产情况

2015—2022 年，我国反刍动物饲料产量总体呈现稳步递增的趋势。从图 1 可以看出，从 2016—2020 年，反刍动物饲料产量连续 5 年间一直保持稳步的增长，其中 2020 年增长幅度较大，反刍动物饲料产量高达 1 319 万 t，与 2016 年相比增产将近达 50%。而 2016 年反刍动物饲料产量与 2015 年基本持平，比 2015 年低 4 万 t。截至 2022 年底，我国反刍动物饲料总产量高达 1 617 万 t，创历史新高，比 2021 年增产 9.3%。以上结果表明，我国反刍动物饲料生产表现为长期稳定的增长趋势，全产业链发展仍是反刍动物饲料生产的主流发展方向。

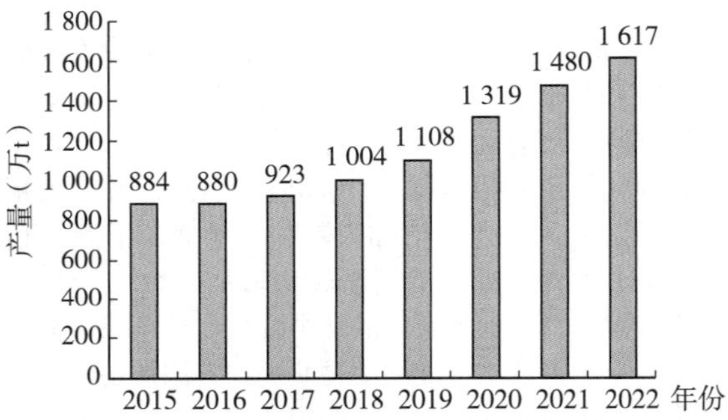

图 1　2015—2022 年我国反刍动物饲料产量（万 t）

二、反刍动物饲料生产特点

1. 我国反刍动物饲料产业产区结构分布明显，优势产区产量大、生产区域相对集中，产量保持稳定增长，行业规模化程度与产业集中度持续提高。2022 年，仅内蒙古、辽宁、河北、黑龙江、山东、宁夏、甘肃、新疆、吉林和天津 10 个省份的反刍动物饲料合计产量已达 1 253.5 万 t，占全国比重的 77.5%（表 1）。其中，产量最高的省份仍旧是内蒙古，单省产量高达 337.3 万 t，占总产量的 20.9%；其次是辽宁、河北、黑龙江，单省产量均超过百万吨，分别占总产量的 11.9%、9.9%和 7.2%。全国有 24 个省份的饲料产量比上年有所增长，其中江西、云南、湖北、浙江、安徽、贵州、甘肃等 7 个省份增幅超过 20%。反刍养殖业持续发展，带动了反刍动物饲料产量持续增加。

2. 反刍动物饲料生产总体平稳，产品结构日趋合理。从产品的类别来看，2022 年反刍动物配合饲料产量为 1 206.3 万 t，同比增长 7.3%；浓缩饲料产量为 307.4 万 t，同比增长 15.0%；添加剂预混合饲料为 103.1 万 t，同比增长 16.2%，三者较上一年度比较，增长幅度均较快，尤其以添加剂预混合饲料较为突出。可见，我国反刍动物配合饲料、浓缩饲料和添加剂预混合饲料仍呈稳步上涨态势（表 2），有力支撑了 2022 年我国反刍动物畜产品的稳产供保工作。

表 1　2022 年我国 30 省反刍动物饲料产量

单位：t

地 区	配合饲料（精补料）	浓缩饲料	添加剂预混合饲料	反刍动物饲料
北　京	315 828	40 323	113 945	470 097
天　津	321 269	137 394	79 463	538 126
河　北	1 155 249	279 679	168 543	1 603 471
山　西	95 682	32 160	4 723	132 565
内蒙古	2 652 317	629 796	91 217	3 373 331
辽　宁	1 201 492	653 276	61 683	1 916 451
吉　林	341 853	196 426	37 344	575 623
黑龙江	789 606	332 095	40 065	1 161 766
上　海	165 575	3 707	11 561	180 843
江　苏	399 093	40 583	48 933	488 608
浙　江	151 938	42	9 622	161 602
安　徽	183 921	12 092	38 978	234 991
福　建	229	0	0	229
江　西	3 226	228	22 981	26 436
山　东	784 513	71 685	125 148	981 345
河　南	449 487	40 231	31 001	520 719
湖　北	33 614	1 697	21	35 333
湖　南	80	0	2 033	2 113
广　东	93 030	7	270	93 306
广　西	22 855	0	37	22 892
海　南	0	0	0	0
重　庆	13 329	2 751	3 572	19 652
四　川	117 549	32 120	25 806	175 475
贵　州	130 434	5 853	0	136 287
云　南	142 820	14 335	121	157 277
陕　西	225 117	78 789	37 519	341 426
甘　肃	564 105	203 105	11 579	778 790
青　海	108 201	6 520	1 704	116 425
宁　夏	646 103	208 840	44 731	899 673
新　疆	672 814	28 347	5 674	706 834
新疆兵团	281 792	22 189	12 740	316 721
全国总计	**12 063 121**	**3 074 270**	**1 031 015**	**16 168 407**

* 由于各省份数据和全国总计数据均为四舍五入取整。

3. 反刍动物饲料产品质量安全持续向好，相关法律法规促进行业有序发展。2022年，我国已经建立了以《饲料和饲料添加剂管理条例》为核心，《饲料质量安全管理规范》《饲料和饲料添加剂生产许可管理办法》《饲料原料目录》和《饲料添加剂品种目录》等配套规章制度相结合的饲料法律法规体系，有力支撑了反刍动物饲料行业的发展。新的饲料法规体系遵循"提高门槛，减少数量；加强监管，保证安全；转变方式，增加效益"的基本原则，进一步界定了政府、管理部门和生产经营者的责任，完善了生产经营使用各环节的质量安全控制制度，明确了饲料生产中允许使用的原料范围，加大了对违法行为的处罚力度。此外，为切实加强饲料添加剂管理，促进饲料工业和养殖业持续健康发展，农业农村部2022年发布614号公告，批准5个新饲料添加剂，扩大4个饲料添加剂的适用范围，增补1种饲料原料。反刍饲料质量安全水平的持续提升，为促进畜牧业高质量发展提供了强有力的支撑。

三、反刍动物饲料的发展趋势

"十四五"时期，在"双碳"战略及"行业转型"发展的驱动下，饲料工业进入整合提升阶段，行业开始从以量为主逐步转向以质为主的高质量发展阶段。在《全国饲料工业"十四五"发展规划》《"十四五"全国饲草产业发展规划》、2022年中央一号文件和《"十四五"全国畜牧兽医行业发展规划》等总纲的指导下，进一步完善动物营养与饲料配方数据库，聚焦饲料资源尤其是蛋白资源的开发应用，探索绿色环保的无抗饲料、功能性饲料及饲料添加剂的研发升级；实施饲用豆粕减量替代行动，集成推广低蛋白日粮、饲料精准配方、饲料精细加工等关键技术措施；继续实施粮改饲政策，加快提升全株青贮玉米、苜蓿、饲用燕麦等优质饲草供给能力，因地制宜开发利用区域特色饲草资源；应用大数据、人工智能平台、机器人、云计算技术、5G通信技术服务等，探索畜牧饲料产业数字化赋能升级，共建数字生态，研发智能饲料生产系统、饲喂系统、智能养殖设备、智能健康管理系统等一系列数字产品，搭建跨领域、跨行业的数字时代科技创新体系，推动饲料工业高质量发展。

（孙海洲　金　鹿）

特种动物饲料

随着我国农业产业结构的调整及农业供给侧结构性改革需求的引导，以及受新冠疫情的持续影响，2022年我国毛皮动物饲料和珍禽饲料市场规模比上一年度下降明显，茸鹿饲料和兔饲料市场较2021年呈明显上升趋势。

一、特种动物产业发展概况

2022年毛皮动物受市场皮张价格低位运行以及新冠疫情的持续影响，貂、狐、貉饲养量与2021年度相比下降明显，饲养总量为2 406万只左右，下降幅度约为11%，水貂饲养量为637万只，狐920万只，貉849万只。

兔的主要产品为毛用、肉用或皮肉兼用，为草食性动物，饲养成本低，饲料来源丰富；在我国的饲养区主要集中在四川、重庆、山东、江苏、福建、浙江、河南、河北、安徽等省份。四川兔出栏占全国的50%，山东、重庆、江苏和河南的兔生产也居全国前列，上述5个省份的兔出栏量占全国的80%。但随着我国环保要求的提升及严格执法，集约化饲养也逐渐增加，2022年兔出栏量在3.60亿只左右，与2021年相比上升明显，兔肉产量约53万t，肉兔活兔价格在10元/斤* 左右，兔肉价格维持在16元/斤左右，为过去5年来的较高价位；皮张价格受国际市场走势的影响略有下行。2022年兔存栏1.30亿只左右，增幅约4%。

梅花鹿和马鹿2022年的饲养量约78万头，比2021年略有上升，主要饲养方式为人工圈养，东北三省占到全国养殖数量的80%以上。梅花鹿、马鹿的主要产品为鹿茸，每年鲜鹿茸产量约900t，在我国农村区域经济的发展中起到了越来越重要的作用。2022年鲜鹿茸价格较2021年涨幅约5%。2021年茸鹿饲料成本有所增长，主要是玉米及豆粕价格高位运行、人工成本增加、粗饲料价格逐渐上涨等原因。

我国传统饲养的珍禽品种主要有雉鸡、珍珠鸡、贵妃鸡、火鸡、野鸭、孔雀、鸵鸟、大雁等。2020年最新公布的《国家畜禽遗传资源品种名录》，将孔雀、大雁等品种移除，受其影响，存栏数大幅度下降，饲料需求亦明显下降。目前珍禽市场需求较为旺盛，人们的消费习惯和生活需求对珍禽情有独钟，但由于当前存在着珍禽市场流通与调控能力不强，健康养殖理念不到位、养殖规模小而散等特性，生产效率不高。未来开展规模化健康养殖、生态观光养殖，互联网销售模式等，控制产业各个环节，提升品牌价值、提高珍禽养殖附加值是必由之路。

* 斤为非法定计量单位，1斤=500克。——编者注

二、特种动物饲料生产情况

2022年毛皮动物貂、狐、貉鲜饲料、干粉及颗粒饲料需求约280万t，毛皮动物饲料企业生产商品狐貉粉料72万t，主要由膨化玉米、豆粕、肉粉、鱼粉、DDGS、麦麸、米糠、豆油、鸡油、预混合饲料等组成，是市场中全价饲料的主体，部分养殖户在使用全价饲料的过程中，会结合当地饲料资源情况，添加部分海杂鱼、鸡架、鸡肠等鲜饲料，一方面可以提高饲料的适口性和采食量，另一方面也可以增加饲料的多样性，补充部分动物性饲料，利用当地屠宰下脚料，降低饲料成本。2022年水貂商品干粉配合饲料年生产约10.8万t，主要由膨化玉米、豆粕、DDGS、米糠粕、预混合饲料等组成，用来代替水貂饲料中熟化植物性饲料，补充氨基酸、微量元素及维生素等成分，一般配比占水貂饲料的20%～30%。2021年水貂全价鲜饲料年需求27万t，主要由海杂鱼、鸡骨泥、鸭骨泥、鸡肠、膨化玉米、豆粕、预混料等组成，干物质含量约35%，采取每日配送的形式分派到养殖场，这种集约化的厨房式生产需要在水貂养殖较为集中的区域开展，鲜饲料适口性好、营养全面、动物对营养物质的利用率相对较高，发展有较大潜力；由于鲜饲料的配送专业化程度高、运费高，市场半径有限，目前在水貂养殖较为集中的威海地区、潍坊地区市场需求较为旺盛。毛皮动物各类颗粒饲料年生产量在25万t左右，当前貉颗粒饲料由于饲喂方便，人工管理简捷，在部分把养殖当第二产业的地方有较好的需求，水貂颗粒饲料在部分地方也有一定的市场。毛皮动物预混料年生产在2.2万t左右，主要为微量元素、维生素、氨基酸、酶制剂等的混合物，多为1%或4%的添加产品，部分以预防腹泻、增加毛皮品质等的功能性预混料产品如微生态制剂也有一定的市场。毛皮动物商品饲料占市场需求的近50%的份额，其中狐貉饲料仅75%为商品饲料，而水貂饲料仅30%为商品饲料，其他均为养殖场自配料。整个毛皮动物饲料市场还有很大的潜力，其市场主要分布在山东、河北、辽宁、吉林、黑龙江等地区。

我国茸鹿饲料主要为梅花鹿精料补充饲料，占饲料市场的80%。因为鹿茸是我国茸鹿养殖的主导产品，所以在养殖生产中，对公鹿生茸期饲料的营养供给考虑得最多，而且精饲料占到日粮干物质总量的60%，其次是仔鹿生长期精饲料。随着人工成本的增加，粗饲料的收购价格提高，而且粗饲料在饲养过程中管理成本也较高，在仔鹿生长期和公鹿生茸期，人们逐渐接受使用全混合日粮，即把精饲料和优质的粗饲料混合甚至制成颗粒来饲养鹿，以达到仔鹿健康快速生长和公鹿高产茸的目的。目前我国茸鹿的饲养主要以农户家庭圈养为主，大型集约化的养殖场较少。饲料的配制主要是自配精饲料在动物关键生产时期开展补饲，如仔鹿的生长期、公鹿生茸期、母鹿妊娠期和泌乳期开展补饲。在集中饲养茸鹿的吉林省，每年公司化生产的全混合饲料和精料补充饲料的量在15万t左右，已初步形成了一定的市场规模。随着鹿这一特色珍贵资源深加工及高附加值科技成果的推广应用，鹿茸价格的走高，茸鹿饲料产业也将在养殖集中区逐步形成稳定的产业。

兔的养殖比较分散，以区域性农户为主。2022年兔专业性精料补充料已形成产业，在西部地区有一定的市场，大型专业化兔饲料公司逐步呈现，2022年兔饲料市场约720万t（含自做饲料）。

珍禽养殖的区域非常广泛，相对分散，在局部地区形成了特色养殖优势产业，但其饲料产业还未形成自己的特色和规模市场，其饲料的配制多参考家禽的营养需求及饲料配方，有一定的现实意义，但专业性不强，不能很好地发挥动物的遗传潜力和生产性能。每年珍禽的饲料市场需求在120万t左右，除部分自配饲料外，多被家禽饲料企业直接代替，严重阻碍了产业的健康高效发展。未来相对专业性的雉鸡饲料、野鸭饲料在大型珍禽养殖企业将形成一定规模，区域性特色养殖也将是未来珍禽产业发展的必由之路。

三、特种动物饲料发展特点

1. 受上年度皮张价格较低影响，毛皮动物饲料价格竞争激烈，多元化结构增强。受2022年皮张价格低位运行的影响，毛皮动物饲养户在饲料的选择上多选择价位低的饲料，在市场选择压力和利润空间的调节下，低价位毛皮动物饲料销售较好，市场竞争激烈。在多元化结构的变化中，毛皮动物颗粒饲料因其饲喂简单、便捷，在一定程度上降低了人工成本，在部分狐貉集中养殖区的应用呈现扩大的趋势。随着产业的发展，越来越多的大型狐貉养殖场倾向于部分使用商品化的干粉饲料，减少由于饲料原料的购置、贮藏、加工等的繁杂程序及风险。水貂饲料不同于狐貉饲料，水貂是更严格的肉食动物，对食物的选择性强，适口性要求高，干粉饲料适口性相对鲜饲料差，而且在蛋白质的利用率上相对较低，完全的干粉饲料饲喂水貂，难以获得较好的生产性能，在体重、皮张延展性、毛皮光泽度等方面都略逊一等。水貂养殖场目前一般都选择自配鲜饲料，部分饲养场选购一部分水貂配合饲料，其主要组成为膨化玉米、豆粕及部分微量元素和维生素的添加物，减少了养殖场熟化玉米等谷物饲料的麻烦，而且添加了微量元素和维生素及氨基酸、酶制剂等物质，提高了饲料营养的全价性和功能性，这种饲料的市场需求还在上升过程中。水貂鲜饲料在水貂养殖集中区的市场份额逐渐增加，因为中小型水貂养殖场在进行鲜饲料配制时，在鲜饲料采购的质量控制、鲜饲料的保存以及加工等方面，面临着很多困难，鲜饲料加工配送公司生产的产品可以直接饲喂，适口性好、新鲜度高、营养的全价性好，这是未来水貂养殖集约化发展的必然趋势。

2. 特种动物疾病综合防控及养殖废弃物利用技术的应用，推进了特种动物饲料行业的健康发展。特种动物疾病种类多、危害性大，如各种原因引起的腹泻等，影响着动物饲料的有效利用，同时养殖中产生的废弃物对环境及动物自身健康的影响很大。对特种动物疾病开展综合防控，减少环境污染，有利于产业的健康良性发展。当前各类疫苗的应用有效地控制了烈性传染病，但环境污染程度大、动物饲养密集、常规性消毒措施不力、动物福利考虑少等都加大了疾病防控失败的风险，饲料中过度添加抗生素形成了病菌耐药性，降低了动物抵御疾病的能力，同时也降低了饲料的有效利用。饲料氨基酸平衡技术的应用降低了氮磷的环境排放，动物疾病综合防控及养殖废弃物综合利用技术的应用近年越来越受到重视，推进了特种动物饲料行业的健康发展。

3. 全混合日粮、精料浓缩饲料及预混合饲料将成为茸鹿及兔饲料市场的主要产品。我国茸鹿及兔的养殖分布范围广而分散，但饲料的专业性要求高，饲料远程配送成本较高，高密度建厂又受限，这一矛盾需要平衡解决才能有益于健康的特种动物饲料市场。对相对集中的养殖区，茸鹿和兔饲料全混合日粮比较省事，集中做市场也成为可能，补充以精饲料或浓缩饲料，将会成为市场的主体。对养殖分散的区域，浓缩饲料和预混合饲料将成为主体。

（鲍　坤）

饲料原料工业概况

玉米生产、贸易与市场情况

一、总体情况

2022年，俄乌冲突冲击全球粮食贸易，俄罗斯、乌克兰是粮食生产和出口大国，两国粮食生产及出口阶段性受阻，引发全球粮食、能源、农资价格飙升，供应链中断，多种农产品价格上涨。我国政策导向是扩大豆、稳玉米，在玉米供需紧平衡的大环境下，国内外粮价联动密切，进口谷物价格上涨，替代优势减弱，谷物进口量下降，国内玉米价格跟随上涨。我国饲料产量销量保持高位，因小麦价格高企，小麦饲用消费下降，玉米饲用消费增加，定向稻谷饲用增加，有效缓解了玉米供需偏紧的局面；玉米深加工需求疲弱，企业产品库存处于高位，加工利润不佳，开工率同比略降，玉米工业消费受限。

二、玉米价格高位上涨

图1显示，2022年全国玉米均价2 814元/t，同比上涨0.68%。2022年上半年，国际粮价带动国内玉米价格快速上涨，5月玉米价格逼近2 900元/t。下半年玉米价格先跌后涨，第三季度国际市场价格回吐因俄乌冲突引发的涨幅，国内贸易商售粮积极性增加，但下游需求疲弱，玉米均价跌回2 830元/t以下；第四季度，新粮上市后玉米价格一路上涨，疫情下物流运输受阻叠加农户挺价惜售，市场迟迟未集中上量，12月初玉米高点涨至2 915元/t，逼近历史高位。

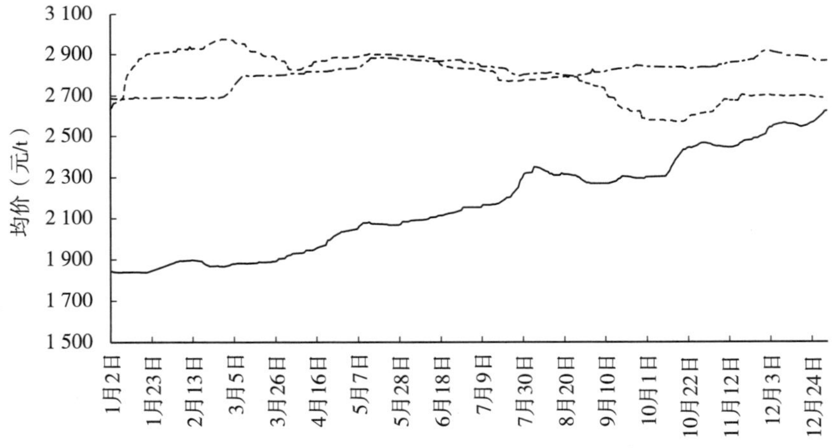

图1　2020—2022年玉米均价对比

数据来源：博亚和讯

三、玉米供需情况

1. 玉米产量增长。2022年粮食生产的重点是做到“两稳两扩”，即：稳口粮、稳玉米，扩大豆、扩油料。在稳玉米上，着力提高玉米单产，巩固提升产能。2022年玉米播种面积为4 307.01万hm^2，较

2021年减少15.4万 hm^2；2022年玉米总产量2.8亿t，同比增加1.7%；玉米单产429.1kg/亩，每亩产量比上年增加9.7kg，增长2.3%。尽管玉米播种面积略有缩减，但是华北天气良好，有助于主要产区的玉米产量提高，弥补了南方干旱造成的产量损失（图2）。

2022年玉米种植补贴下降，种植成本增幅明显，租地种植收益小幅下降。黑龙江玉米生产者补贴标准由2021年的68元/亩下调至2022年的28元/亩，大豆比玉米高220元。从种植收益来看，2022年新粮开秤价上涨，但地租成本增幅明显，在玉米种植成本增加的情况下，自有地种植收益增加14%，而租地种植收益下降1%。大豆价格虽上涨，但单产不高，整体来看收益仍低于玉米。

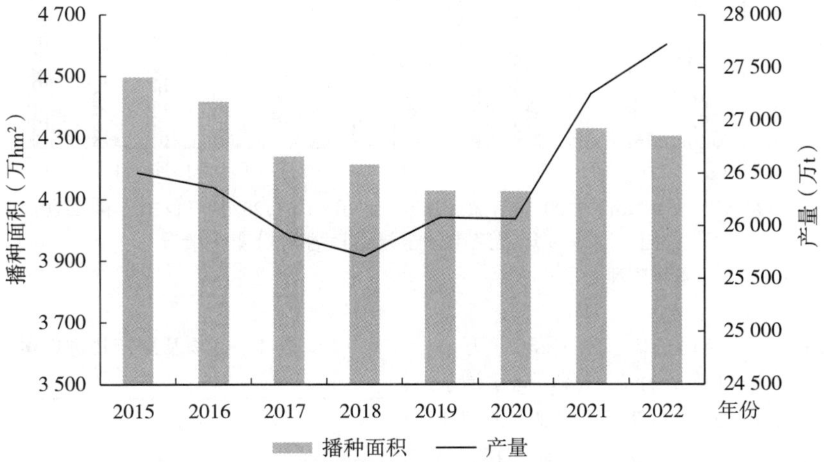

图2　2015年以来我国玉米播种面积及产量对比

数据来源：中国统计局，博亚和讯整理

2. 2022年玉米进口总量下降，进口单价上涨。 2022年，我国玉米进口总量为2 062.1万t，同比下降27.3%；进口金额71.1亿美元，同比下降11.1%。随着俄乌冲突升级，推升全球粮价，叠加人民币贬值，玉米进口单价上涨，玉米进口均价为344.6美元/t，同比上涨22.2%。出口总量继续维持低位，全年出口0.15万t（图3）。

2022年1—6月，玉米进口量单月在200万t左右，最高月份是在1月，达到275万t，下半年进口量逐月下降，10月降至年内低位55万t（图4）。

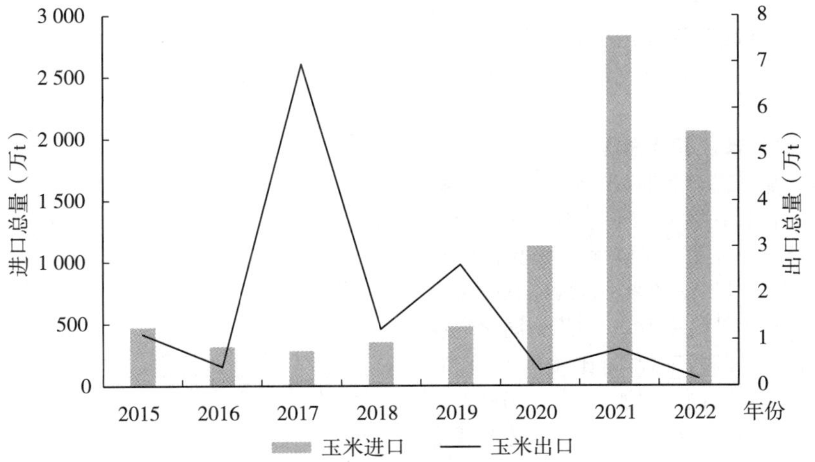

图3　2015年以来中国玉米进出口变化

数据来源：中国海关，博亚和讯整理

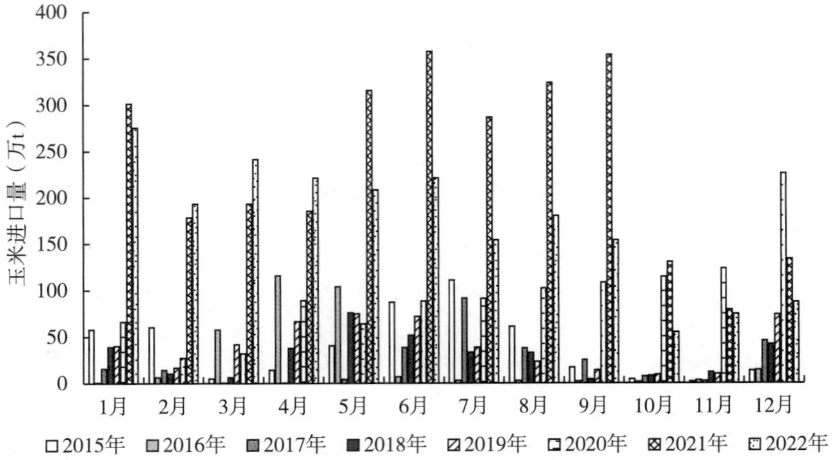

图4　2015 年以来中国玉米进口各月份变化情况

数据来源：中国海关，博亚和讯整理

从进口国家来看，自美国进口玉米 1 486.5 万 t，同比下降 25.1%，占进口总量的 72.1%，同比增加 1.8 个百分点；自乌克兰进口玉米 526.4 万 t，同比下降 36.1%，占进口总量的 25.5%，同比下降 2.4 个百分点。自缅甸进口玉米 19.4 万 t、自保加利亚进口玉米 14.7 万 t、自俄罗斯进口玉米 9.5 万 t，自老挝、哈萨克斯坦等进口玉米 5.7 万 t。

3. 定向稻谷投放，成交超 2 900 万 t。2022 年，国家加大稻谷投放力度，特别是定向稻谷，成交超 2 900 万 t，饲料消费增加，弥补国内玉米供需偏紧的局面。3 月 10 日定向稻谷开始投放，截至 9 月 29 日，2022 年定向稻谷拍卖 25 期，总投放量 4 387.0 万 t，成交量超 2 902.7 万 t，成交率达 66.2%。3 月 8 日最低收购价稻谷开始投放，截至 9 月 27 日，共投放 2 941.1 万 t，成交量达 65.3 万 t，成交率达 2.2%。

4. 2022 年进口玉米及替代总量情况。2022 年，我国玉米供应紧平衡，玉米价格高位运行，进口谷物价格上涨，进口谷物替代优势减弱，谷物进口量减少，谷物进口量 5 320.4 万 t（包含谷物及谷物粉等），同比减少 18.6%。其中，玉米进口量为 2 062 万 t，同比下降 27.3%；小麦进口量为 996 万 t，同比增加 1.9%；大麦进口量为 576 万 t，同比减少 53.8%；高粱进口量为 1 014 万 t，同比增加 7.7%。另外，木薯（主要是干木薯）进口量为 711 万 t，玉米酒糟（DDGS）进口量为 8.3 万 t（表 1）。

表 1　谷物及副产物进口量大幅下降

单位：万 t

年份	玉米	小麦	高粱	大麦	DDGS	能量类
2008	5	3	0	108	1	116
2009	8	89	0	174	66	337
2010	157	122	0	237	316	832
2011	175	125	0	178	169	646
2012	521	369	9	253	238	1 389
2013	327	550	108	234	400	1 618
2014	199	292	578	463	539	2 071
2015	473	297	1 070	1 073	682	3 595
2016	317	337	665	501	307	2 126
2017	283	430	506	886	39	2 143
2018	352	310	365	682	15	1 724
2019	479	349	83	593	14	1 518
2020	1 130	838	481	808	18	3 275
2021	2 835	977	942	1 248	31	6 032
2022	2 062	996	1 014	576	8	4 656

数据来源：中国海关，博亚和讯整理

2022 年，玉米价格高位运行，替代谷物需求仍存，高粱进口量明显增加，我国高粱进口量高达 1 014 万 t，同比增加 7.7%，处于历史第二高位，仅次于 2015 年的 1 070 万 t，全年最高进口量为 5 月的 167 万 t，最低进口量为 12 月的 10 万 t。高粱进口主要用于饲料，进口国家主要为美国、阿根廷、澳大利亚及缅甸（图 5）。

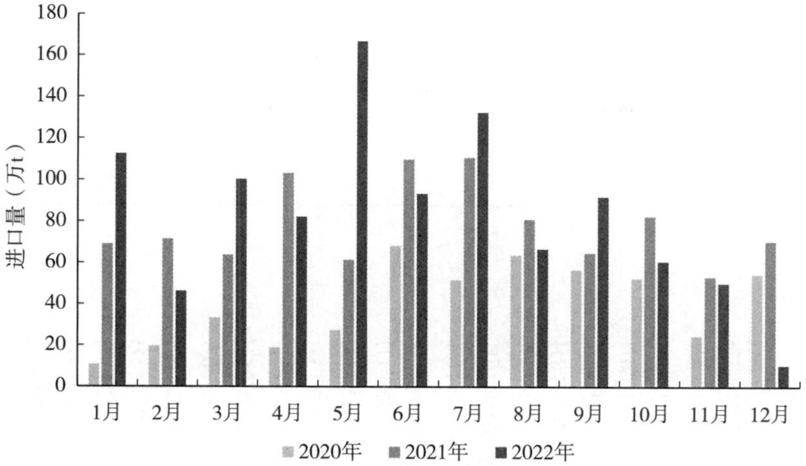

图5　2020—2022年进口高粱月度对比

数据来源：中国海关，博亚和讯整理

5. 饲料需求保持高位。2022年，我国工业饲料总产量30 223.4万t，比上年增长3.0%。其中，配合饲料产量28 021.2万t，增长3.7%；浓缩饲料产量1 426.2万t，下降8.1%；添加剂预混合饲料产量652.2万t，下降1.6%。分品种看，猪饲料产量13 597.5万t，增长4.0%；蛋禽饲料产量3 210.9万t，下降0.6%；肉禽饲料产量8 925.4万t，增长0.2%；反刍动物饲料产量1 616.8万t，增长9.2%；水产饲料产量2 525.7万t，增长10.2%；宠物饲料产量123.7万t，增长9.5%；其他饲料产量223.4万t，下降7.2%。饲料消费保持高位，因小麦价格高企，小麦饲用消费同比大幅下降，相应玉米饲用消费增加；但定向稻谷饲用增加，缓解玉米供应偏紧的局面，同时也限制玉米饲用消费增长空间，全年来看，全国饲料生产企业的玉米用量比上年增加30.1%，在配合饲料中的比例比上年提高7.0个百分点（图6）。

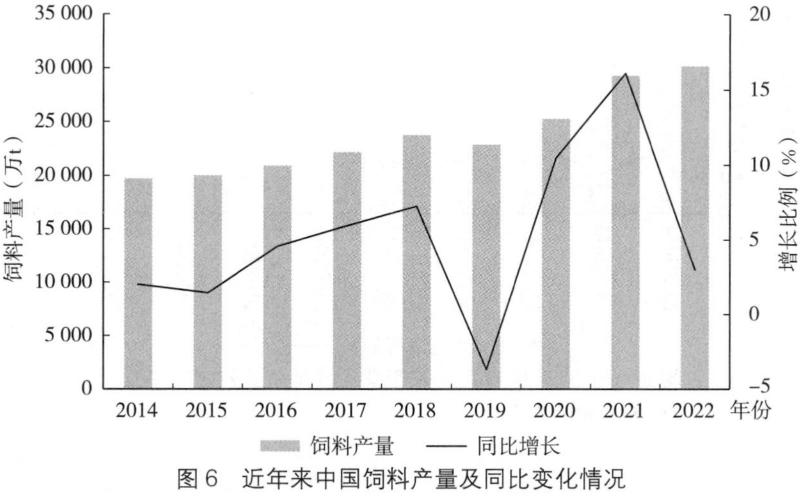

图6　近年来中国饲料产量及同比变化情况

数据来源：中国饲料工业协会，博亚和讯整理

2022年，生猪在产能有保障的基础上，生产节奏被打乱，饲料成本异常高企，生猪价格再度演绎大跌大涨，10月中旬全国生猪均价突破28元/kg，创年内新高。另外，随着猪价上涨，6月底生猪养殖开始全面恢复盈利，10月生猪出栏盈利达到高峰，一头115kg生猪出栏盈利超千元，全年头均盈利200～300元。统计局数据显示，2022年底，生猪存栏45 256万头，增长0.7%；全年生猪出栏69 995万头，增长4.3%（图7）。

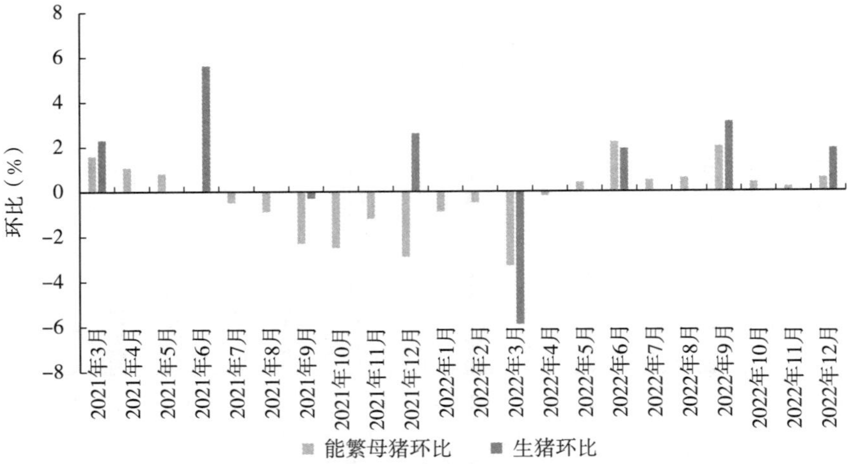

图 7　2021—2022 年生猪存栏和能繁母猪存栏环比情况

数据来源：农业农村部，博亚和讯整理

6. 深加工玉米消费继续回调。 2022 年，我国玉米深加工需求疲弱，企业产品库存处于高位，限制淀粉、酒精上涨空间；原料价格高位上涨，深加工产品价格涨幅不及原料，企业加工利润不佳，开工率同比略降，玉米工业消费受限。此外，中央一号文件指出，严格控制以玉米为原料的燃料乙醇加工。我国玉米供需仍处于紧平衡状态，政策调控叠加高价抑制需求，玉米深加工消费延续回调，全年消费量预计下降至 7 700 万 t（图 8）。

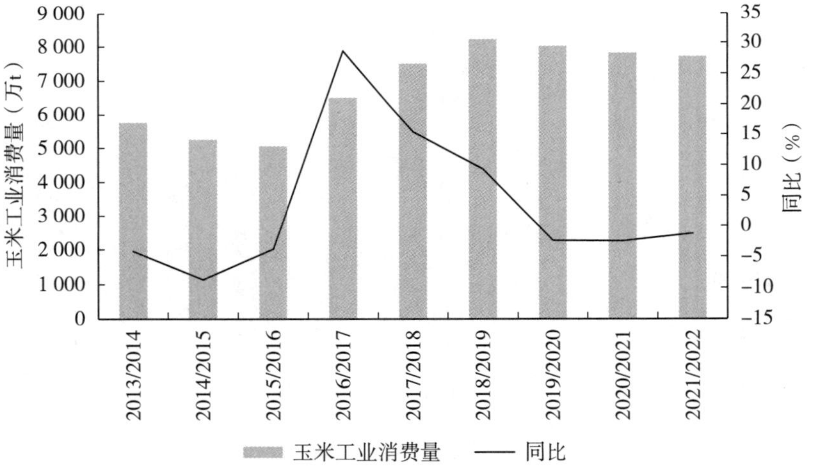

图 8　2013/2014 年度以来工业玉米消费量及增幅情况

数据来源：国家粮油信息中心，博亚和讯整理

四、全球玉米产量创新高，期末库存上调

据美国农业部（以下简称 USDA）12 月的报告显示，2021/2022 年度全球玉米产量 12.2 亿 t，较 2020/2021 年度上调 8 766 万 t，创历史新高，主要因巴西、美国、中国、乌克兰产量分别上调 2 900 万 t、2 445 万 t、1 188 万 t、1 183 万 t，全球玉米价格上涨，刺激玉米主产国播种面积增加。2021/2022 年度玉米总消费 11.8 亿 t，其中玉米饲用消费量 7.5 亿 t，较上年度上调 2 730 万 t；工业消费 4.3 亿 t，较上年度上调 1 009 万 t；玉米进口量 1.8 亿 t，低于上年度的 1.9 亿 t；因产量增幅大于消费，期末库存在连跌 4 年后上调至 3.1 亿 t，较上年度上调 1 456 万 t，库存消费比小幅增至 25.9%，但仍处近年相对低位。

预计 2022/2023 年度全球玉米产量 11.6 亿 t，

较 2021/2022 年度下调 5 500 万 t，主要因美国下调 2 906 万 t、欧盟下调 1 678 万 t、乌克兰下调 1 513 万 t，虽然巴西、阿根廷、中国产量分别上调 1 000 万 t、360 万 t、145 万 t，但涨幅有限难以抵消全球玉米产量下调。2022/2023 年度全球玉米总消费 11.7 亿 t，同比下降 1 835 万 t，其中玉米饲用消费量 7.4 亿 t，较上年度下降 1 603 万 t；工业消费 4.3 亿 t，较上年度下降 233 万 t；玉米进口量 1.8 亿 t，较上年度下降 746 万 t。因产量降幅大于消费，期末库存降至 3.0 亿 t，库存消费比降至 25.6%，环比略降，但稍高于 2020/2021 年度的 25.5%，处于近年第二的低位，库存消费比收窄，反映全球玉米供需仍偏紧。

五、玉米市场影响因素

1. 进口和其他能量替代影响玉米市场。 2022 年国际粮价上涨，进口谷物水涨船高，美国进口玉米完税价 3 000 元/t，同比上涨 20.9%；进口高粱均价 2 829元/t，同比上涨 3.8%；进口大麦均价 2 786 元/t，同比上涨 17.7%；从广东港进口的玉米均价 2 903 元/t，与国内玉米价格相比，部分进口谷物价格优势仍存，但同比有所收窄，替代减少。小麦价格高位上涨，年度均价 3 073 元/t，同比上涨 20.5%，山东小麦年度均价高于玉米 240 元/t 左右，小麦替代玉米无优势，玉米在饲料中消费恢复往年正常水平。

2. 畜牧业生产稳定，玉米消费增长。 畜牧业生产稳定增长，生猪出栏保持增长，猪肉产量持续增加，牛羊禽肉、禽蛋、牛奶产量均有不同程度增长。生猪价格大跌大涨，生产节奏被打乱。肉禽产业减量换价，产品价格高位运行，养殖先亏后盈。蛋禽存栏缓慢回升，养殖盈利较好。饲料消费保持高位，因小麦价格高企，小麦饲用消费同比大幅下降，玉米饲用消费比例增加。

3. 深加工产能扩张速度放缓，工业消费下降。 2022 年，玉米深加工需求疲弱，企业产品库存处于高位，企业加工利润不佳，开工率同比略降。分品种来看，全国淀粉企业开工率 59%，同比下降 2 个百分点；酒精企业开工率 49%，同比增加 3 个百分点。我国玉米供需仍处于紧平衡状态，政策加强玉米深加工需求调控，明确供给优先序，严格控制玉米使用燃料化，玉米深加工产能扩张速度放缓，在开工率下降的背景下，玉米工业消费下降。

六、总结

2022 年，受国际地缘政治等诸多因素共同影响，国内玉米价格上涨，阶段性、区域性特征明显，外围市场影响仍在继续，需持续关注国际市场波动对国内现货的影响。玉米价格上涨，不仅会影响小麦、稻谷等农产品价格，还会影响饲料、肉类以及深加工等相关行业。保障饲料原料有效供给，是提升畜牧产业链现代化水平的重要基础，需从供需两端双向发力，确保国内玉米供应稳定。不断拓展玉米进口来源，多渠道增加玉米及其替代品大麦、高粱进口。在大力发展玉米生产和确保玉米进口安全的基础上，还要加强玉米需求侧管理，提升利用水平，充分发掘利用本土饲料资源，推动饲料配方结构多元化，有效改善玉米市场的供需关系。

（柳晓峰　高瑞娟）

大豆和豆粕生产、贸易与市场情况

一、总体情况

2022 年受新冠疫情、地缘冲突和极端气候造成粮食减产等多重因素影响，全球商品供应链受阻，通胀居高不下，能源和粮食安全担忧情绪升温，贸易保护主义抬头，多国相继出台针对农产品的出口禁令，全球大豆价格上涨。我国进口大豆成本上升，进口大豆到港量下降，大豆压榨量同比减少，豆粕供应紧张，豆粕价格上涨。国产大豆产量增长，但大豆进口总量下降，为了缓解我国进口大豆供应缺口，进口大豆拍卖适时启动，深入实施豆粕减量替代行动，大力推广低蛋白日粮技术。

二、大豆市场供需状况

1. 国产大豆生产情况。 统计局数据显示，2022 年我国大豆播种面积为 1.54 亿亩，比上年增加 2 742.5 万亩，增长 21.7%；大豆产量为 2 029 万 t，比上年增加 389 万 t，增长 23.7%（表 1）。东北地区积极扩种大豆，推行大豆玉米合理轮作，黄淮海、西北、西南地区推广大豆玉米带状复合种植，大豆面积增加较多，大豆产量突破 2 000 万 t，确保用于豆制品等的食用大豆国内自给。据了解，种植玉米更为省工，农户在品种的选择上或更青睐玉米。如表 2 显示，黑龙江地区玉米和大豆种植比较来看，整体利润差距不大，相对来说种植玉米的积极性更高。2022 年东北租地成本、农资化肥、种子、农药等微幅上涨，地租成本每亩增加 200 元，每亩化肥成本提高 20～30 元，其余种植成本或变动不大，2022 年大豆种植成本每亩增加 130～200 元。

表 1　2015—2022 年国产大豆种植面积、及产量同比增幅

年份	2015	2016	2017	2018	2019	2020	2021	2022
种植面积（万 hm^2）	659	715.6	790	840	933	988	841	1 027
产量（万 t）	1 161	1 250	1 440	1 600	1 810	1 960	1 640	2 029
产量同比增幅（%）	0.96	7.67	15.2	11.3	13.3	8.3	−16.33	23.7

数据来源：中国统计局，博亚和讯整理

表 2　2022 年黑龙江地区玉米和大豆种植收益比较

单位：元/亩

项目	人工	租地	种子	化肥	农药	水电	机械	成本	收购价	补贴	毛收入	利润
大豆	0	800	50	70	50	0	80	1 050	3	248	1 298	218
玉米	20	800	60	200	30	20	120	1 250	1.3	28	1 640	390

数据来源：博亚和讯

2. 大豆进口情况。海关数据显示，2022 年我国大豆进口总量为 9 108.1 万 t，进口金额 612.4 亿美元，进口量同比减少 5.6%，进口金额同比增加 14.4%，进口量连续第二年下降。其中从美国进口 2 953.3 万 t，同比减少 8.6%；从巴西进口 5 439.4 万 t，同比减少 6.5%；从阿根廷进口 365 万 t，同比减少 2.6%；从俄罗斯进口 69 万 t，同比增加 27.8%；从乌拉圭进口 178.8 万 t，同比增加 106.5%；从加拿大进口 71.9 万 t，同比增加 22.3%（图 1）。

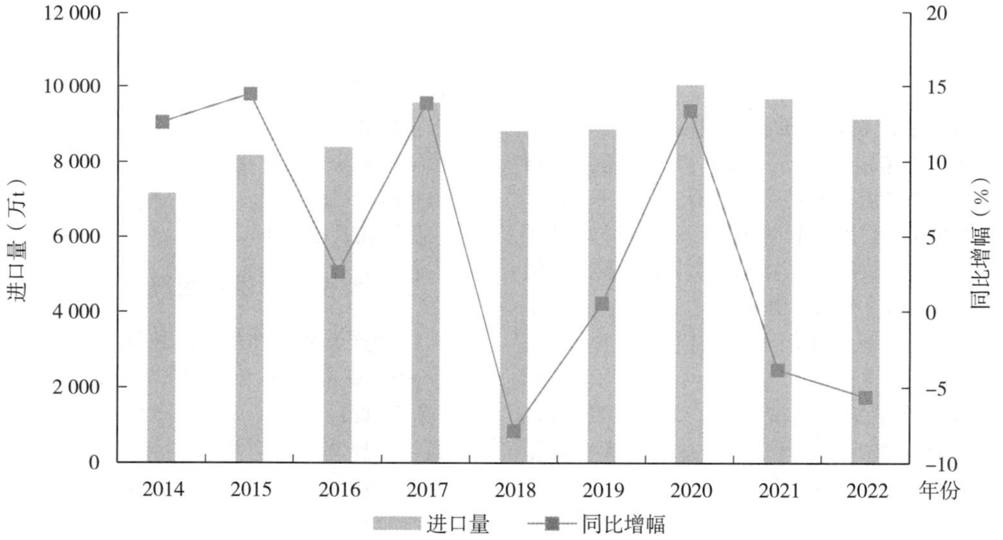

图 1　2014—2022 年大豆年进口量和年增长率情况

数据来源：中国海关，博亚和讯整理

从大豆进口国看，巴西为中国进口大豆最大的来源国，巴西和阿根廷进口占比 63.7%，同比下降 0.4 个百分点，阿根廷进口大豆比重小幅上升，巴西进口大豆比重小幅下降；美国进口占比 32.4%，同比下降 1.1 个百分点；乌拉圭进口占比 2.0%，同比上升 1.1 个百分点。

尽管 2022 年我国大豆进口量持续下降，但是总体对外依存度依然过高且相对集中。我国为缓解蛋白饲料进口品种和来源问题，积极拓展多元化供应格局，增加新的蛋白饲料原料进口国家，海关签署白俄罗斯菜籽粕和豆粕、巴西大豆蛋白和豆粕、赞比亚豆粕等蛋白原料进口质检协议。除了上述三个国家进口大豆占据主导，其他国家进口量也在不断增加，但还难以实现大规模进口。

从图 2 看，2022 年我国单月进口量相对平均，12 月单月进口量仍超过 1 000t，但低于上年的 1 072 万 t。

下半年进口量低于上半年，下半年进口大豆价格高位运行，市场观望情绪浓厚。进口节奏方面，国内相关替代品用量提升也导致大豆进口量下半年下降。

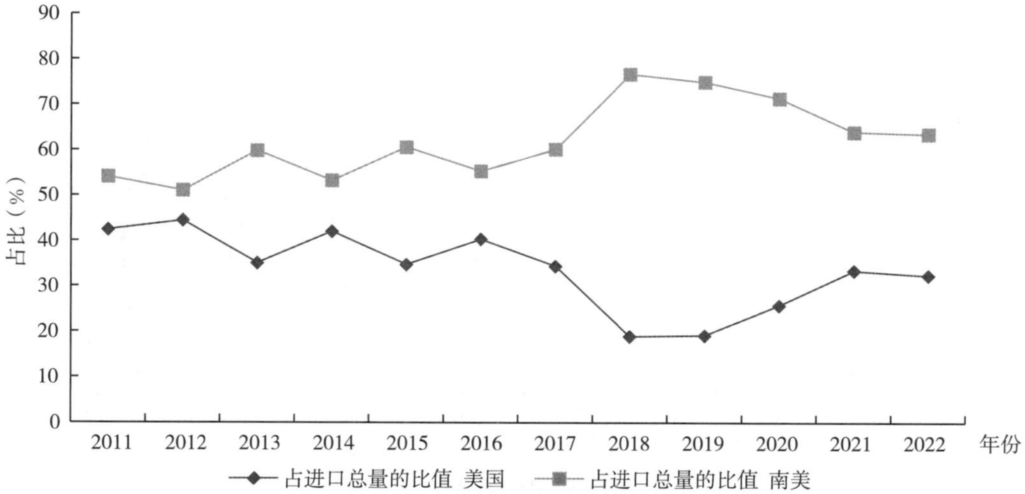

图2 2011—2022年美国和南美大豆年进口所占比重

数据来源：中国海关，博亚和讯整理

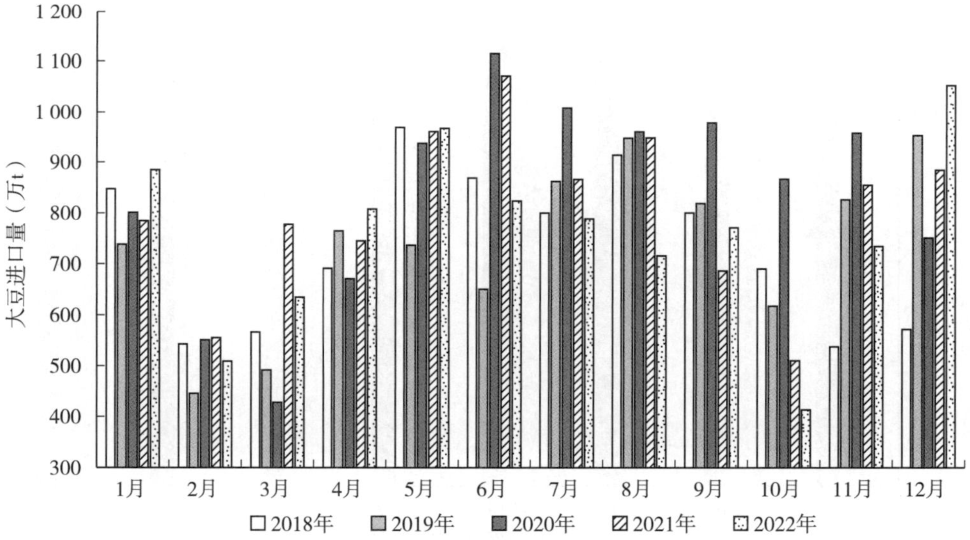

图3 2018—2022年月度大豆进口量

数据来源：中国海关，博亚和讯整理

3. 大豆出口情况。 海关数据显示，2022年我国大豆出口量11.9万t，同比提高了78.2%，大豆出口金额139.4百万美元，同比提高85.3%。一方面是出口量增长，另一方面，出口大豆价格也在上涨。主要出口国为韩国、日本、越南等国家及我国香港地区。

4. 豆粕进出口情况。 海关数据显示，2022年我国豆粕出口量为43.0万t，同比减少106.6%，主要出口国家为日本、荷兰、越南、英国等，占总进口量的90.7%。2022年我国豆粕进口5.1万t，同比减少34.4%，总量仍处于低位（图4）。

5. 国内豆粕供应量和消费量同步下降。 图5显示，2022年国内豆粕供应量7 180万t，消费量6 810万t，分别下降了3.62%和4.49%。从数据显示来看，2022年豆粕消费量表现前低后高，生猪价格大涨大跌，去产能后再恢复，在产蛋鸡存栏缓慢回升，肉禽出栏下降，我国饲料产量同比增长3%，豆粕价格上涨，加上豆粕减量替代持续推进，豆粕在饲料中使用量下降。

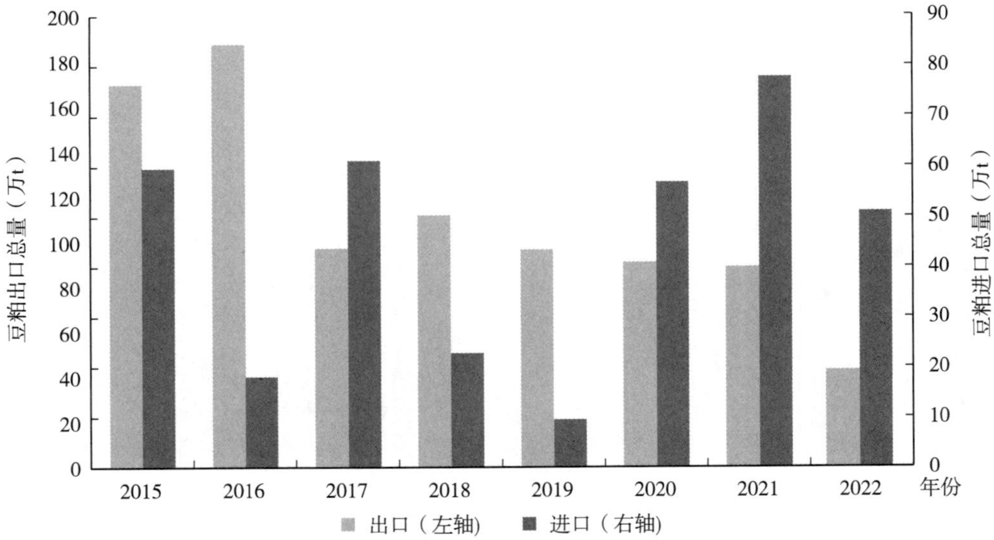

图4　2015—2022 年豆粕进出口总量

数据来源：中国海关，博亚和讯整理

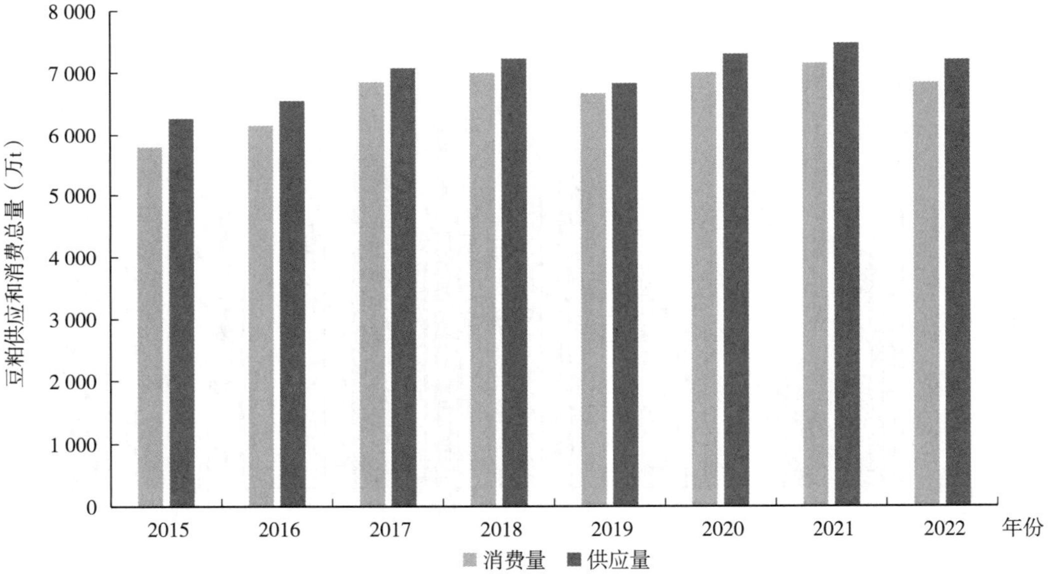

图5　2015—2022 年国内豆粕供应和消费总量

数据来源：国家粮油信息中心，博亚和讯整理

三、价格情况

1. 国产大豆价格行情。图 6 显示，2022 年国产大豆价格再上一个台阶，为刺激农民种大豆的积极性，2022 年再次提高大豆生产者补贴金额，黑龙江大豆补贴 248 元/亩，高于玉米的 28 元/亩。同时，国产大豆价格与进口大豆价格具有互相比价作用，进口大豆一般会影响国产大豆价格走势，2022 年国产大豆均价为 6 157 元/t，高于上年的 5 784 元/t，同比上涨 6.5%。

2. 国内豆粕价格行情。2022 年第一季度，巴西港口装运出现问题，进口大豆到港延迟，国内油厂停机，豆粕供应紧张，叠加多地出现新冠疫情，运输受限，豆粕价格上涨，3 月下旬豆粕高点达到 5 207 元/t，月底重回 4 660 元/t。第二季度，进口大豆集中到港，油厂开机率持续攀升，豆粕供应转向宽松，库存持续攀升，豆粕价格下跌，6 月底跌破 4 100 元/t。第三季度，进口大豆到港量逐月下降，油厂开机率低于往年同期，豆粕供应紧张，且饲料需求持续增长，豆粕库存降至低位，油厂限量提货，豆粕价格再度上涨，9月下旬豆粕高点达到 5 316 元/t。第四季度，进口大豆供应先减后增，油厂开机率低位回升，豆粕供应由紧张转向宽松，库存低位回升。11 月上旬，豆粕价格高点达到 5 568 元/t，下旬豆粕供应增加，库存止降回升，豆粕价格下跌，截至年底，豆粕均价为 4 743 元/t，与年初 3 571 元/t 比，上涨 1 172 元/t，幅度为 32.8%。全年豆粕均价为 4 552 元/t，创历史新高（图 7）。

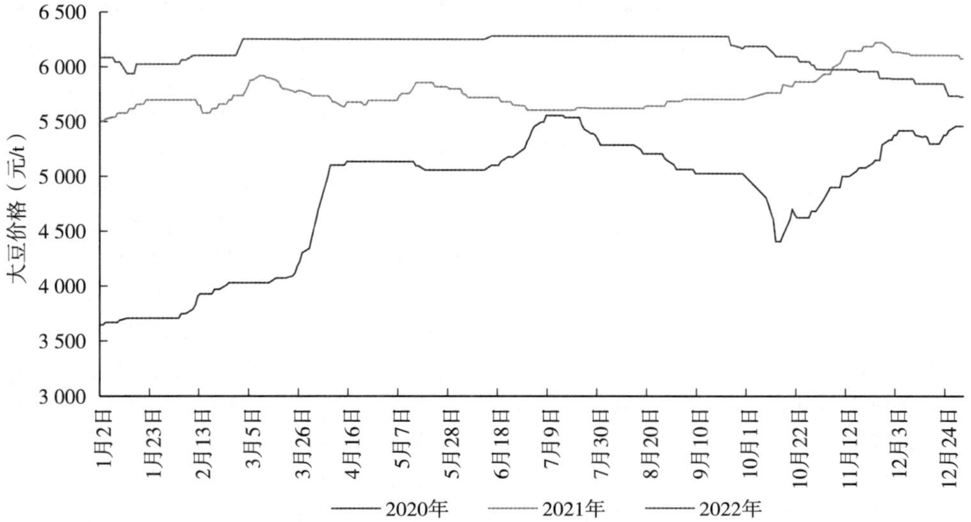

图 6　2020—2022 年国产大豆价格走势

数据来源：博亚和讯

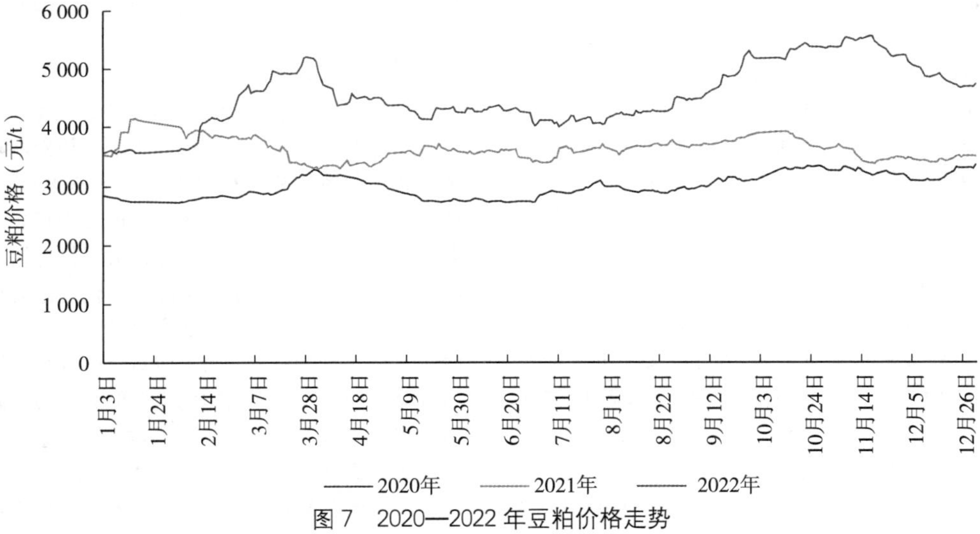

图 7　2020—2022 年豆粕价格走势

数据来源：博亚和讯

四、大豆市场的主要影响因素分析

1. 我国大豆产量增长，进口大豆拍卖适时启动。 我国大豆市场延续生产者补贴政策，大豆价格由市场决定，政府对大豆生产者给予一定补贴，生产者随行就市出售大豆，形成购销主体多元化和多渠道流通的市场格局。黑龙江大豆补贴为 248 元/亩，玉米补贴为 28 元/亩；吉林省公主岭市大豆生产者补贴 500 元/亩，玉米生产者补贴为 93.8 元/亩；辽宁省大豆补贴标准比玉米原则上每亩高 200 元，最多可高出 250 元。呼和浩特市大豆玉米带状复合种植统一标准为 150 元/亩，同时继续享受玉米、大豆生产者补贴。东北地区积极扩种大豆，推行大豆玉米合理轮作，黄淮海、西北、西南地区推广大豆玉米带状复合种植，大豆面积增加较多，大豆产量增长。

此外，为了缓解国内进口大豆供应紧张态势，进口大豆拍卖适时启动，3 月下旬周均拍卖 30 万 t，4 月周均拍卖 50 万 t。截至 12 月 9 日，进口大豆拍卖总量为 1 644 万 t，成交总量为 397 万 t，成交率 24.1%，成交均价 5 334 元/t，最低价 4 710 元/t，最高价 5 790 元/t。

2. 农业农村部部署全面推进豆粕减量替代行动。农业农村部召开豆粕减量替代行动工作推进视频会，全面推进豆粕减量替代行动，促进养殖业节粮降耗，保障国家粮食安全。会议指出，豆粕减量替代既是应对外部供应不确定性的被动选择，更是贯彻新发展理念推动高质量发展的主动作为，对于养殖者节本、饲料生产者节料、全行业增效和国家粮食安全具有重要意义。会议强调，在全行业深入实施豆粕减量替代行动，加力推广低蛋白日粮技术，加快推进替代资源开发利用，着力增加优质饲草供给，加强政策和技术保障，牢牢掌握养殖业稳产保供主动权。

近年来，农业农村部大力实施豆粕减量替代行动，聚焦“提效减量、开源替代”，在需求端压减豆粕用量，在供给端增加替代资源供应，取得了良好的效果。根据 8 家企业典型案例数据来看，饲料中豆粕占比在 6.9%～12%，明显低于全国平均水平，合计减少豆粕用量 408 万 t。

3. 全球大豆供应紧张，库存降至 1 亿 t 以下。全球大豆供应紧张，南美大豆大幅减产，美国大豆产量略降，中国大豆产量增长，全球大豆期末库存降至 1 亿 t 以下，全球大豆价格大涨后回调，上半年大豆价格高点达到 1 784 美分/蒲式耳*，仅次于 2012 年 9 月的历史高点 1 789 美分/蒲式耳，下半年大豆价格维持区间震荡，运行区间在 1 280～1 510 美分/蒲式耳。

全球 2021/2022 年度大豆产量预估为 3.56 亿 t，较上一年度减少 1 292 万 t，期末库存预估为 9 559 万 t，较上一年度减少 445 万 t；全球 2022/2023 年度大豆产量预估为 3.91 亿 t，较上一年度增加 3 556 万 t，期末库存预估为 10 271 万 t，较上一年度增加 713 万 t。

美国方面：据美国农业部数据，美国 2022/2023 年度大豆收割面积为 8 660 万英亩，大豆单产 50.2 蒲式耳/英亩**，大豆产量为 1.18 亿 t，较上一年度减少 326 万 t；大豆压榨量为 6 110 万 t，较上一年度增加 112 万 t；大豆出口量为 5 566 万 t，较上一年度减少 307 万 t；大豆期末库存为 599 万 t，较上一年度减少 146 万 t。

巴西方面：据美国农业部数据，2021/2022 年度巴西大豆产量为 1.27 亿 t，同比减少 1 250 万 t；大豆出口量下降至 7 914 万 t，同比减少 251 万 t；大豆库存为 2 381 万 t，同比减少 560 万 t。

阿根廷方面：据美国农业部数据，2021/2022 年度阿根廷大豆产量为 4 390 万 t，同比减少 230 万 t；大豆出口量为 286 万 t，同比减少 233 万 t；大豆库存为 2 390 万 t，同比减少 116 万 t。

4. 豆粕供应紧张，库存先升后降。2022 年进口大豆到港延迟，进口大豆压榨持续亏损，我国油厂开机率低于去年同期，大豆压榨总量延续下降。豆粕供应紧张，且终端提货高于预期，油厂豆粕库存先升后降，阶段性提货紧张。其中，第一季度豆粕库存维持在 30 万 t 左右，第二季度攀升至 106 万 t，第三季度豆粕库存下降至 33 万 t，第四季度豆粕库存触底回升，11 月降至 17 万 t 的历史低位，12 月回升至 44 万 t。

5. 饲料产量高位略增，豆粕消费量延续下降。2022 年国内生猪去产能后再恢复，生产节奏被打乱，生猪盈利波动大。白羽肉鸡出栏量下降，毛鸡价格高位运行；黄羽肉鸡、肉鸭减量换价，黄羽肉鸡、肉鸭出栏量减少。在产蛋鸡存栏低位缓慢回升，新冠疫情刺激居民集中备货，鸡蛋价格涨至高位。水产品价格高位运行，水产饲料需求好于往年同期；牛羊肉价格保持高位，反刍存栏量处于近年高位。国内饲料产量增长，豆粕价格创历史新高，豆粕减量替代持续推进。2022 年，在畜牧业饲料生产全面增长的情况下，饲用豆粕比上年减少 320 万 t，相当于减少大豆需求 410 万 t，饲用豆粕在饲料中的占比降至 14.5%。

五、总结

综合来看，2022 年我国稳定大豆生产者补贴，大力实施大豆和油料产能提升工程，积极恢复东北地区的大豆种植面积，积极推广大豆玉米带状复合种植，提升大豆自给率。我国大豆产量创新高，且进口大豆拍卖适时启动，对缓解进口大豆供应缺口作用有所显现，大豆进口量延续下降，但仍占绝对总量，对大豆市场定价模式并未改变，全球大豆供需市场仍集中在美国和南美地区。为了应对我国饲料粮短缺面临的风险，仍需大力提高国内生产能力，最大限度挖掘国内饲料原料供给潜力，并实施粮食进口多元化战略，适时适度进口粮食，深入实施豆粕减量替代行动。未来重点关注政策、天气、养殖需求等对大豆市场供需平衡带来的影响。

（柳晓峰　谢长城）

---

* 蒲式耳为非法定计量单位，1 蒲式耳＝35.238L。——编者注

** 英亩为非法定计量单位，1 英亩≈4 046.86m²。——编者注

鱼粉生产、贸易与市场情况

2022年，我国鱼粉进口量高位略降，进口总量仅次于2021年的历史最高水平，港口库存高位运行，但受俄乌冲突、人民币贬值和秘鲁捕鱼不畅等诸多因素影响，鱼粉价格一路走高，普通级蒸汽鱼粉价格从年初的10 650元/t上涨至年底的12 650元/t，同比增长为2 000元/t，年内高点达12 850元/t。

1. 鱼粉进口情况。

（1）2022年鱼粉进口情况。海关数据显示，2022年我国进口鱼粉182万t，同比下降1.2%，仅次于2021年的历史最高水平；进口金额29.6亿美元，同比增长8.4%；进口均价1 643美元/t，同比上涨9.7%（图1）。

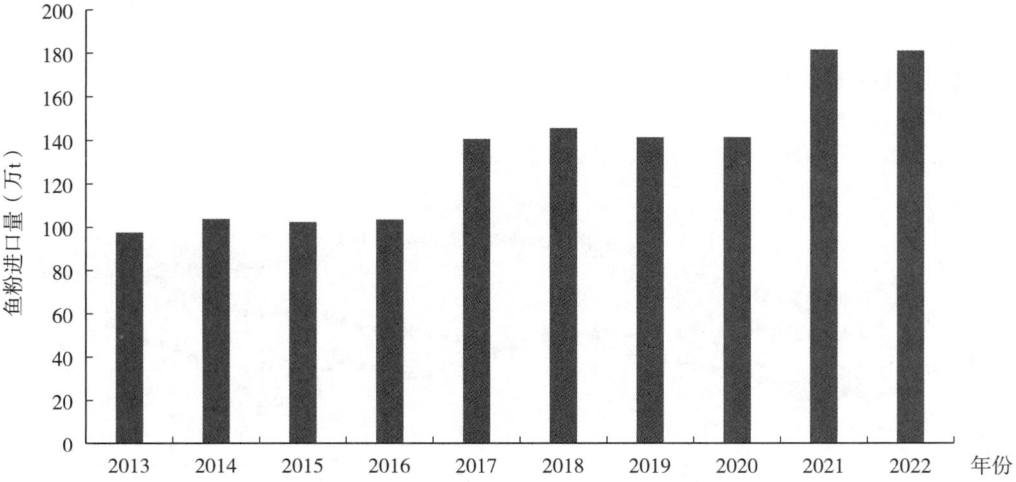

图1　2013—2022年鱼粉进口情况对比

数据来源：中国海关，博亚和讯整理

（2）2021年与2022年鱼粉进口情况比较。图2对比显示，我国自秘鲁进口鱼粉数量保持较高水平，占鱼粉进口总量的48.8%，秘鲁以外其他国家鱼粉进口量占比51.2%。其中，自秘鲁进口鱼粉87.9万t，同比下降13.8%；自越南进口鱼粉21.1万t，同比增长25.8%；自俄罗斯进口鱼粉11.2万t，同比增长25.4%；自泰国进口量鱼粉9.5万t，同比增长5.8%；自智利进口鱼粉8.5万t，同比增长12.0%。2022年我国生猪存栏先降后升，同时豆粕价格上涨，间接带动我国鱼粉消费量提升；此外，近几年水产饲料保持增长态势也对鱼粉形成支撑。总体来看，我国从多边国家进口鱼粉进入常态化，市场充分竞争，同时，鱼粉价格受相关替代品如豆粕、氨基酸的走势较为敏感，进口价格仍有一定波动。

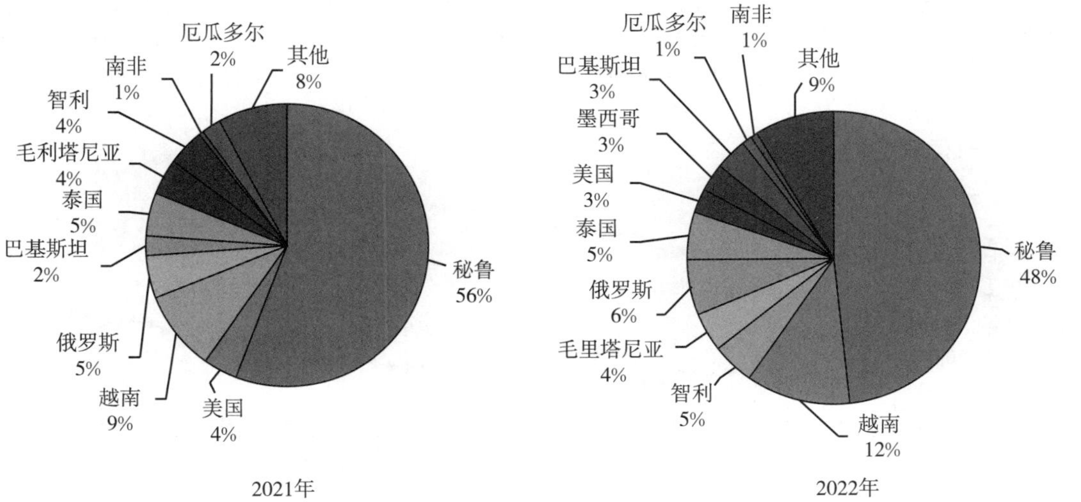

图2　2021年与2022年各国鱼粉进口量所占比例

数据来源：中国海关，博亚和讯整理

2. 2022 年我国鱼粉库存情况。图 3 显示，2022 年我国鱼粉进口量保持在 180 万 t 的水平，鱼粉供应充足，但鱼粉需求亦保持增长，整体仍呈现供需紧平衡态势，港口库存先升后降，保持高位运行。年初港口鱼粉库存从高位下降，中国传统节日前备货，导致库存量小幅下降，库存最低在 2 月初为 15.6 万 t，但明显高于往年同期。2 月下旬，随着秘鲁鱼粉到货增加，且鱼粉需求处于淡季，港口库存持续上升，到 6 月初，库存达到 27.1 万 t，创下历史同期最高水平。虽然上半年鱼粉供应宽松，但受俄乌冲突、人民币贬值和秘鲁捕鱼不畅等诸多因素影响，鱼粉价格震荡走高，半年涨幅达到 1 400 元/t。随着秘鲁 A 季鱼粉集中到货，且秘鲁外盘价格接连下调，我国鱼粉价格自 8 月下旬开始步入下跌通道，但鱼粉消费进入旺季，港口库存降至 18.6 万 t，叠加鱼粉进口成本较高，鱼粉价格下跌幅度受限，下跌幅度在 350 元/t。9 月底，美元兑人民币汇率破 7，鱼粉价格重回上升通道，且 B 季捕鱼政策发布较晚，秘鲁外盘不断上涨，我国鱼粉价格在 11 月下旬涨至近 6 年高点；港口库存在 20 万 t 左右波动，截至 12 月底，国内主要港口库存 21.5 万 t。

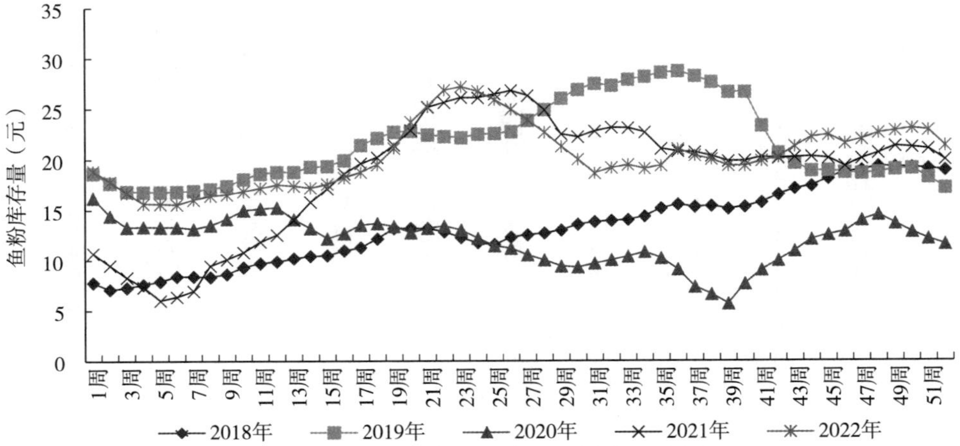

图 3　2018—2022 年我国港口鱼粉库存量变化

数据来源：博亚和讯

3. 鱼粉价格行情。

(1) 进口成本不断上升，进口鱼粉价格涨至 6 年新高。2022 年，我国鱼粉价格一路走高，普通级蒸汽鱼粉价格从年初的 10 650 元/t 上涨至年底的12 650 元/t，涨幅 2 000 元/t，年内高点达到 12 850 元/t。上半年，受俄乌冲突、人民币急速贬值、秘鲁捕鱼不畅等利多因素支撑，鱼粉价格震荡走高，半年涨幅 1 400 元/t；第三季度，秘鲁 A 季鱼粉集中到货，叠加秘鲁外盘价格接连下调，鱼粉价格自 8 月下旬开始步入下跌通道，但基于鱼粉进口成本较高，下跌幅度在 350 元/t；9 月底，美元兑人民币汇率破 7，鱼粉价格重回上升通道，且随着人民币汇率的持续贬值，以及秘鲁外盘不断上涨，B 季捕鱼政策发布较晚，国内鱼粉价格在 11 月下旬涨至近 6 年高点。截至 12 月底，秘鲁普通级蒸汽鱼粉参考报价为 12 500～12 800 元/t，超级蒸汽鱼粉参考报价为 13 700～13 800 元/t。全年鱼粉均价为 11 845 元/t，高于上年的 10 065 元/t，同比上涨 17.7%（图 4）。

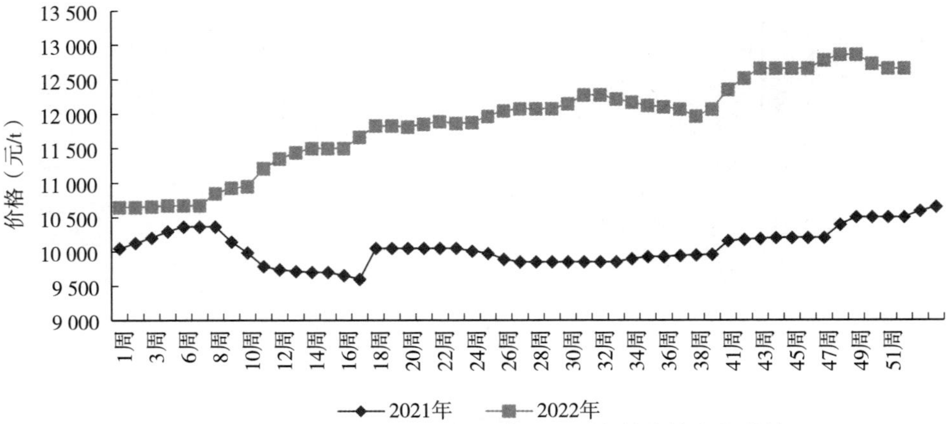

图 4　2021—2022 年秘鲁普通级蒸汽级别鱼粉价格变化趋势

数据来源：博亚和讯

（2）国产鱼粉价格跟随进口鱼粉震荡走高。国产鱼粉产量主要集中在山东、浙江，其他地区如福建、广西、河北、天津等鱼粉产量有限。主要鱼品种为鳀鱼，加上其他鱼排粉等，全年在 65 万～70 万 t，全年国产鱼粉消费量 60 万～65 万 t。2022 年国产鱼粉主要集中在山东地区，价格基本跟随进口鱼粉价格走势变化，只是价格波动较小且相对平稳，年初价格 10 000 元/t，年底国产鱼粉价格升至 12 000 元/t。全年国产鱼粉均价 10 800 元/t，高于上年 1 400 元/t（图 5）。

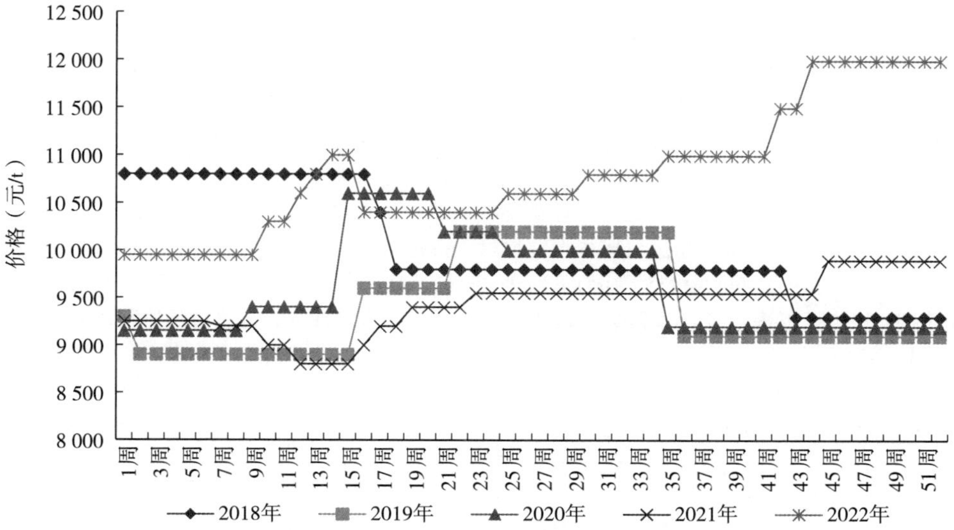

图 5　2018—2022 年山东 65%脱脂鱼粉价格变化趋势

数据来源：博亚和讯

4. 秘鲁中北部捕捞情况。2022 年，秘鲁中北部配额量累计 507.5 万 t，其中，A 季配额量 279.2 万 t，B 季配额量 228.3 万 t。秘鲁 A 季于 5 月 4 日开捕，7 月 23 日结束，共计捕鱼 235.23 万 t，配额完成 84.25%，可生产鱼粉约 54.7 万 t；秘鲁 B 季于 11 月 23 日开捕，截至 12 月 26 日，累计捕鱼 121.8 万 t，完成配额的 53.3%，按捕鱼量计算，可生产鱼粉约 28.3 万 t，目前本季鱼粉预售量约为 29 万 t（图 6）。

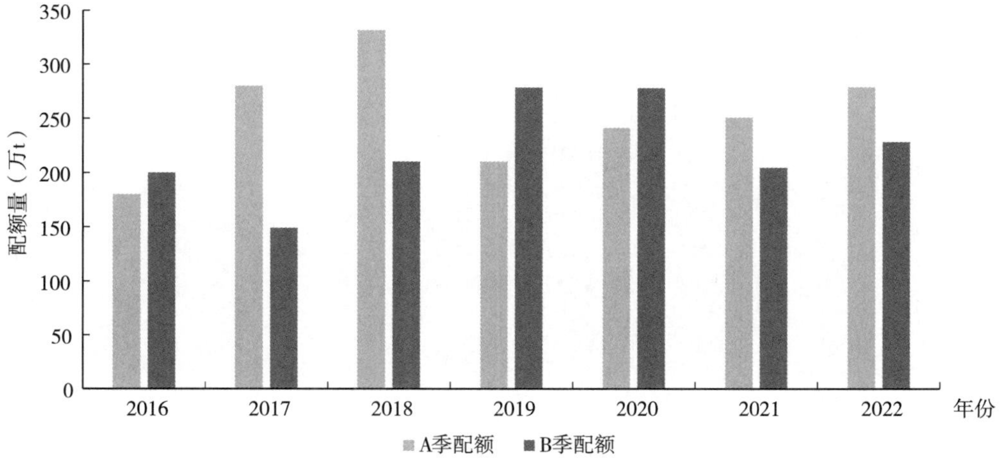

图 6　2016 年来秘鲁捕鱼配额对比

数据来源：秘鲁生产部，博亚和讯整理

5. 市场因素分析。

（1）预售良好叠加捕鱼不畅，秘鲁鱼粉价格高位震荡。2022 年，秘鲁捕鱼配额量虽然处于历史偏高水平，但鱼粉价格全年确是高位震荡。第一季度，秘鲁 A 季鱼粉高位开盘，随着预售量的增加，当地厂商接连上调报价，3 月底秘鲁超级蒸汽鱼粉达到年内高点 FOB 1 900 美元/t。第二季度，秘鲁中北部 A 季捕鱼展开，随着捕鱼趋于正常，秘鲁外盘价格迎来年内第一波下跌，但由于幼鱼比例持续偏高，6 月中旬秘鲁外盘价格再次上涨。第三季度，秘鲁 B 季鱼粉展开预售，预售价格较高，令市场成交持续清淡，秘鲁厂商开启年内第二波降价。第四季度，由于秘鲁沿岸水温持续偏低，鳀鱼鱼群分散，不利于考察，B 季开捕可能延迟，当地厂商挺价意愿强烈，推动价格上涨。

(2) 人民币贬值，鱼粉进口成本大幅增加。2022 年，人民币兑美元汇率发生两次急速贬值，第一次是 4 月 20 日至 5 月 13 日，人民币兑美元汇率中间价贬值了 6.1%；第二次是 8 月 15 日至 11 月 4 日，人民币兑美元汇率中间价贬值了 7.6%。人民币贬值，且秘鲁鱼粉价格持续高位震荡，令我国鱼粉进口成本大幅增加。以 11 月 4 日秘鲁超级蒸汽鱼粉价格 CNF 1 820 美元/t 为例，按 11 月 4 日汇率计算，鱼粉进口成本约 13 600 元/t；以年初 1 月 4 日的汇率计算，鱼粉进口成本约 12 000 元/t，两者相差 1 600 元/t。鱼粉进口成本增幅明显，也使得我国鱼粉价格不断走高。

(3) 水产饲料产量增长，生猪养殖扭亏为盈。2022 年由于倒春寒、龙舟水、台风等异常天气导致雨水偏多，水产养殖户多次投苗，且原料价格接连上涨引发水产料提价。下半年，受疫情和天气的双重影响，对虾价也产生了一定影响。不过 2022 年水产饲料产量 2 525.7 万 t，同比增长 10.2%。

国内生猪在产能有保障的基础上，生产节奏被打乱，年度内养殖扭亏为盈，生猪外购养殖、自繁自养出栏年度平均盈利分别约为 300 元/头、180 元/头。下半年生猪养殖盈利较好，对仔猪饲料中鱼粉用量也有一定刺激作用。

6. 总结。总体来看，2022 年我国鱼粉进口量保持超高水平，鱼粉供应充足，但鱼粉需求亦保持增长，整体仍呈现供需紧平衡态势，港口库存高位运行。受俄乌冲突、人民币贬值和秘鲁捕鱼不畅等诸多因素影响，鱼粉价格一路走高，创下 6 年新高。

（柳晓峰　高瑞娟）

饲料添加剂工业概况

饲料级氨基酸

2022 年全球通胀超出预期，俄乌冲突加剧了石油和食品等价格波动的幅度，欧洲电力和天然气出现阶段性紧张，欧洲氨基酸厂家生产和成本受到一定影响。全球畜产品产量仍在扩大，中国畜牧业生产稳定增长，生猪出栏保持增长，畜牧行业规模化水平显著提升，但产业效益波动大，饲料消费量不及预期。受益于低蛋白日粮推广和多种原料进入饲料配方，饲用氨基酸消费保持增量，尤其小品种氨基酸增长明显，氨基酸行业整体盈利可观。

一、赖氨酸

2021 年赖氨酸市场价格大幅上涨，行业盈利可观，促使 2022 年有新产能投产供应和旧产能恢复生产。2022 年全球赖氨酸实际供应厂家数量 20 家，全球产能经历两年缩窄后再次进入扩张进程，新增产能全部在中国，中国赖氨酸生产厂家数量家，中国赖氨酸产量占全球市场份额超过 75%，行业产能集中度略有下降。2022 年全球粮食价格高位宽幅震荡，国内玉米市场供需紧平衡，价格高位运行。玉米作为赖氨酸的主要原料，对于赖氨酸行业成本来说，不同生产地区玉米采购价格、人工和煤炭等能源价格存在差异。赖氨酸价格高位下跌，盈利能力大幅压缩至阶段性亏损。

1. 赖氨酸生产和供应情况。2022 年全球赖氨酸供应量 337.0 万 t（全部折算成盐酸盐，下同），同比增加 7.7%，市场价值延续增长至 75.2 亿美元，同比增加 4.6%。2015 年低效产能退出后，全球赖氨酸产量增幅受限，近五年年均复合增长率降至 2.9%；新增产能基本来自中国，2021 年赖氨酸市场价格大幅上涨，行业盈利可观，促使 2022 年有新产能投产供应和旧产能恢复生产（图 1）。

2022 年中国赖氨酸（全部折算成盐酸盐，下同）供应量达到 255.2 万 t，同比增长速度有所提升，增至 11.6%，虽然市场价格同比小幅下跌 5.1%，但市场价值同比仍然表现增长，2022 年中国赖氨酸市场价值 41.2 亿美元，同比增加 5.6%。2019—2021 年中国供应增长速率有所放缓，近 5 年年均复合增长率降至 10.5%，仍较同期全球水平高 8.4 个百分点。

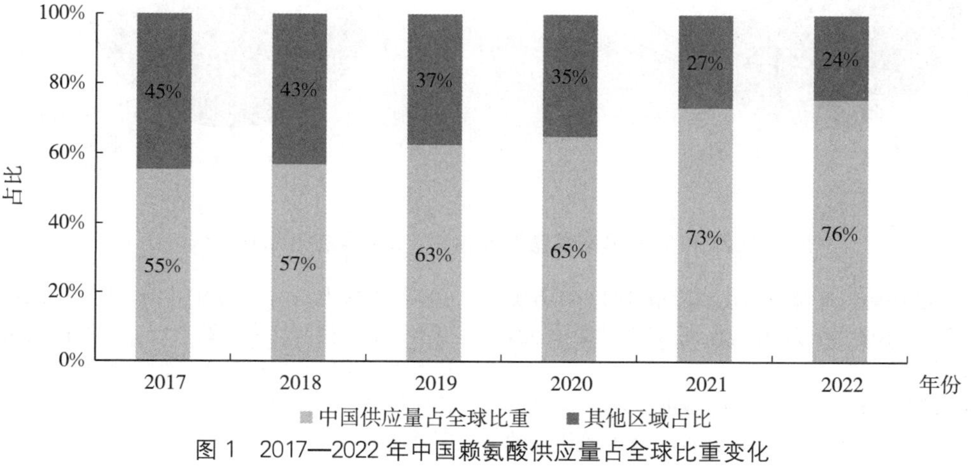

图 1　2017—2022 年中国赖氨酸供应量占全球比重变化

中国赖氨酸供应量占全球比重持续增长，2022 年增至 76%，较 2021 年增加 2.5 个百分点。

2. 赖氨酸出口情况分析。

（1）年度出口情况。据海关数据，2022 年我国赖氨酸酯及盐出口共计 128 个国家和地区。其中出口前十名分别为荷兰、越南、印度尼西亚、俄罗斯、巴西、菲律宾、印度、泰国、德国和加拿大，俄罗斯、巴西、菲律宾和印度进口量比去年增加，排名较 2021 年提前，特别是俄罗斯位列前三，菲律宾和印度跻身前十。2022 年我国前十名进口国家的占比达到 50.3%。2022 年我国赖氨酸盐及酯共出口 181.5 万 t，同比增加 4.5%，其中对荷兰出口 18.5 万 t，对越南出口 18.1 万 t，对印度尼西亚出口 9.6 万 t。德国、泰国和美国出口回调，巴西和菲律宾出口量增加（图 2）。

（2）分国别出口情况。2022 年我国赖氨酸出口的国家主要有荷兰（184 754t）、越南（181 124t）、印度尼西亚（95 915t）、俄罗斯（89 258t）、巴西（68 360t）、菲律宾（68 326t）、印度（67 325t）、泰国（56 293t）等。2022 年全球赖氨酸实际生产厂家数量 20 家，全球产能经历两年缩窄后再次进入扩张进程，新增产能全部在中国，中国赖氨酸产量占全球市场份额超过 75%，国内赖氨酸酯及盐出口延续增加（图 3）。

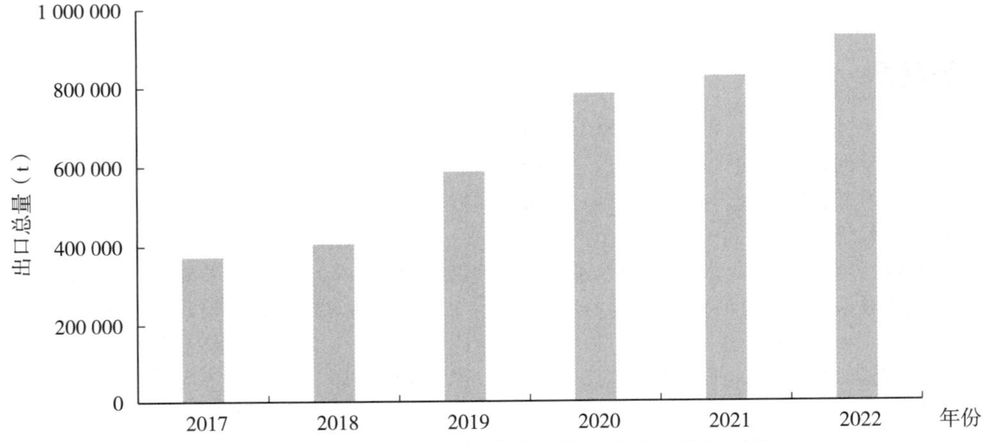

图 2　2017—2022 年赖氨酸酯及盐年度出口总量对比

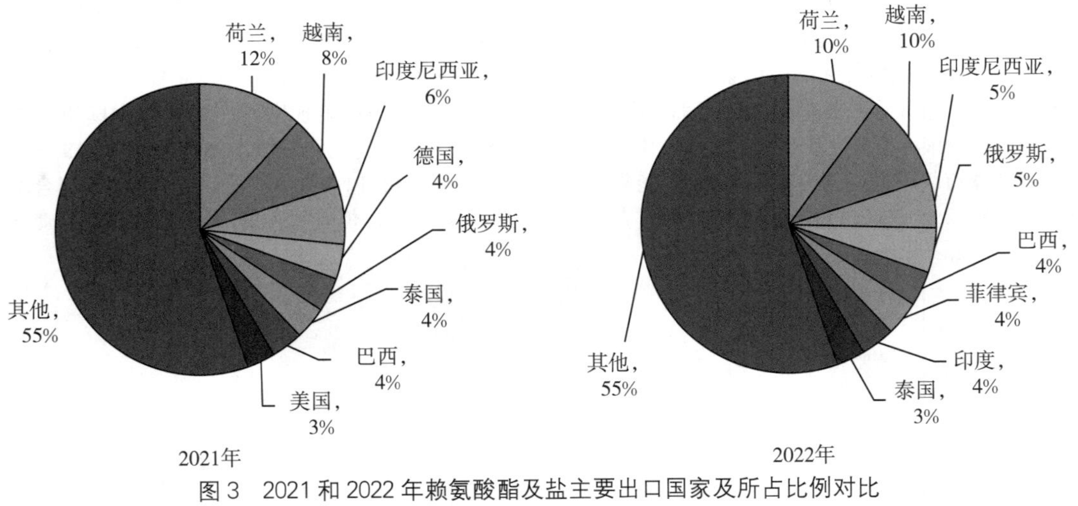

图 3　2021 和 2022 年赖氨酸酯及盐主要出口国家及所占比例对比

2022 年我国赖氨酸酯及盐出口总额 133 256 万美元，比 2021 年 102 273 万美元提高 30 983 万美元，增幅 30.3%。

3. 赖氨酸市场价格分析。赖氨酸上游主要原材料为玉米，玉米价格的整体变动情况对我国赖氨酸的价格影响较大。从 2020 年开始，我国玉米价格受全球疫情影响，整体价格持续上涨，叠加赖氨酸行业生产技术更新迭代及规模扩大，但原料价格涨跌对赖氨酸整体传导较慢。第一季度出口明显增量，但春节期间厂家迎合成交下调报价，价格运行在 12～13 元/kg，终端用户加大采购，导致超买。第二季度终端消费持续走弱，需求低于预期造成库存使用期限不断延长，价格下跌至 9.5 元/kg。第三季度下游消费需求持续低迷，价格进一步下探至 8.5 元/kg，但 9 月饲料需求升温、豆粕价格上涨，以及疫情影响运输、企业检修和中秋节备货等多重因素，刺激用户备货信心，逐渐拉动成交热度高涨，厂家提价挺价至 9.9 元/kg。第四季度出口增幅受限，叠加国内市场预期偏空，价格再次下跌，低至 8.5 元/kg。2022 年全年价格处于高位大幅下跌，全年跌幅高达 34.6%（图 4、图 5）。

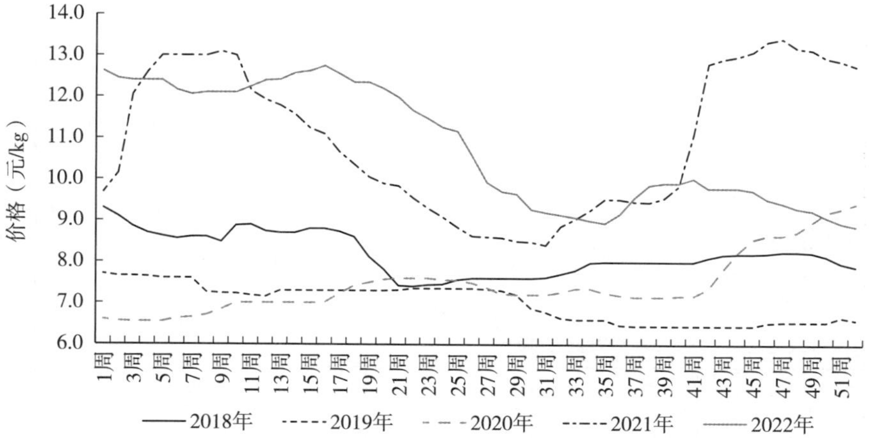

图 4　2018—2022 年国内市场 98.5% 赖氨酸价格走势

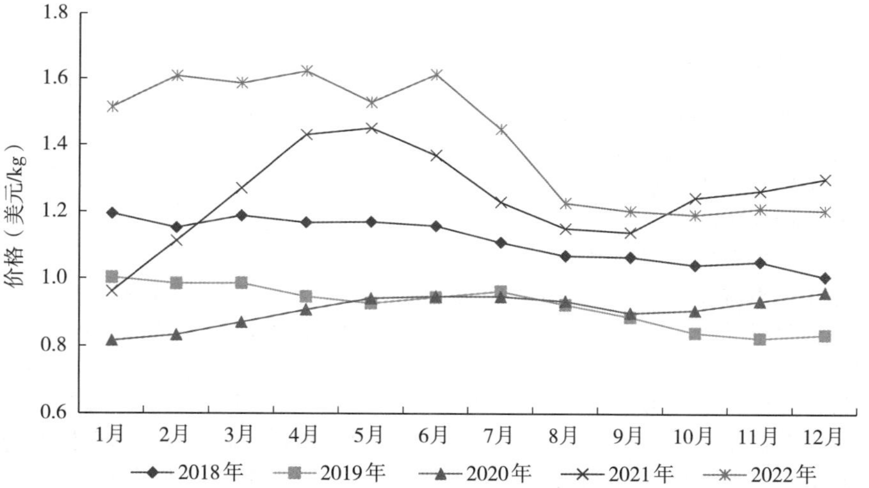

图 5　2018—2022 年赖氨酸酯及盐月度出口均价走势

4. 市场行情主要影响因素。

（1）赖氨酸集中度分散，竞争加剧。2021 年，ADM 年初停止生产固体赖氨酸、METEX 收购味之素欧洲发酵氨基酸生产基地，全球赖氨酸厂家数量增至 18 家。2022 年 BNBC 农工综合体项目建成，全球赖氨酸生产厂家数量 19 家，东晓和阜丰产能扩张及优化提升，行业产能增至 401.1 万 t，比 2021 年增加 15.0 万 t。2019—2021 年行业新旧产能交替，赖氨酸前 6 位的企业（CR6）产能集中度持稳 68%。2022 年东晓扩产，阜丰产能优化提升，行业前 6 位的企业（CR6）产能集中度略降至 66%。2023 年仍有新产能计划投产，行业产能集中度预计将进一步分散，竞争加剧施压市场价格（图 6）。

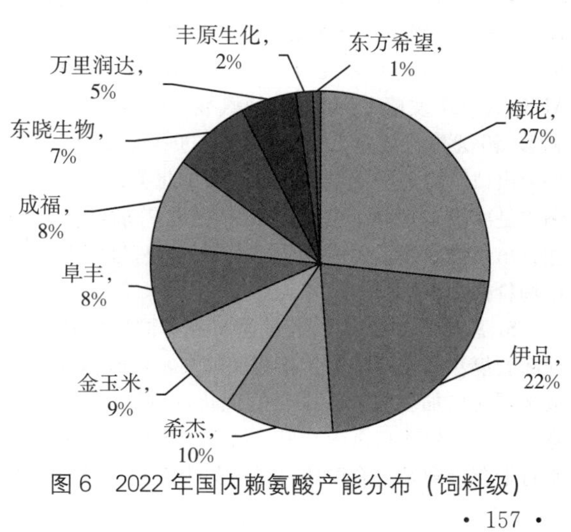

图 6　2022 年国内赖氨酸产能分布（饲料级）

（2）成本和使用价格影响市场价格走势。除原料（玉米）成本增长，需要关注的是不同地区玉米采购价格的差异导致不同区域的企业成本控制能力不同，而人力、能源等成本也因地域而异，这些因素影响赖氨酸生产成本。2022 年玉米市场多重利多交织，玉米年度均价创新高，原料成本压力高位延续上涨，但因终端赖氨酸需求逐步偏弱，市场价格震荡下行。2022 年豆粕价格屡创历史新高，豆粕在饲料中使用优势阶段性下降，相应的玉米饲用消费比例增加，终端赖氨酸月度需求逐渐减弱，加深赖氨酸价格跌幅（图 7）。

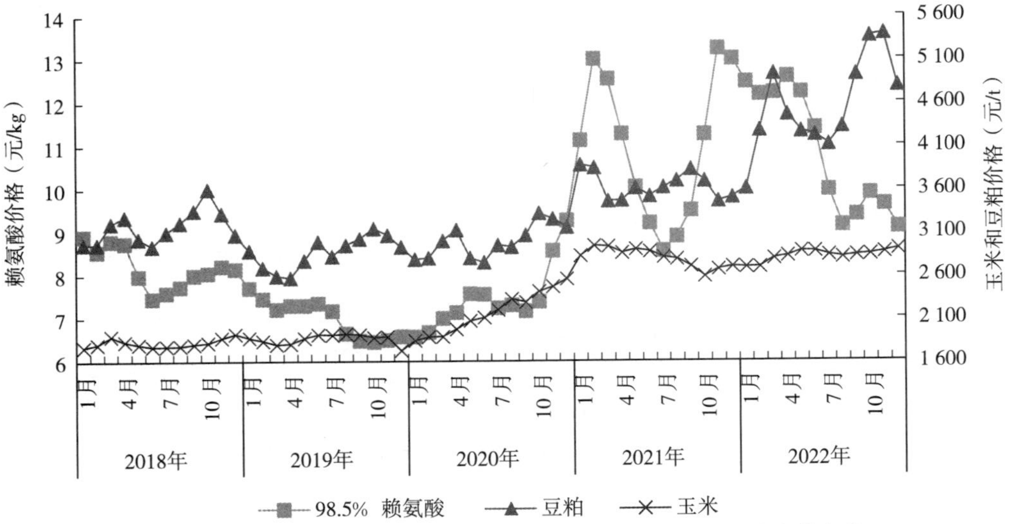

图 7　2018—2022 年国内市场赖氨酸、玉米和豆粕月度价格走势变化

（3）终端消费和生产结构调整，支撑赖氨酸使用增量。2022 年全国工业饲料总产量 30 223.4 万 t，比上年增长 3.0%。其中，猪饲料产量 13 597.5 万 t，增长 4.0%，有 6 家企业集团饲料年产量超过 1 000 万 t。饲料产量增长，生产结构调整，一体化企业饲料产量稳中趋增，终端饲料消费需求促进国内赖氨酸使用增量。2022 年国内赖氨酸需求 100 万 t（折算盐酸盐），同比增长 5.3%。

（4）赖氨酸出口市场继续稳步增长。2022 年国内赖氨酸企业供应不同程度增加，行业前 4 位供应占比较 2021 年下降 1.6 个百分点，竞争加剧，出口需求旺盛。2022 年 4 月，梅花生物大肠杆菌 CGMCC 7.398 发酵生产的 L-赖氨酸硫酸盐通过欧盟安全认证；10 月，齐齐哈尔龙江阜丰谷氨酸棒状杆菌 CGMCC 17 927 发酵生产的 L-赖氨酸盐酸盐（78.8%）和 L-赖氨酸硫酸盐（55%）组通过欧盟安全认证，均为出口欧盟地区提供机会。欧洲、北美、南美和亚洲均是净进口区域，且进口依赖度受需求增长而增加。出口增量缓解国内供应压力，一定程度提振国内市场价格。

5. 总结。2022 年，玉米原料成本同比增长，且伴随着煤炭和主要辅料价格震荡偏强，赖氨酸生产总成本同比增加。现有厂家产能优化，供应格局分散，竞争加剧。但出口需求旺盛，缓解国内供应压力。未来行业仍处竞争整合阶段，供应集中度趋于分散；养殖亏损使得终端需求转弱，用户建立长期库存的意愿下降，供过于求背景下，将导致厂家话语权逐渐减弱。

二、蛋氨酸

2022 年现有蛋氨酸企业扩产及产能优化，行业总产能增加，产能集中度提高，全球产能和供应增量主要来自中国。2022 年蛋氨酸供需维持宽松平衡，终端需求增速延续放缓，年内价格整体偏弱运行（图 8）。

1. 2022 年国内市场固体蛋氨酸供应情况。

（1）2022 年国内蛋氨酸企业生产情况。2022 年国际厂家产能基本持稳，新增产能基本来自中国，安迪苏南京工厂二期项目投产。2022 年中国产量增至 44.3 万 t（折算固体蛋氨酸，下同），同比增加 21.4%，较 2021 年增加 7.8 万 t，中国产量占全球比重增至 26.7%，较 2021 年增加 3.9 个百分点。

（2）国内固体蛋氨酸进口形势。据海关数据，2022 年我国固体蛋氨酸进口量累计 18.7 万 t，同比减少 1.7 万 t。进口占比前三位的国家是新加坡、马来西亚和日本。其中来自新加坡进口量占比最高，为 10.5 万 t，其次是马来西亚 5.4 万 t、日本 1.7 万 t（图 9）。

2022 年，我国固体蛋氨酸进口来源国有所调整。主要进口国包括新加坡、马来西亚、日本、法国和比利时，占比分别至 56%、29%、9%、3%和 2%。进口前三个国家占比总量高达 94%。美国自 2018 年起暂未进口。赢创在美国建厂后，主要供应美国当地市场。进口赢创占比超过 60%、希杰占比 29%、住友为 9%，安迪苏固体蛋氨酸进口继续缩小份额至 3%。进口总量减少，各企业进口同比均有不同程度减少（图 10）。

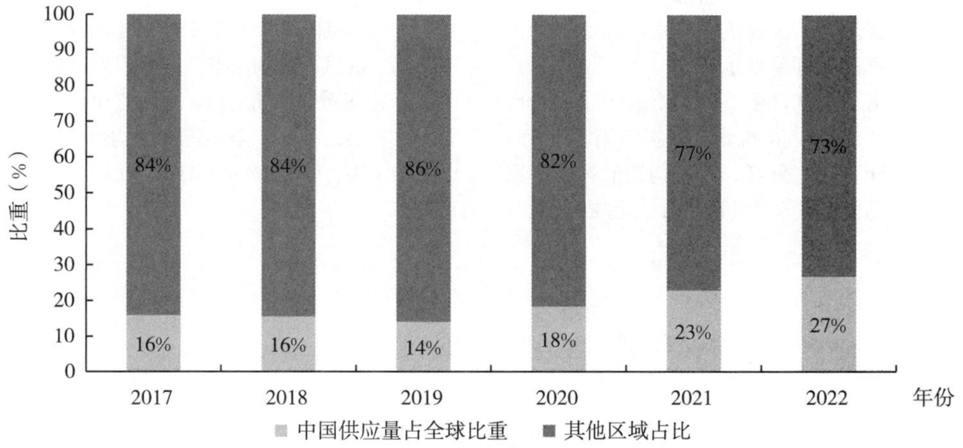

图 8　2017—2022 年中国蛋氨酸供应量占全球比重变化

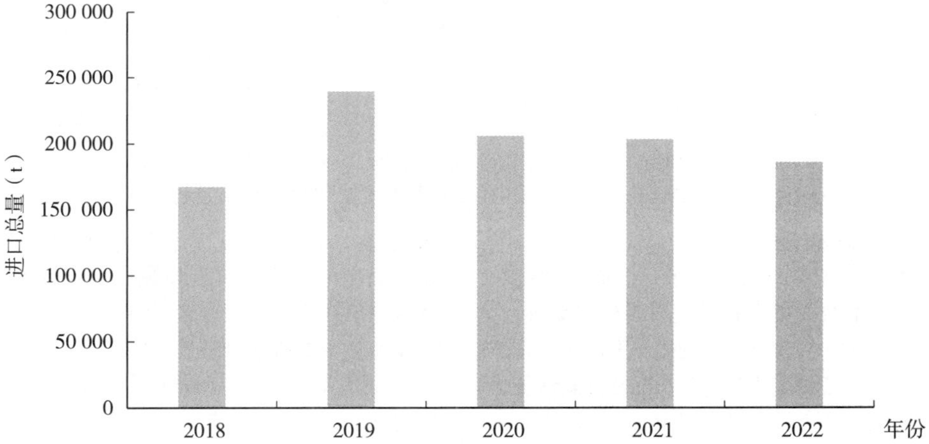

图 9　2018—2022 年固体蛋氨酸累计进口总量对比

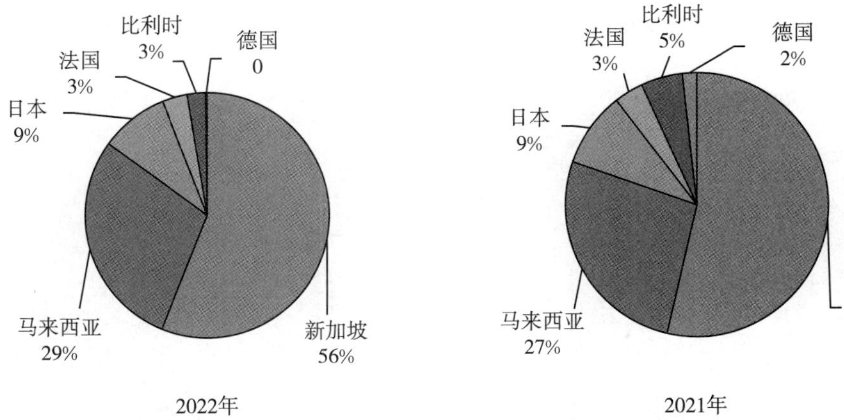

图 10　2021 和 2022 年固体蛋氨酸进口国别占比变化

（3）国内固体蛋氨酸出口形势。2022 年中国固体蛋氨酸出口数量为 9.1 万 t，较 2021 年增加了 1.1 万 t，主要出口 83 个国家和地区。

2. 国内市场固体蛋氨酸价格走势分析。2022 年全球蛋氨酸产能和供应增加全部来自中国，安迪苏南京工厂二期投产供应，国内市场由供不应求过渡到供需平衡，并向供过于求扭转，国内出口需求增加，市场竞争压力加大，季度进口不平衡情况加剧，用户对国内需求维持偏弱预期，少量滚动补货，加速市场价格下跌，造成厂家移库订单难执行。

分季度看：第一季度，俄乌冲突抬升国际油价，原油价格提升生产成本，蛋氨酸厂家提价意愿强烈，高价触及 25 元/kg。第二季度，市场购销低迷，厂家结算价下行，市场价格跌至 19.5～20.0 元/kg。第三季度，人民币贬值，进口成本增加，但利于出口。7 月 21 日希杰马来西亚蛋氨酸工厂发生火灾且随后停产检修，8 月 20 日诺伟司国际宣布其中国市场转向间接商业模式的计划，9 月安迪苏南京工厂二期新产能投产，叠加三季度集中检修，市场价格于 19.5～20.5 元/kg 区间震荡调整。第四季度进口增长出口不及预期，市场看空预期增强，远期订单调价执行，价格下跌至 19～20 元/kg。全年蛋氨酸均价为 20.7 元/kg，与上年比略跌 0.1 元/kg（图 11）。

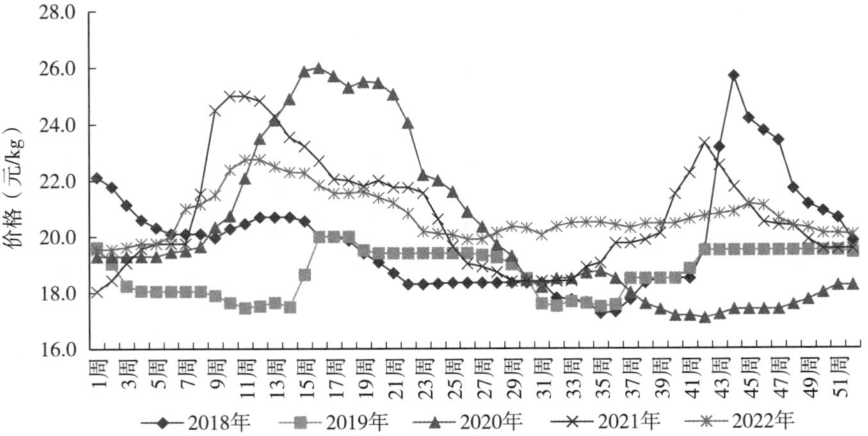

图 11　2018—2022 年国内市场固体蛋氨酸周度价格走势

3. 市场行情影响因素。

（1）全球蛋氨酸产能保持扩张，供应集中度分散。2022 年蛋氨酸企业生产和供应出现较多调整：5 月紫光因宁夏错峰用电措施开工受限；8 月初，希杰马来西亚工厂因火灾设备受损停产，至 9 月底恢复生产；8 月，和邦生物受限电政策影响蛋氨酸减量约 0.29 万 t；8 月初，新和成开始停产检修，至 10 月恢复生产；9 月中旬，安迪苏南京工厂二期 18 万 t/年液体蛋氨酸投产，供应大幅增量，基本暂停进口液体蛋氨酸；10 月，其欧洲生产运营根据市场需求开展调整和优化，暂时关闭了其中一条固体蛋氨酸生产线并减少液体蛋氨酸的产量以降低生产成本。诺伟司和住友液体蛋氨酸进口量逐渐稳定。

2022 年全球蛋氨酸产能 220.7 万 t（折算固体），同比增加 7.7%，产能增长全部来自中国，行业供应前四位集中度降至 74.9%。国内市场供需转向平衡，且有供过于求趋势，出口需求增加，首次实现"零净进口"，拉动进出口格局转换（图 12）。

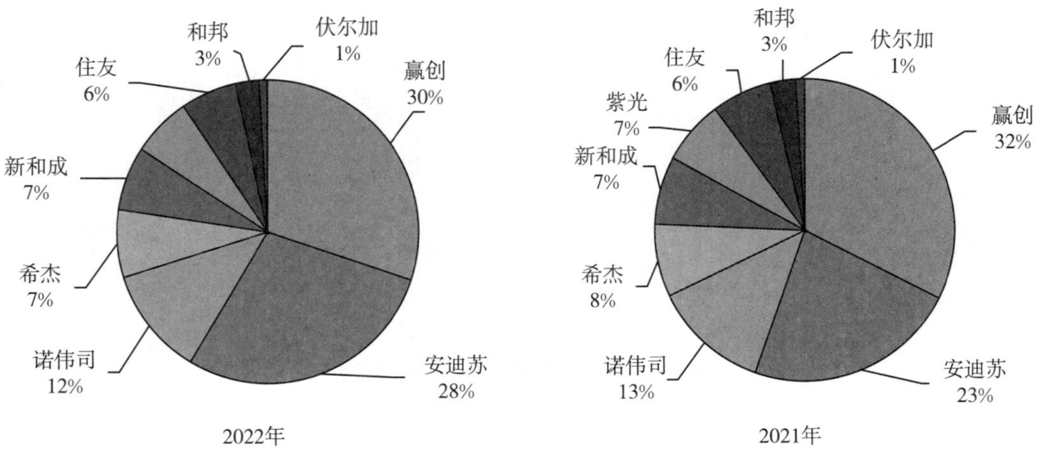

图 12　2021 年和 2022 年全球蛋氨酸产能分布比较

2020—2022 年紫光、新和成、和邦生物和希杰先后完成产能提升或扩产，安迪苏欧洲工厂和南京工厂先后完成产能优化和投产，以上企业产能份额占比稳中有增，赢创德国韦瑟灵 MetAMINO® 工厂停止生产，产能份额占比减少。未来 1～2 年，全球各厂家不同程度扩张和优化升级，产能集中度保持分散。

（2）国际市场影响。蛋氨酸作为全球定价商品，国际市场价格与中国市场价格具有联动性。2022 年因疫情反复，国际运力紧张运费上涨，国际市场价格与中国市场价格先趋强运行，后期随着国际国内供应恢复，用户完成备货后消化库存为主按需滚动补单。2022 年国内市场厂家在终端需求下降的过程中保价和先移库后结算销售策略，在价格持续回落过程中，令市场交投更显清淡，尤其是后期价格加速下跌，造成厂家订单执行难度加大，部分订单因无法执行而被迫取消（图 13）。

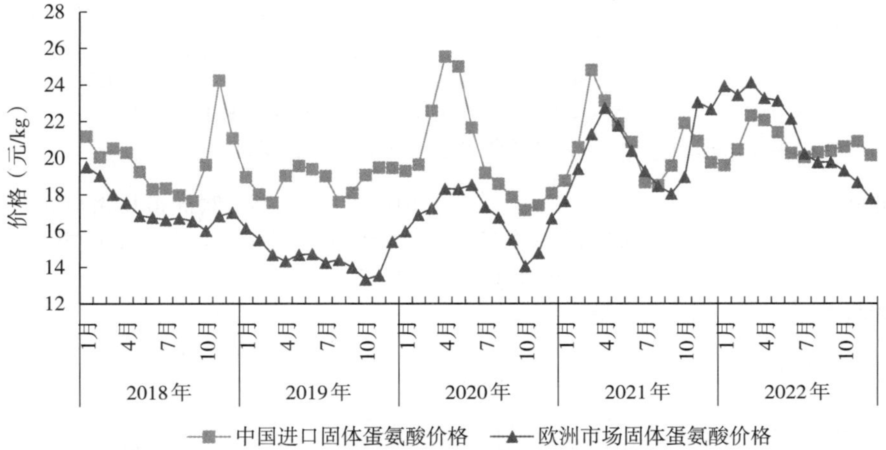

图 13　2018—2022 年欧洲和中国市场固体蛋氨酸价格走势

注：中国蛋氨酸售价为含税价格，欧洲蛋氨酸售价换算人民币价格为欧洲蛋氨酸售价（欧元）× 月度汇率均值

（3）成本影响。2022 年，市场供应的饲料级蛋氨酸基本以化学合成的方法生产为主，国际原油价格的跌涨在一定程度上间接影响蛋氨酸价格。2019 年希杰发酵法生产 L-蛋氨酸菌种通过欧盟安全认证，受技术创新带来的突破性影响，原料选择以及使用模式多样化，成本优势逐渐凸显。2021—2022 年，赢创宣布提升美国和德国的蛋氨酸中间体生产工厂。除此之外，现有企业在不断升级和优化蛋氨酸生产，增强成本竞争力。2017—2020 年行业不断有新增产能释放，行业供需格局相对稳定，蛋氨酸市场价格走势脱离原油价格影响，主要由市场供求竞争格局决定价格走势。2021—2022 年国际原油价格保持偏强运行，对蛋氨酸价格整体走势影响不大。

（4）蛋氨酸终端需求变化。2022 年国内家禽生产稳步增长，禽肉禽蛋产量增加。全国家禽出栏 161.4 亿只，比 2021 年增加 4.0 亿只，增长 2.5%；禽肉产量 2 443 万 t，增加 63 万 t，增长 2.6%；禽蛋产量 3 456 万 t，增加 48 万 t，增长 1.4%。2022 年蛋禽饲料产量 3 210.9 万 t，下降 0.6%；肉禽饲料产量 8 925.4 万 t，增长 0.2%。叠加低蛋白日粮推广，终端蛋氨酸需求延续增量，但增幅压缩。

4. 总结。近 5 年中国蛋氨酸行业发展提速，产能和供应持续向国内倾斜。未来行业仍有新增产能，市场集中度保持分散，且终端消费升级空间较小，竞争程度加剧。在供大于求的局面下，新产能的逐步释放将对市场产生冲击，行业竞争整合仍需时间。外部资本的进入可能进一步压缩产品生产成本，为良好平稳地度过行业激烈竞争期企业应提早布局。

三、苏氨酸

2022 年中国苏氨酸产量占全球苏氨酸产量的比例仍高于 90%，但同比窄幅下降。2022 年全球苏氨酸行业供应仍集中在梅花、阜丰、伊品以及金象生化。国内生猪养殖转入亏损，终端需求增速放缓，市场看空预期下，价格高位震荡下跌。欧洲市场需求走弱，消化前期库存为主，价格跳水。

1. 苏氨酸生产和供应情况。2022 年全球苏氨酸供应量 92.0 万 t，同比增加 1.4%，比 2021 年增加 1.3 万 t，增量来自海外；2022 年中国苏氨酸供应量 84.0 万 t，同比略降 0.8%。中国苏氨酸供应量占全球比重不断扩大，2012 年中国苏氨酸供应量占全球市场的一半，2018 年起占比增至 90%以上，2022 年达到 91.3%。2022 年苏氨酸行业开工率达到 86.6%（图 14）。

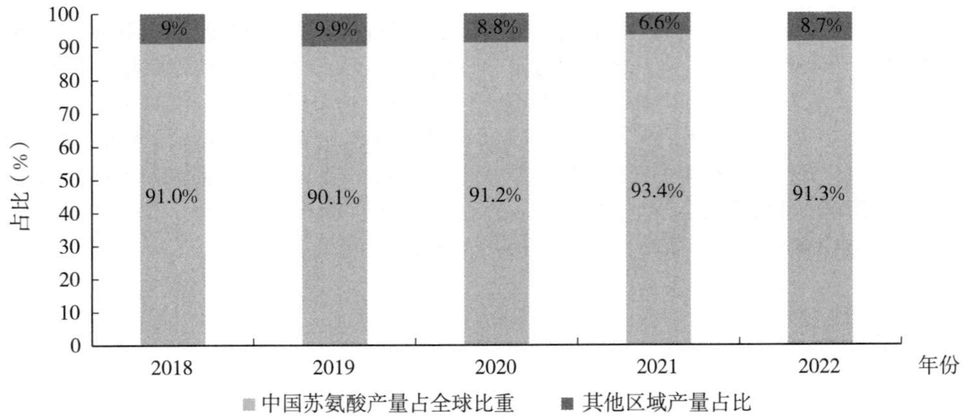

图 14　2018—2022 年中国苏氨酸产量占全球比重变化

2. 苏氨酸出口情况分析。

（1）年度出口情况。2022 年国际市场需求受阻，以消化前期超买库存为主，中国苏氨酸年度出口首次出现下降，2022 年中国苏氨酸出口量 54.5 万 t，同比减少 2.7%。欧洲市场供应充足，价格跳水，全年价格持续下跌，企业出口报价跟随弱势下跌（图 15）。

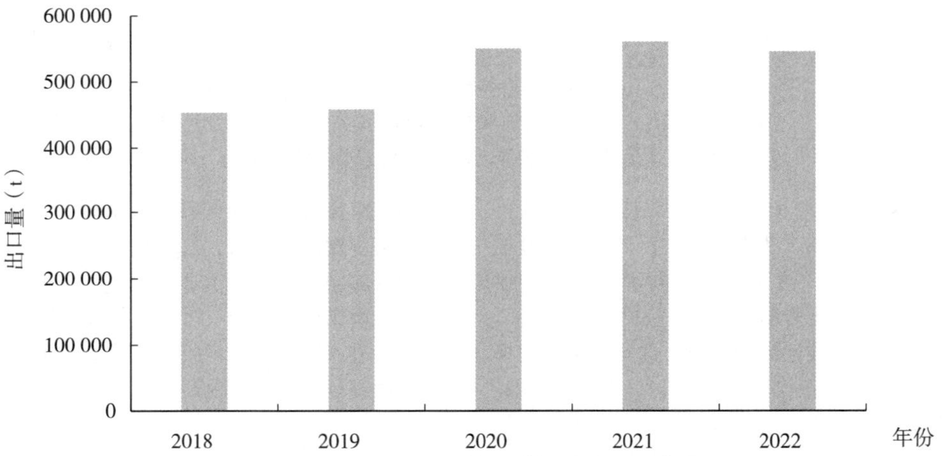

图 15　2018—2022 年中国苏氨酸出口量变化

（2）分国别出口情况。据海关数据，2022 年我国苏氨酸共计出口 127 个国家和地区。其中出口前十名的分别为荷兰、俄罗斯、巴西、西班牙、越南、美国、印度、比利时、菲律宾和墨西哥，其中俄罗斯、巴西、西班牙、越南、美国、菲律宾和墨西哥排名较 2021 年提前，但荷兰、巴西和西班牙同比减少。菲律宾和墨西哥跻身前十位。2022 年出口前十名的国家苏氨酸数量占比达到 57.7%。2022 年我国苏氨酸共出口 54.6 万 t，同比减少 4.1%，其中对荷兰出口 6.0 万 t，对俄罗斯出口 5.2 万 t，对巴西出口 5.1 万 t。比利时出口量减少，排名降至第八，印度尼西亚和泰国跌出前十。

2022 年我国苏氨酸出口的国家主要有荷兰（59 904t）、俄罗斯（52 306t）、巴西（50 832t）、西班牙（26 369t）、越南（26 348t）、美国（23 609t）、印度（22 146t）、比利时（21 577t）等。2022 年中国市场梅花和伊品产能优化，阜丰和东晓新增产能投产，但供应十分有限，成福暂未生产，生产企业仍以梅花、阜丰、伊品和金象生化为主，东晓补充；国际生产企业有希杰和味之素。国际企业份额占比减量，中国企业出口保持高位（图 16）。

2022 年，我国苏氨酸出口总额 114 131 万美元，比 2021 年的 112 778 万美元增加 1 353 万美元，同比增加 1.2%。

3. 2022 年苏氨酸市场价格分析。2022 年上半年苏氨酸行业供需两不旺，欧洲市场苏氨酸供应充足，出口持续不及预期，出口报价持续偏弱调整，施压国内。国内市场企业搭配 70%赖氨酸销售，上调 70%

赖氨酸价格，下调苏氨酸价格，上半年价格由12～12.8元/kg跌至10.5元/kg；下半年企业因盈利压缩至亏损，价格一度跌至8.8元/kg，9月提价意愿渐起，市场价格随之偏强调整至12元/kg，但难抵需求弱势，年底跌至8.4元/kg。2022年全年苏氨酸均价10.9元/kg，同比下跌14.3%（图17）。

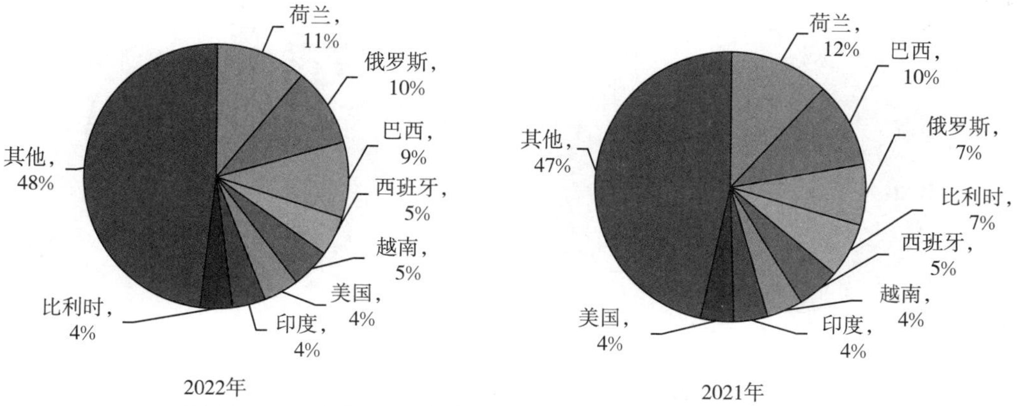

图16　2021年和2022年苏氨酸主要出口国家及所占比例对比

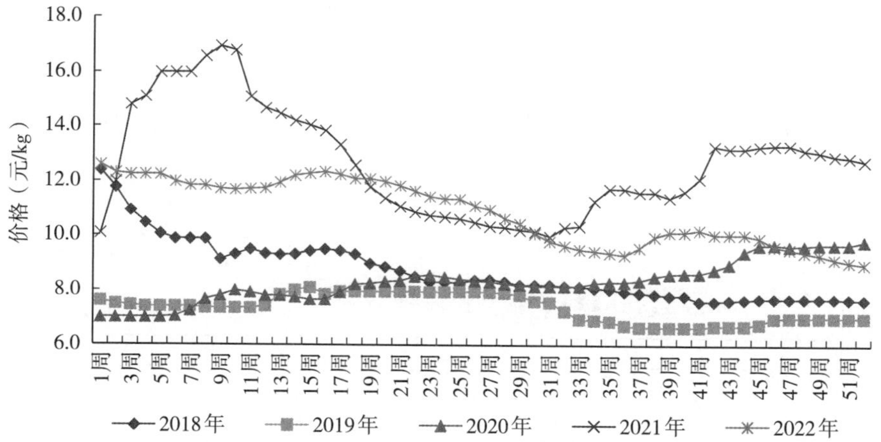

图17　2018—2022年国内市场苏氨酸周度价格走势

4. 市场行情主要影响因素。

（1）供应格局。2022年仅少量产能退出生产，味之素生产以美国为主，赢创未生产，伊品宁夏逐渐停产，成福停产，阜丰80%苏氨酸投产，但供应有限暂不予统计，东晓投产，生产企业数量维持稳定，且整体产能保持收缩。2022年中国市场生产企业仍以梅花、阜丰、伊品和金象生化为主，东晓补充；国际生产企业有希杰和味之素。行业整体供应保持高度集中，厂家定价主导权随着国内消费需求和出口减量，供应压力逐渐加大，难抵价格走低，行业转入亏损运营（图18）。

（2）海外市场影响中国价格。欧洲作为中国苏氨酸主要出口区域，2021年其产能和本土供应缩减，再加上海运紧张，到货延迟等因素，这令欧美市场现货极度缺乏，刺激欧洲市场价格连续4个月上涨，12月月度均价4.62欧元/kg，创2008年以来新高。2021年欧洲苏氨酸年度均价涨幅79.5%，2021年国内市场苏氨酸年度均价12.72元/kg，同比大幅上涨52.83%。进入2022年欧洲市场价格下跌有两方面因素：其一，随着疫情防控措施优化，出口运价下跌，2022年底运价较年初下跌61.6%，出口成本下降；其二，欧洲前期超买供应充足，需求减少后，以消化前期库存为主，市场购销弱势（图19）。

5. 总结。2022年东晓苏氨酸生产线投产，但产能较小，苏氨酸实际生产企业数量保持在8家，从市场占有率来看，行业供应前4位集中度（CR4）依旧超过90%，供应保持高度集中。中国生产企业总体供应量略降，但中国仍是全球苏氨酸第一大主产国，其他区域供需均存在缺口，除北美地区，其他区域供需缺口随着需求增长而扩大。行业头部企业2023年有扩产计划，国内供应基本集中在梅花、伊品、阜丰和金象生化；苏氨酸供大于求的局面下，竞争集中度较高，这有利于厂家采取不同的策略进行市场销售，后期行业有望维持合理利润。

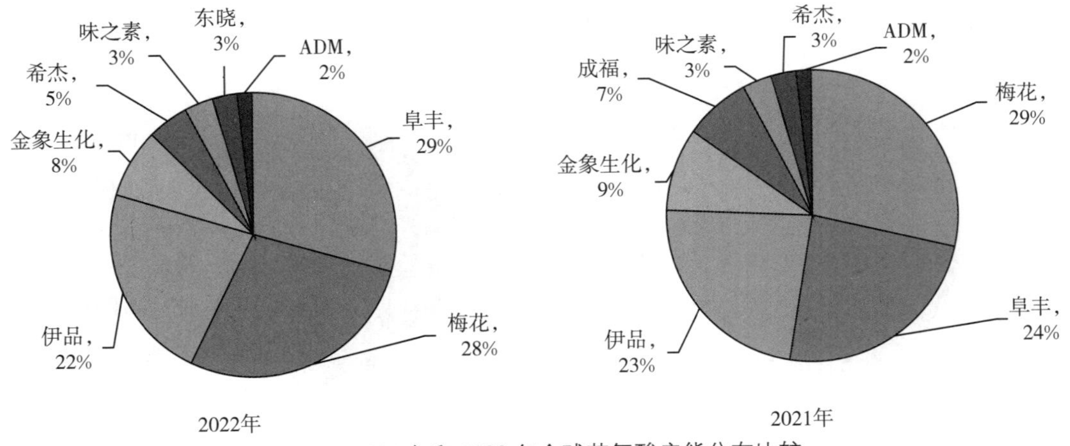

图 18　2021 年和 2022 年全球苏氨酸产能分布比较

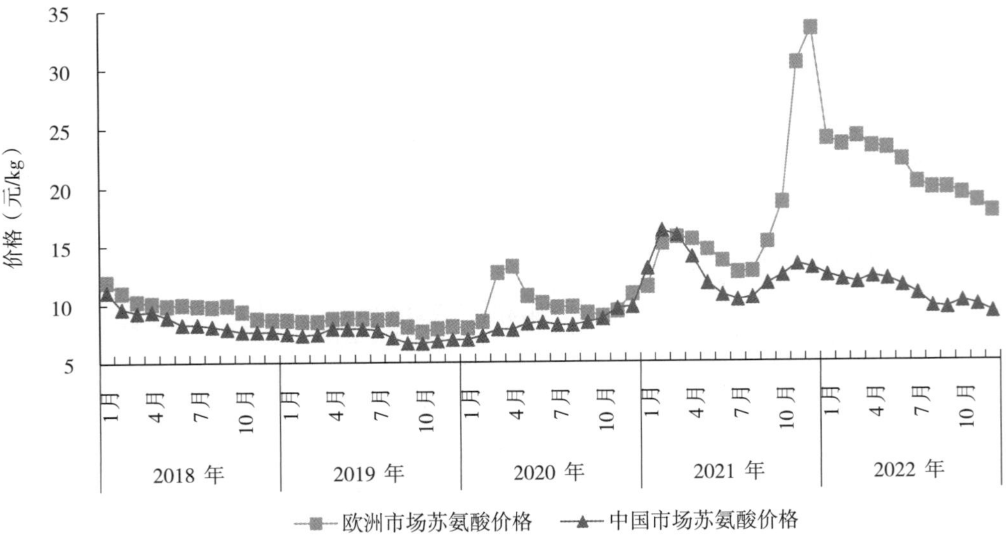

图 19　2018—2022 年中国和欧洲市场苏氨酸价格走势

注：中国苏氨酸售价为含税价格，欧洲苏氨酸售价换算人民币价格为欧洲苏氨酸售价（欧元）× 月度汇率均值

四、色氨酸

2022 年，生产色氨酸企业巨龙停产，拜克生物精品色氨酸开工低，后停产检修，国内生产集中在阜丰和金象生化。2022 年全球色氨酸供应格局变化较大，全球生产厂家数量共 11 家，国内生产厂家 6 家（年内实际生产供应 4 家），全球色氨酸（折合 98.5%色氨酸）产能 12.6 万 t，基本稳定；中国产能 3.9 万 t，比 2021 年略有下降；全球产量 85 200t，同比增加 9.4%，中国产量 20 500t，同比下降 22.6%，中国产量占全球比重 23.5%，同比下降近 10 个百分点。2022 年中国色氨酸出口量 6 800t，约占国内产量的三分之一；2022 年色氨酸进口量 18 000t。2022 年国内市场色氨酸供应量约 31 700t，消费量约 30 000t；全球色氨酸需求约 82 000t。上半年能繁母猪存栏先降后增，断奶仔猪供应量环比下降。不过豆粕价格大幅上涨，叠加低蛋白日粮的推广，饲料用户降低豆粕使用，增加色氨酸使用，尤其是 9 月豆粕价格高涨，进一步促进色氨酸用量增加。后期来看，苏源、巨龙等厂家有复产计划，行业外或许也有新厂家计划进入，国内市场供应格局有分散趋势；不过如果色氨酸价格过低，部分企业因成本差异停产，将造成供应阶段性紧张；如果价格提高，一是会影响配方中的用量（性价比），二是可能会使闲置产能复产，供给增加。整体而言，色氨酸市场供需格局宽松平衡，市场价格阶段性波动为主（图 20）。

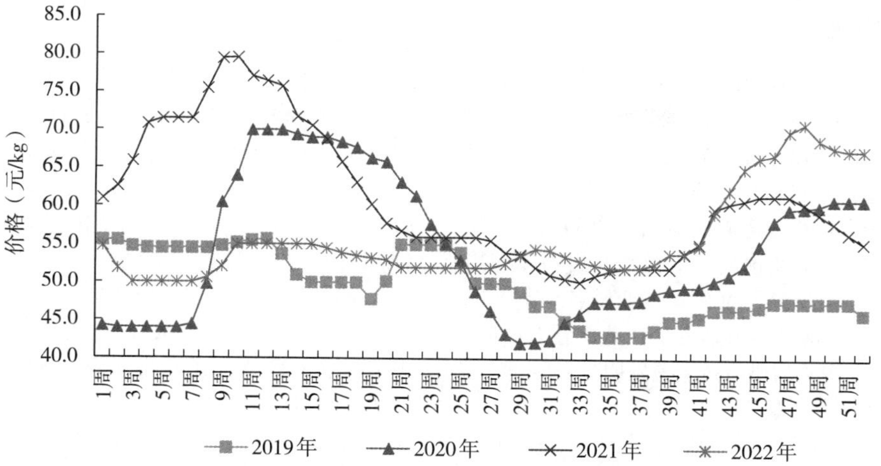

图 20　2019—2022 年中国市场色氨酸周度价格走势

五、缬氨酸和精氨酸

2022 年，希杰沈阳工厂自 3 月起缬氨酸转产其他小品种氨基酸；4 月金象生化缬氨酸（含量≥40%）实现量产，设计产能 10 000t/年；10 月底华恒生物优化并释放新产能 4 000～5 000t/年；东晓饲料级缬氨酸投产，产能约 3 500t/年；巨龙缬氨酸投产。预计 2022 年国内缬氨酸产能超过 13 万 t/年，行业供应持续增长。

近年来，农业农村部大力实施豆粕减量替代行动，聚焦“提效减量、开源替代”，在需求端压减豆粕用量，在供给端增加替代资源供应，取得了良好效果。2021 年在全国养殖业消耗的饲料中，豆粕占比降到 15.3%，比 2017 年下降 2.5 个百分点，节约豆粕 1 100 万 t，折合大豆 1 400 万 t。根据 8 家企业典型案例数据来看，饲料中豆粕占比在 6.9%～12%，明显低于全国平均水平，合计减少豆粕用量 408 万 t。另外，2022 年小麦价格高位上涨创历史新高，小麦替代玉米无价格优势，在饲料中消费恢复往年正常水平，且定向稻谷投放加码，饲用消费增加。合成氨基酸添加需求增量，尤其是小品种氨基酸用量延续大幅增长。

需求端来看，2022 年上半年能繁母猪存栏先降后增，断奶仔猪供应量环比下降，饲料中缬氨酸需求表现偏弱，但豆粕价格持续上涨，缬氨酸使用优势明显，缬氨酸在配方中用量大幅提高。尤其是 9 月份豆粕价格创新高，进一步刺激缬氨酸用量增长，据博亚和讯初步调查测算，预计 2022 年饲料级缬氨酸用量约 3 万 t，同时，精氨酸、异亮氨酸用量也翻倍增长。

2023 年 2 月丰原缬氨酸投产，3 月阜丰、成福和巨龙复产，国内生产企业数量增至 10 家，部分企业同时具有精品和低含量缬氨酸产出能力。伴随新厂家投产和原有企业扩产，缬氨酸行业产能将有明显增长，但生产企业稳定性对市场供应影响较大（图 21）。

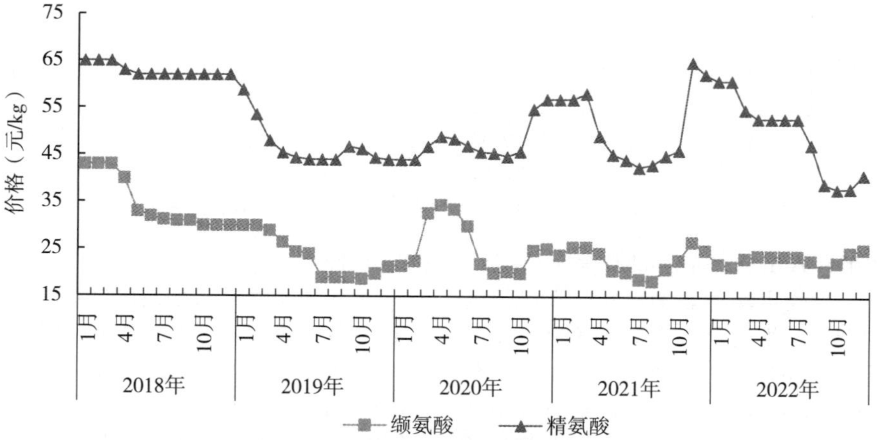

图 21　2018—2022 年中国市场缬氨酸和精氨酸月度价格走势

（柳晓峰　丁　翠）

饲料级维生素

2022 年维生素产业面临三大挑战。一是石油及天然气等相关能源价格超预期上涨，维生素生产成本上升。二是 2020 年以来受新冠疫情影响，超买、货物到港延迟造成库存积压，真实需求被持续放大；2022 年随着疫情的常态化以及运输能力的恢复，超买回落，真实需求不及预期，全行业开启去库存周期。三是 2016—2020 年，维生素产业链各环节产能扩张，疫情带来的增量需求延迟了产业的整合时间，2022 年"潮水"退去后供应过剩愈发明显。

2022 年中国维生素产量 40.8 万 t（全部折算统一规格后加和，未包含氯化胆碱，下同），同比下降 2.1%，占全球产量的 83.4%；预计 2022 年中国维生素市场价值约 40.9 亿美元，比 2021 年下降 11.7%；2022 年海关统计数据分析，2022 年我国共出口维生素 34 万 t（全部折算统一规格后加和，不含胆碱），同比减少 8.3%，出口金额 33.0 亿美元，同比减少 8.2%。维生素类产品累计出口均有不同程度减量，仅维生素 E 累计出口金额增加 9.3%。

1. 维生素 A、维生素 E。

（1）维生素 A 市场及出口基本概况。2022 年，我国维生素 A 及其衍生物累计出口 3 970t，同比减少 31.6%；出口金额 17 602 万美元，同比减少 49.5%。从出口数量地区分布来看，我国主要向欧洲、亚洲和北美洲出口维生素 A，数量占比分别为 43.4%、25.7%和 16.3%。主要出口国家为德国（1 131t）和美国（539t），合计占出口总量的 42.1%，同比减少 12.1 个百分点。近年来，维生素 A 出口已经超过 94 个国家和地区，出口产品主要以饲料级的为主（图 1）。

全球具备维生素 A 生产能力的厂家有帝斯曼、巴斯夫、安迪苏、新和成、浙江医药和金达威。巴斯夫德国维生素 A 工厂产能扩建，2022 年恢复供应；浙江医药和金达威新的生产线维生素 A 投产，生产能力和供应量扩大；新发药业维生素 A 投放市场。数据显示，2022 年全球维生素 A 年产能约 4.56 万 t，年消费量约 2.5 万 t，其中新和成、帝斯曼和安迪苏市占率在 20%以上，浙江医药市占率约 13%，巴斯夫市占率约 12%。2022 年中国产能产量扩大，供大于求逐渐显现，国内外价格持续下跌，对全球价格和中国出口形成较大压力。另外，中国肉类生产重新平衡（生猪养殖亏损周期，家禽过剩产能出清），饲料消费大幅削弱，营养浓度也有可能降低，全球其他区域也因消费不足、养殖利润下降而削减产能，这造成维生素 A 的消费量下降。

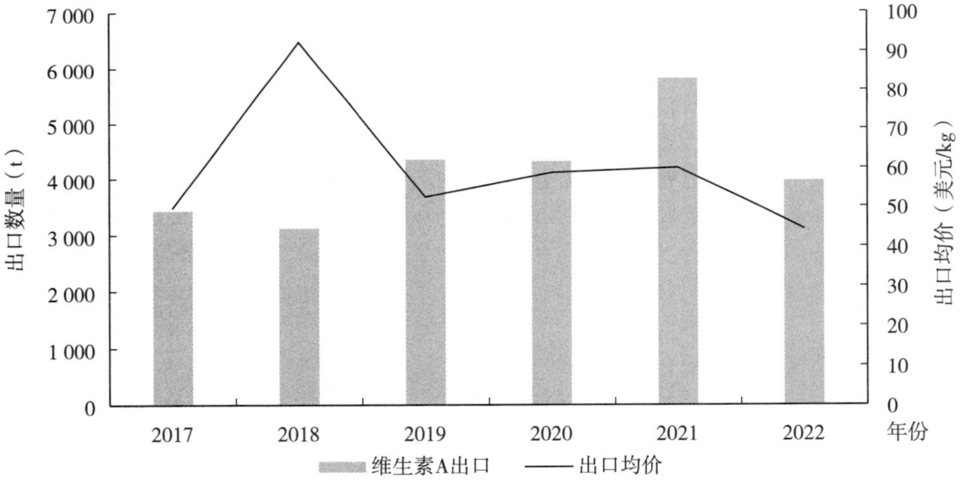

图 1　2017—2022 年中国维生素 A 出口量和均价变化

2022 年维生素 A 出口均价为 44.3 美元/kg，同比下跌 26.1%。受到市场的影响，各厂家以销定产，预计 2022 年全球维生素 A 产量 28 900t（全部折算为 50 万 IU/g，下同），中国产量 13 600t，占全球产量比重的 47%；出口量 6 600t，比 2021 年下降 900t 左右，国内供应量约 8 300t（含 1 300t 进口产品），消费下降至 5 800t 左右，供大于求压力明显。2022 年维生素 A 价格从高位持续下跌，四季度跌破 95 元/kg（图 2）。

（2）维生素 E 市场及出口基本概况。维生素 E 供应格局相对稳定，供应端扰动因素较多，据报道，益曼特原料供应紧张，2022 年第一季度和第二季度限产；受疫情影响，北沙制药维生素 E 开工率和产量阶段性下降；中国维生素 E 厂家开工率高，出口整体处于量价齐升的局面。国内厂家第三季度停产检修时间长，出口继续保持在较高水平；市场价格经过盘整过后随采购恢复，不过国内养殖端盈利不佳，延长用户库存使用时间。2022 年市场维持供需宽松平衡，价格在 75～90 元/kg 区间内震荡下行为主（图 3）。

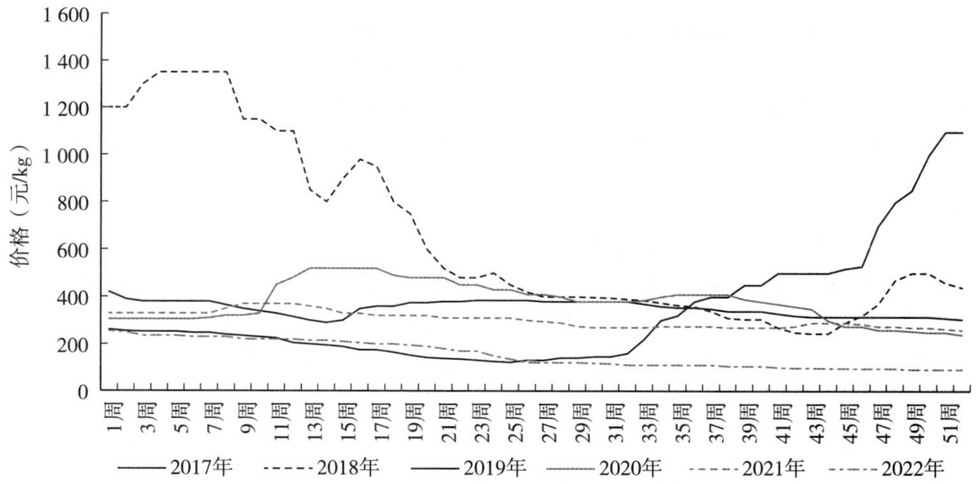

图 2　2017—2021 年中国市场维生素 A 周度价格走势

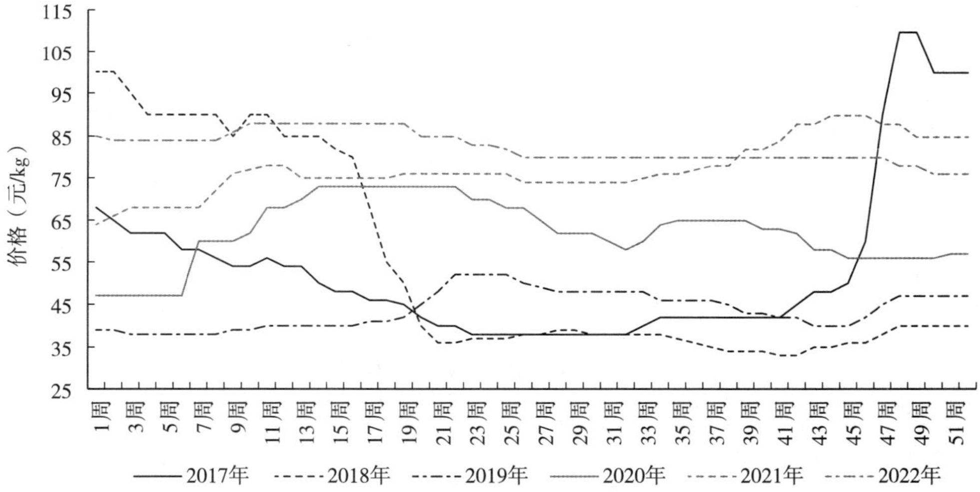

图 3　2017—2022 年我国维生素 E 周度价格走势

近两年，维生素 E 供需格局相对稳定。维生素 E（油）生产的厂家主要有帝斯曼（益曼特于 2021 年一季度复产）、巴斯夫、浙江医药、新和成、北沙制药。2022 年全球维生素 E 产能在 12 万 t 左右（以维生素 E 油计，下同），2022 年全球需求略有下降，尤其是中国上半年生猪养殖亏损，饲料添加剂用量下降。预计 2022 年全球维生素 E 需求约 76 000t，中国需求在 15 000t 左右。随着中国维生素生产能力的提高，维生素 E 出口量自 2014 年开始大幅增加。2019 年和 2020 年因益曼特（能特科技）停产时间长，中国出口阶段性下降，2021 年随着益曼特复产和国内其他厂家产量的增长，我国出口量恢复。

2022 年，我国维生素 E 及其衍生物累计出口 7.7 万 t，同比减少 15.7%。出口量明显减少，出口金额为 9.3 亿元，同比增加 9.4%。其中，美国和德国占比超 50%，其他国家荷兰、巴西、日本、越南、新加坡、泰国、印度尼西亚和韩国进口量均超 1 500t，前十合计进口占比为 78.6%，出口国家和地区一共 98 个（图 4）。

2. 维生素 B_2。2022 年，我国维生素 B_2 及其衍生物累计出口 2 610t，同比减少 12.3%，出口金额为 6 960 万美元，同比减少 13.6%。维生素 B_2 出口量超 100t 的国家有美国、巴西、印度尼西亚、印度、斯里兰卡、越南和俄罗斯，前十出口国合计出口量占总出口量的 54.0%。

具备维生素 B_2 生产能力的厂家较多，国外以帝斯曼和巴斯夫为主，国内以广济药业、海嘉诺、丰银为主。2022年梅花生物产品投放市场，其他厂家如神舟生物、黄河龙、巨龙等厂家也具备一定的生产能力。2020年以来，进口厂家在国内销售量增长，国内厂家产量扩大，维生素 B_2 供大于求的条件下竞争激烈，价格持续探底。估计2022年中国维生素 B_2 产量7 700t，出口下降至2 700 t左右，国内供应量5 450t（包括进口产品450t）；全球需求约8 600t，中国需求约2 700t。

维生素 B_2 闲置产能较大，生产能力分散，欧洲菌种法规要求令维生素 B_2 竞争格局更加复杂。帝斯曼和巴斯夫扩大国外工厂生产能力，主要供应欧美市场；2022年10月31日，欧洲食品安全局（EFSA）发表科学意见：由湖北广济药业股份有限公司提交的枯草芽孢杆菌 KCCM 10445 发酵生产的维生素 B_2/核黄素对所有目标物种、消费者和环境是安全的。2022年11月7日，欧洲食品安全局（EFSA）发表科学意见：由湖北广济药业股份有限公司生产的核黄素-5′-磷酸钠（产自于由枯草芽孢杆菌 KCCM 10445 发酵生产的98%维生素 B_2），对所有目标动物种类（饲料用途）、消费者和环境是安全有效的。这意味着时隔近5年，广济药业的维生素 B_2 有望重返欧盟市场。

2022年部分企业已经阶段性停产，厂家成本压力大，市场价格区间震荡偏强运行。2022年维生素 B_2 全年均价87元/kg，同比下跌6.3%。后期仍有厂家计划生产维生素 B_2 产品，这对中长期价格将形成较大压力（图5）。

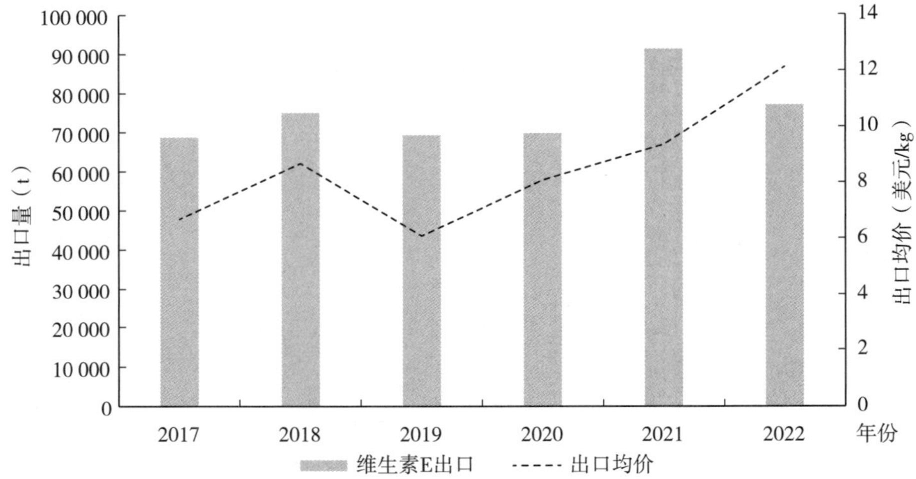

图4 2017—2022年中国维生素E出口量和均价变化

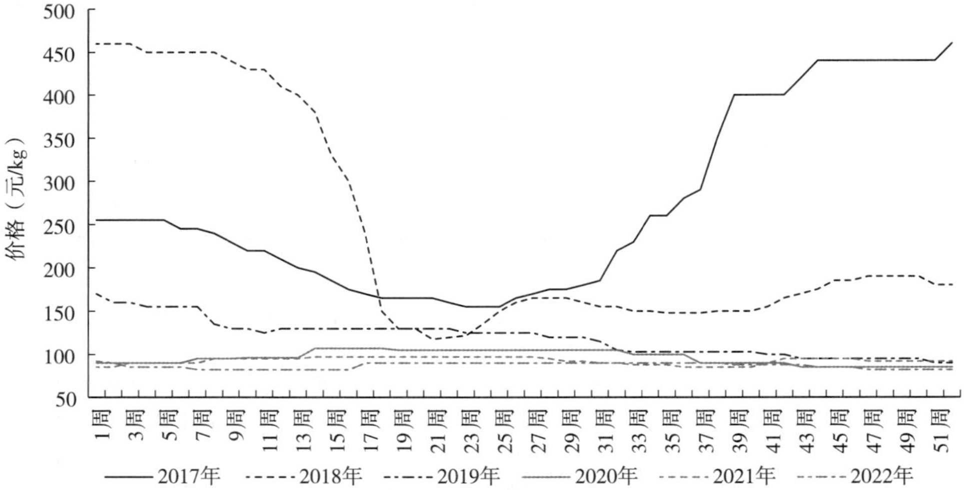

图5 2017—2022年中国市场维生素 B_2 周度价格走势

3. 维生素 D_3。维生素 D_3 生产厂家主要有花园生物、金达威、新和成、浙江医药、台州海盛、威仕生物、山东同辉、天新药业（于2019年下半年投产），以及海外的帝斯曼、印度的迪氏曼等厂家。新发药业在 2019 年开始有维生素 D_3 产品在市场销售。我国饲料级维生素 D_3 市场供应格局相对集中，估计 2022 年维生素 D_3 产量 6 300t（折算 50 万 IU/g，下同），出口 4 020t，国内供应 2 280t，国内需求约 1 700t。由于厂家数量多，2020—2021 年超卖，2022 年市场价格持续探底，部分企业处于亏损状态，产销量下降。2022 年维生素 D_3 全年平均价格 70 元/kg，同比下跌 35.2%，部分厂家处于亏损状态（图 6）。

现有厂家在不断优化生产工艺，也有新的企业计划进入维生素 D_3 生产，尤其是毛利率较高的 25-羟基维生素 D_3 生产也吸引较多投资方关注。从综合供需情况来看，维生素 D_3 市场多方供应格局仍然存在，不过后期价格走势不确定性较大，尤其是 2022 年在价格低迷时，部分厂家停产或减产，供应集中度有提高的趋势，随着库存的消化，后期采购回暖可能拉动价格反弹；不过在价格上涨时，闲置产能又面临重新开工；另外，行业领导者对原料及市场的整合也会令供需格局和价格频繁变动。

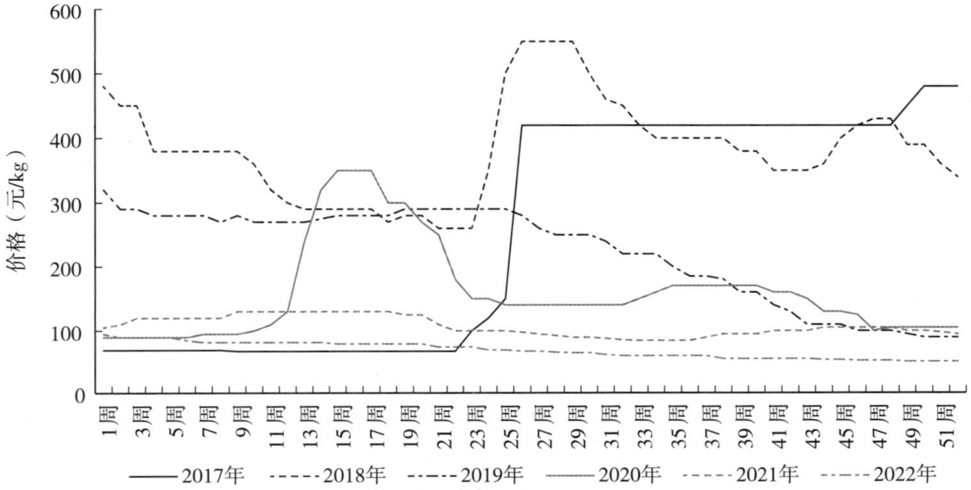

图 6　2017—2022 年中国市场维生素 D_3 周度价格走势

4. 泛酸钙（维生素 B_5）。2022 年 1 月 11 日国内部分工厂因泛酸钙原料泛解酸内酯的供应和生产紧张，泛酸钙报价 360 元/kg，出口报价 50 美元/kg；3 月 3 日工厂报价 480 元/kg，5 月 24 日国内部分工厂报价 650 元/kg，出口报价 85 美元/kg。随着厂家持续提高报价，发货紧张，市场价格震荡上涨；6 月底欧洲市场报价 57.0～59.0 欧元/kg。国内市场价格 360 元/kg 左右，局部订单价格高；部分品牌价格略低。7 月中旬泛酸钙市场价格从高位下跌，9 月开始市场价格下跌至 150 元/kg 左右，用户和贸易商以观望为主，成交谨慎，四季度价格震荡下跌至 140～150 元/kg。2022 年泛酸钙全年均价为 255 元/kg，同比涨幅超两番。

具备泛酸钙/泛醇生产能力的厂家主要有亿帆医药、新发药业、山东华辰、兄弟科技、精晶药业、安力肽生物、泰格、桑禾动物药业、华恒生物、韦德生化、海嘉诺、广安摩珈，以及国外的帝斯曼、巴斯夫。仍有厂家计划进入泛酸钙生产，天新药业拟投建维生素 B_5 生产线（一期 2 000t/年，二期 5 000t/年）；华恒生物拟新建年生产 5 000t 的 D-泛酸钙、2 000 t 的 D-泛醇产能；新和成 12 000t 泛酸钙项目（一期产能 8 000t/年，二期产能 4 000t/年）等。2022 年中国企业泛酸钙/泛醇产量和出口量分别约为 13 500 t 和11 000t；中国市场供应量 3 350t（含进口 450t），实际需求受饲料消费低迷和高价抑制的综合影响，下降至 3 700t（当年消耗部分上年度库存）。

2022 年市场上泛酸钙的供应商超过 10 家，虽然厂家的阶段性停产或减产，令市场价格波动幅度较大，但供应商数量多、前期超卖的库存量大以及需求预期差，造成高价订单量大幅减少，实际成交价格涨幅不及预期、持续性不强。

5. 叶酸。2022 年第一季度叶酸原料价格上涨，厂家出口报价高，出口价格与国内价差较大，叶酸厂家连续提价后停报，国内市场高价货成交量有限。春节后市场价格持续回落。第二季度国内市场成交清淡，价格回落。第三季度价格和第四季度价格以弱势运行为主，运行区间在 200～240 元/kg。2022 年叶酸年均价格为 252 元/kg，同比下跌 6.9%。

叶酸生产和供应的阶段性波动较大，市场存在部分代工或外购粗品精制的情况。预计 2022 年中国叶酸产量 2 250t，出口 1 580t，国内供应 670t，因生猪养殖产能快速恢复，低效母猪淘汰，种畜禽饲料消费量下降，中国叶酸需求下降，消费量约 500t。

2020—2022 年泛酸钙市场格局稳定，尤其是从出口市场来看，因国外厂家对品牌和认证等要求，出口集中度有提升趋势；国内厂家数量仍较多，新的厂家由于在出口市场销售有限，国内价格竞争相对激烈。从长期来看，叶酸市场仍需整合，一是完善上游中间体配套，二是环保投入力度加大，三是完成企业和产品认证。

6. 胆碱及其盐。中国氯化胆碱产能过剩，氯化胆碱产量完全可以满足本地市场供应，并有大量出口。中国氯化胆碱生产主要分布在山东、河北、江苏等地，出口企业数量在 10 余家。2020 年以来，氯化胆碱及上游原料生产受到全球石油价格波动的影响较大，环氧乙烷和三甲胺价格的波动速度快、幅度大；部分氯化胆碱生产企业在较低价位签单，交货时可能处于阶段性亏损，或订单执行进度受到影响。在综合影响下，2021—2022 年中国氯化胆碱产量略有下降，海上运费价格高，对出口也有一定影响。2022 年国内市场氯化胆碱价格在 6 500～9 000 元/t 区间震荡，偏强运行，全年均价 7 392 元/kg，同比上涨 24.4%（图 7）。

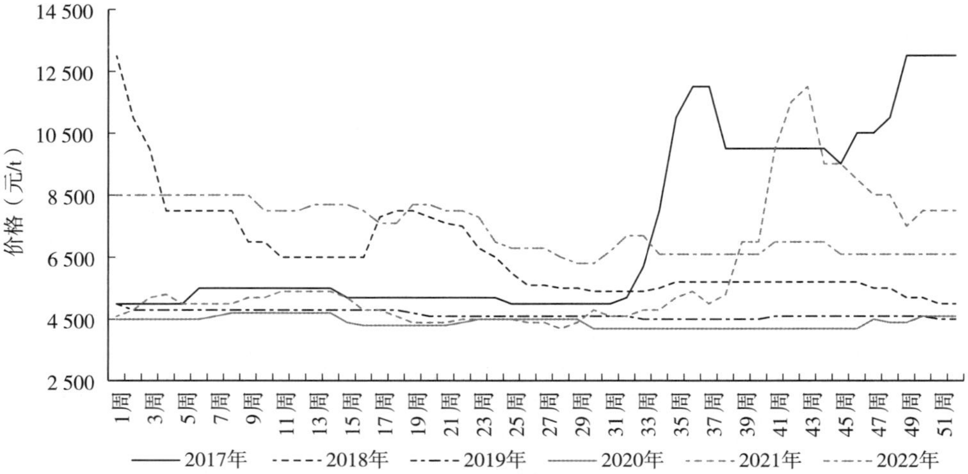

图 7　2017—2022 年中国市场氯化胆碱周度价格走势

7. 维生素 B_1、维生素 B_6、维生素 B_{12}、维生素 K_3。2022 年我国维生素 B_1 出口总量 7 713t，同比减少 16.5%，出口金额 18 544 万美元，同比减少 20.0%。维生素 B_6 出口总量 7 376t，同比减少 6.9%，出口金额 18 267 万美元，同比减少 4.7%。维生素 B_{12} 出口总量 466t，同比增加 52.3%，出口金额 15 762 万美元，同比减少 7.6%。

2022 年我国维生素 B_1、维生素 B_6、维生素 B_{12} 和维生素 K_3 全年均价分别为 140 元/kg、120 元/kg、119 元/kg 和 175 元/kg。维生素 B_1、维生素 B_6 和维生素 B_{12} 价格持续下行，维生素 K_3 价格大幅上涨后高位运行，四季度偏弱调整。

2022 年维生素 B_1 主要供应商为天新药业、华中药业、兄弟科技、帝斯曼和新发药业。现有维生素 B_1 厂家产能扩建，实际产量增长；另外有企业计划投建维生素 B_1 生产，据环评公示，新乡瑞诺药业有限公司、内蒙古天奈药业股份有限公司、山东华辰生物化学有限公司等均有上马维生素 B_1 项目的计划。

2022 年新和成维生素 B_6 生产线投产，设计产能 6 000t/年；花园生物拟投建年产 5 000t 维生素 B_6 项目，行业整体生产能力在扩张，供应商数量增多，市场竞争格局分散。2022 年市场价格持续下跌，已经处于历史低位，主要影响因素变成目前生产厂家成本、产能投放力度以及市场供应量的稳定性。尤其是各个厂家成本可能存在差异，市场价格在低位仍有出现反弹的机会，但反弹的幅度和持续时间不宜乐观。长期来看，维生素 B_6 竞争格局需要时间完成整合。

2021 年底，新和成维生素 B_{12} 生产线投产，2022 年中国维生素 B_{12} 产量扩大，具备维生素 B_{12} 生产能力的厂家有玉星生物、金维制药、河北华荣、新和成和安万特（主要生产医药级产品）。后期山东昆达、广济药业等厂家计划上马维生素 B_{12} 项目，竞争格局分散，供大于求加剧，价格回落至盈亏平衡线附近。

受上游原料价格上涨和铬粉市场低迷的影响，2022 年中国部分维生素 K_3 厂家停产时间长，维生素 K_3 市场供应量有所下降；维生素 K_3 的主要生产厂家有振华民丰、兄弟科技、陆良和平、崴尼达，以及国外的土耳其 Oxyvit 和乌拉圭 Dirox。维生素 K_3 供应集中度有提高的趋势，现有厂家也在整合上游原料供应。2021 年 1 月 11 日，振华股份购买重庆民丰化工 100%股权重组交易实施完成，维生素 K_3 市场集中度提高。在没有突破性技术的前提下，维生素 K_3 的生产上游受限于铬矿，产出又受到铬粉的制约，因此价值链的优化和布局将是未来竞争的关键。2022 年维生素 K_3 竞争格局稳定，厂家以销定产，产能和市场份额相对平衡，有利于维持相对合理的利润空间。

8. 维生素 C。受疫情影响，国外维生素 C 需求冲高后小幅回落，2022 年维生素 C 出口总量为 19.2 万 t，同比减少 2.6%；出口金额 8.0 亿美元，同比减少 14.9%，出口均价为 4.2 美元/kg，价格下跌。其中，两大出口省份分别是河北省和山东省，出口量合计超过 12 万 t；两大出口国分别是美国和德国，分别占出口总量比重的 19.4%和 11.2%。2022 年维生素 C 出口国家和地区增至 164 个。

维生素 C 主要生产企业有石药集团、山东鲁维、新和成、山东天力、江山制药和东北制药。2022 年维生素 C 出口量从 3 月开始环比持续下降，10 月出口回落至疫情前水平；出口持续超买后需求下降，对价格压力大。帝斯曼江山制药（江苏）有限公司维生素 C 规模化减产。帝斯曼称以目前的价格情况保持常规产能是不可持续的，帝斯曼将优先减少维生素 C 的库存水平，并将于 2023 年春节后重新进行提高产量的评估。2022 年中国维生素 C 全年均价为 29 元/kg，同比下跌 36.4%（图 8）。

近两年，维生素 C 投资项目较多，内蒙古金玉锋年产 5 万 t 维生素 C 项目；华凯药业年产 1 万 t 维生素 C 和磷酸酯项目；山东天力药业年产 4 万 t 维生素 C-钠项目；新拓洋新建年产 2 万 t 异维生素 C 项目等。维生素 C 生产厂家更倾向于延长产业链、完善下游产品销售渠道。因此，后期维生素 C 原粉的竞争将从产品竞争转向产业链竞争。

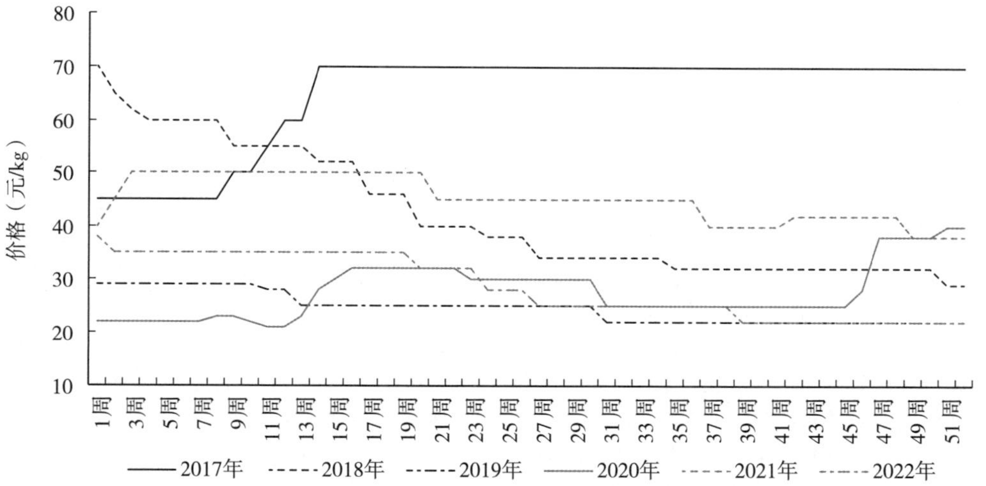

图 8　2017—2022 年中国市场维生素 C 周度价格走势

2022 年上半年部分饲料企业阶段性亏损运行，这对饲料添加剂消费打击大，饲料企业为压缩成本，仅保留刚性添加量，饲料中维生素用量大幅缩减。下半年虽然养殖、饲料市场消费和盈利情况略有好转，但终端用户并不急于采购，局部议价成交；按市价计算，12 月饲料中维生素使用成本已经达到近年来的低点；但终端企业成本压力大，在维生素供大于求的格局下，并不急于下单采购，市场成交清淡。

中国维生素出口和海外市场的库存变化将会对国内市场供应产生影响。经过 2022 年市场的调整，预计 2023 年全球畜产品生产稳中有增，但增幅放缓，尤其是欧盟肉类产量存在下降的预期，这对于饲料乃至维生素消费的拉动作用有限。

中国维生素整体处于供应商数量增加，供应量过剩的阶段，竞争压力加大，因 2020—2021 年海内外需求的激增阶段性缓解了供需过剩的矛盾。另外，金融资本对产业的影响大，厂家承受亏损的能力以及客户销售渠道出现分化，当价格微利或亏损时，厂家可能会选择通过减量保价、代工、重组等形式来重建供需平衡；也有厂家增加产品组合，通过持续竞争来获取优势市场地位，这会延长产能出清时间。因此，维生素市场竞争整合时间可能相对延长，即便有厂家因无法忍受亏损而选择阶段性退出或停产，对市场的影响也需要从时间和空间上多方位评估。具体而言，各个维生素产品的竞争格局、价格风险、上下游库存时间差别大；国内外用户对库存的预期管理在逐渐加强，营销渠道也在发生变化，价格波动幅度将会相对温和。

（柳晓峰　丁　翠）

微量元素氨基酸螯合物在动物生产中的应用研究

随着研究日渐深入，人们对微量元素氨基酸螯合物的营养作用和代谢方式的认识也在不断提高。养殖业的快速发展，矿物质添加剂愈发重要。有机微量元素的优点明显显现，国内外关于螯合物的研究报道也与日俱增。本文将国内2022年1月1日至2022年12月31日正式发表的应用研究论文进行整理，为应用及研究者参考。

1. 在养猪生产中的应用研究。

(1) 对母猪繁殖性能的影响。为了探讨微量元素氨基酸螯合物对母猪繁殖性能的影响，吴淑军等选取妊娠85天的二元杂交母猪。对照组在基础饲粮中添加硫酸亚铁和硫酸锌（65mg/kg 铁和 17.5mg/kg 锌)，试验组在基础饲粮中添加羟基蛋氨酸铁和羟基蛋氨酸锌（65mg/kg 铁和 17.5mg/kg 锌)，研究有机铁、锌对母猪繁殖性能，同时观测脐带血及乳中微量元素的含量。试验期为51天。结果显示：试验组的“畸形数+死仔数”比对照组显著降低57.0%，仔猪初生均重提高7.04%，试验组健仔率显著高于对照组。试验组仔猪第二天血清中铁含量有比对照组增加的趋势。试验组母猪第一天初乳中铁含量比对照组具有升高的趋势，试验组常乳中锌含量比对照组提高22.29%。研究表明，母猪妊娠后期和哺乳期饲粮中添加羟基蛋氨酸铁和锌，可显著提高健仔率，有效降低“畸形数+死仔数”；具有提高仔猪第二天血清和母猪第一天初乳中微量元素铁含量的趋势。

(2) 对育肥猪的影响。探讨在不降低生产的前提下，控制饲粮中微量元素添加量，减少排泄量，降低对环境的污染，敖维平等试验采用单因素试验设计，选择体重和年龄相近的126头（51.7±1.7）kg 杜长大三元杂交猪为试验动物，随机分成无机组、有机1组和有机2组。无机组矿物元素添加量参考 NRC（2012）推荐量，有机1组和有机2组的矿物元素添加量分别为 NRC（2012）推荐量的50%和80%。无机微量元素为：硫酸亚铁、碱式氯化铜、硫酸锌。有机微量元素为：甘氨酸铁、蛋氨酸铜和甘氨酸锌。试验结果表明：有机矿物元素对猪采食量影响不明显，但有促进采食量增加的趋势，平均日增重和料重比有极显著改善，猪粪中矿物元素铜、锌和铁的排出量极显著减低，表现出与摄入量呈高度相关性，但血液中铁含量与摄入量间不存在关联性。试验结果提示，有机矿物元素减量替代生长育肥猪饲粮中的无机矿物元素，不仅不会影响育肥猪的生长性能，还有提高猪生长性能的作用，减少了猪粪中微量矿物元素的排放量。综合认为，有机矿物元素按 NRC（2012）推荐量的50%添加，能满足对生长肥育猪生长的矿物元素需要。

(3) 对肥育猪肉质的影响。为了探讨饲粮添加有机硒和铁对育肥猪肉品质、抗氧化特性以及肌肉组织中硒、铁关键转运载体基因表达的影响，韩萌萌等选用体况良好、体重约70kg 的“杜×长×大”三元杂交育肥猪240头，随机分成2个组（公母各占1/2)。对照组饲粮中添加亚硒酸钠和硫酸亚铁，试验组饲粮中添加酵母硒和甘氨酸亚铁，硒含量均为0.30mg/kg，铁含量均为100mg/kg。预试期3天，正试期60天。结果表明：与无机硒和铁相比，育肥猪饲粮中添加有机硒和铁可改善猪肉感官品质，提高血清中硒和铁元素含量，促进肌肉组织中硒元素的沉积，提高机体抗氧化能力，同时提高肌肉组织中与铁、硒相关的部分转运载体的 mRNA 表达水平。

2. 在养鸡生产中的应用研究。

(1) 在蛋鸡生产中的应用研究。

①锌源对产蛋鸡生产性能的影响。探讨不同锌源对产蛋鸡生产性能的影响，扬远延等选取362日龄京粉1号蛋鸡288只，随机分为4组。对照组在基础饲粮中以硫酸锌形式添加锌80mg/kg，试验组则在基础饲粮中分别以纳米氧化锌（ZnO-NP)、甘氨酸锌（GlY-Zn）和二氢杨梅素锌（DMY-Zn）形式添加等量的锌。预试期14天，正试期42天。检测指标为：蛋鸡生产性能、蛋品质、血清生化指标及微量元素沉积。结果表明：在蛋鸡基础饲粮中以 DMY-Zn、ZnO-NP 或 GlY-Zn 形式补充等量锌在改善蛋品质、机体抗氧化能力和微量元素沉积方面差异不大，但均优于硫酸锌；此外，DMY-Zn 具有潜在改善蛋鸡机体脂质代谢的效果。

②对蛋鸡生产性能和蛋壳品质的影响。探讨对蛋鸡生产性能和蛋壳品质的影响，索菲娅等选取58周龄健康的京红1号蛋鸡450只，随机分为5个组。对照组添加60mg/kg 无机铁（铁总含量为269.30mg/kg)，试验组分别饲喂在基础饲粮的基础上添加105mg/kg 甘氨酸（甘氨酸组)、85mg/kg 无机铁（无机铁组)、105mg/kg 甘氨酸+85mg/kg 无机铁（甘氨酸—无机铁组）以及含85mg/kg 铁和105mg/kg 甘氨酸的甘氨酸铁络合物（甘氨酸铁络合物组）的饲粮。试验预试期14天，正试期21天。结果表明：饲粮添加含85mg/kg 铁+105mg/kg 甘氨酸的甘氨酸—无机铁组或甘氨酸铁络合物对产蛋后期蛋鸡生产性能无显著影响，但可以改善蛋壳品质。

(2) 在肉鸡生产中的应用研究。探讨缓解乃至解决热应激给动物生产带来的危害，对畜禽的规模化生产具有重要意义。钟光等选择180只32日龄雄性黄羽肉鸡，随机分为常温组（26℃)、热应激组（35℃)

和有机铬组（35℃），有机铬为吡啶甲酸铬。试验结果是：在本试验条件下，饲粮中添加 1.2mg/kg 的有机铬可提高热应激下黄羽肉鸡 32～45 日龄的生长性能，改善肠道黏膜形态，降低血液酶的活力，缓解热应激对黄羽肉鸡生产性能和肠道形态的不良影响。

3. 在肉鸭生产中的应用研究。

（1）蛋白质螯合复合有机微量元素对肉鸭的影响。为研究复合有机微量元素（铁、铜、锰、锌和硒）减量取代无机元素对肉鸭的影响，赵陆原等选用 450 只 1 日龄的樱桃谷肉鸭随机分成 5 组，无机对照组（ITM 组）在基础饲粮中添加 NRC（1994，下同）推荐量无机元素（铁、铜、锰、锌和硒添加量分别为 40.0、10.0、50.0、60.0、0.2mg/kg）；空白对照组（NC 组）在基础饲粮中不额外添加微量元素；1/2 NRC 无机组（1/2 ITM 组）和 1/2 NRC 有机组（1/2 OTM 组）分别在基础饲粮中添加 50%NRC 推荐量无机微量元素和复合有机微量元素；“1/2 ITM+1/2 OTM 组”在基础饲粮中添加 50%NRC 推荐量无机微量元素和 50%NRC 推荐量复合有机微量元素。观测指标：肉鸭生长性能、肉品质、血清抗氧化能力及微量元素排泄量。试验用无机微量元素铁、铜、锰、锌为硫酸盐，亚硒酸钠；有机微量元素分别是蛋白质螯合铁、螯合铜、螯合锰、螯合锌，富硒酵母。试验期 42 天。结果表明：本试验条件下，在肉鸭玉米—豆粕饲粮中添加 50% NRC 推荐剂量的复合有机微量元素来减量取代无机微量元素，既可保持肉鸭正常的生长性能、肉品质和血清抗氧化能力，且能显著降低粪便中铁、铜、锰、锌和硒排泄量。

（2）肉鸭饲粮中复合有机微量元素适宜添加量的研究。研究不同水平有机复合微量元素（蛋氨酸铜、铁、锰、锌）替代无机微量元素（铜、铁、锰、锌硫酸盐）对 1～42 日龄樱桃谷肉鸭生长性能、屠宰性能、血清抗氧化和免疫指标以及粪便中铜、铁、锰和锌含量的影响，以确定有机微量元素在肉鸭饲粮中的适宜添加量。黄璇等试验选择 525 羽 1 日龄健康樱桃谷肉鸭，随机分为 5 个组。对照组饲粮（100%无机组）以无机盐形式按推荐量 100% 提供微量元素［肉鸭饲养标准推荐量铜、铁、锰、锌分别为 8、60、100、60（mg/kg）］，4 个有机组饲粮分别以推荐量的 25%、50%、75%和 100%添加羟基蛋氨酸螯合形式的铜、铁、锰和锌。试验期 42 天。综合各项指标和生产成本考虑，研究者建议：1～42 日龄樱桃谷肉鸭饲粮中蛋氨酸螯合形式铜、铁、锰和锌添加量分别为 2、15、25 和 15mg/kg。

4. 在反刍动物生产中的应用研究。

（1）对犊牛生长性能的影响。

①比较不同锌源对犊牛生长的影响。探究饲粮中添加两种不同有机锌源（蛋白锌组和蛋氨酸锌）对新生犊牛生长性能的影响。沃野千里等随机选取 30 头新生荷斯坦母犊牛（体重 39.4kg±0.8kg），随机分为 3 组，对照组只饲喂牛乳，不添加有机锌；蛋白锌组和蛋氨酸锌组每头牛分别添加 522.82mg/天的蛋白锌和 467.88mg/天的蛋氨酸锌（均相当于 80mgZn/d）。监测指标：采食量、体增重、腹泻率，测定血清中的钙、磷、锌、铜和铁浓度，碱性磷酸酶和超氧化物歧化酶活性、金属硫蛋白、丙二醛浓度以及总抗氧化能力。试验期 14 天。根据检测结果得出结论：饲粮中添加蛋氨酸锌能够提高犊牛的生长性能，降低腹泻率，改善机体锌的代谢水平，且其效果优于蛋白锌，因此建议在犊牛饲粮中以蛋氨酸锌形式每天添加 80mg 锌。

②复合氨基酸微量元素螯合物对犊牛的影响。研究氨基酸螯合微量元素对断奶前安格斯犊牛生长性能的影响。高海慧等采用完全随机试验设计，选择健康情况、体重、日龄、胎次状况相近的断奶前安格斯犊牛 20 头，随机分为 2 组，对照组饲喂无机微量元素日粮，试验组饲喂市场上购买的氨基酸铁、铜、锰、锌微量元素螯合物预混料配制的日粮。结果显示，观测指标：日增重、采食量、抗氧化物酶活性和丙二醛含量、犊牛粪便中铁、铜锰、锌元素残留量。综合各检测数据表明：氨基酸螯合微量元素能改善断奶前犊牛生产性能，减少粪便中铜、锌、锰元素的残留量。

（2）在奶牛围产前期和盛产期的应用研究。

①在围产前期对瘤胃微生物的影响。探讨在日粮中添加维生素 E 和有机硒、锌对围产前期奶牛瘤胃微生物区系的影响。陈昊等选择 40 头胎次、体况和预产期相近的干奶牛，随机分为两组，对照组饲喂基础日粮，试验组在基础日粮中添加 1 000IU/(天·头）维生素 E 和 2mg/(天·头）有机硒、360mg/(天·头)有机锌。从奶牛转入围产圈开始饲喂，直至产犊，试验期共 24 天。结论：与对照组相比，在日粮中添加维生素 E、有机锌和有机硒，瘤胃微生物 Chao1 指数显著降低，α-多样性和 β-多样性无显著差异，厚壁菌门相对含量有所升高，拟杆菌门有所降低，但无显著性差异。差异标志物筛选结果表明，试验组表达丰度差异显著的瘤胃细菌主要与碳水化合物的代谢有关，这表明日粮添加维生素 E、有机硒、有机锌可能影响瘤胃内碳水化合物代谢。

②对泌乳盛期奶牛耐受性的影响。研究日粮中添加硒代蛋氨酸锌对泌乳盛期奶牛的耐受性的影响。陈一等选取 27 头健康的中国荷斯坦经产泌乳盛期奶牛，根据泌乳天数、体重、胎次和产奶量相近的原则，随机分组。对照组（基础日粮，不添加硒代蛋氨酸锌）、常规剂量硒组（每千克添加 0.2mg 硒 DM 的

硒代蛋氨酸锌）和高剂量硒组（每千克添加 2mg 硒 DM 的硒代蛋氨酸锌），预试期 2 周，试验期 8 周。结果显示：高剂量硒组奶牛的奶产量、能量矫正乳产量、乳糖产量和乳硒含量均高于对照组，但各项生产性能指标与常规剂量硒组相比无显著差异；各处理组间奶牛的血浆生化指标和血液常规指标均无显著差异。结果表明，日粮中每千克添加 2mg 硒 DM 的硒代蛋氨酸锌不影响奶牛健康状态和生产性能，在此剂量范围内添加硒代蛋氨酸锌对奶牛是安全的。

（王　安）

黏结剂

近年来，随着我国白羽肉鸡、白玉肉鸭、仔猪和雏鸡、水产和宠物等养殖业的迅速发展，颗粒型配合饲料产量日益上升，在饲料总产量中的比例不断增加。黏结剂主要用于加工颗粒饲料，以改善粒料品质(包括粉化率、硬度、耐磨度、成团性)、增加生产效率、延长铸模寿命、减少制粒及运输过程中的颗粒粉碎现象、保持颗粒颜色稳定。相较畜禽饲料，水产料对饲料黏结剂的要求更高，需要提高其在水中不散、不沉的特性，防止营养成分散失，因此近年来，国内外对水产料黏结剂的研究较为活跃，新的黏结剂种类推陈出新；在水产养殖中使用黏土性饲料黏结剂可延长水产饲料在水中的耐泡时间，且搬运时不易破损，并对预防鱼病、改善水质都有积极作用。

黏结剂的种类繁多，大致可分为天然类和化学合成类（表 1）。对国内饲料企业调查结果显示，畜禽颗粒饲料中一般用膨润土作黏结剂，制粒效果好、饲料品质稳定。α-淀粉作为天然类黏结剂的代表，在水产养殖中作用效果极佳，也是使用量最大的黏结剂。随着我国水产养殖业的不断发展，α-淀粉的生产规模越来越大，全国现有生产企业 50 余家。与 α-淀粉等天然类黏结剂相比，人工合成黏结剂添加量少、成本低、效果好，已占据市场主流，得到多数饲料生产厂家接受，羧甲基纤维素钠（CMC）和聚乙烯醇（PVA）是其中的代表，CMC 年产量可达 5 万 t，主要生产企业有威怡化工（苏州）有限公司、赫克力士化工（江门）有限公司、江苏宜兴市通达化学有限公司、重庆力宏精细化工有限公司、上海申光食用化学品有限公司、潍坊鲁德化工公司、安丘市雄鹰纤维素有限责任公司、徐州力源纤维素科技有限公司、佛山市富实新高分子纤维有限公司等；PVA 总产能可达 100 万 t，主要生产企业有上海石化股份有限公司、中国石化集团重庆川维化工有限公司、安徽皖维高新材料股份有限公司、台湾长春集团、宁夏大地循环发展股份有限公司、湖南省湘维有限公司等。

表 1　黏结剂种类及特点

种类	代表产品	特　点
天然类	树木分泌的胶汁：瓜尔胶、阿拉伯树胶、黄原胶、果胶等	易受到 pH、湿度、矿物质盐等物质的影响而降低黏度，未能得到广泛应用
	稀土、黏土型：膨润土、陶土、钠土、凹凸棒等	黏度较低，添加比例大
	植物淀粉：小麦、玉米、木薯、马铃薯等淀粉或变性淀粉	黏结力的大小，与淀粉类型、饲料加工设备、操作技术等有关
	海藻类胶质：海藻酸钠、海带胶、琼脂等	黏结力强，价格贵，多用于试验研究
人工合成类	羧甲基纤维素钠（CMC）	白色纤维状或颗粒状粉末，无臭、无味，有吸湿性，水溶液对热不稳定，其黏度随温度升高而降低。饲料中用量≤2%
	脲醛树脂	在各种冷、热、湿和化学腐蚀等苛刻的环境中有良好的稳定性，价格低廉，是颗粒饲料黏合剂比较好的备选材料。饲料中用量 0.5%
	木质素磺酸盐	不均匀的醚聚合物，暗褐色，固态物，吸湿性强，饲料中用量≤4%
	聚丙烯酸钠	水溶性高分子化合物，具有极强的增稠保水功能，水溶液黏度较高，约为 CMC、海藻酸钠等的 15～20 倍，为食品级的黏结剂
	聚乙烯醇（PVA）	对饲料中各种营养成分均具有理想的黏合度，易生产提取，化学稳定性、热稳定性和持水性较高，无毒，用量少

抗结块剂

抗结块剂也称流散剂，添加到饲料中，可防止饲料或添加剂结块，保持其良好的流散性。本品多系无水硅酸盐，其颜色不一、比重较大、颗粒微小、流散性好，可防止结块和配料仓结拱。要求产品比表面积大、流动性好、对药物等有较大吸附力、亲水性能强，能有效控制产品因吸潮氧化等造成的结块变色。在预混合饲料、微量元素等饲料中，有载体等易吸湿原料，吸附水分后结块，降低贮藏过程中活性成分的有效性；多维有些组分间互有干扰，如加入抗结块剂可防止泛酸钙对烟酸和维生素的破坏；载体表面粗糙、流动性差，添加少量二氧化硅，可提高流动性，改善其吸湿性。国内批准使用的抗结块剂有二氧化硅、磷酸三钙、硬脂酸镁、亚铁氰化钾、硅铝酸钠、微晶纤维素、碳酸镁、滑石粉等，其中亚铁氰化钾在“绿色”标志的食品中禁用。应用较普遍的抗结块剂有二氧化硅及硅酸盐，如硅酸钙、硅酸铝钙、硅酸镁等；还有一些天然矿物，如膨润土及其钠盐、球土、高岭土、硅藻土、某些黏土等，其中硅酸盐难于消化吸收，用量不宜过高；此外，常用的还有硬脂酸钙、硬脂酸钾、硬脂酸钠等。其中二氧化硅价格最低，最为常用。各种抗结块剂在配合饲料中用量一般≤2%。抗结块剂在生产中使用量较少，是非必需添加剂，国内生产量完全可以满足饲料行业的需要。

中国南方地区气候潮湿，饲料极易结块，而广东、四川、江西、湖南等省份都是配合饲料和养殖业比较发达的地区，所以对抗结块剂的需求量较大。国内生产饲用抗结块剂的厂家有很多，代表企业见表1。

表1　国内主要饲用抗结块剂生产厂家

企业名称	产品
青州恒旭化工有限公司	二氧化硅
中琦（广东）硅材料股份有限公司	二氧化硅
晋江富联化工有限公司	二氧化硅
湖北如天生物生物工程有限公司	二氧化硅
河北佰品生物科技有限公司	二氧化硅
兴鼎科技有限公司	硅铝酸钠
广州正和生物科技有限公司	二氧化硅、三氧化二铝
上海必原生物科技有限公司	硬脂酸镁
河南旗诺食品配料有限公司	硬脂酸镁、微晶纤维素

乳化剂

乳化剂又称表面活性剂或去污剂，能使互不相溶的液体形成稳定乳状液的有机化合物，均具有表面活性，能降低液体间的界面张力，乳化互不相溶的液体。乳化时，分散相以较小的液珠形式（直径0.1至数十微米）均匀地分布在连续相中，乳化剂在这些液珠的表面上形成薄膜或双电层，以阻止它们相互凝聚，保持乳状液的稳定（表1）。

表1　乳化分类

乳化剂	定　义	举　　例
负离子型	水中电离生成带有烷基或芳基的负离子亲水基团，如羧酸盐、硫酸盐和磺酸盐等	硬脂酸钠盐（$C_{17}H_{35}COONa$）、十二烷基硫酸钠盐（$C_{12}H_{25}OSO_3Na$）和十二烷基苯磺酸钙盐等。碱性或中性条件下使用
正离子型	水中电离生成带有烷基或芳基的正离子亲水基团	胺的衍生物，例如N-十二烷基二甲胺，用于聚合反应
非离子型	水中不电离	亲水部分是各种极性基团，常见的有聚氧乙烯醚类和聚氧丙烯醚类，亲油部分（烷基或芳基）直接与氧乙烯醚键结合。典型产品有对辛基苯酚聚氧乙烯醚
注意事项	使用多种乳化剂时，负离子型乳化剂可以互相混合使用，也可与非离子型乳化剂混配使用，不能与正离子型乳化剂同时使用	

乳化剂以其乳化、稳定等作用在很多行业广泛使用，比如食品、饲料、化妆品等。近年来，因养殖动物品种改良，生长潜能不断提高，其营养需求也在提高，这就促使饲料蛋白、能量等营养浓度不断提高；我国玉米、豆粕等主要原料价格连年攀升，为了促进动物对饲料脂质的利用，饲料中一般会添加乳化剂（表2）。

表 2　饲料中使用乳化剂的应用场景

场景	作　　用
高脂饲粮	有助于动物肠道中乳糜微粒形成，可提高饲料脂肪、能量的消化率和利用率，促进动物生长，调节脂质代谢和肉品质
液体饲料	如幼龄动物代乳料，确保其中营养成分（尤其是脂溶性成分）均匀分布
采用后喷涂的饲料加工工艺	保证脂类物质在喷涂液中的均匀分布，增强雾化效果，提高喷涂质量

现有乳化剂种类多样，生产企业百余家，用于饲料工业上的主要有磷脂类、脂肪酸酯类、糖苷酯类和胆汁酸盐类乳化剂。为获得更好的乳化性能，乳化剂产品通常是由几种乳化剂按照一定的比率复合而成（如美能、利能等），这些不同乳化剂之间互相配合，加强了乳化剂对油脂的乳化能力。国内现有乳化剂产品（表 3）除用于饲料工业外，还可用于食品工业中。

表 3　国内主要饲用乳化剂生产企业

企业名称	产品名称
中纺粮油（沈阳）有限公司	大豆磷脂
沧州海通生物饲料有限公司	大豆磷脂
中粮集团有限公司	大豆磷脂
山东渤海油脂工业有限公司	大豆磷脂
路易达孚（南通）粮油饲料有限公司	大豆磷脂
河北甘思农业科技有限公司	大豆磷脂
河北美业斯维生物技术有限公司	大豆磷脂
河南四维生物技术有限公司	大豆磷脂
河南衡多丰农业科技有限公司	乳化剂
豫牌作物科技有限公司	乳化剂
潍坊柯能生物科技有限公司	乳化剂
广州智特奇生物科技有限公司	乳化剂
山东龙昌动物保健品有限公司	胆汁酸
潍坊康地恩生物科技有限公司	蔗糖脂肪酸酯、大豆磷脂

抗氧化剂

饲料在加工、运输和贮藏过程中，常因自体氧化、微生物污染等，造成腐败变质。饲料中易氧化和促氧化物质较多，如油脂、矿物元素等，油脂酸败后产生的短链脂肪酸、过氧化物和羟基等，具有苦涩味，降低饲料适口性。氧化的油脂会严重破坏畜禽肝脏，造成能量代谢、脂肪代谢等障碍，降低动物采食量，导致腹泻等，更有甚者还会产生有毒有害物质导致畜禽中毒死亡。饲料中添加抗氧化剂可阻碍氧化作用，延缓饲料氧化时间，但不能改变已经酸败的结果，故应在原料未氧化或刚开始氧化时添加，以发挥其作用。农业农村部规定：人工合成抗氧化剂添加量不能超过 150g/t。

2022 年，常用的抗氧化剂主要有乙氧基喹啉（EMQ）、二丁基羟基甲苯（BHT）、丁基羟基茴香醚（BHA）、没食子酸丙酯（PC）和特丁基对苯二酚（TBHQ）、茶多酚、维生素 E、L-抗坏血酸-6-棕榈酸酯、L-抗坏血酸钠，以及基于这些成分的复合抗氧化剂。饲料中主要使用的抗氧化剂为 EMQ 和 BHT，其中 BHT 国内总生产能力为 2.3 万 t/年。2022 年 8 月，欧盟委员会通过的第 2022/1375 号法规，要求停止 EMQ 在所有动物物种和类别重新授权，BHT 和 BHA 成为抗氧化剂的替代选择，我国目前没有禁用 EMQ。国内主要饲用抗氧化剂生产企业情况见表 1。

表 1　国内主要饲用抗氧化剂生产企业情况

企业名称	产品名称
江苏中丹集团股份有限公司	EMQ
潍坊加易加生物科技有限公司	EMQ
河南省瑞特利生物技术有限公司	EMQ
陕西晨明生物科技有限公司	BHT
山东骄阳生物科技有限公司	BHT
无锡大江中盛生物科技有限公司	EMQ、BHT
安徽天浩生物技术有限责任公司	EMQ、BHT、BHA
厦门牡丹饲料科技发展有限公司	EMQ
江苏奥福生物科技有限公司	BHT
广州立达尔生物科技股份有限公司	EMQ、BHT
上海天昌饲料科技有限公司	EMQ、BHT
泰州市丰润生物科技有限公司	EMQ、BHT
北京昕地美饲料科技有限公司	EMQ
广东瑞生科技有限公司	EMQ、PC
诺伟司饲料添加剂（上海）有限公司	EMQ、BHT、PC
江苏迈达新材料股份有限公司	BHT
淮安市润龙科技有限公司	EMQ

防霉剂

饲料防霉剂是指能降低饲料中微生物的数量、控制微生物的代谢和生长、抑制霉菌毒素的产生，预防饲料贮存期营养成分的损失，防止饲料发霉变质并延长贮存时间的饲料添加剂。饲料中含有丰富的蛋白质、淀粉、维生素等营养成分，在湿度、温度适宜的条件下，真菌、细菌会繁殖生长，造成饲料腐败、霉变。霉变饲料不仅影响适口性、降低采食量和饲料报酬，甚至造成畜禽中毒死亡。故储存饲料的仓库要通风、阴凉、干燥、清洁，无霉料，堆放要规范，应与窗、壁保持一定距离，长期储存还需定期翻动、通风。我国幅员辽阔，南方多潮湿，主要饲料原料霉菌污染率、霉菌毒素检出率较高，使用防霉剂可以较好地预防霉菌毒素生长，保持饲料原有的营养特性。防霉剂要求：具有较强的、广谱的抑菌效果；pH低，在低水分的饲料中能释放出来；操作方便；使用安全；有效添加量不影响动物健康及饲料适口性。

常用防霉剂有小分子的有机酸、有机酸盐及其酯、复合防霉剂、具有防霉作用的植物源添加剂等（表1）。防霉剂按其作用方式的不同又可分为扩散型、接触型和扩散接触型。扩散型主要指单一有机酸或复合有机酸类，接触型指有机酸盐类，扩散接触型主要为单一有机酸或多种有机酸结合特殊载体制成的复合有机酸。未来饲料防霉剂的研发将朝着优质高效、绿色环保、低成本、多功能的方向发展。饲料发霉过程常伴随营养成分的氧化，故一般防霉剂与抗氧化剂一起使用。

表1　常用防霉剂

防霉剂	作用及推荐剂量
甲酸	相比于常用的有机酸，甲酸杀菌抑菌能力更优。甲酸作为防霉剂使用时，常与其他防霉剂复配使用。甲酸与植酸酶联合使用具有协同作用。用量0.6%～1.2%
乙酸及乙酸盐类	双乙酸钠，有效成分为乙酸，对黑曲霉、黑根霉、黄曲霉、绿色木霉等的抑制效果优于山梨酸钾。0.1%～1.5%配合饲料，可保鲜3个月以上。脱氢乙酸，高效、广谱抗菌剂，在酸碱条件下均具有一定的抗菌作用，用量0.4～1.2kg/t
苯甲酸和苯甲酸钠	阻碍微生物代谢，抑制微生物生长和繁殖。苯甲酸用量0.1～0.3kg/t，苯甲酸钠0.5%～3%
丙酸及丙酸盐类	丙酸具有挥发性，在饲料贮存中可挥发产生丙酸气体，与饲料表面充分接触，抑菌均匀，可抑制酵母菌、细菌、霉菌，特别对好气性芽孢杆菌、黄曲霉有较好的抑制作用。有效用量低，一般为0.3%。建议添加1%～1.5%的丙酸来贮存水分含量高的玉米，0.1%的丙酸来贮存含水量为11%～12%的谷物。在南方夏季，雨水较多时，添加0.2%～0.4%的丙酸钙或丙酸钠
富马酸及其酯类	富马酸二甲酯、富马酸二乙酯等，酸性防霉剂，抗菌谱广。用量0.2%
山梨酸及山梨酸盐	山梨酸与微生物酶系统中的巯基结合，而破坏酶系统，抑制微生物代谢和细胞生长，从而抑菌；山梨酸还可在饲料表面形成一均匀的有机酸保护膜，阻止霉菌进入内层。对霉菌、酵母菌、好气性菌均有抑制作用，毒性小，防霉效果好，用量0.5～1.5kg/t
复合型防霉剂	广谱抗菌防霉，适用范围宽，如万香宝（由丙酸铵、乙酸、富马酸、山梨酸等多种有机酸组成）、克霉霸（由丙酸、乙酸、苯甲酸、氯化钠、磷酸钙等组成），还有克霉灵、克霉净和霉敌101等
植物源防霉剂	中草药、天然植物提取物、植物精油防霉剂等。绿色环保，功能全面，来源广阔

国内防霉剂的主要生产企业见表2。

表2　国内防霉剂主要生产企业

企业名称	产品名称
潍坊加易加生物科技有限公司	克霉灵、鲜活500
河南省瑞特利生物技术有限公司	丙酸
无锡大江中盛生物科技有限公司	丙酸、富马酸、双乙酸钠
齐河绿之源动物保健品有限公司	甲酸、双乙酸钠、丙酸、丙酸钙
济南品佳科技发展有限公司	丙酸、丙酸钙
江西兴鼎科技有限公司	丙酸钙

（续）

企业名称	产品名称
厦门牡丹饲料科技发展有限公司	丙酸、丙酸钙
广州立达尔生物科技股份有限公司	丙酸钙
北京大北农科技集团股份有限公司	山梨酸、富马酸、柠檬酸
安徽天浩生物技术有限责任公司	双乙酸钠、丙酸钙
诺伟司饲料添加剂（上海）有限公司	甲酸、甲酸铵、丙酸、乳酸
北京大鹰美尔农牧科技有限公司	复合植物源防霉剂
山东鲁西兽药股份有限公司	丙酸钙、双乙酸钠、甲酸钙

酸度调节剂

酸度调节剂，主要作用是维持或改变饲粮酸碱度，分单一或复合酸度调节剂。其中，复合酸度调节剂是由几种有机酸和无机酸复合而成，如“磷酸＋乳酸＋富马酸”“乳酸＋富马酸＋柠檬酸”等，能迅速降低饲料 pH，保持良好的缓冲值和生物功能，降低养殖成本。不同酸度调节剂间往往有协同作用，如较高浓度的乳酸能增强乙酸对大肠杆菌的毒性作用，复配酸度调节剂，可增强酸化能力和预防疾病的效果。

饲料中添加酸度调节剂可改善饲料酸结合力，促进胃内酶原活化，促进肠道微生态平衡，预防动物肠道病原微生物疾病，促进营养物质消化吸收，减慢食物在胃中的排空速度，增加蛋白质在胃中的停留时间，提高蛋白质消化率。此外，某些酸度调节剂的酸味是动物喜爱的味觉之一，可提高动物采食量，同时也可以掩盖饲料中某些不良味觉反应，提高饲料适口性。

柠檬酸是酸度调节剂中的代表产品，约占总耗量的 2/3，国内生产能力为 300 万 t/年。2013—2021 年，我国柠檬酸出口量呈上升趋势，2021 年 1—12 月出口量为 107 万 t，同比增长 13.2%，出口金额为 51 247.9 万美元，同比增长 89.9%；2022 年 1—12 月我国柠檬酸出口总量为 123 万 t，同比增长 15.1%；出口额 201 176.3 万美元，同比增长 85.8%；出口平均单价从 2021 年的 1 010 美元/t 上涨到 2022 年的 1 640 美元/t，同比增长 62.4%，创历史新高。乳酸是目前国家政策优先扶持和重点发展的产品，生产技术创新后劲十足，国际上的品牌知名度也得到迅速提升。我国现有乳酸生产厂家约 40 家，总生产能力超过 20 万 t/年。近年来，市场形势看好，年需求量增长 5%左右。此外，磷酸、碳酸钠等酸度调节剂国内产量也十分充足，完全可满足饲料工业的生产需要。国内主要饲用酸度调节剂生产企业情况见表 1。

表 1　国内主要饲用酸度调节剂生产企业情况

企业名称	产品名称
浙江海正生物材料股份有限公司	乳酸
湖南安化乳酸厂	乳酸
安徽中粮生化格拉特乳酸有限公司	乳酸
山东百盛生物科技有限公司	乳酸
郸城金丹乳酸实业有限公司	乳酸
中粮生物化学（安徽）股份有限公司	柠檬酸
山东柠檬生化有限公司	柠檬酸
宜兴协联生物化学有限公司	柠檬酸
广州先至饲料添加剂有限公司	柠檬酸、乳酸等
潍坊加易加生物科技有限公司	柠檬酸、乳酸等
河南省瑞特利生物技术有限公司	柠檬酸、乳酸等
北京大北农科技集团股份有限公司	柠檬酸、乳酸等
诺伟司饲料添加剂（上海）有限公司	柠檬酸、乳酸等

药物饲料添加剂

兽药在畜牧业预防、治疗和控制各类动物疫病方面发挥了重要作用，为人类安全和食品供应的可持续提供坚实的保障。兽药工业于 20 世纪中叶迅速崛起，经过多年的发展，国外兽药市场已经进入稳步发展时期。近年来，在全球人口的持续增长和食品需求的推动下，全球兽药行业市场规模稳步扩大。我国兽药工业起步晚于欧美等发达国家，自 20 世纪 90 年代起快速增长，随着兽药 GMP、GSP 等法律法规的实施，大量中小兽药企业退出市场，兽药行业的生产经营逐步规范，产品质量大幅度提高。2022 年 6 月新版兽药 GMP 的正式实施，对企业生产、产品应用提出了更高的要求，我国兽药行业正在由成长期向成熟期过渡。未来实现企业规模化、集约化经营，提高市场集中度，将是我国兽药市场的发展方向。

2022 年 11 月，农业农村部组织召开的全国兽用抗菌药综合治理工作推进视频会议指出，“十三五”

以来，狠抓兽用抗菌药综合治理和行业监管，实现用药总量和单位动物产品产出用药量“双降”、兽药产值和质量抽检合格率“双增”，成效显著。各级农业农村部门要围绕“防风险、护安全、保供给”，优化产业结构、加强科技创新、完善质量体系、严格监管执法，加快推进兽药行业高质量发展，努力实现企业强、技术强、质量强、监管强，加快完善法规制度和技术支撑体系建设，为促进兽药行业高质量发展提供坚强的政策和技术支持。

一、进一步落实国务院“放管服”改革精神要求，创新优化兽药审批服务

一是为提升兽药产品批准文号审批效率和服务质量，农业农村部对兽药产品批准文号审批工作进一步实施优化服务：对批准文号申报时部分“小”“微”申报材料不完善的情况，由“退回再报”改为“附条件批准”，减少企业同一产品申请次数。二是优化新兽药产品批准文号申请，促进科研成果转化，对新兽药注册产品的额文号申请，采取评审——文号联动审查机制，有效衔接注册和文号审批两项行政审批，实现对新兽药注册产品文号核发的“无缝对接”。此外，对兽用生物制品文号申请资料的审查及复核检验、比对试验目录产品文号申请资料的审查与专家评审，由“串联”顺序审查改为“并联”同步进行，大幅缩短了办理时间。三是积极应对新冠疫情影响，创建兽药GMP、GLP/GCP远程视频检查验收机制，制定远程视频检查方案和工作指南，明确适用情形、检查内容及有关要求，严把远程视频检查质量，确保远程视频检查工作取得实效。受疫情影响无法及时开展兽药GMP检查验收的省份实行兽药生产许可证核发告知承诺制，对体外兽医诊断制品和部分兽用中化药产品的生产许可，省级畜牧兽医主管部门可根据工作实际，依法依规对兽药生产许可证核发实施告知承诺制。

二、加强兽药质量监管，保障养殖环节用药安全

一是为了保障《兽药产品批准文号管理办法》的实施，农业农村部组织制定了《兽药比对试验目录（第五批）》及相关要求。第五批目录新增6个进口兽药品种、10个新兽药品种以及2个其他化药品种。此外，新目录对往批目录内容进行了修订：删除兽药比对试验目录（第一批）（农办医〔2016〕32号）“一、进口注册产品”中第28条非泼罗尼甲氧普烯双甲脒滴剂。明确了农业农村部公告第486号发布的托曲珠利内服混悬液、公告第539号和第548号发布的泰拉霉素注射液、公告第554号发布的布舍瑞林注射液、公告第559号发布的匹莫苯丹咀嚼片、公告第575号发布的头孢泊肟酯片，均为仿制药，须与原研品进行比对；取得《进口兽药注册证书》《新兽药注册证书》以及农业农村部公告发布的其他需进行比对的品种，对无法通过市场购买获得参比品的，可参照化学药品注册分类及注册资料要求（原料三类、制剂参照五类）进行文号申报，属于新兽药的须待其监测期满后方可申报。二是为了保障养殖环节用药安全，根据全国兽药质量监督抽检计划，农业农村部组织对兽药生产、经营和使用单位进行了兽药质量监督抽检，同时对日常监管中发现存在风险隐患生产企业的相关兽药产品进行了跟踪检验。2021年第四季度至2022年前三季度共抽检生物制品251批、非生物制品9 788批，部级追踪1 215批，抽检合格产品相关信息可在中国兽药信息网查询，对不合格产品的被抽样单位和标称兽药生产企业根据法规要求进行相应处理处罚。三是为防范兽药质量风险、遏制兽药产品中非法添加，2022年农业农村部组织制定了复方麻黄散中非法添加喹烯酮、恩诺沙星注射液中非法添加呋塞米、硫酸新霉素可溶性粉中非法添加苯并咪唑和大环内酯类抗寄生虫药物3项检查方法，有力促进了兽药质量安全、食品安全和公共卫生安全。

三、细化兽药评审制度措施，优化评审工作流程，促进兽药行业高质量发展

一是及时分析兽药注册专职评审以来发现的问题与不足，细化专职评审改革相关人员考核、评审专家管理、信息化建设、指导原则与技术标准发布、纪律管理等制度，责任到人，协调推进，以高效率高质量推进兽药评审体系建立。构建成“依法合规、职责明确、协调有力、衔接有序、科学规范、便民高效”的兽药注册评审工作新格局。二是加快推进兽药注册技术指导原则制修订，为研发企业提供参考。2022年农业农村部兽药评审中心聚焦研发需求，制定并发布了《兽用化学药品注射剂灭菌和无菌工艺研究及验证指导原则》《证候类中兽药临床研究技术指导原则》《兽用化学药品血药浓度法生物等效性试验技术指导原则》等6个兽用中化药相关技术指导原则以及十余个兽用生物制品相关指导原则。三是评审沟通“放管服”，解决注册申请人“急难愁盼”。兽药评审中心建立沟通交流机制，实施“兽药评审接待日”、增设“兽药评审指南”网络模块，加强与申请人沟通交流，及时解答难点问题，为评审工作高效运转和评审质量全面提升创造有利条件，为申请人提供全链条、全方位的高质量服务。

2022年农业农村部批准注册兽药品种（兽用化学药品、兽用中药）简述：

1. 泰拉霉素注射液。本品无色至微黄色澄明液体。属于大环内酯类抗生素，通过与细菌核糖体RNA选择性地结合来抑制必需蛋白质的生物合成。它们通过在易位过程中促进多肽- tRNA从核糖体解离而起作用。与其他许多大环内酯类抗生素不同的是，它的药物作用保持时间较长，部分原因是其结构中有3个氨基基团。泰拉霉素在体外可有效抑制牛溶血巴氏杆菌、多杀性巴氏杆菌、睡眠嗜血杆菌和牛支原体以及猪胸膜肺炎放线杆菌、多杀性巴氏杆菌和肺炎支原体。本品用于治疗和预防对泰拉霉素敏感的溶血巴氏杆菌、多杀巴氏杆菌、睡眠嗜血杆菌和支原体引起的牛呼吸道疾病；治疗和预防对泰拉霉素敏感的胸膜肺炎放线杆菌、多杀巴氏杆菌和肺炎支原体引起的猪呼吸道疾病。以泰拉霉素计。皮下注射：一次量，每1kg体重，牛2.5mg（相当于1mL/40kg体重）。每个注射部位的给药剂量不超过7.5mL。颈部肌内注射：一次量，每1kg体重，猪2.5mg（相当于1mL/40kg体重）。每个注射部位的给药剂量不超过2mL。牛皮下注射本品时，常会引起注射部位出现短暂性的疼痛反应和局部肿胀，而局部肿胀可持续长达30日。猪肌内注射后未见上述反应。在注射后约30日内，两种动物的注射部位仍有组织病理变化。不得用于对大环内酯类抗生素过敏的动物、不能与其他大环内酯类抗生素或林可霉素同时使用、不得用于供生产人用乳品的泌乳期奶牛、不得用于预计在2个月内分娩的可能生产人用乳品的受孕母牛。休药期牛49日，猪33日。由山东鲁抗舍里乐药业有限公司高新区分公司申请注册获得批准。艾美科健（中国）生物医药有限公司和天津市中升挑战生物科技有限公司、浙江海正动物保健品有限公司申请注册的同品种获得批准。

2. 布舍瑞林注射液。本品为无色澄明液体。促性腺激素释放激素的一种合成类似物，其活性与天然促性腺激素释放激素（GnRH）相似，可刺激垂体释放促卵泡素（FSH）和黄体生成素（LH）到血液中，给药剂量高于临床推荐剂量不会进一步刺激释放FSH和LH。同时刺激性腺类固醇分泌，用于母猪集中排卵、奶牛同期发情等。本品用于诱导母猪排卵，提高奶牛受孕率。本品仅用于健康猪，且至少发情过一次的性成熟母猪，不得用于受孕和哺乳期母猪。不按推荐方案使用本品可能导致卵泡囊肿的形成，从而可能对生育力产生不良影响。休药期牛、猪0日，牛奶0h。由宁波三生生物科技股份有限公司和中国农业大学联合申请注册获得批准。宁波第二激素厂申请注册的同品种获得批准。

3. 卡贝缩宫素注射液。本品为无色澄明液体。属于子宫收缩药。本品为垂体后叶激素缩宫素的合成类似物，与雌性生殖器官的平滑肌纤维的特定受体结合，刺激钙流入并抑制ATP依赖性钙流出，从而来改善其收缩性。使不规律的弱宫缩变成有规律的强宫缩。本品刺激子宫收缩促进分娩、促进产后子宫复旧及排除病理性子宫内容物（胎盘滞留、不完全流产）等。此外，卡贝缩宫素可以作用于乳腺，促进腺泡和小乳腺管周围的肌上皮细胞收缩，松弛乳头括约肌，促进排乳；用于母牛产后子宫收缩迟缓及胎衣不下。以本品计。肌内注射：一次量，母牛娩出犊牛后注射5mL（卡贝缩宫素0.35mg）。如果宫口未开或有机械原因导致分娩延迟，如产道阻塞、胎位和胎势异常、产时抽搐、子宫破裂、子宫扭转、胎儿相对过大或产道畸形时，严禁用于催产。两次注射间隔不应少于24h。由宁波第二激素厂申请注册获得批准。

4. 托芬那酸片。本品为白色片。本品为解热镇痛、非甾体抗炎药（NSAID），是邻氨基苯甲酸的衍生物，经人工合成，属于甲芬灭酸类化合物，该药物具有非甾体结构，能够发挥抗炎、抗渗出和止痛及解热作用。托芬那酸的主要作用机制和其他非甾体药物相同，通过抑制环氧化酶，来阻断重要的炎性介质花生四烯酸合成前列腺素。托芬那酸也可能存在其他作用机制，体内和体外研究显示，托芬那酸都可以抑制由中性粒细胞（PMNs）生成白三烯LTB4。用于治疗猫发热综合征、犬炎症的急性期以及慢性运动系统疾病的疼痛。以托芬那酸计。内服：每1kg体重，犬、猫4mg，一日1次，连用3日。犬可以长期给药（连续3日给药，停药4日，持续13周）。对患有心脏病或肝病的动物，可能引起消化道溃疡或出血、血质不调等，勿使用本品。对本品过敏的动物勿使用本品。对小于6周龄的动物或老年动物使用本品时，应考虑额外风险。如必须使用时，应酌情减量并进行临床监测。对患有脱水、低血容或低血压的动物应避免使用本品，会增加潜在的肾脏毒性风险。禁用于肾功能不全的急性期。妊娠期动物慎用。由法国威隆制药股份有限公司申请注册获得批准。

5. 匹莫苯丹咀嚼片。本品为褐色椭圆形片，中部有刻痕。属于苯并咪唑哒嗪酮衍生物，是一种非拟交感非苷类正性肌力药物，通过增强心肌纤维对钙离子的敏感性和抑制磷酸二酯酶（Ⅲ型）活性发挥正向肌力作用，同时可通过抑制磷酸二酯酶起到舒张血管的作用。匹莫苯丹与利尿药呋塞米等联合使用，可有效改善扩张型心肌疾病犬或心脏瓣膜关闭不全病犬的生活质量和延长预期寿命。单独使用治疗大型种犬临床前扩张型心肌病（无症状，经超声心动图诊断伴随左心室收缩末期和舒张末期直径加大）时，匹莫苯丹可延迟犬发生心力衰竭或突然死亡的年龄，并延长犬的存活时间。治疗犬临床前黏液瘤性二尖瓣疾病（无症状的心脏收缩期二尖瓣杂音和心脏增大）时，匹莫苯丹可使心脏体积减小。犬发生心力衰竭临床症状或心源性死亡的时间延长约15个月，同时心脏体积减小，总生存时间延长约170天。用于治疗由心脏瓣膜关闭不全（二尖瓣和/或三尖瓣反流）或扩张型心肌病引起的犬充血性心力衰竭；用于大型犬临床前扩张型心肌病（无症状，经超声心动图诊断伴随左心室收缩末期和舒张末期直径加大）的治疗；用于治疗犬临床前黏液瘤性二尖瓣疾病（无症状的心脏收缩期二尖瓣杂音和心脏增大），延缓充血性心力衰竭临床症状的发生。以匹莫苯丹计。内服：每1kg体重，犬0.25mg，一日2次。极少数患犬中可能发生轻微的心率加快和呕吐，与给药剂量相关，减小剂量后症状可自行消失。极少数患犬可能出现短暂的腹泻、厌食或昏睡。在极少数患犬中可能影响初期止血作用（黏膜出血或皮下出血），目前尚不确定与匹莫苯丹相关，但在停止治疗后可自行恢复。在极少数情况，治疗犬二尖瓣疾病可能引起二尖瓣反流增加。禁用于肥大型心肌病或由临床非功能性或生理性原因（如大动脉狭窄）不宜增加心输出量的患犬；由于本品主要经肝脏代谢，禁用于严重肝功能不全的患犬。尚未有用于受孕或哺乳期母犬的安全性研究数据，应在兽医进行利益/风险评估指导下使用。用于治疗已有糖尿病患犬时应定期测定血糖。由北京卫宠医药科技有限公司、北京广博德赛医药技术开发有限责任公司、齐鲁动物保健品有限公司、浙江海正动物保健品有限公司联合申请注册获得批准。

6. 盐酸特比萘芬搽剂。本品为无色至淡黄色澄清液体。本品属于丙烯胺类抗真菌药，主要是通过抑制真菌角鲨烯环氧化酶影响真菌细胞膜的生成，发挥杀灭和抑制真菌的作用。特比萘芬抗菌谱较广，体外抑菌表明对念珠菌、癣菌、霉菌、孢子丝菌等多种真菌有抑制或杀灭作用，其中最敏感者为皮肤癣菌。药物具有强亲脂性，蓄积于皮肤深层，停药后仍能持续发挥药效。药物在皮肤、毛发等组织浓度较高，能渗入并储存于皮肤角质层和新生的毛发、指（趾）甲角质部分。本品用于治疗犬由犬小孢子菌引起的真菌性皮肤病。外用。将本品涂于犬皮肤患处及其周围，$0.5mg/cm^2$（约1滴/cm^2），一日2次，连用14日。用药前请清洁患处。偶在用药部位出现刺痛感，犬会出现轻微挣扎现象，不必停药。过敏反应较少发生，发生后请立即停药。对本品过敏的犬不得使用。由于缺乏对受孕犬和哺乳犬的相关试验研究，因此不推荐使用，或遵医嘱使用。由南京金盾动物药业有限责任公司、河北远征药业有限公司、南京福润德动物药业有限公司、南京金盾生物技术有限公司联合申请注册获得批准。

7. 亚甲基水杨酸杆菌肽预混剂。本品为淡黄色至淡褐色粉末或颗粒。杆菌肽通过非特异性的阻断磷酸化酶反应，抑制细菌的黏肽合成而产生抗菌作用。杆菌肽对大多数革兰氏阳性菌如金黄色葡萄球菌、链球菌、肠球菌、梭状芽孢杆菌和棒状杆菌等具有良好的抗菌活性，对放线菌和螺旋体亦有效。敏感菌对其很少产生耐药现象。本品用于控制产气荚膜梭菌引起的肉鸡坏死性肠炎。以杆菌肽计。混饲：每1 000kg饲料，肉鸡200g，连用7日。不得用于种禽。休药期0日。由绿康生化股份有限公司申请注册获得批准。

8. 复方布他磷注射液。本品为粉红色澄明液体。磷补充剂。以单纯的物理刺激模式增强机体各部位的同化作用。布他磷的作用：可刺激ADP-ATP循环，促进肝脏功能，帮助肌肉运动系统疲劳恢复，降低应激反应。维生素B_{12}的作用：具有转甲基作用，参与碳水化合物、脂肪等多种代谢，参与必需氨基酸和蛋白质的生物合成，促进红细胞的发育和成熟。本品用于动物急、慢性代谢紊乱疾病。以本品计。肌内或皮下注射：一次量，牛10～25mL，猪2.5～10mL，犬1～2.5mL。犊牛、仔猪相应减半。本品对注射部位有轻微的刺激性。由华南农业大学、青岛农业大学、华北制药集团动物保健品有限责任公司、山东鲁抗舍里乐药业有限公司高新区分公司、江苏恒丰强生物技术有限公司、金河牧星（重庆）生物科技有限公司、广东温氏大华农生物科技有限公司动物保健品厂、保定九孚生化有限公司、天津市中升挑战生物科技有限公司联合申请注册获得批准。

9. 碘混合溶液。本品为红棕色至黑褐色液体，黏稠，具有碘的特臭。本品是主要成分为碘的消毒剂。碘具有强大的杀菌作用，其原理是碘化和氧化菌体蛋白的活性基团，并与氨基酸结合而导致蛋白变性或抑制菌体的代谢酶系统。本品对引起乳腺炎的病原体如金黄色葡萄球菌、无乳链球菌等有较强的杀灭作用。用于泌乳期奶牛的乳头消毒。以本品计。挤奶前，1份原液加19份水，混匀外用，使用稀释后药液浸渍或喷雾每个乳头，确保药液覆盖至少四分之三的乳头，作用15～30s后，用纸巾将乳头擦干。挤奶后，1份原液加9份水，混匀外用，使用稀释后药液浸渍或喷雾每个乳头，确保药液覆盖至少四分之三的乳头。药液应现用现配，仅限外用，禁与其他化学物质混合使用。由中国农业科学院饲料研究所和利拉伐（天津）有限公司联合申请注册获得批准。

10. 美洛昔康内服混悬液。本品为微带绿色的浅黄色黏稠混悬液。本品为解热镇痛非甾体抗炎药(NSAIDs)，主要通过抑制环氧化酶（COX）的活性，减少前列腺素的产生而发挥其镇痛作用。本品能选择性地抑制环氧化酶-2（COX-2），而对环氧化酶-1（COX-1）的抑制作用较轻。因此，与非选择性抑制COX-2的NASIDs相比，本品对胃肠道或肾脏的不良反应较轻。本品用于减缓犬急性和慢性肌肉骨骼疾病引起的炎症和疼痛。按美洛昔康计。内服：初始剂量每1kg体重0.2mg，维持剂量每1kg体重0.1mg，每日一次（间隔24h）。初始剂量也可选用美洛昔康注射液，静脉或皮下注射：每1kg体重0.2mg。偶见典型的非甾体抗炎药物副作用，例如食欲减退、呕吐、腹泻、粪便隐血、嗜睡、肾衰竭报道；极少数情况下会发生过敏性反应；极罕见的情况下，肝脏酶升高，犬发生出血性腹泻、呕血和胃肠道溃疡。犬的副反应通常发生在最初治疗的一周，为一过性的反应，极少引起死亡。禁用于受孕或哺乳犬、6周龄以下的犬。禁用于胃肠道疾病、肝脏、心脏或肾功能受损及出血异常的犬。禁用于对本品过敏的犬。严禁与糖皮质激素、其他非甾体抗炎药、利尿药、抗凝血药等联合使用。本品有潜在的肾脏毒性风险，避免用于脱水、低血容量或者低血压的犬。由德国勃林格殷格翰动物保健有限公司申请注册获得批准。

11. 乐替拉纳咀嚼片。本品为带有褐色斑点的白色至米黄色圆形片。泰地罗新异噁唑啉类的体外抗寄生虫药，通过抑制γ-氨基丁酸（GABA）门控氯离子通道，导致昆虫出现阵挛性麻痹引起死亡。乐替拉纳是异噁唑啉类药物的一种纯的对应异构体，对跳蚤（猫栉首蚤和犬栉首蚤）以及蜱虫（网纹革蜱、六角形硬蜱、篦子硬蜱和血红扇头蜱等）具有快速和持久的杀灭活性。对有机氯杀虫剂（环戊二烯类杀虫剂，如狄氏剂）、苯基吡唑类杀虫剂（如非泼罗尼）、新烟碱类杀虫剂（如吡虫啉）、甲脒类杀虫剂（如双甲醚）和拟除虫菊酯类杀虫剂（如氯氰菊酯）的耐药性并不影响乐替拉纳的活性。对于跳蚤，使用本品后，药物活性成分与跳蚤接触4小时内即可产生杀灭活性，效力可持续一个月。给药后6小时内可杀死给药前附着在犬身上的跳蚤。对于蜱虫，使用本品后，药物活性成分与蜱虫接触48小时内即可产生杀灭活性，效力可持续一个月。在给药后8小时内，给药前附着在犬身上的篦子硬蜱等可被杀灭。对于给药前犬身上已经存在和给药后新感染的跳蚤，本品可在跳蚤产卵前将其杀灭。因此，本品能阻断跳蚤的生命周期，预防犬在活动区域中被环境中的跳蚤感染。本品用于治疗犬跳蚤、蜱虫感染。本品可以作为控制跳蚤过敏性皮炎（FAD）方案的一部分来应用。以乐替拉纳计。口服：每1kg体重，犬20～43mg，每月1次。罕见报告有轻微的和短暂的胃肠道表现（呕吐、腹泻、厌食）和昏睡。这些症状在停药后能自行恢复。罕见可能有震颤、共济失调或者惊厥等神经性症状，在大多数病例中这些症状都是短暂的。8周龄以下和/或体重1.3kg以下的犬需根据兽医意见谨慎使用。尚未确定本品在妊娠和泌乳犬、种犬中的安全性，需根据兽医意见谨慎使用。由美国礼蓝动物保健有限公司申请注册获得批准。

12. 芬苯达唑混悬液。本品为白色或类白色混悬液。芬苯达唑属苯并咪唑类驱虫药。细胞微管与细胞分裂、细胞形态的维持、细胞运动、细胞分泌、养分吸收和细胞内转运均有关，芬苯达唑可与寄生虫β-微管蛋白结合，破坏微管蛋白和微管之间的动态平衡，进而在细胞水平上导致与微管结构有关的所有功能发生改变，最终使蠕虫因饥饿而死亡。用于治疗鸡蛔虫（L5期幼虫和成虫）和异刺线虫（L5期幼虫和成虫）感染，用于治疗猪蛔虫（成虫前幼虫及成虫）、食管口线虫（成虫）和鞭虫（成虫）感染。以本品计。鸡，混饮：每1kg体重0.005mL，一日1次，连用5日。猪，混饮：每1kg体重0.012 5mL，治疗猪蛔虫与食管口线虫感染，一日1次，连用2日；治疗猪鞭虫感染，一日1次，连用3日。未对小于3周龄的鸡进行安全性试验和临床试验，故小于3周龄的鸡应在兽医指导下使用本品。在推荐剂量下对鸡毛细线虫感染无效。休药期，猪4日；鸡6日，弃蛋期0日。由英特威国际有限公司申请注册获得批准。

13. 伊维菌素吡喹酮咀嚼片。本品为白色片。伊维菌素对体内线虫具有良好的驱杀作用。其驱虫作用机制为促进突触前神经元释放γ-氨基丁酸（GABA），从而打开GABA介导的氯离子通道。伊维菌素对无脊椎动物神经和肌肉细胞位于GABA介导位点附近的谷氨酸介导的氯离子通道也具有选择性和高亲和力，从而干扰神经肌肉间的信号传递，使虫体松弛麻痹，导致虫体死亡或被排出体外。线虫的抑制性中间神经元和兴奋性运动神经元是其作用部位。吡喹酮具有抗绦虫作用，对各种绦虫的成虫具有极高的活性，对幼虫也具有良好的活性。吡喹酮对绦虫的具体作用机制尚不明确，可能是其与虫体包膜的磷脂相互作用，结果导致钠、钾与钙离子流出。在体外，低浓度吡喹酮可损伤绦虫的吸盘功能并兴奋虫体的蠕动，较高浓度则可增强绦虫链体（节片链）的收缩（在极高浓度时为不可逆收缩）。此外，吡喹酮可引起绦虫包膜特殊部位形成灶性空泡，继而使虫体裂解。本品用于治疗犬线虫感染和绦虫感染。以本品计。内服：一次量，犬每10kg体重，1片，仅用一次。多药耐药基因缺陷犬（如柯利犬）对伊维菌素敏感，因此柯利犬不得使用。心丝虫感染犬不建议使用，4周龄以内幼犬慎用；大剂量连续服用时，犬可能出现肝毒性。由中国农业大学、瑞普（天津）生物药业有限公司、佛山市南海东方澳龙制药有限公司联合申请注册获得批准。

14. 头孢泊肟酯片。本品为类白色片。头孢泊肟酯为内服广谱第三代头孢菌素类抗生素，经胃肠道吸收后经酶解水解为头孢泊肟发挥抗菌作用，对革兰氏阳性菌和阴性菌均有效。本品的作用机制为抑制细胞壁的合成而达到杀菌作用。敏感菌主要有葡萄球菌、链球菌和革兰氏阴性菌（如巴氏杆菌、变形杆菌和埃希氏菌）。本品对大多数专性厌氧菌（如假单胞菌或肠球菌）无抗菌活性。用于治疗犬由金黄色葡萄球菌、中间型葡萄球菌、犬链球菌、大肠杆菌、多杀性巴氏杆菌和奇异变形杆菌等引起的皮肤感染（创伤与脓肿）。以头孢泊肟计。口服：每 1kg 体重，犬 5～10mg。每日 1 次，连用 5～7 日，或连用至临床症状消失后 2～3 日，最长可连用 28 日。偶见呕吐、腹泻、多饮和食欲下降的症状。禁用于已知对头孢泊肟或β-内酰胺类（青霉素类和头孢菌素类）抗生素过敏的犬。头孢泊肟酯在育种犬、妊娠犬或哺乳母犬中的安全性尚未得到证实。由湖北回盛生物科技有限公司、江苏朗博特动物药品有限公司、江西省保灵动物保健品有限公司、武汉回盛生物科技股份有限公司、江苏优力维生物医药有限公司、佛山市南海东方澳龙制药有限公司、长沙施比龙动物药业有限公司联合申请注册获得批准。

15. 二丙酸咪多卡注射液。本品为几乎无色至淡黄色的澄明液体，有特臭。咪多卡可直接作用于寄生虫，引起核酸在数量和大小上发生变化以及细胞形态学上发生改变。抗原虫活性来源于碳酰胺对寄生虫的糖酵解发挥作用，引起宿主血糖降低，能选择性抑制寄生虫 DNA 的复制。用于治疗和预防肉牛巴贝斯虫病。以咪多卡计，皮下注射：治疗用量为每 1kg 体重，肉牛 0.85mg（相当于每 100kg 体重，肉牛 1mL）；预防用量为每 1kg 体重，肉牛 2.125mg（相当于每 100kg 体重，肉牛 2.5mL）。给药后动物可能表现出类胆碱的症状。盐酸阿托品治疗可能会缓解副作用。不得用于静脉注射或肌内注射，每个注射位点注射体积不多于 10mL；不得重复给药和过量给药。休药期，牛 224 日。由中国农业科学院饲料研究所、齐鲁动物保健品有限公司、山东德州神牛药业有限公司、河北威远动物药业有限公司联合申请注册获得批准。

16. 非泼罗尼吡丙醚滴剂。本品为无色至淡黄色的澄清液体。吡丙醚是一种昆虫生长调节剂（IGR），为昆虫保幼激素类似物，可使成年跳蚤失去产卵能力并抑制幼蚤的发育。接触后，通过阻止卵、幼虫和蛹的发育，防止成虫的出现。成年跳蚤接触、摄入后，在卵成熟和产卵前可抑制虫卵的发育，可阻止跳蚤卵和幼虫侵染动物，防止二次感染。非泼罗尼是苯吡唑类新型杀虫剂。与昆虫中枢神经细胞膜上的γ-氨基丁酸（GABA）受体结合，关闭神经细胞的氯离子通道，从而干扰中枢神经系统的正常功能而导致昆虫死亡。主要是通过喂毒和触杀起作用，也具有一定的内吸作用。用于驱杀犬体表的跳蚤成虫、幼虫、卵和蜱。外用。滴于皮肤：用手分开犬颈背部毛发，裸露皮肤，将药液沿短线均匀滴于皮肤表面，每月给药一次。极少数患犬会在用药部位出现一过性皮肤过敏症状（脱屑、掉毛、瘙痒和红疹），极罕见敏感体质的犬使用后可能出现可逆性神经症状（感觉异常、抑郁等）、呕吐或者呼吸体征变化。10 周龄以下和/或体重不足 2kg 的犬慎用，生病或虚弱的动物慎用。非泼罗尼和吡丙醚的实验室研究未显示致畸性或胚胎毒性作用，但未对犬进行致畸研究，妊娠和哺乳期犬应经兽医风险/利益评估后使用本品。由瑞普（天津）生物药业有限公司与天津瑞普生物技术股份有限公司联合申请注册获得批准。

17. 卡洛芬咀嚼片。本品为淡棕色片。卡洛芬是一种非甾体类抗炎药，具有解热、镇痛、抗炎作用，其作用机制与抑制环氧酶活性有关。卡洛芬可选择性地抑制 COX-2，从而抑制前列腺素合成。卡洛芬还可抑制大鼠的多形核白细胞（PMN）中几种前列腺素的释放，表明可抑制急性（PMN 系统）和慢性（滑膜细胞系统）炎症反应。卡洛芬对体液免疫和细胞免疫反应有调节作用。卡洛芬通过抑制前列腺素的生物合成，对破骨细胞激活因子（OAF）、前列腺素 E_1 和前列腺素 E_2 生成具有抑制作用。用于缓解犬骨关节炎引起的疼痛和炎症，用于软组织和骨外科手术的术后镇痛。以卡洛芬计。内服：每 1kg 体重，犬 4.4mg，一日 1 次；或每 1kg 体重，犬 2.2mg，一日 2 次。禁用于对本品过敏的犬；用于 6 周龄以下或老年犬时，可能出现其他风险，在使用时，应降低使用剂量并加以临床管理；禁用于妊娠、配种或哺乳期的犬；禁用于具有出血性疾病（如血友病等）的犬，因在这类患犬中安全性尚未确定；禁用于脱水、肾功能、心血管和/或肝功能不全的犬，或与利尿药合用治疗，可能增加肾脏毒性，与具有潜在肾脏毒性药物合用时应慎用并进行监测；禁止与其他抗炎药（如其他非甾体类抗炎药或皮质类固醇药）合用，合用有可能增加胃肠道溃疡和/或穿孔等风险。由北京宇和金兴生物医药有限公司、浙江海正动物保健品有限公司、山东德州神牛药业有限公司、齐鲁动物保健品有限公司、齐鲁晟华制药有限公司、洛阳惠中兽药有限公司、杭州润宠归美生物科技有限公司、河北远征禾木药业有限公司、宜昌三峡制药有限公司联合申请注册获得批准。

18. 复方非泼罗尼滴剂（犬用）。本品为淡黄色的澄清液体。非泼罗尼是一种对多种害虫具有防治效果的广谱杀虫药。与昆虫中枢神经细胞膜上的γ-氨基丁酸（GABA）受体结合，关闭神经细胞的氯离子通道，从而干扰中枢神经系统的正常功能而导致昆虫死亡。主要通过喂毒和触杀起作用，也具有一定的内吸作用。甲氧普烯是昆虫的生长调节剂（IGR），是昆虫保幼激素的同类物，对未成熟阶段昆虫的发育有抑制作用。这种药物与保幼激素的作用机制相类似，可导致昆虫发育受阻和发育阶段的跳蚤死亡。甲氧普烯对动物体上的卵的作用机制主要包括：通过直接渗透作用穿过卵壁进入新生跳蚤卵或者通过跳蚤成虫角质上皮的吸收而进入卵内。甲氧普烯对跳蚤幼虫和蛹的发育也有很强的抑制作用。用于驱杀犬体表的成年跳蚤，跳蚤卵、幼虫和蜱。外用：滴于皮肤。体重10kg以下的犬使用0.67mL一管，体重10～20kg的犬使用1.34mL一管，体重20～40kg的犬使用2.68mL一管，体重40kg以上的犬使用2.68mL一管加另一相应小管。舔食药液的犬会出现短时流涎，主要是由于药物载体中含酒精成分所致。不得用于8周龄以下的犬；请勿在一个月内重复使用本品；过敏的个体虽少见，但仍可能发生。对于用药的局部可能有刺激作用。如果刺激长时间存在，或越来越严重，应立即与兽医联系。由浙江海正动物保健品有限公司申请注册获得批准。

19. 复方非泼罗尼滴剂（猫用）。本品为淡黄色的澄清液体。非泼罗尼是一种对多种害虫具有防治效果的广谱杀虫药。与昆虫中枢神经细胞膜上的γ-氨基丁酸（GABA）受体结合，关闭神经细胞的氯离子通道，从而干扰中枢神经系统的正常功能而导致昆虫死亡。主要通过喂毒和触杀起作用，也具有一定的内吸作用。甲氧普烯是昆虫的生长调节剂（IGR），是昆虫保幼激素的同类物，对未成熟阶段昆虫的发育有抑制作用。这种药物与保幼激素的作用机制相类似，可导致昆虫发育受阻和发育阶段的跳蚤死亡。甲氧普烯对动物体上的卵的作用机制主要包括：通过直接渗透作用穿过卵壁进入新生跳蚤卵或者通过跳蚤成虫角质上皮的吸收而进入卵内。甲氧普烯对跳蚤幼虫和蛹的发育也有很强的抑制作用。用于驱杀猫体表的成年跳蚤、跳蚤卵、幼虫。外用：滴于皮肤，每只猫使用0.5mL一管。舔食药液的猫会出现短时流涎，主要是由于药物载体中含酒精成分所致。不得用于8周龄以下的猫；请勿在一个月内重复使用本品；过敏的个体虽少见，但仍可能发生。对于用药的局部可能有刺激作用。如果刺激长时间存在，或越来越严重，应立即与兽医联系。由浙江海正动物保健品有限公司申请注册获得批准。

20. 多聚甲醛粉。本品为白色或类白色粉末，有刺激性气味。多聚甲醛遇热解聚产生甲醛气体，能使微生物蛋白质凝固变性，使病原微生物死亡。甲醛能杀死细菌繁殖体、芽孢（如炭疽芽孢）、结核杆菌、病毒及真菌等。主要用于畜禽舍、饲养用具、孵化室、种蛋等的熏蒸消毒。以本品计。熏蒸消毒：保持舍内温度18℃以上，相对湿度75%RH以上，将本品均匀铺在专用熏蒸器中（或平底容器内，置于热源上），加热至多聚甲醛完全解聚即可。对畜禽舍消毒使用1.5～3g/m^3，熏蒸12小时；对孵化室、种蛋消毒使用4g/m^3，熏蒸30分钟；洗涤室、运雏箱、运货车6g/m^3，熏蒸1小时。由山东润华兽药有限公司申请注册获得批准。

21. 利福昔明乳房注入剂（泌乳期）。本品为橙红色至暗红色的混悬液；久置分层，充分振摇后能均匀分散。属于利福霉素类抗生素，是利福霉素SV的半合成衍生物。其主要通过与细菌DNA依赖RNA聚合酶的β-亚单位不可逆地结合，抑制细菌RNA的合成，最终抑制细菌蛋白质的合成。由于其与酶的结合是不可逆的，所以其活性为对敏感菌的杀菌活性。利福昔明对多数革兰氏阳性菌和革兰氏阴性菌，包括需氧菌和厌氧菌的感染具有杀菌作用。用于治疗和控制由金黄色葡萄球菌、无乳链球菌、大肠埃希菌引起的泌乳期奶牛乳腺炎。以本品计。乳管注入：泌乳期奶牛，挤奶后每乳室1支，间隔12小时给药1次，连用3次。使用本品后，未对牛奶之外的可食性组织中兽药残留进行安全性考察，不得食用。弃奶期96小时。由中国农业科学院饲料研究所、广东温氏大华农生物科技有限公司动物保健品厂、华秦源（杨凌）生物科技有限公司、齐鲁动物保健品有限公司联合申请注册获得批准。

22. 双葛止泻颗粒。本品为金银花、葛根等经提取制成的颗粒，具有清热解毒、燥湿止泻之功能，主治鸡湿热泄泻，证见黄白色或黄绿色稀便等。混饮：每1kg体重，鸡0.25g，每日一次，连用5日。由洛阳惠中兽药有限公司、洛阳瑞华动物保健品有限公司、洛阳惠德生物工程有限公司、普莱柯生物工程股份有限公司、河南新正好生物工程有限公司、济南亿民动物药业有限公司6家单位联合申请注册获得批准。

23. 太子参须散。本品为太子参须加工制成，补气健脾，增强机体免疫功能，主要用于增强免疫低下仔猪对猪瘟疫苗的免疫应答。混饲：一次量，每1kg体重，仔猪0.5g，一日2次，猪瘟疫苗免疫前3日给药，连用7日。由西南大学、福建贝迪药业有限公司、河南官渡生物工程有限公司、四川华蜀动物药业有限公司、河北征宇制药有限公司、福建宁德贝迪生物科技有限公司、山东华农生物制药有限公司联合申请注册获得批准。

24. 穿心莲内酯磺化物注射液。本品为淡黄色至黄绿色的澄明液体，解热，镇痛，抗炎。用于猪支原体肺炎的辅助治疗。肌内注射：每 1kg 体重，猪 5mg，一日 1 次，连用 3 日。由四川育强科技有限公司、广西英路维特药物有限公司、江西派尼生物药业有限公司、大理金明动物药业有限公司、四川鼎尖动物药业有限责任公司、成都宠天乐药业有限公司、北海牧丰生物制药有限公司、河北远征禾木药业有限公司、瑞普（天津）生物药业有限公司、江西中医药大学、四川育强本草生物技术有限公司、四川百草精工生物科技有限公司、四川省兽药监察所联合申请注册获得批准。

25. 苦白石颗粒。本品为苦参、白头翁等经提取制成的浅黄棕色至红棕色颗粒，气微，味甜、微苦。具有清热燥湿，涩肠止泻之功能，主治仔猪湿热泻痢。灌服：每 1kg 体重，仔猪 0.5g，连用 5 日。由西安雨田农业科技股份有限公司、河南白云牧港生物科技有限公司、湖北武当动物药业有限责任公司、四川通达动物保健科技有限公司、河南牧业经济学院、济南亿民动物药业有限公司、山东中牧兽药有限公司联合申请注册获得批准。

（徐　倩　汪　霞　段文龙　梁先明）

饲料酶制剂

饲用酶制剂是绿色环保的饲料添加剂，可以帮助养殖动物消化饲料中的抗营养因子，释放营养成分，提高非常规饲料原来的添加比例，降低饲料成本。随着研究的深入，饲用酶制剂在非营养领域应用，如动物肠道健康、抗氧化等方面的作用突显，饲料酶制剂已成为常规添加剂。

一、饲用酶制剂产量

据调查统计，2022 年饲用酶制剂销量呈个别品种增长，总体同比降低 15%～20%，与全国饲料总量的同比趋势相近，主要原因如下。

1. 畜产品终端价格下行，影响饲料产量。2022 年受到新冠疫情和非洲猪瘟的双重影响，畜产品肉蛋奶价格下行，导致饲料产量下降，影响酶制剂的销售与应用。

2. 水产植酸酶应用量增加。由于磷酸二氢钙的价格飞涨，水产料中应用植酸酶来降低饲料生产成本，使得 2022 年水产植酸酶量有 10%～15%的增加。水产料大概添加 2%磷酸二氢钙，应用水产植酸酶可以减少 3～8kg/t 的添加量，降低 20～30 元/t 的饲料成本。但是由于各个厂家的水产植酶耐温性和分解植酸的能力不同，导致还有些饲料厂不敢用，因此，通过提升水产植酸酶的耐温性等性能，还有较大的增长空间。溢多利的水产植酸酶最适 pH 为中性，适合应用于鱼类，有较高的耐温性，2022 年有 20%的增长。

3. 功能性新酶种的使用增加。除了消化酶的 NSP 酶的广泛应用，2022 年功能性的酶类如葡萄糖氧化酶、过氧化氢酶等酶种的应用量增加。这些酶表现出非营养的功能，比如葡萄糖氧化酶对肠道健康的作用，过氧化氢酶的抗氧化功能等。随着研究的深入，葡萄糖氧化酶的许多功能被挖掘出来，估计在 2023 年应用量会有更大的提高；过氧化氢酶由于没有在饲料添加剂目录中，使用量有一定的限制。

二、饲用酶制剂行业发展动态

1. 小企业经营艰难，龙头企业占比持平。由于行业终端产品价格萎靡，中小饲料企业倒闭或者被大集团收购，导致上游中小添加剂企业难以生存；大集团饲料企业又被龙头酶制剂企业占据；但是中型酶制剂企业由于价格上有优势，也抢了一些客户；因此，酶制剂行业形成龙头企业占比持平，中型企业稍有增长，小企业经营困难的态势。

2. 产品迭代更新。随着饲料行业原料的多元化，产品研发也与时俱进，从产品抗逆性的提升到应用场景的增加，有研发能力的酶制剂企业都在发力。如溢多利的耐酸性木聚糖酶，在胃里就能发挥作用，加大了饲料原料的选择性，稳定多元化日粮的产品品质。同时由于生物技术的迅猛发展，目前对产品的更新迭代时间由 2～3 年更新升级一次到现在用半年的时间就能完成。

3. 蛋白酶的应用将迎来爆发性增长。由于饲料原料价格飞涨，国家也出台了玉米豆粕减量替代技术方案，酶制剂的发展仍然有很大的空间，尤其是低蛋白日粮的广泛应用，使得蛋白酶将会有巨大的增长。但是蛋白酶的耐温性是个世界难题，对蛋白酶的应用是限制因素，这两年来会加快这方面的研发与突破。溢多利近几年来对蛋白酶进行了升级改造，抗逆性有了很大的进步。

三、饲用酶制剂行业的机遇和挑战

饲用酶作为一种新型绿色、安全、高效的生物催化剂，在解决饲料资源匮乏、畜牧业可持续发展等方面潜力无限。随着饲料原料价格的走高和低蛋白日粮的推广，饲用酶制剂的应用会越来越广泛和深入，饲用酶制剂的研发工作也将上一个新台阶。但是在饲用酶制剂行业发展的过程中，也将面临如下挑战。

1. 低价竞争导致行业无序。中小企业为了生存，以低价格抢单抢客户，这样就陷入了恶性循环。一方面，企业没有利润，做不了研发，企业没有了竞争力，最终的结果难以想象；另一方面，低价产品品质没有保障，用户贪一时之快，产品竞争力下降，产生不良社会效应。因此，为了长远发展，各企业应该加大研发力度，让产品回归价值，行业回归理性。

2. 知识产权的保护薄弱。由于生物产业的特殊性，往往出现菌种流失的情况，且维权相对复杂，造成有研发实力的企业不少的损失，严重伤害了科研创新的积极性。相关企业应进一步引起重视并通过法规规范市场行为。

3. 蛋白资源短缺。随着蛋白资源短缺，各类技术也相继出现，如原料预消化、发酵原料，大家都想尽办法提高蛋白质消化率，因此这是一个很大机遇。同时，对酶制剂也有了新的要求：如何与菌更好的协同，当前应用于饲料的酶是否适用于发酵原料行业，蛋白酶是否添加量越大越好等问题，需要我们更专注、更专业、更专心地研究。

（李阳源）

饲用酵母源饲料

一、饲料酵母介绍

酵母菌是一种单细胞真菌，在有氧和无氧环境都能生存，属于兼性厌氧菌，在有氧气的环境中，将葡萄糖转化为水和二氧化碳，生长较快；在无氧环境中，通过将糖类转化为二氧化碳和酒精来获取能量。因此，酵母能够高效地将无机氮源转化为有机氮源，从而制造人类所需蛋白质。例如酵母菌在良好条件下每接种 100kg，1 天即可获得 2 500kg 酵母，其生长繁殖速度约为大豆的 1 300 倍，为动物生长的 2 000 倍，所以酵母蛋白源生长速度快，世代周转迅速且对水和土地需求低，不靠天吃饭，易于复制和循环。

随着酵母类产品的深度开发，酵母年产能以10%以上的速度递增。酵母富含蛋白质（40%以上）、核酸（8%以上）、β-葡聚糖（20%以上）、甘露聚糖（20%以上），另外还含有丰富的B族维生素、微量元素、辅酶及矿物质等有益成分，因此饲料酵母作为一种纯天然的功能性饲料添加剂，可向动物胃肠道内的微生物提供代谢营养底物，通过滋养微生物和刺激它们的代谢活性来维持和改善动物胃肠道内的微生物生态环境，可显著提高动物机体的抗应激能力、提高机体免疫力、减少抗生素使用、改善生态环境、保障食品安全、提高产品品质，同时可以改善饲料的适口性和消化性能、提高饲料的利用率和养殖效益。

通过近 40 年的发展，饲料酵母已经成为一个不可替代的且独立的细分市场，在饲料添加剂目录中，饲料酵母产品主要包含酵母铜、酵母铁、酵母锰、酵母硒、酵母铬、产朊假丝酵母、酿酒酵母、红法夫酵母和β-1，3-D-葡聚糖（源自酿酒酵母）等产品；在饲料原料目录中饲料酵母主要包含啤酒酵母粉、啤酒酵母泥、酵母水解物、食品酵母粉、产朊假丝酵母蛋白、酿酒酵母培养物、酿酒酵母提取物、酿酒酵母细胞壁等产品。2022 年，在鱼粉鱼油越来越短缺、动物和植物蛋白价格居高不下的大环境下，以酵母为代表的单细胞蛋白产业及其衍生物得到业界专家和同行的高度关注和认可。

二、饲料酵母市场行情分析

1. 啤酒酵母市场行情。2014—2020 年，啤酒消费量出现连续七年持续下滑，对应的啤酒酵母产量也呈现持续下降。据国家统计局数据，2022 年 1—12 月全国啤酒产量为 3 568.7 万 t，啤酒酵母泥约占啤酒产量的 0.2%（干物质），据此推算，利用啤酒酵母泥生产出来的干态啤酒酵母总量为 5.4 万 t，较 2021 年同比略增 1.1%，增长率为 0.2%，详见表 1。

2021 年和 2022 年啤酒产量呈现略增趋势，随着疫情的放开，啤酒的消费量有望进一步提升，由于啤酒泥产量直接制约了啤酒酵母加工企业的酵母深加工产能，与此同时啤酒酵母深加工产品如酵母粉、酵母水解物、酵母细胞壁等产品在饲料中的应用也越来越广泛，市场对其诱食、肠道健康和免疫 3 个方面的功能认可度也越来越高，依然存在供不应求的局面。所以在未来 3 年内啤酒酵母产能将稳定在 6 万 t 左右，产品价格不会有大幅度的回落。

表 1　近十年全国啤酒酵母总产量统计

年份	全国啤酒总产量（万千升）	全国啤酒酵母总产量（万 t）	增长率%（相比上年）
2022	3 568	5.4	+0.2
2021	3 562	5.3	+4.5
2020	3 411	5.1	−9.6
2019	3 765	5.7	−1.2
2018	3 812	5.7	−13.3
2017	4 401	6.6	−2.4
2016	4 506	6.8	−4.4
2015	4 716	7.1	−4.2
2014	4 921	7.4	−2.8
2013	5 061	7.6	+3.3
2012	4 902	7.4	0

2. 面包酵母市场行情：2020年由于新冠疫情的暴发，糖蜜价格一路上扬，由800元/t上涨至1 300元/t继而又创新高至2 000元/t，而5t糖蜜才能生产出1t面包酵母，另外天然气也由最初的600～800元/t增长至1 300～1 500元/t，糖蜜原料和燃气的大幅提价，加之人工成本的增加，给面包酵母的成本保守估计增加了3 000～3 500元/t的成本。2022年由于疫情管控等原因，水产、畜禽和反刍等经济动物的流通受阻，消费低迷，养殖户都在亏本的边缘，加之蛋白原料价格高企，饲料厂经历着前所未有的经营压力，在降本增效的压力下，很多饲料厂纷纷着手于鱼粉、鸡肉粉和豆粕等原料替代的研究，重新摸索有性价比的饲料配方模型，在饲料配方有较大调整的这种大环境下，以酵母类产品为首的功能性添加剂在稳定饲料配方效果表达上做出了较大的贡献，因而2022年度全国饲料酵母产品的总销售额反而逆势增长。2023年随着疫情的缓解和外围市场的稳定，消费市场逐渐恢复，2023年下半年整个行业会逐渐恢复元气，良性发展。

三、饲用酵母产品使用情况

近年来，鱼粉、动植物蛋白原料价格高企，加之全面实施限抗禁抗以来，酵母在鱼粉替代和增强机体免疫方面发挥了巨大功效，整个酵母源饲料用量较往年约增加20%，其中面包酵母超10.5万t用量、啤酒酵母超3.5万t、酵母粉2万t，其他酵母源产品用量都有不同比例的增加，主要饲料酵母产品的销量统计详见表2。

表2　2022年主要新型酵母源生物饲料产销量统计

产品名称	2022年产销量（t）	2021年产销量（t）	较2021年增长
活性干酵母	12 000	10 500	14.3%
酵母粉	6 500	5 000	30%
酵母水解物	30 000	25 000	20%
酿酒酵母细胞壁	20 000	16 000	52.3%
酵母硒	6 500	6 150	5.7%
酿酒酵母培养物	8 000	5 000	60%
合　计	**83 000**	**67 650**	**22.7%**

四、饲料酵母行业格局动态

1. 产能加快向行业头部企业集中。饲料酵母目前以啤酒酿造后排放的酵母泥经加工得到的菌体或菌体组成物，以及以糖蜜或淀粉水解糖发酵得到的酿酒酵母为主。近年来，随着啤酒行业兼并重组，啤酒行业逐渐出现一些如五十万到百万千升级别的大厂，一方面，内外资啤酒集团由于环保或成本考虑逐步取消一些二十万千升以下产能工厂的生产发酵职能（变为物流配送）；另一方面，一些缺乏环保处理设施的作坊式啤酒酵母泥烘干的土小加工厂逐渐被取缔，啤酒酵母泥加工饲料酵母集中度提升，涌现了广东雅琪生物科技股份有限公司等年处理能力万吨以上的干粉酵母相关产品的规模以上企业，啤酒产能集中度趋势逐渐明显。与此同时，糖蜜发酵的酿酒酵母也逐渐被全球三大酵母发酵企业兼并垄断，如圣琪和百惠生等产能已被兼并。因此饲料酵母行业产能加快向行业头部企业集中，竞争进一步加剧。

2. 成本费用提升较快、倒逼企业产品升级。不管是上游啤酒酵母泥招标价格还是酿酒酵母发酵的碳源，如糖蜜及淀粉水解糖，抑或是生产环节的能源、人工还是下游环保治理费用和物流费用等成本均全面提升，这一现状倒逼企业加大研发投入，为提高动物的饲料利用率、提高动物的免疫特别是肠道免疫力，降低抗生素的应用，使用传统遗传育种和现代基因工程技术筛选出高核酸等功效因子高含量，利用高密度发酵技术生产出高功效因子的饲料酵母，再利用现代生物工程技术，特别是酶工程技术的应用，利用酵母内源酶和外源酶（如蛋白酶、核酸酶、葡聚糖酶、肽酶、淀粉酶等），大大提高了饲用酵母的诱食性、利用率和营养保健功能，代表性的产品如高核苷酸饲料酵母（安琪、乐斯福、雅琪）、高谷胱甘肽饲料酵母（乐斯福）、核苷酸多肽酵母水解物（安琪酵母的福邦NA100）、风味（香味）酵母水解物、霉毒素吸附解毒酵母细胞壁（雅琪生物雅霉净）、高氨基酸硒含量的酵母硒（硒含量≥2 000mg/kg）、高蛋白酵母提取物等。除此之外，酵母菌发酵啤酒糟、白酒糟，酵母菌发酵饼粕等生物饲料也取得大型畜禽、反刍养殖企业的认可。水产领域，酵母菌调水改水、酵母发酵饲料肥水等也取得突破；富含虾青素的红法夫酵母在观赏鱼养殖和抗应激等方面的应用也崭露头角，越来越多的行业头部企业投身于酵母发酵功能性饲料的研发生产和应用推广中。

五、饲料酵母未来发展机遇

饲用高活性干酵母的益生菌功能以及酵母水解物、酵母硒、酵母细胞壁、酵母培养物等酵母源饲料氨基酸平衡，必需氨基酸丰富，维生素丰富，微量元素丰富，含有多种免疫增强剂等，饲料酵母产品在畜禽、水产、反刍、特种养殖、宠物喂养等饲料细分领域得到广泛的应用，性价比优于鱼粉、优于血浆、优于奶粉。2022年中国鱼粉进口180万t，随着国内水产饲料体量不断的攀升，鱼粉的短缺问题已经日益凸显，初步判断鱼粉缺口将达100万t以上，因此鱼粉替代势在必行，采取鱼粉替代来降低饲料成本是大势所趋，经大量实验证明，饲料酵母可部分或全部替代鱼粉，且不会造成饲料中蛋白质消化率的下降。

未来以酵母为代表的单细胞蛋白在蛋白源的有力补充、食品安全和智慧农业发展上，将扮演极重要的角色。一座占地不多，年产10万t的酵母工厂，按含45%的蛋白计算，相当于一年产4.5万t蛋白。按一亩大豆亩产200kg计算，含蛋白质40%，则一年为80kg蛋白质，所以一个单细胞蛋白工厂所产蛋白质相当于56.25万亩土地所产的大豆。

从产能分布上看，目前全球酵母总产能约为近200万t，近年来中国成为全球酵母产能增长最为迅猛的区域，行业急需统一制定行业生产、加工以及产品标准，以此提高我国饲料酵母生产企业的竞争力。与此同时，不断开发新饲料酵母新品种，为饲料酵母持续注入新鲜血液，同时在稳定现有产品产销能力的情况下，拓展酵母在饲料行业的使用，为饲料加工和养殖业贡献“酵母力量”。饲料酵母产业大有作为，期待酵母同行众志成城、齐头并进、做精做深、开拓进取，将酵母产业做大做强。

（陈训银　董爱华　汤学敏）

2022年益生素应用研究进展

我国全面禁止饲料中添加抗生素促生长剂（农业农村部第194号公告），为保证畜牧业生产的质量与水平，探寻高效安全的饲用抗生素替代品成为后抗生素时代的迫切任务。安全、无毒、无残留、无抗药性、无副作用的益生素，是从自然界分离、鉴定的有益微生物，经培养、提炼、发酵、干燥等特殊工艺制成的生物制剂或活菌制剂，被誉为替代抗生素的理想绿色添加剂。益生素具有调节肠道菌群、促进机体消化、抵抗病菌侵袭、保障健康生长等功能，在畜牧生产中已得到广泛应用。2022年，我国关于益生素的研究应用主要涉及家禽、猪、反刍动物、水产养殖和特种经济动物等领域，现对其进行归纳整理，为益生素在动物生产中的广泛应用提供科学依据。

一、益生素研究概述

益生素（probiotic），俗称饲用微生物添加剂，是一种通过调控畜禽肠道菌群平衡，进而提高动物免疫力与生产性能。益生菌进入动物肠道后，可以补充消化道内的有益微生物，或直接与有害微生物进行竞争抑制，产生抗菌物质抑制有害菌的繁殖，平衡肠道菌群。益生素可按作用效果分为生长促进剂和微生态治疗剂，按所用菌种的不同，分为乳酸菌制剂、芽孢杆菌制剂和酵母菌制剂等，按菌种组合的不同，分为单一菌制剂和复合菌制剂。

《饲料添加剂品种目录（2013）》（农业农村部2045号公告）规定的可直接饲喂动物的饲料级微生物添加剂菌种共34种，包括地衣芽孢杆菌、枯草芽孢杆菌、两歧双歧杆菌、粪肠球菌、屎肠球菌、乳酸肠球菌、嗜酸乳杆菌、干酪乳杆菌、德式乳杆菌乳酸亚种（原名：乳酸乳杆菌）、植物乳杆菌、乳酸片球菌、戊糖片球菌、产朊假丝酵母、酿酒酵母、沼泽红假单胞菌、婴儿双歧杆菌、长双歧杆菌、短双歧杆菌、青春双歧杆菌、嗜热链球菌、罗伊氏乳杆菌、动物双歧杆菌、黑曲霉、米曲霉、迟缓芽孢杆菌、短小芽孢杆菌、纤维二糖乳杆菌、发酵乳杆菌、德式乳杆菌保加利亚种（原名：保加利亚乳杆菌）、产丙酸丙酸杆菌、布氏乳杆菌、副干酪乳杆菌、凝结芽孢杆菌、测孢短芽孢杆菌（原名：侧孢芽孢杆菌）。2021年，农业农村部办公厅发布《直接饲喂微生物和发酵制品生产菌株坚定及其安全性评价指南》，对在饲料中添加或直接饲喂给动物的活的微生物，规定了安全使用基本原则、基本要求、评价方法与结构判定，为畜禽生产中的科学应用提供指导。

二、益生素的作用机制

健康动物肠道菌群与宿主保持着动态平衡，对动物正常生长发育和抵抗疾病具有重要意义。益生素可通过增强肠道黏膜屏障功能、补充优势菌群、阻止病原菌的黏附和定植、增强系统免疫反应和改变肠道环境等方式调节动物肠道稳态，保护动物健康。2022年，被人们广泛接受的作用机制有：微生态平衡理论、菌群屏障学说、优势菌群学说、微生物夺氧学说、提高机体免疫力和改善肠道微生态环境等。

益生素可补充动物体内优势菌群，通过定植、占位、生长和繁殖与肠道内的有害菌竞争肠道黏膜上皮的吸附位点和营养物质，抑制有害菌生长。厌氧菌作为肠道内的优势菌群占99%，主要包括双歧杆菌和乳酸杆菌等，而需氧菌及兼性厌氧菌只占1%。益生素提供的有益菌（芽孢杆菌）进入肠道后，消耗大量氧气，抑制其他需氧有害菌（大肠杆菌和沙门氏菌）的生长繁殖，促进厌氧有益菌（乳酸杆菌和双歧杆菌）的生长繁殖。同时，在益生素生长代谢过程中，会产生抗菌活性产物，如过氧化氢和有机酸等，抑制有害菌生长，恢复肠道菌群生态平衡。

益生素可通过刺激免疫器官生长发育，提高免疫器官指数；增强单核吞噬细胞、噬中性粒细胞活性；

增强机体非特异性免疫并启动特异性免疫应答，从而提高机体的免疫力。益生素可产生水解酶、发酵酶、呼吸酶、蛋白酶、脂肪酶和淀粉酶，直接消化饲料中营养成分，提高饲料消化率；还可降解饲料中的抗营养因子，提高饲料利用率；还能合成一定量的B族维生素和氨基酸，提高饲料转化率。另外，益生素还可利用果胶、纤维素及半纤维素等动物本身不能直接利用的物质，提高动物的生产性能。益生素产生的丙酸和乙酸等挥发性脂肪酸，可刺激肠道蠕动，促进消化液的分泌，其中丙酸还能参与三羧酸循环，为物质代谢提供能量，促进动物生长。益生素产生的大量乳酸和乙酸，可降低肠道内pH；益生素代谢产生的杆菌肽、细菌素、乳酸菌素等有抑制有害菌生长、净化肠道内环境、保持胃肠道黏膜完整性、保障肠道健康的功效。

三、益生素在畜牧生产中的应用

益生素在畜牧生产中的应用研究涉及家禽、猪、反刍动物、水产养殖、特种经济动物等领域。在研究对象方面，研究较多的是家禽、猪和反刍动物；在益生菌种类方面，研究较多的是枯草芽孢杆菌、乳酸菌、丁酸梭菌和酵母菌；在应用形式方面，常用复合益生素、益生素与酶制剂或中草药配伍和益生素发酵饲料。就应用效果而言，益生素主要通过维持肠道菌群平衡，调节菌群组成，改善肠道结构，促进消化吸收；提供营养素，促进畜禽生长；保护机体组织器官，提高免疫功能；杀菌消炎抗应激，抵御疾病侵袭等方式发挥作用。以下将着重从5个方面综述2022年益生素在畜牧生产中的应用研究进展。

1. 益生素在家禽生产中的应用。2022年我国有关益生素在家禽生产中的应用研究，按照研究对象、益生素组成、添加剂量、试验期、应用效果等方面内容归纳成附表1。从研究对象来看，益生素在家禽上的研究主要集中在肉鸡和蛋鸡，此外，在地方鸡种和肉鸭中也有所涉及。就应用形式而言，益生素在家禽生产中存在单一益生素、复合益生素、益生素与中草药配伍及益生素发酵饲料等多种形式，主要的益生菌种类有枯草芽孢杆菌、乳酸菌和丁酸梭菌等。从应用效果来看，益生素的使用可以提高家禽生长性能、生产性能、抗氧化能力和免疫功能；改善蛋品质、肠道形态与肠道菌群组成，提高养分消化率。同时，益生素的添加还可以缓解家禽由于热应激和免疫应激引起的腹泻和坏死性肠炎等损伤，治疗鸡白痢和球虫病等疾病。

2. 益生菌在猪生产中的应用。2022年我国有关益生素在猪生产中的应用研究见附表2。在养猪生产中，益生菌适用于猪的不同生长阶段，为达多种目的，例如改善生产性能，减轻疾病，提高畜产品质量以及减少环境污染。根据文献报道，猪生产中益生素的应用主要集中在断奶仔猪，此外在哺乳仔猪、育肥猪及地方猪种上也有少量研究，其中，枯草芽孢杆菌、丁酸梭菌和乳酸菌等是研究较多的菌种。从应用效果来看，哺乳仔猪早期补食益生素可提高日增重和存活率，降低腹泻率；断奶仔猪适量添加益生素，可缓解断奶应激，维持肠道微生态区系平衡，促进营养物质吸收，提高免疫功能，减少炎症与腹泻的发生，维持机体健康；益生素还可以改善育肥猪胴体性状、生产性能、抗氧化能力和肉品质，提高经济效益。此外，还有减少粪便中有害菌丰度以及能量与粗脂肪含量，进而改善畜舍环境质量的功效。

3. 益生素在反刍动物生产中的应用。2022年我国有关益生素在反刍动物生产中的应用研究见附表3。由表可知，反刍动物中研究较多的益生素有芽孢杆菌、乳酸菌和酵母菌等。芽孢杆菌耐酸碱，乳酸菌能促进饲料消化，提高饲料转化率与适口性，对反刍动物生产和健康具有保护作用，可调节瘤胃微生物菌群结构，增加瘤胃微生物丰富度与多样性，抑制大肠杆菌，提高瘤胃氨态氮和挥发性脂肪酸含量，缓解肠道炎症。益生菌可提高犊牛体高、采食量和日增重，降低料重比与腹泻率，缓解断奶应激，促进早期肠道健康；改善肉牛生长性能、抗氧化能力、免疫力、屠宰性能和胴体品质，降低瘤胃酸中毒。益生素有利于增强羔羊初期胃肠道健康与免疫力，使母羊排卵高峰期提前，提高血糖含量、干物质采食量及粗蛋白消化率，减轻腹泻症状和球虫感染导致的肠道损伤，使羔羊成活率、代谢率以及免疫力提高。

4. 益生素在水产养殖中的应用。2022年我国益生素在水产养殖中的应用见附表4。从研究对象来看，益生素在水产养殖中的应用研究主要集中在凡钠滨对虾、罗非鱼、鲈鱼和鳟鱼。从应用菌种来看，枯草芽孢杆菌和乳酸菌研究最多。从应用效果来看，在水产饲料中添加益生素可以提高动物消化酶活性，促进营养物质吸收；改善肠道结构形态，调节肠道菌群平衡，提高有益菌丰度，减少病原菌丰度，增强免疫功能和抗氧化能力；促进机体生长，提高存活率和体增重，提升水产养殖的经济效益。此外，益生素还可以有效改善水质pH、氨氮和亚硝态氮含量，降低鱼虾的发病率。

5. 益生素在特种经济动物中的应用。2022年，我国有关益生素在特种经济动物上的研究主要涉及新西兰肉兔、大白兔、宠物兔、白羽王鸽、贵宾犬等（附表5）。日粮中添加单一或复合益生素，能够提高生长速率与饲料转化率，降低死亡与腹泻率；改善小肠绒毛形态结构，增加微生物多样性，提高有益菌丰

附录：

附表 1　益生素在家禽生产中的应用

研究对象	益生素组成	添加剂量（饲料）	试验期	应用效果	参考文献
白羽肉鸡	贝莱斯芽孢杆菌（活菌数为：100×10^8 CFU/g和 50×10^8 CFU/g）	200g/天	42 天	提高肉鸡生长性能，降低料肉比；减少 14～28 日龄肉鸡粪便样品中黄曲霉毒素（AFB1）、伏马毒素（FB）、呕吐毒素（DON）和玉米赤霉烯酮（ZEN）的排出量	崔亚微[1]
花冠油鸡	复合益生菌：枯草芽孢杆菌（活菌数 10^{10} CFU/g）、地衣芽孢杆菌（活菌数 10^{10} CFU/g）、屎场球菌（活菌数 1.5×10^9 CFU/g）、丁酸梭菌（活菌数 5×10^8 CFU/g）	1 000mg/kg	103 天	宰前活重、平均日采食量、平均日增重、半净膛率和全净膛率显著提高，料重比显著下降，体内 IgA、IgG、IgM 含量水平显著提高	李崇池[2]
爱拔益加（AA）肉仔鸡	植物乳杆菌（活菌数 4×10^9 CFU/mL）	拌料：1.6×10^{10} CFU/kg、5.1×10^9 CFU/kg，灌服：8.0×10^8 CFU/mL	42 天	显著降低肉鸡料重比，显著提高肉鸡平均日增重、粗蛋白表观代谢率、胸腺指数、血清 IgA 含量，改善肉鸡空肠、回肠形态和结构，显著提高有益菌含量，抑制有害菌增殖。	程鹏[3]
海兰雌性雏鸡	复合益生菌：枯草芽孢杆菌、大肠杆菌和鼠李糖乳杆菌	1×10^9 CFU/只	7 天	有助于雏鸡呼吸道菌群的恢复，显著增加了肠球菌属（*Enterococcus*）和乳杆菌属（*Lactobacillus*）丰度，显著降低了葡萄球菌属（*Staphylococcus*）的丰度	李梓君[4]
京粉 6 号蛋鸡	复合益生菌：丁酸梭菌、卷曲乳杆菌和唾液乳杆菌	6%	70 天	降低料蛋比，提高蛋白高度和哈氏单位，降低胆固醇含量，改善小肠黏膜形态，增强肠道屏障功能，改善盲肠微生物的多样性和组成结构	吕静[5]
绿壳蛋鸡和芦花鸡	丁酸梭菌	1×10^7 CFU/kg 1×10^8 CFU/kg 1×10^9 CFU/kg	35 天	提高蛋鸡产蛋率、平均蛋重和蛋壳质量，促进育雏期蛋鸡的骨骼发育，提高肠道菌群多样性，上调短链脂肪酸含量，并抵御病原菌入侵，提高蛋鸡的骨骼指数、骨密度和骨骼钙含量，激活淋巴细胞 MAPK 信号通路，提高 Tregs 比例和 IL－10 表达，并在淋巴细胞介导下，调节 RANKL/OPG、RUNX2 和 WNT 通路，促进成骨细胞的骨形成作用	宋孟泽[6]
岭南黄羽肉鸡	丁酸梭菌（活菌数 2×10^8 CFU/g）	200～400g/t	22 天	显著提高坏死性肠炎病鸡肠黏膜组织中细胞紧密连接蛋白表达水平，促进肠黏膜上皮屏障功能和完整性的恢复，可能通过下调 MAPK 通路和抑制 JNK 通路调节	许笑[7]
爱拔益加（AA）肉鸡	丁酸梭菌（活菌数 1×10^8 CFU/mL）	500g/t	21 天	显著增加肠道内容物中短链脂肪酸含量，显著提高十二指肠绒隐比、肠道内有益菌属比重和肠道氨基酸转运速率，加快肠道吸收，改善家禽生产性能	翟宏旭[8]

（续）

研究对象	益生素组成	添加剂量（饲料）	试验期	应用效果	参考文献
海兰褐蛋鸡	枯草芽孢杆菌（活菌数≥3×10^{10}CFU/g）	200～400g/t	56天	提高产蛋后期蛋鸡生产性能，增加蛋壳比重	靳晨晨[9]
新杨黑羽蛋鸡	复合益生菌：枯草芽孢杆菌（活菌数为6×10^{7}CFU/g），乳酸菌（活菌数为4.25×10^{7} CFU/g），酵母菌（活菌数为5.4×10^{5}CFU/g）	5%、7%、9%	56天	提高产蛋后期蛋鸡产蛋率和总蛋重，降低料蛋比，显著降低软破蛋率，及显著提高蛋壳厚度和蛋壳强度；降低了肝脏指数，提高脾脏指数，提高免疫能力；对日粮中营养成分和氨基酸的表观消化率均有所上升	陆静[10]
无量山乌骨鸡	复合益生菌：乳酸菌和芽孢杆菌	0.5mL/只	28天	增加雏鸡肠道中的理研菌科的丰度，提升雏鸡肠道健康，从而提升雏鸡的生长性能和免疫性能	李秋月[11]
白羽肉鸡	复合微生态制剂：枯草芽孢杆菌（活菌数2×10^{8} CFU/g），丁酸梭菌（活菌数2×10^{6}CFU/g），粪肠球菌（活菌数1×10^{6} CFU/g）	0.01%+0.03%	42天	显著提高血液中白蛋白和总蛋白含量，提高机体免疫水平与平均日增重	邹强强等[12]
京粉6号蛋鸡	复合菌A：枯草杆菌（活菌数2×10^{9} CFU/g），乳酸杆菌（活菌数3×10^{9} CFU/g），酵母菌（活菌数5×10^{8} CFU/g） 复合菌B：丁酸梭菌（活菌数2×10^{8} CFU/g）和唾液乳杆菌（活菌数1×10^{8} CFU/g）	6%	8周	显著降低料蛋比，显著提高了鸡蛋哈氏单位，改善了蛋品质；增加肠道绒毛高度和绒隐比，改善肠道形态，改善肠道物理、化学屏障和免疫屏障，提高盲肠有益微生物相对丰度，降低致病菌相对丰度，调节盲肠微生物区系，改善肠道微生物屏障	郭丽娟[13]
白羽肉鸡	复合益生素制剂1：地衣芽孢杆菌（活菌数1.31×10^{10} CFU/g）、凝结芽孢杆菌（活菌数1.80×10^{10} CFU/g） 复合益生素制剂2：凝结芽孢杆菌（活菌数1.80×10^{10} CFU/g）、酪酸菌（活菌数2.45×10^{8} CFU/g）JP 复合益生素制剂3：地衣芽孢杆菌（活菌数1.31×10^{10} CFU/g）、凝结芽孢杆菌（活菌数1.80×10^{10} CFU/g）、酪酸菌（活菌数2.45×10^{8} CFU/g）	100g/t	42天	有效缓解了由热应激导致的屏障功能损伤、肠道炎症反应和氧化应激，有利于提高白羽肉鸡的均重	李相安等[14]
京红一号蛋鸡	副干酪乳杆菌	10^{6} CFU/kg 10^{7} CFU/kg 10^{8} CFU/kg	8周	改善生产性能，提高蛋品质；改善血清生化指标、提高血清抗氧化能力；抑制盲肠有害菌群	张琳琨[15]

（续）

研究对象	益生素组成	添加剂量（饲料）	试验期	应用效果	参考文献
海兰褐公雏	大肠杆菌和植物乳酸杆菌	2×10^9CFU/mL	24天	能提供有效的抗球虫感染效果	吴智远[16]
白羽肉鸡	乳酸菌	1×10^9 CFU/mL（只）	21天	对柔嫩艾美耳球虫感染具有良好的免疫保护效果	张廷辉[17]
鹿苑鸡	复合益生菌制剂：枯草芽孢杆菌（活菌数 9.0×10^8 CFU/g）、酿酒酵母（活菌数 7.0×10^8 CFU/g）、嗜酸乳杆菌（活菌数 9.0×10^8 CFU/g）	1 000mg/kg	42天	可提高平均日采食量，促进蛋白和脂肪的合成及营养物质的代谢，降低料重比；提高血液蛋白、白蛋白的含量，改善免疫器官指标，提高血液抗体IgA和IgG含量，增强机体免疫力	高荣等[18]
爱拔益加肉仔鸡	1‰复合菌粉：枯草芽孢杆菌（CGMCC 1.089 2）、植物乳酸杆菌（CGMCC 1.129 34）和酿酒酵母（CGMCC No.2.119 0）按照1∶1∶1的比例混合而成	2、4、8g/kg	42天	改善肠道形态结构，增加营养物质表观代谢率，提高生产性能的作用	谢明欣[19]
白羽肉鸡	枯草芽孢杆菌（活菌数为 1.5×10^9CFU/g）	1×10^8CFU/kg 1×10^9CFU/kg	42天	提高生长性能，免疫器官指数和血清中免疫球蛋白含量；降低血清中促炎细胞因子含量及肠道内有害微生物比例，改善肠道形态，增强免疫功能	孙晓[20]
绿头鸭	乳酸杆菌（活菌数 10^9 CFU/mL）	1%	42天	促进免疫器官发育，增强机体免疫水平；提高机体代谢能力、血清中抗氧化能力；提高机体对鸭副伤寒的抗病能	田欣蕾[21]
罗曼粉壳蛋鸡	复合益生菌：枯草芽孢杆菌（活菌数≥2×10^9 CFU/kg）、丁酸杆菌（活菌数≥1×10^9 CFU/kg）、粪肠球菌（活菌数≥1×10^{10}CFU/kg）	0.05%、0.1%、0.15%	42天	能降低料蛋比和破（软）蛋率，增加多产蛋鸡的蛋壳强度和蛋黄颜色	金福源等[22]
黄羽肉鸡	复合益生菌：植物乳杆菌、枯草芽孢杆菌及酵母菌，菌液浓度：1×10^8CFU/mL	1g/kg	>15天	预防沙门氏菌带来的肠道损伤，抑制肠道在损伤下的凋亡，对雏鸡小肠具有一定的保护作用	袁晓凤[23]
杂交肉雏鸡	枯草芽孢杆菌 K_4 菌株	5.0×10^6 CFU/mL/羽/d 8.0×10^6 CFU/mL/羽/d	28天	降低料肉比，调节肠道菌群，改善部分血清生化指标以及部分免疫指标	吴超[24]
SPF鸡	唾液乳杆菌 L. C332	1×10^8CFU/次/只	21天	增强机体免疫力，预防及治疗鸡白痢感染	邱宇[25]

（续）

研究对象	益生素组成	添加剂量（饲料）	试验期	应用效果	参考文献
海兰褐蛋鸡	唾液乳杆菌 SNK-6	3.12×10^{7} CFU/鸡	68 周	生产性能提高，死亡率下降，改善鸡蛋暗斑；蛋壳表面变形菌门和肠道沙门氏菌相对丰度显著减少，罗姆布茨菌和考克氏菌属显著增加	卫利春[26]
天府麻鸭	芽孢杆菌 MN 733170.1 和乳酸菌 BNCC 134981	10^{11}CFU/kg	20 天	可增强肠道内消化酶活性，提高生长性能；改变盲肠菌群结构，提升菌群丰富度；显著提高血清中 IgA、IgG、IgM 免疫球蛋白的含量，增强机体免疫；上调 TLR 3、TLR 4、MyD 88 和 IRF 3 蛋白表达量，增强机体的肠道免疫	周阿慧[27]
爱拔益加肉仔鸡	枯草芽孢杆菌（活菌数 1×10^{11} CFU/g）乳酸菌	150mg/kg、4×10^{9} CFU/kg	42 天	促进肉鸡生长发育，提高生长性能、免疫器官指数和血清免疫指标；促进空肠形态发育，调节肠道菌群，提高盲肠菌群相对丰度和物种多样性	张静博[28]
天府绿壳蛋鸡	混合益生菌制剂：枯草芽孢杆菌（活菌数$\geqslant1\times10^{9}$CFU/g），乳酸菌（活菌数$\geqslant2\times10^{7}$ CFU/g），酵母菌（活菌数$\geqslant1\times10^{7}$CFU/g）	1‰	58 周	使后期蛋壳强度变低、蛋形指数升高，显著降低产蛋前中期蛋黄中的胆固醇含量；可提高绿壳蛋鸡的繁殖、抗氧化和免疫功能，促进产蛋早期卵泡发育	闫朝阳[29]
AA 肉仔鸡	植物乳杆菌 LP-37	1×10^{8}CFU/g	18 天	重组菌株在 AA 肉鸡中的定植规律：AA 肉鸡各部位中的重组菌浓度为粪便中浓度最高，盲肠次之，十二指肠、空肠和回肠中的浓度不相上下。AA 肉鸡中重组菌的浓度变化趋势是先上升后下降，重组菌的投喂时间越长，停喂后菌株的浓度越高，下降越缓慢	杜文静[30]
罗斯 308 肉鸡	植物乳杆菌（活菌数为：4.65×10^{8} CFU/g）	500g/t 1 000g/t	28 天	脾脏的相对重量降低；提高血浆总蛋白和白蛋白含量以及血浆和空肠抗氧化功能；改善空肠肠道形态，提高空肠屏障功能	朱晓倩[31]
雄性肉鸡	复合益生菌 A：丁酸梭菌（活菌数 5.0×10^{8} CFU/g）、枯草芽孢杆菌（活菌数 2.0×10^{10} CFU/g） 复合益生菌 B：丁酸梭菌（活菌数 1.0×10^{8} CFU/g）、枯草芽孢杆菌（活菌数 1.0×10^{10} CFU/g） 益生菌 C：丁酸梭菌（活菌数 1.0×10^{6} CFU/mL）	0.1g/kg 0.15g/kg 0.2mL/只	42 天	提高肉鸡小肠上皮紧密连接 Occludin 和 Claudin 基因表达量，从而改善肉鸡肠黏膜机械屏障，提高肉鸡肠道的免疫功能	韩亚楠等[32]

（续）

研究对象	益生素组成	添加剂量（饲料）	试验期	应用效果	参考文献
雄性肉鸡	复合益生菌：丁酸梭菌和枯草芽孢杆菌	0.1g/kg 0.15g/kg 0.2mL/只	21天	对肉鸡脾脏发育和脾脏内淋巴细胞增殖具有一定的促进作用	张利卫等[33]
罗曼粉壳蛋鸡	复合益生菌：枯草芽孢杆菌（活菌数≥2×10^9CFU/kg）、丁酸杆菌（活菌数≥1×10^9CFU/kg）、粪肠球菌（活菌数≥1×10^{10}CFU/kg）	0.05%、0.1%、0.15%	42天	能降低料蛋比和破（软）蛋率，并增加多产鸡蛋的蛋壳强度和蛋黄颜色	金福源等[22]
雏鸭	复合益生菌：枯草芽孢杆菌和地衣芽孢杆菌（活菌数≥6.0×10^8 CFU/g）	0.15%	28天	显著提高雏鸭血清抗氧化能力，并对雏鸭的免疫功能和肝功能有积极作用	阮胜钢等[34]
清远麻鸡	复合益生菌1：枯草芽孢杆菌和地衣芽孢杆菌（活菌数≥2×10^9 CFU/g） 复合益生菌2：乳酸片球菌和乳酸杆菌（活菌数≥3×10^9 CFU/g）	750mg/kg 500mg/kg	42天	增加ADG，降低F/G，提高血清中抗炎细胞因子IL-4含量，同时降低促炎细胞因子IFN-γ含量，增加盲肠菌群相对丰度，有利于清远麻鸡肠道菌群的正常建立	覃振斌等[35]
雄性黄麻肉鸡	复合益生菌：干酪乳杆菌、嗜酸乳杆菌、乳双歧杆菌（活菌数＞3.4×10^9CFU/g）	1%	42天	增加肉鸡回肠乳杆菌属丰度、降低病原菌丰度，改善肠道菌群的组成、功能和多样性；同时通过增加盲肠毛螺菌科丰度，提高盲肠发酵降解非淀粉多糖的能力，进而提高饲料利用效率，促进肉鸡生长	张利环等[36]

附表 2　益生素在猪生产中的应用

研究对象	益生素组成	添加剂量（饲料）	试验期	应用效果	参考文献
断奶三元（杜×长×大）杂交商品仔猪	复合益生菌：丁酸梭菌（活菌数 1×10^{12} CFU/kg）和枯草芽孢杆菌（活菌数 2×10^{13} CFU/kg）	250mg/kg	35 天	以增加 ADFI 和 ADG，降低 F/G 和 DI，提高仔猪对养分表观消化利用率 NPU；提高 T-SOD 和 GSH-Px 的活性，提高 IgG 和 IL－10 的含量，降低 MDA 的含量，提高 MA、LA 和 SA；降低肝脏和空肠的 *Keap1* 的相对表达量，提高了 *Nrf2*、*Gpx1* 和 *HO*－1 的表达量，调控肠道微生物	张帆[37]
SPF 试验断奶猪	复合乳酸菌（活菌数 1.5×10^{8} CFU/mL）	10mL/d	13 天	提高仔猪的采食量和体重，降低料肉比；提升饲料的利用率，减少仔猪腹泻的发生；降低病毒对肠道绒毛的损伤，维持十二指肠、空肠和回肠绒毛的生长，加快肠绒毛组织周转更新速率，降低隐窝深度，增强肠道功能，从而提升对营养物质的吸收和利用	包军付[38]
腹泻仔猪	凝结芽孢杆菌：ATCC 19398	1 000 亿/吨	30 天	有效降低料肉比，提高发病仔猪成活率；提高生长性能和机体免疫能力，缓解和修复毒素对机体造成的危害，有效增加肠道有益菌数量，调整肠道菌群结构；保障各种功能蛋白发挥功能，保障功能蛋白丰度均一；促进肠道发育，有效缓解和治疗细菌引起的仔猪腹泻	张东红[39]
杜长大（杜洛克×长白×大白）三元杂交猪	枯草芽孢杆菌（活菌数 20×10^{9} CFU/g）	1 000mg/kg	60 天	改善胴体性状、提高胴体重和屠宰率；改善肉品质，提高红度值，降低剪切力，增加风味物质肌苷酸含量；增加背最长肌组织中多不饱和脂肪酸含量，增强猪肉抗氧化性	黄嘉詠[40]
生长期猪（杜×长×大）	噬淀粉乳杆菌 TZR-PI001	5%	35 天	提高生长性能、抗炎和抗氧化能力；改善物质代谢状态，减少粪便中链球菌属微生物相对丰度，提高梭菌目微生物相对丰度	饶泽斌[41]
DLY 断奶仔猪	复合益生菌：乳酸杆菌和枯草芽孢杆菌（活菌数 1.8×10^{11} CFU/kg）	0.1%、0.2%	26 天	显著改善仔猪生长性能和饲粮养分表观消化率，提高机体抗氧化能力和免疫功能；显著缓解 PEDV 诱导的炎症反应，减轻病毒对肠道结构的损伤；提高仔猪免疫功能和降低空肠黏膜中 PEDV 的载量有关	罗路红[42]
杜梅商品猪	芽孢杆菌和屎肠球菌复剂：（活菌数为：4×10^{6} CFU/g 和 1.5×10^{6} CFU/g）、枯草和地衣芽孢杆菌复剂：（活菌数为 1×10^{6} CFU/mL）	1.1kg/t 1kg/t	60 天	能提高生长性能、改善畜舍环境质量、增加经济效益	张江等[43]
“杜长大”断奶仔猪	复合益生菌制剂：戊糖片球菌发酵液、植物乳杆菌	500mg/kg	21 天	有效预防断奶仔猪腹泻问题，有利于改善断奶仔猪生长性能，提高粪便中乳酸菌数量、降低粪便中大肠杆菌数量，降低断奶仔猪粪便中的能量及粗脂肪含量	张玉巧[44]

（续）

研究对象	益生素组成	添加剂量（饲料）	试验期	应用效果	参考文献
杜洛克断奶仔猪	复合益生菌：芽孢杆菌 B_{10}（活菌数 9×10^8CFU/g），唾液乳杆菌 C-1-3（活菌数 6×10^8CFU/g）	2g/kg 4g/kg	28 天	提高断奶仔猪生长性能，效果与抗生素接近，在腹泻率、粪便大肠杆菌数、粪便乳酸菌数、粪便 pH、GSH-Px、T-SOD、MDA 等方面都有最显著的优势，防治大肠杆菌腹泻效果最好	高文秀[45]
断奶仔猪	复合益生菌：凝结芽孢杆菌（活菌数 1×10^{10} CFU/g）、枯草芽孢杆菌（活菌数 1×10^{10} CFU/g）	800g/t 400g/t	7 天	能平衡肠道菌群，改善断奶仔猪的生长性能	柳成东等[46]
“杜长大”三元生长育肥猪	复合益生菌：枯草芽孢杆菌和乳酸杆菌（活菌数 1.0×10^{10}CFU/g）	100mg/kg 200mg/kg 400mg/kg	60 天	有效降低猪肉剪切力，改善肉色，提高生长育肥猪的肉品质	唐成等[47]
大白猪仔猪	枯草芽孢杆菌（活菌数≥1×10^8 CFU/g）	0.1%、0.2%、0.3%	42 天	对保育猪生长性能有积极作用，同时能降低猪群发病率和死亡率	滕乐帮[48]
断奶仔猪	复合益生菌：酵母菌、枯草芽孢杆菌和乳酸菌（活菌数 1×10^{10} CFU/g）	0.1%、0.2%、0.3%	28 天	有效提高机体对干物质、粗蛋白、粗脂肪及钙的表观消化率，改善养分吸收率	王本会等[49]
“长×大”二元杂交育肥猪	复合益生菌：干酪乳杆菌（活菌数 2×10^{10} CFU/g）和酿酒酵母（活菌数 2×10^9CFU/g）	2×10^9CFU/kg	31 天	可提高平均日增重和钙、磷表观消化率，影响粪便中部分低丰度菌群的相对丰度，增加粪便中普氏菌属、粪球菌属、粪杆菌属和丁酸球菌属等产短链脂肪酸菌群的相对丰度以及丙酸、戊酸和总短链脂肪酸的含量	王四新等[50]
三元育肥猪	复合益生菌：乳酸菌、枯草芽孢杆菌和酵母菌	1.5g/kg	56 天	改善空肠绒毛形态，进而提高育肥猪生长前期和全期的平均日增重和饲料效率，降低肝脏和血清胆固醇浓度	林水中等[51]

附表 3　益生素在反刍动物生产中的应用

研究对象	益生素组成	添加剂量（饲料）	试验期	应用效果	参考文献
平凉红牛育肥牛	复合益生菌：乳酸杆菌、双歧杆菌、枯草芽孢杆菌、产朊假丝酵母菌（活菌数≥2×10^5CFU/kg）	0.03kg/天/头	35 天	提高肉牛采食量，改善瘤胃环境，缓解酸中毒现象，防止肉牛便秘，还可以降低肉牛过料率，提高饲料转化率	张小彦等[52]
安格斯肉牛	枯草芽孢杆菌（活菌数 1 500 亿/g）	700mg/kg	56 天	改善瘤胃微生物菌群结构，通过促进瘤胃拟杆菌门普雷沃氏菌等细菌的生长，提高机体对饲料蛋白和非纤维性碳水化合物类营养物质的消化吸收能力，提高瘤胃氨态氮和挥发性脂肪酸的含量，在短期内可迅速发挥作用显著提高生长性能	张垄菲[53]
安格斯犊牛	布拉迪酵母（有效活菌数 2.2×10^8 CFU/g）	200mg/kg	56 天	提高犊牛体高；降低血清 IL－6 和 TNF-α 含量，增强机体免疫力；改变犊牛粪便菌群，显著提高厚壁菌门、瘤胃球菌科和瘤胃球菌科_UCG－005 属的相对丰度，显著降低螺旋体门、拟杆菌科和拟杆菌属的相对丰度，并可能通过调节犊牛肠道菌群促进犊牛的健康	薛帅帅[54]
中国荷斯坦雌性犊牛	复合益生菌：嗜酸乳杆菌 S 5、酵母菌 SHZ 2017、芽孢杆菌 No. Bzg 988118	3∶3∶1	8 周	对 *E. coli* K99 具有较为明显的抑制作用；有效调节和优化断奶前犊牛的肠道微生物区系；提升宿主消化吸收功能、免疫功能和肠道黏膜屏障功能，从而缓解炎症反应促进黏膜功能的恢复	吴妍妍[55]
安格斯犊牛	复合益生菌：酵母菌、枯草芽孢杆菌、植物乳杆菌（活菌数 3×10^8CFU/g）	1%	90 天	显著提高犊牛料重比，改善瘤胃发酵环境，增加瘤胃菌群丰富度和多样性；显著提高生化、免疫以及抗氧化性能和干物质采食量、平均日增重，降低料重比	王庆[56]
西门塔尔杂交肉牛	复合益生菌：地衣芽孢杆菌（活菌数≥5.0×10^7CFU/g）、枯草芽孢杆菌（活菌数≥5.0×10^7CFU/g）、酵母菌（活菌数≥1.0×10^8CFU/g）	2%、4%、6%	9 周	显著提高平均日增重，极显著降低料重比，改善生长性能	朱伟民等[57]
公牦牛	乳酸菌（活菌数 6×10^8CFU/mL）和酵母菌（活菌数 1×10^8CFU/mL）	10%、20%、30%	125 天	提高牦牛生产性能、优化血清生化指标、改善牦牛肉品质、抑制牦牛胃肠道有害微生物繁殖、增强牦牛机体免疫能力	万里[58]
西门达尔牛（约 1 岁）	复合益生菌制剂：梭菌属、厌气拟杆菌属、厌氧真菌属、芽胞杆菌、霉菌、酵母菌和乳酸菌等	1.0‰、1.5‰、2.0‰	100 天	显著提高生长育肥牛的体增重和日增重	刘立军等[59]
初生荷斯坦母犊牛	复合益生菌：植物乳杆菌、枯草芽孢杆菌、地衣芽孢杆菌、双歧杆菌、干酪乳杆菌	均为 5×10^9CFU/天	72 天	降低腹泻率，提升平均日增重、缓解断奶应激以及促进早期肠道健康	雷杰[60]

（续）

研究对象	益生素组成	添加剂量（饲料）	试验期	应用效果	参考文献
西门塔尔犊牛	枯草芽孢杆菌（活菌数≥2×10^{10} CFU/g）	2×10^{10}CFU/天	63天	饲喂单一菌株益生菌的效果优于复合菌株益生菌；显著提高犊牛生长性能、抗氧化能力和免疫指标，改善犊牛肝功能的潜力；调节犊牛粪便菌群和瘤胃液菌群结构，显著提高有益菌的丰度，提高日粮的消化率，显著降低病原菌丰度，抑制肠道病原微生物生长，降低腹泻发病率	王丽云[61]
断奶犊牛	复合益生菌：乳酸片球菌和植物乳杆菌比例为1：2，（活菌数1×10^{10} CFU/g）	6g/天/头	30天	显著提高犊牛的试验末重及平均日增重，腹泻率均显著降低	王雪芳[62]
健康或患乳腺炎的奶牛	芽孢杆菌H28	/	/	通过抑制金黄色葡萄球菌的生物膜形成减少定植防治乳腺炎	邱敏[63]
奶牛	复合益生菌：枯草芽孢杆菌和乳酸菌	1%、2%。3%	42天	可提高犊牛平均日采食量、日增重和胴体率，降低料重比，血清中总蛋白、白蛋白、球蛋白含量显著提高	高雁等[64]
荷斯坦奶公犊	复合益生菌：枯草芽孢杆菌和乳酸菌	0%、1%、2%、3%	42天	提高犊牛平均日采食量、日增重和胴体率，降低料重比，血清中总蛋白、白蛋白、球蛋白含量也可显著提高	高雁等[64]
奶牛	复合益生菌：乳酸菌、酵母菌和丁酸梭菌（活菌数≥10×10^{9}CFU/g）	10、20、40g/天	67天	可以提高产奶量，改善乳品质和瘤胃发酵参数，并对血液生化指标未产生负面影响	隋明等[65]
荷斯坦奶牛	枯草芽孢杆菌（活菌数1×10^{6} CFU/g）	200mg/kg	42天	提高日增重、瘤胃丁酸、异丁酸浓度和氮沉积，降低了尿氮排泄量	王志刚[66]
待产母羊	复合益生菌：枯草芽孢杆菌（活菌数1×10^{11} CFU/g）、粪肠球菌（活菌数1×10^{11} CFU/g）、丁酸梭菌（活菌数1×10^{10} CFU/g）、酵母菌（活菌数2×10^{10} CFU/g）	4×10^{11} CFU/L、4×10^{12} CFU/L、4×10^{13} CFU/L	50天	使排卵高峰期提前，减轻腹泻症状，提高肠道菌群多样性、增加有益菌丰度、促进细胞代谢、减轻自然感染球虫导致的肠道损伤，提高羔羊肝脏和肾脏代谢水平、降低胆固醇水平、提高细胞免疫能力	卢晨阳[67]
湖羊泌乳羊	复合益生菌：枯草芽孢杆菌（活菌数10^{6} CFU/g）＋植物乳杆菌（活菌数10^{5} CFU/g）＋酿酒酵母菌（活菌数10^{3} CFU/g）	50%	45天	提高羔羊的日增重、母羊血糖含量、母羊干物质采食量及粗蛋白质消化率	杨劲松[68]

（续）

研究对象	益生素组成	添加剂量（饲料）	试验期	应用效果	参考文献
大足黑山羊断奶羔羊（母）	复合益生菌：酿酒酵母（活菌数 2×10^{10}CFU/g）、枯草芽孢杆菌（活菌数 1×10^{11}CFU/g）、地衣芽孢杆菌（活菌数 1×10^{11} CFU/g）、黑曲霉（活菌数 3×10^{9} CFU/g）、产朊假丝酵母（活菌数 8×10^{9} CFU/g）、米曲霉（活菌数 5×10^{9} CFU/g）	50g/天、150g/天	13 周	提高断奶羔羊的生长性能以及对营养物质的消化率；有利于提升育肥羊的生长性能，且不会降低育肥羊的屠宰性能和肉品质	司维江[69]
3 月龄苏尼特羊	乳酸菌	1%、2%、3%	90 天	改善屠宰性能和胴体品质，提高 pH 降低蒸煮损失和灰分含量；提高胃肠道微生物的多样性，改善胃肠道微生物组成，增加有益菌数量；改善血清、肌肉氨基酸含量及蛋白代谢酶活	王宏迪[70]
断奶湖羊公羔	复合益生菌：枯草芽孢杆菌（活菌数 1.0×10^{7} CFU/g）＋酿酒酵母菌（活菌数 1.0×10^{8} CFU/g） 复合益生菌：酿酒酵母菌（活菌数 1.0×10^{8} CFU/g）＋粪肠球菌（活菌数 1.0×10^{7} CFU/g）	2%、4%	90 天	显著提高屠宰率，降低料重比，改善肉品质，提高机体免疫力和抗氧化能力；提高瘤胃 pH，降低瘤胃酸中毒，促进不同厌氧益生菌在瘤胃中的富集，从而维持机体健康	田林涛[71]
胡羊公羔	复合益生菌：植物乳杆菌 XH－9（活菌数 4.3×10^{8}CFU/g），鼠李糖乳杆菌 GM－6（活菌数 1.0×10^{8}CFU/g），乳杆菌保加利亚亚种 GM－7（活菌数 4.3×10^{8}CFU/g），枯草芽孢杆菌 N－1（活菌数 1.0×10^{8} CFU/g）	0.46g、2g、0.46g、2g	35 天	提升日增重、饲料效率、血清指数；能极明显改善低密度脂蛋白的浓度、天门冬氨酸氨基转移酶和抗肿瘤坏死因子指数，并可增加血浆中红细胞数量和淋巴细胞数量，有利于增强羔羊的免疫力；显著提高羔羊初期胃肠道健康	向宬屹[72]
湖羊羔羊	复合益生菌：地衣芽孢杆菌，枯草芽孢杆菌，酵母菌	9×10^{9}CFU/kg 6×10^{9} CFU/kg 6×10^{5} CFU/kg	50 天	可提高颗粒料的利用效率，有利于湖羊羔羊的快速健康生长，养殖效益更好	祝焕强等[73]

附表 4　益生素在水产养殖中的应用

研究对象	益生素组成	添加剂量（饲料）	试验期	应用效果	参考文献
眼斑双锯鱼锦鲤	复合益生菌：植物乳杆菌、丁羧酸菌和枯草芽孢杆菌（有效活菌数为 4.0×10^8 CFU/mL）	3%、6%	28 天	显著增强肠道蛋白酶和消化酶活性，降低肠道淀粉酶活性和脂肪酶活性；提高肠道厚壁菌门相对丰度，增加肠道绒毛高度与宽度，改善肠道组织形态和功能，提高肠道微生物群落多样性；显著增强锦鲤生长水平，提高肝脏中抗氧化酶活性，增加锦鲤肠道肌层厚度和肠道绒毛高度	汪磊[74]
大口黑鲈	植物乳杆菌 LP－37	1×10^8CFU/g	10 天	重组菌株在大口黑鲈中的定植规律：各部位的重组菌浓度在投喂期间呈上升趋势，停喂后都呈持续下降的趋势，重组菌的投喂时间越长，停喂后菌株的浓度越高	杜文静[30]
凡纳滨对虾	HBIG14 芽孢杆菌 HBIG11 乳酸菌	体重的 8%～10%	56 天	提升早期发育过程的生长性能和存活率，增加机体和养殖水体的有益细菌丰度，并改善 pH、氨氮和亚硝态氮含量等养殖水质指标	刘吉丹等[75]
凡纳滨对虾	植物乳杆菌（活菌数 2×10^{10} CFU/g） 复合益生菌：92.62%乳酸杆菌和 1.59%单胞菌科（活菌数 10^7CFU/mL）	0.05%、1%、15%和 1%、15%和 2%	28 天	改善体增重率、特定生长率等生长指标，提升非特异性免疫能力抗病力与抗氧化能力，并促进对虾肠道组织结构发育，对肠道菌群的平衡有积极的影响	任雪[76]
凡纳滨对虾	复合益生菌：枯草芽孢杆菌（活菌数 1.30×10^8CFU/g）、海洋红酵母菌（活菌数 1.36×10^8CFU/mL）	1∶1	56 天	枯草芽孢杆菌组食物转化率、存活率有显著提升，肝脏蛋白酶、超氧化物歧化酶、碱性磷酸酶活性有显著提高；海洋红酵母菌组存活率、肝脏淀粉酶、脂肪酶、超氧化物歧化酶、酸性磷酸酶、碱性磷酸酶活性都有显著提高，肠道菌群丰度明显升高；枯草芽孢杆菌和海洋红酵母菌组特定生长率、食物转化率、存活率、增重率、摄食量、蛋白酶、淀粉酶、脂肪酶、超氧化物歧化酶、酸性磷酸酶、碱性磷酸酶均有显著提高并通过调节自身基因转录表达情况来提高生长速度和免疫能力	王振刚[77]
许氏平鲉幼鱼	芽孢杆菌（活菌数 1×10^8 CFU/mL）	0 CFU/g、1×10^5 CFU/g、1×10^6 CFU/g、1×10^7 CFU/g	56 天	显著提高胰蛋白酶活力、α－淀粉酶活力和脂肪酶活力；显著提高超氧化物歧化酶活力；显著提高过氧化氢酶活力；可显著增加有益菌沉积杆菌属的数量，并可显著降低有害菌慢生根瘤菌属的数量；显著提高平均体重、增重率与生长率	杜文勇[78]

（续）

研究对象	益生素组成	添加剂量（饲料）	试验期	应用效果	参考文献
大泷六线鱼幼鱼	肠球菌（活菌数 1×10^8 CFU/mL）	0 CFU/g、1×10^5 CFU/g、1×10^6 CFU/g、1×10^7 CFU/g	56天	显著提高胰蛋白酶活力、α-淀粉酶活力、超氧化物歧化酶活力、过氧化氢酶活力；显著提高平均体重、增重率和特定生长率	杜文勇[78]
罗非鱼	解淀粉芽孢杆菌 SS1	10^7 CFU/g	2周	可以提高生长性能，增加蛋白质积累，并改善葡萄糖耐受性以及减少脂质沉积，从而维持代谢稳态，重塑微生物群组成，尤其是增加肠道产生乙酸的微生物丰度	许蓉[79]
罗非鱼	植物乳杆菌 MR1	10^9 CFU/g	2周	有效缓解肝损伤，并通过降低脂合成和增加脂分解以及激活AMPKα信号通路降低肝脏脂肪沉积；通过提高抗氧化酶活性和激活Nrf2信号通路缓解肝脏氧化应激；显著提高乳酸杆菌属的丰度和肠道乙酸的含量；通过调节嘧啶核苷酸代谢显著提高血清尿苷含量，从而发挥降低脂肪沉积和氧化应激的作用	许蓉[79]
罗非鱼	耐硼赖氨酸芽孢杆菌（活菌数 1×10^7 CFU/g）	饲料：发酵液（w/v）=10：3	70天	促进营养物质的吸收，且对肝脏的免疫反应和肠道的消化反应具有一定的影响，使肠道微生物群落多样性增加，有益菌丰度增加，病原菌丰度减少	陈钦镇[80]
虹鳟	枯草芽孢杆菌（活菌数 1.0×10^9 CFU/mL）	100mL/kg	42天	具有良好的生物安全性和肠道黏附性，能显著促进虹鳟幼鱼体质量增长	樊丹等[81]

附表 5　益生素在特种经济动物中的应用

研究对象	益生素组成	添加剂量（饲料）	试验期	应用效果	参考文献
新西兰肉兔	复合益生菌：酿酒酵母（活细胞数≥0.2亿/g）和枯草芽孢杆菌（杆菌数≥0.1亿/g）	0.1% 0.15% 0.20%	30天	提高生长速率和饲料转化率，降低死亡数量与腹泻发生率，显著提高血清中 IgG、IgA 和 IgM 等免疫力指标	程菊芬等[82]
新西兰肉兔	复合益生菌：乳酸菌（活菌数 1×10^5 CFU/g）和芽孢杆菌（活菌数 1×10^5 CFU/g）	0.2g/kg	6周	可提高粗脂肪、粗蛋白质、中性洗涤纤维表观消化率及盲肠乳酸菌数量，改善肌肉系水力和抗氧化指标，且补充乳酸菌可提高肉兔体重和饲料效率	马艳华[83]
新西兰肉兔	复合益生菌：枯草芽孢杆菌＋植物乳杆菌＋丁酸梭菌（活菌数 5×10^9 CFU/g）	500g/t	35天	能够提高肉兔平均日增重，降低料重比、腹泻率和死淘率	葛龙等[84]
新西兰大白兔	乳酸菌（乳酸乳球菌 6242、嗜酸乳杆菌 6075、屎肠球菌 24203、植物乳杆菌 21790） 复合益生菌：（植物乳杆菌 21790、草芽孢杆菌 BYS2、凝结芽孢杆菌 24625、丁梭酸菌 10390、酿酒酵母 33298）	10^8 CFU/mL	7周	有利于提高生长性能及抗感染能力，促进免疫器官的发育，提高机体抗氧化能力并且在一定程度上改善肠道屏障功能；调节盲肠菌群种类及相对丰度，并在一定程度上减少肠道内抗生素耐药基因；抑制肠出血性大肠杆菌诱导的炎性细胞因子的表达，并能够提高防御素的表达量来提高家兔的抗感染能力	侯晓红[85]
宠物兔	乳酸菌 ZJUIDS-R1 和 ZJUIDS-R2（活菌数＞2×10^8 CFU/mL）	0.5mL/kg/天、1mL/kg/天	28天	可降低全身炎症，提高血液抗体浓度、免疫器官重量、肠道内 VFA 浓度，改善盲肠内厚壁菌门丰度，降低病原菌丰度，维持肠道菌群平衡，预防断奶幼兔细菌性腹泻	李慧敏[86]
雄性白羽王童鸽	枯草芽孢杆菌 F31（活菌量 5.5×10^9 CFU/mL）	4mL/天	7天	可减少沙门氏菌在肠道内定植，减少沙门氏菌感染腹泻率和体重降低幅度，对减轻炎症、十二指肠、肝脏病变及沙门氏菌感染有一定预防效果	刘雅薇[87]
白羽王鸽及乳鸽	丁酸梭菌（活菌量 4×10^8 CFU/g）	0.5%	28天	可提高肉鸽生产性能和乳鸽肉质，改善血液生化指标	唐文雅等[88]
白羽王鸽乳鸽	丁酸梭菌（活菌量≥2.0×10^8CFU/g）	200mg/kg 300mg/kg 400mg/kg	18天	提高断奶乳鸽胸腺指数、消化酶活性及肠道总 SCFAs 和乙酸含量；改善小肠绒毛形态结构；提高肠道抗氧化能力、抗炎因子浓度、增加微生物多样性及有益菌的相对丰度	温家姝[89]
贵宾幼犬	复合益生菌：嗜酸乳杆菌（活菌数≥1×10^8 CFU/g）、凝结芽孢杆菌（活菌数≥50×10^8 CFU/g）、植物乳杆菌（活菌数≥2×10^{11} CFU/g）	1×10^{10} CFU/kg	30天	改善幼犬粪便质量，三菌联用效果最优，具有显著的促进幼犬生长发育、改善肠道健康与促进肠道乳酸杆菌增值的作用	冼欣彤等[90]

度，提高抗氧化与抗炎能力；促进免疫器官发育，增强免疫力，减少沙门氏菌等感染；改善肉品质，提高经济效益。

四、小结

益生素是一种无副作用、无残留、无公害、无污染且不产生耐药性的有益微生物制剂，在健康养殖的“禁抗减排”背景下，已得到广泛应用。益生素在维持畜禽胃肠道菌群平衡、防治消化道疾病、改善畜禽产品品质等方面发挥显著作用，在促进养殖业可持续发展方面，应用前景广阔。但目前仍有许多问题制约着益生素在畜禽养殖中的发展，例如益生素新产品质量不够稳定，一些产品易在运输和保存过程中失活；有些菌株在消化道内抵抗胃酸、胆碱能力差，无法长期发挥作用；有关菌种的安全性还需要进一步研究和验证；益生素作用机制的研究还不够深入和全面。针对这些问题，今后应加强高效菌株的选择，改进生产工艺条件，以保证益生素制剂的高效性和稳定性；特别是还要针对畜禽种类和特定生长阶段筛选研制专用的益生素制剂，确定其最佳使用剂量与使用效果。通过作用机制研究和安全性评价，为益生素应用提供理论支撑，为益生素的科学应用奠定基础。

（鲁昱方　王　恬）

寡糖对畜禽益生作用研究进展

自抗生素因为耐药性问题被禁止作为畜禽业的促生长制剂以来，人们发现了许多非抗生素促进剂来代替抗生素使用。这些非抗生素促进剂包括精油、外源酶、草药、有机酸、益生元和益生菌。益生元被定义为“一种选择性发酵的成分，可使胃肠道微生物区系的成分或活性发生特定变化，从而有益于宿主的健康。”益生元可以被肠道中有益细菌发酵，在其发酵过程中，产生挥发性脂肪酸（VFA），例如乙酸、丙酸和丁酸。VFA 可以降低肠道内的 pH，从而抑制部分病原菌的生长，故可以提高畜禽的生产性能。益生元通常由低聚糖和膳食纤维组成。

寡糖，又称功能性低聚糖（functional oligosaccharides，OS），来源于高等植物、藻类、细菌、酵母和真菌。IUPAC-IUBMB 联合委员会根据生物化学命名法将其定义为由 3～10 个单糖单元通过 α、β 型等糖苷键连接形成的带有支链或直链的天然存在的碳水化合物。在分子量上，它们是介于单糖和多糖之间的中间化学结构。寡糖与多种生物过程有关，如抗细菌和病毒感染、抗氧化、抗诱变、抑制肿瘤转移、凝血级联等许多其他药理学活动，并且发现绝大多数寡糖相对无毒，不会引起重大副作用，基于上述特性，寡糖常作为抗生素替代品在动物饲料中使用。常见的寡糖有壳寡糖（chitooligosaccharides，COS）、甘露寡糖（mannan oligosaccharides，MOS）、果寡糖（fructooligosaccharides，FOS）、低聚木糖（xylooligosaccharides，XOS）、低聚半乳糖（galactooligosaccharides，GOS）、棉子糖低聚糖（raffinose oligosaccharide，RFO）、低异麦芽糖（isomalto-oligosaccharide，IOS）和大豆寡糖（soy-oligosaccharides，SBOS）。寡糖也具有甜味、口感好等其他特性，也被食品行业看作糖和脂肪的代替品。寡糖的健康方面益处和其他优良特性，使其可以在食品、制药和畜牧业等领域应用。基于市场日益增加的对寡糖制品的需求，我们不仅要进一步开发和优化传统和新型低聚糖的生产方法，更需要对这些寡糖所需的理想剂量进行更进一步的生物活性评估。因此，在本综述中，我们讨论了 2022 年常见寡糖对畜禽生产性能、胴体形状、抗氧化指标、免疫反应以及肠道健康的影响，为寡糖添加剂的产业化应用提供参考。

一、功能性寡糖的种类及益生作用机制

1. 壳寡糖（COS）。壳寡糖（COS）是自然界中唯一带正电荷阳离子碱性氨基低聚糖，是动物性纤维素，是甲壳素的衍生物，在自然界的储量仅次于纤维素。壳寡糖是由来源于虾蟹壳的壳聚糖降解成的带有氨基的小分子寡糖，是聚合度 2～20 的糖链。COS 通常由 β-1，4-*O*-糖苷键连接的 n-乙酰氨基葡糖（N-acetylglucosamine，GlcNAc）或氨基葡萄糖（glucosamine，GlcN）单元组成。COS 可以由确定的聚合度（degree of polymerization，DP）与不同的 n-乙酰化程度（degree of N-acetylation，DA）生成，但是 n-乙酰化模式（pattern of N-acetylation，PA）一般是随机的。同壳寡糖是仅由 GlcN（D 单位）或 GlcNAc（A 单位）组成的低聚物，而异壳寡糖由 D 和 A 单位组成，但其 DP、DA、脱乙酰度（DD）和 N-乙酰基残基在低聚物链中的位置不同。研究发现，具有较高 DP（6 或更高）和低平均分子质量（molecular weight，MW）的 COS 比具有低 DP 和高 MW 的低聚物具有更高的生物活性（图 1）。

（1）COS 的生物学功能和作用机制。

①抗菌作用。有研究表明低分子量的壳聚糖或壳寡糖对临床上重要的革兰氏阳性和革兰氏阴性菌（如蜡样芽孢杆菌、大肠埃希菌、小肠结肠炎耶尔森菌和地衣芽孢杆菌）具有高效的灭杀作用[8]。研究人员目前认为 COS 结构中的初级氨基是其抗菌能力的原因，COS 通过改变细胞膜的通透性导致微生物细胞死亡。带正电荷的 COS 可以通过结合存在于微生物细胞中

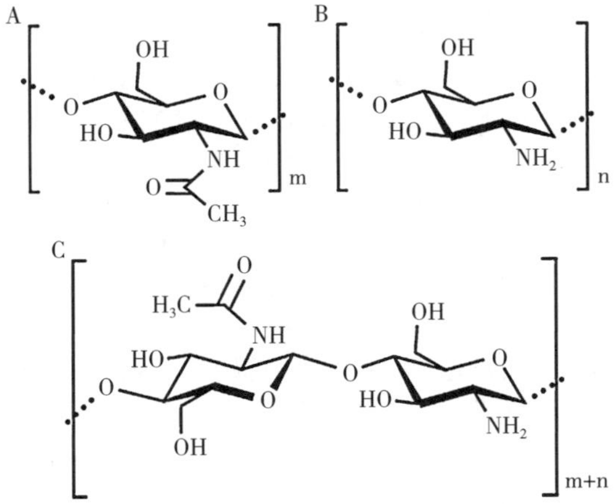

图 1 (A) n-乙酰化 COS、(B) n-去乙酰化 COS、(C) 部分 n-去乙酰化 COS，m=DP=2-20、n=DP=2-20、m+n=DP=2-20

的带负电荷的大分子成分，从而进入到微生物的细胞壁中，阻断 RNA 转录。并且 COS 的 DP、DA 和是否脱乙酰化均在抗菌活性中发挥着重要作用。当 DP≥5、完全脱乙酰化时有更强的抗菌能力，有研究也报道当 COS 包含更多的乙酰化序列（较少的去乙酰化序列）和较少的游离氨基时，会表现出更强的抗菌活性。

②抗氧化作用。COS 具有清除自由基的能力，通过中断自由基链反应来抑制氧化损伤。但其清除自由基的分子机制尚不清楚，推测 COS 的氨基与不稳定自由基反应形成稳定的自由基。并且 COS 的抗氧化活性也受 DD 和 MW 的影响，大量研究报道了随着 MW 的降低，其抗氧化活性增加，在 COS 中给定乙酰化和去乙酰化单位比的分子相对数量与其抗氧化活性之间也发现了相关性。研究发现超过三聚体的 COS 具有较好的抗氧化活性，而 DP 10～12 的 COS 具有最好的抗氧化活性。

③抗炎症作用。COS 的抗炎症是能力取决于其理化性质。有研究报道，酶法合成的低 DP 的 COS 表现出更强的抗炎症能力，并且有学者证实 COS 可以通过参与多种分子机制来抑制炎症反应。COS 可抑制脂多糖（lipopolysaccharide，LPS）诱导的炎症基因表达，该基因表达与 NF-κB（nuclear factor kappa-light-chain-enhancer of activated B cells）核易位的降低有关。因此，COS 可以减弱 LPS 诱导的血管内皮炎症反应。有研究表明，COS 可通过下调丝裂原活化蛋白激酶（MAPK，mitogen-activated protein kinases）的磷酸化水平，激活 NF-κB 和激活蛋白 1（AP-1），抑制 LPS 诱导的巨噬细胞中白细胞介素 6（IL-6）和 TNF-α 的产生。

④免疫调节作用。COS 对增强先天免疫系统和适应性免疫系统都是有益的。目前主要认为 COS 通过与巨噬细胞表面的膜受体相互作用来发挥免疫调节作用，依赖于 toll 样受体 4（TLR4）。并且 COS 通过对巨噬细胞的趋化作用来影响和增强巨噬细胞的迁移。COS 促进细胞因子的基因转录和蛋白分泌可能是阐明免疫的少数分子机制。有研究报道了低分子量 COS 对 RAW264.7 巨噬细胞的免疫刺激活性及其作用机制。分子量为 3kDa 和 50kDa 的 COS 可引起显著的免疫调节反应，这与剂量和分子量有关。此外，COS 还能促进 NF-κB 和 AP-1 通路中重要分子基因的表达，诱导 RAW264.7 巨噬细胞中蛋白磷酸化。

2. 甘露寡糖（MOS）。甘露寡糖（MOS）可由棕榈仁饼（PKC）和椰肉粕（CM）等各种工业种植业的非食用甘露聚糖成分产生。这两种农工业副产品被认为是甘露聚糖的主要来源。近年来，等设计构建了一条“淀粉—甘露糖—甘露寡糖”生物转化合成的新技术路线，能够利用储备丰富的淀粉高效制备 MOS。MOS 是通过糖苷键连接的甘露糖重复单元的短链，一般可分为两大类：α-MOS 和 β-MOS。α-MOS 是通过酵母细胞壁甘露聚糖裂解 α-（1-6）键获得的，而 β-MOS 通常是通过植物甘露聚糖裂解 β-（1-4）-糖苷键获得的。例如酿酒酵母甘露寡糖指由甘露糖和葡萄糖组成的寡糖，其主链是由甘露糖与葡萄糖或半乳糖残基通过 α-1，6 糖苷键而连接，侧链则主要通过 α-1，2 和 α-1，3 糖苷键连接组成。而魔芋甘露寡糖是由分子比为 1∶115 的葡萄糖和甘露糖残基通过 β-1，4-D-甘露吡喃糖苷键聚合而成，其侧链是由 β-1，3 糖苷键连接而成。

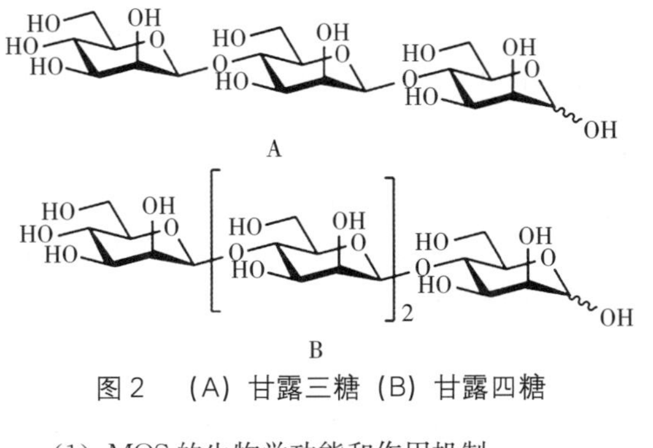

图 2 (A) 甘露三糖 (B) 甘露四糖

（1）MOS 的生物学功能和作用机制。

①调节肠道微生物作用。MOS 以其结合和限制肠道病原体定植的能力而闻名，如沙门氏菌、大肠杆菌、弯曲杆菌等。沙门氏菌等有害菌主要依赖于其表面或菌毛上的外源凝集素与肠上皮细胞上的甘露糖、半乳糖、岩藻糖等受体结合，在宿主消化道黏膜上吸

附和定植后产生致病作用。因此，使用特定的碳水化合物与其表面或菌毛上的外源凝集素结合，能够竞争性抑制病原菌定植在肠上皮细胞上，对肠道造成伤害。MOS因为主链主要由α-1,6糖苷键组成，并含有丰富的α-1,3和α-1,2侧链而对带有Ⅰ型菌毛病原菌产生超强的结合。总结得出，当MOS阻断革兰氏阴性致病菌对肠道的附着和定殖时，可使肠道内原生有益菌群大量繁殖，使得肠道释放出更多的营养物质用于瘦肉组织生长，提高宿主动物的免疫力。

②抗氧化作用。MOS可以有效的清除氧自由基，比如羟自由基（·OH）、超氧阴离子（O^{2-}）、二铵盐（ABTS＋）、1，1-二苯基-2-三硝基苯肼（DPPH）自由基和螯合 Fe^{2+} 等。据报道，在体外试验中，从不同甘露聚糖底物中获得的MOS对ABTS＋·和DPPH均有清除活性，并认为低聚糖中的C-2和C-6羟基转移h原子与ABTS＋·自由基反应。因此，低聚糖即使在较低浓度下也能清除自由基。不同甘露聚糖生成的MOS均能螯合 Fe^{2+}。螯合作用与水解液浓度的增加成正比。MOS和 Fe^{2+} 之间形成螯合物的可能原因是甘露糖部分中存在的甘露糖分子的O-1、O-2和O-3。

③抗糖基化作用。MOS具有抗糖基化的特性，因其结构中不含半乳糖，可能有助于减缓衰老、糖尿病并发症和动脉硬化。等人报道，在体外试验中，来自魔芋葡甘聚糖和棕榈仁饼粕的MOS对晚期糖基化终产物（AGEs）的抑制作用分别为54.38%和56.31%，可能的原因是在MOS存在较少或不存在半乳糖，而单糖尤其是半乳糖和少量支链糖促进非酶糖基化反应，抗糖基化活性与糖支链化成反比。2型糖尿病是一种胰腺β细胞失去功能时发生的慢性代谢疾病。从魔芋葡甘聚糖中提取的MOS通过增加嗜黏阿克曼氏菌（*Akkermansia muciniphila*）和假长双歧杆菌（*Bifidobacterium pseudolongum*）的数量，降低理研菌科（*Rikenellaceae*）和梭菌（*Clostridiales*）的密度来调节肠道菌群。在分子水平上，MOS通过激活GLUT-2并转运至细胞膜，可上调瘦素相关蛋白的表达，下调胰岛素信号通路蛋白负调控因子、蛋白酪氨酸磷酸酶1B和细胞因子信号抑制因子3的表达，从而调节胰岛素信号通路，改善葡萄糖和胰岛素耐受性。

④免疫调节作用。MOS能够通过影响肠道菌群来调节宿主免疫力，减轻肠道炎症。MOS被发现可以缓解IBD症状。MOS作用于硫酸葡聚糖钠诱导的结肠炎小鼠可促进大肠菌群的生长，降低不同促炎细胞因子（IL-5、IL-1a、IL-1b、G-CSF和MCP-1）的表达。此外，MOS使结肠和小肠杯状细胞中muc2（肠黏液蛋白）的表达正常化。MOS还能调节肉鸡的免疫应答。一旦toll样受体识别MOS，就会触发促炎细胞因子的级联反应，包括上调白细胞介素-12和IFN-g，进一步刺激T细胞、自然杀伤细胞和巨噬细胞MOS的增殖，不仅调节先天免疫，还能增强抗几种病毒感染的抗体滴度，如法氏囊病毒、新城疫病毒和禽流感病毒，来提高宿主的免疫力。

3. 果寡糖（FOS）。果寡糖（Fructooligosaccharide，FOS）是指一类由果糖残基和D-果糖分子通过β-1,2糖苷键连接而成的小分子杂多糖。GF通过β-1,2糖苷键与一分子D-果糖、二分子D-果糖和三分子D-果糖形成的寡糖，分别叫蔗果三糖（GF_2）、蔗果四糖（GF_3）、蔗果五糖（GF_4），其分子结构如图3所示。FOS在约30 000种植物中天然存在，如桔梗科、菊科、龙胆科、半边莲、金虎尾科、报春花、紫草科等。FOS也具有低热值、高水溶性、相对热稳定性和酸稳定性、成胶性和贮存稳定性等优良性质。生产果寡糖主要采用人工合成法，目前很多国内外厂家利用糖基转移法来生产果寡糖，即利用β-呋喃果糖苷酶（E.C.3.2.1.26）将蔗糖（GF）的一个果糖单位（F）转移到另一蔗糖分子的果糖末端，形成 GF_2、GF_3、GF_4 等。

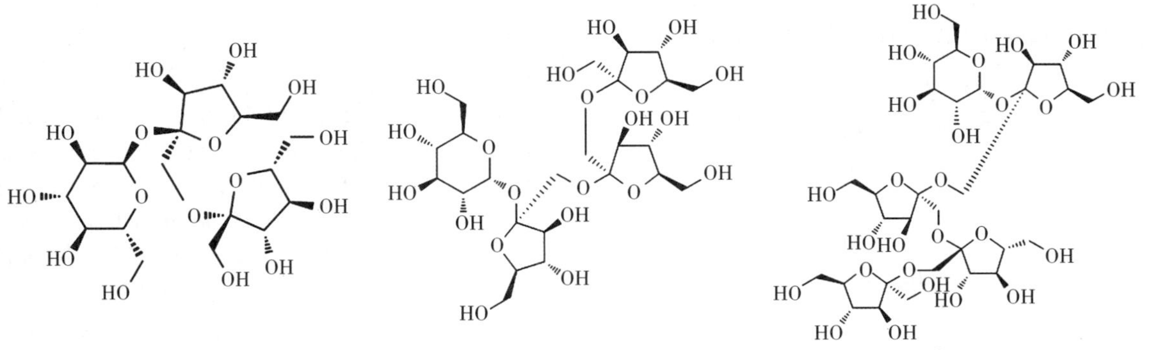

A　　B　　C

图3　果寡糖分子结构

（1）FOS的生物学功能和作用机制。

①调节肠道微生物作用。果寡糖可以在动物消化道的后端被双歧杆菌和乳酸杆菌作为营养基质选择性利用，发酵产生的挥发性脂肪酸可以降低肠道的氧化还原电势和pH，从而有效地阻止病原菌在肠道中定植，达到抑制病原菌的目的。同时，有害菌因不能分泌可分解果寡糖的果糖酶而被抑制繁殖。直接吸收外源性毒素，当肠道存在果寡糖时，可与毒素相结合，甚至可以把与毒素结合的肠黏膜上皮细胞的糖基置换下来，从而减少毒素与肠黏膜上皮细胞结合的机会。

②调节营养物质代谢作用。果寡糖在动物肝脏中主要以丙酸的形式代谢，到达肝脏的丙酸在肝脏内调控胆固醇的合成，从而加强脂质的代谢。蛋白质和氨基酸代谢产生对甲酚、苯酚、4-乙基苯酚、吲哚、3-甲基吲哚等毒素，果寡糖能通过两种途径，使蛋白质的腐败被抑制和合成菌体蛋白，有效降低粪中此类物质的含量，因此粪氮排出量增加。

③免疫调节作用。肠道中的双歧杆菌分泌胞外糖苷酶，这种酶能使肠黏膜上皮细胞产生的多糖物质降解，从而阻止致病菌和毒素在肠黏膜上的定植，果寡糖可以促进这些有益菌的增殖；果寡糖作为抗原和免疫佐剂可以直接参与到机体体液免疫和细胞免疫的过程中。

4. 低聚木糖（XOS）。低聚木糖（Xylooligosaccharides，XOS）由木聚糖酶水解木聚糖而来，由木糖单元通过β-1，4糖苷键连接而成，主要成分为木糖、木二糖、木三糖及少量木三糖以上的木聚糖，木二糖和木三糖的分子结构如图4所示。生产低聚木糖主要是酶解法，商业上生产木寡糖主要是以含有木质纤维素（Lignocellulosic Material，LCM）的物质为原料，通过食品级的木聚糖酶水解后，一般为β-1，4-内切木聚糖酶为主，分离精制而成的。并且木聚糖天然存在于饲料中，并已被证明会导致消化黏度增加，从而降低养分的消化率和生长。因为常见的谷物中还存在变异很大的木聚糖酶抑制剂，所以对于在饲料中补充木聚糖酶与补充低聚木糖的问题，以及两者在单胃家畜肠道健康和性能方面的共生问题仍有待讨论。

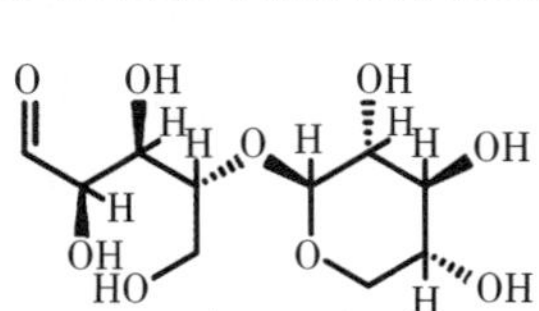

A

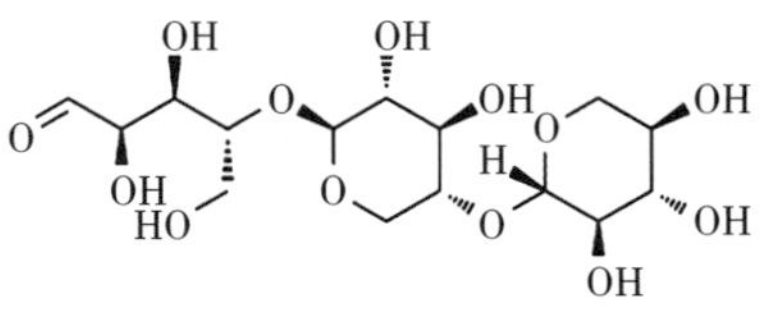

B

图4 木二糖、木三糖分子结构

5. 低聚半乳糖（GOS）。低聚半乳糖（Galactooligosaccharides，GOS）是由各种β-糖苷键连接的半乳糖单元组成，半乳糖或葡萄糖位于还原端。已知糖苷键包括β（1-2）、β（1-3）、β（1-4）和β（1-6）等，聚合度（DP）为2～8。其天然存在于香蕉、洋蓟、洋葱、大蒜和蜂蜜等食物中，工业生产GOS通常使用β-半乳糖苷酶对工业副产品中的乳糖进行酶转半乳糖基化。牛乳及羊乳中寡糖以唾液酸寡糖为主，人乳寡糖（Human milk oligosaccharides，HMO）的核心结构为一个乳糖单元（Gal（β1-4）Glc）或N-乙酰乳糖胺（Gal（β1-4）GIcNAc）。GOS具有稳定的物理性质，例如可以在160℃、中性pH或120℃、pH=3的条件下存在10min，并且不被消化酶消化，但易在结肠中发酵。根据广泛研究得出，与FOS类似，GOS具有显著的双生活性，有助于增加短链脂肪酸（SCFAs）的产生，这与降低患结直肠癌的风险、增加矿物质吸收和降低血液胆固醇水平有关。β-半乳糖苷酶可以通过转糖苷作用将乳糖转化为低聚半乳糖，过程如图5所示。

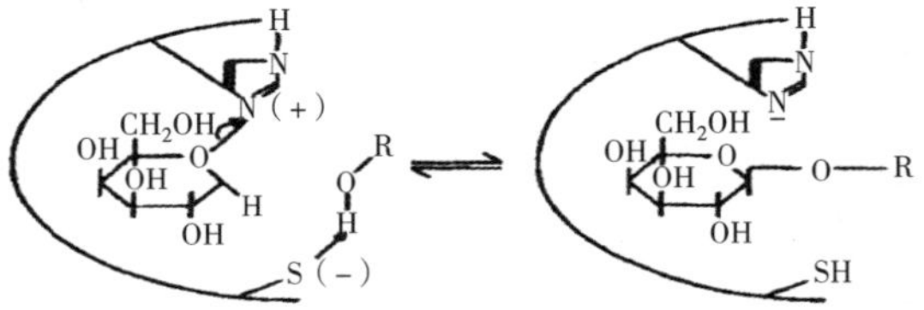

图5 半乳糖苷酶合成低聚糖的反应

二、饲粮中添加寡糖对畜禽的益生作用

1. 壳寡糖在生产中的研究进展及应用。在单胃动物中的研究进展及应用。

①家禽生产方面。Zhang等（2022）研究报道，在孵化第12.5天胚蛋注射5mg COS，COS组中利用多糖的细菌（包括约氏乳杆菌、粪拟杆菌和*Bacteroides salanitronis*）相对丰度较高，而一些机会致病菌的相对丰度低于对照组。COS组富含糖异生、L-异亮氨酸降解、L-组氨酸生物合成和脂肪酸生物合成的途径，并且COS组的丙酸含量更高。结果说明了用5mg COS可能对肉鸡进行早期营养调节肠道微生物组、相关代谢途径和SCFA的产生，进而影响肉鸡的肠道健康、整体健康和生产性能。另外，Chang等（2022）在肉鸡日粮中分别添加COS、IMO、RFO，研究得出添加30mg/kg COS显著提高了血清IgM、T-SOD水平，在三种寡糖中效果最显著，并且所使用的是DP较低的COS，与先前研究一致。并且添加COS显著提高了平均日增重（ADG）、平均日采食量（ADFI）、回肠绒毛高度和VH/CD比，降低了隐窝深度（CD），增加了29～56天肉鸡的肠道微生

物丰度，认为提高生产性能可能与饲粮中添加 COS 后肠道菌群的变化有关。

多项研究表明，COS 处理可优化产蛋高峰期蛋鸡的生产性能和蛋品质。Gu 等（2022）研究发现，饲粮添加 15mg/kg COS 时，未攻毒蛋鸡产蛋率最高，饲料转化率最低，并显著提高健康蛋鸡鸡蛋的蛋白高度和哈氏单位。此外，在 LPS 攻毒蛋鸡的饲料中添加 15mg/kg COS，显著降低了空肠 IFN-γ、IL-1β 和回肠 IgM 水平，增加了空肠 occludin 和回肠 claudin-2、NRF2 和 HO-1 基因的表达。说明 COS 可以提高转录因子 NRF2 及其靶基因 HO-1 的表达以发挥抗氧化功能，这种改变也可能是 COS 在蛋鸡中的抗炎作用的可能解释。

②猪生产方面。在断奶期，补充不同分子量的 COS 可改善日增重、饲料效率并降低腹泻评分。Yu 等研究报道，对于肠毒素性大肠杆菌（ETEC）攻毒的断奶仔猪，添加 COS 能够部分逆转 ETEC 引起的平均日增重和平均日采食量的负变化，从而缓解饲料转化率的增加。与对照组相比，COS 促进 *Phascolarctobacterium*、*Prevotella* 和 *Prevotella* _9 等有益菌群成为仔猪的主要肠道菌群，降低了仔猪患病风险。然而，COS 处理也降低了仔猪肠道中乳酸杆菌、链球菌和阿那罗沃夫的丰度。并且 COS 对 ETEC 引起的 $STAT_3$ mRNA 相对表达丰度的增加有显著的抑制作用。与 CON 组相比，COS、ETEC 和 COS×ETEC 组中的 IL-10 和 $FOXP_3$ mRNA 显著降低，说明 COS 可能有利于通过调节微生物群和 Th_{17}/Treg 平衡相关的免疫信号通路来改善生长性能和减轻 ETEC 导致的肠道炎症。

2. 甘露寡糖在生产中的研究现状及应用。

（1）在单胃动物中的研究进展及应用。Rehman 等（2022）研究得到日粮添加 MOS 和硒纳米颗粒（SeNPs）通过增加脾脏和法氏囊器官指数、十二指肠和空肠绒毛高度（VH）、绒毛表面积（VSA）、VH∶CD，以及血清胆固醇和回肠 IEL 密度来缓解肉鸡在高放养密度（HSD）下的应激状况。Teng 等报道，肉鸡日粮中添加 0.04% MOS 显著提高了其 14 天体重（BW）和体增重（BWG）；联合添加 MOS 和 β-葡聚糖显著增加了其空肠绒毛高度。Biswas 等研究得出，肉鸡日粮中添加 0.2% MOS 显著提高了其大腿、胸部、背部和腿的相对重量，降低了胆固醇和脂肪含量；添加 0.1%和 0.2% MOS 显著提高了其持水能力（WHC）和提取物释放量（ERV）；添加 0.1%、0.2% MOS 和 0.2% FOS 降低了鲜肉中标准板计数（SPC）、大肠菌群和葡萄球菌水平；显著提高了鸡胸肉和腿肉的 DPPH（1，1-二苯基 2 苦味肼）值，降低了脂质氧化水平（游离脂肪酸）。

猪生产方面。Yu 等研究得出，仔猪日粮中添加 0.3% MOS 可显著降低产肠毒素大肠埃希菌（ETEC）诱导仔猪腹泻发生率；显著提高因产肠毒素大肠埃希菌（ETEC）诱导而降低的空肠黏膜 GSH-Px 和 SOD 的含量；显著提高因产肠毒素大肠埃希菌（ETEC）诱导而降低的 sIgA 阳性细胞的丰度；显著降低因产肠毒素大肠埃希菌（ETEC）诱导而升高的血清中 D-乳酸和 DAO 的浓度；降低 ETEC 诱导的 IECs 凋亡总量；降低因产肠毒素大肠埃希菌（ETEC）诱导而升高的十二指肠和空肠黏膜 TLR4 和 NF-κB 的表达水平。

（2）在复胃动物中的研究进展及应用。MOS 能够通过调节生物胃肠道微生物群，进而改善机体胃肠道和免疫功能、生产性能。Liu 等（2022）报道，在湖羊羔羊日粮中添加 MOS 显著提高了有机质（OM）、粗蛋白（CP）、醚提取物（EE）、钙（Ca）和磷（P）的表观消化率以及不饱和脂肪酸（UFA）的比例，降低羔羊腹泻率和饱和脂肪酸（SFA）比例（$P<0.05$）。通过代谢组分析得到 MOS 上调了血清中甘油磷脂乙醇胺和甘油磷脂的浓度，从而通过甘油磷脂代谢和甘油磷脂代谢途径增加了肌肉和脂肪组织中 UFA 的比例，说明 MOS 通过甘油酯和甘油磷脂代谢途径有益于早期湖羊的健康、营养利用和脂肪酸组成。另外，Yang 等（2022）研究发现在黑山羊羔羊时期补充 MOS 可以提高血清 CAT 含量、降低 MDA 含量，通过提高血清 IL-4 和降低 IL-6 水平来减少炎症反应，并促进 IgA 分泌和乳酸杆菌在回肠的定植，这可能是维持肠道健康和提高新生反刍动物存活率的有效方法。

3. 果寡糖在生产中的研究进展及应用。

（1）在单胃动物中的研究进展及应用。

①家禽生产方面。FOS 可以通过抑制黏附来减少家禽胃肠道中的病原体。Froebel 等研究报道，使用包括 FOS 在内的四种益生元处理鼠伤寒沙门氏菌和空肠弯曲杆菌体外黏附 LMH 的鸡上皮细胞系时，FOS 对两种病原体的黏附都有抑制作用，但使贴壁沙门氏菌的减少量最大（50.79%），但具体机制尚不清楚。益生元和益生菌协同作用已成为治疗各种疾病的有效生物治疗方法。Mohammed 等研究得出，饲粮中添加合生元（FOS 和四种选定微生物菌株的混合物）使得热应激（HS）肉鸡在发出第一次发声之前潜伏期显著缩短，在隔离测试期间发声次数显著增多。添加 1g/kg 合生元组在触摸测试期间接近人类的鸟类数量显著增多，显著提高了肉鸡血浆色氨酸含量，显著降低了嗜异性/淋巴细胞（H/L）比值。色氨酸是 5-羟色胺能功能的关键组成部分，通过减少 HS 连接的氧化应激参与体温调节，并直接作为情

绪、恐惧和相关行为的重要决定因素。合生元可能对色氨酸代谢产生影响，导致通过微生物组—肠—脑轴增加脑5-羟色胺浓度，改善了热应激条件下肉鸡的恐惧状态和相关应激反应。此外，Song等（2022）研究得出，与对照组相比，日粮中添加FOS和植物乳杆菌显著增加肉鸡的平均日增重和钙磷消化率，显著增加血清IgA、IgG和IL-10水平，降低了血清TNF-α、IL-2和IL-6水平，降低MDA水平，增加SOD水平。与对照组和金霉素比，FOS和植物乳杆菌组中鸡乳酸杆菌种群显著增加。因此，FOS和植物乳杆菌通过增强免疫球蛋白浓度的产生以及各种炎症相关细胞因子的调节表达来增强全身抗体反应，而乳酸菌种群的增加可能是免疫和抗氧化特性的原因。

②猪生产方面。FOS不仅能促进断奶猪生长，还能有效减少致病菌在肠道的定植。Liu等研究报道，对于肠毒素性大肠杆菌（ETEC）攻毒的断奶仔猪，饲喂添加2.5g/kg FOS显著提高了仔猪日增重、粗蛋白质表观消化率（CP）、总能（GE）和粗灰分（ash），降低了腹泻发生率。还升高了血浆中IgA和IgG的浓度，这可能与FOS刺激免疫器官的生长发育，促进淋巴细胞分化，增强细胞免疫和体液免疫有关。添加FOS可降低血浆中D-乳酸的含量，增加绒毛高度和V/C比值，下调空肠和回肠中IL-6和TNF-α以及十二指肠中IL-1β和TNF-α的mRNA表达。添加FOS显著提高了盲肠食糜中SCFA浓度，降低了盲肠中大肠杆菌的丰度，但显著增加了盲肠中双歧杆菌和芽孢杆菌的丰度。这可能是由于致病菌如大肠杆菌不能利用益生元。说明有益细菌发酵的产物提供了一个酸性环境，这对抑制有害细菌的生长很重要。FOS的添加不仅提高了十二指肠和空肠中ZO-1的表达水平，还提高了回肠中occludin和FATP4的表达水平，提高了营养转运蛋白（LAT1、CAT1、SGLT1和GLUT2）的表达水平，改善了猪肠道完整性和上皮功能。此外，Zhang等研究报道，补充FOS显著降低了第0～7天和第0～21天断奶仔猪的腹泻发生率，可改善Nrf2的抗氧化酶活性和表达，并降低血清中D-乳酸浓度和TNF-α浓度。显著增加了回肠黏膜中claudin-1、claudin-2、claudin-4和occludin的mRNA表达，提高了结肠黏膜中ZO-1、claudin-1、occludin和pBD-1的mRNA表达，FOS增加了肠道中Sharpea、Megasphaera和Bacillus的数量（$P<0.05$）。相关性分析表明，回肠黏膜occludin和claudin-1mRNA表达与Sharpea和Bacillus种群呈显著正相关（$P<0.05$）。结肠黏膜occludin、claudin-1mRNA表达量与*Sharpea*、*lactobococcus*、*Bifidobacterium*丰度呈显著正相关（$P<0.05$）。总而言之，FOS对改善肠道健康状况的作用与提高宿主的抗氧化能力、优化肠道微生物组成和提高SCFA产量有关，定植细菌的代谢产物通过激活Nrf2信号通路来增加肠上皮细胞的抗氧化能力，从而影响宿主的生理和稳定状态。

（2）在复胃动物中的研究进展及应用。FOS如何影响反刍动物早期的GIT微生物群目前知之甚少，Quijada等报道，日粮添加甜菜低聚果糖和大蒜残渣能够显著增加新生羔羊的平均日体重，羔羊粪便菌群中细菌多样性较低，双歧杆菌、肠球菌、乳酸杆菌和韦荣氏球菌的细菌多样性更高，但可能需要进一步研究完成宏基因组测序，以便深入表征微生物群落及其基因组内容，并确定关键生物作为益生菌的潜在来源。

4. 低聚木糖在生产中的研究进展及应用。

在单胃动物中的研究进展及应用。家禽生产方面，低聚木糖和木聚糖酶的组合可以降低饲粮在肠道中的黏度，提高营养吸收，并刺激肠道微生物群落更有效地降解纤维和产生短链脂肪酸，从而来提高性能。González-Ortiz报道饲粮添加XOS和木聚糖酶显著提高了肉鸡育肥期可消化DM、有机质（OM）、灰分和能量的采食量（$P<0.01$），使得饲喂缺乏能量和AA不足的饲粮肉鸡生产性能、可消化的营养和能量达到与对照组相近的水平。相似地，Singh等（2022）研究报道，在肉鸡日粮添加木聚糖酶能极显著地提高育肥期和全期的平均日增重（ADG）和最终增重（FBWG），而添加100mg/kg XOS可显著提高IL-10和IL-4基因水平表达。XOS和木聚糖酶均能提高乙酸产量，且不存在加性效应。木聚糖酶增加总SCFA（$P<0.01$），XOS有增加趋势（$P=0.052$），添加0.01%木聚糖酶可提高瘤胃球菌科（*Ruminococcaceae*）的平均比例（$P<0.01$）。由此可见，在饲粮中添加木聚糖酶和XOS可通过增加盲肠发酵提高SCFA的产量。然而，这种改善可能并不一定依赖于微生物群多样性的变化或黏膜吸收表面的增强。该研究添加木聚糖酶和XOS造成的生产性能的差异，可能由于XOS水平偏低，导致未产生足够的SCFA，但对XOS组中SCFA的大幅增加可能归因于其启动盲肠菌群，以增强选择性底物的发酵。Natalie等肉鸡高粱基础日粮中添加麦麸和2 000mg/kg XOS显著增加35天肉鸡体重，添加麦麸和XOS增加了采食量（FI）和体增重（BWG）；添加麦麸、2 000mg/kg XOS和木聚糖酶时，回肠XOS浓度最大，增加了盲肠总SCFA、乙酸和丁酸浓度以及木聚糖酶和纤维素酶活性。此外，Lin等（2022）报道添加500mg/kg XOS显著增加对照组肉鸡的WG，有助于减轻艾美耳球虫引起的DM表观回肠消化率下降（$P=0.052$）

和 claudin－1 上调（$P<0.05$），降盲肠低异丁酸（$P=0.08$）和异戊酸（$P=0.062$）的浓度，并认为 XOS 可能作为信号分子来调节微生物群落适应消化阿拉伯木聚糖。总而言之，我们需要进一步研究以确定肉鸡获得最大 SCFA 产量所需的最佳 XOS 水平。

Wang 等曾报道，与对照组肉鸡相比，100mg/kg XOS＋（γ辐照黄芪多糖）IAPS 组提高了肉鸡 ADG 和降低了 F/G，增加了所有肠段的绒毛高度（VH）、空肠杯状细胞数和 VH 与隐窝深度比（VH/CD）。"XOS＋IAPS" 组在空肠中显示出更低的血浆 D－乳酸浓度和更高的 claudin－1、claudin－3 和 occludin mRNA 表达（$P<0.05$），与抗生素组效果相当。Wang 等（2022）通过进一步研究发现，XOS 和 IAPS 存在相互作用，100mg/kg "XOS＋IAPS" 组增强了血清溶菌酶和 T-AOC 活性、降低 MDA 浓度、提高空肠黏膜 IL－2mRNA 表达水平、增加十二指肠和空肠中产生 IgA 的细胞数量、增加了厚壁菌门与拟杆菌门的比例、瘤胃球菌科的比例，以及 *Barnesiella* 和 *Negativibacillus* 的比例（$P<0.05$）。并且 XOS 和 IAPS 的组合效应优于金霉素、XOS 或 IAPS 的单独效应。故推测 XOS 和 IAPS 的补充剂量有利于增强一些产生 SCFAs 的细菌的发酵，但这些底物不足以产生大量的 SCFAs，但能够为肉鸡提供更好的氧化还原环境和更完整的黏膜免疫屏障功能。

5. 低聚半乳糖在生产中的研究进展及应用。

（1）低聚半乳糖在单胃动物中的研究进展及应用。

①家禽生产方面。有研究表明 GOS 通过增加肉鸡体内编码紧密连接、黏液蛋白和宿主防御肽的基因表达，加强了肠道的物理和免疫屏障，同时抑制全身的炎症反应。Slawinska 等曾报道，12 天的胚蛋注射 GOS 可缓解在热应激下肉鸡的体重和饲料效率的下降，减少足垫皮炎（FPD）的发生率，调节肉鸡的体温来降低死亡率。另外，Tavaniello 等报道胚蛋注射 GOS 能够缓解热应激对蛋鸡肉质性状的不良影响，降低总饱和脂肪酸（SFA）、增加单不饱和脂肪酸（MUFA）含量。相似地，Yang 等（2022）研究得出，GOS 处理显著提高了肉鸡血液中脂肪酶和 α－淀粉酶的活性，促进了鸡的脂肪合成和淀粉水解，并推测 GOS 刺激了肉鸡厚壁菌和拟杆菌的组成发生变化，从而进一步改变 LysoPC 的含量，并影响肉鸡的脂质积累。此外，Madej 等在鸡蛋中注射 GOS 后增加了孵化出的肉鸡 21 天盲肠扁桃体（CT）（CD4＋和 CD8＋细胞）和脾脏（CD8＋细胞）中参与细胞免疫的细胞数。

Richards 等研究得出，肉鸡日粮中添加 GOS 制剂可提高其生长速度、35 天的平均体重、增加发育中鸡肠道回肠绒毛中杯状细胞的密度、增加 IL－17A 基因表达，降低 IL－10 基因表达，同时发现增加特定乳杆菌的丰度，即 *L. crispatus* DC21.1 和 *L. johnsonii* DC22.2，并确定其是促进生长速度和肠道健康的关键物种。Lafontaine 等进一步研究得出，添加 GOS 显著提高了空肠弯曲杆菌定植肉鸡的生长速度、35 天的平均体重、短暂增加了空肠弯曲杆菌定植肉鸡的绒毛长度和隐窝深度；上调回肠和盲肠 IL－17A 的转录水平，抑制 IL－17F 在空肠弯曲杆菌定植后的转录水平，增加盲肠中约氏乳杆菌的丰度。以上研究表明，GOS 可以与特定菌协同调节宿主的肠道健康和先天免疫，提高生产性能，减少环境或病原体造成的负面影响，并提高动物福利。

②猪生产方面。研究证明 GOS 可以通过调节哺乳仔猪的肠道微生物群，从而对肠道功能产生有益影响。Gao 等曾报道，在 LPS 攻毒前饲喂 1g/kg GOS 可显著降低哺乳仔猪由 LPS 引起的 MDA 和 ROS 含量增加，提高 T-AOC 活性，增加结肠黏膜中 *norank_f_Muribaculaceae* 和 *Romboutsia* 的相对丰度，降低了异普氏菌、弯曲杆菌和幽门螺杆菌的相对丰富度。并且 GOS 显著降低 IL－1β、IL－6、TNF-α、CD14 的浓度，以及 TLR4 和 MyD88 的相对 mRNA 表达。此外，GOS 显著降低 MUC2 的相对 mRNA 表达，显著增加 Claudin－1 和 ZO－1 的蛋白表达。因此，作者认为 GOS 补充剂增加了产生 SCFAs 细菌的相对丰度，高浓度的 SCFAs 可能有助于减少 LPS 攻毒乳猪促炎细胞因子的分泌并维持结肠上皮屏障功能。Tian 等（2022）报道，早期补充 GOS 可提高哺乳仔猪因 LPS 诱导的十二指肠乳糖酶、回肠麦芽糖酶、蔗糖酶、十二指肠和空肠淀粉酶降低，提高营养吸收基因的表达水平，降低促凋亡因子表达，提高被 LPS 诱导而降低的 HO－1 和 NQO－1 的表达，激活 AMPK。并推测肠道微生物群衍生的丁酸能够介导 GOS 激活哺乳仔猪肠黏膜中的 AMPK 信号，这些变化可以减轻 LPS 对 AMPK 的抑制作用。然而，GOS 激活 AMPK 的机制仍需进一步研究。

（2）低聚半乳糖在复胃动物中的研究进展及应用。王飞飞等在牛奶中添加低聚半乳糖显著提高了犊牛 1～4 周龄腹泻率，提高了血清中钙和镁的含量，有提高血清 HDL 含量的趋势，对脂代谢有积极影响。进而 Chang 等（2022）研究发现，犊牛断奶前补充 GOS 具有持续作用，可增加犊牛断奶时的 ADG 和体重，降低其腹泻发生率，改善瘤胃微生物结构，并通过增加拟杆菌和普氏菌的相对丰度，以及减少有害细菌的丰度促进瘤胃发酵，但具体调控机制有待进一步探究。此外，Cai 等（2022）报道，口服 2% GOS

显著降低了犊牛中、重度肺病的病变比例。GOS 显著降低犊牛 BALF 中 IL－8、TNF-α、IL－6 和 IL－1β 的含量，抑制了犊牛肺中溶血性曼氏杆菌- LPS lgG 的水平和犊牛的溶血性曼氏杆菌阳性率感染，抑制了体内 NLRP3 炎症小体的激活。并认为肺部炎症与 NLRP3 炎症小体的激活可能有关，而 GOS 通过抑制 caspase－1 的激活以及 ATP、ROS 和 MDA 的产生，显著降低了 TLR4 的表达，降低了 p38、ERK1/2、JNK1/2 MAPK 和 NF-κB p65 的磷酸化，从而来抑制 NLRP3 炎性小体激活，进而减轻呼吸道和全身炎症反应。

三、小结与展望

寡糖的种类繁多，壳寡糖、甘露寡糖、果寡糖、低聚木糖、低聚半乳糖是畜禽生产过程中常用的五类，可以通过提高畜禽肠道发育、形态水平，从而促进畜禽生长发育、提高抗病能力和生产性能。寡糖在动物生产领域有很大的应用前景，是抗生素的有效替代品。然而，寡糖发挥作用的机制并不明确。因此，目前畜禽生产过程中对寡糖的使用主要基于经验累积。

未来的研究应重点探讨寡糖生物活性背后的具体机制，这将有利于更合理更有效地发挥寡糖的功能。

（陈旭东　唐茂妍）

酸化剂及丁酸钠在畜禽饲料中的研究与应用

在过去，人们习惯于使用抗生素生长促进剂等药物提高畜禽生产成绩，随着现代畜牧业对动物生产效率的提升需求越来越高，导致抗生素滥用及耐药性问题愈加突出，食品安全和健康日益引起社会公众的广泛关注，因此限制抗生素使用的时代随之来临。自欧洲禁止在食用性动物饲料中使用抗生素以来，世界各地都开始寻找替代的无抗生素生长促进剂，酸化剂、植物提取物、益生元、益生菌和抗菌肽等替代品逐渐出现（尹苗等，2022）。在这些替代品中，酸化剂在保护动物的肠道健康方面起着至关重要的作用，可用于改善动物肠道菌群和提高免疫反应，从而在动物体内形成类似于抗生素的作用进而抵御致病菌的侵袭。2020 年 1 月 1 日起，我国全面禁止在饲料中使用抗生素（农业农村部 194 号公告），因此随着禁用抗生素这一举措的实施，新型饲用抗生素替代品研究刻不容缓（项新东，2022），酸化剂在动物肠道无残留、无耐药性且具有降低胃肠道 pH、激活胃肠道消化酶、抑制有害细菌生长繁殖和作为肠道上皮细胞的能源物质等功能，是重要的替抗饲料添加剂之一，已被广泛应用于养殖生产中，在生产中有着非常广阔的应用前景（余建等，2022）。

一、酸化剂在畜禽饲料中的研究与应用

大量研究证明了酸化剂在促进饲料消化、减少疾病、促进肠道健康及促生长方面具有积极作用，酸化剂（有机酸和无机酸）已经在全球范围内广泛用于动物饲料中，因此在畜牧生产中，酸化剂是一种性价比较高的替抗产品选择，通过提高动物的生长性能、促进肠道健康和促进代谢来发挥其作用。

1. 酸化剂在肉鸡生产中的应用。沈一茹等（2022）研究了不同添加方式的酸化剂对肉鸡生长性能和肠道发育的影响。试验选用 1 日龄、体重相近的健康白羽肉鸡 512 只，将其随机分为 4 组：正常对照组（基础饲粮和基础饮用水），阳性对照组（基础饲粮＋20mg/kg 弗吉尼亚霉素和基础饮用水），饮水酸化剂组（基础饲粮，基础饮用水中酸化剂添加量为 0.1％），饲粮酸化剂组（饲喂基础饲粮＋0.2％酸化剂和基础饮用水）。评价指标有生长性能、肠道形态、杯状细胞数量、紧密连接蛋白 mRNA 相对表达量等。研究结果表明，酸化剂通过饲粮添加和饮水添加对肉鸡生长性能的促进作用与抗生素相当，对肠道发育的促进作用优于抗生素；酸化剂通过饲粮添加对肉鸡生长性能和肠道发育的改善作用优于饮水添加。

刘新泽等（2022）探讨饲粮中添加不同组合的酸化剂对肉鸡生长性能、养分代谢率、血清生化、抗氧化、免疫指标及肠道菌群、形态和胃蛋白酶活性的影响，实验选取 7 日龄爱拔益加（AA）肉仔鸡 1 080 只，随机分为 9 组，分别是饲喂基础饲粮（Ⅰ组）、基础饲粮＋0.1％甲酸铵复合酸化剂（Ⅱ组）、基础饲粮＋0.2％甲酸铵复合酸化剂（Ⅲ组）、基础饲粮＋0.1％（甲酸铵＋精油）复合酸化剂（Ⅳ组）、基础饲粮＋0.2％（甲酸铵＋精油）复合酸化剂（Ⅴ组）、基础饲粮＋0.1％缓释甲酸（Ⅵ组）、基础饲粮＋0.2％缓释甲酸（Ⅵ组）、基础饲粮＋0.1％（缓释甲酸＋精油）复合酸化剂（ⅤⅢ组）、基础饲粮＋0.2％（缓释甲酸＋精油）复合酸化剂（Ⅸ组）。实验结果表明饲粮中添加 0.1％（甲酸铵＋精油）复合酸化剂改善了肉鸡生长性能，提高了养分表观代谢率、回肠乳酸杆菌数量、空肠绒隐比和胃蛋白酶活性，增强了免疫机能，降低了空肠隐窝深度、回肠大肠杆菌数量和胃食糜 pH。

王晓亮和张伟（2022）研究了复合酸化剂对肉鸡生长性能、血清生化指标、抗氧化能力和肠道结构的影响。选用 1 200 只 AA 白羽肉鸡，随机分为 3 组，

对照组肉鸡饲喂玉米—豆粕型基础日粮，抗生素组在基础日粮中添加 200g/t 土霉素，酸化剂组在基础日粮中添加 0.1%复合酸化剂，试验期 42 天。研究结果显示，肉鸡日粮中添加 0.1%复合酸化剂能够明显提高肉鸡的平均日增重，降低料重比，对肉鸡前期生长性能的改善效果优于抗生素，并且肉鸡后期血清的抗氧化能力显著提高，空肠绒毛结构明显改善。孙得发等（2022）研究复合酸化剂对白羽肉鸡肠道、免疫功能的影响，选用 1 日龄健康、体重相近的 AA 肉鸡 600 只，随机分为 4 组，试验组分别在饮水中添加 0.05%、0.10%、0.20%的复合酸，试验期为 42 天。研究表明，肉鸡饮水中添加一定水平复合酸化剂能够提高其生长性能和免疫功能，促进肠道发育，增强酶活性，改善肉品质。陈伟松和张珍誉（2022）为了研究抗菌肽与酸化剂对肉鸡生长性能、血清免疫功能及肠道形态的影响，选取 1 日龄 AA 肉仔鸡 2 000 只，随机分成 4 组，抗菌肽组添加 300mg/kg 抗菌肽，酸化剂组添加 0.1%酸化剂，抗菌肽＋酸化剂组添加 300mg/kg 抗菌肽和 0.1%酸化剂。试验期 42 天。实验结果表明，使用抗菌肽、复合酸化剂可以显著提高肉仔鸡生长性能，增强体液免疫，改善肠道形态健康，且抗菌肽＋复合酸化剂的效果优于单独添加抗菌肽、复合酸化剂。

张燕利等（2022）研究复合酸化剂、植物精油及其组合对白羽肉鸡生长性能、屠宰性能、肉品质及养分消化率的影响。选用 1 日龄白羽肉鸡 360 只，随机分为 6 组，对照组饲喂基础日粮，抗生素组添加金霉素 250mg/kg＋恩拉霉素 60mg/kg，酸化剂组添加复合酸化剂 2g/kg、精油组添加植物精油 200mg/kg、组合 1 组为复合酸化剂 1g/kg＋植物精油 100mg/kg、组合 2 组为复合酸化剂 2g/kg＋植物精油 200mg/kg，试验周期 42 天。实验结果表明，复合酸化剂和植物精油对白羽肉鸡生长性能、屠宰性能、肉品质及养分消化率有促进作用，两者联合使用效果优于单独使用，且联合使用复合酸化剂 1g/kg＋植物精油 100mg/kg 效果最佳。张燕利（2022）同时研究发现，复合酸化剂或植物精油显著提高了十二指肠、回肠、空肠的 VH/CD 的比值，改善了肉鸡肠道形态，一定程度上提高了空肠屏障基因的表达水平，显著提高盲肠微生物多样性、丰富度及有益菌的丰度，改善菌群结构，增强了肉鸡小肠的屏障功能。因此，在日粮中添加复合酸化剂和植物精油能显著提高 AA 肉鸡的生长性能、小肠屏障功能及一定程度上提高肉品质，能对抗生素进行有效替代，两者联用效果好于单用，具有协同作用。尹苗（2022）研究了玉屏风散提取物和复合酸化剂对白羽肉鸡生长性能、免疫及抗氧化能力的影响。结果表明：玉屏风散提取物和复合酸化剂对大肠杆菌和金黄色葡萄球菌都有一定抑菌效果，联合使用时，对大肠杆菌和金黄色葡萄球菌抑菌效果呈协同效应，且对金黄色葡萄球菌的抑菌效果优于大肠杆菌，联合使用可极显著改善肉鸡抗氧化能力，极显著降低血液中转氨酶活性，增强机体免疫能力，从而显著提高白羽肉鸡生产性能，联合使用效果优于单独添加，联合使用添加量为玉屏风散提取物 600mg/kg＋复合酸化剂 2 000mg/kg 效果更佳。董雯雯等（2022）研究饮水型精油复合酸化剂对肉鸡生长性能及抑菌功效的影响，试验选用 504 只健康的 1 日龄 AA 肉鸡，随机分为对照组以及 0.15%，0.20%和 0.30%酸化剂添加组，试验期 42 天，研究结果表明，从饲喂效果综合分析，饮水中添加不同浓度的精油复合酸化剂对肉鸡日增重、料重比等指标均具有一定优化效果，且以 0.20%的添加比例饲喂效果最佳，可显著改善鸡群生长性能和饲料转化率。此外，饮水中加入精油复合酸化剂可完全抑制大肠杆菌和沙门氏菌病原菌增殖，具有洁净饮水线的作用，可预防肉鸡细菌性疾病发生。郭钰君（2022）在肉鸡饮水中添加酸化剂（2-羟基-4-甲硫基丁酸、乳酸和磷酸，其中 2-羟基-4-甲硫基丁酸＞44%），研究酸化剂对饮水硬度和酸度及体外抗菌作用，并对饮水酸化剂进行筛选，进一步研究饮水酸化剂对肉鸡生产性能、肠道健康和胫骨质量的影响。结果表明：饮水中添加 0.10%～0.20%复合酸化剂可降低饮水的酸度且呈现显著的抑菌作用，可显著增加肉鸡 42 日龄的生产性能和通过抑制骨吸收增加胫骨质量，可促进肠道发育、增加肠道屏障和降低机体炎症，其作用机制与促进肠道发育进而促进肠道对营养物质的吸收有关；同时，促进肠道发育和增加肠道屏障可抑制机体炎症介导的骨吸收，从而增加肉鸡胫骨质量。

综上所述，酸化剂在肉鸡饲料中应用研究表明，在饲料中或饮水中添加均可提高其生长性能和免疫功能，促进肠道发育，增强酶活性，其中在饲料中添加效果较好。在酸化剂与其他替抗产品如抗菌肽植物精油及玉屏风提取物等联合应用效果优于单独使用。

2. 酸化剂在蛋鸡生产中的应用。王晓旭等（2022）对复合型有机酸酸化剂产品（商品名金立酸）对饮水和蛋鸡饲料中鸡白痢沙门氏菌的抑制效果进行分析和评价，为生产中蛋鸡白痢沙门氏菌提供有效的防控方法。将金立酸原液稀释按照 10%、5%、3.3%、2.5%和 2%的比例添加到含有 10^5 CFU/mL，10^6 CFU/mL 和 10^7CFU/mL 鸡白痢沙门氏菌的蒸馏水或蛋鸡浓缩饲料（经高压灭菌）中。结果表明：在水中各个稀释浓度的金立酸对沙门氏菌均有抑制效果，最小剂量 2%添加即可起到抑菌作用；在饲料中，高浓度酸化剂在作用 1h 就起到抑菌效果，即

5%的添加量作用 1h 即可起到抑菌作用；2%的添加量在作用 20h 后也可以起到明显的抑菌作用。

何纪垲等（2022）报道，在现代规模化、集约化的大型鸡场也时常出现鸡群大规模感染球虫的现象，研究旨在探索饮水中添加一定比例的液态酸化剂，在改善蛋鸡饮水卫生质量的基础上，能否提高染病蛋鸡的生长性能和产蛋性能，并对其可能的机制进行初步探讨，通过在京粉 6 号蛋鸡的饮水中添加主要成分为 45%甲酸、10%丙酸的酸化剂，结果发现感染球虫的育成期蛋鸡的生长性能得到了改善；产蛋期的产蛋率提高，不合格蛋比例下降，料蛋比改善。结果表明，通过饮水给感染球虫的青年蛋鸡饲喂酸化剂，可以提高球虫病愈后育成期蛋鸡的生长性能和初产蛋鸡的产蛋性能。何纪垲等（2022）同时研究了液态酸化剂对产蛋后期蛋鸡生产性能、肠道微生物和经济效益的影响。全程饮用 0.1%浓度（1g/kg）的液体有机酸化剂预处理水能提高产蛋后期罗曼灰蛋鸡的平均蛋重，显著降低试验各个阶段的平均采食量和料蛋比，抑制水中有害菌的增殖，改善水体质量，还能通过调节蛋鸡肠道微生物区系来改善肠道健康，降低圈舍氨气浓度，改善气体环境，提高产蛋后期蛋鸡的经济效益。

李艳平（2022）研究了乳酸菌和酸化剂对蛋雏鸡生长性能及免疫器官指数的影响，选择健康的 1 日龄海兰褐蛋雏鸡 400 只，随机分成 4 组进行试验，A 组为对照组，B 组添加 400g 的乳酸菌和 0.1%的酸化剂，C 组添加 400g 乳酸菌，D 组添加 0.1%的酸化剂，酸化剂为乳酸 60%，乳酸菌为沃顺 100（有效活菌含量≥100 亿 CFU/g）。试验结果表明，加入了乳酸菌和酸化剂的雏鸡组与单独加入乳酸菌和酸化剂的雏鸡组生长性能以及免疫器官指数的影响均高于无添加组蛋雏鸡，这说明乳酸菌和酸化剂对蛋雏鸡生长性能及免疫器官指数有着及其重要的作用。

上述研究结果表明，酸化剂在抑制鸡白痢沙门氏菌感染及降低球虫感染方面发挥重要的防治作用，提高了球虫病愈后育成期蛋鸡的生长性能和初产蛋鸡的产蛋性能，对水体质量、圈舍氨气浓度等环境均有改善，还能通过调节蛋鸡肠道微生物区系来改善肠道健康，提高产蛋后期蛋鸡的经济效益，同时酸化剂与乳酸菌组合应用效果较好。

3. 酸化剂在猪生产中的应用。肠道健康在促进仔猪生长速度和饲料消化方面发挥着至关重要的作用，酸化剂可以降低动物饲料和消化道中的 pH，维护胃肠道的健康。胃肠道的 pH 是动物健康的重要影响因素，成年猪胃中的 pH 一般是 2～3，肠道的 pH 一般是 3～5。在胃的 pH 水平上，酸化剂的主要作用是降低 pH，对于消化系统还未发育完善的仔猪，由于内源性胃酸分泌不足，乳糖发酵缺乏乳酸，导致胃肠道 pH 较高，大肠杆菌等有害菌会导致肠道腹泻等疾病发生，因此在仔猪饲料中添加酸化剂预防腹泻等疾病至关重要。

董晨晨（2022）不同酸化剂对断奶仔猪生长性能和营养表现消化率的影响，试验选取 38 日龄、体重 10kg 左右的断奶仔猪 150 头，随机分为 5 个处理组，每个处理组 6 个重复，分别在日粮中添加 0.4%的不同酸化剂（酸化剂 A、酸化剂 B、酸化剂 C 和酸化剂 D），测定断奶仔猪生长性能指标，分析不同酸化剂对断奶仔猪生长性能及营养表现消化率的影响。结果表明：与对照组相比，试验 1 组、试验 2 组、试验 3 组、试验 4 组的料重比及腹泻率均有所降低，说明在断奶仔猪常规日粮中添加酸化剂能显著降低仔猪的腹泻率，提高生长性能，改善料重比，提高营养表观消化率，不同的酸化剂效果差异较明显。

蒋青荣（2022）为探讨新型酸化剂改性柠檬酸对仔猪生长性能的影响，试验选取体重 6.4～8.8kg 的仔猪 90 头，随机分为 3 个处理组，即对照组（0g/t 新型酸化剂）、试验一组（0.3g/kg 新型酸化剂）、试验二组（0.6g/kg 新型酸化剂），测定仔猪的日采食量、日增重、料重比、腹泻率。结果显示：添加 0.3g/kg 和 0.6g/kg 两个剂量新型酸化剂的日采食量和日增重均比对照组有所增加，均有预防腹泻的效果。适量的新型酸化剂可以有效地提高仔猪的生长性能，过量的添加反而会降低仔猪的生长性能。

廖正睿等（2022）研究了 2 种不同生产工艺的酸化剂（包被与未包被）对断奶仔猪生长性能、胃肠消化酶活性和饲粮蛋白消化的影响。试验选择 90 头杜长大三元杂断奶仔猪，随机平均分成 2 个酸化剂处理试验组（未包被酸化剂或包被酸化剂）和 1 个对照组，实验结果表明，添加包被或未包被酸化剂均能显著提高断奶仔猪的平均增重、平均日采食量和平均料重比，且包被酸化剂效果显著优于未包被酸化剂。饲粮添加包被或未包被酸化剂均能改善断奶仔猪的生长性能、胃肠消化酶活性和饲粮蛋白消化，且包被酸化剂效果优于未包被酸化剂。

宾艳芳等（2022）研究了液体酸化剂富酸宝对断奶仔猪生长性能的影响，试验选取 25 日龄、体重相近的断奶仔猪 120 头，随机分成 2 组，分别为对照组和试验组；在饮用水中添加 0.1%液体酸化剂富酸宝调控饮用水 pH，观察其对断奶仔猪腹泻率和生长性能的影响。结果表明：富酸宝能有效杀灭饮用水中的微生物，净化水质；明显提高断奶仔猪日采食量与日增重，降低料肉比；显著改善断奶仔猪腹泻情况，减少疾病发生风险。

项新东（2022）研究酸化剂对断奶仔猪生长性

能、免疫功能、抗氧化能力和肠道菌群的影响，试验选用360头21日龄的断奶仔猪，随机分为3组，对照组饮用自来水，两个处理组饮用的自来水中分别添加2.0L/t不同组成成分的酸化剂OA1和OA2，OA1型酸化剂：主要含31.0%的甲酸、23.0%的甲酸铵和8.3%乙酸。OA2型酸化剂：主要含13.0%甲酸、19.0%甲酸铵、10.0%乙酸、13.0%丙酸、0.5%山梨酸、1.0%乳酸和0.5%柠檬酸。试验周期为49天。实验结果表明：在饮水添加酸化剂OA1和OA2后可以改善断奶仔猪的生长性能，饮水添加酸化剂OA1和OA2后可以提升断奶仔猪的体增重、采食量和饲料转化效率和降低料肉比，主要与其改善仔猪肠道形态相关。两种酸化剂改善断奶仔肠道健康的主要机制与调节仔猪肠道菌群平衡、增强机体免疫力、调控肠道细胞炎症因子、宿主防御肽和紧密连接蛋白的表达相关。

陈海军等（2022）研究酸化剂对山猪保育猪生长性能、抗氧化能力和免疫功能的影响，选取体重15kg左右的健康地方猪山猪18头，随机分为对照组和试验组。对照组全程饮用自来水，试验组每隔1天自由饮用0.2%酸化剂预调水，试验期30天。结果表明：酸化剂组保育猪的末重和平均日增重显著升高，料重比显著降低，血清超氧化物歧化酶（SOD）和总抗氧化能力（T-AOC）极显著高于对照组，血清谷胱甘肽过氧化物酶（GSH-PX）含量显著高于对照组，酸化剂组保育猪的血清免疫球蛋白M（IgM）含量显著高于对照组。由此可知，饮水添加酸化剂可提高山猪保育猪的生长性能，对改善山猪保育猪的免疫功能及抗氧化能力具有一定的促进作用。

王同振等（2022）研究低蛋白水平日粮添加复合酸化剂对断奶仔猪后肠微生物的影响。选取体况相似、胎次相近的28日龄断奶的三元杂交仔猪27头，随机分为3个组，对照组饲喂正常蛋白水平日粮（NP，粗蛋白20%），试验组分别饲喂中等蛋白水平日粮+复合酸化剂（MP+CA，粗蛋白18%，复合酸化剂8g/kg）和低蛋白水平日粮+复合酸化剂（LP+CA，粗蛋白16%，复合酸化剂8g/kg），试验期28天。结果表明：低蛋白水平日粮添加复合酸化剂提高了仔猪后肠微生物菌群的丰富度和有益菌的相对丰度，降低了致病菌的相对丰度，改变了后肠中代谢物的组成和结构，引起后肠核黄素等代谢的改变，促进了仔猪肠道健康。

李元凤等（2022）研究复合酸化剂（CA）对三元杂交母猪繁殖性能、乳品质、蛋白质消化率以及粪污氨气排放的影响。选取2胎三元杂交母猪48头，采用单因子试验设计，随机分为3个处理，每个处理16个重复，每个重复1头母猪。对照组饲喂基础饲粮，CA组（强佰仕360由浙江杭州组代环境技术有限公司提供，主要成分包括丙酸、乙酸、苯甲酸、二氧化硅等，其中丙酸20.0%，乙酸25.0%，苯甲酸22.0%），分别在基础饲粮中添加1 000mg/kg和2 000mg/kg CA，试验期28天。结果表明：母猪饲粮添加2种剂量复合酸化剂均可以显著缩短母猪产程，但对母猪繁殖性能和哺乳仔猪生长性能无显著影响；添加2 000mg/kg复合酸化剂能显著改善母猪初乳品质，提高饲粮蛋白质消化率。

上述研究结果表明，饲粮添加包被或未包被酸化剂均能改善断奶仔猪的生长性能、胃肠消化酶活性和饲粮蛋白消化，且包被酸化剂效果优于未包被酸化剂；在饮水中添加酸化剂可杀灭水中有害菌，改善水质，提高生长性能，改善免疫功能及抗氧化能力具有一定的促进作用，其主要机制与调节仔猪肠道菌群平衡、增强机体免疫力、调控肠道细胞炎症因子、宿主防御肽和紧密连接蛋白的表达相关。低蛋白日粮中添加复合酸化剂提高了仔猪后肠微生物菌群的丰富度和有益菌的相对丰度，降低了致病菌的相对丰度；在母猪饲粮添加复合酸化剂均显著缩短母猪产程，改善母猪初乳品质，提高饲粮蛋白质消化率。

二、丁酸钠在畜禽饲料中的研究与应用

研究表明丁酸具有广泛的生物学效应，不仅具有肠道保护和抗菌作用，提高动物生长性能，增强肠道完整性，提高对免疫应激的抵抗力，而且可预防艾美尔球虫、肠炎沙门氏菌及坏死性肠炎等肠道疾病的发生。由于丁酸的挥发性和酸臭味使其在应用中有一定的局限性，而丁酸钠呈固态且不易挥发，臭味较小，在饲料加工中易于处理，因此在饲料中常使用稳定化的包被丁酸钠来替代丁酸。

1. 丁酸钠在肉鸡饲料中的应用。李秀富等（2022）为探讨丁酸钠替代饲用抗菌药物对肉鸡生长性能、免疫性能和血清生化指标的影响，试验将144只1日龄（AA）肉鸡随机分为对照组、丁酸钠组、阿莫西林组、恩诺沙星组4组，对照组饲喂基础饲粮，丁酸钠组、阿莫西林组、恩诺沙星组分别在基础饲粮中添加500mg/kg丁酸钠、阿莫西林、恩诺沙星，试验期42天。结果表明：日粮添加丁酸钠较添加阿莫西林和恩诺沙星能更好地提高雏鸡生长性能和免疫性能，有效改善鸡的肝、肾功能，可以起到很好的饲料替抗作用。

侯金旺等（2022）研究包被丁酸钠对黄羽肉鸡生长性能、屠宰性能、肉品质、内脏器官发育、血清生化及抗氧化指标的影响。选取19日龄中速型黄羽肉鸡240只，随机分成2组，对照组饲喂基础饲粮，试验组在基础饲粮中添加0.5g/kg包被丁酸钠，试验期

44天。结果表明：饲粮添加0.5g/kg包被丁酸钠显著降低了黄羽肉鸡26～62日龄的料重比，显著增加了黄羽肉鸡41～62日龄的平均日增重，显著提高了黄羽肉鸡的屠宰率显著提高了黄羽肉鸡胸肌、腿肌剪切力，显著提高了黄羽肉鸡心脏、肝脏相对重量，极显著地降低了黄羽肉鸡血清氨含量，极显著提高了血清超氧化物歧化酶（SOD）、谷胱甘肽过氧化物酶（GSH-Px）、过氧化氧酶（CAT）活性和总抗氧化能力（T-AOC）。在本试验条件下，饲粮中添加包被丁酸钠可提高黄羽肉鸡的生长性能、屠宰率，增加心脏、肝脏相对重量，提高抗氧化能力，增加肌肉嫩度，降低血氮含量，最终改善鸡肉品质。

王康凌（2022）研究低聚壳聚糖、丁酸钠单独及组合使用对1～60日龄黄羽肉鸡免疫功能的影响。试验选取200只1日龄黄羽肉公雏，然后随机分为4组，每组50只，分为对照组、试验1组、试验2组、试验3组，对照组饲喂基础日粮，试验1组饲喂添加50mg/kg低聚壳聚糖的基础日粮，试验2组饲喂添加10mg/kg丁酸钠的基础日粮，试验3组饲喂添加50mg/kg低聚壳聚糖和10mg/kg丁酸钠的基础日粮，试验期60天。结果表明：试验1组、试验2组试验3组的免疫器官指数和对照组的相比，都有提高的趋势，其中胸腺指数和法氏囊指数和对照组的相比差异显著，以胸腺指数联合使用组和对照组相比差异极显著，以上结果说明低聚壳聚糖和丁酸钠能促进黄羽肉鸡的免疫器官的生长，以联合使用的效果优于单独使用。

综上，丁酸钠作为丁酸的钠盐，可刺激肉鸡肠道上皮细胞增殖并改善肠道黏膜形态，促进绒毛生长和肠道组织发育，提高雏鸡生长性能和免疫性能，有效改善鸡的肝、肾功能，提高抗氧化能力，增加肌肉嫩度，降低血氮含量，最终改善鸡肉品质，低聚壳聚糖和丁酸钠能促进黄羽肉鸡的免疫器官的生长，以联合使用的效果优于单独使用，可以起到很好的饲料替抗作用。

2. 丁酸钠在蛋鸡饲料中的应用。张琦等（2022）研究包被丁酸钠（CSB）对蛋鸡生产性能以及肠道pH、消化酶活性和相关基因表达的影响。试验选用800只51周龄健康的罗曼粉蛋鸡，随机分为4个组，对照组饲喂基础饲粮，3个试验组分别饲喂在基础饲粮中添加300、500和800mg/kg CSB的饲粮。试验期12周。结果表明：饲粮中添加800mg/kg CSB可显著降低蛋鸡第9～12周和第1～12周的料蛋比（$P<0.05$）；饲粮中添加500和800mg/kg CSB可显著提高蛋鸡第1～4周和第5～8周的合格蛋率（$P<0.05$），饲粮中添加800mg/kg CSB可显著降低蛋鸡回肠pH（$P<0.05$）；饲粮中添加不同水平CSB可线性提高蛋鸡十二指肠胰蛋白酶和淀粉酶活性（$P<0.05$）；饲粮中添加不同水平CSB均可显著降低蛋鸡空肠黏膜白细胞介素-1β（IL-1β）mRNA相对表达量（$P<0.05$），显著提高空肠黏膜白细胞介素-10（IL-10）mRNA相对表达量（$P<0.05$）；饲粮中添加300mg/kg和500mg/kg CSB可显著提高蛋鸡空肠黏膜黏蛋白2（MUC2）mRNA相对表达量（$P<0.05$）；饲粮中添加不同水平CSB可线性降低蛋鸡回肠黏膜IL-1β mRNA相对表达量（$P<0.05$），线性提高蛋鸡空肠和回肠黏膜闭锁小带蛋白-1（ZO-1）以及回肠黏膜MUC2mRNA相对表达量（$P<0.05$）。由此可见，饲粮中添加500mg/kg和800mg/kg CSB对蛋鸡的生产性能和肠道健康有一定改善作用。

3. 丁酸钠在猪生产中的应用。作为肠道保健剂，丁酸或丁酸钠的作用方式均是相似的，其中发挥主要作用的部分为［$CH_3—CH_2—CH_2—COO^-$］。在生理条件下，丁酸钠可提高养分消化率、增加消化酶分泌、调整肠道微生物区系、改善上皮细胞完整性以及增强防御系统功能，预防断奶应激综合征的发生，从而提高动物生长及生产性能。

袁文华等（2022）研究饲粮添加不同来源丁酸钠对断奶仔猪生产性能、腹泻率及猪舍内氨气浓度的影响。试验选取32日龄、平均体重在7.40kg的105头杜长大断奶仔猪，分成3组。对照组饲喂基础饲粮，过胃缓释丁酸钠组饲喂基础饲粮+0.15%过胃缓释丁酸钠，普通丁酸钠组饲喂基础饲粮+0.15%普通丁酸钠。试验结果表明：饲粮中添加不同来源丁酸钠对断奶仔猪生产性能、腹泻率和猪舍中氨气浓度均有不同程度的改善作用，且过胃缓释丁酸钠在断奶仔猪上的作用效果优于普通丁酸钠。

郑灿阳（2022）为研究日粮中添加“丁酸钠+单宁酸包被制剂”对断奶仔猪生长性能、腹泻及血清生化指标的影响，选取120头健康的断奶仔猪，随机分为4组，即A，B、C、D组，A组为对照组，饲喂基础日粮；B、C、D组分别在基础日粮中添加氧化锌（0.2%）、丁酸钠（0.082%）+单宁酸（0.05%）、丁酸钠+单宁酸包被制剂（0.25%），实验期为30天。观测仔猪平均日增重、平均日采食量、料重比以及仔猪腹泻情况以及血清生化指标等。结果表明：日粮中添加丁酸钠+单宁酸包被制剂（D组）断奶仔猪平均日采食量和平均日增重显著高于对照A组（$P<0.05$）；C组、D组仔猪腹泻率和腹泻指数均显著低于对照组（$P<0.05$）；C组、D组仔猪血清总蛋白质量浓度显著高于对照组（$P<0.05$）。研究表明：“丁酸钠+单宁酸包被”制剂可替代氧化锌添加于仔猪日粮中，具有改善猪只健康、促进断奶仔猪生长、缓解腹泻的功效。

徐嘉璐（2022）为解决育肥猪采食量和生产进入停滞期的难题，研究了丁酸钠和二十二碳六烯酸微胶囊包被剂对育肥猪催肥效果及经济效益的影响。试验选取体重90kg左右的杜洛克×长白×大白三元杂交阉割公猪30头，随机分为对照组和试验组，每组各15头。对照组饲喂基础饲粮，试验组饲喂添加0.4%丁酸钠和二十二碳六烯酸（DHA）微胶囊包被剂的日粮。结果表明：日粮中添加丁酸钠-DHA微胶囊包被制剂可提高生长后期育肥猪的采食量和日增重，改善血脂代谢，缓解后期生长速度放缓问题，从而提高经济效益。

宿主防御肽（HDPs）又称抗菌肽，是一种具有抗菌、抗病毒和调节机体免疫力等多种功能的小分子肽。研究发现，HDPs具有抗炎抑炎和抑制细菌真菌增殖等能力，不易产生耐药性用以增加动物机体免疫力。储蓄等（2022）对4种中药单体与丁酸钠诱导猪宿主防御肽表达的协同效果进行了研究，中药单体黄腐酚、异丹叶大黄素、去氧紫草素和毛蕊异黄酮与丁酸钠单独或共同处理猪肠上皮细胞IPEC-J2和猪肺泡巨噬细胞3D4/31，通过测定HDPs的基因表达、细胞因子基因表达，以及细胞对产肠毒素性大肠杆菌（ETEC）的抑菌作用，评估中药单体与丁酸钠协同诱导HDPs表达的效果。结果表明：除黄腐酚外，其他中药单体与丁酸钠单独或共同处理后均可提高细胞裂解产物对ETEC的抑菌能力，其中毛蕊异黄酮与丁酸钠处理对ETEC的抑制具有最佳协同效果。由此可知，异丹叶大黄素、去氧紫草素和毛蕊异黄酮与丁酸钠在诱导HDPs表达、提高机体免疫和抗菌能力方面具有一定的协同作用。

三、小结

抗生素在畜牧业生产中降低动物的死亡率和发病率，极大地提高了养殖业的经济回报，但由于利益的驱使，超量、超时（休药期不停药）、超范围及叠加用药等抗生素滥用现象时有发生，并随着研究和应用的深入，抗生素滥用的一系列弊端逐渐被暴露。抗生素会在动物体内及其产品中的残留直接威胁人类健康，尤其是在饲料中添加这种长期低剂量的摄入方式更易产生具耐药性的超级细菌。饲料中禁止使用抗生素添加剂以来，替抗产品的选择使用得到科研院所及相关企业的高度重视。其中饲料酸化剂具有无毒副作用无体内残留，不产生环境污染和细菌耐药性，在饲料和消化道中稳定以及对正常菌群无害且杀灭致病菌，提高动物免疫力及生产性能，因此酸化剂在饲料替抗中的应用及研究更加广泛，但在不同的添加方式、包被材料、低蛋白日粮、替代氧化锌及与其他替抗产品配伍组合方面有待进一步研究探讨。

（李　祥）

饲料机械制造工业概况

2022 年，饲料行业面对非洲猪瘟、新冠疫情、大宗原料价格高位运行等因素带来的严峻挑战，产品结构调整和创新发展步伐加快，产业规模持续增加，产业链韧性增强，全国工业饲料产值、产量双增长，饲料质量安全稳中向好，企业规模化程度持续提高，转型升级加速推进。饲料企业为了提高核心竞争力，满足产业转型升级要求，积极调整产品结构，加大工艺设备改造力度，提升饲料加工工艺技术和管理技术水平，适应饲料生产形势的新变化。饲料机械行业的发展与饲料工业的发展息息相关，两者相互依存，共同促进，饲料产量的增加，提升了饲料企业对扩大再生产的需求，推动了行业对饲料机械的需求，使饲料加工成套机组的需求量在高位运行。随着饲料企业数量的减少及产业集中度、规模化的不断提升，集团化的饲料企业数量越来越多，并伴随着人力资源成本的增加压力，先进的生产技术及装备的使用有很大的发展，自动化和智能化的技术与装备的应用也得到了极大的推广。

1. 饲料加工成套机组生产情况。近 3 年饲料加工成套机组生产情况见表 1。由表 1 中可以看出，2022 年共生产饲料加工成套机组 1 698 套，生产总数与 2020 年相比有所下降，减少了 39 套，下降幅度为 2.25%，但与 2021 年相比略有增长，同比增加 87 套，增长幅度为 5.40%。其中，生产时产 10t 以上的大型饲料加工成套机组 1 007 套，与 2020 年、2021 年相比都有所增长，分别增加了 34 套和 47 套，增长幅度分别为 3.49% 和 4.90%；生产时产 10t 以下的中小饲料加工成套机组 691 套，与 2020 年相比明显降低，减少了 73 套，下降幅度为 9.55%，与 2021 年相比有所增长，增加了 40 套，增长幅度为 6.14%。2022 年饲料加工成套机组数量比 2021 年略有增长，基本保持稳定，主要与 2022 年饲料工业产量保持增长趋势、饲料企业转型升级并加大工艺设备改造力度有关。

表 1　饲料加工成套机组产量

单位：套

年份	≥10t/h	<10t/h	合计
2020	973	764	1 737
2021	960	651	1 611
2022	1 007	691	1 698

2. 饲料加工机械生产情况。近 3 年饲料加工机械单机设备生产情况见表 2。由表 2 中可以看出，2022 年共生产单机设备 35 255 台，生产总数与 2020 年相比有所下降，同比减少了 2 624 台，下降幅度为 6.93%，与 2021 年相比基本持平，略有减少，仅减少了 33 台。粉碎机、混合机、制粒机等三大主机共生产 6 193 台，与 2020 年、2021 年相比都大幅增长，分别增加了 1 473 台和 2 632 台，增长幅度分别为 31.21%和 73.91%。其中，粉碎机 4 128 台，与 2020 年相比大幅增长，增加了 1 900 台，增长幅度为 85.28%，与 2021 年相比成倍增长，增加了 2 332 台，增长幅度为 129.84%；混合机 1 225 台，与 2020 年相比有所下降，减少了 95 台，下降幅度为 9.20%，与 2021 年相比增幅较大，增加了 262 台，增长幅度为 27.21%；制粒机 840 台，与 2020 年相比大幅下降，减少了 332 台，下降幅度为 28.33%，与 2021 年相比有所增长，增加了 38 台，增长幅度为 4.74%；其他单机设备 29 062 台，生产总数与 2020 年、2021 年相比都有所下降，分别减少了 4 097 台和 2 665台，下降幅度分别为 12.36% 和 8.40%。2022 年出口 2 486台，占生产总量的比例为 7.05%，与 2020 年相比有所下降，减少了 669 台，下降幅度为 21.20%；与 2021 年相比有所增长，增加了 125 台，增长幅度

为5.29%。2022年饲料加工三大主机生产量大幅增长，既与成套机组数量增加有关，也与饲料企业转型升级加大工艺设备改造力度有关。饲料机械出口量虽与2021年相比略有增加，但仍处于较低水平，可能主要受新冠疫情的影响，冲击较大。

表2　饲料加工机械单机产量

单位：台

年份	粉碎机	混合机	制粒机	其他	合计		饲料机械出口量
					三大主机	所有设备	
2020	2 228	1 320	1 172	33 159	4 720	37 879	3 155
2021	1 796	963	802	31 727	3 561	35 288	2 361
2022	4 128	1 225	840	29 062	6 193	35 255	2 486

3. 饲料加工机械设备发展特点。2022年，非洲猪瘟、新冠疫情、饲料减抗禁抗、大宗原料价格高位运行等，继续加剧饲料行业的变革。随着养殖规模化进程的推进以及饲料产品同质化问题的催化，饲料行业集约化、规模化的发展速度越来越快，大型企业凭借规模、市场覆盖范围、技术服务等方面的优势在市场竞争中取得领先地位，中小企业举步维艰。为了增强产品竞争力、寻求新的增长点、更好地提高抗风险能力，饲料企业积极调整产品结构，加大工艺设备改造力度，高技术、专业化的特点已有所显现，并持续发展。2022年配合饲料加工设备的发展呈现如下特点。

（1）饲料加工设备节能技术、可靠性、智能化研究成为设备研发的关注点。锤片式粉碎机：采用转子组态设计，二次沉降工艺，提高粉碎效率，实时监测电流、喂料频率、轴承温度等信息，提高精益运营效率。制粒机：配置优质、高耐磨性环模及压辊，加宽环模设计，提升产能，降低能耗；智能化制粒控制，实现一键启动，智能化生产。双螺杆膨化机：螺杆转子配液压推出装置，更换及检修更便捷；采用竖直向上气力输送，上吸风出料，现场环境更清洁；密闭旁通，杜绝生产时蒸汽和粉料泄漏；膨化机组智能控制，实现一键启停、预热、清洗、排料，一键调取开机参数，简化操作，减少经验依赖，杜绝误操作对设备影响。烘干机：科学配置热源，合理优化风路，使能耗降低15%～20%，水分均匀性好（≤±0.5%），出料温度低（＜50℃），利于后道工序的喷涂和冷却。冷却器：配置空气净化装置，有效净化冷却器内的空气，去除粉尘、病菌等有害物质，从而保证饲料产品的安全无污染。组合回转筛：创新筛船结构设计，仅增加物料的过筛面积而不扩大设备体积，换筛方便，处理量显著增加。

（2）饲料生产单机设备更加注重节能减排。随着“双碳”目标的执行落实，饲料厂对设备的环保效果，尾气排放量关注度越来越高。降低单机设备自身能耗、实现能源替代和能量回收是饲料加工实现低碳发展的关键。烘干机作为饲料工厂能耗大户，如何减少设备投入成本及使用成本，保证“双碳”目标的执行，成为客户越来越关注的问题。如天然气烘干机采用天然气直燃加热方式，替代了传统的蒸汽换热式，在提高了能量利用效率的同时，减少了锅炉的使用，从而降低能耗，节约运营成本。针对烘干机的尾气回收再次利用，减少碳排放降低能耗达到50%以上，降低能源成本20%～25%，同时还节约了尾气的环保处理成本。

（3）饲料加工工艺不断改进、创新。饲料原料清理工艺逐渐完善，采用圆筒初清筛、圆锥粉料筛清理大杂，双层振动筛清理小杂，风选清除轻杂，自动除铁器清理磁性杂质，提高了原料品质，保证了产品质量；采用膨胀制粒工艺，膨胀器作为超级调质器应用，拓宽原料选用范围，扩大廉价非常规原料的应用，提升难加工配方饲料的品质和制粒产能；酶制剂、微生态制剂等热敏性抗生素替代品的广泛使用，高熟化、低损失的畜禽饲料制粒新工艺得到推广应用；针对湿态发酵原料高水分、难混合、易残留等生产难点，应用多重预处理工艺，提高湿态发酵原料直接用于颗粒饲料生产的添加比例，保证配合饲料水分的均匀性。

（4）饲料生产线设计、安装更加注重精细化。投料口采用抬高设计，避免不同物料在投料口交叉污染，同时也避免打扫卫生时灰尘进入投料口，确保原料投放安全；投料后采用批次性的称量设备进行原料的称量，能够精确计量进入车间原料的重量；完善车间内部杂质处理工艺，保证现场较好的作业环境，减少工人收集杂质频率；提升设备密封性的技术始终在迭代升级，降低粉尘外溢与滴漏，深挖降本潜力；采用实时自动破筛检测及报警机制，保证物料质量，减少破筛漏料返工；采用不停机换筛技术，保证粉碎机工作的连续性和稳定性；采用无机头料调质系统，保证开机阶段调质器出料口物料温度达到要求，直接进入制粒机，降低和消除机头料排放，杜绝原料与能源的浪费。

（5）饲料加工过程的高效热处理技术研究与相应设备开发是优质饲料产品生产的关键，已成为饲料加工及饲料机械制造企业的共识。既能提高饲料产品品质和安全性，又能有效保护热敏性成分的高效调质制粒新工艺应是今后的研发方向。

（6）颗粒饲料加工质量指标得到进一步重视。为了适应养殖企业机械化、自动化喂料需求，饲料逐渐采用场—厂对接、散装运输模式，散装输送、机械化喂料造成食槽中饲料的含粉率显著增加，因此颗粒饲料的硬度、耐久性等加工质量指标得到高度重视，对颗粒饲料加工工艺参数提出了更高要求，对饲料加工工艺的创新提出了挑战，饲料原料与配方饲料加工的互作机制研究不断深入。

（7）饲料生产向数智化与低碳化方向创新、发展。采用先进的原料自动取样、自动除铁、粉碎破筛检测、配料秤自动校验、膨化机和制粒机自动控制、成品散装发运、无人值守门卫和地磅等生产自动化装备及设备维护保养管控系统、仓库物料管控系统，通过“智慧大脑”调度、物联网布局，生产线可以根据销售订单、原料库存、生产工序等信息，自动生成生产订单计划，使得资源及时到位、科学分配，充分体现了绿色智能。

（8）饲料加工工程技术人才培养亟待提升。饲料生产的数智化快速发展，对生产线管理人员提出了更高的要求，一岗多能的人才需求在饲料生产企业越来越迫切。饲料生产企业人才再培养也提上日程。

（李军国　王红英）

饲草产业发展概况

2022年，饲草产业稳步发展，供给能力持续增加，饲草种业水平不断提升，草产品加工加快推进，但随着草食畜牧业集约化发展步伐加快，国内饲草需求快速增加，优质饲草供不应求，饲草产业发展迎来难得的历史机遇，市场前景广阔。

1. 饲草供给能力提升。2022年，在粮改饲和振兴奶业苜蓿发展行动等项目示范带动下，各地大力推广丰产关键技术，增加优良饲草品种比例，扩大规模化、标准化种植，实施机械化作业和病虫杂草防控等综合生产管理措施，提升种草管理水平，全国优质饲草产量达到8 000万t。

2. 饲草种业稳步发展。新品种测试、审定等基础性工作成效显著，开展39个品种、850个小区的区域试验；审定通过新品种17个，累计审定优良草品种636个。紫花苜蓿和燕麦等优质饲草种子生产田面积较上年明显增加，占全国饲草种子田面积比例有所提高。因水热匹配较好，开花期、成熟期、收获期等生产关键时期气候状况好于上年，加之甘肃、内蒙古等重点区域专业化、标准化生产水平提升明显，2022年全国饲草种子总产量约9万t。

3. 国产商品草供给能力加快提升。2022年，从事饲草生产加工的经营主体发展态势良好，企业超过620家，农牧民专业合作社约650家，主要集中在甘肃、内蒙古、青海、宁夏、山东、河南、湖北等地区，企业产品以紫花苜蓿草捆、草块、草颗粒、草粉，青贮玉米裹包和燕麦草捆为主，草块、草颗粒产量降幅较大，青贮产品增加较多。

4. 草产品进口量小幅下降。2022年，我国草产品进口总量为197.81万t，同比减少3.3%。其中，进口苜蓿干草178.86万t，占草产品进口总量的90.4%，与上年基本持平；平均到岸价格518美元/t，同比上涨36%，主要进口来源国为美国、西班牙、南非、加拿大、意大利及苏丹。进口苜蓿粗粉及颗粒3.72万t，占草产品进口总量的1.9%，同比减少29%；平均到岸价格304美元/t，同比上涨16%。主要来自西班牙、意大利和哈萨克斯坦。燕麦草进口量15.24万t，占草产品进口总量的7.7%，同比减少28%，平均到岸价格429美元/t，同比上涨25%，燕麦草全部来自澳大利亚。进口草种子6.23万t，同比减少25.5%，进口草种以草坪草为主，饲草种子占比较小。其中，紫花苜蓿种子进口0.16万t，同比减少69%，平均到岸价格5.22美元/kg，同比上涨39%，主要来源国为加拿大、意大利、澳大利亚和美国。饲用燕麦种子进口1.03万t，同比减少36%，平均到岸价格0.84美元/kg，同比上涨40%，主要来自加拿大和美国。黑麦草种子进口3.38万t，与上年基本持平，平均到岸价格2.33美元/kg，同比上涨46%，主要来自美国、阿根廷、新西兰及丹麦。羊茅种子进口1.05万t，同比减少50%，平均到岸价格4.48美元/kg，同比上涨113%，主要来自美国和丹麦。草地早熟禾种子进口0.39万t，同比减少51%，平均到岸价格6.25美元/kg，同比上涨75%，主要来自美国和丹麦。三叶草种子进口0.22万t，同比减少38%，主要来自丹麦、阿根廷、加拿大和新西兰，平均到岸价格5.13美元/kg，同比上涨25%。

饲料质量安全监管

制定印发《2022年饲料质量安全监管工作方案》，统筹运用监督抽查、产品监测、风险预警和现场检查等手段，全面实施“双随机、一公开”监管。各地从饲料生产企业、经营门店和养殖场户抽检饲料产品15 370批次，总体合格率98.8%。组织部属有关单位开展重点饲料产品风险监测，从饲料生产、经营使用、互联网销售、养殖环节抽检饲料和饲料添加剂产品1 333批次。组织专家组对6个省份60家饲料和饲料添加剂生产企业进行现场检查，现场提出整改意见，要求地方管理部门督促企业立行立改。

“瘦肉精”专项监测

组织制定《动物毛发中克仑特罗、莱克多巴胺、沙丁胺醇和苯乙醇胺 A 的测定　液相色谱—串联质谱法》检测方法，以农业农村部公告第 600 号发布实施，为打击养殖环节非法使用“瘦肉精”行为提供执法依据。派出工作组赴河北、内蒙古、辽宁和山东等 4 个省份的 12 个肉牛肉羊养殖大县开展飞行检查，随机选取部分肉牛肉羊养殖场（户），采集尿液、毛发样品开展现场筛查和确证检测。督促有关省份切实落实属地管理责任，依法依规查处飞行检查发现的问题，严厉打击使用“瘦肉精”的违法行为。

粮改饲工作

2022年，粮改饲项目继续在河北、山西、内蒙古、辽宁、吉林、黑龙江、安徽、山东、河南、广西、贵州、云南、陕西、甘肃、宁夏、青海、新疆等17个省份以及新疆生产建设兵团、北大荒农垦集团实施。截至2022年12月底，项目省份共完成收储面积2 312万亩，累计收储优质饲草6 565万t，比上年分别增加16.4%、18.4%。

一是推动了饲草产业快速发展。在粮改饲项目带动下，各地培育了一批专业“种、收、贮、加、销”的服务组织，饲草生产机械化、组织化水平大幅提升，有效促进了现代饲草产业发展。据统计，2022年项目省份共有专业化饲草服务组织1.2万家，比2021年增加1 000家；开展饲草收储的自走式联合收割机械达3.2万台（套），增加2 100台（套）。80%的全株青贮玉米由种养一体或订单收购方式生产，饲草产品质量稳步提升，90%的全株青贮玉米达到良好以上水平。

二是提升了种养一体化循环发展水平。各地立足气候条件和资源禀赋，充分发挥粮改饲项目示范带动效应，积极探索“养殖场＋种植大户”“养殖场＋自有种植基地”等种养结合模式，鼓励养殖场通过流转土地或订单种植等方式，有效增加饲草种植面积，种养利益联结更加紧密，种养一体化进程明显加快。2022年，粮改饲项目支持的牛羊养殖场达到20多万个，养殖户近14万户，比2021年分别增长19%、23%。各地大力推行种草养畜、粪尿还田，不仅提高了饲草产量品质和畜产品质量，还减少了化肥投入，实现了田里长饲料、粪便做肥料、以牧肥田、农牧结合、种养循环。

三是增加了农民种养收入。在粮改饲项目的带动下，群众得到了实实在在的收益，实现了种养两端双增收。宁夏固原等地大力发展青贮玉米种植，亩均收入比种植籽粒玉米高400元。通过饲喂优质饲草，降低了牛羊养殖成本，提高了牛羊单产水平，增加了养殖收益。广西的实践表明，一头300kg的肉牛，用青贮玉米饲养，可减少精料饲喂量0.5kg，每头牛每天的饲料成本减少1.75元。宁夏养殖场通过饲喂青贮玉米，奶牛单产提高1t以上，每年增收3 000元左右，每出栏一头肉牛增加200元左右。河南大力推进优质饲草料订单生产，2022年粮改饲直接带动农户增收2.7亿元。

四是保障了粮食安全。在粮改饲项目支持带动下，我国优质饲草供给能力持续提升，进一步优化了牛羊饲草料结构，减少了牛羊养殖过程中玉米和豆粕等精饲料用量。2022年，粮改饲收储优质饲草超过6 565万t，减少牛羊精饲料消耗约1 200万t，按照当前玉米和大豆单产测算，相当于玉米和大豆3 000万亩播种面积产出，显示了全株生物量利用的巨大优势，实现了化草为粮、增草节粮，有力支撑和保障了国家粮食安全。

饲草种子质量监测

2022年，农业农村部全国草业产品质量监督检验测试中心等8家省部级草种质检机构，对北京、内蒙古、江西、河南、四川、贵州、甘肃、宁夏、新疆等9个省份的主要饲草种子质量状况进行了抽样监测。共完成1 178批次监督抽查和委托检验任务，三级以上饲草种子988批次，合格率为83.9%；其中国产种子合格率82.1%、进口种子合格率88.5%。

附录：中华人民共和国农业农村部公告（第636号）

附录

中华人民共和国农业农村部公告

第 636 号

根据《草种管理办法》《草品种审定管理规定》，2022 年全国草品种审定委员会审定通过了 17 个草品种（附件），现予公告。

附件：2022 年全国草品种审定委员会审定通过草品种名录

农业农村部

2022 年 12 月 28 日

附件

2022 年全国草品种审定委员会审定通过草品种名录

序号	科	属	种	品种名称	品种类别	申报单位	申报者	适宜区域
1	豆科	苜蓿属	紫花苜蓿	WL440HQ	引进品种	河北省农林科学院农业资源环境研究所/河南农业大学/北京正道农业股份有限公司	刘忠宽/王成章/谢楠/孙浩/赵利	适宜在我国的西南及类似地区种植
2	豆科	苜蓿属	紫花苜蓿	甘农 12 号	育成品种	甘肃农业大学	师尚礼/胡桂馨/王虹/李哲/苏爱莲	适宜在我国西北及类似地区种植
3	豆科	苜蓿属	金花菜	浙东	地方品种	扬州大学	魏臻武/耿小丽/崔佳雯/闵学阳/李如正	适宜在南方冬季温暖潮湿的地区种植
4	豆科	野豌豆属	箭筈豌豆	蒙中	地方品种	内蒙古自治区农牧业科学院/内蒙古草都草牧业股份有限公司	丁海君/赵和平/贾明/房永雨/刘思博	适宜在内蒙古中东部、甘肃、新疆等低山丘陵区种植
5	豆科	车轴草属	白三叶	舒克(Sulky)	引进品种	四川农业大学/四川省草原科学研究院/北京猛犸种业有限公司	马啸/聂刚/张新全/雷雄/赵俊茗	适宜在长江中上游的中低海拔地区种植
6	豆科	大豆属	野大豆—大豆杂交种	鲁饲 3 号	育成品种	山东省畜牧总站	姜慧新/翟桂玉/原培勋/刘继明/柏杉杉	适宜在我国华北、中原及长江中下游北部气候温暖湿润的地区种植
7	豆科	木蓝属	穗序木蓝	闽南	野生栽培品种	福建省农业科学院农业生态研究所/福建省农业科学院土壤肥料研究所	王俊宏/黄毅斌/黄水珍/徐国忠/郑向丽	适宜在热带、亚热带地区作为饲草、绿肥种植利用
8	豆科	银合欢属	异叶银合欢	琼西	地方品种	中国热带农业科学院热带作物品种资源研究所/海南大学	虞道耿/刘国道/罗丽娟/董荣书/李欣勇	适宜在海拔 300～1 500m、年降水量 750mm 以上的南亚热带和热带地区种植
9	禾本科	高粱属	苏丹草	川苏 1 号	育成品种	四川省农业科学院农业资源与环境研究所	林超文/朱永群/许文志/彭建华/徐娅玲	适宜在南方年降水量 500mm 以上的丘陵、平坝地区种植
10	禾本科	高粱属	高粱—苏丹草杂交种	蜀草 4 号	育成品种	四川省农业科学院农业资源与环境研究所	朱永群/许文志/彭建华/林超文/徐娅玲	适宜在我国南方长江中下游的丘陵、平坝地区种植

（续）

序号	科	属	种	品种名称	品种类别	申报单位	申报者	适宜区域
11	禾本科	燕麦属	燕麦	青燕2号	育成品种	青海省畜牧兽医科学院	梁国玲/刘文辉/贾志锋/刘勇/马祥	适宜在青海省海拔2 500～3 200m地区以及国内其他冷凉地区种植
12	禾本科	披碱草属	老芒麦	环湖	野生栽培品种	青海省畜牧兽医科学院	刘文辉/梁国玲/张永超/秦燕/魏小星	适宜在青藏高原及北方草原区，用于天然草地改良和人工草地建植
13	禾本科	赖草属	赖草	晋北	野生栽培品种	山西农业大学	杜利霞/任国华/董宽虎/侯向阳/姜树珍	适宜在年降水量200～700mm的华北、中原等干旱及盐碱地区种植
14	禾本科	牛鞭草属	牛鞭草	川中	野生栽培品种	四川农业大学	黄琳凯/张新全/聂刚/王小珊/冯光燕	适宜在长江中上游低海拔、冬暖湿润地区种植
15	禾本科	仲彬草属	大颖草	青南	野生栽培品种	青海省草原总站/青海省牧草良种繁殖场	乔安海/唐俊伟/马力/汪新川/王晓彤	适宜在青海省海拔2 200～4 200m的高原或类似地区种植
16	禾本科	早熟禾属	草地早熟禾	太行	野生栽培品种	山西农业大学	朱慧森/夏方山/杜利霞/董宽虎/张燕	适宜在我国华北、西北及东北中南部地区用作绿地、运动场、护坡草坪建植
17	禾本科	早熟禾属	草地早熟禾	帽儿山	野生栽培品种	东北农业大学	陈雅君/谢福春/秦立刚/张攀/孙晓阳	适宜在我国东北、西北及西南高海拔冷凉地区用作绿地、运动场、护坡草坪建植

饲料行政许可

贯彻落实“放管服”要求，严格履行饲料评审程序和各项制度要求，切实用好饲料和饲料添加剂评审、咨询等相关工作。鞣酸蛋白、三丁酸甘油酯、万寿菊提取物（有效成分为槲皮万寿菊素）、枯草三十七肽、腺苷七肽等5个新饲料和新饲料添加剂产品获得评审通过，核发新产品证书5个；增补1个饲料原料（奇亚籽）进入《饲料原料目录》，扩大4个饲料添加剂品种（L-硒代蛋氨酸、胆汁酸、地顶孢酶培养物、丙酸铬）的适用范围。推动落实饲料和饲料添加剂审批咨询服务，对28个次产品的咨询申请进行了评议，由专家提出全面、权威的咨询意见，提高了申报材料的质量和评审工作效率。按时完成产品进口登记证核发，批准960种饲料和饲料添加剂产品在我国登记或续展登记，并颁发进口登记证。

进口饲料和饲料添加剂管理

根据《进口饲料和饲料添加剂登记管理办法》有关规定，批准德国威廉绍曼爱尔斯雷本有限责任公司等生产的960种饲料和饲料添加剂产品在我国登记或续展登记，并发给进口登记证（见附件1和附件2）。批准加拿大冠军宠物食品公司等企业换发进口登记证（见附件3）。所登记产品的监督检验，按中华人民共和国国家标准或我部发布的质量标准执行。鉴于德国Phytobiotics Futterzusatzstoffe GmbH.公司2021年12月登记的山果威产品中含有出口国已停止使用的博落回提取物成分，自8月31日起废止该产品进口登记证（见附件4）。

附件 1

进口饲料和饲料添加剂产品登记证目录（2022）

登记证号	通用名称	商品名称	产品类别	使用范围	生产厂家	有效期限	备注
（2022）外饲准字 001 号	氧化锌 Zinc Oxide	活性氧化锌 MAXACTIVAT Zn	饲料添加剂 Feed Additive	养殖动物 All species or categories of animals	德国威廉绍曼爱尔斯雷本有限责任公司 H. Wilhelm Schaumann Eilsleben GmbH，Germany	2022. 02—2027. 02	新办
（2022）外饲准字 002 号	中链甘油三酯 Medium Chain Triglycerides	中链甘油三酯 Radiamuls MCT 2107V	饲料添加剂 Feed Additive	犬、猫 Dogs，Cats	马来西亚欧荔安公司 Oleon Sdn Bhd，Malaysia	2022. 02—2027. 02	新办
（2022）外饲准字 003 号	混合型饲料添加剂 枯草芽孢杆菌 Feed Additives Mixture *Bacillus subtilis*	效益密码 Benefit Password	混合型饲料添加剂 Feed Additives Mixture	畜禽、水产养殖动物 Livestock，Poultry，Aquaculture animals	台湾博尧生物科技股份有限公司 Bioyo Biotech Co.，Ltd.	2022. 02—2027. 02	新办
（2022）外饲准字 004 号	混合型饲料添加剂 香味物质 Feed Additives Mixture Flavouring Substances	萨沃丹®粉剂 Saviotan®Feed Powder	混合型饲料添加剂 Feed Additives Mixture	养殖动物 All species or categories of animals	意大利 Gruppo Mauro Saviola s. r. l. 公司（厂家） Gruppo Mauro Saviola s. r. l.，Italy	2022. 02—2027. 02	新办
（2022）外饲准字 005 号	混合型饲料添加剂 香味物质 Feed Additives Mixture Flavouring Substances	萨沃丹®微颗粒 Saviotan® Feed Micropearls	混合型饲料添加剂 Feed Additives Mixture	养殖动物 All species or categories of animals	意大利 Gruppo Mauro Saviola s. r. l. 公司（厂家） Gruppo Mauro Saviola s. r. l.，Italy	2022. 02—2027. 02	新办
（2022）外饲准字 006 号	混合型饲料添加剂 香味物质 Feed Add itives Mixture Flavouring Substances	萨沃丹®小颗粒 Saviotan® Feed Granular-Small	混合型饲料添加剂 Feed Additives Mixture	养殖动物 All species or categories of animals	意大利 Gruppo Mauro Saviola s. r. l. 公司（厂家） Gruppo Mauro Saviola s. r. l.，Italy	2022. 02—2027. 02	新办
（2022）外饲准字 007 号	混合型饲料添加剂 抗氧化剂 Feed Additives Mixture Antioxidants	饲料添加剂 BHT E-OX BHT E-OX	混合型饲料添加剂 Feed Additives Mixture	养殖动物 All species or categories of animals	（立陶宛）JSC“Europe Stabilizers”，UAB JSC“Europe Stabilizers”，UAB，Lithuania	2022. 02—2027. 02	新办

（续）

登记证号	通用名称	商品名称	产品类别	使用范围	生产厂家	有效期限	备注
（2022）外饲准字 008 号	混合型饲料添加剂 香味物质 Feed Additives Mixture Flavouring Substances	克喘舒 BronchoVest	混合型饲料添加剂 Feed Additives Mixture	家禽、猪、犊牛 Poultry，Swine，Calves	德国 Biochem 添加剂贸易和生产有限公司 Biochem Zusatzstoffe Handels-und Produktionsgesellschaft mbH，Germany	2022.02—2027.02	新办
（2022）外饲准字 009 号	混合型饲料添加剂 着色剂 Feed Additives Mixture Coloring Agents	埃特红 Capsantal FS 20 PG	混合型饲料添加剂 Feed Additives Mixture	肉鸡、蛋鸡 Broilers，Laying hen	西班牙埃特亚公司（工厂） Industrial Tecnica Pecuaria，S. A.，Spain	2022.02—2027.02	新办
（2022）外饲准字 010 号	混合型饲料添加剂 氯化镁 Feed Additives Mixture Magnesium Chloride	宝昱康 BIO-CHLOR	混合型饲料添加剂 Feed Additives Mixture	猪、牛 Swine，Cattle	美国切迟杜威公司 Oskaloosa 工厂 Church & Dwight Company，Inc. Oskaloosa Plant，USA	2022.02—2027.02	新办
（2022）外饲准字 011 号	水产养殖动物用复合预混合饲料 Premix for Aquaculture Animals	乐通宁 V LACTONIN V	添加剂预混合饲料 Feed Additive Premix	水产养殖动物 Aquaculture animals	（台湾）领创生物科技股份有限公司 PREMIXSTAR BIOTECHNOLOGY CO.，LTD.	2022.02—2027.02	新办
（2022）外饲准字 012 号	混合型饲料添加剂 防腐剂 防霉剂 Feed Additives Mixture Preservatives	艾可肥脱霉素 ALQUERFEED BINMOLD	混合型饲料添加剂 Feed Additives Mixture	养殖动物 All species or categories of animals	西班牙 Biovet，SA，有限公司 Biovet，SA，Spain	2022.02—2027.02	新办
（2022）外饲准字 013 号	混合型饲料添加剂 枯草芽孢杆菌 Feed Additives Mixture *Bacillus subtilis*	可速必宁® Calsporin®	混合型饲料添加剂 Feed Additives Mixture	养殖动物 All species or categories of animals	可尔必思美国有限责任公司 Calpis America Inc.，USA	2022.02—2027.02	新办
（2022）外饲准字 014 号	鸽子用浓缩饲料 Concentrate Feed for Pigeons	凡赛尔可乐鸣能量丸 VERSELE-LAGA Colombine Energy Corn IC+	浓缩饲料 Concentrate Feed	鸽子 Pigeons	（比利时）凡赛尔 VERSELE-LAGA，Belgium	2022.02—2027.02	新办
（2022）外饲准字 015 号	鱼溶浆 Fish Soluble Paste	鱼溶浆 Fish Soluble Paste	单一饲料 Single Feed	虾、鱼、猪、家禽 Shrimp，Fish，Swine，Poultry	印度 BAWA 鱼粉鱼油公司 BAWA Fishmeal & Oil Co.，India	2022.02—2027.02	新办

（续）

登记证号	通用名称	商品名称	产品类别	使用范围	生产厂家	有效期限	备注
(2022) 外饲准字 016 号	菜籽粕 Rapeseed Meal	绍曼发 SCHAUMAFERM	单一饲料 Single Feed	猪 Swine	德国威廉绍曼爱尔斯雷本有限责任公司 H. WilhelmSchaumann Eilsleben GmbH，Germany	2022.02—2027.02	新办
(2022) 外饲准字 017 号	鸡肉粉 Poultry By-product Meal	宠物级鸡肉粉 Poultry By-product Meal	单一饲料 Single Feed	猪、家禽、水产养殖动物、宠物 Swine，Poultry，Aquaculture animals，Pets	美国达凌配料股份有限公司（内布拉斯加州工厂） Darling Ingredients Inc.，USA	2022.02—2027.02	新办
(2022) 外饲准字 018 号	猪肉骨粉 Porcine Meat and Bone Meal	猪肉骨粉 SARIA PORK MEAL 50%	单一饲料 Single Feed	养殖动物（反刍动物除外） All species or categories of animals（Not including ruminant）	法国 KERVALIS ARMOR 公司 KERVALIS ARMOR，France	2022.02—2027.02	新办
(2022) 外饲准字 019 号	牛肉骨粉 Bovine Meat and Bone Meal	牛肉骨粉 Bovine Meat and Bone Meal	单一饲料 Single Feed	猪、家禽、宠物 Swine，Poultry，Pets	阿根廷 S. A. IMPORTADORA Y EXPORTADORA DE LA PATAGONIA 公司 S. A. IMPORTADORA Y EXPORTADORA DE LA PATAGONIA，Argentina	2022.02—2027.02	新办
(2022) 外饲准字 020 号	酵母水解物 Hydrolyzed Yeast	赛络金 SINERGIS	单一饲料 Single Feed	养殖动物 All species or categories of animals	巴西 Aleris 营养产品贸易与出口有限公司 Aleris Comércio e Exportação de Produtos para Nutrição Ltda，Brazil	2022.02—2027.02	新办
(2022) 外饲准字 021 号	成兔配合饲料 Compound Feed for Adult Rabbit	凡赛尔全方位敏感兔粮 VERSELE-LAGA Complete Cuni Sensitive	配合饲料 Compound Feed	兔 Rabbits	（比利时）凡赛尔 VERSELE-LAGA，Belgium	2022.02—2027.02	新办
(2022) 外饲准字 022 号	鹦鹉配合饲料 Compound Feed for Parrot	凡赛尔全营养中小型鹦鹉日常粮热带型 VERSELE-LAGA NutriBird G14 Tropical	配合饲料 Compound Feed	鹦鹉 Parrots	（比利时）凡赛尔 VERSELE-LAGA，Belgium	2022.02—2027.02	新办

（续）

登记证号	通用名称	商品名称	产品类别	使用范围	生产厂家	有效期限	备注
（2022）外饲准字 023 号	鹦鹉配合饲料 Compound Feed for Parrot	凡赛尔全营养中小型鹦鹉繁殖粮热带型 VERSELE-LAGA NutriBird G18 Tropical	配合饲料 Compound Feed	鹦鹉 Parrots	（比利时）凡赛尔 VERSELE-LAGA，Belgium	2022.02—2027.02	新办
（2022）外饲准字 024 号	鸟配合饲料 Compound Feed for Bird	凡赛尔全营养小型雀鸟日常粮 VERSELE-LAGA NutriBird Uni Komplet	配合饲料 Compound Feed	鸟 Birds	（比利时）凡赛尔 VERSELE-LAGA，Belgium	2022.02—2027.02	新办
（2022）外饲准字 025 号	陆龟配合饲料 Compound Feed for Tortoise	凡赛尔陆龟粮 VERSELE-LAGA Reptilix	配合饲料 Compound Feed	陆龟 Tortoises	（比利时）凡赛尔 VERSELE-LAGA，Belgium	2022.02—2027.02	新办
（2022）外饲准字 026 号	豚鼠配合饲料 Compound Feed for Guinea Pigs	凡赛尔全方位豚鼠粮 VERSELE-LAGA Complete Cavia	配合饲料 Compound Feed	豚鼠 Guinea pigs	（比利时）凡赛尔 VERSELE-LAGA，Belgium	2022.02—2027.02	新办
（2022）外饲准字 027 号	龙猫和八齿鼠配合饲料 Compound Feed for Chinchillas and Degus	凡赛尔全方位龙猫＆八齿鼠粮 VERSELE-LAGA Complete Chinchilla & Degu	配合饲料 Compound Feed	龙猫、八齿鼠 Chinchillas，Degus	（比利时）凡赛尔 VERSELE-LAGA，Belgium	2022.02—2027.02	新办
（2022）外饲准字 028 号	鹦鹉配合饲料 Compound Feed for Parrot	凡赛尔全营养大型鹦鹉日常粮热带型 VERSELE-LAGA NutriBird P15 Tropical	配合饲料 Compound Feed	鹦鹉 Parrots	（比利时）凡赛尔 VERSELE-LAGA，Belgium	2022.02—2027.02	新办
（2022）外饲准字 029 号	幼兔配合饲料 Compound Feed for Junior Rabbits	凡赛尔全方位幼兔粮 VERSELE-LAGA Complete Cuni Junior	配合饲料 Compound Feed	兔 Rabbits	（比利时）凡赛尔 VERSELE-LAGA，Belgium	2022.02—2027.02	新办

（续）

登记证号	通用名称	商品名称	产品类别	使用范围	生产厂家	有效期限	备注
(2022) 外饲准字 030 号	宠物配合饲料 成年期犬处方粮 Pet Compound Feed Adult Dog Prescription Feed	VET LIFE 天然处方粮系列—肾脏配方—犬用 VET LIFE NATURAL DOG RENAL	宠物配合饲料 Pet Compound Feed	犬 Dogs	意大利 RUSSO MANGIMI S. p. A. 公司 RUSSO MANGIMI S. p. A.，Italy	2022.02—2027.02	新办
(2022) 外饲准字 031 号	全价宠物食品老年期犬粮 Pet Compound Feed for Small Breed of Senior Dog	全价宠物食品 老年期犬粮 三文鱼配方 SUPERIOR SALMON COMPLETE DINNER FOR SENIOR DOGS	宠物配合饲料 Pet Compound Feed	犬 Dogs	比利时联合宠物食品公司 United Petfood Producers NV，Belgium	2022.02—2027.02	新办
(2022) 外饲准字 032 号	全价宠物食品成年期犬粮 Pet Compound Feed for Small Breed of Adult Dog	全价宠物食品 成年期犬粮 三文鱼配方 SUPERIOR SALMON COMPLETE DINNER FOR ADULT DOGS	宠物配合饲料 Pet Compound Feed	犬 Dogs	比利时联合宠物食品公司 United Petfood Producers NV，Belgium	2022.02—2027.02	新办
(2022) 外饲准字 033 号	全价宠物食品幼年期犬粮 Pet Compound Feed for Small Breed of Puppy	全价宠物食品 幼年期犬粮 三文鱼配方 SUPERIOR SALMON COMPLETE DINNER FOR PUPPIES	宠物配合饲料 Pet Compound Feed	犬 Dogs	比利时联合宠物食品公司 United Petfood Producers NV，Belgium	2022.02—2027.02	新办
(2022) 外饲准字 034 号	全价宠物食品犬粮 Pet Compound Feed for Dog	Zeal 全价犬用 火鸡肉配方风干粮添加冻干三文鱼南瓜 Zeal Canada Air-Dried Turkey Recipe with Freeze Dried Salmon & Pumpkin for Dog	宠物配合饲料 Pet Compound Feed	犬 Dogs	加拿大 Jerky 公司 Canadian Jerky Company，Canada	2022.02—2027.02	新办

（续）

登记证号	通用名称	商品名称	产品类别	使用范围	生产厂家	有效期限	备注
（2022）外饲准字 035 号	宠物配合饲料 中、大型犬幼年期犬粮 Pet Compound Feed for Medium, Max Puppy	N&D 含南瓜系列—羊肉蓝莓味—幼犬用—中、大型犬 N&D PUMPKIN DOG LAMB, BLUEBERRY PUPPY MEDIUM & MAXI	宠物配合饲料 Pet Compound Feed	犬 Dogs	意大利 RUSSO MANGIMI S. p. A. 公司 RUSSO MANGIMI S. p. A.，Italy	2022. 02—2027. 02	新办
（2022）外饲准字 036 号	全价宠物食品犬粮 Pet Compound Feed for Dogs	NOSTATA 鸡肉配方无谷犬粮 NOSTATA chicken grain free food for dog	宠物配合饲料 Pet Compound Feed	犬 Dogs	加拿大斯派特饲料服务有限公司（工厂） Spectrum Feed Services Ltd.，Canada	2022. 02—2027. 02	新办
（2022）外饲准字 037 号	全价宠物食品成年期猫粮 Complete Pet Food for Adult Cat	鸡肉配方成猫粮 Chicken formula for adult cat	宠物配合饲料 Pet Compound Feed	猫 Cats	加拿大斯派特饲料服务有限公司（工厂） Spectrum Feed Services Ltd.，Canada	2022. 02—2027. 02	新办
（2022）外饲准字 038 号	全价宠物食品猫粮 Complete Pet Food for Cat	鸡肉配方全龄猫粮 Chicken formula for all life stage cat	宠物配合饲料 Pet Compound Feed	猫 Cats	加拿大斯派特饲料服务有限公司（工厂） Spectrum Feed Services Ltd.，Canada	2022. 02—2027. 02	新办
（2022）外饲准字 039 号	全价宠物食品成年期犬粮 Complete Pet Food for Adult Dog	体重控制成犬粮 Weight control food for adult dog	宠物配合饲料 Pet Compound Feed	犬 Dogs	加拿大斯派特饲料服务有限公司（工厂） Spectrum Feed Services Ltd.，Canada	2022. 02—2027. 02	新办
（2022）外饲准字 040 号	全价宠物食品中型/大型犬犬粮 Complete Pet Food for Medium/Large Dog	鸡肉配方大中型犬粮 Chicken formula for large and medium-sized dog	宠物配合饲料 Pet Compound Feed	犬 Dogs	加拿大斯派特饲料服务有限公司（工厂） Spectrum Feed Services Ltd.，Canada	2022. 02—2027. 02	新办
（2022）外饲准字 041 号	全价宠物食品犬粮 Complete Pet Food for Dog	鸡肉配方全龄犬粮 Chicken formula for all life stage dog	宠物配合饲料 Pet Compound Feed	犬 Dogs	加拿大斯派特饲料服务有限公司（工厂） Spectrum Feed Services Ltd.，Canada	2022. 02—2027. 02	新办

（续）

登记证号	通用名称	商品名称	产品类别	使用范围	生产厂家	有效期限	备注
（2022）外饲准字 042 号	全价宠物食品成年期犬粮 Complete Pet Food for Adult Dog	羊肉配方成犬粮 Lamb formula for adult dog	宠物配合饲料 Pet Compound Feed	犬 Dogs	加拿大斯派特饲料服务有限公司（工厂） Spectrum Feed Services Ltd.，Canada	2022.02—2027.02	新办
（2022）外饲准字 043 号	全价宠物食品中型/大型犬成年期犬粮 Complete Pet Food for Medium/Large Adult Dog	均衡营养大中型犬粮 Balanced nutrition food for large and medium-sized dog	宠物配合饲料 Pet Compound Feed	犬 Dogs	加拿大斯派特饲料服务有限公司（工厂） Spectrum Feed Services Ltd.，Canada	2022.02—2027.02	新办
（2022）外饲准字 044 号	全价宠物食品成年期犬粮 Pet Compound Feed for Adult Dog	比利玛格尖嘴鲈鱼配方超级食品成年期犬粮 Billy Margot Barramundi Superfoods Recipe	宠物配合饲料 Pet Compound Feed	犬 Dogs	澳大利亚宠物食品有限公司（Ingleburn工厂） Australian Pet Brands Pty Ltd（Ingleburn），Australia	2022.02—2027.02	新办
（2022）外饲准字 045 号	全价宠物食品成年期猫粮 Pet Compound Feed for Adult Cat	爱普士无谷成猫粮白鱼配方 Applaws Grain Free Adult Cat Food Whitefish Recipe	宠物配合饲料 Pet Compound Feed	猫 Cats	美国 BARRETT 宠物食品创新有限公司 Barrett Ag Service Inc DBA Barrett Petfood Innovations，USA	2022.02—2027.02	新办
（2022）外饲准字 046 号	全价宠物食品成年期猫粮 Pet Compound Feed for Adult Cat	爱普士无谷成猫粮鸡肉配方 Applaws Grain Free Adult Cat Food Chicken Recipe	宠物配合饲料 Pet Compound Feed	猫 Cats	美国 BARRETT 宠物食品创新有限公司 Barrett Ag Service Inc DBA Barrett Petfood Innovations，USA	2022.02—2027.02	新办
（2022）外饲准字 047 号	全价犬粮 Complete Dog Food	爱肯拿羊肉苹果配方犬粮 ACANA Lamb & Apple Formula Dog Food	宠物配合饲料 Pet Compound Feed	犬 Dogs	加拿大冠军宠物食品公司 Champion Petfoods L. P.，Canada	2022.02—2027.02	新办
（2022）外饲准字 048 号	全价犬粮 Complete Dog Food	爱肯拿鸭肉梨配方犬粮 ACANA Duck & Pear Formula Dog Food	宠物配合饲料 Pet Compound Feed	犬 Dogs	加拿大冠军宠物食品公司 Champion Petfoods L. P.，Canada	2022.02—2027.02	新办

（续）

登记证号	通用名称	商品名称	产品类别	使用范围	生产厂家	有效期限	备注
(2022) 外饲准字 049 号	全价宠物食品幼年期猫粮 Pet Complete Food for Kitten	益之选幼猫粮—成长优能 1st Choice Kitten Food-Optimal Growth	宠物配合饲料 Pet Compound Feed	猫 Cats	加拿大 PLB 国际公司 PLB International Inc.，Canada	2022. 02—2027. 02	新办
(2022) 外饲准字 050 号	全价宠物食品成年期猫粮 Pet Complete Food for Adult Cat	益之选成猫粮—美毛 1st Choice Cat Food-Adult-Derma	宠物配合饲料 Pet Compound Feed	猫 Cats	加拿大 PLB 国际公司 PLB International Inc.，Canada	2022. 02—2027. 02	新办
(2022) 外饲准字 051 号	全价宠物食品成年期猫粮 Pet Complete Food for Adult Cat	益之选成猫粮—牙齿健康 1st Choice Cat Food-Adult-Dental Health	宠物配合饲料 Pet Compound Feed	猫 Cats	加拿大 PLB 国际公司 PLB International Inc.，Canada	2022. 02—2027. 02	新办
(2022) 外饲准字 052 号	全价宠物食品小型犬幼年期犬粮 Pet Compound Feed for Small Breed Puppy	小型幼犬干粮 Puppy Small Breed	宠物配合饲料 Pet Compound Feed	犬 Dogs	比利时联合宠物食品公司 United Petfood Producers NV，Belgium	2022. 02—2027. 02	新办
(2022) 外饲准字 053 号	全价宠物食品小型犬成年期犬粮 Pet Compound Feed for Small Breed Adult Dogs	小型成犬鸡肉配方干粮 Adult Dog Small Breed Chicken	宠物配合饲料 Pet Compound Feed	犬 Dogs	比利时联合宠物食品公司 United Petfood Producers NV，Belgium	2022. 02—2027. 02	新办
(2022) 外饲准字 054 号	全价宠物食品幼年期猫粮 Pet Compound Feed for Kittens	幼猫干粮 Kitten	宠物配合饲料 Pet Compound Feed	猫 Cats	比利时联合宠物食品公司 United Petfood Producers NV，Belgium	2022. 02—2027. 02	新办
(2022) 外饲准字 055 号	全价宠物食品成年期猫粮 Pet Compound Feed for Adult Cat	成猫鲜鸡肉配方干粮 Adult Cat Chicken	宠物配合饲料 Pet Compound Feed	猫 Cats	比利时联合宠物食品公司 United Petfood Producers NV，Belgium	2022. 02—2027. 02	新办
(2022) 外饲准字 056 号	全价宠物食品成年期猫粮 Pet Compound Feed for Adult Cat	成猫鱼肉配方干粮 Adult Cat Fish	宠物配合饲料 Pet Compound Feed	猫 Cats	比利时联合宠物食品公司 United Petfood Producers NV，Belgium	2022. 02—2027. 02	新办
(2022) 外饲准字 057 号	全价宠物食品猫粮 Pet Compound Feed For Cats	Open farm® 草饲羊肉味猫粮 Open Farm® Pasture-Raised Lamb Recipe Cat Food	宠物配合饲料 Pet Compound Feed	猫 Cats	美国 BARRETT 宠物食品创新有限公司 Barrett Ag Service Inc DBA Barrett Petfood Innovations，USA	2022. 02—2027. 02	新办

（续）

登记证号	通用名称	商品名称	产品类别	使用范围	生产厂家	有效期限	备注
(2022) 外饲准字 058 号	全价宠物食品猫粮 Pet Compound Feed for Cat	奇迹猫®天生食肉系列鲱鱼 & 三文鱼配方 Tiki Cat Born Carnivore Herring & Salmon Meal Recipe	宠物配合饲料 Pet Compound Feed	猫 Cats	(加拿大) 百奥比斯克有限公司 Bio Biscuit Inc., Canada	2022.02—2027.02	新办
(2022) 外饲准字 059 号	全价宠物食品猫粮 Pet Compound Feed for Cat	奇迹猫®天生食肉系列 鸡肉，鲱鱼 & 三文鱼配方 Tiki Cat Born Carnivore Chicken, Herring & Salmon Meal Recipe	宠物配合饲料 Pet Compound Feed	猫 Cats	(加拿大) 百奥比斯克有限公司 Bio Biscuit Inc., Canada	2022.02—2027.02	新办
(2022) 外饲准字 060 号	全价宠物食品成年期猫粮 Pet Compound Feed for Adult Cat	奇迹猫®天生食肉系列火鸡肉配方 Tiki Cat Born Carnivore Turkey Recipe	宠物配合饲料 Pet Compound Feed	猫 Cats	(加拿大) 百奥比斯克有限公司 Bio Biscuit Inc., Canada	2022.02—2027.02	新办
(2022) 外饲准字 061 号	全价宠物食品猫粮 Pet Compound Food for Cat	Timberwolf 草本魔力蓝海传奇猫粮 Timberwolf Legends Ocean Blue Feline Formula Cat Food	宠物配合饲料 Pet Compound Feed	猫 Cats	美国 C. J. 食品股份有限公司 C. J. Foods, Inc., USA	2022.02—2027.02	新办
(2022) 外饲准字 062 号	全价宠物食品猫粮 Pet Compound Food for Cat	Timberwolf 草本魔力原野传奇猫粮 Timberwolf Legends Wild & Natural Feline Formula Cat Food	宠物配合饲料 Pet Compound Feed	猫 Cats	美国 C. J. 食品股份有限公司 C. J. Foods, Inc., USA	2022.02—2027.02	新办

（续）

登记证号	通用名称	商品名称	产品类别	使用范围	生产厂家	有效期限	备注
（2022）外饲准字 063 号	全价宠物食品猫粮 Pet Complete Food for Cat	温泉天然无谷吞拿鱼鸡肉配方猫粮添加蔬菜和浆果 Spring Naturals Grain Free Tuna & Chicken Dinner with a Medley of Garden Greens & Berries Dry Cat Recipe	宠物配合饲料 Pet Compound Feed	猫 Cats	美国 C. J. 食品股份有限公司 C. J. Foods，Inc.，USA	2022. 02—2027. 02	新办
（2022）外饲准字 064 号	全价宠物食品猫粮 Pet Complete Food for Cat	温泉天然无谷吞拿鱼配方猫粮添加蔬菜和浆果 Spring Naturals Grain Free Tuna Dinner with a Medley of Garden Greens & Berries Dry Cat Recipe	宠物配合饲料 Pet Compound Feed	猫 Cats	美国 C. J. 食品股份有限公司 C. J. Foods，Inc.，USA	2022. 02—2027. 02	新办
（2022）外饲准字 065 号	全价宠物食品猫粮 Pet Complete Food for Cat	温泉天然无谷火鸡肉配方猫粮添加蔬菜和浆果 Spring Naturals Grain Free Turkey Dinner with a Medley of Garden Greens & Berries Dry Cat Recipe	宠物配合饲料 Pet Compound Feed	猫 Cats	美国 C. J. 食品股份有限公司 C. J. Foods，Inc.，USA	2022. 02—2027. 02	新办
（2022）外饲准字 066 号	全价宠物食品老年期犬粮 Pet Complete Food for Senior Dog	温泉天然老龄犬粮添加鸡肉，藜麦和浆果 Spring Naturals Senior Dinner with Chicken，Quinoa，& Berries Dry Dog Recipe	宠物配合饲料 Pet Compound Feed	犬 Dogs	美国 C. J. 食品股份有限公司 C. J. Foods，Inc.，USA	2022. 02—2027. 02	新办

（续）

登记证号	通用名称	商品名称	产品类别	使用范围	生产厂家	有效期限	备注
(2022）外饲准字 067 号	全价宠物食品犬粮 Pet Complete Food for Dog	温泉天然无谷含火鸡肉配方犬粮添加鹰嘴豆，胡萝卜和浆果 Spring Naturals Grain Free Turkey Dinner with Chickpeas, Carrots, & Berries Dry Dog Recipe	宠物配合饲料 Pet Compound Feed	犬 Dogs	美国 C. J. 食品股份有限公司 C. J. Foods, Inc., USA	2022. 02—2027. 02	新办
(2022）外饲准字 068 号	全价宠物食品犬粮 Pet Complete Food for Dog	温泉天然无谷含鸡肉配方犬粮添加鹰嘴豆，胡萝卜和浆果 Spring Naturals Grain Free Chicken Dinner with Chickpeas, Carrots, & Berries Dry Dog Recipe	宠物配合饲料 Pet Compound Feed	犬 Dogs	美国 C. J. 食品股份有限公司 C. J. Foods, Inc., USA	2022. 02—2027. 02	新办
(2022）外饲准字 069 号	全价宠物食品犬粮 Pet Complete Food for Dog	温泉天然无谷含三文鱼配方犬粮添加鹰嘴豆，胡萝卜和浆果 Spring Naturals Grain Free Salmon Dinner with Chickpeas, Carrots, & Berries Dry Dog Recipe	宠物配合饲料 Pet Compound Feed	犬 Dogs	美国 C. J. 食品股份有限公司 C. J. Foods, Inc., USA	2022. 02—2027. 02	新办
(2022）外饲准字 070 号	全价宠物食品猫粮 Pet Compound Feed for Cat	奇迹猫® 天生食肉系列鸡肉 & 鸡蛋配方 Tiki Cat Born Carnivore Deboned Chicken & Egg Recipe	宠物配合饲料 Pet Compound Feed	猫 Cats	（加拿大）百奥比斯克有限公司 Bio Biscuit Inc., Canada	2022. 02—2027. 02	新办

（续）

登记证号	通用名称	商品名称	产品类别	使用范围	生产厂家	有效期限	备注
（2022）外饲准字 071 号	全价宠物食品幼年期/妊娠期/哺乳期猫粮 Pet Compound Feed for Kittens, Gestation and Lactation Cat	奇迹猫® 天生食肉系列鸡肉 & 鸡蛋配方幼猫粮 Tiki Cat Born Carnivore for Kittens Deboned Chicken & Egg Recipe	宠物配合饲料 Pet Compound Feed	猫 Cats	（加拿大）百奥比斯克有限公司 Bio Biscuit Inc.，Canada	2022.02—2027.02	新办
（2022）外饲准字 072 号	全价宠物食品成年期猫粮 Pet Compound Feed for Adult Cat	Primo 鸡肉三文鱼配方健康饮食成猫粮 Primo Adult Cat Formula Chicken & Salmon Healthy Diet Recipe	宠物配合饲料 Pet Compound Feed	猫 Cats	西班牙联合宠物食品公司 UNITED PETFOOD SPAIN，S. L.，Spain	2022.02—2027.02	新办
（2022）外饲准字 073 号	全价宠物食品成年期猫粮 Pet Compound Feed for Adult Cat	Primo 鸡肉三文鱼配方均衡营养成猫粮 Primo Adult Cat Formula Chicken & Salmon Perfect Nourish Recipe	宠物配合饲料 Pet Compound Feed	猫 Cats	西班牙联合宠物食品公司 UNITED PETFOOD SPAIN，S. L.，Spain	2022.02—2027.02	新办
（2022）外饲准字 074 号	全价宠物食品成年期犬粮 Pet Compound Feed for Adult Dog	Primo 鸡肉甘薯配方全犬种成犬粮 Primo Adult Dog All Breed Chicken & Sweet Potato Recipe	宠物配合饲料 Pet Compound Feed	犬 Dogs	西班牙联合宠物食品公司 UNITED PETFOOD SPAIN，S. L.，Spain	2022.02—2027.02	新办
（2022）外饲准字 075 号	全价宠物食品小型成年期犬粮 Pet Compound Feed for Small Breed Adult Dog	Primo 鸡肉甘薯配方小型犬成犬粮 Primo Adult Dog Small Breed Chicken & Sweet Potato Recipe	宠物配合饲料 Pet Compound Feed	犬 Dogs	西班牙联合宠物食品公司 UNITED PETFOOD SPAIN，S. L.，Spain	2022.02—2027.02	新办

（续）

登记证号	通用名称	商品名称	产品类别	使用范围	生产厂家	有效期限	备注
（2022）外饲准字 076 号	全价宠物食品幼年期犬粮 Pet Compound Feed for Puppy	Primo 鸡肉甘薯配方幼犬粮 Primo Puppy Formula Chicken & Sweet Potato Recipe	宠物配合饲料 Pet Compound Feed	犬 Dogs	西班牙联合宠物食品公司 UNITED PETFOOD SPAIN，S. L.，Spain	2022. 02—2027. 02	新办
（2022）外饲准字 077 号	全价宠物食品成年期猫粮 Pet Compound Feed for Adult Cats	诺乐自由天性™无谷 毛球管理 火鸡肉 & 鳕鱼配方猫粮 Nulo Freestyle™ Grain-Free Hairball Management Turkey & Cod Recipe Cat Food	宠物配合饲料 Pet Compound Feed	猫 Cats	（美国）特福宠物食品有限责任公司 Tuffy's Pet Foods，Inc.，USA	2022. 02—2027. 02	新办
（2022）外饲准字 078 号	宠物配合饲料 小型犬幼年期犬粮 Pet Compound Feed for Mini Puppy	N&D 含南瓜系列—羊肉蓝莓味—幼犬用—小型犬 N&D PUMPKIN DOG LAMB，BLUEBERRY PUPPY MINI	宠物配合饲料 Pet Compound Feed	犬 Dogs	意大利 RUSSO MANGIMI S. p. A. 公司 RUSSO MANGIMI S. p. A.，Italy	2022. 02—2027. 02	新办
（2022）外饲准字 079 号	宠物配合饲料 中、大型犬成年期犬粮 Pet Compound Feed for Medium，Max Adult Dog	N&D 含南瓜系列—羊肉蓝莓味—成犬用—中、大型犬 N&D PUMPKIN DOG LAMB，BLUEBERRY ADULT MEDIUM & MAXI	宠物配合饲料 Pet Compound Feed	犬 Dogs	意大利 RUSSO MANGIMI S. p. A. 公司 RUSSO MANGIMI S. p. A.，Italy	2022. 02—2027. 02	新办
（2022）外饲准字 080 号	宠物配合饲料 小型犬成年期犬粮 Pet Compound Feed for Mini Adult Dog	N&D 含南瓜系列—羊肉蓝莓味—成犬用—小型犬 N&D PUMPKIN DOG LAMB，BLUEBERRY ADULT MINI	宠物配合饲料 Pet Compound Feed	犬 Dogs	意大利 RUSSO MANGIMI S. p. A. 公司 RUSSO MANGIMI S. p. A.，Italy	2022. 02—2027. 02	新办

（续）

登记证号	通用名称	商品名称	产品类别	使用范围	生产厂家	有效期限	备注
（2022）外饲准字 081 号	宠物配合饲料 中、大型犬幼年期犬粮 Pet Compound Feed for Medium, Max Puppy	N&D 含南瓜系列—鸡肉石榴味—幼犬用—中、大型犬 N&D PUMPKIN DOG CHICKEN, POMEGRANATE PUPPY MEDIUM &MAXI	宠物配合饲料 Pet Compound Feed	犬 Dogs	意大利 RUSSO MANGIMI S. p. A. 公司 RUSSO MANGIMI S. p. A.，Italy	2022.02—2027.02	新办
（2022）外饲准字 082 号	宠物配合饲料 小型犬幼年期犬粮 Pet Compound Feed for Mini Puppy	N&D 含南瓜系列—鸡肉石榴味—幼犬用—小型犬 N&D PUMPKIN DOG CHICKEN, POMEGRANATE PUPPY MINI	宠物配合饲料 Pet Compound Feed	犬 Dogs	意大利 RUSSO MANGIMI S. p. A. 公司 RUSSO MANGIMI S. p. A.，Italy	2022.02—2027.02	新办
（2022）外饲准字 083 号	宠物配合饲料 小型犬成年期犬粮 Pet Compound Feed for Mini Adult Dog	N&D 含藜麦系列—鸭肉西兰花芦笋味—绝育成犬用—小型犬 N&D QUINOA DOG NEUTERED DUCK, BROCCOLI, ASPARAGUS ADULT MINI	宠物配合饲料 Pet Compound Feed	犬 Dogs	意大利 RUSSO MANGIMI S. p. A. 公司 RUSSO MANGIMI S. p. A.，Italy	2022.02—2027.02	新办
（2022）外饲准字 084 号	宠物配合饲料 幼年期犬处方粮 Pet Compound Feed Puppy Prescription Feed	VET LIFE 天然处方粮系列—肠胃道配方—幼犬用 VET LIFE NATURAL DOG GASTROINTESTINAL GROWTH	宠物配合饲料 Pet Compound Feed	犬 Dogs	意大利 RUSSO MANGIMI S. p. A. 公司 RUSSO MANGIMI S. p. A.，Italy	2022.02—2027.02	新办
（2022）外饲准字 085 号	全价宠物食品幼年期猫粮 Complete Pet Food-Kitten Cat Food	幼年期鸡肉 & 三文鱼配方猫粮 Art Wok Club Chicken & Salmon Kitten Cat Food	宠物配合饲料 Pet Compound Feed	猫 Cats	西班牙联合宠物食品公司 UNITED PETFOOD SPAIN, S. L.，Spain	2022.02—2027.02	新办

（续）

登记证号	通用名称	商品名称	产品类别	使用范围	生产厂家	有效期限	备注
(2022）外饲准字 086 号	全价宠物食品成年期犬粮 Complete Food for Adult Dog	鹿肉配方风干成犬粮添加蔓越莓 Homestyle Venison and Cranberry Dinner Air Dried Adult Dog Food	宠物配合饲料 Pet Compound Feed	犬 Dogs	（新西兰）爱德胜宠物产品有限公司 Addiction Foods NZ Ltd.，New Zealand	2022. 02—2027. 02	新办
(2022）外饲准字 087 号	全价宠物食品猫粮 Complete Pet Food-Cat Food	喵达全猫期无谷鸡肉配方猫粮 Meowstard Holistic Chicken Grain Free ALS Cat Food	宠物配合饲料 Pet Compound Feed	猫 Cats	西班牙联合宠物食品公司 UNITED PETFOOD SPAIN, S. L.，Spain	2022. 02—2027. 02	新办
(2022）外饲准字 088 号	全价宠物食品幼年期猫粮 Pet Compound Feed for Kitten	全价宠物食品幼猫粮 Complete Nutrition Cat Food For Kitten	宠物配合饲料 Pet Compound Feed	猫 Cats	西班牙联合宠物食品公司 UNITED PETFOOD SPAIN, S. L.，Spain	2022. 02—2027. 02	新办
(2022）外饲准字 089 号	全价宠物食品猫粮 Pet Compound Feed for Cat	全价宠物食品全生命阶段猫粮 Complete Nutrition Cat Food For All Life Stages	宠物配合饲料 Pet Compound Feed	猫 Cats	西班牙联合宠物食品公司 UNITED PETFOOD SPAIN, S. L.，Spain	2022. 02—2027. 02	新办
(2022）外饲准字 090 号	全价宠物食品犬粮 Pet Complete Food for Dog	爱德胜鲑鱼配方无谷犬粮 Addiction Salmon Bleu Grain-Free Dry Food for Dogs	宠物配合饲料 Pet Compound Feed	犬 Dogs	（新西兰）爱德胜宠物产品有限公司 Addiction Foods NZ Ltd.，New Zealand	2022. 02—2027. 02	新办
(2022）外饲准字 091 号	全价宠物食品猫粮 Pet Complete Food for Cat	爱德胜鲑鱼配方无谷猫粮 Addiction Salmon Bleu Grain-Free Dry Food for Cats	宠物配合饲料 Pet Compound Feed	猫 Cats	（新西兰）爱德胜宠物产品有限公司 Addiction Foods NZ Ltd.，New Zealand	2022. 02—2027. 02	新办

（续）

登记证号	通用名称	商品名称	产品类别	使用范围	生产厂家	有效期限	备注
(2022) 外饲准字 092 号	全价宠物食品幼年期犬粮 Pet Complete Food for Puppy	爱德胜鲑鱼配方无谷幼犬粮 Addiction Salmon Bleu Grain-Free Dry Food for Puppies	宠物配合饲料 Pet Compound Feed	犬 Dogs	（新西兰）爱德胜宠物产品有限公司 Addiction Foods NZ Ltd.，New Zealand	2022.02—2027.02	新办
(2022) 外饲准字 093 号	全价宠物食品幼年期猫粮 Pet Compound Feed for Kitten	Primo 鸡肉三文鱼配方活力成长幼猫粮 Primo Kitten Formula Chicken & Salmon Vital Growth Recipe	宠物配合饲料 Pet Compound Feed	猫 Cats	西班牙联合宠物食品公司 UNITED PETFOOD SPAIN，S. L.，Spain	2022.02—2027.02	新办
(2022) 外饲准字 094 号	宠物配合饲料 成年期猫粮 Pet Compound Feed for Adult Cat	N&D 优选系列—羊肉蓝莓味—成猫用 N&D PRIME CAT LAMB，BLUEBERRY ADULT	宠物配合饲料 Pet Compound Feed	猫 Cats	意大利 RUSSO MANGIMI S. p. A. 公司 RUSSO MANGIMI S. p. A.，Italy	2022.02—2027.02	新办
(2022) 外饲准字 095 号	宠物配合饲料 成年期猫粮 Pet Compound Feed for Adult Cat	N&D 含南瓜系列—鹿肉苹果味—成猫用 N&D PUMPKIN CAT VENISON，APPLE ADULT	宠物配合饲料 Pet Compound Feed	猫 Cats	意大利 RUSSO MANGIMI S. p. A. 公司 RUSSO MANGIMI S. p. A.，Italy	2022.02—2027.02	新办
(2022) 外饲准字 127 号	氯化钠 Sodium Chloride	德国生跃动物食用盐 BioAktiv Professional Salis	饲料添加剂 Feed Additive	畜禽 Livestock，Poultry	德国生跃公司 BioAktiv-Pulver Produktions-und Vertriebs GmbH，Germany	2022.03—2027.03	新办
(2022) 外饲准字 128 号	丙酸锌 Zinc Propionate	微生康锌粉剂 KemTRACE Zinc Dry	饲料添加剂 Feed Additive	猪、牛、家禽 Swine，Cattle，Poultry	美国建明工业有限公司 Kemin Industries，Inc.，USA	2022.03—2027.03	新办

（续）

登记证号	通用名称	商品名称	产品类别	使用范围	生产厂家	有效期限	备注
（2022）外饲准字 129 号	蛋氨酸羟基类似物异丙酯 Isoperopyl Ester of Hydroxy Analogue of Methionine	液体美斯特 MetaSmart® Liquid	饲料添加剂 Feed Additive	奶牛 Cows	奥地利 ESIM Chemicals GmbH ESIM Chemicals GmbH，Austria	2022. 03—2027. 03	新办
（2022）外饲准字 130 号	混合型饲料添加剂 甲酸 丙酸 Feed Additives Mixture Formic Acid Propionic Acid	露保净 Lupro-Cid®	混合型饲料添加剂 Feed Additives Mixture	养殖动物 All species or categories of animals	（德国）巴斯夫欧洲公司 BASF SE，Germany	2022. 03—2027. 03	新办
（2022）外饲准字 131 号	混合型饲料添加剂 矿物元素 Feed Additives Mixture Minerals	菲多熙 PHYTOCEE	混合型饲料添加剂 Feed Additives Mixture	家禽、猪、鱼、虾 Poultry，Swine，Fish，Shrimp	（印度）Natural Remedies Private Limited Natural Remedies Private Limited，India	2022. 03—2027. 03	新办
（2022）外饲准字 132 号	混合型饲料添加剂 美国栗树叶提取物 Feed Additives Mixture Chestnut Leaves Extract	福美酚 AQUA Farmatan AQUA	混合型饲料添加剂 Feed Additives Mixture	水产养殖动物 Aquaculture animals	斯洛文尼亚天宁有限公司 Tanin Sevnica d. d.，Slovenia	2022. 03—2027. 03	新办
（2022）外饲准字 133 号	混合型饲料添加剂 香芹酚 Feed Additives Mixture Carvacrol	艾维安 AVIANCE	混合型饲料添加剂 Feed Additives Mixture	家禽 Poultry	法国 TECHNA NUTRITION SAS 公司 TECHNA France NUTRITION SAS，France	2022. 03—2027. 03	新办
（2022）外饲准字 134 号	混合型饲料添加剂 香芹酚 百里香酚 Feed Additives Mixture Carvacrol Thymol	古特力 GUTY	混合型饲料添加剂 Feed Additives Mixture	仔猪 Piglets	法国 TECHNA NUTRITION SAS 公司 TECHNA France NUTRITION SAS，France	2022. 03—2027. 03	新办
（2022）外饲准字 135 号	混合型饲料添加剂 丁香酚 Feed Additives Mixture Eugenol	艾维净 AVIDRY	混合型饲料添加剂 Feed Additives Mixture	肉鸡、火鸡 Broilers，Turkeys	法国 TECHNA NUTRITION SAS 公司 TECHNA France NUTRITION SAS，France	2022. 03—2027. 03	新办
（2022）外饲准字 136 号	混合型饲料添加剂 丁香酚 氯化钠 Feed Additives Mixture Eugenol Sodium Chloride	刍康健 RUMISAFE	混合型饲料添加剂 Feed Additives Mixture	牛、羊 Cattle，Sheep	法国 TECHNA NUTRITION SAS 公司 TECHNA France NUTRITION SAS，France	2022. 03—2027. 03	新办

（续）

登记证号	通用名称	商品名称	产品类别	使用范围	生产厂家	有效期限	备注
(2022) 外饲准字 137 号	混合型饲料添加剂 香芹酚 氧化锌 Feed Additives Mixture Carvacrol Zinc Oxide	安康舒 SURIANCE CONFORT	混合型饲料添加剂 Feed Additives Mixture	兔 Rabbits	法国 TECHNA NUTRITION SAS 公司 TECHNA France NUTRITION SAS, France	2022. 03—2027. 03	新办
(2022) 外饲准字 138 号	混合型饲料添加剂 苯甲酸 香芹酚 Feed Additives Mixture Benzoic Acid Carvacrol	卢米嘉 TCB 500 LUMIGARD TCB 500	混合型饲料添加剂 Feed Additives Mixture	家禽 Poultry	法国 MIXSCIENCE 公司 MIXSCIENCE, France	2022. 03—2027. 03	新办
(2022) 外饲准字 139 号	混合型饲料添加剂 香芹酚 硫酸镁 苯甲酸 Feed Additives Mixture Carvacrol Magnesium Sulfate Benzoic Acid	赛丽富 SILENA FLOR	混合型饲料添加剂 Feed Additives Mixture	母猪 Sow	法国 TECHNA NUTRITION SAS 公司 TECHNA France NUTRITION SAS, France	2022. 03—2027. 03	新办
(2022) 外饲准字 140 号	混合型饲料添加剂 屎肠球菌 Feed Additives Mixture *Enterococcus faecium*	益生菌 ORNIBIOTIC	混合型饲料添加剂 Feed Additives Mixture	观赏鸟 Ornamental Birds	（意大利）奥尼塔利亚产品服务公司 ORNITALIA PRODUCT SERVICE S. R. L., Italy	2022. 03—2027. 03	新办
(2022) 外饲准字 141 号	混合型饲料添加剂 微生物 Feed Additives Mixture Live Microorganisms	牧百灵 M-Mobilize	混合型饲料添加剂 Feed Additives Mixture	猪、家禽、反刍动物 Swine, Poultry, Ruminant	美国 United Animal Health 公司（工厂） United Animal Health, USA	2022. 03—2027. 03	新办
(2022) 外饲准字 142 号	猪牛复合预混合饲料 Premix for Swine and Cattle	肥畜宝 Swine Finisher Pak	添加剂预混合饲料 Feed Additive Premix	猪、牛 Swine, Cattle	美国 Dynamite Feed Mill Dynamite Feed Mill, USA	2022. 03—2027. 03	新办
(2022) 外饲准字 143 号	鱼油 Fish Oil	鱼油（饲料级） Fish Oil (Feed Grade)	单一饲料 Single Feed	畜禽、水产养殖动物（反刍动物除外） Livestock, Poultry, Aquaculture animals (Not including ruminant)	巴基斯坦 M. A. 蛋白质公司 M. A. Proteins, Pakistan	2022. 03—2027. 03	新办

（续）

登记证号	通用名称	商品名称	产品类别	使用范围	生产厂家	有效期限	备注
(2022) 外饲准字 144 号	鸡肉粉 Poultry Meal	鸡肉粉 POULTRY MEAL 60	单一饲料 Single Feed	养殖动物（反刍动物除外） All species or categories of animals (Not including ruminant)	法国 KERVALIS LES ESSARTS 公司 KERVALIS LES ESSARTS，France	2022. 03—2027. 03	新办
(2022) 外饲准字 145 号	鱼粉 Fishmeal	红鱼粉（三级） Fishmeal	单一饲料 Single Feed	畜禽、水产养殖动物（反刍动物除外） Livestock，Poultry，Aquaculture animals（Not including ruminant)	毛里塔尼亚 IDAYRA PECHE SARL 公司 IDAYRA PECHE SARL，Mauritania	2022. 03—2027. 03	新办
(2022) 外饲准字 146 号	仔猪配合饲料 Piglet Complete Feed	嘉普乐瑞 Neopigg Rescuemilk F	配合饲料 Compound Feed	仔猪 Piglets	荷兰普乐维美公司 Provimi B. V.，the Netherlands	2022. 03—2027. 03	新办
(2022) 外饲准字 147 号	仔猪复合预混合饲料 Piglet Premix	天梭预混料 TECZOMIX	添加剂预混合饲料 Feed Additive Premix	仔猪 Piglets	比利时维他麦公司 Nuscience Belgium NV，Belgium	2022. 03—2027. 03	新办
(2022) 外饲准字 148 号	犊牛用配合饲料 Compound Feed for Calves	POLMASS RED 代乳粉 POLMASS MILK RED	配合饲料 Compound Feed	犊牛 Calves	（波兰）坡玛斯股份公司（工厂） POLMASS S. A.，Poland	2022. 03—2027. 03	新办
(2022) 外饲准字 149 号	犊牛用配合饲料 Compound Feed for Calves	POLMASS BROWN 代乳粉 POLMASS MILK BROWN WITH LINSEED	配合饲料 Compound Feed	犊牛 Calves	（波兰）坡玛斯股份公司（工厂） POLMASS S. A.，Poland	2022. 03—2027. 03	新办
(2022) 外饲准字 150 号	鱼苗配合饲料 Complete Feed for Fry	优全鱼苗料 1. 2mm 2kg Nutra Start 1. 2mm 2kg	配合饲料 Compound Feed	鱼苗 Fry	（日本）Skretting Co.，Ltd. Skretting Co.，Ltd.，Japan	2022. 03—2027. 03	新办
(2022) 外饲准字 151 号	鱼苗配合饲料 Complete Feed for Fry	优全鱼苗料 1. 0mm 2kg Nutra Start 1. 0mm 2kg	配合饲料 Compound Feed	鱼苗 Fry	（日本）Skretting Co.，Ltd. Skretting Co.，Ltd.，Japan	2022. 03—2027. 03	新办
(2022) 外饲准字 152 号	鱼苗配合饲料 Complete Feed for Fry	优全鱼苗料 0. 7mm 2kg Nutra Start 0. 7mm 2kg	配合饲料 Compound Feed	鱼苗 Fry	（日本）Skretting Co.，Ltd. Skretting Co.，Ltd.，Japan	2022. 03—2027. 03	新办

（续）

登记证号	通用名称	商品名称	产品类别	使用范围	生产厂家	有效期限	备注
(2022) 外饲准字 153 号	鱼苗配合饲料 Complete Feed for Fry	优全鱼苗料 0.5mm 2kg Nutra Start 0.5mm 2kg	配合饲料 Compound Feed	鱼苗 Fry	（日本）Skretting Co.，Ltd. Skretting Co.，Ltd.，Japan	2022.03—2027.03	新办
(2022) 外饲准字 154 号	犊牛配合饲料 Compound Feed for Calves	犊特Ⅰ型 Yili 21/16 All Milk Calf Milk Replacer	配合饲料 Compound Feed	犊牛 Calves	美国 Milk Specialties Global 公司（工厂） Milk Specialties Global，USA	2022.03—2027.03	新办
(2022) 外饲准字 155 号	犊牛配合饲料 Compound Feed for Calves	犊特Ⅱ型 Yili 21/16 Soy Calf Milk Replacer	配合饲料 Compound Feed	犊牛 Calves	美国 Milk Specialties Global 公司（工厂） Milk Specialties Global，USA	2022.03—2027.03	新办
(2022) 外饲准字 156 号	宠物营养补充剂犬和猫微生物 Pet Nutritional Supplements Live Microorganisms for Dogs and Cats	益申安 Dialysis	宠物添加剂预混合饲料 Pet Feed Additive Premix	犬、猫 Dogs，Cats	（台湾）瓃智国际宠物科技有限公司（东区） WISDOM International Pet Science Co.，LTD.（East District）	2022.03—2027.03	新办
(2022) 外饲准字 157 号	全价宠物食品成年期犬粮 Pet Compound Feed for Adult Dogs	诺乐自由天性™无谷 含羊肉＆鹰嘴豆配方成犬粮 Nulo Freestyle™ Grain-Free Adult Lamb & Chickpeas Recipe Dog Food	宠物配合饲料 Pet Compound Feed	犬 Dogs	（美国）特福宠物食品有限责任公司 Tuffy's Pet Foods，Inc.，USA	2022.03—2027.03	新办
(2022) 外饲准字 158 号	全价宠物食品小型犬幼年期、成年期犬粮 Pet Compound Feed for Small Breed Puppies and Adult Dogs	诺乐金牌系列™无谷火鸡肉＆鹰嘴豆配方小型犬粮 Nulo MedalSeries™ Grain-Free Small Breed Turkey & Chickpeas Recipe Dog Food	宠物配合饲料 Pet Compound Feed	犬 Dogs	（美国）特福宠物食品有限责任公司 Tuffy's Pet Foods，Inc.，USA	2022.03—2027.03	新办

（续）

登记证号	通用名称	商品名称	产品类别	使用范围	生产厂家	有效期限	备注
（2022）外饲准字 159 号	全价宠物食品幼年期犬粮 Pet Compound Feed for Puppy	自然馈赠牛肉配方幼犬粮 Nature's Gift Puppy Beef	宠物配合饲料 Pet Compound Feed	犬 Dogs	澳大利亚宠物食品有限公司（Ingleburn 工厂） Australian Pet Brands Pty Ltd（Ingleburn），Australia	2022.03—2027.03	新办
（2022）外饲准字 160 号	全价宠物食品成年期犬粮 Pet Compound Feed for Adult Dog	自然馈赠牛肉配方成犬粮 Nature's Gift Adult Beef	宠物配合饲料 Pet Compound Feed	犬 Dogs	澳大利亚宠物食品有限公司（Ingleburn 工厂） Australian Pet Brands Pty Ltd（Ingleburn），Australia	2022.03—2027.03	新办
（2022）外饲准字 161 号	全价宠物食品成年期犬粮 Pet Compound Feed for Adult Dog	自然馈赠牛肉海洋鱼配方成犬粮 Nature's Gift Adult Beef & Ocean Fish	宠物配合饲料 Pet Compound Feed	犬 Dogs	澳大利亚宠物食品有限公司（Ingleburn 工厂） Australian Pet Brands Pty Ltd（Ingleburn），Australia	2022.03—2027.03	新办
（2022）外饲准字 162 号	全价宠物食品成年期犬粮 Pet Compound Feed for Adult Dog	维吉无谷犬粮—成犬 VegePet Grain Free Dog Food for Adults	宠物配合饲料 Pet Compound Feed	犬 Dogs	（台湾）保生实业股份有限公司 Pomp Shine Enterprise Corp.	2022.03—2027.03	新办
（2022）外饲准字 163 号	全价宠物食品猫粮 Pet Complete Food for Cat	极耀天然无谷系列含鸡肉鸭肉火鸡肉猫粮 Polaris Natural Grain Free Poultry Recipe For Cat	宠物配合饲料 Pet Compound Feed	猫 Cats	（美国）飒天宠物营养有限责任公司 Southern Tier Pet Nutrition，LLC，USA	2022.03—2027.03	新办
（2022）外饲准字 164 号	全价宠物食品犬粮 Pet Complete Food for Dog	极耀天然无谷系列含鸡肉鸭肉火鸡肉犬粮 Polaris Natural Grain Free Poultry Recipe For Dog	宠物配合饲料 Pet Compound Feed	犬 Dogs	（美国）飒天宠物营养有限责任公司 Southern Tier Pet Nutrition，LLC，USA	2022.03—2027.03	新办

（续）

登记证号	通用名称	商品名称	产品类别	使用范围	生产厂家	有效期限	备注
（2022）外饲准字165号	宠物配合饲料 猫粮 Pet Compound Feed for Cat	AORAKI云顶星 鸡肉配方 风干鲜肉全价猫粮 Aoraki Chicken Feast Air-Dried Meat-Based Cat Food For All Life Stages	宠物配合饲料 Pet Compound Feed	猫 Cats	新西兰阿尔卑斯出口有限公司（工厂） Alpine Export NZ Limited，New Zealand	2022.03—2027.03	新办
（2022）外饲准字166号	宠物配合饲料 猫粮 Pet Compound Feed for Cat	AORAKI云顶星 羊肉三文鱼配方 风干鲜肉全价猫粮 Aoraki Lamb&Salmon Feast Air-Dried Meat-Based Cat Food For All Life Stages	宠物配合饲料 Pet Compound Feed	猫 Cats	新西兰阿尔卑斯出口有限公司（工厂） Alpine Export NZ Limited，New Zealand	2022.03—2027.03	新办
（2022）外饲准字167号	宠物配合饲料 猫粮 Pet Compound Feed for Cat	AORAKI云顶星 牛肉配方 风干鲜肉全价猫粮 Aoraki Beef Feast Air-Dried Meat-Based Cat Food For All Life Stages	宠物配合饲料 Pet Compound Feed	猫 Cats	新西兰阿尔卑斯出口有限公司（工厂） Alpine Export NZ Limited，New Zealand	2022.03—2027.03	新办
（2022）外饲准字168号	全价宠物食品 成猫期猫粮 Compound Pet Food Adult Cat Food	NUTRO™美士™全护营养系列 全价室内成猫猫粮 含白鱼配方 Nutro™ Wholesome Essentials™ Indoor Cat Adult Whitefish & Brown Rice	宠物配合饲料 Pet Compound Feed	猫 Cats	玛氏宠物护理美国公司 MARS PETCARE U. S. INC，USA	2022.03—2027.03	新办
（2022）外饲准字169号	全价宠物食品 成猫期猫粮 Compound Pet Food Adult Cat Food	NUTRO™美士™全护营养系列 全价成猫猫粮 含三文鱼配方 Nutro™ Wholesome Essentials™ Adult Cat Salmon & Brown Rice	宠物配合饲料 Pet Compound Feed	猫 Cats	玛氏宠物护理美国公司 MARS PETCARE U. S. INC，USA	2022.03—2027.03	新办

（续）

登记证号	通用名称	商品名称	产品类别	使用范围	生产厂家	有效期限	备注
（2022）外饲准字 170 号	全价宠物食品 成猫期猫粮 Compound Pet Food Adult Cat Food	NUTRO™美士™全护营养系列 全价室内成猫猫粮 含鸡肉配方 Nutro™ Wholesome Essentials™ Indoor Cat Adult Chicken & Brown Rice	宠物配合饲料 Pet Compound Feed	猫 Cats	玛氏宠物护理美国公司 MARS PETCARE U. S. INC，USA	2022. 03—2027. 03	新办
（2022）外饲准字 171 号	全价宠物食品 幼年期猫粮 Compound Pet Food Kitten Food	NUTRO™美士™全护营养系列 全价幼猫猫粮 含鸡肉配方 Nutro™ Wholesome Essentials™ Kitten Chicken & Brown Rice	宠物配合饲料 Pet Compound Feed	猫 Cats	玛氏宠物护理美国公司 MARS PETCARE U. S. INC，USA	2022. 03—2027. 03	新办
（2022）外饲准字 172 号	全价宠物食品 成年期猫粮 Compound Pet Food Adult Cat Food	NUTRO™美士™全护营养系列 体重控制 全价成猫猫粮 Nutro™ Wholesome Essentials™ Weight Management Cat Chicken & Brown Rice	宠物配合饲料 Pet Compound Feed	猫 Cats	玛氏宠物护理美国公司 MARS PETCARE U. S. INC，USA	2022. 03—2027. 03	新办
（2022）外饲准字 173 号	全价宠物食品 成年期猫粮 Compound Pet Food Adult Cat Food	NUTRO™美士™无谷山林旷野系列™全价成猫猫粮 Nutro™ Wild Frontier™ Adult Cat with Chicken	宠物配合饲料 Pet Compound Feed	猫 Cats	玛氏宠物护理美国公司 MARS PETCARE U. S. INC，USA	2022. 03—2027. 03	新办
（2022）外饲准字 174 号	全价宠物食品 幼年期猫粮 Compound Pet Food Kitten Food	NUTRO™美士™无谷山林旷野系列™全价幼猫猫粮 Nutro™ Wild Frontier™ Kitten with Chicken	宠物配合饲料 Pet Compound Feed	猫 Cats	玛氏宠物护理美国公司 MARS PETCARE U. S. INC，USA	2022. 03—2027. 03	新办

（续）

登记证号	通用名称	商品名称	产品类别	使用范围	生产厂家	有效期限	备注
（2022）外饲准字175号	全价宠物食品 成年期猫粮 Compound Pet Food Adult Cat Food	NUTRO™美士™无谷海洋旷野系列™全价成猫猫粮 Nutro™ Wild Frontier™ Adult Cat with Whitefish	宠物配合饲料 Pet Compound Feed	猫 Cats	玛氏宠物护理美国公司 MARS PETCARE U. S. INC，USA	2022.03—2027.03	新办
（2022）外饲准字176号	全价宠物食品猫粮 Pet Compound Feed for Cats	Open Farm®农场火鸡肉&鸡肉味猫粮 Open Farm® Homestead Turkey & Chicken Recipe Cat Food	宠物配合饲料 Pet Compound Feed	猫 Cats	美国BARRETT宠物食品创新有限公司 Barrett Ag Service Inc DBA Barrett Pet-food Innovations，USA	2022.03—2027.03	新办
（2022）外饲准字177号	全价宠物食品猫粮 Pet Compound Feed for Cats	Open Farm®时令白鱼配方猫粮 Open Farm® Catch-of-the-Season Whitefish Recipe Cat Food	宠物配合饲料 Pet Compound Feed	猫 Cats	美国BARRETT宠物食品创新有限公司 Barrett Ag Service Inc DBA Barrett Pet-food Innovations，USA	2022.03—2027.03	新办
（2022）外饲准字178号	全价宠物食品猫粮 Pet Compound Feed for Cats	Open Farm®野生三文鱼味猫粮 Open Farm® Wild-Caught Salmon Recipe Cat Food	宠物配合饲料 Pet Compound Feed	猫 Cats	美国BARRETT宠物食品创新有限公司 Barrett Ag Service Inc DBA Barrett Pet-food Innovations，USA	2022.03—2027.03	新办
（2022）外饲准字179号	全价宠物食品犬粮 Pet Compound Feed for Dogs	Open Farm®时令白鱼配方犬粮 Open Farm® Catch-of-the-Season Whitefish Recipe Dog Food	宠物配合饲料 Pet Compound Feed	犬 Dogs	美国BARRETT宠物食品创新有限公司 Barrett Ag Service Inc DBA Barrett Pet-food Innovations，USA	2022.03—2027.03	新办
（2022）外饲准字180号	全价宠物食品犬粮 Pet Compound Feed for Dogs	Open Farm®草饲羊肉味犬粮 Open Farm® Pasture-Raised Lamb Recipe Dog Food	宠物配合饲料 Pet Compound Feed	犬 Dogs	美国BARRETT宠物食品创新有限公司 Barrett Ag Service Inc DBA Barrett Pet-food Innovations，USA	2022.03—2027.03	新办

（续）

登记证号	通用名称	商品名称	产品类别	使用范围	生产厂家	有效期限	备注
（2022）外饲准字181号	全价宠物食品犬粮 Pet Compound Feed for Dogs	Open Farm® 野生三文鱼味犬粮 Open Farm® Wild-Caught Salmon Recipe Dog Food	宠物配合饲料 Pet Compound Feed	犬 Dogs	美国 BARRETT 宠物食品创新有限公司 Barrett Ag Service Inc DBA Barrett Pet-food Innovations，USA	2022.03—2027.03	新办
（2022）外饲准字182号	全价宠物食品猫粮 Pet Compound Feed for Cat	Primo 全阶段三文鱼鲱鱼配方猫粮 Primo all life stage cat salmon & menhaden reci-pe	宠物配合饲料 Pet Compound Feed	猫 Cats	加拿大 PLB 国际公司 PLB International Inc.，Canada	2022.03—2027.03	新办
（2022）外饲准字183号	全价宠物食品猫粮 Pet Compound Feed for Cat	Primo 全阶段含鲱鱼火鸡肉配方猫粮 Primo all life stage cat menhaden & turkey reci-pe	宠物配合饲料 Pet Compound Feed	猫 Cats	加拿大 PLB 国际公司 PLB International Inc.，Canada	2022.03—2027.03	新办
（2022）外饲准字184号	全价宠物食品猫粮 Pet Compound Feed for Cat	Primo 全阶段含鸭肉火鸡肉配方猫粮 Primo all life stage cat duck & turkey recipe	宠物配合饲料 Pet Compound Feed	猫 Cats	加拿大 PLB 国际公司 PLB International Inc.，Canada	2022.03—2027.03	新办
（2022）外饲准字185号	宠物配合饲料成年期猫粮 Pet Compound Feed for Adult Cats	Pureluxe 纯华 成猫鸡肉配方精英营养配方全品种成猫粮 Pureluxe Elite Nutrition for Adult Cats	宠物配合饲料 Pet Compound Feed	猫 Cats	美国 BARRETT 宠物食品创新有限公司 Barrett Ag Service Inc DBA Barrett Pet-food Innovations，USA	2022.03—2027.03	新办
（2022）外饲准字186号	宠物配合饲料猫粮 Pet Compound Feed for Cats	Pureluxe 纯华 挑食猫精英营养配方全猫粮 Pureluxe Elite Nutrition for Finicky Cats	宠物配合饲料 Pet Compound Feed	猫 Cats	美国 BARRETT 宠物食品创新有限公司 Barrett Ag Service Inc DBA Barrett Pet-food Innovations，USA	2022.03—2027.03	新办

（续）

登记证号	通用名称	商品名称	产品类别	使用范围	生产厂家	有效期限	备注
(2022) 外饲准字 187 号	宠物配合饲料猫粮 Pet Compound Feed for Cats	Pureluxe 纯华 长毛猫精英营养配方全猫粮 Pureluxe Elite Nutrition for Longhair Cats	宠物配合饲料 Pet Compound Feed	猫 Cats	美国 BARRETT 宠物食品创新有限公司 Barrett Ag Service Inc DBA Barrett Petfood Innovations，USA	2022. 03—2027. 03	新办
(2022) 外饲准字 188 号	宠物配合饲料幼年期、妊娠期和哺乳期猫粮 Pet Compound Feed for Kittens and Pregnant/Nursing Mothers	Pureluxe 纯华 幼猫鸡肉配方精英营养配方全品种幼猫粮 Pureluxe Elite Nutrition for Kitten Cats	宠物配合饲料 Pet Compound Feed	猫 Cats	美国 BARRETT 宠物食品创新有限公司 Barrett Ag Service Inc DBA Barrett Petfood Innovations，USA	2022. 03—2027. 03	新办
(2022) 外饲准字 189 号	全价宠物食品幼年期/成年期猫粮 Pet Compound Feed for Kitten & Adult Cat Food	Valentina 自制猫饭海洋鱼配方 Valentina Home Style Cat Diets Ocean Fish	宠物配合饲料 Pet Compound Feed	猫 Cats	（泰国）东南亚罐头包装有限公司 Southeast Asian Packaging and Canning Limited，Thailand	2022. 03—2027. 03	新办
(2022) 外饲准字 190 号	全价宠物食品幼年期/成年期猫粮 Pet Compound Feed for Kitten & Adult Cat Food	Valentina 自制猫饭鸡肉 & 羊肉配方 Valentina Home Style Cat Diets Chicken with Lamb Recipe	宠物配合饲料 Pet Compound Feed	猫 Cats	（泰国）东南亚罐头包装有限公司 Southeast Asian Packaging and Canning Limited，Thailand	2022. 03—2027. 03	新办
(2022) 外饲准字 191 号	全价宠物食品幼年期/成年期猫粮 Pet Compound Feed for Kitten & Adult Cat Food	Valentina 自制猫饭鸡肉 & 牛肉配方 Valentina Home Style Cat Diets Chicken with Beef Recipe	宠物配合饲料 Pet Compound Feed	猫 Cats	（泰国）东南亚罐头包装有限公司 Southeast Asian Packaging and Canning Limited，Thailand	2022. 03—2027. 03	新办
(2022) 外饲准字 192 号	全价宠物食品幼年期/成年期猫粮 Pet Compound Feed for Kitten & Adult Cat Food	Valentina 自制猫饭鸡肉配方 Valentina Home Style Cat Diets Chicken Recipe	宠物配合饲料 Pet Compound Feed	猫 Cats	（泰国）东南亚罐头包装有限公司 Southeast Asian Packaging and Canning Limited，Thailand	2022. 03—2027. 03	新办

（续）

登记证号	通用名称	商品名称	产品类别	使用范围	生产厂家	有效期限	备注
（2022）外饲准字 193 号	全价宠物食品幼年期犬粮 Compound Pet Food-Puppy Dog Food	哨达幼犬犬粮 Woofstard Holistic Puppy Dog Food	宠物配合饲料 Pet Compound Feed	犬 Dogs	西班牙联合宠物食品公司 UNITED PETFOOD SPAIN，S.L.，Spain	2022.03—2027.03	新办
（2022）外饲准字 194 号	全价宠物食品犬粮 Compound Pet Food-Dog Food	哨达全犬期无谷鸭肉配方犬粮 Woofstard Holistic Duck Grain Free ALS Dog Food	宠物配合饲料 Pet Compound Feed	犬 Dogs	比利时联合宠物食品公司 United Petfood Producers NV，Belgium	2022.03—2027.03	新办
（2022）外饲准字 195 号	全价宠物食品犬粮 Pet Complete Food for Dog	Wild Islands Forest Meat 高蛋白无谷犬粮 Wild Islands Forest Meat Recipe Grain-Free，High Protein Diet Dry Food for Dogs	宠物配合饲料 Pet Compound Feed	犬 Dogs	（新西兰）爱德胜宠物产品有限公司 Addiction Foods NZ Ltd.，New Zealand	2022.03—2027.03	新办
（2022）外饲准字 196 号	全价宠物食品成年期犬粮 Pet Complete Food for Adult Dog	Wild Islands Highland Meats 高蛋白无谷犬粮 Wild Islands Highland Meats Recipe Grain-Free，High Protein Diet Dry Food for Dogs	宠物配合饲料 Pet Compound Feed	犬 Dogs	（新西兰）爱德胜宠物产品有限公司 Addiction Foods NZ Ltd.，New Zealand	2022.03—2027.03	新办
（2022）外饲准字 197 号	全价宠物食品犬粮 Pet Complete Food for Dog	Wild Islands Island Birds 高蛋白无谷犬粮 Wild Islands Island Birds Grain-Free，High Protein Diet Dry Food for Dogs	宠物配合饲料 Pet Compound Feed	犬 Dogs	（新西兰）爱德胜宠物产品有限公司 Addiction Foods NZ Ltd.，New Zealand	2022.03—2027.03	新办
（2022）外饲准字 198 号	全价宠物食品犬粮 Pet Complete Food for Dog	Wilds Islands Pacific Catch 高蛋白无谷犬粮 Wilds Islands Pacific Catch Grain-Free，High Protein Diet Dry Food for Dogs	宠物配合饲料 Pet Compound Feed	犬 Dogs	（新西兰）爱德胜宠物产品有限公司 Addiction Foods NZ Ltd.，New Zealand	2022.03—2027.03	新办

（续）

登记证号	通用名称	商品名称	产品类别	使用范围	生产厂家	有效期限	备注
(2022) 外饲准字 199 号	全价宠物食品猫粮 Pet Compound Feed for Cat	特芙原野系列无谷含去骨三文鱼鹰嘴豆配方全期猫粮 Triumph Free Spirit Grain Free Deboned Salmon & Chickpea Recipe Super Premium Food For Cats	宠物配合饲料 Pet Compound Feed	猫 Cats	美国阳光磨坊公司 Sunshine Mills Inc.，USA	2022.03—2027.03	新办
(2022) 外饲准字 200 号	全价宠物食品幼年期/妊娠期/哺乳期犬粮 Pet Compound Feed for Puppy / Pregnancy/Lactation Dogs	特芙原野系列无谷含去骨鸡肉甘薯配方幼犬粮 Triumph Free Spirit Puppy Grain Free Deboned Chicken，Sweet Potato，& Berry Recipe Super Premium Food For Puppies	宠物配合饲料 Pet Compound Feed	犬 Dogs	美国阳光磨坊公司 Sunshine Mills Inc.，USA	2022.03—2027.03	新办
(2022) 外饲准字 201 号	全价宠物食品老年期犬粮 Pet Compound Feed for Senior Dog	特芙原野系列无谷含去骨鸡肉甘薯配方老年犬粮 Triumph Free Spirit Senior Grain Free Deboned Chicken，Sweet Potato & Berry Recipe Super Premium Food For Dogs	宠物配合饲料 Pet Compound Feed	犬 Dogs	美国阳光磨坊公司 Sunshine Mills Inc.，USA	2022.03—2027.03	新办
(2022) 外饲准字 202 号	全价宠物食品犬粮 Pet Compound Feed for Dog	特芙原野系列无谷含去骨鸡肉胡萝卜蔓越莓全期犬粮 Triumph Free Spirit Grain Free Deboned Chicken，Carrot & Cranberry Recipe Super Premium Food For Dogs	宠物配合饲料 Pet Compound Feed	犬 Dogs	美国阳光磨坊公司 Sunshine Mills Inc.，USA	2022.03—2027.03	新办

（续）

登记证号	通用名称	商品名称	产品类别	使用范围	生产厂家	有效期限	备注
(2022) 外饲准字 203 号	全价宠物食品猫粮 Pet Compound Feed for Cat	特芙原野系列无谷含去骨鸡肉配方全期猫粮 Triumph Free Spirit Grain Free Deboned Chicken & Vegetables Recipe Super Premium Food For Cats	宠物配合饲料 Pet Compound Feed	猫 Cats	美国阳光磨坊公司 Sunshine Mills Inc., USA	2022.03—2027.03	新办
(2022) 外饲准字 204 号	全价宠物食品猫粮 Pet Compound Feed for Cat	特芙荒野系列含去骨三文鱼甘薯配方全期猫粮 Triumph Wild Spirit Deboned Salmon & Sweet Potato Recipe Food For Cats	宠物配合饲料 Pet Compound Feed	猫 Cats	美国阳光磨坊公司 Sunshine Mills Inc., USA	2022.03—2027.03	新办
(2022) 外饲准字 205 号	全价宠物食品犬粮 Pet Compound Feed for Dog	特芙荒野系列含去骨牛肉大麦糙米全期犬粮 Triumph Wild Spirit Deboned Beef, Barley, & Brown Rice Recipe Food For Dogs	宠物配合饲料 Pet Compound Feed	犬 Dogs	美国阳光磨坊公司 Sunshine Mills Inc., USA	2022.03—2027.03	新办
(2022) 外饲准字 206 号	全价宠物食品猫粮 Pet Compound Feed for Cat	特芙荒野系列含去骨鸡肉糙米全期猫粮 Triumph Wild Spirit Deboned Chicken & Brown Rice Recipe Food For Cats	宠物配合饲料 Pet Compound Feed	猫 Cats	美国阳光磨坊公司 Sunshine Mills Inc., USA	2022.03—2027.03	新办
(2022) 外饲准字 207 号	全价猫粮 Complete Cat Food	原始猎食渴望幼猫成猫猫粮 ORIJEN Cat & Kitten Cat Food	宠物配合饲料 Pet Compound Feed	猫 Cats	加拿大冠军宠物食品公司 Champion Petfoods L. P., Canada	2022.03—2027.03	新办

（续）

登记证号	通用名称	商品名称	产品类别	使用范围	生产厂家	有效期限	备注
(2022) 外饲准字 208 号	全价宠物食品幼年期犬粮 Pet Compound Feed for Puppy	CARLONE 卡罗之星盛宴经典系列幼犬粮 CARLONE Feast Classic Recipe for Puppy	宠物配合饲料 Pet Compound Feed	犬 Dogs	泰国 Nutrix Public 有限公司 Nutrix Public Company Limited，Thailand	2022.03—2027.03	新办
(2022) 外饲准字 209 号	全价宠物食品犬粮 Pet Compound Food for Dog	CARLONE 卡罗之星盛宴经典系列三文鱼味犬粮 CARLONE Feast Classic Salmon Flavor for Dog	宠物配合饲料 Pet Compound Feed	犬 Dogs	泰国 Nutrix Public 有限公司 Nutrix Public Company Limited，Thailand	2022.03—2027.03	新办
(2022) 外饲准字 210 号	全价宠物食品幼年期猫粮 Pet Compound Feed for Kitten	CARLONE 卡罗之星盛宴经典系列幼猫粮 CARLONE Feast Classic Recipe for Kitten	宠物配合饲料 Pet Compound Feed	猫 Cats	泰国 Nutrix Public 有限公司 Nutrix Public Company Limited，Thailand	2022.03—2027.03	新办
(2022) 外饲准字 211 号	全价宠物食品猫粮 Pet Compound Food for Cat	CARLONE 卡罗之星盛宴经典系列三文鱼味猫粮 CARLONE Feast Classic Salmon Flavor for Cat	宠物配合饲料 Pet Compound Feed	猫 Cats	泰国 Nutrix Public 有限公司 Nutrix Public Company Limited，Thailand	2022.03—2027.03	新办
(2022) 外饲准字 212 号	全价宠物食品犬粮 Pet Compound Food for Dog	XCREZIA 茜雅农场猎食系列犬粮 XCREZIA Farm Hunting Recipe for Dog	宠物配合饲料 Pet Compound Feed	犬 Dogs	泰国 Nutrix Public 有限公司 Nutrix Public Company Limited，Thailand	2022.03—2027.03	新办
(2022) 外饲准字 213 号	全价宠物食品猫粮 Pet Compound Feed for Cat	XCREZIA 茜雅农场猎食系列猫粮 XCREZIA Farm Hunting Recipe for Cat	宠物配合饲料 Pet Compound Feed	猫 Cats	泰国 Nutrix Public 有限公司 Nutrix Public Company Limited，Thailand	2022.03—2027.03	新办
(2022) 外饲准字 214 号	全价宠物食品犬粮 Pet Compound Food for Dog	XCREZIA 茜雅森林猎食系列犬粮 XCREZIA Forest Hunting Recipe for Dog	宠物配合饲料 Pet Compound Feed	犬 Dogs	泰国 Nutrix Public 有限公司 Nutrix Public Company Limited，Thailand	2022.03—2027.03	新办

（续）

登记证号	通用名称	商品名称	产品类别	使用范围	生产厂家	有效期限	备注
(2022) 外饲准字 215 号	全价宠物食品猫粮 Pet Compound Food for Cat	XCREZIA 茜雅森林猎食系列猫粮 XCREZIA Forest Hunting Recipe for Cat	宠物配合饲料 Pet Compound Feed	猫 Cats	泰国 Nutrix Public 有限公司 Nutrix Public Company Limited，Thailand	2022. 03—2027. 03	新办
(2022) 外饲准字 216 号	全价猫粮 Complete Cat Food	爱肯拿海洋鱼配方猫粮 ACANA Pacifica Cat Food	宠物配合饲料 Pet Compound Feed	猫 Cats	加拿大冠军宠物食品公司 Champion Petfoods L. P.，Canada	2022. 03—2027. 03	新办
(2022) 外饲准字 217 号	全价宠物食品幼年期/妊娠期/哺乳期猫粮 Pet Compound Feed for Kitten/Gestation/Lactation	奇迹猫® Essentials 鸡肉 & 火鸡肉配方 Tiki Cat® Essentials Chicken and Turkey Meal Recipe	宠物配合饲料 Pet Compound Feed	猫 Cats	（美国）特福宠物食品有限责任公司 Tuffy's Pet Foods，Inc.，USA	2022. 03—2027. 03	新办
(2022) 外饲准字 218 号	酿酒酵母细胞壁 Yeast Cell Wall	赛福多糖 SAFMANNAN	单一饲料 Single Feed	养殖动物 All species or categories of animals	法国乐斯福集团 Biospringer 生物技术公司 Biospringer，France	2022. 03—2027. 03	新办
(2022) 外饲准字 249 号	α-淀粉 alpha-Starch	朝日阿尔法（α 马铃薯淀粉） SUN ALFA（ALPHA POTATO STARCH）	饲料添加剂 Feed Additive	水产养殖动物 Aquaculture animals	（泰国）泰朝日有限公司 Thai Asahi Co.，Ltd.，Tailand	2022. 04—2027. 04	新办
(2022) 外饲准字 250 号	三聚磷酸钠 Sodium Tripolyphosphate	三聚磷酸钠 PRAYPHOS™ STPP PY FG	饲料添加剂 Feed Additive	宠物 Pets	比利时 PRAYON S. A. 公司 PRAYON S. A.，Belgium	2022. 04—2027. 04	新办
(2022) 外饲准字 251 号	酿酒酵母 *Saccharomyces cerevisiae*	碧悦普索尔 MUCL 39885 Biosprint® Prosol MUCL 39885	饲料添加剂 Feed Additive	牛、马、猪、羊 Cattle，Horses，Swine，Sheep	马其顿共和国 Bitola 市酵母和酒精酿造厂 Factory for yeast and alcohol A. D-Bitola，Macedonia	2022. 04—2027. 04	新办

（续）

登记证号	通用名称	商品名称	产品类别	使用范围	生产厂家	有效期限	备注
（2022）外饲准字252号	混合型饲料添加剂 蛋白酶（产自米曲霉） Feed Additives Mixture Protease (Source: *Aspergillus oryzae*)	诺维信®宠味鲜蛋白酶500 MG Petifavorite 500 MG	混合型饲料添加剂 Feed Additives Mixture	宠物 Pets	丹麦诺维信公司 Novozymes A/S，Denmark	2022.04—2027.04	新办
（2022）外饲准字253号	混合型饲料添加剂 香味物质 Feed Additives Mixture Flavouring Substances	科灵宝 KOLIN PLUS	混合型饲料添加剂 Feed Additives Mixture	家禽、猪、鱼、虾 Poultry，Swine，Fish，Shrimp	（印度）Natural Remedies Private Limited Natural Remedies Private Limited，India	2022.04—2027.04	新办
（2022）外饲准字254号	混合型饲料添加剂 香味物质 Feed Additives Mixture Flavouring Substances	百奥壮510 BIOSTRONG® 510	混合型饲料添加剂 Feed Additives Mixture	家禽 Poultry	奥地利DELACON生物技术公司（恩格尔维茨多夫工厂） Delacon Biotechnik GmbH，Austria	2022.04—2027.04	新办
（2022）外饲准字255号	混合型饲料添加剂 香味物质 Feed Additives Mixture Flavouring Substances	爱洛美ME AROMEX® ME	混合型饲料添加剂 Feed Additives Mixture	猪 Swine	奥地利DELACON生物技术公司（恩格尔维茨多夫工厂） Delacon Biotechnik GmbH，Austria	2022.04—2027.04	新办
（2022）外饲准字256号	混合型饲料添加剂 β-胡萝卜素 Feed Additives Mixture beta-Carotene	IsoPrime™ β-胡萝卜素 IsoPrime™ β-Carotene	混合型饲料添加剂 Feed Additives Mixture	畜禽、水产养殖动物、宠物 Livestock，Poultry，Aquaculture animals，Pets	（台湾）立弘生化科技股份有限公司精密化学厂 Allied Biotech Corporation's synthesis plant	2022.04—2027.04	新办
（2022）外饲准字257号	混合型饲料添加剂 香味物质 Feed Additives Mixture Flavouring Substances	肥速达F FRESTA® F	混合型饲料添加剂 Feed Additives Mixture	猪 Swine	奥地利DELACON生物技术公司（恩格尔维茨多夫工厂） Delacon Biotechnik GmbH，Austria	2022.04—2027.04	新办
（2022）外饲准字258号	混合型饲料添加剂 香味物质 Feed Additives Mixture Flavouring Substances	赛瑞纳Boost Syrena® Boost	混合型饲料添加剂 Feed Additives Mixture	鱼、虾 Fish，Shrimp	奥地利DELACON生物技术公司（恩格尔维茨多夫工厂） Delacon Biotechnik GmbH，Austria	2022.04—2027.04	新办

（续）

登记证号	通用名称	商品名称	产品类别	使用范围	生产厂家	有效期限	备注
（2022）外饲准字 259 号	混合型饲料添加剂 香味物质 Feed Additives Mixture Flavouring Substances	百奥壮 Comfort BIOSTRONG® Comfort	混合型饲料添加剂 Feed Additives Mixture	家禽 Poultry	奥地利 DELACON 生物技术公司（恩格尔维茨多夫工厂） Delacon Biotechnik GmbH，Austria	2022.04—2027.04	新办
（2022）外饲准字 260 号	混合型饲料添加剂 辛酸 癸酸 月桂酸 可食用脂肪酸单甘油酯 甘油脂肪酸酯 Feed Additives Mixture Octanoic Acid Decanoic Acid Lauric Acid Monoglycerides of Edible Fatty Acids Glycerine Fatty Acid Ester	绿能 MCFA-1 号 Alpha Guard（α-Guard）MCFA-1	混合型饲料添加剂 Feed Additives Mixture	家禽、猪 Poultry，Swine	马来西亚绿能集团有限公司 Green & Natural Industries Sdn. Bhd，Malaysia	2022.04—2027.04	新办
（2022）外饲准字 261 号	混合型饲料添加剂 辛酸 癸酸 月桂酸 可食用脂肪酸单甘油酯 Feed Additives Mixture Octanoic Acid Decanoic Acid Lauric Acid Monoglycerides of Edible Fatty Acids	绿能 MCFA-2 号 Alpha Guard（α-Guard）MCFA-2	混合型饲料添加剂 Feed Additives Mixture	鸡 Chicken	马来西亚绿能集团有限公司 Green & Natural Industries Sdn. Bhd，Malaysia	2022.04—2027.04	新办
（2022）外饲准字 262 号	混合型饲料添加剂 香味物质 Feed Additives Mixture Flavouring Substances	肥速达 Protect FRESTA® Protect	混合型饲料添加剂 Feed Additives Mixture	猪 Swine	奥地利 DELACON 生物技术公司（恩格尔维茨多夫工厂） Delacon Biotechnik GmbH，Austria	2022.04—2027.04	新办
（2022）外饲准字 263 号	混合型饲料添加剂 香味物质 Feed Additives Mixture Flavouring Substances	爱洛美 Pro AROMEX® Pro	混合型饲料添加剂 Feed Additives Mixture	猪 Swine	奥地利 DELACON 生物技术公司（恩格尔维茨多夫工厂） Delacon Biotechnik GmbH，Austria	2022.04—2027.04	新办
（2022）外饲准字 264 号	混合型饲料添加剂 凝结芽孢杆菌 Feed Additives Mixture *Bacillus coagulans*	科诺宝 TechnoSpore	混合型饲料添加剂 Feed Additives Mixture	肉鸡 Broilers	德国 Biochem 添加剂贸易和生产有限公司 Biochem Zusatzstoffe Handels-und Produktionsgesellschaft mbH，Germany	2022.04—2027.04	新办

（续）

登记证号	通用名称	商品名称	产品类别	使用范围	生产厂家	有效期限	备注
（2022）外饲准字 265 号	混合型饲料添加剂 单宁酸 Feed Additives Mixture Tannic Acid	优可比 SILVAFEED NUTRI B	混合型饲料添加剂 Feed Additives Mixture	养殖动物 All species or categories of animals	意大利 Ledoga S. r. l. Ledoga S. r. l.，Italy	2022.04—2027.04	新办
（2022）外饲准字 266 号	混合型饲料添加剂 酶制剂 Feed Additives Mixture Enzymes	维赛康 Vistamax	混合型饲料添加剂 Feed Additives Mixture	牛、羊 Cattle，Sheep	新加坡金朝生物技术私人有限公司 Crown Pacific Biotechnology Pte. Ltd.，Singapore	2022.04—2027.04	新办
（2022）外饲准字 267 号	混合型饲料添加剂 防腐剂 防霉剂 Feed Additives Mixture Preservatives	纽埃特霉净剂 TOXY-NIL	混合型饲料添加剂 Feed Additives Mixture	养殖动物 All species or categories of animals	比利时纽埃特国际营养公司 Beveren-Waas 工厂 NUTRIAD International N. V.，Beveren-Waas Plant，Belgium	2022.04—2027.04	新办
（2022）外饲准字 268 号	混合型饲料添加剂 酸度调节剂 Feed Additives Mixture Acidity Regulators	乐派酸 ACIDAL® DRY S	混合型饲料添加剂 Feed Additives Mixture	养殖动物 All species or categories of animals	比利时英派克斯有限公司 Impextraco N. V.，Belgium	2022.04—2027.04	新办
（2022）外饲准字 269 号	混合型饲料添加剂 酸度调节剂 矿物元素 Feed Additives Mixture Acidity Regulators Minerals	艾复司 ALPHAPHOS	混合型饲料添加剂 Feed Additives Mixture	猪、家禽、牛 Swine，Poultry，Cattle	法国 ALPHATECH 公司 ALPHATECH，France	2022.04—2027.04	新办
（2022）外饲准字 270 号	混合型饲料添加剂 微生物 酶制剂 Feed Additives Mixture Live Microorganisms Enzymes	福络美 FLORAENZYME	混合型饲料添加剂 Feed Additives Mixture	养殖动物 All species or categories of animals	法国 ALPHATECH 公司 ALPHATECH，France	2022.04—2027.04	新办
（2022）外饲准字 271 号	混合型饲料添加剂 甘草酊 Feed Additives Mixture Licorice Tincture	爱玛诺克施 EMANOX ATM	混合型饲料添加剂 Feed Additives Mixture	养殖动物 All species or categories of animals	法国蒙赫巴蒂公司 MANGHEBATI SAS，France	2022.04—2027.04	新办
（2022）外饲准字 272 号	混合型饲料添加剂 香味物质 Feed Additives Mixture Flavouring Substances	奥利欧（球康）LX 221 P10 OLEOBIOTEC® CC LX 221 P10	混合型饲料添加剂 Feed Additives Mixture	养殖动物 All species or categories of animals	法国馥蒂公司 Laboratoires Phode S. A. S.，France	2022.04—2027.04	新办

（续）

登记证号	通用名称	商品名称	产品类别	使用范围	生产厂家	有效期限	备注
（2022）外饲准字 273 号	混合型饲料添加剂 丙酸 Feed Additives Mixture Propionic Acid	万宝路—丙酸 MonoProp	混合型饲料添加剂 Feed Additives Mixture	养殖动物 All species or categories of animals	美国安尼妥斯公司 Anitox Corporation，USA	2022.04—2027.04	新办
（2022）外饲准字 274 号	混合型饲料添加剂 防霉剂 Feed Additives Mixture Preservatives	普乐鲜 NP 202a Promote™ NP 202a	混合型饲料添加剂 Feed Additives Mixture	养殖动物 All species or categories of animals	荷兰柏斯托（瓦斯皮克）公司 Perstorp Waspik B. V.，the Netherlands	2022.04—2027.04	新办
（2022）外饲准字 275 号	混合型饲料添加剂 布氏乳杆菌 戊糖片球菌 Feed Additives Mixture *Lactobacillus buchneri Pediococcus pentosaceus*	拉曼优贮 Magniva 金牌 Magniva Gold	混合型饲料添加剂 Feed Additives Mixture	青贮饲料 Silage	拉曼动物营养英国有限责任公司 Lallemand Animal Nutrition UK Ltd.，UK	2022.04—2027.04	新办
（2022）外饲准字 276 号	混合型饲料添加剂 微生物 酶制剂 Feed Additives Mixture Live Microorganisms Enzymes	拉曼优贮 Magniva 经典 Magniva Classic+By SILALL	混合型饲料添加剂 Feed Additives Mixture	青贮饲料 Silage	拉曼动物营养英国有限责任公司 Lallemand Animal Nutrition UK Ltd.，UK	2022.04—2027.04	新办
（2022）外饲准字 277 号	混合型饲料添加剂 香味物质 甘油脂肪酸酯 Feed Additives Mixture Flavouring Substances Glycerine Fatty Acid Ester	肠康帮 液体 Enterohelp Liquid	混合型饲料添加剂 Feed Additives Mixture	养殖动物 All species or categories of animals	荷兰 FF 化学品公司 FF Chemicals B. V.，the Netherlands	2022.04—2027.04	新办
（2022）外饲准字 278 号	混合型饲料添加剂 枯草芽孢杆菌 地衣芽孢杆菌 Feed Additives Mixture *Bacillus subtilis Bacillus licheniformis*	欣迪沃 Seabiotic™	混合型饲料添加剂 Feed Additives Mixture	水产养殖动物 Aquaculture animals	美国科汉森有限公司威斯康辛州工厂 Chr. Hansen Inc.，Plant WI，USA	2022.04—2027.04	新办
（2022）外饲准字 279 号	混合型饲料添加剂 枯草芽孢杆菌 地衣芽孢杆菌 Feed Additives Mixture *Bacillus subtilis Bacillus licheniformis*	宝沃明 Bovacillus™	混合型饲料添加剂 Feed Additives Mixture	反刍动物 Ruminant	美国科汉森有限公司威斯康辛州工厂 Chr. Hansen Inc.，Plant WI，USA	2022.04—2027.04	新办

（续）

登记证号	通用名称	商品名称	产品类别	使用范围	生产厂家	有效期限	备注
（2022）外饲准字 280 号	混合型饲料添加剂 枯草芽孢杆菌 地衣芽孢杆菌 Feed Additives Mixture *Bacillus subtilis Bacillus licheniformis*	佳利保 MS Gallipro® MS	混合型饲料添加剂 Feed Additives Mixture	家禽 Poultry	美国科汉森有限公司威斯康辛州工厂 Chr. Hansen Inc.，Plant WI，USA	2022.04—2027.04	新办
（2022）外饲准字 281 号	混合型饲料添加剂 天然类固醇萨洒皂角苷（源自丝兰）枯草芽孢杆菌 地衣芽孢杆菌 Feed Additives Mixture YUCCA（Yucca Schidigera Extract）*Bacillus subtilis Bacillus licheniformis*	除臭灵 BAC DE-ODORASE® BAC	混合型饲料添加剂 Feed Additives Mixture	猪 Swine	美国奥特奇公司 Alltech Inc.，USA	2022.04—2027.04	新办
（2022）外饲准字 282 号	混合型饲料添加剂 枯草芽孢杆菌 Feed Additives Mixture *Bacillus subtilis*	科汉森®宠益需™ Pet-Proessentials™	混合型饲料添加剂 Feed Additives Mixture	犬、猫 Dogs，Cats	美国科汉森有限公司威斯康辛州工厂 Chr. Hansen Inc.，Plant WI，USA	2022.04—2027.04	新办
（2022）外饲准字 283 号	混合型饲料添加剂 天然三萜烯皂角苷（源自可来雅皂角树）天然类固醇萨洒皂角苷（源自丝兰） Feed Additives Mixture Triterpenic Saponins（Quillaja Saponaria Extract）YUCCA（Yucca Schidigera Extract）	唛植肥 Magni-Phi	混合型饲料添加剂 Feed Additives Mixture	猪、家禽、牛、鱼、虾 Swine，Poultry，Cattle，Fish，Shrimp	美国 Desert King 国际有限公司 Desert King International Inc.，USA	2022.04—2027.04	新办
（2022）外饲准字 284 号	混合型饲料添加剂 矿物元素 Feed Additives Mixture Minerals	维新宝 DRY PIGLET	混合型饲料添加剂 Feed Additives Mixture	仔猪 Piglets	意大利 METHODO CHEMICALS s. r. l. 公司 METHODO CHEMICALS s. r. l.，Italy	2022.04—2027.04	新办
（2022）外饲准字 285 号	混合型饲料添加剂 香味物质 Feed Additives Mixture Flavouring Substances	抗汐健 CALSEAGROW	混合型饲料添加剂 Feed Additives Mixture	养殖动物 All species or categories of animals	（法国）缔马农业股份有限公司 TIMAC AGRO SAS，France	2022.04—2027.04	新办

（续）

登记证号	通用名称	商品名称	产品类别	使用范围	生产厂家	有效期限	备注
(2022) 外饲准字 286 号	混合型饲料添加剂 香味物质 Feed Additives Mixture Flavouring Substances	艾可宝 AQUAPOL 8 EXTRA	混合型饲料添加剂 Feed Additives Mixture	水产养殖动物 Aquaculture animals	（土耳其）Farmavet İlaç San. ve Tic. A. Ş. Farmavet İlaç San. ve Tic. A. Ş.，Turkey	2022.04—2027.04	新办
(2022) 外饲准字 287 号	仔猪和犊牛维生素预混料 Vitamin Premix for Piglets and Calves	银冠乳 AgGrow SM30	添加剂预混合饲料 Feed Additive Premix	仔猪、犊牛 Piglets，Calves	新加坡威发药业有限公司 Vetpharm Laboratories（S）Pte. Ltd.，Singapore	2022.04—2027.04	新办
(2022) 外饲准字 288 号	仔猪和犊牛维生素预混料 Vitamin Premix for Piglets and Calves	金冠乳 AgGrow WP22	添加剂预混合饲料 Feed Additive Premix	仔猪、犊牛 Piglets，Calves	新加坡威发药业有限公司 Vetpharm Laboratories（S）Pte. Ltd.，Singapore	2022.04—2027.04	新办
(2022) 外饲准字 289 号	喷雾干燥牛血浆蛋白粉 Spray Dried Bovine Plasma Protein Meal	AP920 喷雾干燥牛血浆蛋白粉 AP 920-Bovine Blood Plasma Concentrated Powder	单一饲料 Single Feed	猪、家禽、水产养殖动物、宠物 Swine，Poultry，Aquaculture animals，Pets	阿根廷 Industria Quimica Alimentaria S. A. 公司 Industria Quimica Alimentaria S. A.，Argentina	2022.04—2027.04	新办
(2022) 外饲准字 290 号	喷雾干燥牛血球蛋白粉 Spray Dried Bovine Blood Cells	AP301 喷雾干燥牛血球蛋白粉 AP 301-Bovine Blood Hemoglobin Powder	单一饲料 Single Feed	猪、家禽、水产养殖动物、宠物 Swine，Poultry，Aquaculture animals，Pets	阿根廷 Industria Quimica Alimentaria S. A. 公司 Industria Quimica Alimentaria S. A.，Argentina	2022.04—2027.04	新办
(2022) 外饲准字 291 号	鱼粉 Fishmeal	红鱼粉（三级） Red Fishmeal（grade Ⅲ）	单一饲料 Single Feed	猪、家禽、水产养殖动物 Swine，Poultry，Aquaculture animals	秘鲁 DISTRIBUIDORES，EXPORTADORES，IMPORTADORES S. R. L. 公司（简称 DEXIM S. R. L.） DISTRIBUIDORES，EXPORTADORES，IMPORTADORES S. R. L.（DEXIM S. R. L.），Peru	2022.04—2027.04	新办

（续）

登记证号	通用名称	商品名称	产品类别	使用范围	生产厂家	有效期限	备注
(2022) 外饲准字 292 号	鱼油 Fish Oil	鲶鱼油 Pangasius Fish oil	单一饲料 Single Feed	畜禽、水产养殖动物（反刍动物除外） Livestock, Poultry, Aquaculture animals (Not including ruminant)	（越南）永福食品有限公司 Vinh Phuoc Food Company Limited, Vietnam	2022.04—2027.04	新办
(2022) 外饲准字 293 号	淡水鱼粉 Freshwater Fishmeal	红鱼粉 60%蛋白质 fish meal 60% Protein	单一饲料 Single Feed	畜禽、水产养殖动物（反刍动物除外） Livestock, Poultry, Aquaculture animals (Not including ruminant)	（越南）永福食品有限公司 Vinh Phuoc Food Company Limited, Vietnam	2022.04—2027.04	新办
(2022) 外饲准字 294 号	淡水鱼粉 Freshwater Fishmeal	红鱼粉 62%蛋白质 fish meal 62% Protein	单一饲料 Single Feed	畜禽、水产养殖动物（反刍动物除外） Livestock, Poultry, Aquaculture animals (Not including ruminant)	（越南）永福食品有限公司 Vinh Phuoc Food Company Limited, Vietnam	2022.04—2027.04	新办
(2022) 外饲准字 295 号	鱼粉 Fishmeal	红鱼粉（三级） Red Fishmeal (Ⅲ)	单一饲料 Single Feed	猪、家禽、鱼、虾 Swine, Poultry, Fish, Shrimp	厄瓜多尔 EXU S. A. EXU S. A., Ecuador	2022.04—2027.04	新办
(2022) 外饲准字 296 号	牛肉骨粉 Bovine Meat and Bone Meal	牛肉骨粉 Bovine Meat and Bone Meal	单一饲料 Single Feed	猪、家禽、鱼 Swine, Poultry, Fish	澳大利亚 JBS AUSTRALIA PTY LTD 公司 LONGFORD 工厂 工厂编号 195 JBS AUSTRALIA PTY LTD Plant LONGFORD EST 195, Australia	2022.04—2027.04	新办
(2022) 外饲准字 297 号	马铃薯蛋白粉 Potato Protein Power	马铃薯蛋白粉 PotaPro 1500	单一饲料 Single Feed	养殖动物 All species or categories of animals	（丹麦）卡鲁普马铃薯淀粉厂 Karup Kartoffelmelsfabrik, Denmark	2022.04—2027.04	新办

（续）

登记证号	通用名称	商品名称	产品类别	使用范围	生产厂家	有效期限	备注
（2022）外饲准字 298 号	菜籽粕 Rapeseed Meal	菜籽粕 Rapeseed Meal	单一饲料 Single Feed	养殖动物 All species or categories of animals	罗马尼亚 BUNGE ROMANIA SRL 公司（Lehliu-Gara 工厂） BUNGE ROMANIA SRL（Lehliu-Gara plant），Romania	2022. 04—2027. 04	新办
（2022）外饲准字 299 号	鱼粉 Fishmeal	菲律宾鱼粉（二级） PHILIPPINES FISH-MEAL（Ⅱ）	单一饲料 Single Feed	畜禽、水产养殖动物（反刍动物除外） Livestock，Poultry，Aquaculture animals（Not including ruminant）	菲律宾 General Tuna Corporation 公司 General Tuna Corporation，Philippines	2022. 04—2027. 04	新办
（2022）外饲准字 300 号	仔猪配合饲料 Piglet Complete Feed	乳优 Opticare Preshake	配合饲料 Compound Feed	仔猪 Piglets	荷兰 Nukamel Productions B. V. 公司 Nukamel Productions B. V.，the Netherlands	2022. 04—2027. 04	新办
（2022）外饲准字 301 号	宠物营养补充剂犬和猫微量元素和维生素 Pet Nutritional Supplements Trace Elements and Vitamins for Dogs and Cats	倍能 Trivalent Iron	宠物添加剂预混合饲料 Pet Feed Additive Premix	犬、猫 Dogs，Cats	（台湾）瑨智国际宠物科技有限公司（东区） WISDOM International Pet Science Co.，LTD.（East District）	2022. 04—2027. 04	新办
（2022）外饲准字 302 号	全价成年期猫粮 Complete Adult Cat Food	爱肯拿室内大餐猫粮 ACANA Indoor Entrée Cat Food	宠物配合饲料 Pet Compound Feed	猫 Cats	加拿大冠军宠物食品公司 Champion Petfoods L. P.，Canada	2022. 04—2027. 04	新办
（2022）外饲准字 303 号	全价宠物食品幼年期/妊娠期/哺乳期猫粮 Pet Compound Feed for Kitten/Gestation/ Lactation	奇迹猫® Essentials 鲱鱼 & 鳟鱼配方 Tiki Cat® Essentials Trout & Menhaden Fish Meal Recipe	宠物配合饲料 Pet Compound Feed	猫 Cats	（美国）特福宠物食品有限责任公司 Tuffy's Pet Foods，Inc.，USA	2022. 04—2027. 04	新办

（续）

登记证号	通用名称	商品名称	产品类别	使用范围	生产厂家	有效期限	备注
(2022) 外饲准字 304 号	宠物配合饲料 幼年期猫粮 Pet Compound Feed for Kitten	Aoraki 无谷 鱼肉鸡肉配方 幼猫粮 Aoraki Kitten Grain Free Fish and Chicken Recipe for Kitten	宠物配合饲料 Pet Compound Feed	猫 Cats	新西兰 King Country Pet Food 有限公司（厂家） King Country Pet Food New Zealand Limited，New Zealand	2022. 04—2027. 04	新办
(2022) 外饲准字 305 号	宠物配合饲料 成年期、妊娠期和哺乳期猫粮 Pet Compound Feed for Adult，Gestation and Lactation Cats	Aoraki 海陆盛宴 无谷 鱼肉鸭肉配方 成猫粮 Aoraki Surf & Turf Grain Free Fish and Duck Recipe for Adult Cat	宠物配合饲料 Pet Compound Feed	猫 Cats	新西兰 King Country Pet Food 有限公司（厂家） King Country Pet Food New Zealand Limited，New Zealand	2022. 04—2027. 04	新办
(2022) 外饲准字 306 号	宠物配合饲料 成年期、妊娠期和哺乳期猫粮 Pet Compound Feed for Adult，Gestation and Lactation Cats	Aoraki 美食农场无谷鸡肉鳕鱼配方成猫粮 Aoraki Gourmet Farms Grain Free Chicken and Hoki Recipe for Adult Cat	宠物配合饲料 Pet Compound Feed	猫 Cats	新西兰 King Country Pet Food 有限公司（厂家） King Country Pet Food New Zealand Limited，New Zealand	2022. 04—2027. 04	新办
(2022) 外饲准字 307 号	全价宠物食品猫粮 Pet Compound Food for Cats	Feline Natural 牛心 & 鳕鱼配方罐 Feline Natural Beef & Hoki Feast Canned	宠物配合饲料 Pet Compound Feed	猫 Cats	新西兰 Heinz Wattie's Limited Heinz Wattie's Limited，New Zealand	2022. 04—2027. 04	新办
(2022) 外饲准字 308 号	全价宠物食品犬粮 Pet Compound Feed for Dog	GO！SOLUTIONS 低敏有限成分无谷鸭肉配方犬粮 GO！SOLUTIONS SENSITIVITIES Limited Ingredient Grain Free Duck recipe for dogs	宠物配合饲料 Pet Compound Feed	犬 Dogs	（加拿大）艾尔麦乐宠物产品有限公司 Elmira Pet Products Ltd.，Canada	2022. 04—2027. 04	新办

（续）

登记证号	通用名称	商品名称	产品类别	使用范围	生产厂家	有效期限	备注
(2022) 外饲准字 309 号	全价宠物食品犬粮 Pet Compound Feed for Dog	GO！SOLUTIONS 低敏有限成分无谷三文鱼配方犬粮 GO！SOLUTIONS SENSITIVITIES Limited Ingredient Grain Free Salmon recipe for dogs	宠物配合饲料 Pet Compound Feed	犬 Dogs	（加拿大）艾尔麦乐宠物产品有限公司 Elmira Pet Products Ltd.，Canada	2022. 04—2027. 04	新办
(2022) 外饲准字 310 号	全价宠物食品犬粮 Pet Compound Feed for Dog	GO！SOLUTIONS 低敏有限成分无谷火鸡肉配方犬粮 GO！SOLUTIONS SENSITIVITIES Limited Ingredient Grain Free Turkey recipe for dogs	宠物配合饲料 Pet Compound Feed	犬 Dogs	（加拿大）艾尔麦乐宠物产品有限公司 Elmira Pet Products Ltd.，Canada	2022. 04—2027. 04	新办
(2022) 外饲准字 311 号	全价宠物食品犬粮 Pet Compound Feed for Dog	GO！SOLUTIONS 低敏有限成分无谷羊肉配方犬粮 GO！SOLUTIONS SENSITIVITIES Limited Ingredient Grain Free Lamb recipe for dogs	宠物配合饲料 Pet Compound Feed	犬 Dogs	（加拿大）艾尔麦乐宠物产品有限公司 Elmira Pet Products Ltd.，Canada	2022. 04—2027. 04	新办
(2022) 外饲准字 312 号	全价宠物食品犬粮 Pet Compound Feed for Dog	GO！SOLUTIONS 低敏有限成分无谷三文鱼配方小颗粒犬粮 GO！SOLUTIONS SENSITIVITIES Small Bites Limited Ingredient Grain Free Salmon recipe for dogs	宠物配合饲料 Pet Compound Feed	犬 Dogs	（加拿大）艾尔麦乐宠物产品有限公司 Elmira Pet Products Ltd.，Canada	2022. 04—2027. 04	新办

（续）

登记证号	通用名称	商品名称	产品类别	使用范围	生产厂家	有效期限	备注
(2022）外饲准字 313 号	全价宠物食品猫粮 Pet Compound Feed for Cat	GO! SOLUTIONS 低敏有限成分无谷鸭肉配方猫粮 GO! SOLUTIONS SENSITIVITIES Limited Ingredient Grain Free Duck recipe for cats	宠物配合饲料 Pet Compound Feed	猫 Cats	（加拿大）艾尔麦乐宠物产品有限公司 Elmira Pet Products Ltd.，Canada	2022.04—2027.04	新办
(2022）外饲准字 314 号	全价宠物食品犬粮 Pet Compound Feed for Dog	GO! SOLUTIONS 美毛系列鸭肉配方添加谷物犬粮 GO! SOLUTIONS SKIN + COAT CARE Duck Recipe with Grains for dogs	宠物配合饲料 Pet Compound Feed	犬 Dogs	（加拿大）艾尔麦乐宠物产品有限公司 Elmira Pet Products Ltd.，Canada	2022.04—2027.04	新办
(2022）外饲准字 315 号	全价宠物食品犬粮 Pet Compound Feed for Dog	GO! SOLUTIONS 美毛系列火鸡肉配方添加谷物犬粮 GO! SOLUTIONS SKIN + COAT CARE Turkey Recipe With Grains for dogs	宠物配合饲料 Pet Compound Feed	犬 Dogs	（加拿大）艾尔麦乐宠物产品有限公司 Elmira Pet Products Ltd.，Canada	2022.04—2027.04	新办
(2022）外饲准字 316 号	全价宠物食品成年期犬粮 Pet Compound Feed for Adult Dog	GATHER 自由田园有机散养鸡肉配方成犬粮 GATHER Free Acres Recipe with Organic Free Run Chicken for Adult Dogs	宠物配合饲料 Pet Compound Feed	犬 Dogs	（加拿大）艾尔麦乐宠物产品有限公司 Elmira Pet Products Ltd.，Canada	2022.04—2027.04	新办

（续）

登记证号	通用名称	商品名称	产品类别	使用范围	生产厂家	有效期限	备注
(2022）外饲准字 317 号	全价宠物食品成年期犬粮 Pet Compound Feed for Adult Dog	GATHER 无限乡野素食有机豌豆配方成犬粮 GATHER Endless Valley Vegan Recipe with Organic Peas for Adult Dogs	宠物配合饲料 Pet Compound Feed	犬 Dogs	（加拿大）艾尔麦乐宠物产品有限公司 Elmira Pet Products Ltd.，Canada	2022.04—2027.04	新办
(2022）外饲准字 318 号	全价宠物食品成年期猫粮 Pet Compound Feed for Adult Cat	GATHER 自由田园有机散养鸡肉配方成猫粮 GATHER Free Acres Recipe with Organic Free Run Chicken for Adult Cats	宠物配合饲料 Pet Compound Feed	猫 Cats	（加拿大）艾尔麦乐宠物产品有限公司 Elmira Pet Products Ltd.，Canada	2022.04—2027.04	新办
(2022）外饲准字 319 号	全价宠物食品猫粮 Pet Compound Feed For Cats	哈根喵哆啦露娜昆虫蛋白粮 鸡肉味 Hagen Catit Nuna Insect Protein & Chicken Recipe	宠物配合饲料 Pet Compound Feed	猫 Cats	加拿大斯派特饲料服务有限公司（工厂） Spectrum Feed Services Ltd.，Canada	2022.04—2027.04	新办
(2022）外饲准字 320 号	全价宠物食品猫粮 Pet Compound Feed For Cats	哈根喵哆啦露娜昆虫蛋白粮 鲱鱼味 Hagen Catit Nuna Insect Protein & Herring Recipe	宠物配合饲料 Pet Compound Feed	猫 Cats	加拿大斯派特饲料服务有限公司（工厂） Spectrum Feed Services Ltd.，Canada	2022.04—2027.04	新办
(2022）外饲准字 321 号	全价宠物食品猫粮 Pet Complete Food for Cat	ZEAL 欧肯那根谷全价含鸡肉火鸡肉配方猫粮 Zeal Okanagan Valley Complete Feline Diet with Chicken and Turkey	宠物配合饲料 Pet Compound Feed	猫 Cats	加拿大 PLB 国际公司 PLB International Inc.，Canada	2022.04—2027.04	新办
(2022）外饲准字 322 号	全价宠物食品猫粮 Pet Complete Food for Cat	ZEAL 卑诗省海岸全价含三文鱼白鱼猫粮 Zeal BC Coast Complete Feline Diet with Salmon and White Fish	宠物配合饲料 Pet Compound Feed	猫 Cats	加拿大 PLB 国际公司 PLB International Inc.，Canada	2022.04—2027.04	新办

（续）

登记证号	通用名称	商品名称	产品类别	使用范围	生产厂家	有效期限	备注
（2022）外饲准字 323 号	全价宠物食品犬粮 Pet Complete Food for Dog	ZEAL 欧肯那根谷全价含鸡肉火鸡肉配方犬粮 Zeal Okanagan Valley Complete Canine Diet with Chicken and Turkey	宠物配合饲料 Pet Compound Feed	犬 Dogs	加拿大 PLB 国际公司 PLB International Inc.，Canada	2022.04—2027.04	新办
（2022）外饲准字 324 号	全价宠物食品犬粮 Pet Complete Food for Dog	ZEAL 卑诗省海岸全价含三文鱼白鱼犬粮 Zeal BC Coast Complete Canine Diet with Salmon and White Fish	宠物配合饲料 Pet Compound Feed	犬 Dogs	加拿大 PLB 国际公司 PLB International Inc.，Canada	2022.04—2027.04	新办
（2022）外饲准字 325 号	全价宠物食品猫粮 Pet Complete Food for Cat	Wild Islands Island Birds 高蛋白无谷猫粮 Wild Islands Island Birds Grain-Free，High Protein Diet Dry Food for Cats	宠物配合饲料 Pet Compound Feed	猫 Cats	（新西兰）爱德胜宠物产品有限公司 Addiction Foods NZ Ltd.，New Zealand	2022.04—2027.04	新办
（2022）外饲准字 326 号	全价宠物食品猫粮 Pet Complete Food for Cat	Wilds Islands Pacific Catch 高蛋白无谷猫粮 Wilds Islands Pacific Catch Grain-Free，High Protein Diet Dry Food for Cats	宠物配合饲料 Pet Compound Feed	猫 Cats	（新西兰）爱德胜宠物产品有限公司 Addiction Foods NZ Ltd.，New Zealand	2022.04—2027.04	新办
（2022）外饲准字 327 号	全价宠物食品犬粮 Pet Compound Food for Dogs	K9 Natural 鸡肉配方罐 K9 Natural Chicken Feast Canned	宠物配合饲料 Pet Compound Feed	犬 Dogs	新西兰 Heinz Wattie's Limited Heinz Wattie's Limited，New Zealand	2022.04—2027.04	新办
（2022）外饲准字 328 号	豆粕 Soybean Meal	AGD 豆粕 SOYBEAN MEAL AGD	单一饲料 Single Feed	养殖动物 All species or categories of animals	阿根廷 ACEITERA GENERAL DEHEZA S. A.（SENASA 登记号：9563/A/E） ACEITERA GENERAL DEHEZA S. A.（SENASA No. 9563/A/E），Argentina	2022.04—2027.04	新办

（续）

登记证号	通用名称	商品名称	产品类别	使用范围	生产厂家	有效期限	备注
(2022) 外饲准字 329 号	豆粕 Soybean Meal	CHABAS 豆粕 SOY BEAN MEAL CHABAS	单一饲料 Single Feed	养殖动物 All species or categories of animals	阿根廷 ACEITERA CHABAS S. A. I. C. （SENASA 登记号：9546/A/E） ACEITERA CHABAS S. A. I. C. （SENASA NO. 9546/A/E），Argentina	2022. 04—2027. 04	新办
(2022) 外饲准字 330 号	豆粕 Soybean Meal	AGD MIDPRO 豆粕 SOYBEAN MEAL AGD MIDPRO	单一饲料 Single Feed	养殖动物 All species or categories of animals	阿根廷 ACEITERA GENERAL DEHEZA S. A. （SENASA 登记号：9563/A/E） ACEITERA GENERAL DEHEZA S. A. （SENASA No.：9563/A/E），Argentina	2022. 04—2027. 04	新办
(2022) 外饲准字 353 号	甘氨酸铜络合物 Copper Glycine Complex	露他矿铜 Copper-Glycinate	饲料添加剂 Feed Additive	养殖动物 All species or categories of animals	德国 inprotec AG inprotec AG，Germany	2022. 06—2027. 06	新办
(2022) 外饲准字 354 号	甘氨酸铁络合物 Ferrous Glycine Complex	露他矿铁 Iron-Glycinate	饲料添加剂 Feed Additive	养殖动物 All species or categories of animals	德国 inprotec AG inprotec AG，Germany	2022. 06—2027. 06	新办
(2022) 外饲准字 355 号	甘氨酸锌 Zinc Glycinate	露他矿锌 Zinc-Glycinate	饲料添加剂 Feed Additive	猪、犬、猫 Swine，Dogs，Cats	德国 inprotec AG inprotec AG，Germany	2022. 06—2027. 06	新办
(2022) 外饲准字 356 号	DL-蛋氨酸 DL-Methionine	利特米-DL 蛋氨酸 LUTAMIX® DL-METHIONINE	饲料添加剂 Feed Additive	养殖动物 All species or categories of animals	马来西亚利特米有限公司 RITAMIX SDN. BHD.，Malaysia	2022. 06—2027. 06	新办
(2022) 外饲准字 357 号	混合型饲料添加剂 维生素 C Feed Additives Mixture Vitamin C	戈必净 CN Globigen CN	混合型饲料添加剂 Feed Additives Mixture	养殖动物 All species or categories of animals	日本 EW Nutrition Japan K. K. 公司 (Ginan Kojyo 工厂) EW Nutrition Japan K. K. Ginan Kojyo，Japan	2022. 06—2027. 06	新办

（续）

登记证号	通用名称	商品名称	产品类别	使用范围	生产厂家	有效期限	备注
（2022）外饲准字 358 号	混合型饲料添加剂 微生物 Feed Additives Mixture Live Microorganisms	奥琦菌-S EFBIO E. Faecium BIO	混合型饲料添加剂 Feed Additives Mixture	养殖动物 All species or categories of animals	（日本）株式会社目黑研究所加西工厂 Meguro Institute Co.，Ltd.，Kasai Factory，Japan	2022.06—2027.06	新办
（2022）外饲准字 359 号	混合型饲料添加剂 枯草芽孢杆菌 Feed Additives Mixture *Bacillus subtilis*	提力康 100 BS-SUN	混合型饲料添加剂 Feed Additives Mixture	养殖动物 All species or categories of animals	韩国善柏生物株式会社 SUN BIO CO.，LTD.，Korea	2022.06—2027.06	新办
（2022）外饲准字 360 号	混合型饲料添加剂 香味物质 Feed Additives Mixture Flavouring Substances	诺宝灵—加强型 Citronin XO	混合型饲料添加剂 Feed Additives Mixture	养殖动物 All species or categories of animals	法国 Nor-Feed SAS 公司 NOR-FEED SAS，France	2022.06—2027.06	新办
（2022）外饲准字 361 号	混合型饲料添加剂 凝结芽孢杆菌 Feed Additives Mixture *Bacillus coagulans*	诺康泰 MinoRecovery Plus	混合型饲料添加剂 Feed Additives Mixture	肉鸡、生长育肥猪 Broilers，Growing-finishing swines	（台湾）阿米诺元生技股份有限公司 Amino Gain Biotechnology CO.，LTD.	2022.06—2027.06	新办
（2022）外饲准字 362 号	混合型饲料添加剂 枯草芽孢杆菌 Feed Additives Mixture *Bacillus subtilis*	疫立全 MinoRecovery	混合型饲料添加剂 Feed Additives Mixture	畜禽 Livestock，Poultry	（台湾）阿米诺元生技股份有限公司 Amino Gain Biotechnology CO.，LTD.	2022.06—2027.06	新办
（2022）外饲准字 363 号	混合型饲料添加剂 香味物质 Feed Additives Mixture Flavouring Substances	牧可芬 MUCOFEN®	混合型饲料添加剂 Feed Additives Mixture	养殖动物 All species or categories of animals	西班牙 BIOTECH BIOSECURITY S.L. 公司 BIOTECH BIOSECURITY S.L.，Spain	2022.06—2027.06	新办
（2022）外饲准字 364 号	混合型饲料添加剂 枯草芽孢杆菌 植物乳杆菌 Feed Additives Mixture *Bacillus subtilis Lactobacillus plantarum*	芝多士 MinoBio	混合型饲料添加剂 Feed Additives Mixture	畜禽 Livestock，Poultry	（台湾）阿米诺元生技股份有限公司 Amino Gain Biotechnology CO.，LTD.	2022.06—2027.06	新办
（2022）外饲准字 365 号	混合型饲料添加剂 葫芦巴酊 Feed Additives Mixture Fenugreek Tincture	爱维生 L AV3 L ATM	混合型饲料添加剂 Feed Additives Mixture	养殖动物 All species or categories of animals	法国蒙赫巴蒂公司 MANGHEBATI SAS，France	2022.06—2027.06	新办

（续）

登记证号	通用名称	商品名称	产品类别	使用范围	生产厂家	有效期限	备注
（2022）外饲准字 366 号	鱼油 Fish Oil	鱼油 Fish oil	单一饲料 Single Feed	养殖动物（反刍动物除外） All species or categories of animals（Not including ruminant）	印度 Yashaswi Fish Meal & Oil Company 公司 Yashaswi Fish Meal & Oil Company, India	2022.06—2027.06	新办
（2022）外饲准字 367 号	鱼油 Fish Oil	鲑鱼油（饲料级） SALMON OIL（Feed Grade）	单一饲料 Single Feed	宠物 Pets	智利 Trio S. A. 公司 Trio S. A.，Chile	2022.06—2027.06	新办
（2022）外饲准字 368 号	仓鼠沙鼠配合饲料 Hamster Gerbil Compound Feed	天然仓鼠/沙鼠粮 NATUHAM NATURALISS HAMSTER & GERBIL	配合饲料 Compound Feed	仓鼠、沙鼠 Hamsters，Gerbils	西班牙酷力比宠物公司 CUNIPIC ANIMALS DE COMPANYIA S. L，Spain	2022.06—2027.06	新办
（2022）外饲准字 369 号	大鼠配合饲料 Rat Compound Feed	优选家鼠粮 RATA RAT	配合饲料 Compound Feed	大鼠 Rats	西班牙酷力比宠物公司 CUNIPIC ANIMALS DE COMPANYIA S. L，Spain	2022.06—2027.06	新办
（2022）外饲准字 370 号	成年兔配合饲料 Adult Rabbit Compound Feed	天然成兔粮 NATUCOAD NATURALISS ADULT RABBIT	配合饲料 Compound Feed	兔 Rabbits	西班牙酷力比宠物公司 CUNIPIC ANIMALS DE COMPANYIA S. L，Spain	2022.06—2027.06	新办
（2022）外饲准字 371 号	小型仓鼠配合饲料 Hamster Mini Compound Feed	优选迷你仓鼠粮 HAMMINI HAMSTER	配合饲料 Compound Feed	仓鼠 Hamsters	西班牙酷力比宠物公司 CUNIPIC ANIMALS DE COMPANYIA S. L，Spain	2022.06—2027.06	新办
（2022）外饲准字 372 号	宠物营养补充剂犬/猫维生素 氨基酸 Pet Nutrition Supplement Dogs/Cats Vitamins Amino Acids	Pro-Bio Plus 美沃犬猫益肠健 Pro-Bio Plus for Cats & Dogs	宠物添加剂预混合饲料 Pet Feed Additive Premix	犬、猫 Dogs，Cats	爱尔兰 Inform 营养有限公司 Inform Nutrition Ireland Ltd.，Ireland	2022.06—2027.06	新办

（续）

登记证号	通用名称	商品名称	产品类别	使用范围	生产厂家	有效期限	备注
（2022）外饲准字 373 号	全价宠物食品成年期猫粮 Pet Compound Feed for Adult Cat	奇境 澳大利亚牛肉配方成猫粮添加新西兰冻干羊肉 Trilogy Australian Beef with Freeze Dried New Zealand Lamb for Adult Cat	宠物配合饲料 Pet Compound Feed	猫 Cats	澳大利亚宠物食品有限公司（Ingleburn 工厂） Australian Pet Brands Pty Ltd（Ingleburn），Australia	2022.06—2027.06	新办
（2022）外饲准字 374 号	全价宠物食品大型犬成年期犬粮 Pet Compound Food for Large Adult Dog	宝克瑞斯海鱼配方成年大型犬犬粮 PawChrisco seafish recipe adult large dog food	宠物配合饲料 Pet Compound Feed	犬 Dogs	（丹麦）维塔宠物食品集团公司（工厂） Vital Petfood Group A/S，Denmark	2022.06—2027.06	新办
（2022）外饲准字 375 号	全价犬粮 Complete Dog Food	爱肯拿草原鸡肉配方犬粮 ACANA Prairie Poultry Formula Dog Food	宠物配合饲料 Pet Compound Feed	犬 Dogs	加拿大冠军宠物食品公司 Champion Petfoods L. P.，Canada	2022.06—2027.06	新办
（2022）外饲准字 376 号	全价宠物食品幼年期犬粮 Pet Compound Feed for Puppy	LIVE 全价幼犬活菌粮鸡肉配方 LIVE ProBiotic Live Puppy（Chicken）	宠物配合饲料 Pet Compound Feed	犬 Dogs	西班牙联合宠物食品公司 UNITED PETFOOD SPAIN，S. L.，Spain	2022.06—2027.06	新办
（2022）外饲准字 377 号	宠物配合饲料 猫粮 Pet Compound Feed for Cats	派滋乐噼顿特 Petzlove™ Proteinest	宠物配合饲料 Pet Compound Feed	猫 Cats	加拿大 PLB 国际公司 PLB International Inc.，Canada	2022.06—2027.06	新办
（2022）外饲准字 378 号	宠物配合饲料 大型犬犬粮 Pet Compound Feed for Large Breed Dogs	派滋乐嘞趣 Petzlove™ Ranch	宠物配合饲料 Pet Compound Feed	犬 Dogs	加拿大 PLB 国际公司 PLB International Inc.，Canada	2022.06—2027.06	新办
（2022）外饲准字 379 号	宠物配合饲料 小型犬犬粮 Pet Compound Feed for Small Breed Dogs	派滋乐嗷洽德 Petzlove™ Orchard	宠物配合饲料 Pet Compound Feed	犬 Dogs	加拿大 PLB 国际公司 PLB International Inc.，Canada	2022.06—2027.06	新办

（续）

登记证号	通用名称	商品名称	产品类别	使用范围	生产厂家	有效期限	备注
(2022) 外饲准字 380 号	宠物配合饲料 幼年期犬粮 Pet Compound Feed for Puppy	派滋乐唛都 Petzlove™ Meadow	宠物配合饲料 Pet Compound Feed	犬 Dogs	加拿大 PLB 国际公司 PLB International Inc.，Canada	2022.06—2027.06	新办
(2022) 外饲准字 381 号	宠物配合饲料 猫粮 Pet Compound Feed for Cats	派滋乐啊尔乐 Petzlove™ Áal	宠物配合饲料 Pet Compound Feed	猫 Cats	加拿大 PLB 国际公司 PLB International Inc.，Canada	2022.06—2027.06	新办
(2022) 外饲准字 382 号	宠物配合饲料 成年期猫粮 Pet Compound Feed for Adult Cat	Solid Gold® 金装系列鸡肉配方主食罐头 Solid Gold® Indigo Moon™ Indoor Recipe with Chicken in Gravy	宠物配合饲料 Pet Compound Feed	猫 Cats	（泰国）宋卡罐头工业有限公司（工厂） Songkla Canning Public Company Limited，Thailand	2022.06—2027.06	新办
(2022) 外饲准字 383 号	宠物配合饲料 猫粮 Pet Compound Feed for Cat	Solid Gold® 椰子油味系列鸡肉配方主食罐头 Solid Gold® Indigo Moon™ Pate with Chicken & Coconut Oil	宠物配合饲料 Pet Compound Feed	猫 Cats	（泰国）宋卡罐头工业有限公司（工厂） Songkla Canning Public Company Limited，Thailand	2022.06—2027.06	新办
(2022) 外饲准字 384 号	宠物配合饲料 猫粮 Pet Compound Feed for Cat	Solid Gold® 椰子油味系列鸡肝配方主食罐头 Solid Gold® Indigo Moon™ Pate with Chicken Liver & Coconut Oil	宠物配合饲料 Pet Compound Feed	猫 Cats	（泰国）宋卡罐头工业有限公司（工厂） Songkla Canning Public Company Limited，Thailand	2022.06—2027.06	新办
(2022) 外饲准字 385 号	宠物配合饲料 猫粮 Pet Compound Feed for Cat	Solid Gold® 椰子油味系列三文鱼配方主食罐头 Solid Gold® Indigo Moon™ Pate with Salmon & Coconut Oil	宠物配合饲料 Pet Compound Feed	猫 Cats	（泰国）宋卡罐头工业有限公司（工厂） Songkla Canning Public Company Limited，Thailand	2022.06—2027.06	新办

（续）

登记证号	通用名称	商品名称	产品类别	使用范围	生产厂家	有效期限	备注
（2022）外饲准字 386 号	宠物配合饲料 猫粮 Pet Compound Feed for Cat	Solid Gold® 海洋系列鲭鱼 & 金枪鱼配方主食罐头 Solid Gold® Indigo Moon™ Mackerel & Tuna Recipe in Gravy	宠物配合饲料 Pet Compound Feed	猫 Cats	（泰国）宋卡罐头工业有限公司（工厂） Songkla Canning Public Company Limited，Thailand	2022. 06—2027. 06	新办
（2022）外饲准字 387 号	宠物配合饲料 猫粮 Pet Compound Feed for Cat	Solid Gold® 海洋系列沙丁鱼 & 金枪鱼配方主食罐头 Solid Gold® Indigo Moon™ Sardine & Tuna Recipe in Gravy	宠物配合饲料 Pet Compound Feed	猫 Cats	（泰国）宋卡罐头工业有限公司（工厂） Songkla Canning Public Company Limited，Thailand	2022. 06—2027. 06	新办
（2022）外饲准字 388 号	宠物配合饲料 猫粮 Pet Compound Feed for Cat	Solid Gold® 海洋系列金枪鱼 & 虾配方主食罐头 Solid Gold® Indigo Moon™ With Tuna & Shrimp in Gravy	宠物配合饲料 Pet Compound Feed	猫 Cats	（泰国）宋卡罐头工业有限公司（工厂） Songkla Canning Public Company Limited，Thailand	2022. 06—2027. 06	新办
（2022）外饲准字 389 号	宠物配合饲料 幼年期猫粮 Pet Compound Feed for Kitten	Solid Gold® 金装系列鸡肉配方幼猫主食罐头 Solid Gold® Indigo Moon™ Kitten Recipe with Chicken in Gravy	宠物配合饲料 Pet Compound Feed	猫 Cats	（泰国）宋卡罐头工业有限公司（工厂） Songkla Canning Public Company Limited，Thailand	2022. 06—2027. 06	新办
（2022）外饲准字 390 号	宠物配合饲料 猫粮 Pet Compound Feed for Cat	Solid Gold® 金装系列含牛肉 & 南瓜配方三层塔主食罐头 Solid Gold® Indigo Moon™ Golden Layer With Beef & Pumpkin	宠物配合饲料 Pet Compound Feed	猫 Cats	（泰国）宋卡罐头工业有限公司（工厂） Songkla Canning Public Company Limited，Thailand	2022. 06—2027. 06	新办

（续）

登记证号	通用名称	商品名称	产品类别	使用范围	生产厂家	有效期限	备注
（2022）外饲准字 391 号	宠物配合饲料 猫粮 Pet Compound Feed for Cat	Solid Gold® 金装系列含鸡肉 & 南瓜配方三层塔主食罐头 Solid Gold® Indigo Moon™ Golden Layer With Chicken & Pumpkin	宠物配合饲料 Pet Compound Feed	猫 Cats	（泰国）宋卡罐头工业有限公司（工厂） Songkla Canning Public Company Limited，Thailand	2022.06—2027.06	新办
（2022）外饲准字 392 号	宠物配合饲料 猫粮 Pet Compound Feed for Cat	Solid Gold® 金装系列含三文鱼 & 南瓜配方三层塔主食罐头 Solid Gold® Indigo Moon™ Golden Layer With Salmon & Pumpkin	宠物配合饲料 Pet Compound Feed	猫 Cats	（泰国）宋卡罐头工业有限公司（工厂） Songkla Canning Public Company Limited，Thailand	2022.06—2027.06	新办
（2022）外饲准字 393 号	宠物配合饲料 猫粮 Pet Compound Feed for Cat	Solid Gold® 海洋系列混合金枪鱼配方主食罐头 Solid Gold® Indigo Moon™ Blended Tuna Recipe in Gravy	宠物配合饲料 Pet Compound Feed	猫 Cats	（泰国）宋卡罐头工业有限公司（工厂） Songkla Canning Public Company Limited，Thailand	2022.06—2027.06	新办
（2022）外饲准字 394 号	全价宠物食品成年期犬粮 Compound Pet Food-Adult Dog Food	嗗达成年期 P 系列犬粮 Woofstard Probiotics Maintenance Adult Dog Food	宠物配合饲料 Pet Compound Feed	犬 Dogs	（美国）飒天宠物营养有限责任公司 Southern Tier Pet Nutrition，LLC.，USA	2022.06—2027.06	新办
（2022）外饲准字 395 号	全价宠物食品犬粮 Compound Pet Food-Dog Food	嗗达全犬期 P 系列鸡肉 & 糙米配方犬粮 Woofstard Probiotics Chicken Meal & Brown Rice All Life Stages Dog Food	宠物配合饲料 Pet Compound Feed	犬 Dogs	（美国）飒天宠物营养有限责任公司 Southern Tier Pet Nutrition，LLC.，USA	2022.06—2027.06	新办

（续）

登记证号	通用名称	商品名称	产品类别	使用范围	生产厂家	有效期限	备注
(2022) 外饲准字 396 号	全价宠物食品幼年期犬粮 Compound Pet Food-Puppy Dog Food	嗜达幼年期 P 系列鸡肉 & 糙米配方犬粮 Woofstard Probiotics Chicken Meal & Brown Rice Puppy Dog Food	宠物配合饲料 Pet Compound Feed	犬 Dogs	(美国) 飒天宠物营养有限责任公司 Southern Tier Pet Nutrition, LLC., USA	2022.06—2027.06	新办
(2022) 外饲准字 397 号	全价宠物食品犬粮 Compound Pet Food-Dog Food	嗜达全犬期 P 系列无谷鸡肉 & 豌豆配方犬粮 Woofstard Probiotics Chicken Meal & Field Peas Grain Free All Life Stages Dog Food	宠物配合饲料 Pet Compound Feed	犬 Dogs	(美国) 飒天宠物营养有限责任公司 Southern Tier Pet Nutrition, LLC., USA	2022.06—2027.06	新办
(2022) 外饲准字 398 号	全价宠物食品猫粮 Complete Pet Food-Cat Food	喵达全猫期 P 系列无谷鸭肉 & 鲱鱼配方猫粮 Meowstard Probiotics Duck Meal & Herring Meal Grain Free All Life Stages Cat Food	宠物配合饲料 Pet Compound Feed	猫 Cats	(美国) 飒天宠物营养有限责任公司 Southern Tier Pet Nutrition, LLC., USA	2022.06—2027.06	新办
(2022) 外饲准字 399 号	全价宠物食品猫粮 Complete Pet Food-Cat Food	喵达全猫期 P 系列鸡肉 & 糙米配方猫粮 Meowstard Probiotics Chicken Meal & Brown Rice All Life Stages Cat Food	宠物配合饲料 Pet Compound Feed	猫 Cats	(美国) 飒天宠物营养有限责任公司 Southern Tier Pet Nutrition, LLC., USA	2022.06—2027.06	新办
(2022) 外饲准字 400 号	全价宠物食品成年期犬粮 Complete Pet Food for Adult Dog	NUTRIQUE 玩具 & 小型成犬粮 NUTRIQUE TOY & MINI YOUNG ADULT DOG	宠物配合饲料 Pet Compound Feed	犬 Dogs	阿根廷 Agro Industrias Baires S.A. 公司 Agro Industrias Baires S.A., Argentina	2022.06—2027.06	新办

（续）

登记证号	通用名称	商品名称	产品类别	使用范围	生产厂家	有效期限	备注
(2022) 外饲准字 401 号	全价宠物食品幼年期犬粮 Complete Pet Food for Puppy	NUTRIQUE 玩具 & 小型幼犬粮 NUTRIQUE TOY & MINI PUPPY	宠物配合饲料 Pet Compound Feed	犬 Dogs	阿根廷 Agro Industrias Baires S. A. 公司 Agro Industrias Baires S. A., Argentina	2022.06—2027.06	新办
(2022) 外饲准字 402 号	全价宠物食品成年期猫粮 Complete Pet Food for Adult Cat	NUTRIQUE 健康维护成猫粮 NUTRIQUE YOUNG ADULT CAT HEALTHY MAINTENANCE	宠物配合饲料 Pet Compound Feed	猫 Cats	阿根廷 Agro Industrias Baires S. A. 公司 Agro Industrias Baires S. A., Argentina	2022.06—2027.06	新办
(2022) 外饲准字 403 号	全价宠物食品幼年期猫粮 Complete Pet Food for Kitten	NUTRIQUE 幼猫粮 NUTRIQUE BABY CAT & KITTEN	宠物配合饲料 Pet Compound Feed	猫 Cats	阿根廷 Agro Industrias Baires S. A. 公司 Agro Industrias Baires S. A., Argentina	2022.06—2027.06	新办
(2022) 外饲准字 404 号	宠物配合饲料 中型犬幼年期犬粮 Pet Compound Feed for Medium Puppy	OWNAT ULTRA 中型犬幼犬粮 OWNAT ULTRA MEDIUM JUNIOR (DOG)	宠物配合饲料 Pet Compound Feed	犬 Dogs	西班牙 COTÉCNICA, S. C. C. L. 公司 COTÉCNICA, S. C. C. L., Spain	2022.06—2027.06	新办
(2022) 外饲准字 405 号	宠物配合饲料 成年期、妊娠期和哺乳期猫粮 Pet Compound Feed for Adult, Gestating and Lactating Cat	OWNAT 无谷优选鸡肉火鸡肉配方成年期猫粮 OWNAT GRAIN FREE PRIME ADULT CHICKEN & TURKEY (CAT)	宠物配合饲料 Pet Compound Feed	猫 Cats	西班牙 COTÉCNICA, S. C. C. L. 公司 COTÉCNICA, S. C. C. L., Spain	2022.06—2027.06	新办
(2022) 外饲准字 406 号	宠物配合饲料 幼年期、妊娠期和哺乳期猫粮 Pet Compound Feed for Kitten, Gestating and Lactating Cat Feed	OWNAT 无谷优选幼猫粮 OWNAT GRAIN FREE PRIME KITTEN (CAT)	宠物配合饲料 Pet Compound Feed	猫 Cats	西班牙 COTÉCNICA, S. C. C. L. 公司 COTÉCNICA, S. C. C. L., Spain	2022.06—2027.06	新办

（续）

登记证号	通用名称	商品名称	产品类别	使用范围	生产厂家	有效期限	备注
（2022）外饲准字 407 号	宠物配合饲料 成年期猫粮 Pet Compound Feed for Adult Cat	OWNAT 无谷优选绝育猫粮 OWNAT GRAIN FREE PRIME STERILIZED（CAT）	宠物配合饲料 Pet Compound Feed	猫 Cats	西班牙 COTÉCNICA，S. C. C. L. 公司 COTÉCNICA，S. C. C. L.，Spain	2022. 06—2027. 06	新办
（2022）外饲准字 408 号	宠物配合饲料 成年期猫粮 Pet Compound Feed for Adult Cat	OWNAT just 无谷绝育猫粮 OWNAT just GRAIN FREE STERILIZED（CAT）	宠物配合饲料 Pet Compound Feed	猫 Cats	西班牙 COTÉCNICA，S. C. C. L. 公司 COTÉCNICA，S. C. C. L.，Spain	2022. 06—2027. 06	新办
（2022）外饲准字 409 号	宠物配合饲料 中型犬成年期犬粮 Pet Compound Feed for Medium Adult Dog	OWNAT ULTRA 中型犬超重犬轻食粮 OWNAT ULTRA MEDIUM LIGHT（DOG）	宠物配合饲料 Pet Compound Feed	犬 Dogs	西班牙 COTÉCNICA，S. C. C. L. 公司 COTÉCNICA，S. C. C. L.，Spain	2022. 06—2027. 06	新办
（2022）外饲准字 410 号	宠物配合饲料 中型犬成年期犬粮 Pet Compound Feed for Medium Adult Dog	OWNAT ULTRA 中型犬成犬粮 OWNAT ULTRA MEDIUM ADULT（DOG）	宠物配合饲料 Pet Compound Feed	犬 Dogs	西班牙 COTÉCNICA，S. C. C. L. 公司 COTÉCNICA，S. C. C. L.，Spain	2022. 06—2027. 06	新办
（2022）外饲准字 411 号	宠物配合饲料 成年期犬粮 Pet Compound Feed for Adult Dog	OWNAT 无谷低敏猪肉配方犬粮 OWNAT GRAIN FREE HYPOALLERGENIC PORK（DOG）	宠物配合饲料 Pet Compound Feed	犬 Dogs	西班牙 COTÉCNICA，S. C. C. L. 公司 COTÉCNICA，S. C. C. L.，Spain	2022. 06—2027. 06	新办
（2022）外饲准字 412 号	宠物配合饲料 成年期犬粮 Pet Compound Feed for Adult Dog	OWNAT 无谷低敏三文鱼配方犬粮 OWNAT GRAIN FREE HYPOALLERGENIC SALMON（DOG）	宠物配合饲料 Pet Compound Feed	犬 Dogs	西班牙 COTÉCNICA，S. C. C. L. 公司 COTÉCNICA，S. C. C. L.，Spain	2022. 06—2027. 06	新办

（续）

登记证号	通用名称	商品名称	产品类别	使用范围	生产厂家	有效期限	备注
（2022）外饲准字 413 号	宠物配合饲料 小型犬成年期犬粮 Pet Compound Feed for Mini Adult Dog	OWNAT 无谷优选鸡肉火鸡肉配方小型犬犬粮 OWNAT GRAIN FREE PRIME MINI CHICKEN &TURKEY（DOG）	宠物配合饲料 Pet Compound Feed	犬 Dogs	西班牙 COTÉCNICA，S. C. C. L. 公司 COTÉCNICA，S. C. C. L.，Spain	2022.06—2027.06	新办
（2022）外饲准字 414 号	宠物配合饲料 幼年期犬粮 Pet Compound Feed for Puppy	OWNAT 无谷优选鸡肉火鸡肉配方幼年期犬粮 OWNAT GRAIN FREE PRIME JUNIOR CHICKEN & TURKEY（DOG）	宠物配合饲料 Pet Compound Feed	犬 Dogs	西班牙 COTÉCNICA，S. C. C. L. 公司 COTÉCNICA，S. C. C. L.，Spain	2022.06—2027.06	新办
（2022）外饲准字 415 号	宠物配合饲料 成年期犬粮 Pet Compound Feed for Adult Dog	OWNAT 无谷优选鸡肉火鸡肉配方成年期犬粮 OWNAT GRAIN FREE PRIME ADULT CHICKEN & TURKEY（DOG）	宠物配合饲料 Pet Compound Feed	犬 Dogs	西班牙 COTÉCNICA，S. C. C. L. 公司 COTÉCNICA，S. C. C. L.，Spain	2022.06—2027.06	新办
（2022）外饲准字 416 号	宠物配合饲料 老年期犬粮 Pet Compound Feed for Senior Dog	OWNAT 无谷优选鸡肉火鸡肉配方老年期犬粮 OWNAT GRAIN FREE PRIME SENIOR CHICKEN & TURKEY（DOG）	宠物配合饲料 Pet Compound Feed	犬 Dogs	西班牙 COTÉCNICA，S. C. C. L. 公司 COTÉCNICA，S. C. C. L.，Spain	2022.06—2027.06	新办
（2022）外饲准字 417 号	宠物配合饲料 成年期犬粮 Pet Compound Feed for Adult Dog	OWNAT just 无谷鸡肉配方成年犬粮 OWNAT just GRAIN FREE ADULT CHICKEN（DOG）	宠物配合饲料 Pet Compound Feed	犬 Dogs	西班牙 COTÉCNICA，S. C. C. L. 公司 COTÉCNICA，S. C. C. L.，Spain	2022.06—2027.06	新办

（续）

登记证号	通用名称	商品名称	产品类别	使用范围	生产厂家	有效期限	备注
（2022）外饲准字 418 号	宠物配合饲料 成年期犬粮 Pet Compound Feed for Adult Dog	OWNAT just 无谷含三文鱼乌贼配方犬粮 OWNAT just GRAIN FREE SALMON & SEA-FOOD（DOG）	宠物配合饲料 Pet Compound Feed	犬 Dogs	西班牙 COTÉCNICA，S. C. C. L. 公司 COTÉCNICA，S. C. C. L.，Spain	2022. 06—2027. 06	新办
（2022）外饲准字 419 号	宠物配合饲料 成年期猫粮 Pet Compound Feed for Adult Cat	OWNAT 无谷优选皮毛保健猫粮 OWNAT GRAIN FREE PRIME HAIR & SKIN CARE（CAT）	宠物配合饲料 Pet Compound Feed	猫 Cats	西班牙 COTÉCNICA，S. C. C. L. 公司 COTÉCNICA，S. C. C. L.，Spain	2022. 06—2027. 06	新办
（2022）外饲准字 420 号	宠物配合饲料 成年期、妊娠期和哺乳期猫粮 Pet Compound Feed for Adult，Gestating And Lactating Cat	OWNAT just 无谷鸡肉配方成年猫粮 OWNAT just GRAIN FREE ADULT CHICK-EN（CAT）	宠物配合饲料 Pet Compound Feed	猫 Cats	西班牙 COTÉCNICA，S. C. C. L. 公司 COTÉCNICA，S. C. C. L.，Spain	2022. 06—2027. 06	新办
（2022）外饲准字 421 号	全价宠物食品犬粮 Pet Compound Feed for Dogs	滋益巅峰风干新西兰羊肉配方犬粮 Ziwi Peak Air-Dried New Zealand Lamb Recipe Pouch Dog Food	宠物配合饲料 Pet Compound Feed	犬 Dogs	（新西兰）滋益有限公司 Ziwi Limited，New Zealand	2022. 06—2027. 06	新办
（2022）外饲准字 422 号	全价宠物食品犬粮 Pet Compound Feed for Dogs	滋益巅峰风干新西兰鹿肉配方犬粮 Ziwi Peak Air-Dried New Zealand Venison Recipe Pouch Dog Food	宠物配合饲料 Pet Compound Feed	犬 Dogs	（新西兰）滋益有限公司 Ziwi Limited，New Zealand	2022. 06—2027. 06	新办

（续）

登记证号	通用名称	商品名称	产品类别	使用范围	生产厂家	有效期限	备注
(2022）外饲准字 423 号	全价宠物食品犬粮 Pet Compound Feed for Dogs	滋益巅峰风干新西兰牛肉配方犬粮 Ziwi Peak Air-Dried New Zealand Beef Recipe Pouch Dog Food	宠物配合饲料 Pet Compound Feed	犬 Dogs	（新西兰）滋益有限公司 Ziwi Limited，New Zealand	2022.06—2027.06	新办
(2022）外饲准字 424 号	全价宠物食品犬粮 Pet Compound Feed for Dogs	滋益巅峰风干新西兰羊肚羊肉配方犬粮 Ziwi Peak Air-Dried New Zealand Tripe & Lamb Recipe Pouch Dog Food	宠物配合饲料 Pet Compound Feed	犬 Dogs	（新西兰）滋益有限公司 Ziwi Limited，New Zealand	2022.06—2027.06	新办
(2022）外饲准字 425 号	全价宠物食品犬粮 Pet Compound Feed for Dogs	滋益巅峰风干新西兰马鲛鱼羊肉配方犬粮 Ziwi Peak Air-Dried New Zealand Mackerel & Lamb Recipe Pouch Dog Food	宠物配合饲料 Pet Compound Feed	犬 Dogs	（新西兰）滋益有限公司 Ziwi Limited，New Zealand	2022.06—2027.06	新办
(2022）外饲准字 426 号	全价宠物食品猫粮 Pet Compound Feed for Cats	滋益巅峰风干新西兰羊肉配方猫粮 Ziwi Peak Air-Dried New Zealand Lamb Recipe Pouch Cat Food	宠物配合饲料 Pet Compound Feed	猫 Cats	（新西兰）滋益有限公司 Ziwi Limited，New Zealand	2022.06—2027.06	新办
(2022）外饲准字 427 号	全价宠物食品猫粮 Pet Compound Feed for Cats	滋益巅峰风干新西兰鹿肉配方猫粮 Ziwi Peak Air-Dried New Zealand Venison Recipe Pouch Cat Food	宠物配合饲料 Pet Compound Feed	猫 Cats	（新西兰）滋益有限公司 Ziwi Limited，New Zealand	2022.06—2027.06	新办

（续）

登记证号	通用名称	商品名称	产品类别	使用范围	生产厂家	有效期限	备注
(2022) 外饲准字 428 号	全价宠物食品猫粮 Pet Compound Feed for Cats	滋益巅峰风干新西兰牛肉配方猫粮 Ziwi Peak Air-Dried New Zealand Beef Recipe Pouch Cat Food	宠物配合饲料 Pet Compound Feed	猫 Cats	（新西兰）滋益有限公司 Ziwi Limited，New Zealand	2022.06—2027.06	新办
(2022) 外饲准字 429 号	全价宠物食品猫粮 Pet Compound Feed for Cats	滋益巅峰风干新西兰马鲛鱼羊肉配方猫粮 Ziwi Peak Air-Dried New Zealand Mackerel & Lamb Recipe Pouch Cat Food	宠物配合饲料 Pet Compound Feed	猫 Cats	（新西兰）滋益有限公司 Ziwi Limited，New Zealand	2022.06—2027.06	新办
(2022) 外饲准字 430 号	全价宠物食品猫粮 Pet Compound Feed for Cats	滋益巅峰风干新西兰鸡肉配方猫粮 Ziwi Peak Air-Dried New Zealand Chicken Recipe Pouch Cat Food	宠物配合饲料 Pet Compound Feed	猫 Cats	（新西兰）滋益有限公司 Ziwi Limited，New Zealand	2022.06—2027.06	新办
(2022) 外饲准字 431 号	全价宠物食品犬粮 Pet Compound Feed for Dogs	滋益巅峰风干新西兰鸡肉配方犬粮 Ziwi Peak Air-Dried New Zealand Chicken Recipe Pouch Dog Food	宠物配合饲料 Pet Compound Feed	犬 Dogs	（新西兰）滋益有限公司 Ziwi Limited，New Zealand	2022.06—2027.06	新办
(2022) 外饲准字 432 号	全价宠物食品猫粮 Pet Complete Food for Cat	爱德胜鹿肉配方猫粮 Addiction Viva La Venison Entrée Dry Food for Cats	宠物配合饲料 Pet Compound Feed	猫 Cats	（新西兰）爱德胜宠物产品有限公司 Addiction Foods NZ Ltd.，New Zealand	2022.06—2027.06	新办

（续）

登记证号	通用名称	商品名称	产品类别	使用范围	生产厂家	有效期限	备注
(2022) 外饲准字 433 号	全价宠物食品成年期猫粮 Pet Complete Food for Adult Cat	爱德胜鸡肉配方成猫粮 Addiction Chicken Supreme Recipe Dry Food for Adult Cats	宠物配合饲料 Pet Compound Feed	猫 Cats	（新西兰）爱德胜宠物产品有限公司 Addiction Foods NZ Ltd.，New Zealand	2022.06—2027.06	新办
(2022) 外饲准字 434 号	全价宠物食品成年期犬粮 Pet Complete Food for Adult Dog	味思伴 Graze 犬粮 Wishbone Graze Dog	宠物配合饲料 Pet Compound Feed	犬 Dogs	（新西兰）爱德胜宠物产品有限公司 Addiction Foods NZ Ltd.，New Zealand	2022.06—2027.06	新办
(2022) 外饲准字 435 号	全价宠物食品犬粮 Pet Complete Food for Dog	爱德胜素食犬粮 Addiction Zen Vegetarian Dry Food for Dogs	宠物配合饲料 Pet Compound Feed	犬 Dogs	（新西兰）爱德胜宠物产品有限公司 Addiction Foods NZ Ltd.，New Zealand	2022.06—2027.06	新办
(2022) 外饲准字 436 号	全价宠物食品猫粮 Pet Complete Food for Cat	爱德胜鸭肉配方猫粮 Addiction Duck Royale Entrée Dry Food for Cats	宠物配合饲料 Pet Compound Feed	猫 Cats	（新西兰）爱德胜宠物产品有限公司 Addiction Foods NZ Ltd.，New Zealand	2022.06—2027.06	新办
(2022) 外饲准字 437 号	全价宠物食品猫粮 Pet Complete Food for Cat	新西兰思霖仕含三文鱼配方全价猫粮 NZCELINE's Salmon Dry Cat Food Formula	宠物配合饲料 Pet Compound Feed	猫 Cats	（新西兰）爱德胜宠物产品有限公司 Addiction Foods NZ Ltd.，New Zealand	2022.06—2027.06	新办
(2022) 外饲准字 438 号	全价宠物食品猫粮 Pet Complete Food for Cat	新西兰思霖仕鸡肉火鸡肉配方全价猫粮 NZCELINE's Turkey & Chicken Dry Cat Food Formula	宠物配合饲料 Pet Compound Feed	猫 Cats	（新西兰）爱德胜宠物产品有限公司 Addiction Foods NZ Ltd.，New Zealand	2022.06—2027.06	新办
(2022) 外饲准字 439 号	全价宠物食品成年期犬粮 Pet Complete Food for Adult Dog	新西兰思霖仕羊肉配方全价犬粮 NZCELINE's Lamb Dry Dog Food Formula	宠物配合饲料 Pet Compound Feed	犬 Dogs	（新西兰）爱德胜宠物产品有限公司 Addiction Foods NZ Ltd.，New Zealand	2022.06—2027.06	新办

（续）

登记证号	通用名称	商品名称	产品类别	使用范围	生产厂家	有效期限	备注
（2022）外饲准字 440 号	全价宠物食品成年期犬粮 Pet Complete Food for Adult Dog	新西兰思霖仕牛肉配方全价犬粮 NZCELINE's Beef Dry Dog Food Formula	宠物配合饲料 Pet Compound Feed	犬 Dogs	（新西兰）爱德胜宠物产品有限公司 Addiction Foods NZ Ltd.，New Zealand	2022.06—2027.06	新办
（2022）外饲准字 441 号	全价宠物食品成年期犬粮 Pet Complete Food for Adult Dog	新西兰思霖仕鸡肉配方全价犬粮 NZCELINE's Chicken Dry Dog Food Formula	宠物配合饲料 Pet Compound Feed	犬 Dogs	（新西兰）爱德胜宠物产品有限公司 Addiction Foods NZ Ltd.，New Zealand	2022.06—2027.06	新办
（2022）外饲准字 471 号	饲料添加剂 酿酒酵母 Feed Additive *Saccharomyces cerevisiae*	益生酵母（浓缩物） YEA-SACC® CONCENTRATE	饲料添加剂 Feed Additive	养殖动物 All species or categories of animals	美国奥特奇公司 Alltech Inc.，USA	2022.07—2027.07	新办
（2022）外饲准字 472 号	饲料添加剂 甘氨酸铁络（螯）合物 Feed Additive Ferrous Glycine Complex（or Chelate）	佧犇鑫铁 Plexomin® Fe 20	饲料添加剂 Feed Additive	养殖动物 All species or categories of animals	德国佧犇泰饲料添加剂有限公司 Phytobiotics Futterzusatzstoffe GmbH，Germany	2022.07—2027.07	新办
（2022）外饲准字 473 号	混合型饲料添加剂 酶制剂 Feed Additives Mixture Enzymes	利特米—给力植酸酶 E 5000 G Grainphos® E 5000 G	混合型饲料添加剂 Feed Additives Mixture	猪、鸡 Swine，Chicken	马来西亚利特米有限公司 RITAMIX SDN. BHD.，Malaysia	2022.07—2027.07	新办
（2022）外饲准字 474 号	混合型饲料添加剂 酸度调节剂 Feed Additives Mixture Acidity Regulators	赛可新 SELKO®-PH	混合型饲料添加剂 Feed Additives Mixture	生长育肥猪、家禽 Growing-finishing swines，Poultry	荷兰赛尔可公司 Selko B. V.，the Netherlands	2022.07—2027.07	新办
（2022）外饲准字 475 号	混合型饲料添加剂 地衣芽孢杆菌 Feed Additives Mixture *Bacillus licheniformis*	奥乐康 BL ALL-LAC BL	混合型饲料添加剂 Feed Additives Mixture	养殖动物 All species or categories of animals	美国奥特奇公司 Alltech Inc.，USA	2022.07—2027.07	新办

（续）

登记证号	通用名称	商品名称	产品类别	使用范围	生产厂家	有效期限	备注
（2022）外饲准字 476 号	混合型饲料添加剂 蛋白酶（产自黑曲霉菌） Feed Additives Mixture Protease（Source：*Aspergillus niger*）	百猪乐 Ace-immune	混合型饲料添加剂 Feed Additives Mixture	猪、家禽 Swine，Poultry	（台湾）生百兴业有限公司宜兴厂 Life Rainbow Biotech Co.，Ltd. Yixing Factory	2022.07—2027.07	新办
（2022）外饲准字 477 号	混合型饲料添加剂 氯化胆碱 Feed Additives Mixture Choline Chloride	西尔包被氯化胆碱 25% SIL CHOLINE 25% COATED	混合型饲料添加剂 Feed Additives Mixture	反刍动物 Ruminant	意大利西拉公司 SILA Srl，Italy	2022.07—2027.07	新办
（2022）外饲准字 478 号	混合型饲料添加剂 乳酸钙 Feed Additives Mixture Calcium Lactate	罗达明通用型 Rotamin Plus	混合型饲料添加剂 Feed Additives Mixture	养殖动物 All species or categories of animals	土耳其 Rota Madencilik Tarim Hayvancilik Pazarlama Ve Nakliyat Dis Ticaret 公司（马尼萨工厂） Rota Madencilik Tarim Hayvancilik Pazarlama Ve Nakliyat Dis Ticaret A. S.（Manisa Factory），Turkey	2022.07—2027.07	新办
（2022）外饲准字 479 号	混合型饲料添加剂 轻质碳酸钙 Feed Additive Mixture Calcium Carbonate	奥奶净 OmniGen® AF	混合型饲料添加剂 Feed Additives Mixture	畜禽、水产养殖动物 Livestock，Poultry，Aquaculture animals	美国王子农产品公司 Prince Agri Products Inc.，USA	2022.07—2027.07	新办
（2022）外饲准字 480 号	混合型饲料添加剂 酶制剂 Feed Additives Mixture Enzymes	酶激灵 BF-NATURAL	混合型饲料添加剂 Feed Additives Mixture	养殖动物 All species or categories of animals	（日本）株式会社美创技研（福冈工厂） BISO GIKEN Co.，Ltd. Fukuoka Plant，Japan	2022.07—2027.07	新办
（2022）外饲准字 481 号	混合型饲料添加剂 香味物质 Feed Additives Mixture Flavouring Substances	水产 7 号 AQUA 7 FORCE®	混合型饲料添加剂 Feed Additives Mixture	鱼、虾 Fish，Shrimp	（土耳其）Farmavet İlaç San. ve Tic. A. Ş. Farmavet İlaç San. ve Tic. A. Ş.，Turkey	2022.07—2027.07	新办
（2022）外饲准字 482 号	混合型饲料添加剂 可食用脂肪酸单/双甘油酯 Feed Additives Mixture Mono-/diglycerides of Edible Fatty Acids	迈瑞莱 REVITAL	混合型饲料添加剂 Feed Additives Mixture	猪、鸡、鱼、犬、猫 Swine，Chicken，Fish，Dogs，Cats	意大利 METHODO CHEMICALS s. r. l. 公司 METHODO CHEMICALS s. r. l.，Italy	2022.07—2027.07	新办

（续）

登记证号	通用名称	商品名称	产品类别	使用范围	生产厂家	有效期限	备注
(2022) 外饲准字 483 号	混合型饲料添加剂 酸度调节剂 Feed Additives Mixture Acidity Regulators	柒酸＋ SEVEN＋	混合型饲料添加剂 Feed Additives Mixture	养殖动物 All species or categories of animals	西班牙 Norel，S. A. 公司（Poligono 工厂） Norel，S. A.，Spain	2022. 07—2027. 07	新办
(2022) 外饲准字 484 号	混合型饲料添加剂 香味物质 Feed Additives Mixture Flavouring Substances	洛伦香 M26 APETENZYMA 26	混合型饲料添加剂 Feed Additives Mixture	养殖动物 All species or categories of animals	西班牙 Norel，S. A. 公司（Tarragona 工厂） Norel，S. A.，Spain	2022. 07—2027. 07	新办
(2022) 外饲准字 485 号	混合型饲料添加剂 DL-蛋氨酸 Feed Additives Mixture DL-Methionine	洛伦（过瘤胃 DL-蛋氨酸） BYMET	混合型饲料添加剂 Feed Additives Mixture	牛、羊 Cattle，Sheep	西班牙 Norel，S. A. 公司（Tarragona 工厂） Norel，S. A.，Spain	2022. 07—2027. 07	新办
(2022) 外饲准字 486 号	混合型饲料添加剂 枯草芽孢杆菌 Feed Additives Mixture *Bacillus subtilis*	艾吉福 Ig-Forte	混合型饲料添加剂 Feed Additives Mixture	犊牛 Calves	韩国 AD 生物科技有限公司 ADbiotech Co.，Ltd.，Korea	2022. 07—2027. 07	新办
(2022) 外饲准字 487 号	混合型饲料添加剂 防霉剂 Feed Additives Mixture Preservatives	利普泰 LYPPO-TECH®	混合型饲料添加剂 Feed Additives Mixture	养殖动物 All species or categories of animals	西班牙 BIOTECH BIOSECURITY S. L. 公司 BIOTECH BIOSECURITY S. L.，Spain	2022. 07—2027. 07	新办
(2022) 外饲准字 488 号	混合型饲料添加剂 维生素＋酶制剂 Feed Additive Blender Vitamin＋Enzyme	肝舒 52 E-Liv52 Protect	混合型饲料添加剂 Feed Additives Mixture	养殖动物 All species or categories of animals	韩国鹰威科技有限公司 Eagle Vet Tech Co.，Ltd.，Korea	2022. 07—2027. 07	新办
(2022) 外饲准字 489 号	畜禽复合预混合饲料 Premix for Livestock and Poultry	强力氨维乐 Eagle Grovit Plus	添加剂预混合饲料 Feed Additive Premix	畜禽 Livestock，Poultry	韩国鹰威科技有限公司 Eagle Vet Tech Co.，Ltd.，Korea	2022. 07—2027. 07	新办
(2022) 外饲准字 490 号	育肥牛用复合预混合饲料 Premix for Fattening Cattle	益特高（牛） INTEGRALCALVES-2	添加剂预混合饲料 Feed Additive Premix	牛 Cattle	（西班牙）INZAR，S. L. INZAR，S. L.，Spain	2022. 07—2027. 07	新办
(2022) 外饲准字 491 号	肉用犊牛和羔羊用复合预混合饲料 Premix for Beef Calves and Lambs	巴比肥 PAPINFEED-5	添加剂预混合饲料 Feed Additive Premix	肉用犊牛、羔羊 Beef calves，Lambs	（西班牙）INZAR，S. L. INZAR，S. L.，Spain	2022. 07—2027. 07	新办

（续）

登记证号	通用名称	商品名称	产品类别	使用范围	生产厂家	有效期限	备注
(2022) 外饲准字 492 号	观赏幼鸟用复合预混合饲料 Premix for Ornamental Nestling Birds	幼鸟强壮素 IDRATIN PULLUS FORTE	添加剂预混合饲料 Feed Additive Premix	鸟 Birds	（意大利）奥尼塔利亚产品服务公司 ORNITALIA PRODUCT SERVICE S. R. L.，Italy	2022. 07—2027. 07	新办
(2022) 外饲准字 493 号	鸟用复合预混合饲料 Premix for Birds	活力维生素 E VITALITY E SEL	添加剂预混合饲料 Feed Additive Premix	观赏鸟 Ornamental birds	（意大利）奥尼塔利亚产品服务公司 ORNITALIA PRODUCT SERVICE S. R. L.，Italy	2022. 07—2027. 07	新办
(2022) 外饲准字 494 号	禽用微量元素预混合饲料 Trace Mineral Premix for Poultry	利特米—家禽复合矿 Lutamix® Poultry Mineral Premix	添加剂预混合饲料 Feed Additive Premix	家禽 Poultry	马来西亚利特米有限公司 RITAMIX SDN. BHD.，Malaysia	2022. 07—2027. 07	新办
(2022) 外饲准字 495 号	啤酒酵母粉 Beer Yeast Powder	赛络素 NUTRISAC	单一饲料 Single Feed	养殖动物 All species or categories of animals	巴西 Aleris 营养产品贸易与出口有限公司 Aleris Comércio e Exportação de Produtos para Nutrição Ltda，Brazil	2022. 07—2027. 07	新办
(2022) 外饲准字 496 号	酵母水解物 Hydrolyzed Yeast	赛维素 SINERGIS	单一饲料 Single Feed	养殖动物 All species or categories of animals	巴西 PITANGUEIRAS AÇÚCAR EÁLCOOL 公司 PITANGUEIRAS AÇÚCAR E ÁLCOOL LTDA，Brazil	2022. 07—2027. 07	新办
(2022) 外饲准字 497 号	酵母水解物 Hydrolyzed Yeast	赛络金刍 CULTRON PRO	单一饲料 Single Feed	牛、羊 Cattle，Sheep	巴西 Aleris 营养产品贸易与出口有限公司 Aleris Comércio e Exportação de Produtos para Nutrição Ltda，Brazil	2022. 07—2027. 07	新办
(2022) 外饲准字 498 号	豆粕 SOY BEAN MEAL	HIPRO 豆粕 HIPRO SOYBEAN MEAL	单一饲料 Single Feed	养殖动物 All species or categories of animals	阿根廷 MOLINOS AGRO S. A. （SENASA 登记号：9482/A/E) MOLINOS AGRO S. A. （SENASA No. 9482/A/E)，Argentina	2022. 07—2027. 07	新办

（续）

登记证号	通用名称	商品名称	产品类别	使用范围	生产厂家	有效期限	备注
（2022）外饲准字 499 号	豆粕 SOY BEAN MEAL	LOWPRO MOA 豆粕 LOWPRO MOA SOY-BEAN MEAL	单一饲料 Single Feed	养殖动物 All species or categories of animals	阿根廷 MOLINOS AGRO S. A. （SENASA 登记号：9482/A/E） MOLINOS AGRO S. A. （SENASA No. 9482/A/E），Argentina	2022. 07—2027. 07	新办
（2022）外饲准字 500 号	酿酒酵母培养物 Yeast Culture	易艾司 100 POWER YEAST	单一饲料 Single Feed	养殖动物 All species or categories of animals	韩国善柏生物株式会社 SUN BIO CO.，LTD.，Korea	2022. 07—2027. 07	新办
（2022）外饲准字 501 号	发酵豆粕（过瘤胃保护） Fermented Soybean Meal（Rumen Bypass Protection）	速能倍 SoELAB-Pass	单一饲料 Single Feed	牛 Cattle	韩国 FEEDUP 有限公司 FEEDUP Ltd.，Korea	2022. 07—2027. 07	新办
（2022）外饲准字 502 号	发酵豆粕 Fermented Soybean Meal	速能乐 SoELAB	单一饲料 Single Feed	仔猪、家禽、水产养殖动物 Piglets，Poultry，Aquaculture animals	韩国 FEEDUP 有限公司 FEEDUP Ltd.，Korea	2022. 07—2027. 07	新办
（2022）外饲准字 503 号	菜籽粕 Rapeseed Meal	非转基因菜籽粕（颗粒） Non-GMO Rapeseed Meal in Pellets	单一饲料 Single Feed	养殖动物 All species or categories of animals	（乌克兰）ALLSEEDS BLACK SEA 有限责任公司（工厂） LCC《ALLSEEDS BLACK SEA》，Ukraine	2022. 07—2027. 07	新办
（2022）外饲准字 504 号	菜籽粕 Rapeseed Meal	非转基因菜籽粕（粉末） Non-GMO Rapeseed Meal	单一饲料 Single Feed	养殖动物 All species or categories of animals	（乌克兰）ALLSEEDS BLACK SEA 有限责任公司（工厂） LCC《ALLSEEDS BLACK SEA》，Ukraine	2022. 07—2027. 07	新办
（2022）外饲准字 505 号	裂壶藻粉 Schizochytrium Powder	科碧恩 ALGAPRIME DHA AlgaPrime™ DHA	单一饲料 Single Feed	养殖动物 All species or categories of animals	（巴西）科碧恩再生产品有限公司 CORBION PRODUTOS RENOVAVEIS LTDA，Brazil	2022. 07—2027. 07	新办

（续）

登记证号	通用名称	商品名称	产品类别	使用范围	生产厂家	有效期限	备注
(2022) 外饲准字 506 号	鱼粉 Fishmeal	红鱼粉（三级） Fish meal	单一饲料 Single Feed	畜禽、水产养殖动物（反刍动物除外） Livestock, Poultry, Aquaculture animals, (Not including ruminant)	印度尼西亚 CV. BUMI INDO 公司 CV. BUMI INDO, Indonesia	2022.07—2027.07	新办
(2022) 外饲准字 507 号	鱼溶浆 Fish Soluble Paste	鱼溶浆 Fish Soluble Paste	单一饲料 Single Feed	猪、家禽、水产养殖动物 Swine, Poultry, Aquaculture animals	毛里塔尼亚 ALFA SOLUBLES SARL 公司 ALFA SOLUBLES SARL, Mauritania	2022.07—2027.07	新办
(2022) 外饲准字 508 号	鱼油 Fish Oil	鱼油（饲料级） Fish Oil (Feed Grade)	单一饲料 Single Feed	宠物 Pets	智利 Trio S. A. 公司 Trio S. A. , Chile	2022.07—2027.07	新办
(2022) 外饲准字 509 号	鱼油 Fish Oil	鲑鱼混合鱼油（饲料级） SALMON AND FISH OIL (Feed Grade)	单一饲料 Single Feed	宠物 Pets	智利 Trio S. A. 公司 Trio S. A. , Chile	2022.07—2027.07	新办
(2022) 外饲准字 510 号	白鱼粉 White Fishmeal	PRIMA 白鱼粉（三级） PRIMA White Fishmeal (Ⅲ)	单一饲料 Single Feed	畜禽、水产养殖动物（反刍动物除外） Livestock, Poultry, Aquaculture animals (Not including ruminant)	挪威 Prima Protein AS. 公司 Prima Protein AS, Norway	2022.07—2027.07	新办
(2022) 外饲准字 511 号	鱼粉 Fishmeal	红鱼粉（三级） Fishmeal	单一饲料 Single Feed	畜禽、水产养殖动物（反刍动物除外） Livestock, Poultry, Aquaculture animals (Not including ruminant)	毛里塔尼亚 AL WATANIYA POUR LA PECHE SARL 公司 AL WATANIYA POUR LA PECHE SARL, Mauritania	2022.07—2027.07	新办
(2022) 外饲准字 512 号	鱼粉 Fishmeal	红鱼粉（三级） Fish meal	单一饲料 Single Feed	畜禽、水产养殖动物（反刍动物除外） Livestock, Poultry, Aquaculture animals (Not including ruminant)	巴基斯坦 Master Poultry Protein 公司 M/S Master Poultry Protein, Pakistan	2022.07—2027.07	新办

（续）

登记证号	通用名称	商品名称	产品类别	使用范围	生产厂家	有效期限	备注
（2022）外饲准字 513 号	观赏鱼配合饲料 Compound Feed for Ornamental Fish	德彩热带鱼薄片饲料 Tetra Min	配合饲料 Compound Feed	观赏鱼 Ornamental fish	德国德彩股份有限责任公司 Tetra GmbH，Germany	2022.07—2027.07	新办
（2022）外饲准字 514 号	犊牛配合饲料 Compound feed for Calves	欧利素 MP-RED LEYBIO MP-RED	配合饲料 Compound Feed	犊牛 Calves	荷兰利宝维公司 Liprovit B. V.，the Netherlands	2022.07—2027.07	新办
（2022）外饲准字 515 号	犊牛配合饲料 Compound feed for Calves	欧利素 MP-YELLOW LEYBIO MP-YELLOW	配合饲料 Compound Feed	犊牛 Calves	荷兰利宝维公司 Liprovit B. V.，the Netherlands	2022.07—2027.07	新办
（2022）外饲准字 516 号	观赏幼鸟配合饲料 Compound Feed for Ornamental Nestling Birds	幼鸟人工喂养营养粮（含螺旋藻） GREG NUTRIMAN 22C/SPIRULINA（IMBECCO）	配合饲料 Compound Feed	鸟 Birds	（意大利）奥尼塔利亚产品服务公司 ORNITALIA PRODUCT SERVICE S. R. L.，Italy	2022.07—2027.07	新办
（2022）外饲准字 517 号	观赏幼鸟配合饲料 Compound Feed for Ornamental Nestling Birds	幼鸟人工喂养营养粮 GREG NUTRIMAN 22（IMBECCO）	配合饲料 Compound Feed	鸟 Birds	（意大利）奥尼塔利亚产品服务公司 ORNITALIA PRODUCT SERVICE S. R. L.，Italy	2022.07—2027.07	新办
（2022）外饲准字 518 号	观赏鸟配合饲料 Compound Feed for Ornamental Birds	超干鸡蛋食品 SELENIUM PLUS	配合饲料 Compound Feed	观赏鱼 Ornamental fish	（意大利）奥尼塔利亚产品服务公司 ORNITALIA PRODUCT SERVICE S. R. L.，Italy	2022.07—2027.07	新办
（2022）外饲准字 519 号	观赏鸟配合饲料 Compound Feed for Ornamental Birds	超干鸡蛋食品（白色） SELENIUM PLUS BIANCO	配合饲料 Compound Feed	观赏鱼 Ornamental fish	（意大利）奥尼塔利亚产品服务公司 ORNITALIA PRODUCT SERVICE S. R. L.，Italy	2022.07—2027.07	新办
（2022）外饲准字 520 号	观赏鸟配合饲料 Compound Feed for Ornamental Birds	理想金丝雀鸡蛋食品 IDEAL CANARINI	配合饲料 Compound Feed	观赏鱼 Ornamental fish	（意大利）奥尼塔利亚产品服务公司 ORNITALIA PRODUCT SERVICE S. R. L.，Italy	2022.07—2027.07	新办

（续）

登记证号	通用名称	商品名称	产品类别	使用范围	生产厂家	有效期限	备注
（2022）外饲准字 521 号	宠物营养补充剂犬维生素和氨基酸 Pet Nutrition Supplement Dogs Vitamins and Amino Acids	LiverPak 500 美沃犬护肝健 LiverPak 500 for Dogs	宠物添加剂预混合饲料 Pet Feed Additive Premix	犬 Dogs	爱尔兰 Inform 营养有限公司 Inform Nutrition Ireland Ltd.，Ireland	2022.07—2027.07	新办
（2022）外饲准字 522 号	宠物营养补充剂 氨基酸 维生素 矿物质微量元素 Pet Nutrition Supplement Amino Acids Vitamins Minerals	派固坚® KALSIS® Pets	宠物添加剂预混合饲料 Pet Feed Additive Premix	犬、猫 Dogs，Cats	凯塔斯（西班牙）有限公司 CATALYSIS，S. L.，Spain	2022.07—2027.07	新办
（2022）外饲准字 523 号	宠物营养补充剂 Pet Nutrition Supplement	派甘宝® VIUSID® Pets	宠物添加剂预混合饲料 Pet Feed Additive Premix	犬、猫 Dogs，Cats	凯塔斯（西班牙）有限公司 CATALYSIS，S. L.，Spain	2022.07—2027.07	新办
（2022）外饲准字 524 号	宠物营养补充剂 维生素，氨基酸，矿物质微量元素 Pet Nutritional Supplements Vitamin，Amino Acid and Minerals	派飞康 OBEX PETS	宠物添加剂预混合饲料 Pet Feed Additive Premix	犬、猫 Dogs，Cats	凯塔斯（西班牙）有限公司 CATALYSIS S. L，Spain	2022.07—2027.07	新办
（2022）外饲准字 525 号	宠物添加剂预混合饲料 Pet Feed Additive Premix	代谢强 VeyFo® Jecuplex	宠物添加剂预混合饲料 Pet Feed Additive Premix	犬、猫 Dogs，Cats	德国维氏制药股份有限公司 Veyx-Pharma GmbH，Germany	2022.07—2027.07	新办
（2022）外饲准字 526 号	宠物营养补充剂 微生物 Pet Nutrition Supplement Microorganism	哆咕喵宠物益生菌益生元复合片 DOOG MIU PET Probiotics & Prebiotics	宠物添加剂预混合饲料 Pet Feed Additive Premix	犬、猫 Dogs，Cats	（美国）维林斯营养品公司 Willings Nutraceutical Corp.，USA	2022.07—2027.07	新办
（2022）外饲准字 527 号	宠物营养补充剂 牛磺酸 Pet Nutrition Supplement Taurine	多汁喵宠物免疫力营养粉 CUTTIEE IMMUNE EpiCor plus Lactoferrin & Colostrum	宠物添加剂预混合饲料 Pet Feed Additive Premix	犬、猫 Dogs，Cats	（美国）维林斯营养品公司 Willings Nutraceutical Corp.，USA	2022.07—2027.07	新办
（2022）外饲准字 528 号	宠物营养补充剂 Pet Nutrition Supplement	哆咕喵宠物关节片 DOOG MIU PET HIP & JOINT	宠物添加剂预混合饲料 Pet Feed Additive Premix	犬、猫 Dogs，Cats	（美国）维林斯营养品公司 Willings Nutraceutical Corp.，USA	2022.07—2027.07	新办

（续）

登记证号	通用名称	商品名称	产品类别	使用范围	生产厂家	有效期限	备注
（2022）外饲准字 529 号	宠物营养补充剂 Pet Nutrition Supplement	哆咕喵宠物绿唇贻贝关节片 DOOG MIU PET JOINT CARE with Green Lipped Mussel	宠物添加剂预混合饲料 Pet Feed Additive Premix	犬、猫 Dogs，Cats	（美国）维林斯营养品公司 Willings Nutraceutical Corp.，USA	2022.07—2027.07	新办
（2022）外饲准字 530 号	宠物营养补充剂 Pet Nutrition Supplement	哆咕喵宠物牛乳钙片 DOOG MIU PET Milk Calcium & Vitamin D_3 with CPP	宠物添加剂预混合饲料 Pet Feed Additive Premix	犬、猫 Dogs，Cats	（美国）维林斯营养品公司 Willings Nutraceutical Corp.，USA	2022.07—2027.07	新办
（2022）外饲准字 531 号	全价宠物食品猫粮 Pet Compound Feed for Cats	活力枫叶®无谷鸡肉&火鸡肉配方猫粮 My Healthy Pet Holistic Blend® Turkey & Chicken Grain-Free Blend Cat Food	宠物配合饲料 Pet Compound Feed	猫 Cats	加拿大 PLB 国际公司 PLB International Inc.，Canada	2022.07—2027.07	新办
（2022）外饲准字 532 号	全价宠物食品 幼猫期及成猫期猫粮 Compound Pet Food Kitten and Adult Cat Food	希宝®幼猫期及成猫期全价夹心酥猫粮 招牌海鲜味 Sheba® Dry Kitten and Adult Cat Salmon Flavour	宠物配合饲料 Pet Compound Feed	猫 Cats	玛氏宠物护理泰国公司 Mars Petcare（Thailand）Co.，Ltd.，Thailand	2022.07—2027.07	新办
（2022）外饲准字 533 号	全价宠物食品 幼猫期及成猫期猫粮 Compound Pet Food Kitten and Adult Cat Food	希宝®幼猫期及成猫期全价夹心酥猫粮 鸡肉味 Sheba® Dry Kitten and Adult Cat Chicken Flavour	宠物配合饲料 Pet Compound Feed	猫 Cats	玛氏宠物护理泰国公司 Mars Petcare（Thailand）Co.，Ltd.，Thailand	2022.07—2027.07	新办

（续）

登记证号	通用名称	商品名称	产品类别	使用范围	生产厂家	有效期限	备注
(2022) 外饲准字 534 号	全价宠物食品犬粮 Compound Pet Food-Dog Food	嗜达全犬期无谷鸡肉配方犬粮 Woofstard Holistic Chicken Grain Free ALS Dog Food	宠物配合饲料 Pet Compound Feed	犬 Dogs	西班牙联合宠物食品公司 UNITED PETFOOD SPAIN，S.L.，Spain	2022.07—2027.07	新办
(2022) 外饲准字 535 号	全价宠物食品猫罐头 Complete Pet Food-Cat Canned Food	喵达 Gourmet 系列含雉鸡肉 & 鸡肉配方猫罐头 MEOWSTARD Gourmet Chicken with Pheasant Cat Canned Food	宠物配合饲料 Pet Compound Feed	猫 Cats	（德国）朗德冠宠物食品有限公司 Landguth Heimtiernahrung GmbH，Germany	2022.07—2027.07	新办
(2022) 外饲准字 536 号	全价宠物食品猫罐头 Complete Pet Food-Cat Canned Food	喵达 Gourmet 系列含兔肉 & 火鸡肉配方猫罐头 MEOWSTARD Gourmet Turkey with Rabbit Cat Canned Food	宠物配合饲料 Pet Compound Feed	猫 Cats	（德国）朗德冠宠物食品有限公司 Landguth Heimtiernahrung GmbH，Germany	2022.07—2027.07	新办
(2022) 外饲准字 537 号	全价宠物食品犬罐头 Complete Pet Food-Dog Canned Food	嗜达 Gourmet 系列含三文鱼 & 鸡肉配方犬罐头 WOOFSTARD Gourmet Chicken with Salmon Dog Canned Food	宠物配合饲料 Pet Compound Feed	犬 Dogs	（德国）朗德冠宠物食品有限公司 Landguth Heimtiernahrung GmbH，Germany	2022.07—2027.07	新办
(2022) 外饲准字 538 号	全价宠物食品犬罐头 Complete Pet Food-Dog Canned Food	嗜达 Gourmet 系列三文鱼 & 鲱鱼配方犬罐头 WOOFSTARD Gourmet Salmon with Herring Dog Canned Food	宠物配合饲料 Pet Compound Feed	犬 Dogs	（德国）朗德冠宠物食品有限公司 Landguth Heimtiernahrung GmbH，Germany	2022.07—2027.07	新办

（续）

登记证号	通用名称	商品名称	产品类别	使用范围	生产厂家	有效期限	备注
(2022) 外饲准字 539 号	全价宠物食品犬罐头 Complete Pet Food-Dog Canned Food	嗜达 Gourmet 系列含鸡心 & 鸡肉配方犬罐头 WOOFSTARD Gourmet Chicken with Chicken heart Dog Canned Food	宠物配合饲料 Pet Compound Feed	犬 Dogs	（德国）朗德冠宠物食品有限公司 Landguth Heimtiernahrung GmbH, Germany	2022.07—2027.07	新办
(2022) 外饲准字 540 号	全价宠物食品犬罐头 Complete Pet Food-Dog Canned Food	嗜达 Gourmet 系列含雉鸡肉 & 鸡肉配方犬罐头 WOOFSTARD Gourmet Chicken with Pheasant Dog Canned Food	宠物配合饲料 Pet Compound Feed	犬 Dogs	（德国）朗德冠宠物食品有限公司 Landguth Heimtiernahrung GmbH, Germany	2022.07—2027.07	新办
(2022) 外饲准字 541 号	全价成年期猫粮 Pet Compound Feed for Adult Cat	爱肯拿室内大餐猫粮 ACANA Indoor Entrée Cat Food	宠物配合饲料 Pet Compound Feed	猫 Cats	美国冠军宠物食品公司 Champion Petfoods USA	2022.07—2027.07	新办
(2022) 外饲准字 542 号	全价猫粮 Complete Cat Food	爱肯拿海洋鱼配方猫粮 ACANA Pacifica Cat Food	宠物配合饲料 Pet Compound Feed	猫 Cats	美国冠军宠物食品公司 Champion Petfoods USA	2022.07—2027.07	新办
(2022) 外饲准字 543 号	全价犬粮 Complete Dog Food	原始猎食渴望小型犬全价犬粮 ORIJEN Small Breed Dog Food	宠物配合饲料 Pet Compound Feed	犬 Dogs	美国冠军宠物食品公司 Champion Petfoods USA	2022.07—2027.07	新办
(2022) 外饲准字 544 号	全价犬粮 Complete Dog Food	爱肯拿牧场盛宴犬粮 ACANA Wild Prairie Dog Food	宠物配合饲料 Pet Compound Feed	犬 Dogs	美国冠军宠物食品公司 Champion Petfoods USA	2022.07—2027.07	新办
(2022) 外饲准字 545 号	全价猫粮 Complete Cat Food	爱肯拿牧场盛宴猫粮 ACANA Wild Prairie Cat Food	宠物配合饲料 Pet Compound Feed	猫 Cats	美国冠军宠物食品公司 Champion Petfoods USA	2022.07—2027.07	新办

（续）

登记证号	通用名称	商品名称	产品类别	使用范围	生产厂家	有效期限	备注
(2022) 外饲准字 546 号	全价成年期猫粮 Pet Compound Feed for Adult Cat	爱肯拿丰收家园猫粮 ACANA Homestead Harvest Cat Food	宠物配合饲料 Pet Compound Feed	猫 Cats	美国冠军宠物食品公司 Champion Petfoods USA	2022.07—2027.07	新办
(2022) 外饲准字 547 号	全价犬粮 Complete Dog Food	爱肯拿鸭肉梨配方犬粮 ACANA Duck & Pear Formula Dog Food	宠物配合饲料 Pet Compound Feed	犬 Dogs	美国冠军宠物食品公司 Champion Petfoods USA	2022.07—2027.07	新办
(2022) 外饲准字 548 号	全价成年期猫粮 Pet Compound Feed for Adult Cat	爱肯拿抓多多猫粮 ACANA Bountiful Catch Cat Food	宠物配合饲料 Pet Compound Feed	猫 Cats	美国冠军宠物食品公司 Champion Petfoods USA	2022.07—2027.07	新办
(2022) 外饲准字 549 号	全价宠物食品犬罐头 Complete Pet Food-Dog Canned Food	唷达 Gourmet 系列含兔肉 & 火鸡肉配方犬罐头 WOOFSTARD Gourmet Turkey with Rabbit Dog Canned Food	宠物配合饲料 Pet Compound Feed	犬 Dogs	（德国）朗德冠宠物食品有限公司 Landguth Heimtiernahrung GmbH, Germany	2022.07—2027.07	新办
(2022) 外饲准字 550	全价宠物食品犬罐头 Complete Pet Food-Dog Canned Food	唷达 Gourmet 系列含火鸡肉 & 鸡肉犬罐头 WOOFSTARD Gourmet Turkey with Chicken Dog Canned Food	宠物配合饲料 Pet Compound Feed	犬 Dogs	（德国）朗德冠宠物食品有限公司 Landguth Heimtiernahrung GmbH, Germany	2022.07—2027.07	新办
(2022) 外饲准字 551 号	全价宠物食品猫罐头 Complete Pet Food-Cat Canned Food	喵达 Gourmet 系列含鲱鱼 & 鸡肉猫罐头 MEOWSTARD Gourmet Chicken with Herring Cat Canned Food	宠物配合饲料 Pet Compound Feed	猫 Cats	（德国）朗德冠宠物食品有限公司 Landguth Heimtiernahrung GmbH, Germany	2022.07—2027.07	新办
(2022) 外饲准字 552 号	全价宠物食品猫罐头 Complete Pet Food-Cat Canned Food	喵达 Gourmet 系列三文鱼 & 鲱鱼配方猫罐头 MEOWSTARD Gourmet Salmon with Herring Cat Canned Food	宠物配合饲料 Pet Compound Feed	猫 Cats	（德国）朗德冠宠物食品有限公司 Landguth Heimtiernahrung GmbH, Germany	2022.07—2027.07	新办

(续)

登记证号	通用名称	商品名称	产品类别	使用范围	生产厂家	有效期限	备注
(2022) 外饲准字 553 号	全价宠物食品猫罐头 Complete Pet Food-Cat Canned Food	喵达 Gourmet 系列猪心配方猫罐头 MEOWSTARD Gourmet Pork with Ham Cat Canned Food	宠物配合饲料 Pet Compound Feed	猫 Cats	(德国) 朗德冠宠物食品有限公司 Landguth Heimtiernahrung GmbH, Germany	2022.07—2027.07	新办
(2022) 外饲准字 554 号	全价宠物食品猫罐头 Complete Pet Food-Cat Canned Food	喵达 Gourmet 系列含三文鱼 & 火鸡肉猫罐头 MEOWSTARD Gourmet Turkey with Salmon Cat Canned Food	宠物配合饲料 Pet Compound Feed	猫 Cats	(德国) 朗德冠宠物食品有限公司 Landguth Heimtiernahrung GmbH, Germany	2022.07—2027.07	新办
(2022) 外饲准字 555 号	全价宠物食品猫罐头 Complete Pet Food-Cat Canned Food	喵达 Gourmet 系列三文鱼 & 虾配方猫罐头 MEOWSTARD Gourmet Salmon with Shrimp Cat Canned Food	宠物配合饲料 Pet Compound Feed	猫 Cats	(德国) 朗德冠宠物食品有限公司 Landguth Heimtiernahrung GmbH, Germany	2022.07—2027.07	新办
(2022) 外饲准字 556 号	全价宠物食品猫罐头 Complete Pet Food-Cat Canned Food	喵达 Gourmet 系列含虾 & 鸡肉猫罐头 MEOWSTARD Gourmet Chicken with Shrimp Cat Canned Food	宠物配合饲料 Pet Compound Feed	猫 Cats	(德国) 朗德冠宠物食品有限公司 Landguth Heimtiernahrung GmbH, Germany	2022.07—2027.07	新办
(2022) 外饲准字 557 号	全价宠物食品幼年期/妊娠期/哺乳期猫粮 Pet Compound Feed for Kitten/Pregnancy/Lactation Cat	妙维食鸡肉金枪鱼配方主食猫罐头 Meowishy Chicken with Tuna Pate for Cat	宠物配合饲料 Pet Compound Feed	猫 Cats	泰万发工业有限公司 Thai Union manufacturing Company Limited, Thailand	2022.07—2027.07	新办
(2022) 外饲准字 558 号	全价宠物食品猫粮 Pet Complete Food for Cat	Wild Islands Highland Meats 高蛋白无谷猫粮 Wild Islands Highland Meats Recipe Grain-Free, High Protein Diet Dry Food for Cats	宠物配合饲料 Pet Compound Feed	猫 Cats	(新西兰) 爱德胜宠物产品有限公司 Addiction Foods NZ Ltd., New Zealand	2022.07—2027.07	新办

（续）

登记证号	通用名称	商品名称	产品类别	使用范围	生产厂家	有效期限	备注
（2022）外饲准字 559 号	全价宠物食品猫粮 Pet Complete Food for Cat	Wild Islands Forest Meat 高蛋白无谷猫粮 Wild Islands Forest Meat Recipe Grain-Free，High Protein Diet Dry Food for Cats	宠物配合饲料 Pet Compound Feed	猫 Cats	（新西兰）爱德胜宠物产品有限公司 Addiction Foods NZ Ltd.，New Zealand	2022.07—2027.07	新办
（2022）外饲准字 560 号	全价宠物食品成年期猫粮 Pet Complete Feed for Adult Cat	奇境含吞拿鱼澳洲尖吻鲈配方成猫粮添加新西兰冻干羊肉 TRILOGY Australian Barramundi Tuna with Freeze Dried New Zealand Lamb for Adult Cat	宠物配合饲料 Pet Compound Feed	猫 Cats	澳大利亚宠物食品有限公司（Ingleburn 工厂） Australian Pet Brands Pty Ltd，Australia	2022.07—2027.07	新办
（2022）外饲准字 561 号	全价宠物食品幼年期猫粮 Pet Complete Feed for Kitten	奇境含吞拿鱼澳洲尖吻鲈幼猫粮添加新西兰冻干羊肉 TRILOGY Australian Barramundi Tuna with Freeze Dried New Zealand Lamb for Kitten	宠物配合饲料 Pet Compound Feed	猫 Cats	澳大利亚宠物食品有限公司（Ingleburn 工厂） Australian Pet Brands Pty Ltd，Australia	2022.07—2027.07	新办
（2022）外饲准字 562 号	全价宠物食品成年期猫粮 Pet Complete Feed for Adult Cat	奇境澳大利亚鲑鱼配方成猫粮添加新西兰冻干羊肉 TRILOGY Australian Salmon with Freeze Dried New Zealand Lamb for Adult Cat	宠物配合饲料 Pet Compound Feed	猫 Cats	澳大利亚宠物食品有限公司（Ingleburn 工厂） Australian Pet Brands Pty Ltd，Australia	2022.07—2027.07	新办
（2022）外饲准字 563 号	全价宠物食品幼年期犬粮 Pet Compound Food for Puppy	TSOUPBO 汤伯均衡美味系列幼犬粮 TSOUPBO Balance Delicious Recipe for Puppy	宠物配合饲料 Pet Compound Feed	犬 Dogs	泰国 Nutrix Public 有限公司 Nutrix Public Company Limited，Thailand	2022.07—2027.07	新办

（续）

登记证号	通用名称	商品名称	产品类别	使用范围	生产厂家	有效期限	备注
（2022）外饲准字564号	全价宠物食品犬粮 Pet Compound Food for Dog	TSOUPBO汤伯均衡美味系列三文鱼味犬粮 TSOUPBO Balance Delicious Salmon Flavor for Dog	宠物配合饲料 Pet Compound Feed	犬 Dogs	泰国Nutrix Public有限公司 Nutrix Public Company Limited，Thailand	2022.07—2027.07	新办
（2022）外饲准字565号	全价宠物食品猫粮 Pet Compound Food for Cat	TSOUPBO汤伯均衡美味系列三文鱼味猫粮 TSOUPBO Balance Delicious Salmon Flavor for Cat	宠物配合饲料 Pet Compound Feed	猫 Cats	泰国Nutrix Public有限公司 Nutrix Public Company Limited，Thailand	2022.07—2027.07	新办
（2022）外饲准字566号	全价宠物食品犬粮 Pet Compound Food for Dog	PHIIL啡尔旷野经典系列犬粮 PHIIL Field Classic Recipe for Dog	宠物配合饲料 Pet Compound Feed	犬 Dogs	泰国Nutrix Public有限公司 Nutrix Public Company Limited，Thailand	2022.07—2027.07	新办
（2022）外饲准字567号	全价宠物食品幼年期犬粮 Pet Compound Food for Puppy	ALESANDEY亚历山大经典均衡系列幼犬粮 ALESANDEY Classic Balance Recipe for Puppy	宠物配合饲料 Pet Compound Feed	犬 Dogs	泰国Nutrix Public有限公司 Nutrix Public Company Limited，Thailand	2022.07—2027.07	新办
（2022）外饲准字568号	全价宠物食品犬粮 Pet Compound Food for Dog	ALESANDEY亚历山大经典均衡系列三文鱼味犬粮 ALESANDEY Classic Balance Salmon Flavor for Dog	宠物配合饲料 Pet Compound Feed	犬 Dogs	泰国Nutrix Public有限公司 Nutrix Public Company Limited，Thailand	2022.07—2027.07	新办
（2022）外饲准字569号	全价宠物食品幼年期猫粮 Pet Compound Food for Kitten	ALESANDEY亚历山大经典均衡系列幼猫粮 ALESANDEY Classic Balance Recipe for Kitten	宠物配合饲料 Pet Compound Feed	猫 Cats	泰国Nutrix Public有限公司 Nutrix Public Company Limited，Thailand	2022.07—2027.07	新办

（续）

登记证号	通用名称	商品名称	产品类别	使用范围	生产厂家	有效期限	备注
(2022) 外饲准字 570 号	全价宠物食品猫粮 Pet Compound Food for Cat	ALESANDEY 亚历山大经典均衡系列三文鱼味猫粮 ALESANDEY Classic Balance Salmon Flavor for Cat	宠物配合饲料 Pet Compound Feed	猫 Cats	泰国 Nutrix Public 有限公司 Nutrix Public Company Limited，Thailand	2022.07—2027.07	新办
(2022) 外饲准字 571 号	全价宠物食品猫粮 Pet Complete Food for Cat	珀萃无谷含三文鱼虹鳟鱼配方猫粮 Blackwood Bounty Grain Free Salmon + Rainbow Trout Recipe cat food	宠物配合饲料 Pet Compound Feed	猫 Cats	（美国）飒天宠物营养有限责任公司 Southern Tier Pet Nutrition，LLC，USA	2022.07—2027.07	新办
(2022) 外饲准字 572 号	全价宠物食品猫粮 Pet Complete Food for Cat	珀萃无谷含火鸡肉鸡肉配方猫粮 Blackwood Bounty Grain Free Chicken + Turkey Recipe cat food	宠物配合饲料 Pet Compound Feed	猫 Cats	（美国）飒天宠物营养有限责任公司 Southern Tier Pet Nutrition，LLC，USA	2022.07—2027.07	新办
(2022) 外饲准字 573 号	全价宠物食品幼年期猫粮 Pet Complete Food for Kitten	珀萃无谷含鸡肉鲱鱼配方幼猫粮 Blackwood Bounty Grain Free Chicken + Herring Recipe Kitten food	宠物配合饲料 Pet Compound Feed	猫 Cats	（美国）飒天宠物营养有限责任公司 Southern Tier Pet Nutrition，LLC，USA	2022.07—2027.07	新办
(2022) 外饲准字 574 号	全价宠物食品犬粮 Pet Complete Food for Dog	CANIDAE® 鸡肉配方添加大米全龄犬粮 CANIDAE® All Life Stages Chicken Meal & Rice Formula for Dogs	宠物配合饲料 Pet Compound Feed	犬 Dogs	美国 C. J. 食品股份有限公司（Bern 工厂） C. J. Foods，Inc.，USA	2022.07—2027.07	新办

（续）

登记证号	通用名称	商品名称	产品类别	使用范围	生产厂家	有效期限	备注
（2022）外饲准字 575 号	全价宠物食品成年期犬粮 Pet Complete Food for Adult Dog	CANIDAE® PURE 含羊肉豌豆配方成犬粮 CANIDAE® PURE Real Lamb & Pea Recipe for Adult Dogs	宠物配合饲料 Pet Compound Feed	犬 Dogs	美国 C.J. 食品股份有限公司（Bern 工厂） C. J. Foods，Inc.，USA	2022.07—2027.07	新办
（2022）外饲准字 576 号	全价宠物食品成年期犬粮 Pet Complete Food for Adult Dog	CANIDAE® PURE 含鸭肉甘薯配方成犬粮 CANIDAE® PURE Real Duck & Sweet Potato Recipe for Adult Dogs	宠物配合饲料 Pet Compound Feed	犬 Dogs	美国 C.J. 食品股份有限公司（Bern 工厂） C. J. Foods，Inc.，USA	2022.07—2027.07	新办
（2022）外饲准字 577 号	全价宠物食品小型犬成年期犬粮 Pet Complete Feed for Small Breed Adult Dog	CANIDAE® PURE 鸡肉鸡蛋马铃薯配方小型犬粮 CANIDAE® PURE SMALL BREED Real Chicken, Potato and Whole Egg Recipe Dry Dog	宠物配合饲料 Pet Compound Feed	犬 Dogs	美国 C.J. 食品股份有限公司（Bern 工厂） C. J. Foods，Inc.，USA	2022.07—2027.07	新办
（2022）外饲准字 578 号	全价宠物食品成年期犬粮 Complete Pet Food for Adult Dog	Simply Nourish 本源系列含牛肉配方成犬粮 Simply Nourish SOURCE Beef Recipe Adult Dog Food	宠物配合饲料 Pet Compound Feed	犬 Dogs	美国 C.J. 食品股份有限公司 C. J. Foods，Inc.，USA	2022.07—2027.07	新办
（2022）外饲准字 579 号	全价宠物食品猫粮 Complete Pet Food for Cat	AUTHORITY 鸡肉大米火鸡肉配方全猫粮 AUTHORITY Chicken, Rice & Turkey Formula All Life Stages Cat Food	宠物配合饲料 Pet Compound Feed	猫 Cats	美国 C.J. 食品股份有限公司（Bern 工厂） C. J. Foods，Inc.，USA	2022.07—2027.07	新办

（续）

登记证号	通用名称	商品名称	产品类别	使用范围	生产厂家	有效期限	备注
(2022）外饲准字 580 号	全价宠物食品犬粮 Complete Pet Food for Dog	AUTHORITY 无谷优能火鸡肉豌豆配方全犬粮添加鸭肉三文鱼 AUTHORITY Grain Free High Performance Turkey, Pea, Duck & Salmon Formula All Life Stages Dog Food	宠物配合饲料 Pet Compound Feed	犬 Dogs	美国 C.J. 食品股份有限公司（Bern 工厂） C. J. Foods, Inc., USA	2022.07—2027.07	新办
(2022）外饲准字 581 号	全价宠物食品成年期猫粮 Complete Pet Food for Adult Cat	AUTHORITY 鸡肉大米配方控毛球＋体重成猫粮 AUTHORITY Chicken & Rice Formula Hairball Control + Weight Management Adult Cat Food	宠物配合饲料 Pet Compound Feed	猫 Cats	美国 C.J. 食品股份有限公司（Bern 工厂） C. J. Foods, Inc., USA	2022.07—2027.07	新办
(2022）外饲准字 582 号	全价宠物食品幼年期猫粮 Complete Pet Food for Kitten	AUTHORITY 鸡肉大米配方幼猫粮 AUTHORITY Chicken & Rice Formula Kitten Food	宠物配合饲料 Pet Compound Feed	猫 Cats	美国 C.J. 食品股份有限公司（Bern 工厂） C. J. Foods, Inc., USA	2022.07—2027.07	新办
(2022）外饲准字 583 号	全价宠物食品成年期猫粮 Complete Pet Food for Adult Cat	AUTHORITY 鸡肉大米配方成猫粮 AUTHORITY Chicken & Rice Formula Adult Cat Food	宠物配合饲料 Pet Compound Feed	猫 Cats	美国 C.J. 食品股份有限公司（Bern 工厂） C. J. Foods, Inc., USA	2022.07—2027.07	新办
(2022）外饲准字 584 号	全价宠物食品小型犬/中型犬成年期犬粮 Complete Pet Food for Small Breed/ Medium Breed Adult dog	AUTHORITY 无谷鸡肉豌豆配方小型成犬粮 AUTHORITY Grain Free Chicken & Pea Formula Small Breed Adult Dog Food	宠物配合饲料 Pet Compound Feed	犬 Dogs	美国 C.J. 食品股份有限公司（Bern 工厂） C. J. Foods, Inc., USA	2022.07—2027.07	新办

（续）

登记证号	通用名称	商品名称	产品类别	使用范围	生产厂家	有效期限	备注
(2022) 外饲准字 585 号	全价宠物食品小型犬/中型犬成年期犬粮 Complete Pet Food for Small breed/Medium breed Adult dog	Simply Nourish 羊肉糙米配方小型成犬粮 Simply Nourish Lamb & Brown Rice Recipe Small Breed Adult Dog Food	宠物配合饲料 Pet Compound Feed	犬 Dogs	美国 C.J. 食品股份有限公司（Bern 工厂） C. J. Foods，Inc. USA	2022.07—2027.07	新办
(2022) 外饲准字 586 号	全价宠物食品成年期猫粮 Complete Pet Food for Adult Cat	Simply Nourish 鸡肉糙米配方成猫粮 Simply Nourish Chicken & Brown Rice Recipe A-dult Cat Food	宠物配合饲料 Pet Compound Feed	猫 Cats	美国 C.J. 食品股份有限公司（Bern 工厂） C. J. Foods，Inc. USA	2022.07—2027.07	新办
(2022) 外饲准字 587 号	全价宠物食品小型犬/中型犬成年期犬粮 Complete Pet Food for Small breed/Medium breed Adult dog	Simply Nourish 鸡肉糙米配方小型成犬粮 Simply Nourish Chicken & Brown Rice Recipe Small Breed Adult Dog Food	宠物配合饲料 Pet Compound Feed	犬 Dogs	美国 C.J. 食品股份有限公司（Bern 工厂） C. J. Foods，Inc. USA	2022.07—2027.07	新办
(2022) 外饲准字 588 号	全价宠物食品小型犬/中型犬老年期犬粮 Complete Pet Food for Small breed/Medium breed Senior dog	Simply Nourish 鸡肉糙米配方小型老年期犬粮 Simply Nourish Chicken & Brown Rice Recipe Small Breed Senior Dog Food	宠物配合饲料 Pet Compound Feed	犬 Dogs	美国 C.J. 食品股份有限公司（Bern 工厂） C. J. Foods，Inc. USA	2022.07—2027.07	新办
(2022) 外饲准字 589 号	全价宠物食品幼年期猫粮 Complete Pet Food for Kitten	Simply Nourish 鸡肉糙米配方幼猫粮 Simply Nourish Chicken & Brown Rice Recipe Kitten Food	宠物配合饲料 Pet Compound Feed	猫 Cats	美国 C.J. 食品股份有限公司（Bern 工厂） C. J. Foods，Inc. USA	2022.07—2027.07	新办

（续）

登记证号	通用名称	商品名称	产品类别	使用范围	生产厂家	有效期限	备注
(2022) 外饲准字 590 号	全价宠物食品小型犬幼年期犬粮 Complete Pet Food for Small Breed Puppy	Simply Nourish 鸡肉糙米配方小型幼年期犬粮 Simply Nourish Chicken & Brown Rice Recipe Small Breed Puppy Food	宠物配合饲料 Pet Compound Feed	犬 Dogs	美国 C. J. 食品股份有限公司（Bern 工厂） C. J. Foods，Inc. USA	2022. 07—2027. 07	新办
(2022) 外饲准字 591 号	全价宠物食品老年期猫粮 Complete Pet Food for Senior Cat	Simply Nourish 鸡肉糙米配方老年期猫粮 Simply Nourish Chicken & Brown Rice Recipe Senior Cat Food	宠物配合饲料 Pet Compound Feed	猫 Cats	美国 C. J. 食品股份有限公司（Bern 工厂） C. J. Foods，Inc. USA	2022. 07—2027. 07	新办
(2022) 外饲准字 592 号	全价宠物食品成年期犬粮 Complete Pet Food for Adult Dog	Simply Nourish 本源系列含鸡肉配方成犬粮 Simply Nourish SOURCE Chicken Recipe Adult Dog Food	宠物配合饲料 Pet Compound Feed	犬 Dogs	美国 C. J. 食品股份有限公司（Bern 工厂） C. J. Foods，Inc. USA	2022. 07—2027. 07	新办
(2022) 外饲准字 593 号	全价宠物食品成年期猫粮 Complete Pet Food for Adult Cat	Simply Nourish 本源系列鸡肉火鸡肉配方成猫粮 Simply Nourish SOURCE Chicken & Turkey Recipe Adult Cat Food	宠物配合饲料 Pet Compound Feed	猫 Cats	美国 C. J. 食品股份有限公司（Bern 工厂） C. J. Foods，Inc. USA	2022. 07—2027. 07	新办
(2022) 外饲准字 594 号	全价宠物食品成年期猫粮 Complete Pet Food for Adult Cat	Simply Nourish 本源系列含鸡肉鱼肉配方室内成猫粮 Simply Nourish SOURCE Indoor Fish & Chicken Recipe Adult Cat Food	宠物配合饲料 Pet Compound Feed	猫 Cats	美国 C. J. 食品股份有限公司（Bern 工厂） C. J. Foods，Inc. USA	2022. 07—2027. 07	新办

（续）

登记证号	通用名称	商品名称	产品类别	使用范围	生产厂家	有效期限	备注
（2022）外饲准字 595 号	全价宠物食品成年期猫粮 Complete Pet Food for Adult Cat	Simply Nourish 本源系列三文鱼配方室内成猫粮 Simply Nourish SOURCE Indoor Salmon Recipe Adult Cat Food	宠物配合饲料 Pet Compound Feed	猫 Cats	美国 C.J. 食品股份有限公司（Bern 工厂） C. J. Foods，Inc. USA	2022.07—2027.07	新办
（2022）外饲准字 596 号	全价宠物食品成年期犬粮 Complete Pet Food for Adult Dog	Simply Nourish 本源系列三文鱼配方成犬粮 Simply Nourish SOURCE Salmon Recipe Adult Dog Food	宠物配合饲料 Pet Compound Feed	犬 Dogs	美国 C.J. 食品股份有限公司（Bern 工厂） C. J. Foods，Inc. USA	2022.07—2027.07	新办
（2022）外饲准字 637 号	饲料添加剂 酵母硒 Feed Additives Selenium Yeast Complex	赛福硒 3000 SELSAF 3000	饲料添加剂 Feed Additive	养殖动物 All species or categories of animals	乐斯福墨西哥公司 FERMENTACIONES MEXICANAS S. A. DE C. V，Mexico	2022.09—2027.09	新办
（2022）外饲准字 638 号	饲料添加剂 二氧化硅（沉淀并经干燥的硅酸） Feed Additives Silicon Dioxide（Silicic Acid，Precipitated and Dried）	辛普那特 D17 SIPERNAT® D 17	饲料添加剂 Feed Additive	养殖动物 All species or categories of animals	（德国）赢创运营有限公司 Evonik Operations GmbH，Germany	2022.09—2027.09	新办
（2022）外饲准字 639 号	饲料添加剂 木质素磺酸盐 Feed Additive Lignin Sulfonate	木质素磺酸镁 Mother liquor，Xylig®	饲料添加剂 Feed Additive	养殖动物 All species or categories of animals	奥地利兰精公司 Lenzing AG，Austria	2022.09—2027.09	新办
（2022）外饲准字 640 号	混合型饲料添加剂 硫酸铵 氯化镁 氧化镁 硫酸钙 Feed Additives Mixture Ammonium Sulfate Magnesium Chloride Magnesium Oxide Calcium Sulfate	奥奶美®C Animate® C	混合型饲料添加剂 Feed Additives Mixture	奶牛、绵羊、山羊 Dairy cattle，Sheep，Goat	美国王子农产品公司（Quincy 工厂） Prince Agri Products，Inc.，USA	2022.09—2027.09	新办

（续）

登记证号	通用名称	商品名称	产品类别	使用范围	生产厂家	有效期限	备注
（2022）外饲准字 641 号	混合型饲料添加剂 香味物质 Feed Additives Mixture Flavouring Substances	潘绿能 XTRACT 6930，代码 6930 XTRACT 6930，code 6930	混合型饲料添加剂 Feed Additives Mixture	家禽、犊牛、猪、水产养殖动物 Poultry，Calves，Swine，Aquaculture animals	瑞士 ADM International Sàrl 公司 ADM International Sàrl，Switzerland	2022. 09—2027. 09	新办
（2022）外饲准字 642 号	混合型饲料添加剂 香味物质 Feed Additives Mixture Flavouring Substances	潘牛乐 XTRACT 7065，代码 X60-7065 XTRACT 7065，code X60-7065	混合型饲料添加剂 Feed Additives Mixture	反刍动物 Ruminant	瑞士 ADM International Sàrl 公司 ADM International Sàrl，Switzerland	2022. 09—2027. 09	新办
（2022）外饲准字 643 号	混合型饲料添加剂 天然类固醇萨洒皂角苷（源自丝兰） Feed Additives Mixture YUCCA（Yucca Schidigera Extract）	安立净 AMMOCURE 30% Yucca Powder	混合型饲料添加剂 Feed Additives Mixture	养殖动物 All species or categories of animals	美国布洛克赛德有限责任公司 BROOKSIDE AGRA LLC，USA	2022. 09—2027. 09	新办
（2022）外饲准字 644 号	混合型饲料添加剂 香味物质 Feed Additives Mixture Flavouring Substances	维安迪 VIANDI	混合型饲料添加剂 Feed Additives Mixture	牛、羊 Cattle，Sheep	法国意得拿生产加工有限公司 IDENA PRODUCTION，France	2022. 09—2027. 09	新办
（2022）外饲准字 645 号	混合型饲料添加剂 香味物质 硫酸锌 Feed Additives Mixture Flavouring Substances Zinc Sulfate	法国替莫能液 Forcix SA	混合型饲料添加剂 Feed Additives Mixture	犊牛、羊羔 Calves，Lambs	法国意得拿生产加工有限公司 IDENA PRODUCTION，France	2022. 09—2027. 09	新办
（2022）外饲准字 646 号	混合型饲料添加剂 丙酸锌 Feed Additives Mixture Zinc Propionate	微生康TM锌 2000 粉剂 KEMZINTM 2000 Dry	混合型饲料添加剂 Feed Additives Mixture	牛、猪、家禽 Cattle，Swine，Poultry	新加坡建明工业（亚洲）私人有限公司 Kemin Industries（Asia）Pte Ltd，Singapore	2022. 09—2027. 09	新办
（2022）外饲准字 647 号	混合型饲料添加剂 枯草芽孢杆菌 短小芽孢杆菌 Feed Additive Mixture *Bacillus subtilis Bacillus pumilus*	饲肠壮 Strateris ECL	混合型饲料添加剂 Feed Additives Mixture	母犊牛、奶牛、肉牛 Heifer calves，Dairy cattle，Beef cattle	美国 United Animal Health 公司（工厂） United Animal Health，USA	2022. 09—2027. 09	新办

（续）

登记证号	通用名称	商品名称	产品类别	使用范围	生产厂家	有效期限	备注
(2022) 外饲准字 648 号	混合型饲料添加剂 香味物质 Feed Additives Mixture Flavouring Substances	牧体康 C PX NEOGRAM C	混合型饲料添加剂 Feed Additives Mixture	养殖动物 All species or categories of animals	法国蒙赫巴蒂公司 MANGHEBATI SAS，France	2022.09—2027.09	新办
(2022) 外饲准字 649 号	混合型饲料添加剂：副干酪乳杆菌 Feed Additives Mixture：*Lactobacillu paracasei*	珍舒适 LP-RM081	混合型饲料添加剂 Feed Additives Mixture	青贮饲料 Silage	台湾味丹企业股份有限公司沙鹿第五工厂 VEDAN ENTERPRISE CORPORATION SHALU FIFTH FACTORY	2022.09—2027.09	新办
(2022) 外饲准字 650 号	混合型饲料添加剂 大蒜油树脂 维生素 C Feed Additives Mixture Garlic oleoresin L-Ascorbic Acid	艾可特康预水剂 ALQUERNAT IMMU-PLUS L	混合型饲料添加剂 Feed Additives Mixture	养殖动物 All species or categories of animals	西班牙 Biovet，SA，有限公司 Biovet，SA，Spain	2022.09—2027.09	新办
(2022) 外饲准字 651 号	混合型饲料添加剂 防霉剂 Feed Additive Mixtures Preservatives	妙粒—丙酸和丁酸 Maxi-Mil HP	混合型饲料添加剂 Feed Additives Mixture	养殖动物 All species or categories of animals	疋仕多化学集团有限公司（美国安尼妥斯公司马来西亚工厂） ASTA CHEMICALS SDN BHD（Anitox Corporation Malaysia Factory），Malaysia	2022.09—2027.09	新办
(2022) 外饲准字 652 号	混合型饲料添加剂 枯草芽孢杆菌 Feed Additive Mixtures *Bacillus subtilis*	古菌宝 BIO5	混合型饲料添加剂 Feed Additives Mixture	养殖动物 All species or categories of animals	美国 Dynamite Feed Mill Dynamite Feed Mill，USA	2022.09—2027.09	新办
(2022) 外饲准字 653 号	混合型饲料添加剂 除萜甜橙油 Feed Additives Mixture Glyceryl Orange oil，terpeneless	甜橙香® 250 PHYTOZEN® 250	混合型饲料添加剂 Feed Additives Mixture	养殖动物 All species or categories of animals	加拿大生物科技国际公司 PROBIOTECH INTERNATIONAL INC，Canada	2022.09—2027.09	新办
(2022) 外饲准字 654 号	混合型饲料添加剂 氯化胆碱 Feed Additives Mixture Choline Chloride	科百瑞™ Plus CholiPEARL™ Plus	混合型饲料添加剂 Feed Additives Mixture	奶牛 Dairy cattle	意大利 KEMIN CAVRIAGO S. R. L. KEMIN CAVRIAGO S. R. L.，Italy	2022.09—2027.09	新办

（续）

登记证号	通用名称	商品名称	产品类别	使用范围	生产厂家	有效期限	备注
（2022）外饲准字 655 号	混合型饲料添加剂 香味物质 Feed Additives Mixture Flavouring Substances	诺去螨 NOR-MITE	混合型饲料添加剂 Feed Additives Mixture	养殖动物 All species or categories of animals	法国 Nor-Feed SAS 公司 NOR-FEED SAS，France	2022.09—2027.09	新办
（2022）外饲准字 656 号	混合型饲料添加剂 酸度调节剂 Feed Additive Mixture Acidity Regulators	英添迪 安生力 Innovad Escent L	混合型饲料添加剂 Feed Additives Mixture	养殖动物 All species or categories of animals	比利时 INNOV AD 公司 INNOV AD NV/SA，Belgium	2022.09—2027.09	新办
（2022）外饲准字 657 号	混合型饲料添加剂 微生物 Feed Additives Mixture Live Microorganisms	卫士达 Vista Pro	混合型饲料添加剂 Feed Additives Mixture	鸡、鸭、猪、虾、鱼 Chickens，Ducks，Swine，Shrimp，Fish	（泰国）科莫宝生物科技有限公司 K. M. P. Biotech Co.，Ltd.，Thailand	2022.09—2027.09	新办
（2022）外饲准字 658 号	混合型饲料添加剂 甘油脂肪酸酯 Feed Additives Mixture Glycerine Fatty Acid Ester	福无忧 CND 167	混合型饲料添加剂 Feed Additives Mixture	养殖动物 All species or categories of animals	荷兰柏斯托（瓦斯皮克）公司 Perstorp Waspik B. V.，the Netherlands	2022.09—2027.09	新办
（2022）外饲准字 659 号	混合型饲料添加剂 月桂酸 Feed Additives Mixture Lauric Acid	贝维® 20/20 BEWI-PIG® 20—20	混合型饲料添加剂 Feed Additives Mixture	仔猪 Piglets	（德国）倍卫它农业有限公司 BEWITAL agri GmbH & Co. KG，Germany	2022.09—2027.09	新办
（2022）外饲准字 660 号	混合型饲料添加剂 丙三醇 Feed Additives Mixture Glycerine	劲糖 SugaPro	混合型饲料添加剂 Feed Additives Mixture	鸡 Chicken	美国爱迪康公司 ADDiCAN INC，USA	2022.09—2027.09	新办
（2022）外饲准字 661 号	混合型饲料添加剂—硫酸铜，氧化锌，氧化锰，枯草芽孢杆菌 Feed Additives Mixture：Copper Sulphate，Zinc Oxide，Manganese Oxide，*Bacillus subtilis*	保得壮 PRE NATUPIG F 0-1	混合型饲料添加剂 Feed Additives Mixture	断奶仔猪 Weaned piglets	奥地利绍曼陶夫基兴有限责任两合公司 Schaumann Taufkirchen GmbH & Co KG，Austria	2022.09—2027.09	新办
（2022）外饲准字 662 号	混合型饲料添加剂 百里香油和柠檬酸 Feed Additives Mixture Thyme oil and Citric Acid	艾可美天然水剂 ALQUERMOLD NATURE LIQUID	混合型饲料添加剂 Feed Additives Mixture	养殖动物 All species or categories of animals	西班牙百卫公司 BIOVET S. A.，Spain	2022.09—2027.09	新办

（续）

登记证号	通用名称	商品名称	产品类别	使用范围	生产厂家	有效期限	备注
（2022）外饲准字 663 号	混合型饲料添加剂 牛磺酸 Feed Additives Mixture Taurine	强霉净 NK100 SOMABOND	混合型饲料添加剂 Feed Additives Mixture	猪、家禽、反刍动物、水产养殖动物 Swine, Poultry, Ruminants, Aquaculture animals	韩国索玛株式会社 SOMA Inc.，Korea	2022.09—2027.09	新办
（2022）外饲准字 664 号	混合型饲料添加剂—酸度调节剂 Feed Additive Mixture-Acidity Regulators	“啟基”百事宝 粉剂 bio-toxisol powder	混合型饲料添加剂 Feed Additives Mixture	肉牛、乳牛、小牛 Beef cattle, Dairy cattle, Calves	（台湾）啟基生技股份有限公司 SPIREGENE BIOTECH CO.，LTD.	2022.09—2027.09	新办
（2022）外饲准字 665 号	混合型饲料添加剂—酸度调节剂 Feed Additive Mixture-Acidity Regulators	“啟基”百事宝 乳膏 犊用 Bio-toxisol calf	混合型饲料添加剂 Feed Additives Mixture	肉牛、乳牛、小牛 Beef cattle, Dairy cattle, Calves	（台湾）啟基生技股份有限公司 SPIREGENE BIOTECH CO.，LTD.	2022.09—2027.09	新办
（2022）外饲准字 666 号	猪用复合预混合饲料 Premix for Swine	利特米—猪用复合预混料 Lutamix® Swine Premix	添加剂预混合饲料 Feed Additive Premix	猪 Swine	马来西亚利特米有限公司 RITAMIX SDN. BHD.，Malaysia	2022.09—2027.09	新办
（2022）外饲准字 667 号	猪用微量元素预混合饲料 Trace Mineral Premix for Swine	利特米—猪用复合矿 Lutamix® Swine Mineral Premix	添加剂预混合饲料 Feed Additive Premix	猪 Swine	马来西亚利特米有限公司 RITAMIX SDN. BHD.，Malaysia	2022.09—2027.09	新办
（2022）外饲准字 668 号	观赏鸟复合预混合饲料 Premix for Ornamental Birds	活力换羽期复合维生素氨基酸 VITALITYE M	添加剂预混合饲料 Feed Additive Premix	观赏鸟 Ornamental birds	奥尼塔利亚产品服务公司 ORNITALIA PRODUCT SERVICE S. R. L.，Italy	2022.09—2027.09	新办
（2022）外饲准字 669 号	虾用微量元素预混合饲料 Trace Mineral Premix for Marine Shrimp	W-米克斯 W-MIX	添加剂预混合饲料 Feed Additive Premix	虾 Shrimp	英伟（泰国）饲料有限公司 INVE（THAILAND）Ltd.，Thailand	2022.09—2027.09	新办
（2022）外饲准字 670 号	虾用微量元素预混合饲料 Trace Mineral Premix for Marine Shrimp	F-布兰德 F-BLEND	添加剂预混合饲料 Feed Additive Premix	虾 Shrimp	英伟（泰国）饲料有限公司 INVE（THAILAND）Ltd.，Thailand	2022.09—2027.09	新办

（续）

登记证号	通用名称	商品名称	产品类别	使用范围	生产厂家	有效期限	备注
（2022）外饲准字 671 号	猪用微量元素预混合饲料 Trace Mineral Premix for Swine	力量矿-ZMC 有机复合矿 POWERMIN® Z/M/C + P	添加剂预混合饲料 Feed Additive Premix	猪 Swine	马来西亚利特米有限公司 RITAMIX SDN. BHD.，Malaysia	2022.09—2027.09	新办
（2022）外饲准字 672 号	犊牛精料补充料 Calf Concentrate（Complete Feeding Stuff for Calf）	优牛经典 Kalvolac Classic	精料补充料 Supplementary Concentrate	犊牛 Calves	荷兰纽维德公司 Nutrifeed，the Netherlands	2022.09—2027.09	新办
（2022）外饲准字 673 号	鱼油 Fish Oil	鱼油（饲料级） Fish Oil（Feed Grade）	单一饲料 Single Feed	畜禽、水产养殖动物（反刍动物除外） Livestock，Poultry，Aquaculture animals（Not including ruminant）	摩洛哥贝尔哈桑工商业综合公司第二工厂 CIBEL Ⅱ，Morocco	2022.09—2027.09	新办
（2022）外饲准字 674 号	玉米干酒精糟 Corn Distillers Dried Grains（DDG）	玉米干酒精糟 Corn Distillers Dried Grains（DDG）	单一饲料 Single Feed	家禽、猪、牛、水产养殖动物、宠物 Poultry，Swine，Cattle，Aquaculture animals，Pets	（美国）安德森玛拉松控股有限公司-Denison 工厂 The Andersons Marathon Holdings LLC，Denison，USA	2022.09—2027.09	新办
（2022）外饲准字 675 号	含可溶物的玉米干酒精糟 Corn Distillers Dried Grains with Solubles（DDGS）	含可溶物的玉米干酒精糟 Corn Distillers Dried Grains with Solubles（DDGS）	单一饲料 Single Feed	养殖动物 All species or categories of animals	（美国）安德森玛拉松控股有限公司-Albion 工厂 The Andersons Marathon Holdings LLC，Albion，USA	2022.09—2027.09	新办
（2022）外饲准字 676 号	玉米干酒精糟 Corn Distillers Dried Grains（DDG）	玉米干酒精糟 Corn Distillers Dried Grains（DDG）	单一饲料 Single Feed	禽、猪、牛、水产养殖动物、宠物 Poultry，Swine，Cattle，Aquaculture animals，Pets	（美国）艾立蒙特有限责任公司 Element，LLC，USA	2022.09—2027.09	新办

（续）

登记证号	通用名称	商品名称	产品类别	使用范围	生产厂家	有效期限	备注
(2022) 外饲准字 677 号	白鱼粉 White Fishmeal	白鱼粉（二级） White Fishmeal Ⅱ	单一饲料 Single Feed	畜禽、水产养殖动物（反刍动物除外） Livestock, Poultry, Aquaculture animals, (Not including ruminant)	(俄罗斯) KURILSKIY RYBAK 公司（工船 PAVEL KUTAKHOV, CH-87K） JSC KURILSKIY RYBAK (F/V "Pavel Kutakhov", CH-87K), Russia	2022.09—2027.09	新办
(2022) 外饲准字 678 号	虾粉 Shrimp Meal	虾粉 Shrimp Meal	单一饲料 Single Feed	畜禽、水产养殖动物（反刍动物除外） Livestock, Poultry, Aquaculture animals, (Not including ruminant)	越南海安有限公司 HAI AN COMPANY LIMITED, Vietnam	2022.09—2027.09	新办
(2022) 外饲准字 679 号	鱼油 Fish Oil	鲶鱼油 Pangasius Fish oil	单一饲料 Single Feed	畜禽、水产养殖动物（反刍动物除外） Livestock, Poultry, Aquaculture animals (Not including ruminant)	(越南) 沙沥明胜有限责任公司 Minh Thang Sa Dec Co., Ltd, Vietnam	2022.09—2027.09	新办
(2022) 外饲准字 680 号	鱼粉 Fishmeal	龙海红鱼粉（三级） Long Hai Red Fish meal	单一饲料 Single Feed	畜禽、水产养殖动物（反刍动物除外） Livestock, Poultry, Aquaculture animals (Not including ruminant)	龙海海产品加工并运输贸易股份有限公司 Long Hai Trading-transportation-sea product-processing Joint Stock Company, Vietnam	2022.09—2027.09	新办
(2022) 外饲准字 681 号	全价猫粮 Complete Cat Food	原始猎食渴望六种鱼配方猫粮 ORIJEN Six Fish Formula Cat Food	宠物配合饲料 Pet Compound Feed	猫 Cats	美国冠军宠物食品公司 Champion Petfoods USA	2022.09—2027.09	新办
(2022) 外饲准字 682 号	全价幼年期猫粮 Compound Kitten Food	爱肯拿第一场盛宴猫粮 ACANA First Feast Cat Food	宠物配合饲料 Pet Compound Feed	猫 Cats	美国冠军宠物食品公司 Champion Petfoods USA	2022.09—2027.09	新办

（续）

登记证号	通用名称	商品名称	产品类别	使用范围	生产厂家	有效期限	备注
(2022) 外饲准字 683 号	全价犬粮 Complete Dog Food	原始猎食渴望原味犬粮 ORIJEN Original Dog Food	宠物配合饲料 Pet Compound Feed	犬 Dogs	美国冠军宠物食品公司 Champion Petfoods USA	2022.09—2027.09	新办
(2022) 外饲准字 684 号	全价犬粮 Complete Dog Food	原始猎食渴望六种鱼配方犬粮 ORIJEN Six Fish Formula Dog Food	宠物配合饲料 Pet Compound Feed	犬 Dogs	美国冠军宠物食品公司 Champion Petfoods USA	2022.09—2027.09	新办
(2022) 外饲准字 685 号	全价猫粮 Complete Cat Food	原始猎食渴望幼猫成猫猫粮 ORIJEN Cat & Kitten Cat Food	宠物配合饲料 Pet Compound Feed	猫 Cats	美国冠军宠物食品公司 Champion Petfoods USA	2022.09—2027.09	新办
(2022) 外饲准字 686 号	全价猫粮 Complete Cat Food	原始猎食渴望原味猫粮 ORIJEN Original Cat Food	宠物配合饲料 Pet Compound Feed	猫 Cats	美国冠军宠物食品公司 Champion Petfoods USA	2022.09—2027.09	新办
(2022) 外饲准字 687 号	鱼粉 Fishmeal	红鱼粉（三级） Fish meal	单一饲料 Single Feed	畜禽、水产养殖动物（反刍动物除外） Livestock, Poultry, Aquaculture animals (Not including ruminant)	（印度）玛克斯曼海产品私人有限公司 M/s. MARKSMEN MARINE PRODUCTS PRIVATE LIMITED, India	2022.09—2027.09	新办
(2022) 外饲准字 688 号	鱼粉 Fishmeal	红鱼粉（二级） Fish meal	单一饲料 Single Feed	畜禽、水产养殖动物（反刍动物除外） Livestock, Poultry, Aquaculture animals (Not including ruminant)	印度尼西亚海洋产品公司 PT. INDO SEA FOOD, Indonesia	2022.09—2027.09	新办
(2022) 外饲准字 689 号	龟配合饲料 Compound Feed for Turtle	德彩日本超级龟饲料 Tetra ReptoMin Super	配合饲料 Compound Feed	龟 Turtles	德国德彩股份有限责任公司 Tetra GmbH, Germany	2022.09—2027.09	新办

（续）

登记证号	通用名称	商品名称	产品类别	使用范围	生产厂家	有效期限	备注
（2022）外饲准字 690 号	犊牛用配合饲料 Compound Feed for Calves	康维乐—专培 Calvita® 22/16 Professional Formula	配合饲料 Compound Feed	犊牛 Calves	美国 Milk Specialties Global 公司（工厂） Milk Specialties Global，USA	2022. 09—2027. 09	新办
（2022）外饲准字 691 号	犊牛用配合饲料 Compound Feed for Calves	康维乐—精培 Calvita® 23/18 Premium Formula	配合饲料 Compound Feed	犊牛 Calves	美国 Milk Specialties Global 公司（工厂） Milk Specialties Global，USA	2022. 09—2027. 09	新办
（2022）外饲准字 692 号	犊牛用配合饲料 Compound Feed for Calves	康维乐—特培 Calvita® 25/20 AM Supreme Formula	配合饲料 Compound Feed	犊牛 Calves	美国 Milk Specialties Global 公司（工厂） Milk Specialties Global，USA	2022. 09—2027. 09	新办
（2022）外饲准字 693 号	仔猪配合饲料 Complete Feeding Stuff for Piglet (Piglet Compound Feed)	贝贝猪奶 Porcolac	配合饲料 Compound Feed	仔猪 Piglets	荷兰纽维德公司 Nutrifeed，the Netherlands	2022. 09—2027. 09	新办
（2022）外饲准字 694 号	仔猪配合饲料 Complete Feeding Stuff for Piglet (Piglet Compound Feed)	菲力奶 Porcolac Power	配合饲料 Compound Feed	仔猪 Piglets	荷兰纽维德公司 Nutrifeed，the Netherlands	2022. 09—2027. 09	新办
（2022）外饲准字 695 号	啮齿动物配合饲料 Compound Feed for Rodents	5C20 啮齿类动物繁殖饲料 5C20 JL Mouse Breeder Auto/No Hysil	配合饲料 Compound Feed	啮齿动物 Rodents	美国 PMI 营养国际有限责任公司（里士满工厂） PMI NUTRITION INTERNATIONAL，LLC（plant in Richmond），USA	2022. 09—2027. 09	新办
（2022）外饲准字 696 号	宠物营养补充剂 维生素 Pet Nutrition Supplement Vitamins	派实净® RENALOF® Pets	宠物添加剂预混合饲料 Pet Feed Additive Premix	犬、猫 Dogs，Cats	凯塔斯（西班牙）有限公司 CATALYSIS，S. L.，Spain	2022. 09—2027. 09	新办
（2022）外饲准字 697 号	宠物营养补充剂 成年期维生素，矿物质微量元素和氨基酸 Pet Nutrition Supplement Adult Vitamins，Minerals Trace Elements and Amino Acids	哆咕喵宠物多种维生素矿物质氨基酸片 DOOG MIU PET Multi-Vitamins & Minerals with Amino Acid	宠物添加剂预混合饲料 Pet Feed Additive Premix	犬 Dogs	（美国）维林斯营养品公司 Willings Nutraceutical Corp.，USA	2022. 09—2027. 09	新办

（续）

登记证号	通用名称	商品名称	产品类别	使用范围	生产厂家	有效期限	备注
(2022) 外饲准字 698 号	宠物营养补充剂 牛磺酸 L-肉碱 Pet Nutrition Supplement Taurine L-Carnitine	丰兹爱 FuzziFrand Cardiphirst Tablets	宠物添加剂预混合饲料 Pet Feed Additive Premix	犬、猫 Dogs，Cats	美国嘉曼公司 Garmon Corporation，USA	2022. 09—2027. 09	新办
(2022) 外饲准字 699 号	猫营养补充剂 Liquid Nutrient Supplement for Cats	猫只电解质饮料（鸡肉味） KittyRade	宠物添加剂预混合饲料 Pet Feed Additive Premix	猫 Cats	（爱尔兰）Green Treats Ltd Green Treats Ltd，Ireland	2022. 09—2027. 09	新办
(2022) 外饲准字 700 号	犬营养补充剂 Liquid Nutrient Supplement for Dogs	犬只电解质饮料（鸡肉味） DoggyRade	宠物添加剂预混合饲料 Pet Feed Additive Premix	犬 Dogs	（爱尔兰）Green Treats Ltd Green Treats Ltd，Ireland	2022. 09—2027. 09	新办
(2022) 外饲准字 701 号	犬营养补充剂 Liquid Supplement for Dogs	犬只电解质饮料（鸡肉味）专业版 DoggyRade Pro	宠物添加剂预混合饲料 Pet Feed Additive Premix	犬 Dogs	（爱尔兰）Green Treats Ltd Green Treats Ltd，Ireland	2022. 09—2027. 09	新办
(2022) 外饲准字 702 号	猫低敏全价处方粮 VETERINARY DIETS Hypoallergenic Cat Food	普瑞纳冠能猫低敏全价处方粮 PURINA PRO PLAN VETERINARY DIETS Hypoallergenic cat food	宠物配合饲料 Pet Compound Feed	猫 Cats	雀巢意大利有限公司 Nestlé Italiana S. p. A.，Italy	2022. 09—2027. 09	新办
(2022) 外饲准字 703 号	全价宠物食品猫粮 Pet Compound Feed for Cat	Taste of the Wild Prey 安格斯牛肉配方猫粮 Taste of the Wild Prey Angus Beef Recipe for Cats	宠物配合饲料 Pet Compound Feed	猫 Cats	（美国）帝尔文宠物食品 Diamond Pet Foods，USA	2022. 09—2027. 09	新办
(2022) 外饲准字 704 号	宠物配合饲料小型犬幼年期犬粮 Pet Compound Feed Mini Puppy Feed	N&D 优选系列—鸡肉石榴味—幼犬用—小型犬 N&D PRIME DOG CHICKEN，POMEGRANATE PUPPY MINI	宠物配合饲料 Pet Compound Feed	犬 Dogs	（意大利）罗索曼吉股份公司 RUSSO MANGIMI S. p. A.，Italy	2022. 09—2027. 09	新办

（续）

登记证号	通用名称	商品名称	产品类别	使用范围	生产厂家	有效期限	备注
(2022) 外饲准字 705 号	宠物配合饲料中、大型幼年期犬粮 Pet Compound Feed MEDIUM & MAX Puppy Feed	N&D 优选系列—鸡肉石榴味—幼犬用—中、大型犬 N&D PRIME DOG CHICKEN, POMEGRANATE PUPPY MEDIUM &MAXI	宠物配合饲料 Pet Compound Feed	犬 Dogs	(意大利) 罗索曼吉股份公司 RUSSO MANGIMI S. p. A.，Italy	2022.09—2027.09	新办
(2022) 外饲准字 706 号	宠物配合饲料 猫粮 Pet Compound Feed for Cat	卡格专—蛋白系列全期猫粮—吞拿鱼配方 Kakato ONE Dry Cat Food Tuna Flavor	宠物配合饲料 Pet Compound Feed	猫 Cats	(泰国) 蓝法罗有限公司 BLUEFALO COMPANY LIMITED, Thailand	2022.09—2027.09	新办
(2022) 外饲准字 707 号	宠物配合饲料 犬粮 Pet Compound Feed for Dog	卡格专—蛋白系列全期犬粮—羊肉配方 Kakato ONE Dry Dog Food Lamb Flavor	宠物配合饲料 Pet Compound Feed	犬 Dogs	(泰国) 蓝法罗有限公司 BLUEFALO COMPANY LIMITED, Thailand	2022.09—2027.09	新办
(2022) 外饲准字 708 号	全价宠物食品 成年期犬粮 Complete Pet Food Adult Dog Food	贝尔加多 MASTERCRAFT 含火鸡肉配方成犬粮 BELCANDO MASTERCRAFT FRESH TURKEY	宠物配合饲料 Pet Compound Feed	犬 Dogs	德国贝里家宠物食品有限两合公司 BEWITAL petfood GmbH & Co. KG, Germany	2022.09—2027.09	新办
(2022) 外饲准字 709 号	全价宠物食品 迷你型—中型犬成年期、老年期犬粮 Complete Pet Food Mini Dog-Medium Dog Adult and Senior Dog Food	贝尔加多 FINEST 无谷配方老年犬粮 BELCANDO FINEST GF SENIOR	宠物配合饲料 Pet Compound Feed	犬 Dogs	德国贝里家宠物食品有限两合公司 BEWITAL petfood GmbH & Co. KG, Germany	2022.09—2027.09	新办
(2022) 外饲准字 710 号	全价宠物食品 成年期犬粮 Complete Pet Food Adult Dog Food	贝尔加多 MASTERCRAFT 鸭肉配方成犬粮 BELCANDO MASTERCRAFT FRESH DUCK	宠物配合饲料 Pet Compound Feed	犬 Dogs	德国贝里家宠物食品有限两合公司 BEWITAL petfood GmbH & Co. KG, Germany	2022.09—2027.09	新办

（续）

登记证号	通用名称	商品名称	产品类别	使用范围	生产厂家	有效期限	备注
（2022）外饲准字 711 号	全价宠物食品 成年期犬粮 Complete Pet Food Adult Dog Food	贝尔加多 MASTERCRAFT 三文鱼配方成犬粮 BELCANDO MASTERCRAFT FRESH SALMON	宠物配合饲料 Pet Compound Feed	犬 Dogs	德国贝里家宠物食品有限两合公司 BEWITAL petfood GmbH & Co. KG, Germany	2022.09—2027.09	新办
（2022）外饲准字 712 号	全价宠物食品 幼年期犬粮 Complete Pet Food Puppy Food	贝尔加多无谷鸡肉和火鸡肉配方幼犬粮 BELCANDO PUPPY GF POULTRY	宠物配合饲料 Pet Compound Feed	犬 Dogs	德国贝里家宠物食品有限两合公司 BEWITAL petfood GmbH & Co. KG, Germany	2022.09—2027.09	新办
（2022）外饲准字 713 号	全价宠物食品 中型犬—超大型犬成年期犬粮 Complete Pet Food Medium-Extra Large Adult Dog Food	贝尔加多无谷鸡肉和火鸡肉配方成犬粮 BELCANDO ADULT GF POULTRY	宠物配合饲料 Pet Compound Feed	犬 Dogs	德国贝里家宠物食品有限两合公司 BEWITAL petfood GmbH & Co. KG, Germany	2022.09—2027.09	新办
（2022）外饲准字 714 号	全价宠物食品 中型犬—超大型犬成年期犬粮 Complete Pet Food Medium-Extra Large Adult Dog Food	贝尔加多无谷海洋鱼配方成犬粮 BELCANDO ADULT GF OCEAN	宠物配合饲料 Pet Compound Feed	犬 Dogs	德国贝里家宠物食品有限两合公司 BEWITAL petfood GmbH & Co. KG, Germany	2022.09—2027.09	新办
（2022）外饲准字 715 号	全价宠物食品 迷你型—中型犬成年期犬粮 Complete Pet Food Mini Dog-Medium Dog Adult Dog Food	贝尔加多 FINEST 无谷三文鱼配方成犬粮 BELCANDO FINEST GF SALMON	宠物配合饲料 Pet Compound Feed	犬 Dogs	德国贝里家宠物食品有限两合公司 BEWITAL petfood GmbH & Co. KG, Germany	2022.09—2027.09	新办
（2022）外饲准字 716 号	全价宠物食品 幼年期犬粮 Complete Pet Food Junior Dog Food	BELCANDO 含鸡肉鸡蛋配方幼犬粮 BELCANDO JUNIOR POULTRY WITH EGG	宠物配合饲料 Pet Compound Feed	犬 Dogs	德国贝里家宠物食品有限两合公司 BEWITAL petfood GmbH & Co. KG, Germany	2022.09—2027.09	新办

（续）

登记证号	通用名称	商品名称	产品类别	使用范围	生产厂家	有效期限	备注
（2022）外饲准字 717 号	全价宠物食品 成年期犬粮 Complete Pet Food Adult Dog Food	BELCANDO 含火鸡肉西葫芦配方大米味成犬粮 BELCANDO TURKEY WITH RICE AND COURGETTE	宠物配合饲料 Pet Compound Feed	犬 Dogs	德国贝里家宠物食品有限两合公司 BEWITAL petfood GmbH & Co. KG, Germany	2022. 09—2027. 09	新办
（2022）外饲准字 718 号	幼年期全价猫粮 Complete Kitten Feed	幼年期全价猫粮（汤汁） Kitten（Gravy）	宠物配合饲料 Pet Compound Feed	猫 Cats	玛氏奥地利有限公司 MARS AUSTRIA OG，Austria	2022. 09—2027. 09	新办
（2022）外饲准字 719 号	幼年期全价猫粮 Complete Kitten Feed	幼年期全价猫粮（啫喱） kitten（jelly）	宠物配合饲料 Pet Compound Feed	猫 Cats	玛氏奥地利有限公司 MARS AUSTRIA OG，Austria	2022. 09—2027. 09	新办
（2022）外饲准字 720 号	幼年期全价猫粮 Complete Kitten Feed	幼年期全价猫粮（慕斯） Kitten（loaf）	宠物配合饲料 Pet Compound Feed	猫 Cats	玛氏奥地利有限公司 MARS AUSTRIA OG，Austria	2022. 09—2027. 09	新办
（2022）外饲准字 721 号	幼年期绝育猫全价猫粮 Complete Kitten Sterilised Feed	幼年期绝育呵护全价猫粮（汤汁） Kitten Sterilised（Gravy）	宠物配合饲料 Pet Compound Feed	猫 Cats	玛氏奥地利有限公司 MARS AUSTRIA OG，Austria	2022. 09—2027. 09	新办
（2022）外饲准字 722 号	幼年期绝育猫全价猫粮 Complete Kitten Sterilised Feed	幼年期绝育呵护全价猫粮（啫喱） Kitten Sterilised（Jelly）	宠物配合饲料 Pet Compound Feed	猫 Cats	玛氏奥地利有限公司 MARS AUSTRIA OG，Austria	2022. 09—2027. 09	新办
（2022）外饲准字 723 号	幼年期、妊娠期、哺乳期全价猫粮 Complete Mother & Babycat Feed	幼年期、妊娠期、哺乳期全价猫粮 Mother & Babycat	宠物配合饲料 Pet Compound Feed	猫 Cats	玛氏奥地利有限公司 MARS AUSTRIA OG，Austria	2022. 09—2027. 09	新办
（2022）外饲准字 724 号	幼年期、妊娠期、哺乳期全价犬粮 Complete Mother & Babydog Feed	幼年期、妊娠期、哺乳期全价犬粮 Starter Mother & Baby-dog	宠物配合饲料 Pet Compound Feed	犬 Dogs	玛氏奥地利有限公司 MARS AUSTRIA OG，Austria	2022. 09—2027. 09	新办

（续）

登记证号	通用名称	商品名称	产品类别	使用范围	生产厂家	有效期限	备注
（2022）外饲准字 725 号	犬/猫营养恢复期全价处方粮 Complete Dog and Cat Recovery Feed	犬/猫营养恢复期全价处方粮 Recovery	宠物配合饲料 Pet Compound Feed	犬、猫 Dogs，Cats	玛氏奥地利有限公司 MARS AUSTRIA OG，Austria	2022. 09—2027. 09	新办
（2022）外饲准字 726 号	全价宠物食品成年期猫粮 Pet Complete Food for Adult Cat	雪诗雅 猫用含鸡肉吞拿鱼蓝莓配方慕斯主食罐 Schesir Chicken and Tuna mousse with Blueberry for Cats	宠物配合饲料 Pet Compound Feed	猫 Cats	泰国亚洲联盟国际有限公司 Asian Alliance International Company Ltd.，Thailand	2022. 09—2027. 09	新办
（2022）外饲准字 727 号	全价宠物食品成年期猫粮 Pet Complete Food for Adult Cat	雪诗雅 猫用含鸡肉吞拿鱼奇异果配方慕斯主食罐 Schesir Chicken and Tuna mousse with Kiwi for Cats	宠物配合饲料 Pet Compound Feed	猫 Cats	泰国亚洲联盟国际有限公司 Asian Alliance International Company Ltd.，Thailand	2022. 09—2027. 09	新办
（2022）外饲准字 728 号	全价宠物食品成年期猫粮 Pet Complete Food for Adult Cat	雪诗雅 猫用含鸡肉吞拿鱼芒果配方慕斯主食罐 Schesir Chicken and Tuna mousse with Mango for Cats	宠物配合饲料 Pet Compound Feed	猫 Cats	泰国亚洲联盟国际有限公司 Asian Alliance International Company Ltd.，Thailand	2022. 09—2027. 09	新办
（2022）外饲准字 729 号	全价宠物食品成年期猫粮 Pet Complete Food for Adult Cat	雪诗雅 猫用含鸡肉吞拿鱼海带配方慕斯主食罐 Schesir Chicken and Tuna mousse with Seaweed for Cats	宠物配合饲料 Pet Compound Feed	猫 Cats	泰国亚洲联盟国际有限公司 Asian Alliance International Company Ltd.，Thailand	2022. 09—2027. 09	新办
（2022）外饲准字 730 号	全价宠物食品成年期猫粮 Pet Complete Food for Adult Cat	雪诗雅 猫用含鸡肉吞拿鱼鲜虾配方慕斯主食罐 Schesir Chicken and Tuna mousse with Shrimps for Cats	宠物配合饲料 Pet Compound Feed	猫 Cats	泰国亚洲联盟国际有限公司 Asian Alliance International Company Ltd.，Thailand	2022. 09—2027. 09	新办

（续）

登记证号	通用名称	商品名称	产品类别	使用范围	生产厂家	有效期限	备注
（2022）外饲准字 731 号	全价宠物食品成年期猫粮 Pet Complete Food for Adult Cat	雪诗雅 猫用含鸡肉吞拿鱼南瓜配方慕斯主食罐 Schesir Chicken and Tuna mousse with Pumpkin for Cats	宠物配合饲料 Pet Compound Feed	猫 Cats	泰国亚洲联盟国际有限公司 Asian Alliance International Company Ltd.， Thailand	2022.09—2027.09	新办
（2022）外饲准字 732 号	全价宠物食品猫粮 Pet Complete Food for Cat	ZEAL 全价无谷猫罐头鸡肉配方 Zeal Grain Free Cat Canned Food Chicken Recipe	宠物配合饲料 Pet Compound Feed	猫 Cats	新西兰 PetfoodNZ 国际有限公司 PetfoodNZ International Limited，New Zealand	2022.09—2027.09	新办
（2022）外饲准字 733 号	全价宠物食品猫粮 Pet Complete Food for Cat	ZEAL 全价无谷猫罐头鹿肉配方 Zeal Grain Free Cat Canned Food Venison Recipe	宠物配合饲料 Pet Compound Feed	猫 Cats	新西兰 PetfoodNZ 国际有限公司 PetfoodNZ International Limited，New Zealand	2022.09—2027.09	新办
（2022）外饲准字 734 号	全价宠物食品猫粮 Pet Complete Food for Cat	ZEAL 全价无谷猫罐头牛肉配方 Zeal Grain Free Cat Canned Food Beef Recipe	宠物配合饲料 Pet Compound Feed	猫 Cats	新西兰 PetfoodNZ 国际有限公司 PetfoodNZ International Limited，New Zealand	2022.09—2027.09	新办
（2022）外饲准字 735 号	全价宠物食品猫粮 Pet Complete Food for Cat	ZEAL 全价无谷猫罐头羊肉配方 Zeal Grain Free Cat Canned Food Lamb Recipe	宠物配合饲料 Pet Compound Feed	猫 Cats	新西兰 PetfoodNZ 国际有限公司 PetfoodNZ International Limited，New Zealand	2022.09—2027.09	新办
（2022）外饲准字 736 号	全价宠物食品犬粮 Pet Complete Food for Dog	ZEAL 全价无谷犬罐头鸡肉配方 Zeal Grain Free Dog Canned Food Chicken Recipe	宠物配合饲料 Pet Compound Feed	犬 Dogs	新西兰 PetfoodNZ 国际有限公司 PetfoodNZ International Limited，New Zealand	2022.09—2027.09	新办

（续）

登记证号	通用名称	商品名称	产品类别	使用范围	生产厂家	有效期限	备注
（2022）外饲准字 737 号	全价宠物食品犬粮 Pet Complete Food for Dog	ZEAL 全价无谷犬罐头鹿肉配方 Zeal Grain Free Dog Canned Food Venison Recipe	宠物配合饲料 Pet Compound Feed	犬 Dogs	新西兰 PetfoodNZ 国际有限公司 PetfoodNZ International Limited，New Zealand	2022. 09—2027. 09	新办
（2022）外饲准字 738 号	全价宠物食品犬粮 Pet Complete Food for Dog	ZEAL 全价无谷犬罐头牛肉配方 Zeal Grain Free Dog Canned Food Beef Recipe	宠物配合饲料 Pet Compound Feed	犬 Dogs	新西兰 PetfoodNZ 国际有限公司 PetfoodNZ International Limited，New Zealand	2022. 09—2027. 09	新办
（2022）外饲准字 739 号	全价宠物食品犬粮 Pet Complete Food for Dog	ZEAL 全价无谷犬罐头羊肉配方 Zeal Grain Free Dog Canned Food Lamb Recipe	宠物配合饲料 Pet Compound Feed	犬 Dogs	新西兰 PetfoodNZ 国际有限公司 PetfoodNZ International Limited，New Zealand	2022. 09—2027. 09	新办
（2022）外饲准字 740 号	宠物配合饲料成年期犬处方粮 Pet Compound Feed Veterinary Diet for Adult Dogs	Natural Greatness 恩萃成年犬肾脏护理处方粮 Natural Greatness Renal-Oxalate Complete Veterinary Diet For Adult Dogs	宠物配合饲料 Pet Compound Feed	犬 Dogs	西班牙 Visan 宠物食品科技工业有限公司 Visan Industrias Zootecnicas S. L.，Spain	2022. 09—2027. 09	新办
（2022）外饲准字 741 号	宠物配合饲料成年期犬处方粮 Pet Compound Feed Veterinary Diet for Adult Dogs	Natural Greatness 恩萃成年犬体重控制处方粮 Natural Greatness Obesity Control Complete Veterinary Diet For Adult Dogs	宠物配合饲料 Pet Compound Feed	犬 Dogs	西班牙 Visan 宠物食品科技工业有限公司 Visan Industrias Zootecnicas S. L.，Spain	2022. 09—2027. 09	新办

（续）

登记证号	通用名称	商品名称	产品类别	使用范围	生产厂家	有效期限	备注
(2022) 外饲准字 742 号	宠物配合饲料成年期犬处方粮 Pet Compound Feed Veterinary Diet for Adult Dogs	Natural Greatness 恩萃成年犬肠胃护理处方粮 Natural Greatness Gastrointestinal Complete Veterinary Diet For Adult Dogs	宠物配合饲料 Pet Compound Feed	犬 Dogs	西班牙 Visan 宠物食品科技工业有限公司 Visan Industrias Zootecnicas S. L. , Spain	2022. 09—2027. 09	新办
(2022) 外饲准字 743 号	宠物配合饲料成年期犬处方粮 Pet Compound Feed Veterinary Diet for Adult Dogs	Natural Greatness 恩萃成年犬关节护理处方粮 Natural Greatness Mobility Complete Veterinary Diet For Adult Dogs	宠物配合饲料 Pet Compound Feed	犬 Dogs	西班牙 Visan 宠物食品科技工业有限公司 Visan Industrias Zootecnicas S. L. , Spain	2022. 09—2027. 09	新办
(2022) 外饲准字 744 号	宠物配合饲料成年期猫处方粮 Pet Compound Feed Veterinary Diet for Adult Cats	Natural Greatness 恩萃成猫肾脏护理处方粮 Natural Greatness Renal-Oxalate Complete Veterinary Diet For Adult Cats	宠物配合饲料 Pet Compound Feed	猫 Cats	西班牙 Visan 宠物食品科技工业有限公司 Visan Industrias Zootecnicas S. L. , Spain	2022. 09—2027. 09	新办
(2022) 外饲准字 745 号	宠物配合饲料成年期猫处方粮 Pet Compound Feed Veterinary Diet for Adult Cats	Natural Greatness 恩萃成猫泌尿系统护理处方粮 Natural Greatness Urinary-Struvite Complete Veterinary Diet For Adult Cats	宠物配合饲料 Pet Compound Feed	猫 Cats	西班牙 Visan 宠物食品科技工业有限公司 Visan Industrias Zootecnicas S. L. , Spain	2022. 09—2027. 09	新办
(2022) 外饲准字 746 号	宠物配合饲料成年期猫处方粮 Pet Compound Feed Veterinary Diet for Adult Cats	Natural Greatness 恩萃成猫肠胃护理处方粮 Natural Greatness Gastrointestinal Complete Veterinary Diet For Adult Cats	宠物配合饲料 Pet Compound Feed	猫 Cats	西班牙 Visan 宠物食品科技工业有限公司 Visan Industrias Zootecnicas S. L. , Spain	2022. 09—2027. 09	新办

（续）

登记证号	通用名称	商品名称	产品类别	使用范围	生产厂家	有效期限	备注
（2022）外饲准字 747 号	宠物配合饲料成年期猫粮 Pet Compound Feed for Adult Cats	Natural Greatness 恩萃大西洋三文鱼鸡肉配方成猫粮 Natural Greatness Atlantic Sea Adult Cat-All Breed	宠物配合饲料 Pet Compound Feed	猫 Cats	西班牙 Visan 宠物食品科技工业有限公司 Visan Industrias Zootecnicas S. L.，Spain	2022. 09—2027. 09	新办
（2022）外饲准字 748 号	宠物配合饲料猫粮 Pet Compound Feed for Cats	Natural Woodland 森萃猪肉配方全猫粮 Natural Woodland Backwoods Diet All Age-All Breed	宠物配合饲料 Pet Compound Feed	猫 Cats	西班牙 Visan 宠物食品科技工业有限公司 Visan Industrias Zootecnicas S. L.，Spain	2022. 09—2027. 09	新办
（2022）外饲准字 749 号	宠物配合饲料猫粮 Pet Compound Feed for Cats	Natural Woodland 森萃鸡肉配方全猫粮 Natural Woodland Realm Diet All Age-All Breed	宠物配合饲料 Pet Compound Feed	猫 Cats	西班牙 Visan 宠物食品科技工业有限公司 Visan Industrias Zootecnicas S. L.，Spain	2022. 09—2027. 09	新办
（2022）外饲准字 750 号	宠物配合饲料犬粮 Pet Compound Feed Dog Food	Natural Woodland 森萃伊比利亚猪肉配方全犬粮 Natural Woodland Iberian Diet All Age-All Breed	宠物配合饲料 Pet Compound Feed	犬 Dogs	西班牙 Visan 宠物食品科技工业有限公司 Visan Industrias Zootecnicas S. L.，Spain	2022. 09—2027. 09	新办
（2022）外饲准字 751 号	全价宠物食品犬粮 Pet Compound Food for Dogs	生鲜本能经典无谷鸡肉配方犬粮 Instinct Original Grain-Free Recipe with Real Chicken for Dogs	宠物配合饲料 Pet Compound Feed	犬 Dogs	美国 C. J. 食品股份有限公司（Bern 工厂） C. J. Foods，Inc.，USA	2022. 09—2027. 09	新办
（2022）外饲准字 752 号	全价宠物食品猫粮 Pet Compound Food for Cats	生鲜本能原食生鲜系列无谷鸡肉配方猫粮 Instinct Raw Boost Grain-Free Recipe with Real Chicken for Cats	宠物配合饲料 Pet Compound Feed	猫 Cats	美国 C. J. 食品股份有限公司（Bern 工厂） C. J. Foods，Inc.，USA	2022. 09—2027. 09	新办

（续）

登记证号	通用名称	商品名称	产品类别	使用范围	生产厂家	有效期限	备注
（2022）外饲准字 753 号	全价宠物食品成年期犬粮 Pet Compound Feed for Adult Dog	Halo 无谷全价成犬干粮健美体态含火鸡肉、火鸡肝 & 鸭肉配方 Halo Adult Dog Dry Holistic Healthy Weight Grain Free Turkey, Turkey Liver & Duck Recipe	宠物配合饲料 Pet Compound Feed	犬 Dogs	美国 BARRETT 宠物食品创新有限公司（Little Falls 工厂） Barrett Ag Service INC DBA Barrett Petfood Innovations，USA	2022.09—2027.09	新办
（2022）外饲准字 754 号	全价宠物食品成年期犬粮 Pet Compound Feed for Adult Dog	Halo 全价成犬干粮无谷海陆盛宴 Halo Adult Dog Dry Holistic Grain Free Surf & Turf	宠物配合饲料 Pet Compound Feed	犬 Dogs	美国 BARRETT 宠物食品创新有限公司（Little Falls 工厂） Barrett Ag Service INC DBA Barrett Petfood Innovations，USA	2022.09—2027.09	新办
（2022）外饲准字 755 号	全价宠物食品成年期猫粮 Pet Compound Feed for Adult Cat	Halo 全价猫干粮敏感肠胃海鲜味 Halo Sensitive Stomach Cat Dry Holistic Seafood Medley	宠物配合饲料 Pet Compound Feed	猫 Cats	美国 BARRETT 宠物食品创新有限公司（Little Falls 工厂） Barrett Ag Service INC DBA Barrett Petfood Innovations，USA	2022.09—2027.09	新办
（2022）外饲准字 756 号	全价宠物食品成年期猫粮 Pet Compound Feed for Adult Cat	Halo 无谷全价室内猫干粮健美体态野生三文鱼 & 白鱼味 Halo Indoor Cat Dry Holistic Healthy Weight Grain Free Wild Salmon & Whitefish Recipe	宠物配合饲料 Pet Compound Feed	猫 Cats	美国 BARRETT 宠物食品创新有限公司（Little Falls 工厂） Barrett Ag Service INC DBA Barrett Petfood Innovations，USA	2022.09—2027.09	新办
（2022）外饲准字 757 号	全价宠物食品成年期猫粮 Pet Compound Feed for Adult Cat	Halo 无谷全价室内猫干粮健美体态鸡肉 & 鸡肝味 Halo Indoor Cat Dry Holistic Healthy Weight Grain Free Chicken & Chicken Liver Recipe	宠物配合饲料 Pet Compound Feed	猫 Cats	美国 BARRETT 宠物食品创新有限公司（Little Falls 工厂） Barrett Ag Service INC DBA Barrett Petfood Innovations，USA	2022.09—2027.09	新办

（续）

登记证号	通用名称	商品名称	产品类别	使用范围	生产厂家	有效期限	备注
（2022）外饲准字 758 号	全价宠物食品成年期猫粮 Pet Compound Feed for Adult Cat	Halo 全价成猫干粮野生三文鱼 & 白鱼味 Halo Adult Cat Dry Holistic Wild Salmon & Whitefish Recipe	宠物配合饲料 Pet Compound Feed	猫 Cats	美国 BARRETT 宠物食品创新有限公司（Little Falls 工厂） Barrett Ag Service INC DBA Barrett Petfood Innovations，USA	2022. 09—2027. 09	新办
（2022）外饲准字 759 号	全价宠物食品成年期猫粮 Pet Compound Feed for Adult Cat	Halo 全价成猫干粮鸡肉 & 鸡肝味 Halo Adult Cat Dry Holistic Chicken & Chicken Liver Recipe	宠物配合饲料 Pet Compound Feed	猫 Cats	美国 BARRETT 宠物食品创新有限公司（Little Falls 工厂） Barrett Ag Service INC DBA Barrett Petfood Innovations，USA	2022. 09—2027. 09	新办
（2022）外饲准字 760 号	全价宠物食品幼年期猫粮 Pet Compound Feed for Kitten	Halo 无谷全价幼猫干粮鸡肉 & 鸡肝味 Halo Kitten Dry Holistic Grain Free Chicken & Chicken Liver Recipe	宠物配合饲料 Pet Compound Feed	猫 Cats	美国 BARRETT 宠物食品创新有限公司（Little Falls 工厂） Barrett Ag Service INC DBA Barrett Petfood Innovations，USA	2022. 09—2027. 09	新办
（2022）外饲准字 761 号	全价宠物食品幼年期犬粮 Pet Compound Feed for Puppy	Halo 全价幼犬干粮鸡肉 & 鸡肝味 Halo Puppy Dry Holistic Chicken & Chicken Liver Recipe	宠物配合饲料 Pet Compound Feed	犬 Dogs	美国 BARRETT 宠物食品创新有限公司（Little Falls 工厂） Barrett Ag Service INC DBA Barrett Petfood Innovations，USA	2022. 09—2027. 09	新办
（2022）外饲准字 762 号	全价宠物食品小型犬成年期犬粮 Pet Compound Feed for Small Breed Adult Dog	Halo 全价小型犬成犬干粮鸡肉 & 鸡肝味 Halo Small Breed Adult Dog Dry Holistic Chicken & Chicken Liver Recipe	宠物配合饲料 Pet Compound Feed	犬 Dogs	美国 BARRETT 宠物食品创新有限公司（Little Falls 工厂） Barrett Ag Service INC DBA Barrett Petfood Innovations，USA	2022. 09—2027. 09	新办

（续）

登记证号	通用名称	商品名称	产品类别	使用范围	生产厂家	有效期限	备注
（2022）外饲准字 763 号	全价宠物食品小型犬成年期犬粮 Pet Compound Feed for Small Breed Adult Dog	Halo 无谷全价小型成犬干粮健康体态野生三文鱼&白鱼味 Halo Small Breed Adult Dog Dry Holistic Healthy Weight Grain Free Wild Salmon & Whitefish Recipe	宠物配合饲料 Pet Compound Feed	犬 Dogs	美国 BARRETT 宠物食品创新有限公司（Little Falls 工厂） Barrett Ag Service INC DBA Barrett Petfood Innovations，USA	2022.09—2027.09	新办
（2022）外饲准字 764 号	全价宠物食品成年期犬粮 Pet Compound Feed for Adult Dog	Halo 全价成犬干粮鸡肉&鸡肝味 Halo Adult Dog Dry Holistic Chicken & Chicken Liver Recipe	宠物配合饲料 Pet Compound Feed	犬 Dogs	美国 BARRETT 宠物食品创新有限公司（Little Falls 工厂） Barrett Ag Service INC DBA Barrett Petfood Innovations，USA	2022.09—2027.09	新办
（2022）外饲准字 765 号	全价宠物食品成年期犬粮 Pet Compound Feed for Adult Dog	Halo 全价成犬干粮野生三文鱼&白鱼味 Halo Adult Dog Dry Holistic Wild Salmon & Whitefish Recipe	宠物配合饲料 Pet Compound Feed	犬 Dogs	美国 BARRETT 宠物食品创新有限公司（Little Falls 工厂） Barrett Ag Service INC DBA Barrett Petfood Innovations，USA	2022.09—2027.09	新办
（2022）外饲准字 766 号	全价宠物食品成年期犬粮 Pet Compound Feed for Adult Dog	自然馈赠含牛肉鱼肉成犬餐盒 Nature's Gift Dog Food with Beef and Fish	宠物配合饲料 Pet Compound Feed	犬 Dogs	澳大利亚宠物食品有限公司（Ingleburn 工厂） Australian Pet Brands Pty Ltd，Australia	2022.09—2027.09	新办
（2022）外饲准字 767 号	全价宠物食品成年期犬粮 Pet Compound Feed for Adult Dog	自然馈赠含羊肉成犬餐盒 Nature's Gift Dog Food with Lamb	宠物配合饲料 Pet Compound Feed	犬 Dogs	澳大利亚宠物食品有限公司（Ingleburn 工厂） Australian Pet Brands Pty Ltd，Australia	2022.09—2027.09	新办

（续）

登记证号	通用名称	商品名称	产品类别	使用范围	生产厂家	有效期限	备注
(2022）外饲准字768号	全价宠物食品小型犬粮 Pet Compound Feed for Small Breed Dog	T27 纽顿小型 & 玩赏犬全价犬粮鸡肉 & 火鸡肉配方 T27 NutramNumber Total Small & Toy Breed Dog Food Chicken & Turkey Recipe	宠物配合饲料 Pet Compound Feed	犬 Dogs	(加拿大）艾尔麦乐宠物产品有限公司 Elmira Pet Products Ltd.，Canada	2022.09—2027.09	新办
(2022）外饲准字769号	全价宠物食品猫粮 Pet Compound Feed for Cat	T22 纽顿全价猫粮鸡肉 & 火鸡肉配方 T22 NutramNumber Total Cat Food Chicken & Turkey Recipe	宠物配合饲料 Pet Compound Feed	猫 Cats	(加拿大）艾尔麦乐宠物产品有限公司 Elmira Pet Products Ltd.，Canada	2022.09—2027.09	新办
(2022）外饲准字770号	全价宠物食品猫粮 Pet Compound Feed for Cat	T32 纽顿 Hi-Pro 全价猫粮鸡肉 & 火鸡肉配方 T32 NutramNumber Total Hi-Pro Cat Food Chicken & Turkey Recipe	宠物配合饲料 Pet Compound Feed	猫 Cats	(加拿大）艾尔麦乐宠物产品有限公司 Elmira Pet Products Ltd.，Canada	2022.09—2027.09	新办
(2022）外饲准字771号	全价宠物食品猫粮 Pet Compound Feed for Cat	T34 纽顿 Hi-Pro 全价猫粮鲑鱼 & 鳟鱼配方 T34 NutramNumber Total Hi-Pro Cat Food Salmon & Trout Recipe	宠物配合饲料 Pet Compound Feed	猫 Cats	(加拿大）艾尔麦乐宠物产品有限公司 Elmira Pet Products Ltd.，Canada	2022.09—2027.09	新办
(2022）外饲准字772号	全价宠物食品小型犬成年期犬粮 Pet Compound Feed for Small Breed Adult Dog	Taste of the Wild Appalachian Valley 小型犬粮含鹿肉和鹰嘴豆配方 Taste of the Wild Appalachian Valley Small Breed Canine Recipe with Venison & Garbanzo Beans	宠物配合饲料 Pet Compound Feed	犬 Dogs	(美国）帝尔文宠物食品 Diamond Pet Foods，USA	2022.09—2027.09	新办

（续）

登记证号	通用名称	商品名称	产品类别	使用范围	生产厂家	有效期限	备注
(2022) 外饲准字 773 号	全价宠物食品猫粮 Pet Compound Feed for Cat	Taste of the Wild Lowland Creek 猫粮添加烘烤鹌鹑肉和烘烤鸭肉 Taste of the Wild Lowland Creek Feline Recipe with Roasted Quail & Roasted Duck	宠物配合饲料 Pet Compound Feed	猫 Cats	(美国) 帝尔文宠物食品 Diamond Pet Foods, USA	2022.09—2027.09	新办
(2022) 外饲准字 774 号	全价宠物食品犬粮 Pet Compound Feed for Dog	Taste of the Wild Pine Forest 犬粮含鹿肉和鹰嘴豆配方 Taste of the Wild Pine Forest Canine Recipe with Venison & Legumes	宠物配合饲料 Pet Compound Feed	犬 Dogs	(美国) 帝尔文宠物食品 Diamond Pet Foods, USA	2022.09—2027.09	新办
(2022) 外饲准字 775 号	全价宠物食品猫粮 Pet Compound Feed for Cat	Taste of the Wild Rocky Mountain 猫粮添加烘烤鹿肉和烟熏三文鱼 Taste of the Wild Rocky Mountain Feline Recipe with Roasted Venison & Smoked Salmon	宠物配合饲料 Pet Compound Feed	猫 Cats	(美国) 帝尔文宠物食品 Diamond Pet Foods, USA	2022.09—2027.09	新办
(2022) 外饲准字 776 号	全价宠物食品犬粮 Pet Compound Feed for Dog	Taste of the Wild Sierra Mountain 犬粮添加烘烤羊肉 Taste of the Wild Sierra Mountain Canine Recipe with Roasted Lamb	宠物配合饲料 Pet Compound Feed	犬 Dogs	(美国) 帝尔文宠物食品 Diamond Pet Foods, USA	2022.09—2027.09	新办
(2022) 外饲准字 777 号	全价宠物食品成年期犬粮 Pet Compound Feed for Adult Dog	Taste of the Wild Wetlands 犬粮添加烘烤鸭肉 Taste of the Wild Wetlands Canine Recipe with Roasted Fowl	宠物配合饲料 Pet Compound Feed	犬 Dogs	(美国) 帝尔文宠物食品 Diamond Pet Foods, USA	2022.09—2027.09	新办

（续）

登记证号	通用名称	商品名称	产品类别	使用范围	生产厂家	有效期限	备注
(2022) 外饲准字 778 号	全价宠物食品犬粮 Pet Compound Feed for Dog	Taste of the Wild Prey 安格斯牛肉配方犬粮 Taste of the Wild Prey Angus Beef Recipe for Dogs	宠物配合饲料 Pet Compound Feed	犬 Dogs	(美国) 帝尔文宠物食品 Diamond Pet Foods，USA	2022.09—2027.09	新办
(2022) 外饲准字 779 号	全价宠物食品犬粮 Pet Compound Feed for Dog	Taste of the Wild Prey 鳟鱼配方犬粮 Taste of the Wild Prey Trout Recipe for Dogs	宠物配合饲料 Pet Compound Feed	犬 Dogs	(美国) 帝尔文宠物食品 Diamond Pet Foods，USA	2022.09—2027.09	新办
(2022) 外饲准字 780 号	全价宠物食品老年期犬粮 Pet Compound Feed For Senior Dogs	Open Farm® 老年犬主粮 Open Farm® Senior Recipe Dog Food	宠物配合饲料 Pet Compound Feed	犬 Dogs	美国 BARRETT 宠物食品创新有限公司 Barrett Ag Service Inc DBA Barrett Petfood Innovations，USA	2022.09—2027.09	新办
(2022) 外饲准字 781 号	全价宠物食品幼年期犬粮 Pet Compound Feed For Puppies	Open Farm® 幼犬主粮 Open Farm® Puppy Recipe Dog Food	宠物配合饲料 Pet Compound Feed	犬 Dogs	美国 BARRETT 宠物食品创新有限公司 Barrett Ag Service Inc DBA Barrett Petfood Innovations，USA	2022.09—2027.09	新办
(2022) 外饲准字 782 号	全价宠物食品犬粮 Pet Compound Feed For Dogs	Open Farm® 农场火鸡肉&鸡肉味犬粮 Open Farm® Homestead Turkey & Chicken Recipe Dog Food	宠物配合饲料 Pet Compound Feed	犬 Dogs	美国 BARRETT 宠物食品创新有限公司 Barrett Ag Service Inc DBA Barrett Petfood Innovations，USA	2022.09—2027.09	新办
(2022) 外饲准字 783 号	全价宠物食品 幼年期犬粮 Compound Pet Food Puppy Food	NUTRO™美士™全护营养系列 全价幼犬犬粮 含鸡肉配方 Nutro™ Natural Choice™ Puppy Chicken & Brown Rice	宠物配合饲料 Pet Compound Feed	犬 Dogs	玛氏宠物护理美国公司 Mars Petcare，USA	2022.09—2027.09	新办

（续）

登记证号	通用名称	商品名称	产品类别	使用范围	生产厂家	有效期限	备注
(2022) 外饲准字 784 号	全价宠物食品 成年期犬粮 Compound Pet Food Adult Dog Food	NUTRO™美士™全护营养系列 全价成犬犬粮 含鸡肉配方 Nutro™ Natural Choice™ Adult Dog Chicken & Brown Rice	宠物配合饲料 Pet Compound Feed	犬 Dogs	玛氏宠物护理美国公司 Mars Petcare，USA	2022.09—2027.09	新办
(2022) 外饲准字 785 号	全价宠物食品 成年期犬粮 Compound Pet Food Adult Dog Food	NUTRO™美士™全护营养系列 全价成犬犬粮 含羊肉配方 Nutro™ Natural Choice™ Adult Dog Lamb & Brown Rice	宠物配合饲料 Pet Compound Feed	犬 Dogs	玛氏宠物护理美国公司 Mars Petcare，USA	2022.09—2027.09	新办
(2022) 外饲准字 786 号	全价宠物食品 成猫期猫粮 Compound Pet Food Adult Cat Food	NUTRO™美士™全护营养系列去毛球全价成猫猫粮 Nutro™ Wholesome Essentials™ Hairball Control Adult Cat Chicken & Brown Rice	宠物配合饲料 Pet Compound Feed	猫 Cats	玛氏宠物护理美国公司 Mars Petcare，USA	2022.09—2027.09	新办
(2022) 外饲准字 787 号	全价宠物食品 猫粮 Compound Pet Food Cat Food	NUTRO™美士™含鸭肉无谷配方全价成猫猫粮 Nutro™ Grain Free™ Adult Duck Recipe Cat Food	宠物配合饲料 Pet Compound Feed	猫 Cats	玛氏宠物护理美国公司 Mars Petcare，USA	2022.09—2027.09	新办
(2022) 外饲准字 824 号	混合型饲料添加剂 防霉剂 Feed Additive Mixtures Preservatives	福适 pHorce	混合型饲料添加剂 Feed Additives Mixture	养殖动物 All species or categories of animals	英国安彭利集团公司 Anpario plc，UK	2022.09—2027.09	新办

（续）

登记证号	通用名称	商品名称	产品类别	使用范围	生产厂家	有效期限	备注
（2022）外饲准字 825 号	饲料添加剂 酿酒酵母 Feed Additive *Saccharomyces cerevisiae*	益赛福 ACTISAF Sc 47 HR+	饲料添加剂 Feed Additive	养殖动物 All species or categories of animals	法国乐斯福工业公司 Société Industrielle Lesaffre，France	2022.12—2027.12	新办
（2022）外饲准字 826 号	饲料添加剂 刺槐豆胶 Feed Additive Carob Bean Gum	刺槐豆胶 Locust Bean Gum	饲料添加剂 Feed Additive	宠物 Pets	意大利 LBG 西西里公司 LBG SICILIA s. r. l，Italy	2022.12—2027.12	新办
（2022）外饲准字 827 号	混合型饲料添加剂 植酸酶（产自米曲霉） Feed Additives Mixture Phytase (Source：*Aspergillus oryzae*)	乐多仙® HiPhos（M） RONOZYME® HiPhos (M)	混合型饲料添加剂 Feed Additives Mixture	猪、家禽 Swine，Poultry	丹麦诺维信公司 Novozymes A/S，Denmark	2022.12—2027.12	新办
（2022）外饲准字 828 号	混合型饲料添加剂 月桂酸 Feed Additives Mixture Lauric Acid	倍卫它饲料肠道抑菌剂 BEWI FATRIX SynerG+	混合型饲料添加剂 Feed Additives Mixture	猪、家禽、牛 Swine，Poultry，Cattle	（德国）倍卫它农业有限公司 BEWITAL agri GmbH & Co. KG，Germany	2022.12—2027.12	新办
（2022）外饲准字 829 号	混合型饲料添加剂 枯草芽孢杆菌 Feed Additives Mixture *Bacillus subtilis*	维畜能（浓缩型） Visano® Concentrate	混合型饲料添加剂 Feed Additives Mixture	猪 Swine	美国 United Animal Health 公司 United Animal Health，Inc.，USA	2022.12—2027.12	新办
（2022）外饲准字 830 号	混合型饲料添加剂 枯草芽孢杆菌 地衣芽孢杆菌 Feed Additives Mixture *Bacillus subtilis Bacillus licheniformis*	氨灭（浓缩型） Amnil® Concentrate	混合型饲料添加剂 Feed Additives Mixture	猪、家禽 Swine，Poultry	美国 United Animal Health 公司 United Animal Health，Inc.，USA	2022.12—2027.12	新办
（2022）外饲准字 831 号	混合型饲料添加剂 甘氨酸 一水硫酸锰 Feed Additives Mixture Glycine Manganese Sulfate Monohydrate	佧犇鑫锰 Plexomin® Mn Mix	混合型饲料添加剂 Feed Additives Mixture	养殖动物 All species or categories of animals	德国佧犇泰饲料添加剂有限公司 Phytobiotics Futterzusatzstoffe GmbH，Germany	2022.12—2027.12	新办
（2022）外饲准字 832 号	混合型饲料添加剂 枯草芽孢杆菌 Feed Additives Mixture *Bacillus subtilis*	诺肠康 100 Novela 100	混合型饲料添加剂 Feed Additives Mixture	家禽 Poultry	美国联合动物健康有限公司 United Animal Health，Inc.，USA	2022.12—2027.12	新办

（续）

登记证号	通用名称	商品名称	产品类别	使用范围	生产厂家	有效期限	备注
（2022）外饲准字 833 号	混合型饲料添加剂 枯草芽孢杆菌 Feed Additives Mixture *Bacillus subtilis*	诺肠康（浓缩）Novela® Concentrate	混合型饲料添加剂 Feed Additives Mixture	家禽 Poultry	美国联合动物健康有限公司 United Animal Health，Inc.，USA	2022.12—2027.12	新办
（2022）外饲准字 834 号	混合型饲料添加剂 短小芽孢杆菌 枯草芽孢杆菌 Feed Additives Mixture *Bacillus pumilus Bacillus subtilis*	诺肠康 ECL（饮用）Novela® ECL Plus	混合型饲料添加剂 Feed Additives Mixture	家禽 Poultry	美国联合动物健康有限公司 United Animal Health，Inc.，USA	2022.12—2027.12	新办
（2022）外饲准字 835 号	混合型饲料添加剂 酵母硒 Feed Additives Mixture Selenium Yeast Complex	拉曼硒 2000 Alkosel 2000	混合型饲料添加剂 Feed Additives Mixture	养殖动物 All species or categories of animals	英国原料有限公司 GB INGREDIENTS LTD.，UK	2022.12—2027.12	新办
（2022）外饲准字 836 号	混合型饲料添加剂 酵母硒 Feed Additives Mixture Selenium Yeast Complex	拉曼硒 2700 Alkosel 2700	混合型饲料添加剂 Feed Additives Mixture	养殖动物 All species or categories of animals	英国原料有限公司 GB INGREDIENTS LTD.，UK	2022.12—2027.12	新办
（2022）外饲准字 837 号	混合型饲料添加剂 酵母硒 Feed Additives Mixture Selenium Yeast Complex	拉曼硒 3000 Alkosel 3000	混合型饲料添加剂 Feed Additives Mixture	养殖动物 All species or categories of animals	英国原料有限公司 GB INGREDIENTS LTD.，UK	2022.12—2027.12	新办
（2022）外饲准字 838 号	混合型饲料添加剂 牛至香酚 大蒜素 Feed Additives Mixture Oregano Carvacrol Garlicin	罗达美 Rota Minex	混合型饲料添加剂 Feed Additives Mixture	养殖动物 All species or categories of animals	土耳其 Rota Madencilik Tarim Hayvancilik Pazarlama Ve Nakliyat Dis Ticaret 公司（马尼萨工厂）Rota Madencilik Tarim Hayvancilik Pazarlama Ve Nakliyat Dis Ticaret A. S.（Manisa Factory），Turkey	2022.12—2027.12	新办
（2022）外饲准字 839 号	混合型饲料添加剂 防霉剂 Feed Additives Mixture Preservatives	牧的伴 MOULDBAN® HYDRO	混合型饲料添加剂 Feed Additives Mixture	养殖动物 All species or categories of animals	西班牙 BIOTECH BIOSECURITY S. L. 公司 BIOTECH BIOSECURITY S. L.，Spain	2022.12—2027.12	新办

（续）

登记证号	通用名称	商品名称	产品类别	使用范围	生产厂家	有效期限	备注
(2022) 外饲准字 840 号	混合型饲料添加剂：单宁酸 Feed Additives Mixture: Tannic acid	福美酚 Farmatan Le	混合型饲料添加剂 Feed Additives Mixture	养殖动物 All species or categories of animals	斯洛文尼亚天宁有限公司 Tanin Sevnica d. d.，Slovenia	2022. 12—2027. 12	新办
(2022) 外饲准字 841 号	混合型饲料添加剂：甲酸，磷酸，单宁酸 Feed Additives Mixture: Formic Acid, Phosphoric Acid, Tannic acid	福美酚 ACO Farmatan ACO	混合型饲料添加剂 Feed Additives Mixture	猪 Swine	斯洛文尼亚天宁有限公司 Tanin Sevnica d. d, Slovenia	2022. 12—2027. 12	新办
(2022) 外饲准字 842 号	混合型饲料添加剂酿酒酵母 Feed Additives Mixture *Saccharomyces cerevisiae*	益赛福（标准型） ACTISAF Sc 47 STD	混合型饲料添加剂 Feed Additives Mixture	养殖动物 All species or categories of animals	法国乐斯福工业公司 Société Industrielle Lesaffre, France	2022. 12—2027. 12	新办
(2022) 外饲准字 843 号	混合型饲料添加剂 微生物 矿物元素 Feed Additives Mixture Live Micro-organisms Minerals	佰霉佰清 Eagle Mycomix Plus 5. Z	混合型饲料添加剂 Feed Additives Mixture	畜禽、水产养殖动物 Livestock, Poultry, Aquaculture animals	韩国鹰威科技有限公司 Eagle Vet Tech Co.，Ltd.，Korea	2022. 12—2027. 12	新办
(2022) 外饲准字 844 号	混合型饲料添加剂 β-胡萝卜素 斑蝥黄 Feed Additives Mixture beta-Carotene Canthaxanthin	白翼红色素 PREMIX MOSAICO（3 COMPONENTI）	混合型饲料添加剂 Feed Additives Mixture	观赏鸟 Ornamental birds	（意大利）奥尼塔利亚产品服务公司 ORNITALIA PRODUCT SERVICE S. R. L.，Italy	2022. 12—2027. 12	新办
(2022) 外饲准字 845 号	混合型饲料添加剂 β-胡萝卜素 斑蝥黄 Feed Additives Mixture beta-Carotene Canthaxanthin	强烈红色素 PREMIX INTENSO（3 COMPONENTI）	混合型饲料添加剂 Feed Additives Mixture	观赏鸟 Ornamental birds	（意大利）奥尼塔利亚产品服务公司 ORNITALIA PRODUCT SERVICE S. R. L.，Italy	2022. 12—2027. 12	新办
(2022) 外饲准字 846 号	混合型饲料添加剂 百里香油和柠檬酸 Feed Additives Mixture Thyme oil and Citric Acid	艾可美天然 ALQUERMOLD NATURE PREMIX	混合型饲料添加剂 Feed Additives Mixture	养殖动物 All species or categories of animals	西班牙百卫公司 BIOVET S. A.，Spain	2022. 12—2027. 12	新办

（续）

登记证号	通用名称	商品名称	产品类别	使用范围	生产厂家	有效期限	备注
（2022）外饲准字 847 号	混合型饲料添加剂 植物乳杆菌 Feed Additives Mixture *Lactobacillus plantarum*	水乐宝 EX-PRO	混合型饲料添加剂 Feed Additives Mixture	虾 Shrimp	越南 C. P 畜牧股份公司—第 5 分工厂在同奈 C. P. VIETNAM CORPORATION-DONG NAI FACTORY 5，Vietnam	2022. 12—2027. 12	新办
（2022）外饲准字 848 号	混合型饲料添加剂 侧孢短芽孢杆菌 Feed Additives Mixture *Brevibacillus laterosporus*	益康清 PH FIXER	混合型饲料添加剂 Feed Additives Mixture	虾 Shrimp	越南 C. P 畜牧股份公司—第 5 分工厂在同奈 C. P. VIETNAM CORPORATION-DONG NAI FACTORY 5，Vietnam	2022. 12—2027. 12	新办
（2022）外饲准字 849 号	混合型饲料添加剂 枯草芽孢杆菌 Feed Additives Mixture *Bacillus subtilis*	水乐净 ZYMETIN	混合型饲料添加剂 Feed Additives Mixture	虾、鱼 Shrimp，Fish	越南 C. P 畜牧股份公司—第 5 分工厂在同奈 C. P. VIETNAM CORPORATION-DONG NAI FACTORY 5，Vietnam	2022. 12—2027. 12	新办
（2022）外饲准字 850 号	混合型饲料添加剂 肌醇 Feed Additives Mixture Inositol	新普乐® I NUPRO® I	混合型饲料添加剂 Feed Additives Mixture	养殖动物 All species or categories of animals	美国奥特奇公司 ALLTECH INC.，USA	2022. 12—2027. 12	新办
（2022）外饲准字 851 号	混合型饲料添加剂 赖氨酸 Feed Additives Mixture L-lysine	爱美山-1000 Amisan-1000	混合型饲料添加剂 Feed Additives Mixture	猪、鸡、蜜蜂、水产养殖动物 Swine，Chickens，Bee，Aquaculture animals	（韩国）务盛生物 Ohsungbio Co.，Ltd.，Korea	2022. 12—2027. 12	新办
（2022）外饲准字 852 号	混合型饲料添加剂 香味物质 Feed Additives Mixture Flavouring Substances	黄金水果 GoldenFruit	混合型饲料添加剂 Feed Additives Mixture	养殖动物 All species or categories of animals	法国艾迪肆公司 ID4TECH SAS，France	2022. 12—2027. 12	新办
（2022）外饲准字 853 号	猪牛复合预混合饲料 Premix for Swine and Cattle	全能健 R TopBoar Z	添加剂预混合饲料 Feed Additive Premix	猪、牛 Swine，Cattle	日本牛越生理学研究所株式会社 USHIKOSHI RESEARCH INSTITUTE FOR PHYSILOGY CO.，LTD，Japan	2022. 12—2027. 12	新办

（续）

登记证号	通用名称	商品名称	产品类别	使用范围	生产厂家	有效期限	备注
(2022) 外饲准字 854 号	猪用复合预混合饲料 Compound Premix for Swine	腾力素 PxW Tonisity PxW	添加剂预混合饲料 Feed Additive Premix	猪 Swine	(爱尔兰) 诺帝柏欧有限公司 Nutribio Ltd, Ireland	2022.12—2027.12	新办
(2022) 外饲准字 855 号	复合预混合饲料（畜禽，反刍动物和犬） Compound Premixed Feed for Livestock, Poultry, Ruminants and Dogs	阿梅诺 AMINOVITAMIN SUPER	添加剂预混合饲料 Feed Additive Premix	畜禽、反刍动物、犬 Livestock, Poultry, Ruminant, Dogs	威隆（波兰）制药有限公司 Vetoquinol Biowet Sp z o. o. , Poland	2022.12—2027.12	新办
(2022) 外饲准字 856 号	犊牛精料补充料 Supplementary Concentrate for Calf	优牛 Max Kalvolac Max	精料补充料 Supplementary Concentrate	犊牛 Calves	荷兰纽维德公司 Nutrifeed, the Netherlands	2022.12—2027.12	新办
(2022) 外饲准字 857 号	犊牛精料补充料 Supplementary Concentrate for Calf	普利康 Energy Kalvostart Energy	精料补充料 Supplementary Concentrate	犊牛 Calves	荷兰纽维德公司 Nutrifeed, the Netherlands	2022.12—2027.12	新办
(2022) 外饲准字 858 号	羔羊精料补充料 Supplementary Concentrate for Lamb	菲羊 Max Halmalac Max	精料补充料 Supplementary Concentrate	羔羊 Lambs	荷兰纽维德公司 Nutrifeed, the Netherlands	2022.12—2027.12	新办
(2022) 外饲准字 859 号	犊牛精料补充料 Supplementary Concentrate for Calf	普利康 Fit Kalvostart Fit	精料补充料 Supplementary Concentrate	犊牛 Calves	荷兰纽维德公司 Nutrifeed, the Netherlands	2022.12—2027.12	新办
(2022) 外饲准字 860 号	羔羊精料补充料 Supplementary Concentrate for Goat Kid	羔羊乐 Chivalac	精料补充料 Supplementary Concentrate	羔羊 Lambs	荷兰纽维德公司 Nutrifeed, the Netherlands	2022.12—2027.12	新办
(2022) 外饲准字 861 号	犊牛精料补充料 Supplementary Concentrate for Calf	优牛 Robust Kalvolac Robust	精料补充料 Supplementary Concentrate	犊牛 Calves	荷兰纽维德公司 Nutrifeed, the Netherlands	2022.12—2027.12	新办

（续）

登记证号	通用名称	商品名称	产品类别	使用范围	生产厂家	有效期限	备注
（2022）外饲准字 862 号	羔羊精料补充料 Supplementary Concentrate for Lamb	菲羊经典 Halmalac Classic	精料补充料 Supplementary Concentrate	羔羊 Lambs	荷兰纽维德公司 Nutrifeed，the Netherlands	2022.12—2027.12	新办
（2022）外饲准字 863 号	酿酒酵母培养物 Saccharomyces cerevisiae Culture	酵福宝 50 Ferm Pro 50	单一饲料 Single Feed	养殖动物 All species or categories of animals	美国维佰营养公司 Vit-Bio Nutrition Inc，USA	2022.12—2027.12	新办
（2022）外饲准字 864 号	鱼油 Fish Oil	鱼油 Fish Oil	单一饲料 Single Feed	养殖动物（反刍动物除外） All species or categories of animals（Not including ruminant）	毛里塔尼亚 AL WATANIYA POUR LA PECHE SARL 公司 AL WATANIYA POUR LA PECHE SARL，Mauritania	2022.12—2027.12	新办
（2022）外饲准字 865 号	白鱼粉 White Fishmeal	白鱼粉（二级） White fishmeal	单一饲料 Single Feed	畜禽、水产养殖动物、毛皮动物（反刍动物除外） Livestock，Poultry，Aquaculture animals，Fur-bearing animals（Not including ruminant）	俄罗斯普列奥布拉热尼耶拖网船队基地公众股份公司 Public Joint Stock Company "Preobrazhenskaya Base of Trawling Fleet"，Russia	2022.12—2027.12	新办
（2022）外饲准字 866 号	虾粉 Shrimp Meal	虾粉 Shrimp meal	单一饲料 Single Feed	水产养殖动物 Aquaculture animals	厄瓜多尔众多项目公司 CORPORACION DE PROYECTOS MULTIPLES MULT. I. PROYECTOS S. A，Ecuador	2022.12—2027.12	新办
（2022）外饲准字 867 号	鱼粉 Fishmeal	红鱼粉（三级） Red Fishmeal（grade Ⅲ）	单一饲料 Single Feed	猪、家禽、水产养殖动物（反刍动物除外） Swine，Poultry，Aquaculture animals（Not including ruminant）	摩洛哥贝尔哈桑工商业综合公司—第二工厂 CIBEL Ⅱ，Morocco	2022.12—2027.12	新办

（续）

登记证号	通用名称	商品名称	产品类别	使用范围	生产厂家	有效期限	备注
(2022) 外饲准字 868 号	鱼粉 Fishmeal	红鱼粉（二级） Red Fishmeal（Ⅱ）	单一饲料 Single Feed	畜禽、水产养殖动物（反刍动物除外） Livestock, Poultry, Aquaculture animals（Not including ruminant）	越南旅游投资和水产发展股份公司 Travel Investment and Seafood Development Corporation, Vietnam	2022.12—2027.12	新办
(2022) 外饲准字 869 号	鱼粉 Fishmeal	红鱼粉（三级至二级） Red Fishmeal	单一饲料 Single Feed	养殖动物（反刍动物除外） All species or categories of animals（Not including ruminant）	缅甸 HHT 国际有限公司 Htoo Htoo Toe International Co., Ltd, Myanmar	2022.12—2027.12	新办
(2022) 外饲准字 870 号	牛肉骨粉 Bovine Meat and Bone Meal	牛肉骨粉 Bovine meat and bone meal	单一饲料 Single Feed	养殖动物（反刍动物除外） All species or categories of animals（Not including ruminant）	阿根廷大河公司 FRIGORIFICO RIOPLATENSE S. A. I. C. I. F, Argentina	2022.12—2027.12	新办
(2022) 外饲准字 871 号	兔配合饲料 Compound Feed for Rabbits	5C22 优质兔饲料 5C22 Certified Rabbit C	配合饲料 Compound Feed	兔 Rabbits	美国 PMI 营养国际有限责任公司（里士满工厂） PMI NUTRITION INTERNATIONAL, LLC（plant in Richmond）, USA	2022.12—2027.12	新办
(2022) 外饲准字 872 号	兔配合饲料 Compound Feed for Rabbits	5C25 优质高纤兔饲料 5C25 Certified High Fiber Rabbit Diet C	配合饲料 Compound Feed	兔 Rabbits	美国 PMI 营养国际有限责任公司（里士满工厂） PMI NUTRITION INTERNATIONAL, LLC（plant in Richmond）, USA	2022.12—2027.12	新办
(2022) 外饲准字 873 号	啮齿动物配合饲料 Compound Feed for Rodents	5C26 优质啮齿类动物饲料 5C26 Certified Guinea Pig Diet C	配合饲料 Compound Feed	啮齿动物 Rodents	美国 PMI 营养国际有限责任公司（里士满工厂） PMI NUTRITION INTERNATIONAL, LLC（plant in Richmond）, USA	2022.12—2027.12	新办

（续）

登记证号	通用名称	商品名称	产品类别	使用范围	生产厂家	有效期限	备注
(2022) 外饲准字 874 号	虾配合饲料 Shrimp Compound Feed	虾苗力士 Larva Z Plus	配合饲料 Compound Feed	虾 Shrimp	(美国) 齐格勒兄弟公司 Zeigler Bros., Inc., USA	2022.12—2027.12	新办
(2022) 外饲准字 875 号	对虾配合饲料 Penaeid Compound Feed	瑞母美特 Redi-Mate	配合饲料 Compound Feed	虾 Shrimp	(美国) 齐格勒兄弟公司 Zeigler Bros., Inc., USA	2022.12—2027.12	新办
(2022) 外饲准字 876 号	兔配合饲料 Rabbit Compound Feed	优质梯牧草兔饲料 MAZURI® TIMOTHY-BASED RABBIT DIET	配合饲料 Compound Feed	兔 Rabbits	美国 PMI 营养国际有限责任公司 PMI Nutrition International, LLC, USA	2022.12—2027.12	新办
(2022) 外饲准字 877 号	龟配合饲料 Turtle Compound Feed	优质水龟饲料 MAZURI® AQUATIC TURTLE DIET	配合饲料 Compound Feed	龟 Turtles	美国 PMI 营养国际有限责任公司 PMI Nutrition International, LLC, USA	2022.12—2027.12	新办
(2022) 外饲准字 878 号	小型鸟类配合饲料 Small Birds Compound Feed	优质小型鸟类饲料（小颗粒） MAZURI® MINI BIRD DIET	配合饲料 Compound Feed	鸟 Birds	美国 PMI 营养国际有限责任公司 PMI Nutrition International, LLC, USA	2022.12—2027.12	新办
(2022) 外饲准字 879 号	龟配合饲料 Tortoise Compound Feed	优质低淀粉陆龟饲料 MAZURI® TORTOISE LS DIET	配合饲料 Compound Feed	龟 Turtles	美国 PMI 营养国际有限责任公司 PMI Nutrition International, LLC, USA	2022.12—2027.12	新办
(2022) 外饲准字 880 号	有蹄类动物配合饲料 Hoofed Animals Compound Feed	优质低淀粉有蹄类动物饲料 MAZURI® EXOTIC LS HOOFSTOCK	配合饲料 Compound Feed	有蹄动物 Hooves	美国 PMI 营养国际有限责任公司 PMI Nutrition International, LLC, USA	2022.12—2027.12	新办
(2022) 外饲准字 881 号	鹦鹉配合饲料 Parrot Compound Feed	优质鹦鹉饲料 MAZURI® PARROT MAINTENANCE DIET	配合饲料 Compound Feed	观赏鸟 Ornamental birds	美国 PMI 营养国际有限责任公司 PMI Nutrition International, LLC, USA	2022.12—2027.12	新办

（续）

登记证号	通用名称	商品名称	产品类别	使用范围	生产厂家	有效期限	备注
(2022) 外饲准字 882 号	非人类灵长动物配合饲料 Non-human Primates Compound Feed	优质非人类灵长动物饲料 MAZURI® LEAF-EATER MINI BISCUIT	配合饲料 Compound Feed	非人类灵长动物 Non-human primates	美国 PMI 营养国际有限责任公司 PMI Nutrition International, LLC, USA	2022.12—2027.12	新办
(2022) 外饲准字 883 号	袋鼠配合饲料 Kangaroo Compound Feed	优质低淀粉袋鼠科动物饲料 MAZURI® MACROPODS DIET	配合饲料 Compound Feed	袋鼠 Kangaroo	美国 PMI 营养国际有限责任公司 PMI Nutrition International, LLC, USA	2022.12—2027.12	新办
(2022) 外饲准字 884 号	羊驼配合饲料 Alpaca Compound Feed	优质羊驼饲料 MAZURI® ALPACA CARE	配合饲料 Compound Feed	羊驼 Alpaca	美国 PMI 营养国际有限责任公司 PMI Nutrition International, LLC, USA	2022.12—2027.12	新办
(2022) 外饲准字 885 号	龟配合饲料 Tortoise Compound Feed	优质陆龟饲料 MAZURI® TORTOISE DIET	配合饲料 Compound Feed	龟 Turtles	美国 PMI 营养国际有限责任公司 PMI Nutrition International, LLC, USA	2022.12—2027.12	新办
(2022) 外饲准字 886 号	鼠配合饲料 Murine Compound Feed	优质龙猫饲料 MAZURI® CHINCHILLA DIET	配合饲料 Compound Feed	啮齿动物 Rodents	美国 PMI 营养国际有限责任公司 PMI Nutrition International, LLC, USA	2022.12—2027.12	新办
(2022) 外饲准字 887 号	宠物营养补充剂 猫 酶制剂 Pet Nutrition Supplement for Cats Enzyme	哆咭喵猫用化毛球片 DOOG MIU CAT HAIRBALL RELIEF	宠物添加剂预混合饲料 Pet Feed Additive Premix	猫 Cats	（美国）维林斯营养品公司 Willings Nutraceutical Corp，USA	2022.12—2027.12	新办
(2022) 外饲准字 888 号	宠物营养补充剂 屎肠球菌 Pet Nutritional Supplements *Enterococcus faecium*	沙斯多保 Protexin CystoPro	宠物添加剂预混合饲料 Pet Feed Additive Premix	犬、猫 Dogs，Cats	ADM 英国普乐特新有限公司 ADM Protexin Limited，UK	2022.12—2027.12	新办
(2022) 外饲准字 889 号	宠物营养补充剂 Pet Nutrition Supplement	派糖平® DIAMEL® Pets	宠物添加剂预混合饲料 Pet Feed Additive Premix	犬、猫 Dogs，Cats	凯塔斯（西班牙）有限公司 CATALYSIS，S.L.，Spain	2022.12—2027.12	新办

（续）

登记证号	通用名称	商品名称	产品类别	使用范围	生产厂家	有效期限	备注
（2022）外饲准字890号	全价宠物食品猫粮 Pet complete food for cat	枫趣盛宴全生命阶段猫粮-Med+（深海鱼配方） Pronature Holistic CAT FOOD-ALL LIFE STAGES-MED +（abyssal fish）	宠物配合饲料 Pet Compound Feed	猫 Cats	加拿大PLB国际公司 PLB International Inc.，Canada	2022.12—2027.12	新办
（2022）外饲准字891号	全价宠物食品猫粮 Pet Compound Feed for cat	滋益巅峰新西兰卡瓦鱼配方猫粮罐头 Ziwi Peak New Zealand Kahawai Recipe Can Cat Food	宠物配合饲料 Pet Compound Feed	猫 Cats	新西兰宠物食品国际有限公司 PetfoodNZ International Limited，New Zealand	2022.12—2027.12	新办
（2022）外饲准字892号	全价宠物食品犬粮 Compound Pet Food-Dog Food	喟达全犬期P系列无谷白鱼&鸭肉配方犬粮 Woofstard Probiotics Whitefish Meal & Duck Meal Grain Free All Life Stages Dog Food	宠物配合饲料 Pet Compound Feed	犬 Dogs	（美国）飒天宠物营养有限责任公司 Southern Tier Pet Nutrition，LLC，USA	2022.12—2027.12	新办
（2022）外饲准字893号	全价宠物食品猫粮 Pet Compound Feed for Cat	Tiki Cat奇迹猫 黑夜传说系列 鸡肉&羊肉配方 猫用主食罐头 Tiki Cat After Dark Chicken with Lamb Recipe in Broth	宠物配合饲料 Pet Compound Feed	猫 Cats	泰国亚洲联盟国际有限公司 Asian Alliance international company limited，Thailand	2022.12—2027.12	新办
（2022）外饲准字894号	全价宠物食品猫粮 Pet Compound Food for Cat	Tiki Cat奇迹猫 黑夜传说系列 鸡肉&牛肉配方猫粮 主食罐头 Tiki Cat After Dark Chicken with Beef Recipe in Broth	宠物配合饲料 Pet Compound Feed	猫 Cats	泰国亚洲联盟国际有限公司 Asian Alliance international company limited，Thailand	2022.12—2027.12	新办

（续）

登记证号	通用名称	商品名称	产品类别	使用范围	生产厂家	有效期限	备注
（2022）外饲准字 895 号	全价宠物食品猫粮 Pet Compound Feed for Cat	Tiki Cat 奇迹猫 黑夜传说系列 鸡肉 & 鹌鹑蛋配方猫用主食罐头 Tiki Cat After Dark Chicken with Quail egg Recipe in Broth	宠物配合饲料 Pet Compound Feed	猫 Cats	泰国亚洲联盟国际有限公司 Asian Alliance international company limited，Thailand	2022.12—2027.12	新办
（2022）外饲准字 896 号	全价宠物食品猫粮 Pet Compound Food for Cat	Tiki Cat 奇迹猫 夏威夷盛宴系列 鸡肉 & 鸡蛋配方猫用主食罐头 Tiki Cat Luau Chicken with Egg Recipe in Chick-en Consomme	宠物配合饲料 Pet Compound Feed	猫 Cats	泰国亚洲联盟国际有限公司 Asian Alliance international company limited，Thailand	2022.12—2027.12	新办
（2022）外饲准字 897 号	全价宠物食品猫粮 Pet Compound Feed for Cat	Tiki Cat 奇迹猫 黑夜传说系列 鸡肉 & 鸭肉配方 猫用主食罐头 Tiki Cat After Dark Chicken with Duck Recipe in Broth	宠物配合饲料 Pet Compound Feed	猫 Cats	泰国亚洲联盟国际有限公司 Asian Alliance international company limited，Thailand	2022.12—2027.12	新办
（2022）外饲准字 898 号	全价宠物食品猫粮 Pet Compound Feed for Cat	Tiki Cat 奇迹猫 黑夜传说系列 鸡肉配方 猫用主食罐头 Tiki Cat After Dark Chicken Recipe in Broth	宠物配合饲料 Pet Compound Feed	猫 Cats	泰国亚洲联盟国际有限公司 Asian Alliance international company limited，Thailand	2022.12—2027.12	新办

（续）

登记证号	通用名称	商品名称	产品类别	使用范围	生产厂家	有效期限	备注
（2022）外饲准字 899 号	全价宠物食品 猫粮 Pet Compound feed for Cats	Stella&Chewy's 星益生趣冻干生食混合无谷猫粮—散养鸡肉配方添加火鸡肉鸭肉 Stella & Chewy's freeze dried raw blend cage free chicken recipe added turkey and duck no grain cat kibble	宠物配合饲料 Pet Compound Feed	猫 Cats	美国巴雷特宠物食品创新有限公司 BARRETT AG SERVICE INC DBA BARRETT PETFOOD INNOVATIONS, USA	2022.12—2027.12	新办
（2022）外饲准字 900 号	全价宠物食品 猫粮 Pet Compound feed for Cats	Stella&Chewy's 星益生趣冻干生食涂层无谷猫粮—无笼散养鸡肉配方 Stella & Chewy's freeze dried raw coated cage free chicken recipe no grain cat kibble	宠物配合饲料 Pet Compound Feed	猫 Cats	美国巴雷特宠物食品创新有限公司 BARRETT AG SERVICE INC DBA BARRETT PETFOOD INNOVATIONS, USA	2022.12—2027.12	新办
（2022）外饲准字 901 号	全价宠物食品犬粮 Pet Compound Food for Dogs	生鲜本能经典无谷鸡肉配方犬粮 Instinct Original Grain-Free Recipe with Real Chicken for Dogs	宠物配合饲料 Pet Compound Feed	犬 Dogs	美国 BARRETT 宠物食品创新有限公司 BARRETT AG SERVICE DBA BARRETT PETFOOD INNOVATIONS, USA	2022.12—2027.12	新办
（2022）外饲准字 902 号	全价宠物食品成年期猫粮 Pet Compound Food for Adult Cats	生鲜本能高蛋白无谷鸡肉配方猫粮 Instinct Ultimate Protein Grain-free Cage-Free Chicken Recipe for Cats	宠物配合饲料 Pet Compound Feed	猫 Cats	美国 BARRETT 宠物食品创新有限公司 BARRETT AG SERVICE DBA BARRETT PETFOOD INNOVATIONS, USA	2022.12—2027.12	新办

（续）

登记证号	通用名称	商品名称	产品类别	使用范围	生产厂家	有效期限	备注
（2022）外饲准字 903 号	全价宠物食品猫粮 Pet Compound Food for Cat	密格里奥・卡托 绝育猫专用含鱼和虾肉泥罐装猫粮 Migliorgatto Sterilized Patè with Fish and Shrimps complete catfood Can	宠物配合饲料 Pet Compound Feed	猫 Cats	（意大利）茉兰朵股份有限公司 MORANDO SPA，Italy	2022.12—2027.12	新办
（2022）外饲准字 904 号	全价宠物食品猫粮 Pet Compound Food for Cat	密格里奥．卡托 绝育猫专用含鱼肉慕斯碗装猫粮 Migliorgatto Sterilized Mousse with Fish complete catfood Bowl	宠物配合饲料 Pet Compound Feed	猫 Cats	（意大利）茉兰朵股份有限公司 MORANDO SPA，Italy	2022.12—2027.12	新办
（2022）外饲准字 905 号	全价宠物食品成年期猫粮 Pet Compound Food for Adult Cat	茉兰朵 专业系列含三文鱼肉泥罐装猫粮 Morando Professional Patè with Salmon complete catfood Can	宠物配合饲料 Pet Compound Feed	猫 Cats	（意大利）茉兰朵股份有限公司 MORANDO SPA，Italy	2022.12—2027.12	新办
（2022）外饲准字 906 号	全价宠物食品猫粮 Pet Compound Food for Cat	密格里奥・卡托 绝育猫专用含兔肉慕斯碗装猫粮 Migliorgatto Sterilized Mousse with Rabbit complete catfood Bowl	宠物配合饲料 Pet Compound Feed	猫 Cats	（意大利）茉兰朵股份有限公司 MORANDO SPA，Italy	2022.12—2027.12	新办
（2022）外饲准字 907 号	全价宠物食品成年期猫粮 Pet Compound Food for Adult Cat	茉兰朵 专业系列含金枪鱼和鳟鱼肉泥餐盒装猫粮 Morando Professional Patè with Tuna and trout complete catfood Alutray	宠物配合饲料 Pet Compound Feed	猫 Cats	（意大利）茉兰朵股份有限公司 MORANDO SPA，Italy	2022.12—2027.12	新办

（续）

登记证号	通用名称	商品名称	产品类别	使用范围	生产厂家	有效期限	备注
(2022) 外饲准字 908 号	全价宠物食品成年期猫粮 Pet Compound Food for Adult Cat	茉兰朵 专业系列含鳕鱼肉泥罐装猫粮 Morando Professional Patè with Cod Fish complete catfood Can	宠物配合饲料 Pet Compound Feed	猫 Cats	（意大利）茉兰朵股份有限公司 MORANDO SPA，Italy	2022.12—2027.12	新办
(2022) 外饲准字 909 号	全价宠物食品成年期猫粮 Pet Compound Food for Adult Cat	茉兰朵 专业系列含三文鱼肉泥餐盒装猫粮 Morando Professional Patè with Salmon complete catfood Alutray	宠物配合饲料 Pet Compound Feed	猫 Cats	（意大利）茉兰朵股份有限公司 MORANDO SPA，Italy	2022.12—2027.12	新办
(2022) 外饲准字 910 号	全价宠物食品成年期猫粮 Pet Compound Food for Adult Cat	茉兰朵 专业系列含羊肉肉泥罐装猫粮 Morando Professional Patè with Lamb complete catfood Can	宠物配合饲料 Pet Compound Feed	猫 Cats	（意大利）茉兰朵股份有限公司 MORANDO SPA，Italy	2022.12—2027.12	新办
(2022) 外饲准字 911 号	全价宠物食品成年期猫粮 Pet Compound Food for Adult Cat	茉兰朵 专业系列含猪肉肉泥罐装猫粮 Morando Professional Patè with Pork complete catfood Can	宠物配合饲料 Pet Compound Feed	猫 Cats	（意大利）茉兰朵股份有限公司 MORANDO SPA，Italy	2022.12—2027.12	新办
(2022) 外饲准字 912 号	全价宠物食品成年期猫粮 Pet Compound Food for Adult Cat	茉兰朵 专业系列含金枪鱼肉泥罐装猫粮 Morando Professional Patè with Tuna complete catfood Can	宠物配合饲料 Pet Compound Feed	猫 Cats	（意大利）茉兰朵股份有限公司 MORANDO SPA，Italy	2022.12—2027.12	新办
(2022) 外饲准字 913 号	全价宠物食品犬粮 Pet Compound Feed for Dog	耐吉斯海洋飨宴全龄犬粮 Holistic Recipe Solution Ocean Feast Dog Food	宠物配合饲料 Pet Compound Feed	犬 Dogs	（加拿大）艾尔麦乐宠物产品有限公司 Elmira Pet Products Ltd.，Canada	2022.12—2027.12	新办

（续）

登记证号	通用名称	商品名称	产品类别	使用范围	生产厂家	有效期限	备注
（2022）外饲准字 914 号	全价宠物食品猫粮 Pet Compound Feed for Cat	耐吉斯海洋飨宴全龄猫粮 Holistic Recipe Solution Ocean Feast Cat Food	宠物配合饲料 Pet Compound Feed	猫 Cats	（加拿大）艾尔麦乐宠物产品有限公司 Elmira Pet Products Ltd.，Canada	2022.12—2027.12	新办
（2022）外饲准字 915 号	全价宠物食品犬粮 Pet Compound Food for Dog	宠物健康极佳口感系列犬粮 Pet Healthy and Excellent Taste Recipe for Dog	宠物配合饲料 Pet Compound Feed	犬 Dogs	泰国 Nutrix Public 有限公司 Nutrix Public Company Limited，Thailand	2022.12—2027.12	新办
（2022）外饲准字 916 号	全价宠物食品幼年期猫粮 Pet Compound Food for Kitten	宠物健康盛宴系列幼猫粮 Pet Healthy Feast Recipe for Kitten	宠物配合饲料 Pet Compound Feed	猫 Cats	泰国 Nutrix Public 有限公司 Nutrix Public Company Limited，Thailand	2022.12—2027.12	新办
（2022）外饲准字 917 号	全价宠物食品幼年期犬粮 Pet Compound Food for Puppy	MSXWELR 麦乐斯极致领先系列幼犬粮 MSXWELR Extreme Pioneer Recipe for Puppy	宠物配合饲料 Pet Compound Feed	犬 Dogs	泰国 Nutrix Public 有限公司 Nutrix Public Company Limited，Thailand	2022.12—2027.12	新办
（2022）外饲准字 918 号	全价宠物食品猫粮 Pet Compound Food for Cat	宠物健康盛宴系列三文鱼味猫粮 Pet Healthy Feast Salmon Flavor for Cat	宠物配合饲料 Pet Compound Feed	猫 Cats	泰国 Nutrix Public 有限公司 Nutrix Public Company Limited，Thailand	2022.12—2027.12	新办
（2022）外饲准字 919 号	全价宠物食品猫粮 Pet Complete Food for Cat	RAWZ®含干鸡肉，火鸡肉和鸡肉配方猫粮 RAWZ® Dehydrated Chicken, Turkey & Chicken Recipe Cat Food	宠物配合饲料 Pet Compound Feed	猫 Cats	美国阿尔菲亚公司 ALPHIA，USA	2022.12—2027.12	新办

（续）

登记证号	通用名称	商品名称	产品类别	使用范围	生产厂家	有效期限	备注
（2022）外饲准字 920 号	全价宠物食品猫粮 Pet Complete Food for Cat	RAWZ®含三文鱼，干鸡肉和白鱼配方猫粮 RAWZ® Salmon, Dehydrated Chicken & Whitefish Recipe Cat Food	宠物配合饲料 Pet Compound Feed	猫 Cats	美国阿尔菲亚公司 ALPHIA，USA	2022.12—2027.12	新办
（2022）外饲准字 921 号	全价宠物食品犬粮 Pet Complete Food for Dog	RAWZ®含干鸡肉，火鸡肉和鸡肉配方犬粮 RAWZ® Dehydrated Chicken, Turkey & Chicken Dog Food	宠物配合饲料 Pet Compound Feed	犬 Dogs	美国阿尔菲亚公司 ALPHIA，USA	2022.12—2027.12	新办
（2022）外饲准字 922 号	全价宠物食品犬粮 Pet Complete Food for Dog	RAWZ®含三文鱼，干鸡肉和白鱼配方犬粮 RAWZ® Salmon, Dehydrated Chicken & Whitefish Dog Food	宠物配合饲料 Pet Compound Feed	犬 Dogs	美国阿尔菲亚公司 ALPHIA，USA	2022.12—2027.12	新办
（2022）外饲准字 960 号	马骨粉 Equine Bone Meal	马骨粉 Equine bone meal	单一饲料 Single Feed	鸡、猪 Chickens，Swine	蒙古创新油脂有限公司 Mongol innovation grease Co.，ltd，Mongolia	2022.12—2027.12	新办

附件 2

进口饲料和饲料添加剂产品续展登记证目录（2022）

登记证号	通用名称	商品名称	产品类别	使用范围	生产厂家	有效期限	备注
（2022）外饲准字 096 号	L-抗坏血酸-2-磷酸酯 L-Ascorbyl-2-Phosphate	安定-C® 50 STAY-C® 50	饲料添加剂 Feed Additive	宠物 Pets	帝斯曼营养产品法国有限公司 DSM Nutritional Products France SAS, France	2022.02—2027.02	续展
（2022）外饲准字 097 号	混合型饲料添加剂卵磷脂 Feed Additives Mixture Lecithin	力思美 Fra Lecimax Dry	混合型饲料添加剂 Feed Additives Mixture	猪、家禽、鱼、虾 Swine, Poultry, Fish, Shrimp	荷兰 Framelco B. V. 公司 Framelco B. V.，the Netherlands	2022.02—2027.02	续展
（2022）外饲准字 098 号	混合型饲料添加剂 微生物 Feed Additives Mixture Live Microorganisms	保时青 XP Schaumalac Feed Protect XP C	混合型饲料添加剂 Feed Additives Mixture	青贮饲料 Silage	奥地利力多生有限责任公司 Lactosan GmbH & Co，KG，Austria	2022.02—2027.02	续展
（2022）外饲准字 099 号	混合型饲料添加剂 酿酒酵母 Feed Additives Mixture *Saccharomyces cerevisiae*	艾可肥去霉益生素 ALQUERFEED ANTI-TOX PLUS	混合型饲料添加剂 Feed Additives Mixture	畜禽，反刍动物 Livestock，Poultry，Ruminant	西班牙百卫公司 BIOVET S. A.，Spain	2022.02—2027.02	续展
（2022）外饲准字 100 号	鸡肉粉 Poultry By-product Meal	鸡肉粉 Poultry by-product meal	单一饲料 Single Feed	宠物，水产养殖动物 Pets，Aquaculture animals	美国 Mountaire Farms of Delaware, Inc. 公司 Mountaire Farms of Delaware，Inc.，USA	2022.02—2027.02	续展
（2022）外饲准字 101 号	鸽配合饲料 Pigeon Compound Feed	Top Flight 麦德氏高效赛飞料 Top Flight MIDAS Efficient Racing Diet	配合饲料 Compound Feed	鸽子 Pigeons	（台湾）保生实业股份有限公司 Pomp Shine Enterprise Corp.	2022.02—2027.02	续展

（续）

登记证号	通用名称	商品名称	产品类别	使用范围	生产厂家	有效期限	备注
（2022）外饲准字 102 号	全价宠物食品成年期/老年期犬粮 Pet Compound Food for Adult/Senior Dogs	维吉机能性犬粮—成/老犬—全犬种用 VegePet Functional Dog Food-for Adults/Seniors of All Breeds	宠物配合饲料 Pet Compound Feed	犬 Dogs	（台湾）保生实业股份有限公司 Pomp Shine Enterprise Corp.	2022.02—2027.02	续展
（2022）外饲准字 103 号	全价宠物食品成年期犬粮 Pet Compound Food for Adult Dogs	维吉机能性犬粮—活力成犬—全犬种用 VegePet Functional Dog Food-for Active Adults of All Breeds	宠物配合饲料 Pet Compound Feed	犬 Dogs	（台湾）保生实业股份有限公司 Pomp Shine Enterprise Corp.	2022.02—2027.02	续展
（2022）外饲准字 104 号	全价宠物食品猫粮 Pet Compound Food for Cat	维吉机能性猫粮—全龄期—全猫种用 VegePet Functional Cat Food-for All Life Stages of All Breeds	宠物配合饲料 Pet Compound Feed	猫 Cats	（台湾）保生实业股份有限公司 Pomp Shine Enterprise Corp.	2022.02—2027.02	续展
（2022）外饲准字 105 号	混合型饲料添加剂 屎肠球菌 维生素 C 维生素 D_3 Feed Additives Mixture *Enterococcus faecium* Vitamin C Vitamin D_3	水得益 Ovilac WA	混合型饲料添加剂 Feed Additives Mixture	畜禽 Livestock，Poultry	奥地利力多生有限责任公司 Lactosan GmbH & Co，KG，Austria	2022.02—2027.02	续展
（2022）外饲准字 106 号	混合型饲料添加剂 虾青素 Feed Additives Mixture Astaxanthin	露康定粉红 CWD Lucantin Pink CWD	混合型饲料添加剂 Feed Additives Mixture	水产养殖动物、观赏鱼 Aquaculture animals，Ornamental fish	（德国）巴斯夫欧洲公司 BASF SE，Germany	2022.02—2027.02	续展
（2022）外饲准字 107 号	混合型饲料添加剂 矿物元素 维生素 氨基酸 Feed Additives Mixture Minerals Vitamins Amino Acids	启基保矿立 LUXMINS	混合型饲料添加剂 Feed Additives Mixture	鸡、鸭 Chicken，Ducks	台湾启基生技股份有限公司 Spiregene Biotech Co.，Ltd.	2022.02—2027.02	续展

（续）

登记证号	通用名称	商品名称	产品类别	使用范围	生产厂家	有效期限	备注
（2022）外饲准字108号	混合型饲料添加剂 矿物元素 维生素 微生物 Feed Additives Mixture Minerals Vitamins Live Microorganisms	启基活力多 SPIRELYTE	混合型饲料添加剂 Feed Additives Mixture	猪、家禽、犬、马 Swine, Poultry, Dogs, Horses	台湾启基生技股份有限公司 Spiregene Biotech Co., Ltd.	2022.02—2027.02	续展
（2022）外饲准字109号	鱼粉 Fishmeal	秘鲁蒸汽干燥鱼粉（三级至一级） PERUVIAN STEAM DRIED FISHMEAL（Ⅲ to Ⅰ）	单一饲料 Single Feed	畜禽、水产养殖动物（反刍动物除外） Livestock, Poultry, Aquaculture animals（Not including ruminant）	秘鲁 Compañia Pesquera Del Pacifico Centro S. A. 公司 Chimbote 工厂 Compañia Pesquera Del Pacifico Centro S. A., Chimbote Plant, Peru	2022.02—2027.02	续展
（2022）外饲准字110号	鱼粉 Fishmeal	秘鲁蒸汽干燥鱼粉（三级至一级） PERUVIAN STEAM DRIED FISHMEAL（Ⅲ to Ⅰ）	单一饲料 Single Feed	畜禽、水产养殖动物（反刍动物除外） Livestock, Poultry, Aquaculture animals（Not including ruminant）	秘鲁 Compañia Pesquera Del Pacifico Centro S. A. 公司 Supe 工厂 Compañia Pesquera Del Pacifico Centro S. A., Supe Plant, Peru	2022.02—2027.02	续展
（2022）外饲准字111号	白鱼粉 White Fishmeal	阿拉斯加低温白鱼粉（三级至一级） Alaska L/T White Fishmeal（Ⅲ to Ⅰ）	单一饲料 Single Feed	畜禽（反刍动物除外） Livestock, Poultry（Not including ruminant）	美国彼得潘海鲜有限公司 King Cove 工厂 Peter Pan Seafood Company, LLC, Plant King Cove, USA	2022.02—2027.02	续展
（2022）外饲准字112号	鱼粉 Fishmeal	红鱼粉（三级） Red Fishmeal（Ⅲ）	单一饲料 Single Feed	畜禽、水产养殖动物（反刍动物除外） Livestock, Poultry, Aquaculture animals（Not including ruminant）	墨西哥 Guaymas Protein Company, S. A. de C. V. Guaymas Protein Company, S. A. de C. V., Mexico	2022.02—2027.02	续展
（2022）外饲准字113号	白鱼粉 White Fishmeal	白鱼粉（三级至一级） White Fishmeal（grade Ⅲ to Ⅰ）	单一饲料 Single Feed	畜禽、水产养殖动物（反刍动物除外） Livestock, Poultry, Aquaculture animals（Not including ruminant）	俄罗斯列宁集团渔庄（工船加工，工船名“Victor Gavrilov”，工船号：CH-106） Collective Farm Fishery by V. I. Lenin（Produced on Board at Vessel UMS “Victor Gavrilov”, Official No. CH-106）, Russia	2022.02—2027.02	续展

（续）

登记证号	通用名称	商品名称	产品类别	使用范围	生产厂家	有效期限	备注
（2022）外饲准字 114 号	牛肉骨粉 Bovine Meat and Bone Meal	牛肉骨粉 Bovine Meat and Bone Meal	单一饲料 Single Feed	畜禽、水产养殖动物（反刍动物除外） Livestock，Poultry，Aquaculture animals（Not including ruminant）	阿根廷 Agrupacion De Colaboracion San Antonio 公司 Agrupacion De Colaboracion San Antonio，Argentina	2022. 02—2027. 02	续展
（2022）外饲准字 115 号	牛肉骨粉 Bovine Meat and Bone Meal	牛肉骨粉 Bovine Meat and Bone Meal	单一饲料 Single Feed	畜禽、水产养殖动物（反刍动物除外） Livestock，Poultry，Aquaculture animals（Not including ruminant）	澳大利亚 JBS AUSTRALIA PTY LTD 公司 BEEF CITY 工厂 工厂编号 170 JBS AUSTRALIA PTY LTD Plant BEEF CITY EST 170，Australia	2022. 02—2027. 02	续展
（2022）外饲准字 116 号	牛肉骨粉 Bovine Meat and Bone Meal	牛肉骨粉 Bovine Meat and Bone Meal	单一饲料 Single Feed	畜禽、水产养殖动物（反刍动物除外） Livestock，Poultry，Aquaculture animals（Not including ruminant）	澳大利亚 JBS AUSTRALIA PTY LTD 公司 DINMORE 工厂 工厂编号 235 JBS AUSTRALIA PTY LTD Plant DINMORE EST 235，Australia	2022. 02—2027. 02	续展
（2022）外饲准字 117 号	全价宠物食品成年期猫粮 Pet Compound Food for Adult Cat	耐吉斯室内成年期全价猫粮火鸡肉 & 三文鱼配方 Holistic Recipe Solution Indoor Adult Dry Cat Food Turkey & Salmon Recipe	宠物配合饲料 Pet Compound Feed	猫 Cats	（加拿大）艾尔麦乐宠物产品有限公司 Elmira Pet Products Ltd.，Canada	2022. 02—2027. 02	续展
（2022）外饲准字 118 号	全价宠物食品成年期猫粮 Pet Compound Food for Adult Cat	耐吉斯室内成年期全价猫粮鸡肉配方 Holistic Recipe Solution Indoor Adult Dry Cat Food Chicken Recipe	宠物配合饲料 Pet Compound Feed	猫 Cats	（加拿大）艾尔麦乐宠物产品有限公司 Elmira Pet Products Ltd.，Canada	2022. 02—2027. 02	续展

（续）

登记证号	通用名称	商品名称	产品类别	使用范围	生产厂家	有效期限	备注
（2022）外饲准字 119 号	全价宠物食品幼年期猫粮 Pet Compound Feed for Kitten	耐吉斯幼年期全价猫粮火鸡肉配方 Holistic Recipe Solution Kitten Dry Cat Food Turkey Recipe	宠物配合饲料 Pet Compound Feed	猫 Cats	（加拿大）艾尔麦乐宠物产品有限公司 Elmira Pet Products Ltd.，Canada	2022.02—2027.02	续展
（2022）外饲准字 120 号	全价宠物食品成年期犬粮 Pet Compound Feed for Adult Dog	耐吉斯成年期全价犬粮火鸡肉配方 Holistic Recipe Solution Adult Dry Dog Food Turkey Recipe	宠物配合饲料 Pet Compound Feed	犬 Dogs	（加拿大）艾尔麦乐宠物产品有限公司 Elmira Pet Products Ltd.，Canada	2022.02—2027.02	续展
（2022）外饲准字 121 号	全价宠物食品幼年期犬粮 Pet Compound Feed for Puppy	耐吉斯幼年期全价犬粮火鸡肉配方 Holistic Recipe Solution Puppy Dry Dog Food Turkey Recipe	宠物配合饲料 Pet Compound Feed	犬 Dogs	（加拿大）艾尔麦乐宠物产品有限公司 Elmira Pet Products Ltd.，Canada	2022.02—2027.02	续展
（2022）外饲准字 122 号	鸡肉粉 Poultry By-product Meal	鸡肉粉 Poultry By-product Meal	单一饲料 Single Feed	畜禽、水产养殖动物（反刍动物除外） Livestock，Poultry，Aquaculture animals（Not including ruminant）	美国蛋白公司 Cuthbert 工厂 American Proteins Inc.，USA	2022.02—2027.02	续展
（2022）外饲准字 123 号	鸡肉粉 Poultry By-product Meal	鸡肉粉 Poultry By-product Meal	单一饲料 Single Feed	畜禽、水产养殖动物（反刍动物除外） Livestock，Poultry，Aquaculture animals（Not including ruminant）	美国蛋白公司 Cumming 工厂 American Proteins Inc.，USA	2022.02—2027.02	续展

（续）

登记证号	通用名称	商品名称	产品类别	使用范围	生产厂家	有效期限	备注
（2022）外饲准字124号	鱼粉 Fishmeal	鱼粉（三级） Fishmeal（Ⅲ）	单一饲料 Single Feed	畜禽、水产养殖动物（反刍动物除外） Livestock，Poultry，Aquaculture animals（Not including ruminant）	（泰国）东南亚罐头包装有限公司 Southeast Asian Packaging And Canning Limited，Thailand	2022.02—2027.02	续展
（2022）外饲准字125号	白鱼粉 White Fishmeal	白鱼粉（三级至一级） White Fishmeal（grade Ⅲ to Ⅰ）	单一饲料 Single Feed	畜禽、水产养殖动物（反刍动物除外） Livestock，Poultry，Aquaculture animals（Not including ruminant）	俄罗斯列宁集团渔庄（工船加工，工船名“Sergey Novosyolov”，工船号：CH-038） Collective Farm Fishery by V. I. Lenin（Produced on Board at Vessel “Sergey Novosyolov”，Official No. CH-038），Russia	2022.02—2027.02	续展
（2022）外饲准字126号	白鱼粉 White Fishmeal	白鱼粉（三级至一级） White Fishmeal（grade Ⅲ to Ⅰ）	单一饲料 Single Feed	畜禽、水产养殖动物（反刍动物除外） Livestock，Poultry，Aquaculture animals（Not including ruminant）	俄罗斯列宁集团渔庄（工船加工，工船名“Seroglazka”，工船号：CH-036） Collective Farm Fishery by V. I. Lenin（Produced on Board at Vessel “Seroglazka”，Official No. CH-036），Russia	2022.02—2027.02	续展
（2022）外饲准字219号	混合型饲料添加剂 枯草芽孢杆菌 Feed Additives Mixture *Bacillus subtilis*	安惠华® SWI 201 CN Enviva® SWI 201 CN	混合型饲料添加剂 Feed Additives Mixture	猪 Swine	丹尼斯克美国有限公司（Rochester工厂） Danisco USA Inc.，Rochester Plant，USA	2022.03—2027.03	续展
（2022）外饲准字220号	混合型饲料添加剂 枯草芽孢杆菌 Feed Additives Mixture *Bacillus subtilis*	安惠华® PRO 202 CN Enviva® PRO 202 CN	混合型饲料添加剂 Feed Additives Mixture	家禽 Poultry	丹尼斯克美国有限公司（Rochester工厂） Danisco USA Inc.，Rochester Plant，USA	2022.03—2027.03	续展
（2022）外饲准字221号	混合型饲料添加剂 抗氧化剂 Feed Additives Mixture Antioxidants	宠保 Premium 液剂 NATUROX Premium Liquid	混合型饲料添加剂 Feed Additives Mixture	养殖动物 All species or categories of animals	美国建明工业有限公司 Kemin Industries，Inc.，USA	2022.03—2027.03	续展

（续）

登记证号	通用名称	商品名称	产品类别	使用范围	生产厂家	有效期限	备注
(2022）外饲准字 222 号	混合型饲料添加剂 微生物 Feed Additives Mixture Live Microorganisms	青贮宝 FC SiloSolve® FC	混合型饲料添加剂 Feed Additives Mixture	反刍动物 Ruminant	科汉森捷克有限公司 Chr. Hansen Czech Republic，s. r. o.，Czech Republic	2022. 03—2027. 03	续展
(2022）外饲准字 223 号	混合型饲料添加剂 枯草芽孢杆菌 Feed Additives Mixture *Bacillus subtilis*	安惠华® SWI 302 CN Enviva® SWI 302 CN	混合型饲料添加剂 Feed Additives Mixture	猪 Swine	丹尼斯克美国有限公司（Rochester 工厂） Danisco USA Inc.，Rochester Plant，USA	2022. 03—2027. 03	续展
(2022）外饲准字 224 号	养殖动物用复合预混合饲料 Premix for All Species	粒克溶 Multisol-G	添加剂预混合饲料 Feed Additive Premix	养殖动物 All species or categories of animals	韩国第一化学株式会社 Cheil Bio Co.，Ltd.，Korea	2022. 03—2027. 03	续展
(2022）外饲准字 225 号	白鱼粉 White Fishmeal	白鱼粉（三级） White Fishmeal（Grade Ⅲ）	单一饲料 Single Feed	畜禽、水产养殖动物（反刍动物除外） Livestock，Poultry，Aquaculture animals（Not including ruminant)	俄罗斯 LLC ROLIZ 公司（工船加工，工船名称“Kapitan Kayzer”工船批准号：CH-30N) LLC ROLIZ（Produced on Board at vessel “Kapitan Kayzer”，Register No. CH-30N)，Russia	2022. 03—2027. 03	续展
(2022）外饲准字 226 号	白鱼粉 White Fishmeal	白鱼粉（三级） White Fishmeal（Grade Ⅲ）	单一饲料 Single Feed	畜禽、水产养殖动物（反刍动物除外） Livestock，Poultry，Aquaculture animals（Not including ruminant)	俄罗斯 JSC Sakhalin Leasing Flot 公司（工船加工，工船名称“MYS LOVTSOVA”工船批准号：CH-42A) JSC Sakhalin Leasing Flot（Produced on Board at vessel “MYS LOVTSOVA”，Register No. CH-42A)，Russia	2022. 03—2027. 03	续展
(2022）外饲准字 227 号	鱼粉 Fishmeal	红鱼粉（三级） Red Fishmeal（Ⅲ）	单一饲料 Single Feed	畜禽、水产养殖动物（反刍动物除外） Livestock，Poultry，Aquaculture animals（Not including ruminant)	巴基斯坦凯帕国际销售公司 Kanpa International Sales，Pakistan	2022. 03—2027. 03	续展

（续）

登记证号	通用名称	商品名称	产品类别	使用范围	生产厂家	有效期限	备注
(2022) 外饲准字 228 号	白鱼粉 White Fishmeal	俄罗斯白鱼粉（三级至一级） Russia White Fishmeal (Ⅲ to Ⅰ)	单一饲料 Single Feed	水产养殖动物 Aquaculture animals	俄罗斯 JSC Intraros 公司（工船加工，工船名 FV Berezina，工船号：CH-47B） JSC Intraros（FV Berezina，No. CH-47B），Russia	2022. 03—2027. 03	续展
(2022) 外饲准字 229 号	白鱼粉 White Fishmeal	俄罗斯白鱼粉（三级至一级） Russia White Fishmeal (Ⅲ to Ⅰ)	单一饲料 Single Feed	水产养殖动物 Aquaculture animals	俄罗斯 JSC Intraros 公司（工船加工，工船名 FV Borodino 工船号：CH-85A） JSC Intraros（FV Borodino No. CH-85A），Russia	2022. 03—2027. 03	续展
(2022) 外饲准字 230 号	白鱼粉 White Fishmeal	俄罗斯白鱼粉（三级至一级） Russia White Fishmeal (Ⅲ to Ⅰ)	单一饲料 Single Feed	水产养殖动物 Aquaculture animals	俄罗斯 JSC Turnif 公司（工船加工，工船名称 FV Vladivostok 工船号 CH-07K） JSC Turnif（FV Vladivostok CH-07K），Russia	2022. 03—2027. 03	续展
(2022) 外饲准字 231 号	白鱼粉 White Fishmeal	俄罗斯白鱼粉（三级至一级） Russia White Fishmeal (Ⅲ to Ⅰ)	单一饲料 Single Feed	水产养殖动物 Aquaculture animals	俄罗斯 JSC Turnif 公司（工船加工，工船名称 FV Pioner Nikolaeva 工船号 CH-35H） JSC Turnif（FV Pioner Nikolaeva CH-35H），Russia	2022. 03—2027. 03	续展
(2022) 外饲准字 232 号	白鱼粉 White Fishmeal	俄罗斯白鱼粉（三级至一级） Russia White Fishmeal (Ⅲ to Ⅰ)	单一饲料 Single Feed	水产养殖动物 Aquaculture animals	俄罗斯 JSC Turnif 公司（工船加工，工船名称 FV Kapitan Oleynichuk 工船号 CH-88A） JSC Turnif（FV Kapitan Oleynichuk CH-88A），Russia	2022. 03—2027. 03	续展
(2022) 外饲准字 233 号	白鱼粉 White Fishmeal	俄罗斯白鱼粉（三级至一级） Russia White Fishmeal (Ⅲ to Ⅰ)	单一饲料 Single Feed	水产养殖动物 Aquaculture animals	俄罗斯 LLC Vostokrybprom 公司（工船加工，工船名称 FV Ivan Kalinin 工船号 CH-62L） LLC Vostokrybprom（FV Ivan Kalinin CH-62L），Russia	2022. 03—2027. 03	续展

（续）

登记证号	通用名称	商品名称	产品类别	使用范围	生产厂家	有效期限	备注
(2022）外饲准字234号	白鱼粉 White Fishmeal	俄罗斯白鱼粉（三级至一级） Russia White Fishmeal（Ⅲ to Ⅰ）	单一饲料 Single Feed	水产养殖动物 Aquaculture animals	俄罗斯LLC Vostokrybprom公司（工船加工，工船名称FV Novouralsk工船号CH-45K） LLC Vostokrybprom（FV Novouralsk CH-45K），Russia	2022.03—2027.03	续展
(2022）外饲准字235号	白鱼粉 White Fishmeal	俄罗斯白鱼粉（三级至一级） Russia White Fishmeal（Ⅲ to Ⅰ）	单一饲料 Single Feed	水产养殖动物 Aquaculture animals	俄罗斯LLC Vostokrybprom公司（工船加工，工船名称FV Geroi Shironintsy工船号CH-071） LLC Vostokrybprom（FV Geroi Shironintsy CH-071），Russia	2022.03—2027.03	续展
(2022）外饲准字236号	白鱼粉 White Fishmeal	Lucky 88牌白鱼粉（三级） Lucky 88 Brand White Fishmeal（Ⅲ）	单一饲料 Single Feed	畜禽、水产养殖动物（反刍动物除外） Livestock，Poultry，Aquaculture animals（Not including ruminant）	新西兰Sealord集团有限公司（工船加工，工船名：Aukaha，工船号：PD429） Sealord Group Limited（Produced on Board at Vessel Aukaha，Official No. PD429），New Zealand	2022.03—2027.03	续展
(2022）外饲准字237号	白鱼粉 White Fishmeal	Lucky 88牌白鱼粉（三级） Lucky 88 Brand White Fishmeal（Ⅲ）	单一饲料 Single Feed	畜禽、水产养殖动物（反刍动物除外） Livestock，Poultry，Aquaculture animals（Not including ruminant）	新西兰Sealord有限公司PH12工厂 Sealord Group Limited，Plant PH12，New Zealand	2022.03—2027.03	续展
(2022）外饲准字238号	白鱼粉 White Fishmeal	Lucky 88牌白鱼粉（三级） Lucky 88 Brand White Fishmeal（Ⅲ）	单一饲料 Single Feed	畜禽、水产养殖动物（反刍动物除外） Livestock，Poultry，Aquaculture animals（Not including ruminant）	新西兰Sealord集团有限公司（工船加工，工船名：Ocean Dawn，工船号：OD64） Sealord Group Limited（Produced on Board at Vessel Ocean Dawn，Official No. OD64），New Zealand	2022.03—2027.03	续展

（续）

登记证号	通用名称	商品名称	产品类别	使用范围	生产厂家	有效期限	备注
（2022）外饲准字 239 号	白鱼粉 White Fishmeal	Lucky 88 牌白鱼粉（三级） Lucky 88 Brand White Fishmeal（Ⅲ）	单一饲料 Single Feed	畜禽、水产养殖动物（反刍动物除外） Livestock，Poultry，Aquaculture animals（Not including ruminant）	新西兰 Sealord 集团有限公司（工船加工，工船名：REHUA，工船号：PH472） Sealord Group Limited（Produced on Board at Vessel REHUA，Official No. PH472），New Zealand	2022.03—2027.03	续展
（2022）外饲准字 240 号	鱼粉 Fishmeal	红鱼粉（三级） Red Fishmeal（Grade Ⅲ）	单一饲料 Single Feed	养殖动物（反刍动物除外） All species or categories of animals（Not including ruminant）	马来西亚山打根鱼粉厂有限公司 SANDAKAN FISHMEAL SDN. BHD.，Malaysia	2022.03—2027.03	续展
（2022）外饲准字 241 号	鱼粉 Fishmeal	红鱼粉（二级） Red Fishmeal（Ⅱ）	单一饲料 Single Feed	畜禽、水产养殖动物（反刍动物除外） Livestock，Poultry，Aquaculture animals（Not including ruminant）	泰国 Krungdhepmahakij 有限公司 Krungdhepmahakij Co.，Ltd.，Thailand	2022.03—2027.03	续展
（2022）外饲准字 242 号	含可溶物的玉米干酒精糟 Corn Distillers Dried Grains with Solubles	ADM 希德拉比兹 DDGS ADM Cedar Rapids DDGS	单一饲料 Single Feed	猪、家禽、牛 Swine，Poultry，Cattle	美国艾地盟公司（Cedar Rapids 工厂） Archer Daniels Midland DBA Vantage Corn Processors，USA	2022.03—2027.03	续展
（2022）外饲准字 243 号	兔配合饲料 Rabbit Compound Feed	纯天然系列高纤兔粮 PUUR Rabbit	配合饲料 Compound Feed	兔 Rabbits	荷兰维特魔轮公司 Witte Molen BV，the Netherlands	2022.03—2027.03	续展
（2022）外饲准字 244 号	仓鼠配合饲料 Hamster Compound Feed	纯天然系列仓鼠粮 PUUR Hamster	配合饲料 Compound Feed	仓鼠 Hamsters	荷兰维特魔轮公司 Witte Molen BV，the Netherlands	2022.03—2027.03	续展
（2022）外饲准字 245 号	全价宠物食品猫粮 Pet Compound Food for Cat	耐吉斯无谷猫粮三文鱼配方 Holistic Recipe Solution Grain Free Dry Cat Food Salmon Recipe	宠物配合饲料 Pet Compound Feed	猫 Cats	（新西兰）爱德胜宠物产品有限公司 Addiction Foods NZ Ltd.，New Zealand	2022.03—2027.03	续展

（续）

登记证号	通用名称	商品名称	产品类别	使用范围	生产厂家	有效期限	备注
（2022）外饲准字 246 号	全价宠物食品猫粮 Pet Compound Food for Cat	耐吉斯无谷猫粮羊肉配方 Holistic Recipe Solution Grain Free Dry Cat Food Lamb Recipe	宠物配合饲料 Pet Compound Feed	猫 Cats	（新西兰）爱德胜宠物产品有限公司 Addiction Foods NZ Ltd.，New Zealand	2022. 03—2027. 03	续展
（2022）外饲准字 247 号	全价宠物食品犬粮 Pet Compound Food for Dog	耐吉斯无谷犬粮三文鱼配方 Holistic Recipe Solution Grain Free Dry Dog Food Salmon Recipe	宠物配合饲料 Pet Compound Feed	犬 Dogs	（新西兰）爱德胜宠物产品有限公司 Addiction Foods NZ Ltd.，New Zealand	2022. 03—2027. 03	续展
（2022）外饲准字 248 号	全价宠物食品犬粮 Pet Compound Food for Dog	耐吉斯无谷犬粮羊肉配方 Holistic Recipe Solution Grain Free Dry Dog Food Lamb Recipe	宠物配合饲料 Pet Compound Feed	犬 Dogs	（新西兰）爱德胜宠物产品有限公司 Addiction Foods NZ Ltd.，New Zealand	2022. 03—2027. 03	续展
（2022）外饲准字 331 号	氯化钠 Sodium Chloride	雷德蒙天然矿物质盐 REDMOND NATURAL BLOCK PREMIUM MINERAL SALT FOR ALL CLASSES OF BEEF & DAIRY CATTLE SHEEP GOATS PIG & HORSES	饲料添加剂 Feed Additive	养殖动物 All species or categories of animals	（美国）雷德蒙矿物质有限公司 Redmond Minerals. Inc.，USA	2022. 04—2027. 04	续展
（2022）外饲准字 332 号	鳗用维生素预混合饲料 Vitamin Premix for Eel	鳗多维 Vitamin Premix for Eel Feeds	添加剂预混合饲料 Feed Additive Premix	鳗鱼 Eel	（台湾）领创生物科技股份有限公司桃园厂 PREMIXSTAR BIOTECHNOLOGY CO.，LTD.，Tao-Yuan Factory	2022. 04—2027. 04	续展
（2022）外饲准字 333 号	混合型饲料添加剂 矿物元素 Feed Additive Mixture Minerals	微量矿物质盐 硒 30 REDMOND SELENIUM 30 PREMIUM MINERAL SALT FOR ALL CLASSES OF LIVESTOCK	混合型饲料添加剂 Feed Additive Mixture	家畜 Livestock	（美国）雷德蒙矿物质有限公司 Redmond Minerals. Inc.，USA	2022. 04—2027. 04	续展

（续）

登记证号	通用名称	商品名称	产品类别	使用范围	生产厂家	有效期限	备注
(2022) 外饲准字 334 号	混合型饲料添加剂 矿物元素 维生素 Feed Additives Mixture Minerals Vitamins	肉牛用混合矿物质 REDMOND RED EDGE BEEF MINERAL MIX	混合型饲料添加剂 Feed Additives Mixture	牛 Cattle	(美国) 雷德蒙矿物质有限公司 Redmond Minerals. Inc.，USA	2022.04—2027.04	续展
(2022) 外饲准字 335 号	混合型饲料添加剂 矿物元素 Feed Additives Mixture Minerals	肉牛、奶牛用混合矿物质 SR50 REDMOND SR50 NATURAL MINERALS FOR BEEF AND DAIRY CATTLE	混合型饲料添加剂 Feed Additives Mixture	牛 Cattle	(美国) 雷德蒙矿物质有限公司 Redmond Minerals. Inc.，USA	2022.04—2027.04	续展
(2022) 外饲准字 336 号	混合型饲料添加剂 香味物质 Feed Additives Mixture Flavouring Substances	诱食源 VEO VEO Premium	混合型饲料添加剂 Feed Additives Mixture	养殖动物 All species or categories of animals	法国馥蒂公司 Laboratoires Phode S. A. S.，France	2022.04—2027.04	续展
(2022) 外饲准字 337 号	混合型饲料添加剂 β-胡萝卜素 Feed Additives Mixture beta-Carotene	罗维素® β-胡萝卜素 10% P ROVIMIX® β-Carotene 10% P	混合型饲料添加剂 Feed Additives Mixture	宠物 Pets	帝斯曼营养产品法国有限公司 DSM Nutritional Products France SAS, France	2022.04—2027.04	续展
(2022) 外饲准字 338 号	混合型饲料添加剂 蛋氨酸羟基类似物异丙酯 Feed Additives Mixture Isopropyl Ester of Hydroxy Analogue of Methionine	粉状美斯特® MetaSmart® Dry	混合型饲料添加剂 Feed Additives Mixture	奶牛 Cows	安迪苏法国公司 Commentry 工厂 Adisseo France S. A. S.，Plant Commentry，France	2022.04—2027.04	续展
(2022) 外饲准字 339 号	混合型饲料添加剂 可食用脂肪酸单双甘油酯 甘油脂肪酸脂 Feed Additives Mixture Mono-/diglycerides of Edible Fatty Acids Glycerine Fatty Acid Ester	艾希托 Fra AC 34 Liquid	混合型饲料添加剂 Feed Additives Mixture	猪、家禽 Swine，Poultry	荷兰 Framelco B. V. 公司 Framelco B. V.，the Netherlands	2022.04—2027.04	续展

（续）

登记证号	通用名称	商品名称	产品类别	使用范围	生产厂家	有效期限	备注
（2022）外饲准字 340 号	混合型饲料添加剂 可食用脂肪酸单双甘油酯 甘油脂肪酸脂 甘油 Feed Additives Mixture Mono-/diglycerides of Edible Fatty Acids Glycerine Fatty Acid Ester Glycerine	希特力 Fra C12 Dry	混合型饲料添加剂 Feed Additives Mixture	猪、家禽、水产养殖动物 Swine，Poultry，Aquaculture animals	荷兰 Framelco B. V. 公司 Framelco B. V.，the Netherlands	2022.04—2027.04	续展
（2022）外饲准字 341 号	混合型饲料添加剂 氧化镁 Feed Additives Mixture Magnesium Oxide	凯尔特猪康 CeltiCal	混合型饲料添加剂 Feed Additives Mixture	猪 Swine	爱尔兰马里戈特有限公司 Marigot Ltd.，Ireland	2022.04—2027.04	续展
（2022）外饲准字 342 号	混合型饲料添加剂 木聚糖酶（产自长柄木霉）淀粉酶（产自地衣芽孢杆菌）蛋白酶（产自枯草芽孢杆菌） Feed Additives Mixture Xylanase（Source：*Trichoderma longibrachiatum*）Amylase（Source：*Bacillus licheniformis*）Protease（Source：*Bacillus subtilis*）	爱特康® XAP 101 TPT Axtra® XAP 101 TPT	混合型饲料添加剂 Feed Additives Mixture	家禽 Poultry	丹尼斯克美国有限公司（New Century 工厂） Danisco USA Inc.，New Century Plant，USA	2022.04—2027.04	续展
（2022）外饲准字 343 号	混合型饲料添加剂 甲酸 磷酸 美国栗树叶提取物 Feed Additives Mixture Formic Acid Phosphoric Acid Chestnut Leaves Extract	福美酚 ACO Farmatan ACO	混合型饲料添加剂 Feed Additives Mixture	猪 Swine	斯洛文尼亚天宁有限公司 Tanin Sevnica d. d，Slovenia	2022.04—2027.04	续展
（2022）外饲准字 344 号	混合型饲料添加剂 磷酸 美国栗树叶提取物 Feed Additives Mixture Phosphoric Acid Chestnut Leaves Extract	福美酚 TO Farmatan TO	混合型饲料添加剂 Feed Additives Mixture	家禽 Poultry	斯洛文尼亚天宁有限公司 Tanin Sevnica d. d，Slovenia	2022.04—2027.04	续展

（续）

登记证号	通用名称	商品名称	产品类别	使用范围	生产厂家	有效期限	备注
(2022) 外饲准字 345 号	混合型饲料添加剂 蛋氨酸铬 Feed Additives Mixture Chromium Methionine Chelate	佳味铬 2000 Goodwell Cr 2000	混合型饲料添加剂 Feed Additives Mixture	猪 Swine	台湾贸立实业股份有限公司 More-standing Enterprise Co.，Ltd.	2022. 04—2027. 04	续展
(2022) 外饲准字 346 号	混合型饲料添加剂 香味物质 Feed Additives Mixture Flavouring Substances	奥利欧 LX189 P2 OLEOBIOTEC® LX189 P2	混合型饲料添加剂 Feed Additives Mixture	养殖动物（鱼除外） All species or categories of animals (Not including Fish)	法国馥蒂公司 Laboratoires Phode S. A. S.，France	2022. 04—2027. 04	续展
(2022) 外饲准字 347 号	混合型饲料添加剂 香味物质 Feed Additives Mixture Flavouring Substances	奥利欧（反刍专用）常规型 LX 185 P4 OLEOBIOTEC® RUMINANT LX 185 P4 LR	混合型饲料添加剂 Feed Additives Mixture	反刍动物 Ruminant	法国馥蒂公司 Laboratoires Phode S. A. S.，France	2022. 04—2027. 04	续展
(2022) 外饲准字 348 号	混合型饲料添加剂 姜黄浸膏 Feed Additives Mixture Turmeric Extract	馥力康 FX 605 P1 FORCE 6 FX 605 P1	混合型饲料添加剂 Feed Additives Mixture	养殖动物 All species or categories of animals	法国馥蒂公司 Laboratoires Phode S. A. S.，France	2022. 04—2027. 04	续展
(2022) 外饲准字 349 号	混合型饲料添加剂 硫酸钾 硫酸镁 Feed Additives Mixture Potassium Sulfate Magnesium Sulfate	速畅 SOW-GRO	混合型饲料添加剂 Feed Additives Mixture	畜禽 Livestock，Poultry	美国国际矿物质公司 International Mineral Sales LLC，USA	2022. 04—2027. 04	续展
(2022) 外饲准字 350 号	淡水鱼粉 Freshwater Fishmeal	红鱼粉（三级） Red Fishmeal（Ⅲ）	单一饲料 Single Feed	畜禽、水产养殖动物（反刍动物除外） Livestock，Poultry，Aquaculture animals（Not including ruminant)	越南青奎责任有限公司 Thanh Khoi Company Limited，Vietnam	2022. 04—2027. 04	续展
(2022) 外饲准字 351 号	鱼粉 Fishmeal	红鱼粉（Ⅰ级） Red fish meal（Ⅰ）	单一饲料 Single Feed	畜禽、水产养殖动物（反刍动物除外） Livestock，Poultry，Aquaculture animals（Not including ruminant)	（缅甸）仰光渔业发展有限公司（鱼粉厂） Yangon Fishery Development Co.，Ltd (Fish Meal)，Myanmar	2022. 04—2027. 04	续展

（续）

登记证号	通用名称	商品名称	产品类别	使用范围	生产厂家	有效期限	备注
(2022) 外饲准字 352 号	白鱼粉 White Fishmeal	Lucky 88 牌白鱼粉（三级） Lucky 88 Brand White Fishmeal（Ⅲ）	单一饲料 Single Feed	畜禽、水产养殖动物（反刍动物除外） Livestock，Poultry，Aquaculture animals（Not including ruminant）	新西兰 Sealord 集团有限公司（工船加工，工船名：Meridian 1，工船号：L62858） Sealord Group Limited（Produced on Board at Vessel Meridian 1，Official No. L62858），New Zealand	2022. 04—2027. 04	续展
(2022) 外饲准字 442 号	混合型饲料添加剂 植物乳杆菌 Feed Additives Mixture *Lactobacillus plantarum*	活力美—禽畜水产养殖添加液 VIGOROUS	混合型饲料添加剂 Feed Additives Mixture	畜禽、水产养殖动物 Livestock，Poultry，Aquaculture animals	台湾博尧生物科技股份有限公司 Bioyo Biotech Co.，Ltd.	2022. 06—2027. 06	续展
(2022) 外饲准字 443 号	混合型饲料添加剂 植物乳杆菌 Feed Additives Mixture *Lactobacillus plantarum*	活力美—禽畜水产养殖添加剂 VIGOROUS	混合型饲料添加剂 Feed Additives Mixture	畜禽、水产养殖动物 Livestock，Poultry，Aquaculture animals	台湾博尧生物科技股份有限公司 Bioyo Biotech Co.，Ltd.	2022. 06—2027. 06	续展
(2022) 外饲准字 444 号	混合型饲料添加剂 酸度调节剂 Feed Additives Mixture Acidity Regulators	欧乐酸 600™ GALLIACID 600™	混合型饲料添加剂 Feed Additives Mixture	家禽 Poultry	加拿大 Jefagro 科技有限公司 Jafagro Technologies Inc.，Canada	2022. 06—2027. 06	续展
(2022) 外饲准字 445 号	天然类固醇萨洒皂角苷（源自丝兰） YUCCA（Yucca Schidigera Extract）	利可 40 DK SARSAPONIN 40	饲料添加剂 Feed Additive	养殖动物 All species or categories of animals	美国 Desert King 国际有限公司 Desert King International Inc.，USA	2022. 06—2027. 06	续展
(2022) 外饲准字 446 号	天然类固醇萨洒皂角苷（源自丝兰） YUCCA（Yucca Schidigera Extract）	利可 40 DK SARSAPONIN 40	饲料添加剂 Feed Additive	养殖动物 All species or categories of animals	墨西哥 Desert King 有限公司 Desert King de Mexico S. de R. L. de C. V.，Mexico	2022. 06—2027. 06	续展
(2022) 外饲准字 447 号	蛋白铁 Iron Proteinate	保福敏蛋白铁 Buffermin Iron Proteinate	饲料添加剂 Feed Additive	养殖动物（反刍动物除外） All species or categories of animals（Not including ruminant）	美国佳和生物技术公司 JH Biotech，Inc.，USA	2022. 06—2027. 06	续展

（续）

登记证号	通用名称	商品名称	产品类别	使用范围	生产厂家	有效期限	备注
(2022) 外饲准字 448 号	混合型饲料添加剂 β-葡聚糖酶（产自长柄木霉） Feed Additives Mixture β-Glucanase (Source: *Trichoderma longibrachiatum*)	好特美 SUIS 2000 Hostazym Suis 2000	混合型饲料添加剂 Feed Additives Mixture	断奶仔猪 Weaned piglets	保加利亚标伟特股份有限公司 Biovet Joint Stock Company, Bulgaria	2022. 06—2027. 06	续展
(2022) 外饲准字 449 号	混合型饲料添加剂 木聚糖酶（产自长柄木霉） Feed Additives Mixture Xylanase (Source: *Trichoderma longibrachiatum*)	好特美 X30000 HOSTAZYM X30000	混合型饲料添加剂 Feed Additives Mixture	家禽、猪 Poultry, Swine	保加利亚标伟特股份有限公司 Biovet Joint Stock Company, Bulgaria	2022. 06—2027. 06	续展
(2022) 外饲准字 450 号	混合型饲料添加剂 木聚糖酶（产自长柄木霉） Feed Additives Mixture Xylanase (Source: *Trichoderma longibrachiatum*)	好特美 X60000 HOSTAZYM X60000	混合型饲料添加剂 Feed Additives Mixture	家禽、猪 Poultry, Swine	保加利亚标伟特股份有限公司 Biovet Joint Stock Company, Bulgaria	2022. 06—2027. 06	续展
(2022) 外饲准字 451 号	混合型饲料添加剂 甘油脂肪酸酯 Feed Additives Mixture Glycerine Fatty Acid Ester	福乐酸 SR130 ProPhorce SR130	混合型饲料添加剂 Feed Additives Mixture	养殖动物 All species or categories of animals	荷兰 Perstorp Waspik B. V. 公司 Perstorp Waspik B. V., the Netherlands	2022. 06—2027. 06	续展
(2022) 外饲准字 452 号	混合型饲料添加剂 矿物元素及其络（螯）合物 Feed Additives Mixture Minerals and Their Complexes (or Chelates)	蛋可多 SEM PLUS	混合型饲料添加剂 Feed Additives Mixture	家禽 Poultry	韩国索玛公司 SOMA Inc., Korea	2022. 06—2027. 06	续展
(2022) 外饲准字 453 号	混合型饲料添加剂 天然类固醇萨洒皂角苷（源自丝兰） Feed Additives Mixture YUCCA (Yucca Schidigera Extract)	臭罢完 CLEANTEC	混合型饲料添加剂 Feed Additives Mixture	养殖动物 All species or categories of animals	韩国索玛公司 SOMA Inc., Korea	2022. 06—2027. 06	续展

（续）

登记证号	通用名称	商品名称	产品类别	使用范围	生产厂家	有效期限	备注
（2022）外饲准字 454 号	混合型饲料添加剂 D-生物素 Feed Additives Mixture D-Biotin	罗维素®生物素 HP ROVIMIX® Biotin HP	混合型饲料添加剂 Feed Additives Mixture	养殖动物 All species or categories of animals	帝斯曼营养产品法国有限公司 DSM Nutritional Products France SAS，France	2022.06—2027.06	续展
（2022）外饲准字 455 号	混合型饲料添加剂 香味物质 酸度调节剂 Feed Additives Mixture Flavouring Substances Acidity Regulators	维肠康 S AviPlus S	混合型饲料添加剂 Feed Additives Mixture	断奶仔猪 Weaned Piglets	意大利 Vetagro S. P. A. 股份公司 Vetagro S. P. A.，Italy	2022.06—2027.06	续展
（2022）外饲准字 456 号	混合型饲料添加剂 香味物质 酸度调节剂 Feed Additives Mixture Flavouring Substances Acidity Regulators	维肠康 p AviPlus P	混合型饲料添加剂 Feed Additives Mixture	家禽、水产动物 Poultry，Aquaculture animals	意大利 Vetagro S. P. A. 股份公司 Vetagro S. P. A.，Italy	2022.06—2027.06	续展
（2022）外饲准字 457 号	混合型饲料添加剂 氧化锌 Feed Additives Mixture Zinc Oxide	维肠宝 S Zincoret Swine	混合型饲料添加剂 Feed Additives Mixture	猪 Swine	意大利 Vetagro S. P. A. 股份公司 Vetagro S. P. A.，Italy	2022.06—2027.06	续展
（2022）外饲准字 458 号	双低菜籽粕 Double Low Rapeseed Meal	加拿大菜籽粕颗粒（加拿大双低菜籽） Canola Meal Pellet（Canadian Double Low Rapeseed Meal）	单一饲料 Single Feed	养殖动物 All species or categories of animals	（加拿大）嘉吉有限公司（Camrose 工厂） Cargill Limited，Canada	2022.06—2027.06	续展
（2022）外饲准字 459 号	白鱼粉 White Fishmeal	白鱼粉（一级） White Fishmeal I	单一饲料 Single Feed	畜禽、水产养殖动物（反刍动物除外） Livestock，Poultry，Aquaculture animals（Not including ruminant）	（俄罗斯）PORONAY 公司（工船 OSTROV ITURUP，CH-14P） PORONAY CO.，LTD（F/V "Ostrov Iturup"，CH-14P），Russia	2022.06—2027.06	续展
（2022）外饲准字 460 号	高温高压水解羽毛粉 High Temperature and High Pressure Hydrolysis Feather Meal	水解羽毛粉 Hydrolyzed Feather Meal	单一饲料 Single Feed	畜禽、水产养殖动物（反刍动物除外） Livestock，Poultry，Aquaculture animals（Not including ruminant）	西班牙 SARVAL BIO-INDUSTRIES，S. A. U. 西班牙 SARVAL BIO-INDUSTRIES，S. A. U.，Spain	2022.06—2027.06	续展

（续）

登记证号	通用名称	商品名称	产品类别	使用范围	生产厂家	有效期限	备注
（2022）外饲准字 461 号	牛肉骨粉 Bovine Meat and Bone Meal	牛肉骨粉（LA LOMA） Bovine Meat And Bone Meal（LA LOMA）	单一饲料 Single Feed	畜禽、水产养殖动物（反刍动物除外） Livestock，Poultry，Aquaculture animals（Not including ruminant）	乌拉圭 Yarus S. A. 公司 Yarus S. A.，Uruguay	2022. 06—2027. 06	续展
（2022）外饲准字 462 号	全价宠物食品幼年期猫粮 Pet Compound Feed for Kitten	S1 纽顿幼年期全价猫粮鸡肉 & 鲑鱼配方 S1 NutramNumber Sound Kitten Food Chicken & Salmon Recipe	宠物配合饲料 Pet Compound Feed	猫 Cats	（加拿大）艾尔麦乐宠物产品有限公司 Elmira Pet Products Ltd.，Canada	2022. 06—2027. 06	续展
（2022）外饲准字 463 号	全价宠物食品幼年期犬粮 Pet Compound Feed for Puppy	S2 纽顿幼年期全价犬粮鸡肉 & 全蛋配方 S2 NutramNumber Sound Puppy Food Chicken & Whole Eggs Recipe	宠物配合饲料 Pet Compound Feed	犬 Dogs	（加拿大）艾尔麦乐宠物产品有限公司 Elmira Pet Products Ltd.，Canada	2022. 06—2027. 06	续展
（2022）外饲准字 464 号	全价宠物食品成年期/老年期猫粮 Pet Compound Feed for Adult/Senior Cat	S5 纽顿成年期 & 老年期全价猫粮鸡肉 & 鲑鱼配方 S5 NutramNumber Sound Adult & Senior Cat Food Chicken & Salmon Recipe	宠物配合饲料 Pet Compound Feed	猫 Cats	（加拿大）艾尔麦乐宠物产品有限公司 Elmira Pet Products Ltd.，Canada	2022. 06—2027. 06	续展
（2022）外饲准字 465 号	全价宠物食品成年期犬粮 Pet Compound Feed for Adult Dog	S6 纽顿成年期全价犬粮鸡肉 & 糙米配方 S6 NutramNumber Sound Adult Dog Food Chicken & Brown Rice Recipe	宠物配合饲料 Pet Compound Feed	犬 Dogs	（加拿大）艾尔麦乐宠物产品有限公司 Elmira Pet Products Ltd.，Canada	2022. 06—2027. 06	续展

（续）

登记证号	通用名称	商品名称	产品类别	使用范围	生产厂家	有效期限	备注
（2022）外饲准字 466 号	全价宠物食品小型犬成年期犬粮 Pet Compound Feed for Small Breed Adult Dog	S7 纽顿小型犬成年期全价犬粮鸡肉 & 糙米配方 S7 NutramNumber Sound Small Breed Adult Dog Food Chicken & Brown Rice Recipe	宠物配合饲料 Pet Compound Feed	犬 Dogs	（加拿大）艾尔麦乐宠物产品有限公司 Elmira Pet Products Ltd.，Canada	2022.06—2027.06	续展
（2022）外饲准字 467 号	全价宠物食品小型犬幼年期犬粮 Pet Compound Feed for Small Breed Puppy	S11 纽顿小型 & 玩赏犬幼年期全价犬粮鸡肉 & 全蛋配方 S11 NutramNumber Sound Small & Toy Breed Puppy Food Chicken & Whole Eggs Recipe	宠物配合饲料 Pet Compound Feed	犬 Dogs	（加拿大）艾尔麦乐宠物产品有限公司 Elmira Pet Products Ltd.，Canada	2022.06—2027.06	续展
（2022）外饲准字 468 号	全价宠物食品猫粮 Pet Compound Feed for Cat	T24 纽顿全价猫粮鲑鱼 & 鳟鱼配方 T24 NutramNumber Total Cat Food Salmon & Trout Recipe	宠物配合饲料 Pet Compound Feed	猫 Cats	（加拿大）艾尔麦乐宠物产品有限公司 Elmira Pet Products Ltd.，Canada	2022.06—2027.06	续展
（2022）外饲准字 469 号	全价宠物食品犬粮 Pet Compound Feed for Dog	T26 纽顿全价犬粮羊肉 & 豌豆配方 T26 NutramNumber Total Dog Food Lamb & Peas Recipe	宠物配合饲料 Pet Compound Feed	犬 Dogs	（加拿大）艾尔麦乐宠物产品有限公司 Elmira Pet Products Ltd.，Canada	2022.06—2027.06	续展
（2022）外饲准字 470 号	全价宠物食品小型犬犬粮 Pet Compound Feed for Small Breed Dog	T28 纽顿小型 & 玩赏犬全价犬粮鲑鱼 & 鳟鱼配方 T28 NutramNumber Total Small & Toy Breed Dog Food Salmon & Trout Recipe	宠物配合饲料 Pet Compound Feed	犬 Dogs	（加拿大）艾尔麦乐宠物产品有限公司 Elmira Pet Products Ltd.，Canada	2022.06—2027.06	续展

（续）

登记证号	通用名称	商品名称	产品类别	使用范围	生产厂家	有效期限	备注
（2022）外饲准字 597 号	混合型饲料添加剂 维生素 D_3 Feed Additives Mixture Vitamin D_3	罗维素® D_3-500 ROVIMIX® D3-500	混合型饲料添加剂 Feed Additives Mixture	养殖动物 All species or categories of animals	帝斯曼营养产品法国有限公司 DSM Nutritional Products France SAS, France	2022. 07—2027. 07	续展
（2022）外饲准字 598 号	奶牛精料补充料 Supplementary Concentrate for Dairy Cattle	欧产康-C OptiPartum-C	精料补充料 Supplementary Concentrate	奶牛 Dairy Cattle	英联尼奥（捷克）有限公司 Bodit Tachov s. r. o. , Czech Republic	2022. 07—2027. 07	续展
（2022）外饲准字 599 号	饲料添加剂 DL-蛋氨酸 Feed Additive DL-Methionine	罗迪美®NP99 Rhodimet®NP99	饲料添加剂 Feed Additive	养殖动物 All species or categories of animals	安迪苏法国公司 ROR 工厂 Adisseo France S. A. S. , ROR Site, France	2022. 07—2027. 07	续展
（2022）外饲准字 600 号	饲料添加剂 DL-蛋氨酸 Feed Additive DL-Methionine	罗迪美®NP99 Rhodimet®NP99	饲料添加剂 Feed Additive	养殖动物 All species or categories of animals	安迪苏法国公司 Commentry 工厂 Adisseo France S. A. S. , Plant Commentry, France	2022. 07—2027. 07	续展
（2022）外饲准字 601 号	饲料添加剂 蛋氨酸羟基类似物 Feed Additive Hydroxy Analogue of Methionine	罗迪美®AT88 Rhodimet®AT88	饲料添加剂 Feed Additive	猪、鸡、鸭、牛、宠物、水产养殖动物 Swine, Chicken, Ducks, Cattle, Pets, Aquaculture animals	安迪苏西班牙公司 Adisseo Espana S. A. , Spain	2022. 07—2027. 07	续展
（2022）外饲准字 602 号	混合型饲料添加剂维生素 A 乙酸酯 Feed Additives Mixture Vitamin A Acetate	麦可维® A 超性能型 1000 Microvit® A Supra 1000	混合型饲料添加剂 Feed Additives Mixture	养殖动物 All species or categories of animals	安迪苏法国公司 Adisseo France S. A. S. , France	2022. 07—2027. 07	续展
（2022）外饲准字 603 号	饲料添加剂 磷脂 Feed Additive Lecithin	利百多（液体） LIPIDOL L	饲料添加剂 Feed Additive	养殖动物 All species or categories of animals	韩国 Pathway Intermediates International 公司（Ipjang 工厂） Pathway Intermediates International, Inc. （Ipjang plant）, Korea	2022. 07—2027. 07	续展

（续）

登记证号	通用名称	商品名称	产品类别	使用范围	生产厂家	有效期限	备注
（2022）外饲准字 604 号	饲料添加剂 磷脂 Feed Additive Lecithin	利百多 LIPIDOL	饲料添加剂 Feed Additive	养殖动物 All species or categories of animals	韩国 Pathway Intermediates International 公司（Jiksan 工厂） Pathway Intermediates International，Inc.（Jiksan plant），Korea	2022.07—2027.07	续展
（2022）外饲准字 605 号	混合型饲料添加剂 微生物 Feed Additives Mixture Micro-organism	晶好肽 SMQF	混合型饲料添加剂 Feed Additives Mixture	肉鸡、生长育肥猪、水产养殖动物 Broilers，Growing-finishing swines，Aquaculture animals	台湾孟德尔生物科技股份有限公司 TAIWAN MENDEL BIOTECH CO.，LTD.	2022.07—2027.07	续展
（2022）外饲准字 606 号	混合型饲料添加剂 枯草芽孢杆菌 Feed Additives Mixture Bacillus subtilis	安泰来 Alterion NE	混合型饲料添加剂 Feed Additives Mixture	养殖动物 All species or categories of animals	美国诺维信生物公司 Novozymes Biologicals，Inc.，USA	2022.07—2027.07	续展
（2022）外饲准字 607 号	混合型饲料添加剂 酶制剂 Feed Additives Mixture Enzyme	纽埃特酶安健 Nutri-Ferm	混合型饲料添加剂 Feed Additives Mixture	牛 Cattle	比利时纽埃特国际营养公司 NUTRI-AD International N. V. Belgium	2022.07—2027.07	续展
（2022）外饲准字 608 号	混合型饲料添加剂香味剂 Feed additives Mixture Flavouring Substances	蓝桉素 P Miarom P	混合型饲料添加剂 Feed Additives Mixture	畜禽 Livestock，Poultry	德国麦尔威股份有限公司 Miavit GmbH，Germany	2022.07—2027.07	续展
（2022）外饲准字 609 号	混合型饲料添加剂 香味物质 Feed additives Mixture Flavouring Substances	蓝桉素 Miarom	混合型饲料添加剂 Feed Additives Mixture	畜禽 Livestock，Poultry	德国麦尔威股份有限公司 Miavit GmbH，Germany	2022.07—2027.07	续展
（2022）外饲准字 610 号	混合型饲料添加剂 维生素 E、维生素 C Feed Additives Mixture Vitamin E，Vitamin C	圆环克® Circolin®	混合型饲料添加剂 Feed Additives Mixture	猪 Swine	德国麦尔威股份有限公司 Miavit GmbH，Germany	2022.07—2027.07	续展

（续）

登记证号	通用名称	商品名称	产品类别	使用范围	生产厂家	有效期限	备注
（2022）外饲准字 611 号	混合型饲料添加剂 枯草芽孢杆菌 地衣芽孢杆菌 Feed Additives Mixture *Bacillus subtilis Bacillus licheniformis*	彼美乐 Bimulac® Pre	混合型饲料添加剂 Feed Additives Mixture	仔猪、犊牛 Piglets，Calves	德国 Biochem 添加剂贸易和生产有限公司 Biochem Zusatzstoffe Handels-und Produktionsgesellschaft mbH，Germany	2022. 07—2027. 07	续展
（2022）外饲准字 612 号	混合型饲料添加剂 木聚糖酶（产自长柄木霉） Feed Additives Mixture Xylanase（Source：*Trichoderma longibrachiatum*）	保安生® 93010 Danisco Xylanase 40000G	混合型饲料添加剂 Feed Additives Mixture	猪、家禽 Swine，Poultry	芬兰饲料国际有限公司 Finnfeeds Oy，Finland	2022. 07—2027. 07	续展
（2022）外饲准字 613 号	混合型饲料添加剂 木聚糖酶（产自长柄木霉） Feed Additives Mixture Endo-1，4-β-Xylanase（Source：*Trichoderma longibrachiatum*）	好特美 X 6000 Hostazym X 6000	混合型饲料添加剂 Feed Additives Mixture	猪、鸡 Swine，Chicken	保加利亚标伟特股份有限公司 Biovet Joint Stock Company，Bulgaria	2022. 07—2027. 07	续展
（2022）外饲准字 614 号	混合型饲料添加剂 木聚糖酶（产自长柄木霉） Feed Additives Mixture Endo-1，4-β-Xylanase（Source：*Trichoderma longibrachiatum*）	好特美 X 15000 Hostazym X 15000	混合型饲料添加剂 Feed Additives Mixture	猪、鸡 Swine，Chicken	保加利亚标伟特股份有限公司 Biovet Joint Stock Company，Bulgaria	2022. 07—2027. 07	续展
（2022）外饲准字 615 号	混合型饲料添加剂 丙二醇 Feed Additives Mixture Propylene Glycol	丙二醇 65 PROPILENGLICOL 65	混合型饲料添加剂 Feed Additives Mixture	奶牛、奶绵羊、山羊 Dairy Cattle，Dairy sheep，Goat	西班牙 Norel 公司 Norel S. A.，Spain	2022. 07—2027. 07	续展
（2022）外饲准字 616 号	混合型饲料添加剂 天然叶黄素（源自万寿菊） Feed Additives Mixture Natural Xanthophyll（Marigold Extract）	金闪闪® 20 粉剂 ORO GLO® 20 Dry	混合型饲料添加剂 Feed Additives Mixture	家禽、水产养殖动物 Poultry，Aquaculture animals	新加坡建明工业（亚洲）私人有限公司 Kemin Industries（Asia）Pte Ltd，Singapore	2022. 07—2027. 07	续展

（续）

登记证号	通用名称	商品名称	产品类别	使用范围	生产厂家	有效期限	备注
（2022）外饲准字 617 号	混合型饲料添加剂 矿物元素 Feed Additives Mixture Minerals	爱胃宝 Acid Buf	混合型饲料添加剂 Feed Additives Mixture	畜禽 Livestock，Poultry	爱尔兰马里戈特有限公司 Marigot Ltd.，Ireland	2022.07—2027.07	续展
（2022）外饲准字 618 号	混合型饲料添加剂 磷脂 Feed Additives Mixture Lecithin	利舒宝®液剂 LYSOFORTETM Liquid	混合型饲料添加剂 Feed Additives Mixture	养殖动物 All species or categories of animals	新加坡建明工业（亚洲）私人有限公司 Kemin Industries（Asia）Pte Ltd，Singapore	2022.07—2027.07	续展
（2022）外饲准字 619 号	混合型饲料添加剂 可食用脂肪酸单双甘油酯、乳酸和甘油 Feed Additives Mixture Mono-/di-glycerides of Edible Fatty Acids，Lactic Acid and Glycerin	莱力舒 Fra Lac 34 Dry	混合型饲料添加剂 Feed Additives Mixture	猪、家禽、水产养殖动物 Swine，Poultry，Aquaculture animals	荷兰 Framelco B. V. 公司 Framelco B. V.，the Netherlands	2022.07—2027.07	续展
（2022）外饲准字 620 号	混合型饲料添加剂 氨基酸 Feed Additives Mixture Amino acid	蜜特好 MET55	混合型饲料添加剂 Feed Additives Mixture	牛 Cattle	加拿大 Jefagro 科技有限公司 Jefagro Technologies Inc.，Canada	2022.07—2027.07	续展
（2022）外饲准字 621 号	母猪复合预混合饲料 Premix for Sow	菲特利 Fertility Pack® Sow	添加剂预混合饲料 Feed Additive Premix	母猪 Sow	德国 Biochem 添加剂贸易和生产有限公司 Biochem Zusatzstoffe Handels-und Produktionsgesellschaft mbH，Germany	2022.07—2027.07	续展
（2022）外饲准字 622 号	复合预混合饲料 Premix	爱米特 Amivit	添加剂预混合饲料 Feed Additive Premix	畜禽、水产养殖动物 Livestock，Poultry，Aquaculture animals	德国麦尔威股份有限公司 Miavit GmbH，Germany	2022.07—2027.07	续展
（2022）外饲准字 623 号	微量元素预混合饲料 Trace Minerals Premix	麦尔磷 Miaphos	添加剂预混合饲料 Additive Premix	畜禽、水产养殖动物 Livestock，Poultry，Aquaculture animals	德国麦尔威股份有限公司 Miavit GmbH，Germany	2022.07—2027.07	续展
（2022）外饲准字 624 号	马精料补充料 Horse Supplementary Concentrate	好味马饲料—运动 13 Hallway Race 13	精料补充料 Supplementary Concentrate	马 Horses	美国大农场主饲料联合公司 Farmers Feed Mill，Inc.，USA	2022.07—2027.07	续展

（续）

登记证号	通用名称	商品名称	产品类别	使用范围	生产厂家	有效期限	备注
(2022) 外饲准字 625 号	马精料补充料 Horse Supplementary Concentrate	好味马饲料—神速 Hallway Tempo	精料补充料 Supplementary Concentrate	马 Horses	美国大农场主饲料联合公司 Farmers Feed Mill, Inc., USA	2022.07—2027.07	续展
(2022) 外饲准字 626 号	马精料补充料 Horse Supplementary Concentrate	好味马饲料—纤能 Hallway Fibrenergy	精料补充料 Supplementary Concentrate	马 Horses	美国大农场主饲料联合公司 Farmers Feed Mill, Inc., USA	2022.07—2027.07	续展
(2022) 外饲准字 627 号	双低菜籽粕 Double-Low Rapeseed Meal	菜籽粕（加拿大菜籽） Canola Meal (Canadian Seed)	单一饲料 Single Feed	猪、鱼、家禽 Swine, Fish, Poultry	加拿大 BUNGE 公司，Fort Saskatchewan 工厂 BUNGE Canada, Fort Saskatchewan plant, Canada	2022.07—2027.07	续展
(2022) 外饲准字 628 号	鱼粉 Fishmeal	红鱼粉（三级） fish meal (Ⅲ)	单一饲料 Single Feed	家禽、水产动物 Poultry, Aquaculture animals	中巴鱼粉有限公司 Pak China Fish Meal, Pakistan	2022.07—2027.07	续展
(2022) 外饲准字 629 号	双低菜籽粕 Double-low Canola meal	双低菜籽粕 Double-low Canola meal	单一饲料 Single Feed	养殖动物 All species or categories of animals	加拿大 Louis Dreyfus Company Canada ULC Louis Dreyfus Company Canada ULC, Canada	2022.07—2027.07	续展
(2022) 外饲准字 630 号	鸡肉粉 Chicken By-Product Meal	鸡肉粉 Chicken By-Product Meal	单一饲料 Single Feed	畜禽、水产养殖动物、宠物（反刍动物除外） Livestock, Poultry, Aquaculture animals, Pets (Not including ruminant)	美国泰森食品产品公司 Tyson Foods, Inc., USA	2022.07—2027.07	续展
(2022) 外饲准字 631 号	鱼粉 Fishmeal	红鱼粉（三级至二级） Red Fishmeal (Ⅲ to Ⅱ)	单一饲料 Single Feed	畜禽、水产养殖动物（反刍动物除外） Livestock, Poultry, Aquaculture animals (Not including ruminant)	泰国诚信鱼产有限公司 Sermsin Fish Product Co., Ltd, Thailand	2022.07—2027.07	续展

（续）

登记证号	通用名称	商品名称	产品类别	使用范围	生产厂家	有效期限	备注
（2022）外饲准字 632 号	大豆浓缩蛋白 Soy Protein Concentrate	X-SOY 200 大豆浓缩蛋白 X-SOY 200	单一饲料 Single Feed	养殖动物 All species or categories of animals	巴西 CJ SELECTA S. A. 公司 Araguari 工厂 CJ SELECTA S. A., Plant in Araguari, Brazil	2022. 07—2027. 07	续展
（2022）外饲准字 633 号	大豆浓缩蛋白 Soy Protein Concentrate	X-SOY 600 大豆浓缩蛋白 X-SOY 600	单一饲料 Single Feed	养殖动物 All species or categories of animals	巴西 CJ SELECTA S. A. 公司 Araguari 工厂 CJ SELECTA S. A., Plant in Araguari, Brazil	2022. 07—2027. 07	续展
（2022）外饲准字 634 号	牛肉骨粉 Bovine Meat and Bone Meal	牛肉骨粉 Bovine Meat and Bone Meal	单一饲料 Single Feed	猪、鸡、水产养殖动物 Swine, Chicken, Aquaculture animals	乌拉圭 Grinsol 公司 Grinsol S. A., Uruguay	2022. 07—2027. 07	续展
（2022）外饲准字 635 号	啮齿动物配合饲料 Compound Feed for Rodentes	5C08 优质啮齿类饲料 5C08 Formulab Diet C	配合饲料 Compound Feed	啮齿动物 Rodentes	美国 PMI 营养国际有限责任公司 PMI Nutrition International, LLC., USA	2022. 07—2027. 07	续展
（2022）外饲准字 636 号	混合型饲料添加剂 防霉剂 Feed Additives Mixture Preservatives	百霉净 Elisorb Premix	混合型饲料添加剂 Feed Additives Mixture	养殖动物 All species or categories of animals	新加坡威发药业有限公司 Vetpharm Laboratories (S) Pte. Ltd., Singapore	2022. 07—2027. 07	续展
（2022）外饲准字 788 号	混合型饲料添加剂 酸度调节剂 Feed Additives Mixture-Acidity Regulators	克沙净 Flow 液体 Fysal® Flow Liquid	混合型饲料添加剂 Feed Additives Mixture	养殖动物 All species or categories of animals	荷兰赛尔可公司 Selko B. V., the Netherlands	2022. 09—2027. 09	续展
（2022）外饲准字 789 号	混合型饲料添加剂 防霉剂 Feed Additives Mixture Preservatives	菲乐斯（液体） Fylax® Liquid	混合型饲料添加剂 Feed Additives Mixture	养殖动物 All species or categories of animals	荷兰赛尔可公司 Selko B. V., the Netherlands	2022. 09—2027. 09	续展
（2022）外饲准字 790 号	混合型饲料添加剂 防霉剂 Feed Additives Mixture Preservatives	纽埃特立霉克 Moil-Nil Liquid	混合型饲料添加剂 Feed Additives Mixture	养殖动物 All species or categories of animals	比利时纽埃特国际营养公司 Beveren-Waas 工厂 NUTRI-AD International N. V. (Beveren-Waas Plant), Belgium	2022. 09—2027. 09	续展

（续）

登记证号	通用名称	商品名称	产品类别	使用范围	生产厂家	有效期限	备注
（2022）外饲准字 791 号	白鱼粉 White Fishmeal	白鱼粉（一级） White Fishmeal（I）	单一饲料 Single Feed	畜禽、水产养殖动物（反刍动物除外） Livestock，Poultry，Aquaculture animals（Not including ruminant）	（俄罗斯）KURILSKIY RYBAK 公司（工船 LANGUSTA，CH-72H） JSC KURILSKIY RYBAK（F/V "Langusta"，CH-72H），Russia	2022.09—2027.09	续展
（2022）外饲准字 792 号	仔猪配合饲料 Piglet Complete Feed	利宝维仔猪酸奶 Pigger Cream	配合饲料 Compound Feed	仔猪 Piglets	荷兰利宝维公司 Liprovit B. V.，the Netherlands	2022.09—2027.09	续展
（2022）外饲准字 793 号	饲料添加剂 烟酰胺 Feed Additive Niacinamide	饲料级烟酰胺 Feed Grade Niacinamide	饲料添加剂 Feed Additive	养殖动物 All species or categories of animals	印度吉友联有机合成化学有限公司 Jubilant Ingrevia Limited，India	2022.09—2027.09	续展
（2022）外饲准字 794 号	饲料添加剂 聚乙二醇甘油蓖麻酸酯 Feed Additive Glyceryl Polyethylenglycol Ricinoleate	布利多 683 Bredol 683	饲料添加剂 Feed Additive	养殖动物 All species or categories of animals	瑞典诺力昂表面化学有限公司 Nouryon Surface Chemistry AB，Sweden	2022.09—2027.09	续展
（2022）外饲准字 795 号	饲料添加剂 聚乙二醇甘油蓖麻酸酯 Feed Additive Glyceryl Polyethylenglycol Ricinoleate	布利多 693 Bredol 693	饲料添加剂 Feed Additive	养殖动物 All species or categories of animals	瑞典诺力昂表面化学有限公司 Nouryon Surface Chemistry AB，Sweden	2022.09—2027.09	续展
（2022）外饲准字 796 号	饲料添加剂 聚乙二醇甘油蓖麻酸酯 Feed Additive Glyceryl Polyethylenglycol Ricinoleate	布利多 694 Bredol 694	饲料添加剂 Feed Additive	养殖动物 All species or categories of animals	瑞典诺力昂表面化学有限公司 Nouryon Surface Chemistry AB，Sweden	2022.09—2027.09	续展
（2022）外饲准字 797 号	混合型饲料添加剂 L-赖氨酸盐酸盐 Feed Additives Mixture L-lysine Monohydrochloride	乐金瑞® LysiGEM®	混合型饲料添加剂 Feed Additives Mixture	反刍动物 Ruminant	美国建明工业有限公司 Kemin Industries，Inc.，USA	2022.09—2027.09	续展

（续）

登记证号	通用名称	商品名称	产品类别	使用范围	生产厂家	有效期限	备注
（2022）外饲准字 798 号	混合型饲料添加剂 枯草芽孢杆菌 Feed Additives Mixture *Bacillus subtilis*	沙安适 MOLUCCA KS	混合型饲料添加剂 Feed Additives Mixture	牛、猪、鸡 Cattle，Swine，Chickens	（日本）共立制药株式会社 Kyoritsu Seiyaku Corporation，Japan	2022.09—2027.09	续展
（2022）外饲准字 799 号	混合型饲料添加剂 香味物质 Feed Additives Mixture Flavouring Substances	爱玛洛 Emerald	混合型饲料添加剂 Feed Additives Mixture	养殖动物 All species or categories of animals	西班牙 IGUSOL ADVANCE S. A. 公司 IGUSOL ADVANCE S. A.，Spain	2022.09—2027.09	续展
（2022）外饲准字 800 号	混合型饲料添加剂 矿物质 Feed Additives Mixture Minerals	博威钙 Bovikalc	混合型饲料添加剂 Feed Additives Mixture	奶牛 Dairy cattle	勃林格殷格翰（丹麦）公司 Boehringer Ingelheim Danmark A/S，Denmark	2022.09—2027.09	续展
（2022）外饲准字 801 号	饲料添加剂 酵母硒 Feed Additive Selenium Yeast Complex	赛乐硒™2000 SEL-PLEX® 2000	混合型饲料添加剂 Feed Additives Mixture	养殖动物 All species or categories of animals	巴西奥特奇公司（São Pedro do Ivaí 工厂） Alltech do Brasil Agroindustrial Ltda.，Brazil	2022.09—2027.09	续展
（2022）外饲准字 802 号	饲料添加剂 酵母硒 Feed Additive Selenium Yeast Complex	赛乐硒™ 2000 SEL-PLEX® 2000	混合型饲料添加剂 Feed Additives Mixture	养殖动物 All species or categories of animals	美国奥特奇公司 Alltech Inc.，USA	2022.09—2027.09	续展
（2022）外饲准字 803 号	混合型饲料添加剂 植酸酶（产自李氏木霉） Feed Additives Mixture Phytase (Source：*Trichoderma reesei*)	爱特康® PHY 5000 L Axtra® PHY 5000 L	混合型饲料添加剂 Feed Additives Mixture	猪、家禽 Swine，Poultry	丹尼斯克美国有限公司（Cedar Rapids 工厂） Danisco US Inc.（Cedar Rapids Plant），USA	2022.09—2027.09	续展
（2022）外饲准字 804 号	混合型饲料添加剂 植酸酶（产自李氏木霉） Feed Additives Mixture Phytase (Source：*Trichoderma reesei*)	爱特康® PHY 25000 G Axtra® PHY 25000 G	混合型饲料添加剂 Feed Additives Mixture	猪、家禽 Swine，Poultry	丹尼斯克美国有限公司（Cedar Rapids 工厂） Danisco US Inc.（Cedar Rapids Plant），USA	2022.09—2027.09	续展

（续）

登记证号	通用名称	商品名称	产品类别	使用范围	生产厂家	有效期限	备注
（2022）外饲准字 805 号	混合型饲料添加剂 木聚糖酶（产自李氏木霉）β-葡聚糖酶（产自李氏木霉） Feed Additives Mixture Xylanase（Source：*Trichoderma reesei*）β-glucanase（Source：*Trichoderma reesei*）	爱特康® XB 201 TPT Axtra® XB 201 TPT	混合型饲料添加剂 Feed Additives Mixture	猪、家禽 Swine，Poultry	芬兰杰能科国际有限公司（Hanko工厂） Genencor International Oy（Hanko Plant），Finland	2022.09—2027.09	续展
（2022）外饲准字 806 号	混合型饲料添加剂 蛋白酶（产自枯草芽孢杆菌） Feed Additives Mixture Protease（Source：*Bacillus subtilis*）	爱特康® PRO 301 TPT Axtra® PRO 301 TPT	混合型饲料添加剂 Feed Additives Mixture	猪、家禽 Swine，Poultry	丹尼斯克美国有限公司（Cedar Rapids工厂） Danisco US Inc.（Cedar Rapids Plant），USA	2022.09—2027.09	续展
（2022）外饲准字 807 号	混合型饲料添加剂 植酸酶（产自李氏木霉） Feed Additives Mixture Phytase（Source：*Trichoderma reesei*）	爱特康® PHY 20000 TPT2 Axtra® PHY 20000 TPT2	混合型饲料添加剂 Feed Additives Mixture	猪、家禽 Swine，Poultry	丹尼斯克美国有限公司（Cedar Rapids工厂） Danisco US Inc.（Cedar Rapids Plant），USA	2022.09—2027.09	续展
（2022）外饲准字 808 号	混合型饲料添加剂 维生素 B_{12} Feed Additives Mixture Vitamin B_{12}	维生素 B_{12} 1%饲料级 Vitamin B_{12} 1% Feed Grade	混合型饲料添加剂 Feed Additives Mixture	养殖动物 All species or categories of animals	法国优若湃公司 Rue de Verdun，France	2022.09—2027.09	续展
（2022）外饲准字 809 号	混合型饲料添加剂 维生素 A 乙酸酯 Feed Additives Mixture Vitamin A Acetate	罗维素® A 1000 ROVIMIX® A 1000	混合型饲料添加剂 Feed Additives Mixture	养殖动物 All species or categories of animals	瑞士帝斯曼营养产品有限公司 DSM Nutritional Products AG，Switzerland	2022.09—2027.09	续展
（2022）外饲准字 810 号	混合型饲料添加剂 25-羟基维生素 D_3 Feed Additives Mixture 25-Hydroxy Vitamin D_3	罗维素® Hy・D® 1.25% ROVIMIX® Hy・D® 1.25%	混合型饲料添加剂 Feed Additives Mixture	家禽、猪 Poultry，Swine	帝斯曼营养产品美国有限公司 DSM Nutritional Products Inc.，USA	2022.09—2027.09	续展

（续）

登记证号	通用名称	商品名称	产品类别	使用范围	生产厂家	有效期限	备注
(2022) 外饲准字 811 号	混合型饲料添加剂 维生素 A 乙酸酯 Feed Additives Mixture Vitamin A Acetate	维生素 A 乙酸酯 2.1 MIU/g（BHT） VITAMIN A Acetate FG 2.1 BHT	混合型饲料添加剂 Feed Additives Mixture	养殖动物 All species or categories of animals	瑞士帝斯曼营养产品有限公司 DSM Nutritional Products AG，Switzerland	2022.09—2027.09	续展
(2022) 外饲准字 812 号	混合型饲料添加剂 包被丁酸钠 Feed Additives Mixture Coated Sodium Butyrate	谷饲妥 70 GUSTOR BP70	混合型饲料添加剂 Feed Additives Mixture	养殖动物 All species or categories of animals	西班牙 Norel 公司 Norel S. A.，Spain	2022.09—2027.09	续展
(2022) 外饲准字 813 号	混合型饲料添加剂 天然类固醇萨洒皂角苷（源自丝兰） Feed Additives Mixture YUCCA (Yucca Schidigera Extract)	诺保灵 XO2 Norponin XO2	混合型饲料添加剂 Feed Additives Mixture	养殖动物 All species or categories of animals	（法国）诺富得公司 NOR-FEED SAS，France	2022.09—2027.09	续展
(2022) 外饲准字 814 号	鱼油 Fish Oil	鱼油（饲料级） Fish Oil（Feed Grade）	单一饲料 Single Feed	畜禽、水产养殖动物（反刍动物除外） Livestock，Poultry，Aquaculture animals（Not including ruminant）	丹麦 FF Skagen 有限公司 FF Skagen，Denmark	2022.09—2027.09	续展
(2022) 外饲准字 815 号	白鱼粉 White Fishmeal	白鱼粉（三级） White fishmeal（Grade Ⅲ）	单一饲料 Single Feed	畜禽、水产养殖动物（反刍动物除外） Livestock，Poultry，Aquaculture animals（Not including ruminant）	新西兰桑福德有限公司 工船加工，工船名："San Discovery"，工船号 PH464 SANFORD LIMITED，Vessel：San Discovery，official No. PH464，New Zealand	2022.09—2027.09	续展
(2022) 外饲准字 816 号	白鱼粉 White Fishmeal	白鱼粉（三级） White fishmeal（Grade Ⅲ）	单一饲料 Single Feed	畜禽、水产养殖动物（反刍动物除外） Livestock，Poultry，Aquaculture animals（Not including ruminant）	新西兰桑福德有限公司 工船加工，工船名："San Enterprise"，工船号，PH512 SANFORD LIMITED，Vessel：San Enterprise，official No. PH512，New Zealand	2022.09—2027.09	续展

（续）

登记证号	通用名称	商品名称	产品类别	使用范围	生产厂家	有效期限	备注
（2022）外饲准字 817 号	白鱼粉 White Fishmeal	白鱼粉（三级） White fishmeal（Grade Ⅲ）	单一饲料 Single Feed	畜禽、水产养殖动物（反刍动物除外） Livestock，Poultry，Aquaculture animals（Not including ruminant）	新西兰塔利斯集团公司，工船加工，工船名："Amaltal Enterprise"，工船号：PH622 Talley's Group limited，Vessel：Amaltal Enterprise Official No. PH622，New Zealand	2022.09—2027.09	续展
（2022）外饲准字 818 号	白鱼粉 White Fishmeal	白鱼粉（三级） White fishmeal（Grade Ⅲ）	单一饲料 Single Feed	畜禽、水产养殖动物（反刍动物除外） Livestock，Poultry，Aquaculture animals（Not including ruminant）	新西兰塔利斯集团公司，工船加工，工船名："Amaltal Columbia"，工船号：PH384 Talley's Group Limited，Vessel：Amaltal Columbia，Official No. PH384，New Zealand	2022.09—2027.09	续展
（2022）外饲准字 819 号	白鱼粉 White Fishmeal	白鱼粉（三级） White fishmeal（Grade Ⅲ）	单一饲料 Single Feed	畜禽、水产养殖动物（反刍动物除外） Livestock，Poultry，Aquaculture animals（Not including ruminant）	新西兰塔利斯集团公司，工船加工，工船名："Amaltal Atlantis"，工船号：PH475 Talley's Group Limited，Vessel：Amaltal Atlantis，Official No. PH475，New Zealand	2022.09—2027.09	续展
（2022）外饲准字 820 号	鱼粉 Fishmeal	红鱼粉（三级） Red fishmeal（Grade Ⅲ）	单一饲料 Single Feed	畜禽、水产养殖动物（反刍动物除外） Livestock，Poultry，Aquaculture animals（Not including ruminant）	独立渔业有限公司 工船加工，工船号：IRVINGA，新西兰注册号：L901187 Independent Fisheries Limited，Vessel：IRVINGA，No. L901187，New Zealand	2022.09—2027.09	续展
（2022）外饲准字 821 号	白鱼粉 White Fishmeal	白鱼粉（三级） White fishmeal（Grade Ⅲ）	单一饲料 Single Feed	畜禽、水产养殖动物（反刍动物除外） Livestock，Poultry，Aquaculture animals（Not including ruminant）	独立渔业有限公司 工船加工，工船号：IRVINGA，新西兰注册号：L901187 Independent Fisheries Limited，Vessel：IRVINGA，No. L901187，New Zealand	2022.09—2027.09	续展

（续）

登记证号	通用名称	商品名称	产品类别	使用范围	生产厂家	有效期限	备注
（2022）外饲准字 822 号	酿酒酵母细胞壁 Yeast Cell Wall Of *Saccharomyces cerevisiae*	莱克素 Biolex®-MB 40	单一饲料 Single Feed	养殖动物 All species or categories of animals	德国莱博有限公司 Leiber GmbH，Germany	2022. 09—2027. 09	续展
（2022）外饲准字 823 号	食品酵母粉 Inactivated *Saccharomyces cerevisiae*	莱博非萃取啤酒酵母 Leiber Brewer'S Yeast Unextracted	单一饲料 Single Feed	猪、家禽、宠物、水产养殖动物 Swine，Poultry，Pets，Aquaculture animals	德国莱博有限公司 Leiber GmbH，Germany	2022. 09—2027. 09	续展
（2022）外饲准字 923 号	饲料添加剂 L-赖氨酸盐酸盐 Feed Additive L-Lysine Monohydrochloride	Sewon 牌饲料级 99% L-赖氨酸盐酸盐 Sewon L-Lysine HCl 99% Feed Grade	饲料添加剂 Feed Additive	养殖动物 All species or categories of animals	韩国大象株式会社 Daesang Corporation，Korea	2022. 12—2027. 12	续展
（2022）外饲准字 924 号	混合型饲料添加剂 丙二醇 Feed Additives Mixture Propylene Glycol	丙二醇 65 Glycopowder 65	混合型饲料添加剂 Feed Additives Mixture	奶牛 Dairy cattle	荷兰 Framelco 有限公司 Framelco B. V.，the Netherlands	2022. 12—2027. 12	续展
（2022）外饲准字 925 号	混合型饲料添加剂 dl-α-生育酚乙酸酯 亚硒酸钠 Feed Additives Mixture dl-alpha-Tocopherol Acetate Sodium Selenite	英乐维 100 Introvit-ES-100 Oral	混合型饲料添加剂 Feed Additives Mixture	养殖动物 All species or categories of animals	荷兰 Interchemie werken "De Adelaar" B. V. 公司 Interchemie werken "De Adelaar" B. V.，the Netherlands	2022. 12—2027. 12	续展
（2022）外饲准字 926 号	混合型饲料添加剂 香味物质 Feed Additive Mixture Flavouring Substances	乐培 Respimint Oral	混合型饲料添加剂 Feed Additives Mixture	猪、家禽 Swine，Poultry	荷兰 Interchemie werken "De Adelaar" B. V. 公司 Interchemie werken "De Adelaar" B. V.，the Netherlands	2022. 12—2027. 12	续展
（2022）外饲准字 927 号	混合型饲料添加剂 枯草芽孢杆菌 Feed Additives Mixture *Bacillus subtilis*	POWERZYME 益生菌 POWERZYME	混合型饲料添加剂 Feed Additives Mixture	养殖动物 All species or categories of animals	韩国碧恩碧有限公司 B&B KOREA CO.，LTD，Korea	2022. 12—2027. 12	续展

（续）

登记证号	通用名称	商品名称	产品类别	使用范围	生产厂家	有效期限	备注
(2022）外饲准字 928 号	混合型饲料添加剂 植物乳杆菌 淀粉酶（产自地衣芽孢杆菌） Feed Additives Mixture *Lactobacillus plantarum* Amylase（Source：*Bacillus licheniformis*）	奥多佳 BIOTOCA	混合型饲料添加剂 Feed Additives Mixture	家畜、家禽 （反刍动物除外） Livestock，Poultry（Not including ruminant）	（台湾）贸晖实业股份有限公司 MORE WSEE ENTERPRISE CO.，LTD	2022. 12—2027. 12	续展
(2022）外饲准字 929 号	混合型饲料添加剂 枯草芽孢杆菌 Feed Additives Mixture *Bacillus subtilis*	益菌能-S EMUBIO-S	混合型饲料添加剂 Feed Additives Mixture	养殖动物 All species or categories of animals	台湾信逢股份有限公司 New Well Power Co.，Ltd.	2022. 12—2027. 12	续展
(2022）外饲准字 930 号	混合型饲料添加剂 酸度调节剂 Feed Additives Mixture Acidity Regulators	纽埃特瑞立妥 REVITAL Plus Liquid	混合型饲料添加剂 Feed Additives Mixture	养殖动物 All species or categories of animals	比利时纽埃特国际营养公司 BEVEREN-WAAS 工厂 NUTRI-AD International N. V.（Beveren-Waas Plant），Belgium	2022. 12—2027. 12	续展
(2022）外饲准字 931 号	混合型饲料添加剂 香味物质 Feed Additives Mixture Flavouring Substances	诺壮 Nor-Spice AB	混合型饲料添加剂 Feed Additives Mixture	养殖动物 All species or categories of animals	（法国）诺富得公司 NOR-FEED SAS，France	2022. 12—2027. 12	续展
(2022）外饲准字 932 号	混合型饲料添加剂 木聚糖酶，β-葡聚糖酶（产自绳状青霉） Feed Additives Mixture Xylanase and β-Glucanase（Source：*Penicillium funiculosum*）	罗酶宝® 优越型复合酶 AP Rovabio® Excel AP	混合型饲料添加剂 Feed Additives Mixture	猪、家禽 Swine，Poultry	法国 INNOV' IA 公司 INNOV' IA，France	2022. 12—2027. 12	续展
(2022）外饲准字 933 号	混合型饲料添加剂 枯草芽孢杆菌 Feed Additives Mixture *Bacillus subtilis*	畜禽黄金 BIO PLUS	混合型饲料添加剂 Feed Additives Mixture	畜禽、水产养殖动物 Livestock，Poultry，Aquaculture animals	韩国 AD 生物科技有限公司 ADBIOTECH CO.，LTD.，Korea	2022. 12—2027. 12	续展
(2022）外饲准字 934 号	白鱼粉 White Fishmeal	白鱼粉（一级） White Fishmeal（Grade Ⅰ）	单一饲料 Single Feed	养殖动物（反刍动物除外） All species or categories of animals（Not including ruminant）	俄罗斯纳霍德卡活跃海洋渔业基地公众股份公司 PJSC "NBAMR" Public Joint Stock Company "Nakhodka Active Marine Fishery Base"，Russia	2022. 12—2027. 12	续展

（续）

登记证号	通用名称	商品名称	产品类别	使用范围	生产厂家	有效期限	备注
（2022）外饲准字 935 号	饲料添加剂 DL-蛋氨酸 Feed Additive DL-Methionine	速牧美®-P Sumimet®-P	饲料添加剂 Feed Additive	猪、家禽 Swine，Poultry	日本住友化学株式会社 Sumitomo Chemical Company，Limited，Japan	2022.12—2027.12	续展
（2022）外饲准字 936 号	饲料添加剂 吡啶甲酸铬 Feed Additive Chromium Tirpicolinate	铬精 Chromium picolean	饲料添加剂 Feed Additive	猪 Swine	意大利阿卡公司 Prodotti Arca S. r. l.，Italy	2022.12—2027.12	续展
（2022）外饲准字 937 号	混合型饲料添加剂 吡啶甲酸铬 Feed Additives Mixture Chromium Tirpicolinate	铬精 0.1% Picolean-Chromium picolinate 0.1%	混合型饲料添加剂 Feed Additives Mixture	猪 Swine	意大利阿卡公司 Prodotti Arca S. r. l.，Italy	2022.12—2027.12	续展
（2022）外饲准字 938 号	混合型饲料添加剂 天然类固醇萨洒皂角苷（源自丝兰） Feed Additives Mixture YUCCA (Yucca Schidigera Extract)	富兰宝 Micro-Aid	混合型饲料添加剂 Feed Additives Mixture	养殖动物 All species or categories of animals	美国 DPI 配送加工有限公司 Distributors Processing Inc.，USA	2022.12—2027.12	续展
（2022）外饲准字 939 号	混合型饲料添加剂 DL-蛋氨酸 Feed Additives Mixture DL-Methionine	维乳乐 Timet	混合型饲料添加剂 Feed Additives Mixture	反刍动物 Ruminant	意大利 Vetagro S. p. A 股份公司 Vetagro S. p. A.，Italy	2022.12—2027.12	续展
（2022）外饲准字 940 号	混合型饲料添加剂 矿物元素 Feed Additive Mixture Minerals	妈妈棒 MAMABEN	混合型饲料添加剂 Feed Additives Mixture	母猪 Sow	日本新水株式会社（熊本工厂） Sinsui Inc.（Kumamoto Factory），Japan	2022.12—2027.12	续展
（2022）外饲准字 941 号	混合型饲料添加剂 矿物元素 Feed Additives Mixture Minerals	佳健美 GOODFITE	混合型饲料添加剂 Feed Additives Mixture	猪 Swine	（台湾）贸立实业股份有限公司 More-standing Enterprise Co.，Ltd	2022.12—2027.12	续展
（2022）外饲准字 942 号	混合型饲料添加剂 微生物 Feed Additives Mixture Live Micro-organisms	犊泻克 Bimulac® Extra	混合型饲料添加剂 Feed Additives Mixture	犊牛、羔羊、马驹 Calves，Lambs，Foal	德国 Biochem 添加剂贸易和生产有限公司 Biochem Zusatzstoffe Handels-und Produktionsgesellschaft mbH，Germany	2022.12—2027.12	续展

（续）

登记证号	通用名称	商品名称	产品类别	使用范围	生产厂家	有效期限	备注
（2022）外饲准字 943 号	混合型饲料添加剂 屎肠球菌 甜菜碱 Feed Additives Mixture *Enterococcus faecium* Betaine	彼奥舒 B. I. O. Sol	混合型饲料添加剂 Feed Additives Mixture	鸡 Chickens	德国 Biochem 添加剂贸易和生产有限公司 Biochem Zusatzstoffe Handels-und Produktionsgesellschaft mbH，Germany	2022. 12—2027. 12	续展
（2022）外饲准字 944 号	混合型饲料添加剂 木聚糖酶（产自李氏木霉） Feed Additives Mixture Xylanase (Source：*Trichoderma reesei*)	丹尼斯克木聚糖酶 8000 L Danisco Xylanase 8000 L	混合型饲料添加剂 Feed Additives Mixture	猪、家禽 Swine，Poultry	（芬兰）杰能科国际有限公司 Genencor International Oy，Finland	2022. 12—2027. 12	续展
（2022）外饲准字 945 号	混合型饲料添加剂 矿物元素 Feed Additives Mixture Minerals	得乃美 DYNAMATE	混合型饲料添加剂 Feed Additives Mixture	养殖动物 All species or categories of animals	美国 Mosaic Potash Carlsbad 公司 Mosaic Potash Carlsbad Inc.，USA	2022. 12—2027. 12	续展
（2022）外饲准字 946 号	混合型饲料添加剂 维生素 A 乙酸酯 维生素 D_3 Feed Additives Mixture Vitamin A Acetate Vitamin D_3	罗维素® AD_3 1000/200 ROVIMIX® AD3 1000/200	混合型饲料添加剂 Feed Additives Mixture	养殖动物 All species or categories of animals	瑞士帝斯曼营养产品有限公司 DSM Nutritional Products AG，Switzerland	2022. 12—2027. 12	续展
（2022）外饲准字 947 号	混合型饲料添加剂 氨基酸铁络合物 Feed Additives Mixture Iron Amino Acid Complex	氨维乐®铁 90 Availa® Fe 90	混合型饲料添加剂 Feed Additives Mixture	养殖动物 All species or categories of animals	美国金宝动物营养（国际）有限公司 Zinpro Animal Nutrition International Inc.，USA	2022. 12—2027. 12	续展
（2022）外饲准字 948 号	混合型饲料添加剂 氨基酸铜络合物 Feed Additives Mixture Copper Amino Acid Complex	氨维乐®铜 100 Availa® Cu 100	混合型饲料添加剂 Feed Additives Mixture	养殖动物 All species or categories of animals	美国金宝动物营养（国际）有限公司 Zinpro Animal Nutrition International Inc.，USA	2022. 12—2027. 12	续展
（2022）外饲准字 949 号	混合型饲料添加剂 氨基酸锰络合物 Feed Additives Mixture Manganese Amino Acid Complex	氨维乐®锰 80 Availa® Mn 80	混合型饲料添加剂 Feed Additives Mixture	养殖动物 All species or categories of animals	美国金宝动物营养（国际）有限公司 Zinpro Animal Nutrition International Inc.，USA	2022. 12—2027. 12	续展

（续）

登记证号	通用名称	商品名称	产品类别	使用范围	生产厂家	有效期限	备注
（2022）外饲准字 950 号	混合型饲料添加剂 氨基酸锌络合物 Feed Additives Mixture Zinc Amino Acid Complex	氨维乐®锌 120 Availa® Zn 120	混合型饲料添加剂 Feed Additives Mixture	养殖动物 All species or categories of animals	美国金宝动物营养（国际）有限公司 Zinpro Animal Nutrition International Inc.，USA	2022.12—2027.12	续展
（2022）外饲准字 951 号	混合型饲料添加剂酿酒酵母 Feed Additives Mixture *Saccharomyces cerevisiae*	益饲宝 MYXIN-BOND	混合型饲料添加剂 Feed Additives Mixture	养殖动物 All species or categories of animals	美国国际生物营养有限公司 Bio-Nutrition International，Inc.，USA	2022.12—2027.12	续展
（2022）外饲准字 952 号	混合型饲料添加剂酿酒酵母 Feed Additives Mixture *Saccharomyces cerevisiae*	百奥宝 A BIO-BOND A	混合型饲料添加剂 Feed Additives Mixture	猪、家禽、水产养殖动物、牛 Swine，Poultry，Aquaculture animals，Cattle	美国国际生物营养有限公司 Bio-Nutrition International，Inc.，USA	2022.12—2027.12	续展
（2022）外饲准字 953 号	混合型饲料添加剂酿酒酵母 Feed Additives Mixture *Saccharomyces cerevisiae*	百奥宝 BIO-BOND	混合型饲料添加剂 Feed Additives Mixture	猪、家禽、水产养殖动物、牛 Swine，Poultry，Aquaculture animals，Cattle	美国国际生物营养有限公司 Bio-Nutrition International，Inc.，USA	2022.12—2027.12	续展
（2022）外饲准字 954 号	混合型饲料添加剂 酶制剂 Feed Additives Mixture Enzymes	速美肥 PLUS CAPSOZYME SB	混合型饲料添加剂 Feed Additives Mixture	猪、家禽 Swine，Poultry	西班牙埃特亚公司 Industrial Tecnica Pecuaria，S.A.，Spain	2022.12—2027.12	续展
（2022）外饲准字 955 号	混合型饲料添加剂 天然类固醇萨洒皂角苷（源自丝兰），皂树皮提取物 Feed Additives Mixture YUCCA（Yucca Schidigera Extract），Quillaia（*Quillaja saponaria* Molina）	去臭灵 Norponin OPTI	混合型饲料添加剂 Feed Additives Mixture	养殖动物 All species or categories of animals	（法国）诺富得公司 NOR-FEED SAS，France	2022.12—2027.12	续展

（续）

登记证号	通用名称	商品名称	产品类别	使用范围	生产厂家	有效期限	备注
(2022) 外饲准字 956 号	鱼油 Fish Oil	鱼油（饲料级） Fish Oil (Feed Grade)	单一饲料 Single Feed	畜禽、水产养殖动物（反刍动物除外） Livestock, Poultry, Aquaculture animals (Not including ruminant)	毛里塔尼亚 MAH EL TURK-SARL 公司 MAH EL TURK-SARL, Mauritania	2022.12—2027.12	续展
(2022) 外饲准字 957 号	饲料添加剂 天然类固醇萨洒皂角苷（源自丝兰） Feed Additive YUCCA (Yucca Schidigera Extract)	丝兰宝 BIOPOWDER	饲料添加剂 Feed Additive	养殖动物 All species or categories of animals	墨西哥 Baja Agro International, S. A. DE C. V. 公司 Baja Agro International, S. A. DE C. V., Mexico	2022.12—2027.12	续展
(2022) 外饲准字 958 号	饲料添加剂 葡萄籽提取物 Feed Additive Grape seed extract	诺葡 80 Nor-Grape 80	饲料添加剂 Feed Additive	养殖动物（犬除外） All species or categories of animals (Not including dogs)	（法国）诺富得公司 NOR-FEED SAS, France	2022.12—2027.12	续展
(2022) 外饲准字 959 号	混合型饲料添加剂 枯草芽孢杆菌 Feed Additives Mixture *Bacillus subtilis*	益菌素 Soyamix	混合型饲料添加剂 Feed Additives Mixture	养殖动物 All species or categories of animals	台湾信逢股份有限公司 New Well Power Co., Ltd.	2022.12—2027.12	续展

附件 3

换发进口饲料和饲料添加剂产品登记证目录（2022）

登记证号	商品名称	通用名称	变更内容	原名称	变更名称
(2018) 外饲准字 491 号	烟酸 Niacin	饲料添加剂 烟酸 Feed Additive Niacin	申请企业名称	瑞士龙沙化学品解决方案有限公司 Lonza Solutions Ltd.，Switzerland	瑞士奥沙达有限公司 Arxada Ltd.，Switzerland
			生产厂家名称	瑞士龙沙化学品解决方案有限公司 Lonza Solutions Ltd.，Switzerland	瑞士奥沙达有限公司 Arxada Ltd.，Switzerland
(2021) 外饲准字 296 号	桉呼灵 Eucalypsol®	混合型饲料添加剂 香味物质 Feed Additives Mixture Flavouring Substances	中文商品名称	桉呼灵	优克力
(2021) 外饲准字 297 号	促消灵 EE DigeMax EE®	混合型饲料添加剂 香味物质 Feed Additives Mixture Flavouring Substances	中文商品名称	促消灵 EE	迪吉舒
(2021) 外饲准字 298 号	促消灵 Pro DigePro®	混合型饲料添加剂 香味物质 Feed Additives Mixture Flavouring Substances	中文商品名称	促消灵 Pro	迪普威
(2021) 外饲准字 814 号	艾瑞寇猫用罐头含牛肉配方 IVORY COAT Beef in Gravy	全价宠物食品成年期猫粮 Pet Compound Food for Adult Cats	中文商品名称	艾瑞寇猫用罐头含牛肉配方	艾瑞蔻猫用罐头含牛肉配方
(2021) 外饲准字 815 号	艾瑞寇猫用罐头含海洋鱼配方 IVORY COAT Oceanfish in Gravy	全价宠物食品成年期猫粮 Pet Compound Food for Adult Cats	中文商品名称	艾瑞寇猫用罐头含海洋鱼配方	艾瑞蔻猫用罐头含海洋鱼配方
(2021) 外饲准字 932 号	艾瑞寇牛肉配方成年期犬粮 添加椰子油 Ivory Coat Beef with Coconut Oil for Adult Dogs	全价宠物食品成年期犬粮 Pet Compound Feed for Adult Dog	中文商品名称	艾瑞寇牛肉配方成年期犬粮 添加椰子油	艾瑞蔻牛肉配方成年期犬粮 添加椰子油
(2021) 外饲准字 933 号	艾瑞寇羊肉 & 海洋鱼配方成年期犬粮 Ivory Coat Lamb & Ocean Fish for Adult Dogs	全价宠物食品成年期犬粮 Pet Compound Feed for Adult Dog	中文商品名称	艾瑞寇羊肉 & 海洋鱼配方成年期犬粮	艾瑞蔻羊肉 & 海洋鱼配方成年期犬粮

（续）

登记证号	商品名称	通用名称	变更内容	原名称	变更名称
（2021）外饲准字 934 号	艾瑞寇海洋鱼配方幼年期猫粮 Ivory Coat Ocean Fish for Kitten	全价宠物食品幼年期猫粮 Pet Compound Feed for Kitten	中文商品名称	艾瑞寇海洋鱼配方幼年期猫粮	艾瑞蔻海洋鱼配方幼年期猫粮
（2021）外饲准字 935 号	艾瑞寇海洋鱼配方成年期猫粮 Ivory Coat Ocean Fish for Adult Cats	全价宠物食品成年期猫粮 Pet Compound Feed for Adult Cat	中文商品名称	艾瑞寇海洋鱼配方成年期猫粮	艾瑞蔻海洋鱼配方成年期猫粮
（2018）外饲准字 482 号	阿拉斯加白鱼粉（一级） ALASKA WHITE FISHMEAL（Ⅰ）	白鱼粉 White Fishmeal	申请企业名称	美国 Starbound LLC Starbound LLC，USA	美国三叉海产品公司 TRIDENT SEAFOODS CORPORATION，USA
（2018）外饲准字 482 号	阿拉斯加白鱼粉（一级） ALASKA WHITE FISHMEAL（Ⅰ）	白鱼粉 White Fishmeal	生产厂家名称	美国 Starbound LLC-C/P Starbound USCG ＃944658（渔船） Starbound LLC-C/P Starbound USCG ＃ 944658（FishingVessel），USA	美国三叉海产品公司-C/P Starbound USCG ＃ 944658（渔船） TRIDENT SEAFOODS CORPORATION-C/P Starbound USCG ＃ 944658（FishingVessel），USA
（2020）外饲准字 542 号	白鱼粉（一级） White fishmeal（Ⅰ）	白鱼粉 White Fishmeal	申请企业名称	美国 Starbound LLC Starbound LLC，USA	美国三叉海产品公司 TRIDENT SEAFOODS CORPORATION，USA
（2020）外饲准字 542 号	白鱼粉（一级） White fishmeal（Ⅰ）	白鱼粉 White Fishmeal	生产厂家名称	美国 Starbound LLC-C/P Starbound USCG ＃944658（渔船） Starbound LLC-C/P Starbound USCG ＃ 944658（FishingVessel），USA	美国三叉海产品公司-C/P Starbound USCG ＃ 944658（渔船） TRIDENT SEAFOODS CORPORATION-C/P Starbound USCG ＃ 944658（FishingVessel），USA
（2020）外饲准字 724 号	iti 牛肉鳗鱼配方风干犬粮 iti Biti Beef & Eel Recipe-Air Dried Dog Food	全价宠物食品犬粮 Pet Compound Feed for Dogs	中文商品名称	iti 牛肉鳗鱼配方风干犬粮	依蒂牛肉鳗鱼配方风干犬粮
（2020）外饲准字 725 号	iti 羊肉卡瓦鱼配方风干犬粮 iti Biti Lamb & Kahawai Recipe-Air Dried Dog Food	全价宠物食品犬粮 Pet Compound Feed for Dogs	中文商品名称	iti 羊肉卡瓦鱼配方风干犬粮	依蒂羊肉卡瓦鱼配方风干犬粮
（2020）外饲准字 726 号	iti 鸡肉三文鱼配方风干猫粮 iti Kiti Chicken & Salmon Recipe-Air Dried Cat Food	全价宠物食品猫粮 Pet Compound Feed for Cats	中文商品名称	iti 鸡肉三文鱼配方风干猫粮	依蒂鸡肉三文鱼配方风干猫粮

（续）

登记证号	商品名称	通用名称	变更内容	原名称	变更名称
（2020）外饲准字 727 号	iti 羊肉鹿肉配方风干犬粮 iti Biti Lamb & Venison Recipe-Air Dried Dog Food	全价宠物食品犬粮 Pet Compound Feed for Dogs	中文商品名称	iti 羊肉鹿肉配方风干犬粮	依蒂羊肉鹿肉配方风干犬粮
（2020）外饲准字 728 号	iti 鸡肉配方风干犬粮 iti Biti Chicken Recipe-Air Dried Dog Food	全价宠物食品犬粮 Pet Compound Feed for Dogs	中文商品名称	iti 鸡肉配方风干犬粮	依蒂鸡肉配方风干犬粮
（2020）外饲准字 729 号	iti 牛肉配方风干犬粮 iti Biti Beef Recipe-Air Dried Dog Food	全价宠物食品犬粮 Pet Compound Feed for Dogs	中文商品名称	iti 牛肉配方风干犬粮	依蒂牛肉配方风干犬粮
（2020）外饲准字 859 号	iti 羊肉鹿肉配方猫罐头 iti Lamb & Venison Canned Cat food	全价宠物食品猫粮 Pet Compound Food for Cats	中文商品名称	iti 羊肉鹿肉配方猫罐头	依蒂羊肉鹿肉配方猫罐头
（2020）外饲准字 860 号	iti 牛肉配方猫罐头 iti Beef Canned Cat food	全价宠物食品猫粮 Pet Compound Food for Cats	中文商品名称	iti 牛肉配方猫罐头	依蒂牛肉配方猫罐头
（2020）外饲准字 861 号	iti 鸡肉三文鱼配方猫罐头 iti Chicken & Salmon Canned Cat food	全价宠物食品猫粮 Pet Compound Food for Cats	中文商品名称	iti 鸡肉三文鱼配方猫罐头	依蒂鸡肉三文鱼配方猫罐头
（2020）外饲准字 862 号	iti 鸡肉配方猫罐头 iti Chicken Canned Cat food	全价宠物食品猫粮 Pet Compound Food for Cats	中文商品名称	iti 鸡肉配方猫罐头	依蒂鸡肉配方猫罐头
（2020）外饲准字 925 号	iti 牛肉配方犬罐头 iti Beef Canned Dog Food	全价宠物食品犬粮 Pet Compound Food for Dogs	中文商品名称	iti 牛肉配方犬罐头	依蒂牛肉配方犬罐头
（2020）外饲准字 926 号	iti 鸡肉配方犬罐头 iti Chicken Canned Dog Food	全价宠物食品犬粮 Pet Compound Food for Dogs	中文商品名称	iti 鸡肉配方犬罐头	依蒂鸡肉配方犬罐头
（2020）外饲准字 927 号	iti 鸡肉三文鱼配方犬罐头 iti Chicken & Salmon Canned Dog Food	全价宠物食品犬粮 Pet Compound Food for Dogs	中文商品名称	iti 鸡肉三文鱼配方犬罐头	依蒂鸡肉三文鱼配方犬罐头

（续）

登记证号	商品名称	通用名称	变更内容	原名称	变更名称
(2020) 外饲准字 928 号	iti 羊肉鹿肉配方犬罐头 iti Lamb & Venison Canned Dog Food	全价宠物食品犬粮 Pet Compound Food for Dogs	中文商品名称	iti 羊肉鹿肉配方犬罐头	依蒂羊肉鹿肉配方犬罐头
(2021) 外饲准字 486 号	钮维露 Nuvisol Hatch L	禽维生素预混合饲料 Vitamin Premix Feed for Poultry	申请企业名称	(比利时) NUTREX NV NUTREX NV, Belgium	(比利时) NUTREX NUTREX, Belgium
			生产厂家名称	(比利时) NUTREX NV NUTREX NV, Belgium	(比利时) NUTREX NUTREX, Belgium
(2021) 外饲准字 606 号	钮乐思酶 Nutrase Xyla HS	混合型饲料添加剂 酶制剂 Feed Additives Mixture Enzymes	申请企业名称	(比利时) NUTREX NV NUTREX NV, Belgium	(比利时) NUTREX NUTREX, Belgium
			生产厂家名称	(比利时) NUTREX NV NUTREX NV, Belgium	(比利时) NUTREX NUTREX, Belgium
(2021) 外饲准字 997 号	钮菲特 Phytostar Extra	混合型饲料添加剂 香味物质 Feed Additives Mixture Flavouring Substances	申请企业名称	(比利时) NUTREX NV NUTREX NV, Belgium	(比利时) NUTREX NUTREX, Belgium
			生产厂家名称	(比利时) NUTREX NV NUTREX NV, Belgium	(比利时) NUTREX NUTREX, Belgium
(2017) 外饲准字 469 号	ICICLE 白鱼粉（三级） ICICLE® White Fishmeal（Ⅲ）	白鱼粉 White Fishmeal	中外文商品名称	ICICLE 白鱼粉（三级） ICICLE® White Fishmeal（Ⅲ）	白鱼粉（三级） White Fishmeal（Ⅲ）
			申请企业名称	美国 ICICLE 海鲜公司 ICICLE Seafoods, Inc., USA	美国 WESTWARD SEAFOODS, INC. 公司 WESTWARD SEAFOODS, INC., USA
			生产厂家名称	美国 ICICLE 海鲜公司（工船加工，工船名 M/V Northern Victor，工船号 No. 4078） ICICLE Seafoods, Inc., (Produced on Board at Vessel "M/V Northern Victor", Processor Permit No. 4078), USA	美国 WESTWARD SEAFOODS, INC. 公司（工船加工，工船名 "M/V Northern Victor" 渔业加工许可证编号：4078） WESTWARD SEAFOODS, INC. (Produced on Board at Vessel "M/V Northern Victor", Processor Permit No. 4078), USA

（续）

登记证号	商品名称	通用名称	变更内容	原名称	变更名称
（2019）外饲准字 448 号	牧场滋味鱼肉配方成猫粮 Putake Natural Fish Cat Adult Food	宠物配合饲料成年期猫粮 Pet Compound Feed Cat Feed Adult	外文商品名称	Putake Natural Fish Cat Adult Food	PastureNZ Fish Cat Adult Food
（2019）外饲准字 449 号	牧场滋味鸡肉配方幼犬粮 Putake Natural Chicken Puppy Food	宠物配合饲料幼年期犬粮 Pet Compound Feed Dog Feed Puppy	外文商品名称	Putake Natural Chicken Puppy Food	PastureNZ Chicken Puppy Food
（2019）外饲准字 450 号	牧场滋味鱼肉配方幼猫粮 Putake Natural Fish Kitten Food	宠物配合饲料幼年期猫粮 Pet Compound Feed Cat Feed Kitten	外文商品名称	Putake Natural Fish Kitten Food	PastureNZ Fish Kitten Food
（2019）外饲准字 451 号	牧场滋味鸡肉配方成犬粮 Putake Natural Chicken Dog Adult Food	宠物配合饲料成年期犬粮 Pet Compound Feed Dog Adult	外文商品名称	Putake Natural Chicken Dog Adult Food	PastureNZ Chicken Dog Adult Food
（2022）外饲准字 198 号	Wilds Islands Pacific Catch 高蛋白无谷犬粮 Wilds Islands Pacific Catch Grain-Free，High Protein Diet Dry Food for Dogs	全价宠物食品犬粮 Pet Complete Food for Dog	中外文商品名称	Wilds Islands Pacific Catch 高蛋白无谷犬粮 Wilds Islands Pacific Catch Grain-Free，High Protein Diet Dry Food for Dogs	Wild Islands Pacific Catch 高蛋白无谷犬粮 Wild Islands Pacific Catch Grain-Free，High Protein Diet Dry Food for Dogs
（2022）外饲准字 326 号	Wilds Islands Pacific Catch 高蛋白无谷猫粮 Wilds Islands Pacific Catch Grain-Free，High Protein Diet Dry Food for Cats	全价宠物食品猫粮 Pet Complete Food for Cat	中外文商品名称	Wilds Islands Pacific Catch 高蛋白无谷猫粮 Wilds Islands Pacific Catch Grain-Free，High Protein Diet Dry Food for Cats	Wild Islands Pacific Catch 高蛋白无谷猫粮 Wild Islands Pacific Catch Grain-Free，High Protein Diet Dry Food for Cats
（2019）外饲准字 219 号	红鱼粉（Ⅲ） Red Fishmeal（Ⅲ）	鱼粉 Fishmeal	申请企业名称	印度 MUKKA SEA FOOD INDUSTRIES LIMITED 公司 MUKKA SEA FOOD INDUSTRIES LIMITED，India	印度 MUKKA PROTEINS LIMITED 公司 MUKKA PROTEINS LIMITED，India
			生产厂家名称	印度 MUKKA SEA FOOD INDUSTRIES LIMITED 公司（工厂） MUKKA SEA FOOD INDUSTRIES LIMITED，14-161 to 164，SASIHITHLU ROAD，MUKKA，MANGALORE-575021，KARNATAKA，India	印度 MUKKA PROTEINS LIMITED 公司（工厂） MUKKA PROTEINS LIMITED，14-161 to 164，SASIHITHLU ROAD，MUKKA，MANGALORE-575021，KARNATAKA，India

（续）

登记证号	商品名称	通用名称	变更内容	原名称	变更名称
(2022) 外饲准字 127 号	德国生跃动物食用盐 BioAktiv Professional Salis	饲料添加剂 氯化钠 Feed Additive Sodium Chloride	申请企业名称	德国生跃公司 BioAktiv-Pulver Produktions-und Vertriebs GmbH，Germany	德国生跃公司 BioAktiv International GmbH，Germany
			生产厂家名称	德国生跃公司 BioAktiv-Pulver Produktions-und Vertriebs GmbH，Bockwitzer Str. 80，06712 Zeitz OT Würchwitz，Germany	德国生跃公司 BioAktiv International GmbH，Bockwitzer Str. 80，06712 Zeitz OT Würchwitz，Germany
(2022) 外饲准字 382 号	Solid Gold® 金装系列鸡肉配方主食罐头 Solid Gold® Indigo Moon™ Indoor Recipe with Chicken in Gravy	全价宠物食品 成年期猫粮 Pet Compound Feed for Adult Cat	申请企业名称	（泰国）宋卡罐头工业有限公司（总部） Songkla Canning Public Company Limited，Thailand	（泰国）宋卡罐头工业有限公司 i-Tail Corporation Public Company Limited，Thailand
			生产厂家名称	（泰国）宋卡罐头工业有限公司（工厂） Songkla Canning Public Company Limited，No. 333，Alley-，Kanchanavanich Road，Village No. 2，Pawong Sub-district，Mueang Songkhla District，Songkhla Province 90100，Thailand	（泰国）宋卡罐头工业有限公司 i-Tail Corporation Public Company Limited，No. 333，-Alley，Karnjanavanich Road，Village No. 2，Pavong Sub-district，Mueang Songkhla District，Songkhla Province 90100，Thailand
(2022) 外饲准字 383 号	Solid Gold® 椰子油味系列鸡肉配方主食罐头 Solid Gold® Indigo Moon™ Pate with Chicken & Coconut Oil	全价宠物食品 猫粮 Pet Compound Feed for Cat	申请企业名称	（泰国）宋卡罐头工业有限公司（总部） Songkla Canning Public Company Limited，Thailand	（泰国）宋卡罐头工业有限公司 i-Tail Corporation Public Company Limited，Thailand
			生产厂家名称	（泰国）宋卡罐头工业有限公司（工厂） Songkla Canning Public Company Limited，No. 333，Alley-，Kanchanavanich Road，Village No. 2，Pawong Sub-district，Mueang Songkhla District，Songkhla Province 90100，Thailand	（泰国）宋卡罐头工业有限公司 i-Tail Corporation Public Company Limited，No. 333，-Alley，Karnjanavanich Road，Village No. 2，Pavong Sub-district，Mueang Songkhla District，Songkhla Province 90100，Thailand

（续）

登记证号	商品名称	通用名称	变更内容	原名称	变更名称
（2022）外饲准字 384 号	Solid Gold® 椰子油味系列鸡肝配方主食罐头 Solid Gold® Indigo Moon™ Pate with Chicken Liver & Coconut Oil	全价宠物食品 猫粮 Pet Compound Feed for Cat	申请企业名称	（泰国）宋卡罐头工业有限公司（总部） Songkla Canning Public Company Limited，Thailand	（泰国）宋卡罐头工业有限公司 i-Tail Corporation Public Company Limited，Thailand
			生产厂家名称	（泰国）宋卡罐头工业有限公司（工厂） Songkla Canning Public Company Limited，No. 333，Alley-，Kanchanavanich Road，Village No. 2，Pawong Sub-district，Mueang Songkhla District，Songkhla Province 90100，Thailand	（泰国）宋卡罐头工业有限公司 i-Tail Corporation Public Company Limited，No. 333，-Alley，Karnjanavanich Road，Village No. 2，Pavong Sub-district，Mueang Songkhla District，Songkhla Province 90100，Thailand
（2022）外饲准字 385 号	Solid Gold® 椰子油味系列三文鱼配方主食罐头 Solid Gold® Indigo Moon™ Pate with Salmon & Coconut Oil	全价宠物食品 猫粮 Pet Compound Feed for Cat	申请企业名称	（泰国）宋卡罐头工业有限公司（总部） Songkla Canning Public Company Limited，Thailand	（泰国）宋卡罐头工业有限公司 i-Tail Corporation Public Company Limited，Thailand
			生产厂家名称	（泰国）宋卡罐头工业有限公司（工厂） Songkla Canning Public Company Limited，No. 333，Alley-，Kanchanavanich Road，Village No. 2，Pawong Sub-district，Mueang Songkhla District，Songkhla Province 90100，Thailand	（泰国）宋卡罐头工业有限公司 i-Tail Corporation Public Company Limited，No. 333，-Alley，Karnjanavanich Road，Village No. 2，Pavong Sub-district，Mueang Songkhla District，Songkhla Province 90100，Thailand
（2022）外饲准字 386 号	Solid Gold® 海洋系列鲭鱼 & 金枪鱼配方主食罐头 Solid Gold® Indigo Moon™ Mackerel & Tuna Recipe in Gravy	全价宠物食品 猫粮 Pet Compound Feed for Cat	申请企业名称	（泰国）宋卡罐头工业有限公司（总部） Songkla Canning Public Company Limited，Thailand	（泰国）宋卡罐头工业有限公司 i-Tail Corporation Public Company Limited，Thailand
			生产厂家名称	（泰国）宋卡罐头工业有限公司（工厂） Songkla Canning Public Company Limited，No. 333，Alley-，Kanchanavanich Road，Village No. 2，Pawong Sub-district，Mueang Songkhla District，Songkhla Province 90100，Thailand	（泰国）宋卡罐头工业有限公司 i-Tail Corporation Public Company Limited，No. 333，-Alley，Karnjanavanich Road，Village No. 2，Pavong Sub-district，Mueang Songkhla District，Songkhla Province 90100，Thailand

（续）

登记证号	商品名称	通用名称	变更内容	原名称	变更名称
(2022) 外饲准字 387 号	Solid Gold® 海洋系列沙丁鱼 & 金枪鱼配方主食罐头 Solid Gold® Indigo Moon™ Sardine & Tuna Recipe in Gravy	全价宠物食品 猫粮 Pet Compound Feed for Cat	申请企业名称	（泰国）宋卡罐头工业有限公司（总部） Songkla Canning Public Company Limited, Thailand	（泰国）宋卡罐头工业有限公司 i-Tail Corporation Public Company Limited, Thailand
			生产厂家名称	（泰国）宋卡罐头工业有限公司（工厂） Songkla Canning Public Company Limited, No. 333, Alley-, Kanchanavanich Road, Village No. 2, Pawong Sub-district, Mueang Songkhla District, Songkhla Province 90100, Thailand	（泰国）宋卡罐头工业有限公司 i-Tail Corporation Public Company Limited, No. 333, -Alley, Karnjanavanich Road, Village No. 2, Pavong Sub-district, Mueang Songkhla District, Songkhla Province 90100, Thailand
(2022) 外饲准字 388 号	Solid Gold® 海洋系列金枪鱼 & 虾配方主食罐头 Solid Gold® Indigo Moon™ With Tuna & Shrimp in Gravy	全价宠物食品 猫粮 Pet Compound Feed for Cat	申请企业名称	（泰国）宋卡罐头工业有限公司（总部） Songkla Canning Public Company Limited, Thailand	（泰国）宋卡罐头工业有限公司 i-Tail Corporation Public Company Limited, Thailand
			生产厂家名称	（泰国）宋卡罐头工业有限公司（工厂） Songkla Canning Public Company Limited, No. 333, Alley-, Kanchanavanich Road, Village No. 2, Pawong Sub-district, Mueang Songkhla District, Songkhla Province 90100, Thailand	（泰国）宋卡罐头工业有限公司 i-Tail Corporation Public Company Limited, No. 333, -Alley, Karnjanavanich Road, Village No. 2, Pavong Sub-district, Mueang Songkhla District, Songkhla Province 90100, Thailand
(2022) 外饲准字 389 号	Solid Gold® 金装系列鸡肉配方幼猫主食罐头 Solid Gold® Indigo Moon™ Kitten Recipe with Chicken in Gravy	全价宠物食品 幼年期猫粮 Pet Compound Feed for Kitten	申请企业名称	（泰国）宋卡罐头工业有限公司（总部） Songkla Canning Public Company Limited, Thailand	（泰国）宋卡罐头工业有限公司 i-Tail Corporation Public Company Limited, Thailand
			生产厂家名称	（泰国）宋卡罐头工业有限公司（工厂） Songkla Canning Public Company Limited, No. 333, Alley-, Kanchanavanich Road, Village No. 2, Pawong Sub-district, Mueang Songkhla District, Songkhla Province 90100, Thailand	（泰国）宋卡罐头工业有限公司 i-Tail Corporation Public Company Limited, No. 333, -Alley, Karnjanavanich Road, Village No. 2, Pavong Sub-district, Mueang Songkhla District, Songkhla Province 90100, Thailand

（续）

登记证号	商品名称	通用名称	变更内容	原名称	变更名称
（2022）外饲准字 390 号	Solid Gold® 金装系列含牛肉 & 南瓜配方三层塔主食罐头 Solid Gold® Indigo Moon™ Golden Layer With Beef & Pumpkin	全价宠物食品 猫粮 Pet Compound Feed for Cat	申请企业名称	（泰国）宋卡罐头工业有限公司（总部） Songkla Canning Public Company Limited，Thailand	（泰国）宋卡罐头工业有限公司 i-Tail Corporation Public Company Limited，Thailand
			生产厂家名称	（泰国）宋卡罐头工业有限公司（工厂） Songkla Canning Public Company Limited，No. 333，Alley-，Kanchanavanich Road，Village No. 2，Pawong Sub-district，Mueang Songkhla District，Songkhla Province 90100，Thailand	（泰国）宋卡罐头工业有限公司 i-Tail Corporation Public Company Limited，No. 333，-Alley，Karnjanavanich Road，Village No. 2，Pavong Sub-district，Mueang Songkhla District，Songkhla Province 90100，Thailand
（2022）外饲准字 391 号	Solid Gold® 金装系列含鸡肉 & 南瓜配方三层塔主食罐头 Solid Gold® Indigo Moon™ Golden Layer With Chicken & Pumpkin	全价宠物食品 猫粮 Pet Compound Feed for Cat	申请企业名称	（泰国）宋卡罐头工业有限公司（总部） Songkla Canning Public Company Limited，Thailand	（泰国）宋卡罐头工业有限公司 i-Tail Corporation Public Company Limited，Thailand
			生产厂家名称	（泰国）宋卡罐头工业有限公司（工厂） Songkla Canning Public Company Limited，No. 333，Alley-，Kanchanavanich Road，Village No. 2，Pawong Sub-district，Mueang Songkhla District，Songkhla Province 90100，Thailand	（泰国）宋卡罐头工业有限公司 i-Tail Corporation Public Company Limited，No. 333，-Alley，Karnjanavanich Road，Village No. 2，Pavong Sub-district，Mueang Songkhla District，Songkhla Province 90100，Thailand
（2022）外饲准字 392 号	Solid Gold® 金装系列含三文鱼 & 南瓜配方三层塔主食罐头 Solid Gold® Indigo Moon™ Golden Layer With Salmon & Pumpkin	全价宠物食品 猫粮 Pet Compound Feed for Cat	申请企业名称	（泰国）宋卡罐头工业有限公司（总部） Songkla Canning Public Company Limited，Thailand	（泰国）宋卡罐头工业有限公司 i-Tail Corporation Public Company Limited，Thailand
			生产厂家名称	（泰国）宋卡罐头工业有限公司（工厂） Songkla Canning Public Company Limited，No. 333，Alley-，Kanchanavanich Road，Village No. 2，Pawong Sub-district，Mueang Songkhla District，Songkhla Province 90100，Thailand	（泰国）宋卡罐头工业有限公司 i-Tail Corporation Public Company Limited，No. 333，-Alley，Karnjanavanich Road，Village No. 2，Pavong Sub-district，Mueang Songkhla District，Songkhla Province 90100，Thailand

（续）

登记证号	商品名称	通用名称	变更内容	原名称	变更名称
（2022）外饲准字 393 号	Solid Gold® 海洋系列混合金枪鱼配方主食罐头 Solid Gold® Indigo Moon™ Blended Tuna Recipe in Gravy	全价宠物食品 猫粮 Pet Compound Feed for Cat	申请企业名称	（泰国）宋卡罐头工业有限公司（总部） Songkla Canning Public Company Limited，Thailand	（泰国）宋卡罐头工业有限公司 i-Tail Corporation Public Company Limited，Thailand
			生产厂家名称	（泰国）宋卡罐头工业有限公司（工厂） Songkla Canning Public Company Limited，No. 333，Alley-，Kanchanavanich Road，Village No. 2，Pawong Sub-district，Mueang Songkhla District，Songkhla Province 90100，Thailand	（泰国）宋卡罐头工业有限公司 i-Tail Corporation Public Company Limited，No. 333，-Alley，Karnjanavanich Road，Village No. 2，Pavong Sub-district，Mueang Songkhla District，Songkhla Province 90100，Thailand
（2018）外饲准字 394 号	过瘤胃赖氨酸 AjiPro-L	饲料添加剂 L-赖氨酸盐酸盐 Feed additives L-Lysine Monohydrochloride	申请企业名称	味之素动物营养北美公司（总公司） Ajinomoto Animal Nutrition North America，Inc.（Head Office）	味之素健康 & 营养北美公司 Ajinomoto Health & Nutrition North America Inc.
			生产厂家名称	味之素动物营养北美公司（工厂） Ajinomoto Animal Nutrition North America，Inc.（Plant）1116 Hwy 137 Eddyville，Iowa 52553 USA，USA	味之素健康 & 营养北美公司 Ajinomoto Health & Nutrition North America Inc.（Plant）1116 Hwy 137 Eddyville，Iowa 52553，USA
（2021）外饲准字 159 号	Earthmade by Boneve 散养草饲牛肉配方全阶段猫粮 Earthmade by Boneve Free Range Grass-Fed Beef for Cats All Life Stages	宠物配合饲料 猫粮 Pet Compound Feed for Cats	中文商品名称	Earthmade by Boneve 散养草饲牛肉配方全阶段猫粮	Boneve 散养草饲牛肉配方全阶段猫粮
			外文商品名称	Earthmade by Boneve Free Range Grass-Fed Beef for Cats All Life Stages	Boneve Free Range Grass-Fed Beef for Cats All Life Stages
（2021）外饲准字 160 号	Earthmade by Boneve 散养草饲牛肉配方成年犬粮 Earthmade by Boneve Free Range Grass-Fed Beef for Adult Dogs	宠物配合饲料 成年期犬粮 Pet Compound Feed for Adult Dog	中文商品名称	Earthmade by Boneve 散养草饲牛肉配方成年犬粮	Boneve 散养草饲牛肉配方成年犬粮
			外文商品名称	Earthmade by Boneve Free Range Grass-Fed Beef for Adult Dogs	Boneve Free Range Grass-Fed Beef for Adult Dogs

（续）

登记证号	商品名称	通用名称	变更内容	原名称	变更名称
（2021）外饲准字 161 号	Earthmade by Boneve 散养鸡肉配方全阶段猫粮 Earthmade by Boneve Cage Free Chicken for Cats All Life Stages	宠物配合饲料 猫粮 Pet Compound Feed for Cats	中文商品名称	Earthmade by Boneve 散养鸡肉配方全阶段猫粮	Boneve 散养鸡肉配方全阶段猫粮
			外文商品名称	Earthmade by Boneve Cage Free Chicken for Cats All Life Stages	Boneve Cage Free Chicken for Cats All Life Stages
（2021）外饲准字 162 号	Earthmade by Boneve 散养草饲羊肉配方成年犬粮 Earthmade by Boneve Free Range Grass-Fed Lamb for Adult Dogs	宠物配合饲料 成年期犬粮 Pet Compound Feed for Adult Dog	中文商品名称	Earthmade by Boneve 散养草饲羊肉配方成年犬粮	Boneve 散养草饲羊肉配方成年犬粮
			外文商品名称	Earthmade by Boneve Free Range Grass-Fed Lamb for Adult Dogs	Boneve Free Range Grass-Fed Lamb for Adult Dogs
（2021）外饲准字 163 号	Earthmade by Boneve 新西兰马鲛鱼配方成年犬粮 Earthmade by Boneve New Zealand Mackerel for Adult Dogs	宠物配合饲料 成年期犬粮 Pet Compound Feed for Adult Dog	中文商品名称	Earthmade by Boneve 新西兰马鲛鱼配方成年犬粮	Boneve 新西兰马鲛鱼配方成年犬粮
			外文商品名称	Earthmade by Boneve New Zealand Mackerel for Adult Dogs	Boneve New Zealand Mackerel for Adult Dogs
（2021）外饲准字 164 号	Earthmade by Boneve 新西兰马鲛鱼配方全阶段猫粮 Earthmade by Boneve New Zealand Mackerel for Cats All Life Stages	宠物配合饲料 猫粮 Pet Compound Feed for Cats	中文商品名称	Earthmade by Boneve 新西兰马鲛鱼配方全阶段猫粮	Boneve 新西兰马鲛鱼配方全阶段猫粮
			外文商品名称	Earthmade by Boneve New Zealand Mackerel for Cats All Life Stages	Boneve New Zealand Mackerel for Cats All Life Stages
（2021）外饲准字 445 号	犊牛益康 SmartCare	酿酒酵母培养物 Yeast Culture	外文商品名称	SmartCare	Dia-V SC
（2021）外饲准字 719 号	杉木素钙 Borrebrigth CY22 P	饲料添加剂 木质素磺酸盐 Feed Additive Lignin Sulfonate	外文商品名称	Borrebrigth CY22 P	nOrigo 520
（2021）外饲准字 720 号	杉木素钠 Borresperse NA	饲料添加剂 木质素磺酸盐 Feed Additive Lignin Sulfonate	外文商品名称	Borresperse NA	nOrigo 550

（续）

登记证号	商品名称	通用名称	变更内容	原名称	变更名称
（2021）外饲准字 723 号	罗曼施 LUMANCE	混合型饲料添加剂 酸度调节剂 香味物质 Feed Additives Mixture Acidity Regulators Flavouring Substances	申请企业名称	比利时 INNOV AD NV 公司 INNOV AD NV，Belgium	比利时壹诺有限公司 INNOVAD NV/SA，Belgium
			生产厂家名称	比利时 INNOV AD NV 公司 INNOV AD NV，Postbaan 69，2910 Essen，Belgium	比利时壹诺有限公司 INNOVAD NV/SA，Postbaan 69，2910 Essen，Belgium
（2022）外饲准字 341 号	凯尔特猪康 CeltiCal	混合型饲料添加剂 氧化镁 Feed Additives Mixture Magnesium Oxide	中文商品名称	凯尔特猪康	康安特
（2020）外饲准字 779 号	宜多矿—锌 170 Zinpro-Zn 170	饲料添加剂 氨基酸锌络合物（氨基酸为 L-赖氨酸和谷氨酸） Feed Additive Zinc Amino Acid Complex（Amino Acid Mixed by L-Lysine and Glutamic Acid）	申请企业名称	美国金宝动物营养（国际）有限公司 Zinpro Animal Nutrition（International）Inc.，USA	美国金宝动物营养（国际）有限公司 Zinpro Animal Nutrition International Inc.，USA
			生产厂家名称	美国金宝动物营养（国际）有限公司 Zinpro Animal Nutrition（International）Inc.，USA	美国金宝动物营养（国际）有限公司 Zinpro Animal Nutrition International Inc.，USA
			中文商品名称	宜多矿—锌 170	金普诺®锌
			外文商品名称	Zinpro-Zn 170	ProPath® Zn
（2018）外饲准字 411 号	六油精—粉体 Mix-Oil Powder	混合型饲料添加剂 香味物质 Feed Additives Mixture Flavouring Substances	中文商品名称	六油精—粉体	泰瑞宝—粉体
（2018）外饲准字 412 号	六油精—液体 Mix-Oil Liquid	混合型饲料添加剂 香味物质 Feed Additives Mixture Flavouring Substances	中文商品名称	六油精—液体	泰瑞宝—液体

（续）

登记证号	商品名称	通用名称	变更内容	原名称	变更名称
（2021）外饲准字 723 号	罗曼施 LUMANCE	混合型饲料添加剂 酸度调节剂 香味物质 Feed Additives Mixture Acidity Regulators Flavouring Substances	申请企业名称	比利时壹诺有限公司 INNOVAD NV/SA，Belgium	比利时壹诺有限公司 INNOV AD NV/SA，Belgium
			生产厂家名称	比利时壹诺有限公司 INNOVAD NV/SA，Postbaan 69，2910 Essen，Belgium	比利时壹诺有限公司 INNOV AD NV/SA，Postbaan 69，2910 Essen，Belgium
（2021）外饲准字 965 号	喷雾干燥猪血浆蛋白粉 AP 920	喷雾干燥猪血浆蛋白粉 Spray Dried Porcine Plasma Protein Meal	生产地址名称	美国 APC Inc. 公司 Arion 工厂 APC，Inc.，Plant Arion，2248 Lincoln way，Arion，Iowa 52003，USA	美国 APC Inc. 公司 Arion 工厂 APC，Inc.，Plant Arion，2248 Lincoln Way，Arion，Iowa 51520，USA

附件 4

废止进口饲料和饲料添加剂产品登记证目录（2022）

登记证号	通用名称	商品名称	产品类别	使用范围	生产厂家
（2021）外饲准字 1020 号	猪禽水产复合预混合饲料 Premix for Livestock Poultry Aqua	山果威 Sangrovit® Gold	添加剂预混合饲料 Feed Additive Premix	猪、鸡、肉鸭、淡水鱼、虾、蟹、龟、鳖 Swine，Chicken，Meat Duck，Freshwater Fish，Shrimp，Crabs，Turtles	德国 Phytobiotics Futterzusatzstoffe GmbH. 公司 Phytobiotics Futterzusatzstoffe GmbH

饲料质量监督与监测

为强化饲料质量安全监管，提高畜产品质量安全保障水平，根据《农业农村部办公厅关于印发〈2022年饲料质量安全监管工作方案〉的通知》（农办牧〔2022〕6号）要求，农业农村部畜牧兽医局统一部署并组织开展了2022年全国饲料质量安全监督抽查工作，饲料总体合格率为98.8%。

一、工作任务分工

2022年度饲料质量安全监管工作共包括7个方面的内容，具体承担单位和任务内容如下。

1. 饲料质量安全监督抽查。由各省级畜牧兽医部门负责，在辖区内按一定比例随机选择饲料生产企业、经营门店和养殖场（户）完成不少于8 800批次样品的监测，检测项目应覆盖质量、卫生、药物及非法添加物等指标。

2. 饲料和饲料添加剂产品风险监测。生产环节（饲料和饲料添加剂样品各360批次）和互联网销售环节（200批次饲料添加剂样品）风险监测工作由国家饲料质量检验检测中心（北京）承担，经营使用环节（饲料和饲料添加剂样品各200批次）风险监测工作由中国农业科学院饲料研究所承担，养殖环节自配料（250批次样品）风险监测工作由中国农业科学院北京畜牧兽医研究所承担。风险监测项目覆盖质量、卫生、药物和非法添加物等指标。

3. 饲料质量安全风险预警。主要由中国农业科学院饲料研究所、国家饲料质量检验检测中心（北京）等单位牵头完成。重点围绕饲用植物提取物、植物性饲料原料、微生物制剂、酶制剂、发酵饲料和宠物饲料等产品，有针对性地采集样品，检测筛查禁用物质、违规违禁药物、未知添加物等风险物质，分析评估产品质量安全风险；开展饲料及相关产品中二噁英等持久性有机污染物隐患排查，微生物发酵类产品及其生产菌株的合规性调查和安全性风险评估分析；研究建立饲料中风险物质筛查确证方法及应用平台。

4. 饲料和饲料添加剂生产企业现场检查。由全国畜牧总站负责制定具体实施方案并组织实施，在全国范围内随机选取不少于100家饲料和饲料添加剂生产的企业，开展现场检查。

5. 饲料质量安全飞行检查。主要由农业农村部根据重大问题线索，组织部省市县有关单位人员成立联合工作组，对涉事企业进行突击飞行检查，及时查处违法违规行为；国家饲料质量检验检测中心（北京）负责对样品进行检验检测。

6. 饲料标签专项检查。由各省级畜牧兽医部门负责组织实施。全面强化对饲料生产和经营环节产品标签标示内容的监督管理，督促生产者和经营者严格落实饲料标签有关规定，依法依规标示相关内容，以杜绝扰乱市场的不规范标示行为。

7. 养殖环节“瘦肉精”专项监测。由国家饲料质量检验检测中心（北京）牵头完成，选择肉牛肉羊养殖重点省份开展拉网排查，组织开展已公布禁用的β-兴奋剂类物质专项监测，根据线索对养殖环节“瘦肉精”非法使用情况进行专项飞行检查。各省级畜牧兽医部门根据辖区内实际情况，制定本省的监测计划，对猪牛羊养殖环节“瘦肉精”实施监测。

二、饲料质量安全监督抽查

2022年全国共抽检饲料产品15 370批次，检测项目包括质量、卫生、药物和非法添加物等4个方面。工作过程中，主要体现了以下工作特点：一是统筹运用监管信息。省级监督抽查与部级风险监测相结合，综合研判风险，形成工作合力。二是落实属地责任。按照上下联动、分级负责的原则，农业农村部于年初下达全年工作安排，下压任务，督促各地加强监管。各省级畜牧兽医部门采取“双随机、一公开”的监管方式，对辖区内的饲料生产企业、经营门店和养殖场（户）开展抽查，切实履行属地职责。三是实现全环节监管。按照工作安排，各省有针对性地对饲料生产、经营、使用环节开展监督抽查，确保饲料从生产到使用实现有效监管。四是实施信息化管理。各省将抽样信息、检验结果和不合格检验结果报告上报至“全国饲料质量安全监管信息系统”，实现监管信息实时共享和互联互通。五是强化检打联动。督促各省级畜牧兽医部门在监管中发现问题或不合格产品的，应依法依规进行查处；对涉嫌犯罪的，应移送公安机关立案追查。

三、生产环节风险监测

生产环节风险监测抽检涉及 8 个省、自治区和直辖市，产品涵盖配合饲料、浓缩饲料、精料补充料、添加剂预混合饲料、饲料添加剂（饲料添加剂和混合型饲料添加剂），饲喂对象涵盖猪、禽、反刍动物和水产动物。

1. 样品数量和企业数量。共抽检 152 家饲料、饲料添加剂生产企业，采集样品 455 批次，其中饲料样品 309 批次，饲料添加剂样品 146 批次。抽检样品数量排名前三位的为广西、云南、湖北（图 1）。

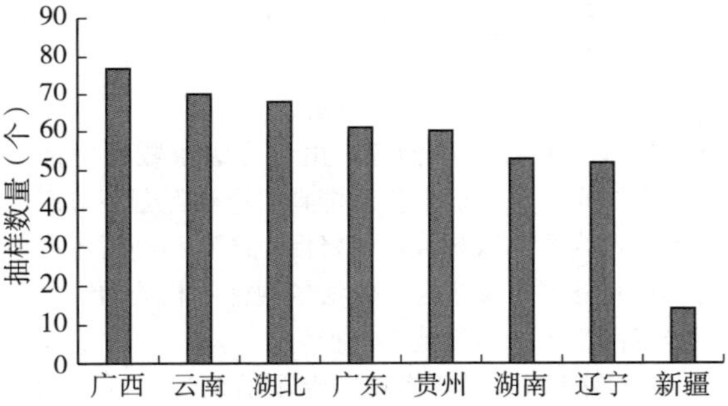

图 1　各省抽检样品情况

2. 抽检样品按类型分布情况。2022 年生产环节风险监测工作中，配合饲料所占比例最高（共 186 批次，占比 41%），其次为饲料添加剂（共 146 批次，占比 32%）（图 2）。

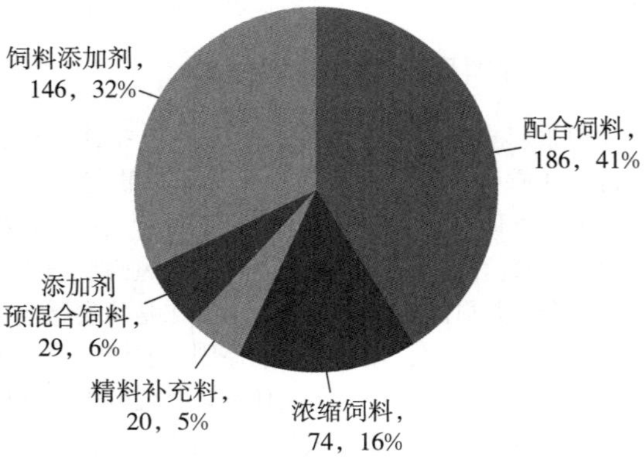

图 2　抽样样品类型

3. 抽检样品按饲喂对象的分布情况。抽查的样品根据饲喂对象进行分析，主要包括猪（母猪、仔猪、育肥、全阶段）、禽（肉禽、蛋禽、全阶段）、反刍动物和水产动物（鱼、虾、蟹、蛙等），其他产品为通用性饲料添加剂，以及少数通用型添加剂预混合饲料。不同饲喂对象抽样情况见表 1。

表 1　不同饲喂对象抽样情况

	猪	家禽	反刍动物	水产动物	通用
配合饲料	96	50	/	40	/
浓缩饲料	62	4	7	/	1
精料补充料	/	/	20	/	/
添加剂预混合饲料	9	11	2	6	1
饲料添加剂	/	/	/	/	146

4. 检测指标。检测指标包括饲料产品中的质量、铜锌、重金属和药物，以及饲料添加剂产品中的主质量和重金属等 4 个方面 29 个指标。对检测不合格指标情况进行分析，饲料产品不合格指标主要涉及莫能菌素、氟苯尼考、氯羟吡啶等药物以及铜、锌等微量元素，饲料添加剂产品不合格指标主要涉及主成分含量。

5. 发现的问题。结合监测结果分析，可以发现生产环节依然存在以下问题。

（1）猪、反刍动物铜锌超标问题更显著。各级饲料管理部门根据《饲料添加剂安全使用规范》要求，经过多年监管、宣贯、培训，铜锌超量使用问题明显好转但是仍有发生，主要集中在猪和反刍动物饲料。根据近两年的风险监测结果，分析主要原因有以下几点：一是标签中对适用动物及生理阶段标识与规范要求不一致。例如规范中对仔猪以及断奶后前两周的仔猪都有明确的定义及对应铜锌限量要求，但企业在标签中未按照规范中的要求表述，或提供的信息不完整，导致判定范围发生变化，结果不合格。二是标签中对产品的使用方法描述模糊。例如反刍动物精料补充料的使用方法标识“同时饲喂大量牧草”，但未明确与草料的配比，因此只能按照最严要求判定结果不合格。三是生产过程交叉污染问题。部分产品铜锌只超出限量标准几个百分点，应该是由于生产过程中交叉污染造成的。

（2）非法添加物部分超标但总体可控。莫能菌素、氟苯尼考、氯羟吡啶、二硝托胺等药物均有检出，其中莫能菌素在精料补充料中检出率较高，但是检出量基本都较低，怀疑是从原料或者加工生产中引入，而非人为添加。

（3）饲料添加剂主成分不合格情况时有发生。饲料添加剂主成分的检测一直是对质检机构的难题。一是企业标准制定不合理。部分产品采用包被等工艺加工，但是企标中依旧引用只适合未经包被产品的国家标准、行业标准，造成检测结果偏低甚至无法检出。二是对国家、行业产品标准引用不完整。部分饲料添加剂产品直接引用已发布的国家、行业产品标准中的标准值，但标签中标识的指标与标准不一致，例如标准中为“以干基计”，但标签中没有标识，导致结果判定不合格。

四、互联网销售环节风险监测

1. 整体情况。2022 年，任务承担单位随机从互联网购物平台购买标称为饲料添加剂产品的样品 220 批次，其中包括宠物配合饲料 61 份、饲料产品 25 份和饲料添加剂产品 134 份（含混合型饲料添加剂），生产企业所在省份分别为四川、湖北、江西、黑龙江、河北、河南、山西、山东、陕西、湖南、江苏、安徽、广东等省份。针对宠物配合饲料，开展了《宠物配合饲料卫生规定》中规定的 21 项卫生指标以及产品标签标示的主要理化指标风险监测；针对饲料和饲料添加剂产品开展了兽药和非法添加物风险监测，检测方法为《饲料中风险物质的筛查与确认导则　液相色谱—高分辨质谱法（LC-HRMS）》（农业农村部公告第 312 号）。

2. 监测结果。61 份宠物配合饲料产品卫生指标均合格，2 份宠物配合饲料产品各有 1 项营养指标不合格；1 份饲料产品和 9 份混合型饲料添加剂产品中检出青霉素、非那西丁、多巴胺、氨基比林等 11 种非法添加物。通过监测发现，互联网销售产品种类鱼龙混杂，质量参差不齐，存在虚假、夸大宣传以及无生产许可证号、生产许可证号过期、标示产品名称与批准文号不一致、所含成分未在《饲料添加剂品种目录》内等问题。

五、养殖环节“瘦肉精”专项监测

2022 年 1 月，受部畜牧兽医局委托，由国家饲料质量检验检测中心（北京）作为牵头单位，对河北、内蒙古、辽宁和山东 4 个省份的 12 个肉牛肉羊养殖大县开展“瘦肉精”飞行检查工作，覆盖 249 个养殖场（户），共采集 486 份尿液样品和 481 份毛发样品。

六、工作建议

结合 2022 年实施全国饲料质量安全监管工作的各项任务情况，下一步工作中，应在以下几个方面予以重点关注。

一是聚焦高风险产品。以混合型饲料添加剂为重点对象，加强对宣传具有替抗、提高免疫力，促生长功能的微生物饲料添加剂、生物发酵饲料以及含有天然植物提取物成分的产品持续监测。

二是聚焦高风险因子。加大对抗生素、解热镇痛消炎药和肾上腺素等非法添加物的监测力度。对于近两年发现风险较高的项目，如铜、锌、莫能菌素、氟苯尼考等，持续开展监测；对于风险较低或未发现风险的，如氯霉素、土霉素、呋喃类药物等，降低监测频率；对于预警监测中发现的问题，例如违法使用二氢吡啶等，增加到风险监测指标中。

三是组织宣传教育。建议各省级畜牧兽医管理部门利用手册、挂图、讲座等方式持续开展饲料法律法规、规章、规范性文件的宣传教育工作，逐步提高生产、经营、养殖环节人员的职业素质和守法意识。

（樊　霞　刘晓露）

科技与推广

为落实“十四五”期间国家科技创新有关部署安排，国家重点研发计划启动实施“畜禽新品种培育与现代牧场科技创新”重点专项。2022年度指南认真贯彻落实习近平总书记重要指示精神和党中央、国务院决策部署，启动12个项目方向，其中包括8个饲料饲草相关项目。专项总体目标是：围绕保障“菜篮子”“肉盘子”“奶瓶子”等产品稳定供给，重点解决畜牧业生产中良种繁育、高效养殖与加工等关键科学问题与技术瓶颈。

2022年启动实施的饲料饲草项目为“畜禽肠道和生殖道健康与营养调控技术”“畜禽低蛋白低豆粕多元化日粮配置与节粮技术”“替代玉米新型能量饲料资源开发与产品创制”“饲用活性蛋白和小分子物质创制”“优质饲草和种子丰产栽培与高效利用技术”“木本源新型蛋白饲料加工与高效转化技术”“奶业全产业链高效优质生产关键技术”“牛羊规模化高效健康养殖集成示范”。

畜禽肠道和生殖道健康与营养调控技术主要研究内容：研究猪禽能量平衡的神经内分泌、激素信号合成与采食调控机制，创制采食调控新产品；研究幼龄动物消化道发育和免疫机能的成熟机制，开发营养调控技术和产品；高通量筛选微生物菌株，优选乳酸菌、酵母菌及复合调节新产品；研究改善种畜禽生殖健康和提高繁殖性能的营养调控技术。该项目由中国农业大学牵头承担，预期提出提高采食量、促进消化道发育、稳恒肠道菌群、改善肠道健康的营养调控技术10项以上，开发相关产品10个以上，幼龄畜禽发病率、死亡率、子宫内膜炎等生殖道疾病减少5个百分点以上。

畜禽低蛋白低豆粕多元化日粮配置与节粮技术主要研究内容：研究不同来源蛋白饲料在畜禽消化道的消化、吸收与代谢规律，解析日粮蛋白质和碳水化合物结构对畜禽氮高效利用与沉积的影响机制，构建基于净能体系的畜禽低蛋白饲粮氨基酸平衡模式；研究日粮蛋白质水平与矿物质微量元素吸收利用的关系，确定低蛋白日粮中矿物质微量元素的营养需要量，构建低蛋白日粮电解质平衡模式；研发畜禽低蛋白低豆粕多元化日粮配置技术。该项目由中国农业大学牵头承担，预期提出低蛋白低豆粕多元化日粮配置技术5～6项，蛋白质和磷利用率提高2%以上。畜禽饲料豆粕占比总体下降3个百分点以上，预期实现节约1 300万t大豆当量的蛋白饲料。

替代玉米新型能量饲料资源开发与产品创制主要研究内容：研究酒糟、醋糟等发酵工业副产物生物处理与高值化利用技术，创制相应产品；研究污染及陈化谷物籽实养分损失规律及对畜禽消化利用及健康的影响，开发无害高值化处理技术；突破秸秆蜡质层与木质化纤维处理技术，筛选高效转化秸秆纤维的微生物菌株，研究积累营养物质的微生物培养基质和工艺，创制秸秆生物饲料产品；研究果蔬薯加工副产物高效利用技术，开发替代玉米的饲粮配方技术；创新酯交换工艺、乳化均质、喷雾包被等技术，开发新型油脂产品。该项目由中国农业科学院北京畜牧兽医研究所承担，预期创制替代玉米等新型能量类饲料替代新产品12～15个；酒糟、醋糟、果渣、秸秆的饲料化率从20%左右提高到35%以上，生物发酵产品中的可消化能量提高30%以上，污染及陈化谷物籽实中有毒有害物质降低65%以上，蔬菜剩余物的饲料化率实现零的突破，达到15%以上。预计实现新增1 200万t玉米当量的能量饲料。

饲用活性蛋白和小分子物质创制主要研究内容：针对饲料停抗后畜禽生长性能和饲料转化效率下降的问题，挖掘基于组学、生物信息学及高通量筛选技术的新型饲用生物活性蛋白和小分子物质，解析其结构与功能的关系，开展基于结构的分子改良、修饰和人工设计研究；重点突破基于合成生物技术、代谢工程技术等的新型功能型饲用活性蛋白和小分子物质产业化生产技术，创制类胰岛素样因子、颗粒溶素蛋白、5-氨基乙酰丙酸等新型饲用生物活性蛋白产品，研究活性蛋白与小分子物质在畜禽饲料和养殖中的应用技术。该项目由中国农业科学院北京畜牧兽医研究所承担，预期建立通用或特异性的活性蛋白和抗体等小分子物质分子设计、修饰、改良技术8项以上；创制安全性好、功能性强、效果显著、成本低廉的饲用活性蛋白和抗体等小分子物质产品10种以上，开发饲用活性蛋白和小分子物质应用技术10项以上，饲料转化效率提高5%以上。

优质饲草和种子丰产栽培与高效利用技术主要研究内容：开展北方传统农区、南方冬闲田、湖河海滩土地种质资源筛选与评价、人工草地建植与管理、种子高效生产、精准养分管理及草畜高效耦合技术；开发适用于不同区域的优质饲草资源；研究粮草周年轮作和林草复合种植条件下的饲草和种子丰产栽培技术模式，开发粮—草—畜耦合与高效生产技术；研究水肥耦合调控、病虫草害综合防控技术，建立优质饲草水、肥、药减施高效生产技术体系，研制粮草轮作技术、林下种草技术、优质饲草种子生产技术等相关国家标准。该项目由兰州大学牵头承担，预期可提出优质饲草和种子丰产技术3～5项，粮草周年轮作和林下种草畜禽高效利用技术模式2～3套，开发新型饲草资源4～5种，种子产量提高20%以上。

木本源新型蛋白饲料加工与高效转化技术主要研究内容：研究饲料桑、辣木、柠条木本植物丰产、机械化收获、加工贮藏关键技术；定向选育益生型发酵微生物，提高发酵品质和有氧稳定性，优化发酵基质，突破木本植物高温高水分青贮技术瓶颈；研制木本植物和林源加工剩余物木质纤维素高效降解剂和微生物发酵基质，创制木本源新型蛋白饲料产品；重点突破木本植物功能组分发现、鉴别和高效分离新方法，创制具有抗氧化、免疫增强和促进动物生长的林源芳香和单宁类饲料添加剂，并建立检测方法和产品标准；创制木本生物饲料新产品，研究节粮型饲料配制与高效饲喂技术。该项目由贵州大学牵头承担，预期研发木本饲料丰产、收获与加工贮藏技术5套以上，开发猪牛羊高值化木本源蛋白饲料产品5种以上，蛋白含量达到20%以上，粗纤维含量低于18%，预期实现新增200万t大豆当量的蛋白饲料。提出木本植物功能组分发现、鉴别和高效分离技术2～3项，研发生物发酵剂和功能性添加剂3～5种，建立相应产品标准。

奶业全产业链高效优质生产关键技术主要研究内容：培育以提升优良奶牛、奶水牛、奶骆驼群体，构建以瘤胃为核心的精准饲养技术体系；选育适宜不同区域的苜蓿和青贮玉米等饲草品种，研发以"健康瘤胃—健康奶牛、奶水牛、奶骆驼—优质奶"为目标的饲草加工与高效利用技术；研究奶乳脂肪和乳蛋白等重要营养品质以及活性功能物质形成与调控机制；研究奶牛安全主要风险因子的危害分析及风险评估，构建牛奶全产业链主要安全风险因子预警系统和防控技术；筛选和评价牛奶品质的特征物质，研究热负荷量对牛奶活性营养因子影响规律，构建以提升牛奶品质为核心的绿色加工工艺；研究奶产品重要功能活性因子促进健康的作用机制，阐明牛奶营养物质调控儿童骨骼发育及适应性免疫应答机制，构建高品质奶产品全产业链技术体系。该项目由农业农村部食物与营养发展研究所牵头承担，预期培育奶生产的奶牛、奶水牛、奶骆驼群体各1个，选育适应不同区域的奶牛用饲草品种3～4个，构建饲草加工和高效利用技术5～6项；揭示调控乳脂肪乳蛋白的关键瘤胃微生物群2个，建立提升乳脂肪乳蛋白技术体系1套，建立提升奶牛、水奶牛、骆驼奶中活性物质技术体系3～4套；揭示奶产品主要风险因子3～4个，构建主要风险因子预警防控关键技术体系1套；鉴定奶产品重要功能活性因子2～3个，研发保留奶产品重要功能活性因子的绿色加工工艺3～4项；揭示奶营养品质与健康功能关联的机制，开发功能性奶产品1～2个。

牛羊规模化高效健康养殖集成示范主要研究内容：围绕牛羊规模化养殖，研究牛羊主要饲料饲草营养组特征图谱及其物理营养作用，构建生态养殖区域营养参数库；研究饲料饲草主要营养组在体内转化利用的关键代谢途径，明确肉牛、肉羊分阶段关键营养调控节点；研究精准营养饲喂技术，建立人工智能技术与肉牛、肉羊生产全产业链深度融合的精准饲养模式；建立牛羊的有效温湿度、有害气体等环境参数模型及自动控制技术，研究确定牛羊健康体征和正常生产的阈值范围及抗逆营养环境调控技术，集成牛羊健康信息感知生物传感技术，建立整合养殖环境、养分供给及生产水平的精细健康养殖预警技术体系；集成示范牛羊规模化高效健康养殖。该项目由中国农业科学院北京畜牧兽医研究所牵头承担，预期绘制肉牛、羊饲料饲草营养组特征图谱，构建牛羊营养参数库；确定评价牛羊健康水平的生物标志物3～5种，建立牛羊主要营养组动态需求参数及调控技术；研制工厂化牛羊精准饲喂、智能养殖和自动化设备系统应用技术10套以上，饲料浪费减少90%以上；研发环境自动调节及健康信息感知生物传感技术5～8套，死亡率降低15%以上，建立肉牛、肉羊精细健康养殖与抗逆营养预警技术体系各1个；建立牛羊规模化高效健康养殖示范场10个以上，累计示范推广牛羊500万头（只）以上。

2022年，科技部立项支持了“十四五”国家重点研发计划政府间国际科技合作项目“双碳目标下奶牛养殖业碳排放时空分布及低碳排放牧场实现路径研究”，该项目由中国农业科学院饲料研究所承担。项目针对国际上普遍存在的奶牛碳排放关键数据缺失、减排调控技术缺乏、零碳牧场实现路径不明等关键技术问题，通过创新研制分布式碳排放智能监测系统，重点开展我国典型养殖区域奶牛瘤胃甲烷排放时空分布特征和演变趋势研究，构建我国养殖模式下碳排放数据库和“本土化”核心排放因子；研发基于新型益生菌、植物提取物、益生元等在内的提质增效与低碳减排的协同减排调控技术及其评价指标体系，阐明瘤胃甲烷产生与调控的底物竞争机制；突破零碳排放牧场建立过程中的驱动因素和排放源等关键技术，构建零碳排放牧场实施的量化评价模型和规模化示范应用，为畜牧养殖业的高质量和绿色低碳可持续发展提供科学支撑。项目预期创制奶牛瘤胃甲烷排放智能化监测系统2～3套，以实现大通量数据动态采集、智能化数据处理以及多通道气体分析，满足对大群奶牛碳排放量的准确监测；构建我国养殖模式下甲烷排放数据库与排放因子共2套；研发奶牛瘤胃甲烷减排调控技术2～4项，瘤胃甲烷减排效果评价指标体系1项。

为深入贯彻落实《中华人民共和国农业技术推广法》，表彰奖励在农业技术推广工作中做出贡献的单位和个人，农业农村部组织完成了2019—2021年度全国农牧渔业丰收奖评审工作，2022年印发了《农业农村部关于2019—2021年度全国农牧渔业丰收奖获奖情况的通报》，7项与饲料相关的成果获得农业技术推广成果奖一等奖，18项与饲料相关的成果获得农业技术推广成果奖二等奖，12项与饲料相关的成果获得农业技术推广成果奖三等奖（表1）。

表1　2019—2021年度与饲料相关的全国农牧渔业丰收奖获奖项目

序号	项目名称	奖励类别	第一完成单位	第一完成人
1	大恒优质肉鸡新品种高效健康养殖技术集成与推广	推广成果奖一等奖	四川省畜牧科学研究院	蒋小松
2	白羽肉鸡食品链绿色制造技术集成与推广	推广成果奖一等奖	禾丰食品股份有限公司	邱嘉辉
3	北京鸭高品质生产技术体系集成构建与应用推广	推广成果奖一等奖	北京市畜牧总站	郑瑞峰
4	牦牛适度补饲关键技术集成示范与推广	推广成果奖一等奖	青海省畜牧兽医科学院	刘书杰
5	贵州喀斯特地区牛羊生产提质增效技术集成推广	推广成果奖一等奖	贵州省畜牧兽医研究所	韩　勇
6	绒山羊提质增效重大技术协同推广	推广成果奖一等奖	内蒙古自治区农牧业科学院	孙海洲
7	高寒牧区饲草高效供给利用技术集成与推广应用	推广成果奖一等奖	西藏自治区农牧科学院农业资源与环境研究所	高清竹
8	肉鸽新品种培育与高效养殖技术集成推广	推广成果奖二等奖	北京市畜牧总站	李复煌
9	生猪安全高效养殖关键技术集成与应用推广	推广成果奖二等奖	北京市兽药饲料监测中心	杜继红
10	北方牧区绵羊母子一体化高效养殖关键技术集成示范与推广应用	推广成果奖二等奖	锡林郭勒盟畜牧工作站	薛树媛
11	克氏原螯虾生态高效养殖技术集成与示范推广	推广成果奖二等奖	江苏省渔业技术推广中心	陈焕根
12	仔猪肠道健康及功能性饲料添加剂关键技术研发与应用	推广成果奖二等奖	江西省农业科学院　畜牧兽医研究所	邹志恒
13	“食药同源”生猪健康养殖关键技术创新与推广应用	推广成果奖二等奖	江西农业大学	曹华斌
14	肉羊规模化育肥与优质肥羔生产技术示范推广	推广成果奖二等奖	山东省畜牧总站	战汪涛

（续）

序号	项目名称	奖励类别	第一完成单位	第一完成人
15	“粮改饲”高产高效模式与关键技术的研究与应用	推广成果奖二等奖	山东省畜牧总站	翟桂玉
16	猪用玉米全株青贮生产与产业化应用	推广成果奖二等奖	山东省畜产品质量安全中心	李会荣
17	鸭离水低排高效养殖技术推广与应用	推广成果奖二等奖	湖南省畜牧兽医研究所	戴求仲
18	畜禽养殖源头节本增效、降氮减排的技术研发与推广应用	推广成果奖二等奖	广东省农业科学院动物科学研究所	马现永
19	广西牛羊现代生态养殖关键技术集成创新与示范应用	推广成果奖二等奖	广西大学	韦英明
20	肉用山羊高效生产技术集成与推广应用	推广成果奖二等奖	四川农业大学	李　强
21	川猪优质高效安全养殖技术体系的构建与配套技术示范推广	推广成果奖二等奖	四川省畜牧总站	何志平
22	贵州牛羊现代化生态养殖关键技术集成推广	推广成果奖二等奖	贵州省畜禽遗传资源管理站	龚　俞
23	百万只肉羊快速改良与健康养殖技术示范推广	推广成果奖二等奖	神木市聚科农牧发展有限公司	李增开
24	海洋生物工程技术在生物替抗产业中的应用	推广成果奖二等奖	中国海洋大学	牟海津
25	农牧交错带牛羊牧繁农育关键技术集成示范与推广	推广成果奖二等奖	全国畜牧总站	李蕾蕾
26	兽用抗菌药使用减量综合配套技术示范与推广	推广成果奖三等奖	河北省兽药饲料工作总站	褚素乔
27	羔羊健康高效育肥营养平衡技术及系列饲料示范推广	推广成果奖三等奖	山西农业大学	张建新
28	肉鸭生产绿色高效关键技术集成推广	推广成果奖三等奖	江苏省家禽科学研究所	李慧芳
29	黄羽肉鸡健康高效营养关键技术与产品推广	推广成果奖三等奖	广东省农业科学院动物科学研究所	蒋守群
30	畜禽生态养殖模式及关键技术创新示范	推广成果奖三等奖	广西壮族自治区畜牧研究所	吴柱月
31	饲料大麦新品种优质高效绿色生产创新应用	推广成果奖三等奖	四川农业大学	冯宗云
32	贵州山区工厂化肉猪健康养殖关键技术集成与推广应用	推广成果奖三等奖	麻江温氏农牧有限公司	申学林
33	云南鲟鱼高效健康养殖技术集成与推广	推广成果奖三等奖	云南省渔业科学研究院	梁　祥
34	提高奶牛产奶量及健康养殖关键技术集成示范与推广	推广成果奖三等奖	大理白族自治州畜牧工作站	高景舜
35	河西肉牛生态健康养殖技术集成与示范	推广成果奖三等奖	甘肃省畜牧技术推广总站	韩登武
36	海东粮改饲模式下的饲草产业关键技术集成与示范	推广成果奖三等奖	海东市动物疫病预防控制中心	叶培麟
37	宁夏牛羊非常规饲料资源利用关键技术示范推广	推广成果奖三等奖	宁夏大学	辛国省

（吴子林）

饲料工业标准化

2022年，全国饲料工业标准化技术委员会（以下简称饲料标委会）聚焦“产出高效、产品安全、资源节约、环境友好、调控有效”的发展目标，紧密结合行业重点工作，积极做好标准体系建设、工作机构建设和标准复审及宣贯等工作，以扎实的标准化工作成效推动我国畜牧业高质量发展。

一是完善标准体系。围绕豆粕减量替代、药物饲料添加剂退出和兽用抗菌药使用减量等重点工作，推进标准制修订进程和标准有效供给，不断充实完善饲料工业标准体系。2022年，共推动立项标准30项，审查《饲料　采样》等标准31项，报批《饲料添加剂　第5部分：微生物 屎肠球菌》等标准34项，推动发布《饲料原料　发酵豆粕》等标准21项（表1）。截至2022年底，饲料工业现行有效标准共606项，其中，国家标准312项、行业标准294项。

二是健全工作机构。根据《全国专业标准化技术委员会管理办法》相关规定，按期完成饲料标委会换届工作，第六届饲料标委会共有委员92名、顾问5名。经国家标准化管理委员会批准，在宠物饲料标准化工作组的基础上组建了第一届宠物饲料分技术委员会，秘书处设在中国农业科学院饲料研究所，共有委员48名。2022年，饲料标委会下设水产饲料、宠物饲料2个分技术委员会，微生物及酶制剂、饲料检测方法、畜禽饲料3个标准化工作组，以及饲料工业标准国际化专家组，进一步健全了饲料工业标准化工作组机构。

三是推进复审宣贯。根据《国家标准化管理委员会关于开展推荐性国家标准复审工作的通知》（国标委发〔2022〕10号）要求，组织复审《饲料中霉菌总数的测定》等68项推荐性国家标准，从标准的适用性、规范性、时效性和协调性等方面逐项进行评估和审查，提出了复审结论建议，其中继续有效26项、修订31项、整合修订8项、废止3项。此外，征集、推荐7个农业农村行业标准研制实施典范，经农业农村部农产品质量安全中心遴选，《饲料原料　发酵豆粕》等6项标准被列入2022年农业农村行业标准研制实施典范名单（表1）。

表1　2022年发布的国家标准和农业行业标准

序号	标准编号	标准名称	代替标准编号
1	GB 7300.902—2022	饲料添加剂　第9部分：着色剂 β，β-胡萝卜素-4，4-二酮（斑蝥黄）	GB/T 18970—2003
2	GB 7300.1002—2022	饲料添加剂　第10部分：调味和诱食物质 大蒜素	
3	GB 7300.104—2022	饲料添加剂　第1部分：氨基酸、氨基酸盐及其类似物 L-缬氨酸	
4	GB 7300.303—2022	饲料添加剂　第3部分：矿物元素及其络（螯）合物 碘酸钾	
5	GB 7300.403—2022	饲料添加剂　第4部分：酶制剂　纤维素酶	
6	SC/T 1078—2022	中华绒螯蟹配合饲料	SC/T 1078—2004
7	SC/T 1074—2022	团头鲂配合饲料	SC/T 1074—2004
8	NY/T 914—2022	饲料中氢化可的松的测定	NY/T 914—2004
9	NY/T 724—2022	饲料中拉沙洛西钠的测定　高效液相色谱法	NY/T 724—2003

（续）

序号	标准编号	标准名称	代替标准编号
10	NY/T 4128—2022	渔用膨化颗粒饲料通用技术规范	
11	NY/T 4127—2022	克氏原螯虾配合饲料	
12	NY/T 4126—2022	对虾幼体配合饲料	
13	NY/T 4125—2022	饲料中淀粉糊化度的测定	
14	NY/T 4124—2022	饲料中 T-2 和 HT-2 毒素的测定　液相色谱—串联质谱法	
15	NY/T 4123—2022	饲料原料　甜菜糖蜜	
16	NY/T 4122—2022	饲料原料　鸡蛋清粉	
17	NY/T 4121—2022	饲料原料　玉米胚芽粕	
18	NY/T 4120—2022	饲料原料　腐殖酸钠	
19	NY/T 2896—2022	饲料中斑蝥黄的测定　高效液相色谱法	NY/T 2896—2016
20	NY/T 2218—2022	饲料原料　发酵豆粕	NY/T 2218—2012
21	NY/T 1459—2022	饲料中酸性洗涤纤维的测定	NY/T 1459—2007

（粟胜兰）

饲料行业质量认证

一、认证行业工作概述

2022年，认证行业围绕“一个大市场、两个强国、三个监管、四个安全”的工作目标，全面推动行业市场化、国际化、专业化、集约化、规范化的发展。

1. 认证行业规模。截至2022年底，我国经中国国家认证认可监督管理委员会（CNCA）批准的认证机构达到1 128家，比上年增长21%；累计颁发有效认证证书336.6万张，比上年增长11.4%，连续多年发证数量世界第一；获证组织93.9万家，比上年增长8.3%。

2. 2022年与认证相关的主要工作回顾。

（1）加强法治建设。形成了更为成熟的《认证认可条例》修正草案；对《有机产品认证管理办法》《认证及认证培训、咨询人员管理办法》《强行性产品认证管理规定》《强制性产品认证机构和实验室管理办法》4部部门规章做了修订。

（2）完善制度体系。建立了国家统一推行的数据安全管理、个人信息保护、无障碍环境等认证制度，进一步完善了强制性产品认证、视频农产品认证、管理体系认证、服务认证等制度体系。

（3）强化技术支撑。新发布合格评定领域国家标注9项、行业标准26项、团体标准20项，合格评定标注体系已覆盖91项国家标准、251项行业标准、57项团体标准。

（4）促进产品提质升级。

①健全重点产业质量认证体系，深入开展轨道交通设备、机器人、北斗导航、商业密码、金融科技等产品认证，推动钢铁、航空、汽车、工程勘察设计等行业创新质量管理体系认证制度。

②积极推行有机绿色、智能家电、无障碍环境等高端品质认证，大力开展养老服务、健康服务、金融服务、环保服务、商品售后服务等服务认证，服务认证证书数量达到6万张。

③积极推行国家信息安全产品认证、网络关键设备及网络安全专用产品、移动应用程序（App）等认证制度，共计颁发相关认证证书1 000余张。

④发布电冰箱、空调器、洗衣机和轮胎等第三批绿色产品认证目录和认证规则，绿色产品认证扩大到建材、电子电器、快递包装、纺织品等90种产品，共计2 000余家企业获得认证证书2万余张；颁发环境、能源管理体系认证证书约40万张；开展绿色低碳公共机构服务认证，获证组织平均节点22%。

⑤完善食品农产品认证制度。共计办法各类视频农产品认证证书13.1万张，其中有机产品认证证书2.5万张，全国有机产品销售额达951.6亿元，成为全球第四大有机消费市场。

（5）规范行业秩序，传递市场信任。

①全面落实“双随机，一公开”监管。对260家认证机构开展随机检查，对全部36家CCC指定认证机构开展全覆盖检查，查处违法认证机构59家，对百余家机构给予了行政告诫和责令限期整改。

②强化线上线下一体化监管，上线运行“认证人员现场审核网络签到监管系统”，已覆盖564家认证机构的管理体系认证现场审核。

二、饲料行业质量安全管理工作概述

1. 行业概况。2022年，全国工业饲料产值、产量双增长，产品结构调整加快，规模企业经营形势总体平稳，饲料行业创新发展步伐加快。

（1）饲料工业总产值继续增长。全国饲料工业总产值13 168.5亿元，比上年增长7.6%；总营业收入12 617.3亿元，增长8.0%。其中，饲料产品产值11 816.6亿元、营业收入11 363.8亿元，分别增长7.8%、8.2%；饲料添加剂产品产值1 267.7亿元、营业收入1 167.9亿元，分别增长9.8%、5.2%；饲料机械产品产值84.2亿元，下降26.9%，营业收入85.6亿元，增长11.1%。

（2）工业饲料总产量突破3亿t。全国工业饲料总产量30 223.4万t，比上年增长3.0%。其中，配合饲料产量28 021.2万t，增长3.7%；浓缩饲料产量1 426.2万t，下降8.1%；添加剂预混合饲料产量652.2万t，下降1.6%。分品种看，猪饲料产量13 597.5万t，增长4.0%；蛋禽饲料产量3 210.9万t，下降0.6%；肉禽饲料产量8 925.4万t，增长0.2%；反刍动物饲料产量1 616.8万t，增长9.2%；水产饲料产量2 525.7万t，增长10.2%；宠物饲料产量123.7万t，增长9.5%；其他饲料产量223.3万t，下降7.2%。从销售方式看，散装饲料总量10 703.1万t，比上年增长18.5%，占配合饲料总产量的38.2%，提高4.8个百分点。

（3）饲料添加剂总产量小幅下降。全国饲料添加剂总产量1 468.8万t，比上年下降0.6%。其中，单一饲料添加剂产量1 368.7万t，增长0.1%；混合型饲料添加剂产量100.1万t，下降8.8%。氨基酸产品产量449.2万t，增长5.6%。微生物、非蛋白氮等产品产量保持增长，分别增长6.7%、59.1%。维生素产品产量150.0万t，下降15.4%。矿物元素、酶制剂、抗氧化剂等产品产量分别下降0.7%、12.5%、14.1%。

（4）企业经营规模有所调整。全国年产百万吨以上规模饲料企业集团36家，比上年减少3家，合计饲料产量占全国饲料总产量的57.5%，比上年减少2.2个百分点。有6家企业集团年产量超过1 000万t。全国年产10万t以上规模饲料生产厂947家，比上年减少10家，合计饲料产量17 381万t，比上年下降1.8%，在全国饲料总产量中的占比为57.5%，比上年下降2.8个百分点。全国有13家生产厂年产量超过50万t，比上年减少1家，单厂最大产量127.6万t。

（5）优势区域布局保持稳定。全国饲料产量超千万吨的省份有13个，与上年持平，分别为山东、广东、广西、辽宁、河南、江苏、河北、四川、湖北、湖南、福建、安徽、江西。其中，山东省产量达4 484.8万t，比上年增长0.2%；广东省产量3 527.2万t，下降1.3%。山东、广东两省饲料产品总产值继续保持在千亿元以上，分别为1 712亿元和1 517亿元。全国有22个省份的饲料产量比上年有所增长，其中宁夏、福建、内蒙古、安徽、河南5个省份增幅超过10%。

（6）配方结构趋向多元化。全国饲料生产企业的玉米用量比上年增长30.1%，在配合饲料中的比例比上年提高7.0个百分点。菜粕、棉粕等杂粕用量增长11.5%，在配合饲料和浓缩饲料中的比例比上年提高0.3个百分点。小麦、大麦用量大幅减少，高粱用量大幅增加，麦麸、米糠、干酒精糟（DDGS）等加工副产品用量较快增加。

（7）产品创新加快推进。全年通过评审核发饲料添加剂新产品证书5个，枯草三十七肽和腺苷七肽为首次批准的生物肽类饲料添加剂。批准扩大4个饲料添加剂品种的适用范围，增补1种原料进入《饲料原料目录》。

2. 行业质量安全管理。饲料作为动物食品，质量安全工作是一个需要持续强化的过程。2022年全行业面对双疫情叠加、饲料的原来价格上涨、畜禽产品价格剧烈波动，给饲料生产带来了多方面冲击。饲料行业在质量安全管理方面开展了如下工作。

（1）在全国范围内开展饲料质量安全监督抽查工作。按照《农业农村部办公厅关于印发〈2022年饲料质量安全监管工作方案〉的通知》（农办牧〔2022〕6号）要求，各省农业农村厅相继组织开展了省内饲料质量安全监督抽检工作，并分别在2022年底前对本省饲料质量的抽检情况进行了通报。从2022年开始，农业农村部不再对全国饲料质量安全监督抽查的汇总结果进行通报。

（2）加强饲料生产全过程的质量管理，持续防控非洲猪瘟病毒、新冠疫情。采取的主要措施有以下3项。

①原料质量安全。制定严格原料筛选、采购及品控制度。选用烘干或烘焙玉米和高温豆粕，建立稳定的采购供应渠道，建立非洲猪瘟病毒检测平台，对采购的原料及生产成品进行严格监控。

原料运输时选用专业原料运输车辆，运输装车前车辆彻底消毒；尽量避开疫情运输路线。

原料储存时仓库保持干燥、通风，并做好防鼠措施，避免生物带病毒进入原料。

②生产安全。将猪配合饲料的制粒温度提高到85～95℃，并适当延长制粒和增加后熟化工艺及延长后熟化时间，在达到杀灭非洲猪瘟病毒的同时，进一步提高糊化度。在装袋封包过程中，尽量采取全机械自动化，减少人员接触，确保装袋封包过程中不感染。

③管理安全。生产猪饲料的企业，员工进厂作业前严格执行消毒流程，员工不能带猪肉及猪肉制品进入厂区，厂区内食堂用的猪肉和猪肉制品从指定供应商处采购，并在使用前进行非洲猪瘟病毒的检测。

对进出入厂区的运输车辆，进行全面、彻底、有效的消毒处理。

员工佩戴口罩，进入厂区体温检测，非必要严禁外来人员进入厂区。

（3）玉米和豆粕原料替代方面，控制原料质量。面对玉米原料价格增长过快，企业用小麦、稻谷、大麦、高粱等谷物原粮和麦麸、米糠等粮食加工副产物进行替代；对于豆粕用菜粕和棉粕替代。使用替代的每一个原料前，企业都对原料样品进行理化指标和卫生指标（真菌毒素、污染物、农药残留）的检测，符合使用要求的才进行采购。原料入厂时逐批次检测理化指标和毒素指标，毒素指标超标的原料拒收。

（4）继续推进《饲料质量安全管理规范》的全面实施。各省继续推进《饲料质量安全管理规范》省或市级示范企业创建活动，督促企业在饲料原料采购与管理、生产过程控制、产品质量控制、产品贮存与运输、产品投诉与召回等多个方面进行规范管理，以保障饲料产品的质量安全。

三、行业质量认证工作开展情况简述

饲料及饲料添加剂行业开展的国内认证主要有GB/T 19001质量管理体系认证、GB/T 22000食品安全管理体系认证、GB/T 24001环境管理体系认证、GB/T 45001职业健康安全管理体系认证、无抗饲料认证；国际认证有欧洲饲料添加剂和添加剂预混合饲料质量体系（FAMI-QS）认证、动物饲料生产中的良好生产规范（GMP＋）认证、全球食品安全标准（BRC）认证。

国内认证机构给饲料企业（含宠物饲料）颁发的GB/T 22000食品安全管理体系证书数量显示，近3年饲料企业开展食品安全管理体系认证的企业数量基本稳定，保持在650家左右。

2022年饲料行业开展欧洲饲料添加剂和添加剂预混合饲料质量体系（FAMI-QS）认证的企业比2021年略有增长。据统计，2022年全球颁发FAMI-QS认证证书1 564张，颁发证书数量比2021年增长3%；其中中国颁发了517张，比2021年增长3%，继续保持全球发证数量第一的地位。

尽管行业大型企业集团开展GB/T 24001环境管理体系认证的意愿强烈，但受新冠疫情的影响，环境管理体系认证开展未达到预期。

四、北京华思联认证中心认证工作开展情况

2022年，北京华思联认证中心（以下简称中心）作为畜牧行业专业的第三方认证机构，开展了如下工作。

1. 聚焦饲料及饲料添加剂行业，开展国内外认证业务。中心的发展宗旨是立足养殖和饲料行业，提供专业化认证服务，成为初级农产品加工产业链的专业认证机构。截至2022年底，中心开展的国内认证有质量管理体系（GB/T 19001）、食品安全管理体系（GB/T 22000）、良好农业规范（GB/T 20014）、环境管理体系（GB/T 24001）、职业健康安全管理体系（GB/T 45001）、自愿性产品认证（无抗产品认证、富硒产品、非笼养鸡蛋、动物福利、生态牧场、“安心之选”宠物食品认证等）。开展的国际认证有欧洲饲料添加剂和添加剂预混合饲料质量体系（FAMI-QS）、动物饲料生产中的良好生产规范（GMP＋）、全球食品安全标准（BRC）、国际食品标准（IFS）等。

从行业分布看，聚焦在畜牧行业的饲料生产企业、养殖企业、食品生产企业，生物发酵行业和化工行业的饲料添加剂生产企业，上述获证企业占到中心总获证企业75%以上，其中养殖企业、饲料及饲料添加剂生产企业获证企业占比达到80%以上。

从中心客户规模看，获证客户中企业集团、大中型企业比例超过50%，这些企业既有国有企业，亦有民营企业。

从行业统计看，2022年中心为饲料企业颁发的食品安全管理体系认证证书占到中国合格评定国家认可委员会（CNAS）认可的认证机构颁发的此类认证证书的50%以上；颁发的奶牛模块良好农业规范认证证书数量占到中国合格评定国家认可委员会（CNAS）认可的认证机构颁发的此类认证证书的95%以上；颁发的FAMI-QS认证证书占中国颁发此类证书的65%以上。

以上数据充分体现了中心聚集农牧行业的经营理念，展现出中心具有的饲料、饲料及食品添加剂、奶牛养殖等领域认证的独特优势。

2. 满足客户现有需求，并挖掘潜在需求，拓展认证业务领域。

（1）获准开展无抗畜禽产品认证。2022年6月，中心根据行业发展需要，针对生乳、禽蛋和猪、鸡、牛、羊及其产品，组织专家编制了畜禽产品认证技术规范，并上报行业主管部门批准备案，获准开展无抗畜禽产品认证工作。

（2）获准开展富硒产品认证及非笼养鸡蛋认证。2022年8月，中心获国家认证认可监督管理委员会批准开展富硒产品认证及非笼养鸡蛋认证。

此认证可通过第三方对产品硒含量、抗生素残留、污染物限量、致病菌限量等进行检测，为大数据报告和风险监测溯源提供便利。

（3）获准开展食品农产品管理体系认证。2022年11月，中心获国家认证认可监督管理委员会批准开展食品农产品管理体系认证。

该认证是为畜禽屠宰、肉制品加工、蛋奶制品、饲料及饲料添加剂、宠物食品等行业内的生产企业提

供食品农产品认证服务，为客户完善自身的食品安全管理水平、识别食品安全风险和合规性提供专业的支持。

3. 助力行业开展兽用抗菌药使用的减量行动。

（1）现场审核抗菌药使用的合法性、合规性。从2020年起，在通过认证行业主管部门的备案批准后，中心已先后推出"无抗饲料认证""无抗畜禽产品认证""宠物食品'安心之选'认证""无抗畜禽产品认证"等认证项目，目的就是与养殖场和饲料企业共同落实禁用政策，为行业树立依法经营的典范，向社会传递出可信任形象。中心通过现场审核，宣贯兽用抗菌药使用的减量好处，审核抗菌药使用的合法性、合规性。

（2）编制水产类技术规范。为指导水产养殖场养殖健康、安全、营养、无抗生素残留的水产品，中心接受有关单位委托，编制了水产类技术规范。该规范针对社会责任、食品安全、可持续发展的环境保护、动物健康和福利、可追溯性等方面提出了要求。中心通过编制此类技术规范，从养殖环节规范抗菌药的使用。

（3）强化风险管理。近年来，国家认证认可监督管理委员会、中国合格评定国家认可委员会、中国认证认可协会采取多项管理措施，规范认证机构行为，提高认证有效性。中心借此也在不断强化风险意识，开展专项的风险评估，完善制度，加强内部管理，控制认证风险，防范质量事故的发生，努力提高认证的有效性。

①完善制度，加强内部管理。中心以质量安全风险排查为契机，重新修订了工作流程、岗位说明书，强化了流程监控。建立风险评价制度：定期对中心进行内部风险评价，对存在的潜在风险，采取措施、弥补漏洞，完善中心管理制度，强化过程管理。

持续改进中心工作体系，提升审核能力。继续实施审核员绩效考评制度，修订审核员量化考评标准，加大了审核质量的评价权重。

认真对待审核工作，加强内部管理。每个月根据技术委员会评定发现的问题汇总形成清单，在审核员信息交流期刊反馈给审核员，杜绝类似问题重复发生。对卷宗、现场审核不符合要求的审核员采取暂停审核，取消专业类别等措施。

②定期进行质量安全风险评估，对获证企业风险排查。中心在定期风险评估中发现一些风险隐患，主要表现在：一是获证企业中，中小型企业占有相当比例，中小型企业在管理上存在规范性不够、骨干人员相对流动性大的特点，在认证的有效性及其管理的一致性方面存在一定的认证风险。二是中心作为以食品农产品认证为主导的机构，存在认证风险相对不可控的问题，加大了食品农产品的认证风险。

中心针对中小企业法规意识不强，了解及掌握新法规不够，以及遵守饲料质量安全管理规范不到位的现象，为企业答疑解惑，帮助企业提升合规性风险的控制。

中心严格执行现场审核要求，减少食品农产品行业外认证企业及行业内不规范、风险高的企业比例，集中精力走专业化道路，集中自身优势，展开对行业内规范企业的认证。对不能按照认证审核标准要求执行的企业进行撤销处理。截至2022年12月底，中心QMS共办理撤销企业78家，FSMS共办理撤销企业31家。

③通过中国合格评定国家认可委员会对中心的认可评审工作，确保中心内控管理体系持续改进。中心每年都接受中国合格评定国家认可委员会对中心的管理体系及良好农业规范的监督评审。对评审过程中提出的不符合和建议，中心积极整改，并分析问题发生的原因，改进中心管理体系，杜绝类似问题再次发生。

根据中国合格评定国家认可委员会制定的《认证机构认可风险分级管理办法》，结合其对中心的管理体系运行情况的综合认可评审及风险等级的综合评价，2022年中心被其评价为B级。2023年中心将继续做好相关管理工作，确保管理体系的持续改进。

4. 为重点客户和行业监管部门提供专业服务。

（1）继续为星巴克提供生鲜乳供应商审核服务。中心为星巴克企业管理（中国）有限公司提供技术服务，对其生鲜乳供应商的牧场实施现场验厂审核工作，2022年共完成了38家牧场的审核工作。

（2）为中粮肉食提供二方验厂服务和培训服务。2022年，中心受中粮肉食委托，继续对兽药（化药和疫苗）、混合型饲料添加剂和预混料工厂进行验厂，共计完成了近100家工厂的验厂工作。

在验厂审核工作中，中心挑选了有丰富审核经验、熟悉标准的资深审核专家，组建了专业审核团队，根据相关法律法规、部门规章规定，整合了相关认证标准及委托方内控质量标准，围绕合法性、基础设施、空气及生产用水控制、环境卫生控制、生产过程控制、检化验等关键过程进行严格审核，并提出可操作性改进建议，提升了企业的管理认知及内控水平，在为这些企业集团打造安全完整的产业链过程中发挥出中心的专业作用，得到委托方及受审核企业的一致好评。

（3）服务行业监管部门，提供专业支持。近年来，农业农村部对饲料行业监管力度增加，行业内法律法规、标准变化较大，地方行业主管部门专业学习的需求增加。中心应一些地方行业主管部门的要求，派出专家对其执法部门人员进行法律法规的培训，为行业质量安全发挥出了专业作用。

（4）通过与客户的沟通平台，解读监管要求。中心建立了网站专栏、微信公众号、季刊发布机制，通过上述平台向客户传递监管部门规定和行业信息，讲解认证标准，探讨管理之道，解读国家的法律法规。

2022 年，中心通过上述沟通平台，先后详细解读了 2022 版《食品生产许可审查通则》正文与 2016 版对比，《食品安全法》之食品生产过程控制，各国家/地区食品标签法规要求介绍，食品及饲料中黄曲霉毒素检测相关国家标准和行业标准汇总，食品及饲料中微生物指标检测相关国家和行业标准汇总，中国与欧盟食品中污染物限量要求比，新《中华人民共和国农产品质量安全法》变化解读，欧盟复合食品介绍及相关法规要求，中国、欧盟致病菌标准及管控要求比对及每月实施的食品及饲料相关标准等。

5. 国际合作认证业务稳定发展。中心开展的欧盟 FAMI-QS 认证业务继续保持在中国大陆的领先地位。

BRC 分包业务稳定发展。

通过与西班牙 ACETRA 公司合作，中心拓展了 Global GAP 认证服务。

作为荷兰“GMP＋International”授权可从事“GMP＋认证”的唯一中国认证机构，中心在为企业提供了“GMP＋认证”和增值服务的同时，持续对 GMP＋、英国 FEMAS 等饲料认证标准进行了跟踪研究，拟吸收其成熟有效的管控经验，为中国饲料行业质量和安全管理提供借鉴。

五、饲料行业认证活动的发展趋势

1. 体系认证方面，质量管理体系（GB/T 19001）、食品安全管理体系（GB/T 22000）认证业务基本稳定，良好农业规范（GB/T 20014）认证、环境管理体系（GB/T 24001）认证业务将有一定增长。

2. 产品认证方面。

（1）2021 年饲料已开启无抗产品时代，畜牧行业开展无抗饲料产品、无抗畜禽产品认证需求较大。

（2）宠物行业发展带动了宠物食品消费量的增长和品种的多样化，宠物行业体系认证、产品认证、进口宠物食品供应链认证、宠物服务认证是未来新的增长点。

（3）我国从全面小康到全面现代化，百姓对农产品的需求已向“吃得健康、营养”转变。鸡蛋是老少摄取蛋白质的必需品，市场上对富含硒、ω-3、非笼养鸡蛋的需求旺盛，相关产品认证需求将增长。

3. 国外认证方面，近两年饲料添加剂、添加剂预混合饲料对欧盟的出口，受阻于全球的新冠疫情，2023 年出口已恢复正常。2022 年，国外的需求仍然旺盛，这从 2022 年 FAMI-QS（欧洲饲料添加剂和添加剂预混合饲料质量体系）证书的中国发证数量可以证实。

附件：2022 年北京华思联认证中心部分获证企业名单

附件

2022年北京华思联认证中心部分获证企业名单

序号	企业名称	序号	企业名称
1	广东海大集团股份有限公司	41	武汉正大有限公司
2	广东海大集团股份有限公司清远分公司	42	武汉正大水产有限公司
3	广东海因特生物技术集团有限公司	43	天津正大农牧有限公司
4	海大宠物食品（威海）有限公司	44	正大饲料（随州）有限公司
5	广东通威饲料有限公司	45	正大饲料加工（锦州）有限公司
6	海南通威生物科技有限公司	46	厦门正大农牧有限公司
7	河南通威饲料有限公司	47	长沙正大有限公司
8	淮安通威饲料有限公司	48	正大预混料（柳州）有限公司
9	惠州通威生物科技有限公司	49	正大预混料（广汉）有限公司
10	南昌通威生物科技有限公司	50	正大预混料（沈阳）有限公司
11	南宁通威生物科技有限公司	51	正大预混料（天津）有限公司
12	连云港通威饲料有限公司	52	正大预混料（杭州）有限公司
13	四川通威饲料有限公司	53	正大康地（澄海）有限公司
14	通威农业发展有限公司德阳分公司	54	正大康地—汕头有限公司
15	厦门通威饲料有限公司	55	正大康地（广州番禺）有限公司
16	沅江通威饲料有限公司	56	正大康地农牧集团有限公司东莞分公司
17	重庆市长寿通威饲料有限公司	57	正大康地阳江饲料有限公司
18	重庆通威饲料有限公司	58	四川特驱投资集团有限公司
19	常德通威生物科技有限公司	59	四川特驱农牧科技集团有限公司
20	成都蓉崃通威饲料有限公司	60	广安万千集团有限公司
21	昆明通威饲料有限公司	61	重庆市荣昌区特驱饲料有限公司
22	无锡通威生物科技有限公司	62	宜宾特驱饲料有限公司
23	宾阳通威饲料有限公司	63	贵阳特驱希望农业科技有限公司
24	池州通威饲料有限公司	64	德阳特驱饲料有限公司
25	佛山市高明通威饲料有限公司	65	广汉特驱农牧科技有限公司
26	海南海壹水产饲料有限公司	66	四川省内江万千饲料有限公司
27	海南澄迈新希望农牧有限公司	67	西昌万千饲料有限责任公司
28	射阳六和饲料有限公司	68	芜湖特驱农牧科技有限公司
29	曹县六和饲料有限公司	69	广元特驱饲料有限公司
30	北京新希望农牧科技有限公司	70	乐山特驱饲料有限公司
31	江西新希望农牧科技有限公司	71	新津邦得科技有限公司
32	宁夏新希望反刍动物营养食品有限公司	72	贵港市万千饲料有限责任公司
33	赣州希望饲料有限公司	73	宜昌特驱饲料有限公司
34	武汉国雄饲料科技有限公司	74	保定万千饲料有限公司
35	黄冈新希望饲料科技有限公司	75	沈阳万千农牧科技有限公司
36	湖州海皇生物科技有限公司	76	成都特驱农牧科技有限公司
37	昆明新希望动物营养食品有限公司	77	昆明特驱饲料有限公司
38	长春新希望饲料有限公司	78	南充特驱饲料有限公司
39	彭山新希望饲料有限公司	79	重庆特驱饲料有限公司
40	沈阳正大畜牧有限公司	80	齐齐哈尔大北农饲料有限公司

（续）

序号	企业名称	序号	企业名称
81	湛江特驱饲料有限公司	122	中粮饲料（张家港）有限公司
82	宜春特驱饲料有限公司	123	中粮东大（黑龙江）饲料科技有限公司
83	天津大北农生物科技有限公司	124	中粮饲料（巢湖）有限公司
84	安徽省大北农农牧科技有限公司	125	中粮饲料（日照）有限公司
85	蚌埠大北农农牧科技有限公司	126	中粮饲料（荆州）有限公司
86	赤峰大北农农牧科技有限公司	127	中粮（北京）饲料科技有限公司
87	通辽大北农牧业科技有限公司	128	中粮（北京）饲料科技有限公司徐州分公司
88	齐齐哈尔大北农饲料有限公司	129	中粮家佳康（吉林）有限公司
89	禾丰食品股份有限公司	130	中粮家佳康（张北）有限公司
90	沈阳农大禾丰饲料有限公司	131	中粮家佳康（赤峰）有限公司
91	北京三元禾丰牧业有限公司	132	希杰（天津）饲料有限公司
92	唐山禾丰饲料有限公司	133	希杰（青岛）饲料有限公司
93	甘肃禾丰牧业有限公司	134	希杰（哈尔滨）饲料有限公司
94	凌源禾丰牧业有限责任公司	135	希杰（沈阳）饲料有限公司
95	淮安禾丰饲料有限公司	136	希杰（聊城）饲料有限公司
96	沈阳禾丰牧业有限公司	137	希杰（长春）饲料有限公司
97	沈阳禾丰反刍动物饲料有限公司	138	英联动物营养（南通）有限公司
98	上海禾丰饲料有限公司	139	英联饲料（安徽）有限公司
99	公主岭禾丰牧业有限公司	140	英联普美欣科技（江西）有限公司
100	长春禾丰饲料有限责任公司	141	英联饲料（上海）有限公司驻马店厂
101	广东恒兴饲料实业股份有限公司	142	英联饲料（辽宁）有限公司哈尔滨分公司
102	湛江恒兴特种饲料有限公司	143	联英饲料（天津）有限公司
103	浙江恒兴饲料有限公司	144	英联饲料（上海）有限公司新乡工厂
104	海南恒兴饲料实业有限公司	145	英联饲料（辽宁）有限公司
105	福建恒兴饲料有限公司	146	泰高营养科技（北京）有限公司
106	中粮生化能源（榆树）有限公司	147	泰高营养科技（湖南）有限公司
107	中粮饲料（佛山）有限公司	148	邦基玖瑞（德州）农牧有限公司
108	中粮饲料（茂名）有限公司	149	宁夏博瑞饲料有限公司
109	中粮饲料（茂名）有限公司呼和浩特分公司	150	内蒙古博瑞饲料有限公司
110	中粮饲料（新沂）有限公司	151	长春博瑞农牧集团股份有限公司
111	中粮饲料（沛县）有限公司	152	石家庄博瑞正诚饲料有限公司
112	中粮饲料（黄冈）有限公司	153	黑龙江博瑞饲料有限公司
113	中粮饲料（东台）有限公司	154	山西博瑞饲料有限公司
114	中粮饲料（黄石）有限公司	155	山东博瑞饲料有限公司
115	中粮饲料（唐山）有限公司	156	奎屯博润祥农牧有限公司
116	中粮饲料（成都）有限公司	157	新疆博润农牧有限公司
117	中粮饲料（茂名）有限公司衡水分公司	158	谷实生物科技（佳木斯）有限公司
118	中粮（北京）饲料科技有限公司黄石分公司	159	谷实生物科技（沈阳）有限公司
119	中粮家佳康（江苏）有限公司饲料分公司	160	谷实生物科技（长春）有限公司
120	中粮家佳康（吉林）有限公司长岭分公司	161	谷实生物集团股份有限公司
121	中粮饲料（孝感）有限公司	162	张家口九州大地饲料有限公司

（续）

序号	企业名称	序号	企业名称
163	天津九州大地饲料有限公司	186	广州绿安康饲料科技有限公司
164	广州市诚一水产科技有限公司	187	广州大台农饲料有限公司
165	北京同力兴科农业科技有限公司	188	天津市圆鼎饲料有限公司
166	北农大科技股份有限公司	189	江苏万瑞达生物科技股份有限公司
167	博尚生技实业（湛江）有限公司	190	北京科为博生物科技有限公司
168	佛山市顺德区全兴水产饲料有限公司	191	天津瑞孚饲料有限公司
169	陕西康达尔农牧科技有限公司	192	康地饲料（中国）有限公司
170	河南大陆农牧技术股份有限公司	193	康地饲料（银川）有限公司
171	广东科邦饲料科技有限公司	194	康地饲料添加剂（天津）有限公司
172	河南普爱饲料股份有限公司	195	山东海能生物工程有限公司
173	四川普爱饲料有限公司	196	广东兴腾科生物科技有限公司
174	湖南普爱生物饲料有限公司	197	全能生物科技（天津）有限公司
175	河南普丹美饲料有限公司	198	北京三元种业科技股份有限公司滦平饲料分公司
176	上海黑马饲料有限公司	199	上海百立生物科技有限公司
177	上海红马饲料有限公司	200	廊坊瑞康饲料有限公司
178	河南广安生物科技股份有限公司	201	光大畜牧（北京）有限公司
179	广州市骏宝饲料有限公司	202	上海信元宠物食品有限公司
180	烟台大乐饲料有限公司	203	湖南金霞九鼎农牧有限公司
181	上海牧迪饲料有限公司	204	上海光明荷斯坦饲料有限公司
182	青岛彩虹饲料有限公司	205	光明牧业有限公司河北分公司
183	天津彩虹饲料有限公司	206	滑县光明牧业饲料有限公司
184	广州爱保农生物科技有限公司	207	河南银发生物科技有限公司
185	宇星饲料（德州）有限公司		

中国饲料工业年鉴2023

地方篇

北京市饲料工业

【发展概况】

2022年，北京市饲料生产企业共计96家。全年饲料工业总产值82.2亿元，总营业收入81.7亿元。全年饲料总产量147.7万t，同比下降10.8%。其中，配合饲料产量88.5万t，浓缩饲料产量19.7万t，添加剂预混合饲料产量37.1万t，宠物饲料产量2.5万t。从主要畜禽品种看，猪饲料产量53.7万t，蛋禽饲料产量22.7万t，肉禽饲料产量18.2万t，反刍动物饲料产量47.0万t。

【组织机构】

北京市农业农村局作为北京市的饲料行政管理部门，其中行政审批处、畜牧渔业处分别依法负责北京市饲料行业的行政许可、行业管理和质量安全监管工作，北京市农业综合执法总队负责饲料行业监督执法工作，北京市畜牧总站负责饲料行业技术推广应用与服务等工作，北京市兽药饲料监测中心负责饲料产品质量安全监测检测等工作。

【主要工作】

（一）严格饲料行政审批事项办理

依法依规严把行政许可审批程序，严把准入关，2022年共办理“从事饲料、饲料添加剂生产的企业审批”事项申请49个，涉及饲料、饲料添加剂生产企业27个。“饲料和饲料添加剂委托生产备案”事项申请9个，涉及饲料、饲料添加剂生产企业3个。

（二）落实饲料质量安全监测检测工作

2022年对北京市大兴、通州、平谷、怀柔、密云、顺义、延庆、房山、昌平共9个区涉及的全部饲料企业开展抽样检测工作，同时在养殖环节完成38家次畜禽水产养殖场抽样工作，共完成饲料质量安全监督抽查、专项监测、风险监测、样品检测784批次4 800余项次。

一是根据《农业农村部办公厅关于印发〈2022年饲料质量安全监管工作方案〉的通知》（农办牧〔2022〕6号）要求，完成饲料质量安全监督抽查154批次，检测项目严格按照文件附件要求内容，检测结果全部合格，样品合格率100%。二是完成北京市饲料质量安全专项抽检工作完成100批次，检测项目包括水分、粗蛋白等营养指标，铜、锌等微量元素指标，维生素A、维生素D_3、维生素B_2、维生素B_6等维生素指标，检测结果全部合格。三是完成北京市饲料及饲料原料风险监测530批次，检测项目重点围绕霉菌毒素、风险物质和违禁添加物，检测结果全部合格。

（三）强化行业监督执法，开展相关专项整治行动

一是开展饲料生产企业专项执法行动。以许可条件、原料管理、生产过程、产品质量等内容为抓手，监督指导企业严格落实饲料质量安全规范，依法依规查处违法行为，责令企业落实整改。共检查饲料生产企业449家次，监管覆盖率达500%，整改问题20处。二是继续深入推进产品标签标示专项行动，强化饲料产品标签标示内容的监督管理，重点开展混合型饲料添加剂等重点产品通用名称、产品成分分析保证值等内容，杜绝虚假夸大宣传、扰乱市场的不规范标示行为。市区联合对43家企业进行饲料标签专项检查，下达检查单责令改正违规标示行为2起，查处经营饲料与标签标示不一致案1起。三是严格执行农业农村部公告第307号关于养殖者自配料的规定，在养殖环节开展专项行动，通过开展用料检查、普法宣传，普及饲料法律法规知识、提升养殖场、养殖户的合理配制使用饲料意识，增强其识假辨假能力，同时加大对自配料环节违禁物质添加等行为打击力度，确保畜禽产品质量安全。全市共检查养殖场户1 525家次，发放宣传材料4 529份。

2022年共出动饲料监督执法人员11 510人次，

检查生产、经营和使用单位 5 295 个次，下发监督检查单 4 229 套，查办案件 29 起，罚没款 9.6 万余元，没收不合格饲料 0.1t，其中万元以上案件 3 起。

（四）完成重大活动保障工作

组织开展全国两会、冬季奥运会等供应基地饲料专项抽样检测 5 次，对生猪、蛋鸡、淡水鱼、肉牛共 7 家供应企业的 18 家养殖基地进行了饲料质量安全专项监测工作，共计抽检企业饲喂的饲料样品 46 批次。检测项目包括重金属、违禁添加物等 20 个参数共 478 项次，检测结果全部合格。

（五）完成饲料统计监测工作

组织企业及时完成基层报表填报，一是严格按照时限要求完成当期工作，及时对未上报企业进行催报，确保北京市企业上报率达 100%。二是严把数据质量关，逐级审核，层层把关，确保高质量完成数据上报，为掌握饲料生产情况，了解行业发展动态，制定相关政策，谋划发展规划提供有力支撑。

【下一步工作思路】

一是落实《农业农村部办公厅关于印发〈2023 年饲料质量安全监管工作方案〉通知》（农办牧〔2023〕1 号）要求，做好北京市饲料质量安全监督抽查工作；二是加强饲料质量安全监管工作，强化日常监管与监督执法，对违法违规行为保持高压严打态势；三是开展北京市饲料质量安全风险监测工作，重点围绕植物源性饲料中霉菌毒素风险监测和动物源性饲料中抗生素风险监测；四是抓好饲料和饲料添加剂生产企业安全生产管理工作，本着“管行业必须管安全”的要求，加大安全生产检查力度，做到检查“痕迹化”，对不符合要求的企业，必须停业整顿；五是继续做好饲料信息统计工作，确保统计数据时效性、准确性、完整性和真实性。

（北京市农业农村局）

天津市饲料工业

【发展概况】

2022年，天津市各类饲料生产企业共193家，其中，配合饲料、浓缩饲料和精料补充料获证企业116家，添加剂预混合饲料获证企业83家，混合型饲料添加剂获证企业43家，饲料添加剂获证企业13家，单一饲料生产企业17家。

2022年饲料总产量227.0万t，同比减少5.7%；总产值121.8亿元，同比减少4.4%。其中配合饲料146.8万t，同比减少1.1%；浓缩饲料47.7万t，同比减少17.6%；添加剂预混合饲料30.4万t，同比减少4.9%；宠物饲料2.2万t，同比下降13.5%。

【主要工作】

（一）依法开展饲料质量安全管理，加强事中事后监管

一是组织市区两级饲料质量监管和农业综合行政执法部门，采取随机抽查、突击检查、专项检查等多种方式，按照企业全覆盖的要求，对生产经营企业进行督查检查。共计出动人员2 020人次，检查企业563家次，自配料657家次，发现问题30个，已全部整改完毕。

二是加强企业主体责任落实，继续开展签订生产企业质量安全责任书、经营企业质量安全承诺书工作，共计签订各类责任书100余份，明确了责任义务，落实了企业主体责任。同时指导各区加强对饲料、饲料添加剂经营企业（门店）摸底调查和安全指导工作，共摸排经营门店37家。

三是严格贯彻落实全国农资打假专项治理行动视频会议精神和天津市农业农村委员会关于农资打假工作的安排部署，以打击生产经营伪劣饲料、无证套证生产及超范围添加等违法行为重点，净化饲料市场。开展饲料生产企业资质清查，对不符合《饲料和饲料添加剂管理条例》和生产许可条件规定的企业依法进行核查清理。根据市场热点和部、市工作部署做好重点环节、重要节点饲料质量安全专项检查排查工作。

（二）健全检打联动机制，强化饲料质量检测

一是饲料质量安全监督抽查。抽查范围包括饲料生产企业、经营门店和畜禽、水产养殖场（户）。2022年天津市共计安排饲料质量监督抽检626个样品，样品合格率为99.7%。

二是依法依规查处饲料违法案件。2022年共处理饲料违法案件11起，共处罚金9.4万元。

（三）开展饲料标签专项检查

一是强化宣传引导。通过3·15打假、宣传周、科技集市、农资下乡宣传、上门服务等多种方式，认真开展《饲料和饲料添加剂管理条例》《农产品质量安全法》等法律法规宣传教育，发放宣传资料600余份。

二是组织自查自纠。组织天津市饲料生产企业对照饲料标签标准的有关规定，对其生产的饲料、饲料添加剂等产品标签逐一进行自查，及时纠正标签中的不规范行为，解答饲料生产企业提出涉及饲料标签规范性的问题30个。

三是加强现场检查。采取双随机的方式对饲料生产经营企业开展现场检查，重点检查饲料产品和混合型饲料添加剂产品，共检查饲料企业230家次，出动执法人员675人次，发现3起饲料生产企业生产饲料标签不符合规定的行为，对企业下达了责令改正通知书，并指导6家企业修改标签中不规范内容。

（四）落实饲料统计制度，提高生产形势监测水平

一是做好生产信息报送。督促指导饲料生产企业按照农业农村部饲料工业统计信息填报要求，按时做好统计信息填报工作。加强指导协调，督促企业及时准确上报生产信息，推动饲料企业全口径月度监测工作顺利开展。

二是开展数据分析研判。按季度汇总饲料生产情况，开展饲料生产动态分析和数据评估，提高统计监测信息精准性和行业发展趋势研判能力，提高行业发展趋势掌控水平。

（五）履行生产监督职责，加强行业安全生产

一是督促指导企业健全和落实安全生产制度和责任制。2022 年督导企业确保责任制落实到位、人员尽责到位、隐患排查到位、整改措施到位，不发生安全事故。

二是加强生产安全检查。2022 年对企业安全生产建章立制、安全生产责任制落实等情况进行检查 230 家次，重点检查易燃、易爆、有毒、有害原料、试剂等物质的储存和使用情况的监督检查，督促企业严格落实规定，切实保障生产安全。

三是督促生产企业严格落实新冠疫情常态化防控要求，严格落实体温监测、厂区消毒、疫苗接种、个人防护与隔离等措施，引导企业树立疫情防控主动性和责任意识，确保人身安全和生产安全。

（六）践行为民服务工作宗旨，为企业办实事解决困难

一是饲料生产企业办理自由销售许可证明，助力企业产品走向国际市场。按照《农业农村部办公厅关于办理饲料和饲料添加剂产品自由销售证明的通知》要求，为奥特奇生物制品有限公司拟出口产品办理自由销售证明申请，出具市级自由销售许可证明 4 个。

二是答疑解惑，科学指导企业依法依规生产经营。2022 年共接受企业及区级执法部门咨询 30 余次，解答委托生产、跨境电商销售、进口产品登记等 5 类问题 18 个。

【存在问题】

一是由于监管手段和质量控制措施缺乏，饲料经营企业监管工作难度较大，存在着安全监管风险；二是中小规模饲料生产企业实验室检测人员专业知识水平与检测能力还需进一步提高；三是天津市饲料企业发展存在不均衡现象。

【下一步工作思路】

一是加强饲料质量安全和生产安全检查。强化饲料生产企业原料管控、生产过程监管和产品质量管控。紧紧围绕管行业必须管安全，压实企业安全的主体责任，坚决杜绝安全生产事故。二是加强饲料质量安全监测。计划安排饲料质量监督抽检 600 个样品，包括饲料和饲料添加剂生产、经营门店质量安全监督抽检 300 批次，养殖环节料槽料（自配料）300 批次。

（天津市农业农村委员会畜牧兽医处）

河北省饲料工业

【发展概况】

2022年，河北省饲料总产量1 445万t，比2021年的1 376万t增长了5%；总产值543亿元，比2021年的551亿元下降了1.5%。其中宠物饲料38.3万t，总产值27.8亿元。猪饲料347.4万t，蛋禽饲料416.1万t，肉禽饲料438.8万t，水产饲料27.0万t，反刍动物饲料160.3万t，其他饲料17.5万t。

【主要工作】

1. 饲料生产企业和生产许可证双增长。截至2022年12月31日，河北省饲料和饲料添加剂生产企业共计1 133家，比2021年的1 106家增加27家，增长了2.4%；饲料生产许可证和饲料添加剂生产许可证共计1 430个，比2021年的1 380个增加50个，增长3.6%。其中，配合浓缩精料补充料证书636个（含88个宠物配合饲料），添加剂预混合饲料证书310个（含18个宠物添加剂预混合饲料），混合型饲料添加剂证书212个，单一饲料证书180个，饲料添加剂证书92个。

2. 抽检任务全面完成，饲料质量再创新高。2022年河北省饲料质量安全抽检计划450批，其中风险任务225批、监督任务225批。实际完成饲料监测464批，其中监督抽检225批，2批不合格，风险监测239批，5批不合格，饲料总体监测合格率98.5%。比计划的97%提高了1.5个百分点。2022年全省“瘦肉精”专项抽查任务2 200批次，实际完成2 266批次（含省级抽查的56批次），全部合格。

3. 饲料行业安全生产形势稳定向好。一是建立饲料行业安全生产长效机制。由省厅统一印发文件，推进行业安全生产管理制度化、规范化、经常化。二是健全安全生产责任体系。省级与市级、市级与县级、县级饲料管理部门与饲料企业之间，层层签订责任状，建立起纵向到底、横向到边的安全生产责任网，推动属地管理责任、部门监管责任和企业主体责任落地落实。三是持续开展风险隐患排查整治。先后组织开展饲料行业安全生产大检查、岁末年初安全生产重大隐患专项整治等活动，重点督促指导企业抓好“双控”机制建设、全员岗位责任制落实、生产安全日常检查与整改、安全生产培训和应急演练等。2022年，河北省饲料行业未发生安全生产等级事故。

【下一步工作思路】

2023年全面提升饲料质量水平，力争河北省饲料产品合格率达到97.5%，饲料产量1 500万t左右。

1. 提升饲料质量监管水平。一是加大监督抽检工作力度。饲料质量抽检450批次，其中225批次为监督抽检，225批次为风险抽检，力争饲料产品合格率达到97.5%，并探索开展饲料“飞行抽检”和“交叉抽检”工作。二是开展饲料专项整治工作。重点开展混合型饲料添加剂和添加剂预混料的整治，并配合执法部门加大查处力度。三是宠物饲料稳中求进、稳中增效。在保持总体产能不变的情况下，提质增效，淘汰落后产能，争创品牌，打造南和这一中国宠物食品之乡的品牌，要以邢台市为重点开展宠物饲料专项整治，使河北省宠物饲料逐步规范化、标准化、品牌化。四是做好农业农村部毛皮动物屠体饲料化实验工作。2023年是毛皮动物屠体饲料化实验的最后一年，督促秦皇岛市昌黎县，唐山市的乐亭县、滦南县及沧州市的肃宁县在前期工作的基础上，做好实验数据统计汇总等工作，并将实验结果及时上报农业农村部。五是做好饲料统计工作。2023年5月份开展饲料统计培训班，对如何统计、如何及时上报、上报中应该注意事项进行讲解，同时，做好统计数字的分析工作，为畜牧业健康稳定发展提供数据支撑。六是全面推广无抗饲料。严格执行国家对饲料无抗的有关规定，河北省所有饲料生产企业必须进入无抗时代，严禁在饲料生产中添加抗生素等违禁产品，特别是防止在自配料中添加抗生素等物质。七是为饲料企业做好服务工作。积极为企业做好技术支持，审核并办理饲料和饲料添加剂生产企业自由销售证明和委托生产证明；积极办理农业农村部和省“三农”热线转来的涉及饲料生产企业来电来函的业务咨询工作。

2. 强化“瘦肉精”监管工作。一是抓好联动机制的落实。落实和宣传好“瘦肉精”监管协调联动机制，召开“瘦肉精”协调联动工作会议，形成“瘦肉精”齐抓共管的良好局面。二是加强培训，落实监管责任，提高各级人员的监管水平，计划在牛、羊集中养殖区域和“瘦肉精”高发区开展培训工作。三是强化监测、督导工作力度。共安排省级风险抽检 2 200 批次，指导省兽药饲料工作总站保质保量完成 2023 年所有检测计划。对沧州、秦皇岛、唐山、廊坊、保定等“瘦肉精”高发地区或敏感地区开展“瘦肉精”督导检查、飞行抽检和“约谈机制”。四是充分发挥“瘦肉精”监管牵头作用。配合农业农村部做好“瘦肉精”监管的督导、飞行检查、抽检及其他工作。

（河北省农业农村厅）

山西省饲料工业

2022 年，山西省上下各级积极应对疫情及饲料原料价格上涨对饲料工业的冲击和影响，认真落实农业农村部决策部署，主动谋划促发展、提质扩面抓监管，持续加力保安全，饲料综合生产能力和质量安全水平不断增强，确保了山西省畜牧业健康发展和畜产品质量安全。

【发展概况】

山西省饲料工业总产值 179.3 亿元，比 2021 年增长 5.1%；总营业收入 162.7 亿元，增长 0.2%。其中，饲料产品产值 177.4 亿元，增长 4.8%，营业收入 160.5 亿元，下降 0.5%；饲料添加剂产品产值 1.9 亿元，营业收入 2.2 亿元，分别增长 55.9%、136.5%。山西省工业饲料总产量 504.3 万 t，比 2021 年增长 1.7%。其中，配合饲料产量 479.4 万 t，增长 1.9%；浓缩饲料产量 18.3 万 t，下降 2.8%；添加剂预混合饲料产量 6.5 万 t，下降 0.8%。山西省饲料添加剂产品总产量 8 130t，比 2021 年增长 15.3%。其中，单一饲料添加剂产量 3 852t，增长 121.4%；混合型饲料添加剂产量 4 278t，下降 19.4%。

【主要工作】

（一）积极应对疫情不利因素

应对疫情影响，迅速安排部署建立 13 个入晋畜牧物资转运区。积极同省公安厅、省交通运输厅、省卫生健康委会商，加强与山西省新冠疫情防控工作领导小组沟通协调，第一时间印发《关于在指定动物及动物产品入晋道口设立畜牧物资转运区的紧急通知》，依托 13 个省界指定动物及动物产品入晋道口，建立畜牧物资转运区，对山西省外进入山西省无法直接运送到目的地的饲料和原料运输车辆，在转运区与省内相关企业完成物资交接，确保省内省外畜牧物资有序流通。4 月份以来，共转运 250 车次各类畜牧物资，通过指定道口共调运饲料等物资 3 509.9t，有效维护了畜牧业正常生产秩序。第一时间组建了维护畜牧业生产经营正常秩序工作专班，开通热线电话，回应群众和社会关切的问题，帮助解决农业农村部及市县反馈问题 90 余件。

（二）切实加强行业发展指导

贯彻落实中共中央办公厅、国务院办公厅《粮食节约行动方案》精神，按照《山西省粮食节约行动实施方案》要求，指导饲料企业和养殖行业推进加工环节节粮减损，开展饲料粮减量替代。宣传《仔猪、生长育肥猪配合饲料》和《产蛋鸡和肉鸡配合饲料》国家标准，推广猪鸡低蛋白日粮技术。指导牛羊养殖场户优化饲料配方结构，降低精饲料用量，增加优质饲草供应。鼓励饲料企业抓住“替抗”发展契机，不断推出绿色、无抗等差异化的饲料产品，满足不同养殖企业对产品的多样化需求，加快推进质量服务差异化发展。积极引导整合饲料和养殖行业优势资源，开展委托加工合作，加强主营业务盈利能力，缩短供应链条。2022 年，共有 2 家企业办理了委托加工备案，提升闲置产能利用效率，降低企业销售成本。加强饲料统计调查培训，组织各级饲料相关部门和企业统计人员进行专题学习，利用工作群线上答疑解惑，提升调查统计水平。

（三）提质扩面强化质量安全抽检

全面落实兽药饲料质量安全管理规范，及时召开山西省饲料质量安全分析会，系统部署、跟进督办每个阶段质量安全抽检工作，制定落实《山西省饲料质量安全抽查检测工作规范》《2022 年全省饲料质量安全监督抽查工作方案》，进一步扩大质量安全监督抽查覆盖面，全链条加强质量安全监管，抽查主体随机覆盖到生产、经营和使用各个环节，抽查饲料生产企业 76 家，占已核发生产许可证数量 23%，超过国家要求的 3 个百分点，抽检饲料经营门店 50 家，养殖场（户）50家。2022年省级共抽检饲料样品260批次，合格样品258批次，合格率99.2%，同比上升3个百分点，重金属检测合格率为100%，违禁添加物检测合格率为100%，质量安全水平为历年来最高。

（四）上下联动开展现场检查

按照省市联动、分级负责的原则，建立省市两级上下互补、各有侧重、全面覆盖的“一盘棋”的饲料质量安全现场检查工作机制，从生产许可条件、安全生产、原料管理、生产线要求、生产过程控制、产品质量控制、产品销售等方面，克服疫情影响对全省300余家饲料和饲料添加剂生产企业进行了现场检查全覆盖，根据现场检查情况，对受检企业作出“高风险”“中风险”“低风险”或“未发现明确风险”的等级判定，截至目前省级共检查出饲料生产方面68个问题，及时将检查情况向全省通报，督促受检企业限期整改。同执法队开展联打联动，检查各类企业808次，出动执法人员3 256人次，办结案件27起，合计罚没12.4万元，有效遏制违法违规行为。

（五）持续深入抓好“瘦肉精”专项整治

在3月22日召开的山西省农资打假专项治理行动视频会议上，对山西省兽药饲料及专项检查作了全面部署。在3月12日山西省农产品质量安全监管工作会议上，厅畜牧局作了具体部署。印发工作方案，建立调度制度，有力有序推进。各级迅速行动，重拳出击，聚焦关键环节，全面开展了以查养殖、查收购贩运、查屠宰、严厉打击“瘦肉精”等非法添加物为主要内容的“三查一打”专项整治，省市县三级联动共举办有关“瘦肉精”质量安全培训班74期，培训人员2 853人次，累计发放宣传资料39 750份，出动人员4 722人次。累计排查肉牛肉羊养殖场（户）3 775场次，屠宰企业2 152厂次，未发现违法生产、销售、使用、添加“瘦肉精”的情况。2022年共对盐酸克伦特罗、莱克多巴胺和沙丁胺醇等“瘦肉精”项目现场检测样品125 193份，结果均为阴性。

（六）积极探索豆粕减量化替代工作

印发《山西省2022年豆粕减量替代行动实施方案》，通过推广减量集成技术、开展饲料资源调查、鼓励新产品开发应用、征集遴选典型案例、开展培训宣传调研等方面推动工作，实现山西省饲用豆粕用量降低1个百分点。组织省市县技术人员参加“第十届中国粗饲料大会”“2022年豆粕减量替代应用技术宣传推广”等多项培训，提升专业技术水平。通过行业协会发出倡议，利用微信公众号宣传政策，号召养殖企业参与实施豆粕减量替代行动。参加全国豆粕减量替代行动工作推进视频会，学习山东、广东等省份的先进工作经验。与山西省农业科学院相关专家进行对接，商讨在非常规饲料资源挖掘、本土饲料资源营养价值评定、配制技术调控等方面开展试验，推动山西省豆粕减量替代技术推广。

【存在问题及下一步思路】

目前，山西省豆粕减量化工作推动上还有困难。饲料抽检中也暴露出一些质量安全问题，安全隐患不容忽视。个别企业数据上报不及时等问题，特别是在增强统计服务意识，努力为企业生产和经营提供帮助，为行政决策提供支撑上还存在很大差距。下一步山西省将重点做好以下几项工作：

（一）拓展统计服务功能

对各级部门和企业统计人员进行专题培训，提升调查统计水平。对各级监管人员统计工作开展情况进行考核，对工作成绩突出的给予通报表扬，鼓励先进，鞭策落后，推动各级统计工作高质量开展。

（二）强化质量安全监管

落实添加剂预混合饲料和混合型饲料添加剂产品备案制度，开展“双随机、一公开”饲料生产企业现场监督检查和饲料质量安全监督抽检，规范动物养殖者饲料自行配制、储运和饲喂使用行为，强化饲料生产企业原料管控、生产过程管控和产品质量管控。

（三）深入开展专项整治

持续开展“瘦肉精”专项整治，严厉打击饲料、养殖、收购贩运、交易、屠宰等环节非法添加使用“瘦肉精”违法犯罪行为。建立违法生产企业重点监控制度，开展饲料生产、经营和使用环节质量安全监督抽检和执法检查，规范“检打联动”工作机制，保持高压严打态势。

（四）持续实施豆粕减量化

充分发挥龙头企业的引领示范作用，带动中小养殖场和养殖户转变观念，营造豆粕减量替代的良好氛围。开展饲用豆粕减量替代情况摸底调研，充分挖掘本地非常规饲料资源，不断拓宽优质蛋白原料应用。继续推广低蛋白日粮技术，针对替代原料的使用比例、降低抗营养因子等方面在部分饲料生产企业和养殖场户开展试点，探索建立适合山西省特点的多元化饲料配方结构。

（山西省农业农村厅畜牧兽医局）

内蒙古自治区饲料工业

【发展概况】

2022年3月，为认真落实农牧厅农牧业高质量发展，全面提升饲料行业管理水平，进一步加强饲料质量安全监管、严厉打击养殖环节违法使用“瘦肉精”等违禁添加物行为，有效保障了饲料和畜产品质量安全，内蒙古自治区农牧厅印发了《关于下达2022年饲料质量安全监管工作方案》（内农牧饲发〔2022〕162号）。

2022年，为更好地贯彻落实《饲料和饲料添加剂管理条例》及其配套规章，内蒙古自治区举办饲料质量安全监管线上和现场两次培训班。

【生产情况】

2022年内蒙古自治区饲料工业发展概况、组织机构、主要工作内容、存在问题及下一步工作思路。

（一）饲料生产

1. 饲料总产量。2022年内蒙古自治区饲料总产量为650.8万t，同比增长13.1%。其中，配合饲料产量562.7万t，同比增长14.5%；浓缩饲料产量73.8万t，同比增长1.8%；添加剂预混合饲料产量14.3万t，同比增长25.4%。分产品品种看：猪饲料产量243.9万t，同比增长24.6%；蛋禽饲料产量25.2万t，同比增长10%；肉禽饲料产量42.7万t，同比增长37.3%；反刍动物饲料产量337.3万t，同比增长4.3%。

2. 饲料添加剂产量。内蒙古自治区饲料添加剂产品总产量94.1万t，同比下降2.2%。其中，饲料添加剂氨基酸、氨基酸盐及其类似物产量82.4万t，同比下降1.6%。

3. 饲料工业总产值。内蒙古自治区饲料产品总产值227.2亿元，同比增长17.4%，营业收入219.6亿元，同比增长24.1%。饲料添加剂总产值77.1亿元，同比增长1.7%；营业收入70.8亿元，同比下降2.6%。

（二）饲料行政许可

加强生产许可管理。认真落实国务院《饲料和饲料添加剂管理条例》和农业农村部《饲料和饲料添加剂生产许可管理办法》等行政法规和其他规范性文件规定，进一步规范了内蒙古自治区饲料和饲料添加剂生产和管理。优化审批服务的同时，严格落实《饲料和饲料添加剂管理条例》和规范性文件，加强事中事后监管，健全审管衔接机制。饲料和饲料添加剂生产许可证申请及相关事项申报全部纳入自治区政务服务审批大厅，实现了申报、审批、发证环节申报主体与审批主体互不见面。并进一步完善生产许可专家现场审核工作程序、质量安全监督抽检工作方案，不断规范饲料添加剂生产、经营和使用行为。截至2022年底，内蒙古自治区饲料生产企业有410家。

（三）饲料质量安全管理规范示范企业创建

饲料企业标准化生产有力推进。以推动落实《饲料卫生标准》《饲料标签标准》和《饲料质量安全管理规范》3个强制性标准规范实施为牵引，以6家部级和15家自治区级示范企业为样板，全力推进饲料企业标准化生产。结合饲料质量安全监督检查、饲料生产安全大检查和安全月活动，对饲料生产企业全面进行现场监督检查，突出重点检查3个强制性标准规范实施标准化规范生产，对发现的问题及时进行纠正。

（四）饲料质量安全监管及“瘦肉精”专项整治

进一步加强饲料质量安全监督管理。2022年共开展饲料生产、经营、养殖环节巡查监督经营主体5 234次，出动检查执法人员10 367人，并对属地生产企业质量安全进行全覆盖监测，共抽检饲料和饲料添加剂产品2 812批次，养殖环节“瘦肉精”专项监测抽检18 868批次，11种β-兴奋剂类物质抽检200批次。全区饲料和饲料添加剂标签检查生产企业和经营门店4 000多家，对标示内容不规范、信息要素不全等企业（门店），各旗县（区）对其实行制度化踪迹化日常监管，三级饲料监管部门按照“212”巡查制度，对饲料生产、使用和经营环节进行全覆盖监督检查和抽检，按照属地管理的原则，对检查中发现的问题责令企业主体立行立改、限期整改，全部整改完成。

（五）机构建设和队伍素质稳步提升

全区举办饲料质量安全监管线上和线下两次培训班，组织全区各级饲料管理部门、监管执法机构以及相关管理部门 2 次近 200 多人系统培训、学习了饲料法律法规制度，培训了相关业务知识，为基层和企业印发了《饲料法律法规汇编》。

【存在问题】

1. 饲料添加剂等投入品监管难度大。一些中小养殖场（户）法律意识淡薄，不按法律规定记录养殖档案，防疫、用药指导落实不到位。

2. 饲料生产企业整体素质不高。饲料产品同质化问题突出，部分企业处于停产、半停产状态。中小型生产企业《饲料质量安全管理规范》实施较差，企业规范制度不完善，对原料价格波动市场抗风险能力不强。

3. 部分饲料经营门店饲料质量安全责任意识差，饲料和饲料添加剂经销相关法律法规观念淡薄，不履行许可证明文件查验、购销台账记录等法定义务，规范程度需进一步提高。

【下一步工作重点及措施】

下一步要落实年度目标任务，针对存在的问题，积极采取措施，重点加强以下几项工作。

（一）饲料产品质量稳步提高

做到获证生产企业监测抽检率达到 100%，生产、经营和使用环节普法、执法检查率达到 100%。力争养殖环节不发生违法添加案件。

（二）继续加强饲料质量安全监管

全力推进《饲料质量安全管理规范》有效落实。实行产品抽样与日常监管相结合，监督管理部门与质检机构协同行动，在抽样的同时对各环节进行监督检查。对于不执行规范的企业，约谈主要负责人，明确提出整改要求和时限，对于经督促仍不改正的，一律按照条例规定严肃处理。

（三）严厉打击养殖环节违禁物质添加等违法行为

按照年度监管工作方案，进一步强化上下、区域、部门联动机制，针对牛羊养殖重点地区加大突击监管抽检频率，继续对肉牛肉羊生猪养殖环节“瘦肉精”实施监测。加大随机检测排查力度，检打联动做好“瘦肉精”专项监测工作。严厉打击养殖环节违法使用“瘦肉精”等违禁添加物行为，对违法违规行为始终保持高压严打态势。

（四）进一步提升基层监管能力

不断加强《饲料和饲料添加剂管理条例》《饲料质量安全管理规范》《饲料和饲料添加剂生产许可管理办法》以及相关法律、法规和各项规章的培训，进一步提升基层饲料监管、执法队伍的管理和执法能力素质，特别是针对非法添加“瘦肉精”等案件，做到重拳出击、露头就打，进一步提升内蒙古饲料质量安全管理水平，确保饲料质量安全。

（内蒙古自治区农牧厅饲料饲草处）

辽宁省饲料工业

【发展概况】

辽宁省饲料生产形势向好，饲料生产企业产能保持较快增长，工业饲料总产量和饲料工业总产值稳居全国前列。饲料产业链建设成效显著，产业集中度增强，头部效应明显，形成了以区域资源特点和养殖业基础为优势的特色产业区，产业链不断向上下游延伸。全面推行饲用豆粕减量替代和饲料“禁抗”政策，饲料工业迈出高质量发展新步伐。

【生产情况】

2022年，辽宁省饲料工业总产值679.4亿元，同比增长0.6%；营业收入600.7亿元，同比下降0.4%。其中，饲料产品总产值659.6亿元，同比增长0.5%，营业收入580.7亿元，同比下降0.7%；饲料添加剂产品产值19.8亿元，同比增长3.7%，营业收入20.0亿元，同比增长9.2%。

2022年，辽宁省工业饲料总产量1 707.1万t，同比下降4.1%，按饲料类别分：配合饲料1 433.9万t，同比下降3.8%；浓缩饲料250.6万t，同比下降4.8%；添加剂预混合饲料21.3万t，同比下降18.4%；宠物饲料11 989t，同比增长58.7%。按动物品种分：猪饲料543.9万t，同比下降16.2%；蛋禽饲料186.6万t，同比下降5.2%；肉禽饲料717.0万t，同比增长1.9%；水产饲料40.1万t，同比增长9.6%；反刍动物饲料191.6万t，同比增长16.1%；其他饲料26.6万t，同比下降8.9%。

2022年，辽宁省饲料添加剂总产量29.5万t，同比下降17.7%。其中，直接制备饲料添加剂25.1万t，同比下降16.2%；生产混合型饲料添加剂4.4万t，同比下降24.1%；氨基酸、氨基酸盐及其类似物6.2万t，同比增长21.6%；维生素及类维生素产量为1.1万t，同比下降20.1%；矿物元素产量为16.0万t，同比下降4.0%；酶制剂343t，同比下降10.5%；微生物制剂1 708t，同比下降17.4%。

2022年，辽宁省饲料和饲料添加剂产品总出口量约9万t，总出口额约27亿元。其中饲料产品出口量1.4万t，出口额5 197.6万元；单一饲料出口量1.4万t，出口额7 562万元；饲料添加剂产品出口量6.19万t，出口额25.79亿元。出口产品以希杰（沈阳）生物科技有限公司生产的氨基酸为主，出口额达22.7亿元。

【主要工作】

（一）强化责任担当，保障饲料质量安全

印发《辽宁省2022年饲料质量安全监管工作方案》，组织开展年度饲料质量安全监督抽查、风险监测、风险巡查和现场检查、饲料标签专项检查等工作。重点关注混合型饲料添加剂产品、可饲用天然植物原料、植物提取物类饲料添加剂等，全面强化饲料生产和经营环节产品标签标示内容的监督管理，督促生产者和经营者严格落实饲料标签有关规定，依法依规标示相关内容，杜绝扰乱市场的不规范标示行为。全年全省共检查生产经营主体2 503家次，出动监管执法人员5 953人次；开展省级饲料质量安全监督抽检500批次，合格477批次，合格率95.4%；风险监测50批次，合格率100%。

（二）创新工作举措，助力饲料工业高质量发展

做精饲料加工产业链。按照《辽宁省饲料产业链建设实施方案（2021—2025）》要求，聚焦强链、延链、补链，部署重点工作任务，产业链建设成果显著。一是头部效应明显。2022年，辽宁省饲料年产量5万～10万t的企业45家，合计产量占总产量的19.5%；饲料年产量10万t以上的企业47家，合计产量占总产量的56.9%。二是产业集中度增强。不同品种饲料分布显示地区产业发展特点，猪饲料以沈阳为中心，以锦州、铁岭、鞍山为重点，形成环沈阳

猪饲料区域品牌优势。蛋禽饲料以鞍山地区为主，联合大连、沈阳，形成蛋禽饲料产业带。肉禽饲料形成以大连、鞍山为主的辽南肉鸡主产区为纵轴，沈阳、丹东、朝阳副产区为横轴的“十字形”发展模式。反刍动物饲料以沈阳为主，西至阜新、北至铁岭，形成草食动物饲料发展优势区。三是产业链条延伸。近年来，饲料企业在提供高品质产品和服务的同时，更注重在延伸产业链条上发力，一些中小型饲料企业通过资源整合或与养殖户建立区域联盟机制等方式，在技术服务、提高抗风险能力等方面提供全方位支持，不断增加产品黏性。大集团企业凭借技术研发、产品质量、品牌和市场优势，加速整合，向养殖端延伸，甚至向食品端转型，打造全产业链发展模式。

深入开展饲用豆粕减量替代。聚焦“提效减量、开源替代”，大力推广低蛋白日粮技术。印发《辽宁关于深入开展饲料中玉米豆粕减量替代行动的通知》，发布《辽宁省玉米、豆粕减量替代行动倡议书》，大力推广低蛋白日粮技术，积极宣传减量替代方案与案例，通过宣传推广，饲用豆粕减量替代已成为行业共识。饲料生产企业普遍采用精准配方和精细加工来实现豆粕减量替代，充分发掘非常规饲料原料资源代替豆粕，通过自有或行业通用数据库，应用原料净能和可消化氨基酸体系制定配方，合理补充合成氨基酸，实现饲料配方的精准营养，通过酶解、发酵、高温调制等处理工艺，以及对饲料加工设备的运行过程参数的优化调整等精细加工措施，提高饲料消化率，从而达到豆粕减量使用。2022 年，辽宁省工业饲料中豆粕占比 21.8%，同比减少 0.6 个百分点。

【下一步工作思路】

一是持续推进饲料产业链建设。鼓励企业加强科技创新，开展饲料减抗替抗技术等研究推广，鼓励饲料企业积极参与构建现代农业产业体系，向上下游领域延伸，推进全产业链、半产业链发展。二是持续开展饲用豆粕减量替代。制定辽宁省饲用豆粕减量替代三年行动方案，加强宣传，大力推广低蛋白日粮技术。三是加强饲料质量安全监管。突出饲料标签专项整治，加强宣传教育，督促生产者和经营者严格落实饲料标签有关规定。

（辽宁省农业农村厅兽药饲料处）

吉林省饲料工业

【发展概况】

2022年，吉林省共有注册饲料生产企业377家。饲料工业产品总产量576.8万t，其中，配合饲料产量495.2万t，浓缩饲料产量73.1万t，添加剂预混合料产量8.5万t。

【组织机构】

吉林省饲料工作办公室隶属于吉林省畜牧业管理局，与草原饲料处合署办公。在吉林省各市（州）、县（市区）政府畜牧业管理部门中都设立了饲料工商行政管理部门。在质量检验上，有3个具有资质的省级饲料质量检验机构，分别隶属于省畜牧业管理部门、省质量监督管理部门和省商检管理部门。吉林省有12个市级饲料质量检验机构，其中3个隶属于畜牧管理部门，9个隶属于质量监督管理部门。目前还没有设立饲料质量监督检验机构。

【主要工作】

一是开展“两个安全”专项检查。为保障吉林省饲料行业无重大质量安全和生产安全事故发生，分别于3月和8月下发了《关于深入开展饲料质量安全和生产安全专项检查的通知》（吉牧饲发〔2022〕42号）、《关于开展饲料生产企业“双随机、一公开”监督检查工作的通知》（吉牧饲发〔2021〕115号），市（州）、县市按照省级方案部署，有序开展了“两个安全”专项检查和联合执法检查，严厉打击饲料行业涉及生产安全和质量安全的各类违纪违法行为。2022年，吉林省“两随机、一公开”检查38家饲料生产企业，共发现问题182个，已责令当地饲料管理部门监督整改。

二是开展饲料质量安全监测工作。及时安排部署饲料质量安全抽样监测工作，5月11日下发了《2022年饲料质量安全监督抽查工作方案》（吉牧饲发〔2022〕82号），对2022年饲料质量安全监测工作进行了全面部署。共完成了抽样检测任务800批次，抽检合格率95%以上，确保了饲料产品质量安全。

三是开展饲料禁抗抽样检测工作。为提高企业落实饲料禁抗应对能力，2022年共组织实施200批次饲料禁抗安全监测（由省兽药饲料检验监测所组织实施），现已全部抽样检测完毕，合格率为100%。

四是按照《农业农村部办公厅关于印发〈2021年饲料质量安全监管工作方案〉的通知》（农办牧〔2022〕9号）的工作安排，吉林省饲料工作办公室积极配合部抽样组工作，共完成了100批次自配料抽样任务，切实把这项工作落到了实处。

五是深入推进饲料许可证审批“放管服”工作。按照省委、省政府关于行政审批“放管服”和“只跑一次”要求，吉林省畜牧业管理局优化明晰了饲料和饲料添加剂行政许可事项、格式要求，精简了申报材料内容，开展了网上备案工作。通过深化“放管服”改革，2022年共开展行政审批事项119件，办结率100%。

六是2022年10月、11月分别下发了吉林省畜牧业管理局《关于进一步加强饲料产品监管工作的通知》和《关于开展使用动物源性饲料饲喂反刍动物专项整治行动的通知》，2021年12月底，农业农村部畜牧兽医局反馈互联网天涯社区署名“吉林省大面积用肉鸡饲料饲喂育肥羊”的舆情，并责成组织立即现场督办，27日赴乾安县进行现场督导检查。

【下一步工作安排】

一是加大饲料行业安全监管，开展“两个安全”专项整治，开展“双随机、一公开”随机检查，开展饲料质量安全抽样监测。

二是深入推进“放管服”改革，严格行政审批，优化创新环境，强化政策支持，引导加快生物饲料、安全高效饲料添加剂新技术的研发应用，为饲料产品品质和利用效率双提升注入新动力。

三是对原有的饲料生产许可评审委员会人员做了进一步调整，调整后的审核委员会成员由省内农业大专院校及科研单位从事饲料或相关专业专家组成。进一步提高了饲料行业许可把关、指导与服务水平。

四是印发《2022 年饲料质量安全监督抽查工作方案》，明确了 2022 年监督抽查方式，规范了样品抽样行为，规定了盲样检测程序，强化了检打联动机制，部署了信息发布工作。按照方案要求，分别于 6 月和 10 月组成抽样工作组，分赴各地开展监督抽样工作，完成了全年 950 批次样品监测任务。按照检打联动机制，对不合格产品进行了处罚。

（吉林省饲料工作办公室）

黑龙江省饲料工业

【发展概况】

2022年，黑龙江省各级饲料管理部门通过培训宣贯、监督检查、精准管理等方式，着力打造优良营商环境，坚持管理与服务相结合、监督和发展相兼顾，严把生产安全、质量安全关，克服新冠疫情不利影响，扎实抓好饲料各项监管工作。2022年黑龙江省饲料总产量为542.8万t，同比增长5.2%，总产值265.7亿元。

（一）企业获证情况

截至2022年底，黑龙江省饲料生产企业有500家，获得有效生产许可669个。所获生产许可证中饲料添加剂生产许可证28个，混合型饲料添加剂生产许可证134个，添加剂预混合饲料生产许可证121个，单一饲料生产许可证96个，配合饲料、浓缩饲料、精料补充料生产许可证290个。

（二）饲料生产情况

按产品类别分类，2022年共生产配合饲料416.1万t、浓缩饲料117.8万t、添加剂预混合饲料8.8万t，同比分别增长10.0%、－9.1%、6.8%；饲料添加剂产品总产量107.6万t，同比增长4.5%；单一饲料446.4万t，同比增长8.7%。

按产品品种分类，2022年共生产猪饲料312.6万t、反刍动物饲料116.2万t、肉禽饲料70.5万t，同比分别增长4.7%、5.6%、13%；水产饲料8.2万t、蛋禽饲料22.6万t，同比分别下降2.7%、8.4%。

【组织机构】

黑龙江省农业农村厅畜牧处负责起草畜牧业、饲料业发展政策建议和规划，监督管理饲料及其饲料添加剂质量安全。

【主要工作】

（一）持续开展饲料产品质量安全监管

2022年，黑龙江省继续强化饲料质量安全监管，制定并下发了《2022年黑龙江省饲料质量安全监管工作方案》《2022年黑龙江省饲料产品质量安全监督监测计划》，严厉打击饲料环节非法添加药物和违禁物质等违法行为。共检测各类饲料样品900批，其中，商品饲料、饲料添加剂、饲料原料800批，自配料100批。经检测，违禁药物均未检出，卫生指标均合格，总体合格率97.4%，自配料合格率100%。

（二）深入开展畜牧领域安全生产监管

严格按照黑龙江省农业农村厅安委会关于安全生产工作的各项要求，研究制定畜牧饲料业安全防范措施，对安全生产工作全面科学安排部署，印发《关于做好2022年畜牧业安全生产工作的通知》，对重要节假日、重要会议等时间节点、疫情期间和复工复产等时段安全工作及疫情防控工作提出了明确的指导意见。规范饲料行业安全生产内部管理，持续提升养殖场户和饲料生产企业安全生产意识，压实属地管理责任，安全生产管理工作更加规范。

（三）组织开展饲料统计监测和行业指导服务

按照农业农村部要求，认真落实《饲料统计报表制度》，及时督促企业按期完成饲料统计报表填报工作，认真完成月报、季报、年报省级审核，及时对企业报表进行整理分析，对饲料市场和行业形势进行研判，及时有效指导行业和企业发展，进一步健全完善行业预警机制，切实提高饲料管理部门指导行业发展的前瞻性和科学性。

【存在问题及下一步工作思路】

个别地市、县市畜牧人员较少，饲料管理人员不明确，部分还是兼职，专业人才缺乏。下一步工作思路如下：

一是强化饲料质量安全监管和安全生产检查。继续推进饲料质量安全监督抽检，推进《饲料质量安全管理规范》全面落实。组织开展部、省饲料产品质量安全监督抽检和安全生产监督抽查，严厉打击饲料环节非法添加药物和违禁物质等违法行为。强化饲料质量安全风险预警监测，开展养殖环节“瘦肉精”专项监测。

二是组织开展饲料质量安全监管培训。组织召开饲料质量安全监管培训班，通过专家讲解、书面交流等形式对各级饲料管理部门人员和企业主要管理人员开展相关法律法规、监管执法等方面的培训。

（黑龙江省农业农村厅畜牧处）

上海市饲料工业

2022年，上海市各级农业农村部门及上海市饲料行业积极应对新冠疫情等不利因素的影响，同心协力、排难前行，紧紧围绕稳生产、保供给，不断加强服务保障，严格实施饲料质量安全管理规范，确保了全市饲料质量安全和行业健康有序发展。

【发展概况】

截至2022年底，上海市配合饲料、浓缩饲料、精料补充料生产企业和单一饲料生产企业饲料生产许可证生产企业39家（包括专业宠物饲料生产企业8家、单一饲料生产企业4家），饲料添加剂生产企业4家，混合型饲料添加剂生产企业18家，添加剂预混合饲料生产企业41家。

根据中国饲料工业统计信息系统数据计算，2022年度上海市饲料工业总产值89.8亿元，同比下降7.3%。工业饲料产品产值68.3亿元，下降5.9%，其中饲料添加剂产品产值21.5亿元，下降11.4%。上海市饲料总产量102.9万t，同比下降11.1%，其中配合饲料81.7万t，下降10.8%；浓缩饲料2.0万t，下降18.8%；添加剂预混合饲料8.1万t，下降19.5%；饲料添加剂和混合型饲料添加剂加工产品总产量6.4万t，下降21.5%。

2022年上海市宠物饲料产值28.1亿元，增长0.2%；年产量11.2万t，同比下降5.3%，占全国宠物饲料年产量（123.7万t）的9.1%。分类别看，宠物配合饲料产量11万t，同比下降4.7%；宠物添加剂预混合饲料产量677t，同比下降47.1%；其他宠物饲料产量368t，同比增长36.3%。

【组织机构】

上海市农业农村委员会畜牧兽医管理处负责上海市饲料业行业管理，饲料及饲料添加剂行政许可的审批管理以及饲料生产、经营及使用的监督管理。上海市农业农村委员会执法总队负责全市饲料和饲料添加剂等方面的生产、经营、使用环节的监督执法。上海市兽药饲料检测所负责饲料及饲料添加剂的质量检验、安全检测、技术仲裁和鉴定。

【主要工作】

（一）统筹谋划精心部署，抓实抓细监督抽检工作

1. 扎实开展饲料和生鲜乳监督抽检工作。下发《关于印发2022年上海市生鲜乳质量安全监测计划的通知》，完成生鲜乳专项监测、《生乳》国标指标监测共200批，合格率均为100%，同时完成生鲜乳风险预警监测100批次样品。部署落实了《2022年上海市饲料质量安全监督抽查计划》，2022年共计抽检饲料样品204批，任务完成率为102%。

遵循“底数清晰、目标明确”总体思路，按照“双随机、一公开”原则，上海市农业农村委员会从全市饲料和饲料添加剂生产企业、饲料经营门店及养殖场（户）中随机抽取样品。抽检项目包括质量、卫生、药物及非法添加物等4个方面指标，其中经营企业16批、养殖企业9批、生产企业179批；共检测1 672个项目批次，其中药物807项目批次、重金属330项目批次、营养指标372项目批次、毒素10项目批次、微生物153项目批次，所有样品检测结果均符合规定，合格率为100.0%。保证监督抽查和检验检测程序合法合规，及时向受检单位发送检测报告。

2. 认真抓好瘦肉精及其替代品监测工作。下发《关于实施2022年上海市地产生猪、肉羊出栏前“瘦肉精”及其替代品监测计划的通知》，市级完成地产生猪出栏前监测尿样2 152份，涉及275场次，监测盐酸克伦特罗、沙丁胺醇、莱克多巴胺及赛庚啶等项目共7 047批，完成率117.5%，均未检出阳性样品；区级另外完成地产生猪出栏前监测尿样820份，涉及71场次，监测盐酸克伦特罗、沙丁胺醇、莱克多巴胺及赛庚啶等项目共2 625批，均未检出阳性样品。

完成肉羊出栏前监测羊毛样品 405 份，监测项目 1 398 批次，完成率 116.5%。

地产生猪飞行监测任务完成率 255.0%，对 172 家养殖场的 1 530 份尿样，监测克伦特罗、沙丁胺醇、莱克多巴胺 4 590 批次，所有样品经现场检测均为阴性。地产肉羊飞行监测任务完成率 242.5%，对 121 家养殖场的 485 份尿样，监测克伦特罗、沙丁胺醇、莱克多巴胺 1 455 批次，所有样品经现场检测均为阴性。

（二）发挥执法管理联动，加强饲料行业监管

1. 强化监督执法力度。在饲料行业监管方面，上海市农业农村委员会“重源头、强监管”，坚持有案必查、违法必究，为畜产品质量安全和行业发展保驾护航。对监管中发现问题的企业，采取约谈、限期整改、行政处罚等措施，督促企业落实质量安全主体责任。

（1）生产企业现场检查。上海市饲料和饲料添加剂生产企业产品类别涵盖配合饲料、浓缩饲料、精料补充料、单一饲料、添加剂预混合饲料、混合型饲料添加剂、饲料添加剂。执法人员对所有持证的饲料和饲料添加剂企业从生产许可条件、安全生产、原料管理、生产线要求、生产过程控制、产品质量控制、产品销售等方面进行现场检查，全面提升饲料生产企业保障饲料质量安全的能力。本项检查出动执法人员 183 人次，检查企业 68 家次，检查率达 100%。

（2）饲料标签专项检查。为加强上海市饲料生产企业标签管理，严格落实饲料标签有关规定，规范饲料生产经营秩序，保障饲料产品质量安全，组织实施了上海市饲料标签专项检查。专项检查分三阶段展开：第一阶段为宣贯告知阶段，第二阶段为自查自纠阶段，第三阶段为现场检查阶段。本次专项行动共出动执法人员 201 人次、67 车次，对 71 家饲料生产企业、6 家饲料经营企业，共 272 份标签进行专项检查，生产企业检查覆盖率达 100%。

2. 加强饲料行业管理。一是组织开展对上海市饲料生产、经营单位的告知承诺工作，共对 68 家饲料生产企业开展了全覆盖的告知承诺工作，明确和落实质量安全主体责任；二是根据《农业农村部畜牧兽医局关于开展安全生产大检查工作的通知》要求，认真做好饲料生产企业安全检查工作；三是组织相关部门参加农业农村部召开的豆粕减量替代行动工作推进视频会，根据会议精神，要求有关部门聚焦“提效减量、开源替代”，扎实推进豆粕减量替代行动；四是完成饲料和饲料添加剂许可事项有关数据平台使用情况调查。

3. 妥善处理“热点”问题。一是针对《潇湘晨报》报道的“这款猫粮疑似致死百余只猫，涉事企业：通知下架，安排退款”问题，根据上海市农业农村委执法总队、市兽药饲料检测所和青浦区农业农村委执法大队调查结果，形成《关于上海信元宠物食品有限公司生产销售疑似问题猫粮事件调查进展情况报告》2 份，及时报送农业农村部畜牧兽医局，做好统筹协同工作；二是针对社会关注热点“疫情期间宠物饲料供应链”问题做了相关工作调研，形成《当前新冠疫情影响下上海宠物饲料企业生产情况及面临的问题调研》报告，针对存在的问题，做好统筹协同工作。

4. 缓解企业饲料短缺问题。疫情封控期间，饲料短缺成了畜牧企业最大的难题。上海市在紧急调查饲料缺口的基础上，一是积极为企业申办通行证，方便企业自行采购；二是多方协调供沪饲料渠道，协调上海源耀生物等企业克服困难采购分发豆粕 1 000 余 t，解了 10 余家企业的燃眉之急；三是推进上海东辰粮油有限公司复工复产，提升地产豆粕供应能力。

根据农业农村部办公厅印发的《关于统筹做好新冠肺炎疫情防控和维护畜牧业正常产销秩序的紧急通知》《农业农村部畜牧兽医局关于妥善处置群众反映畜牧业产销秩序有关问题的通知》工作要求，积极受理并及时妥善协调解决市民反映的宠物饲料保供问题。

【下一步工作思路】

2023 年，上海市将按照农业农村部的统一部署，紧抓饲料质量和生产安全，努力做好行业管理和服务工作，积极促进上海市饲料行业高质量发展，助力上海都市现代绿色农业建设和乡村振兴战略实施。

（一）进一步着力推进产业转型升级

引导饲料生产企业积极应对国际贸易形势及市场波动，调整产业结构和产业链布局，进一步提升规模化、集约化水平。支持饲料生产企业积极参与“互联网+”行动，促进资源节约、效率提升、服务转型，着力构建现代农业产业体系。根据《上海市兽用抗菌药使用减量化行动工作方案（2021—2025 年）》要求，鼓励企业科技创新，调整优化饲料配方和原料结构，大力推广优质绿色饲料产品的研究开发。

根据农业农村部印发的《饲用豆粕减量替代三年行动方案》工作要求，结合上海市实际，细化目标任务，研究制定《上海市饲用豆粕减量替代三年行动方案》。

（二）进一步深入落实“放管服”改革要求

贯彻落实“放管服”改革和全国稳住经济大盘电视电话会议精神，进一步惠企便民、优化环境、激发活力，打造饲料行业高质量发展的营商环境。坚持放管结合、放管并重，加强监督管理，规范行业秩序，

推动饲料行业持续健康发展。继续完善《饲料质量安全管理规范》并轨许可审核工作，加强对部级市级示范企业监督和回访制度；优化“一网通办”网络办件流程和事中事后监管等各项审批制度改革措施；落实“审管分离”政策。

（三）进一步积极推进餐桌剩余食物饲料化定向使用试点

聚焦提效节粮、开源替代，强化“树立大食物观”，在需求端压减豆粕用量，在供给端增加替代资源供应，推进饲料粮减量替代。餐桌剩余食物饲料化定向使用作为豆粕减量替代技术模式之一，已在上海等10个城市开展试点工作。就做好上海市餐桌剩余食物饲料化定向使用试点工作继续进行调研、研讨，对有意向申报的企业做好政策宣传、技术对接等工作，逐步推动破解难题。

（四）进一步强化行业监督管理工作

继续加强基础性监督检查，结合全覆盖日常检查和“双告知”“双随机”抽查，不断深入《条例》《规范》等相关法规的宣贯和执行。继续加强专项检查，针对药物饲料添加剂退出等重点工作开展专项督查。完善饲料执法程序，依法从重处罚饲料违法行为，切实做到“检打联动”，维护行业秩序，提升上海市饲料质量安全水平。

（五）进一步加强养殖环节自配饲料管理

加强畜禽养殖环节自配料监管，严禁添加激素类、原料药、人用药、过期药、假劣兽药产品以及禁止超范围、超剂量使用抗菌药，规范畜禽养殖用药用料行为，保证动物产品安全。在监督检查中，如发现畜禽养殖环节自配饲料存在的内控管理不规范或禁用物质违规滥用等安全隐患，应及时责令其限期整改，对违法行为依法查处。

（上海市农业农村委员会畜牧兽医管理处）

江苏省饲料工业

【发展概况】

2022年国际形势错综复杂，国内疫情持续延宕，大宗饲料原料和添加剂价格普遍上涨，饲料工业发展受冲击和影响较大。江苏饲料工业充分发挥基础牢、结构优、韧性强的特点和优势，克服多重不利因素影响，继续保持良好发展态势。为保障畜牧业高质量发展、畜产品稳定供给奠定了坚实基础。

（一）饲料生产稳中有增

2022年江苏省饲料工业总产值741亿元，同比增长1.9%，其中商品饲料、饲料添加剂产值分别为626.5亿元、52.9亿元，同比分别增长10.3%、4.8%，饲料机械产值61.7亿元，同比下降43.1%。

江苏省商品饲料总产量1 486万t，同比增长1.2%，其中配合饲料产量1 410万t，同比增长1.7%；浓缩饲料和添加剂预混合饲料产量分别为30.4万t和40.4万t，同比分别下降15.9%和4.15%。随着散养户大量退出、规模养殖比重提高，产品结构上配合饲料占比达到94.9%，浓缩饲料、添加剂预混合饲料占比分别为2.0%、2.7%，配合饲料主导地位更加凸显，进一步适应规模养殖快速发展。

（二）畜禽饲料不同程度下降

2022年畜禽产品价格处于下行区间，畜禽养殖量较2021年有所减少，生猪、蛋禽、肉禽、反刍动物饲料产量不同程度下降。猪饲料产量391.5万t，同比增长下降4.5%，其中仔猪饲料、母猪饲料产量分别为80.5万t、72.3万t，同比分别下降4.0%、21.7%；育肥猪饲料产量221.5万t，同比增长4.8%。蛋禽饲料产量202.9万t，同比下降3.9%，其中蛋鸡、蛋鸭饲料产量分别为137.2万t、52.5万t，同比分别下降0.2%、12.9%；蛋鹅饲料产量3.25万t，同比增长9.7%。全年肉禽饲料产量417.7万t，同比下降1.8%，其中肉鸡、肉鹅饲料产量分别为259.2万t、19.2万t，同比分别增长1.6%、4.8%；肉鸭饲料产量137.4万t，同比下降9.0%。反刍动物饲料48.9万t，同比下降0.8%。

（三）水产饲料大幅增长

2022年水产养殖增长速度较快，带动水产饲料快速增长。全年水产饲料产量411.4万t，同比增长14.0%，其中淡水饲料、海水饲料产量分别为376.8万t、22.6万t，同比分别增长9.8%、27.0%。

（四）饲料添加剂恢复性增长

2022年江苏省饲料添加剂总产量57.2万t，同比增长3.1%，其中增长幅度较大的是维生素、微生物、氨基酸类饲料添加剂，同比分别增长40.6%、24.3%、17.1%。

【组织机构】

江苏省农业农村厅为江苏省饲料管理部门。厅内畜牧业处负责起草饲料业发展政策和规划，监督管理饲料及饲料添加剂质量安全；行政审批处负责饲料及饲料添加剂有关行政审批事务；农业综合行政执法监督局承担饲料行政执法监督职能。

【主要工作】

（一）规范行政许可审批

组织江苏省各地严格按照工作程序开展饲料和饲料添加剂生产许可证的许可审批，2022年共计办理生产许可证设立、续展、变更等事项291项次，全年核发饲料添加剂产品批准文号115个；开具自由销售证明38份。截至年底江苏省饲料和饲料添加剂生产企业811家，有效饲料和饲料添加剂生产许可证996个。

（二）强化事中事后监管

印发饲料质量安全监管工作方案，督促各地加强饲料质量安全监管。省级组织8个“双随机、一公开”检查组分两次对江苏省 13 市 78 家饲料企业开展现场监督检查、抽查产品监督抽查 107 批次。组织开展饲料质量安全风险预警监测，以蛋鸡、乌鸡和肉牛肉羊为重点，采集 122 批次养殖场户自配料或料槽料，开展禁用物质、限用药物、未知添加物等风险物质检测筛查，分析评估产品质量安全风险。

（三）加大专项检查力度

截至 11 月底，对 509 个养殖场（户）开展自配料专项检查，发放《自配料管理规定》宣传挂图 4 000 余份；对 165 个混合型饲料添加剂生产企业进行全覆盖专项检查，发放告知书明确管理要求；对 400 余家饲料企业开展标签专项检查，检查实体标签和备案标签 1 500 余份；对 140 余家饲料企业开展常用饲料和饲料添加剂专项检查，全面规范企业生产经营行为。

（四）加强养殖环节“瘦肉精”监管

组织各地对辖区内肉牛肉羊养殖场（户）进行摸底排查，建立“瘦肉精”监管对象清单。组织发放《非法添加“瘦肉精”后果严重》宣传挂图、《肉牛肉羊防止误用“瘦肉精”等禁用物质技术性指导意见》等技术资料，指导养殖场（户）提高畜产品质量安全意识，杜绝添加使用“瘦肉精”等非法添加物。按要求严格做好产地出栏“瘦肉精”监测 28 992 批次，组织对重点地区组织开展省级“瘦肉精”飞行检查，检查肉牛肉羊养殖场 41 家。

（五）大力推动饲料玉米豆粕减量替代行动

组织各地对蛋白饲料资源开展调查，建立江苏省蛋白类饲料原料生产供应企业名录；组织编制江苏省生猪、肉鸡、蛋鸡、肉鸭饲料玉米豆粕减量替代技术指导方案，征集了部分企业的减量替代应用案例；组织开展饲料玉米豆粕减量替代技术指导方案解读与培训，推广应用低蛋白日粮、饲料精准配方等减量关键技术。

（六）强化安全生产监管

组织开展江苏省畜牧兽医行业安全生产大检查，进一步压紧压实企业主体责任，全面排查整治安全风险隐患，防范化解重大安全风险，坚决防范遏制各类事故发生。加强安全生产宣传培训，在扬州、镇江、泰州等地开展饲料行业安全生产宣讲与培训，深入学习贯彻习近平总书记关于安全生产的重要论述，全面分析饲料行业重大安全生产隐患和管理工作要点，指导各地开展饲料行业安全生产管理。组织开展全省饲料行业安全生产知识竞答活动，江苏省饲料企业和管理部门人员近 4 000 人次踊跃参与答题，进一步树牢饲料行业人员安全发展理念。严格执行行业准入门槛，依法依规淘汰工艺低端落后、安全风险隐患突出的企业。组织开展饲料行业数字化智能化发展专题培训，推动企业实施自动化、信息化、智能化等技术改造和工艺提升，加快“机械化换人，自动化减人”，提升饲料行业本体安全水平。

（江苏省农业农村厅畜牧业处）

浙江省饲料工业

【发展概况】

2022年，浙江省饲料行业深入学习贯彻党的二十大精神，围绕加快建设农业强国的总体要求，以“两化”（兽用抗菌药减量化和饲料环保化）扩面推进和数字化改革为牵引，持续推进饲料行业高质量发展。农业农村部高度肯定浙江省在全国率先开展的“两化”行动，分别于1月21日、10月8日2次以畜牧兽医工作动态的形式向全国各省介绍浙江省“两化”工作的好做法、好经验。《农民日报》11月14日以《浙江：“两化”试点带来畜牧业“绿”意盎然》为题专门报道浙江省“两化”工作取得的成效。浙江省《农村信息报》、浙农号微信公众号也专门发文介绍浙江省嘉兴市的好做法，取得成效。

2022年，浙江省饲料和饲料添加剂总产量549.4万t，比2021年增长7.01%。其中，饲料产品产量（配合饲料、浓缩饲料、预混料、宠物饲料）532.5万t，同比增长7.6%；饲料添加剂产量16.9万t，同比减少8.7%。

2022年，浙江省饲料和饲料添加剂总产值352.3亿元，同比增长2.69%。其中，饲料产品产值（配合饲料、浓缩饲料、预混料、宠物饲料）244.9亿元，同比增长13.63%；饲料添加剂产值107.4亿元，同比减少15.78%。

【行政许可】

浙江省现有饲料和饲料添加剂生产企业330家。现有饲料和饲料添加剂生产许可证404本。其中，单一饲料生产许可证60本，配合饲料、浓缩饲料、精料补充料生产许可证169本，添加剂预混合饲料生产许可证53本，饲料添加剂生产许可证68本，混合型饲料添加剂54本。

【主要工作】

（一）坚持“两化”行动，持续推动行业绿色发展

一是完成首轮试点。印发《浙江省农业农村厅关于公布2021年度通过兽用抗菌药减量化和饲料环保化评估试点场名单的通知》，公布浙江省第一批完成评估的试点场1 004家，在此基础上，继续全力推动试点行动开展，截至目前，浙江省共有完成评估的试点场1 267家（减量化场996家、环保化场271家），超额完成任务。二是开展中期评估。通过实地调研、数据分析、座谈研讨等方式，形成了“两化”中期评估报告。试点行动实现了“两个明显下降”：养殖用药量明显下降，降幅在12%～46%，平均下降幅度30%以上；饲料中粗蛋白和铜锌含量显著下降，降幅分别为10%、60.9%和75.6%。三是启动扩面行动。印发《浙江省深化兽用抗菌药减量化和饲料环保化行动实施方案（2022—2025年）》《浙江省畜牧农机发展中心关于引导饲料生产企业深度参与“两化”行动的通知》，全面启动新一轮“两化”扩面提升行动。

（二）坚持数字引领，持续提高行业“智治”水平

一是筹划建设“两化”管理模块。在数字畜牧应用系统增设“两化”管理模块，规范上传用药用料信息，初步实现投入品质量可溯可控，截至目前，已经有709家“两化”行动养殖场上传饲料兽药购买使用信息175 105条。谋划推动“两化”主体建档、监测预警、问题整改、综合评估等全功能线上管理，实现指标智能感知、红黄码实时产生、系统自动提醒、部门精准处置的管理闭环。二是创新打造饲料产业大脑驾驶舱。充分利用数字技术，探索饲料产业全口径发展模式，贯通饲料生产、经营、使用等环节，力求实现主体全上线、地图全覆盖、业务全闭环、服务全集

成。梳理多跨协同应用场景，重点开发行业准入、饲料环保化管理、风险预警、行业统计与服务等子场景，实时动态呈现全省饲料行业生产、行政许可、饲料环保化试点进展及风险预警，展示大宗饲料原料市场行情、优质饲料产品等最新动态数据模块。三是持续抓好行业统计分析管理。积极发挥饲料工业统计作用，强化基础数据填报，每月进行数据审核，每季度组织数据分析，对填报不合理的数据，及时核实修正，组织完成全省 330 家饲料生产企业阶段性生产报表，为饲料行业健康发展提供真实数据支撑。

（三）坚持服务为主，持续擦亮“零跑次”金名片

一是“全省通办”。按照《浙江省农业农村厅关于推行行政审批事项“全省通办”的通知》，进一步规范饲料和饲料添加剂行政许可审批事项，规范办事流程，缩短办事时间，提升办事效率。二是“人员优化”。完善饲料行业许可业务现场检查员制度，根据人员变动情况，及时更新优化专家库，明确检查员资格，规范业务审查范围。三是“组团服务”。主动对接、靠前服务，不定期会同有关单位开展集中会商，研究新情况，解决新问题，持续提升生产许可办事服务质量和水平。

（四）坚持责任落地，持续保障饲料质量“安全”

一是开展饲料监督抽检。2022 年共抽检饲料和饲料添加剂产品 650 批次，不合格 28 批次，合格率 95.7%。其中，饲料添加剂、饲料原料和精料补充料合格率均为 100%，配合饲料合格率 97.3%，浓缩饲料合格率 92.9%，添加剂预混合饲料合格率 85.9%，混合型饲料添加剂合格率 84.0%。针对抽检不合格的 28 批次产品，各地执法部门及时调查处理，其中 12 批次产品均已查处结束，共没收违法所得 66 526.9元，罚款 101 200 元。二是部署开展专项核查。根据农业农村部工作部署，浙江省农业农村厅及时下发《关于开展 2022 年饲料生产企业现场核查和饲料标签专项核查的通知》。浙江省所有饲料和饲料添加剂生产企业均对照核查表要求进行自查和整改，按期提交自查自纠报告。浙江省市级共出动 564 人次进行重点核查，核查生产企业 142 家，经营企业 117 家，判定高风险企业 1 家，中风险企业 3 家。省级部门于 7 月专门制定监督抽查方案，分 3 组赴 7 个重点市对 22 家生产和经营企业进行现场抽查，判定中风险企业 2 家。所有问题企业均已按照整改要求完成整改。两项核查行动期间均未发现违法情况。

【存在问题】

一是部分企业主体责任落实不够。部分饲料生产企业和养殖主体生产经营记录不规范、不健全，自我管理能力不足，落实主体责任存在短板、弱项。二是基层饲料监管执法力量不强。有些县（市、区）机构职能改革后职能分工不清晰，管理部门人员欠缺，人员变动较快，技术力量不足，缺乏有效监管手段，各相关部门配合协调不密切。

【下一步工作思路】

认真贯彻落实饲料法律法规，围绕农业农村部、省委省政府和省农业农村厅相关工作部署要求，以豆粕减量替代、“两化”建设、行业数字化改革为抓手，加强饲料行业行政许可服务，强化饲料生产全过程监管，全力保障产品质量安全，有力推动促进饲料行业转型升级。

（一）进一步实施豆粕减量替代行动

以调结构、减豆粕、提存量、抓增量为目标，聚焦“结构调整、开源替代、提效减量”，通过实施饲用豆粕减量替代行动，统筹种养结构调整，摸清浙江省饲用蛋白资源底数，构建适合浙江省实际和资源特点的饲料配方结构和精准饲喂技术，推广应用豆粕减量替代成熟技术，多措并举寻求豆粕减量替代解决方案。

（二）进一步推动“两化”扩面提升

按照“巩固、提升、扩面”要求，全面推进“两化”新一轮行动。组织做好部级“兽用抗菌药减量化达标场”授牌场和饲料环保化示范场评估，指导督促各设区市按要求落实工作举措，2023 年底前省内至少 40%的规模养殖场完成“两化”建设任务。研究建立完善“两化”长效管理机制，探索推进“两化”品牌价值转化。

（三）进一步推进饲料行业数字化改革

围绕实战实用的目标，抓住数据采集、成果集成等关键环节，构建饲料行业准入、“两化”管理、风险预警、行业统计与服务等覆盖饲料生产、经营、使用全链条的场景应用，逐步实现省、市、县、企业主体贯通，数据高效利用。

（四）进一步深化“最多跑一次”改革

按照“全省通办”要求，进一步规范饲料和饲料添加剂行政许可审批事项，规范办事流程，缩短办事时间，提升办事效率；主动对接、靠前服务，持续提升生产许可办事服务质量和水平。

（五）进一步强化饲料行业监督管理

加强能力培训，提高管理人员监管水平；加强法规宣传，提升企业主体规范意识；强化监管抽检，倒逼企业主体责任意识；落实属地管理，强化管理部门责任意识；及时督促整改，确保监管有效整改到位。做到政策法规宣传到位、问题跟踪解决到位、监督指导落实到位，形成各级饲料管理部门各司其职、各负其责的良好局面。

（浙江省畜牧农机发展中心饲料兽药处）

安徽省饲料工业

【发展概况】

2022年，在饲料原料价格屡屡攀升、养殖端结构调整、畜禽产品行情波动等多重压力的大背景下，安徽省饲料生产企业努力克服多种困难，有效挖掘地产原料资源，积极开发反刍动物、宠物等特色饲料品种，及时调整配方结构，大力推进豆粕减量替代等一系列有效措施，在确保畜禽生产供给的同时，产品结构不断调整，企业规模化程度持续提高，实现饲料产值、产量双增长。2022年，安徽省饲料总产量达到1 191.5万t，继续稳居千万吨饲料省份行列，是全国增幅超过10%的5个省份之一。

根据中国饲料工业统计信息系统显示，截至2022年12月底，安徽省饲料企业共有428家，比2021年多33家。其中具备配合料、浓缩料、预混料生产条件的企业267家，比2021年多13家，饲料添加剂、单一饲料生产企业分别为114家和87家。

1. 饲料产量保持快速增长。安徽省配合饲料1 140.0万t，同比增长13.1%；浓缩饲料20.6万t，同比下降6.1%；添加剂预混合饲料21.8万t，同比增长9.6%。配合料占比略有上升，浓缩料和预混料占比略有下降。由于生猪生产恢复形势较好，猪饲料480.0万t，同比增长19.9%；蛋禽饲料135.2万t，同比增长2.0%；肉禽饲料493.4万t，同比增长7.2%；水产饲料49.6万t，同比增长35.7%；反刍动物饲料23.5万t，同比增长26.8%；宠物饲料9.2万t，同比下降3.6%。

2. 饲料产值提高幅度较大。安徽省饲料产品总产值为437.0亿元，同比增长12.7%；营业收入346.0亿元，同比增长10.0%。饲料添加剂总产值20.0亿元，同比增长0.4%；营业收入17.1亿元，同比下降12.5%。单一饲料总产值111.0亿元，同比增长161.8%；营业收入54.6亿元，同比增长44.02%。

3. 饲料添加剂和单一饲料生产特点鲜明。安徽省饲料添加剂产量9.0万t，同比下降24.9%。其中，饲料添加剂7.3万t，同比下降33.6%；混合型饲料添加剂1.7万t，同比增长71.1%。氨基酸、维生素和矿物元素产量分别为1.9万t、1.7万t、1.8万t，同比分别增长−69.2%、21.7%、25.8%。酶制剂、微生物制剂、防腐剂产量分别为0.05万t、0.35万t、0.89万t，同比增幅分别为75.2%、20.1%、74.4%。安徽省单一饲料产量149.9万t，同比增长10.11%。其中，谷物类、油料类和豆料类产量分别为72.4万t、59.3万t、0.7万t，同比分别增长−17.3%、103.3%、−69.2%。陆生动物类、微生物发酵类产量分别为10.84万t、6.75万t，同比增幅分别为10.87%、−9.32%。

4. 规模企业生产特点进一步显现。安徽省饲料生产企业中，10万t以上规模39家，比2021年增加1家，合计饲料产量732.2万t，占比61.5%，较2021年增长1.2个百分点，单厂最大产量47.9万t。8万～10万t的企业17家，较2021年增加5家。年产8万t以下的企业211家，占安徽省饲料企业数的79.0%，但合计产量仅占安徽省的25.9%，较2021年下降4.6个百分点。安徽省共有70家外省集团的分公司，合计产量占全省的69.7%；省内的集团企业7家，合计产量占全省的9.5%；剩下的190家省内非集团性企业合计产量占比20.9%。省内企业发展较为滞后，动能不足，2022年产量排名前50位的饲料企业中，省内企业仅占6席，均以禽料为主，其余均为外省集团企业。

5. 饲料及原料价格波动剧烈。因玉米、豆粕、鱼粉等大宗原料价格持续上行，带动饲料价格走高。安徽省玉米价格从3月开始，较2021年同期均为增长，按月度价格来看，除7—10月有所下降外，其他月份环比增长；豆粕价格较 2021 年同期涨幅较大，有 5 个月份同比涨幅达 30%以上，11 月份涨幅最高，第 4 季度价格最高。原料涨价导致饲料成本增加，饲料产品价格逐月增长。1—12 月主要配合饲料的品种价格同比均为上涨，且增长幅度越来越大，尤其是第 4 季度，较 2021 年同期价格增幅均达到 10%以上，12 月肉大鸡配合料甚至增幅达 17.61%。

6. 各地饲料工业发展还不平衡。安徽省饲料产量超过 50 万 t 的地市有 9 个，较 2021 年减少 2 个，合计产量占安徽省的 85.2%，较 2021 年减少 3.5 个百分点；超过 100 万 t 的地市有 7 个，较 2021 年多 1 个，分别为合肥市、阜阳市、亳州市、滁州市、宿州市、宣城市、蚌埠市，合计产量占安徽省的 70.8%，较 2021 年增加 7.1 个百分点，其中合肥市产量最高，达 160.0 万 t。饲料企业最多的为合肥市 35 家，另阜阳市、淮北市企业数均达 30 家以上（仅统计在中国饲料工业统计信息系统有上报数据且不为零的企业）。

【组织机构】

安徽省农业农村厅畜牧处负责安徽省饲料和饲料添加剂行政管理工作，省兽药饲料监察所负责饲料质量监测工作，行政主管部门为安徽省农业农村厅。安徽省饲料与健康养殖行业协会主要调查研究行业发展动态，协助饲料主管部门做好行业管理，宣传、普及饲料工业的新知识和新技术，承接相关的政府购买服务，推介最新饲料与健康养殖科技成果的转化或先进经验，帮助企业改善经营管理，组织企业经营贸易合作与科学技术交流，编辑出版饲料行业有关书籍、资料、期刊，做好宣传报道工作。

【主要工作】

1. 制定专项整治方案。为加强饲料质量安全监管，规范饲料生产、经营和使用行为，积极适应安徽畜牧业高质量发展，安徽省制定并下发了安徽省农业农村厅办公室《关于印发 2022 年全省饲料和生鲜乳质量安全监管工作方案的通知》（皖农办牧函〔2022〕52）和安徽省农业农村厅、安徽省市场监管局《关于开展 2022 年度农业农村领域“双随机、一公开”部门联合抽查活动的通知》（皖农法函〔2022〕547 号），明确饲料质量安全组织实施方式、监测范围和内容，严明工作要求，全面落实责任，确保饲料质量安全监督抽查工作取得实效。

2. 帮助企业渡过难关。新冠疫情防控期间，致函安徽省新冠疫情防控应急综合指挥部办公室，请求解决畜牧业运输不畅问题，致函安徽省交通厅，协调合肥温氏畜牧有限公司、肥东温氏畜牧有限公司饲料原料运输船只优先通行裕溪闸口，进一步夯实生猪稳产保供基础。办理农业农村部转来安徽省热线电话群众反映的畜牧业正常产销秩序受阻问题 54 件，涉及滁州、阜阳、六安、淮北、淮南、宿州、亳州、芜湖、马鞍山、合肥、蚌埠、黄山等 12 个地市 50 多个县（市、区），有效地解决了群众急难事项。

3. 实施豆粕减量替代行动。按照农业农村部统一部署，在肥东县通威饲料有限公司组织召开了豆粕减量替代行动座谈会，听取与会代表的建议，出台了《关于推进豆粕减量替代行动实施意见》，进一步压减饲料中豆粕用量，提升原料利用效率，挖掘豆粕替代资源。

4. 开展饲料专项检查。2022 年，省级计划现场检查饲料和饲料添加剂生产企业 21 家，其中联合市场监督管理部门以“双随机、一公开”形式联合检查 13 家，本部门检查 8 家。从市场监管部门反馈情况来看，安徽省饲料和饲料添加剂生产企业在计量（定量包装商品净含量）、知识产权（商标、专利、特殊标志）使用行为方面符合监管部门要求。农业农村部门在行政许可、标签标准、日常管理等方面进行了检查，基本上符合管理要求。同时，市、县农业农村部门结合日常监督执法等工作，对辖区内企业每年至少进行一次现场检查。截至 2022 年 10 月底，各地共现场检查企业 396 家，覆盖率 87.2%。组织安徽省饲料和饲料添加剂生产企业，对照《饲料标签标准》有关规定，进行自查，纠正不规范标示。安徽省各级监督检查和执法人员共发放相关宣传资料 1 100 余份，出动检查执法车辆 40 余次，出动检查执法人员 600 余人次，检查各类饲料和饲料添加剂经营户 793 户次，畜禽规模养殖场 1 836 场次，发现饲料标签不规范 6 批，并由当地农业农村执法部门监督企业进行整改到位。按照抽检计划，安徽省各地抽取各类饲料和饲料添加剂产品共 270 批次，检测发现问题样品 2 批次，涉及 2 家企业，产品合格率达到 99.3%，同比提高 1 个百分点，违禁物质检出率为零，始终确保饲料质量安全。

【存在问题】

一是部分混合型饲料添加剂生产企业宣传单、宣传册以及产品标签标有“具有预防动物疾病作用”等内容；二是部分企业原料堆放不规范，垛位卡标识不健全；三是部分企业实施飞地式管理，相关账本、资料在省外，无法查验。上述问题均已责令企业限期整改。

【下一步工作思路】

一是加强人员培训。通过微信群、视频课程、专题会议、组织专家讲授等形式加强对基层执法人员的培训，提高执法人员掌握饲料标签、饲料卫生标准等强制性指标的辨识度，强化行业指导服务和执法监督的能力。二是强化教育督导。以问题为导向，表扬依法生产、依法经营中的优秀企业，严惩违规生产、经营的生产企业，树立严格的导向标。让放心的企业“无事不扰”，使有问题的企业“利剑高悬”。邀请省内外专家传经送宝，树立典型，强化法治观念。三是完善信用评价机制。结合安徽省社会信用体系建设，完善饲料和饲料添加剂生产、经营领域公共信用信息清单和失信惩戒措施清单，及时记录饲料企业诚信状况并按要求统一向社会公开。四是强化发展思维。继续实施豆粕减量替代行动，依据全国饲料原料营养数据库，挖掘利用省内饲料资源，开展豆粕减量替代倡议，引导饲料企业从“提效”“开源”等方面着手，逐步降低豆粕用量。以“双招双引”为抓手，大力引进新兴生物饲料企业，优化安徽省饲料工业结构，提升行业整体竞争力。结合“两强一增”行动，为行业搭建平台，促进产学研结合，加快科技成果转化，为行业发展注入新动能。

（安徽省农业农村厅畜牧处）

福建省饲料工业

【发展概况】

2022年福建省饲料产品总产值470.8亿元，同比增长22.6%。工业饲料总产量1 200.7万t，同比增长13.5%。其中，配合饲料1 168.0万t，同比增长13.7%；浓缩饲料15.5万t，同比增长14.4%；添加剂预混合饲料16.8万t，同比增长1.6%。从产品品种上看，猪饲料511.6万t，同比增长23.5%；蛋禽饲料100.8万t，同比下降5.8%；肉禽饲料389.3万t，同比增长7.0%；水产饲料191.4万t，同比增长14.8%；反刍饲料229.0t，同比下降26.9%；宠物饲料2 980.0t，同比增长68.3%；其他饲料7.3万t，同比增长23.6%。

饲料添加剂产量8.1万t，产值11.6亿元，主要产品有氨基酸、维生素、酶制剂、二氧化硅等。

饲料原料（单一饲料）产量338.9万t，产值169.5亿元，其中鱼油5.4万t，鱼粉1.7万t，豆粕293.2万t，发酵豆粕1.4万t。

【组织机构】

福建省农业农村厅、各市、县（区）和平潭综合实验区农业农村局为饲料和饲料添加剂主管部门，福建省农业农村厅内设畜牧兽医处负责福建省饲料行政管理日常工作，法规处（行政审批处）负责饲料行政许可相关工作，福建省农业综合执法监督局承担饲料行政执法职能，福建省农产品质量安全检验检测中心（福建省兽药饲料检验所）负责饲料质量检测工作。

【主要工作】

（一）严格行政审批，从源头把好质量关口

一是严格行政审批。全面实施行政审批标准化，严格按照省网上办事大厅办事指南，办理饲料和饲料添加剂行政审批。2022年，依法核发饲料和饲料添加剂生产许可证88张；核发9家企业饲料添加剂产品批准文号25个。二是优化审批服务。采取网上申报、材料邮寄、结果寄达等方式，开展“不见面审批”。对因疫情影响无法开展现场核查的，采取企业真实性承诺，予以按时审批。推行“生产饲料添加剂一件事”集成化办理，压减审批环节和时限。三是创新服务机制。推行“容缺受理”制度，避免办事群众因材料不全多次跑腿、延误时机，最大限度地方便企业群众办事。2022年“容缺受理”饲料和饲料添加剂行政审批4件，有效解决了“缺件难办事”的问题。

（二）注重检查抽查，多环节把好饲料质量

一是强化生产活动监督检查。采取“双随机、一公开”监督检查和跨部门联合抽查等方式，福建省组织对274家次饲料生产企业进行抽查，对在生产许可条件、原料管理、生产过程控制、原料管理、产品质量控制等方面发现的问题，及时督促企业抓好问题整改，所有“双随机、一公开”监督检查结果信息全部在福建“农业云131”系统上进行公示。二是强化饲料质量安全抽检。年初印发饲料和饲料添加剂质量安全抽查计划，组织各地开展饲料质量安全检查。监测对象包括饲料生产企业、经营门店、养殖场；监测品种包括添加剂预混合饲料、配合饲料、浓缩饲料、单一饲料和饲料添加剂等；检测项目覆盖质量、卫生、药物及非法添加物等指标。2022年，全省共抽检饲料样品250批次，产品合格率为98.8%。三是强化饲料标签专项检查。在开展“双随机、一公开”监督抽查工作的同时，认真开展饲料标签检查工作，并通过多种渠道宣传饲料标签有关法规标准要求，督促饲料生产者和经营者严格落实饲料标签有关规定，及时指导饲料生产企业修改纠正标签中不规范标示情况。四是强化饲料统计工作监管。制定印发关于贯彻落实《全国饲料工业统计调查制度》的通知，明确工作目标、任务和要求。强化指导服务，审核完成4 488家次饲料统计报表，2022年饲料统计工作成效得到农

业农村部畜牧兽医局通报表扬。

（三）突出安全管理，多层面促进安全稳定

一是强化安全生产检查覆盖面。坚持日常巡检督查与专项治理行动相结合，福建省检查饲料生产企业1 304家次。检查坚持做到“三全三排”，即区域全覆盖、企业全覆盖、场所全覆盖，坚持全面、彻底地组织排查风险隐患，坚持负责任、零容忍排除隐患问题，坚持科学研判、突出关键排列重点监管企业，有效防范安全生产事故发生。二是强化安全生产管理规范性。大力推动企业实施《福建省饲料生产企业安全风险分级管控和隐患排查治理规范》（以下简称《规范》），2022年福建省371家饲料生产企业全部完成安全风险评估和实施《规范》等级评定，为保障福建省饲料行业安全稳定奠定了坚实的基础。三是强化安全生产管理示范性。深入开展“树典型、开小灶”，推荐11家饲料企业为安全生产先进典型，充分发挥标杆企业的示范带动作用，通过以点带面形式把先进典型企业的制度、标准、管理方法推广到同类企业中，提高了福建省饲料行业整体安全生产管控水平。

（四）认真研究方案，多措施推进减量替代

一是有效落实豆粕减量替代举措。省厅及时转发农业农村部《2022年豆粕减量替代行动方案》，积极引导饲料生产企业和养殖生产企业积极开展豆粕减量替代行动。深入开展调查研究，各级饲料管理部门和省相关协会各司其职，积极配合摸清豆粕减量替代工作现状。积极推荐豆粕减量替代技术模式和典型案例，大力引导饲料养殖企业实施豆粕减量替代方案和技术创新。二是积极抓好提效减量开源替代。组织福建省生产能力10万t以上的饲料企业开展豆粕减量替代试点，大力推广低蛋白、低能量、高品质饲料产品和技术。据统计，2022年试点企业豆粕用量在各类饲料中的平均占比为14.4%。积极引导企业创新，组织指导企业参加“2022最具潜力的饲料资源”的评选活动，福建倍思达生物有限公司主导申报的“纤维素”入选“2022最具潜力的饲料资源”。三是切实提升豆粕减量替代认知。充分发挥省饲料工业协会、省畜牧业协会等服务功能，组织饲料专家深入企业面向饲料生产企业、畜禽养殖场（户）等开展授课及宣传，指导饲料养殖企业采用适合的豆粕替代配方方案，帮助企业强标准、扩来源、减豆粕、降成本、提效益。

（五）坚持检打联动，多形式打击违法行为

一是强化现场执法检查。认真开展饲料和饲料添加剂执法检查，重点严查隐性添加禁用成分或其他成分的违法行为。2022年共出动执法人员4 930人次，检查生产经营主体2 044个次。二是坚持执法检打联动。全面落实“检打联动”，强化饲料违法案件查处，对饲料和饲料添加剂违法案件，均要求应用农资监管信息平台查询追溯功能，查清非法产品来源和流向，实现全程查处。2022年，福建省共立案查处违法案件26起。三是推进农资平台巡查。协同行业管理机构将饲料和饲料添加剂列入农资监管平台巡查范畴，重点核实生产记录、购销台账、实名购买记录等内容，为实现农资监管执法闭环管理目标提供技术支撑。

【存在问题】

一是组织饲料监管业务培训少，加上饲料管理人员流动快，导致一些管理部门对饲料管理相关法律不够熟悉，执法能力有待提高。

二是组织饲料质量安全抽检的监测对象、监测品种、检测项目针对性还不够强、覆盖面还不够宽，导致存在的一些隐患问题不能及时发现和处理。

【下一步工作思路】

（一）进一步优化行政许可管理，不断提高许可规范性

一是持续优化行政审批服务。开展“不见面审批”，推行“容缺受理”制度和“窗口无否决权”服务机制，提升许可效率。二是推进政务服务标准化。完善审批服务标准体系，加大标准实施力度，形成公开透明、便利高效、服务优质的审批运行机制。三是强化政务服务监督。完善线上线下相结合的政务服务“好差评”制度，推行网上服务“一事一评”、现场服务“一次一评”，不断提升服务效能。

（二）进一步加强生产管理，不断提升质量可控性

一是强化饲料现场检查。压紧压实各级饲料管理部门管理责任，突出问题导向、效果导向，提高检查的覆盖面和针对性。二是强化质量安全抽检。紧盯薄弱环节，提高抽检的靶向性。及时反馈抽检结果，对抽检的不合格饲料样品及时依法处理。三是强化质量安全引导。加大开展饲料生产经营活动宣传力度，引导企业严格落实法律法规，强化规范合法生产和经营，增强企业主体法律意识和社会责任意识。

（三）进一步加强日常管控，不断提升整体安全度

一是加强检查治理。坚持日常巡查与专项治理结合，严格落实检查“四个清单”，对发现的隐患问题实行“零容忍”，从严抓好问题整改，实现闭环管理。二是提升管控水平。大力推进实施《规范》制度化，督促新建企业实施《规范》与生产同步进行，积极引导完成实施《规范》等级评定的企业提档晋级。三是坚持激励惩戒。充分发挥项目撬动作用，在行政许可申报、生产许可证续展上从严把关，在政府扶持、产业龙头企业申报上实行一票否决，倒逼企业落实安全生产主体责任。

（四）进一步推进减量替代，不断降低豆粕总含量

一是大力推广减量集成技术。按照国家制定发布的豆粕减量使用技术方案，开展低蛋白日粮、饲料精准配方、饲料精细加工等集成技术推广。鼓励使用饲料添加剂技术，促进减量替代。二是大力开展饲料资源调查。开展福建省饲料资源特别是蛋白饲料原料检测与价值评定，加大本地蛋白质饲料资源开发力度，提高蛋白饲料利用效率。三是大力实施增草节粮行动。充分挖掘耕地、农闲田等土地资源潜力，扩大饲草种植规模，因地制宜开发利用区域特色饲草资源。

（五）进一步强化检打联动，不断提高执法震慑力

一是强化执法创新。积极推进“互联网＋执法”，提高监管执法的针对性、预见性和有效性，全面提升执法效能。二是强化联动配合。持续加强与行业管理机构的配合，加大案件查办力度，确保执法工作不缺位、不越位。三是强化宣传成效。总结推广好经验做法，建立常态化宣传活动机制，形成全员参与、良性互动、执法有力的农资打假社会共治格局。

（福建省农业农村厅）

江西省饲料工业

【发展概况】

2022年，江西省饲料工业总产值447.9亿元，比2021年增长10.5%；总营业收入438.5亿元，比2021年增长8.5%。其中，饲料产品产值401.0亿元，营业收入392.3亿元，分别增长10.8%、10.3%；饲料添加剂产品产值46.8亿元，比2021年增长7.9%；营业收入46.2亿元，比2021年下降4.7%。江西省饲料总产量1 083.9万t，比2021年增长7.3%。其中配合饲料1 040.4万t，增长8.5%；浓缩饲料9.4万t，下降18.1%；添加剂预混合饲料32.9万t，下降18.0%；宠物饲料1.2万t，增长131.2%。按饲料品种分，猪料691.2万t，同比增长5.8%；蛋禽料130.3万t，增长1.3%；肉禽料184.8万t，增长10.9%；水产料73.5万t，增长22.8%；反刍料2.6万t，增长118.9%；宠物饲料1.2万t，增长131.2%。2022年，江西省饲料添加剂总产量46.8万t，比2021年增长3.5%。其中直接制备饲料添加剂43.5万t，增长6.4%；混合型饲料添加剂3.3万t，下降23.9%。至2022年底，江西省共有饲料生产企业319家，其中饲料加工企业239家，饲料添加剂企业95家，单一饲料企业27家。其中，产量超20万t的企业8家，年产10万～20万t（不含）的企业33家，年产5万～10万t（不含）的企业31家，年产1万～5万t（不含）的企业72家，年产1万t以下的企业95家。从产品分类上看，配合饲料生产企业122家，浓缩饲料生产企业41家，添加剂预混合饲料50家。

【组织机构】

机构：江西省农业农村厅畜牧兽医局，人员编制9人。原省饲料工业办公室的饲料工业行业管理及相关行政许可职能等回转到厅畜牧兽医局。

职能：厅畜牧兽医局的职能为负责江西省畜牧业、饲料饲草行业、畜禽屠宰行业、兽药和兽医器械行业监督管理，负责兽医医政、动物卫生监督、动物病原微生物与实验室生物安全等管理。组织实施畜牧兽医管理方面的法律法规和规章。起草江西省畜牧、饲料饲草、畜禽屠宰行业、兽药和兽医器械行业、兽医事业发展政策和规划。

【主要工作】

1. 根据农业农村部办公厅关于印发《2022年饲料质量安全监管工作方案》农办牧（〔2022〕6号）通知的要求，江西省农业农村厅印发了《关于印发2022年全省饲料质量安全监管工作方案的通知》（赣农厅办字〔2022〕20号）和《2022年全省农业投入品执法抽检实施方案》，开展了饲料质量安全监管工作，对饲料生产企业和经营企业的饲料产品进行了监督抽检工作。根据《关于印发2022年全省饲料质量安全监管工作方案的通知》的要求，江西省对饲料生产企业饲料质量安全进行检查，共现场检查饲料生产和经营企业152家，发现饲料质量安全问题119个，全部建立了问题台账，下发整改通知书31份，检查发现仅大部分饲料企业能较好地执行《饲料质量安全管理规范》，少数饲料企业存在问题。主要有“一垛一卡”不全、原料进货、原料查验和检验缺失、粉尘控制、出货台账和污染防控问题等。在饲料标签的专项检查中发现大部分饲料企业产品标签均符合《饲料标签》相关规定，但少部分企业仍存在以下问题：一是个别企业的混合型饲料添加剂存在通用名表述不规范，二是个别企业标签存在使用虚假、夸大或容易引起误解的表述。

2. 根据《江西省农业农村厅办公室关于印发2022年全省农业投入品执法抽检实施方案的通知》，发挥监测“雷达”作用，按照“产出来”和“管出来”两手硬的思路，提升发现问题能力。对江西省

11个设区市的402批次饲料产品进行了饲料产品质量安全监督抽查，其中合格392批次，不合格8批次，合格率98%。共抽查生产环节110批次，经营环节269批次，使用环节23批次；其中猪料185批次，蛋禽料23批次，肉禽料113批次，反刍料3批次，水产料71批次。不合格产品中，猪料8批次，肉禽料5批次，水产料2批次，其他7批次；粗蛋白项目不符合要求3批次，铜项目不符合要求2批次，锌项目不符合要求4批次，镉项目不符合要求1批次。严格实施检打联动，严厉打击违法生产行为，没收违法所得39 053元，罚款76 800元。截至11月，江西省出动执法人员2 718人次，检查企业门店1 396个，整顿市场155个次。立案查处饲料类案件16件，已办结15件，没收违法所得52 377元，罚款90 000元。

3. 全面开展饲料质量安全风险评估。为进一步推动江西省饲料行业可持续高质量发展，保障饲料质量安全，构筑农业生产第一道生态绿色防线，助力江西省经济跨越式发展，江西省农业技术推广中心农业投入品检验检定技术处于2022年针对饲料中重金属污染开展了质量安全风险评估项目。该项目以重金属元素铅、铬、镉、砷、汞以及部分具有限量要求的金属元素铜和锌（以下统称重金属）为评估对象，对江西省11个设区市生产、经营和使用环节的饲料原料、配合饲料、浓缩饲料和添加剂预混合饲料进行跟踪验证。共采集并检测样本277批，对不同类别的饲料产品中重金属元素的检出率、超标率、含量分布、复合污染情况进行了统计分析，并追溯样本来源，总结重金属元素分布规律。最后分析了其产生原因，并提出了相关的建议，为今后饲料中重金属的防控工作提供了有力的技术支撑，并根据分析结果提出是否有必要采取差异性的防范和监测措施，为行业管理发展提供依据。

4. 深入推进饲料质量安全管理规范实施。继续深入推进饲料质量安全管理规范实施，进一步提升饲料和饲料添加剂行业管理水平提出更高要求。组织开展江西省饲料监管培训，对设区市饲料监管人员和饲料专家60余人进行培训，饲料行政审批水平和行业监管能力进一步提升。完善饲料行政审批流程，形成形式审查、技术审查、抽取专家、现场核查等规范化行政审批程序，2022年省级核发饲料添加剂生产许可证11个、混合型饲料添加剂生产许可证16个、添加剂预混合饲料生产许可证20个，配合饲料生产许可证25个、单一饲料生产许可证5个，对6家饲料添加剂生产企业的10个产品核发批准文号。

5. 全面深化“放管服”改革。为深入贯彻落实省委、省政府关于推进营商环境优化升级“一号改革工程”重要决策部署，江西省农业农村厅畜牧兽医局研究制定了《江西省农业农村厅畜牧兽医局关于印发疫情期间开展兽药饲料远程视频检查验收实施方案的通知》。厅畜牧兽医局开展饲料生产许可远程视频审核，切实解决新冠疫情期间企业群众的“急难愁盼”问题。疫情期间组织专家对4家饲料企业生产许可进行远程视频审核，这是江西省饲料生产许可审核首次以远程视频方式进行。

6. 严抓严管安全生产。一是多次部署，强化安全生产主体责任。年初印发《江西省农业农村厅畜牧兽医局关于印发全省畜牧兽医领域安全生产督导方案的通知》对饲料安全生产工作进行专门部署，对突出问题进行排查。二是全面排查，消除安全生产隐患排查。全年共出动检查人员288人次，检查饲料生产企业306家次，发现安全隐患237处，现场整改33处，限期整改26处，下达整改通知书8份。

（江西省农业农村厅）

山东省饲料工业

【发展概况】

2022年以来，山东省畜牧业克服疫情防控、原料涨价、畜产品消费不旺等不利影响，畜牧业积极稳产保供，连续保持稳步健康发展，努力打造现代畜牧业齐鲁样板。2022年山东省肉蛋奶总产量1 581万t，同比增长1.4%，总产值达到3 003.5亿元，同比增长3.5%，创历史新高。山东是饲料工业大省，饲料产业链高质量发展也在持续推进。2022年山东饲料、饲料添加剂、单一饲料总产值分别为1 712亿元、251亿元、897亿元，分别比2021年增长7.2%、7.0%、23.6%。饲料工业总产值（不包括单一饲料）1 969.7亿元，同比增长7.2%，占全国饲料工业总产值的15.0%，位居全国第一。

2022年山东省工业饲料总产量4 484.8万t，比2021年略增0.2%，占全国饲料产品总产量的14.8%，位居全国第一。其中，山东省猪饲料产量1 148.7万t，同比下降6.9%；肉禽饲料产量2 763.2万t，同比增长4.7%；蛋禽饲料产量321.0万t，同比下降8.9%；水产饲料产量45.5万t，同比增长9.3%；反刍饲料产量98.1万t，同比增长7.0%；宠物饲料产量37.5万t，同比增长39.7%。截至2023年4月，全省现有饲料生产企业2 276家，企业数量比2021年初增加9.5%，位居全国第一。

【主要工作】

一是全面启动实施饲料地方立法，规范饲料生产许可与事中事后监管工作。山东省畜牧兽医局积极推动将《山东省实施〈饲料和饲料添加剂管理条例〉办法》列入省政府2022年立法工作计划，成立《办法》立法工作小组，制定立法工作方案。二是补短板，联合行业协会制定出台了团体标准——饲料行业安全生产技术规范。2022年12月23日，山东省饲料行业协会发布公告第12号，正式发布了团体标准《饲料企业安全生产技术规范》（SDFA 005—2022）。《规范》内容丰富，共有11章529条，附录中摘出90条作为饲料企业日常检查或巡查时适用的条款。三是创新人才培育模式，大力弘扬工匠精神。成功举办山东省饲料兽药监管执法岗比武竞赛活动，并与省饲料兽药质量检验中心联合，将饲料叉车工、兽药化验员省级职业竞赛一并列入省级竞赛计划。四是响应中央号召，积极参与粮食安全战略，首次提出饲料节粮行动，保障饲料粮供应。率先推出两低一高饲料技术和减量替代示范产品。对接省粮食和物资储备局，从省级粮食储备资金中单列1亿元用于饲用玉米储备，2021、2022年连续两年储备3万t玉米。山东省“十四五”保障粮食安全行动方案中，对饲料粮储备也做出部署安排。2022年山东省畜牧兽医局印发了《山东省饲料中玉米豆粕减量替代和节粮行动工作方案》，积极推动饲用豆粕减量替代，取得了明显成效。2022年山东省工业饲料总产量4 484.8万t，同比增加9.5万t，共消费玉米1 282万t、稻谷170.5万t、小麦132万t、豆粕556万t。其中，玉米、小麦、稻米三大主粮在饲料原料中占比35.3%，比2021年的39.9%下降4.6个百分点，直接节粮207万t；豆粕用量同比增加8万t，添加比例由2021年度山东省平均值12.24%略增至12.4%，均低于农业农村部要求的13%；棉粕、菜粕、DDGS等其他饼粕用量增加15万t，增长6.4%。饲料粮供应安全水平进一步提升，为畜牧业高质量发展提供了更加坚实的保障。2022年下半年，山东省畜牧兽医局联合山东省饲料行业协会开展了“山东饲料行业提效减量节粮示范产品”评选认定活动，得到了企业积极响应，共有60家饲料企业的128个产品被认定。

【饲料质量安全管理成效显著】

1. 饲料兽药行业企业积极参与应对新冠疫情防控。年初，山东省有20%～30%的饲料生产企业因运输困难、原料短缺停工停产。一是省、市畜牧兽医部门协调推动，联合省生态环境厅，将 1 000 余家饲料生产企业列入省级重点民生保障物资生产企业；同时，针对突出困难企业，开具证明文件 30 多份，为企业复工复产、办理通行证提供了便利。二是深入落实各处室对应 16 市和重点企业的包保联系制度，公布 24h 咨询服务电话，委托协会运行多个微信平台，开展大宗原料就近产销对接，点对点解决各类疫情防控和行业发展堵点问题，化解社会矛盾；2022 年 3—4 月，山东省畜牧兽医局接到农业农村部转办群众热线电话反映的畜牧业正常产销秩序受阻问题 40 多件，建立台账和处理专班，逐件督导落实解决，缓解了饲料原料和畜禽运输车辆受阻等突出问题。三是指导企业对人员实行闭环管理，解决人员隔离封控问题。新希望六和、禾丰、山东新和成氨基酸有限公司等多家饲料生产企业建立员工食宿设施，对运输车辆司机实行封闭管理。四是饲料添加剂、兽药、饲料原料等产品积极网上营销，开拓省外市场。山东省饲料行业协会帮助河北省采购磷酸氢钙，以满足应急需求。五是饲料兽药企业积极捐款捐物，参与疫情防控。山东蔚蓝生物股份向青岛红十字会捐赠 35 万元的产品和消毒液，用于疫情防控。山东亚太集团旗下海阳中慧、东平吉利中慧、禹城中慧、德州大北农中慧等公司，为当地抗疫一线送去了方便面、矿泉水、火腿肠及消毒液、口罩等物资，体现了企业的社会责任与担当。

2. 对 200 余家饲料、饲料添加剂生产企业开展了现场执法检查，抽查比例 10%，查处一批问题企业，通报了典型案例。10 月 19 日，山东省畜牧兽医局印发了抽查结果通报，有关检查结论在省畜牧局网站公布。在山东省畜牧兽医局牵头检查的 99 家饲料生产企业中，16 家企业因停产、拆迁、申报注销生产许可证等，无实际生产经营活动。正常生产的 83 家企业，其中：48 家企业检查未发现问题，占正常生产企业的 58%；30 家企业发现存在一般性违规问题，占正常生产企业的 36%，均已按要求整改完毕；5 家企业存在违法违规行为，占正常生产企业的 6%，均已依法依规处理，其中 2 家企业被实施行政罚款 1 万元。问题较普遍的方面：一是原料和成品垛位卡不足；二是车间除尘排风和安全生产设施不足；三是安全警示标识不足。

3. 强化行业安全生产监管。一是按照山东省安委办、山东省畜牧兽医局安全生产“大学习、大培训、大考试”专项行动工作方案部署，组织饲料、兽药生产企业积极参与专项行动，推动提升企业员工安全意识、安全技能。二是 6—9 月在山东省开展饲料行业安全生产专项整治“百日清零行动”，重点整治粉尘涉爆安全隐患。涉及的饲料企业按时完成自查整改，市、县完成现场分级核查，对部分市进行现场检查。三是落实全国“安全生产月”“遵守安全生产法，当好第一责任人”主题要求，联合济南市举行了饲料兽药安全生产应急演练活动。新华社现场云线上直播、山东电视台农科频道进行了现场报道。山东省畜牧兽医局派出十余个督察组，现场督导检查涉粉作业人数 30 人以上的重点企业整改情况。对存在严重安全隐患的滨州市一家饲料生产企业，责令停产停业，注销了生产许可证；对临沂、泰安、菏泽 3 个存在违法问题的饲料生产企业，责令当地进行了行政处罚。

4. 开展专项检查行动。一方面，重点检查超范围添加使用兽药、饲料添加剂以及其他未经批准的饲料原料、混合型饲料原料等行为，严厉打击违法添加无害化处理肉骨粉、地沟油、抗生素滤渣、瘦肉精、激素等违禁化学物质的行为；另一方面，对照饲料原料目录、饲料添加剂品种目录、饲料药物添加剂使用规范等规范性技术要求，检查企业库存原料、投料记录生产记录、成品检验记录、企业标准与配方、标签和说明书内容等 5 方面是否一致。

5. 完成省级饲料产品质量安全监督抽查 1 120 批次，折合 4 万 t 饲料抽检 1 批次，抽检合格率为 97.7%，其中含风险预警监测 150 批次，对 26 批次不合格产品进行了通报查处。一是省局直接监督抽检 500 批次。由省局饲料兽药处和省饲料兽药质量检验中心负责。本次省级饲料监督抽检侧重淄博、泰安、日照、临沂、滨州、菏泽 6 市（6 市饲料生产总量占全省的 42.5%，约 4 万 t 饲料产品抽检 1 批次）。监督抽检涉及饲料生产、经营和使用三个环节，主要针对生产环节，所抽样品包括配合饲料（浓缩饲料、精料补充料）、单一饲料、饲料添加剂、混合型饲料添加剂、添加剂预混合饲料、自配料等 6 大类。实际完成监督抽样 522 批次，其中不合格 20 批次。二是委托济南市监督抽检 300 批次（含 150 批次预警监测）、青岛市监督抽检 120 批次、济宁市饲料监督抽检 200 批次，3 个市实际完成监督抽检 622 批次，其中不合格 6 批次。

饲料产品不合格项目集中在营养指标：粗蛋白指标（9 个）、铜（6 个）、锌超标（7 个）和维生素 A（7 个）、维生素 E（4 个）不合格，分析原因，一是企业不重视产品出厂质量检验工作，或者企业标准中出厂检验项目对营养指标涉及较少，造成铜锌超标；二是企业为降低成本，故意少添加蛋白、维生素等营养元素。

6. 开展了饲料标签和标准备案情况专项整治检查，对备案信息不规范等产品予以监督整改。2022 年 10 月份，组织省市县监管执法人员集中开展添加剂预混合饲料和混合型饲料添加剂产品标签、企业标准备案情况集中核查行动。截至10月12日，山东省现有523个预混料生产许可证，网上备案预混料产品9 632个，平均每个企业备案18.4个；但差别比较大，备案20个以上产品的103家，备案3个以上产品的企业有275家，只备案1～2个产品的75家，还有173家企业一个也未备案。现有505个混添生产许可证，备案混添产品5 183个，平均每个企业备案产品10.3个。山东宝来利来生物工程股份有限公司备案511个产品，备案20个以上产品的69家，备案3个以上产品的企业有258家，只备案1～2个产品的95家，还有152家企业一个也未备案。通过核查工作，一方面对停产、违法企业进行了查处，对违规企业进行了限期整改，督促企业完善备案信息；另一方面，督促引导各地积极加强对预混料、混添产品的日常监管，熟悉网上备案系统核查工作程序，确保产品备案信息齐全、真实。截至11月24日，山东省企业预混料产品整改后备案信息已经达到11 116个，增加1 484个，占全国比例12.7%；混添备案6 087个，增加904个，占全国的比例提高到15.1%。

7. 及时服务企业生产发展需求。一是为保障重污染天气应急情况下饲料生产企业正常生产运行，维护山东省畜牧养殖和畜产品供应正常秩序，积极对接山东省生态环境厅，于9月底将775家饲料、饲料添加剂生产企业列入2022—2023年秋冬季重污染天气应急保障饲料生产企业名单。二是及时办理生产企业具体需求事项。初步统计，2022年共开具饲料自由销售证明313个，涉及企业110余家，产品销往63个国家（比2021年增加27个国家）；饲料委托加工备案64个。

（山东省畜牧兽医局饲料兽药处）

河南省饲料工业

【发展概况】

2022年河南饲料工业面对新冠疫情防控、畜牧养殖价格波动和饲料原料大幅上涨的复杂形势，管理部门、行业协会和广大企业共同发力，积极应对，河南省饲料工业持续平衡健康发展，产量、产值双增长，产品结构调整不断优化。至2022年底，河南省共有饲料和饲料添加剂企业1 052家，共有许可证1 453个。其中配料、浓缩、精料补充料许可证465个，添加剂预混合饲料许可证370个，单一饲料许可证151个，饲料添加剂许可证61个，混合型饲料添加剂许可证406个。河南省商品饲料总产量达1 611.6万t，同比增长10.7%，上升到全国第五位。其中配合饲料1 491.9万t，同比增长12.2%；浓缩饲料61.5万t，同比下降14.2%；添加剂预混合饲料57.6万t，同比增长7.3%。其中猪料、蛋禽料、肉禽料、水产料、反刍料、宠物饲料产量分别为1 064.6万t、196.3万t、258.2万t、31.6万t、52.1万t、0.6万t，分别增长13.9%、4.7%、4.6%、7.9%、1.8%、61.2%。河南省饲料工业总产值583.4亿元，同比增长19.5%。其中配合饲料总产值495.2亿元，同比增长23.3%；浓缩饲料34.1万元，同比下降10.7%；添加剂预混合饲料37.5万元，同比增长3.7%。

【主要特点】

1. 产业集中度不断提高。随着市场竞争加剧，大型企业实力越来越强，生产规模越来越大，产业集中度不断提高。牧原、正大等前20位饲料企业产量占全省总产量的40%以上。

2. 高、精、专、有特色趋势明显。改变了过去那种小而全和多而全的现象，企业开始在做精、做专、做出特色上下功夫。如有专一做鹌鹑饲料的，以及水产料、反刍料、蜜蜂料、预混料、教保料等，还有有特色的饲料添加剂产品，如酵母铁、丁酸梭菌、酶制剂、微生态制剂、微晶包被等产品，专一、有特色、竞争力强。

3. 饲料散装化发展迅速。集团化的养殖企业自用饲料基本实现了散装散运，大型饲料企业已与部分客户普遍实现了散装化。2022年全省散装饲料产量达837.6万t，占河南省商品饲料总产量的51.9%，同比增长30%，趋势明显。

4. 绿色替抗饲料添加剂成为发展热点。随着替抗技术的深入推进和替抗产品的快速发展，饲料添加企业数量快速增长，近三年，河南省饲料添加剂企业增至400多家，是2019年的4倍，抗菌肽、酶制剂、微生态制剂、天然植物饲料原料提取物等替抗产品成为养殖行业的热点和首选，如中草药饲料的发酵和提取，微生态制剂中芽孢杆菌、丁酸梭菌、粪肠球菌发酵，微晶、微囊包被等产品生产技术国内领先，产品生产规模居全国前列。

5. 网络销售成为亮点。受新冠疫情影响，企业纷纷探索在互联网上开设网店进行网络销售。目前最流行的就是电商、快手和抖音直播。有部分企业80%以上的销量均来自网络销售，网络销售将逐渐成为主力军。

【主要工作】

1. 开展新冠疫情防控期间稳产保供。一是积极做好农资农产品交通运输通行证的申领和发放。先后在农业系统申请发放了15 000张农资、农产品交通运输通行证，并及时制定下发了通行证管理办法。疫情防控期间，河南省农业农村系统累计使用应急通行证4.7万张，出车运输5.4万趟，运送货物50万t，农产品和农资运输难问题基本得到解决。二是积极协调解决农资农产品运输销售难等突出问题。针对农业农村部转交及收到的群众反映农业生产运输受阻和产品卖难等问题，河南省农业农村厅饲料兽药处及时将问题线索向省疫情防控指挥部交通运输专班汇报并及时协调省直和各地相关部门解决。先后协调解决了商丘市夏邑县区黄瓜卖难、焦作温县和安阳市安阳县化肥运输不畅、商丘永城等地饲料运输受阻等问题，共处理各项书面转交问题 40 多项，接听咨询、求助、投诉各类电话 30 多次，转发交通专班信息 20 多条。

2. 开展行业监督检查。抽调行政管理、综合执法、质量检测等部门人员组成检查组，按照“双随机、一公开”的要求对饲料兽药生产经营企业开展 3 次监督检查。重点检查各地行业监管、企业落实《饲料质量安全管理规范》《兽药生产安全管理规范》《兽药经营管理规范》等法律法规、生产许可条件落实、产品标签标准落实等情况。2022 年，省级共抽查饲料兽药生产企业 369 家、饲料兽药经营门店 104 家，对在检查中发现的问题责令进行了整改，对检查中发现的违法违规行为移交当地进行了依法查处。在标签专项检查中，对 526 批样品的标签进行检查，其中符合规定的 275 批，占 52.3%。符合规定的比例由高到低依次为宠物饲料 100%、精料补充料 71.4%、单一饲料 65.5%、配合饲料 65.1%、添加剂预混合饲料 43.8%、浓缩饲料 40.0%、饲料添加剂和混合型饲料添加剂 24.0%。标签不符合项中，商品名使用不规范占比最高，为 17.1%；其次是产品成分分析保证值标识不规范，为 13.5%。

3. 开展产品质量监测。2022 年，省级共抽检饲料样品 529 批次、兽药样品 551 批次，饲料合格率达到 96%，兽药合格率达到 98%。饲料抽检不合格产品共计 12 批，兽药抽检不合格产品 8 批，对监督抽检情况进行了通报，对监督抽检不合格产品企业移交农业综合执法机构进行了依法查处。按照样品类别统计合格率，精料补充料、维生素预混合饲料、微量元素预混合饲料、动物源性单一饲料、饲料添加剂和混合型饲料添加剂合格率均达 100%，复合预混合饲料 98.6%、配合饲料 95.2%、植物源性和微生物发酵类单一饲料 94.7%、浓缩饲料 90%、宠物饲料 75%。不合格项目是粗蛋白、铜、锌、莫能菌素、黄曲霉毒素 B_1、玉米赤霉烯酮等。

4. 开展安全生产检查。开展安全生产法律法规的宣传贯彻，重点宣传了新安全法和双重预防体系。2021 年累计召开近 10 次安全生产座谈会。按照“三管三必须”的要求开展饲料兽药行业安全生产大检查。在 2021 年组织的 4 次饲料兽药行业监督检查活动中，均把安全生产检查作为一项重要内容，对检查中发现的安全隐患进行了及时反馈和责令限期整改。2022 年，省级累计检查饲料生产企业 284 家，兽药生产和经营企业 193 家。积极组织推广安全生产监测预警系统。按照国家双重预防体系建设要求，组织有关专业人员参与研究开发饲料兽药生产企业安全生产监测预警系统，并积极向河南省推广。目前已在 6 家饲料兽药相关企业开展监测预警系统试点，做到了早发现、快反应、严处置，切实把安全隐患消灭在萌芽状态。对隐患的处置，实现了由事后被动应付转变为事前排查和治理。

5. 开展豆粕减量替代行动。一是积极开展宣传培训。及时转发了农业农村部畜牧兽医局行动方案和猪、鸡低蛋白日粮配方推荐标准；依托行业协会向河南省饲料企业发放了使用低蛋白日粮配方技术和饲养模式倡议书；开展线上线下培训，线上下共培训 13 000多人。二是积极开发动物源性蛋白饲料原料。目前，河南省动物源性蛋白饲料原料生产企业已发展到 73 家，与 2021 年底的 59 家相比，增加了 14 家。三是积极开发花生粕、菜籽粕等饲料原料。目前，河南省粕类等植物蛋白饲料原料生产企业已发展到 48 家。四是积极发展和推广提高饲料中蛋白质利用率的饲料产品。目前，河南省混合型饲料添加剂企业已发展到 383 家，与 2021 年底的 305 家相比，增强了 78 家，增长了 25.6%。积极调研探索餐桌剩余食物饲料化定向使用工作。先后多次赴新密、荥阳等集中处理点进行考察调研。经过综合措施的有力实施，全省饲料生产企业配方中豆粕占比平均减少了 3%～5%，豆粕减量替代行动取得显著成效。

6. 开发并完善“互联网＋饲料兽药监管系统”。为了提高饲料兽药监督效率，结合河南省实际开发了“互联网＋饲料兽药监管系统”，在全国率先实现了饲料兽药质量抽检、现场检查、行业宣传培训等，均在网上运行，切实做到了抽检检查“双随机、一公开”、问题整改有痕迹、监管频次可查询、分级管理目标清，做到了规范、高效、便捷。

（河南省农业农村厅饲料兽药处）

湖北省饲料工业

2022年，在农业农村部饲料主管部门的大力支持下，在省委省政府的坚强领导下，湖北省饲料产销两端持续发力，饲料总产量达到1 408.2万t、总产值648.9亿元，同比分别增长6.8%、30.1%，均创历史新高。

【基本情况】

湖北省饲料总产量达到1 408.2万t、总产值648.9亿元，同比分别增长6.8%、30.1%。其中，猪饲料总产量686.9万t，同比增长5.5%；蛋禽饲料321.8万t，同比增长4.2%；肉禽饲料89.9万t，同比增长0.6%；水产料303.4万t，同比增长11.0%；反刍料3.5万t，同比增长52.0%；其他2.8万t，同比增长39.8%。饲料添加剂总产量99.0万t，同比下降1.0%，总产值107.9亿元，同比增长117.8%。

【主要工作】

这几年各地机构改革，从县里到市（州），饲料管理、监管的部门在不断调整，队伍也在不断变化。全省开展完成的主要工作梳理如下：

一是高效办理许可。通过一网通办，2022年共办理各类饲料和饲料添加剂生产许可证114个，核发饲料添加剂批准文号25个。组建湖北省饲料和饲料添加剂生产许可证专家审核委员会和专家库，建立专家队伍动态增补和退出机制，根据工作需要和专家技术特长、年龄等因素，及时调优专家团队结构，强化对现场审核质量管理和有关标准规范实施的技术支持。

二是全面加强监管。湖北省农业农村厅办公室先后印发《关于2022年饲料兽药生鲜乳质量安全监测计划的通知》（鄂农办函〔2022〕65号）、《关于进一步加强饲料行业监管工作的通知》（鄂农办发〔2022〕24号），不断强化饲料产品监测，全面落实饲料质量安全管理规范，规范企业现场管理，提升安全生产水平，确保饲料质量安全。

三是抓好统计分析。每月按时上报、认真审核统计报表，确保数据真实、准确、及时、完整，促进饲料产业基础数据统计工作有效开展。

四是强化能力建设。受新冠疫情影响，2022年没有组织现场教学培训指导，但先后多次组织行业协会、相关专家开展线上专题活动，如《饲料质量标准要求解读》《饲料标签的设计及制作要求》《饲料行业安全管理》，以及围绕豆粕减量替代的《生猪低蛋白日粮配制》等相关辅导，为饲料企业、行业主管部门培养一支懂业务、会管理的队伍。

【存在问题】

湖北省饲料生产形势和安全管理工作总体上看措施有力、成效明显，但是也存在一些不足和问题苗头：

一是产能过剩利用率不高。2022年湖北省饲料总产量达到1 408.2万t左右，但产能利用率为35%左右，低于全国近50%的水平。饲料生产企业产能利用率过低，导致部分企业以低价促销求生存，影响正常的市场秩序。二是主要原料对外依存度高。湖北省虽是产粮大省，但饲料资源相对匮乏，饲用玉米自给率仅7%左右，豆粕自给率不到24%，鱼粉、氨基酸及其类似物几乎全靠从省外引进。原料价格波动直接影响饲料生产成本，这是一个“卡脖子”问题，中小型饲料企业特别是水产饲料企业生产经营的压力增大。三是部分产品质量安全风险犹存。湖北省饲料产品监测总体形势可控，但重金属含量超标、维生素含量不足等问题仍然存在，特别是自配料环节问题比较突出。四是质量管理规范实施还不到位。自农业部2014年1号令《饲料质量安全规范》（以下简称《规范》）颁布并实施以来，特别是2018年省农业农村厅办公室将《规范》实施纳入饲料生产许可审核以来

（鄂农办函〔2018〕75），湖北省饲料生产企业管理水平显著提高，总体面貌焕然一新。但是近两年来，省内新增了一批水产类的混合型饲料添加剂企业，生产管理要进一步强化。

【下一步工作思路】

当前饲料工业向高质量绿色发展转变，大宗饲料原料保障成为重大命题，新型绿色高效安全的生物饲料需求旺盛，机遇和挑战并存。下一步，湖北省农业农村厅将深入贯彻全国农村工作会议精神，按照省委省政府安排部署，发挥职能，主动作为，努力抓好全省饲料各项工作。一是持续优化行政服务。在涉饲料企业各类行政许可审批事项上，要继续减时间、减环节、减证明、减跑动次数，持续推进“放管服”各项改革，不断动态调优专家团队，提高审批许可服务效率，多为行业加油门，少踩刹车。二是持续推进实施豆粕减量替代行动。围绕国家粮食安全、豆粕减量替代等重大战略，加快推进湖北省豆粕减量替代相关新标准新技术的应用，力争豆粕用量占比比2022年再下降0.5个百分点。加快推进餐桌剩余食物、动物毛皮动物屠体饲料化应用等试点工作。2023年争取利用省级资金，在5个试点县开展豆粕减量替代行动。三是持续强化监督管理。加强事中和事后的监管，坚决杜绝一放到底、事不关己的现象，要按照《规范》和省部级饲料质量安全监管要求，通过分级开展培训指导、制定监督方案、落实检查监测、强化检打联动，对饲料生产、经营、使用环节实现全覆盖监管，严厉打击各种违禁物质添加，有效遏制违法违规行为发生，维护公平竞争的市场环境，促进饲料行业健康发展。另外，发生安全问题的，不论是生产还是质量，在2023年涉及农业农村饲料考核、有饲料项目资金奖补的，实行一票否决制。四是持续推进《规范》实施。要坚持把《规范》落实落细作为饲料工作的重中之重，作为开展饲料监管工作的重要抓手。要结合湖北省地方标准的宣贯，每个市（州）范围每年要至少开展一次《规范》培训活动，有条件的自行开展，开展不了的要给省里汇报。省里计划一方面在部分市（州）开展分区培训，另一方面争取2022年能在5个试点县开展省级《规范》示范企业创建，通过培训服务、检查督导，在原料、生产、产品、使用、管理、制度等各个环节全面落实规范章程和要求，在监管层、企业界两个层面培养一支熟法规、懂《规范》、善管理的队伍，确保企业筑牢安全生产底线，全面提升企业规范管理水平，推动湖北省饲料产业高质量向前发展。

（湖北省农业农村厅畜牧兽医处）

湖南省饲料工业

2022 年，湖南省饲料办扎实做好饲料工业的行业监管工作，不断提高行业管理水平，持续推进行业健康发展。

【扎实开展饲料质量安全监管】

（一）圆满完成全年饲料许可事务性工作

一年来，湖南省饲料办积极贯彻“放管服”改革要求，充分发挥专家队伍和湖南省饲料办业务骨干力量作用，圆满完成了全年饲料许可事务性工作。2022 年共办理饲料和饲料添加剂生产许可证 153 个，办理饲料添加剂产品批准文号 16 个，为 20 家企业办理饲料和饲料添加剂企业委托备案，为 35 家企业办理自由销售证明；不再要求申请人提交营业执照等证明材料，缩短审批时限，审批事项均在 3～10 个工作日内办结，未发生“红黄牌”预警，及时准确推送“双公示”等信用信息，无迟报漏报情况。行政审批按时办结率 100%，群众满意率达 100%。昕嘉技术（长沙）服务有限公司等企业对湖南省饲料办的行政审批服务工作给予高度认可并赠送锦旗致谢。

（二）扎实开展全省饲料质量安全监督检查

配合厅畜牧兽医处制定下发《2022 年湖南省饲料质量安全监管工作方案》《关于开展 2022 年上半年全省饲料质量安全监督抽查的通知》《关于开展 2022 年下半年全省饲料质量安全监督抽查的通知》，根据监管工作方案和监督抽查通知，共对 14 个地市开展饲料企业产品质量安全监督检查，现场检查了 137 家饲料企业、12 家饲料经营门店，针对现场检查发现的主要问题，现场下达整改函，责令企业限期整改，同时督促地方饲料行政管理部门进一步提高政治站位，加大日常监管力度，压紧压实监管职责，12 月底整改企业全部整改到位。

（三）助力开展全省饲料质量安全监督抽样

结合上下半年的湖南省饲料质量安全监督检查任务，与省畜牧水产事务中心、省兽药饲料监察所一道，按照监督抽样各项指标检测要求，对饲料添加剂、混合型饲料添加剂、预混合饲料企业、配合浓缩饲料、单一饲料企业，严格按程序依法合规抽取样品，重点加大对 2021 年发现不合格产品的生产企业和 2022 年度邀标定向竞价成交的政策性粮食饲用加工企业的抽样力度，共对 137 家饲料生产企业、12 家饲料经销门店、6 家养殖场自配点，完成抽样 393 批次，全年抽检结果全部合格。

（四）扎实开展安全生产专项行动

2022 年是湖南省开展饲料企业粉尘专项治理第三年，湖南省饲料办突出安全生产检查重点，突出重点企业、重点区域，14 个市饲料管理部门均按要求，围绕制度建设，对除尘系统、防火防爆等开展安全生产检查，对发现的问题实行整改销号，确保清单清零，到 12 月底，各级饲料管理部门、各企业均按要求建立了粉尘专项治理自查和检查台账，粉尘专项治理成效明显，杜绝了粉尘涉爆问题，杜绝了重大安全生产隐患。同时跟进安全生产隐患重点监管单位，2022 年 6 月份到普菲克等重点生产企业开展安全生产调研，指导企业做好安全基础性预防工作，坚决杜绝一切生产安全隐患。针对省委办公厅通知即各市（州）农业农村领域安全生产隐患问题清单，湖南省饲料办先后向湘潭市农业农村局、益阳市农业农村局、常德市农业农村局去函，要求三个单位就辖区内的饲料生产企业清单上存在的问题进行整改。到 9 月底湘潭、常德、益阳已全部完成了整改，并报送了整改报告。

（五）落实粮食闭合式监管工作要求

按农业农村厅工作部署，于 2022 年 2 月 18 日、2 月 21 日，会同相关处室，到衡阳、浏阳两地，分别对衡阳市新发展饲料有限公司等 5 家企业政策粮使用的有关情况进行深入调研，通过座谈交流，现场核对，仔细查看政策性粮食接收、储存、转运、生产使用、节存台账，同时查阅了政策性粮食使用前查验、加工使用、产品质量控制、产品销售全环节记录台账，通过调研进一步压紧压实企业第一安全生产监管责任。

（六）配合开展饲料监管执法工作

按照农业农业部 2022 年饲料质量安全监管工作方案要求，助力省、市、县各级饲料管理执法部门，对辖区内饲料和饲料添加剂生产企业开展全过程监管，全覆盖检查，实行检打联动。一年来 14 个市（州）监管执法部门共组织检查饲料和饲料添加剂生产企业 582 家次，检查经营主体 2 525 家，出动监管执法人员 9 365 人次，销毁问题产品 13t，罚款 38 万元。

（七）完成湖南省农业农村厅交办的各项工作

一是助力“治违禁，控药残，促提升”三年行动。根据湖南省农业农村厅等七部门关于“治违禁，控药残，促提升”三年行动的统一部署，2022 年 5 月 17—25 日，派员参加了由省农业农村厅、省卫生健康委员会联合组成的第七检查组，对湘西土家族苗族自治州和岳阳市等 2 个市（州）开展了相关巡查。二是助力水产养殖业执法工作。根据《湖南省 2022 年水产养殖业执行行动工作方案》的通知，派员于 7 月 11—14 日，对衡阳的衡南县、常宁市，永州的新田县、祁阳市水产养殖基地、水产养殖经销店等共 14 个位点开展检查，于 11 月 28－29 日对怀化沅陵、辰溪的渔业渔政工作开展检查。三是帮扶企业纾难解困。7 月 5 日，派员陪同省农业农村厅质量安全处到湖南插旗菜业有限公司、湖南九鼎科技（集团）有限公司开展送政策解难题优服务活动，通过现场走访和座谈，找准企业的痛点和难点，形成问题清单，按级上报，跟踪问题解决进度和政策落实情况。

【持续做好产业发展服务】

在开展饲料质量安全监督检查同时，湖南省饲料办积极践行服务理念，以产业发展为目标，推动产业持续健康发展。

（一）纾解湖南省饲料工业发展原料短缺之困

推动饲料原料稻谷替代玉米等工作。完成 2022 年政策性粮食成交情况反馈。组织湖南省定向饲料加工企业参加邀标定向竞价销售交易会，截至 12 月，共成交 95.4 万 t，21.1 亿元；共完成玉米、豆粕减量替代工作，据统计湖南省饲料企业使用玉米 377.0 万 t，使用小麦、政策性稻谷等替代玉米 102.9 万 t；湖南省饲料企业使用豆粕 172.4 万 t，使用鱼粉、菜粕等替代豆粕 46.7 万 t。

（二）定期开展全省饲料统计监测工作

2022 年湖南省饲料企业 413 家，持证 533 个，饲料总产量达 1 313.9 万 t，同比增长 5.2%；饲料产品总产值 513.3 亿元，同比增长 11.2%。其中猪料 862.7 万 t，同比增长 5.5%；蛋禽料 132.4 万 t，同比下降 0.9%；肉禽饲料 165.3 万 t，同比增长 2.5%；水产料 150.6 万 t，同比增长 12.6%。湖南省饲料工业总产值 529.4 亿元，同比增长 10.9%，除饲料产品产值 513.3 亿元外，饲料添加剂 16.1 亿元，同比增长 2.2%，饲料机械 0.04 亿元，同比减少 36.5%。产量产值均创历史新高。

（三）深入开展产业发展调研服务

2022 年以来，先后到衡阳、长沙、张家界等地，分别对普菲克、长沙正大、瑞星饲料生产企业等开展调研工作，通过实地查看、座谈交流等形式，在给企业开展安全生产宣贯的同时，深入了解了企业的发展现状、新发展理念、现代化的生产方式，同时勉励企业要统筹安全与发展，强化社会责任和担当，在调研过程中同步开展为企业精准服务，现场解答他们所问所需所惑。

【存在问题和不足】

（一）饲料产业竞争力仍待进一步提升

从产业化水平看，湖南省饲料企业产能利用率偏低，现有的 301 家商品饲料生产企业（不含添加剂、混添、单一饲料企业）中，只有约 169 家实际年产量在万吨以上，还有相当部分企业规模还偏小、设备陈旧、工艺落后；饲料产业结构竞争力还不是很强，除了猪饲料发展一直比较强劲外，禽饲料和水产饲料一直缺少竞争力，与畜禽养殖大省山东、水产养殖大省广东仍有不少差距。

（二）原料资源开发利用仍待进一步加强

湖南省饲料原料对外依存度高，玉米、豆粕等大宗原料全部从东北、华北和国外采购，还有部分进口的配额玉米，相对原料主产区和沿海地区的省份，原料运输成本偏高，与之竞争缺少足够的优势。特别是从 2020 年以来，玉米、豆粕供应偏紧，豆粕价格大涨，加上劳动力价格大幅上扬，政府环境调控力日益增强，行业整体盈利空间被压缩。

（三）行业话语权有待进一步加强

湖南省饲料工业一直以来在全国有着较强影响力，近几年大型饲料企业发展迅猛，目前产量超千万吨的饲料企业全国有 6 家，湖南省最大的企业产量没有超过 600 万 t 的，没有头部企业和领军人物，行业的话语权丢失，这也是外省饲料行业面临的大的问题。

【2023 年工作重点】

（一）继续抓好饲料监管监测事务性工作

在行政许可审批上，进一步优化审批服务，强化企业信用承诺事前、事中、事后监管；持续开展好全年行政监督抽查工作，拟在6月和9月分两批开展“双随机、一公开”饲料质量安全监督抽查，规范监督抽查行为，不断提升监管能力和水平，确保产品质量安全和生产安全。

（二）持续推进饲料资源等有效替代及转化利用

支持饲料企业、科研院所调整优化饲料配方结构：持续推进玉米、豆粕减量替代工作；支持饲料企业通过竞价采购政策性粮食，争取玉米进口配额；在保证安全前提下，多渠道拓展饲料原料来源，增加稻谷、转基因玉米、饲料桑、作物秸秆等地方原料和新饲草饲料资源的供给。

（三）重点培育“高端、小众”特色饲料企业

重点培育和扶持一批起点高、规模大、竞争力强的龙头企业，引导饲料企业运用生物、智能制造等新技术推动饲料工业升级，力争在饲料资源开发、微量元素和植物提取物等饲料添加剂、特色饲料产品开发利用上培育一批具有核心竞争力的“高端、小众”特色饲料企业。

（四）着力提升行业服务水平

深入开展行业调研，摸准行业发展底数，掌握行业发展动态；践行“以企业为中心”理念，着力解决饲料行业、饲料企业“急难愁盼”问题，为行业发展营造良好外部环境；定期开展饲料统计监测等服务，全面、准确、及时掌握行业发展数据，为行业管理部门决策提供基本数据支撑。

（湖南省饲料工业办公室）

广东省饲料工业

【发展概况】

2022年，广东省各级饲料管理部门认真落实农业农村部和省委省政府的决策部署，积极应对全球地缘政治、新冠疫情、原料价格暴涨等不利因素影响，加快推进饲料业转型升级，广东省饲料业保持高质量平稳发展，饲料工业总产值1 578.1亿元，同比增长2.0%。生猪饲料产量稳定，家禽饲料呈下降趋势，水产饲料稳步增长，宠物饲料增长明显。广东省饲料质量安全监管工作有序开展，省级饲料质量安全监督抽查总体合格率为98.5%。

（一）饲料产量同比小幅下降

2022年广东省饲料总产量3 527.2万t，同比下降1.3%。按照产品类型来看，非宠物类饲料中配合饲料3 434.7万t，同比下降0.9%；浓缩饲料27.8万t，同比下降34.2%；添加剂预混合饲料62.0万t，同比下降1%。按照不同养殖动物品种来看，生猪饲料1 373.7万t，同比增长4.0%；蛋禽饲料221.7万t，同比下降3.8%；肉禽饲料1 100.4万t，同比下降12.0%；水产饲料805.0万t，同比增长7.5%；反刍饲料9.3万t，同比增长18.4%；宠物饲料2.9万t，同比增长36.9%；其他饲料14.3万t，同比增长18.2%。生猪和水产饲料产量均位居全国首位。

（二）饲料原料价高供应趋紧

受俄乌战争、地缘政治和新冠疫情等影响，2022年主要饲料原料价格与2021年同期相比均处于高位，玉米、豆粕、小麦、稻谷、菜粕、棉籽粕等大部分饲料原料均处于震荡上涨趋势。玉米方面，从2022年1月份开始，玉米价格一直持续震荡上行，最高达到3 200元/t；豆粕方面，由于气候干旱、物流不畅等多种因素叠加，豆粕价格一路暴涨，从年初的3 600元/t最高涨至5 500元/t左右，2022年豆粕供应紧平衡。国家大力推行玉米豆粕减量替代行动，小麦、稻谷、菜粕、棉籽粕等饲料原料用量增加，价格也不断上涨。

（三）饲料添加剂产品需求下降

受新冠疫情影响，饲料添加剂产品市场需求减少，2022年饲料添加剂总产量21.2万t，同比下降17.9%。除了着色剂以及多糖类等其他饲料添加剂产品有小幅增长之外，其余饲料添加剂产品产量均出现不同程度的下降，特别是氨基酸类、防腐防霉剂类产量同比下降超35%，调味剂和矿物元素类产量同比下降超20%。但微生物类产品依然受热捧，产量基本与往年持平，且企业对微生物制剂类产品的投产意愿只增不减。

（四）饲料产业规模化和集中度较高

2022年广东省共有饲料和饲料添加剂企业945家，生产许可证1 181份，其中持浓配饲料证531家、持单一饲料证116家、持添加剂预混合饲料证257家、持饲料添加剂证82家、持混合型饲料添加剂证195家。按饲料厂单厂计，年产10万t以上的饲料厂128家，产量占饲料总产量的68.7%；按饲料集团企业计，年产30万t以上的集团企业21家，产量占饲料总产量的68.1%。大型企业所占市场份额已超2/3，饲料生产集中度较高。

【组织机构】

广东省农业农村厅内设畜牧与饲料处，负责拟定饲料业发展政策和规划并组织实施，承担饲料和饲料添加剂的监督管理工作。

【主要工作】

（一）积极推进豆粕减量替代

针对大宗饲料原料供需形势趋紧、原料价格不断上涨的形势，积极推动饲用豆粕减量替代：一是加强宣传引导，营造良好氛围。充分利用主流媒体平台以及主要政务工作群、企业工作群、《广东饲料》微信公众号和杂志等开展线上线下宣传，分享豆粕减量替代相关技术资料和生产实践案例，实时转播直播视频课程；组织行业专家开展下乡宣讲活动，依托“首席技师谈农技”系列直播活动，面向饲料生产企业、畜禽养殖场（户）等开展宣讲和技术指导；依托行业协会举办饲料产业科技论坛，邀请行业专家、企业代表作原料替代主题报告，推介豆粕减量替代典型案例，研讨分享减量替代技术创新，形成了良好的探索发展氛围。二是鼓励创新研发，聚焦提效减量。引导企业充分利用现有饲料资源，建立精准营养价值体系，调整优化饲料配方结构，全面推广低蛋白日粮、饲料精准配方、饲料精细加工等关键技术措施，提升饲料利用效率，降低豆粕添加比例。三是发挥自身优势，探索开源替代。依托广东省一批具有较强研发能力的科研、生产主体，充分挖掘南方农作物多样性的优势，开展地方性可利用饲料资源调查评价；在提高饲料利用率、开展低蛋白日粮技术研究等方面做大量有益探索，形成了开拓本土原料来源、有效降低豆粕用量的良性循环。

（二）着力规范饲料生产管理

印发《饲料和饲料添加剂生产许可现场审核专家管理办法》，遴选增补饲料和饲料添加剂生产许可现场审核专家，公布调整后的广东省饲料和饲料添加剂生产许可现场审核专家名单，举办饲料和饲料添加剂生产许可证现场审核专家培训班，进一步加强生产许可管理；严格落实饲料生产行政许可、产品委托备案和自由销售证明等各项管理工作。2022 年，广东省共有饲料和饲料添加剂企业 945 家，生产许可证 1 181份。共核发饲料和饲料添加剂生产许可证 370 份，其中省级 198 份、市级 126 份；市级核发批准文号 31 个；办理委托生产备案 144 批次，产品 2 504 个；办理自由销售证明 151 批次，产品 463 个。

（三）继续深化饲料“放管服”工作

持续做好饲料行政许可委托事项工作，委托 3 家符合资质的检测机构，承担广东省饲料管理行政许可所需的饲料添加剂和混合型饲料添加剂产品的主成分指标检测方法的验证工作和申请饲料添加剂产品批准文号的复核检测工作；配合数字政府建设，优化政务服务事项梳理、“双公示”、电子证照等工作；督促指导企业做好饲料添加剂预混合饲料、混合型饲料添加剂产品配方备案；统筹做好疫情防控和畜牧饲料业稳产保供工作，发放《民生保供企业资质证明》2 300 余份，审核重点农产品物资运输车辆通行证 3 500 余份，保障涉疫地区重点物资运输通畅。

（四）切实加强饲料质量安全监管

印发《2022 年饲料质量安全监管工作方案》，开展省市两级“双随机、一公开”饲料质量安全监督抽查、省级饲料质量安全风险预警监测、饲料和饲料添加剂生产企业现场检查及饲料标签专项检查等工作。2022 年，省级监督抽查饲料生产企业 193 家，饲料经营门店 38 家、养殖场（户）35 家，抽检范围涉及 15 个市，抽检项目包括质量、卫生、药物及非法添加物等 4 个方面 34 项指标。此次监督抽检共抽检各类商品饲料及自配料产品 650 批次，其中有 10 批次产品不合格，总体合格率为 98.5%。在全省范围开展饲料质量安全风险预警检测工作，共完成了 13 个地市的 249 个批次的监测。现场检查饲料和饲料添加剂生产企业 1 568 家次，发现问题 159 处，对现场检查中发现的问题提出了具体整改建议和要求，并督促企业限期整改。全省共出动执法人员 5 566 人次开展饲料标签专项检查，检查饲料生产企业、经营门店及养殖场（户）共 2 740 家次，发现饲料标签存在问题的有 49 家，均已要求限期整改。

【存在问题】

一是饲料原料对外依存度较高，即使是替代型原料依然进口占比居多，抗国际风险能力较差。原料价格大幅上涨，企业运营成本不断增加，制约了国内养殖业健康发展。二是行业监管力量薄弱。饲料生产经营监管对象品类多、分布广，监管专业技术性强，各级行业管理人员依法行政和专业水平仍有待提高。三是近年来宠物饲料市场蓬勃发展，但宠物饲料规范和标准不健全，产品质量安全监管难度大。

【下一步工作重点】

持续抓好饲料业高质量发展。一是持续推进广东省饲料业转型升级，聚焦中央“提效减量、开源替代”的总体部署，充分调动政府部门、科研院所、行业组织、企业等多方力量，形成合力，持续深入推进豆粕减量替代；二是加强饲料生产和主要饲料原料市场跟踪调度，引导企业积极应对社会、经济与自然等带来的不利影响，调整产品结构和产业链布局，整合优化存量生产能力，提升规模化、集约化水平；三是强化饲料生产管理，进一步规范饲料生产行为，严把饲料生产行政许可准入关，严格落实各项管理工作，推进“放管服”工作走深走实；四是持续强化饲料质量安全监管，开展饲料产品质量安全监督抽查、风险预警监测、现场检查、饲料标签专项检查、养殖环节“瘦肉精”专项监测等工作；五是督促指导企业加强安全生产管理，着力提升企业安全生产管理水平。

（广东省农业农村厅）

广西壮族自治区饲料工业

【发展概况】

2022年，广西壮族自治区各级农业农村部门深入学习贯彻落实党的二十大精神和习近平总书记对广西的系列重要指示批示精神，按照中央和自治区关于“三农”工作的重要决策部署，扎实开展各项工作，取得了较好成效。据统计，2022年广西饲料和饲料添加剂生产获证企业364家，饲料工业总产量2 024.3万t，居全国第3位，其中猪料1 238.6万t，居全国第2位，产值758.1亿元，全国排名第3位。有力地支撑了广西畜牧渔业高质量发展，肉类总产量454.9万t，增长3.2%，猪肉、牛肉和羊肉产量增幅分别高于全国2.5、3.5和5.4个百分点；水产品产量363.8万t，增长3.1%。

【发展特点】

（一）产品结构更加合理

在产品类别上，配合饲料1 992.4万t，占饲料产量的98.4%；浓缩饲料17.9万t，占饲料产量的0.9%；预混合饲料14.0万t，占饲料产量的0.7%。在产品系列上，猪料产量1 212.8万t，占饲料产量的60.9%；肉禽料产量618.5万t，占饲料产量的31.0%；蛋禽料94.3万t，占饲料产量的4.7%；水产料产量62.8万t，占饲料产量的3.2%。

（二）产业集中度稳步提高

年产量50万t以上的企业有7家，产量占全区饲料总产量的63.6%；年产量10万t以上的企业有78家，产量占全区饲料总产量的82.3%。力源集团成为广西本土第一家饲料年产销量超千万吨的企业，集团在全国拥有200多家成员企业，业务稳健提高，员工1.4万人，人均年收入超过8万元，2022年企业实现利税20亿元，取得了历史性的突破。全年实现销售收入488亿元，同比增长24%，饲料产销1 095万t，同比增长13.7%。肉猪上市195万头，同比增长32%，其中广西160万头，占比81.8%，肉鸡出栏6 137万羽，同比持平。2022年力源肉猪出栏量位居中国第19位，成本位居行业前列，全年头均盈利约600元。粮油食品板块销售收入8.5亿元，同比增长22%的生鲜超市近150家，总体实现产量和利润双增长目标。预计2023年饲料产销量1 250万t，肉猪出栏260万头，集团产值突破500亿元。

（三）产品质量继续保持高水平

2022年共抽查饲料和饲料添加剂生产、经营企业和养殖场（户）690家，抽检饲料和饲料添加剂产品1 089批次，合格率99.3%。商品饲料已连续多年未检出违禁药物，生猪尿样中“瘦肉精”等违禁药物检出率为零。

（四）饲料产业链加速延伸

紧密结合“一带一路”倡议，南宁泰联淀粉有限公司、南宁市金旭阳淀粉有限公司等8家饲料添加剂企业充分利用东南亚国家木薯资源生产饲料添加剂预糊化淀粉，南宁市泽威尔饲料有限公司生产的饲料添加剂有机微量元素借助技术优势其产品远销全球。桂林力源食品集团有限公司、广西扬翔股份有限公司和广西大富华农牧集团等通过不断推进“龙头企业＋规模养殖场（家庭农场）”产业化经营模式，发展畜禽养殖、屠宰加工和食品配送全产业链，企业不断发展壮大。

【主要工作】

（一）强化饲料质量安全监管

按照《自治区农业农村厅关于印发2022年全区饲料质量安全监管工作方案的通知》（桂农厅办发〔2022〕43号）要求，一是开展饲料质量安全监督抽查。全年共抽查饲料和饲料添加剂生产、经营企业和养殖场（户）690家，抽检饲料和饲料添加剂产品1 089批次，合格率99.3%。二是开展饲料质量安全风险预警。开展风险预警监测 164 批次，其中色素 27 批次，非法添加物筛查 100 批次，真菌毒素 37 批次，有 27 批次样品存在风险，占总数 16.5%。三是开展养殖环节"瘦肉精"专项监测。抽查 1 844 个养殖场（户）生猪、牛、羊尿样 6 233 批次，合格率 100%。四是组织开展了全区饲料和饲料添加剂生产企业现场检查，对 30 家饲料和饲料添加剂生产企业安全生产、设备设施、人员素质、日常管理、质量控制等方面进行全面检查，对 8 个监督抽检不合格产品和 23 家企业 92 项监督检查存在的问题进行了通报，督促企业落实整改，及时消除质量安全隐患。五是开展混合型饲料添加剂生产企业专项检查，对 13 家混合型饲料添加剂生产企业进行突击检查，抽取 30 批样品开展抗菌药物非法添加物筛查，在 8 批样品中检出不允许添加的兽药，打击了混合型饲料添加剂企业违规生产非混合型饲料添加剂产品，或以混合型饲料添加剂的名义生产假兽药的行为。六是开展了全区饲料执法检查，出动执法人员 8 427 人次，检查饲料生产企业 938 家次，饲料经营企业 1 726 家次，养殖场（户）4 015 家次，查处问题 15 起，涉案金额 10.4 万元。

（二）加强生产企业的准入管理和证后监管

根据有关法律法规规定，完善《广西壮族自治区饲料和饲料添加剂生产许可审批程序》《广西壮族自治区饲料添加剂产品批准文号核发程序》2 项许可审批项目，及时将《饲料质量安全管理规范》的相关条件纳入饲料生产许可审核内容。2022 年共核发 66 家饲料和饲料添加剂生产许可证，核发饲料添加剂企业 26 个。加大对获证生产企业日常监管力度，结合安全生产工作，对饲料生产企业实行全覆盖现场检查，杜绝许可证失效企业转为地下工厂，全年注销 18 张饲料和饲料添加剂生产许可证。

（三）深入排查饲料和饲料添加剂生产企业安全生产隐患

一是印发《关于开展 2022 年全区畜牧兽医行业安全生产隐患排查整治的通知》，要求全面排查畜禽养殖场、饲料兽药生产企业、畜禽屠宰企业等安全生产重点区域的数量，摸清并及时排除安全生产事故风险隐患点；二是印制《有限空间作业风险防控》《有限空间作业安全知识》《粉尘防爆知识》宣传挂图 4 万份；三是进一步增强畜牧兽医行业安全生产责任意识，提高安全生产监管水平，举办全区畜牧兽医行业安全生产管理视频培训班 1 期；四是组织督导检查组深入 52 家饲料生产企业开展安全生产隐患排查和安全防范责任措施落实情况督导检查；五是组织制定《畜牧饲料行业生产安全事故应急预案》，全面落实警示标识制度，有效防范和遏制有限空间作业和粉尘爆炸等安全生产的事故发生。

（四）全面推进豆粕减量替代行动

组织召开低蛋白日粮玉米减量替代技术座谈会，邀请专家做技术报告，为 14 家大中型饲料生产企业提供技术方法和方案。举办豆粕减量替代应用技术培训班，组织参加线上玉米豆粕减量替代精细加工论坛，推广新型日粮配方和多元化饲料精细化加工技术，加快推进玉米豆粕减量替代。推动广西华港农牧发展有限公司和中国农业科学院饲料研究所饲料精准配方与精细化加工项目合作，优化饲料配方结构，推进饲料资源的高效利用和饲料加工的提质增效。推进地源性农副产品如马铃薯、甘薯、木薯、桑叶、全株玉米和牧草等作物以及果蔬、糟渣等农产品加工副产物加工技术，积极开辟新饲料资源。2022 年全区配合饲料和浓缩饲料中豆粕用量占比 13.0%，低于全国 1.47 个百分点。

（五）抓好饲料行业的基础性及服务工作

一是加强组织领导实现饲料统计全口径填报、审核、上报，为政策决策分析提供数据支撑；二是积极主动与发展改革委、税务、财政、工信等部门沟通，协调继续给予广西饲料工业享受西部大开发鼓励类产业税收优惠，从政策角度减少企业成本，营造良好营商环境；三是组织饲料生产经营养殖企业参加广西饲料工业协会组织的各种形式的研讨会、技术讲座、法规培训；四是积极为桂林力源集团、海大集团、新希望集团等大型饲料企业在省内外的扩张，寻求合作伙伴牵线搭桥，积极为区外饲料企业在区内的发展提供帮助。

【存在问题】

一是要素制约越发凸显。从全国看，玉米、豆粕等主要饲料原料供应呈现紧张态势。据有关研究机构测算，2022 年我国粮食消费量 8.3 亿 t，粮食产量 6.9 亿 t，其中饲料量消费约 3.8 亿 t，占粮食消费总量的 46%。而我国粮食产量只有 6.8 亿 t，缺口约 1.4 亿 t。根据海关总署数据，2022 年我国粮食进口量 1.5 亿 t，其中大豆和玉米居前两位，分别达到 9 108 万 t和 2 062 万 t，合计占比高达 76%。受俄乌冲突影响，玉米、大豆进口价格持续上涨，玉米平均进口价格为 0.34 美元/kg，较 2021 年的 0.28 美元/kg 上涨了 22.0%；大豆平均进口均价为 0.67 美元/kg，同比上涨了 21.2%。从广西看，自治区是粮食供应平衡省份，口粮基本自给，饲料粮基本靠调入。2021 年调入粮食 1 400 万 t，净增 80 万 t，调入量大于生产量，粮食调入量排全国第五位。二是质量安全要求更严。食品安全关系广大人民群众身体健康和生命安全，是影响国计民生的大事。党中央、国务院高度重视，要求全面落实“四个最严”，要以“时时放心不下”的责任感，坚决筑牢食品安全每一道防线，确保人民群众“舌尖上的安全”。饲料是动物的食品，饲料质量安全是动物产品质量安全的前提和保障，也是食品安全的源头和基础。近年来，尽管广西饲料和饲料添加剂产品抽检合格率保持在较高水平，但质量安全的风险和隐患依然存在。在生产环节上，一些中小饲料企业管理粗放，整体装备和加工工艺相对落后，饲料产品卫生指标超标、不规范使用添加剂和违禁添加物等风险因素依然存在；在经营环节上，一些饲料和饲料添加剂经营企业生产经营档案不规范、不健全，自我管理能力不足，发生产品质量安全问题后难以追溯；在流程环节上，制售假冒伪劣饲料、无证生产饲料等问题依然无法杜绝。三是市场竞争更加激烈。大型饲料生产企业在采购成本控制、质量安全控制、品牌建设等方面体现出更为明显的优势，整个饲料产业正呈现出加速洗牌的趋势。小型饲料生产企业分散式、局部化的经营模式受到了较为严重的冲击，饲料生产条件差、专业人才不足、创新能力不够、生物安全管理能力弱的小型饲料生产企业面临更大的竞争压力。

【下一步工作思路】

（一）全面推进豆粕减量替代行动

2022 年 4 月，农业农村部印发《饲用豆粕减量替代三年行动方案》，提出“提效、开源、调结构”的技术路线和到 2025 年豆粕用量占比 13%的行动目标。广西要坚决贯彻落实农业农村部的决策部署，按照要求，结合自治区实际，制定行动方案，分解落实工作任务，列入重点工作，扎实有效推进。

（二）继续强化饲料和饲料添加剂质量安全监管

根据广西历年饲料质量安全监管工作中发现的新风险因子、饲料质量安全案件查处发现的问题以及举报线索等情况，结合相关舆情，重点开展违禁药物、未知添加物等风险物质排查，加快构建非法添加物筛查谱库，对于存在较大风险的饲料和饲料添加剂产品及时开展专项监督，要确保饲料质量安全监督抽检合格率在 99%以上，不发生大规模质量安全事故。

（三）深入开展饲料和饲料添加剂生产企业安全生产整治

安全生产“万无一失，一失万元”，要时刻绷紧安全生产这根弦，拧紧扣牢安全生产责任链条。要督促生产企业严格按照《饲料加工系统粉尘防爆安全规程》和《严防企业粉尘爆炸五条规定》，落实安全生产主体责任。落实好安全生产“三个必须”和“属地管理”职责，切实增强安全防范意识，对重点企业、重点环节组织开展排查，彻底清查事故隐患，堵塞安全生产漏洞。

（四）更好为行业发展做好服务

贯彻中央关于深化“放管服”改革要求，从简政放权入手，推动“放管服”结合、优化服务，激发市场活力。推行“双随机、一公开”和“互联网＋监管”，要创新服务方式，提高办事效率。审批环节要简洁，流程要清晰，要求要具体，时限要明确，让市场主体便利快捷办事、办成事。

（广西壮族自治区农业农村厅）

海南省饲料工业

【发展概况】

2022年，在农业农村部指导下，按照省委、省政府的部署要求，认真贯彻落实《农业农村部办公厅关于印发2022年饲料质量安全监管工作方案的通知》（农办牧〔2022〕6号）工作要求，加快推动海南省饲料工业转型升级，不断加强服务保障，进一步规范饲料企业安全生产，海南省饲料生产保持良好态势，有力支撑现代畜牧业发展。

截至2022年底，海南省共有饲料生产企业57家，其中配合饲料生产企业31家，预混合型饲料添加剂生产企业12家，添加剂预混合饲料生产企业1家、饲料添加剂生产企业3家，单一饲料生产企业10家。2022年饲料总产量338.1万t，总产值145.7亿元，同比分别增长4.2%和22.6%。其中配合饲料338.0万t，同比增长4.23%，添加剂预混合饲料859.5t，同比下降22.4%。

【组织机构】

海南省农业农村厅畜牧兽医处主要职能为起草全省畜牧业、饲料（草）业发展政策，规划并组织实施。监督管理畜牧业生产和饲料（草）业生产经营、饲料及其添加剂质量安全。

海南省动物疫病预防控制中心（海南省兽药饲料监察所）主要职能为承担农业农村部和省农业农村厅下达的各类产品抽样监测计划和省兽药饲料产品质量安全监督、检验、技术仲裁及提供监管技术支撑等工作。

【主要工作】

（一）持续推动抓好饲料企业稳定发展

按照农业农村部和省委、省政府的部署，积极协调各有关部门，及时快速有效抓好饲料企业生产稳定工作，确保全省畜禽养殖饲料有效供给。根据海南新冠疫情防控政策要求，“一手打伞，一手干活”，有针对性地指导企业及时做好各项工作，确保养殖企业饲料供需平衡发展。针对新冠疫情带来饲料运输阻断、人员流动受阻等情况，及时与交通、市场、粮食等有关部门协调，加强与上级和下级之间沟通，利用网络传媒等手段，快速通知发文出台政策，采取一切有效措施快速有效化解各种困难，保证饲料企业正常生产经营，确保企业正常生产。

（二）抓好饲料监督抽查工作

根据农业农村部的要求，结合海南省实际，制定印发了《农业农村部办公厅关于印发2022年海南省饲料质量安全监管工作方案的通知》（琼农字〔2022〕103号），对所有企业实施抽检，同时进行监督检查，不断增强饲料企业自律意识，提高企业规范管理水平。2022年海南省18市县（三沙市除外）饲料管理部门按照文件要求统一部署，在145家次企业抽检各类饲料产品204批次，开展饲料产品质量安全监测，检测合格201批次，合格率98.5%，较2021年提高3.4%。将抽检发现的问题线索移交属地执法局，确保执法全覆盖，严厉打击了生产、经营、使用不合格饲料等违法违规行为，有效规范了饲料生产经营行为，为海南省畜牧业质量安全提供了有力保障。

（三）组织开展“瘦肉精”专项整治行动

共抽检牛羊养殖场（户）155家，开展“瘦肉精”专项监测，现场检测牛羊尿液样品632头份，结果均为阴性。抽取20批次饲料添加剂与混合型饲料添加剂产品，开展土霉素、金霉素、“瘦肉精”等药物风险监测，全部合格。

（四）抓好饲料标签专项检查

根据农业农村部文件要求，组织部署开展饲料标签专项检查，明确了目标任务，压实企业主体责任，确保各项工作落到实处。一是开展自查自纠。在12月底前各市县组织饲料企业开展饲料标签规范性行动，对照饲料标签有关法规标准，对其生产的饲料、饲料添加剂和饲料原料等产品标签进行对照自查，及时修改纠正标签中的不规范标示情况。二是实施专项检查。为抓好饲料标签专项检查工作，结合畜牧领域的安全生产和执法检查组织开展了 2 次饲料标签检查，在专项检查中发现违法违规行为的，依法依规处理，并抽取 20 个饲料标签报寄送国家饲料质量监督检验中心（北京）检查标签标示的相关内容，其中包括饲料生产企业 2 家 4 个产品标签，经营企业 16 家 16 个产品标签。

（五）抓好饲料安全生产工作

根据海南“安全生产三年行动规划”要求，周密部署 2022 年饲料行业安全生产工作。一是抓好 2022 年“安全生产月”活动。按照《海南省农业农村厅办公室关于印发 2022 年海南农业“安全生产月”和“安全生产万里行”活动方案的通知》（琼农办〔2022〕90 号）文件要求，紧紧围绕“遵守安全生产法，当好第一责任人”为主题，扎实开展各项工作，开展培训宣传教育活动 40 余次；发放宣传资料 1 万余份；发送微信、短信 1 万余条；参与活动宣传教育人员近 600 人次，不断强化饲料行业人员安全意识。二是持续开展饲料企业粉尘防爆整治和危险化学品专项治理活动，积极抓好日常检查巡查，重点检查了海口、儋州、澄迈、定安、文昌等市县饲料生产经营企业 58 家次，不断完善企业安全管理台账，强化饲料企业安全生产措施，及时排查隐患，压实属地监管责任和企业主体责任，进一步加强企业生产安全“主人翁”意识，确保全省饲料企业生产安全和质量安全。

（六）抓好饲料工业统计工作

按照农业农村部畜牧兽医局工作要求，抓实抓细饲料统计工作，加强饲料统计队伍建设，保证按时完成月报、季报、年报统计任务。同时适时完成农业农村部畜牧兽医局调度调查饲料原料和饲料产品价格工作，及时提供客观准确的数据，为全国畜牧业大数据宏观调控提供有力支撑。

【存在问题】

（一）饲料产品个别卫生指标问题突出

2022 年饲料抽检不合格主要体现在个别产品铜、锌超标，反映了部分企业饲料产品生产控制微量元素铜、锌不够，存在一定质量安全隐患。

（二）进一步规范饲料标签和监督管理

从监督抽检和日常检查工作中，发现饲料经营环节有的饲料添加剂、混合型饲料添加剂、中药饲料原料等饲料产品标签参差不齐，存在防病治病作用等内容不规范情况；个别混合型饲料添加剂生产企业的产品标签标示的指标含量与企业标准不一致。

【下一步工作思路】

（一）推进饲料行业高质量发展

要按照建设海南自由贸易港要求，优化服务条件，推进海南大型饲料企业科技创新发展，不断提高饲料行业发展现代化水平，增强饲料产品质量，进一步规范行业市场秩序，提升全省饲料企业竞争力。

（二）强化《规范》执行工作

2023 年要加强宣传培训教育工作，加大日常服务指导力度，监督检查饲料企业落实好管理制度，规范企业生产行为，提高饲料企业管理能力，提升饲料质量安全水平。

（三）抓实饲料质量安全工作

按照农业农村部部署，抓好 2023 年饲料监督监测工作，继续加强自配料监测，落实跟踪监测，特别是国家实行禁抗药后，重点监测饲料添加剂饲料企业，严厉查处违规行为，确保饲料质量安全。

（四）加强安全生产管理工作

按照省委省政府安全生产三年整治计划，抓好饲料企业粉尘防爆专项治理和危险化学综合治理工作，注重日常安全生产监督检查，压实责任，强化落实，消除安全隐患，确保饲料行业生产安全。

（五）抓好饲料统计工作

按照上级饲料统计工作要求，根据海南省饲料形势发展，加强饲料统计队伍建设，认真完成海南省饲料统计工作，确保按时完成各项统计任务。

（海南省农业农村厅畜牧兽医处）

重庆市饲料工业

【发展概况】

2022年，重庆市围绕饲料企业生产安全主线，积极应对百年不遇严重干旱、产业产能受限以及市场波动加剧等不利因素，引导企业优化产品结构和产业布局，加快转型升级，重庆市饲料工业在产业规模、产业集中度、产品质量、科技创新等方面都有所突破，确保了饲料质量安全和行业健康有序发展。

2022年，重庆市饲料工业总产值184.1亿元，同比增长14.2%；总营业收入179.6亿元，同比增长14.0%。其中，饲料产品产值178.5亿元，营业收入174.2亿元，同比分别增长13.7%、13.6%；饲料添加剂产品总产值5.6亿元，营业收入5.3亿元，同比分别增长31.1%、27.4%。2022年重庆市工业饲料总产量446.6万t，同比增长3.7%。其中，配合饲料产量419.3万t，同比增长3.4%；浓缩饲料产量23.9万t，同比增长5.4%；添加剂预混合饲料产量3.3万t，同比增长49.3%。分品种看，猪饲料产量315.2万t，同比增长6.8%；蛋禽饲料产量43.0万t，同比增长5.4%；肉禽饲料产量60.2万t，同比下降6.8%；水产饲料产量21.2万t，同比下降5.2%；反刍动物饲料产量2.0万t，同比增长8.1%；其他饲料（主要为兔饲料）产量4.9万t，同比下降12.4%。从销售方式看，散装饲料总量155.0万t，同比增长30%。饲料添加剂产量4.7万t，同比增长21.0%。其中，单一饲料添加剂产量2.9万t，同比增长72.0%；生产混合型饲料添加剂产量1.8万t，同比下降18.5%。重庆市10万t以上规模饲料生产厂13家，其饲料产量257.5万t，占重庆市饲料总产量的50.7%；5万t以上规模饲料生产厂28家，其饲料产量336.3万t，占重庆市饲料总产量的75.3%。重庆市首次出现年产量超过30万t饲料生产企业，该企业产量同比增长29.4%。

【组织机构】

重庆市饲料工业办公室于1986年正式成立，挂靠市农办。1996年转到市农业局后改为市农业局内设机构。2000年机构改革时不再是市农业局单独的内设机构，改为挂靠重庆市农业局畜牧兽医处。2005年重庆畜牧兽医体制改革，畜牧兽医处分为畜牧处和兽医处，重庆市饲料工业办公室挂靠在畜牧处。2008年成立市农委后，又挂靠在重庆市农委畜牧业发展处。2018年机构改革成立重庆市农业农村委员会，相关职能并入畜牧业处。

【主要工作】

（一）压缩审批时间，提高审批效率

切实推进行政审批数据在各个领域场景应用，进一步深化“放管服”改革精神，实现更大程度的“减证便民”。依托重庆市“渝快办”政务服务平台，积极推进电子证照应用，持续优化饲料生产审批服务，在行政许可上减环节、减材料、减时限，服务便捷度、企业和群众获得感与满意度明显提升，“川渝通办电子证照”互认共享工作取得初步成效。严格按照《饲料和饲料添加剂管理条例》及相关规章要求严把准入条件，对不符合许可条件要求的，按审核意见落实整改，坚决淘汰质量安全和生产安全无保障的小、散、乱落后产能。督促指导企业做好添加剂预混合饲料和混合型饲料添加剂产品的备案管理工作。

（二）加强日常监管，强化属地责任

2022年，根据农业农村部统一安排部署，开展了饲料质量安全监管专项行动，重点检查饲料生产企业采购的饲料原料、饲料添加剂、药物饲料添加剂等，是否遵守国务院农业行政主管部门的有关规定组织生产。同时要求区县管理部门切实加强对饲料生产、经营和使用环节的监管，采取定期检查和不定期抽查相结合的方式，对使用饲料原料目录、饲料添加剂品种目录和药物饲料添加剂品种目录以外物质进行生产的，销售无生产许可证、无生产厂家、无产品批准文号的“三无”产品及拆包、分装和添加其他物质再加工等不法行为进行严厉查处，从而实现对饲料生产企业从原材料采购到生产、销售过程的全程监管，确保上市销售的饲料产品质量安全。按照“双随机、一公开”要求开展日常监管巡查，对企业执行《饲料质量安全管理规范》情况进行逐条比对检查，严肃查处违法违规行为。2022 年共出动执法人员 6 542 人次，检查生产企业 106 个，检查经营门店 1 458 个，检查畜禽养殖场（所）15 896 个。

（三）提高监测频次，落实检打联动

结合重庆市畜禽养殖和饲料生产企业分布情况，突出重点区域、重点环节和重点产品，强化对饲料经营和使用环节的监测。下发饲料质量安全监测计划的通知，对饲料产品质量安全监测 500 批次，重点监测卫生指标、违禁添加物和主要营养指标，合格率达 99%，饲料产品合格率常年保持较高水平，连续多年未检出违禁添加物。在活畜养殖、运输、交易、屠宰环节开展“瘦肉精”专项监督抽检，共检测 5 620 余份次，未检出“瘦肉精”。2022 年，共立案查处 9 起饲料违法违规案件，罚没 7.2 万元，没收不合格饲料产品 1.0t。

（四）开展饲料法规宣贯，及时报送行业信息数据

联合饲料工业协会组织举办饲料行业法规培训宣传，通过发放宣传资料，现场咨询、答疑，播放影像资料等多种形式，大力宣传《农产品质量安全法》《饲料和饲料添加剂管理条例》等法律法规，有效提高了饲料生产、经营和使用企业的遵纪守法意识。落实专人负责饲料工业统计工作，对饲料生产数据的统计分析运用工作，通过网络上报农业农村部的生产数据的饲料企业占总企业数的 100%。

【存在问题】

一是区县饲料管理部门设置不健全，缺人、缺经费、缺手段，造成部分地方、部分环节管理“真空”，监督、服务不到位，造成工作主动积极性不高，管理连续性脱节。二是《饲料质量安全管理规范》推进不平衡，与上级的要求有差距。三是养殖者使用自配料随意性大，超范围、超剂量、违规添加兽药的情况时有发生，自配料仍是监管的难点和薄弱环节。四是饲料行业整体素质不高，企业质量安全意识有待加强。

【下一步工作思路】

一是加快实施转型战略，突破惯性思维，积极进行全产业链布局，推动种养一体、一二三产业融合发展，把互联网思维、互联网手段融入企业业务流程中去，利用新动能助推产业升级。以安全、高效、生态发展为引领，在精准配方、资源高效利用、抗生素减量使用、粪污减量排放等方面加大技术攻关力度，更好服务农牧业绿色发展，服务养殖业提质增效，服务农牧民增收致富。二是切实推进豆粕减量替代。树立大食物观，以低蛋白、低豆粕、多元化、高转化率为目标，统筹利用植物动物微生物等蛋白饲料资源，推行提效、开源、调结构等综合措施，加强饲料新产品、新技术、新工艺集成创新和推广应用，引导饲料养殖行业减少豆粕用量，促进饲料粮节约降耗。

（重庆市农业农村委畜牧业处）

四川省饲料工业

【发展概况】

2022年，四川省饲料行业克服生猪市场大幅波动、原料价格高位运行等因素影响，行业生产保持总体稳定。工业饲料总产量1 439.1万t，稳中略增；饲料工业总产值633.1亿元，同比增长7.7%。从饲料种类来看，配合饲料1 355.8万t，同比下降0.3%；浓缩饲料48.9万t，同比增长9.3%；添加剂预混合饲料32.7万t，同比增长3.1%。从饲料品种来看，猪饲料978.1万t，同比下降1.7%；禽饲料356.0万t，同比增长3.1%；水产料72.6万t，同比增长9.7%；反刍料17.6万t，同比增长14.8%；宠物饲料1.8万t，同比增长14.1%；其他13.1万t，同比减少14.4%。2022年共监督抽检饲料样品1 460批，产品质量合格率99.2%，未检出"瘦肉精"、三聚氰胺等违禁物质。

截至12月底，四川共有饲料和饲料添加剂生产企业529家，其中取得配合饲料、浓缩饲料、精料补充料生产许可证企业281家，添加剂预混合饲料生产许可证企业103家，饲料添加剂生产许可证企业73家，混合型饲料添加剂生产许可证企业77家，单一饲料生产许可证企业86家。

【主要工作】

（一）严格许可评审，严把事前准入

认真执行国家规定的饲料生产许可条件，将行业管理规范、安全生产、环境保护等相关要求纳入许可审核内容。2022年，四川省共开展饲料生产许可书面评审154件，现场评审127家（次），合格率分别为90.3%和84.3%。

（二）推进规范实施，强化事中控制

深入推进《饲料质量安全管理规范》实施，以生产许可技术评审现场核查、日常监督检查和"双随机、一公开"联合检查为抓手，对饲料生产企业执行《饲料质量安全管理规范》情况进行全面检查，有效落实企业主体责任，强化企业原料管控和生产过程控制，保障饲料产品供给质量，不断强化饲料质量安全事中监管。

（三）严格检打联动，强化事后监管

一是强化监督抽查。制定下达四川省饲料监督抽查计划，以2021年度被部省通报有不合格产品的、有信访投诉的、有其他违法行为的企业为重点，加大监督检查力度。监督抽检实行生产环节"全覆盖"；针对行业新情况、新问题，组织开展饲料风险监测，2022年共计监测相关样品110批次，其中不合格产品12批次，发现阿苯达唑、乙酰甲喹、对乙酰氨基酚等高风险危害因子13项；开展抗生素类药物专项抽检200批次，发现不合格样品1批次，合格率99.5%。二是严格检打联动。联动厅综合执法监督局，组织对2022年饲料质量安全监督抽检不合格产品进行严肃查处，依法注销24家饲料生产企业的生产许可证。三是严格执行"两个名单"制度。按照"四川省饲料兽药生产企业重点监控名单和黑名单制度"规定，对生产不合格饲料产品的3家饲料生产企业予以警示备案，向企业发出警示函，并监督落实整改措施。

（四）深化安全生产监管

牢牢把握影响行业安全生产的重点环节，切实加强安全生产指导和监督，坚决防范各类安全生产事故发生。一是按照《四川省农业农村厅关于全面开展农业行业安全生产大检查的通知》要求，组织对成都、眉山、乐山、遂宁等地饲料生产企业开展安全生产专项检查。二是结合饲料许可审核、监督抽查、农资打假督查和下沉一线调研等工作，对达州、资阳、遂宁、攀枝花、德阳等地饲料生产企业开展安全生产指导。三是按照《四川省2022年度省本级部门联合双随机抽查计划》《2022年饲料兽药生产企业"双随机、一公开"联合检查工作方案》要求，联合省应急管理厅对绵阳市和内江市20家饲料兽药生产企业安全生产措施落实等情况进行联合检查，对发现的问题全部督促企业完成整改。四是针对在四川省安全生产大检查“回头看”中被通报的饲料生产企业安全生产问题隐患，派出检查组进行现场核查，指导企业落实整改措施。举一反三，开展全省饲料生产企业安全生产大检查，进一步督促企业落实安全生产主体责任，对发现的问题逐项落实整改责任人、整改措施、整改时限、整改要求，确保相关问题隐患按期整改到位，全省饲料行业无重特大安全事故发生。

（五）积极推进饲料用玉米和豆粕减量替代

积极推进饲料用玉米和豆粕减量替代，助力打造更高水平天府粮仓。深入饲料原料、饲料加工企业及高等院校开展“玉米豆粕减量替代应用情况”调研，深入了解四川省玉米豆粕减量替代现状以及替代应用技术方案研发和储备情况；组织饲料管理人员、许可审核委专家和企业相关人员参加农业农村部召开的“豆粕减量替代行动工作推进视频会”，新希望六和股份有限公司代表四川企业在会上作经验交流；引导企业积极参与全国“豆粕减量替代及新型蛋白原料应用技术方案”征集活动，新希望六和股份有限公司“猪禽多元化日粮应用”、四川铁骑力士实业有限公司“杂粮杂粕原料精细加工利用”模式入选农业农村部“饲料中豆粕减量替代典型案例”。

（四川省农业农村厅）

贵州省饲料工业

【发展概况】

2022年贵州省饲料行业认真贯彻落实《饲料和饲料添加剂管理条例》《饲料和饲料添加剂生产许可管理办法》及配套法规，依法开展饲料行政许可工作。强化饲料质量安全监管，持续开展饲料产品监督抽检及饲料生产经营及使用现场检查，严厉打击伪劣假冒、违法违规使用饲料和饲料添加剂行为，多措并举，全力促进饲料行业持续、健康发展。贵州省现有饲料及饲料添加剂企业107家，108个生产许可证（其中1家有2个证书），其中，配合饲料、浓缩饲料、精料补充料88家，单一饲料7家，饲料添加剂9家，混合型饲料添加剂2家，添加剂预混合饲料2家。2022年饲料工业总产值183.4亿元，同比增长20.4%；工业饲料总产量392.5万t，同比增长9.3%。按类型分，配合饲料334.9万t，同比增长9.5%；浓缩饲料57.3万t，同比增长7.7%。按品种分，猪饲料313.9万t，同比增长10.7%；蛋禽饲料24.0万t，同比下降19.6%；肉禽饲料37.5万t，同比增长8.4%；水产饲料1.5万t，同比增长57.2%；反刍动物饲料13.6万t，同比增长26.6%；其他饲料2.6万t，同比增长1 521.2%。

【组织机构】

因机构改革，原贵州省农业委员会草业饲料处和畜牧处，合并为贵州省农业农村厅畜牧发展处，正处级行政单位，在编4人。主要职能为从事贵州省畜牧业、饲料行业、畜禽粪污等监管与服务。贵州省9个市（州）农业农村行政管理部门均有饲料管理部门。本省辖区有省级饲料检测机构1家，市（州）饲料质检机构2家，7个市（州）无饲料质检机构，县级均无饲料质检机构。

【主要工作】

（一）开展饲料产品监督抽检

印发《2022年全省饲料质量安全监管工作方案》《2022年全省饲料产品质量安全监测计划实施方案》《2022年全省禽饲料中非法着色剂专项监测计划实施方案》《2022年全省饲料安全预警监测计划实施方案》《2022年饲料应急任务监测计划实施方案》。省级饲料质量安全监督抽检任务150批，完成151批，合格率96.7%；市级饲料质量安全监督抽检完成抽检1 030批次，合格率99.32%。

（二）开展专项监督检查

印发《省农业农村厅办公室关于进一步加强全省饲料质量安全监管工作的通知》，组织各地开展辖区内饲料和饲料添加剂生产企业现场检查，确保辖区内所有生产企业每年至少接受一次检查。省级对生产经营企业、饲料门店、养殖场进行明察暗访，严厉打击伪劣假冒、违法违规生产、经营及使用饲料产品。一是开展饲料标签专项检查。组织开展饲料标签规范性自查自纠行动，加强饲料标签监管制度宣贯，省级开展了59个饲料标签现场检查，重点检查对其生产的饲料、饲料添加剂和饲料原料等产品标签，发现饲料产品中含有在商品饲料中允许添加的抗球虫类药物和中药类药物的，督促指导饲料生产企业依据《饲料标签》国家标准第1号修改单进行修改，并指导饲料、饲料添加剂企业按照国家标准规范使用标签，贵州省饲料和饲料添加剂生产企业已全部完成自查。二是开展随机抽查。10月25日至12月15日，按照“双随机、一公开”要求，开展饲料企业现场检查5家，对检查发现的问题要求企业限时整改。同时，在检查经营门店及养殖场（户）时，也对经营使用的饲料产品及自配料进行了检查。

（三）加强审批服务

一是贵州省饲料行政审批权限已于2022年7月

从各市（州）人民政府农业行政管理部门收回到省级人民政府农业行政管理部门。为做好此项工作，严格按照《饲料和饲料添加剂管理条例》及相关法律法规，严把行政许可审核关，把《饲料质量安全管理规范》纳入许可的必要条件，确保行政许可程序合法、饲料生产企业条件合格。2022 年完成 54 家企业设立、续展、变更、注销等工作。

二是根据《饲料和饲料添加剂管理条例》《饲料添加剂安全使用规范》《兽药管理条例》《中华人民共和国农业农村部公告第 307 号》《国家发展改革委关于调整销售电价分类结构有关问题的通知》等规定，结合贵州省实际，省农业农村厅、省发展改革委研究制定了《贵州省饲料自产自用证明工作指引》。对符合自用料生产企业相关规定的，从 2022 年 12 月 1 日起电网公司对该类企业执行农业生产用电价格。

（四）强化检打联动

对监督抽检出不合格产品的，委托检测机构在完成异议处理后，第一时间上报并反馈当地饲料管理部门，各地在收到不合格检测结果后，及时组织立案处罚，并上报处罚结果，严厉打击违规违法添加行为。

（五）加强饲料工业统计填报和审核

严把数据质量关，实行“省—市—县—企业”逐级负责制和通报制，要求各市（州）饲料管理部门及生产企业明确安排专人负责统计报表，督促指导企业每月按时上报、全口径监测，按时完成中国饲料工业信息统计系统报表月报及审核工作。同时，对市（州）管理部门及企业审核、填报过程中常见的问题进行指导，提高数据准确性和逻辑性。

【存在问题】

一是饲料标签不规范。检查中发现，部分饲料标签标示内容不符合规定。部分企业标签和标准不一致，标识不清楚。二是基层饲料质量安全监管监测力量不足。贵州省县级均无监测检测机构，只能送到有资质的检测机构或者第三方检测，从饲料产品质量安全监督抽查来看，禽料中非法着色剂柠檬黄、自配料中霉菌毒素超标比较突出。三是饲料生产经营环节监管执法困难。贵州省饲料生产企业区域性供给不协调，贵州 46％的饲料企业集中在贵阳，其中修文县就有 19 家，企业分布过于集中，经营店较多，其他市（州）则较少，饲料生产经营环节监管执法困难，经营场所存在饲料分装、拆包现象。

【下一步工作思路】

将继续做好饲料质量安全监管监测工作，坚持依法治饲、安全优先，着力抓好行政许可、日常监管、安全监测、监督抽查等重点工作。一是开展监督抽检。年初制定监督抽检方案，按照方案要求，继续做好饲料质量安全监督抽检工作，确保贵州省饲料产品质量安全。二是开展专项检查。按照权责清单及“双随机、一公开”要求，将日常监管与专项整治相结合，开展饲料和饲料添加剂生产企业现场检查。督促饲料生产、经营和使用者严格落实饲料有关法律法规规定，依法依规生产经营和使用。三是开展服务指导。继续指导各地严把行政许可审批关，把《饲料质量安全管理规范》纳入许可的必要条件，确保行政许可程序合法、饲料生产企业条件合格。四是开展技术培训。为切实做好饲料行政许可监管、《饲料和饲料添加剂管理条例》《饲料质量安全管理规范》等培训和相关饲料新政策新文件的解读，强化饲料和饲料添加剂安全生产意识和饲料质量安全监管，开展饲料监管培训班 1 期，全面提升饲料生产企业安全生产意识及饲料管理部门监管水平。五是按照职能职责要求，将日常监管与专项整治相结合，在饲料生产经营使用环节开展现场检查。存在不合格产品的企业将按季度任务完成情况进行通报，严肃查处，严厉打击伪劣假冒、违法添加及生产经营不合格产品等行为。督促饲料生产、经营和使用者严格落实饲料有关法律法规规定，依法依规生产经营和使用饲料及饲料添加剂。

（贵州省农业农村厅畜牧发展处）

云南省饲料工业

2022年，云南省饲料工业以加快产业转型升级，狠抓饲料产品质量安全管理为目标，严格准入，强化监管，从严执法，积极引导饲料企业做大做强，努力保障饲料和饲料添加剂产品质量安全。全省饲料工业生产克服了多重困难，呈现稳中有升的良好态势，为云南养殖业和经济社会发展提供了有力支撑。

【发展概况】

（一）饲料企业发展良好

截至2022年底，云南省共有饲料和饲料添加剂生产企业278家，其中配合饲料、浓缩饲料、精料补充料生产企业181家，单一饲料生产企业17家，添加剂预混合饲料生产企业40家，饲料添加剂生产企业33家。

（二）饲料产量稳定增长

据中国饲料工业信息统计系统显示，2022年云南省饲料工业继续向规模化、现代化方向发展，饲料产销量稳步增长，饲料工业总产值370.4亿元，同比增长8.6%，其中，饲料产品产值275.3亿元，饲料添加剂产品产值95.1亿元，分别增长3.6%、26.0%。

云南省工业饲料总产量达698.4万t，同比增长3.0%。其中配合饲料总产量571.2万t，同比增长0.3%；浓缩饲料总产量121.8万t，同比增长18.0%；添加剂预混合饲料总产量5.5万t，同比下降1.4%；饲料添加剂产品总产量234.5万t，同比下降7.4%，其中磷酸氢钙总产量228.5万t，同比下降7.7%。

【主要工作】

（一）开展省级年度例行抽检

为切实加强饲料质量安全监管，提高畜产品质量安全水平，加快推进畜牧业绿色发展，云南省制定了《2022年云南省饲料质量安全监管工作方案》，全年完成饲料质量安全监测902批（次），其中配合饲料490批，浓缩饲料398批，预混合饲料10批，饲料添加剂4批，合格产品838批（次），不合格产品64批（次），合格率92.9%。不合格样品中，粗蛋白低于标示值39批（次），占不合格样品60.9%；铜超标14批（次），占21.9%；锌超标12批（次），占18.8%；呕吐毒素超标1批（次），占1.6%。

（二）开展饲料生产企业现场检查

云南省农业农村厅联合省市场监督管理局印发了《2022年度饲料、饲料添加剂监督抽查联合抽查工作方案》，省级按20%比例随机抽取50户饲料生产企业开展监督抽查。各级农业农村部门抽调熟悉饲料许可与管理、饲料和饲料添加剂生产工艺与检验化验等方面的专业人员，深入饲料生产企业开展现场检查，检查项目严格按照《饲料和饲料添加剂生产企业现场检查表》逐项进行检查。对存在的问题要求相关企业在规定时限内完成整改，并要求相关县（市）立即下发责令整改通知书，在规定时限内未完成整改或拒不整改的，坚决立案查处。共出动执法检查人员2 996人次，出动执法车辆863辆次，累计检查饲料生产企业156家，饲料经营门店1 429家，查处案件79起，没收不合格产品6t，没收违法所得6.4万元，罚款31.18万元。

（三）开展饲料标签专项检查

一是开展饲料标签规范性自查自纠行动。根据《2022饲料质量安全监管工作方案》（农办牧〔2022〕6号）要求，组织各级饲料主管部门认真开展饲料标签规范性自查自纠工作，监督企业落实质量安全责任和安全生产制度，认真履行第一责任人职责，防范重大饲料质量安全事件和重大安全生产责任事故的发生。在抽样期间同步对156家饲料生产企业进行标签检查。主要检查标签标示内容是否使用虚假、夸大或容易引起误解的表述，是否以欺骗性表述误导消费者；标签是否标示具有预防或者治疗动物疾病作用的内容；实施许可管理的饲料产品是否正确标明相应许可证明文件编号，是否在有效期内；产品名称是否采用通用名称，通用名称是否规范；生产者、经营者名称和地址是否符合要求；原料组成标示是否规范；产品成分分析保证值是否符合产品所执行标准的要求；使用说明是否清晰准确；保质期是否符合要求；委托加工产品是否存在不合规标示行为，如含有“监制”“研发”“经销”“营销”“销售”“技术支持”等内容；罐装车运输产品的标签是否随发货单一起传送等11个方面内容。并现场积极向饲料经营者宣传饲料标签有关法规，如何快速鉴别合规饲料标签的方法等。全省共抽取68家饲料生产企业324份标签，按照饲料标签专项检查内容进行检查。检查出不合格标签均交县级主管部门处理。

二是全面加强饲料标签监管制度宣传培训。充分依托电视、广播、网络、新媒体等宣传介质，利用张贴标语、发放宣传资料等形式，切实加大《农产品质量安全法》《饲料和饲料添加剂管理条例》《饲料添加剂安全使用规范》《饲料标签》(GB 10648—2013) 等法律法规宣传普及力度，不断提高饲料生产经营使用环节相关单位和个人的守法意识，落实企业主体责任，加强行业自律，帮助使用者提高鉴别不规范饲料标签标识的能力，共同维护良好的市场秩序。全省共举办饲料质量安全相关培训87场次，培训人员360余人次，发放宣传资料7 500余份。

(四) 开展行政审批“事中事后”监管

按照“谁审批谁监管，谁主管谁监管”的原则和要求，2022年8月云南省农业农村厅办公室印发《关于开展饲料和饲料添加剂生产企业“双随机、一公开”检查的通知》，由厅畜牧兽医处、省动物疫病预防控制中心相关专家赴昆明、曲靖、红河开展监督检查，共检查饲料生产企业7家，未发现有违法违规情况，同时将检查结果在国家企业信用公示系统内录入并公示。

【下一步工作思路】

(一) 深入贯彻落实饲用豆粕减量替代行动

按照《农业农村部办公厅关于印发〈饲用豆粕减量替代三年行动方案〉的通知》，深入实施豆粕减量替代行动，引导云南省饲料生产企业、养殖行业减少豆粕用量，促进饲料粮节约降耗，为保障粮食和重要农产品稳定安全供给做出贡献。

(二) 进一步加强饲料行业监督检查

结合饲料质量安全监管工作，建立监管抽检和行政执法联动的长效机制，严格落实“双随机、一公开”监管机制，深入开展饲料产品监督抽检和饲料企业现场监督检查，严厉打击违法违规行为，加大对不合格产品和违法案件查处力度，确保畜产品的健康安全，加强事中事后的监管，稳步推进云南省饲料工业发展。

(云南省农业农村厅畜牧兽医处)

陕西省饲料工业

【发展概况】

（一）工业饲料产量产值双增长

2022年，陕西省饲料行业统筹疫情防控和行业高质量发展，有效克服饲料原料价格持续高位运行和生产成本加大的双重压力，积极调整产品结构，加快行业转型升级，为陕西省现代畜牧业高质量发展提供了有力支撑。2022年陕西省工业饲料总产量416.4万t，总产值168.1亿元，同比分别增长6.0%和10.5%，创下近年来最好成绩。

（二）饲料产品结构持续优化调整

2022年陕西省工业饲料产量按饲料类别分（不含宠物饲料），配合饲料产量357.5万t，同比增长7.3%；浓缩饲料产量47.0万t，同比下降1.8%；添加剂预混合饲料产量11.5万t，同比下降3.2%。按饲养品种分，猪饲料产量275.5万t，同比增长10.4%；蛋禽饲料70.7万t，同比下降7.8%；肉禽饲料32.8万t，同比下降2.6%；反刍动物饲料34.1万t，同比增长13.2%；水产饲料2.4万t，同比增长7.7%；其他饲料0.5万t，同比下降26.4%；宠物饲料0.4万t，同比增长175.00%。

1. 配合饲料占比逐步提高。2022年配合饲料在陕西省工业饲料总产量中占比85.8%，浓缩饲料、添加剂预混合饲料比重同比均有所下降。陕西省浓缩饲料一度占比较高，近年来随着畜禽养殖规模的扩大和养殖集约化程度的提高，配合饲料需求和市场体量在持续提高，逐步接近全国水平。

2. 猪饲料产量快速增长。随着生猪全产业链建设项目的推进落地，陕西省生猪出栏存栏量进一步增加，创近6年来历史新高，猪饲料需求旺盛，产量同比增长10.4%，在工业饲料总产量中占比高达66.1%，较全国平均水平高出21.2个百分点。

3. 反刍饲料发展势头较好。反刍饲料在工业饲料总产量中占比8.2%，较2021年增加0.6个百分点，较全国水平高出2.9个百分点。随着陕西省奶畜、肉牛、肉羊等重点产业链建设项目落地，反刍动物养殖规模化程度不断提升，带动了反刍动物工业饲料需求持续稳定增长。

（三）企业规模化程度继续提高

大型饲料生产企业数量持续增长，年产5万t以上的企业共29家，产量合计为320.6万t，占工业饲料总产量的76.98%。前10名饲料企业产量合计165.9万t，占总产量的40%，单厂最大产量23.3万t。

（四）饲料配方结构多元化调整

受国际关系及主要进口国气候变化影响，2022年主要大宗原料价格持续在高位运行，饲料生产企业为控制成本，对配方结构持续进行调整。其中，玉米作为传统能量饲料用量激增，较2021年用量增长超40%，传统蛋白原料豆粕的替代效果显现，全年豆粕用量61.8万t，增幅仅2.5%，显著低于配合饲料、浓缩饲料产量的同期增幅。

【组织机构】

陕西省饲料工业主管部门：陕西省农业农村厅。

陕西省饲料工业服务支撑部门：陕西省饲料工作总站。

【主要工作】

陕西省饲料行业牢牢把握稳中求进工作总基调，围绕饲料工业高质量发展目标，以饲料有效供给和产品质量安全为重点，全面推进各项工作落地落实。

（一）守牢饲料行业安全生产底线

2022年完成省本级饲料产品质量安全监测，共抽检252个批次，合格率98.0%。完成省级饲料产品违禁添加物检测102个批次。结合饲料产品质量安全抽检同步安排12个市区饲料生产企业监督检查。深入推进饲料企业非洲猪瘟疫情常态化防控任务落实，编制申报《陕西省饲料生产企业非洲猪瘟防控技术规范》地方标准。先后4次印发《加强全省饲料安全生产工作通知》，联合各地市组织开展安全生产隐患排查。

（二）积极开展饲料产品研发推广

认真落实农业农村部“全面禁抗”政策规定，聚焦畜牧绿色发展、饲料配方结构优化、中草药配方饲料研发推广，加强“政企”联动、“校企”合作，合力组织开展技术攻关，加快功能性替抗饲料产品研究，天然植物（中草药）配方饲料研发取得实质性进展，科技创新成效明显，多项新技术、新产品推广应用。省饲料总站及饲料企业牵头实施的“高活性微生物饲料添加剂研究应用与推广”“饲料添加剂新型微丸载体生产关键技术研发与推广”等多项科技创新分别获陕西省科技进步奖、省农业技术成果推广奖。开展精准配方日粮研发推广，省饲料总站牵头在全省组织推广“奶山羊饲料营养精准配方调控与推广应用”项目，编制《关中奶山羊精料补充料生产技术规程》地方标准。

（三）认真做好饲料行政许可技术支撑

做好省级饲料生产行政许可技术支撑、市级饲料生产行政许可衔接指导和省级饲料行政许可现场审核专家管理工作，配合省农业农村厅完成西安市、咸阳市、杨凌示范区、西咸新区行政许可委托下放实施情况调研等工作。2022年共完成省本级饲料行政许可技术支撑办理件15个。

（四）聚力助推畜牧业全产业链重大项目建设

要素需求激发全行业积极延链、强链、扩链，推进全产业链发展，2022年，宝鸡海大40万t优质猪饲料建设项目、澄城澄石30万t猪饲料生产建设项目、汉中希望36万t猪饲料生产建设项目、略阳乌鸡饲料产业园建设项目均列入全省重点产业链建设项目。截至年底，澄城澄石30万t猪饲料建设项目和宝鸡海大40万t猪饲料项目均已全部完成建设任务并正式投产；汉中希望36万t猪、禽和水产饲料及略阳百味园30万t乌鸡饲料加工基地建设项目已完成主体建设任务。

（五）扎实开展监测预警和行业宣传

高质量开展行业生产信息监测和预警分析，饲料生产企业月度全口径监测，及时完成《饲料信息专报》，为省内各级饲料管理部门决策和饲料企业生产发展提供有力支撑。持续加大行业宣传工作力度，官方通过陕西省农业农村厅门户网“饲料工业”专栏、“陕西省饲料工作总站”公众号发布行业信息，点击阅读量超15 000次。“陕西省饲料协会”公众号和“石羊农科”“华秦农牧”等企业公众号宣传平台在业内获得热烈反响。

【存在问题】

（一）中小企业在行业激烈竞争中生存压力加大

陕西省工业饲料年产1万t以下的企业达95家，产量合计仅18.7万t。中小企业技术人才匮乏，管理模式相对落后，产品同质化严重，在与养殖户建立稳固销售模式、担保贷款、赊销等方面市场竞争力较弱，生存压力大。

（二）科技创新支撑行业高质量发展有待加强

一方面，陕西省年产2万t以上的规模饲料企业中超半数为集团化企业在陕分公司，其核心预混料和添加剂多数由总部统一提供，虽在资金、人才等方面有一定积累，但研发创新自主性相对不足。另一方面，饲料添加剂开发对企业综合实力要求较高，靠企业自身力量开发难度较大，但目前各级技术服务单位、科研院校等产学研单位在技术研发、示范推广等方面分工协作合力不足，研发创新与科技转化力度不够。

（三）低蛋白日粮受传统养殖观念影响推广难度大

低蛋白氨基酸平衡配方技术是提高氨基酸有效利用率、减少豆粕使用的新尝试，但目前这一技术在规模化程度高的大型企业中推广应用可行性较高，中小企业中推广应用难度较大。尤其是受传统养殖观念影响，低蛋白日粮饲喂在养殖场（户）中接受度不高，企业在市场推广销售过程中阻力较大。

【下一步工作思路】

陕西省饲料行业将认真贯彻落实省政府关于“加快推进全省畜牧业高质量发展”意见，以全省畜牧业高质量发展为指引，坚持稳中求进、务实高效定位，锚定深入推进饲料工业高质量发展“一个目标”，突出饲料有效供给和行业规范提升“两个重点”，加快行业转型升级，抓好以下重点工作：一是围绕中草药配方饲料研究、饲用豆粕减量替代、全产业链建设培育和新饲料资源开发4条主线，组织开展全省饲料工业高质量发展调研；二是强化技术协同攻关，增强科技转化力度，全力推进豆粕减量替代和低蛋白日粮集成推广、天然植物（中草药）配方饲料研发应用等各层面饲料项目实施；三是提升服务管理行业能力，依法依规做好饲料生产许可审批，积极为企业落户、营商、布局项目牵线搭桥，做好服务；四是强化饲料和饲料添加剂生产企业安全生产等专项整治；五是做好相关地方标准编制申报；六是改进提升饲料生产信息监测分析预警形式，挖掘行业典型经验，加强行业新规宣贯。

（陕西省饲料工作总结）

甘肃省饲料工业

【饲料生产形势】

2022年，甘肃饲料工业克服了饲料原料和饲料添加剂价格上涨、生猪价格低迷、新冠疫情期间运输不畅和运费增加等诸多不利因素，积极调整经营思路，努力提质增效，优化产品结构，饲料工业持续平稳增长。甘肃省各类饲料生产企业102家，生产许可证122个，比2021年增加10家。其中，配合饲料、浓缩饲料、精料补充料74家，添加剂预混合饲料生产企业23家，饲料添加剂企业6家，混合型饲料添加剂企业5家，单一饲料生产企业14家，企业从业人数4 200余人，生产能力达到600万t。

（一）饲料总产量持续增长

2022年饲料总产量230万t，比2021年增长10%。其中：配合饲料196万t，同比增长10.7%；浓缩饲料32.3万t，同比增长4%；添加剂预混合饲料1.6万t，同比增长60%；饲料总产值达90亿元，同比增长10%。饲料工业发展持续向好。

（二）企业产能不断加大

2022年新建饲料企业10家，增加产能60万t。其中，新希望六和、永昌天康、波杜草业、凉州牧原等大型饲料企业入驻甘肃，增加产能42万t。

（三）猪饲料仍占据主导地位

2022年猪饲料产量达111万t，占饲料总量的48%；蛋禽饲料产量达15万t，占饲料总量的6%；肉禽饲料产量25万t，占总产量的11%；反刍动物饲料产量达78万t，占饲料总量的33%；水产饲料继续下滑，产量0.1万t，仅占总产量的0.01%。

（四）饲料原料价格高位运行

2022年，受新冠疫情影响，运输受阻，运费涨价，原料和饲料添加剂价格大幅上涨，玉米仍居高位，最高达到3.0元/kg；棉粕、豆粕、麸皮等大宗原料普遍走高，磷酸氢钙、赖氨酸等添加剂持续上涨，其中，豆粕11月份最高达6.2元/kg，同比上涨50%；棉粕为4.6～4.8元/kg，同比上涨33%；磷酸氢钙为3.6～3.8元/kg，同比上涨30%；赖氨酸为13.0～13.8元/kg，同比上涨18%；麸皮为2.4～2.9元/kg，同比上涨5%。饲料原料价格高位震荡，带动每吨配合饲料成本增加600～800元，浓缩饲料成本增加1 000～1 500元。

（五）大企业市场占有率持续加大

正大、禾丰、天康、石羊、和生源、铁骑力士、海大、泰昆、牧原、圣越等大型饲料生产企业产量继续增加，10家企业饲料产量达到140万t，占全省总量的61%。

【饲料监管工作】

（一）开展饲料质量安全抽样监测

一是制定印发了《甘肃省2022年饲料质量安全监管工作方案》（甘牧医〔2021〕12号），安排省级饲料产品质量安全监测150批，完成饲料抽检任务160批，完成总任务的106.7%，合格率95%。其中，配合、浓缩饲料、精料补充料109批（猪饲料49批，反刍饲料60批），添加剂预混合饲料29批，猪、牛自配料22批。二是在抽样过程中采取检打联动，对现场检查发现的不合格产品及时组织查处，对规范落实不到位的企业及存在的安全隐患进行督促整改，保证了饲料质量安全。

（二）强化饲料生产经营日常监督

一是严格饲料行政许可工作。2022年完成市（州）上报的42家饲料生产企业申报材料审核工作，审核通过25家，不符合要求退回17家。其中核发饲料生产许可证23家，变更信息换发2家。二是按照上下联动、分级负责的原则，开展饲料行业监督检查工作。省畜牧兽医局组织专项检查组，对张掖、金昌、武威、平凉、庆阳、白银6市和兰州新区的28

家饲料生产和13家经营企业进行现场检查，填写了《饲料和饲料添加剂生产企业现场检查表》30份；平凉市对6家饲料生产企业和158家经营门店进行全覆盖监督检查，双随机检查1次，检查31次，出动执法332人次；武威市出动执法280人次，检查饲料生产企业105家次，经营企业470家次，养殖场（户）320家次，立案查处违法经营的饲料和饲料添加剂案件2起，查处不合格饲料产品300kg，罚款0.6万元。三是开展不合格饲料产品查处工作。下发了《关于查处2022年饲料质量安全监测不合格产品的通知》（甘牧医饲便函〔2022〕172号），要求金昌、武威、庆阳、白银4市严格落实属地监管责任，依法对8批不合格饲料生产、经营企业和产品进行查处。

（三）开展“瘦肉精”专项整治

一是开展“瘦肉精”抽查工作。甘肃省畜牧兽医局组织省农产品质量安全检测中心，在张掖市、武威市、白银市9个县（区）135个牛、羊养殖场（户）完成抽样621批，其中尿样324批，毛发297批，进行克伦特罗、莱克多巴胺、沙丁胺醇的检测，结果均为阴性。二是进行饲料生产经营环节“瘦肉精”等非法添加物的全面整治。要求各地严格落实饲料质量安全属地管理责任，对辖区内饲料生产经营企业实行全覆盖检查，并在辖区内饲料生产经营企业抽取生猪、肉牛、肉羊饲料样品，进行“瘦肉精”等相关物质的检测。

（四）开展饲料标签专项检查

一是加强饲料标签标准的宣传和培训。各地饲料管理部门积极组织饲料生产企业和监管执法机构系统学习饲料标签相关法律法规制度，举办培训班14期，进一步提高了生产企业和执法人员的业务水平，增强了有关人员的守法意识，提高了使用者鉴别不规范饲料标签标识的能力。二是开展饲料标签规范性自查自纠行动。各地积极组织饲料生产企业对照饲料标签有关法规标准，对其生产的饲料、饲料添加剂和饲料原料等产品标签进行对照自查，及时修改纠正标签中的不规范标示情况。三是组织开展饲料标签专项检查。各地随机抽取饲料、饲料添加剂经营企业作为检查对象开展监督检查，重点关注混合型饲料添加剂产品、可饲用天然植物原料等。目前，共检查饲料生产企业102家，饲料经营企业200余家，饲料标签600多个，其中5家混合型饲料添加剂企业的18个产品标签全部检查，并对发现的不合格标签及时依法依规处理。

（五）做好饲料企业新冠疫情防控

2022年，甘肃多地多次爆发新冠疫情，饲料原料和产品运输严重受限。省畜牧兽医局积极协调有关部门，积极推动疫情期间绿色通道，保障饲料产品供给。一是下发了《关于妥善处置反映畜牧业产销秩序有关问题的通知》（甘牧医饲便函〔2022〕57号）和《甘肃省畜牧兽医局关于进一步加强饲料企业疫情防控的通知》（甘牧医饲便函〔2022〕113号）。二是在7—12月，对《甘肃省重点物资运输车辆通行证办理系统》中饲料、牛奶、活畜和畜产品等相关申请运输车辆进行24h审核，审核发放车辆运输通行证2 833个。三是在通行证审核过程中，就反映的通行证办理流程、饲料原料、畜禽产品供给运输受阻等问题积极受理，及时回复，点对点协调解决具体问题。

（六）开展饲料行业豆粕减量替代行动

一是转发了农业农村部畜牧兽医局《2022年豆粕减量替代行动方案》（甘牧医函〔2022〕39号），制定了《甘肃省豆粕减量替代行动方案》，在饲料生产企业和大型养殖场实施饲料行业豆粕减量替代行动；二是遴选兰州正大、兰州庄园等5家饲料科技领军企业和大型养殖场，开展玉米豆粕替代技术研发推广；三是组织兰州正大有限公司、甘肃禾丰牧业有限公司开展饲料产品精准配方研究，开展使用效果跟踪评价。

【存在问题】

（一）饲料经营环节产品质量堪忧

由于饲料经营部（点）从业人员专业素质低，对假劣饲料添加剂的辨别能力差，经营环节安全隐患较大。2022年抽检的8批不合格产品，7批在经营环节。

（二）经营环节饲料产品标签问题较多

对经营门店中饲料添加剂和添加剂预混合饲料产品外观包装及标签检查时发现，一些产品包装袋上无成分保证值，特别是混合型饲料添加剂，宣传包含治疗内容、以中药残渣为载体夸大宣传、以商品名代替产品名称等现象。

（三）生产企业《饲料添加剂安全使用规范》执行不够

2022年检测到的1批育肥猪浓缩饲料，不合格项铜含量超出最高限量4倍。且从所有样品整体数值上来看，个别产品的添加量已经逼近《规范》允许值。

【下一步重点工作】

1. 在甘肃省饲料生产企业深入实施饲料质量安全规范。加大饲料法律法规的宣传培训力度，开展实施检查和指导工作，帮助企业整改落实。

2. 继续加大饲料经营门店和养殖场（户）监督检查力度，完成不合格饲料企业和产品查处工作。

3. 不断加大企业安全生产监管力度。全面贯彻落实《饲料和饲料添加剂管理条例》等法律法规，饲料企业监管继续坚持以属地监管为主，省级监督抽查相结合的方式，着力加强饲料企业安全生产监管，确保不发生重大产品质量和安全生产事件。

4. 鼓励饲料生产企业和大型养殖场积极参与玉米豆粕减量替代活动，规范药物饲料添加剂的使用工作，减少药物饲料添加剂的使用量，维护动物源性食品安全和公共卫生安全。

（甘肃省畜牧兽医局）

青海省饲料工业

【发展概况】

截至2022年底，青海省获证饲料生产企业16家（许可证18个），年单班加工能力56.3万t。全省实际年生产各类饲料总量13.1万t，其中配合类饲料12.2万t，浓缩类饲料0.7万t，添加剂预混合饲料0.2万t。

【组织机构】

青海省饲料工作办公室隶属于青海省农业农村厅，与厅畜牧业处合署办公，畜牧业处处长兼任饲料办主任。青海省饲草料技术推广站协助饲料办公室完成饲料统计报表审核、企业产品备案、饲料质量监督等相关工作。

【主要工作】

（一）组织开展饲料生产经营使用环节监督检查

制定下发《关于开展2022年青海省饲料质量安全监管监测工作的通知》《关于开展全省饲料和饲料添加剂专项整治工作的通知》，组织开展饲料产品非法添加专项整治行动和“双随机、一公开”监督检查，严厉打击非法添加药物和违禁物质、销售假劣兽药等坑农害农行为。会同属地饲料监管部门指导检查西宁及辖县（区）、海东6县、海北4县、海西3县（市）饲料生产企业、经营门店、养殖场（户）共计274家，抽取饲料样品432批次，发放《饲料和饲料添加剂管理条例》《饲料安全知识50问》及安全生产提醒函和标语等10 000余份。排查各类饲料和饲料添加剂千余吨，发现不合规产品150余t、“三无”产品60余t、无证生产企业16家，发出整改通知103份，全部移交属地农业执法部门依法处置。

（二）完成饲料质量安全监测工作

2022年计划抽检300个批次（包括部级任务80批次），实际抽检饲料产品432批次，其中质量安全监督217批次，质量安全检测合格率为93.1%；风险预警筛查215批次，超计划任务量的144%。质量安全监测涉及产品种类主要包括浓精配、预混料、饲料添加剂、单一饲料、饲料原料、自配料等6大类，监测项目包括质量指标、卫生指标、药物和非法添加物等指标35项、2 497项次。

（三）开展饲料标签专项检查

按照《饲料标签》标准、《饲料标签专项检查内容》等要求，加强饲料标签标准的宣传和培训，宣贯《饲料卫生标准》等国家强制性标准，以线上线下方式召开饲料法律法规培训班，累计培训超过1 000余人次，进一步提高了生产经营使用环节和执法人员的业务水平，为生产经营使用主体增强行业法律意识奠定基础。共检查饲料标签600余个，对本土2家混合型饲料添加剂企业的5个产品标签全部检查，未发现严重违反饲料标签标准行为。

（四）严格饲料生产行政许可管理

按照《饲料和饲料添加剂管理条例》《饲料和饲料添加剂生产许可管理办法》等规章规定，青海省饲料工作办公室严格按照许可要求，依法履行生产许可职责。2022年注销2家饲料生产企业许可证，并及时发布注销公告。

（五）做好全省饲料生产企业产量统计

按照《全国饲料工业统计报表制度》要求，完成1—12月全省饲料生产企业产量统计相关工作。

【存在问题】

（一）基层饲料监管力量薄弱

部分市（州）、县（区）农业农村部门对饲料行业监管重视不够，职责不明确，监管人员流动大，对饲料相关法律法规不熟悉，专业化水平较低，执法力度弱，无法对饲料行业进行有效监管。

（二）饲料从业人员专业素质有待提高

青海省饲料行业从业人员对《饲料和饲料添加剂管理条例》《饲料质量安全管理规范》等法律法规不熟悉，在监管、生产、经营等方面专业素质能力还需进一步提升。

（三）经营养殖环节饲料产品质量安全隐患较大

经营养殖环节使用的饲料和饲料添加剂多为外来产品，从业人员对假劣饲料原料、饲料添加剂的辨别能力差；销售假豆粕、饲料添加剂等现象较为普遍，经营养殖环节安全隐患较大。

【下一步工作思路】

（一）加强行业监管，确保饲料质量安全

按照《饲料和饲料添加剂管理条例》《饲料和饲料添加剂生产许可管理办法》等规定，继续开展饲料和饲料添加剂生产许可工作。全面落实质量安全主体责任，持续加大生产、经营企业监管力度，将自配料加工行为纳入日常监管范畴，定期对辖区内养殖场（户）开展监督检查，严厉打击以次充好，确保辖区内养殖场（户）规范使用自配料，从源头消除畜产品质量安全隐患。

（二）开展饲料和饲料添加剂生产企业生产许可

按照《饲料和饲料添加剂管理条例》《饲料和饲料添加剂生产许可管理办法》等配套法规，继续开展饲料和饲料添加剂生产许可工作，强化日常监管，对符合要求的企业发放生产许可证。

（三）强化业务培训和法规宣传

省农业农村厅将继续做好饲料相关业务及法律法规的培训工作，对监管执法人员、行业从业人员进行针对性培训，进一步提高行业监管执法能力和从业人员业务水平。通过编写知识宣传册、制作App软件、宣传彩页等多渠道多方式宣传，使饲料生产者、经营者及使用者能够做到知法守法，进一步增强广大消费者防范风险意识和从业人员守法意识，努力构筑食品安全第一道屏障。

（青海省农业农村厅）

宁夏回族自治区饲料工业

【发展概况】

2022年，宁夏饲料生产企业81家，其中，配合饲料45家，饲料添加剂15家，单一饲料21家。全年全区商品饲料总产量117万t，同比增长14.1%（配合饲料85万t，同比增长15.6%；浓缩饲料27万t，同比增长6.9%；添加剂预混合饲料5万t，同比增长33.0%），总产值46亿元，同比增长28.43%。饲料添加剂产量32万t，同比减少8.1%；总产值37亿元，同比减少32.0%。单一饲料产量21万t，同比增长5.3%；总产值7亿元，同比增长31.8%。饲料质量安全监测合格率达到99%。为全区畜牧水产业持续健康发展提供了坚实物质支撑，已成为推动农村一二三产业融合发展的重要力量。

【组织机构】

自治区饲料工作站（编制5名、现有4人）协助厅畜牧局做好饲料和饲料添加剂生产许可审批；负责依法开展饲料和饲料添加剂产品质量安全监督管理工作；组织全区饲料产业发展规划、政策意见、技术标准制定和实施；负责饲料资源的保护及合理开发利用；组织开展饲料行业普法及专业知识培训、信息宣传；负责饲料行业装备工艺、高新技术的引进和试验；负责全区饲料生产经营统计和质量安全追溯体系建设；组织饲料企业开展种养加一体化经营和饲草料加工调制试验推广；完成自治区农业农村厅交办的其他工作任务。

【主要工作】

紧紧围绕“确保饲料质量安全”这一核心，健全“饲料属地管理责任，饲料市场‘检打’联动监管”两项机制；紧盯饲料“生产、经营、养殖”三个环节；抓好“许可、规范、监测、监管、服务”五项工作，坚决杜绝饲料生产、经营、使用环节违禁添加物的使用。

（一）完善许可审核，严把“产前”条件准入关

坚持把生产许可审核作为饲料源头管理的重要措施来抓，严把专家审核流程和考核评价机制，按照《宁夏回族自治区饲料和饲料添加剂生产许可现场审核专家管理办法（试行）》及《宁夏饲料和饲料添加剂企业生产许可材料审查与现场审核工作程序》，严格规范专家及生产许可审核的要求，对新申报和换证企业的生产厂房、设备、人员、制度等软硬件达不到规范要求的，坚决不予通过专家审核，促进了企业设备更新和技术改造，提升了饲料安全生产能力。2022年组织专家审核新（换）发生产许可证18家，核发批准文号4家，办理委托生产备案5家，开具自由销售证明60余份，做到了把关严格、程序合法、内容规范、运行高效。

（二）强化日常监管，压实“产中”管理责任

坚持督导检查与强化目标责任相结合，认真落实饲料属地管理主体责任、企业产品质量安全第一责任，开展饲料质量安全提升年活动，严格日常监管巡查，全面严格管控饲料生产企业检查记录、饲料经销网点检查记录、产品购销台账和规范化管理公示栏等制度，实行“痕迹化”管理。2022年共出动饲料监管人员982人次，对全区81家饲料企业、324家饲料经销店和150家规模养殖场（户）开展2次饲料产品质量安全和2次企业安全生产大检查，现场检查发现安全隐患39个，提出整改意见21条，全部整改到位。

（三）加强质量监测，强化“产后”检打机制

制定了《2022年全区饲料质量安全监管监测计划》，采取联合执法和专项整治等方式，持续开展饲料产品质量安全、饲料使用环节违禁添加物等4项监测，逐步扩大监测范围到饲料经销点及部分自配料养殖场。联合基层监管部门和基层农业综合执法大队、

市场监管等部门，开展了“绿剑”专项整治行动，对饲料原料、自配料、药物饲料添加剂退出进行专项整治，坚决杜绝含促生长类药物饲料添加剂、抗菌药物等违法添加物等问题的发生。2022年，组织自治区抽检226批次，饲料质量安全监测合格率达到99%。完成每月部级饲料工业统计月报表统计审核及上报工作。

（四）加强规范管理，推进“互联网＋监管”一体化建设

与兽药饲料监察所创建宁夏饲料“互联网＋监管”信息化平台，实现饲料产品“质量全程追溯，在线动态监管，数据便捷统计，风险及时预警”等各项功能，赋予饲料产品从生产到使用全程质量追溯“二代身份证”码查询。目前，已在银川康地反刍动物营养科技有限公司、宁夏正旺生物科技有限公司、宁夏昊胜傲农饲料科技有限公司等7家企业进行试点运行，运行效果良好。

（五）创新服务机制，促进产业“多元化”发展

推进创新研发。依托自治区饲料专家技术服务组，与宁夏农林科学院畜牧兽医研究所开展新型生物饲料添加剂开发应用等技术实验示范，大力推动优质绿色饲料产品的研发，共开发新技术3个，建立饲料示范基地3个，核心产品示范应用滩羊13 800只、肉牛1 500头、奶牛280头，分别提高经济效益10.2%、8.8%、9.1%；该项实验获得国际专利2项，申请软件著作权1个，发表论文2篇，推进饲料产业科技创新和质量提升。

促进企业发展。联合自治区饲料专家团队、宁夏大学和宁夏农业科学院的饲料专家深入宁夏伊品、宁夏益润生、宁夏正旺、银川正大等16家饲料生产企业进行政策宣讲和技术指导服务，并对企业的工艺流程、技术参数、产品标准、产品标签和规范管理等给予面对面的技术指导和咨询服务，解答疑难问题，规范了企业生产的标准化管理，有效防控饲料质量安全隐患。

为民办事纾困。统筹做好疫情防控工作，配合市场处办理重点物资运输电子通行证，并积极协调各部门保障饲料物资的运输通行，对受阻车辆积极协调属地农业农村局给予放行，确保了疫情期间饲料产品产得出、运得走、供得上。

【存在问题】

产业体系方面，宁夏回族自治区中南部市县饲料生产企业少、布局分散，个别县仍有空白。生产体系方面，多数中小饲料生产企业在加工装备、管理体系和技术创新能力等方面还有差距，产品同质化问题突出；受成本价格挤压，转型升级的压力越来越大；饲料生产企业自己制订公布的企业标准、产品标签不规范、不严谨；缺乏切实有效的抗生素替代技术方案。经营体系方面，饲料生产企业与养殖场户对接不够紧密，产品销售环节多、费用高，缺少种养加一体化饲料龙头企业引领。监管体系方面，基层饲料监管力量依然薄弱，各市县（区）没有成立专门的饲料管理部门，监管职责设在不同的单位（畜牧、动物卫生监督、疾控、水产、执法大队等部门），造成监督执法机制不健全；养殖环节饲料安全使用标准还有空白，自配料监管还有死角等。政策体系方面，在应对大宗原料价格波动、采用新技术新装备等方面缺乏政策和资金支持，抗风险和持续发展能力不强。

【下一步工作思路】

2023年，宁夏饲料工作坚持以习近平新时代中国特色社会主义思想为指导，认真学习贯彻党的二十大精神和习近平总书记视察宁夏重要讲话指示批示精神，认真落实自治区十三次党代会部署要求，紧盯奶牛、肉牛、滩羊产业目标任务和关键环节，加大饲料产品监管力度，确保“一个重点”，即“以大力发展绿色饲料为重点”；树立“三个理念”，即树立围绕中心工作理念、树立饲料质量安全理念、树立生产安全理念；抓好“五项工作”：

一是继续做好饲料产品质量安全等4项监测工作，严厉打击掺杂使假、偷减含量、添加禁用药品等违法行为和饲料生产许可证审核新（换）发证工作。

二是加快饲料产业科技创新，调整优化饲料配方和原料结构，大力推广优质绿色健康饲料产品和豆粕减量替代的研究开发。

三是进一步完善宁夏饲料“互联网＋监管”信息化平台建设，实现饲料产品“质量全程追溯，在线动态监管，数据便捷统计，风险及时预警”等各项功能。

四是加大培训力度，组织饲料行业从业人员赴外省开阔眼界，转变思维，借鉴学习外省饲料绿色高质量发展的管理模式、创新意识和典型做法。

五是开展《饲料质量安全管理规范》提升年行动，以6家部级和5家自治区级示范企业为样板，加大服务指导力度，不断推进饲料企业标准化生产。

（宁夏回族自治区饲料工作站）

新疆维吾尔自治区饲料工业

【发展概况】

截至2022年末，新疆维吾尔自治区有效期内饲料和饲料添加剂生产许可证159份，饲料生产企业145家，其中，饲料添加剂9家，混合型饲料添加剂5家，添加剂预混合饲料生产企业10家（6家多证企业），配合饲料、浓缩饲料、精料补充料生产企业58家，单一饲料生产企业74家（5家多证企业），宠物饲料生产企业1家。

2022年（含新疆兵团）饲料和饲料添加剂总产量407.4万t，同比下降3.7%。其中，饲料产量363.2万t，同比下降3.7%。饲料中，配合饲料产量344.6万t，同比下降3.7%；浓缩饲料产量12.4万t，同比增加2.5%；添加剂预混合饲料产量6.3万t，同比下降13.8%。饲料添加剂产品总产量44.3万t，同比下降4.1%。

2022年饲料工业总产值169.1亿元，同比增长0.7%。其中，饲料产值131.1亿元，同比下降2.8%；饲料添加剂产值37.9亿元，同比增长15.3%。

【行业管理】

饲料行政许可。积极推进“放管服”改革，优化行业准入服务。通过精简审批材料、压缩审批时间、加快审批进度、提高审批效率等，进一步优化准入服务。2022年共受理饲料行政许可业务75件，退回不符合条件5件，实际完成饲料行政许可审查业务70件。其中饲料和饲料添加剂生产许可审核事项28件（核发16家、变更10家、注销2家），审核饲料产品自由销售证明40份，办理饲料生产委托备案材料审查2件。

强化监督管理。认真落实《农业农村部办公厅关于印发2022年饲料质量安全监管工作方案》（农办牧〔2022〕6号），结合自治区实际，印发《2022年自治区饲料质量安全监管工作方案》，明确目标任务和责任分工，坚持上下联动、分级负责，监督抽查与现场检查有机结合，确保饲料质量安全。一是饲料质量安全监督抽查。围绕饲料生产、经营、使用环节，对自治区辖区内的14个地（州、市）的饲料和饲料添加剂生产、经营和养殖企业开展监督抽查，检测项目覆盖质量、卫生、非法添加物、牛羊源性成分等4个方面30项指标。二是开展现场监督检查。组织科研院校专家和饲料行政管理部门人员组成检查组，对照饲料生产企业许可条件和《饲料质量安全管理规范》要求，围绕安全生产、许可条件、原料使用、生产过程控制、产品质量控制、管理规范执行、标签标识等7个方面33项内容，对乌鲁木齐市、昌吉回族自治州、伊犁哈萨克自治州、喀什地区、阿克苏地区、和田地区、哈密市等25家饲料和饲料添加剂生产企业进行了现场检查。对检查中发现的生产条件与许可条件要求不完全一致、安全生产措施执行不到位、生产过程控制不严格、标签标识不规范等问题现场提出整改建议，指导督促企业立行立改，限时整改，并持续跟进企业整改落实情况，确保企业安全规范生产。

抓好安全生产。坚持管行业必须管安全，按照党中央“疫情要防住、经济要稳住、发展要安全”的要求，认真履行行业监管责任，督促饲料生产企业落实安全生产主体责任，督促指导各地饲料管理部门及时全面排查安全生产隐患，重点对实验室危险化学品管理、防火分区间隔、消防器械维护保养、除尘设备使用和清理，以及外露电线的绝缘、防爆开关等设备的使用与维护进行现场检查。全区地县级饲料管理部门对145家饲料和饲料添加剂生产企业全覆盖安全生产检查1次，自治区畜牧兽医局调度地州市畜牧业安全生产工作3次，未发生重大安全事故，有效保障了全区畜牧业平稳健康发展。

推进豆粕减量化替代。组织全区各级饲料行业管理和技术人员、饲料企业和养殖户参加全国豆粕减量替代应用技术线上培训（9期），引导饲料生产和养殖企业立足自治区实际，因地制宜选择饲料原料，综合利用棉粕、稻壳、麦麸、胚芽、饼粕、油脚、秸秆等副产物替代部分原料，推进构建适合自治区实际的新型日粮配方，降低饲料成本。据行业统计，2022年，全区豆粕消耗30万t，饲料中豆粕占比8.3%，较2021年同期下降0.9个百分点；棉粕消耗24.8万t，饲料中棉粕占比6.84%，较2021年同期增加1.6个百分点。

积极做好疫情期间稳产保供工作。2022年8月，自发生新冠疫情以来，认真贯彻落实自治区部署要求，坚持一手抓疫情防控，一手抓生产供给，与27家饲料重点生产企业建立生产经营情况日常联系制度，及时了解掌握企业生产经营存在问题，建立问题台账，协调解决饲草料保供保畅问题诉求150余件，保证了饲料及原料正常生产供给。

加强饲料生产统计和行业指导服务。指定专人负责，严格审核，确保统计上报数据的及时性、准确性、完整性。同时认真开展生产形势分析研判，实现自治区和兵团饲料生产形势分析一体化，为指导全区饲料行业发展提供数据支撑。2022年，共完成全区145家饲料生产企业2 400份（次）报表的审核、上报工作，审核率100%，上报率100%，编制16期饲料生产形势报告。

【质量监测】

2022年自治区完成饲料样品监测600批次，合格率100%。其中，饲料质量安全监测500批次（含100批次饲料中牛羊源性成分监测），合格率100%；养殖环节“瘦肉精”（克仑特罗、莱克多巴胺、沙丁胺醇）专项监测100批次，合格率100%。

（新疆维吾尔自治区畜牧兽医局饲料饲草处）

新疆生产建设兵团饲料工业

【发展概况】

截至2022年底，新疆兵团共有50家饲料和饲料添加剂获证企业，其中三证企业1家，双证企业4家。所获生产许可证企业中配合饲料、浓缩饲料、精料补充料生产企业16家，饲料添加剂生产企业8家，混合型饲料添加剂生产企业1家，添加剂预混合饲料生产企业2家，单一饲料生产企业29家。

2022年，新疆兵团饲料工业总产值73.5亿元，营业收入73.6亿元，同比分别增长3.9%、7.8%（不包括单一饲料）。

饲料总产量123.3万t，总产值45.9亿元，同比分别减少0.5%、3.3%；营业收入46.3亿元，同比增长2.0%。按产品类型分，配合饲料产量115.0万t，同比减少0.5%；浓缩饲料产量4.0万t，同比增长14.9%；添加剂预混合饲料产量4.3万t，同比减少11.7%。按产品品种分，猪饲料产量60.0万t，同比减少3.7%；蛋禽饲料产量17.6万t，同比增长5.0%；肉禽饲料产量11.5万t，同比减少12.8%；反刍饲料产量31.7万t，同比增长9.2%；水产饲料2.4万t，同比减少3.5%；其他饲料产量0.03万t，同比增长22.8%。

饲料添加剂总产量40.7万t，同比减少4.8%，总产值27.6亿元，营业收入27.3亿元，同比分别增长18.6%、19.3%。其中氨基酸、氨基酸盐及其类似物产量39.0万t，微生物产量0.3万t，着色剂产量1.5万t，防腐剂、防霉剂和酸度调节剂产量0.02万t。

2022年，新疆兵团单一饲料总产量92.1万t，总产值31.7亿元，营业收入33.4亿元，同比分别增长11.1%、25.9%、42.7%。其中，谷物及其加工产品产量24.0万t，油料籽实及其加工产品产量61.6万t，微生物发酵产品及副产品产量6.5万t。

【组织机构】

新疆兵团农业农村局畜牧兽医处（渔业监督处）主管新疆兵团的饲料行业行政监管工作，各师市、团场两级畜牧相关机构负责日常的饲料生产监督管理工作。

【主要工作】

（一）认真做好饲料生产行政许可工作

严格执行饲料生产许可证制度，按照《饲料和饲料添加剂管理条例》及其配套规章的要求加强许可审批力度，完善现场审核专家队伍建设，确保行政许可工作有序开展。2022年共审核发放饲料生产许可证9张，审核变更许可证信息1家。

（二）加强饲料企业安全生产督导检查

为有效防范安全事故的发生，兵师两级饲料管理部门将饲料行业安全生产监管纳入日常工作，认真开展安全生产督导检查。2022年，新疆兵团对辖区内的11家饲料生产企业进行了安全生产检查，对发现的安全生产隐患及时反馈企业，督促企业限期整改，确保了饲料企业生产安全。

（三）开展饲料质量安全监管工作

为继续做好新疆兵团饲料质量安全监管工作，按照新疆兵团农业农村局《关于印发2022年兵团饲料质量安全监管工作方案的通知》（兵农牧发〔2022〕2号）要求，开展饲料质量安全监督抽检工作，共抽取饲料样品240批次，检测项目包含质量、卫生、兽药及非法添加物等指标，检测合格率为100%。

（四）组织编写《新疆生产建设兵团饲料行业管理手册》

为了帮助兵团饲料行业全面了解我国饲料管理法律法规制度，更好开展饲料方面的各项工作，新疆兵团农业农村局组织兵团畜牧兽医工作总站、各师市畜牧兽医局及畜牧兽医工作站的专家编写了《新疆生产

建设兵团饲料行业管理手册》。

（五）统筹安排保障饲料稳产保供

在新冠疫情封闭期间（8月中旬至12月初），新疆兵团农业农村局根据企业诉求，对饲料原料采购、产品运输等方面的问题，积极与自治区各地州（市）、兵团各师市疫情防控等有关部门联系，协调解决实际困难，确保饲料稳产保供。

（六）确实做好饲料统计工作

为确保饲料统计数据的完整性和准确性，新疆兵团农业农村局安排专人负责，督促饲料生产企业按时做好月报的填报工作，并对填报数据进行审核，及时完成饲料月报数据的填报、审核工作。

【存在问题】

饲料监管人员大多数为兼职，人员岗位变动较快，专业化水平不高，无法进行有效监管；部分饲料生产企业存在安全生产制度落实不到位的现象。

【下一步工作思路】

（一）严把生产许可行政审批

严格按照《饲料和饲料添加剂管理条例》及其配套规章的要求，不断完善行政审批制度，规范审批程序，强化现场审核专家队伍管理，做好生产许可行政审批工作。

（二）加强饲料质量安全监管

进一步加大饲料中违禁药物和非法添加物的监管力度，完善饲料产品监测抽查制度，按照上下联动、分级负责的原则开展饲料产品的抽检工作，保障饲料质量安全。

（三）强化饲料生产企业日常监管

加强对辖区内饲料生产企业的日常监管，发现隐患限期整改，杜绝违法违规行为的发生。

（四）继续做好饲料信息统计工作

认真落实饲料统计报表制度，按照饲料信息统计要求，督促饲料企业及时、准确地进行饲料月报的填报。

（五）做好饲料法规宣贯工作

采用多种形式开展饲料法规的宣传，让饲料生产企业、经营门店、养殖场（户）了解国家相关规定、要求，并贯彻落实到生产中，提高依法守法意识。

（新疆生产建设兵团农业农村局畜牧兽医处）

大连市饲料工业

【发展概况】

截至2022年底，大连市共有各类饲料及饲料添加剂生产企业151家，其中配合、浓缩、精料补充料生产企业64家，添加剂预混合饲料生产企业15家，饲料添加剂生产企业9家，混合型饲料添加剂生产企业12家，单一饲料生产企业51家。各类饲料产品产量431.1万t，其中配合饲料246.6万t，浓缩饲料3.1万t，添加剂预混合饲料0.9万t，饲料添加剂3.6万t，单一饲料176.9万t。累计饲料工业产值183.8亿元。

【组织机构】

大连市农业农村局畜牧业管理处（饲料工作办公室）负责饲料和饲料添加剂行政监管工作，大连市农业综合行政执法队承担饲料和饲料添加剂行政执法工作，大连市检验检测认证技术服务中心负责饲料产品质量监测工作。9个涉农县（市、区）农业农村部门分别承担了相应的饲料管理职责，负责日常饲料生产经营监督管理工作。大连市饲料工业协会为独立法人的社团组织，为饲料企业提供技术服务、加强行业自律起到了积极作用。

【主要工作】

（一）加强全市饲料质量管理

下发《关于印发〈2022年大连市兽药质量风险和饲料质量监测方案〉的通知》（大农发〔2022〕25号），组织开展饲料生产、经营和使用环节质量监测工作。全年共监测饲料产品500批次，合格率为97.6%。对不合格产品责成各地执法部门按照相关要求进行查处。

（二）引导饲料行业稳健发展

指导饲料企业规范发展，对饲料企业申请的24个生产许可事项组织开展现场审核，审核通过23家。对因疫情影响无法及时开展现场审核的企业，采取依企业承诺先发证、后审核的程序，为企业发放生产许可证，保障企业正常开展生产，优化大连市营商环境。

（三）强化监督检查

一是推进饲料标签专项检查工作，通过微信工作群及时将饲料标签专项检查工作要求传达到各饲料生产企业，开展相关宣传15次，开展业务培训学习7次，检查生产经营企业76家、饲料标签300余张。二是组织开展专项检查行动，印发了《关于开展兽药、饲料和饲料添加剂执法检查专项行动的通知》。重点加强对饲料生产企业、集散地、经营门店、网络电商平台、直接面向用户兜售以及畜禽养殖场等的执法监督检查力度。2022年度共检查饲料、饲料添加剂经营单位368家，出动执法人员769人次，发现违法行为25起，查处违法行为25起，罚款9.4万元。三是开展县级执法交叉互检工作。下发《关于印发全市食用农产品及畜牧投入品交叉执法检查实施方案的通知》，在大连市金普新区、旅顺口区、长兴岛等县区开展了执法工作交叉检查。

（四）推进落实饲料企业安全生产责任

结合日常监管，加大检查指导力度，压实饲料企业安全生产主体责任。按照省、市相关要求，组织饲料及饲料添加剂相关企业落实涉爆粉尘安全专项整治三年行动工作任务，聘请第三方专业机构对饲料企业开展安全生产管理服务，指导全市92家饲料及饲料添加剂企业完成涉爆粉尘专项整治行动。检查发现问题隐患1 405项，全部落实整改。发放了各类安全生产宣传材料17 000余份，向饲料企业发放《饲料和饲料添加剂生产企业安全生产告知书》，督促企业落实安全生产主体责任。

【存在问题】

一是监管力量需要加强。目前，市、县级农业农

村部门负责饲料行业管理的工作人员普遍只有 1 名，且身兼数职、流动频繁，人员专业能力、工作延续性等难以保障。基层执法力量不足，且老龄化问题严重。二是行业整体核心竞争力不足。大连市大型科技型饲料生产企业少，中小微型企业偏多，科研技术力量薄弱、科研投入不足，产品科技附加值低，市场综合竞争力不强。

【下一步工作思路】

（一）加强饲料行业管理

开展饲料质量安全监督检查，落实饲料质量安全管理规范。组织实施饲料质量安全监测计划，以非法添加物为重点，强化检打联动，严厉打击饲料环节非法添加药物、违禁物质等违法行为。加强养殖环节自配料生产和使用管理。

（二）加强执法监管水平

在农业综合执法改革的现状下，加强农业综合执法人员的饲料相关法律法规知识的学习培训，提高执法水平和技能，提升发现问题、处理问题、杜绝问题的能力。

（三）加强监督管理

加大对饲料生产企业、饲料经营户、畜禽养殖户的饲料相关法律法规宣传力度，进一步严打相关违法行为，特别是对饲料中违禁添加的违法行为，发现一起移送一起。对存在问题企业加大执法检查频次，增加监督抽检批次，曝光一批典型案例，确保大连市畜产品质量安全。

（大连市农业农村局）

青岛市饲料工业

【发展概况】

2022年，青岛市饲料行业克服新冠疫情带来的不利影响，以质量促发展，以信誉赢市场，总体形势平稳。饲料生产企业供给侧结构性改革、转型升级、优胜劣汰局面更加明显，新设立规模化企业比例增加，小规模、低产能、市场竞争弱的企业逐步退出市场。截至2022年底，共有饲料和饲料添加剂生产企业176家，持有各类产品生产许可证268个；新增加生产企业10家，新增生产许可证52个；宠物饲料行业保持较快发展态势，新增加宠物饲料生产企业5家，现有获证宠物饲料生产企业25家；宠物零食行业发展有序，全市拥有宠物零食加工企业60余家，在全省处于领先水平。饲料生产企业共吸纳就业人员7 377名，其中，博士67名，硕士285名。

【经济运行】

2022年，各类饲料品种总产量达到470.9万t，总营业收入220.4亿元，总产值206.3亿元。其中，工业饲料总产量达到221.1万t，总营业额92.6亿元，总产值90.5亿元，同比分别增长－6.7%、5.6%、1.9%；宠物饲料总产量1.1万t，营业收入4.0亿元，总产值3.9亿元，同比分别增长－9.9%、19.2%、15.5%。饲料添加剂类总产量3.2万t，总营业收入4.7亿元，总产值4.8亿元，同比分别增长13.2%、4.7%、0.2%；单一饲料总产量245.6万t，总营业收入119.2亿元，总产值107.1亿元，同比增长0.9%、30.1%、27.1%。受生猪、蛋禽、肉禽等养殖疲软和饲料生产结构影响，猪饲料、蛋禽料、肉禽料、水产料、反刍料总产量分别为100.6万t、14.6万t、74.4万t、7.9万t、11.5万t，同比分别增长－13.4%、－9.6%、－5.5%、9.0%、11.7%；因规模养殖量增加，散装饲料增幅较大，总产量达到87.4万t，同比增长26.0%，占工业饲料总产量的39.5%。受全球新冠疫情的影响，60余家宠物零食生产加工企业产值略有下降，产品以出口为主，年出口额不足12亿元。

（一）工业饲料生产企业

青岛市共有工业饲料生产企业122家，年产量超过1万t的企业39家，其中，超过20万t的企业1家，10万～20万t的企业5家，5万～10万t的企业5家，1万～5万t的企业28家；39家企业年产量合计为209.7万t，占青岛市工业饲料总产量的94.9%。年产量0.1万～1.0万t的企业27家，年产量合计11.7万t，占青岛市工业饲料总产量的5.3%；年产量1 000t以下的企业有38家，产量合计为7 360t，占青岛市工业饲料总产量的0.3%；因各种原因全年未生产的企业共有18家。

（二）饲料添加剂生产企业

青岛市共有饲料添加剂生产企业64家，年产量超过100t的有15家，其中，超过1万t的企业1家，1 000～10 000t的企业4家，100～1 000t的企业10家，10～100t的企业18家。因各种原因全年未生产的企业共有13家。

（三）单一饲料生产企业

青岛市共有单一饲料生产企业39家，年产量超过10 000t的有7家，产品以豆粕、花生粕为主，其中，超过100万t的企业1家，超过10万t的2家，1万～10万t的4家，1 000～＜10 000t的10家，100～＜1 000t的12家，100t以下的6家，因各种原因全年未生产的企业共有4家。

【行业管理】

（一）制定发展规划

为贯彻落实中央深入实施乡村振兴战略，加快青岛市农业投入品行业转型升级，高质量绿色发展，制定发布《青岛市农业投入品行业发展规划（2021—

2025年）》。饲料行业，饲料产品结构进一步优化，形成了饲料原料、添加剂、工业饲料齐全配套的生产布局，“两低一高”饲料得到进一步推广使用。

（二）积极开展信用等级“分级评定”和“一企一档”整理

按照山东省畜牧兽医局的统一部署，有效开展了饲料生产企业信用等级分级评定管理工作和量化分级管理工作，青岛市获证饲料生产企业176家，有173家参评，其余3家获证时间不足6个月未参评，共评选出A级企业61家，B级企业93家，C级企业19家；根据《企业信息公示暂行条例》，建立健全饲料生产企业信息档案公示制度，对青岛市获证饲料生产企业全部建立了电子信息档案，做到“一企一档”，建立健全“一张图”管理制度，对监督检查、检测结果、行政处罚、教育培训等情况对社会公示，督促企业强化自律意识。

（三）开展暗察暗访与“双随机、一公开”检查

坚持日常监管与暗察暗访相结合，在日常检查、“双随机、一公开”检查的基础上，坚持问题导向，对全市213家农业投入品生产经营企业（包含饲料生产）开展了3次暗察暗访，编发暗察暗访通报3期；联合市市场监管局、市生态环境局开展“双随机、一公开”检查活动。按照5%的抽查比例，在饲料生产企业中随机抽查9家，重点检查企业生产许可条件、安全生产、原料管理、生产线要求、生产过程控制、产品质量控制、产品销售等，进一步提高了饲料生产企业依法依规生产经营意识。

（四）开展示范创建活动

指导培育企业规范管理，强化检验检测，规范车间布局，督促骨干饲料生产企业积极创建省级示范企业；按照企业申报、区市初审、市级复核上报、省级现场审核方式开展《饲料质量安全管理规范》示范创建活动，有2家饲料生产企业通过山东省《饲料质量安全管理规范》示范创建现场审核验收，现有部、省级示范企业15家，示范企业总数在山东省16地市中排名第一。

（五）开展岗位练兵比武活动

按照山东省统一部署，在青岛市饲料兽药监管执法领域开展岗位练兵比武竞赛活动，举办了青岛市首届饲料兽药执法比武竞赛，有10名监管执法岗位的同志荣获一、二、三等奖，其中3名同志获得“青岛市畜牧兽医行业技术能手”称号；协助省畜牧兽医局举办“技能兴鲁”职业技能大赛即第一届饲料兽药监管执法岗比武竞赛决赛，青岛市选派的4名选手双双分获一、二等奖，青岛市农业农村局荣获集体成绩一等奖。

（六）开展质量安全监督抽检、“检打联动”和农资打假专项整治行动

按照问题导向，科学制定监督抽检计划，有针对性地开展监督检测。全年完成饲料和饲料添加剂抽检122批次，合格率100%，同比提高0.7个百分点，合格率连续5年提升；扎实开展农资打假专项治理行动，取得了显著成效，全年查办饲料违法案件30起，罚没款28.76万元，对收缴的不合格饲料产品进行了集中销毁。

（七）强化行业安全生产监管

行业安全生产监管工作做到“三个到位”。一是制度完善到位。深刻汲取各地各行业领域发生的安全生产事故教训，严格落实按照“三个必须”要求，确保饲料行业不发生重大安全生产责任事故。先后制定印发《关于迅速开展农业投入品行业安全生产大检查的紧急通知》《青岛市农业投入品行业安全生产事故应急预案》《青岛市农业农村局关于抓好农业投入品领域安全生产工作的通知》《青岛市农业农村局关于做好2022年农业投入品行业安全生产监管工作的通知》《青岛市农业农村局关于开展全市饲料行业安全生产专项整治“百日清零行动”的通知》，要求各区市完善安全生产监管制度。二是隐患排查到位。采取督导检查、随机抽查、暗察暗访等方式，对饲料生产企业等重点环节、重点区域进行了安全生产督导检查和抽查，对重点企业双体系建立、安全生产标准化建设、生产经营单位全员责任清单落实等进行重点排查。委托第三方对17家重点企业安全生产进行诊断式风险评估，对发现的51处问题均责令整改完成。三是应急演练组织到位。6月份，在莱西市青岛中晨康地农牧发展有限公司组织开展消防、密闭空间应急演练，各区市组织集中活动12次。

（青岛市农业农村局）

宁波市饲料产业

【发展概况】

2022年，宁波市饲料和饲料添加剂生产企业30家，生产许可证33个。其中饲料添加剂生产企业5家，混合型饲料添加剂和添加剂预混合饲料生产企业5家，单一饲料生产企业9家，配合饲料、浓缩饲料生产企业14家。宁波市饲料企业职工总数1 809人。其中博士7人，硕士43人，本科学历270人，大专学历333人，其他1 156人。

2022年饲料工业总产值和总收入分别为43.7亿元和46.6亿元，同比分别增加9.56%和14.42%。各类饲料加工产品总产量89.0万t，同比下降8.8%。其中配合饲料产量44.2万t，同比下降3.31%；浓缩饲料产量9 269.0t，同比增加117%；添加剂预混合饲料产量843.0t，同比下降24.9%；饲料添加剂和混合型饲料添加剂总产量6 286.0t，同比下降2.9%；单一饲料总产量43.2万t，同比下降14.8%，其中豆粕产量35.6万t，同比下降20.3%，鱼粉及其他水生动物产品7.6万t，同比增长26.3%。2022年由于大豆价格高企，进口大豆数量有所减少，致使豆粕产量下降。

【主要工作】

（一）严格饲料生产许可审核

认真贯彻落实《饲料和饲料添加剂管理条例》《饲料和饲料添加剂生产许可管理办法》等法律法规，坚持依法审查，依规办事、依程序办理，严格饲料生产许可审核把关，确保饲料生产安全。同时，按照优化营商环境要求，不断简化办事流程、优化审批程序，为企业办证提供便捷服务，及时将审批信息录入饲料和饲料添加剂生产许可信息系统并依法公开。2022年共新设立饲料生产企业2家，续展换证2家，变更1家，注销1家。

（二）深入推进两化行动

根据《浙江省推进兽用抗菌药减量化和饲料环保化试点三年行动方案（2020—2022年）》要求，宁波市继续深入推进“兽用抗菌药减量化和饲料环保化”（以下简称“两化”）行动，2022年度通过饲料环保化评估试点场10家，育肥猪饲料中铜、锌含量达到浙江省《环保节约型猪配合饲料》团体标准、氮含量下降5%以上；省级示范场5家，育肥猪饲料中氮、铜、锌含量达到省团体标准，为畜牧业高质量发展提供有力支撑。

（三）加强行业日常监管

根据浙江省农业农村厅办公室《关于开展2022年饲料生产企业现场核查和饲料标签专项核查的通知》要求，宁波市于6—8月在全市范围组织开展了饲料和饲料添加剂生产企业现场核查和饲料标签专项核查行动。重点就企业的生产许可条件、安全生产、原料管理、生产线要求、生产过程控制等方面及产品标签合规性开展排查。共排查饲料生产企业12家，经营企业6家，有4家饲料和饲料添加剂生产企业存在低风险，已督促完成整改。

【下一步工作思路】

（一）启动新一轮“两化”行动创建任务

根据《浙江省农业农村厅关于印发浙江省深化兽用抗菌药减量化和饲料环保化行动实施方案（2022—2025年）的通知》要求，制定宁波市2023—2025年“两化”行动方案，按照“巩固、提升、扩面”要求，进一步巩固“两化”三年试点行动成果，新建省级饲料环保化示范场5家，68家年出栏500头以上规模猪场饲料环保化达到浙江省团体标准，力争到2025年实现规模猪场饲料环保化技术应用全覆盖。

（二）继续加强环保型饲料的研究推广应用

一是实施豆粕减量替代行动。按照农业农村部办公厅关于印发《饲用豆粕减量替代三年行动方案》的通知要求，引导饲料企业加强饲用豆粕减量替代技术研究及畜禽养殖低蛋白日粮研发，大力开发应用发酵饲料、酶制剂、酸化剂、微生态制剂、有机微量元素等产品，进一步提升饲料使用科学化环保化水平。二是加强饲料环保化技术指导。通过组织培训、现场指导等方式，开展“两化”技术培训服务，提升自配料规模猪场科学配制环保型饲料能力。三是开展“两化”“回头看”行动，加大对问题隐患场点的抽查抽检力度，督促问题落实整改。

（三）持续抓好全市饲料生产企业监督检查工作

根据《浙江省农业农村厅办公室关于开展2023年度饲料生产企业现场检查和饲料标签专项检查的通知》要求，将继续在全市范围开展饲料生产企业现场监督检查，帮助企业开展问题整改，进一步规范生产。

（宁波市农机畜牧中心）

厦门市饲料工业

【发展概况】

厦门市共有饲料生产企业46家，其中，同安区16家，海沧区12家，翔安区10家，集美区7家，湖里区1家。

饲料和饲料添加剂年总产量达132.0万t，同比增长22%，其中，配合饲料76.0万t，同比增长103.3%；浓缩饲料1.1万t，同比下降4.3%；添加剂预混合饲料3.1万t，同比增长10.4%；饲料添加剂0.4万t，同比增长3.1%；单一饲料51.4万t，同比减少27.1%。累计营业收入54.9亿元，同比增长16.1%；工业总产值56.2亿元，同比增长22.0%。

饲料产量上涨分析。部分饲料生产企业新建、扩产等原因推动厦门市饲料产量上涨。2022年，福建农灵生物技术有限公司猪饲料产量32.7万t，同比上涨596.3%（2021年9月投产）；厦门强大农业有限公司猪饲料产量8.4万t，同比上涨132.4%（福州厂房修建产量平移厦门）。

【组织机构】

厦门市农业农村局畜牧兽医处主管饲料行业管理工作，厦门市农业综合执法支队承担饲料行政执法工作，厦门市农产品质量安全检测中心负责饲料产品质量监测工作。

【主要工作】

（一）抓好饲料质量安全工作

1. 严格饲料生产许可受理审核工作。按照上级工作部署，厦门市农业农村局配合做好省级饲料生产许可受理审核工作，邀请饲料行业专家开展材料及现场初审工作，严格按照行政审批要求，2022年共受理3家新设立饲料生产许可，2家增加或更换生产线。

2. 开展全市饲料质量安全监管工作。监测饲料生产企业34家，养殖场28家，合计278批次。抓好饲料行业产品质量监督检查，各级农业执法部门共出动检查人员435人次，检查企业169家次，责令整改2家，全部整改完毕。立案查处2起，罚没款2.361 5万元，执法抽检44批次，合格率100%。

3. 开展饲料质量安全风险监测。按照《厦门市农业农村局关于印发2022年饲料质量安全风险监测方案的通知》，共对各饲料企业开展饲料质量安全抽检样品100批次，检测药残、重金属等共19项，均合格。

（二）抓好饲料安全生产工作

1. 宣传贯彻落实习近平总书记关于安全生产重要论述，提升企业主体责任意识。一是组织学习。线上组织各区行业管理人员和饲料兽药企业认真学习《生命重于泰山——学习习近平总书记关于安全生产重要论述》《“安全生产月”系列直播课》以及传达全国安全生产工作电视电话会议精神，参与学习人数132人次。二是宣传引导。发送安全生产宣传信息131条，积极发动饲料生产企业参加新《安全生产法》答题活动，编制《饲料安全生产工作手册》《饲料安全生产文件汇编》，加强饲料粉尘涉爆、有限空间和消防等生产安全宣传，提升企业安全意识。

2. 加强法律法规学习培训，提升企业安全生产法律意识。为防范饲料兽药领域重特大安全生产事故，推进新《安全生产法》贯彻落实，厦门市农业农村局于6月30日组织开展2022年厦门市饲料兽药安全生产（含消防安全）视频培训会，邀请相关专业老师授课，主要围绕《遵守安全生产法 当好第一责任人 遏制大事故发生》这一主题，通过解析新修订的《安全生产法》条款、罚则，剖析饲料领域常见安全事故隐患及典型事故案例，提出相应的防范管控措施，举一反三，强化饲料兽药生产企业安全生产意识，共104人次参加了此次视频培训会。

3. 持续开展安全生产专项整治“三年行动”和安全检查“百日大会战”行动，强化隐患排查治理。 结合农业安全生产专项整治三年行动、冬春火灾防控、饲料双随机检查和安全检查“百日大会战”工作，指导饲料企业围绕企业安全生产规章制度、生产管理、设备防护等方面开展全面排查，对排查发现的安全隐患实行“零容忍”，从严从实抓好整改，实现闭环管理。

【下一步工作思路】

落实落细饲料行业管理工作。继续抓好饲料质量安全和生产安全工作。强化饲料监督抽查、饲料风险监测、“双随机、一公开”执法检查、行政许可，落实好饲料质量安全管理。同时，认真贯彻落实习近平总书记关于安全生产重要论述，加强饲料安全生产宣传，聚焦节前节后饲料安全生产检查，压实企业主体责任，督促企业落实饲料风险分级管控和隐患排查治理工作，确保不发生重特大安全生产事故。

（厦门市农业农村局）

深圳市饲料工业

【发展概况】

截至2022年底，深圳市饲料和添加剂持证在产企业19家，饲料和添加剂生产总量33.8万t，总产值20.8亿元，其中单一饲料14.0万t、配合料17.6万t、浓缩料0.2万t、预混料1.1万t、宠物饲料0.1万t、饲料添加剂0.8万t。

【主要工作】

（一）强化管理，规范行业发展秩序

一是根据广东省农业农村厅部署，落实饲料添加剂生产许可工作，完成4家饲料添加剂生产企业生产许可现场评审工作，严把许可准入关；二是按照省农业农村厅安排，制定《市市场监督管理局关于开展2022年深圳市饲料质量安全监管工作的通知》，组织开展饲料监督抽检工作；共完成20批次饲料抽检，检测结果全部合格；三是全面开展饲料行业“双随机、一公开”监督检查工作，明确饲料生产单位抽取比例为100%，共出动检查人员69人次，检查企业30家次，发现问题企业6家，发现问题10个，上述问题已全部整改完成；四是组织开展省饲料和饲料添加剂生产许可审核专家推荐工作，发动市内符合许可审核专家要求的个人积极加入省饲料审核专家库，增补3名深圳市专家至省饲料审核专家库，协助推进全省饲料管理“放管服”工作。

（二）紧抓不懈，安全生产工作常态化

一是切实加强饲料生产企业安全生产防范工作，先后制定《市市场监管局关于春节后饲料生产企业复工复查安全生产检查工作的通知》《市市场监管局关于进一步做好畜牧兽医行业安全生产和疫情防控工作的通知》等文件，部署落实安全生产重点隐患排查工作，压实企业生产企业主体责任；二是抓实抓细饲料生产企业安全生产工作，督促企业加强对厂区周边危险边坡、低洼易涝、危旧房舍等高危部位的防范措施，严防汛期发生坍塌洪涝事故引发的次生灾害；三是推进深圳市畜牧兽医企业安全生产风险分类分级监管研究，根据饲料生产企业产品种类及生产技术，以企业主要危险源或有害因素和从业人员数为维度，评定饲料生产企业风险等级，进一步强化安全生产监管工作指引；四是强化重点时节畜牧业应急管理工作，重大节假日前由处领导亲自带队检查行业安全生产工作，切实履行安全生产管理职责。

（三）关注新业态，开展流通环节宠物饲料专项抽检

随着经济的发展和人民生活水平的提高，宠物作为伴侣动物在人们生活中占据越来越重要位置，宠物饲料消费亦成为我国消费品中增长最快的行业之一。随着深圳养宠人群的不断壮大，宠物饲料消费需求日益增长，深圳市市场监督管理局针对这一消费热点，组织开展宠物饲料质量安全抽检工作。本次抽检范围涵盖深圳市宠物医院、宠物店、商场超市、网络平台等在售的宠物饲料产品，共抽检宠物饲料经营单位56家，抽取样品160批次。11家单位检出问题样品，发现问题产品16批次，问题发现率10.00%，不合格产品已全部落实后处理工作，有效规范宠物饲料的生产经营行为，维护消费者合法权益。

【存在问题】

1. 受深圳生产用地影响，资源成本不断攀升，微小型饲料生产企业逐步被淘汰。

2. 传统配合料、浓缩料生产企业，特别是饲料粉尘较大的饲料生产企业，因设备陈旧、原有的厂区布局不合理，不符合生产安全和环保新政策要求，企业又无法改造或改造成本高，陆续出现迁移的状态。

（深圳市饲料管理办公室）

企业篇

重点企业经验介绍

品牌见证历史　精神引领发展

——中牧农业连锁发展有限公司
北京华罗饲料添加剂厂

"华罗"伴随着中国饲料工业的发展而崛起，30多年来不忘初心，勇肩使命，砥砺前行，铸成了中国添加剂预混合饲料产业的"民族品牌"。

"华罗"自诞生之日起，就以其完善的产品体系及优良的技术服务，引领着添加剂预混合饲料行业的规范与技术进步。华罗致力于畜牧业的安全健康发展，以"保护动物安全，关爱人类健康"为己任，顺应时代发展的要求，不断调整定位，整合资源，始终坚持服务于"三农"，为建设成为畜牧业大型集成服务平台而不懈奋斗。

一、认识华罗

中牧实业股份有限公司隶属国资委，是农业产业化国家重点龙头企业，现有国家五部委认定的企业技术中心。中牧农业连锁发展有限公司北京华罗饲料添加剂厂为中牧股份动物营养板块的子公司，技术力量雄厚，行业地位稳固，产品市场占有率超过25%。

作为中国添加剂预混合饲料领域的"国家队"和"主力军"，坚持产品安全、动物安全、畜牧安全、食品安全和生态环境安全"五位一体"的大安全经营理念，以向生产经营者提供优质产品与服务并最终为消费者提供绿色、安全、健康的动物源性食品为目标，在自身成长和创造价值的同时，积极承担社会责任，获得了政府和行业的高度认可。

多年来，华罗以优良的产品质量深受广大用户的信赖和行业的好评：

1992年"华罗多维一号"被评为首届中国农业博览会优良奖。

2000年华罗品牌被评为"中国饲料行业十大名牌"。

2003年华罗品牌被北京市工商行政管理局认定为"北京市著名商标"。

2005年华罗多维被授予中国饲料行业"信得过产品"荣誉称号。

2007年华罗品牌荣获"最受消费者信赖的农产品品牌"。

2010年"华罗"被国家工商总局认定为"中国驰名商标"。

2018年北京华罗荣获"饲料质量安全管理规范"市级示范企业。

二、发展历程

（一）引领行业，奠定维生素预混合饲料市场地位（1990—2005年）

1990年，中国牧工商联合总公司与瑞士罗氏公司合作，建立了北京华罗饲料添加剂厂（以下简称北京华罗），全套生产设备由罗氏公司提供，主要原料采用进口原料，是我国最早从事维生素预混合饲料的生产厂家之一，主要生产畜禽用维生素预混合饲料，产品涵盖雏鸡、产蛋鸡、种鸡、猪用等多个品种，年单班产量达2 000t，销售覆盖面遍及29个省（市、自治区）。首次引入全新的饲喂营养理念，促进了中国饲料添加剂的发展，是我国饲料添加剂产业发展的引领者。

（二）综合提升，打造中国畜牧业第一安全品牌（2006年至今）

2006年1月，北京华罗新址于通州区马驹桥金桥科技产业基地落成，新厂采用世界先进的瑞士布勒全套生产设备及工艺，添加剂预混合饲料年生产能力达 8 000t，可配置全价配合饲料 4 000 多万 t，是国内大型维生素预混合饲料生产基地。

整个生产设备涵盖六大系统。其中独特的压力釜气体输送系统通过无水无油的低温过滤空气，将物料在密闭的管道中进行输送，物料残留低，粉尘污染小，最大限度地减少了原料与空气接触；精准的配料系统由微量添加和常规配料系统组成，最小计量可精确到克；高效的混合系统采用单轴桨叶式高效混合机，混合效率高，每小时可完成 30 批次产品的混合，变异系数小于 5%。

生产工艺具有七项特色。防冲仓设计提高了配料精度和效率。微型振动设计消除了料仓底部物料结拱。基于浪潮 ERP 平台的质量追溯系统可以精准实现生产过程和物料的双向追溯，避免了人为操作失误。单点除尘设计最大限度地降低了粉尘，改善了生产环境，打造清洁车间。抽真空包装设计可有效保护维生素活性，延长了产品的保质期。

近年来，不断提升生产工艺装备水平，努力向信息化、自动化、智能化制造迈进。实现了数字化转型，ERP 系统全面集成生产计划、生产制造、财务、销售、采购和质量管理，实现了原料吨包上料、自动开箱、自动缠膜、产品吨袋包装、机械手码垛等工艺改进与提升。

企业管理实行标准化。从 2001 年首次引入 ISO 9000质量管理体系以来，持续发展、融合、完善，2007 年通过食品安全管理体系认证，2009 年将质量、职业健康、环境三体系合并认证，实施运行后实现了管理创新和管理提升，核心竞争能力进一步加强。2016 年通过能源管理体系认证，2018 年将质量、职业健康、环境、食品安全和能源五体系融为一体，整合认证。各项管理体系的持续有效运行，提高了管理水平，保证了产品质量，增强了市场竞争力，对企业产生了直接和间接的经济效益，提高了企业信誉和知名度，树立了良好的社会形象。

华罗的优秀品控团队具有多年产品质量控制与专业检测经验。在常规检测设备的基础上，配备有多台高效液相色谱仪、原子吸收分光光度仪、近红外光谱仪等精密仪器设备。质控中心注重提升自身检测能力，不仅与国家饲料质量监督检验中心等多家权威检测机构保持密切学术交流与沟通，还为广大客户提供了饲料原料及成品检测交流平台。自 2014 年起，北京华罗已累计举办“走进华罗——品控与检测技术交流”系列活动 17 期，200 余家饲料企业的 300 余位品控技术人员走进华罗参加交流活动，活动中不仅帮助客户解决了所遇到的各种检测难题，还增进了华罗与客户之间的互信，收效良好。

北京华罗注重技术创新，参与饲料中维生素 K_3、维生素 A、维生素 D_3 国标方法的修订；首开近红外检测技术在添加剂预混合饲料中应用之先河，建立了维生素 A、维生素 E、维生素 B_2、维生素 B_6、烟酰胺等多项维生素含量定标曲线，实现了产品质量快速实时监控，建立近红外企业标准，成为维生素预混合饲料行业的标杆企业；先后获得国家知识产权局授予的发明专利 2 项、实用新型专利 2 项、外观设计专利 6 项。

针对饲料加工生产中的实际问题，开展了影响维生素效价损失的评价试验，从温度、湿度、制粒工艺、包装材质等多方面入手，掌握维生素效价变化的一手实验数据，填补了国内饲料行业在此方面的研究空白。

2020 年 1 月，北京华罗检测中心通过 CNAS 实验室认可，在饲料行业中屈指可数，对企业的声誉和发展有着极为重要的意义。CNAS 认可的实施是对检测中心管理的提升，将检测技术的优势转化为市场竞争力，为企业和谐健康快速发展助力。

三、展望未来

中国饲料养殖行业已经逐渐进入“无抗时代”，北京华罗正在致力于酶制剂、益生菌、酸化剂、脱霉剂等功能性饲料的研发与实践，推出了华罗酶、功能霉菌、霉克等多种明星产品，获得用户的好评，在机体健壮、生长性能良好、饲养环境优越等方面为养殖者带来便捷和利润。

未来，北京华罗将一如既往地肩负起维生素预混合饲料产业标杆的职责，牢记企业发展的宗旨，勇担服务“三农”的使命，在中牧股份整体战略部署下，扎实推进“十四五”战略规划，为中国畜牧业和饲料工业的健康发展高质量发展贡献力量。

以创新科技打造世界级动物营养企业

——北京英惠尔生物技术有限公司

伟大时代，需要思想引导；伟大事业，需要核心领航。党的十九大报告中指出，经过长期努力，中国特色社会主义进入了新时代。北京英惠尔生物技术有限公司（简称英惠尔）紧跟党的步伐，跨进新时代。进入新时代，英惠尔实现，持续快速发展，人均创造毛利超过 100 万元。

英惠尔 2000 年，诞生于中国农业科学院，聚焦分子生物技术，长期与中国科学院微生物所、清华大学、中国海洋大学等科研校所合作，开发出酵母培养物、酵母肽和枯草肽等动物营养品。秉承“精益求精，为合作伙伴创造快乐”的宗旨，不断超越，以生物技术创新产品为合作伙伴创造价值，助力健康养殖。

英惠尔先后获得“一带一路”国际合作先进饲料企业、国家高新技术企业、饲料质量安全管理规范示范企业、北京市企业技术中心、北京市级企业技术研究开发机构、中国林牧渔业十佳绿色产品企业等荣誉和称号，系中国饲料工业协会常务理事单位、中国小康建设研究会“三农”经济发展促进委员会副会长单位、北京市饲料工业协会会长单位。

英惠尔2006年，启动出口业务，历经10余年辛勤耕耘，国际市场范围从东南亚区域，拓展到欧洲、北美等发达国家，产品服务全球80多个国家和地区，国际市场销售收入占公司销售收入的35%以上。

英惠尔的国际化绝不只是产品的销售国际化，而是要通过国际化运作，一方面，培育公司及产品品牌在世界范围内的知名度，通过与国际农牧业集团的合作，能够促使产品的安全性和稳定性进一步得到提升。另一方面，通过国际化的合作，能够及时了解国际畜牧业的发展趋势和需求，从而激发我们的创新灵感。

正所谓读万卷书不如行万里路，英惠尔每年都针对性地参加国际展会或参观考察，正是在这些参观与交流中，总结出一条简单却又十分重要的企业经营信条，“企业一定要做差异化价值提供者”。如何实现差异化，唯有创新，而创新并不复杂，只需要回归动物需求的原点思考问题，英惠尔的创新产品“酵母培养物、酵母肽、枯草肽”正是在这样的思考中应运而生。

英惠尔2008年，在行业内率先引入精益生产，对产品质量、成本和交货期持续改善；开创性实施质量控制与可追溯系统管理，实现产品全程可追溯，产品合格率达到99.99%。

英惠尔2015年，成立生物技术研究院，研究院以生物技术为核心，以动物营养与健康为导向，以食品安全为目标，构建应用型研发平台，主要围绕生物技术，如微生物菌种选育、微生物分子构建、微生物发酵工艺构建、微生态产品开发及其在动物健康养殖中的应用开展一系列的研发工作。北京英惠尔生物技术研究院，与中国科学院微生物研究所、清华大学、中国海洋大学等科研校所建立了长期合作关系，并联合中国农业科学院饲料研究所、中国农业大学、东北农业大学、四川农业大学、广东海洋大学、西南大学、华中农业大学、华南农业大学、苏州大学、宁波大学等20余家科研院所及28位行业顶级专家合作，累计发表酵母培养物、酵母肽和枯草肽动物试验文章逾百篇，分别形成水产、猪禽、反刍动物系列1.0版、2.0版、3.0版、4.0版、5.0版试验报告集，为行业提供了完善的微生态解决方案。

英惠尔公司现有员工165人，其中科研技术人员41人，专业分布广泛、合理，包括动物营养与饲料科学、微生物学、生物工程、食品工程等专业人才，位于通州区漷县镇的科研用房面积近1 500m^2，研究室科研仪器设备配备齐全，有力地保障了科技研发、中试生产及产品质量控制等工作的顺利开展。近三年的研究开发经费投入占公司销售收入的比例达到5%以上，每年成功开发1～2种新产品。注重知识产权的申请与保护，目前共获得授权专利24项（其中发明13项，实用新型专利5项，外观设计专利6项），计算机软件著作权8项。

英惠尔2021年，建设河北新基地，基地位于河北省内丘工业园区北园。该项目总投资2亿元，占地55.04亩，该项目一期建设预混合饲料添加剂生产线2条，产量共约5万t；建设2条酵母生产线，产量各为酵母5万t、酵母肽1万t；各建1条包膜及过瘤胃产品生产线，产量共约1万t；建设1条L-抗坏血酸-2-磷酸酯生产线，产量1万t；建设1条乳酸菌生产线，产量0.5万t；建设一条芽孢杆菌生产线，产量为0.5万t。

项目于2021年7月开工建设，2022年8月主体完工。9—12月开始二次结构建设，2023年2月开始安装设备。预计2023年6月底建设完工，开始试生产。项目达产后年可实现产值20亿元，年上缴税收2 750万元，出口创汇5 000万美元，带动300多人就业。

英惠尔人才战略，通过引进、培养、选拔高素质人才，建立了一支勇于创新、敢于拼搏的人才队伍，并与多所大学建立人才培养战略合作关系，设立“英惠尔班”“英惠尔奖学金”，助力校企人才培养平台搭建。

英惠尔采取“好产品+好方法”的双引擎合作模式。“双引擎”，即英惠尔坚持以客户为中心，为客户提供性价比最优的产品和配套服务。

品质铸就品牌，英惠尔以创新科技打造世界级动物营养企业。立足科技创新，助力健康养殖，铸造动物营养品领域的强势企业。

随着“高效、健康、绿色、环保”养殖大时代的到来，英惠尔公司产品将赢得全球越来越多的市场和客户的认可。

展望未来，英惠尔将大力开展国际化品牌战略，发挥公司的人才、品牌、技术优势，把握机遇，开拓创新，以卓越的产品品质引领行业发展新高度，为推动健康养殖、改善人类生活品质而不懈努力。

创新驱动　互惠共赢

——玛氏宠物食品（中国）有限公司

一、公司简介

玛氏宠物食品（中国）有限公司是玛氏公司在天津经济技术开发区中区设立的宠物食品工厂。玛氏天津宠物食品工厂项目于2020年12月21日启动，投资1.2亿美元，占地约11万m^2，预计年产能6万t，随着市场增长会持续扩产，满产后年产能可达25万t以上。项目建成后将成为玛氏在亚洲最大的现代化宠物食品工厂。工厂将通过自动化、柔性生产等技术，研发生产干粮、湿粮和零食等不同类型的高质量宠物食品，满足消费者对多样化宠物食品的需求。

玛氏公司成立于1911年，是一家拥有百余年历史的私营家族企业，也是全球知名的食品制造与分销领导者，足迹遍布全球80多个国家与地区。玛氏宠物护理是玛氏全球最大的事业部，1935年开始生产宠物食品，目前业务涵盖宠物食品、健康医疗和科技服务，在130个国家及地区拥有100 000余名同事，共同为宠物提供食、住、行等各方面的服务。

二、宠物营养业务介绍

（一）打造可持续的供应链

为满足中国消费者对于全方位、创新和多样化宠物食品的需求，玛氏宠物在天津投资建立工厂，致力于打造成一个规模化、智能化、柔性化、绿色化的新时代工厂。工厂采用最新的节能环保技术、智能工艺设备等建设新生产线，定位于满足消费者对于高端、创新和多样化宠物食品的需求，研发生产高端宠物食品，包括干粮、湿粮和零食等不同类型的产品，从而支持不断增长的市场需求。

规模化：该项目占地约11万m^2，厂区总建筑面积3.6万m^2，项目一期建设一条干粮生产线，预计年产能6万t。随着市场增长会持续扩产，满产后年产能可达25万t以上，将成为玛氏在亚洲最大的现代化宠物食品工厂。

柔性化：利用玛氏全球产品资源丰富的优势来满足多样性的选择，实现订购单位更小、更多种的尝试；在采购策略方面会更加灵活，以本土采购为主、结合全球、区域采购团队资源，提供更加具有竞争力的原材料采购方案。采用供应商分级管理，着力于提供质量更优、服务更加便捷、价格更有竞争力的解决方案。

智能化：打造基于整体智能解决方案的数字化智慧工厂，通过数字化提升产品全链路自动精准的追溯，做到全程安心透明。

绿色化：打造全方位实现节能减排的环保工厂，包括节水、节能省电、减少废弃物；污水最终可以达到中水处理标准，且用于绿色灌溉，厂区路灯照明采用太阳能。

期待借由天津优越的地理位置，带动周边物流、零售和批发相关产业的联动效应，扩大宠物食品的进出口和物流供应链实力，辐射全国乃至全球的产业链，带动相关行业的整体发展和创新。

（二）创新驱动，品牌强势发展

玛氏宠物营养采取“多品牌战略”，提供众多定位不同、功能不同、适用场景不同的品牌和产品，如全球领先的营养品牌宝路、伟嘉、美士、希宝、西莎、爱慕思等，全方位满足中国宠物主的需求。

在新品开发方面，始终重视新产品研发工作，拥有一批食品、动物医学、机械工程等方面的专业技术人才，近年来取得行业领先的技术突破。玛氏宠物积极布局旗下高端品牌希宝及美士，推出满足不同喂养场景的产品。相继开发出美士MAX“鲜”系列主食干粮，宝路洁齿小磨星和希宝生骨肉冻干零食等产品，推出创新产品——美士一分为二餐盒，满足猫咪少食多餐的饮食习惯以及宠物家长对食材新鲜度的要求，深受消费者喜爱。

在销售渠道方面，年轻一族的购物习惯已经发生巨大改变，电商平台成为目前宠物主首选宠物食品购买渠道，微信群/小程序/社群等私域流量作为新兴渠道也发展迅猛。对此，玛氏宠物积极拓展全渠道运营，在细分市场及专业渠道上全面布局，进一步解锁以宠物医院、宠物店为代表的特殊渠道，深化与电商的合作，打造可持续的盈利模式。除此之外，玛氏宠物紧跟数字化趋势，全方位推动数字化应用，利用打通全品牌全渠道的会员中心平台玛氏宠享会，响应新消费人群的社交与消费习惯，通过不断拓展数字化技术的运用，拉近与消费者的距离。

在各项创新举措加持下，2022年，美士用户数增长超80%，全年销量实现高双位数增长；希宝销量增长率达77%，“双十一”期间荣登天猫猫零食品类销量冠军。

（三）互惠共赢，助力行业高质量发展

玛氏宠物不仅率先践行《宠物饲料管理办法》等系列法规，还坚持不懈地大力支持中国饲料工业协会宠物饲料（食品）分会的筹备和发展，为推动健康可持续的宠物行业生态出谋划策。2022年，促成中国饲料工业协会加入全球宠物食品协会联盟（GAP-FA），对提升中国宠物食品行业的国际话语权，参

与双边多边国际合作，推动我国宠物食品行业全面、协调、健康发展有着重要意义。积极凝聚行业共识，推动分会起草发布了《宠物饲料（食品）企业自律宣言（征求意见稿）》，并组织全行业进行讨论并达成共识。

（四）企业愿景及获奖案例

秉承“为宠物创造美好世界”的愿景，玛氏希望让每只宠物都能得到关爱，并健康、快乐地成长。自进入中国以来，玛氏宠物一直是“做负责任的宠物主人”理念的倡导者与引领者。多年来，玛氏宠物营养投身公益，关爱流浪动物，支持领养，持续宣传和推广“宠享潮生活”项目，全面推动人宠和谐的社区环境的建设和发展，以实际行动号召社会各界关注宠物福祉建设，为人类和宠物创造美好世界。

自2019年，玛氏宠物与政府、社区基层、公益机构、商业地产和其他商业伙伴合作，在连锁餐饮、社区以及商圈等多样化的商业生态展开宠物友好尝试。2022年，“宠享潮生活”项目二度落地北京中粮·祥云小镇，商圈内宠物友好商户已超20家。在友好商户内，均提供了宝路协助设置的店内宠物饮水装置、宠物拾便器等便利设施，商圈内竖立了“宠物友好公约”立牌、张贴宠物友好商户标识，并提供宠物行为知识手册，供来往的宠物家长和普通顾客翻阅，倡导关爱宠物、科学养宠，助力文明城市创建。作为该公益项目的延伸，2022年首次与天津广播电视台合作，推出了一系列宠物主题活动，媒体和100多个宠物家庭参加了活动。玛氏宠物将继续与社会各界一起，推广科学养宠理念，打造无忧出行商圈，推动人宠和谐社会的长足发展。

玛氏在创造商业价值的同时，积极探索可持续发展，从2020年开始投入可持续包装的升级工作。2022年，玛氏宠物旗下宝路、伟嘉、美士的9种品类产品包装入围中国物资再生协会再生塑料分会、绿色再生塑料供应链联合工作组第二批“消费品塑料软包装回收名录产品名单”，并成为全国首家入选“回收、再生试点企业名单”的宠物食品企业。其中，宝路洁齿小磨星更是凭借其在国内宠物食品包装袋中率先使用单一可回收材料（单一聚乙烯材料），以代替传统的多层不同复合材料，克服众多技术和成本的挑战，实现利于回收的成功举措而入选黄金设计原则案例集。此前，宝路洁齿小磨星产品包装已获得欧盟测试和认证机构 cyclos - HTP 的测试报告，入选国内“2022包装创新及可持续发展大奖”以及“第三届塑料回收和再生金苹果奖”，同时也入选“淘宝88碳账户—低碳包装”产品名录，引领宠物产业可持续生态链升级。

玛氏宠物营养业务已在可持续包装发展、节能减排、生态环境保护、负责任采购方面推出多项举措，并将持续助力全社会实现碳达峰、碳中和的长期目标。

报国兴农　争创第一　共同发展

——天津大北农生物科技有限公司

一、公司简介

天津大北农生物科技有限公司，于2011年建厂，是一家高科技智能化饲料生产企业，公司坐落于美丽的天津市宝坻区林亭口镇，总投资约3.5亿元人民币，注册资金5 000万元，占地100亩。

公司建设有3个生产车间，10条生产线，年产能30万t，设备采用国内最先进的高科技饲料生产设备、饲料生产工艺和生产管理技术，积极推进智能化工厂，是华北地区品种最多，规模最大，自动化、智能化、机械化程度最高的饲料生产企业之一。始终以“报国兴农、争创第一、共同发展”为核心理念，以创建世界级农业科技企业为目标，肩负企业的行业责任和社会责任，也是一家致力于探索工业4.0、工业安全云平台、精细化能源管控等高新技术在农业生产中应用的企业。

现有员工158人，其中70%具有大专以上文化程度，成立科技研发团队23人，其中博士2人，硕士16人，本科5人，建立了天津市企业技术中心。

经营范围为科技开发；饲料、饲料原料销售；猪、鸡、鱼、虾配合饲料，猪、鸡、牛、羊浓缩饲料，牛、羊精料补充料生产；粮食收购、水质处理技术、生物技术开发及生猪养殖、生猪销售等。

始终坚持以科技创新促企业发展，响应党和国家“大众创业，万众创业”的创业氛围，以产品创新和技术服务引领市场发展。公司申请专利70余项，授权专利51项，其中发明专利5项。至今科研投入累计1 801.8万元，科技推广投入累计215万元。同时公司获得过天津市农业产业化经营重点龙头企业、天津市科技型中小企业、天津市小巨人企业、天津市“撒手锏”产品、天津市企业技术中心认定、天津市五一劳动奖状、企业安全标准化二级认定等荣誉。

二、企业经济运行情况

天津大北农生物科技有限公司在2011年建厂初就开始通过建立带农增收保障体系，建立和运行质量管理体系、职业安全健康管理体系、环境管理体系，开展各种公益事业，全面履行公司的社会责任，通过管理体系评审等方式不断完善管理体系，忠实履行利益相关者所关注的标准，从而使相关服务产品的质量得到实现，相关方人员的安全健康得到了保证，给社会及环境带来危害的风险降低了。同时公司致力于发展公共关系，奉献社会，促进人、企业、社会的和谐发展。

遵纪守法方面：在员工健康和福利责任上，目前全体员工共计96人，严格遵守劳动法的规定，建立《员工手册》，按照国家规定为员工提供“五险一金”，均与公司签订长期或定期劳动合同，合同签订率为100%，每名员工自签订合同之日起，公司即依法为员工办理养老、医疗、失业、工伤、生育等各项社会保险或意外伤害保险，并一直及时、足额缴纳各项社会保险。从未发生瞒报、漏报、欠缴社会保险费的行为。公司每年都会组织员工进行身体健康检查，建立了员工健康档案，旅游度假以及节假日为员工举办联欢会，发放礼品和购物卡等福利，完成高质量工作的同时保证每名员工精神上的愉悦与满足。为发扬员工团结互助、艰苦创业的精神以及帮助困难员工，公司设立了“爱心基金”和“子女助学金”，为员工送上关爱。

在环境保护的责任上，天津大北农生物科技有限公司做到生产与环保并重，保证农业产业化的可持续发展。天津大北农十分注重生态环境，控制农业自身的污染，实现农业的可持续发展。在自身厂区，在设计工艺流程中，把玉米等原材料进行混合，只是物理变化，没有化学反应，经治理后对生态环境影响极微，天津大北农积极响应市环保及区环保要求，于2019年12月率先安装了工况用电在线监测设备，有效地监督和保障企业环境保护设备的运行状态。

天津大北农积极建设节约型和环境友好型企业，始终坚持节约优先，降本增效，经济发展与环境保护、资源节约相适应的原则，大力推动节能减排从末端治理到源头疏导的转变，从被动防范到标本兼治的转变，加快科技进步，推广先进技术，大幅度提高能源利用率。

积极推动节能改造和环境治理，分别从污水治理、噪声治理、节能改造、节水改造等方面进行。

保障产品质量安全的责任。始终坚持以“100%质量、100%供给、100%安全、100%服务”为核心的经营理念，以国家饲料安全质量管理规范为指导，从原料进场到成品出厂，全过程严把产品质量关，并做到产品全程可追溯。

自2012年开始，按照ISO 9000质量管理体系标准，建立实施质量管理体系标准，并得到有效的贯彻执行，并于2013年获得质量管理体系认证证书。质量管理体系截至目前已有效运行10年，为公司产品的质量提供了有力的保障。

严格执行国家饲料质量安全管理的各项规定，形成了公司饲料质量安全管理体系，并在生产过程中实施程序化操作，记录化生产，实现了从原材料采购到产品销售的全过程质量控制。积极导入TPM，推行精益生产，通过生产计划管理、库存控制、流程改进、成本管理、协同创新及员工素养养成等多层面提升，有效提升了公司生产效率及产品质量。同时，为了进一步提升公司质量管理标准，于2015年6月18日顺利通过了农业部（现农业农村部）饲料安全质量管理规范评审，取得了农业部“饲料安全质量管理规范”认证。

天津大北农自2019年投资近百万元开展生物安全防控工作，并建立了4级生物安全防控体系统，包括车辆一级洗消、二级消毒专用通道、三级车身整体消毒及烘干房，并对车辆进行非瘟病毒取样、检测，从而保证车辆的生物安全。

截至2022年底，天津大北农历年执行的针对质量目标完成情况的考核工作都实现了达标。同时，尊重顾客意见，在不影响生产质量的前提下，对顾客的意见进行分析，判断采纳合理建议，并对顾客讲明质量的重要性，优质的质量是对顾客的满意。

通过严格执行质量管理体系，从未因发生严重产品质量事故及损害用户权益的事件，同时天津市每年产品监督抽查产品合格率均为100%。

产量产值权重方面：截至2022年底，主营产品产量实现15万t，主营产品产销率达97.1%，公司总资产18 929.3万元，实现销售收入6.3亿元，净利润43万元。

随着饲料行业的竞争日趋激烈，为提高企业核心竞争力，适应现代企业管理制度的要求，公司不断进行管理体制的创新和产品开发，现在在有100余个产品品种的基础上，每年投巨资进行新产品的开发，以此创造新的增长点。加大技改投资，2021年已投资技改200万元，对现有车间进行技术改造，对产品的生产效率及原材料的利用均有大幅提高。

“三农”贡献方面：企业带农增收的责任。为带动农户致富、振兴农村经济、推进新型工业化建设，以“公司+农户”的方式提供优质原料。天津大北农将紧紧依托这一重点，依靠广大农民，不断发展壮大，力争成为推动农业快速发展的中坚力量。

所需原料如玉米、小麦等均由天津市宝坻区及周边提供，供给量达到90%以上。以“企业+农户”的方式，以购销的合作制，累计1 163户，使每户每年平均增收0.7万元，累计增收909.3万元；在2020年1月1日至2020年12月31日，以“企业+农户”的方式，以购销的合作制，辐射带动农户616户，使每户每年平均增收0.9万元，共增收548.2万元，促进了天津市宝坻区的农业发展，提高了当地农民收入，取得了较好的社会效益。

为农户提供生产经营服务情况。开展了农产品购销服务。以高于市场价的价格收购农户所种植的玉米、小麦等饲料生产原料，并且提供了上门收货服务，保证农户种植产品销售渠道畅通，带动农户增收。

开通了科学技术服务，在收购农产品的同时，还关注农户在种植过程中的技术难题，聘请农业资深专家，为农户进行技术培训100余次，培训内容为农产品种植病害防治、农产品种子储存以及常见问题解答等，培训农户2 300人次；推广农产品种植技术2项，提高了农户的种植技术水平，推动天津市农业的发展，落实了“科教兴农”政策。

参与慈善事业的责任。天津大北农自成立以来，始终坚持“立足本土谋发展，回报社会多贡献”，除每年足额上缴税金外，扶贫帮困，热心慈善事业。参与宝坻区举办的扶贫公益活动4次，捐赠物资及财物7次，做到了“用爱心铭记责任，用真情回馈社会”，从而赢得了社会的广泛赞扬。

在公益事业上，天津大北农生物科技有限公司勇担社会责任，践行“奉献社会、强大国家”的企业理念，不遗余力、多举并施，开创并形成了许多独具大北农特色的公益模式，把企业资本、技术、人才等优势和贫困地区土地、劳动力等特色资源有机结合起来，帮助贫困群众创业置业，增收致富，精准助理脱贫攻坚，为中国农业的发展，为中国梦、农业梦的早日实现，贡献自己的力量。

科学　有序　健康发展

——保定玖兴饲料加工有限公司

一、企业简介

保定玖兴饲料加工有限公司是玖兴农牧（涞源）有限公司的全资子公司。公司投资1.8亿元，在涞源县金家井村北建设肉鸡饲料加工项目，占地72亩，年产50万t饲料，2020年7月试生产。玖兴农牧通过发展肉鸡屠宰及鸡肉熟食深加工、饲料加工销售、冷链物流、鸡苗孵化、有机肥加工等多位一体的畜牧业循环经济，带动涞源县实现现代农业科学、有序、健康发展。

二、企业经营

该项目是玖兴公司在涞源扶贫产业链条的重要组成部分，主要是供应涞源450栋鸡舍饲养所需的饲料。该加工厂使用美国希彼埃姆和国内最优秀的牧羊公司饲料成套生产设备，自动化程度属于国内先进水平。

目前在册人数93人，2021年生产饲料27.42万t，2022年生产饲料35万t，主要用于商品肉鸡及种鸡饲养的需要。

饲料加工工艺流程分为原料接收、粉碎、配料混合、调质制粒、冷却筛分、油脂喷涂、成品包装，产品检验合格后由饲料罐车运送到各散养小区。

整套生产设备由江苏丰尚公司饲料设备厂提供，主要有散装原料的清理、存储（筒仓）设备，粉碎机6套，混合机4台，制粒机5台（CPM公司），冷却、筛分、油脂后喷设备5套，以及配套输送设备。

三、经验做法

1. 建立完善的质量监控体系。形成以供应商管理、生产过程管理及客户管理的整个品质管理链，环环相扣，以完善的质量监控体系保障产品质量和服务品质。比如ISO 9001质量管理体系就是一个全员参与、全面控制、持续改进的综合性质量管理体系，它所规定的文件化体系具有很强的约束力，它贯穿于整个质量体系的全过程，使体系内各个环节环环相扣，互相督导、互相促进。

2. 生产车间执行“6S”管理。组织全体员工系统学习整理、整顿、清扫、清洁、素养、安全的“6S”管理方法，对现场管理中不系统、不规范、不具体的内容进行全面梳理与改造，实现工作流程、岗位职责、日常交接与巡查、实际操作、生产记录、班前班后会等的标准化，使员工逐渐养成良好作业规范，不断加强自主管理的积极性。

3. 引入先进设备，提高生产效率。工欲善其事必先利其器，饲料年产量50万t的背后，来自先进、智能自动化设备的支撑。公司引进的精密配料设备、自动化颗粒饲料生产线以及近红外、霉菌毒素检测仪、高效液相色谱、原子吸收仪等检测设备，提高生产效率的同时最大限度地减少了人为误差，实现了“既要产量也要质量”的目标。

4. 构建企业质量管理相关培训体系。通过定期培训，向员工介绍国内外成功的企业管理案例与经验，以及通过与其他企业的交流、参与行业会议等方式，保证培训的质量，其重点在于培训工作而非流于形式，同时在培训后组织考试、撰写培训心得等。

以农为本　以猪为业　以猪富农

——石家庄市扬翔饲料有限公司

一、企业基本情况

石家庄市扬翔饲料有限公司是广西扬翔股份有限

公司下属子公司，位于河北省石家庄市正定县西平乐乡大寨村东，107 国道 259km 处。注册资金1 000 万元，成立于2010 年5 月，占地面积2.36 万 m²。现有员工 150 余人，其中硕士研究生 3 名，本科 32 名，大专 63 名，其中畜牧兽医相关专业 69 名。

石家庄扬翔生产线设备全部引进正昌集团、江苏牧羊等国内知名企业，采用先进的数字化 PLC 工控系统，记录所有配料信息，配料动态精度自动控制 0.2%以内，误差不超出 0.2%，生产能力达 20t/h 以上，能随时对生产过程进行监控。

目前推出的“扬翔”品牌，猪料 40 多个品种，有浓缩料、配合料两个系列，已远销河北、山西、山东等省市场，在市场上赢得广大养殖户的良好口碑。扬翔股份技术中心一直坚持不懈地开发、研究，2013 年河南河北大区总裁付双喜博士在国内首创保育猪新的饲养模式——“0”＋3 阶段饲养模式，新推出的喜扬扬高档猪料，经过无数次规模猪场试验验证，“0238 套餐 80d 达 40kg”“全程 150d 达 110kg”，产品深受广大养殖用户的青睐，独创的母猪高低高饲喂模式，助力 PSY 达到 26 头。为有效改善母猪发情，2019 年隆重推出催情宝等产品，单月销量已经突破 200t；针对三元母猪普遍奶水不足，2020 年初推出金猪奶产品，提高了仔猪成活率，有效助力猪场生产成绩改善；2021 年针对头胎母猪，推出头胎宝，有效提高初产母猪生产成绩。

石家庄扬翔以技术为依托，以市场为导向，采用现代化的先进管理制度，向管理要效益，保证了产品质量的长期稳定。自投产以来，始终以提高农民养殖为目的，发挥集团农工贸、产供销一条龙产业化经营的整体优势，以推进名牌战略为切入点，全心全意为养殖户服务，帮助养殖户获得更好的效益，2018 年非洲猪瘟爆发以来，集团通过聘请国外专家及自身养殖优势，从早期的防非五策过渡到结构化防非，再升级到现在的铁桶防非，扬翔是一家开放的团队，将自身的防非策略通过培训和一对一指导模式，为全国生猪产能恢复提供了强有力的动力。截至 2022 年底，防非培训会累计举办 130 期，培训集团公司及猪场关键岗位人员 3 500 余人次。

以客户为中心，为客户创造价值。成立至今，利用国内知名专家、博士团队，累计组织各类养殖技能培训 1 000 余场次，培训养殖人员超过 5 万余人，极大提高了养猪户的专业技能。

二、企业荣誉

石家庄扬翔一直坚持“以农为本，以猪为业，以猪富农”的经营理念，依靠产品优势、技术服务以及社会责任感，在 2013 年被正定县农业畜牧局授予“饲料生产先进单位”称号，2013 年被石家庄市畜牧水产局授予“市级饲料生产示范企业”称号，2013 年被石家庄安全生产监督管理局授予“安全生产标准化Ⅲ级企业（轻工）”，2013 年被河北省饲料工业协会授予“副会长单位”称号，2014 年被正定县农业畜牧局授予“饲料生产先进单位”，2016 年被河北省畜牧兽医局授予“饲料质量安全管理规范示范企业”称号等多项荣誉。2018 年获得河北省科技小巨人企业，2020 年获得“正定县农业产业化龙头企业”“石家庄市农业产业化龙头企业”称号，2022 年获得“河北省专精特新企业中小企业”称号。

存于社会，回报社会，积极响应“爱国拥军志愿服务”，争做爱国拥军志愿服务宣传者、倡导者、践行者，加入“正定县拥军服务站”，优先招聘退役军人、定期对优抚退役军人慰问。2020 年开始，在抗击新冠疫情这场没有硝烟的攻坚战，不忘初心，牢记使命，在坚持科学防控同时，组织员工奉献爱心，向周围村庄、乡政府、志愿者服务点捐赠疫情防控物资，同时向湖北疫情严重区域石首市红十字会捐助 10 万元，石家庄疫情发生之后，组织企业员工响应政府号召，组好疫情防控的同时全力保障石家庄地区饲料供应，为老百姓的菜篮子工程和石家庄地区的养殖行业添砖加瓦。

三、产品概况及服务优势

精准营养解决方案，饲料成本占养猪成本的 70%，决定着养猪成本和效率改善的空间，为了给猪提供更精准的营养，公司对饲料产品原料检测精益求精，匠心打造精准配方，不断改进加工工艺，研发出喜扬扬高档猪料系列产品。喜扬扬产品五大特点：精准营养需求、精准原料检测、精准配方调整、精准生产加工、精准饲喂管理。

其中喜扬扬乳猪料包含补奶、健康、多食、强壮四个层次，分别解决仔猪生产过程常见的奶水不足、断奶掉膘、免疫力低下、采食量低等问题。母猪料是国内最具营养均衡的母猪料品牌之一，通过全方位的母猪营养饲喂管理，使母猪保持最佳体况，保障母猪生产出健壮、活力强、初生体重大的仔猪。

宠食研发质为本　商行天下诚为先

——邢台市派得宠物食品有限公司

邢台市派得宠物食品有限公司创建于 2007 年，位于河北省邢台市南和区宠物产业园，是一家集宠物食品研发、生产、销售、服务于一体的综合性企业。自创办以来，始终以做安全放心宠物食品为己任，不断发展壮大。派得公司系列产品现有“派得”“夸克”“优瑞派”“宠维滋”“伯威”“珍唯”“顶诺”7大自主品牌15个系列产品。2014年，派得被评为“河北省著名商标”企业和“安全生产标准化”企业。先后通过质量管理体系和食品安全管理体系认证，是为数不多的通过双项体系认证的宠物食品公司。目前，派得是中国饲料工业协会宠物饲料专业委员会会员单位、全国十强宠物饲料企业、河北省宠物产业协会副会长单位、河北省科技型中小企业、邢台市农业产业化重点龙头企业。

一、专业设备工艺，专注宠物食品生产

派得一期设有宠物食品加工生产线两条，采用江苏牧羊宠物专业食品生产设备，年产宠物食品可达70 000t。公司遵行饲料质量安全管理规范，从原材料的选购、生产、检测到产品出厂，对每个中间环节进行严格的监控，确保出厂的犬猫食品达到高品质要求。

经过多年持续发展，派得旗下“派得”“夸克”“优瑞派”等品牌在宠物食品市场享有盛誉并不断扩大销售份额。公司产品以良好的市场口碑、过硬的产品质量、完善的售后服务得到了消费者的广泛认可。其中“派得”被评为“河北省著名商标”。派得公司发挥品牌效应，立足市场，公司宠物食品已经覆盖全国，惠及上万供应商及广大爱宠人士。凭借过硬的产品质量做保障，良好的公司信誉做牵引，优质的售后服务做后盾，使公司取得了快速发展，公司产品现已遍布全国各省市区域，并有部分产品出口销售。

为更好适应公司发展，满足市场需求，2019年公司启动二期项目建设。二期项目占地面积100亩，建筑面积83 543m^2。项目全部采用瑞士布勒公司生产设备，设备更先进，工艺更成熟。项目建成后，预计年产宠物食品18万t，可提供500～800个就业岗位。目前二期项目的一号原料库已经建成并投入使用，一号车间、成品库、猫砂车间均已主体完工，正在进行设备安装和二次工程。预计2023年9月份投入使用，新项目投产后，将进一步提升产品质量和公司综合竞争力。

二、发挥带动作用，走农业产业化特色发展道路

派得是邢台市农业产业化重点龙头企业，多年来，秉承农业产业化发展道路，坚持以质量求生存、以信誉求发展、以创新为动力的经营理念，充分发挥龙头企业主体作用，提升产业水平，在推动当地农业产业化方面效果显著。在本县及周边县多个村先后与1 200多户农民签订了粮食收购意向书，农民按照所签订的合同，将粮食以市场较高价格提供给公司。派得作为原料收购方，此项方法极大地带动了粮农的生产积极性，扩大了粮食的生产量。同时作为国内大型的宠物食品研发和生产基地，在企业不断发展的同时，积极响应国家号召，带动了周边宠物食品加工企业和原材料、宠物用品、零食等上下游企业的发展，为南和区宠物产业的发展和中国宠物食品之都的形成起到了积极作用。同时企业每年为国家创造数百万的税收，提供了大量工作岗位，解决了周边相当一部分下岗人员和待岗人员的就业问题，为南和县域经济的快速发展和社会稳定和谐做出了自己的贡献。公司还鼓励支持周边村民开设网店，通过宣传培训，带动周边300多户家庭加入宠物食品网上销售，为实现村民共同富裕发挥作用。

三、注重研发创新，夯实企业生存之基

建厂伊始，就坚持科学技术是第一生产力的发展理念，在借鉴国内和国际先进技术的同时，不断加大研发力度和投入，积极与同行业企业及各高校、科研院所开展合作，通过建立研发机构，与其他企业共建宠物产业研究院等措施，不断提高自身核心技术水平。

为做好产品质量，组建了涵盖动物科学、动物营养、畜牧兽医等专业的科研团队，形成了独立、缜密的研发体系。投资购进先进的仪器设备，如近红外测定仪、液相分析仪、原子吸收器、氨基酸分析仪、原子吸收分光光度计、台式高速离心机、高速离心喷雾干燥机、紫外可见分光光度计、真空抽提泵、中型高温恒温反应器、台式成型机、超声波清洗器、高速均质机、调味机、万分之一天平等仪器，确保产品从原料到出厂的质量稳定。

派得的化验中心，人员配备合理，设备先进，能够实现全方位、快速化检测，确保了专业检验优势。研发中心不断创新，能够不断推出适应市场需求的新产品。近几年已经在产品适口性、耐口性方面取得技术突破，未来将在功能粮、处方粮等领域开展研究探索，能在较短时间内实现产品升级换代，拓宽销售市场，快速满足客户不同的需求。

派得公司坚持走标准化强企之路。在没有国家标准、行业标准的情况下，制定企业自己的严格标准，并严格按照国际标准执行。实施了ISO 9001：2015国际质量管理体系所认证的标准，建立了一个完善而动态的标准化体系，对每一个系列产品和生产流程中

的每一个节点编制企业标准，并积极参加编制修订行业标准和国家标准。

四、办企为民，勇担社会责任

在取得自身发展的同时，始终没有忘记回馈社会，承担社会责任，用实际行动彰显一个优秀企业对社会应有的社会责任。近年来，从乡村振兴到抗疫援助，从防洪抢险到扶危济困，处处都能看到派得人在行动。

新冠疫情发生后，第一时间主动向南和县红十字会捐款，用于支援抗击新冠疫情。派得公司作为第一批向疫区捐款的企业受到了各级领导和社会各界一致好评。派得还十分关心公司周边村镇为防控疫情值班的领导干部和志愿者，疫情期间，派得十多次对周边临近村捐赠方便面、火腿肠、面包矿泉水等生活物资，极大地方便了值班的志愿者和群众。疫情期间公司累计捐款捐物达 70 万余元。设立了爱心基金，对内救助公司因病致贫、因灾致贫的困难员工；对外，经常关心周边群众和困难家庭，多次走访慰问周边困难群众。每年组织对周边村低保户及困难群众进行慰问，为他们送去米、面、油、肉、瓜子糖等年货，让贫困户放心过年。截至目前公司对外爱心捐助约 20 余万元。

积极参与乡村振兴工程和新农村建设，百企帮千户等活动，积极参与新农村建设，对周边村的街道进行改造，铺设农村主干道的路沿石、花砖、墙壁粉刷和绿化等。截至目前，此项工作投入帮扶资金 20 万余元。下一步将结合自身发展，踊跃参与到乡村振兴和新农村建设各项工作中去。

未来，派得将继续秉承“宠食研发质为本，商行天下诚为先”的经营理念，致力于打造中国专业的宠物食品智造品牌。

坚持以食品的标准生产饲料

——内蒙古牧泉元兴饲料有限责任公司

内蒙古牧泉元兴饲料有限责任公司有着 30 余年的反刍饲料研发、生产经验，产业布局辐射中国 29 个省、自治区、直辖市，服务中国超过 1/4 的奶牛，反刍动物精饲料销量国内排名第一。全面落实自治区各项工作部署，大力发展生产经营，积极推进企业创新，全面加强企业管理，实现了企业又好又快的发展。

一、精益管理

随着客户需求的不断提升，如何具备高质量、高效率、低成本产品交付能力是公司一直不断追求的目标之一，为了挑战这一目标，2018 年引入了世界先进的管理方法——全面生产运营管理（TPM）。项目主要通过安全、健康、环境管理系统化，以客户为中心的质量管理系统化，追求效率极限的设备管理系统化工作的开展。通过推进 TPM，企业能够不断改善运营体制，以生产系统全管理要素为对象，追求零灾害、零不良、零故障，并将所有损失加以消减，实现可持续、安全、环保及低碳的发展，逐步向世界级制造工厂水平迈进。通过 TPM 推行，生产效率、运营成本均实现了显著改善。

二、品质领先

采用食品级工厂质量管理标准，通过 SQF 食品质量安全管理体系审核，引进全套世界顶级饲料设备和中央控制操作系统，实现了从投料、配料、混合、打包等工序的自动化生产模式，确保产品稳定；依据食品企业通用卫生规范，对饲料加工车间进行全面 GMP 升级改造，提高了产品的卫生管理水平；在加工过程引入 QACP 管理机制，质量关键控制点多达 220 项，产品上市前检测项目 167 项，涉及方法 225 个（同行业检测项目约 40 项，且行业普遍为抽检），对控制产品质量管理提供了有力保障。

截至目前引进 200 余台各类检测设备，累计投资金额达到 3 000 多万元，其中包括 DHI（奶牛综合性能测试）、近红外分析仪、原子吸收仪、高效液相色谱仪、氨基酸分析仪、气相色谱仪、全自动定氮仪、粗纤维测定仪、粗脂肪测定仪、分光光度计、酶标仪、ICP－MS 等精密仪器，依据企业标准、国家饲料卫生标准、欧盟标准，开展了饲料一般营养性指标、维生素、微量元素、饲料卫生指标等 53 个检测项目的质量安全自检工作，为产品质量安全保驾护航。

三、服务引领

通过“产品＋服务”的反刍动物系统化解决方案与合作伙伴深入交流合作，目前有 200 余位技术服务专家团队，打造全国反刍行业最强的服务体系，同时也升级上市了单产 40kg 以上牧场专属营养用品，为客户提供不同场景下全品类产品，为行业提供高品质、高附加值的反刍饲料产品。2023 年，与全球著名奶业专家、NASEM《奶牛营养需要》编委迈克·哈金斯博士达成战略合作，引进美国奶牛养殖先进的营养技术，双方就奶牛营养饲料的新技术、反刍饲料的新产品研发方面进行合作，共同打造国际先进的系统化产品研发创新体系和技术服务体系。

四、创新发展

致力于反刍动物的新产品研发和创新工作，立足全方位、准营养、优成本的研发理念，全力打造市场差异化产品模式，以客户需求为导向，致力于推出能给客户带来新经济效益、新饲养模式、新技术理念的产品。2018年初，针对传统犊牛开食料对犊牛瘤胃发育效果不明显、易造成犊牛瘤胃酸中毒的现象，采用独特工艺，创新性地在产品中加入整粒谷物，成为国内首家推出全新犊牛饲料产品——结构性犊牛料的企业，2018年结构型犊牛料单品销售过亿元。2020—2021年自主研发预混料产品80余个，同时启动预混料工厂。2022年与美国著名奶牛营养专家、国际上享有盛誉的奶牛饲养管理技术专家、《奶牛营养需要》编委迈克·哈金斯博士正式达成战略合作，成为迈克·哈金斯博士在牧业、饲料领域唯一的战略合作方，这也是优然牧业迈出科技转型的重要一步。在迈克·哈金斯博士的指导下全面升级，提升产品力。

五、未来发展

未来派得将继续以产品质量为基础、以产品创新为动力、以生产安全为保障，凝心聚力，引领中国牧业可持续发展，为奶业振兴做出重大贡献。

倡导绿色饲料
打造中国绿色肉羊饲料第一品牌

——包头北辰饲料科技股份有限公司

一、公司简介

包头北辰饲料科技股份有限公司（以下简称北辰饲料）创立于2000年，位于包头市东河区铝业大道233号，下设包头市北辰生物技术有限公司、包头市欣禾农业开发有限责任公司、内蒙古鹿辰生物技术有限公司三个全资子公司，在建包头禾辰牧业有限公司一个合资子公司。

现有员工377人，总资产4.12亿元，2022年饲料产销量28万t，销售额9.3亿元。公司建有“内蒙古自治区级企业研究开发中心”，广泛开展“产学研”协同创新。截至2021年12月31日，公司已获得发明专利4项，实用新型专利2项，软件著作权1项，正在申请发明专利4项。

现为农业产业化国家重点龙头企业、国家高新技术企业、农业农村部饲料质量安全管理规范示范企业、自治区饲料工业协会常务副会长单位、自治区扶贫龙头企业、自治区级企业研究开发中心、自治区细分领域专业化“小巨人”企业，先后荣获2017、2019年度包头市政府质量奖。

二、公司规模

拥有国内先进的饲料生产线6条，年生产能力40万t。主要产品为羊、牛、猪、鸡、鱼五大系列150多个品种。已建立起以包头市为辐射中心、覆盖内蒙古和山西、陕西、宁夏、河北等周边省区的销售网络，拥有优质和稳定的经销商、养殖户合作群体。生产经营规模连续多年位居内蒙古自治区饲料行业前三，市场化销量第一，绿色肉羊饲料销售量第一，是内蒙古饲料行业首家新三板挂牌公司。

三、发展理念及前景

以建设“国家重要农畜产品加工基地”任务为指导，落实习近平总书记打造“北疆绿色生态屏障”重要指示精神，倡导“绿色发展、科技先行、强牧兴农”目标，矢志打造中国绿色肉羊饲料第一品牌。

将绿色发展作为企业发展的底线和原则，采用“公司＋基地＋农户”的利益联结方式，成立包头市北辰绿色农业产业化联合体。打造有机绿色种、养、加产业链，带动农牧民调整种养结构，增加收入，为区域农牧业产业发展做出贡献。共有32个产品通过绿色产品认证，12个产品通过有机产品认证，有机绿色产品占公司饲料产品总数近30%。2019年包头市北辰绿色农业产业化联合体被自治区农牧业厅等8部门联合授予“农牧业产业化内蒙古自治区示范联合体”荣誉称号。

将科技先行作为企业发展的核心动力，研发肉羊全混合颗粒饲料作为公司的拳头产品，利用农区秸秆替代牧区牧草饲养技术，解决了肉羊生产破坏草原生态问题和肉羊圈舍饲养的技术瓶颈问题，已形成专利技术，该产品地方标准由公司主导制定，国家饲料团体标准由公司参与制订。这一产品的开发，增加农民收入，减少秸秆焚烧带来的环境污染，推动自治区生态农牧业绿色发展、高质量发展、一二三产业融合发展。与自治区农业推广中心合作开展豆粕减量替代技术研发，在不改变饲料营养标准的前提下，寻找开发可替代豆粕的饲料原料，减少饲料企业生产成本受原材料价格波动的影响，带领自治区饲料企业进入良性发展阶段。

将质量安全作为企业“立身之本”，在关注“有形的产品质量”的同时关注“无形的服务质量”，制定“1122”质量管理模型，以“食品级的质量标准生产饲料”为核心，以“创中国绿色肉羊饲料第一品牌”为中心，以“研发创新与信息化发展”为抓手，以“饲料质量安全与服务市场”为驱动，实现全价值链协同的卓越质量管理。

强农报国　争创第一　共同发展

——内蒙古四季春饲料有限公司

内蒙古四季春饲料有限公司是隶属于北京大北农科技集团股份有限公司全资子公司，位于呼和浩特市金山经济技术开发区中心地带，是内蒙古自治区反刍饲料单产规模最大的年产 24 万 t 标准化饲料生产基地。总投资 1.3 亿元，固定资产约 8 000 万元，注册资金 1 000 万元，占地面积 90 余亩，是全国饲料质量安全规范管理示范企业，内蒙古自治区农牧业产业化重点龙头企业。

一、市场布局与服务

经过多年经营，在市场布局、产品质量、技术服务、企业文化等方面得到广大客户的信赖和认可。产品覆盖内蒙古自治区内外 80 多个县（1 000 个乡镇），建设 40 多个专营连锁服务站，100 多个非专营服务站，并与 40 多家规模化牧场建立了长期合作关系，形成遍布县/乡/村的密集服务网络，为自治区内 1 800多户农民朋友提供优质的产品和饲养技术服务。根据当前发展形势，为了更好地提高农牧民奶牛、肉羊、肉牛养殖效益，增加农牧民收入，公司专门成立奶牛技术服务中心、肉牛肉羊技术服务中心，按需组织专业技术服务人员和业务代表进行配套的“一对一”饲养技术服务和产品使用指导服务，平均每年每户通过提升养殖水平可增加 5 万～10 万元的收入。每年从当地采购饲料原料（玉米、玉料辅产品、葵花壳、麸皮等）约 6 万 t，占总原料比例的 60%以上，带动当地 1 200 多户农民朋友增产增收，形成产销一体化运营模式，为塑造大北农优质服务品牌，公司在不断地推动农牧业产业链延深进程，在肉羊、肉牛养殖方面与大型养殖场进行深入合作，共同探索、创新、研究、安全、绿色、环保的养殖模式。

二、产品质量与品控

产品质量是企业的生命，原料是产品的源头，依托集团战略采购优势，采购途径基本实现厂厂战略供应，确保产品质量和价格最优。从原料到产品环节品控 100 点，所有原料入厂需要 100%进行安全检测，开展六大毒素全面监控，尤其针对原料沙门菌、霉菌污染开展批批监测。化验室重点开发安全检测项目，例如亚硝酸盐、棉酚等项目的监控，公司依托第三方及总部实验室针对农残和重金属实现了有效监测。产品质量是大北农人的人品和尊严的体现，确保品质安全是企业的神圣使命。

三、校企合作与责任

人是企业发展的唯一资源。自 2007 年以来，为内蒙古农业大学、内蒙古农业大学职业技术学院、锡林郭勒职业技术学院、乌兰察布职业技术学院、兴安盟职业技术学院、河套大学、山西农业大学等学院发放“大北农励志助学金”约 150 万元。同时每年从各农业院校招聘毕业生 20～30 人，主输送到技术服务、销售代表、行政管理等岗位上工作。

2020 年是国家脱贫攻坚收官之年，四季春党支部牵头组织企业员工走村入户慰问乌兰夫故居周边 30 户贫困村民，送去米面油和春节对联，为台阁牧小学 30 名学生送去学习用品，希望全民早日脱贫致富，奔小康。

四、发展前景与未来

未来十年，适逢农业现代化、生物技术、移动互联网、食品安全、全球化竞争等新背景，我国农业将迎来空前的变革，面临更多挑战和前所未有的发展大机遇，大北农集团始终坚信农业是最富潜力、最值得奋斗的行业，积极融入时代潮流、融入全球竞争、融入国家崛起，勇于肩负使命，以创新的模式引领行业发展，开创农业行业新一轮产业革命。

打造绿色全产业链体系，助推内蒙古乡村振兴

——正大集团内蒙古区

随着 1994 年内蒙古正大有限公司在草原青城建成第一座现代化饲料厂开始，内蒙古正大有限公司拉开了打造中国北疆农牧食品行业跨越式里程碑的征程。内蒙古区饲料事业累计销售超过 430 万 t。

正大集团内蒙古区通过整合全球资源，通过配方奶粉、兽药疫苗、配套设施等业务社群的构建，为客户打造一站式的畜禽养殖系统解决方案。着力推动建设全产业链运营模式，不断拓展业务，最终形成多通路全产业链架构，建设由种植、饲料、养殖、屠宰、加工、销售为一体的复合型生产体系。

一、饲料业务

截至目前，正大集团内蒙古区饲料事业在呼和浩特新城区、呼和浩特市和林格尔县、巴彦淖尔市五原

县、张家口市察北管理区共建设现代化饲料厂4座，共计年产能114万t。正大集团内蒙古区统筹整合当地各类资源，凝聚推动乡村振兴的强大合力，为促进一二三产业深度融合发展，助力当地政府精准扶贫、决胜小康提供强劲动力。正大集团董事长一贯重视产品质量，在组织机构方面，质量管理实行总部直线管理，饲料厂品管部直属集团饲料技术职能线，下设有品控岗位（QCI岗位），以保证进货原料品质安全；有品保岗位（QCP岗位），以保证生产过程品质安全；有化验岗位，有2名专职化验员，打造团队专业化，有独立化验室，在集团中心化验室和NIR中心的指导下，保证化验方法及检测技术的先进性；由技术总部支持，并使用集团专用SS管理系统，实现质量管理系统化、自动化，品管部质量管理工作有了全面保障。在质量检测方面，不断投资引进先进化验设备、方法及系统，化验室从建厂至今投资近千万元，为降本增效、节能降耗，不断改进创新，先后引进全球最先进的NIR近红外分析仪、全自动核酸提取仪、PCR荧光检测仪、全自动酶标仪、紫外分光光度计、全自动进口散装取样器及样品条形码自动检测系统等一系列高效、节能的检测设备及技术，不断加强质量管控力度。以正大集团“用道德生产食品，用科技定义安全”的质量理念，打造高效质量管理体系，营造全员品质文化管理氛围，努力实现公司高质量发展战略目标。

近年来，为实现工业生产现代化转型升级，随着饲料品种的变化和销售量的拉动，正大集团内蒙古区不断进行设备改造升级，累计进行了多项设备改造和管理优化，使生产能力和生产效率不断提升，降低了生产成本，经过逐年设备维修改造及设备更新，以及管理方面全面提升和团队建设打造，内蒙古正大由建厂初期的年产12万t（月产1万t）饲料厂，目前已经发展为最大日产量突破1 000t、最大月产量突破2.3万t的标准化饲料厂，有力地保证了市场需求和销售供应。在此过程中饲料厂先后在机械化、自动化、智能化方面加大投资更新力度，重点改造项目如下：

项目一：新增原料散装仓储系统。根据整体经营发展需求，为降低原料成本，提升散装原料比例，先后在2006年、2011年投资新建3座2 000t仓容玉米筒仓、8座原料散装仓，总投资额735万元；项目实施后，玉米库存能力增加6 000t，实现玉米总存储能力达1万t、粕类散装料存储能力达2 400t，通过增加原料散装仓及玉米筒仓，在原料价格下行时提高原料库存，从而降低原料成本，提升产品竞争力。

项目二：新增成品散装仓储系统。随着规模化、标准化养殖的快速发展，成品散装化的需求日益增多，于2013年、2017年分别投资建设畜禽成品散装仓8座、反刍成品散装仓5座，总投资金额225万元；项目实施后，年可实现成品散装能力达15万t，新建成品散装仓能够有效提升成品物流周转速度和生产效率，减少包装带来的环境污染，同时节省了包装及人工费用，降低饲料成本，按照目前散装料比例核算，年可节省包装费约300万元/年，节约打包及装车劳务费约72万元/年。

项目三：为响应国家《饲料质量安全管理规范》要求，于2013年新建年产10万t反刍车间一座，实现畜禽、反刍料分线生产，全面保证生产品质的同时扩大了产能，总投资金额758.4万元。

项目四：两车间先后在2012—2018年对成品包装环节进行全自动化改造，通过增加两套码垛机械手及一套自动套包设备，实现打包环节全面升级，该设备具有操作全自动控制、程序选择应用简单、工况动作精准高效等特点，现场打包效率大幅度提升，并减少劳务用工8人，总投资金额164.2万元，年节约劳务费用约48万元。

项目五：车间扩建产能提升后小料添加剂手工配置已不能满足生产要求，同时人工配料精准度低且配料效率低，影响生产效率；先后在2007—2018年对微量秤系统进行改造，新增微量秤后，不需要再经过人工配料，只需将小料加入配料仓内，实现电脑自动配料及在线自动预混合，配料精度高且易于管理，减少人力和配料时间，真正做到了配料提速、精准、降费；项目总投资金额238.5万元，年节约劳务费用约45万元。

项目六：为了提升产品品质，优化配方结构，近年来配方内原料品种逐步增多，原有配料仓数量不足，于2010年、2018年分别新增畜禽车间9个配料仓，反刍车间8个配料仓，项目总投资费用约130万元；项目实施后对配方内新原料开发提供了有效保障，从而更好地提升产品品质，降低饲料成本。

项目七：更新配料系统（CPS）。2016年更新配料系统为正大智能控制系统（CP Smart system，CPS）。该系统是由上海正诚自主研发的具有自主知识产权的饲料厂智能控制系统，并取得了多个国家知识产权局颁发的软件著作权证书，以良好的用户体验为基础，配料更快、精度更高，是一套集生产管理与自动控制于一体的系统。

项目八：传统的原料取样工作主要为人工操作，存在取样耗时长、操作不方便等问题，为提高取样及卸车效率，于2018年引进阿根廷进口自动取样机，该设备具有采样点多、取样更准确均匀、方便快捷等优势，在实际取样过程中可实现水平、倾斜、垂直等全方位输送原料；品管人员全程只需通过监视器和控制面板操作即可实现原料全自动取样，既减少人员工作强度，同时又可提高取样准确度，提升取样效率50%，总投资费用45万元。

项目九：为响应国家节能减排、绿色环保的号召，于2018年将原有4t煤锅炉更换升级为2台天然气锅炉，实现节能、环保的同时提升现场作业环境和安全，锅炉房实现远程监控，天然气锅炉采用全自动恒压变频控制系统，锅炉水位自动添加，蒸汽压力自动调整，并配套天然气锅炉燃气自动报警及切断系统，保证锅炉安全运行，减少人员劳动强度，节约劳务费用7.2万元；2022年对锅炉进行了技术改造，增加节能器及供暖换热系统，天然气单耗下降约20%，年节约天然气费用约60万元。

二、养殖业务

内蒙古养殖业历史悠久，是我国畜牧业发展的重要一环。改革开放以来，在自治区政府的引导下，正大集团内蒙古区以市场为导向，以农牧民增收为目标，以资源为依托，以科技为支撑，优化区域布局，通过自养模式及“三定”模式强化生猪、肉羊、肉羊、蛋鸡生产基础设施建设，推动畜牧业产业转变增长方式。通过建设由生态种植、专业饲料、生猪养殖、肉羊养殖、肉牛养殖、蛋鸡养殖、专业屠宰、食品销售为一体的全产业链养殖模式，实现了正大集团内蒙古区由单一饲料业务向食品业务的转型升级。

三、零售业务

在内蒙古布局3 000家正大生鲜食品专卖店和1 000家餐饮连锁店并配套冷链物流项目。打造全产业链体系的最后一站，强化发展终端销售体系，打通农场到餐桌的最后一百米。通过B2B、B2C、O2O三大渠道，将符合集团标准的猪肉、羊肉、鸡蛋制品等通过正大食品直营中心、生鲜食品店、精品直销门店供应到小型餐饮、机关食堂、农批市场等，实现品牌销售。打通农场到消费者餐桌的“最后一公里”，把集团和公司资产的安全、健康、营养、绿色、可追溯的食品带入千家万户，维护消费者舌尖上的安全。

四、产业扶贫

随着公司事业发展的不断壮大，逐步提高内蒙古自治区原粮产业转化能力和饲料工业生产水平，带动内蒙古自治区养殖业、种植业、加工业的协同发展，建立了农企合作产业化联合体新模式。在养殖方面，内蒙古正大有限公司通过农企互联“生猪三定”合作服务模式，产业带动助力呼和浩特市脱贫攻坚；在种植及原粮销售方面，建立饲料原粮订单合作种植模式，真正解决农民“售粮难、销路难”问题；公司坚持以带农、惠农、富农、兴农为导向与农牧户联结带动增收、增产；免费为农户共举办养殖技术培训3万多期，培训农牧民超过155万人次，发放技术资料120多万份；同时公司持续开展扶贫帮扶项目，以五保户援助、养殖种植服务、孤寡老人慰问等多种方式持续关注定点扶贫村及民生机构。正大集团内蒙古区持续助力乡村振兴、脱贫致富，为内蒙古自治区产业带动精准扶贫做出应有的贡献，荣获“自治区公益事业优秀单位”称号。

五、社会责任

多年来，内蒙古正大在多所高校如内蒙古农业大学、河套大学、民族大学、锡林郭勒职业学院等设立“正大奖学金”，每年提供10万元奖学金，分别荣获国家级大学生就业见习示范基地、自治区大学生就业见习基地。推行的内蒙古正大“希望源”大学生假期实习项目，每年接收200余名大学生来到正大实习，10年来累计有2 000余名大学生实习。2021年，被国家教育司认定为首批供需对接就业育人项目，共有14所高校与正大建立了深度合作关系，通过以上项目将有更多的学生进入正大学习成长，校企合作培养社会有用之才。

自2016年起，内蒙古正大成立关爱自闭儿童项目，对30多位自闭儿童持续开展关心关爱，除定期为他们送去正大食品、捐助费用外，还组织公益画展，筹集更多慈善关爱基金，同期也引发了更多的企业参与到关爱项目中来，孩子们在社会各界的关爱之中目前整体状况已有明显改善。

在抗击新冠疫情期间，无数正大人投入疫情防控保供一线，公司开展公益慰问捐赠，金额近10万元人民币。

坚持创新驱动　引领企业进步
服务产业发展

——内蒙古蒙泰大地生物技术发展有限责任公司

一、公司简介

内蒙古蒙泰大地生物技术发展有限责任公司成立于1996年，是由北京九州大地生物技术集团股份有限公司与内蒙古自治区农牧业科学院共同投资兴建的现代化高科技饲料生产企业，2009年公司迁址于和林格尔县盛乐经济园区，现建有反刍动物复合预混料生产线、畜禽复合预混料生产线、反刍动物草食家畜精料补充料浓缩饲料生产线、发酵饲料生产线、玉米压片生产线。

拥有理念一致、勤奋敬业、专业精湛的专业化、年轻化、职业化的管理、研发、生产、营销、技术服务团队，完善的管理流程及完备的饲料检测设备及手段。通过了 ISO 9001 质量管理体系及 ISO 22000 食品安全管理体系认证，是内蒙古自治区农牧业产业化重点龙头企业、内蒙古自治区《饲料质量安全管理规范》示范企业、内蒙古自治区饲料工业协会副会长单位、中国饲料工业协会团体会员。

二、产品种类及市场规模

产品的使用范围涉及奶牛、肉牛、肉羊、毛绒用羊、猪、鸡、马等畜禽动物，产品包括反刍动物复合预混料、猪复合预混料、鸡复合预混料、马属动物复合预混料、反刍动物精料补充料、反刍动物浓缩饲料、反刍动物配合饲料、马属动物精料补充料、生物发酵饲料、压片玉米十大系列 150 多个品种，畅销内蒙古、河北、山西、宁夏、甘肃、青海等省和自治区。

三、产品研发及质量控制

追踪当前国内外最新养殖技术发展，吸纳动物营养学科最新研究成果。公司注重引进技术的同时，在实用技术开发、自主技术创新方面做了很多扎实性的工作。坚持自主研发、创新为主、引进为辅的产品发展战略，不断加快企业技术进步，提升企业的核心竞争力。投入大量经费成立研发中心，建有标准的检化验室并配备了先进的检化验设备，开展饲料原料及产品的物理、化学检测及生物学效价评测，形成了常规营养成分、维生素、微量元素、毒素等检测控制体系，建立了企业自有原料数据库，针对不同畜种、不同生理阶段营养需要制定了产品企业内控技术参数及企业标准，实现了核心技术储备，为新产品的研发提供核心的技术支持。依托内蒙古自治区农牧业科学院先进的科研基础设施、雄厚人才队伍力量，多年来相继承担或参加了多项省市级重大科技专项、创新基金、成果转化、示范推广等科研及转化推广项目，为自治区畜牧养殖业的科技进步与成果推广做出了应有的贡献。

四、企业理念

始终秉持“根植大地、共享成长”的企业理念，认真履行“振兴民族饲料工业、服务广大客户”的基本职能，努力实现“帮客户创造效益、让员工体现价值、使公司得到发展、为社会积累财富”的价值观，大力弘扬“滋育生命、厚德载物”的企业精神，致力于“打造中国反刍饲料第一品牌，并最终创建成为世界一流的中国农牧企业”的企业发展目标，努力探索和构建具有自身特色的企业运营模式，走出了一条独特的发展道路，为蒙泰大地进一步做强做大蓄积了强大的发展后劲，为内蒙古饲料业的发展及畜牧业的繁荣继续做出我们不懈的努力。

五、发展历程

1996 年 12 月，经呼和浩特市工商局批准内蒙古蒙泰大地生物技术发展有限责任公司成立。成立之初，结合当时养殖模式及市场需求，制定了先定位于研发、生产、销售高端反刍动物、畜禽、复合预混合饲料产品，再根据市场需求及公司发展状况适机调整产品结构的战略发展规划。依靠优质的产品、稳定的性能，产品在内蒙古自治区成功开拓市场并远销河北、山西、宁夏、陕西、甘肃、青海等省份，并于当年实现了盈利。

2000 年后，迎来了我国奶牛养殖业的高速发展阶段。决策层敏锐地预见到公司所在的区域市场奶牛精料补充料及浓缩饲料产品的需求将是今后发展主要趋势，并且蕴含着巨大的市场前景。于 2000 年果断地做出了战略性决策，重点研发和生产、销售反刍动物精料补充料及浓缩饲料产品。公司集中投资双方科研、技术、生产、市场开发的优势力量，以我国著名反刍动物营养专家内蒙古农牧业科学院卢德勋博士提出的“反刍动物系统整体营养调控理论和技术”为研发技术依托，针对我国奶牛养殖业发展趋势，结合当时奶牛养殖的实际状况，在最短的时间内研发出了奶牛精料补充料及浓缩饲料系列产品并成功地投放市场，开创了自治区奶牛精料补充料及浓缩饲料产品成系列专业化研发、生产、销售及售后技术服务“一条龙”的产业化模式。

2009 年，迎来了新的发展契机。通过多年的不断努力奋斗和积累，在和林格尔县盛乐经济园区兴建了 6 万 t 级反刍动物精料补充料浓缩饲料、1 万 t 级反刍动物复合预混料、1 万 t 级畜禽复合预混料专业化生产线各一条。现代化的先进生产线，专业化的管理、生产运行模式，集市场调研开发及产品售前、售中、售后全方位多功能技术服务于一体的营销模式，加之秉承“帮客户创造效益，让员工体现价值，使公司得到发展，为社会积累财富”的价值观，内蒙古蒙泰大地生物技术发展有限责任公司迎来了快速发展的新阶段。

在不断发展壮大的同时始终把食品安全问题作为企业生存和发展的第一要素，把“饲料是人类的间接食品”作为产品质量安全控制宗旨，通过对欧美发达国家在饲料产品药物添加方面日趋严格的控制以及我国针对食品安全方面释放的信息分析得出“无抗养殖”将是未来养殖业发展的大势所趋。公司未雨绸缪，于2012开始探索研发“无抗替抗饲料产品”。历经近多年潜心研发，攻克多重技术难点开发出以中草药、植物提取物、微生态制剂、酶制剂等各类生物保健添加剂合理集成的技术核心，经过特殊工艺处理和配伍后，推出了既能提升机体免疫的功能，又能保证人畜安全，使产品之间各成分功能相助，协同增强，抵抗疫病侵害，同时能够消除饲料中霉菌毒素的困扰，在降低饲料成本和预防疾病发生的同时，大幅提高畜禽生长和生产能力无抗、保健的功能性饲料产品，多年来不断升级、迭代，效果显著。

2019年建成湿法发酵料生产线，并于同年将“大地肽宝”推向市场。“大地肽宝”是菌酶协同发酵的新型生物发酵饲料产品，其采用国内最先进的发酵工艺，使用从欧洲引进在国内做适应性培育的8种复合菌种，把豆粕、玉米、麦麸、糖蜜等优质饲料原料混合发酵而成，有效解决母畜便秘、改善圈舍环境和空气质量、大幅度提高饲料利用率、节约粮食资源、改善畜产品品质，是畜禽养殖端减抗替抗的有效手段。作为抗生素的替代产品，不仅功能上可以媲美抗生素，同时还显著提高了动物采食量及生产性能，而且可以维护动物肠道健康，起到保健的作用，更重要的是，生物发酵饲料在动物体内无毒无害无残留。

变革是一个公司不断持续发展的生命力，产品的不断研发创新能力代表着一个公司实力。为顺应市场及养殖业发展的需求，蒙泰大地公司开展了马饲料系列产品的研发工作。我国自古以来就是一个马业大国，有着悠久辉煌的养马史，近几十年来以役用为主的养马业逐渐衰退，役用马数量减少殆尽，养马业面临变革，马术、赛马等现代马业的兴起引领着马业发展的新方向。目前，我国马饲料生产还尚未形成产业化，市场销售和使用的产品多为进口或引进品牌，价格昂贵。研发过程中根据引进马匹及地方品种的不同特点及营养需要，结合我国饲料原料的特性设计了马饲料系列产品的营养指标及配方，完成了马饲料产品的研发、生产工艺、流程、参数设计等工作，2020年完成了马饲料谷物压片、结构型饲料产品、预混合饲料产品生产线的技术升级改造，填补了内蒙古自治区高端马饲料系列产品研发与生产空白。

据权威专家预测，未来五年生物发酵饲料和发酵原料有望占饲料总量40%以上，将在饲料禁抗、养殖减抗和改善畜产品风味上起到重要作用，同时在降低氮磷排放、改善畜禽舍环境、改善畜产品品质等方面的价值将被进一步挖掘。

2021年在原有湿法生物发酵料生产线的基础上进行技改升级扩建，完善恒温发酵处理、低温干燥、成品打包等环节，并形成10 000t的干法生物发酵料年产能，产品种类得以丰富，可以根据客户对产品的不同需求提供湿法或干法生物发酵饲料及发酵原料，更好地为客户提供安全高效多种类的产品。

六、发展前景

蒙泰大地公司地处蒙牛中国乳业产业园核心区，将以“加快实现奶业振兴、全力走好以生态优先、绿色发展为导向的高质量发展新路子”为契机，重点在奶牛、奶山羊、肉牛养殖技术及新特产品研发、生产、销售等方面凝心聚焦发力前行，为广大用户提供更高效、更全面的服务及优质的产品，直接或间接带动农牧民专业养殖户、规模化养殖场实现增收致富，也为内蒙古反刍动物养殖和发展做出相应的贡献。

禾养六畜　丰飨九州

——禾丰食品股份有限公司

一、志同道“禾”，向阳而“丰”

禾丰食品股份有限公司是国家级农业产业化重点龙头企业，是中国饲料工业协会、中国畜牧业协会副会长单位。1995年，以董事长金卫东为核心的7位禾丰创始人看到民族饲料企业在外国资本的倾轧下艰难求生，外企中华人员工遭受的歧视以及看不见的天花板。他们立下要“振兴民族饲料工业，志创中国饲料名牌”的志向，从全国各地齐聚沈阳，在白山黑水间开启了禾丰事业。

发展至今，禾丰的主营业务以饲料、饲料原料贸易为核心，同时深耕肉禽和生猪产业化与食品深加工等领域，正在积极布局肉牛和蛋鸡产业。2006年，禾丰与全球动物营养领域排名前15位的荷兰皇家De Heus公司成为战略合作伙伴。2014年禾丰在上海证券交易所上市，上市后营业收入连续9年保持增长，从2014年的91亿元增长至2022年的328亿元，年均复合增长率超过17%。上市以来禾丰四次当选“中国主板上市公司价值百强”，连续五年获评信用用披露质量A级，六次荣登《财富》中国500强榜单，位列中国民营企业500强第148位。禾丰在东北地区居于行业龙头地位，辽宁省民营企业100强第10位，2019年荣获辽宁省省长质量奖。2022年，禾丰首次获得农业农村部评选的全国农牧渔业丰收奖农业技术推广成果奖一等奖。

截至2022年，禾丰旗下已拥有200余家下属公司，产品销往国内32个省级行政区及海外多个国家和地区，在尼泊尔、菲律宾、印度尼西亚、俄罗斯等7个国家投资建设20余座工厂。同时大力开展饲料、饲料原料和食品的进出口业务。

二、“禾”纵连横，乘“丰”起势

禾丰立足于农牧食品领域，采取“横向多元化”的布局策略，在做强做大饲料业务的同时，大力推进肉禽和生猪业务。

饲料业务一直是禾丰的第一主业，秉持“让客户的业务先发展起来”服务理念，根据不同动物的生长需要，精准规划不同阶段的产品，为养殖户提供饲料产品、养殖、疫病防治、金融等一体化综合服务，帮助养殖户实现最佳经济效益。2022年禾丰控参股企业饲料总产量800万t，合并范围内企业饲料外销量399万t，2022年禾丰位列全球顶尖饲料企业第15位。未来，禾丰将进一步提升饲料业务的战略地位，稳步推进四个“战略转型”：继续强化技术、采购、市场三联动，推进从“美式日粮”向“欧式配方”的转型；提升饲料业务整体核心竞争力，从传统的“浓缩料优势”向“全价料优势”逐步转型；技术服务升级，在继续保持经销商渠道优势的同时，努力提升规模养殖场客户占比，客户结构实现从“渠道优势”向“渠道与规模场并重”的转型；集中资源饱和投入，做大做强饲料业务，从“东北的饲料企业”逐渐向“全国的饲料企业”转型。

禾丰的白羽肉鸡产业从养殖到食品深加工，每个环节都持续推进精细管理，严格把控，实现食品安全的可追溯性，让品质与美味同行。2022年禾丰控参股企业合计屠宰白羽肉鸡7.2亿羽，合计产销肉鸡分割品186万t，位列全球肉鸡生产企业第五位，白羽肉鸡领域亚洲第一、中国第一。

自2016年禾丰开展生猪事业以来，生猪产业始终坚持以“标准化、信息化、生态化”为发展路径。目前已逐步建立起种猪繁育、商品猪生产、饲料生产、屠宰加工、生鲜及熟食品供应链体系。2022年，禾丰控参股企业合计外销出栏生猪97.6万头。

三、通力“禾”作，勇攀高“丰”

禾丰始终秉持“以先进的技术、完善的服务、优秀的产品，促进中国畜牧业的发展，节省资源，保护环境，实现食品安全，造福人类社会”的企业宗旨，坚持以客户为中心，以市场为导向，以“产品安全、质量稳定、营养精准、服务客户”为目标，不断进行技术创新与新产品研发。禾丰具有独具竞争力的技术研发合作模式，拥有优秀领先的技术研发团队，在禾丰研究院大平台上形成了三级研发和高效成果转化体系，具有国内一流检测能力和高效精准的动态原料数据库、清晰一流的产品线组合以及不断优化迭代的服务能力。

自成立以来，禾丰高度重视技术研发工作，科研投入逐年递增。禾丰是国家高新技术企业、国家火炬高新技术企业。禾丰研发中心是国家认定企业技术中心、新型生物饲料研发与应用国家地方联合工程研究中心、国家农产品加工饲料加工专业分中心、国家生猪产业体系综合试验站单位。拥有已授权的发明专利66项，获得国家科技进步奖2项、国家技术发明奖1项、省部级科技进步奖14项。

2022年，禾丰在饲料安全优质、精准高效、无抗环保、原料替代等方面取得了积极进展和明显成效，并入选农业农村部玉米豆粕减量替代示范带动企业。同时持续夯实研究成果，在饲料动态配方技术、动物肠道健康调控、生态发展与养殖模式运用等方面继续发力，为养殖户提供优质的产品和服务。

2022年禾丰获批工业互联网标识解析二级节点（饲料加工行业）项目服务许可证，这是沈阳市首张，也是全国针对饲料加工行业签发的首张服务许可证。禾丰信息化建设起步于2008年，十余年间，禾丰从开始单纯运用单体服务器和ERP管理饲料生产的模式发展到现在，依托华为云、云苍穹、EAS、NC、云之家、友空间、小禾睿服、小禾订货等信息化管理系统，应用大数据、云计算、区块链、人工智能等先进数字化技术，搭建起以数据中心建设为核心、以业务流程优化为手段、以管理效率提升为重点的全面企业信息化平台。

四、“禾”衷共济　蔚然成“丰”

作为国家、省、市三级农业产业化重点龙头企业，带动产业脱贫、保障产品质量安全、保护环境、参与慈善事业等是禾丰应尽之责。新冠疫情暴发后，禾丰与管理者及员工共为疫情捐赠物资和钱款1 200余万元，用于支持国家和地方补充医疗资源，抗击新冠疫情，其中包含捐赠27辆救护车到多个基层地区。禾丰积极复工复产，保障肉蛋奶供给，为抗疫后方的保障做出贡献。2021年，被授予“中国红十字会奉献奖章”，以表彰对中国红十字会新冠疫情防控工作做出的重要贡献。出入相友，守望相助，由于香港疫情蔓延，2022年禾丰28t冷冻鸡肉运抵香港，帮助同胞渡过难关。

禾丰亦积极投身于教育公益事业，近年来坚持与供应商携手举行“世界鸡蛋日”捐赠活动，为贫困小学生捐赠优质蛋品，关爱儿童健康成长；同时，公司持续向全国多所高校提供教育基金、奖学金、助学金等支持，并定期举办“禾丰杯”全国研究生科技论文竞赛，旨在鼓励相关专业研究生在所属领域的科研与创新，为高校学生提供公司考察、假期实习等机会；下属子公司西安禾丰、安徽禾丰、大连禾源牧业等公司亦积极捐款参与当地慈善公益活动，公司众多管理者也以不同形式积极献身公益，奖学助困，奉献爱心。“天下兴亡，匹夫有责”，多年来禾丰股份不忘“回馈社会”的发展初心，一直致力于中国畜牧业水平的提高，支持教育与人才培养，巩固地方脱贫攻坚效果与灾区捐赠，以脚踏实地的行动践行企业公民的责任和担当。

面对未来的机遇与挑战，禾丰将以全球化的视野，以国际化的发展标准，以为人类未来创造更多福祉为出发点，向“成为世界顶级农牧食品企业”的目标不断前行。

担当使命　守正创新
助力全面振兴取得新突破

——国投生物能源（铁岭）有限公司

2017 年，为贯彻落实习近平总书记能源革命的战略思想，优化能源结构，国投集团把服务国家战略、助力辽宁“爬坡过坎”和东北振兴与自身发展有效结合，与辽宁省政府签订战略合作框架协议，投资 11.22 亿元，在铁岭市调兵山市北工业园区建设国投生物能源（铁岭）有限公司（以下简称国投铁岭能源）。

一、凝心聚力，以国投速度树立行业标杆

国投铁岭能源主生产装置占地面积约 476 亩，于 2018 年 3 月开工建设，在省市县各级政府大力帮助下，通过设立项目管家、驻厂办公，采用“保姆式”服务等方式统筹推进工程施工，从开工到一次性投料试车成功，仅用 257 天时间，工程总体质量达到“辽宁省世纪杯”优质工程，获辽宁省五一劳动奖状、五一劳动奖章，实现了项目当年开工建设、当年投产的“国投速度”“行业速度”。

国投铁岭能源产品多样化，其中饲料产品主要有 DDGS、功能性发酵饲料、酿酒酵母培养物、精料补充料等。关联产品有变性燃料乙醇和玉米原油等。由于微生物的作用，DDGS 中蛋白质、B 族维生素及氨基酸含量均比玉米高，并含有发酵中生成的未知促生长因子。在畜禽及水产配合饲料中通常用来替代豆粕、鱼粉，也可以直接饲喂反刍动物，是国内外饲料生产企业广泛应用的一种蛋白饲料原料。国投铁岭能源 DDGS 主销辽宁省内及周边地区，同时辐射两广、山东、河北等地，产品质量、市场竞争力在行业内名列前茅。

二、担当使命，以业绩提升助力地方经济发展

多年来，省市县各级政府在项目建设、疫情防控、生产经营等多方面给予企业全方位的帮助和支持，公司项目也成为推动铁岭传统农业地区和资源型城市转型发展的生动案例之一，也为辽宁省实现“不断优化营商环境”和“投资请过山海关”目标、推进央企助力东北振兴发展树立了样本。

带队伍、抓培训，以人才培养促进管理提升。近几年来，公司积极开展青年骨干人才培养，组织实施“高徒”和“雏鹰”计划，强化专业技术技能人才和复合型管理人才培养，逐步形成人才培养体系、建立人才梯队。同时积极组织员工进行学历提升和技术职称申报，不断提升员工整体素质，2022 年公司有 18 名员工取得本科学历证书，本科以上学历员工达到 107 人，大专及以上学历占比 94%。公司目前具有工程、经济、会计系列专业技术职称 47 人，其中高级职称 15 人，初中级职称 32 人。2022 年共 8 人获得了专业技术职称，其中正、副高级工程师各 1 人，中、初级工程师 6 人。

截至 2022 年底，已累计实现产值 65 亿元，营业收入 60 亿元，利润总额 2.37 亿元，上缴税金 9 282 万元；2023 年一季度实现产值 5.5 亿元，比 2022 年同期增长近 20%。现已累计消耗超标超期粮 130 余万 t，带动周边农户增收 2 100 余户，拉动就业上千人，形成了以企业生产为中心，以辐射周边的水、电、蒸汽为辅助设施的产业群，对增加铁岭周边低品质玉米加工出路、稳定粮价和提高农民种粮积极性做出了重要贡献。

三、党建领航，强化突出融合促进作用

国投铁岭能源党支部以迎接、学习和宣贯党的二十大精神为主线，坚持以党建引领中心工作，不断强化党建及党风廉政建设。

强化理论学习，提升政治思想建设新高度。严格贯彻落实国投集团党组以及国投生物党委关于深入学习党的二十大精神的工作要求，制定并实施学习党的二十大会议精神系列活动方案，组织领导班子和支委会成员以及全体党员干部观看二十大开幕会直播，开展领导班子专题读书班，对二十大报告进行认真学习和研讨，切实把生产经营实际行动统一到党中央各项决策部署和要求上来。

夯实文化建设，凝聚创新发展强大合力。以服务和关爱员工为中心，积极开展“我为群众办实事”，

协调解决员工子女入学、合理调整员工劳保用品发放形式、改善员工饮用水供应等，不断提升员工幸福感和获得感；同时扎实推进“改革发展党员先行”工程，围绕中心工作积极开展除夕夜年饭、正月十五猜灯谜、三八节配音表演、五四青年节、排球联谊赛等主题鲜明的文体活动，不断调动职工积极性、主动性，营造积极向上的文化氛围。

四、持续创新，助力全面振兴三年行动

以智能工厂引领行业数字化进程。国投铁岭能源自2020年至今，累计投入研发经费4 000余万元，启动5G+智能工厂项目建设，引领生物行业设备资源化、业务流程化、管控智能化，助力企业降本、提质、增效，产生了显著的社会和经济效益，提升行业整体竞争力。2022年被省工信厅认定为辽宁省企业技术中心，同时被评为2022年重点培育数字化转型标杆示范企业。目前已启动本行业内复制推广工作，未来将实现传统生物产业与智能制造技术的融合创新，推动整个生物制造产业的转型升级。

延伸产业链条，助力招商引资。联合安琪酵母公司，成立产学研联盟，开发酵母蛋白、酵母培养物、发酵饲料等系列产品，将铁岭打造为东北重要的功能性动物营养产品产销和研发中心。投资开发10万t电子级乙醇系列产品，用作化工产品及新能源汽车及储能电池电解液溶剂的生产原料。积极开展二氧化碳捕捉及综合利用，延伸产业链条，扩展二氧化碳在食品生产、工业制造、石油开采、农业种植等不同领域的应用范围。筹划准备建立一台自动化程度高，且能够柔性生产多种功能性生物饲料的试验装置。该装置能够承接小试开发的多种不同类型的饲料新产品的规模化示范，既能够生产水分含量不低于30%的固态发酵饲料，也能够生产水分低于12%的干饲料。该示范装置将于2023年正式立项建设并于当年投产。

持续服务国家重大战略需求。以农产品深加工和秸秆综合利用为基础，打造非粮绿色糖平台，并不断丰富下游产品品类，以“细胞工厂”的生产理念实现产品的绿色制造。践行习近平总书记“大食物观”，积极推动“杆营计划”，合成秸秆蛋白，缓解国家蛋白资源不足的重大问题。

已获得中国可再生能源协会一等奖、中国轻工业联合会科学进步奖一等奖、辽宁省科技进步奖一等奖等省部级一等奖4项、二等奖1项、三等奖2项，累计申请专利26项、软件著作权16项。于2020年通过了国家级“绿色工厂”认证，入选工信部2021年度智能制造试点示范工厂揭榜单位。成为全国信息技术标准化技术委员会物联网分技术委员会单位，正在参编《智能制造远程运维系统评价指标体系》国家标准（计划号：20214487－T－469）；被辽宁省工信厅认定为辽宁省企业技术中心，被农业农村厅认定为省级农业产业化重点龙头企业。公司现已发展成为行业内最具竞争力的智能化标杆工厂。

国投铁岭能源将积极构建以农产品和秸秆炼制为核心的生物化工产业园区，助推辽宁省将生物产业打造为支柱产业，以实际行动为辽宁省全面振兴三年行动取得新突破做出应有的贡献。

诚信第一　责任至上

——北票市宏发食品有限公司

一、公司介绍

北票市宏发食品有限公司成立于2000年，经过20余年的发展，已经形成了“从父母代种鸡饲养、雏鸡孵化、饲料生产、基地养殖、生态有机肥生产到肉鸡加工、熟食调理品深加工”的全产业链生产模式，是农业产业化国家重点龙头企业、国家扶贫龙头企业。跻身全国农业企业500强、辽宁民营企业100强、中国白羽肉鸡十强企业。现有种鸡场16处，种鸡存栏140万套；孵化场1处，年孵化能力1亿羽；饲料厂3处，年生产能力100万t；肉鸡加工厂4处，肉鸡加工能力3亿只。采取“公司+农户”的形式，带动订单养殖户1 000余户，农民年增收3亿元，有近两万人参与宏发的肉鸡产业，使当地年均40万t玉米得到就地转化增值，同时带动有机种植、仓储物流、包装制品、建筑材料等相关行业联动发展，实现了一二三产业融合发展。

二、团队建设

公司总人数5 000人，管理技术人员180余名，技术人员320余人。宏发饲料公司设有9个部门，员工260余人，管理者18人，占总人数7%。公司坚持“以人为本，人才为核心”的理念注重人才专业团队的建设，不断引进新的人才，保证团队的专业化、年轻化。

饲料公司有两处，分别是北票饲料公司和朝阳饲料公司，北票饲料公司位于北票市经济开发区，拥有40万t全价料饲料生产线和1套预混料生产线及专业收储粮仓等设备1套，2022年改造后年生产能力可达50万t，具有完备的原料、饲料检测检验设备，2022年实际生产32万t。喀左饲料公司位于喀左公营子镇，现有饲料加工主车间一处，辅助生产车间一

处；玉米储藏库一座，办公楼、宿舍楼、锅炉房、变电所等附属设施，年生产能力可达 40 万 t，2022 年实际生产近 29 万 t。两处饲料公司合计年产能达 90 万 t，2023 年公司继续发展，按照计划约需要生产饲料 80 万 t，按照公司 2025 年计划，北票宏发牧业饲料公司正在筹建另一个年产 45 万 t 的饲料厂，目前已经开始招标工作，预计 6 月份开始建设。

三、品牌建设

通过先进的加工设备、专业的团队、严谨的管理、齐全的检测设备、完善的质量体系，成功打造“古果”牌饲料品牌产品，获得“国家扶贫龙头企业”“农业产业化国家重点龙头企业”“辽宁省 AAA 信誉企业”“辽宁名牌产品”“脱贫攻坚先进集体”“辽宁饲料行业二十强”“辽宁民营企业百强”等荣誉称号。

宏发公司通过人才的引进和培养，拥有一支高水平的饲料团队，多年来，公司坚持走专业化道路，始终与龙头企业和研究院保持紧密合作，从现在畜禽营养理论和市场实际出发设计出高性价比的畜禽饲料，并通过细化产品，优化工艺，使公司饲料营养始终贴近肉鸡等营养需求，深得广大养户的信赖。

北票宏发饲料有限公司作为朝阳市为数不多的饲料企业，自投产以来，公司始终以安全生产、品质第一为生产经营理念，企业在 2005 年通过 HACCP 食品安全管理体系认证。

四、发展历程

养殖量从几百只肉鸡起步。宏发依托北票市食品公司艰辛起步，凭 5 万元资金、50 万元贷款，满怀一腔创业的激情，跋涉于从国有到民营的蜕变之路。2000 年 3 月，北票市宏发食品有限公司正式成立。2002 年 2 月，龙鸟商标注册成功。2002 年 4 月，年产 3 000 万只的肉鸡加工厂投入使用。2002 年 5 月，北票市宏发食品有限公司转制为民营股份制企业。

养殖量从几百只到千万级龙头。宏发事业在坚韧不拔的努力中成长壮大，深耕一个朝阳产业，带动一方百姓致富。2003 年，宏发全产业链经营模式初步形成。从饲料加工、种鸡饲养、鸡雏孵化、基地养殖、生产加工、产品销售，形成一体化全产业链模式。2004 年 1 月，北票市宏发食品有限公司被授予“辽宁省农业产业化重点龙头企业”。2006 年 3 月，宏发工业园 15 万 t 饲料厂投入使用。

养殖量从 1 000 万只向 4 000 万只的跨越。宏发事业高擎农业产业化旗帜，凭借睿智胆识、靠踏实作风，走出了一条“以人为本、以德治企，追求个人、企业、社会和谐进步”的发展之路。2008 年 5 月，成功收购朝阳商业城集团分享禽业有限公司，并更名为“朝阳凌凤禽业有限公司”，于 2012 年 3 月更名为“朝阳宏发食品有限公司”。2008 年 8 月，北票市宏发食品有限公司被授予“农业产业化国家重点龙头企业”。2012 年 10 月，年产 30 万 t 饲料二厂竣工投入使用。2012 年 11 月，与百胜中国签订采购协议。2013 年底，完成审核，开始供货。2015 年 9 月，朝阳凌凤禽业有限公司正式运营。

养殖量从 4 000 万只向亿只突破。宏发事业在栉风沐雨中高歌猛进，迅速扩大产业规模，产业扶贫新模式硕果累累、造福桑梓，实业报国的家国情怀在辽西大地绽放熠熠光辉。2016 年 6 月，11 个扶贫肉鸡养殖农场开工建设，2017 年“1＋4”扶贫模式被国务院确定为 24 种扶贫模式之一。2017 年 6 月，东官 1.3 万 t 有机肥场投入使用。2019 年 5 月，年孵化能力 6 000 万只孵化二厂投入使用。2019 年 8 月，宏发公司以零不符合项顺利通过香港食物环境卫生署检查。2020 年 7 月，1 亿只肉鸡加工项目投产使用，宏发肉鸡养殖量突破 1 亿只。2020 年 8 月，喀左宏发年产 50 万 t 饲料厂投产使用。2020 年末，共投资 4.3 亿元建成扶贫农场 36 个，有效带动 17 000 多户建档立卡贫困户、34 000 多贫困人口稳定脱贫。

养殖量到 2025 年预计达到 3 亿只。宏发事业和着民族复兴的铿锵旋律，产业基础更加夯实，产业链条更加完善，从希望走向辉煌，成为绿色低碳高质量发展的典范；一颗初心不变，秉承老老实实做人，认认真真做事”的公司价值观，致力于做“有价值、负责任、受尊重的长青企业。2022 年喀左宏发 1 亿只肉鸡加工项目投入使用。到 2025 年，养殖量达到 3 亿只。

五、企业理念

始终奉行“诚信第一，责任至上”的经营理念，努力提高生产团队和养殖户的专业素养，做好服务，真正为养殖户解决养殖中存在的实际问题，帮助提升出栏成绩，为养户排忧解难，使公司与养殖户共同互利互惠，面对养殖业多种疾病困扰，养殖收益日趋下降的严峻形势，宏发公司大力投资，从饲养管理、疾病防治、生物安全等多方面对养殖户进行指导，同时竭力研制高性价比的饲料进行生产使用，使养殖户从中受益，进而实现公司与养殖户的共同富裕，巩固了产品品牌在市场上的地位。

践行“为养户创造财富，为员工创造前途，为企业创造辉煌，为社会创造繁荣”的企业使命，秉承“团结、拼搏、高效、务实”的企业精神，坚守“诚信第一，责任至上”的经营理念，以“老老实实做人，认认真真做事”为公司价值观，打造有价值、负责任、受尊重的长青企业。

品质赢天下　诚信聚人心

——吉林仟客莱科技集团股份有限公司

一、企业简介

吉林仟客莱成立于2012年7月18日，自成立以来发展迅速，于2015年12月14日完成股份制改造，2016年11月15日登陆新三板，踏足资本市场，2019年成立集团，目前拥有吉林仟客莱、唐山仟客莱、黑龙江仟客莱等三家生产基地及一家销售公司兰州仟客莱生物科技有限公司，拥有内蒙古仟客莱、承德仟客莱、哈尔滨仟客莱等三家养殖基地，目前市场主要覆盖黑龙江、吉林、辽宁、华北、中原、西北、西南。

主要以饲料研发、生产为核心业务，产品涵盖猪饲料、禽饲料和反刍饲料，其中以猪饲料为主营产品，包括浓乳料、中猪料、种猪料、大猪料、发酵料等系列产品。在立足主业的基础上，仟客莱集团在生猪养殖、母牛养殖、牧草种植以及生态循环农业等领域也进行了延伸与发展。

秉承“品质赢天下，诚信聚人心”的经营宗旨，注重企业自主创新，建有市级企业技术中心、吉林省科技小巨人、河北省专精特新及与南京农业大学等高校校企合作，加强研发投入；并拥有2项发明专利，在审核发明专利5个，实用新型专利15个。

此外，“仟客莱”品牌于2016年荣获“吉林省名牌、吉林省著名商标”称号，公司还获得了“吉林省农业产业化省级重点龙头”“中国饲料工业协会理事”、《吉林省饲料协会副会长》等多项荣誉，公司和子公司唐山仟客莱都通过了ISO 9001国际质量管理体系认证。

二、企业经营状况

2021年公司营业收入约6亿元；目前公司饲料产能年产可达60万t，生猪养殖产能规模可达年出栏10万头。

三、企业经营业务及产品

经营业务主要分为饲料、生猪养殖、母牛养殖、种植四大板块。

1. 饲料业务。饲料业务是核心业务，产品包括猪饲料、禽饲料、反刍饲料和发酵料等。其中以猪料为主，收入占比达80%以上。猪料产品涵盖了乳猪、肉猪、种猪各类生猪各阶段喂饲的产品。近年来，随着行业的发展变化及公司的业务拓展规划，公司也在不断开发新产品，向养殖及种植拓展，通过丰富产品结构和涉足领域，不断提升公司的市场占有率及市场竞争力。

2. 生猪养殖业务。生猪养殖业务自2019年开始筹备以来，经过几年的探索与试错，在养殖基地布局、养殖场建设与管理、养殖业务模式以及开拓增值业务等方面，已经积累了一定的经验。目前公司的生猪养殖涵盖了种猪扩繁、仔猪保育、生长猪育肥等全过程。

专业专注饲料加工与研发

——吉林省德泰饲料科技发展有限公司

吉林省德泰饲料科技发展有限公司成立于2005年9月，坐落于风景秀丽的长春市朝阳区乐山镇德泰饲料工业园。占地面积6万m^2，建筑面积2万m^2，集团现有员工208人，年生产饲料能力为30万t。主营饲料加工、畜禽养殖、品牌蛋贸易、原粮贸易等业务。目前被评为省级农业产业化重点龙头企业、吉林省著名品牌企业、吉林省科技型“小巨人”企业和吉林省饲料工业十强企业。

一、专业专注于饲料的加工与研发

德泰公司遵循“专业专注，全心服务”的经营理念，通过技术、原料的研发打造产品的竞争优势，产品研发应用“精准营养技术”和“生物技术”，降低产品的原料成本；对生产设备进行改造，扩大自动化生产能力，改善生产工艺，降低营销生产成本，做到物美价廉。生产技术方面与中国农大、吉林农大、吉林省农业科学院开展战略合作，保障企业技术处于国内先进水平。生产技术设备先进，采用江苏牧羊MUZL600系列饲料机组；主要工艺技术采用国内先进WEM3000自动配料系统；数据库采用ACCEMM数据图储存数据，增加配料系统的稳定性；预混机组采用瑞士布勒生产设备，该套设备节能、环保、自动化水平国内一流；通过了ISO 9001：2015国际质量管理体系认证，有力地保障了产品质量的稳定。所生产的蛋鸡、肉鸡、猪、反刍动物用全价料、浓缩料、预混料四大类近百个品种，具有绿色环保、营养均衡、适口性好、生长快速、防病抗病、效益显著等六大特点，产品在吉林省的市场占有率达到20%以上，产品荣获“吉林省名牌产品”称号。2019年10月，应集团战略发展要求，经集团董事会决定，梅河口德泰饲料有限公司在吉林省梅河口市成立。梅河口德泰是一家集饲料生产、销售、研发及玉米收储为一体的，以生产畜禽、反刍动物浓缩料、配合饲料和精料补充料为主的现代农牧企业。公司坐落于吉林省梅河口市东大街3888号。总占地面积22 867m^2，其中办公楼建筑面积1 860m^2，化验室建筑面积160m^2，车间建筑面积1 717m^2。主要机构设置有生产部、技术部、品管部、采购部、营销部、财务部。公司技术力量雄厚，拥有以教授、博士为核心的著名营养学术专家多名，专科学历以上的有29人。生产工艺设备采用江苏牧羊集团生产的成套配合饲料生产线、浓缩饲料生产线，工艺设计合理，对饲料质量和安全生产要求起到了保证作用，公司拥有现代化的精密的检化验仪器，使其各种产品以"产品质量稳定，产品性价比高"等优势闻名于市场，产品销售网络覆盖东北三省。

二、情系养殖，建立畜禽养殖体系

集团于2017年组建并完成养殖体系——吉林省德泰牧业有限公司，公司坐落于伊通满族自治县三道乡城子村，为吉林省德泰饲料科技发展有限公司全资注册子公司，为伊通县现代化规模畜禽养殖最大的一家企业，注册资金3 500万元，占地面积20 000m^2，建筑面积8 000m^2。目前共有15栋鸡舍，蛋鸡存栏量为80 000只，年产蛋量约为1 000t，推行无抗养殖，蛋品远销东三省及内蒙古地区，与亚洲最大销售体欧亚集团成为战略合作伙伴，为欧亚集团提供无抗蛋品品牌鸡蛋，深受吉林省市场的钟爱。目前配备专业养殖团队，以科学的养殖理念进行管理，其中本科学历2人，中专以上学历10人，同时配备职业兽医2名，并与大、中、专院校建立深度合作机制，同时也成为各院校的实习基地。

三、投资品牌蛋公司

2016年6月份成立德泰蛋品公司——吉林省德泰五谷香生态农业有限公司。品牌命名"三道香"。为吉林省德泰饲料下属蛋品分公司。目前为止已累计向广大消费者累计提供"荷谷香"鸡蛋1亿枚，普遍受到好评。与省农业科学院强强联合，省农业科学院提供技术及研发支持，保证鸡种的健康，提升鸡蛋品质，使得荷谷香鸡蛋蛋白浓稠清澈，蛋黄橙黄天然，口味香嫩诱人。每枚都有"出生码"，鸡蛋新鲜不造假，荷谷香鸡蛋每枚鸡蛋都用可食用墨印有产蛋日期，保证每位顾客吃上安全新鲜的鸡蛋，目前德泰"荷谷香"蛋品遍布长春市各大商超并与长春市几大物业公司联手，让"荷谷香"鸡蛋真正走进了千家万户。

四、原粮贸易

自2005年起，德泰集团响应国家号召，造福一方百姓，建立起了自己的原粮收储体系，至2018年已累计收储与转化玉米近80万t，真正有力地做到了促进农业123产融合的工作，拉动了企业周边农民上亿元的收入，肩负起了企业的社会责任。

五、集团运营

2018年应国家环保要求，企业主动停用并拆除了制粒用、取暖用、粮食烘干用燃煤锅炉3台，全部改由天然气和生物质为燃料的锅炉，强有力地支持了国家环保，为老百姓的绿水青山、白云蓝天贡献了自己的一份力量。

为了增进高校研究成果转化与解决毕业大学生就业问题，德泰集团和延边大学、吉林省农业科技学院建立校企合作关系，有力保障了企业技术与时俱进，同时也真正为高校解决了难题，深受各大高校师生赞扬。

德泰公司按照国家食品安全的要求，产品的开发以"精准营养"和"生物技术"为主要研究方向，所有产品利用生物技术发酵和天然植物提取物为主要原料，不加入任何药物和激素，解决原料浪费和传统养殖业对环境的污染等问题，为实现生产绿色肉、蛋、奶提供了坚强的保障。

按照德泰公司未来发展规划安排，3～5年内，在东三省再建设投产3～5家饲料分公司，把德泰公司打造成为东北三省最大最强农产品加工集团。发展存栏300万只蛋鸡标准化养殖场，形成以蛋品为核心的一条龙经营模式，带动养殖户近万户。同时，根据企业发展水平将开拓国外市场，真正做到在国内国际两个市场大发展、快发展。

宠食数智化智造
创造宠物美好生活

——上海福贝宠物用品股份有限公司

上海福贝宠物用品股份有限公司（以下简称福贝宠食）成立于2005年4月28日，注册资本36 180万元，总部位于上海市松江区临港科技城。旗下有7家子公司，总员工500余人。自成立以来，贯彻创新为魂、质量为根、诚信为本的经营理念。聚力创新务实，通过研发创新、流程创新，提升核心竞争力；务实工艺优化、质量管理，用实干创造价值。

一、数字化转型 数智化智能生产引领公司发展

福贝宠食作为宠物食品生产智造企业，注重数字化产线建设与数智化发展。从成立之初便意识到工业自动化对企业发展的重要作用，一直以来，对自动化、集成化、数字化生产保持着长期的投入与提升。

在产线方面，不断升级自动化智造产线，2014年建成首个占地面积50亩的生产基地，2019年建成首个智能制造工厂，2022年投建多品类生产基地，夯实及丰富了公司生产制造能力。

在内部管理方面，注重经营数字化对发展的价值，不断挖掘数字生产、数字经营的价值，自建宠物食品生产ERP系统，该系统将公司业务从原料供应、生产智造、品质检测、销售管理、物流管理形成在线管理，通过BI数据分析提升公司精细运营能力。

在国家工业信息化“中国制造2025”战略下，福贝宠食率先在宠物食品制造领域，建设并投产福贝宠食4.0智能制造工厂（上海福智宠物食品有限公司）。该智能工厂采取智能化自动生产线，实现了从原料源头到生产过程，再到货物发放至品牌商仓库的全链路监控，保证了原料产地、运输过程、原料检验、入库进仓过程、生产环节、智能仓储、发货状态等各维度的全方位追溯，形成标准化追溯系统。同时，全过程实现在线管理，数据的在线监测和抓取，并对应生产过程中各个环节，时时调整过程管控，自行调整各个生产参数，实现在线的自适应、自学习、自纠偏的能力，提升福贝宠食智能智造能力。

二、精益生产智造 追求精益规范经营与发展

福贝宠食作为国内老牌宠物食品饲料生产企业，深知产品品质稳定和规范经营对企业发展的重要性。

坚持“质量就是生命”的生产经营理念，高度重视产品质量安全。在构建优化自身标准化管理体系的同时，通过积极参与各类体系认证、项目贯标、行业标准制定等标准体系化建设来提升品质管理工作。

先后通过了ISO 9001：2000质量体系认证、ISO 9001：2008质量体系认证、出入境检验检疫总局CIQ认证及ISO 22000：2005质量体系认证；构建生产安全管理体系，认证成为安全生产标准化三级企业；积极进行数字化工业化体系双化贯标。在体系标准化、管理规范化持续性投入，用规范管理驱动产品质量管控，筑牢产品质量安全基石。

在品质管理实践方面，公司建设的每个生产基地均配备高标准实验室，覆盖原材料、产成品全链路多环节的品质检测。2019年投建的福智智能工厂，更是按照CNAS实验室标准建设的实验室，从原料、包装、成品的品质评定及生产流程的控制及监控，从原料和产品留样登记，到化验检测以及化验报告的出具均有严格的操作规程，以此来保证出厂产品的质量。

企业经营管理方面，注重经营质量的提升，积极推行卓越绩效管理模式，并在2022年取得上海市松江区“‘质创未来’卓越绩效竞赛三等奖”荣誉。通过企业经营管理绩效管理方式的提升，助力产品品质稳定发展。

三、品牌创新引领 提升自有品牌价值

秉承双轮驱动业务经营理念，在经营OEM、ODM业务的同时，积极建设自有品牌产品，提升自有品牌力，充分发挥品牌竞争力。公司旗下的“比乐”品牌经过多年的锻造，现已具有较强的市场影响力和品牌美誉度。

公司推出的“比乐”“爱倍”“品卓”三大自有品牌，在主粮市场价格端进行产品布局。构建专业品牌运作团队，建设“互联网+线下经销”营销团队。充分利用互联网时代潮流，在各大电商平台建设自营网店，扩大自有品牌线上展现及销售；夯实线下门店基石，各品牌线下健全经销商体系并推出线下门店专供产品线，增强自有产品市场下沉。通过线上线下相结合，进一步巩固自有品牌市场竞争力。

2022年与分众传媒签订战略合作协议，布局重点城市的数百万电梯媒体终端形成霸屏式风暴传播，强势触达宠食核心消费人群，持续传递比乐宠食高端产品定位和品牌价值，提振品牌声誉，树立中国宠食品牌新标杆。

未来，福贝宠食仍将继续以宠物为核心，以市场需求为导向，以研发创新为支撑，坚持既定的公司战略，进一步提升自有品牌的市场知名度与美誉度，专注打造我国宠物食品领域优质、领先、卓越的民族品牌，促进宠物饲料界的民族企业的崛起，建成国内一流、国际具有竞争力的宠物食品制造企业。

犬猫优先 知识与尊重

——皇誉宠物食品（上海）有限公司

皇誉宠物食品（上海）有限公司（以下简称皇家中国）为法国皇家ROYAL CANIN S. A. S.（以下简称皇家）在中国设立的全资子公司。于2006年12月28日成立，注册资本2 400万美元。主要生产、经营、进出口ROYAL CANIN牌宠物食品。公司目前

拥有一条生产线，其中包含 2 条膨化线、5 条包装线，年产能达到 8 万 t。

“皇家是一家在宠物健康营养领域的全球性公司”，始于 1968 年，由法国南部的一位兽医创立。总部位于艾玛格（法国南部），隶属玛氏集团，在世界范围拥有 8 000 多名员工。过去 50 多年来，皇家宠物食品秉承营养让宠物乐享健康品质生活的理念，通过量身定制专业配方，不断带来健康营养的宠物食品。皇家所有配方设计和研发都在法国总部，通过科学观察和研究，从宠物的不同体型、生命阶段、品种、敏感特性、生理、病理状态等方面出发设计满足不同宠物的营养方案。目前，皇家在全球已经开发了 220 多种干粮配方和 100 多种湿粮配方。

皇家产品在宠物医院、宠物商店和繁育场均有出售，希望通过专业渠道销售给宠物主带来科学的养宠理念。

2008 年皇家在中国设立工厂，2010 年正式运营。皇家中国于 2011 年通过玛氏全球的“质量和食品安全”（Q&FS）认证，依据玛氏全球公司物料质量管理系统、过程质量管理系统、GMP/GHP 标准、HACCP 标准的要求，从原料选择到成品发送的全过程实施全面质量管理。2012 年皇家中国工厂顺利通过法国劳氏 LRQA 的 ISO 9001&ISO 22000 质量和食品安全管理体系认证。

皇家把确保质量和食品安全作为公司的第一要素。皇家宠物食品全球 16 个生产基地全部强制推行最高质量和食品安全标准。公司建立食品安全管理体系以风险分析为基础，从源头上逐一分析每个原料、每家供应商可能带来的食品安全风险；在生产过程中，风险分析涵盖全部生产设备和传送系统，以保证全面地识别食品安全风险并进行有效的监控。

公司依靠内部实验室网络的强大检测优势，建立了全面的检测和监控计划，从原料、中间产品到终产品，检测项目分为十几大类，主要包括营养指标、微生物、物料新鲜度、环境污染物、重金属、不良化学物质、农残药残等，终产品全批次通过沙门菌检测后放行。目前公司自有检测实验室已取得 ISO 17025 认证，委托实验均为 CNAS 认可的实验室。公司每年在原料、产品检测和生产环境卫生监控方面投入大量费用，由此确保在皇家中国工厂生产的产品符合皇家全球统一的质量和食品安全标准。在产品追溯管理方面，根据所建立的质量和食品安全管理体系要求及在线生产管理系统，可实现从原料到成品的全追溯。

产品合规也是皇家非常重视的要素。虽然配方是统一在法国研发中心设计，但各国的法规事务部会根据各自国家的法规要求，对配方进行合规审核，保证产品在当地的合规。

顾客是皇家最重视的资源之一，所以为客户提供满意的体验很重要。皇家设立了 400 免费服务热线，为消费者解答疑问，处理消费者遇到的各种问题，为消费者提供高品质的售前、售后服务。我们的客服中心非常受消费者和客户认可。

为了倡导行业健康发展，一方面积极与政府相关部门沟通协作，开发建立中国宠物食品标准体系框架，多方参与宠物食品相关标准的立项、起草，从专业角度贡献我们的力量。另一方面，通过知识进社区、社交媒体等多种形式进行迷思教育，帮助宠物主树立正确的养宠观，构建更优的宠物生存环境，同时不断积极呼吁和支持对流浪犬猫的妥善安置。

开展广泛的线上线下兽医师再教育活动，把世界前沿的科学知识引入中国。皇家精英兽医师网络学习平台受到国内广大兽医师的欢迎。皇家中国是国内各大兽医师峰会的重要合作伙伴，同时还连续多年举办了皇家兽医师峰会。为行业的交流和健康发展起到重大作用。

皇家始终不忘回馈社会，积极践行企业社会责任，连续 9 年以各种形式开展流浪犬猫关爱行动，包括高峰论坛，同相关专业人士讨论如何更好地解决流浪猫犬的问题，每年为 1 000 只流浪猫做绝育手术，为流浪猫捐献爱心粮，与上海各部委合作文明养宠行动等，以期为流浪犬猫创造更好的生活环境，提升社会对流浪犬猫问题的正确认识。

皇家中国从 2014 年开始多年蝉联“奉贤区财富百强”称号、中国十强宠物食品企业、上海市饲料先进企业、上海市“饲料质量安全管理规范示范单位”等。

皇家将秉承“犬猫优先，知识与尊重”的理念，为宠物的健康事业不断奋斗，期冀为中国犬猫宠物行业的发展尽一份绵薄之力！

数字化赋能企业高质量发展

——帝斯曼-芬美意动物营养与保健事业部

帝斯曼-芬美意中国总部坐落于上海，依托全球近 30 000 人的强大团体和百余年的前沿科学积淀，为全球数十亿人带来更美好的生活。动物营养与保健是帝斯曼-芬美意四大事业部之一，致力于高效可持续地提供健康动物蛋白，并利用大数据推动畜牧业向更加可持续、透明化和数字化的方向发展。动物营养与保健事业部拥有维生素、肠道健康、类胡萝卜素、酶制剂、霉菌毒素风险管理，以及预混料等丰富的全球化产品组合，为家禽、猪、反刍动物和水产养殖等提供本地化解决方案。

在经历了疫情后时代和双碳目标的环境下，发展数字经济，推进数字产业化和产业数字化成为主旋律。帝斯曼-芬美意动物营养与保健中国团队在集团总部带领下，大力推动数智化和数字化进程，为此组建了数字化部门和数字化团队，以便更好地推动数字化工作的开展和落地，实现数字化战略、数字化管理、数字化技术、数字化业务和企业文化的全面融合。

一、制定数字化战略和目标

根据公司规划和发展战略，制定适合企业发展的未来愿景和数字化路线图。

二、推动数字化项目

为实现数字化愿景，制订项目执行计划。帝斯曼-芬美意动物营养与保健中国团队从 5 个维度进行数字化项目的推进工作。

（一）生产系统数智化

帝斯曼维生素（湖南）有限公司新工厂于 2021 年 11 月 18 日开业，设计年预混料生产产能 12 万 t，是目前帝斯曼-芬美意集团最先进、最智能化的预混料工厂之一；全自动生产流程并实现数据全程可追溯；包装设备采用意大利 CONCETTI 公司全自动包装设备，从上袋、贴标、罐装、缝包、堆垛实现全自动化；成品仓库采用“黑灯仓库”，通过布勒生产控制系统（PCS）、ERP 系统（SAP ERP）、仓库管理系统（WMS）、仓库控制系统（WCS）的完美衔接，产品从堆垛、套膜、入库和出库的全自动化，真正实现无人化操作，提升效率并节省人员。动物营养与保健事业部在上海、山东、湖南、吉林的现有生产工厂同样也进行了很多智能化升级改造。

（二）绩效管理

为了更好地通过数字化形式进行绩效展示和分析，引进了数字化管理系统看板。通过自动抓取 PCS 和关联系统的数据，实现绩效数据及时汇总，及时进行预警提醒，赋能于管理层及时做出决定，从而确保生产运营处于高绩效状态。2022 年帝斯曼-芬美意动物营养与保健中国团队设备综合效率（OEE）绩效整体提升 6%，新增预混料生产产能超过10 000t。

（三）数字化工具

传统记录的填写都是采用纸质记录，数据的汇总都需要人员做成电子表格进行统计并制作图表，这种操作耗费较多的人力和财力。为了更好地解决这些问题，我们开发了许多数字化的应用小工具，如安全隐患汇报系统（BBS）、质量隐患汇报系统（BBQ）、改进提高系统（IP）、精益六西格玛（LSS）、能力培训管理系统（Competence track），工厂的记录也采用电子化记录，所有的数据进入数据池，进行统一的呈现和分析，通过大数据全面地分析寻找改进机会。

（四）数字化绩效提升项目

根据工厂运营的痛点和影响绩效关键点，通过使用数字化项目解决方案，消除痛点提升运营绩效并打通不同应用和业务间数据壁垒，实现数据高效分析，更好地实现开源、节流、增效。

（五）可视化

关键指标（KPI）通过现场可视化屏幕进行展示，发生偏差及时预警，让区域人员时刻关注 KPI 变化情况，及时对偏差采取纠正措施并跟进。

三、数字安全

企业数字化过程会产生大量数据源，这些数据往往包含了企业的机密信息、客户数据、生产数据等敏感信息。如果这些数据被窃取、泄露或被黑客攻击破坏，将会对企业造成重大损失，如商业损失、声誉损失等。保护其数据安全变得尤其重要，公司通过不断地优化数据结构、网络架构，设置多重防火墙等措施来尽可能地保障网络数据安全。

未来已来，将至已至。数字化转型已成为产业变革的主旋律，抓住数字化转型的关键时机对于企业存亡兴衰有着至关重要的意义。目前正是传统加工行业抓住数字化浪潮顺势而为、乘势而上的好时机。当然传统的加工行业，数字化转型不可能一蹴而就，可能会给部分企业带来短时阵痛。加快数字化建设和布局，可实现企业降本增效，赋能工厂卓越运营，助推企业高质量、高标准发展。帝斯曼-芬美意动物营养与保健正助力于合作伙伴推进数字化发展之路，助力饲料行业的数字化。

深耕中国的全球动物营养专家

——蓝星安迪苏南京有限公司

安迪苏是全球饲料添加剂领域的领先专家之一。在全球拥有 8 个研究中心，生产基地遍布欧洲、美国、中国和泰国，为动物饲料领域设计、生产、推广可持续的营养解决方案。

安迪苏拥有超过 2 523 名员工，通过其全球网络为超过 110 个国家和地区的 3 900 名客户提供服务。安迪苏在上海证券交易所上市，其控股公司是中国化工行业的领导者中国蓝星集团，该集团拥有近 20 000 名员工，2022 年营业额达 735 亿元。

2022 年宏观环境在新冠疫情、地缘政治冲突和欧洲能源危机等突发事件的合力作用下充满变数，市场需求在三季度放缓，并在四季度表现得更为明显。在极具挑战的宏观环境下，安迪苏的营业收入在2022年仍然实现13%的增长。同时，2022年安迪苏在研发创新、人力资源、资本开支、数字工厂和外部并购机会等方面仍持续增加投入以支持其“双支柱”战略，并积极主动地管理产品价格和各项成本。

2022年取得成绩，与“双支柱”战略密不可分——“必需营养+功能营养”，安迪苏通过产品与解决方案强化了客户心中安迪苏“全球动物营养专家”的领导地位。

一、必需营养：液体蛋氨酸的进一步扩产

安迪苏作为全球液体蛋氨酸产能第一的蛋氨酸供应商，为客户提供液体蛋氨酸添加的全套解决方案。

除了100%的蛋氨酸效价外，液体独特的形态可以帮助工厂减少粉尘，从而降低工厂生产安全风险，提升工人劳动保护。此外，安迪苏的液体蛋氨酸供应服务也可以让饲料厂更加节省仓储空间，使用更加便捷。同时，液体蛋氨酸本身还能起到酸化作用，对提升饲料品质有额外的帮助。

诸多优势使得液体蛋氨酸更受饲料厂的青睐，越来越多的企业选择使用液体蛋氨酸。

为了满足日益增长的全球市场需求，2022年9月中旬，安迪苏南京工厂二期18万t液体蛋氨酸项目正式投产，安迪苏南京工厂的蛋氨酸年产能达到35万t，成为全球规模最大、技术最先进、竞争力最强的液体蛋氨酸生产平台之一。这将帮助安迪苏进一步增强其成本竞争优势，巩固其作为全球最大液体蛋氨酸生产商的市场领导地位。

安迪苏将进一步优化其生产和供应网络，充分利用其产能扩充和成本下降的竞争优势来更好地服务客户。同时，南京工厂也在积极推进重点可持续发展项目（废水处理和热能循环）来进一步提高产量，减少能耗和废物排放。

二、功能营养的持续创新

除了作为必需营养素的蛋氨酸外，安迪苏还提供功能性添加剂。

当前，中国的动物蛋白生产正处于一个饱受挑战与变革的时期，有着诸如饲料中禁止使用抗生素、恶劣天气导致原料品质差、饲料原料价格暴涨、养殖效益严重亏损、头部企业整合频频等问题。

助力行业提升和高质量健康发展，成为安迪苏特种产品不断创新的动力，并为客户提供多种解决方案。

1. 替抗方案。2020年7月1日，中国全面禁止饲料中添加促生长抗生素，饲料厂、养殖户面临着养殖生产成绩的巨大下滑。对此，安迪苏早有方案——早在2016年，安迪苏开发出益生菌产品“安泰来”，佐之帮助客户提供替代抗生素，提升生产成绩。

2. 饲料安全管理。近年来厄尔尼诺现象频发，带来雨水灾害天气多，导致国内玉米小麦等饲料原料受到霉菌毒素污染严重。2022年，安迪苏检测了大量新玉米样品，其中很大比例都遭受霉菌毒素污染。安迪苏提供针对霉菌毒素污染的检测，根据污染情况，提供霉菌毒素管理方案，利用霉净剂等产品，帮助客户有效保护动物的健康。

3. 提升营养效率方案。地缘政治冲突不断，2020年以来中国饲料原料的价格一路飙升，玉米、豆粕、油脂等主要原料的涨幅让饲料厂几乎难以承受。针对原料的高效利用方案，安迪苏提出了通过添加酶制剂——罗酶宝，提高饲料的消化率，从而减少饲料配方成本；通过添加营养吸收促进剂——乳速来，提升油脂的消化与吸收，减少饲料中的油脂使用，能起到既不影响（或提高）生产成绩，又能够显著降低饲料成本。

三、独特的技术与研发服务

在中化体系中，安迪苏被列为精细化工和特殊化工企业。精细化工和特殊化工，意味着需要帮助客户实现不一样的企业需求，也意味着需要围绕产品提供，打造独特的技术服务。

1. 氨基酸营养服务。在氨基酸应用领域，安迪苏不仅为客户提供效价高、质量稳定的蛋氨酸产品，还需要为客户提供整体氨基酸平衡解决方案。

安迪苏总结了20多年氨基酸应用方案，提出“罗迪美营养指南”，帮助客户在不同动物品种、不同饲养阶段、不同性别、不同管理水平上，通过软件自动计算，给出推荐的配方水平建议，大大提高了客户使用的便利性。对于饲料原料的营养指标，安迪苏通过近红外服务为客户进行评估，结合“罗迪美营养指南”，最终让客户通过蛋氨酸营养，起到减少饲料成本、提升养殖效益等目的。

此外，安迪苏还拥有独特的液体添加设备服务，让客户在使用液体产品时更加便捷、高效、安心。

2. 特种产品技术服务。安迪苏拥有一群对饲料生产、动物养殖有着丰富经验的技术服务人员。他们活跃在市场一线，为客户提供各种增值服务，如精准营养分析、霉菌毒素检测服务等，从原料评估、饲料配方、饲料生产、饲料储存、动物健康和性能提升等角度全方面为客户提供支持。

3. 实验室评估服务。客户在选择原料、饲料添加剂时，经常会借助实验室的手段进行。安迪苏南京

研发创新中心从 2021 年开始，为客户提供关于霉菌毒素污染评估、油脂质量评估、益生菌性能评估等服务。借此，安迪苏更加了解客户评估在原料与添加剂所关注的问题，继而更好地为客户提供实验室服务。

4. 数字创新服务。随着安迪苏氨基酸营养数据库、饲料原料数据库等体系不断完善，安迪苏意识到：我们的数字化时代已到来。智能液体添加平台、安迪苏 PNE（精准营养）体系、NESTOR 净能体系等成为数字创新服务的主体。自此，安迪苏数字服务平台打通了“原料控制、饲料生产、动物养殖”产业链，基于该平台的数字解决方案会陆续提供给客户。

四、坚持可持续发展

安迪苏在 2022 年也取得了安全、成长、可持续发展等相关领域的成绩：2022 年安全绩效指标 TRIR 为 0.45，零事故是公司的长期目标。安迪苏从 1 500 家公司中脱颖而出，在 2022 年中国企业 SG“金责奖”评选中荣膺“责任进取优秀企业”。温室气体排放较 2021 年大幅减少 10%，与安迪苏的可持续发展目标一致。

合作实现共赢

——泰兴瑞泰化工有限公司

泰兴瑞泰化工有限公司（以下简称泰兴瑞泰）位于江苏省泰兴市，由江苏中丹集团股份有限公司投资，专业从事乙氧基喹啉抗氧化剂的研究、生产和销售。经过近 30 年发展，泰兴瑞泰已成为全球最大的乙氧基喹啉系列产品生产基地，主要产品包括乙氧基喹啉原油、60%粉剂、30%粉剂、丹喹灵复合抗氧化剂、丹酸宝、氧易清等，产品远销 30 个国家和地区，市场占有率超过 40%。

泰兴瑞泰已通过 ISO 9001 质量管理体系、ISO 14001 环境管理体系、ISO 45001 职业健康安全管理体系、ISO 50001 能源管理体系、ISO 14064 温室气体管理体系等五大体系认证，是国内最先通过 SGS 体系认证的抗氧剂制造企业。近年来，泰兴瑞泰通过管理创新、技术创新、营销创新，实现了高质量发展，先后被认定为“江苏省高新技术企业”，被授予“江苏省优秀企业”称号，获“江苏省名牌产品证书”，获评“‘十三五’江苏省饲料工业十强企业”。

泰兴瑞泰技术力量雄厚，设有国家级博士后科研工作站，公司研发中心拥有 OSI、HPLC、GC-MS 等各类分析开发设备，可独立开展饲料添加剂新产品开发、复合抗氧化剂配方优化、产品含量分析、测试、抗氧化效果验证等工作。科研成果已多次在国内饲料行业权威杂志、中文核心期刊《动物营养学报》《中国饲料》《饲料研究》等发表。2022 年，泰兴瑞泰创新性、新型功能性抗氧化剂“氧易清”产品，经过一系列验证评估试验，抗氧化效果优良，是理想的抗生素替代品，能有效解决“禁抗”可能带来的严重的动物健康问题。“氧易清”产品受广大客户的广泛好评，具有良好的市场应用前景。

泰兴瑞泰与科研院所有非常紧密的合作，与江苏省农业科学院共建有“江苏中丹饲料产业研究院”，立足畜牧产业发展现状，以市场为导向，着重研发系列抗生素替代产品，重点围绕功能性抗氧化剂产品设计、产品研发、动物评估、产品推广等方面开展研究，促进新产品的升级换代，满足市场需求，加速科技成果的形成和转化应用，促进畜牧产业高质量发展。

泰兴瑞泰拥有先进的生产装置。乙氧基喹啉原油生产采用 DCS 控制，是国内最先进的全流程自动化生产线，能够批量生产主含量大于 98%的高品质原油产品。乙氧基喹啉粉剂生产线采用国内最先进的自动化配料系统以及包装设备，成品采用川崎智能机器人进行码垛，保证了产品品质、提高了工作效率。

合作实现共赢，泰兴瑞泰愿与国内外同行、科研院所、企事业单位交流合作，持续提高产品质量，不断优化产品结构，更好地服务于饲料企业，为饲料行业的发展贡献力量。

创新驱动赢得先机 创新工艺创造价值

——江苏正昌集团有限公司

江苏正昌集团有限公司是一家集饲料机械与工程、粮食加工装备与仓储、农牧饲料与油脂于一体的国家级重点高新技术企业，是江苏省首批博士后技术创新中心。正昌是中国行业内首家 ISO 9001、ISO 14001、OHSAS 18001 三体系认证企业和首个国家级“守合同重信用企业”，也是全国模范劳动关系和谐企业、“国家重点高新技术企业”、“全国守合同重信用”企业、全国模范劳动关系和谐企业、“江苏省优秀企业”、“江苏省文明单位（标兵）”，企业产品通过出口欧洲 CE 认证和俄罗斯 GOST-R 认证，集团党委获得“全国先进基层党组织”。正昌的发展，使溧阳成为“中国饲料机械之乡”，被国际同行誉为“世界饲料机械之都”的称号，因正昌科技产品和粮油饲料工业的发展，吸引了先后两个世界饲料机械第一企业落户溧阳。

公司创立于1918年，至今已有100多年历史，从1918年民国时期的振昌油坊厂起步，1956年公私合营，1969年成为溧阳粮机机械厂，1992年溧阳粮油机械厂升格为溧阳正昌粮油饲料机械总公司，由一个单一的粮机企业迅速崛起，发展成拥有正昌粮机厂、正昌成套工程公司、正昌配件厂、正昌油厂等多家经济实体的综合性公司。到1994年，企业升格为江苏正昌集团公司，跨入省级集团行列。1998年正昌全资收购美国CPM在华投资制粒机工厂，通过后续技术不断地创新改革，正昌很多设备达到了当时国际先进水平，"正昌商标"也被国家工商总局授予中国驰名商标。2003年正昌集团成功改制，2008年上海正昌国际机械工程有限公司成立，开始全面开拓国际市场。2011年投资近5亿元组建江苏国粮仓储工程有限公司，集成开发具有粮情测控、智能通风、谷物冷却和气密储粮"四合一"特点的粮仓及成套装备，开启承建专业化粮食安全仓储工程新征程。2014年响应国家"一带一路"倡议，2015年随国家主席习近平出席"金砖国家领导人"会议，同年，投资6 000万元购地建厂，设立正昌巴西有限公司，2020年收购南美最大饲料机械制造公司，建立南美基地。正昌从原先单一产业，再到转型成为拥有多个产业的集团化企业，一直坚持中国粮油饲料工业的发展，产品从无到有，从小到大，形成专业的饲料工业设备、成套工程设计，工程和工艺设备研发、制造、安装调试，电气控制和操作、培训等综合服务企业。

自2000年起，正昌被科技部授予"国家重点高新技术企业"称号，拥有江苏省企业技术中心、江苏省粮食安全储贮及装备工程技术研究中心及江苏省工业设计中心3个省级研发机构，科研实力位居同行业前茅，被评为"江苏省重点企业研发机构"，设有江苏省级博士后创新实践基地，与中国农业大学、南京农业大学、江苏大学等高校签订了合作协议，开展前沿技术的研究、科研项目合作、双方人才委培、学术交流、基础设施利用等合作。通过多年的努力，已累计开发380余只新产品，其中国家级重点新产品40只，国家级火炬项目5只，省高新技术产品102只，产品中有3项达到国际领先水平、49项达到国际先进水平、43项达到国内领先水平、19项达到国内先进水平，获得国家专利177项、实用新型和外观专利509项，主持或参与制订国家标准5项、行业标准17项，科研实力名列同行业前茅。正昌以每年销售额的6%作为科研经费，为了进一步依托正昌水产和宠物装备实验中心平台，推进关键主机创新与业务有效融合，满足客户特色配方工艺生产服务需求，正昌斥资引进国内外高端仪器设备共计40余台，打造可对饲料各参数进行检测的实验中心，目前已和国内外数家饲料企业及科研机构签订了合作协议。

正昌先后承担了国家"八五"至"十二五"多项重点科技支撑计划以及江苏省粮食安全储备及装备工程技术研究中心建设，承担的项目研发成果均达到了国际先进或国内领先水平。正昌为顾客提供各类成套工程工厂的规划、特种工艺设计技术及关键设备性能技术，也有安装调试、电气智能化技术；根据动物生长，技术配方不同而进行产品不同配置的工艺、产品设计和技术服务，具体表现在畜禽料13个系列、水产8个系列、宠物料4个系列、牛羊料5个系列、乳猪料4个系列、预混料3个系列等37个系列，1 600多种的主机，引领中国乃至世界饲料工艺技术的发展。

正昌是中国第一台制粒机诞生地（1972年）。1982年，正昌成功研制出KYW32制粒机，荣获中商部新产品成果奖，并且参加了中国商机展览会，被中国日报英文版刊出；2008年，自主研发出亚洲最大的时产35t的SZLH858制粒机、时产40～60t的SFSP冠军王与优胜王系列粉碎机，并获得江苏省高新技术产品；同年，正昌集团研发并投入运行的时产80t（年产50万t）大型饲料生产线，被中国饲料经济专业委员会评为2008中国饲料重大科技项目进步奖；2011年，时产35～55t的大型1068制粒机成功完成研发和制作，该设备是由正昌集团与国内四大院所承担的"十一五"国家重大科技支撑项目，也是农业部"十二五"重点推广项目，它开创了目前国内制粒机之最，达到国际先进水平。2013年，成功研制出中国最大、欧美第三大的时产55～75t的1208饲料制粒机，且通过了国家鉴定并达到国际先进水平。

1997年，中标承建泰国正大年产36万t的国际招标项目（淮阴正大），成为国内首家独立设计、承建大型饲料成套工程的企业。2009年，由正昌承接的多项国家"十一五"重大科技支撑项目完成验收，并正式投产，至此，正昌已经具备了时产5t、8t、10t、15t、25t、35t、45t系列饲料主机设备，可为中国乃至世界建设时产5万～100万t的饲料工厂，提供成套设备及整厂系统服务。2016年，时产200t的饲料整厂工程及整厂系统设备也建成投产。

正昌是饲料加工装备及成套工程工厂的布置、工艺设计、技术配方、设备制造、安装、调试、电气控制和操作培训的综合服务企业。多年来坚持立足国内市场，瞄准国际市场，以"成为世界领先的饲料设备、仓储设备及成套系统服务商"为愿景，以"提高人类生活水准"为使命，已为全球120多个国家地区的农牧饲料企业提供饲料装备、系统解决方案及服务，为中国饲料企业中65%的企业提供了10 000多台（套）制粒机装备，为国内外客户承建了 8 500 多座精品饲料、仓储工程。

为积极响应国家“一带一路”倡议，积极与“一带一路”沿线所有国家开展全面深入合作。2018 年 12 月 17 日，正昌签约白俄罗斯 1.38 亿元的农工综合体项目；2020 年，白俄罗斯总统卢卡申科总统视察正昌参与承建的农工综合体项目现场，高度评价项目建设成果；2022 年，卢卡申科总统亲临 BNBC 项目现场，对整体项目通过终审验收表示祝贺，对持续稳定、可靠运行了两年，由正昌承建的饲料及筒仓生产系统给予高度肯定和赞扬。

正昌集团一直专注于饲料设备和饲料工程的研发，专为饲料企业服务，不断为客户提供综合问题解决方案，是稳定、可靠、高效的品质保障。创新驱动为企业赢得先机，创新工艺为饲料企业创造价值。正昌将继续以“为客户创造价值”为核心，不断创新工艺和产品，全力为国内外提供最佳专业化的大型整厂装备和国际工程，做饲料企业稳定、可靠、持久、值得信赖的饲料装备供应商及综合问题解决商；以“做正昌精品，创世界名牌，一切工作为了客户满意，主导产品达到国际先进水平，创造三优正昌”为质量目标，为客户实现“提高饲料加工产量，提升饲料品质，降低加工能耗”的目标，以高品质的产品质量和高品位的服务质量赢得客户的满意，携手饲料企业，共同创造美好未来。

科技赋能
走出可持续发展道路

——丰原集团

安徽丰原集团有限公司（以下简称丰原集团）是国内从事生物发酵产品开发及生物医药研发方面的大型科技产业公司，是国家级创新型企业、国家高新技术企业、国家知识产权示范企业、国家科技兴贸出口创新基地重点建设单位。

经过近 20 年潜心研究开发，丰原集团已经全面掌握了从玉米到乳酸，再到聚乳酸的发酵、提取、聚合技术及下游聚乳酸纤维和聚乳酸塑料制品的全产业链生产技术。使聚乳酸材料逐步替代传统石油基塑料和化纤，消灭白色污染，实现绿色经济可持续发展，是丰原集团的理想。

一、打破困境，多举措促发展

丰原集团前身为蚌埠柠檬酸厂，始建于 1977 年。1988—1994 年期间因技术落后、管理不善等问题连续多年亏损，至 1994 年 9 月企业全面停产，濒临倒闭，资产不足 5 000 万元，负债超过 6 300 万元。

1995 年，丰原集团的“玉米粉清液发酵”专利技术荣获安徽省科技进步奖一等奖、国家科技成果奖、中国发明专利金奖等荣誉，该成果彻底变革了柠檬酸产业，并使丰原集团扭亏为盈，走上快速发展的道路。

1999 年丰原生化上市，2000 年丰原药业上市，丰原集团成功跻身于国内生物化工、生物制药行业知名企业行列。目前，丰原集团控股丰原药业、参股山东地矿，拥有丰原生物（主营有机酸、氨基酸及生物新材料系列产品）、泰格生物（主营维生素系列产品）、丰原明胶、丰原食品、丰原化工装备等产业型公司以及海外农产品深加工制造基地、国内外贸易营销公司，拥有发酵技术国家工程研究中心、医药研发国家技术中心、安徽省聚乳酸新材料制造业创新中心、生物基可降解材料安徽省技术创新中心、安徽省发酵技术省级重点实验室、院士工作站等科技创新平台。

2015 年，丰原集团积极响应蚌埠市委、市政府“退市进园”发展战略，一方面通过技术创新实现产业升级，另一方面重点发展生物新材料产业。2021—2025 年，丰原生物将发展千万吨级聚乳酸及其加工产业，并带动下游纺织服装、家用及工业塑料 5 000 亿～6 000 亿元产业集群发展，并于 2022 年推出丰原生物上市。2025—2030 年，丰原生物将进行全球布局，在国内外进一步打造 3 000 万 t/年左右的聚乳酸及其下游加工产业，将实现营业额过万亿元的目标，为地方经济发展做出更大贡献。

二、产学研融合，提高科技创新力

聚乳酸全产业链生产技术创造性地从玉米、木薯、废弃农作物秸秆等生物材料中提取乳酸，生产聚乳酸，产生聚乳酸纤维，然后纺纱成锭、聚塑成型、制造成品，具备环保、无毒、可降解的特性，可代替传统石油产品。

作为生物化工产业领域的龙头企业，丰原集团多年来一直保持战略定力，长期坚持自主创新，始终聚焦国家生物基新材料重大战略需求，埋头深耕行业领先产业化技术体系，为“后石油时代”国家能源安全和持续推进生态文明建设提供了有力保障。

目前，丰原集团参与多项国家、省重点科技攻关项目，拥有发明专利 500 多项，重大工艺技术发明专利 170 多项。先后承担了国家“十一五”科技支撑计划项目——“农作物秸秆生物转化生产燃料乙醇”，国家“十一五”“863”计划重点项目——生物基化学品的生物炼制技术中的生物基乙烯、乳酸/聚乳酸，国家“十二五”科技支撑计划项目——蔗渣水解液态发酵生产燃料乙醇关键技术与示范，国家“十二五”期间的“863”计划重点项目——非粮生物质原料的生物炼制技术中的秸秆资源化综合利用的关键技术集成与工程示范等课题项目。

丰原集团还把“产、学、研”联合作为企业科技创新工作的核心主线，充分发挥企业生产优势、学校知识优势、科研部门技术优势，有效整合科技创新资源，提高科技创新能力。

近年来，丰原集团先后与江南大学、合肥工业大学、天津大学、南京工业大学、中国科学院物质研究所、中国科学院天津工生所、中国科学院过程研究所等高校院所尝试了多种方式的联合，并与中国科技大学、解放军第二军医大学、中国药科大学、上海医药工业研究院、军事医学科学院、中国科学院微生物所、中国医学科学院药物研究所、天津药物研究院、上海康岱生物医药有限公司等科研院所进行了大量新药项目的合作开发，并且一直保持良好的合作关系。

三、聚力打造品牌，走新型工业化道路

在发展自主创新的同时，丰原集团还注重品牌建设，其主导产品维生素 C 磷酸酯、包膜维生素 C、“狮头牌”明胶、丰原牌系列大输液、来比林牌注射用赖氨酸阿司匹林、致欣牌西尼地平片等先后获得安徽省名牌产品称号，并获得安徽出口名牌、安徽省质量奖等荣誉，其中维生素 C 磷酸酯、来比林等商标荣获安徽省著名商标。

坚持“繁衍绿色生命，关爱人类健康”作为新时期企业文化的核心，丰原集团为了进一步提升企业核心竞争力和市场开拓能力，大力加强创新文化等专项建设，从加强企业文化建设和加强知识产权保护的角度塑造企业品牌，增加品牌的知名度和美誉度。

同时，丰原集团将创新文化建设与其主业发展相融合，与国家重点科技攻关任务的推进紧密结合，与满足市场和客户需求相结合与促进创新人才培育相结合，逐步推进学习型组织建设，进一步促进转化为创新型组织。

以农产品深加工为基础，用生物发酵和现代化工分离技术为手段，以“提高人们生活品质为己任”的创新发展思路，丰原集团秉承“繁衍绿色生命、关爱人类健康”的发展理念，大力发展生物制造产业，将先进的生物工程与化工分离技术大规模地应用于农产品深加工中，变农业资源为工业原料，实现可再生资源的利用与转化；推动产业结构调整，实现经济增长方式的转变，以工业方式推动农业发展，改善大气环境，实现可持续发展，发展循环经济，走出一条适合我国农业发展和资源综合利用的新型工业化道路。

把握时代脉搏
开创崭新局面

——安徽广通生物科技有限公司

安徽广通生物科技有限公司是一家致力于以生物技术为核心的饲料研究、生产、销售和肉牛产业一体化发展的高科技企业。公司具有“出口食用动物饲用饲料生产企业”资格，通过了 ISO 9001 国际质量管理体系认证、中国饲料产品认证，荣获了“安徽省饲料行业标准化管理先进企业”“安徽省饲料行业优秀科技企业”“安徽省高科技企业”等称号，并获得多项国家专利。在饲料行业发生巨变的今天，中小预混料企业生存艰难的环境下，广通公司却能独树一帜，销量逆势增长，显示出强大的发展潜力，根本原因在于企业能够紧跟时代步伐，与时俱进，勇于担当。

一、党建引领促发展

以党建引领，助推企业高质量发展，是广通公司经营的一大亮点。

一是把加强党的领导与完善公司治理有机统一，率先将公司党支部嵌入公司治理结构中，明确和落实党支部在公司法人治理结构中的法定地位；同时推进“党建入章”，明确了党支部职责以及支部班子和决策层“双向进入”的法定程序。

二是充分发挥党员的先锋模范带头作用。①让党员成为“率将”。“把党员培养成管理人员”，已成为公司管理人员选拔任用的重要模式。支部有 12 名党员，已有 10 人是中层以上管理人员。通过这副担子，压实责任，使广大党员快速成长起来，成为管理能手。②让党员成为“工匠”。按照“把党员培养成骨干，把骨干培养成党员”的“双培”理念，加强队伍建设，把非党员技术人员培养成党员技术骨干，把党员培养成技术超群、思想先进、敢于拼搏的“工匠”。公司成立了以党员为骨干的科技创新小组，有 7 名党员参与，在技术创新、产品开发、项目研究等创新项目中取得了显著成绩，发明专利达 40 多项。党员队伍中人人都是技术能手，个个都是创新专家。

三是把党建工作与企业中心任务有机统一。公司围绕中心任务，开展了四个“党建＋”活动，即“党建＋安全生产”“党建＋技术创新”“党建＋营销创新”和“党建＋降本增效”，将党建这股强大的“红

色动力”注入企业发展的各个环节。

二、创新发展赢未来

创新是企业高质量发展的第一动力。近年来，公司不断加大科技研发投入，不断推出具备市场竞争力和增长前景的产品。

一是创新产品。在预混料同质化的今天，公司开创性地推出了“酶解发酵型”和“保健型”复合预混料，利用现代生物技术，对原料进行“预消化处理”，充分体现微生态营养对机体菌群平衡的调控和对日粮营养物质深度挖潜的功效，使产品显示出独特的饲养效果，已成为湖北、河南、河北、山西、江苏等规模养殖企业首选产品。

二是创新养殖模式。广通公司肉牛预混料能畅销全国各地，主要得益于养殖模式的创新。公司总结并提炼出肉牛养殖综合配套技术，主要包括现代化牛场的自动化设计技术、日粮前置预消化技术、抗应激技术、控脂技术、牛床垫料处理技术、预防青贮料二次发酵技术、调控瘤胃酸碱平衡技术和疫病防控技术等8项内容。综合配套技术是养殖过程中的技术集成，是一个叠加的效益，为中国肉牛养殖业提升管理水平和提高养殖效益提供了较好的方案。

三、惠农富民践初心

公司发挥专业优势，践行社会责任，极大地提高了企业社会影响力，推动了企业发展。

一是培训扶智，科技惠农。要让农民生活好，首先要富脑。近年来，公司开展了科技下乡活动，为养殖户送去养殖技术书籍，请专家到现场进行技术指导和讲座等，既提高了农户的养殖技术，又宣传了企业和产品。

二是结对帮扶，惠农富民。近年来公司党支部号召各位党员，把生产经营与脱贫帮扶工作有效结合起来，要求一名党员“落实一个村、帮扶一农户”。由书记、党员带队进入乡村，手把手传授技术，进行全程指导，提高农民养殖技术水平。为响应省民政厅、省乡村振兴局号召，公司与省饲料与健康养殖协会联手合作，开展“百社进百村”助力扶困攻坚活动，帮助当地一个村顺利脱困。

三是牢记使命，示范带动。实施乡村振兴战略，是新时代“三农”工作的总抓手，乡村振兴重点在于产业兴旺。公司把握时代趋势，党中央有要求，我们就有回应。公司积极推进新型肉牛生态养殖示范产业项目建设。通过建设示范基地，将现代新型养殖模式与乡村振兴计划有机对接，积极培育壮大农村新兴产业，带动乡村经济发展，把现代种养科学技术带给农民，发展持续的富民乡村产业，促进农民增收，把振兴乡村落到实处。

面对新形势，广通公司将进一步创新管理模式，积极融入国家现代化建设中去，以生物技术不断推进产品升级，以“示范引领”助力乡村振兴，开辟中小预混料企业可持续发展的新方式。

创新　协调　绿色
开放　共享

——福建圣农发展股份有限公司

福建圣农发展股份有限公司是农业产业化国家重点龙头企业——福建圣农控股集团有限公司下属的子公司，成立于1999年10月，于2009年10月在深圳证券交易所挂牌上市，总市值为306亿元，是一家集饲料加工、原种研发培育、种鸡养殖（祖代、父母代）、种蛋孵化、肉鸡饲养、肉鸡加工、食品深加工、产品销售、快餐连锁、有机肥生产、物流运输为一体的特大型肉鸡生产食品加工企业，是农业产业化国家重点龙头企业。公司共有500多个生产基地，员工2.8万余人，拥有400余座现代自动化养殖场、9座自动化肉鸡加工厂、9座食品加工厂、9座饲料厂，产品畅销全国各地和日韩等国。2021年全国成功研发培育自主知识产权的“圣泽901”原种鸡，打破了白羽肉鸡种源长期依赖进口的局面，连续三年上榜中国民营企业500强。公司严格执行 HACCP、ISO 9001、ISO 14001 等三大国际认证体系的管理，凭借完整的一体化全产业链实现了食品安全的可追溯性，并依靠优良的品质和稳定的供应成为肯德基长期战略合作伙伴、麦当劳中国供应商，成为2008年北京奥运会、2010年上海世博会和广州亚运会、2011年深圳大运会、2015年首届青运会、2016年G20杭州峰会、2017年厦门金砖国家领导人会晤指定鸡肉供应商。2022年饲养白羽肉鸡超6亿羽，饲料生产能力达263万t，2022年实际饲料生产总量为226万t。

随着人民生活水平的逐步提高，人们对绿色食品需求越来越强烈，对饲料产业的技术升级提出了更为苛刻的要求，对产品无污染、无公害、无残留的要求也越来越高。圣农秉承创新、协调、绿色、开放、共享的新发展理念，在同行业中率先开启农业4.0时代，实现管理智能化，生产机械化，环保、消防标准化，食品安全体系化。饲料安全即食品安全，加强饲料安全、提高质量、改善环境是发展饲料工业的关键。圣农饲料厂经过30多年的发展，由原来的1个到现在的9个，公司持续实施农业养殖4.0，积极组织实施饲料替代、加工提升、品牌增值三个重点工程，深化创新，增创优势，加快产业转型升级。引进国内最先进的饲料生产设备和生产工艺，大大提高了饲料的生产效率，改进了工作环境，提高了饲料原料的利用率。圣农饲料厂具备管理智能化、生产自动化、食品安全系统化以及环保、消防标准化的特点，符合圣农集团提出的农业4.0标准。2020年被中国饲料工业协会评为先进集体三十强企业，公司主要突出抓好3个方面工作：

一是突出智能制造。持续推动技改升级，强化先进科技武装，着力提升生产效率，已累计投入数十亿元，推进智能化装备和系统的应用，在饲料车间实现“机器换工”，推动降本增效。如生产车间设备采用电脑自动控制、配料系统油添加配置预混合系统，以提高混合机的工作效率；设置有自动校称系统、饲料的电脑自动控制制粒生产线；进入车间的原料和成品饲料通过流量秤电脑计量，保证生产的准确性。“十四五”时期拟再加大投入，促进智能化装备和系统的深入应用，打造数字圣农智慧圣农。

二是突出研发创新。聚焦稳定供应链，启动饲料配方替代建设，积极实施豆粕减量行动，研究多样化组合饲料配方，一定程度上缓解了玉米、豆粕等原料大幅涨价、饲料成本急剧上升问题。并在行业内创新性成立研究院——“圣农研究院”，持续加大研发投入，提升圣农产品市场竞争力和占有率。

三是聚力引才聚才。实施“柔性引才引智机制”，构建全方位激励机制，强化与各科研院所、产业技术中心的合作力度，与闽北职业技术学院共建产业学院，在人才培养、实用型、技术型研发、技术人员培训等方面展开合作。目前圣农集团共引进技术型、管理型等高级人才300余人，肉鸡饲养及防疫、饲料生产及生物工程等方面的专业技能人员千余人。实施党员人才“双向培养”工程，让党员成为集团发展的中坚力量，实现了“党员人才化”和“人才党员化”的双提升，饲料厂党支部委员由企业生产、技术骨干兼任，各厂的主要负责人大多数由党员担任。

诚信廉洁　勤奋创新
健康安全　和谐共享

——泉州福海粮油工业有限公司

泉州福海粮油工业有限公司属世界500强企业新加坡丰益国际旗下益海嘉里全资子公司。于2002年成立，总面积达约215亩，坐落于福建省泉州市泉港区沙格码头，具有优越、独特的地理位置：紧邻肖厝深海港区，附近铁路、公路、港口等交通运输便利。2004年9月建成投产，年产值约50亿元，主要从事大豆深加工、大米加工及相关贸易业务，现有榨油、精炼、包装、分提、大米车间，产品主要有“金龙鱼”“胡姬花”等系列食用油和“丰苑”牌豆粕、膨化大豆粉。现有员工300多人，每年能进行粮油加工100万t以上，豆粕约80万t以上，是省政府重点支持的农产品龙头企业。

一是先进的生产设备。公司具备先进的豆粕生产加工设备及工艺。进口加工大豆在码头到港后，利用临近码头的天然地理优势，使用抓斗机直接装到卸料斗，无短倒，减少短运装卸造成的污染。生产为刮板机、提升机、轧胚机、调制塔等封闭式管道组成的全封闭过程。生产线全部采用电脑监控、智能化操作、质量指标在线监测仪、雷达温控系统，且具有极限状态的报警系统，可以最大限度地减少操作人员的人为失误，第一时间处理各类异常现象，保证生产的稳定运行。

豆粕装车引入先进的智能自动装车系统，实现自动装车、自动码垛和智能计数，有效提高了装车效率高，降低装卸成本，在增加生产效益的同时，也降低装卸安全风险。

二是先进的检测设备和技术。公司拥有独立的、先进的检测中心，占地约600m^2，总投资1 000余万元。设备完善，配有气质联用仪、气相色谱仪、液相色谱仪、原子吸收光谱仪、电感耦合等离子体发射光谱仪、傅立叶近红外光谱仪、凯氏定氮仪、双光束紫外分光光度计、自动脂肪测定仪、纤维测定仪、十万分之一电子天平等共119台检测设备，2023年3月23日，通过严格的专业审核，检测中心通过了CNAS认可，实验室体系及检测能力获得了专业认可。

检测中心配备专业的检测人员，且分别取得“食品检验员”“饲料化验员”“食品添加剂配料员”“质量工程师”等资质证书，保证人员专业能力水平。定期进行内外部培训，技能比赛，巩固自身专业水平，同时不断探索新要求、新指标，力求高标准，不断提升检测能力，用控制食品安全的标准严格要求饲料质量安全。

三是质量安全双保证。公司视质量、信誉为企业的生命，先后通过ISO 9001质量管理体系、FSSC 22000食品安全管理体系、ISO 14000环境管理体系认证、ISO 45001职业健康和安全管理体系、ISO 5001能源管理体系、国际AIB认证等多项体系证书。公司建立了较为完善的质量管理体系，从原料验收、产品生产到出厂成品，做到了保证产量的同时也能实现质量实时监控。公司设有品管部，负责公司原辅料品质检验、生产过程检验和产成品的全质量控制。

贯彻落实《福建省农业农村厅关于进一步做好饲料生产企业安全风险分级管控和隐患排查治理工作的通知》要求，公司于2020年通过了福建省饲料安全生产双体系，于2021年1月安全等级被评定二级，2022年持续推进安全生产标准化管理，每年年初制定安全生产目标和计划，并制定安全生产责任制管理制度及考核管理制度，设置安全管理机构，并配置专职安全管理人员，建立安全责任制，明确各岗位安全责任清单，并在公司范围层层签订安全生产责任书，落实安全责任，形成各级人员对安全工作的齐抓共管的局面。

全行业落实全员安全责任制：总经理充分履行“第一责任人”责任，贯穿工作全过程各方面，严格履行安全生产法规定的7项职责，带头学法、守法，主动识别分析风险、排查事故隐患；梳理制定全员安全生产责任制和履职清单并签署，推进全员安全责任制，让员工明确自己的安全职责，完善考核机制，层层压实，责任逐步分解，目标充分落实到人。公司自投产以来国家、省、市场监督管理局对公司产品质量的定期监督检查或统一监督抽查均无不合格情况出现。

四是企业价值观及荣誉。公司秉承“诚信廉洁、勤奋创新、健康安全、和谐共享”的价值观，努力打造成为海峡两岸重要的综合粮油深加工基地。入选福建省“十二五”培育和壮大70家百亿元企业、福建企业100强、省级名牌产品、全国放心粮油示范加工企业、省慈善助残先进单位等多项荣誉，并连续多次被农业产业化工作领导小组授予“省级重点龙头企业”。2020年连续被评为“福建省、国家级绿色工厂”称号。

公司内部于2004年7月成立党支部，2016年被泉港区委表彰为“先进基层党组织”，在党支部的引领下，工会、妇联等群团组织相继成立，2018年，公司工会荣获“全国模范职工之家”。

近年来，在各级政府的指导下，支部坚持“围绕发展抓党建，抓好党建促发展”，认真学习贯彻党的十九大会议精神，不断深化创先争优活动，对接人才“港湾计划”，努力履行企业社会责任。非公企业完善的党群组织服务于经济发展，在各个岗位上发挥先锋带头作用，认真做好本职工作，促进公司文化精神文明建设。党建引领工会、妇联组织建设；引入资金加大项目投资建设；建设粮油食品安全基地建设及科普；积极参与公益慈善项目；丰富职工文化活动，打造健康安全和谐的企业文化。

2010年公司开始资助益海实验小学，2014年5月区政府和益海嘉里助学委员会同意异地新建。截至2022年底，益海嘉里在全国捐资建设了38所益海学校、3个益海助学中心（孤儿院）、4个金龙鱼烹饪班、29个假肢项目，在22所大学（科研院所）设立了金龙鱼奖学金、奖教金和创新基金，在31个地市资助了3万多例贫困白内障患者手术。2009年3月12日，与泉州市慈善总会合作启动泉州首期“金龙鱼复明工程”，该项工程主要用于资助当地贫困白内障患者通过手术恢复光明，首期工程共计资助了500例贫困患者手术。2011年，公司捐资13万元购置轮椅200部，无偿捐献给泉港区残障人士。2011—2013年，益海嘉里集团先后捐资120余万元，在福建开展“金龙鱼义肢助行工程”，为当地肢残患者免费安装假肢项目。

近几年来联合泉港区南埔镇党政领导，分别为辖区54户精准扶贫户送上生活物资；联合省委统战部及区红十字会开展捐赠价值100万元粮油物资慰问福建支援湖北医务家庭；联合区民政局、南埔镇开展敬老扶贫活动，向省立医院、区疾控中心捐赠防控物资10万多元；联合南埔镇党委政府，开展困难群众慰问活动，共慰问了77户困难群众；在金龙鱼慈善基金会指导下捐赠40万元粮油物资支援南平松溪县救灾。在疫情期间，为保障市场供应，率先复工复产，并分别捐赠价值200万元、30万元的粮油食品，助力厦门、泉港区疫情防控工作。

科技兴农　为客户创造价值

——福建海大饲料有限公司

一、公司简介

福建海大饲料有限公司成立于2007年，位于漳州市长泰区岩溪镇珪后工业区。公司环境优美，公司在长泰地区以及福建省内提供就业岗位300余个，带动当地农业及服务业经济的发展。

二、公司主营业务

公司主要生产经营水产配合饲料。现拥有10条生产线，其中水产膨化生产线5条，虾料生产线5条，总投资达9 850万元，年生产能力超过30万t。公司拥有“海大”“海龙”“容川”“大川”等品牌，共计300多个品种、规格的系列产品。

膨化配合饲料，如大黄鱼料、篮子鱼料、海水鱼料、鲈料、金鲳料、牛蛙料、黄颡鱼料；普通膨化水产饲料，如罗非鱼料、草鱼料、光鱼料、青鱼料、叉尾鲴料等。

对虾配合饲料：斑节对虾料、南美白对虾料、鱼虾混养料等。近200个品种、规格的系列产品。

三、公司经营模式

福建海大饲料有限公司客户众多，养殖场地遍布福建、广东、浙江、江西等地。公司为养殖户提供优质饲料、种苗的同时，秉承海大集团服务营销的政策，着重为养殖户提供科学的养殖模式、专业的塘头服务。海大锻造了以产品＋服务为核心，致力于为养殖户提供“苗种—放养模式—水质控制—疫病防治—饲料”全流程的技术服务，投身于科技兴农的工作中。

公司致力于产品＋服务的营销模式，为养殖户提供养殖技术支持，实现科学养殖，为农户创造价值，科技兴农。为养殖户提供饲料（鱼、虾、蛙料等多个品种）、种苗（百容罗非苗、虾苗）、水产动保（海联科）等生产资料。在养殖技术服务方面，拥有一支专业的技术服务团队。

关于品牌建设、荣誉专利。企业于2021年获得依法经营、依法纳税2021—2022年度理事单位，2022年获得依法经营、依法纳税2022—2023年度理事单位。

四、公司发展历程

公司曾在2011—2012年荣获漳州市市级龙头企业、国家级高新企业称号，是长泰区纳税A级诚信企业，并且在2021年荣获福建省农业产业化省级重点龙头企业。

公司在农业农村部各级政府单位的支持和辅导下，销售量和产值逐年增长。2022年度工业总产值101 150.4万元，总资产39 037.0万元，总负债18 142.1万元，固定资产总额8 593.9万元，总收入（销售产值）115 733.5万元，净利润1 487.6万元，纳税额498.8万元。

五、公司社会贡献

公司每年向长泰区慈善总工会、珪后村贫困助学基金组织、霞美村村委进行公益性捐赠，支持周边村庄道路建设、教育事业发展；招收当地贫困建档立卡户员工；在长泰县农业农村局的全国基层农（水）技推广补助项目县的项目中，被设立为农民田间学校；与集美大学、厦门海洋职业技术学院进行校企合作，引进人才，对集美大学进行教育基金捐赠，支持教育事业的发展。

公司坚持打造可靠且稳定的产品质量，严格按照农业农村部有关规定开展产品质量自查自纠工作，确保产品质量合格。

立足生物技术，打造全球领先的农牧企业

——播恩集团股份有限公司

播恩集团股份有限公司成立于2006年5月，注册资金16 068万元，是一家专业生产销售畜禽饲料添加剂预混料、浓缩料和配合饲料的企业。播恩以生物技术为基础，通过生物科技提升中国传统饲料行业，并着力于在幼小动物营养领域打造自己的核心竞争力。通过近十年的快速发展，播恩在生物发酵饲料、教槽料、保育料、预混料、母猪料和蛋鸡料等细分市场取得了令人瞩目的成绩。从2016年至今，播恩连续两次获评中国饲料行业30强。2022年8月中国畜牧兽医学会十五届二次理事会上，播恩荣获中国畜牧兽医学会“杰出贡献奖”，并顺利连任中国畜牧兽医学会第十五届理事会副理事长单位。

一、以企业文化为精神依托，引领企业高速发展

播恩以“传播农业智慧，提升生命品质”为使命，以“理想、行动、担当”为公司核心价值观，以“快反应、快学习、快研发、快执行、快成长”为公司特色的企业文化为引领，坚持以科技创新和价值营销为抓手，先后实施“差异化”“前三甲”“播恩3F”等战略，公司经营业绩快速发展，2022年公司销售额168 290.0万元，利税9 810.1万元。产品畅销全国20多个省市，成为全国动物营养品重要供应商。

二、产品质量为王，坚持客户价值至上

播恩认真贯彻国家产品质量法和国家有关饲料质量安全管理规范，在集团最高管理层提出的“不是一流的产品就是废品”的指导方针下，公司制定了“全员参与、全程品管、持续改善、不断创新”的企业质量管理策略。原料采购上应用了近红外快速检测系统，建立了原料营养成分数据库，从源头上保障了原料营养质量；生产过程应用推行了国际先进的“可追溯的、安全的、精确的、智能的”蔡氏生产系统（简称TSAI），装配了高端的实验检测设备，建立了首席质量官制度。公司产品质量安全稳定，获得社会广泛好评。历年来，公司先后获得“主任质量奖”“赣州市长质量奖”“江西省质量管理先进企业”等荣誉称号。播恩重视现代企业管理体系认证，先后通过了

ISO 9001 质量管理体系、ISO 22000 食品安全管理体系、ISO 14001 环境安全管理体系、OHSAS 18001 职业安全管理体系认证，并全面导入卓越绩效管理模式，形成全面规范的质量管理体系。

三、立足生物技术研发，站稳无抗饲料制高点

播恩以生物科技创新驱动企业发展，建立了“1室2站3中心4基地”的研发平台。1室是指农业农村部生物饲料重点实验室，2站是指海智工作站（原院士工作站）和博士后科研工作站，3中心是指国家级工程中心（筹）、江西省企业技术工程中心和广东省企业技术工程中心，4基地是指欧洲科研基地（荷兰）、广州生物技术研发基地、赣州生物技术中试基地、广东怀集养殖试验基地四大研发基地。

播恩重视与高校和科研院所的产学研用合作。先后与荷兰瓦格宁根大学、中国农业大学、华中农业大学、中山大学、华南农业大学、广东省农业科学院、江南大学、江西农业大学等高校和科研院所建立了长期技术合作关系。播恩与中国农业大学共建了企业博士后科研流动站并取得突出成就。由邹新华董事长和中国农业大学王军军教授联合培养的博士后皮宇获得重大科研突破，在《微生物组》（Microbiome）杂志发表了题为《肠道微生物代谢产物熊脱氧胆酸通过促进肠道 M2 型巨噬细胞极化缓解低出生重仔猪结肠炎症》（Gut microbiota‐derived ursodeoxycholic acid alleviates low birth weight‐induced colonic inflammation by enhancing M2macrophage polarization）的高水平研究论文，SCI 影响因子 16.874。该论文揭示了胆汁酸通过调控肠道巨噬细胞分型、缓解宫内生长受限（IUGR）猪肠道损伤的分子机制。该论文和其他一系列生物技术成果，是播恩集团由传统动物营养公司向生物技术型动物营养公司转型升级的阶段性成果。该论文也进一步彰显了播恩集团与中国农业大学的产学研合作的光明前景。雄厚的技术力量为公司的技术研发奠定了扎实基础，公司现拥有自主发明专利 67 项、实用新型专利 24 项。在抗击非洲猪瘟、替代抗生素技术、营养技术、配方技术、检测技术方面拥有自身技术特点及优势，参与起草了《仔猪、生长育肥猪配合饲料》及《哺乳母猪用菌酶协同发酵饲料》《生长肥育猪用菌酶协同发酵饲料》等团体标准。此外，公司自 2010 年来持续蝉联江西省农业产业化龙头企业，2011 年以来连续评为高新技术企业。2020 年，公司获评“畜牧饲料行业十大生物饲料领军企业”，2021 年生物饲料核心产品四驱双酸发酵料获得“年度影响力替抗产品”称号，8V 牌乳猪前期配合饲料获得“江西名牌产品”称号。

四、依托省部级项目，发挥行业引领作用

2022 年，在非洲猪瘟、无抗饲料和玉米、豆粕价格高企及消费不振的多重压力下，饲料企业面临着前所未有的巨大挑战。播恩在迅速采取多种应对措施的同时积极承担省部级有关生物技术替抗和豆粕减量替代的项目研究。由佛山播恩生物科技有限公司牵头，联合华南农业大学、江南大学、中国农业大学共同研发的广东省重点领域研发计划《微生物发酵饲料关键技术研究与应用》科技项目顺利通过专家组评审。该项目是广东省重点领域研发计划项目精准农业专项。项目系统开展了微生物发酵饲料功能性代谢物的鉴定及益生菌的选育改造研究，建立了微生物发酵饲料的发酵新工艺，系统开展了微生物发酵饲料功能性评价和安全性评价，项目取得多项研究成果：发表论文 36 篇，其中 SCI 19 篇；新申请专利 27 件，其中发明专利 23 件，授权发明专利 10 件；参与制定标准 8 项，其中国家标准 2 项；开发了 5 个新产品，建立了 6 套发酵工艺；相关研究成果获科技奖励 4 项，其中神农中华农业科技一等奖 2 项。相关技术在企业完成转化并形成规模化生产。此外，播恩集团牵头承担的农业农村部“科技助力经济 2020”《猪鸡低蛋白饲料精准配制技术集成与应用》重点专项也顺利通过专家组验收。该项目通过反复的试验筛选，获得了棉籽粕、菜籽粕、DDGS 等非常规蛋白原料的微生物发酵技术与生产工艺。确定了棉籽粕采用复合菌协同发酵工艺，菜籽粕采用两段两步发酵工艺，DDGS 采用曲霉菌协同发酵工艺。通过动物试验，获得了 3 种生物发酵料在猪、蛋鸡、肉鸡饲料中的适宜用量及其替代豆粕的比例等配套应用技术；建立了各生理阶段猪、蛋鸡和肉鸡低蛋白质饲料精准配制技术；研发出猪、蛋鸡、肉鸡低蛋白饲料系列产品，建立了相应产品的企业标准，实现了猪鸡低蛋白质饲料产品的产业化、标准化生产，大幅降低了豆粕用量，减少了猪、鸡舍总氮排放及周边氨气浓度，有效缓解了我国大豆的进口依存度，减少了猪鸡养殖排泄物污染，为畜牧业节约饲料资源，降低饲养成本。该项目的验收通过，是农业农村部对当前和今后我国大力发展生物饲料及低蛋白饲料、走节能减排的绿色发展之路的具体体现，也是播恩集团邹新华董事长带领播恩集团坚定地走上用生物饲料技术改变传统饲料的发展之路的具体体现。生物饲料技术对推动我国畜牧业的可持续发展，促进农民增收、农村发展和农业振兴具有重要意义。

五、借力资本市场，加快打造世界级农牧企业

百尺竿头更进一步，中流击水正当其时。2022

年5月，一期总投资2亿多元的播恩集团创新总部在广州隆重封顶，标志着播恩集团科技研发实力迈上了新台阶。2023年，播恩作为在深交所A股主板上市的农业龙头企业，将继续坚持以生物技术为核心，聚焦3F（feed、farm、food）战略，形成一体两翼的集团布局。

打造中国猪用保育料“名片”

——赣州朱师傅预混饲料事业有限公司

赣州朱师傅预混饲料事业有限公司（以下简称朱师傅）创立于1998年，是一家25年专注于猪用预混饲料的科技服务型企业，现有员工460多人，其中技术研发和专业服务人员占15%。朱师傅拥有10万t优质猪用预混料生产能力，产品涵盖猪生长全过程，畅销全国29个省份，其中具有全球领先水平的前期保育料“好汉金刚”和后期保育料“好乳真经”，以超高的市场占有率和好评如潮的用户口碑，成为猪用保育预混料的“隐性冠军”。

朱师傅先后被授予农业农村部“饲料质量安全管理示范企业”“江西省农业产业化龙头企业”等殊荣，朱师傅品牌、商标连续多年被评为“江西名牌产品”和“江西省著名商标”；2021年7月，朱师傅实验室顺利通过“中国认可，国际互认”的CNAS认可，2022年荣获江西省“专精特新”企业。

保育是猪一生中最重要的阶段之一，母仔分离、转群和日粮转变等应激，严重影响乳猪肠道发育，导致乳猪抗病力下降，腹泻增加，掉膘不长，毛色差，是制约中国猪业良性发展的最大障碍之一。如何顺利渡过保育关，成为养猪的关键，也考验着饲料企业科研实力和创新能力。

朱师傅自创立之日起，25年如一日地围绕乳猪肠道健康改善和幼龄仔猪营养研究久久为功，驰而不息，致力于打造中国猪用保育料“桥头堡”。如今，“好汉金刚”和“好乳真经”成为中国乃至世界的两张猪用保育料最耀眼的“名片”。

一、打造科技研发高地，蓄积雄厚科技实力

朱师傅视科技创新为企业发展的驱动力，公司聘请国际著名动物营养学家为首席科学家，设立四川农业大学“博士工作站”，建立北京有机动力营养研究院，在企业创立研创中心和有力动力园，引进国际顶尖科技人才，每年投入销售收入的10%作为科研经费，瞄准世界前沿技术进行猪用保育料科技研发和产品创新。朱师傅率先在我国创立OrganicPower有机动力营养标准、重金属零排放技术等一大批先进技术，先后获得生态营养技术、无抗日粮技术和低氮日粮技术等重大科创成果，对于促进保育猪只营养吸引、减少消化物排放量、保护生态环境、推进畜牧业绿色发展意义重大。

二、凝聚科技创新成果，持续改善保育成绩

2004年，朱师傅“好乳真经”一经问世，就以明显改善乳猪肠道、减少腹泻、降低饲养成本等显著特点而风靡市场至今。

朱师傅猪用保育料之所以经久不衰畅销市场，是因为朱师傅没有故步自封、停止探索的脚步。朱师傅紧跟时代发展步伐，根据养猪行业最新发展动态和结构调整方向，运用技术研发能力和专业力量，不断地对产品进行迭代和升级。

2018年，朱师傅把乳猪保育阶段细分成前期保育阶段和后期保育阶段。根据精准营养理念，朱师傅进行产品创新，研发出前期保育料“好汉金刚”，而“好乳真经”则定位为后期保育料。

“好汉金刚”采用低蛋白、高氨基酸设计，特别添加免疫调节剂、酶制剂与酸制剂，目标为调节肠道免疫，有效减少仔猪腹泻，提高仔猪生长性能。

“好乳真经”的特色为实现酸制剂和酶制剂的完美融合，促进肠道健康，调节机体免疫力，仔猪生长速度快，能有效提升养殖收益20%以上。

三、实施全球采购战略，确保原料正本清源

朱师傅建立严格的原料采购标准，对供应商实施资格认证，始终秉持“价值采购、品质采购、全球采购”的原则与DSM、嘉吉等全球一线品牌建立长期的战略合作伙伴关系，稳定、可靠和良好的原料来源保障了“好汉金刚”、“好乳真经”质量的持续稳定和提升，给客户不断带来快乐的消费体验。

四、智创世界一流工艺，破解质损世界难题

预混饲料主要由氨基酸、维生素、矿物元素、功能性添加剂等高浓度的原料组合而成，这些原料成分长时间、高密度地混合在一起，极易发生物理和化学反应，产生结块、胀气、变色等质变，直接导致部分营养物质被破坏和损失，其中珍贵的维生素A、维生素E的损失率分别高达26%和24%。这一问题一直是预混饲料行业无法解决的“老大难”。

朱师傅大胆创新工艺，运用工匠精神从根本上破

解传统预混饲料这一“瓶颈”。朱师傅投资500万美元，自主设计一套roo system“双线产生，分包包装”工艺，由世界最先进的饲料设备供应商——瑞士布勒公司制造设备和工艺，打造全球首条具有自主知识产权的全自动双线分包生产工艺。

朱师傅roo system“双线产生，分包包装”工艺的最大价值在于应用两条生产线，把容易发生物理和化学反应的原料在生产时进行区分，并分别装入独立的A包和B包，最后采取大包套小包的方式进行成品打包。这样就避免了容易发生物理和化学反应的原料混合在一起，使“好汉金刚”和“好乳真经”的营养物质在运输和储存的过程中完好如初，不被破坏和损失。

五、构建完善品控体系，为品质保驾护航

朱师傅25年来一直实施品质兴企战略，通过构建自主的核心技术和标准、领先的可追溯系统、独特的品控体系，保证朱师傅产品技术领先，终端食品安全，品质稳定如一。

公司成立品质中心，授权独立行使不受干扰的质量控制职能。朱师傅组建一支12人的专业化质量管理团队，依据ISO /IEC 17025编制质量手册、程序文件和作业指导书，按照ISO质量管理体系和食品安全管理体系组织生产，依照国标方法对原料、半成品、成品进行全覆盖、高频次物理和化学检测，确保每一批次的产品出厂合格率达到100%。朱师傅生产基地通过了质量安全管理体系和食品安全管理体系双认证。

为全面升级质量控制能力，朱师傅投资1 000多万元，成立占地400m^{2}的朱师傅实验室，配置高效液相色谱仪、布鲁克近红外、原子吸收分光光度计、高倍显微镜、梅特勒-托利多分析天平等一批高精尖检测设备，并将其定位为体现科学、公正、准确、高效的第三方检测实验室。

2021年7月29日，经过一年多一系列严格的体系试运行、材料审核、现场评审和认可委认可等程序，朱师傅实验室终于顺利通过国家权威CNAS认可。

六、全力开展市场营销，全面打响品牌战略

朱师傅树立“有猪，就有朱师傅”的企业愿意，确立“致力于成为猪用预混饲料全球领先供应商”的企业目标，全面打响保育料品牌战略。朱师傅建立创业机制，组织精兵强将，到全国各地建品牌优质网点。目前，“好汉金刚”“好乳真经”在中国大陆拥有5 000多个经销网络和2万多个终端客户。朱师傅加大品牌传播，运用平面、视频、互联网、大型会议、自媒体等载体，建立多层次、立体式、全覆盖的品牌传播体系，使“好汉金刚”“好乳真经”的知名度、美誉度不断提升，品牌价值更加深入人心。

创新变革　深耕市场

——九江博莱生物科技有限公司

一、顺应时代变化，占据新的起点

2021年作为“十四五”规划的开局之年，一方面，“推动绿色发展，深入推进供给侧结构性改革”的行业发展规划再次被提上议程；另一方面，饲料“禁抗”后的影响开始逐步显现。在这样的时代背景下，为响应政策号召，适应市场变化，同年九江博莱农业集团有限公司出资成立了九江博莱生物科技有限公司。

该公司是一家集研发、生产销售、服务于一体的专业从事混合型饲料添加剂、添加剂预混合饲料生产的企业，注册资金1 000万元，总投资超过1 200万元。生产车间和仓库占地面积3 000余m^2，建有5条自动化生产线。

公司厂房严格按照饲料法规要求设计和建设，布局科学合理，采用与国际接轨的现代化先进生产线，用于生产混合型饲料添加剂和添加剂预混合饲料，年生产能力超过1万t，严格控制生产和检验过程，确保不合格的物料不流入下一道生产工序，不合格的产品不出厂。

二、持续研发投入，紧跟技术前沿

目前饲料添加剂已融合多门学科和多门技术，其资源包括动植物、矿物质、化学合成及生物制品等，其功能也由补充营养成分逐渐发展为防治疾病、提高饲料利用率、改善动物产品品质等。

为紧跟技术前沿，公司成立之初就把营业收入的5%以上作为研发经费，不断加大生产和研发投入，拥有YTGH系列快速干混机、HGD3000固定料斗混合机、SH－1000配料罐、YL－8SS给袋式包装机、GP480分装封口一体机、SVFA1－100T单双头液体灌装机等生产设备以及紫外、液相、气相、原吸、红外等各类检验设备。

拥有一支年轻化、知识化、专业化的科研队伍，硕士及以上学历达到20人，专业背景涵盖水产养殖、饲料加工、动物营养、畜牧兽医等。与中国农业大

学、华南农业大学、华中农业大学、浙江大学等国内名牌大学加强合作，先后建立实习基地、校企合作技术平台等。围绕抗应激饲料添加剂、非营养性饲料添加剂、营养性饲料添加剂三个研究方向，公司目前拥有授权发明专利达 10 余项，主持或参与的研发项目累计达到 30 余项。

三、助力减抗降本，定制个性生产

随着人们对绿色食品、有机食品的认识不断提高，对绿色养殖提出了更高的要求。同时，饲料成本居高不下的情况下，实现全行业绿色、健康、高效可持续发展更需要行业上中下游企业的共同努力与持续创新。

九江博莱农业集团有限公司服务的养殖户遍布全国各地，是十分宝贵的资源。依托集团的优势，公司每年都将进行一次全国范围的饲料添加剂需求调研。经过专业分析，并咨询专家团队，对有关产品进行改良升级，最大满足客户的需求。

同时，公司成立专业的需求供应团队，每天奔波在各级养殖户，确定其个性化需求。针对客户提出的生产需求，公司提前备料，安排生产，第一时间运输到客户手上。针对饲料添加剂所遇到的问题，公司客户服务团队 24h 提供技术咨询服务。我们以“做中国养殖行业的技术保姆”为理念，致力于畜牧产业一体化发展，将继续坚持产品上档次、市场上规模、管理上水平的经营方针，努力做好饲料产品，力争为中国畜牧业发展做更多更大的贡献。

目前，公司采取订单化、定制化的生产方式，累为全国近万名中小型养殖户生产 30 余个品种、产量 3 万 t 的各类饲料添加剂。

重视技术研发，始终致力于科技创新

——新发药业有限公司

新发药业有限公司成立于 1998 年 12 月，注册资本 5 100 万元，是一家以生产医药原料、饲料添加剂、食品添加剂为主的国家级高新技术民营企业。资产总额 43 亿元，2020 年销售额 18.9 亿元，利润总额 5.6 亿元。银行信用等级 3A 级。新发药业是农业农村部定点的维生素生产企业，主要产品有维生素 B_1、维生素 B_2、维生素 B_5（D-泛酸钙）、维生素 B_6、维生素 B_9（叶酸）、维生素 D_3、D-泛醇、β-丙氨酸、三氯蔗糖等，产品出口欧美、东南亚、中东等全球 70 多个国家和地区，其中维生素 B_5（D-泛酸钙）占全球市场份额的 40%，全球市场占有率第一。与美国辉瑞、强生，德国拜耳、巴斯夫及荷兰帝斯曼等国际知名企业达成长期战略合作关系。

新发药业是国家原料药出口 50 强企业、山东省出口百强企业、山东省饲料添加剂十强企业、山东省创新转型优胜企业、中国 AAA 级信用企业。“新发”商标荣获“山东省著名商标”“中国驰名商标”，“新发”牌 D-泛酸钙获得“山东名牌产品”荣誉称号。公司被中国出入境检验检疫协会评为“中国质量诚信企业”，被山东省质量管理协会评为“山东省质量管理先进企业”。

（一）企业在行业中的地位和作用

从公司的经济效益和规模发展来看，新发药业维生素产品在种类、规模、国内外市场占有率等方面均处于行业龙头地位。新发药业是山东省隐形冠军企业、山东省制造业单项冠军示范企业，在国内行业龙头地位优势突出。特别是公司生产的维生素 D-泛酸钙打破国外垄断的局面，成为全球最大的维生素 B_5（D-泛酸钙）生产基地，规模效益十分显著。产品出口保持良好态势，销售额、利润率均超同期同行业企业的总体水平。

从公司的技术水平和研发能力来看，新发药业重视技术研发，始终致力于科技创新，2020 年研究与试验发展经费支出 11 447.0 万元，占销售收入的比例为 6.1%。先后创建山东省工程技术研究中心、山东省 B 族维生素工程实验室、山东省企业技术中心、山东省“一企一技术”研发中心、山东省博士后创新实践基地 5 个省级创新平台，设合成部、分析部、制剂部、生物工程部、研发质量部、注册信息部、项目管理部、临床研究部、综合服务部等多个部门，配置了世界一流的实验、检测设备。

从公司的产品质量来看，公司产品质量过硬，获得国内外客户的一致认可。2015 年通过了美国 FDA 对出口企业的检查，同时，通过了 ISO 9001、ISO 14001、OHSAS 18001、ISO 22000、FAMI - QS 及药品 GMP、Kosher、Halal、BRC 等体系认证。

（二）企业技术创新工作的基本情况

1. 企业技术创新工作发展规划及中长期目标。 未来 5～10 年，新发药业要实现跨越式发展，要进一步加大研发投入和人才储备，进一步强化对世界和国内生物医药产业的研究，选取具有比较优势的产品进行重点突破，主要采取以下技术创新发展规划：

继续加大研发投入，完善技术中心研发软硬件设施，计划投资 2.4 亿元，建设 2 栋研发楼，总建筑面积 4.2 万 m^2，可容纳研发人员 2 000 余人。项目建设成后，将成为省内规模最大、设备最先进、研发能力最强的研发中心之一。购置高效液相色谱仪、高效气相色谱仪、差示扫描量热仪、激光粒度仪、自动机械搅拌四联代谢流高级罐及分析自控系统等国内外先进的试验仪器设备200余台/套，软硬件设施达到国际先进水平，建设国际一流的实验室。

（1）企业开展技术创新及试验的基础条件。公司研发中心位于东营市中国石油大学生态谷高新技术产业孵化园内。研发中心设合成部、分析部、制剂部、生物工程部、研发质量部、注册信息部、项目管理部、临床研究部、综合服务部9个部门，建筑面积9 000余m^2，拥有国内国际一流的研究实验和工程化条件，研发分析仪器均购于世界主要专业仪器制造商，设备原值13 828万元以上，主要研发、中试、分析检测设备已达国际先进水平。

（2）企业研究开发人员情况。公司汇集了众多有志于从事制药工业的国内外优秀人才，现拥有一支超过300人的高素质研发队伍，其中80%具有本科以上学历，人员学历、知识结构合理，大部分从事专业工作都在10年以上，具有丰富的工作及管理经验。公司拥有泰山学者海外特聘专家、泰山产业领军人才等，其中，博士1人、硕士108人、本科475人，拥有工程师42人、助理工程师58人、高级技工70人，有力支撑企业实现自主创新。

2. 企业在制造业重点领域产业化突出成果、取得的主要创新成果（3年之内）**及其经济效益。**

（1）产业化突出成果。随着企业对科技研发的重视，公司的研发能力和科技成果转化能力逐年提高，近年公司共完成转化23项，每年7项以上。应用赋形剂晶形优化技术建立了维生素B_1产能2 500t/年、维生素B_6产能1 000t/年的结晶生产线，维生素B_1由针状晶体调控为块状晶体，维生素B_6主粒度显著小；应用球形结晶技术建立了β-氨基丙酸产能1 000t/年的结晶生产线，将片状晶体调控为椭球形晶体，堆密度和流动性显著提高；生产的维生素B_1、维生素B_6和β-氨基丙酸销往世界70多个国家和地区，国际市场占有率均超过20%。

（2）取得的创新成果。研发成果累计申请发明专利196项，其中122项已获得授权。近三年承担山东省企业技术创新项目13项，制定企业标准15项。自主研发的“维生素B_1、维生素B_6、维生素K_3合成新技术”荣获2011年山东省科技进步三等奖。专利“一种由2-甲基-2-环戊烯酮制备维生素B_6的方法”被评为2019年度东营市一等高价值专利。2019年完成科技成果评价3项，其中2项达到国际先进水平。2020年授权国内发明专利56项，国外发明专利14项，申请国际PCT专利2项。“基于环保理念的叶酸产品的研发”“创新型阿维巴坦中间体制备技术的研发”等项目获得省级技术创新项目立项；“VD3中间体7——去氢固醇的合成研究”项目获得科学技术成果评价证书，获得了山东省企业优秀创新成果证书。

公司是“山东省专利创新百强企业”“山东省创新转型优胜企业”“山东省技术创新示范企业”“国家知识产权优势企业”。通过强化自主创新，为新产品研发、抢占市场份额奠定坚实基础。公司产品已获得中华人民共和国《药品生产许可证》《食品生产许可证》等，并获得检测报告15项，产品质量优异，取得了很高的客户满意度，获得了行业内的认可。

情系民生　饮水思源

——山东通威饲料有限公司

山东通威饲料有限公司是通威股份旗下的子公司，成立于1999年，位于山东省淄博市高新技术产业开发区裕民路298号，系通威股份有限公司投资3 000万元兴建的大型专业化畜禽饲料生产企业。公司占地近50亩，具有先进的生产设备和技术水平，年饲料生产能力达30万t。公司秉承“追求卓越，奉献社会”的企业宗旨，奉行“以人为本，以质量为基础，以市场为中心”的经营原则，坚持“诚、信、正、一”的经营理念，促进畜牧业发展，改善人民生活品质。

山东通威饲料有限公司近三年连续实现销量、利润25%以上增长，自2014年起国家实行《饲料质量安全管理规范》以来，先后通过山东省、农业部《饲料质量安全管理规范》示范企业验收，是山东省内第一批通过的示范企业，在行业的健康、有序发展中起到标杆、促进作用；2015年被淄博市认定为安全生产标准化企业，目前为山东省饲料行业协会常务理事单位、淄博市饲料协会副会长单位，是山东省畜牧协会生猪产销分会理事会单位，山东省畜牧兽医学会饲料科技专业委员会常务理事单位，山东省畜牧协会饲料分会常务理事单位。

山东通威饲料有限公司是一家以生产、销售畜禽配合饲料、猪用浓缩饲料、畜禽养殖技术咨询服务为主的农牧企业。公司积极响应中央“三农”政策，促进地方种植、养殖事业的发展，带动淄博市桓台县、高青县农业合作社建立自己的原料种植基地，带动博山区、沂源县、周村区规模性养殖合作社建立自己的养殖基地，调动了当地农民的种植、养殖积极性，积极带动农民致富，获得了当地农户的一致好评，具有促进淄博市、区县经济发展、农民增收的作用。特别是在疫情大环境下，山东通威饲料有限公司始终保持量、利快速增长，有效保障了当地市、区县种植合作社、养殖合作社的发展及增收。具体工作汇报如下：

一是加强基地建设，推动农业产业化发展，增强企业带动能力。山东通威饲料有限公司使用原料主要来自基地，基地主要种植玉米、小麦，来源于桓台县、高青县，可年带动 25 000 多农户种植玉米、小麦 30 000t，年带动农民收入 1 000 多万元。

二是发展订单养殖，打造养殖、饲料、资金产业链，实现一条龙服务。山东通威饲料有限公司在淄博五区、三县配套建设 150 多个肉鸡、肉鸭养殖小区，与 3 000 多养殖户签订合同，实行订单养殖、收购，规避农户养殖风险。在养殖小区内实行统一上苗、统一防疫、统一饲养、统一供应饲料的养殖模式，提高了综合养殖水平，形成了具有"通威"模式的特色养殖链条，有效打造农户增收增利。

多年来，该公司坚持走产业化道路，建立原料基地，发展订单养殖，打造养殖、资金、饲料、屠宰一体化的产业链，与农民建立了紧密的利益联结机制，既提高了经济效益，又促进了农民增收。充分发挥企业的带动作用，为加快现代化农业发展做出较大贡献。在获得自身稳健发展的同时，山东通威饲料有限公司始终坚持以一个成功企业的高度社会责任感，情系民生，饮水思源，用真情和爱心回馈社会各界的厚爱，积极参与社会公益事业、光彩事业和思源工程。山东通威饲料有限公司紧跟时代步伐，积极努力创新，始终坚持服务于广大客户及经销商，创造更大的社会价值，践行社会责任与健康使命。

做企业　做品牌　做学校

——山东邦基科技股份有限公司

成立于 2007 年，坐落于淄博高新区，是一家专注于动物生命与动物营养研究的企业，成为一家能为规模化、标准化养殖场提供专业化产品和管理技术的服务型公司，已获得国家知识产权局授权的 32 项国家专利，已全面通过 ISO 9001 国际质量管理体系和 ISO 22000 食品安全管理体系认证。

公司被评为农业产业化国家重点龙头企业，山东省高新技术企业，山东饲料行业科技引领集团二十强、生猪饲料企业十强、蛋禽饲料企业十强，淄博市瞪羚企业，淄博市综合百强企业、工业百强企业，并授予中国饲料工业协会"常务理事单位"，山东省饲料行业协会"副会长单位"，畜牧兽医学会养猪专业委员会"副理事长单位"，拥有淄博市猪饲料营养工程技术研究中心。

2019 年主营业务收入 100 518 万元，利润总额 6 319 万元，研发费用 2 792 万元，纳税总额 636 万元。2020 年主营业务收入 169 799 万元，利润总额 13 179 万元，研发费用 4 440 万元，纳税总额 1 323 万元。邦基始终保持主营产品产销率 100%，主营业务收入增长率为 68.9%，利润总额增长率为 108.6%，研发费用增长率为 59.0%，纳税总额增长率为 108.0%。

（一）科技创新

邦基与山东农业大学动物科技学院构建了科研、教学、科技成果转化发展平台，依托学院的省级重点实验室以及专家教授团队组建了"邦基猪病病理研究中心"，公司技术中心专门设立了专家 $100m^2$ 办公室和 $300m^2$ 实验室，并配备了电脑以及先进实验仪器，为专家及其团队提供了良好的办公环境和试验条件。激励政策方面，采取高薪聘请、技术合作、给予精神物质待遇及表彰奖励等措施，每年年底召开公司科研成果表彰大会。所取得科技成果归双方所有，对主要研究人员根据其工作业绩，公司会给予住房、交通以及工薪补助，对他们的工作成果给予重奖。

公司共获得发明专利 11 项，实用新型专利 9 项，外观设计专利 7 项，软件著作权 5 项。专利运用贯穿于企业经营的各个领域，包括根据不同客户的需求设计、定制适用于不同生长阶段、不同禽畜的产品，技术预研，产品研发，市场营销，专利许可，公司投资合资等各种资本运作。以专利为基础，通过联合攻关和集成创新，突破重大共性技术难题，成功研发了新产品，推动产业整体升级，促进企业向可持续模式发展，培育和壮大一批具有产业引领带动作用的产学研合作综合示范企业和创新型产业集群，增强行业的整体竞争力和市场影响力，充分发挥专利的最大价值。近三年公司实施科研项目 15 项，15 项全部成功转化为主营产品，转化率 100%。

（二）可持续发展

公司管理制度比较完善，有知识产权管理制度、研发项目管理制度、产学研合作管理制度、科技成果管理及激励制度、职工技能培训制度、研发人员绩效考核制度等 75 项管理制度。

邦基有先进的经营理念：①做企业，其实就是在教会员工如何做人，帮助合作伙伴成长；通过提供产品和服务为用户创造价值，为社会创造财富的过程。②做品牌，其实就是用户对产品的认同、用户对品质的信任、用户对企业尊重的过程。③把企业做成了一所学校，持续不断地提高用户的经营管理水平，引领行业健康、稳健、可持续发展。

邦基在2020年合同联结带动农户22万户，采用签订合同的方式与当地农户利益联结，增加地方财政收入，为社会提供了新的就业机会，同时也带动了相关产业发展，对发展当地经济具有推动作用，公司依托当地有利资源，结合大开发的有利形势，有利于当地的经济发展，结合当地的资源优势、劳动力优势、政策优势及产品市场优势应运而生，受到当地各级组织的大力支持。

坚持打造质量精品 提升企业竞争力

——河南德邻生物制品有限公司

河南德邻生物制品有限公司成立于2008年，坐落于黄河北岸的新乡平原示范区，总投资近2亿元，是一家集研发、生产、销售、服务于一体的现代化高科技生物制品企业。目前已通过GB/T 19001—2016/ISO 9001：2008饲料、微生物饲料添加剂生产和售后服务，并且先后荣膺河南省高新技术企业、河南省畜牧微生物工程技术研究中心、微生态制剂全国十强明星企业、河南省科技型中小企业、河南省科技小巨人培育企业、河南农业大学教学实习基地、新乡市畜牧微生物工程技术研究中心、诚信示范企业等荣誉称号。

公司现有在职员工300多人，其中博士8人、硕士13人，目前拥有霉菌毒素降解酶、微生态制剂、发酵植物提取物以及生物饲料产品等生产线。以河南农业大学尹清强教授、李振田教授和杨明凡教授分别带领的微生态制剂研发团队、生物饲料营养配方团队、发酵植物提取物研发团队，作为德邻生物强大的技术后盾。目前已获得发明专利8项，省部级科技进步奖一等奖1项、二等奖3项、三等奖4项，为猪、禽牛、羊、兔、水产等提供霉菌毒素解毒剂、微生态制剂、发酵植物提取物和复合预混合饲料等系列产品。

1. 强化全员质量意识，树立科学质量观。德邻公司建厂十多年来，公司领导班子对产品质量非常重视。公司在制定企业发展规划时，始终将“以质兴企”作为战略方针之一，高举质量第一的鲜明旗帜，始终站在战略高度，向质量要市场、要品牌、要效益。靠产品质量占据了市场优势，赢得了企业的生存空间。通过一系列的员工培训，树立质量意识，使“质量第一”“以质取胜”“向质量要效益”“质量就是成本”“质量就是市场”“质量就是饭碗”“人品精品同在”“没有疲软的市场，只有疲软的产品”“追求一流品质、满足客户需求”等质量意识深入人心，在员工思想中树立了符合市场规律的科学质量观。

多年来，公司围绕着“抓工作质量、抓产品质量、促进服务质量”，通过走出去、请进来等多种教育形式，向员工灌输科学质量观，通过学习“卓越质量绩效管理”“卓越现场质量管理”等专家授课，让全体员工充分认识到了工作质量、产品质量、服务质量“三个质量”的辩证关系，从思想深处将质量和市场、立企、饭碗紧密联系在一起。为转变车间工人“产量第一，质量第二”的思想意识，生产部月度例会期间开展了“质量、市场、品牌”的专题教育活动，让大家从思想上认识到“干不好质量就保不住企业，干不好质量就创不出品牌，干不好质量就保不住饭碗”的道理。从而强化了用工作质量提高产品质量的目的。

2. 生产过程管理到位，保障产品质量。德邻生物制品有限公司是一家高科技生物制品企业。为确保企业战略目标和战略规划的落实，企业围绕产品和质量管理确定了技术研发过程、采购过程、生产制造过程、市场营销服务四大关键过程，通过质量把控过程管理，为企业战略目标的实现提供支持，达到顾客及相关方的满意，为企业的发展开拓了空间。

一流的质量来自一流的管理，为建立科学化、程序化、规范化的质量管理体系，公司于2013年编制了《质量管理手册》《作业指导书》即大力推行6S现场管理。于2018年12月获得ISO质量管理体系认证证书，2018年9月获得河南省高新技术企业，2019年1月获得新乡市诚信示范企业。为提升企业质量治理体系和治理能力现代化，培养高层次质量管理人才，通过培训和考试，2022年10月获得新乡市首批首席质量官认证和聘任。使质量管理由以前的经验管理向科学管理迈进，在质量体系建立和完善过程中，我们按照9001程序要求，立足公司实际，建立了从质量策划、设计研发、材料采购、技术准备、人力资源、生产运行、质量检验、包装储运到售后服务全过程的质量管理闭环循环系统。具体工作突出抓好四个到位：

一是责任落实到位。根据客户、市场、订单要求，制定公司产品计划、生产目标，并将目标层层分解到各生产部门、车间、班组、工序，形成了生产目标四级管理体系，并实行质量否决制，谁主管，谁负责；谁出问题，谁承担责任。疫情期间，在历次紧急任务生产中，利用月度例会期间召开生产动员大会，每个班组都要对工作质量、产品质量、服务质量做出承诺。实行了高质量高工资、低质量低工资、有产量有质量有工资、有产量无质量扣工资的办法。使质量管理成为每名职工必须考虑的头等大事。

二是过程管理到位。生产管理的重点是流程管理、过程管理。为防止出了产品质量问题再查找原因制定了产品过程控制的十项规定，形成了“五管五环三工序”的过程控制办法。并将模拟市场运行应用到生产之中，教育全体员工树立下道工序就是用户的理念，坚持做到不合格的半成品不流于下道工序。员工思想起到了根本变化，真正体会到了市场经济只讲现实不讲情面的竞争规律。

三是监督检查到位。为把好产品质量关，多次对质检体系进行改革，制定了多层次的立体质检制度，形成了班组自检、车间巡检、生产部普检、质检部调包抽检的四级质检管理体系，使产品出厂合格率达到99.9%以上。同时完善了产品质量奖惩制度，每月对各个环节的产品质量工作进行统计分析汇总，按照检验指标进行奖惩，对连续两个月检验质量不达标的生产班组负责人批评教育甚至调离工作岗位，促进各类产品质量把好关，负好责。

四是数据分析和预防纠正到位。公司建立每月分析会制度，对质量指标完成情况，产品质量异常波动情况及质量问题进行分类汇总分析，从人机料法环等各个环节分析影响产品质量的因素。针对产品质量不良走势和存在的问题制订切实有效的纠正预防措施。同时坚持“三不放过”原则：发生质量问题不放过，问题原因查不清不放过，纠正措施不落实不放过。通过以上的四个到位，使产品质量得到保障，更好地服务于客户和市场。

产品是质量的载体，技术是质量的保证。近年来，公司坚持以技术进步为先导，不断推进产品质量上档升级。一是在产品质量上，坚持高档次“精品路线”，根据市场的产品需求，通过德邻博士后实践基地的博士后刘超齐博士带领研发部门人员，立项符合市场及客户需求，在博士后导师尹清强教授的指导下开展研发工作。二是通过校企合作方式，不断地引进技术并创新，使公司的产品更加满足了市场需求，推进了产品质量上档次。近年来，德邻的品牌知名度逐步提高，在全国各地市场建立了较为稳定的销售渠道，截至目前，公司注册的养殖户和经销代理商达到7 000多个，有力地开发和服务全国各地的农牧养殖业市场；通过郑州市外贸公司销售渠道，使我们公司的产品行销到东南亚一些国家和市场，受到了客户的认可和赞赏。

3. 发展远景规划，战略目标服务“三农”。为了德邻集团做大、做强、做长久，做成百年企业，公司总裁李庆华先生站在企业全面经营管理的制高点，洞察全局，高瞻远瞩，全面系统地规划企业发展愿景，明确了企业发展方向，制定了企业经营管理方针，有计划、有目标、有步骤地全面规划化企业管理，为企业的发展做了规范化部署和安排。

公司坚持立足于农业产业化发展方向，以农为本、扎根农业、服务“三农”、依托养殖业迅速崛起，带动了周边养殖户先行致富，也促进了当地运输物流业、农作物转化等相关产业的发展，解决了农村剩余劳动力的就业问题，有效地促进了当地经济发展。公司一直坚持“诚信经营，持续发展”的原则，得到了老百姓的一致好评和认可，成为真正为老百姓解决困难、办实事、办好事的企业。

创新引领行业发展

——河南亿万中元生物技术有限公司

河南亿万中元生物技术有限公司成立于1996年，总部位于郑州，现有新郑、荥阳、商丘宁陵三个生产基地，总占地260余亩，员工300多名，是一家集饲料、生物发酵添加剂研发、生产，原料贸易于一体的现代化民营股份制企业。

公司是国家高新技术企业、省企业技术中心、省工程技术研究中心、市农业产业化龙头企业、河南省饲料工业协会会长单位，公司成立20多年来，始终秉承“质量是生命，用户是上帝，科学技术是第一生产力，人才是企业源动力”的企业警训，以及“感恩、勤俭、谦虚、厚德、仁义、正直、诚信、拼搏、创新”的企业文化，以开放创新的思维推动企业发展。

当前，亿万中元品牌在全国已为行业同仁和用户所熟知，品牌知名度不断扩大，产品质量、企业实力、品牌信誉度为大家所认可。

一、产品创新与研发

近年来面对非瘟的侵袭和原料价格的高涨，亿万中元以高度的行业责任担当挺身而战，组织公司科研技术人员尽锐出战，创出了天然植物液态发酵饲料。该饲料的问世具有重大的社会意义和经济价值，将开创中国饲料行业的新纪元，它具有价值连城的特点：

（1）提高机体免疫力，发病率大幅下降。筛选饲料原料目录中的天然植物和饲料一起进行体外发酵，收到了非常神奇的效果，发病率大幅下降。养殖户反馈全程几乎不用药，针头都生锈了，不仅非瘟，其他的病也很少发生。我们推测其机理有可能是发酵过程中产的酸使饲料的pH由中性变为酸性，而以非瘟病毒为代表的这些致病菌和病毒在酸性环境下致病力减弱甚至失活，然而，这些失去致病力的病原，其抗原性仍然存在，到体内后能够激发机体的免疫系统产生免疫应答，产生相对应的特异性抗体，并且能够随着这些病原菌和病毒的变异而产生相对应的抗体，不会像疫苗那样一成不变。同时困扰行业多年的断奶仔猪腹泻也在液态发酵饲喂模式下销声匿迹了。断奶仔猪之所以容易出现腹泻，是因为仔猪由吸吮母乳换成采食固体饲料而产生较大的应激，消化酶分泌严重不足。我们分析认为，液态发酵饲料里大量的益生菌代谢产生的消化酶恰好在这个时候极大地弥补了仔猪自身消化酶分泌的不足，很好地消除了断奶仔猪腹泻的风险。

（2）液态发酵饲料的消化吸收利用率能得以大幅提高20%～30%，猪的造肉成本能降低2元/kg，能提前出栏15d以上，每头猪多增重10kg以上，这一点具有非常重大的现实意义。大量的有益菌代谢产生的消化酶（蛋白酶、淀粉酶、纤维素酶、植酸酶等）极大地弥补了猪自身消化酶分泌的不足，猪的粪便减少1/3之多，猪的身架拉长20～30cm。猪自身分泌纤维素酶的能力不足，导致粗纤维的利用率低，不被消化的粗纤维吸水膨胀，随粪便排出体外；液态发酵饲料通过有益菌代谢产生的纤维素酶将粗纤维分解成单糖和二糖被机体吸收，同时植物的细胞壁被打开，里面的营养物质被充分释放出来，得以被吸收。有益菌代谢产生的植酸酶能够把以植酸磷形式存在的磷释放出来，被机体吸收，促进骨骼的生长，所以，饲喂液态发酵饲料的猪身架比不喂的猪长20～30cm。

（3）饲喂液态发酵饲料的猪，圈舍没有氨气和臭味。这一点虽然看似不起眼，其实也价值连城。以前，养猪人不管养多少猪、多富有都去不掉他身上的那种特殊的气味。现在，身上没有这种氨臭味了，就极大地增强了他们的自尊心、自信心和自豪感。之前之所以有氨气臭味就是因为营养物质在消化道前端没有被完全消化吸收，到后端被有害菌利用，产生氨气、硫化氢、吲哚等有害气体，这些气体排出体外，一方面对猪造成危害（如呼吸道病）；还能附着在养猪人身上，对人产生不悦的心情；排到圈舍外面造成环境污染。现在没有氨气臭味了，是因为营养物质在大量的有益菌分泌的消化酶的补充下，在消化道前端得以充分的消化吸收，到后端的很少了，即使有一点氨气味，所添加的丁酸梭菌专门在消化道后端抑杀有害菌，把营养物质分解成断链脂肪酸被机体吸收。这样就没有氨气、硫化氢、吲哚等有害气体的产生了。所以圈舍、养猪人和外部环境都得以改善，不再产生污染。

（4）饲喂液态发酵饲料，产出的肉蛋奶等畜产品附加值大幅提高。由于饲喂液态发酵饲料，整个饲养过程都不怎么用药，产出的肉蛋奶不管是内在质量还是外观色泽都有很大的提高和改善。有的用户反馈，他的猪1kg能多卖4元钱，还是提前预订。这也从一个侧面反映液态发酵饲喂模式是满足人民群众对物质生活日益增长的需要的很好的途径。

（5）液态发酵饲喂模式高度契合乡村振兴战略以及“双碳”目标，可以形成以养殖场为核心的绿色有机可循环的生态养殖模式。产出的畜产品附加值高，粪污没有药物和重金属残留，经发酵后返田，产出高品质的粮食和瓜果蔬菜。这不仅是养殖业的未来，也是新农村的未来。液态发酵饲喂模式让养殖变得更轻松，能解决农村几千万剩余劳动力的就业问题，没有污染了，不再因环保拆猪场了，家家户户都可以养猪了。这还可以防止养殖业出现垄断局面，不至于养殖量过度集中，是一举多得的值得推广的模式。

（6）随着低蛋白精准营养日粮豆粕玉米减量替代的不断推进，越来越多的饲料和养殖企业不同程度地选择使用一些地源性非常规原料，因为地源性原料价格低，性价比高，但是这些副产品的营养消化吸收率低，这就体现出益生菌液态发酵进行前处理的必要性和重要性。提高这些非常规原料的消化吸收利用率，把他们所含的营养成分充分释放出来，达到减量替代降低成本的效果。液态发酵饲喂模式对整个饲料业、养殖业甚至整个畜牧业都有极其重要的价值。减量替代减少对外的依赖，充分发掘内在的地源性非常规原料，与公司成熟的发酵工艺相结合，配合使用功能性饲料添加剂，改善非常规配方日粮的适口性，提高使用价值，大量的实践证明生物技术就是破解这个难题的金钥匙。

二、服务创新

为客户提供生猪期货套期保值服务。依托公司20年的期货从业经验，遵从价值分析理论，特推出“生猪期货套期保值”增值服务，帮广大养殖户锁定卖价、锁定利润，咱们大部分的经销商和养殖户对生猪期货还比较陌生，公司推出特色服务为广大用户规避风险、锁定利润，不从中收取费用、赚取差价。

三、霉立解降解霉菌毒素取得重大突破

2010年独家转让中国农业大学计成教授领导研发的霉菌毒素降解专利并进行了科技成果转化商品名“霉立解”。霉立解的问世开创了生物降解霉菌毒素的先河。公司现已拥有生物降解黄曲霉毒素、玉米赤霉烯酮毒素、呕吐毒素的专利技术和产品，在霉菌毒素生物降解领域具有较好的研究基础。对从中国农业大学独家转让的三项相关专利进行产业化开发，形成可

以同时降解多种毒素的综合解决方案，该添加剂为国内外首个同时降解饲料多种霉菌毒素的微生态型降解剂。研发重心主要是围绕安全有效的解决饲料行业存在的霉菌毒素污染问题。霉菌毒素严重威胁着肉蛋奶食品安全，中国粮食发展报告指出，我国谷物霉菌毒素阳性率 90%以上，霉变造成产后损失高达 2 100 万 t（占粮食总产量 4.2%），直接损失 180 亿～240 亿元/年，间接损失超过 1 000 亿元/年。由于习惯上将不符合食用标准的原粮转为饲料原料饲喂动物，霉菌毒素对饲料安全的影响远远高于其对植物性食品安全的直接影响。其中玉米赤霉烯酮是最主要饲料霉菌毒素之一，主要引起动物繁殖障碍等疾病，还会在肉、蛋、奶等可食部位中残留，引发食品安全问题。传统物理化学脱毒方法存在效果不稳定、营养成分损失大、难以规模化生产等缺点。霉菌毒素污染控制急需一种效率高、特异性强以及对饲料和环境没有污染的消减技术。霉立解高效降解玉米赤霉烯酮（ZEA），降解率达到 88%以上，降解产物无毒无害。霉菌毒素生物降解添加剂的推广应用可使饲料中主要霉菌毒素综合降解率达到 80%以上，减少动物霉菌毒素中毒症状的发生，提高蛋禽产蛋量 5%以上，提高肉鸡、猪等日增重 7%以上，改善饲料转化效率 10%以上，实现毒素及其代谢产物在肉、蛋、奶中残留低于检测限，并通过减少继发感染提高动物成活率 2%以上，减少治疗药物用量。有利于解决玉米、小麦等霉菌毒素超标不能被人和动物利用的问题。霉菌毒素降解剂的应用可以实现毒素及其代谢产物在肉、蛋、奶中残留量低于检测限，大大提升了畜禽、水产品等动物源性食品安全性，有利于人类的身体健康。还可减少动物体内毒素外排，缓解了霉菌毒素对环境的污染。

助推乡村振兴
建设最美乡村农场

——新乡市大北农农牧有限责任公司

一、企业基本情况

新乡市大北农农牧有限责任公司是伴随着我国饲料工业诞生而同步发展起来的农牧科技企业，创建于 1984 年，近 40 年的发展，已经成为一个从事饲料生产、生态养殖、养殖设备制造、文化传播等一体的综合性农牧龙头企业。企业实施“助推乡村振兴，建设最美乡村农场”发展战略，践行“客户利益第一”的服务理念，高度重视产品研发与科技创新，拥有优秀的专业人才队伍，具备独立的科研开发能力，为企业持续创新和发展提供重要保障。

新乡大北农目前是农业产业化国家重点龙头企业、河南省科技型企业、河南省生物营养配方饲料工程实验室、河南省饲料工业协会常务副会长单位、中国饲料工业协会会员单位、新乡市生物饲料技术研究中心，曾获得农业部饲料质量安全管理规范示范企业、河南省饲料行业综合实力十强企业等。

二、坚持党建引领，促进业务提升

30 多年来，公司始终把党的思想教育工作与公司企业文化建设相结合，致力打造学习型企业。公司把加强党的建设纳入企业文化手册，全员每天晨会诵读，各单元组织负责人由党员担任，坚持党组织全覆盖，一个党员就是一面旗帜，一个支部就是一个战斗堡垒，党委统领企业文化建设，并提出大北农党员争先八条，在全公司范围大力推行。

在党支部的领导下，企业工会组织、共青团、妇联以及各类协会团体等群团组织健全，依照法律和各自章程开展工作，为职工创造一个比学赶帮超的创业氛围和温馨和谐的生活环境。企业工会深化职工之家建设，先后荣获河南省模范职工之家、河南省五一劳动奖状等，并且建立了市级模范职工书屋、劳模创新工作室等，10 多名党员、干部、员工荣获省市级劳模、五一劳动奖章和工人先锋号。公司建立的郭兴事迹展览馆被授予河南省国防教育基地、新乡市爱国主义教育基地等，弘扬传统文化，践行文化强国、文化强企发展理念；党员带头认同践行公司文化执行八项基本守则，带头发扬风格，困难在前，吃苦在先，名利在后，带头钻研技能，刻苦学习，做岗位标兵，尤其在养殖行业面临三极态的情况下，组织党员先锋队进猪场，下沉到市场第一线，在短时间内完成生物安全联防联控安全区建设的相关方案策划，为养殖合作社模式的顺利推广打造了很好的模板。

三、产品技术创新，建设最美乡村农场，助推乡村振兴

（1）新乡大北农以高品质、环保、健康、高效为产品设计核心理念，现有母猪、教槽、保育、育肥猪饲料四大系列产品及反刍饲料系列产品，成功推出教槽料“金乳王”的液体教槽模式和高档保育料“离乳宝”的液体饲喂模式，以及生长速度快和养殖效益高的育肥浓缩和配合饲料、功能性母猪料等高价值回报产品和饲喂模式，并且在饲料生产过程中加入了发酵工艺，使养猪更加高效和环保。

2020 年开始，进一步巩固提升现行饲料科技含量，吸收国内外最新科研成果加以试验推广，在替代

高锌、低蛋白日粮、氨基酸高效转化利用、净能体系、生物发酵方向上形成一批新的应用技术成果和产品专利技术，提高饲料产品利用率。依托大北农集团研究院、中国农业科学院饲料营养研究所和中国农业大学饲料营养研究成果，结合欧洲 NRC 营养标准和自有应用数据库，进一步升级现有饲料配方，建成富有成效的生物饲料配方技术应用中心。并结合河南工业大学、江苏牧羊集团国家饲料工程技术中心优化现有生产技术工艺，着力提高配料智能化水平、原料精准投放输送技术、粉碎机高效粉碎和节能环保技术、液体自动添加和后喷涂技术在饲料生产过程中的实际应用比例。

（2）乡村振兴战略是新时代下的创新举措，新乡大北农在党和政府的号召下，紧跟国家战略发展，2022 年 7 月公司以“助推乡村振兴，建设最美乡村农场”为发展战略，联合发展养殖产业，助力养殖户增收致富，助推乡村振兴。

2023 年新乡大北农为加快推进联合发展模式，启动联合发展 1 000 万头猪工程，指导农户组建养殖合作社，通过降低经营风险、提升经营效益两个方向，开展四化建设（养户组织化、抗疫模板化、管理创新化、发展规范化），提供生物安全联防联控、优良品种改良、母猪背膘管理、仔猪液体饲喂、种养结合循环利用等技术与服务，实现农民养殖“生产成绩美、生态环境美、综合效益美”最美乡村农场。

目前联合体中的合作社有 100 多家，社员有 2 000 多名，并带动周边很多养殖户，提升养殖成绩，增强养殖后劲，为养殖户持续稳定增收提供有力支撑；新乡大北农、合作社、家庭农场和农户分工明确，构成了联合体经营模式，形成了完整的产业链条。

四、践行社会责任，引领可持续发展

1. 循环发展，节约能源。党的二十大报告指出，必须牢固树立和践行绿水青山就是金山银山的理念，站在人与自然和谐共生的高度谋划发展；在环境责任领域，公司深入落实“绿色、协调、开放、共享”发展理念，开创性地推动“新型生态环保农业”的大发展，建立生态农业循环经济示范工程。2009 年开始，企业整合 30 多年饲养资源优势，大力发展绿色种植和生态养殖，每个养殖场都配套建设大型畜禽粪水沼气环保处理工程和绿色种植基地，养殖粪水经过无公害处理回归于种植业，实现沼气发电、照明、生产有机肥等，养殖废物资源化利用达到清洁生产节能减排目的，构建种养结合生态循环模式，创建国家循环经济教育示范基地，得到了农业部（现农业农村部）和省市县各级领导的指导和肯定，2016 年至今累计接待参观学习人员 10 万余人。

2. 转型升级，推广数字农业。新乡大北农农信平台，秉承“用互联网改变农业”的使命，专注于农业互联网平台及金融生态圈建设，已初步建成“数据＋电商＋金融”三大核心业务平台，并以“农信网”为互联网总入口，“智农通” App 为移动端总入口，构成了从 PC 到手机端的快乐养猪圈，实现对农业全链条的平台服务。为养殖户建立养猪互联网学习、咨询、交易大平台，包括猪管理（养猪线上技术服务）、行情宝、养猪课堂、养猪数据、养猪工具、农富宝、农信贷（养猪贷款）、猪交所（网上售猪）等服务模块，为广大养殖户提供了从种猪育种、生猪保健、生猪金融、饲养管理、生猪贸易等一站式的服务，推动广大养殖户从粗放的养殖模式向精细化管理转变。

3. 勇担使命，投身公益回报社会。围绕社会责任担当议题，公司不仅以先进经验、技术领先发展，更将企业发展与促进社会民生发展紧密结合起来，创造了良好的社会效应。据不完全统计，公司用于社会教育，帮扶、扶贫救灾助残的捐款、捐物得到社会好评。

新乡大北农作为农业产业化重点龙头企业，全面推进乡村振兴，建设最美乡村农场，充分发挥饲料、养殖等产业循环经济优势和龙头带动作用，为振兴民族饲料工业、助推乡村振兴做出更大的贡献。

加强技术改造　提升绿色智能化

——安琪酵母股份有限公司

一、企业简介

安琪酵母股份有限公司位于湖北省宜昌市，始创于 1986 年，其前身为原国家计委批准建立的宜昌食用酵母基地，是宜昌市属国有企业。

安琪酵母主营各类酵母、酵母抽提物、酵母源生物饲料、营养保健品、食品原料的研发、生产和销售，产品广泛应用于烘焙与发酵面食、食品调味、微生物营养、动物营养、人类营养等健康领域。公司在宜昌、广西柳州和崇左、云南德宏和普洱、山东滨州和济宁、新疆伊犁、内蒙古赤峰、河南睢县，以及埃及贝尼斯韦夫省、俄罗斯利佩茨克州等地建有 16 个工厂，酵母类产品总产能超过 35 万 t，在国内市场占比 55%，在全球占比 15%，产销规模居全球酵母行业第二。

安琪酵母的发展历程，是一个不断推动技术进步和科技创新的过程。历经30多年的发展，安琪酵母拥有了国家企业技术中心、博士后科研工作站、CNAS国家认可实验室、湖北省酵母工程技术研究中心、酵母功能湖北省重点实验室等高层次研发平台。先后承担并完成国家、省部级项目84项，获得国家科技进步奖2项，省部级科技奖励31项；主导和参与制定了酵母行业所有的国家和行业标准；获得授权发明专利238件；获得国家级两化深度融合示范企业、服务型制造示范企业、国家绿色工厂、国家创新型试点企业、首批国家技术创新示范企业、中国质量奖提名奖企业等称号。

2022年，公司积极应对疫情常态下市场需求不旺、物流不畅、成本攀升等多重困难，全年实现收入130.5亿元，同比增长22%，利润继续保持高水平；上缴税收9.5亿元，同比增长20.7%。"十四五"期间，公司将聚焦酵母、健康食品配料、营养保健食品、生物技术、新型健康包材以及茶产业、生物农业、生物大健康产业，进一步扩大产能和市场占有率，2025年计划实现收入超过200亿元，净利润超过20亿元，在各地税收贡献15亿元以上。

二、重点工作与突出业绩

（一）制度创新建设，企业管理提质增效

坚持党建引领。安琪酵母把加强党的领导和完善公司治理相统一，严格执行"三重一大"党委会前置研究程序。优化考核体系，探索分类考核，突出支部功能，推动党建责任制与生产经营责任制有效联动。坚持问题导向，强化政治担当，将市委巡察整改与加强作风纪律建设、提高重点业务质量、深化改革等工作有机结合。

改进激励机制。安琪酵母规范了公司职级薪酬体系，强化了工资水平与绩效结合的刚性挂钩，形成薪随岗变、易岗易薪的奋斗机制。完成限制性股票激励计划，设立实施重大科技创新奖励机制，兑现了重大新产品奖励。

优化组织设置。安琪酵母完成技术中心、国际业务、电商、水产营养等业务及组织整合，细分烘焙面食业务及组织，设立党委宣传部、组织部、工会办和风控部，理顺公司环保工作职责，强化各生产单位质量总监岗位及质量部门配置。

持续改进管理。安琪酵母组织推进"对标提升"行动，构建了分层分类制度体系框架，特别完善授权、资产、招标、合规、追责等管理制度流程。开展了招采专项整治，推行"集采分签"新模式；开展全面风险排查和内控评估，推进内部审计监督，显著提升了内部治理能力。

加强专利布局。建立了专利工作指数，加强与布局、专利解读，规避知识产权风险，积极推动利用专利信息进行科技创新。

（二）加大科研投入，研发创新产品

科研投入持续加强。2021年6月，投资近2亿元的研发综合体建成运行，研发装备提档升级，为科技创新工作创造了条件。每年研发投入始终保持在营业收入的4%以上，2022年超过5.3亿元。

基础研究实现突破。安琪酵母构建了新高低糖菌种，优化了耐丙酸酵母、高蛋白酵母等发酵工艺。基因构建应用取得较大进展，显著提升核酸酶、碱性蛋白酶发酵酶活。研究了复合蛋白酵母抽提物的呈味特性、推进酵母蛋白在人造素肉中的应用。规划了菌种资源开发等18个研发平台建设。

百项新品开发上市。宽糖度低糖酵母、饮料专用YE、人造肉专用酵母蛋白、肽鲜系列、低成本泡打粉系列、YEF超滤系列、糖水曲、白酒风味曲、谷氨酰胺酶、调制乳粉等157项新产品上市。技术合作全面展开。

2022年安琪酵母与中国食品发酵工业研究院建立战略合作关系，与中粮集团、国投生物达成技术战略合作意向，与中国科学院系统、江南大学、华中农业大学等机构持续开展合作。

科技奖励成果突出。《中国本土葡萄酒酵母资源挖掘及其衍生产品生产关键技术和应用》获中国食品工业协会科学技术奖特等奖，《酵母深加工产品产业化关键技术与应用》获得中国轻工业科技进步一等奖。

（三）质量安全控制、安全生产标准提升

精心组织保障生产。及时化解环保瓶颈和特殊品种生产低效问题，全年酵母发酵产量接近35万t，抽提物产量突破10万t。海外工厂付出艰辛努力，开足马力，产能全面释放，埃及公司连续8年提前完成生产任务，俄罗斯公司连续4年产量攀升。全系列产品一次合格率保持高水平稳定，解决了少数易发多发的质量问题。

安全环保严厉管控。全面推行安全网格化管理，坚持经理层重要危险源包保规定，开展装备本质安全提升，强化重大隐患管控，完成三年行动攻坚任务，加大对"三违"及安全事故的追责，安全事故下降31.4%，安全形势不断向好。

环保系统运行稳定。各项污染物持续稳定达标排放，全年未发生一般以上环境污染事件。吨酵母环保处理成本下降5.5%。沼渣减量化成效显著，产生量减少9.4%，沼气收益达1 527万元，同比增加45%。

（四）加强技术改造，绿色智能化提升

不断提升制造优势。积极开发糖蜜替代资源，过

滤介质替代成为业内首创。智能制造取得重大突破，发酵智能控制全面推广，图像识别辅助转鼓智能控制、异常反馈技术试点成功。俄罗斯公司控制系统接入总部，首次实现工艺远程管控与跨国服务。主导完成工艺革新攻关课题 53 项，实现经济效益超 2 000 万元，剔除采购价差全年节约生产成本 1.2 亿元。

（五）国内外市场推广，营销手段改善及新模式建立

聚焦资源强化品牌。举办行业高端研讨会 10 余场，行业制高点得到稳固。参加国内外线上线下专业展会 50 多场，集中资源投放央视和高铁广告，与国际高端媒体合作，继续利用 KOL 及线上媒体传播品牌，行业影响力持续扩大。

迎难开发国际市场。海外业务直面困难，创新思路，利用本土化资源，全业务开发海外客户，“四位一体”提升海外品牌，协调海外工厂生产保供，实现了新菌种酵母、食品原料、YE 等重点产品上销量。

客户群体不断壮大。把握消费趋势，积极开展市场攻坚，推进渠道下沉，市场实施组合销售，整合线上线下资源，推行渠道数字化管理，全力挖掘客户资源。全年新增直供客户 3 239 个。

坚持渠道建设优化。不断提高客户服务的标准和质量，深入渠道网络建设，做好客户培训和销售协同。加快推行渠道数字化应用，提升经销商的客户开发和管理能力，强化终端掌控与服务。积极利用“四多”策略、灵活政策，拉动市场销售。持续开展打击假货、串货行动，全力净化市场。

脚踏实地　行稳致远

——武汉新华扬生物股份有限公司

武汉新华扬生物股份有限公司是应用现代生物技术进行研发、生产和销售生物酶制剂、微生态制剂系列产品，并向客户提供“安全、高效、环保”系统解决方案的现代农业生物科技企业，其产品广泛应用于饲料、食品、生物肥料等多个领域。自 2000 年成立以来，公司始终秉承“以技术创新为先导，以核心产品为基础，以营销网络和品牌建设为保障，为人类健康、环保与节能尽责”的发展理念，主营产品市场占有率在国内名列前茅，是我国最具竞争力的生物酶及微生态系列产品的专业服务商之一。

一、技术创新是企业发展的立足之本

公司一直以来非常重视技术研发和创新，坚持“企业自主创新为主，产学研合作为辅”的技术创新战略，研发投入逐年递增，2022 年研发经费占公司营业收入的 8%，有效保障了公司科技创新的顺利进行。公司建立了具有国际先进水平的“新华扬生物技术研究院”，被评为“中国博士后科研工作站”“湖北省认定企业技术中心”“湖北省生物酶制剂工程技术研究中心”。研究院下设工艺创新平台、应用创新平台、理化创新平台、分析检测中心四大专业平台，配备了总值达 3 200 万元的先进实验设备 200 余台套。同时，公司还建立了饲料酶制剂、工业酶制剂、微生态制剂快速产业化转化 3 个中试平台以及“猪实验基地”“家禽实验基地”“水产实验基地”3 个动物实验基地，便于对工艺技术研发小试放大验证，形成稳定技术，确保技术顺利进行产业化转化。公司目前已形成“工业菌种—发酵与后处理—产品应用”的完整技术链条，在酶制剂及微生态制剂研发和生产的主要环节均拥有业内领先的核心技术。

公司在坚持自主研发保持核心技术优势的基础上不断学习和引进国内外先进技术，与复旦大学、江南大学、华东理工大学、华中农业大学、湖北大学、中国科学院天津工业生物技术研究所、中国农业科学院北京畜牧兽医研究所等高等院校合作，成立了“酶制剂联合研究中心”“纺织酶联合研发中心”“食品酶联合研究中心”“工业酶发酵联合研究中心”“微生态制剂联合研究中心”“生物催化技术联合实验室”“工业酶表达体系联合中心”“饲料用酶联合实验室”8 大联合研究中心，成为公司内部研发体系的有益补充。二者相辅相成使公司形成了较强的技术集成能力及可持续的技术研发能力，始终保持行业技术领先优势。

通过不断的技术创新和积累，公司获得了丰硕的科研成果并进行了产业化转化。目前拥有专利 200 余项，其中授权发明专利 75 项，受理发明专利 120 余项；完成科技成果评价 21 项；获得国家科技进步奖二等奖 3 项，教育部科技发明二等奖 1 项，湖北省科技进步一等奖 3 项，其他省、市科技奖 17 项；获得国家火炬计划项目 3 项；主持和参与制定完成了 9 项国家标准、6 项行业标准、16 项团体标准；同时还参与了国家重点研发计划、国家“863”计划项目 4 项，承担并圆满完成了多项省、市重大科技专项项目。这些专利技术及创新成果都已被成功运用于现有产品的生产、新产品的开发和未来技术的储备过程中，提高了产品的科技含量，保证了产品的独特性和唯一性，形成了一系列深受市场欢迎的自主品牌，获得了“湖北省名牌产品”“湖北省自主创新产品”“湖北省最受欢迎饲料产品”“武汉市创新产品”“武汉名品”等荣誉称号。

二、生产创新是企业发展的生存之基

公司深耕生物饲料添加剂领域 23 年，生产规模

不断扩大，生产经营不断提升。2014 年公司投资 2.2 亿元新建了符合欧盟出口产品标准的饲用酶制剂九龙生产基地。2019 年公司九龙酶制剂生产基地二期规划全面投入建设。2022 年，公司投资 1.6 亿元在黄冈市团风县新建酶制剂与微生态制剂生产基地，该项目总建筑面积超 1.6 万 m^2，建设发酵车间、干燥车间、混合车间、动力车间、原料预处理车间及辅助工程等，购买了国内外相关先进生产设备 171 余台/套，进行微生态制剂、酶制剂等系列产品的中试、加工与生产。截至目前，发酵、干燥、混合、动力等车间已完工并正式投产，年产约 4.2 万 t。2023 年，公司还将投资 8 000 万元用于现代化精制车间及数字化仓储车间的改扩建工作，进一步提高饲用酶制剂产品品质，提高公司现代信息化物流水平。

公司严格依据国家标准和企业质量管理标准建立了一套完善的企业标准和企业制度，使质量管理体系得到持续不断的改进。公司已通过了 ISO 9001 质量管理体系认证、ISO 22000 食品安全管理体系认证、FAMI-QS 欧洲饲料添加剂与预混合饲料质量体系认证、HALAL 清真食品认证及 KOSHER 犹太认证。公司还全面启动“精益工程”建设。以精益建设为指导思想，通过现场 6S 管理、全面质量管理（TQM)、高效主管管理和全员生产维护（TPM)，建立现场拉动和管理驱动的联动机制，营造全员参与持续改善的氛围，激发企业员工精研生产技艺的积极性，逐步实现精益现场、精益生产、精益企业。

三、优秀人才是企业发展的力量之源

公司注重人才梯队及团队创新能力建设，在研发梯队的建设和复合型技术人才的培养方面投入了大量的精力，建立了一套较为完善的高水平人才引进管理体系。目前，公司拥有研发人员 101 人，其中博士 10 人、硕士 38 人，全员平均年龄 35 岁，是一支结构合理、高素质的具有研究开发与产业化转化双重能力的技术创新型人才队伍。近年来，公司还引入高端技术人才 11 人，多人入选东湖高新技术开发区“3551 光谷人才计划”。这些学术带头人组建自己的创新团队，主要针对酶蛋白工程、发酵工艺、精准饲养方面在研发生产中的重大关键技术问题进行研究开发。此外，公司还长期聘用行业中具有影响力的高等院校学术带头人数 10 人为特聘专家和岗位科学家，指导团队进行项目研发，加速科技成果产业化。在 2018—2022 年期间，相继引进了姚斌院士、陈坚院士、李德发院士等多位行业领军人才，充分发挥院士经济引领作用，共同搭建联合创新平台，培养专业技术骨干，占领高精尖科技前沿，提高公司技术创新和综合生产能力。

公司夯实人才基础，注重打造“重才、爱才、惜才、聚才”的人才发展环境，举办了新华扬“优才计划”，实行“能进能出、能上能下”的积分考核竞争机制——“滚动管理”制度，形成了优秀人才储备、选拔、培训、激励等制度化、规范化、科学化的体系。截至目前，新华扬“优才计划”已开展了七期，活动包括面授课程、沙盘演练、拓展训练、企业参访等多种形式，参与的中基层管理层共计 120 余人。通过“优才计划”，强化了员工价值观，提升管理技能，打造了一支具有优秀执行力、独特竞争力、卓越领导力的铁军队伍，为实现集团的长远战略目标提供有力支撑。

四、营销创新是企业发展的动力之源

公司加强了营销体系建设，已形成了直销市场、区域市场、国际市场、终端市场四大网络并驾齐驱的发展态势，实现优势互补，为饲料养殖产业链提供强有力的“生物芯片”。在直销方面持续推进大客户强化管理，采取新的管理制度，积极实施“T40 工程”，与新希望六和集团、海大集团等国内顶尖饲料企业建立了紧密合作关系。同时，公司制定了“三全”（全渠道、全客户、全产品）的营销战略，加大了经销商渠道、国际化渠道及终端市场的建设力度，实现大中小型客户的全面覆盖，出口至欧盟、俄罗斯、墨西哥、巴西等 17 个国家和地区。公司也先后被评为“国家知识产权示范企业”“全国酶制剂十强企业”“全国 50 强饲料企业”“湖北省百强高新技术企业”“湖北省细分领域隐形冠军示范企业”“湖北省专精特新小巨人企业”“湖北省国际合作示范企业”“湖北省创新型企业”“湖北省农业产业化省级重点龙头企业”“湖北省著名商标”“湖北省名牌产品”“湖北省十佳行业领军企业”“武汉市十大最具创新性民营企业”“武汉市百强民营企业”“瞪羚企业”等。

未来，新华扬将继续以生物酶制剂为主导、以创新为核心、以研发为龙头、以产品为根本，搭建共创共享的科技创新平台，打造融合发展的现代生物农业产业基地，积极为我国的畜牧饲料行业做出更大的贡献，让现代生物科技真正造福全人类。

立足水产事业
专注特种水产

——荆州展翔饲料有限公司

荆州展翔饲料有限公司成立于 2014 年 03 月，注册资金 3 000 万元，是由展翔集团投资 1.6 亿元兴建

的年产60万t水产膨化饲料生产企业。公司是一家以特种水产膨化饲料的研究、开发、生产为核心产业，同时涉及原料贸易、生物饲料开发、水产动保、苗种、水产品深加工等各领域的复合型全产业链民营企业。公司位于荆州市沙市区观音垱工业园展翔路1号，占地面积51 115m²，2018年1月份投产。公司旗下有展翔饲料、展翔生物、展翔贸易、展翔农业等分子公司。

公司先后荣获“国家高新技术企业”“改革开放40周年湖北省饲料行业最具成长性企业”“湖北省支柱产业细分领域隐形冠军企业”“湖北省农业产业化重点龙头企业”“湖北省第三批产教融合型企业”“湖北省第五批专精特新企业”等荣誉。

公司主营业务是特种水产膨化配合饲料的研发、生产与销售，主导产品为虾蟹配合饲料、黄颡鱼/青蛙等特种水产膨化配合饲料。目前拥有膨化生产线6条，时产40t；后熟化生产线2条，时产20t；粉料生产线1条，时产10t；生物发酵饲料2条，时产5t；特种水产配合饲料年产能可达60万t，是华中地区特种水产膨化配合饲料研发、生产、销售的骨干企业之一。2021年、2022年分别实现销售收入33 422万元、43 303万元。

公司现有员工186人，其中本科42人，占职工总数的22.5%；硕士11人，占职工总数的5.9%；博士3人，占职工总数的1.6%；全职研发人员8人，占职工总数的4.3%，其专业背景涵盖了动物营养学、生理学、免疫学、生物化学、分子生物学等多个学科领域。与华中农业大学、长江大学、武汉市水产研究所、荆州职业技术学院等建立了密切的合作关系，聘请了艾桃山、杨代勤、沈建忠等多位资深专家、教授作为技术顾问，同时注重自主创新型人才的培养，目前已形成一支专业能力强、水平素质高、富有创新意识的研发团队。

公司自2018年1月份投产以来，就非常重视产品的研发与成果应用工作，2018年、2019年、2020年、2021年和2022年分别投入研发费用795万元、965万元、892万元、1 217万元和1 824万元，合计5 693万元。目前授权实用新型专利19项，申请国家发明专利2项，一篇《发酵饲料在甲壳动物中的应用进展》在饲料研究杂志投稿，注册商标9项。

公司为了保证新产品的开发，在工艺设备技术改造方面每年进行了持续性的投入，2018年、2019年、2020年、2021年和2022年分别投入技术改造资金517.3万元、538.7万元、2 540.9万元、3 167.5万元和718万元，合计7 482.4万元，并获得了政府专项财政资金支持。

公司于2018年成立公司党支部，目前党员人数18人。支部在当地党委的领导下，通过坚持不懈的党建工作，使党员思想觉悟、党员队伍整体素质有了明显改善，提高了企业青年积极靠拢党组织的积极性，使公司职工有了信念、有了理想、有了目标，在全民抗疫、抗洪抢险、企业创新、提档升级等活动中都做出了较大贡献。

公司发展至今，始终没有忘记自己的社会使命，时刻不忘回报社会，向贫困户共捐款捐物15万元，资助贫困学生共25人，累计赞助5万元，同时，也大力支持地方政府的公益事业，如2019年赞助3万元支持观音垱举办的“礼赞新中国、奋进新时代”公益活动。

公司以“立足水产事业，专注特种水产”为经营战略，以“致力水产产业链每一个环节，为养殖户降低成本”为经营理念，为广大养殖户提供苗种、饲料、动保、技术、销售、深加工等环节的全程服务，受到广大养殖户的信赖与好评；以“专业、专注、精心、精品”为发展理念，以“为用户提供高性价比的产品及服务”为公司核心价值观，以“与您及您的事业一起展翅飞翔”为品牌承诺，成就你我，共享未来。

公司未来3～5年发展战略：

（1）以荆州展翔饲料有限公司为母本，采取收购、兼并、参股以及新建特种水产饲料企业方式，实现超常规跨越式发展，力争为成为湖北省第一家本土上市饲料企业做好准备。目前已在河南、四川、安徽、江西、浙江区域展开销售工作，其中，河南、四川已完成公司注册。

（2）构建人才、技术、管理优势。企业的发展离不开人才，在未来的3～5年，将引进大量的优秀人才，做好人才的培养与储备工作，构建技术、管理方面的优势。

（3）创新经营模式，构建饲料、养殖产销联盟。引导普水养殖户向特种水产养殖方面发展，增加养殖户的利润。减少中间环节，做终端，让利养殖户。

（4）整合行业优势资源，为产业链发展做好准备。

一头“智慧猪”撬动百亿产业链

——唐人神集团股份有限公司

唐人神集团是农业产业化国家重点龙头企业。1988年创业以来，以“致力农家富裕、打造绿色食品、创造美好生活”为使命，打造了“生猪育种、饲料营养、健康养殖、生猪屠宰、肉品加工、品牌专卖、连锁餐饮”的农牧全产业链核心竞争力，培育了“骆驼”“唐人神”“美神”等多个全国著名品牌。

唐人神集团经过30多年的创业发展，目前在全国建立了80多家饲料厂，40多家规模猪场，6家肉品加工、100多家生鲜社区连锁店和餐饮连锁店，2011年在深交所上市，是中国制造业500强、价值品牌500强、全国农业产业化头部企业100强，2022年营收预计269亿元（实际数据以上市公司年报为准）。

唐人神集团不断加强人才队伍建设，研发人员占员工总数的6%，并成立了院士工作站。同时拥有国家认定企业技术中心，并依托中国农业大学、华中农业大学、中国肉类食品综合研究中心及国际育种集团等合作单位和科研机构，构建了饲料营养、遗传育种、肉类加工的全产业链研发优势。

一、技术赋能，打造楼房养猪

中国是全球最大猪肉消费国，同时也是全球最大猪肉生产国，猪肉消费量、产量分别占全球49.3%、44.7%。但是，如何合理选址，破解新建猪场的用地难题，成为整个养殖行业的难题。

唐人神旗下的龙华农牧开始将目光投向“楼上养猪”，将过去“平面型”的单层猪舍变为“立体式”的多层建筑，更大化地利用土地资源，通过自动饲喂，智能通风，创新科技，助力打造“智慧猪场”。

2020年，唐人神集团在株洲启动年出栏300万头生猪生态产业链项目，龙华农牧投资建设的100万头楼房养殖项目已投产运营，可节约80%的土地面积，中央电视台十频道连续三集宣传报道。2021年，唐人神集团与华中农大陈焕春院士、中国农大沈建忠院士和亚热带研究院印遇龙院士合作，推进六大智能养猪项目，致力于打造高品质“雪花猪肉”。

2022年唐人神集团在湖南、广东、海南等南方重点消费区域重点建设楼房养猪项目，实现了生猪出栏215.8万头，同比增长39.9%，超额完成2022年初设定的200万头生猪出栏目标。同时，猪场不断提升防控和管理能力，打造了湖南美神和株洲美神两个国家级非洲猪瘟无疫小区，降低养殖成本，提升养殖效益。此前，唐人神集团已有龙华农牧、河北美神和甘肃美神三个猪场通过了农业农村部组织的非洲猪瘟无疫小区评审。

二、使命驱动，助推乡村产业振兴

乡村振兴战略是利国利民的大战略，是实现全体人民共同富裕的必然要求，参与乡村振兴战略，民营企业义不容辞。唐人神集团始终牢记“致力农家富裕，打造绿色食品，创造美好生活”的使命，把回报社会、人民幸福作为企业应尽的责任。积极创造就业岗位，2022年吸纳3 216名乡村人口就业，招聘991名农业院校的应届生，分配到全国各地的子公司就业，助力乡村振兴人才成长。另外，在经济困难地区建设养殖合作项目，农户通过“公司+农户”的形式参与生猪养殖等产业中，以获得收益，这种模式既可以促进养殖业的发展，又可助推乡村振兴，带动就业和当地相关产业的发展。2022年通过养殖合作模式，帮助农户共获得了2.4亿元的收益。同时还持续开展教育扶贫，自2019年成立了“教育扶贫基金会”以来，共计资助了573名贫困大学生，共发放助学资金近300万元，助力农村困难家庭的学子圆满大学。唐人神集团还成立了大农担保公司，2022年为有资金需求的养猪、养禽、养鱼客户提供担保资金近8亿元，支持养殖业发展，通过饲料和技术服务，每年服务超过13万户农户走上科学养殖致富之路。

三、全程可溯源，打造全产业链核心竞争力

唐人神集团始终把食品安全贯穿企业发展的始终。唐人神集团一直以来把产品质量和品牌建设作为首要任务来抓。一是建立健全各项质量保证体系。2001年以来，集团先后通过了ISO 9001质量管理体系认证、ISO 22000质量管理体系认证、HACCP食品安全认证、ISO 14000环保体系认证，时刻严把质量关，确保产品质量安全。二是打造安全放心食品链。唐人神集团高度重视从“养殖到餐桌”这个“生产、加工、流通”全过程的每一个环节，全力打造唐人神安全放心食品链，确保肉类食品的安全。

2020年，湖南唐人神肉制品有限公司参与完成的《传统特色肉制品现代化加工关键技术及产业化》项目荣获2019年度国家科技进步二等奖。唐人神集团利用在湘西花垣县投资1.5亿元打造了国内一流的现代化养猪场的优势，注册了“土家十八洞”商标，将获得国家科学技术进步二等奖技术，结合湘西本地的独特地理环境和气候，生产“土家十八洞”腊肉和香肠，产品美味安全，成为外来游客的首选美食和走亲访友的馈赠佳品。同时，在株洲耗资数千万新建了中央厨房车间，打造集食材切割、分拣、烹饪、冷冻、包装等诸多功能生产制作空间，致力于为广大餐饮经营者、各大企业提供新鲜、健康、安全的产品，努力成为健康食材供应链企业的领导者。另外，唐人神集团2022年全新推出“香乡猪”餐饮连锁店，唐人神肉品正式跨入预制菜和餐饮连锁新赛道。2023年，唐人神获得了IPCR预制菜研究院“2022年度十大预制菜企业”，湖南省农业农村厅发布的“2022年十大湘菜预制菜加工企业”，荣登“2023胡润中国预制菜生产企业百强榜”。

创造价值　共享成功 成就自我　和谐社会

——湖南九鼎科技（集团）有限公司

2022年全国饲料企业发展面临严峻挑战，但是“艰难方显勇毅，磨砺始得玉成”，九鼎没有止步不前，始终秉承着“创造价值、共享成功、成就自我、和谐社会”的企业宗旨，坚持“以客户为中心”的服务理念，在集团各中心与分子公司的协调作战下，保持了稳定的发展步伐。

202年九鼎集团通过积极推进体系化建设，提高了生产运行效率和整体管理水平，激励了各级组织和广大员工不断创造新业绩，有力地推动了企业持续和谐发展，打好了企业改革攻坚战；集团通过聚焦猪料和好产品极致化，初步完成了战略回归，重塑价值的目标，并荣获“全国饲料企业30强”和“年度匠心饲料产品”等称号；集团通过建立和完善人才培养机制，合理地挖掘、开发、培养后备人才队伍，为公司可持续发展提供储备与支持。在当前市场竞争激烈的情况下，集团2022年总销量成功再次突破200万t大关，产值80亿元，逆势增长20%以上。

一、研发实力是企业发展之本

1. 专业化研发团队。公司拥有一支年轻、高效的专业化研发团队，还同中国科学院亚热带所、湖南农业大学、华中农业大学等院校所开展合作，发挥大学和科研院所的知识和研究成果的优势，提升产品的技术含量。

2. 高效的研发体系。始终坚持客户价值最大化的原则，打破部门壁垒，拉近产品研发与市场的距离，建立以客户需求和市场需要为导向的研发体系。导入流程型组织管理模式，并配套严格的考核激励制度，确保业务流程的高效运转。

3. 研发基础保障——智能化测试设备。公司研发配套由集团自主研发的智能化养殖设备，囊括受孕母猪限位栏精准饲喂器、受孕母猪大栏群养饲喂站、哺乳母猪饲喂器、保育至生长育肥猪的生长性能测试站，并将所有监测数据上传至智慧养殖远程管理系统的云平台，大数据记录增加了样本数量，产品研发更加快速、更加精准。

二、产品效果与推广引领行业新潮流

（一）精选原料，坚持原料预处理

精选安全稳定、适口性好、消化率高的原料，结合先进的原料预处理和生产工艺，反复测试评估，最终以动物试验数据说话。针对小猪肌肉生长高峰的营养需求进行设计。强化氨基酸营养，饲料可消化氨基酸含量高、各种必需氨基酸100%平衡，充分满足小猪瘦肉快速生长需要；采用净能体系设计配方，确保用于维持和生长的能量满足需要，同时强化可消化淀粉营养，充分挖掘小猪的生长潜力；选用多种饲料原料配置而成，加强原料各种营养成分的互补性，营养丰富，全面满足小猪快速生长的多种养分需要；全方位的替抗技术应用，保障小猪肠道健康，保证饲料消化好，促进小猪快速生长。

（二）高营养、高平衡、高转化

选用可消化氨基酸、净能体系配制日粮，用于生产的营养浓度高；母猪对原料的消化率也不是100%，添加针对日粮结构的复合酶提高消化率；平衡4种以上氨基酸，平衡脂肪酸W－6/W－3，高平衡高转化。

（三）坚持五个支撑

技术研发支撑：4项母猪料专利技术；标准化试验母猪场350头＋3 000头母猪扩大验证场；专门的研发人员＋测试人员20人以上。近红外支撑：快速检测每批原料营养指标，把关原料质量，确保原料消化率，保证配方设计值与成品实际值一致。净能体系支撑：通过近红外建立净能体系数据库，母猪的营养摄入更精准，用于生产的营养更高。原料前处理支撑：九鼎拥有烘焙设备、发酵车间，可对原料进行烘焙、发酵，提高原料的适口性、消化率，满足母猪多产奶所需。独有的养猪服务平台：由养猪实战经验丰富的技术人员以远程现场操作直播的方式与客户分享母猪养殖技术、饲养管理经验教训、母猪料使用效果最大化实现等，帮客户解决猪场存在的实际问题及满足养猪生产成绩改进及提升需要。

三、饲养互动，联盟一体化发展

九鼎集团秉承着创新和引领的企业发展理念，从单纯的饲料经营到饲料养殖联盟一体化发展，将再一次站在行业变革的前沿，并且充分整合集团内部企业行业顶尖水平的智能化养猪设备、养猪远程管理平台等资源，为客户实现安全、高效、环保养猪，最终提高养殖收益。

将来，九鼎集团会继续加大与分布在全国各地的广大养猪朋友的合作，为客户提供更好的无抗饲料、性价比更高的环保饲料，充分整合企业内部资源，成为养猪户实惠的综合服务商，并为力图产业链发展的客户提供经验、工具、方案及平台，携手客户共创明天的辉煌。

坚持创新驱动
打造饲料“芯片”

——长沙兴嘉生物工程股份有限公司

自2002年创立至今，兴嘉生物已走过20余载。公司秉承“可持续发展”理念和“科技创新、研发原创、技术领先、市场导向”原则，聚焦于新型、安全、高效、环保的矿物微量元素自主研发与推广，充分挖掘和遵循矿物微量元素的价值规律，从安全性、稳定性、有效性、环境友好四个维度构建研发体系、技术体系、制造体系和品控体系，不断推动行业的技术升级和产品变革，引领着行业的变迁。

一、坚持创新驱动，打造饲料“芯片”

兴嘉生物自成立以来，始终专注于新型、安全、高效、环保的微量元素研发和推广，坚持创新驱动，以工匠精神打造中国饲料“芯片”，推动行业变革与发展，为全球客户提供高品质的微量元素平衡营养方案。目前参与制定多项微量元素国家标准，拥有90余项微量元素方面的发明专利。获有全国工商联科技奖进步奖一等奖、湖南省科技进步奖一等奖、长沙市科技进步奖一等奖等多项荣誉。

二、坚持自主研发创新，参与制定国家标准

多年来，凭借专业的自主研发能力及核心技术优势，兴嘉生物将金属化工、精细化工、微量元素配方及动物应用、检测技术进行有效结合，坚持自主研发创新，开发出多项具有行业开创性和自主知识产权的产品。首创羟基蛋氨酸螯合物，在国内率先研发推出新型微量元素——碱式氯化铜、碱式氯化锌与碱式氯化锰产品，参与制订3项国家新标准，并多次牵头修订微量元素相关国家标准。

三、首创OMS营养模型，让营养更精准高效

公司在充分遵循动物对微量元素吸收和代谢规律，以及满足动物“三个营养层次”需求的前提下，根据不同动物不同阶段对矿物微量元素的需求特点，通过研究不同剂型的矿物微量元素产品和产品组合，以及矿物微量元素与其他营养成分科学配比组合，结合生产性能和排放研究成果，于国内首创合理“剂型”和合适“剂量”的OMS矿物微量元素最佳营养添加模型，推出配方科学、品质稳定、性价比出众的复合微量元素产品，确保矿物微量元素的高效利用，减少对营养物质的破坏和资源的浪费，实现动物营养精准化、动物生产潜能最大化、动物源性产品品质最佳化、资源节约化。

四、首家业内标准动物营养研究中心，科学验证产品效果

在公司搭建形成以氨基酸螯合物为核心的有机微量元素产品，以碱式氯化铜、碱式氯化锌为代表的新型微量元素以及配方科学、品质稳定、性价比出众的复合微量元素产品等三大产品体系后，为科学验证产品效果，兴嘉生物投资近千万元建立行业内首家标准的动物营养研究中心，累计开展百余次动物相关应用试验，验证产品安全性与有效性，不断完善配方。与此同时，公司不断收集和整理全球微量元素应用研究，建立微量元素应用研究数据库，为产品的选择和使用提供数据支撑，为饲料企业提供经科学验证的微量元素营养整体应用解决方案，助力提升动物生产性能和整体健康水平。

五、拓展科研合作，强化技术支撑

公司在坚持自主研发的同时，整合国内外资源，与中国农业大学、中国科学院亚热带农业生态研究所、湖南农业大学等多个科研单位、高等院校成立联合创新中心，与中国农业科学院饲料研究所、华中农业大学、中南大学、南京理工大学、比利时根特大学、美国科罗拉多质量研究所等多所高校和科研院所开展联合项目研究。通过广泛的技术交流与合作，形成优势互补，对微量元素进行多方位、深层次联合研究，拓展科研创新的高度、广度和深度，提高产品的市场转化能力和竞争优势。

六、引领行业认知，促进良性发展

兴嘉生物在自身不断践行“可持续发展”理念的同时，在行业内率先提出微量元素顶层设计的概念，倡导从顶层设计的高度，全方位、系统性考虑微量元素可持续发展，打造矿物微量元素生态链，构建人、动物、植物、环境间的和谐。因此，公司多途径搭平台、整资源，输出微量元素文化与理念，引领微量元素新技术和新产品的发展方向。如举办多届“微量元素与饲料安全”国际论坛，邀请国内外学术权威与专家到会分享交流微量元素专业及前沿知识；举办“微言大义，防微杜渐”中国行、“微量元素与饲料质量控制研讨班”等系列活动，构建国内外技术交流平台，推动行业进步，并通过邀请政府、企业、媒体共同参与并在行业发声，传递正确使用矿物微量元素的理念，让矿物微量元素回归营养价值属性，从而推动

微量元素行业健康、可持续发展。

七、工艺技术升级，赋能智能制造

在不断推动产品创新和技术变革的过程中，公司将智能制造与精益生产管理模式有机融合，自主研发微量元素智能智造精益生产管理系统，每类产品建有独立的生产线，通过立体工艺设计、设备运行链接密闭化、操作自动化，减少误差和交叉污染，全程可追溯，确保得到稳定的目标产品。公司目前拥有湖南浏阳、铜官两个智能制造中心，建有碱式盐、氨基酸络（螯）合物、复合微量元素等多个先进的标准生产线，整体技术达到国际先进水平，实现全面智能化、自动化及可追溯化，年产能 20 万 t，可满足客户一站式采购。

八、清洁能源利用，助力绿色制造

在可持续发展理念的引领下，兴嘉生物在推动工艺技术升级的过程中，非常重视清洁能源利用和碳排放，公司在铜官工厂实施 1.1MW 分布式光伏项目。该项目每年可发清洁电量约 100 万 kW・h，可减少标准煤消耗 330t，减少二氧化碳排放 945t，为实现公司能源结构优化、可持续发展提供了重要支撑。

九、筑牢质量体系，匠心“质”胜未来

一直以来，兴嘉生物将质量视为企业发展的生命线，坚持以匠心守护品质，严守规则与底线，建立了一整套严格的质量管理体系。

十、质量标准先行，做行业“领跑者”

公司通过了 ISO 9001、ISO 22000 以及 FAMI-QS 欧盟质量管理体系认证以及“CNAS”国家认可实验室认证，是行业最早通过上述认证的饲料添加剂企业。凭借领先的技术优势、丰富的产品线、过硬的产品质量和完备的服务网络，兴嘉生物立足国内、辐射全球，成为全球诸多企业信赖的战略合作伙伴，产品和服务覆盖国内 20 多个省市以及北美、欧洲等多个国家和地区，赢得了全球市场的口碑。

十一、构建供应商体系，把好质量“源头关”

为从源头把好质量安全关，以全面的质量保障体系为产品品质保驾护航。公司从 2008 年开始构建战略供应商体系，遵循“定点开发、定点改造、定点供应、合理利润、合作共赢”的理念，按照流程开发战略供应商，并实行品控上移，将战略供应商变成公司产品研发的后台，按照公司产品需求，由公司精细化工专业技术团队与供应商技术团队共同确定工艺与质量控制点，持续改进原料工艺，从源头严把原料关。

十二、坚守初心使命，履行责任担当

兴嘉生物始终把社会责任融入公司战略，做有情怀有温度有担当的企业，积极支持社会慈善公益事业，在防疫救灾、奖教助学、社会公益等方面全力施为，用实际行动生动诠释公司的初心与使命。在防疫救灾方面，兴嘉生物坚持主动作为。2017 年公司助力湖南宁乡抗洪救灾，捐赠生态肥 20t，员工自发捐款 20 000 余元。2019 年公司冲锋在抗击非洲猪瘟前线，获评湖南省饲料工业协会“防非抗瘟”突出贡献单位。2020 年，为助力新冠疫情防控，公司第一时间耗资百万元从国外购医疗物资捐赠给长沙市第一医院、湘雅医院、海关边检人员等抗疫一线单位，并组织员工爱心募捐……在奖教助学方面，公司在湖南农业大学动物医学院设立“黄允基教授专项学科奖学金”，激励更多优秀教师及青年学子为农业发展奉献力量；携手湖南农业大学打造高校优秀毕业生就业基地，助推毕业生高质量实习与就业……在社会公益方面，公司坚持多年关爱慰问衡阳抗战老兵，弘扬爱国精神。多次举办“微言大义，防微杜渐”中国行、“微量元素与饲料质量控制研讨班”等系列活动，宣传正确使用微量元素理念，为动物谋福利，为自然创和谐，为人类谋健康。

初心不改，砥砺前行。凭着对中国制造的匠心坚持、对技术创新的矢志追求、对饲料安全的执着、对人类健康和地球可持续发展的担当，兴嘉人围绕“构建人、动物、环境间的和谐”的矿物微量元素可持续发展生态链构建未来产业体系，攻克着一个又一个技术难关，取得了一个又一个新的突破，使矿物微量元素这个行业变得生机勃勃、创新无限，真正做到了让微量超越想象。

科技兴渔　精诚服务

——广东诚一实业集团有限公司

公司成立于 2002 年，是华南地区领先的集水产种苗、水产饲料配方技术及预混料技术服务、养殖技术服务、智能水产养殖设备为一体的水产养殖整体解决方案服务商。

历经 20 余年快速发展，公司已发展成为涵盖水产饲料配方技术及预混料、水产养殖、渔业智能设备、水产种业和水产食品的全产业链集团。先后被认定为“国家高新技术企业”“农业农村部水产健康养殖示范场”“广东省重点农业龙头企业”“粤港澳大湾区菜篮子基地”“省级现代农业全产业链标准化示范

基地”“国家级水产健康养殖和生态养殖示范区”“广东省淡水鱼生态养殖工程技术研究中心”，曾获“淡水鱼膨化料技术突出贡献企业”“改革开放40年广东饲料业发展卓越贡献企业”等殊荣。目前旗下拥有5大业务板块子公司和自有16 740亩生态智慧水产养殖示范基地。

一、科技兴渔，引领行业变革

2002年，诚一水产科技公司成立，依托中山大学科研成果的转化平台，聚焦于市场需求和行业养殖污染大、养殖成本高、饲料利用率低等行业难点，诚一蓄力攻克多个核心品种膨化饲料技术应用难题，大力推广水产膨化饲料技术，开创中国膨化饲料新纪元。2018年，膨化饲料3.0技术全国首发，同时推出低蛋白日粮技术及其匹配的精准预混料，引领中国膨化饲料进入低蛋白、高能量、高转化利用率时代。从生鱼膨化饲料到罗非鱼膨化饲料，从草鱼膨化饲料再到加州鲈膨化饲料、青鱼膨化饲料、黄颡鱼膨化饲料，诚一几乎在各个水产养殖品种的膨化料发展的关键节点都做出了重要贡献。

随着养殖规模的扩大，为破解水产养殖规模不经济的世界难题，2015年，广州市诚一水产养殖有限公司应运而生。诚一养殖基地位于北纬22°亚热带南沙天然生态滨海湿地，得益于其0.2%～0.5%的天然咸淡水的特殊养殖环境，构成了“诚一鲜鲩——咸淡水天然养殖就是鲜!”的秘密所在。诚一采用“1＋6”养殖生态模式，通过多品种多层级混养提高养殖池塘生态系统稳定性，为鱼类生存提供干净、安全的水体环境。此外，诚一首创“345”生态养殖体系，通过层级养殖和“鱼花—鱼苗—鱼种—成鱼”分塘管理，做到对鲜鲩养殖的全过程把控，降低养殖成本和风险，提高养殖产品品质，实现全年无间断安全、稳定供鱼。伴随着诚一对规模化养殖技术的推广，“345”生态养殖技术连续两年入选广东省渔业主推技术，为千万家养殖企业提供规模化养殖参考样板。

2017年，诚一率先布局智慧渔业，探索智慧水产科技改变传统低效落后的养殖方式，由此成立中山市诚一渔业设备科技有限公司，诚一渔机品牌正式诞生。2021年，诚一又创办了广州市诚一智慧渔业发展有限公司，依托“互联网＋现代渔业”的研发思维，由智能设备向智慧渔业物联网一体化发展，建立了智慧渔业管理系统，通过ERP，做到生产记录可追溯，数据可分析，保证养殖生产全过程标准化操作，用数字技术改变传统养殖方式，让水产养殖告别传统经验管理，引领水产养殖行业从汗水渔业迈向智慧渔业时代。依托规模化养殖经验和数字化养殖管理系统，诚一智慧渔业发展有限公司已成长为水产养殖企业数字化转型整体解决方案的服务商，助力数百家大中小企业养殖模式升级，携手迈进智慧渔业新时代。

2018年，诚一鲜鲩品牌发布，标志着中国水产行业鲩品牌化局面正式开启。诚一自2002年成立起，依托中山大学水生经济动物研究所对鲩多年的科学研究，从草鱼膨化饲料技术到身先士卒进行草鱼规模化养殖和智能化养殖，中山大学阳会军博士深耕水产30余年，只为养好一条草鱼。诚一走过的鲩养殖道路使其成功摸索出了一套独特的科技生态养殖体系，从而成就了独一无二的诚一鲜鲩。同时，诚一发布了首个5S鲩产品标准，包含五个维度——安全、标准、稳定、新鲜以及美味，率先打造行业水产品标准。以诚一鲜鲩为突破口，诚一后续相继发布了诚一鲜鳙、诚一鲜鲫、鲜鲩等的“诚一鲜”系列品牌鱼产品。诚一每天向大湾区供应超过5万kg的“诚一鲜”产品，让国民都能吃上新鲜、美味的诚一鲜鱼。

2020年，湖南师范大学刘少军院士专家工作站落户诚一，共同成立诚一种业科技有限公司，着力打造以水产种质创新和资源保存、种苗繁育和供给、良种良养示范推广为核心体系的水产种业高科技成果产业化平台。2021年5月，诚一种业公司生产车间投入使用。至此，诚一集团形成“良种＋良养＋良销”的完整产业链，实现从种苗到成鱼的生产闭环。基于产学研三位一体研发体系与刘少军院士团队加强合作，共同培育出合方鲫系列鱼、抗病草鱼、杂交鳊等优良新品种。双方共同研发生产的合方鲫和抗病草鱼供应全国，享誉盛名。

诚一坚持以科技创新为引领，以科研报国为己任，搭建一支以青年骨干为主，中青年结合，年龄和资历结构合理的科技人员队伍，汇集了水产养殖、动物营养、水生生物、疾病防治、机械设计、软件IT等专业的数百位技术和研发人员，占职工总数的30%。已建立了动物遗传与育种、动物营养与饲料、智慧渔业、健康养殖、病害防控、水质调控和优质食品7大研究方向。在水产种苗繁育技术、饲料配方技术、生态养殖技术、设备智能化技术、高品质水产品生产技术5大领域收获了丰硕的研发成果，现拥有发明专利4项、实用型发明14项，荣获各类科学技术奖或农业技术推广奖若干。以科研助推企业快速发展，整合内外部资源加快科研成果应用转化，让科技真正惠及大众，推动水产产业升级。

二、精诚服务，助推乡村振兴

诚一拥有百余名具备专业能力和服务意识的技术团队，已为近千家水产养殖户提供全面的技术服务解决方案，包括优质种苗、饲料配方技术服务、养殖技术服务、养殖结构改良、水产养殖企业数字化转型、水产食品品牌建设等，全面助力合作客户降本增效，产业升级。

诚一独创访问式提案型团队服务，深入调研合作客户养殖困境，竞争对手现状、国内外发展趋势，通过生物学评估、饲料检测，再结合饲料营养标准和配方模型为客户量身定制产品改善改良或新产品开发系统解决方案，并在过程中协助客户实施，直至客户取得成功。

目前，诚一积极探索“龙头企业＋基地＋农户＋技术服务”的农业产业化运作模式，为周边养殖户提供绿色生态健康养殖、现代渔业等新技术指导和培训服务，带动养殖户通过水产养殖致富，实现劳动增值，以实际行动助力乡村振兴。

三、文化引领，守护食品安全

诚一成长的背后，是文化的细细渗透，节节延伸。20年风雨兼程，诚一不忘“改善膳食结构，提升生活品质”的使命，以“安全、环保、优质、高效”为宗旨，以“生态智慧水产构建者和引领者”为愿景，以科技创新促进渔业产业化高质量发展，为中国水产养殖业发展贡献诚一力量。

诚一将品质视为生命，始终将消费者放在首位，坚守食品安全和生产安全标准，竭尽所能为消费者提供100%安全、100%健康的优质水产品，致力于将“诚一鲜”打造成“水产优品”代名词，让诚一成为消费者心目中最值得信赖的健康水产食品供应商。

奋进新征程，建功新时代。诚一集团将一如既往地以“诚信、专一、创新、拼搏”的企业文化和价值观为引领，以“科技惠及大众”的科技观为推动，致力于水产产业互联网的建设，致力于水产生态养殖的探索，致力于水产产业科技的进步，推动水产产业高质量现代化发展，为国民提供更多更好的优质水产品，为提升国民生活水平而努力奋斗。在建设农业农村现代化的征途上，不忘初心、砥砺前行、笃行不怠。

旺兴万物而不止
海纳百川而不盈

——旺海精品生物科技集团

一、集团简介

旺，兴万物而不止；海，纳百川而不盈。旺海集团始创于1994年，凭借独树一帜的精品经营理念，依托精湛生产工艺和专业科研实力，打造高质量高性价比饲料及动保产品体系、以保障食用动物健康安全为核心的服务体系，为殖者谋利，为食者造福。经过多年的业内深耕，如今，旺海集水产和畜禽饲料生产、生物科技、水产种苗繁育、健康养殖、水产品流通、农产品安全检测等全产业链协同发展，逐步成为中国水产饲料领域的现代化领军集团企业。

洞察产业轨迹，敢为天下先，旺海高瞻远瞩，始终坚持“为殖者谋利，为食者造福”的企业理念，创新性地提出“品种精、品质精、服务精”的精品养殖模式和精品经营理念，破解养殖产业上下游同质化之困局。历经20余年的发展，旺海已经在大南方（两广、海南）地区确立市场领先地位，正朝着全国市场快速扩张。定位“精品水产饲料”以及“精品四季料”，目前已覆盖生鱼、加州鲈、海水鱼、虾类、黄颡鱼、塘鲺、蛙、高端草鱼、罗非鱼等名优水产品种，带动全国养殖户一同致富。

集团公司现有饲料生产企业多家，动保企业2家，水产流通企业1家，检测企业1家，集团年产值超20亿元。员工800多人，其中博士、硕士、大学本科及专业技术人员200多人，建立了一支包括动物营养、水产养殖、饲料加工、药残检测、水产品加工及流通管理等多种专业人才在内的专业技术队伍，大（中）专及以上学历占职工总数的40%以上。

未来，旺海将坚持农业产业主线，致力打造完整的行业上下游产业链，努力扩展服务网络，打造知名品牌；坚持为农户提供优质产品和服务，为消费者提供安全、美味的放心鱼和放心肉，更要为实现养殖业变革升级和高质量发展，努力贡献旺海力量。

二、生产基地情况

集团旗下有七大生产基地：一是江门公司。2013年投产，占地60亩。拥有水产膨化料及颗粒料生产线共8条，总产能达50万t/年。二是顺德公司。2000年投产，占地30亩，拥有水产膨化料生产线5条，年产能10万t以上。三是旺渔公司。2022年投产，占地25亩，拥有GMP动保生产线6条，虾料、膨化料及添加剂生产线5条，年产能10万t以上。四是北海公司。2017年投产，占地30亩，设计水产膨化料及颗粒料生产线5条，年产能10万t以上。五是鼎一公司。2014年投产，占地10亩，拥有高端观赏鱼及特种鱼料生产线2条，年产能5万t以上。六是阳江公司。2021年6月投产，占地35亩，年产能25万t以上。七是活宝源公司。2013年投产，占地10亩，拥有水产动保：粉剂、水剂、膏剂、片剂生产线和预混料生产线。

三、企业荣誉

来自社会和各种对旺海饲料的赞许和肯定，是旺海品牌口碑和产品品质的重要体现，也一直激励着务实创新的旺海人再接再厉，创造新的辉煌。

• 2016 年，荣获广东省农业厅授予的“广东省饲料百强企业”。

• 2016 年，荣获农业部授予的“全国农牧渔业丰收三等奖”。

• 2016 年，旺海集团总裁阮裕强先生被评为中国水产业杰出人物。

• 2017 年，“群丰四季料”荣获中国功能性水产配合饲料中国十佳品牌。

• 2017 年，中国水产动保荣耀榜“年度高成长企业”。

• 2017 年，中国水产风云榜“年度华南影响力企业”。

• 2018 年，旺海集团总裁阮裕强先生被评为中国水产领军人物。

• 2018 年，中国水产年度大会授予旺海集团“中国水产品质服务平台”荣誉。

• 2018 年，活宝源荣获“中国水产值得信赖动保品牌”。

• 2018 年，改革开放 40 年广东饲料业发展“卓越贡献奖”。

• 2019 年，活宝源荣获“中国水产动保产业年度企业”荣誉。

• 2019 年，鲲鹏论坛“中国水产饲料业最具成长性企业”。

• 2019 年，广东省饲料行业协会授予旺海集团“广东省饲料行业领军企业”荣誉。

• 2020 年，旺海集团旗下顺德旺海公司、江门旺海公司、活宝源生物科技公司被认定为“国家高新技术企业”。

• 2020 年，活宝源公司荣获中国水产动保荣耀榜“年度十佳企业”荣誉。

• 2020 年，旺海集团旗下顺德旺海公司、顺爷水产公司被认定为“佛山市农业龙头企业”。

• 2020 年，顺爷精养鱼被评定为“2020 广东水产种业特色品种”。

• 2020 年，鼎一公司被评定为佛山市”专精特新”企业。

• 2021 年，顺德旺海“精品生鱼 5＃料”“精品加州鲈 7＃料”入选广东省“粤字号”农业品牌目录。

• 2021 年，首届中国加州鲈产业链年会授予中国加州鲈产业年度榜“年度饲料品牌”称号。

• 2021 年，旺海集团旗下北海旺海公司、鼎一生物科技公司被认定为“国家高新技术企业”。

• 2021 年，中国水产发酵料风云榜授予活宝源公司“旺虾康”产品为“年度发酵料产品”。

• 2021 年，中国水产动保年度荣耀榜授予活宝源公司“水蛛乐”产品为“年度爆品”。

• 2021 年，旺海集团旗下江门公司被认定为“广东省重点农业龙头企业”。

• 2021 年，旺海集团旗下顺德旺海公司、江门公司被评选为“广东省专精特新企业”。

• 2021 年，顺德旺海公司入选“顺德企业 100 强”。

• 2022 年，第五届中国加州鲈产业论坛授予“华南优秀加州鲈饲料品牌”及“华中优秀加州鲈饲料品牌”称号。

• 2022 年，旺海集团旗下顺德旺海公司被认定为“广东省重点农业龙头企业”。

• 2022 年，旺海集团旗下顺爷公司被评定为佛山市“菜篮子”生产基地。

• 2022 年，顺德旺海公司入选“顺德企业 100 强”及“顺德制造业 100 强”。

• 2022 年，第六届中国水产动保高峰论坛活宝源公司被评选为“中国水产动保年度影响力企业”。

• 2022 年，第五届中国水产高值饲料发展研讨会授予旺海“中国水产饲料行业最具影响力品牌”称号。

• 2022 年，旺海集团总公司被认定为“顺德区上市后备企业”。

• 2023 年，旺海集团旗下顺德旺海公司被评定为“广东省肉食性淡水鱼类饲料（旺海）工程技术研究中心”。

四、产业布局

从饲料生产到示范养殖，从种苗到调水保健，从技术到服务再到水产流通，旺海精心布局行业上下游产业链，为养殖户提供全面服务，为食品安全提供保障，创造一个养殖户、消费者、合作伙伴、员工多方共赢的价值平台，以此构建起新时代下企业持续发展的核心竞争力。

五、行业服务

旺海定期举办行业论坛和养殖技术交流会，引领和推动相关产业链的发展与进步，如江门旺海启动大会、北海旺海战略合作交流会、旺海集团精品战略白皮书发布会、第二届中国加州鲈产业发展论坛、养殖技术交流会等。

旺海形成了完善的技术服务体系及强大的技术服

务团队，以实地走访为养殖户提供专业的养殖建议，全面提升养殖户养殖水平，助力广大养殖户致富。

六、全国布局

历经20多年发展，旺海已成为珠三角（两广、海南）地区水产业龙头企业集团，正朝着全国（两湖、江浙、赣、闽、皖、云、贵、川、渝等）市场快速扩张，致力为更多的养殖户提供品质稳定、性价比高的精品饲料和精品动保产品，促进养殖产业发展。

七、旺海理念

创领精品水产，共赢产业未来。

立足精品水产经营理念，以"精品水产"构建起企业的核心竞争力。携手经销商、养殖户、产业伙伴，共同编织旺海的产业版图。致力于打造精品水产产业链的技术领先优势和特色服务体系，为实现水产业及养殖业的变革升级和高质量发展，努力贡献旺海力量。

科技创新驱动　推进成果转化

——广西参皇养殖集团有限公司

广西参皇养殖集团有限公司成立于2000年，是一家集种禽繁育、鸡苗孵化、肉鸡饲养、饲料生产、生鲜配送等产业链一体化，员工1 500多人，合作农户10 000多户，集团综合年总产值超60亿元的跨省、跨地区的农业产业化国家重点龙头企业。参皇集团旗下的参皇饲料生产基地全力推行自动化、标准化生产模式，实现年产饲料100万t，是规模全国前50、广西前10的大型饲料生产加工基地。集团连续9年被评为广西企业100强、广西民营企业50强，是国家农业500强企业、国家高新技术企业、广西瞪羚企业、广西10强饲料企业，获得广西"守合同重信用"企业、广西饲料工业协会突出贡献企业和科技创新企业、广西扶贫龙头企业、广西统一战线脱贫攻坚先进单位等荣誉称号。

一、集团创新能力

（一）产业模式创新

1. 产业发展方面。参皇集团坚持以党建引领企业高质量发展。集团建成玉林市首个民营企业党员教育基地，成立玉林首个跨省区（广东、广西）的区域产业链综合党委——三黄鸡产业链综合党委，以"党建链"带动"产业链"高质量发展。参皇集团党建案例入选"2022年度全国企业党建创新优秀案例"。集团获得玉林市先进基层组织、玉林市两新组织党建工作示范点等称号。

2. 客户服务方面。参皇集团通过"超大规模＋专线生产＋集中采购"组合优势，使管理、制造、生产三项费用成本以及采购成本控制处于行业领先水平，并把降低的费用全部让利给客户；提供"技术支持、销售支持、金融支持"的组合服务，提高客户使用参皇产品的效益和效率。

（二）科技创新驱动

参皇集团实施"科技＋人才"战略，组建了动物营养与饲料、生物技术等全面的研发团队和体系，拥有博士、硕士20多名的科研队伍，每年科研投入经费达5 000多万元，与北京畜牧兽医研究所、广西大学、华南农业大学等多家高等院校、科研院所深度产学研合作，建成玉林市养殖与饲料"人才小高地"，入选全国畜牧业标准化技术委员会成员单位。依托广西肉鸡产业创新综合试验站团队、自治区级企业技术中心等高水平科研平台，建成核心的饲料质检研发中心，在饲料配方等方面进行了"卡脖子"技术攻关，形成了一批具有自主知识产权的突破性成果，饲料技术处于先进水平。在添加剂、预混料和配合饲料、替代原料等方面研发领先同行水平的核心产品10多项，2022年获得全国农牧渔业丰收奖一等奖、广西科学技术进步奖二等奖等科研成果奖。

（三）推进先进科技成果转化

集团持续推动饲料减粮替抗、粪污减排、标准化生产等领域成果转化。构建畜禽营养需求参数和原料动态营养价值数据库，集成精准营养技术体系，研究非常规原料的高效利用，保证营养价值和产品质量的稳定性；集成低豆粕氨基酸平衡配方技术、饲料替抗技术，大力推广低蛋白日粮，促进畜禽粪污减量排放，为保障国家粮食安全大局做出了积极贡献。参皇集团牵头21家单位联合编制"黄羽种鸡低蛋白低豆粕多元化日粮生产技术规范"团体标准，有利于进一步推动了黄羽肉鸡行业及饲料生产行业的规范发展和技术进步。2022年集团获评为广西饲料工业协会突出贡献企业和科技创新企业。

二、企业生产能力

（一）实施饲料生产工艺技改与信息化融合应用

参皇集团建设了覆盖集团全产业链的ERP信息化系统，建成集团企业数据中心，实现了对饲料生产经营等所有业务生产经营数据的集中管理。搭建了饲料生产管理、饲料生产管理投料、饲料生产添加剂控制、物流作业等多个系统，实现数据自动采集、设备智能控制、现场视频监控、生产过程监控，生产环节信息化、数字化和智能化高度集成，在饲料原料采购、生产加工、质量控制、产品销售、服务客户等方面与互联网深度融合。

（二）不断提升饲料生产加工装备水平

参皇集团以专业化、大型化、自动化、智能化、高效低耗、绿色环保、安全卫生为导向，推动饲料加工装备升级。将饲料加工工艺学与动物营养学有机结合，构建加工工艺及质量安全指标体系，采用行业先进的生产工艺流程和配方技术，引进全球领先的饲料设备厂商全套机组，应用液压升降自动卸货机、自动流水线机械手、自动码包机等自动化设备。设计绿色制造环节，采用锅炉自动化布袋降尘设备等回收利用机械，收集粉尘废气，推进清洁生产。

信息化系统搭建应用和生产设备改造完成后，参皇集团建成年产能 150 万 t，规模全国前 50、广西前 10 的大型现代化饲料生产基地。集团荣获广西 10 强饲料企业，2022 年获广西数字化车间、广西农业农村信息化示范基地等荣誉称号。

三、企业产品质量管控能力

（一）落实安全生产

参皇集团建立了“公司负责人—安全管理员—员工”三级质量安全管理组织架构，签订安全生产责任书，确保责任逐级落实，到岗到人。建立完善的安全生产责任体系和各类安全规章制度，执行月度安全检查。集团获得三级安全生产标准化认证，获评为广西“安康杯”竞赛活动优胜单位。

（二）严格的饲料质量把控

集团引进开发饲料原料追溯管理系统、饲料成品管理系统等近 10 个信息化系统，构建加工工艺及质量安全指标体系，饲料产品从原料到成品到出库质量层层把关，7 个大项 80 多个小项检验指标全程监测。建立样品留样和质量监测制度，开发原料供应商管理平台、饲料原料 EAS 质检系统、饲料二维码追溯系统，有效防止饲料加工和成品运输过程的污染，保障饲料的品质。集团自 2005 年以来，已连续 10 多年通过 ISO 9001 系列国际质量体系认证。

通过应用先进的饲料配方技术和严格的产品质量管理，集团饲料产品具有质量稳定、饲料料比低、增重快、饲料报酬率高的突出优势，集团旗下“百仕达”“富满家”“拾叔”“唐伯伯”“参皇合作”系列等拳头产品行销全国各地，覆盖广西、广东、云南、贵州等省份，备受养殖户认可，广受客商喜爱。集团获评为广西“守合同重信用”企业，“参皇牌”饲料荣获中国名牌农产品、广西名牌产品等认证。

四、取得成效

（一）经济效益

2021—2022 年，集团生产低蛋白饲料约 180 万 t，配方中玉米、豆粕平均用量占比为 27.7%和 6.5%，比养殖业消耗饲料中玉米、豆粕平均含量分别低 29.3%、8.8%，相当于减少玉米、豆粕用量 52.7 万 t、15.8 万 t。有利于降低饲料用粮对国外进口的依赖，保护国家粮食安全，保障农业产业供应链稳定。

（二）生态效益

参皇集团饲料生产采用锅炉自动化布袋降尘设备等回收利用设备，将饲料生产过程中产生的粉尘废气进行回收利用，对废弃物进行进一步处理，实现环境优化、清洁生产，创建广西首个国家级节能标准化示范基地。据生产数据研究统计，通过使用低蛋白低豆粕日粮，畜禽氮排放和废弃物排放量分别减少了 19%和 21%，而畜禽体重及料重比等生产成绩不受影响，为减少氮排放、减轻环保压力、促进养殖行业健康可持续发展做出了积极贡献。

（三）社会效益

参皇集团致力于与更多群众共享发展成果，在省内外布点 1 000 多个参皇饲料营销点，助力万千客户养殖致富。集团全产业链创造近 2 万个就业岗位，发展合作农户 10 000 多户，累计直接发放合作农户养殖收益超过 50 亿元，带动地区群众就业增收。推行“产业+金融”精准帮扶，提供 2 亿多元饲料款资金授信，解决农户和规模客户资金短缺问题。与玉林市 15 个村开展特色产业项目合作，增加村集体经济收入，村集体获得收益 25 万元以上，助力地区经济和农业农村事业发展。参皇集团被评定为全区脱贫攻坚先进单位。

探索高效养猪解决方案
服务养猪业

——广西扬翔股份有限公司

广西扬翔股份有限公司（以下简称扬翔股份）成立于 1998 年，是一家从农场到餐桌的产业技术服务企业。公司聚焦产业互联网支撑的猪业料、养、宰、商一体全产业链，业务涵盖原料、饲料、基因、种猪、猪精、肉猪、屠宰、深加工、预制菜、智能餐厨设备、智能养殖设备、数字平台产业生态及从农场端到餐桌端各环节的产业技术服务。旗下拥有 70 多家子公司，遍布广东、广西、湖南、湖北、浙江、安徽、河南、河北、山东、辽宁等地，员工近 9 000 名。

作为一家以饲料及养猪技术服务起家的公司发展成为一家从农场到餐桌的产业技术服务企业，扬翔股份坚持为农场端到餐桌端各环节提供精种、普惠育种、数据养猪、智能养猪、精准营养方案、智能餐厨及预制菜解决方案等服务，推动产业转型升级。

一、饲料营养方案

面对复杂多变的饲料形势，扬翔股份不断强化科研创新，发展绿色无抗饲料产品，应用豆粕减量替代及低蛋白日粮技术，提升饲料加工和安全保障水平，输出精准营养方案，为中国饲料业可持续做出贡献。

扬翔股份从2010年开始就不断研发低蛋白日粮技术和豆粕减量替代的方案，通过持续多年的研发，寻找到了主要替代原料葵花籽、菜籽粕等，并且探索出两项豆粕减量替代应用技术。并且经生产实践积累，确定了生长育肥猪最佳阶段划分、各阶段饲料最佳蛋白水平和适宜净能值等参数，形成了适应自身养殖生产特点的生猪低蛋白氨基酸平衡日粮技术体系。通过合理添加赖氨酸、蛋氨酸、苏氨酸、色氨酸、缬氨酸和异亮氨酸等合成氨基酸，在保证生猪生产性能的前提下，将养殖全程饲料蛋白水平降至14%。

近年来，豆粕减量替代及低蛋白日粮技术已在扬翔全面应用，方案根据各地原料资源优化选择。低蛋白和豆粕减量技术覆盖的产品涉及公司所有的饲料，覆盖了约800多万头生猪和40万头母猪。目前公司年产销饲料300多万t，同比计算每年减少豆粕使用近30万t。推进了行业节能减排和缓解国家豆粕进口依赖等重大需求。

一直以来，扬翔公司都坚持给猪提供最精准的营养，围绕精准原料检测、精准营养需求、精准配方调整、精准生产加工和精准饲喂管理，以及搭建数字化平台及体系，推出了一款可实时采集猪只营养数据并为猪只提供高效、健康、快速成长的定制化饲料营养套餐的微型智能化饲料配置工具——精喂坊，实现从"精准原料→精准配方→精准需求制造→精准传输→精准饲喂"的全流程智能化，生产灵活，节约原料资源，减少饲料浪费。

公司在2021年荣获神农中华农业科技奖一等奖的"基于母子一体化提高PSY的精准饲养技术的建立和推广运用"项目，正是围绕我国母猪繁殖效率低的重大问题，通过构建母猪精准饲养技术方案，帮助母猪营养最大化，提高饲料利用率进而节省饲料成本。

二、基因育种方案

扬翔股份坚持对外提供好的种母猪、猪精、育种服务、基因芯片等，通过基因及育种技术的输送，帮助养猪人进行品种改良，促进养殖增产增效，有效提高经济效益。

在培育种公猪方面，扬翔股份通过大规模群体选育、基因组育种和持续生产性能测定，选择育种指数高的优秀种公猪作为父本，提供猪精，并通过优质公猪精液提升全群性能，助力合作猪场养猪效率更高、成本更低；在培育种母猪方面，扬翔股份通过选育高产仔数（健仔数），奶水好、断奶窝重大，适应性强、抗应激的种母猪作为母本，繁殖后代。

为了提高生猪养殖效率和质量，扬翔股份自主培育出高品质的扬翔系种猪，如采用自主基因组高效育种技术，通过持续高强度选择，培育出扬翔新品系公猪，配种后代具有体型好、屠宰率高、抗逆性强等优点。还通过社会化供精，与广大养猪人共享优质猪基因。成立了专门的猪精公司——秀博基因提供基因改良服务，在广西、辽宁和沈阳建设大型智能楼房公猪站，形成南方、中部、北方的全国布局。如今，秀博基因公猪规模7 000多头，可服务超300万头母猪，业务覆盖全国31个省（自治区、直辖市）。

为输出扬翔股份的育种能力，公司进一步总结出了普惠育种模式，该模式即联合各猪场、依托大型高标准的核心种猪场和种公猪站，实现母猪自循环，体系内所有母猪场开展联合育种，同时基因组选种和基因组选配联合应用提升育种效率，达到快速改良种猪性能的育种模式。该模式既能够降低引种带来的疾病风险，同时又能够保证遗传水平和生产成绩，真正实现了复杂疾病模式下生猪高效育种与生产。2022年3月，普惠育种模式正式对外开展合作，目前已有来自全国的10余家万头规模猪场应用普惠育种模式。

三、智能养猪方案

通过将人工智能、基因科学、大数据、物联网等新兴技术与现代农牧产业相结合，扬翔股份研发推出了大数据平台"影子智能引擎"和"FPF未来猪场"猪场管理整体解决方案，并已在自营猪场开展大规模应用。

其主要应用表现为：一是开发了养殖端配套的智能硬件设备，如精喂仪、饮水宝、查情宝、称仔器、调膘器等，通过智能设备传感器自动采集数据，结合智能算法进行分析决策，自动预警和推送任务，进一步提高养猪效率；二是开发了智能设备平台控制系统，实现养猪场环控、供水等系统的智能自动控制管理；三是开发了智能饲料工厂精喂坊以及与养殖场连接的输送系统，实现精准饲料加工和精准饲喂；四是开发了应用身份识别系统，应用RFID电子耳标识读器为基础，对猪只个体进行识别，使养猪由群体管理转入个体管理；五是基于中台架构，建成FPF猪场管理系统，并应用到手机App端，通过大数据计算，实现全程可追溯系统，为"从农场到餐桌"产业链一体化提供整体智能解决方案和服务。

在打造数字化扬翔的基础上，扬翔股份还以用户需求为导向、以小成本解决大问题为优先级、以量化指标为评估标准，充分利用“云、大、物、移、智”等新型信息技术，打造扬翔互联网智能服务养猪平台以及配套的智能硬件设备，为养殖户提供高效、整体的解决方案，推动生产效率的提升。

四、科技成果

近 2 年，集团公司的技术团队共发表论文 43 篇，其中 SCI 论文 11 篇，中文核心期刊论文 17 篇。与合作共建单位已取得专利 58 项，其中发明专利 18 项、实用新型专利 32 项、软件著作权 4 项和外观设计 4 项。成功申报平台标准 25 项，其中国家级 14 项、省部级 6 项和自治区级 5 项。科技成果鉴定及转化类项目共 17 项，其中省部级 4 项、自治区级 13 项。

在高效育种方面：①团队在国际上首创基于 CRISPR 精准靶向捕获液相芯片技术，可同时检测 SNP、InDel 和 SV 等多类遗传变异的靶向捕获技术，实现全基因组任意目标区域的低成本、高通量的多类型遗传变异的基因分型新技术；②发布了国际上规模最大的动物跨物种多组学知识库 IAnimal，IAnimal 致力于利用跨物种、多组学大数据帮助用户挖掘基因功能，在充分利用海量公共数据的同时减少大量重复计算带来的能源消耗；③对猪 80K 功能位点基因芯片进行了迭代升级，位点分型准确性和检出率均在 99%以上，芯片探针捕获特异性 90%以上，基因组育种值估计准确性比常规芯片进一步提高 10%以上。

在营养方面：①通过大样本多胎次试验研究评价后备母猪培育效果的指标。确定了指标“220 日龄发情率”和“两胎存留率”最高培育参数，以及指标“母猪两胎提供断奶仔猪头数”最佳培育参数。同时，也建立了后备母猪最佳评价指标和确定最佳培育参数，以及能更好地评价后备母猪培育效果的“每百头母猪头两胎提供的断奶仔猪数”这一新指标，确定了其最佳培育参数，对于后备猪培育具有重大指导意义；②建立了原料精准赋值及最大化价值应用动态体系。通过仿生消化测试、动物生长性能测试验证原料赋值的精准性，建立起原料按价值分档使用的生产适配动态应用体系，发挥原料价值最大化。

五、社会效益

扬翔股份在生产经营过程中，坚持“以农为本，以猪为业，以猪富农”的发展方针，打磨提升自身养猪能力，服务赋能养猪业。

扬翔股份是中国首家建设大规模智能高层楼房猪场的企业。公司在广西贵港的亚计山里建了高为 9 层、11 层，可容纳 3 万头母猪的 4 栋楼房猪场之后，其他猪企纷纷入场布局楼房养猪。

在非洲猪瘟疫情暴发期间，公司结合楼房猪场建设理念，探索推出了“铁桶防非”模式，成为农业农村部推荐的防非复产模式，推动了生猪养殖行业生物安全防控模式的变革，为疫情中的猪肉稳定供应贡献出力量。

同时，面临行业急需大量猪精复产的形势，扬翔秀博还实现超千万袋猪精的产能突破，为养猪业复产贡献关键力量。在行业低迷期，扬翔秀博还推出了“秀博基因认证配种师项目”，通过输送扬翔母猪配怀等技术提升猪场配种员的配怀技能，充分发挥优良猪精的潜力，进而提高猪场的生产成绩，自 2021 年开始至 2023 年 3 月，合计开展 16 期，参训猪场超 300 个，培训学员超 500 人，参训猪场母猪规模数超 87 万头。

扬翔股份也勇担社会责任，先后参与到助学扶贫、赈灾济困等社会公益行动中，并以产业发展带动群众致富，如参与农业农村部“龙头企业带万户生猪产业扶贫项目”，开拓“订单农业”等联农带农模式等，建立紧密利益联结机制，助力乡村振兴。

争创一流的饲用添加剂研发商、生产商

——重庆艾可福生物科技有限公司

重庆艾可福生物科技有限公司成立于 2020 年 8 月 7 日，注册资金 1 684.2 万元，是重庆川东化工集团参股子公司，公司发挥集团甲酸、甲酸盐、磷酸、磷酸盐等原料优势，专注饲用酸化剂在动物营养领域的应用。公司位于重庆万盛区煤电化园区。公司总占地 253 亩，设有甲酸和二甲酸钾生产车间、磷酸和磷酸盐生产车间、饲料酸制剂生产车间以及研发大楼、行政大楼等。

重庆川东化工（集团）有限公司前身为国营重庆川东化工厂，始建于 1958 年，1997 改制为股份制企业后，先后兼并合并重庆南岸化工厂、重庆扬子江化工厂、重庆化学试剂总厂等 6 家集体、国有企业，成立重庆川东化工（集团）有限公司。重庆川东化工（集团）有限公司经过 60 多年的发展，集团资产总值 15 亿元，在重庆万盛、贵州开阳、贵州福泉、广西柳城、四川乐山均有生产基地，并在贵州开阳县拥有磷矿资源。集团公司现有员工 2 000 多人，各类工程技术人员 600 余人，年销售额超 30 亿元。集团视质量为企业的生命线，通过 ISO 9001、ISO 22000、ISO 14001、ISO 45001 四体系认证。

重庆川东化工（集团）有限公司多年来荣获国家高新技术企业、中国化工企业500强、中国民营500强、中国无机盐50强、中国无机盐协会理事单位、中国石油化工优秀民营企业、全国企业文化建设工作先进单位、重庆市工业企业50强、重庆市文明单位、重庆市诚信纳税企业、科技开发工作先进单位、重庆市出口创汇先进单位、重庆市首届知名品牌企业、重庆市首届最具成长型中小企业、重庆市100家精专企业等多项荣誉。

重庆艾可福生物科技有限公司开酸化剂行业先河，开辟了从原酸甚至原矿到酸化剂的产业链式的延伸模式，目前有以下几项优势：

1. 专利级技术生产的甲酸原料，品质更优。集团拥有无机酸酸化甲酸盐制备高纯无水甲酸的专利方法，可以生产最高纯度甲酸——无水甲酸。集团拥有饲料级甲酸的生产资质，为产业化配套提供牢固的质量基础。

2. 高标准检测中心、研发中心配套，保证产品质量。公司先后与西南大学、重庆畜牧科学院等国内知名科研院所建立了长期合作关系。公司拥有博士、硕士等研发专业人员10余人。公司设有2 500多m^2的独立研发中心、检验检测中心。42间检测分析室，分设标液室、仪分室、化分室等10余个工作部室。现有电感耦合等离子体发射光谱仪、双通道原子荧光光度计、高效液相色谱仪、气象色谱仪、原子吸收分光光度计、紫外分光光度计等大型检测设备。可以为客户提供酸及其盐含量的多项检测。还可以开展铅、砷、铬等30余种重金属、液体颗粒、空气颗粒等数十种常微量指标检测。

3. 酸化剂全产业链延伸模式，尽可能降低成本。公司创新添加剂发展模式，实现了从原料（原矿）到酸化剂成品的产业链发展模式，改变了从化工厂采购原料复配的简单模式，实现了品质可控、成本可控。

4. 食品级酸化剂原料，做安全的酸度调节剂。集团拥有生产食品级磷酸及磷酸盐超过10万t的产能，是双汇等食品集团的主要供应商，在食品磷酸和磷酸盐行业具有领先地位。公司以品质更高、卫生指标等更高的原料生产酸化剂，做安全、放心的饲料添加剂。

5. 一流的全自动生产设备，高效、优质。公司采用全自动配料、全自动打包系统，固体原料采用压缩空气风送入仓，保证了零残留。公司拥有独立的固体酸化剂和液体酸化剂生产线，产能年产6万t酸化剂。公司具备自主研发的独有的甲酸处理工艺，通过液氨、植物多酚等多种处理甲酸工艺，有效地解决了甲酸腐蚀性强、挥发性强的缺点，安全有效地发挥甲酸酸度强、杀菌能力强的优点。

公司有艾可酸、抗菌宝、可福酸等三大类产品。艾可酸以专利级技术生产的高纯度甲酸、乙酸等小分子酸为主要成分，具有配方合理、协同增效、杀菌能力强、重金属等有害物质残留低等特点。抗菌宝以专利级技术生产的高纯度甲酸为原料，应用公司核心的增效剂等前沿技术而研发的替抗产品，具有工艺先进、稳定性好、杀菌能力强等优点。可福酸为液体饮水型，以甲酸、乳酸等有机酸为主要原料，具有杀菌能力强、pH稳定等优点。这三类产品完美地解决了农场清理水线、杀菌抑菌、提高消化率、改善生产性能等各项需求，对预防疾病效果明显。同时，公司还可以根据客户需求一对一定制化生产，最大限度地满足客户对酸化剂的个性化需求。

新发展有新引擎，新时代有新作为。重庆艾可福将秉承“引领行业发展，为社会提供卓越贡献”的企业使命，坚持“敢于吃苦，乐于奉献”的企业精神，本着“安全＋细节＋创新”的产品战略，争创一流的饲用添加剂研发商、生产商，为人类食品安全保驾护航。

以科技创新引领高质量发展，实现科技自立自强

——重庆民泰新农业科技发展集团有限公司

重庆民泰新农业科技发展集团有限公司（以下简称民泰科技）成立于1996年，深耕于养殖行业关键危害因子（如重金属、农残、抗生素）监控技术研究、新型饲料添加剂、饲料防霉保鲜技术研发与应用。经过27年的发展，公司从一家纯粹的制造型企业，发展成为一家以“国家标准制定参与者、制造放心产品践行者、行业源头安全维护者”为己任，涉及饲料添加剂、科学仪器等领域，拥有200多项自有知识产权的国家级高新企业、国家级知识产权优势企业、省级专精特新企业、重庆市商业秘密保护示范企业，为地区经济社会发展做出了积极贡献。公司现有职工128名，年均产值上亿元，累计税收近亿元。

民泰科技一步一个脚印，日渐成为引领饲料添加剂行业创新发展、提档升级的中坚力量。光环的背后，是一个企业努力创新、厚积薄发的“编年史”。

一、深耕饲料添加剂领域二十余载，持续行业领跑

回顾往昔，民泰科技一直坚守饲料添加剂主业，并没有辜负时代的期许。

发展之初，民泰科技便在养殖行业关键危害因子（如农残、抗生素、重金属）监控技术研究、新型饲料添加剂研发、动物采食调控、饲料防霉保鲜技术研究等方面接连打破了行业纪录，积极促进七代饲料防霉剂、四代饲料甜味剂和三代饲料香味剂的发展。其自主研发的防霉剂、甜味剂、香味剂、抗氧化剂、酸化剂及具有驱虫功能和杀菌功能的饲料添加剂，以其高效的品质赢得了国内外市场的认同，民泰科技也跃升为中国著名的专业化“饲料品质改良剂专家”。

创新路上，民泰科技从未停下脚步。基于饲料生物安全、环境保护以及人类健康的要求，民泰科技提出“民泰清洁”理念，积极探索运用清洁的能源和原料，采用民泰特色的原创型专业产品及工艺、检测技术及设备，为饲料及养殖企业的清洁生产提供系列服务，从源头上保障饲料产品的质量与安全。

2013 年，民泰科技在全国饲料和养殖行业率先推出“清洁化生产技术服务项目”，运用防霉剂、抗氧化剂、具有驱虫功能和杀菌功能的饲料添加剂产品，帮助饲料企业彻底解决原料仓储、生产流水线、流通三个环节的虫害、霉变及保鲜问题。民泰科技每年为国内数百家知名饲料企业及养殖企业提供“清洁化生产”专项技术服务，在原料及生产线防霉驱虫等方面取得了显著效果，得到了广大客户的一致好评。

随着饲料禁抗、养殖减抗、产品无抗时代的到来，民泰科技经过 6 年的研发和应用，于 2019 年 8 月发布动物消化道健康管理“无抗日粮”方案，运用饮水酸（水千金）、胃舒宁、肠舒宁、菌威宁、功能性诱食剂、新型抗氧化剂等产品，帮助饲料及养殖企业顺利步入“无抗”时代。

始终以科研为抓手，将技术创新工作置于战略核心位置的民泰科技，在知识产权重点领域方面也取得一系列丰硕成果：起草编制《混合型饲料添加剂 香味剂中水分测定法》行业标准，主持制定的《混合型饲料添加剂防霉剂通用要求》国家标准已于 2019 年 4 月正式实施，参与联合编制《饲料添加剂防霉剂中丙酸和丙酸盐的测定 高效液相色谱法》国家标准，起草编制《大米中镉的快速测定 原子荧光光谱法》和《二氧化硅中汞的测定 原子荧光光谱法》的团体标准已于 2021 年 3 月 7 日正式实施，重庆市卫生健康委员会已将《大米中镉的快速测定 原子荧光光谱法》纳入 2021 年度食品安全地方标准唯一制订/修订计划。迄今，民泰科技先后承担国家级和市级科技项目 12 项，建立了重庆市博士后科研工作站、重庆市研究生联合培养基地、重庆市重金属检测科普基地、杨梅劳模创新工作室等产学研平台。

经过多年探索和努力，民泰科技已发展成为中国饲料添加剂行业领军企业之一。除建立起成熟的全国销售网络外，还积极响应国家“一带一路”倡议，快速开拓海外市场，与美国、日本、俄罗斯、德国、新西兰、斯里兰卡、越南、印尼、孟加拉国、尼泊尔、菲律宾、马来西亚、新加坡、尼日利亚等数 10 个国家及地区开展了技术及管理方面的合作，产品已覆盖亚洲、非洲、中东等部分国家，为全球饲料和养殖企业的健康、绿色发展提供科学、高效、安全的服务方案，并得到越来越多国内外客户的认可。

2023 年 4 月，为响应西部陆海新通道经济发展战略，民泰科技携手农业产业化国家重点龙头企业——祥飞智能，聚焦饲料生物安全、蚕桑项目等领域，加速推动以越南为中心，建立海外销售及生产基地，辐射东南亚市场及欧美非国际市场战略布局进程，将为推动西部陆海新通道经济发展战略能级及重庆经济社会高质量发展做出积极贡献。

二、严把产品质量关，制造放心产品

民泰科技有条不紊的战略推进背后是精细化的品质把控。公司建立了产品从原料、生产、储存到运输的可追溯过程，严控原料及产品质量关，并以专业的品控团队、高端精密的检测设备、过硬的产品质量，通过了 ISO 9001：2015 质量管理体系、ISO 22000：2018 食品安全管理体系认证以及美国 FDA 认证、GMP+认证。

根据最新修订的《中华人民共和国农产品质量安全法》及生态环境部制定的《关于进一步加强重金属污染防控的意见》要求，为确保产品安全、杜绝原料质量安全隐患，民泰科技更将重金属、农残、兽残、微生物、生物毒素“五大要素”检验纳入供应商年度评价与考核，从源头的质量管理上“守底线”“拉高线”同步推，“保安全”“提品质”一起抓。

三、自主创新高端科学仪器，打破进口技术掣肘

民泰科技始终将产品质量安全作为企业至高的责任和发展之道。2000 年，公司饲料添加剂产品在出口时，因欧美与国内重金属检测标准不一致，导致出口受阻。为解决这一难题，公司专业品控团队研究打造自有产品安全体系的同时，瞄准“重金属快速检测欧美卡脖子”难题，组建起一支由院士、国家杰出青年、专家教授等 30 余人的科研团队。经过 22 年的不懈探索研究，科研团队成功研发出技术水平国际领先的 CAF18 - YG201 重金属检测仪，可广泛应用于农牧业、食品药品、环保、质监、核工业、医疗卫生、化工、冶金领域砷、铅、汞、镉等 11 种元素重金属的快速精确测定。其高效、便捷、环保、使用成本低

的优势，扭转了重金属检测技术与设备完全依赖国外进口的现状。这项重金属快速检测技术填补了世界在该项科学技术领域的空白，在国际上处于领先地位，实现了重金属痕量快速及流动检测的全球首创。

经过运用实践与用户客观评价，该检测技术与仪器具有十大优势：一是检测精度高。检测精密度是进口仪器的10～100倍，性能稳定可靠。二是检测速度快。可快速痕量检测砷、铅、汞、镉等11种重金属元素。尤其是世界首创大米中镉25min出检测结果，检测速度比进口仪器快10倍。三是购置价格低。价格仅为进口仪器的1/8，让中小企业“买得起，用得上”。四是仪器操作易。友好的人机交互智能一体机触屏界面，菜单式检测操作简捷方便，无须专业人员即可熟练运用。五是使用成本低。相对传统重金属检测仪，降低了84%的试剂消耗量；测砷、铅、汞、镉时，一台仪器相当于三台进口仪器的功能。六是检算一体化。嵌入式操作系统，不用外接电脑，实现了检测、运算一体化及数据实时共享。七是数据不可改。限制检测结果调节功能，原始检测数据不可更改，确保检验结果的客观真实性。八是运行无污染。以水为载流的进样方式，对操作人员和环境友好无污染。九是记忆效应小。有效解决待测元素记忆效应问题，尤其是汞的记忆效应，不需频繁清洗管路。十是体小便携带。体积小、重量轻、便携带，满足现场快速检测需求。

在该项技术研究成功的基础上，民泰科技狠抓了这项技术成果的落地推广应用，力争产生最大的社会经济效益。研发首创了重金属、农残、兽残、微生物、生物毒素“五大要素”快检实验室（车）。该快检实验室（车）以快速、精准、低成本的方式，为各级地方政府实施食品放心工程、药品安全检测、环境安全监管、进出口商品检验检疫提供强有力的技术支撑和保障。目前，该项技术已成功应用于国家核安保技术中心、国家生猪技术创新中心、核工业北京地质研究院、河南省核技术应用中心、重庆市农业农村委员会、重庆市市场监督管理局、重庆海关、重庆市计量质量检测研究院、重庆市铜梁区智慧农业生态基地、重庆市巴南区道农双高农业智慧产业园、重庆市职业病防治与中毒救治重点课题等多个部门（单位）和乡村振兴、国家重大民生项目，科技成果转化效益十分突出。

迄今，这项重金属快速检测技术及应用已成熟。预计3～5年仅国内市场规模可达7 000多亿元，为国家增加税收300亿元以上，增加10万个以上就业岗位，海外市场空间广阔，市场前景十分可观，可望成长为重庆市的重要支柱产业之一。

纵观民泰科技27年的发展史，从“几人作坊”到行业翘楚，从饲料添加剂领域到原创科学仪器的不断开拓创新，凭借的是杨梅董事长抢抓机遇的战略眼光和民族担当的初心，以及民泰人“弘扬敬业、拼搏、协作精神，打造创新、和谐、优质企业”的决心与定力。未来，民泰科技将不断加强技术创新升级，为饲料添加剂行业树立起最严格的安全标杆，为我国食品安全、人类健康和环境保护提供强有力的技术支撑，为大农业、大健康产业的安全、绿色、环保提档升级贡献力量。

追求安全、绿色、高效的营养解决方案

——铁骑力士食品有限责任公司

铁骑力士是“中国饲料行业十大领军企业”“全国农产品加工业100强企业”，饲料产业是铁骑力士全产业链发展的基础保障，坚持以“养殖·专业服务商”的品牌定位，聚焦饲料研发、生产和销售，在全国建有30余家规模化、专业化、标准化、集约化饲料生产基地，年生产能力400万t，是国内规模养殖企业优选饲料品牌，生产的猪、鸡、鸭、鱼、牛、羊等系列饲料曾先后荣获“中国名牌农产品”、“中国饲料行业最具竞争力十大品牌”之一、“畜牧行业十佳饲料品牌”等荣誉。

31年来，饲料事业部以冯光德实验室为依托，在国内建立了多个技术研发、生产和应用实验基地，成立了五大品类饲料研发精英团队，成立了由一批90后博士、硕士主导的创新实验室。技术团队掌握多项领先行业的创新技术：精准饲料营养技术、无抗饲料配制技术、低蛋白日粮、生物发酵技术等，研发多款无抗饲料、发酵饲料、功能性特色饲料产品等，受到用户广泛好评。我们在追求安全、绿色和高效的营养解决方案的同时，为广大养殖户提供了有力的技术保障。

在饲料行业中，铁骑力士先后通过ISO 9000质量管理体系认证、ISO 45001职业健康体系认证、ISO 9001质量管理体系认证、ISO 22000食品安全管理体系认证，有效提升企业品控工艺能力。公司在我国优质玉米产业带新疆、内蒙古、宁夏、甘肃等地建立原料收储基地，到厂原料按原料营养指标标准模型做近红外扫描检测。一颗好品质饲料必须经过93个关键控制点。配料、混合、粉碎、烘干、包装等自动化工艺为好饲料赋予灵魂，在降本增效的同时保障产品质量始终如一。

铁骑力士饲料以“养殖·专业服务商”为战略定

位，完善了以蛋鸡饲料为发展中心，坚守猪饲料川渝核心地位，预混合饲料、反刍、鸭、鱼饲料协同发展的产业布局，实现了542款高质量产品市场全品类商品料覆盖。通过数字化建设，搭建“好养动保商城”数字化平台，打破动保产品销售“最后一公里”壁垒，打造铁骑力士饲料私域流量池。饲料产业在全国建有26家分（子）公司，通过先进的现代化数字工厂，年产量稳步提升。

2022年，铁骑力士饲料提出“金猪360”项目，通过种苗安全、精准饲喂模式、个性化动保方案为养殖户安全、绿色养殖保驾护航，同时构建供应链融资服务，为贫困养殖户提供一年5亿元的资金支持。

低蛋白日粮技术：实现饲料蛋白水平的适宜降低，降低畜禽粪尿中氮排出量，减少氨气产生。推出并成功打造低蛋白极品大猪料，低蛋白产品“双壮”获猪料技术创新杰出奖。

玉米、豆粕减量替代应用技术：引导应用新型日粮配方结构，推进非粮型饲料资源开发及配方应用，促进饲料粮保供稳市。

生物发酵技术：保护猪只肠道健康，改善猪肉风味，降低养殖成本，减少有害气体排放，年发酵饲料原料20万t，覆盖商品饲料产品200万t。

精准营养调控技术：在规模化畜禽养殖过程中通过精准营养调控技术降低粪污有毒有害物质排放量，减少环境污染。促进养殖业生态循环发展，实现资源再生循环利用。

贵阳富源饲料有限公司发展典型经验

——贵阳富源饲料有限公司

贵阳富源饲料有限公司是贵州本土以生猪一体化产业链为主体的农牧企业——贵州富之源科技集团旗下子公司。成立于2000年，23年来一直专心、专注于生猪饲料营养研发工作，目前，年生产产能30万t。公司获得饲料质量安全管理“国家级示范企业”、贵州省“农业产业化经营重点龙头企业”、贵州省“扶贫龙头企业”、贵州省“知识产权优势企业”、贵州省“践行科学发展观优秀企业”、贵州省饲料工业协会“优秀会员单位”、贵阳市“农业产业化经营重点龙头企业”、贵阳市“优秀农业龙头企业”、贵阳市“扶贫龙头企业”、贵阳市“重合同守信用单位”等称号，并通过了ISO 9001：2000国际质量管理体系认证。

2022年，面对经济下行、新冠疫情，原材料价格大幅上涨，猪周期等叠加因素影响，通过开展学习董事长关于“坚定信心、勇毅前行”主题学习活动，鼓舞全体员工在行业严冬的形势下，要坚定信心、奋力拼搏、勇往直前，共建、共创、共担，实现集团规划的蓝图，共享美好生活。稳稳地把住了航向，经营管理持续向好，在逆境中不断坚守和突围，实现营收的持续增长。

2022年，公司依托集团与中国农业大学、四川农业大学、贵州大学等著名科研院所、高校建立产、学、研战略合作关系。在中国工程院院士李德发、宋宝安分别率领的中国农业大学、贵州大学团队以及著名动物营养专家、博士生导师周小秋教授率领的四川农业大学博士工作站团队的指导下，运用国际领先的“动物健康营养理论和技术”引领产品的研发，实现猪只快速生长，获得更高的养殖效益。截至目前，公司结合我国西南地区的环境气候、饲养水平及养殖习惯等特点，成功研发出“金龙”“乌江”“广庆”“黔珠”“同智”“初源”“康源”“鸣生源”等多个系列品种的猪用饲料，现已畅销贵州省内外各地区。

2022年，公司根据实际情况，并按照集团的部署，全面开展“人才工程”建设活动。通过组织青训营、人才盘点、重走长征路等各项活动，建设技术中心、打造研发团队，不断从队伍建设、思想与行动上强化人才意识，营造人才成长与发展的环境与氛围。与省内贵州大学、省农业职业学院等相关职业院校保持长期合作关系，探寻优秀人才作为企业发展的生力军。同时，根据院校学习进度，与学生面对面进行企业的宣讲和交流，通过企业相关人才的言传身教，广泛宣传就业发展前景。且向学生提供岗位实习机会，给予院校学生工作实践场所，为学生指明就业方向。

2022年，根据公司发展战略和经营规划，逐渐优化财务中心组织构架，通过对公司财务成本、现金流、周转率、资产负债、税收等指标进行认真分析，制定了合理的财务管理流程，采取多项措施，统筹财务管理，开源节流，完善资金管理机制，增强了财务的管控能力。

2022年，全面梳理并加强了采购中心的制度和流程建设，全年共整理发布采购招标、采购计划、采购风险管控、供应商管理、采购标准流程等制度共计四大类共8项制度和流程，使管理制度化、制度流程化、流程信息化，大力提升采购中心工作的规范化水平。在对东北、内蒙古等地多次精心调研的基础上，与吉林云天化、内蒙古金德牧歌两家公司签署玉米产地囤粮协议，首次实现公司在东北、内蒙古等玉米主产地的囤粮，使公司供应链更加合理配置，保障原料供应。同时，提高对地产原料的使用，使饲料成本得到下降。今年豆粕价格飙升，公司采用了大量的菜籽饼、油糠等地产原料作为替代，下半年开始使用贵州白酒糟，通过地产原料的使用，产品的成本大幅下降，产品的效果得到了提升。

2022年，作为公司信息化建设年，通过对业财一体化、采购、销售、生产、办公、人事、财务等内控信息化现状的梳理和ERP、财务软件、办公软件的清盘，对现实适应情况进行分析的同时，完成协同办公系统（钉钉）的优化提升工作。做到所有的业务数据用系统说话，实现业务执行可控、业务数据透明、业务报表及时，将系统数据各项指标服务于公司各专业体系，作用于管理决策和战略经营。

2022年，公司进一步强化公司员工的安全生产意识，并对生产负责人提出要求：一是立即对消防设施设备、安全生产警示标识、危化品管理、记录情况等进行现场检查，全面开展安全生产隐患自查自纠。二是危险化学品管制一定要参照国家相关标准，结合公司实际进行全面排查，严格实施安全隐患闭环管理。三是定期组织员工进行安全生产知识及安全应急技能培训，切实将公司的安全生产落到实处，提高安全生产水平，切实维护公司所有人员生命财产安全，维护社会和谐稳定。

2022年，公司项目申报和知识产权管理工作取得了新成效。在项目上，公司成立了项目申报工作组，主要对口省市工信局、省市科技局、省市农业农村局等政府部门，其中有4个项目成功通过申报。在知识产权上，进一步规范了知识产权管理工作，建立了公司专利及商标台账，目前公司拥有专利64项，其中实用新型专利61项、外观设计1项、发明专利2项、商标28项。

2022年，公司在宣传工作上敢于尝试、勇于创新，首次尝试踏足直播领域，在针对初源教槽料的线上直播带货活动，在100min的直播过程中初源订货量近30t。同时，通过与贵州日报、中国改革报、中国食品报、贵州农经网、知知贵阳、新华社等多家新闻媒体合作，对公司产业及先进事迹等进行了报道。

2022年，公司积极与集团产业链各兄弟公司联动，在生猪养殖上，饲料技术研发团队深入猪场全年共完成降低成本大群实验4家，持续跟踪9家，生猪育肥成本大幅降低。研发出的专用配种公猪饲料提高了公猪精液活力和精液数量，为明年的公猪站公猪饲料做铺垫，法系高产母猪饲料提高了初产法系母猪的生产成绩，后备母猪培育较好，生产母猪综合效益高。在食品屠宰加工上，提供专业建筑技术人员协助工厂建设，在生猪供应上积极推荐养殖供应商，帮助省内部分养殖公司解决了生猪销售问题。在原料贸易上，紧紧围绕供应链公司“控风险、降能耗、提产量、育人才”12字方针，协助其巩固战略伙伴、加强海关协调、抓实生产安全、夯实质量管理、筑牢资金安全。

2022年，公司围绕“强内控、防风险、促合规、提效益”的目标引进集团审计部，加强内部审计工作，助力公司规范化建设，提升效益。

未来，公司将继续保持“深耕农牧行业，依托集团打造以‘猪’为核心的全产业链集团化平台企业”的战略定位，围绕“集团三年上市”的总目标，以“赋能经营，结果导向”的经营思路，以全新的理念来谋划企业发展新路径，稳中求进，于不确定中寻找确定，在新的经营班子的带领下奋斗、战斗，使公司各项经营成绩再上新台阶。

贵阳新希望农业科技有限公司发展经验

——贵阳新希望农业科技有限公司

一、企业简介及发展战略

1. 企业简介。贵阳新希望农业科技有限公司是新希望六和股份有限公司于2002年在贵州兴建的饲料生产及农业开发的综合型现代化企业，现有职工200余人，具有年产40万t优质畜、禽、反刍动物饲料生产能力，是贵州省目前产销量最大的饲料生产、销售企业之一，获得中国饲料行业“信得过产品”称号的企业。公司秉承“依靠政策，发展事业，服务人民，回馈社会，报效祖国”的企业宗旨，期盼与各级有关部门、经销商和养殖户建立长期、可持续发展的真诚合作关系，在企业取得发展的同时为“兴黔富民”做贡献。

2. 发展战略。公司本着“以质量求生存，以市场为导向”的经营宗旨，不懈追求“农业创造价值，农民分享价值，价值留在农村，城乡和谐发展”的社会目标。以农牧产业龙头企业优势带动农村经济发展，积极与相关各级部门、经销商及养殖户建立长期、可持续发展的真诚合作关系为纽带，切实根据贵州养殖市场变化情况，结合贵州养殖实际需求，始终坚持以“聚焦养殖终端，强化内部管控和终端服务”的发展战略主题，以“强内控、塑品牌，创模式、促发展”等养殖帮扶方案，帮助养殖户解决困难，提高终端养殖效益，为公司市场发展奠定坚实的基础。

二、企业发展模式

2022年，在面对养殖行情持续低迷、新冠疫情持续多变的双重环境压力下，质量、成本、效益成为企业发展的根本，作为中间产业链接点的饲料企业，唯有坚守质量底线，通过以极致成本控制和关键技术突破为抓手，不断夯实和提升产品，持续稳定满足客户需求为目标，来减轻养殖端的成本压力。

（一）强化市场链接

通过32场专题讨论会，16余次集体终端市场走访，157批次竞品检测分析，从市场需求变化、产品效果表达等环节进行收集、汇总分析，及时掌握市场动态需求，分析差异，找出改进方向及目标，进一步强化与市场的链接。

（二）拓渠道、控成本

采购实行“集、分”采购策略，利用集团采购优势，对大宗原料实行“团团结合”，同时“分头行动”，强化区域拍卖，并深入一线，动态掌握市场信息，及时开展优势价值原辅料的开发、评估及使用，全年优势价值原料26 908t，创造价值184万元，产品吨均价格降低30～50元。其中当地轮换拍卖、地产原料占比达80%，在降低产品成本的同时，也有效地为当地的农产品加工转换贡献应有的力量。

（三）加强内部管理

从强化员工质量意识培训开始，倡导全员质量管理。以“稳质、降损”项目开展为牵引，加强过程质量及损耗的控制，达保质增效目的。同时定期复盘、专题讨论，来进一步强化公司内部质量安全保障管理，确保产品质量安全、稳定，塑造良好的市场口碑。

（四）深化养殖技术培训，降低养殖过程成本及损失

公司在疫情特殊时期，采取线上培训、视频直播及现场指导等方式为养殖客户进行ASF安全防控知识、现场安全防控指导、养殖技术知识等培训，积极帮助养殖客户做好养殖过程技术处置及管理，确保养殖安全防控及复养工作的有效开展（全年培训226场，培训人次6万余人；以视频现场直播的方式开展养殖场安全防控指导260余起；帮扶受灾客户开展复养工作98起）。此举一定程度上帮助养殖客户解决了养殖过程中安全防控上的技术等难题，还帮助客户规范内部养殖过程，减少因技术及防控等问题导致的浪费和损失，深受养殖客户的好评。

（五）搭建平台，深化产业联动

面临行情及环境多变的困境，资金、信息成为养殖发展的限制性瓶颈，为了在一定程度上缓解养殖户的资金周转压力，公司积极引进普惠担保、湖北农信、贵阳建行、希望金融等融资机构，以公司、养户、金融机构三联合的模式，为客户授信融资，全年累计帮助410余户，融资3.6亿余元。同时为了进一步帮助客户拓展终端销售渠道，增强销售议价范围及能力，由公司区域客户服务人员以微信等方式搭建购销沟通平台，强化养殖客户与终端销售的沟通联动，及时掌握市场需求及行情趋势，并依据当前市场行业及需求，及时、有效地调整养殖布局及规划，增强市场竞争力。

三、企业成效

2022年销量累计达到21.5万t，年均产值达9亿多元，累计营业收入8.9亿元，纳税总额360余万元。销售、服务网络覆盖到了贵州省的100多个市、区、县及上千个乡镇，为贵州省饲料产业排名前列的优秀企业。

（1）肉禽产品。实现脱温鸡产品全程腹泻率2%～3%，30d出栏着色色度13～14度占比80%，全群均重760g以上，出栏率97.5%，有色肉鸡实现80d出栏，均重3.045kg，料重比2.7，造肉成本6.8元/kg的优越成绩。

（2）仔猪腹泻。从教保料的原辅料选择、质量验收控制、加工制程方案的设计及优化、饲喂模式固化等环节出发，对教保料的关键性技术进行研究突破，使新推S10产品实现散养腹泻率低于8%的目标成绩，有效解决散养依靠药物维持的一大难题。

（3）极致养殖成本。通过市场走访及需求调研，了解当前养殖客户的需求，及时从原辅料的选择与搭配、养殖饲喂模式等环节入手，对产品进行优化升级，成功突破13元/kg的造肉成本、10.2元/kg饲料单斤成本、二次育肥料重比2.6的养殖成绩。该技术的突破，在很大程度上缓解了当前养殖成本的压力。

（4）用模式和产品迭代来满足渠道市场的需求。从规模场、家庭农场、经销商进行产品的区隔及划分，制定、落实公司产品宣传及推广使用模式，增强渠道市场产品的适宜性，同时不断强化产品研发及迭代落地，助力渠道客户发展的同时，为公司有效地保证了市场端的稳定，保持产品市场占有率21%的领先水平。

（5）豆粕减量替代。2022年，面对国内蛋白原辅料大幅上升且货源供应紧缺的局面，公司积极组织技术营养研究员，认真学习国家低蛋白日粮标准及当地省、市、区职能部门关于豆粕减量替代工作要求精神，对配方营养、蛋白原辅料替换等方面进行大量的研究及试验，实现小猪豆粕减量替换、大猪育肥阶段全程零豆粕使用的技术突破，全年豆粕使用同比降低12.1%。

四、市场分析

（一）贵州饲料企业目前的经营现状

一是贵州排名前列的饲料企业大多以集团性公司为主，主要采取产业链发展模式，饲料产品主要为自用加市场销售，市场端主要以市场为导向，通过控制

成本和增加产品销售量来实现企业盈利，维持发展。二是贵州当前数量占比比较多的小规模饲料加工企业，营销手段主要以价格和促销为主要营销手段，终端掌控和服务客户结构简单，研发与服务等环节相对较薄弱。三是因养殖行业受技术和资金的限制，行业发展缓慢，终端掌控能力较弱，市场风险有效预防掌控难度系数加大，从而影响饲料产业的发展。

（二）未来的发展趋势

产业一体化模式将成为产业融合的体现，产业之间的融合与渗透，创造价值链的有效传递，将促进产业间的共赢与和谐发展。

习水德康农牧有限公司典型发展经验

——习水德康农牧有限公司

一、公司简介

习水德康农牧有限公司是四川德康农牧食品集团股份有限公司旗下子公司，地处贵州省遵义市习水县，是从事饲料生产、优质肉猪养殖的现代循环农业产业化龙头企业。公司于 2012 年 7 月经习水县人民政府招商引资入驻习水，注册资本 2 000 万元，总投资 6 亿元，目前拥有年出栏 10 万头种猪场 1 个，5 万头存栏选育场 1 个，年出栏 20 万头商品仔猪场 1 个，配套 7 个年出栏 3 万头智能养猪育肥场，年产 60 万 t 饲料厂 1 个，带动发展家庭农场 300 余户。公司依托自营种猪场和生猪育肥家庭农场的生产，年出栏商品肥猪 35 万头，种猪 24 000 头。

公司饲料厂位于习水县温水工业园区，占地 50 亩，年设计生产能力 60 万 t，计划分两期建设，其中第一期生产饲料 20 万 t/年，第二期生产饲料 40 万 t/年。建成两条现代化配合饲料生产线，拥有粉碎机、混合机、颗粒机、冷却器、分级筛、各类输送设备等成套机械设备，并配有国内先进的电子监控生产设备。有配合饲料高效混合机 2 台（1 台批混合量 3 000kg，1 台批混合量 1 000kg），3 台 CPM 制粒机，饲料生产线 2 条，生产线采用全新计算机自动化控制配料系统、整套丰尚设备，年生产能力 60 万 t，配备 1 500t 储存量筒仓 5 个，450t 筒仓 4 个，200t 平板仓 10 个，散装原料储存能力为 11 300t。

多年来，公司通过积极创新、多能培训、团队协作等方式，以“安全、高效、文明、低耗”为运营方针，在“全力以赴打造放心公司”的目标牵引下，以“夯实基础、强化执行，对标增效、持续改善”为抓手，全方位实行降本增效，引进行业内优秀标准，全面对标、寻找差距、分析原因、及时改善，通过一系列小数据、小方法、小工具取得了明显成效，运营成本大幅降低。通过自动化、机械化等多个项目技改，使效率得到较大提升。

通过技术引领，深挖原料潜在价值。公司依托德康集团技术质管体系实施平台，结合公司机构设置、生产工艺流程、产品的实际情况，投资建立了检化验室，并配备先进的检化验设备（近红外、纤维仪、酶标仪等）。检化验室不仅能开展常规成分的分析，还可检测霉菌毒素、三聚氰胺等指标，为品质控制提供强有力的保障。公司按照饲料法规相关要求制定了原料采购、生产过程控制、产品质量控制等管理制度，建立了本企业的质量安全管理体系。从原料进厂到产品出厂，通过质量安全管理体系的有效运行和实施，确保影响产品质量的人、机、料、法、环、测六大因素处于受控状态，生产出符合产品标准要求的安全卫生、优质高效的饲料产品。尤其是在质量管理中实施“质量一票否决权”制度，做到不合格原料不投入使用、不合格过程产品不转序、不合格成品不出厂，确保产品质量持续稳定提高。坚持“用食品思维做养殖，用健康思维做食品”理念，习水德康农牧有限公司以“安全稳定”健全企业质量管理体系，严格遵守国家法律法规，严格实施清洁生产，为让广大人民吃上放心猪肉而奋斗，进而推动畜牧业经济的持续健康发展。

二、创新突破降本增效

团队从 2020 年开始通过长期的科学试验，建立起数据库模型动态预测动物生长需求，以净能值和可消化氨基酸等关键参数为基础，在补充氨基酸、添加酶制剂和通过优化生产工艺降低抗营养因子的前提下，开始对豆粕替代方案进行研究。因玉米蛋白在 7.5%以下，小麦的蛋白在 12%以上，2020 年 8 月公司开始尝试在现在的玉米豆粕型配方中添加小麦，替代部分豆粕的实验。在养殖中饲料使用需求量最大的为生长猪配合饲料，占比为 70%左右，该阶段饲料中玉米占比为 70%左右，经过 5 个月的饲养试验，结果显示，同玉米配方相比，小麦配方对猪料肉比无明显影响，能提高产品的黏结性，降低散装产品的含粉率。每使用 10%的小麦就可以降低 1%的豆粕用量，使用全小麦配方可以降低生长猪配合饲料中 6.8%的豆粕用量。

2021 年 11 月公司开展氨基酸渣在猪料中的应用研究，试验结果显示，由于氨基酸渣的颜色偏黑，同小麦玉米型的配方对比颜色偏深，对产品的质量无影响。饲喂过程中，会有 3～5d 的应激反应，过后猪只采食量恢复正常。氨基酸渣在饲料中的推荐用量为

2%～5%，可以代替2%～5%的豆粕用量。

2022年4月公司开始对棉粕在生长猪配合饲料中的应用进行研究，研究结果显示，用量在5%左右，可替换4%左右的豆粕。棉酚主要存在于棉仁色素腺体内，制油过程中，由于蒸炒，压榨等热作用，大部分棉酚与蛋白质、氨基酸结合而变成结合棉酚，结合棉酚在动物消化道内不被动物吸收，故毒性很小。另一部分棉酚则以游离形式存在于饼、粕及油品中，这部分游离棉酚对动物毒性较大，猪过量摄取或摄取时间较长，可导致生长迟缓、繁殖性能及生产性能下降，甚至导致死亡。幼小动物对棉酚的耐受能力更低。所以，乳猪、仔猪和母猪不能用棉籽饼粕，但在生长育肥日粮中可添加4%～6%。

2022年10月开展菜粕在猪料中的应用试验，由于菜粕中存在抗营养物质，影响动物对蛋白质的吸收，因此菜粕用作饲料前必须进行脱毒处理。无毒菜粕对不同年龄猪的适口性均较好，但代谢能量值比猪的实际需要略低，用菜粕代替部分豆粕，需从1个百分点开始进行替换，逐步添加观察饲喂反应。结果显示，菜粕的添加量不超过8%，最大可以降低豆粕6%～7%的添加量。

三、豆粕替代成果展示

2019年未开展豆粕使用替代方案，配合饲料年产量为12 574t，共使用豆粕2 077t，豆粕在饲料中的使用占比为16.5%，整体比例较高。从2020年开展豆粕替代方案开始，豆粕的使用占比明显下降，具体数据如下：①2020年共使用豆粕9 562t，年产量为72 988t，豆粕占比为13%。②2022年共使用豆粕12 900t，年产量为158 604t，豆粕占比为8.1%。经过公司的不断研究和尝试，以净能值和可消化氨基酸等关键参数为基础，通过补充氨基酸、添加酶制剂和优化生产工艺降低抗营养因子的方式，添加菜粕、棉粕、小麦胚、氨基酸渣、小麦、糙米混合物和稻谷来减少豆粕的使用量。经过替代原料的使用，豆粕的用量下降了8%，保证豆粕的使用占比维持在8%左右。

公司以习近平新时代中国特色社会主义思想为指导，全面贯彻落实党的二十大精神，完整、准确、全面贯彻新发展理念，树立大食物观，以低蛋白、低豆粕、多元化、高转化率为目标，聚焦“提质提效、开源增料”，统筹利用植物、动物、微生物等蛋白饲料资源，推行提效、开源、调结构等综合措施，加强饲料新产品、新技术、新工艺集成创新和推广应用，引导饲料养殖行业减少豆粕用量，促进饲料粮节约降耗，为保障粮食和重要农产品稳定安全供给做出贡献。公司将持续开展豆粕替代原料的相关研究，继续开发新原料。

奋进中的大理安佑

——大理安佑生物科技有限公司

一、公司的基本概况

大理安佑生物科技有限公司位于祥云财富工业园区，距离祥云县城约10km，总投资1.3亿元，其中固定资产5 800万元，占地约31亩，交通便利，环境优美。于2017年3月创建，2020年1月正式投产。在社会各界的大力支持下，正快速成长、壮大。生产经营已初具规模，销售网络遍布整个滇西市场大小乡镇。主要产品有猪、肉鸡、蛋鸡配合饲料，猪、肉鸡浓缩饲料。产品畅销滇西各地，深受广大养殖户好评，是广大养殖户公认的名牌产品。

大理安佑生物科技有限公司是一家集饲料生产、销售、养殖技术咨询服务于一体的大型饲料企业，设计产能36万t，从2020年正式营业到2022年12月，饲料生产销售已突破52万t，2022年全年销量近22万t，目前是滇西最大的饲料生产、销售企业。此外，2022年4月，公司在祥云县城的养殖技术服务站也正式营业，专门为养殖户提供技术服务。

二、公司的创新优势

1. 雄厚的技术力量。安佑品牌，1992年创立于台湾地区，1999年进入大陆，安佑集团拥有强大的研发实力，建有自己的研究院，下设猪营养研究所、微生物研究所、副产品研究所、低碳环保研究所、中心化验室、国际交流中心、专家服务中心和项目管理等部门，主要从事现代农业领域畜牧行业的新技术研究，围绕“高效、环保、健康”的研发理念与产品主轴，为国内养猪事业的进步及转型升级作出贡献。安佑目前已拥有50余项知识产权，其中20余项发明专利、6项实用新型专利、10项外观专利及15项著作权。公司现有员工103人，其中高层管理人员9人、技术人员5人，大专以上学历34人。公司组织结构完整，管理系统健全，运行平稳。

大理安佑生物科技有限公司依托安佑集团技术、品管体系实施平台，结合公司机构设置、生产工艺流程、产品的实际情况，投资建立了检化验室并配备先进的检化验设备。检化验室不仅能开展常规成分的分析，还可开展霉菌毒素、三聚氰胺等指标的分析，为品质控制提供最强有力的保障。公司按照饲料法规相关要求建立了原料采购、生产过程控制、产品质量控制等方面的质量管理制度，按《饲料质量安全管理规范》要求建立了本企业的质量控制体系。从原料进厂到产品出厂整个产品实现过程中，通过质量控制体系的有效运行和质量管理制度的有效实施，能确保影响产品质量的人、机、料、法、环、测六大因素处于受控状态，生产出符合产品标准要求的安全卫生、优质高效的饲料产品。尤其是在质量管理中实施“质量一票否决权”制度，做到不合格原料不投入使用、不合格过程产品不转序、不合格成品不出厂，确保产品质量持续稳定提高。

2. 先进生产工艺，高产能。公司生产加工工艺现代化、智能化，采用布勒的成套自动化生产设备，配料精确度高、效率高，特别增加色选设备，对霉变原料进行挑选，最大限度地确保生产出高质量的饲料产品；配备有2台CPM 3020－7、1台CPM 3016－5制粒机，配合料时产约50t；为了能满足大猪场的需求公司配有24个容量16t的散装仓，猪场客户的散装料，从制粒到出厂，饲料与人员全程无接触；建有一条独立的时产20t的独立的蛋鸡料生产线。

3. 生物安全管控。针对目前非洲猪瘟对养殖行业的严峻考验，大理安佑生物科技严格执行集团的“金盾计划”，通过“六控十二防”对车辆、物资、人员、生产过程执行严格的消杀程序；每天对厂区地面消毒两次，每周对厂区各个关键位点取样作非洲猪瘟检测。此外，针对袋装料客户，公司也提供包膜服务，防止饲料在运输过程与外界接触感染非洲猪瘟病毒。

4. 技术服务。2021年，集团投资100多万元购买了行业目前最先进的检测设备，在祥云县城建设了安佑集团大理服务站，可以开展非洲猪瘟、蓝耳、猪瘟、水质、药敏等检测项目，有专业技术人员5人，可随时到现场为养猪户提供技术服务。公司每年也会邀请行业内的专家到祥云，组织培训会议，为养殖户提供培训。

守正致远，向阳而生

——昆明正阳饲料有限公司

昆明正阳饲料有限公司位于昆明市官渡区阿拉街道办事处阿拉村，公司成立于2000年4月，注册资本1 000万元，占地面积16 650m²。公司致力于畜禽浓缩饲料及猪、禽配合饲料与畜、禽、鱼复合预混合饲料的生产。年生产能力18万t的国家级高新技术企业，专注研发极度专业化的差异化产品，遵循“细节求胜、食饲同源”的理念，为社会大众提供高效、安全、健康的动物食品。严格按动物食品的标准加工动物饲料，实现饲料与食品的质量实质等同性，创造加工技术制胜的空间。

公司采用国际最先进的技术体系（美国NRC可消化氨基酸和欧洲CVB净能体系）并严格遵守《饲料质量安全管理规范》与遵循ISO 9001国际质量管理体系，赢得了行业与市场的高度认可，先后取得了云南省创新试点企业、成长型中小企业、专精特新成长企业、企业技术中心、市级农业产业化龙头企业、国家级高新技术企业，连续10年是云南省饲料工业协会的副会长单位。公司一直坚持做云南特色的猪饲料产品，做中国特色的猪饲料产品。

公司精选优质高标准原料，创新行业独有的工艺组合，净选、精粉、膨化、膨胀、发酵、酶解、均质、纾解等工艺组合的应用提高了饲料转化率，以顾客为中心的价值增长组合研发设计猪饲料产品。正阳乳猪料、母猪料等充分发挥猪只生长潜能与生产性能，满足猪只蛋白质沉积，提高猪的抗病能力与免疫能力，保证猪只健康，加快生长速度与产仔健康成活率，实现正阳产品与行业产品的差异化，体现价值竞争，让养殖户真正体验到“猪更好养”，实现企业与广大养殖户共赢。

历经20余载的历史沉淀，正阳的“匠心独运，与众不同”的竞争战略，坚持一如既往，坚持认真、用心、不遗巨细的产品态度，体现正阳产品的绝对竞争力。在散养、中间商渠道的不断缩减，集中、规模化养殖与产业链延伸格局下，正阳立足于云南饲料行业的本土企业20余载，单厂生产位列前茅。

正阳专业做猪饲料产品，从兽医、营养、管理三维度，再配合客户为中心的价值增长理念开发设计产品，绝对的产品力就是绝对的竞争力，让每个产品价值传递环节都有平衡利益。极度专业化，专注产品力，由饲料供应商转变为系统服务商；以传播正能量，成就伙伴事业，观察、思考、行动，智创养猪生产最佳成绩，为养猪业提供最优成本的全局健康营养方案。

正阳树立坚定而清醒的质量观念，永不忽视产品质量链中的任何环节。在遵守国家相关政策法规的前提下，公司投入研发团队，全力投入精力与大量资金，创新饲料工艺，研发新配方，加大力度研发饲料工艺与配方组合，寻找最优、最佳方案来提升饲料转化利用率，实现国家政策所倡导“饲用豆粕减量替代”行动。减少豆粕的使用量，减少原料中的抗原、抗营养因子等的影响，提高饲料转化利用率，减少动物粪便的排出量，真正意义实现减量不减质，让养殖户与客户利益最大化，让社会、企业、养殖户三者增受益。

正阳人秉承“专业至上、品质为先”的经营理念，弘扬“正行、协作、精进”的企业精神，用正阳的做人态度“行正道，向阳而生”，齐心协力，全力以赴，持续创新，与正阳伙伴同心前行。坚定“共创、共荣、共享、共赢”的公司核心价值观，尽心竭力，持续创新，与正阳伙伴同心前行。

“磷”心聚力·奋楫扬帆

——云南磷化集团有限公司

2022 年，云南磷化集团有限公司（以下简称云南磷化集团）以市场为先导，努力克服外部市场环境变化和疫情因素双重叠加的影响，强化自身基本功建设，以自身发展的“稳”积极应对外部环境的“变”，贯彻落实云天化集团“四个定位”和云天化股份战略目标，围绕打造“国际一流磷矿采选企业、国内绿色饲料添加剂领军者、云南省固废资源化利用先行者”的战略目标，牢固树立“今天再晚也是早，明天再早也是晚”的效率意识，有效运用“三个工作法”，不断夯实绿色产业基底，丰富绿色发展元素，公司整体运营效能快速提升，生产经营业绩屡创新高，实现绿色高质量发展。

一、创佳绩，谱写高质量发展新篇章

（一）经营业绩创造历史最高水平

云南磷化集团 2022 年实现营业收入 81 亿元，完成预算目标的 103%，同比增加 22 亿元。工业总产值 50 亿元，工业增加值 22 亿元，应交税费总额 5.40 亿元。

（二）生产与销售目标超预期完成

云南磷化集团立足自身资源优势，充分发挥磷资源全产业链优势，2022 年生产原矿 1 177 万 t，完成年计划的 112%，同比增加 159 万 t；销售饲料级磷酸一二钙（MDCP）51.11 万 t，磷酸二氢钙（MCP）6.2 万 t，完成年计划的 101.5%；销售磷铵 58.3 万 t，完成年计划的 106.0%。

二、聚优势，培育核心资源发展质效

（一）全力筑牢资源保障“压舱石”

云南磷化集团始终坚持保障国家矿产资源安全与矿业高质量发展的重要性，构建覆盖磷资源全产业链、全要素的绿色矿业体系。作为中国现代化露天磷矿采选基地，公司坚持环境效益、社会效益、资源效益和企业效益“四效”并举的经营理念和“矿开采到哪里，复垦植被就跟进到哪里，恢复生态，不留遗憾”的工作方针，始终践行“绿水青山就是金山银山”理念。在建设绿色矿山过程中，致力于“新技术、新工艺、新方法”的探索研究、应用及推广，对生产工艺进行优化，实现清洁、绿色、环保发展，再造秀美矿山新环境。

磷矿石生产组织有序、采销有效，年度保供任务高质高效。昆阳磷矿剥离产量连续 6 个月创单月新高，助力公司剥离生产时隔 8 年再次冲破 4 000 万 m^3 大关。选矿生产释放装置产能，处理原矿 736 万 t，生产精矿 517 万 t，生产处理能力均创历史最优。深度挖潜，两选厂全面诊断尾矿再选工艺流程，缓解排尾压力，开启浮选尾矿品位降至 6%新纪元。集采深入实施“走出去”拓渠道，量价挂钩、应采尽采的采购策略，以磷矿石集采总量 301 万 t，滇池流域外采购量同比增加 3.5 倍的工作成果成为稳资源保供的有力单元。

（二）努力当好绿色产品“领头羊”

公司加快“转方式、调结构”的步伐，努力提升传统优势产业竞争力，实现磷资源产能接续，为云南磷复肥产业和精细磷化工产业可持续发展提供保障。公司依托国家磷资源开发利用工程技术研究中心平台，积极开展云南省磷资源技术创新中心和云南省磷产业制造业创新中心创建工作，打造云南省重点实验室，并围绕采矿技术开发、选矿技术开发、磷化工及新材料开发、磷尾矿资源化利用等多个专题开展专项科研攻关，以“稳装置保产量”要求，强化生产、维修与销售紧密衔接。80 万 t/年硫酸装置连续运行 529d，实现第 15 个“百日红”，创造硫酸装置长周期运行新纪录。饲钙装置生产满负荷，饲钙产量突破 58 万 t，同比增幅 11.4%，单月、年度产量双破历史纪录。云天化牌饲料级磷酸钙盐供应规模跻身全球前十，MDCP 产品国内市场占有率 72%。磷酸副产氟硅酸收率再破纪录，保持全国领先水平，年累计 78.0kg/t（P_2O_5），同比增加 8kg/t，增幅 11.4%，4 月份更是达到 80.5kg/t。

饲钙产品抓住市场上行有利时机大幅加快创利步伐，综合销价同比上涨 34.0%，国际市场销量突破 20 万 t，创汇 8 300 多万美元。值得赞赏的是，饲钙产品“先款后货”销售模式率先在“新希望”“双胞胎”等核心客户破冰，国际市场推行 100%前 TT、LC 付款模式，为饲钙行业销售模式转换提供了借鉴，也为公司资金周转及应收款风险控制提供了有力保障。全年先款模式销售产品占比 80%。氟硅酸销售抓住市场契机，应用“鲶鱼效应”，引入竞争对手，制定科学合理的销售定价机制，单吨价格增加 545 元，销售均价同比涨幅 182%，销售增利 1 561 万元。磷铵产品瞄准出口订单，提升法检服务水平，创造良好出口条件，“云海峰”“美临福”品牌绿色核心竞争力持续升级，创利 3.3 亿元。

三、补链条，夯实绿色产业发展动能

（一）聚力打造固废利用“生力军”

奉行固废物资源化利用理念，以实现利用量为目

标，有机推进固废产、研、资源化利用相结合，拓宽矿业企业发展生态空间。磷尾矿利用量一举达到10.5万t，磷石膏利用量一举达到64万t，综合利用率40%。强调尾矿优质钙镁磷矿粉的资源属性，专注于生态修复基质土、土壤调理剂的产业化利用，一期50万t压滤装置建成投产，制定的企业标准《钙、镁、磷土壤调理剂》在云天化股份发布实施。超万吨生态修复基质土应用于边坡治理，超万吨尾矿应用于矿区道路、排水沟修建。强调磷石膏无害化处理及资源化利用，经无害化处理的磷石膏指标基本达到Ⅰ类固废要求。α半水石膏生产工艺技术及下游产品开发阶段性成果，为后端石膏基产品开发提供优质原料。通力协作下游合作企业，推广磷石膏在制水凝缓凝剂、环保建材方面的应用，镟淦科技利用磷石膏9.5万t。

（二）奋力擂响科技创新“奋进鼓”

瞄准生产痛点、难点，靶向攻关。采矿技术开发破解地采瓶颈，矿山不良地质体超前预测预报技术在昆阳磷矿二矿地采项目应用效果良好；云南省首个磷尾矿充填试验项目“昆阳磷矿二矿地下开采项目充填半工业试验”圆满结束，获得一系列重要技术指标；矿井地下水防治及资源化利用技术开发，得出针对不同岩性的注浆压力，减轻矿山水处理负担，改善掘进作业条件，提高掘进效率。选矿技术开发提升资源利用率，脱镁磷精矿反浮选除硅中试试验采用柱式浮选脱硅技术，提质部分化肥用矿成饲钙用矿。新材料研究加力生产提效，“氟硅酸制备氟化钾联产白炭黑中试试验研究”建成了500t/年氟硅酸制备氟化钾中试装置，“黑磷实验室模式制备研究”建立了实验室模式装置。

四、强引领，夯实精益运营管控成效

（一）纵深推进国企改革“三年行动方案”

以重点专项管理、制度建设、组织优化为抓手，确保运营有目标、有规范、有组织保障。开展重点项目和投资专项管理，做到了目标明确，过程节点有考核、有管控。实际投资完成29 891万元，投资完成率56.9%。昆阳磷矿二矿地采项目进尺总累计9 433.4m，完成总施工任务的49.74%。坚持和完善“双向进入、交叉任职”领导体制，修订《重大经营管理事项前置研究讨论清单》，废、改、立制度1 011个，保障发展的治理机制、决策机制、制度保障得到进一步优化。爆破、销售业务整合，工程公司吸收合并，建设项目管理部成立，3家单位尾矿库管理中心设立，晋宁磷矿向“管理技术型矿山”转变，保障发展的组织结构得到进一步优化。

（二）激活人力资源，保障优质人才供给

围绕发挥人力资源最大价值，以岗位“契约化”管理为核心，全面推行“劳动合同＋岗位合同”，推动实施职务“能上能下”、薪酬“能高能低”的动态管理机制，发挥薪酬分配激励杠杆作用，规范中层管理人员任期薪酬管理。68名中层管理人员签订任期双合同，首批67名骨干型人才入库，4名化工、材料、采矿、生态修复方面博士、进站博士后经市场化引进，42人完成一阶段学习进入公司内训师库。薪酬体系改革打通了岗位、薪酬、职级匹配通道，形成更具激励性、更符合外部市场和公司发展阶段的宽带薪酬体系。提升职工归属感、认同感，首次实施荣誉激励管理，实现积分兑现奖励。

凌空踏虚，难成千秋伟业；求真务实，方能善作善成。云南磷化集团将持续聚焦云天化集团“四个战略定位”发展目标，把党的领导全面融入公司生产经营各项工作，保持乘风破浪的姿态，拿出中流击水的劲头，矢志不渝，笃行不怠，踔厉奋发、勇毅前行，用新业绩、新成就推动公司绿色高质量发展。

做养殖企业的优秀服务商
助推养殖成功

——陕西华秦农牧科技有限公司

一、企业基本情况

陕西华秦农牧科技有限公司是杨凌示范区管委会直属的国有独资企业。公司前身“陕西省饲料厂”于1986年经省政府批准立项，1990年建成投产。公司拥有“华秦”、“劲达”两个著名品牌，下辖陕西劲达饲料有限公司、陕西劲华商贸有限公司、陕西华秦预混料有限公司3个全资子公司，总资产2.3亿元，产品涵盖鸡、猪、牛、鱼各类浓缩饲料、配合饲料、预混合饲料及单一饲料，畅销全国22个省份，并出口吉尔吉斯斯坦、老挝，形成了“立足陕西、覆盖西北、辐射全国”的经营格局。公司年销量30万t，销售收入10亿元。公司荣获并保持农业产业化国家重点龙头企业、全国守合同重信用企业、饲料质量安全管理规范部级示范企业、全国三十家优秀创新型饲料企业、陕西省名牌产品、陕西省著名商标等殊荣，被誉为“西北饲料工业的一面旗帜”。

二、质量管理情况

公司坚持“文化引领、服务转型、品质建设、效率提升、成本控制”的管理理念，建立了以“客户满

意”为导向的品质建设体系和《饲料质量安全管理规范》与ISO 90001质量管理体系相结合，以首席质量官为领导的品质控制体系。在质量管理实践中，公司坚持“不让问题原料进厂、不让问题成品出厂”的质量管理原则，制定了“原料采购标准”“生产过程品质控制十大关口标准”“产品销售环节质量控制规范”，推行产品质量与工资效益相挂钩的产品合格率考核办法，形成了产品质量管理长效机制，使产品质量从原料进厂到产品出厂全过程处于受控状态，近三年未出现抽检不合格现象。与此同时，公司提出了创建“陕西省质量奖”的奋斗目标。

三、科技创新情况

公司与西北农林科技大学长期开展产学研合作，联合建立了陕西“‘四主体一联合’饲料工程技术研究中心”、省级企业技术中心研发平台，拥有2名博士领衔、5位专家助阵及数十名专业人才组成的研发团队，设立了4个创新工作室、3个产品中试基地，先后荣获农业农村部“农牧渔业丰收奖”“陕西省科技进步奖”（一、二、三等奖各1项）等6项科技大奖和8项发明专利。公司设立了“创新奖”和“质量奖”，大张旗鼓地鼓励全员创新，形成了人人事事、时时处处创新的良好氛围。

四、品牌建设

公司始终秉持“产业报国、产品为民”的国企情怀，把精心研制安全、可靠、优质、高效的饲料产品作为根本使命，在获得陕西饲料行业首个“陕西省名牌产品”并连续22年保持这一殊荣的基础上，提出了争创“陕西省质量奖”、打造“中国知名品牌”的目标。与此同时，公司以“做养殖企业的优秀服务商、助推养殖成功”为服务战略，组建了一支由10多位行业一流专家，100多名畜牧兽医、动物营养和养殖、经营专业技术人员和1 000多名经销商为主体服务团队，形成了专家咨询服务、养殖驻场服务、现场诊断服务、远程信息服务等服务项目和标准化、流程化、科学化的服务体系，用质量和服务赢得用户口碑，让“好饲料、国企造”的品牌形象享誉西北。

提供绿色营养　铸造百年石羊

——陕西石羊农业科技股份有限公司

一、公司简介

陕西石羊农业科技股份有限公司（简称石羊农科）成立于2011年7月，是农业产业化国家重点龙头企业、高新技术企业、全国饲料三十强企业，经过多年发展，现已成为集饲料生产、种猪繁育、生猪养殖、屠宰加工、冷链运输、终端门店等于一体的全产业链农牧、食品企业。现有分子公司20余家，自有13个饲料厂、14条饲料生产线，年设计产能150万t，分布在陕西、山西、甘肃等省，并辐射西北、西南等区域。自有25个养殖场，基本建成200万头生猪云养殖体系，母猪存栏8万头，年生猪出栏能力达200万头。现有生鲜猪肉终端门店130余家。

公司积极践行社会责任，发挥“链主”龙头企业带动效应，全力推动“万企兴万村”助力乡村振兴行动，实现了企业与社会、生态和经济的和谐融合发展，争创高质量可持续发展新局面。获得农业产业化国家重点龙头企业、国家高新技术企业认定、入选国家级生猪产能调控基地、农业农村部饲料质量安全管理规范示范企业、部级畜禽养殖标准化示范场、全国饲料三十强企业、中国农业企业500强、陕西省首批产教融合示范企业、陕西省省级企业技术中心、陕西省技术创新示范企业、陕西省科技进步奖、陕西省脱贫攻坚组织创新奖、陕西省专精特新中小企业等荣誉。石羊农科安心肉通过SGS第三方机构权威检测，中国人民财产保险股份有限公司质量承保，荣获“中国农产品百强标志性品牌”“中国食品行业创新品牌”。

二、产业发展

（一）发展历程

1993年，石羊饲料厂在陕西蒲城成立，年产2万t动物饲料生产线正式投产，标志着石羊饲料产业的开始。

1996年，石羊向省外扩展，成立山西稷山饲料公司，标志着石羊饲料产业向省外开始延伸。

2002年，年产36t高档绿色饲料陕西杨凌饲料公司成立。同年，兰州石羊饲料有限公司建成投产。

2003年，山西晋中饲料有限公司建成并投产。同年，石羊为拓展饲料产业链条，与美国PIC公司合资建立西北地区第一家PIC祖代猪场。

2011年，年产18万t西北首家专业猪饲料公司在陕西蒲城投产使用。

2012—2020年，石羊农科按照公司战略规划逐步扩大种猪繁育及生猪养殖规模。

2022年，公司建成30万t专业猪饲料生产基地，搭载物联网智能化供应链生产和溯源系统，实现了全方位大数据闭环管理，实现了从原料到成品的全散装化、生产过程全自动化、生产效率的高效化，保障产品更安全。

2023年，石羊转型实施大食品战略，已逐步设立石羊安心肉终端门店130余家，实现饲料、自繁、自养、屠宰、销售全链条垂直一体化发展。

（二）发展优势

走出陕西，布局西北。石羊农科近年来不断优化饲料产业布局，统筹下好产业布局“一盘棋”，现已建成13家饲料厂，其中陕西8家、山西4家、甘肃1家，并辐射西北其他区域。逐步形成以陕西为核心，辐射整个西北地区的产业布局。

创新驱动，科技赋能。石羊农科紧抓陕西省聚力科技成果转化“三项改革”及推进秦创原创新驱动平台建设契机，加快科研成果向生产力转化，提升产业链供应链稳定性和竞争力，促进产业基础高级化和产业链现代化，打造“四维一体”研发体系，现已形成百余名自主研发团队和外聘专家顾问组成的科技人才队伍，公司先后成立了动物营养研究中心、动物健康研究中心、食品科学研究中心等多个研究机构和10余个研发基地，同时与PIC、中国农业大学、西北农业大学、南京农业大学、杨凌职业技术学院、陕西省微生物研究所等高校与机构深度合作，加快产业在猪群健康管理、环境控制系统、智能化报警、精准检测体系、全自动饲喂等方面的技术创新应用，实现了生产效率和效益的双提升。承担省市厅级以上重大项目20余项，取得新型绿色饲料研发、种猪繁育等多项科研成果。目前，公司拥有各类专利30余项。

专业生产，质量追溯。石羊农科拥有行业领先生产工艺及生产设备，产品质量安全可靠。公司核心产品预混料加工生产使用全套布勒设备高档预混料生产线，生产线工艺先进、自动化程度高，采用全不锈钢输送设备和料仓，保证过程无残留；配料过程全电脑控制、扫码纠错设计，实现精确配料、精准用料、高效生产；采用自动投料和打包码垛、条码标签和生产日期喷码，确保从原料、化验到生产加工全过程质量可追溯，依托信息化大数据管理系统，实现一猪一码，全方位大数据闭环管理，保障产品更安全。

种养循环，低碳发展。石羊农科坚持“生态治理”原则，以饲料加工为纽带，按照“以种带工，以工带养，以养促种”的新型种养结合发展理念，构建种养加结合、一二三产业融合的现代高效循环产业体系。推行“猪—沼—田”循环模式，现已形成100万头猪＋10万t沼液＋30万亩高标准农田的种养循环发展规模。

（三）全产业链“闭环式”生态圈建设

石羊农科坚持全产业链发展思路，延长产业链、提升价值链，按照饲料是基础、养殖是核心、肉食品是未来的战略定位，打造全国畜牧产业链桥头堡，实现饲料生产研发—种猪繁育—生猪养殖—屠宰加工—冷链运储—终端消费（门店）的全产业链闭环模式，着力布局完善创新能力强、产业链条全、绿色底色足、安全可控制、联农带农紧的农业产业化链条，全力打造畜牧产业发展“石羊模式”。

夯实饲料基础，打造行业标杆。搭建完善高效的采购体系，确保原料采购安全健康；采用“四维一体”研发体系，持续创新产品研发；全程自动化生产管控，实现质量全程追溯；严格生物安全防控，保障产品安全。

发展规模养殖，推动“三生”（生产、生活、生态）融合。发展标准化规模养殖，确保猪群养殖健康；引进优良品种，建设优良种猪繁育体系；吸纳专业人才，巩固科学养殖；完善生物安全体系，有效防控动物疫病。

深化产业融合，延伸产业链条。采用二氧化碳窒晕实现生猪福利屠宰；建立智能化生产控制体系，实现每块猪肉信息全程采集、跟踪、可追溯；建立现代化分割加工生产中心，严守肉品品级标准；建立冷链物流锁鲜配送体系，确保肉质鲜美。

强化龙头带动，推进乡村振兴。饲料环节，通过订单农业、签订合同的方式，全年累计带动农户8 000余户，户均增收1.1万元。生猪环节，以自建自养、租赁养殖以及“公司＋农户”代养三种结构并举发展，其中通过“公司＋农户”“龙头企业＋集体经济＋合作社”产业带动模式，全年累计带动农户2 400余户，户均增收4.2万元。销售环节，吸纳退役军人、大学生及残疾人加入石羊农科肉食品事业创业就业平台，建设品牌终端门店130余家，吸纳就业人员300余人。

三、面向未来

夯实饲料安全，保障食品安全。饲料作为生产动物性食品的主要投入品和安全监管的源头，是“菜篮子”安全的前提和关键。石羊农科始终将产品质量和食品安全放在企业发展首要位置，在未来发展中，将持续贯彻“食品安全是企业生存和发展之生命线”经营理念，严格执行食品安全管理体系、环境管理体系等各项内部管理体系，不断完善产品质量追溯体系建设，有效保证公司产品质量。

创新食品风味，丰富肉食品产品。食品口味创新已成为目前肉食品行业满足消费需求基础上新的发展趋势与需求。石羊农科未来将利用企业自身食品科学研究中心等科研机构不断完善肉食品产品体系，在风味、产品形态、包材、包装文案、食品配料等方面加大创新力度，强化品牌建设。

瞄准国际一流水平 发挥龙头企业优势

——兰州正大有限公司

正大集团甘肃区下辖兰州正大有限公司、兰州正大食品有限公司、兰州正大畜禽有限公司、兰州正大卜蜂贸易有限公司及正大食品企业（上海）有限公司甘肃分公司。其中，兰州正大有限公司是泰国正大集团与甘肃省农牧厅合作兴办的大型现代化农牧企业，于1993年8月正式开业。后经过公司业务的多元化发展，逐步成立了以上五家公司，资产总额达25亿元人民币，员工人数达1 700余人。2020年甘肃区整体营业额为38亿元，2021年甘肃区整体营业额为29亿元，2022年甘肃区3家饲料厂独立核算，其中兰州正大饲料厂整体营业额为7亿元。30多年来，甘肃区基本形成了从种植、饲料生产、种畜禽繁育、商品代饲养到屠宰加工、食品深加工及终端零售为一体的全产业链经营体系。

一、饲料业务

目前，在兰州市、张掖市、平凉市建成了现代化专业饲料厂5座，年产能达80万t，市场占有率达到35%。同时扎根农村，为养殖户传授现代养殖理念，推广现代养殖技术，引导农民大力发展标准化养殖，为甘肃地区现代畜牧业的发展起到了极大的推动作用。集团谢国民董事长一贯非常重视产品质量。首先在组织机构方面质量管理实行总部直线管理，品管部直属饲料技术职能线，技术部负责对化验人员上岗前培训，有了技术总部的支持，品管技术有了保障。其次在质量管理检测设备方面愿意投资，化验室建厂时投资300多万元。为降本增效、节能降耗，后期又引进全球最先进的近红外饲料分析仪、全自动核酸提取仪、荧光检测仪、全自动酶标仪、原子吸收风光光度计等一系列高效、节能、绿色的检测技术，以加强质量监控力度。

近年来，为实现工业生产现代化转型升级，提高生产效率，降低生产成本，饲料厂先后在机械化、自动化、智能化方面加大投资更新力度，重点改造项目如下：

项目一：自动液压翻板。改造前散装玉米卸货需要工人从货车车厢里面往下扒，费时费力，效率低，卸货成本高，同时在卸货过程中存在安全隐患，粉尘飞扬，严重影响作业人员身体健康。为响应集团六化建设，用机器替代人工，实现散装卸货机械化、自动化，公司于2014年、2019年先后投资建设两套散装玉米卸货液压翻板，项目总投资120万元，原人工卸货效率为34t/h，液压翻板卸货效率为60t/h，效率提升44%，年节约电费14.9万元。

项目二：自动投料机。改造前投料工段靠人工投料，效率低，影响生产，工作环境粉尘比较多，对作业人员的健康造成潜在隐患，刀子割包，容易造成人身伤害，比较危险。公司先后于2019年、2021年引进自动投料系统，项目总投资80万元，只需叉车，无须人工割包，提高投料效率，减少用人，避免安全隐患。投料全过程PLC控制，只需要将待投料放置在指定区域，按下按钮，就可完成自动抓取、割包、除尘、编织袋排出、拖盘存放等工作。原人工投料最快每盘需5min，自动投料每盘2min，效率提升60%，年节约电费21.6万元。

项目三：0.2%预混合及微量秤升级改造。饲料质量管理规定小于0.2%的预混料需要人工先加入载体预混合，每月需预混合小料311t，人工添加工作量大，效率低。引进上海天一高德预混合系统，并新增12位加法秤及2位减法秤，项目总投资16.9万元。改造前人工预混合需要10人，人均费用3.6万元/月，改造后实现自动化作业，无须人员，年节省劳务成本43.2万元，同时该项目在中国区饲料行业得到广泛推广。

项目四：CPS配料系统。配料工段引进上海正诚CPS配料系统替代原来的WEM3000系统，配料速度更快，精度更高，同时实现药物连锁功能，项目总投资24.9万元。

项目五：码垛机器人。成品包装工段于2012年、2013年、2021年先后引进三套码垛机器人，机械替代人工，降低了工人劳动强度，包装效率提高50%，项目总投资240.5万元。

项目六：自动拆垛机。成品发货工段每条发货线需要工人两名，工作劳动强度大，公司于2020年、2021年先后引进自动拆垛机两套，降低人工劳动强度，提高发货效率20%，项目总投资32万元。

项目七：甲醇锅炉。应政府环保部门要求，公司于2016年投资安装甲醇锅炉一台，替代原先的燃煤锅炉，使用清洁能源工业甲醇代替煤炭，烟气排放指标满足环保要求，项目投资74.5万元。同时于2020年更新锅炉一、二级节能器，甲醇单耗由8.79kg/t下降到8.5kg/t，年节约工业甲醇28.4t，每年节约5.7万元。

项目八：两单两三。为提高配料精度，保障饲料产品品质稳定。公司提出“两单两三”配料精度提升项目：①每月单批误差≤0.3%的批次占比≥95%；②每月单仓误差≤3%的批次占比≥90%。公司通过硬件设备更换、设备改造，配料系统更换，达成单批配料误差精度提升 23%，单仓配料误差提升 30%，项目价值贡献约 25 万元/年。

二、养殖业务

建设了目前甘肃省国家级核心育种场，年生产祖代种猪 1 万头，为集团中国区及社会提供千万头商品猪生产所需要的优质配套种源。并在兰州市、庆阳市、张掖市、嘉峪关市、白银市及其他地市建设了现代化种猪场，年出栏肥猪 70 万头。同时，在平凉市泾川县建设青年鸡场 1 座，年生产优质青年鸡 150 万羽，在兰州新区建设了存栏 50 万羽规模的现代化蛋鸡场 1 座，年可向城市消费者提供安全蛋品 5 000t，安全肉品 6.5 万 t。

三、零售业务

“正大优鲜”作为正大集团旗下的全新品牌，旨在为附近社区居民及商务白领工作和生活提供一站式全方位的购物体验。目前，“正大优鲜”社区便利店已在兰州开设 36 家，目的就是打通“最后一公里”，真正实现农超对接，为周边居民提供一个“放心厨房”，让消费者吃的安全，吃的优质，吃的新鲜，吃的健康。同时也获得消费者的认可。

四、产业扶贫

兰州正大有限公司在各级政府的支持和关怀下，积极融入当地社会主义新农村建设和精准扶贫产业扶贫计划，按照集团“四位一体”产业扶贫模式，组织政府、银行、企业服务农民，在甘肃嘉峪关市建设了正大新农村现代农牧产业化示范项目，使当地 400 户低保户、贫困户得到了稳定的收益。在甘肃庆阳市投资建设的新农业（农业 4.0）暨产业扶贫综合示范项目，通过生猪全产业链带动 15 000 户贫困户稳定脱贫。此外，近年来通过“公司+农户”的产业扶贫模式和订单农业的生产模式，以及土地流转带贫模式，直接或间接带动嘉峪关、张掖、兰州、白银、天水、平凉、庆阳、陇南等地的 3 万余户农户稳步增收，生活水平持续改善。

五、社会责任

过去几年里，正大集团甘肃区积极参加各类社会公益活动，累计为救灾抢险、贫困家庭、乡村教育、环卫工人等捐款捐物达 500 多万元。2020 年新冠感染疫情期间，出资 380 万元通过正大集团总部统一支援武汉抗击疫情，并为甘肃省各地捐赠 70 余万元的食品物资，助力当地疫情防控。

此外，公司还不遗余力地支持当地教育事业发展，与省内 30 余所高校均建立了良好的校企合作关系，为广大在校大学生搭建了社会实践平台，携手培养学生的业务能力和综合素质。并在部分重点院校设立“正大奖学金”、举办“正大杯”大学生双创大赛，激发大学生创造力，推动科技成果转化。同时，甘肃区还积极响应集团号召，持续吸纳自主择业的军官、士官加入正大团队。正大集团甘肃区平均每年吸纳就业人数达 600 余人，其中在校大学生达 200 余人，退役军人近 100 人。

六、所获荣誉

进入甘肃投资以来先后获得：国家级农业产业化重点龙头企业、全国十大领军饲料企业、国家生猪核心育种场、国家级动物疫病净化创建场、国家级无非洲猪瘟小区、饲料行业扶贫工作先进集体、产业扶贫先锋企业、中国畜牧行业先进企业、皋兰县政府质量奖、中国最佳雇主企业等荣誉称号。2023 年 3 月 24 日工业和信息化部办公厅公布兰州正大获得 2022 年国家级绿色工厂殊荣。

七、管理体系情况

1. 环境管理体系。公司按《环境管理体系 要求及使用指南》（GB/T 24001—2016）设置专门的环保监察组织，负责识别其环境管理体系覆盖范围的活动，确定对环境具有或可能具有重大影响的因素根据国家环保政策、标准及环境监测要求，建立包括环境方针、目标和指标等管理方面内容的环境管理体系，并为制定、实施、实现、评审和保持环境方针设立了专门的组织机构，制定明确的机构职责、工作程序，规划了定期的环保监测和检测活动，确保环境管理所需的资源提供。严格遵守“三同时”，实施生产工艺技术绿色化改造升级，以节约能源，减少环境污染。公司于 2021 年 6 月 2 日通过了环境管理体系认证，并获得了环境管理体系认证证书。

2. 能源管理体系。公司按《能源管理体系 要求及使用指南》（GB/T 23331—2020）设置专门的成立能源管理中心，全面领导节能减排实施过程中的监督、指导、考核等相关工作。在能源管理中心的领导下，安全环保部全面负责节能减排政策制定、宣传、培训、检查、考核等日常管理工作的组织实施、跟踪和监督等；负责组织制订和落实节能减排管理制度、节能减排指标、节能减排目标责任制、节能减排措施及标准体系；负责组织制订和落实本单位节能减排报告、考核、奖惩等相关制度；负责建设能源计量网络，并检查能源计量器具的配备和检定情况；负责所有节能减排情况及数据的采集、分析及节能减排信息系统的管理和维护，并提出合理化建议，编制统计报表和分析报告，上报相关部门。

3. 职业健康安全管理体系。公司按《职业健康安全管理体系 要求及使用指南》（GBT 45001—2020）要求，制定了一体化管理手册，建立了以制定和实施组织的职业健康安全方针，管理职业健康安全风险为主要内容的职业健康安全管理体系，采用建立管理体系的方式对职业健康安全绩效进行控制，强调预防为主、持续改进以及动态管理，为企业提高职业健康安全绩效提供了一个科学、有效的管理手段。通过建立系统化、规范化的管理体系，根据有关法规要求，对危险源进行源头识别和全过程控制，从而做到持续改进，持续守法。公司于 2021 年 6 月 4 日通过了职业健康安全管理体系认证，并获得职业健康安全管理体系认证证书。

4. 质量管理体系。公司按照《质量管理体系 要求》（GB/T 19001—2016）的要求，策划建立实施保持及改进质量体系，并结合公司的实际情况形成体系文件，公司按管理体系标准和管理体系文件的规定，建立了为实现质量目标所必需的、系统的质量管理模式，涵盖了顾客需求确定、设计研制、生产、检验、销售、交付全过程、策划、实施、监控、纠正与改进活动等要求，形成了质量管理体系文件、质量记录清单等，合理运用各项管理机制和表单进行工作的管控，方便了日常的管理工作。形成了文件化的管理程序和标准化的考核评价制度，并以此为基础，整合公司所有管理制度。公司于 2021 年 5 月 31 日通过了质量管理体系认证，并获得了质量管理体系认证证书。

5. 食品安全管理体系。根据公司饲料生产以及相关的管理活动，依据《食品安全管理体系 食品链中各类组织的要求》（ISO 22000：2018）建立、实施并有效保持食品安全管理体系，建立饲料安全目标：饲料原料、饲料添加剂、添加剂预混合饲料的使用符合国家法规标准，饲料卫生安全事故为零。公司于 2021 年 5 月 27 日通过了食品安全管理体系认证，并获得了食品安全管理体系认证证书。

八、未来规划

未来五年，兰州正大有限公司将继续秉承集团“利国、利民、利企业”的经营原则，瞄准国际一流水平，发挥龙头企业在产品、技术和服务上的优势，在甘肃省建设 150 万头生猪、300 万只蛋鸡、1 000 家正大优鲜店。打造农牧业全产业链和绿色循环农业，促进全省农牧业转型跨越发展，为甘肃省安全食品供应和乡村振兴战略做出贡献。

为客户创造价值
为社会做出贡献

——甘肃傲农饲料科技有限公司

甘肃傲农饲料科技有限公司（以下简称甘肃傲农）是甘肃省武威市古浪县政府招商引资企业，是一家高科技农牧企业。甘肃傲农公司成立于 2014 年 3 月，总投资 1.1 亿元，坐落于武威市古浪县双塔工业园区纬一路，占地 80 亩。公司经营包括进出口贸易、饲料生产、销售、中西兽药销售、农副产品购销及生猪、牛、羊养殖与销售，基地采用国际先进的瑞士布勒饲料加工设备，建成年产 24 万 t 牛羊饲料和猪鸡饲料两条生产线。甘肃傲农设立了实验室、样品培养室、质量检验室，配置近红外色谱仪、722G 可见分光光度计、酶标仪等行业领先的饲料检测仪器 80 余台。产品种类包括猪、牛、羊、鸡等系列饲料产品，具备保障周边养殖客户需求的饲料生产能力和专业服务能力。2022 年饲料总产量 6.3 万 t，完成产值 2.3 亿元，实现利税 500 余万元，吸纳社会就业 150 余人。

公司积极开展畜牧热点交流，不断提高产品品质和人才培养质量。2015 年 1 月，与甘肃农业大学动物科学技术学院签订《校企合作意向书》，授权挂牌“甘肃农业大学动物科学技术学院和甘肃傲农饲料科技有限公司——产学研合作基地”和“甘肃农业大学动物科学技术学院——大学生就业见习基地”；2016 年 3 月，与甘肃农业大学动物科学技术学院签订《技术合作协议》，设甘肃傲农动物研究院研发平台；2016 年 7 月，与甘肃畜牧工程职业技术学院签订《“共建实验室”校企合作协议》，授权设畜禽饲料中心“第二实验室”；同年，与兰州大学合作设甘肃傲农牛羊饲料过瘤胃技术研究所研发平台；2018 年，与北京昕大洋科技发展有限公司签订《一种改良猪品系的饲料添加剂》的技术服务合同，2019 年，与四川润格生物科技有限公司签订《牛羊混合饲料添加剂开发》技术开发合同；2019—2020 年，分别与福建傲农生物科技集团股份有限公司、广东溢多利生物科技股份有限公司、厦门嘉烨兴农业科技有限公司、漳浦县赵木兰养殖有限公司、龙岩学院生命科学学院、漳州职业技术学院签订《东西部合作协议》和《校企科研合作协议》。

公司现拥有 117 项专利技术（发明 8 项，新型实用 70 项，实施许可成果 2 项），其中 3 项获武威市技术发明奖二等奖，1 项获 2020 年度甘肃省专利奖三等奖，1项获甘肃省第十三届职工技术创新三等奖，部分已经转化、产生了很好的经济效益。

2014年被中共古浪县委、古浪县人民政府评为县级文明单位；2015年被古浪县农业产业化局认定为古浪县第五批农业产业化重点龙头企业，被武威市工业和信息化委员会认定为市级企业技术中心，被武威市科学技术局认定为武威市猪饲料工程技术研究中心；2016年被武威市科学技术局认定为第一批市级众创空间，被武威市科学技术局认定为武威市知识产权优势企业；2017年度被甘科高〔2017〕11号文件认定为甘肃省高新技术企业，被甘肃省农业产业化局认定为甘肃省第九批农业产业化重点龙头企业；2018年被国家知识产权局确定为国家知识产权优势企业；2019年被武威市科技局认定为市级技术转移中心，被甘肃省科学技术厅认定为甘肃省技术市场工作先进集体；2020年被甘肃省工业和信息化厅认定为甘肃省“专精特新”中小企业，被甘工信发〔2020〕229号文件认定为省级企业技术中心，被国科火字〔2020〕201号文件认定为高新技术企业，被甘科成〔2020〕3号文件认定为第三批省级技术转移示范机构，被甘肃省农业农村厅认定为第九批甘肃省农业产业化重点龙头企业监测合格单位；被2021年经甘工信发〔2020〕149号文件认定为甘肃省第二批绿色工厂，2022年被工业和信息化厅认定为数字化车间，2023年1月被武威市人民政府授予第十六批武威市文明单位，2023年4月被武威市人民政府授予第二届武威市人民政府质量奖。

甘肃傲农在发挥企业自身特有的科技领先优势的同时，不断延伸产业链。公司在西北地区先后投资了宁夏大地丰谷粮油有限公司（专业从事玉米烘干和批发）和宁夏金汇饲料有限公司（专业生产压片玉米），并在甘肃武威市古浪县投资古浪傲美羊业有限公司，从事肉羊、肉牛舍饲育肥养殖，现有育肥基地3座，存栏羊1.8万只，牛1 000头，同时2021年收购黄花滩兴盛种羊场，现存栏种羊2.4万只，为地方畜牧业高质量发展提供支撑。

企业围绕西北和地方养殖为契机，展开销售。近10年来，以过硬的研发团队、精干的销售队伍和扎实的营销体系，立足于甘肃，辐射宁夏、青海、内蒙古、陕西等邻近省份，取得了显著的经济效益，营业收入9.8亿余元，利税4 000余万元，带动就业500余人。饲料种类主要有猪、奶牛、肉牛、肉羊、蛋鸡等系列产品，傲农肩负“以农为傲、惠及民生”的使命，倡导安全、环保、高效、健康的产品理念。坚持“为客户创造价值，为社会做出贡献”的核心价值观为客户提供优质高效的饲料，为西北农牧行业的发展做出自己的贡献。

以生态畜牧业为立足点
以科技创新为动力

——青海华农恒青农牧有限公司

青海华农恒青农牧有限公司是由（江西）华农恒青科技股份有限公司与青海江河源投资集团有限公司旗下的青海牧源农牧科技股份有限公司双方共同出资合作的饲料企业，成立于2018年7月，由华农恒青科技股份有限公司负责经营管理。公司注册资金1 200万元，注册地为青海省海东市平安区海东工业园区临空综合经济园唐蕃大道366号，生产厂房和综合设施用房14 000m^2，猪饲料生产线3条，牛羊料生产线2条，设计年生产量48万t。

公司在青海省政府和省农业农村厅相关领导的关怀指导下，以打造“青海绿色有机农产品输出地”为目标，以生态畜牧业为立足点，以科技创新为动力，发展成为西北同行业最具规模的重点饲料加工骨干企业。近年来，公司被认定为“青海省科技型企业”“国家级农业产业化重点龙头企业”，获得省级科技成果2项。公司生产的“江河源”牌奶牛饲料经中国绿色食品协会认定为“绿色食品生产资料”。

公司自成立以来，以“成就客户”为宗旨，坚持“成就客户就是成就我们自己”，坚持“一三四六”的独特经营模式，坚持并践行差异化竞争，用“良心、真心、专心”做高稳定、高性价比的产品。公司专注和聚焦于饲料产业——专业化饲料制造商和供应商，以华农恒青品牌猪料为主导，快速推进海通品牌禽料、水产料以及江河源品牌牛羊料，始终坚持做高稳定、高性价比的饲料，通过做好采购、生产、配方技术、品质管理、三级技术服务、营销模式6个方面，实现产品稳定、营养均衡、性价比高、技术服务好，突破同行对饲料行业同质化竞争的认识和陷阱。

公司的“江河源”牌反刍饲料系列产品，以“科学饲养、分段管理、精准饲喂、绿色健康”为导向，特意精选青海地区优质、绿色、无污染的原辅料，搭配功能性营养素，结合市场需求、动物种类、生长阶段的养殖目标进行配方设计，产品注重营养平衡，关注动物健康，依靠先进的生产工艺和设备，确保各种饲料产品的营养浓度合理、品质稳定。既保证了动物对维生素、微量元素及矿物质的合理需求和氨基酸的平衡，同时也大幅度提升了饲料的转化率，增强了机体抗病能力，提高幼畜的成活率和健仔数。

公司通过多年的实践和不懈努力，现已研创出了一系列具有自我特色、难以复制的多种饲喂模式和各类产品。现有成熟的肉羊快速育肥 1575 标准化饲喂模式、牦牛 1204 育肥饲喂模式、肉牛 22412 饲喂模式、藏羊母子同补等饲喂模式。此外，我们研发并推出了犊牛料、育成期料、产前精补料、泌乳牛精补料、浓缩料、干奶期精补料等一系列适用于不同生长阶段的奶牛饲料产品。近年来，公司积极开展校企合作研发项目：牛羊舍饲或补饲用饲草料精准配制工艺研究及技术推广、青海农区奶牛提质增效与规模化健康养殖技术研究与示范、牦牛舍饲高效生产专用配合饲料新产品开发与应用示范、功能性益生菌在牦牛绿色健康养殖中的应用与示范、高寒草场万头犊牦牛肠道保健技术创新及推广应用，并与青海大学、青海畜牧兽医职业技术学院等西北 6 所高校及科研园所合作，开展牦牛专用饲料的研发和推广。全程饲喂公司牦牛专用饲料，最高可实现日增重 1kg。

公司成立至今，销量保持快速增长态势，2020 年比 2019 年增长了 70.44%，2022 年比 2021 年增长了 31.23%；纯利润 2020 年比 2019 年增长了 89%，2022 年比 2021 年增长 60%；华农恒青牌猪料和江河源牌牛羊料已成为广大牧民心目中第一饲料品牌。

公司自进驻青海以来，积极响应青海省政府号召，为推进三江源及草原生态保护做出贡献并承担社会责任。通过投入大量的人力、物力和财力进行牦牛舍饲科研技术攻关与产品研发，本着“绿色、安全、环保”的宗旨推出牛羊圈养舍饲的高效产品饲喂模式。每月组织 10～20 批次的养殖户来公司参观培训，2021 年和 2022 年培训广大农牧民朋友达 1 500～2 300 人/次。引导参观培训者使用公司产品的饲喂模式，降低农牧民的生产劳动强度，推广科学的饲养及管理方式，从而最大限度提高养殖效益，使农牧民朋友增收。

不忘初心，牢记使命，服务“三农”，产业报国。青海华农恒青农牧有限公司始终坚持“共同成长，合作发展，争创第一”的核心价值观，坚持、坚定地扎根青海不动摇，以让西北地区农牧民“轻松养殖、快乐赚钱”为企业服务宗旨，为推动青海省畜牧业的发展与进步贡献绵薄之力。

质量是生命　市场是灵魂
管理是效益　创新是发展

——青海黄河畜兴农牧开发有限公司

一、公司简介

青海黄河畜兴农牧开发有限公司始建于 1984 年，是一家专业从事精料补充料、配合饲料、添加剂预混合饲料的研发、加工及销售为一体的科技型企业。

公司占地面积 132 亩，注册资本 3 100 万元，工业总产值 6 548 万元，总资产 7 283 万元。现有职工 60 余人，其中党员 10 人。已建立相对完备的现代化管理体制，年生产能力 22 万 t，产品销售遍及青海省各州县以及西藏、四川、甘肃、宁夏、新疆、山东等省份，深受客户认可，取得了较好的经济效益和社会效益。

公司践行社会责任，彰显企业担当，截至 2022 年，在抗雪救灾、精准扶贫、乡村振兴、疫情防控、金秋助学、防洪防汛等累计捐资捐物 35 次，金额达 440.7 万元。先后获得中国饲料工业协会理事单位、青海省农牧业产业化结构调整省级“龙头企业”、青海省“专精特新”中小企业、青海省质量标杆企业、青海省科技型企业、青海省著名商标、青海省五一劳动奖、青海省《饲料质量安全管理规范》示范企业等国家级、省级多项荣誉。

公司坚持质量是企业永恒的主题，以“质量是生命、市场是灵魂、管理是效益、创新是发展”为经营理念，服务“三农”，为员工谋福利、为顾客创价值、为社会做贡献，主动融入四地建设，推动农牧业经济发展和农牧民增收，以实际行动打造青海绿色有机农畜产品输出地。

二、经营和发展经验

（一）背景

公司 2015 年 8 月开始运行《饲料质量安全管理规范》管理体系，2017 年 12 月通过农业部审核。截至目前，该体系已运行近 8 年，通过理论与实践相结合，不断更新，现已形成切合实际、极具特色、可追溯性强的质量管理体系。2022 年 5 月，为进一步强化质量意识，提升产品质量，在该体系基础上导入卓越绩效管理模式，经不断地创新改进和探索实践，现已形成黄河畜兴质量管理模式。

（二）质量管理模式

质量管理模式，即“三全一追溯”模式，是以全力打造绿色有机农畜产品为导向，全体员工参与，包括原料采购、生产加工、产品质量监控等各类产品生产全过程、各环节，全程管控并且可追溯性管理模式。

（三）应用效果

1. 产品质量方面。公司产品质量的战略方针是“质量为本、持续改进、信誉至上、顾客满意，力争在 3～5 年内打造国内驰名品牌，走文化兴企、品牌化和集约型发展道路”。质量战略重点是“产品出厂合格率达到 100%，残次品率≤1%，顾客满意度≥85%”。

成立质量管理领导小组、现场质量巡查小组、质量内审组等，编制《管理制度汇编》《饲料质量安全管理规范制度》《员工培训计划》及《工资分配方案》等，从制度上约束员工，让所有员工自觉参与到质量管控中。按照“因事设岗、按岗定标、以标择人、人行其事、事得其酬、岗责统一”的原则，建立以岗位职责和任职目标为主要内容的用人机制，通过每年评比考核，充分激励员工工作积极性及创新能力，帮助员工提升自身工作水平，营造人人被考核、人人参与考核的良好氛围。通过公司举办的质量意识的培训，全面提高员工的质量意识。

2. 技术方面的应用成果。质量管理模式运行，公司在技术方面获得不菲的应用效果。公司研发了11种复合预混料、24种精料补充料及配合饲料并备案发布，复合预混合饲料添加剂成为公司核心产品，因其附加值高，给公司创造了极高的经济价值。公司制定了34个原料验收标准和六大系列产品出厂检验标准，从源头上保证公司产品质量，有效避免因不合格品给企业带来的不利影响。生产过程严格按照相关指导文件，并对员工进行系统培训，使产品生产更加标准化、规范化。在质量检测方面，化验室各仪器设备制定相关的操作规程，操作人员严格按照规程进行操作，避免安全隐患，提高数据准确率，减少不必要的设备损耗。质量管理模式运行，极大提高了员工创新能力，使公司拥有四项实用新型专利成果。

3. 品牌战略实施方面。“黄河畜兴”商标于2005年7月注册，2013年10月被青海省工商局评为“青海省著名商标”。为进一步实施名牌战略，增强企业市场竞争力，成立商标管理领导小组，制定了品牌推广计划与管理机制，全面负责公司整体形象设计、规划及标识系统的统一制定设计和实施规划，力争成为国内驰名品牌。

公司销售员对所有产品的主要经销商建档，由经销商帮助宣传公司品牌。同时采用墙体、车体、微信等多种方式宣传推广公司品牌，在客户心目中形成统一的品牌形象。特别是2022年初，公司商标被四川省、甘肃省商户侵权，对公司造成了极大的负面影响。经投诉，成功查获侵权产品1 244袋，假冒包装袋890条，涉案金额20万元。此次商标侵权案之后，公司商标管理领导小组进一步加强品牌保护意识，制定相应策略，扩大企业品牌知名度。

4. 经济及社会效益方面。质量管理模式的运行显著提高了公司的经济效益。公司定期对销售收入、主营业利润、人员结构、投资收益率、净资产收益率等指标进行纵向对比，与同行业进行横向对比，以此指导公司运营目标、工作改进方向等。经比较，公司销售收入2021年较2020年增加约1 000万元，2022年较2021年增加700万元；公司净利润2022年约等于2020年的40倍，经济效益显著增加。

社会效益方面：公司不断壮大员工队伍，2022年从农村累计雇佣工人80余人，较2020年增加38人，员工工资及其他福利待遇均高于同行企业。公司大量收购当地及周边地区农副产品，使周边地区种植小麦、青稞、玉米等种植户经济收入明显增加，2022年带动农户约2 000户。此外，卓越的质量管理体系促进产学研带，公司多批次接待了兄弟单位的观摩交流，为青海省同行业质量管理提升工作起到示范带动作用。

今后，公司会继续将管理经验分享给全省饲料行业，为提升青海省饲料行业的整体水平、缩小和国内同行业间的差距做贡献。

精心服务“三农”事业

——海东市乐都区润田饲料厂

海东市乐都区润田饲料厂是一家集农牧农副产品生产、加工、销售于一体的个人独资企业。公司成立于2003年6月，位于海东市乐都区雨润镇羊圈村，现有占地54亩、年产5万t饲料生产线一条和占地32亩、年产2万t草产品生产线一条。公司2014年1月份被认定为海东市农业产业化“市级重点龙头企业”，2010年以来注册了“金谷田”“鼎羊”“南凉谷香”等商标，2017年12月由青海省扶贫开发局认定为“青海省产业化扶贫龙头企业”，2018年5月通过ISO 9001质量管理体系认证，2020年1月被认定为青海省农业产业化“省级重点龙头企业”，2020年11月被评为“青海省科技型企业”。

公司自成立以来，紧紧围绕“以饲料加工经营为依托，以科技创新为动力，不断提升企业核心竞争力，实现与种植养殖户共赢”的发展理念，积极推动饲料产品质量结构的升级换代，促进种植养殖业向规模化、集约化和现代化方向发展的进程。

一、企业经营理念

企业文化是企业的灵魂，是企业发展的重要支撑；打造特色专业团队，精心服务“三农”事业；坚持诚实守信，重视信誉，确保企业长久发展；不断创新，寻求新的业务模式和商业机会，保持竞争力；倡导团队合作，尊重每个员工的贡献，携手共进，只有坚持这些价值观，才能为客户、员工和社会创造真正的价值。

二、公司发展方向

针对青藏高原牛羊养殖水平、地域条件、习俗、经济水平、地方可能利用的原料，从提高效能、降低原料和运输成本方面研究开发系列饲料产品，饲草料类型有精补料、干草、草颗粒、全日粮、发酵饲料。公司充分利用当地资源，机制联动增加农民和企业的收入。因地制宜、科学合理地选择优势特色产品，并结合市场发展需求，扩大建设规模，示范引导种植养殖户调整产业结构，构建“饲料生产企业＋销售＋种植养殖户”的生产模式，把种植、养殖、销售、生产的利益捆绑起来，既提高了种植养殖户的经济效益，又为企业产品质量的提高提出了宝贵的意见和建议，从而促进公司长足发展。

三、产品升级助推高质量发展

根据市场要求，积极推动饲料产品质量结构的升级换代，促进种养业向规模化、集约化和现代化方向发展。为迎合生态饲料和绿色饲料的发展方向，满足市场需求，积极组织技术人员对不同地区的种植养殖户进行调研，按不同地区和环境气候的差异，设立养殖户实验基地，针对不同客户的实际情况，为客户量身定做高品质、区域化的各类饲草料产品及优质、专业的服务。坚持理论与实践相结合的原则，系统化调整动物营养配方，力争饲料中营养成分的利用率最高，确保经济利益最大化，得到了有关专家及种植养殖户的肯定和好评。

四、以客户为中心

对于成就客户，最重要的还是客户自身的感受，公司始终坚持从客户的角度出发倾听客户的需求与反馈，尝试提供最优质的产品和服务来满足客户需求，保持良好的沟通与互动，及时解决客户遇到的问题和困难，同时建立长久的客户关系。

五、企业履行社会责任

2019 年，青海玉树州多地遭受严重雪灾，公司立即组织应急保障小组，将饲草送至牧民手中，这样也为牧民减少了损失，并积极响应政府倡议，为羊圈村、蒲台乡、马营等山区学生送去爱心书本。在主管部门的牵头下，目前在蒲台乡、马营乡、共和乡、李家乡、峰堆乡、达拉乡、蒲台乡实施开展了扶贫帮扶工作。

诚信　创新　专业　卓越

——宁夏博瑞饲料有限公司

宁夏博瑞饲料有限公司（以下简称宁夏博瑞）是博瑞科技与宁夏农垦乳业股份有限公司、宁夏美加农公司共同合资兴建的以科技研发及产品生产销售服务的饲料企业。母公司博瑞科技股份有限公司是一家专注反刍动物科技的国家高新技术企业，10 余年来始终致力于为中国牧场提供一体化精准营养综合解决方案，专注于对反刍动物饲料领域的技术研究、产品开发、成果应用和价值共享，持续为国内牧场提供精准且有效的技术服务，并传授科学先进的养殖管理技术经验，形成了以科技研发、生物技术、饲料加工、技术服务、牧业发展为一体的事业布局。

宁夏博瑞工厂占地 4.1 万 m^2，全套国际先进的布勒生产设备，集研发、生产、检测、技术服务和数据平台建设为核心业务，宁夏博瑞作为博瑞科技发展西部的桥头堡，随着宁夏农垦乳业股份有限公司战略股东的加入，以西部反刍动物营养研发中心为依托，以赋能宁夏“六新六特六优”产业中的牛奶产业、肉牛、滩羊畜牧业高质量发展为己任，为广大牧场及牛羊养殖客户提供最专业的营养产品及服务解决方案，为行业的发展贡献博瑞力量。

宁夏博瑞已通过 2022 年第二批国家科技型中小企业、2022 年第一批自治区科技型中小企业、规模以上工业企业、自治区技术创新中心、自治区创新型中小企业等荣誉。

母公司博瑞科技现已成为中国奶业协会副会长单位、中国饲料工业协会副会长单位、国家博士后科研工作站、国家“饲料质量安全管理规范示范企业”、吉林省博士后创新实践基地、省级企业技术中心、吉林省饲料工业协会会长单位。

企业还获得农业产业化国家重点龙头企业、国家高新技术企业、国家级专精特新“小巨人”企业、中国十强反刍动物饲料企业、中国畜牧饲料行业十大科技进步奖、中国奶业行业提升贡献奖、中国农业企业 500 强。

一、诚信为本，质量为先

诚信是一个人最优秀的品质，也是企业最基本的立足之道。2008 年“三聚氰胺”事件给我国奶业带来前所未有的冲击，特别是上游的饲料产品几乎滞销，博瑞业绩也深受影响，很多同行纷纷转行。博瑞仍然选择坚持走专注反刍科技的道路，始终不忘初心、晨兢夕厉，当时国内以散户为主博瑞提出奶牛保健 120 饲喂程序，2012 年散户逐渐向小区转型博瑞推出了 GPF 小区牧场化管理，2013 年推出 DSI 牧场标准化管理，博瑞的行业地位逐渐突显。在详细调研国内外行业发展状况后，2014 年甄玉国博士在宁夏又率先提出“精准营养，节本增效”的养殖理念，宁夏博瑞为此成立了精准营养专家团队，开发了反刍动物精准营养管理模式，通过精准营养“八部曲”为牧场设计出最适合的 TMR 日粮配方，教给牧场降低成本提高效益的方法，坚持“授之以渔”的理念，从根本上解决牧场高养殖成本的问题。

宁夏博瑞建立饲料检测化验室，化验室拥有先进的检测仪器，全自动凯氏定氮仪，紫外分光光度计，近红外光谱仪，高效液相色谱仪，火焰原子吸收仪，高精度万分之一、十万分之一分析天平，酶标仪等设备。公司严格按照《饲料质量安全管理规范》要求开展日常工作，在质量管控方面，从原料进厂到产品出厂，本着风险管控的理念，已制定各种制度，有效的防控生产质量安全风险。

宁夏博瑞选择坚持走专注反刍科技的道路，始终践行“没有质量一切都是负数”的质量理念，公司董事长鲁宝杰经常深入一线了解客户真正的需求，切实把握客户的痛点，严把质量关，为市场提供高品质的产品和最专业的服务。公司先后通过了 ISO 9001 质量管理体系、ISO 22000 食品安全管理体系认证。宁夏博瑞始终践行“诚信、创新、专业、卓越”的公司核心价值观，连续多年被评为“守合同重信用”企业。

二、科技创新，技术引领

“科技是第一生产力，是创新时代发展的永恒动力”，宁夏博瑞一直以来坚信创新是企业发展动力，以“博瑞（西部）反刍动物营养研究中心”为依托，通过与宁夏大学、吉林农业大学等高校的技术合作与交流，不断扩展行业高素质科技人才队伍，不断提升技术开发与突破创新能力，多维度解决行业内存在的技术难题，包括产品创新迭代、产品性能升级、改良生产设备、打造自动化流水线等，提升行业整体实力，加快行业新技术转化新产品、新服务的速度。

工善其身，必先利器。作为新生力量，宁夏反刍动物营养和健康新型研发机构将肩负科技“引领”“创新”及“奶产业实现现代化”使命，以“创新科技与行业经济发展”为重要职责。下设种性研究中心、联合育种中心、数智开发中心、健康管理中心四个职能中心，通过融合企业与高校科研优势集聚高水平复合型人才队伍，为打造创新要素集聚高地提供坚实的智力支撑。该研发机构将以科技原始创新为源头，以前沿科技创新为核心，推进技术创新，引领产业发展，为我国现代化牧业发展释放源源不断的内生动力。

路漫漫其修远兮，吾将上下而求索。科技研发、创新求变的脚步从未停止，反刍动物营养和健康新型研发机构的建立，为宁夏反刍动物产业发展再添科技力量，我们将持续支持反刍动物产业科技创新，借助东西部科技合作，布局建设高水平科技创新平台，加快构建现代反刍动物产业科技创新体系，引领支撑产业高质量发展。

经过多年的研发投入及高端科研技术自主创新，形成企业核心竞争力。经过 10 余年的发展，博瑞不仅具备较完善的人才培养体系、可持续的研发与技术科技创新能力，同时研发中心还拥有先进的仪器设备、高端技术人才，并与农业院校实现“共享”，累计研发产品种类已达 300 余种。科技产品的研发能力和产品质量控制得到了行业内的高度认可。

三、专业专注，做精做强

宁夏博瑞始终定位于“专注反刍科技”，在畜牧业人才培养方面投入大量财力物力。2022 年 1 月份“博瑞（西部）反刍动物营养科技产业园”工厂实体项目实现投产。主要从事反刍动物饲料生产、销售和牧场的技术服务等，此项目是银川市重点建设项目，建设地点位于苏银产业园瀚海路以东、汉关路以南，占地面积 62 亩，总投资 1.8 亿元。此项目建设 2 条饲料加工生产线，分别为 1 条无公害反刍饲料生产线和 1 条预混合饲料生产线，年产能分别为 30 万 t、5 万 t，其中环保投资 319 万元，主要用于废气治理、废水治理、噪声治理、固废处理及绿化等方面。销售范围辐射陕甘宁地区，未来会持续新产品研发，不断加大项目资金投入，不断加大企业研发费用，为畜牧行业发展贡献。

建设牧场数据库及 NC 数字化云端系统，发展以反刍动物精准营养大数据为核心的客户关系体系，建设线上供应商管理系统，产品的研发始终以客户为中心，市场营销售后人员会持续关注客户对产品的反馈，研发中心也会依据客户反馈的大数据进行数据分析，不断提高产品优势，进一步稳固宁夏“博瑞”在全国同行业的领先地位。

四、创造价值，追求卓越

宁夏博瑞始终坚持“以客户为中心，以人才为根本，以创新为驱动”的基本方针，不断拓宽人才选拔渠道，在实践中发现人才、培育人才，领导推出“精益管理”“企业数字化管理提升”模式，建立“企业商学院”“1+1 工程”等模式锻炼人才，大胆任用人才，大力培养创新型人才，不断壮大队伍，公司现已组建一批高素质的技术管理队伍，并形成专业、职业、敬业的高层管理智囊团。

面向未来，宁夏博瑞将继续凝铸“诚信、专业、创新、卓越”的企业价值观，秉承“成为世界一流农牧企业”的愿景，遵循“专注反刍动物科技”的企业定位，通过“使命、担当、奋斗者”的精神，践行“帮助员工实现梦想，帮助行业伙伴不断成长，促进社会和谐富强”的使命。

健康养殖服务商
安全食品供应商

——宁夏天康生物有限公司

一、公司概况

天康生物股份有限公司（以下简称天康生物）创立于1993年，2006年12月在深圳证券交易所上市。经过30年的努力奋斗，天康生物现已发展成为业务涵盖饲料及优质饲料原料、生猪养殖及食品加工、动物医药生物制品三大主业，下设饲料、食品养殖、制药、蛋白油脂、农产品、农牧担保六大业务单元。

天康生物始终紧紧围绕养殖业的关键环节，包括饲料饲养、良种繁育、动物健康以及养殖服务体系和金融服务体系支持，为养殖户提供全面解决方案，提升养殖效益，实现公司和客户的共赢发展，努力把公司打造成国际一流的“健康养殖服务商”和“安全食品供应商”。

天康生物现有产品包括猪料、蛋禽料、肉禽料、奶牛料、反刍料、水产料、预混料及添加剂产品8个系列，280余个品种，能满足不同畜种、不同生长阶段的营养需求，围绕畜种的不同生产阶段，通过精准饲喂套餐模式推广，最大限度地提高畜禽的生产性能及生产成绩。天康生物扎根饲料产业、服务养殖业，秉承健康养殖服务商之使命，持续加大对动物营养的研发投入、构建有效的服务体系，通过好饲料和好服务提升客户价值，以完成从优质产品制造企业向卓越的养殖综合服务企业转型。

公司技术中心实验室成立于2004年，建筑面积700余m^2（含P2生物实验室），拥有大型仪器设备50余台，包括氨基酸分析仪、高效液相色谱仪、近红外分析仪及原子吸收、恒温培养箱、恒温摇床、冷冻干燥机、超低温冰箱等。该实验室2007年被评为国家级“企业技术中心”，2008年挂牌“国家饲料加工技术研发分中心”，是集团公司认证的高、精、尖设备配套最全、最具影响力的分析实验室，已陆续开展检测的项目有100余个，包括：饲料常规营养指标的检测，饲料发酵指标的检测，各类饲料添加剂含量的检测，饲料卫生指标的检测，饲料中微量元素、维生素、氨基酸及非法添加物等的检测。全方位的检测手段为饲料产品质量保驾护航。2008年，“天康技术中心”被农业部认定为国家农产品加工技术饲料研发分中心。

二、生产环境

宁夏天康生物有限公司，充分依托于总公司的资源支持，于2021年5月在吴忠市金积工业园区开始落户，公司占地面积56 000m^2，总投资额1.5亿元，2021年12月正式运营。总体产线布置为一个车间2条生产线，年总产能30万t，其中反刍料18万t，畜禽料线12万t。公司主要产品种类有精料补充料、浓缩饲料、配合饲料，涉及的畜种主要有反刍料、猪料、奶牛料、禽料。

公司的生产主要设备采用广州天地及进口设备CPM设备，设备的各项性能都能满足生产年产30万t饲料产能需要。生产质量控制方面，秉承“安全、健康、便捷”的产品观、“客户满意才算合格”的经营理念；在日常经营管理过程中，坚持标准化工厂建设，并持续开展6S工作来确保生产安全、效率提升，最终实现保证质量标准化的目的。公司严格按照国家最新的“食品安全法规”和“饲料和饲料添加剂管理条例”提升企业经营管理水平，严把产品质量关。

三、企业文化与战略

公司坚持“以德为先、因才适用、敬业为本、团队制胜”的用人原则，培养了一批爱岗敬业、忠于职守的经营团队。公司现有职工36人，其中本科以上学历10名，大中专学历20名，全部实现专业化。近年来，公司积极从宁夏农业大学、宁夏农学院等院校引进专业人才，打造了一支业务精、服务能力强的专业化团队，服务于广大客户，为客户排忧解难。

同时公司注重人才的培养，坚持“能者上、庸者下”的用人原则，时刻努力把公司打造成国际一流的健康养殖服务商和安全食品供应商。不断地要求和时刻提醒所有员工向优秀的团队学习，不断地提升自己，保持与时俱进，保持阳光、积极向上的心态，坚持向上管理、对下负责、以诚信来推动个人和企业的发展，营造正向、和谐的关系氛围。

公司依靠总部研发优势和专业化人才专家，建设新型实验室，组建专业化人才专家，配备了先进的检化验设备，对饲料原料及饲料产品进行品质检验，不合格的原料不进厂，不合格的饲料不出厂，产品质量公司实行“一票否决制”。建立了品质管理制度和工作流程、生产管理制度和岗位责任制度，严格按各项制度执行。严格按照《饲料质量安全管理规范》要求开展日常工作，在质量管控方面，从原料进厂到产品出厂，本着风险管控的理念，已制定各种制度，有效地防控生产质量安全风险。始终在为饲料行业的品质提升而不懈努力为客户提供高品质饲料产品打造传统行业中最富增值力的新旧实业和区域行业标杆企业。

公司始终在为饲料行业的品质提升而不懈努力，为客户提供高品质饲料产品，打造传统行业中最富增值力的新旧实业和区域行业标杆企业。以统一管理理念、统一生产标准、统一产品质量、统一形象服务，最大限度地成就每一位事业合作伙伴，在饲料这条传统行业的探索路上将健康养殖服务商、安全食品供应商的发展定位贯彻到底。

精益求精　质量至上
服务客户

——大连广植源生物科技有限公司

一、公司概况

大连广植源生物科技有限公司是中植集团旗下的生物技术研发和转化的高科技公司，成立于2022年4月2日，2022年11月取得饲料生产许可证。公司由首席科学家王振刚博士领衔研发的技术体系——MPI（Molecular biofilm fermentation，probiotics nutrition linking，space immunity technology）益生菌环境控制技术具有世界领先水平，先后与全世界15所大学和科研院所进行技术交流与合作，以高科技生物技术和产品为依托，进行养殖专用益生菌发酵饲料、饲料添加剂及养殖环境控制益生菌的研发和生产，提高养殖经济效益，消除农业养殖环境污染、土地污染、水污染及空气污染，对有机废弃物、有害废弃物高效资源化利用，有效修复农业生态，并对传统农业生态进行升级改造，实现生态种养、绿色循环的高质量发展模式，造福社会。

二、MPI技术特点

1. MPI益生菌是大连广植源生物科技有限公司王振刚博士团队历经29年自主研发完成的微生物制剂，MPI益生菌环境控制技术利用的是益生菌（广谱有益微生物）综合代谢机制。MPI益生菌由光合细菌、乳酸菌、酵母菌、芽孢杆菌和放线菌属为主的15个属180余种有益微生物复合而成，拥有世界领先的三大核心生物技术体系，即分子生物膜发酵技术、空间免疫技术、益生菌营养链接技术。分子生物膜发酵技术主要特点是突破环境限制，厌氧、好氧、硝化和反硝化在固液气中同时进行；空间免疫技术则能同时实施体内和体外环境免疫，恢复、重塑动植物、土壤的自然免疫系统；益生菌营养链接技术是光能自养、光能异养菌种和化能自养、化能异养菌种供需互补，互生协同。

2. MPI益生菌发酵饲料技术，是在人为的、可控制的条件下，以植物性农副产品为主要原料，通过益生菌的代谢作用，降解部分多糖、蛋白质和脂肪等大分子物质，生成有机酸、可溶性多肽等小分子物质，形成营养丰富、适口性好、有益活菌含量高的益生菌发酵饲料及饲料添加剂，从而使饲料变得营养丰富、易于吸收。通过益生菌发酵可以消除饲料中的抗营养因子，将饲料大分子蛋白质降解为小分子肽类，同时在发酵过程中会产生大量的益生菌和乳酸，降低饲料的pH，提高饲料的适口性。

针对青贮、黄贮饲料，MPI益生菌根据不同发酵原料选取对应的益生菌组合，利用世界领先的分子生物膜发酵技术和益生菌营养链接技术，突破环境限制，厌氧、好氧、硝化、反硝化同时进行，光能自养、光能异养菌种和化能自养、化能异养菌种供需互补，互生协同，使益生菌群呈几何级持续繁衍，并维持生物活性及量级，产生大量的益生菌酶和纤维水解酶，可以快速启动青贮、黄贮发酵，迅速消耗原料中的氧气，然后进行厌氧发酵。发酵过程中能产生大量的有机酸、糖苷类、氨基酸和维生素等优质营养成分，同时有机酸和益生菌酶能杀灭病菌及寄生虫卵，使发酵后的饲料营养成分长期良好保存，比传统发酵饲料养分提高10%。可广泛应用于各类作物的青贮、黄贮发酵。

3. MPI益生菌环境控制技术，是利用益生菌环境控制剂配合益生菌发酵饲料，共同构建养殖场舍有益微生物控制体系，达到绿色养殖效果。养殖专用益生菌的主要菌群是格式乳杆菌、乳双歧杆菌、芽孢杆菌、酵母菌、克劳氏芽孢杆菌、粪肠杆菌、地衣芽孢杆菌等，利用分子生物膜发酵技术、微生物营养生物链技术和空间免疫技术，突破环境限制，使益生菌群呈几何级持续繁衍，并维持生物活性及量级，同时实现生物体内和体外环境免疫，激活养殖动物自身的免疫力和抗病力；再利用生物酶、有机酸、益菌素等抑制有害微生物，形成益生菌空间免疫，有效预防呼吸道和消化道疾病。

三、MPI益生菌产品研发

大连广植源生物科技有限公司科研团队研发MPI益生菌产品并推广应用。研发的主要产品有养殖益生菌发酵饲料、养殖益生菌发酵中药、养殖益生菌饲料发酵剂、液态（固态）混合型饲料添加剂、青贮（黄贮）饲料发酵专用益生菌、养殖环控专用益生菌等。这些产品已在专业养殖场舍进行了试验，均取得了很好的效果，正在逐步向社会推广。

四、经济及社会效益

1. 改善动物健康状况。 发酵饲料富含发酵益生菌，经过畜禽采食之后，益生菌大量进入畜禽肠道，能够迅速改善调节动物肠道菌群结构，增加肠道微生物多样性，提高动物的免疫机能，建立动物机体健康的良性循环，有效地预防各类细菌性和病毒性疾病，减少药物使用量，降低药费支出。

2. 改善饲料品质，提高饲料利用率。 饲料经过发酵之后，进行着一系列的生物化学反应，饲料中的纤维素、淀粉、蛋白质等复杂的大分子有机物在一定程度上降解为动物容易消化吸收的单糖、双糖、低聚糖和氨基酸等小分子物质，从而提高饲料的消化吸收率，起到了饲料机械起不到的深度生产加工作用，同时在饲料发酵的过程中还会产生并积累大量的营养丰富的微生物菌种细胞及有用的代谢产物，如氨基酸、有机酸、维生素、活化的微量元素、特殊糖类物质，并使饲料变软变香、营养增加，从而改变饲料的物理化学性质，提高其消化率、吸收率和营养价值。

3. 优化生态环境。 微生物发酵饲料因其极高的消化利用率，大大减少了动物粪便中氨氮物质的含量，对于降低养殖场内氨气等有毒、有害气体的含量，减少环境污染效果明显。最重要的是微生物发酵饲料中无药物添加剂，这就避免了耐药性菌株对养殖环境的污染，有利于建立低碳、环保、绿色的产业链循环，实现绿色养殖、生态养殖。

求真务实　真抓实干
精益管理　提升效益

——中粮日清（大连）有限公司

中粮日清（大连）有限公司成立于2014年3月，是中粮集团与日清奥利友集团的合资公司，注册资本7 754万美元。公司位于大连经济技术开发区北良港内，占地面积13.5万m^2，现有员工247人。公司日加工大豆2 000t，油品精炼400t/d，年加工大豆60余万t，主要产品有“日清”牌大豆油和“日清”牌大豆粕，销往山东、辽宁、吉林、黑龙江、内蒙古等区域。

公司是大连市农业产业化重点龙头企业，2019—2023年被中国粮食行业协会评为“全国放心粮油示范加工企业”，2020、2021年荣获“大连市企业100强”，2022年被大连市安委会评为大连市重点监管优秀企业。2019年至今，中粮日清党支部被金普新区党委评为“大连金普新区党建示范点”。

公司以“提供安全、安心、健康、营养的高品质产品，持续保持顾客对公司产品的安全感和信赖感”为己任，坚决守卫“舌尖上的安全”。公司贯彻“横向到边，纵向到底”的全员食品安全责任制，公司主要负责人作为第一责任人，各级层层签订质量安全责任书，在全公司树立起质量安全防护网；公司严格落实“日管控、周排查、月调度”工作机制，坚持“统一规划、分级管理、落实责任、全员参与”的管理原则，以目标管理和对标管理为抓手，从源头管理、过程控制、终端管理、制度标准、推进保证、考核评价、食安文化7个方面进行系统化管理，确保质量稳定提升。

公司通过ISO 9001、HACCP、FSSC 22000质量管理体系认证，以及ISO 45001职业健康安全管理体系和ISO 14001环境管理体系认证，为质量管理奠定基础。

立足当下，展望未来，中粮日清（大连）有限公司秉承“精益求精、质量至上、服务客户”的企业文化，脚踏实地，努力奋斗，持续强化责任担当，践行初心使命，提升产品质量，以质量服务市场，以质量回报社会。

秉承康大精神　致力共赢发展

——青岛康大饲料科技有限公司

青岛康大饲料科技有限公司隶属于青岛康大控股集团，饲料科技公司成立于2008年，位于青岛市黄岛区铁山街道办事处工业园内，以生产配合饲料、浓缩饲料，精补料为主。公司始终把保障食品安全、发展节粮型畜牧业和低碳经济、保护生态环境作为企业的责任和义务，热心公益事业，努力为养殖户、员工及社会创造价值、带来效益，为中国农业现代化贡献自己的力量。

一、管理制度严格，保障规范生产

公司于2008年取得生产许可证号，现生产许可证号为鲁饲证（2018）02044，年产值在35 000万元以上。公司严格按照《饲料和饲料添加剂生产许可管理办法》的要求，生产区和生活区严格分开，做到布局合理。化验员、中控工、维修工、电工等特有工种均按照要求全部持证上岗，各管理人员及技术人员均经过严格的培训，具有较高的管理水平和技术水平。

在质量管理方面，公司秉承“产品源人品，质量源细节”的产品质量理念，通过推行ISO 9000和HACCP质量管理体系，对原料供应商评选，从原料产地、运输、进厂验收、过程控制、成品检验、成品出库管理等各环节进行层层把关，确保不合格原料不进厂、不合格产品不出厂。定期对品控、检验人员进行专业培训，提高检化验人员的专业水平，确保产品质量一直处于行业领先水平。同时，公司执行严格的产品留样观察制度，保证了产品质量的可追溯性。

公司强调以人为本，人才是公司持续发展的强大动力。定期开展拓展训练和技能培训，每年招收相关专业大学生，既提升了团队合作能力和业务能力，又输入了新鲜血液，保证了团队的年轻化。与“产品源人品，质量源细节”的质量理念相结合，从人和细节入手，加强生产环节各个方面的控制，确保了产品质量稳定提升。

二、生产工艺先进，提升生产效能

公司具备先进的生产工艺，引入瑞士布勒成套饲料设备，设计产能为 3 条生产线，时产 35t，现有规模设计年产能力可达 25 万 t。具有噪声小、粉尘少、安全和便于操作等优点，各项指标均符合国家标准。公司可以生产粉料、大小颗粒料、破碎料，能够满足广大养殖户的养殖需要，并为康大公司自属养殖场专供兔、鸡饲料。饲料科技公司现主要给公司自属养殖场和社会养殖场提供禽用配合饲料。同时公司关注客户需求，注重市场调研，加强产品研发，在上级主管部门的协调帮助下，公司 2022 年申报了反刍饲料生产许可证，开始生产牛羊等反刍饲料，开发了新的产品品种。公司现向高端饲料开发，生产的禽料高能饲料产品各项营养指标均走在了同行业前列。公司养殖环节拥有现代化、标准化养殖场，年可出栏商品肉鸡 5 000 万只，同时为社会养殖提供合格的饲料，带动 50 多个大小养殖场养殖致富。

三、致力食品安全，提供优质饲料

公司秉承“事业同创，成就共享”的核心价值观，以“创造健康生活”为企业使命，以“为世界的家庭带来高品质的生活享受”为企业愿景。严格执行国家和行业标准，致力于生产安全、无抗、优质的饲料产品，加强市场开发研究，积极与同行建立关系，并寻求新的方式更好地与行业及学术界紧密联系，为产品质量的提升鉴定基础。公司化验室饲料检验化验设备齐全，能按要求对产品质量进行快速准确的检测。公司化验室能够对产品的常规指标即水分、粗蛋白、粗灰分、钙、磷、粗脂肪等项目进行检测，对原料及成品毒素进行检测。每月对不同的检测项目跟其他化验室进行对标，对标结果均符合要求。

四、加强产品研发，助力品牌建设

加强品牌和信誉的维护，是公司发展的重要基础。因此提高饲料品牌的根本方法是保证产品质量的优质及稳定。一是做到加强研发，使品牌有创新性；二是要为客户创造价值；三是与企业文化相适应。公司对每批新原料、每次配方的更改都先在自属养殖场进行试验，试验安全的情况下才会投入正式的生产，以确保产品质量安全。加强原料源头质量控制，采购人员走到田间地头，了解各个地域原料的收获及质量情况，以采购到优质的原料。强化服务意识。公司践行“感恩 责任 实干 学习”的行为理念，致力于“客户 员工 企业 社会”的共赢发展，我们将把饲料销售渠道和动保渠道进行服务联合营销，给客户提供养殖场设计、疾病预防及养殖管理等技术方面的支持和培训，对养殖户进行全方位服务，对出现的养殖技术及管理方面的问题给予解决。通过这种模式，不但可以增加饲料的销售，增加公司知名度，而且，更重要的是，通过联动，为养殖户带来了价值，为客户提供满意的产品和服务，实现双赢。

五、抓实安全生产，确保稳定发展

公司投入大量的资金保证生产安全，对设备设施严格按照标准要求进行除尘防爆工作。首先从硬件设施上按照要求进行防尘工作；其次公司制定安全生产标准化操作规程，建立风险分级管控和隐患排查治理双重预防体系，开展工作危害分析，识别作业活动中的危险源，然后对危险源进行定性或定量的风险分析和评价，再根据风险严重程度制定和落实管控措施。车间每天班后对现场粉尘进行清理，确保车间现场无粉尘。

公司在 2022 年承办了农业投入品生产企业应急演练观摩活动，并且提供公司规范化的安全生产档案材料供其他企业观摩学习，企业多次迎接上级部门检查，均顺利通过。高效协调的演练与标准规范的档案体现了公司全方位落实安全生产责任的理念。公司每年制定演练计划，根据计划进行消防安全演练、有限空间演练、粉尘爆炸演练等相关演练培训工作。动火、登高等严格作业证制度，确保各项生产安全。公司关注培训工作，严格执行年度培训和演练计划。从主体责任、全员责任、人员安全、设备安全、操作技能、产品质量、班前（后）会、警示片、特殊作业、特种设备、行业规定、国家制度等方面进行全方位、多层次培训，让全员安全生产责任制深入人心，确保产品质量过硬，人员财产安全。

康大饲料始终坚持“秉承康大精神，致力共赢发展”的行为宗旨，采用先进的生产设备、质量上乘的原料、科学的配方优化、严格的质量管理、优质的产品和售后服务，为客户创造价值，真正做到“客户、员工、企业、社会”的共赢。心怀感恩之心，用心创造优质的产品和责任心来回馈社会，共同打造健康、安全的食品环境。

从“农场到餐桌”全产业链产品和服务

——青岛正大农业发展有限公司

青岛正大农业发展有限公司是泰国正大集团在胶州投资1 942万美元成立的独资企业，属于饲料行业。公司自2004年成立以来，以畜禽及水产饲料为主要产品，年产能22.5万t。目前有正式员工219人。企业销售业绩突出，连续多年获“财政税收突出贡献奖”。2011年9月，校企合作，在青岛农业大学正式成立正大班，培养专业人才队伍；2012年5月，获“青岛市诚信用人单位”称号；2013年，创新经营模式，开启猪产业化八统一模式，蛋鸡产业化模式，实现种源、饲料、兽药、技术服务、回收、环境控制、物流、融资八项统一，提升饲料销量，保证食品安全；2015年，公司改进生产工艺，获得8项“实用新型专利”证书；2015年12月，获“青岛市认定企业技术中心”称号；2017年8月通过“ISO 9001质量管理体系”和“ISO 22000食品安全管理体系”认证；2019年10月通过“ISO 14001环境管理体系”；2020年9月通过“ISO 45001职业健康安全管理体系”；2018年8月获“青岛饲料行业协会理事单位”称号；2021年获“山东省饲料行业协会理事单位”称号；2022年获得“省级农业产业化龙头企业”称号；2022年公司饲料销量235 671t，产量235 538t，实现产值98 026万元，销售额98 082万元，实现税前利润9 783万元，税金缴纳3 202万元。

好产品追其源头一定要有质量合格的原材料。随着饲料市场竞争的加剧、饲料成本的增加，原材料的采购管理越来越受到公司的高度重视，采购的目的主要是在维持企业正常生产经营的基础上合理降低产销成本。公司通过强化原料采购的合理渠道，通过集团统一采购，确保原材料源头可追溯，使得原材料质量得到有效的控制，生产出的产品质量得以稳定。为加强饲料原材料采购的科学管理，采购合格的原材料是生产合格产品的前提，是提高企业效益、提升企业形象、创一流企业的一项重要内容。随着社会的进步发展，原材料的成本不断增加，为了花钱少办大事，公司在原材料面临价格不断增长的趋势下，采用了多元化采购战略，在保质保量的基础上，不断开发新原料。

公司采用正诚、正昌、布勒、丰尚、正昌等国内外优秀饲料行业的先进生产设备及控制技术，努力实现从少人化到智能化的转变。在配料精度方面实行“两单两三”，即单批误差≤0.3%的批次占比≥95%，单仓误差≤3%的批次占比≥90%，集团独立研发配料精度分析软件，便于及时跟踪配料系统的配料精度，大幅提高了产品质量的稳定性，更加展现了正大品牌的安全性。2018年“非洲猪瘟”传入中国，按照集团及公司领导的统一部署，青岛正大农业饲料厂先后投入500多万元打造饲料厂的生物安全防控体系：①在距离饲料厂3km的地方建立一级洗消点，所有进入饲料厂的车辆，如原料车、成品车、物料车等，必须到一级洗消点进行洗消完毕后方能进入饲料厂，其他车辆一律不允许进入饲料厂；②到饲料厂后进行再次喷淋消杀，猪料成品车辆喷淋消杀后必须进行烘干处理，在60～65℃的高温中保持30min；③车辆进入厂内司机禁止下车，散装车辆专人放料（封闭住场），专用衣物及防疫物资，生产区域每日专人负责消杀工作；④厂区按生物防控要求实行区域等级管理，并进行物理性隔离，严格控制人、车、物的管理；⑤投入100万元左右，在生产制粒过程中增加保持器，使得生产大猪颗粒料调质温度85℃以上3min，可以有效地杀死非洲猪瘟病毒。以确保出厂的饲料安全可靠。

2013年，创新经营模式，开启猪产业化八统一模式，蛋鸡产业化模式，实现种源、饲料、兽药、技术服务、回收、环境控制、物流、融资八项统一，提升饲料销量，保证食品安全。2021年牛料生产线开始投产运营，进一步提升产能。2020年开始使用“猪博士”开展B2C在线平台交易，最大限度地为客户节约了人力成本和时间成本，其中“猪博士兽医问诊”服务的推行，为养殖户解决生产技术难题，用专业技能为养殖户的生产“保驾护航”；同时新开发的物流平台不仅为养殖户提供大量的物流信息，还为司机提供了更多业务机会。公司拥有优秀的技术服务团队，到目前为止，公司在职牛料技术专家6人，猪料技术专家7人，执业兽医师13人，其他专业技术人员55人。

正大集团有着浓厚的“三农”情结。早期的“公司＋农户”模式，以及近几年的“四位一体”模式、“三定”模式、“蛋鸡产业链”模式等，都是正大在发展过程中不断探索和创新的与农民朋友合作共赢的模式。正大不仅为养殖户提供优质饲料，还为他们提供畜禽种苗和饲养技术，指导农户生产管理，并负责回收成品，甚至帮助他们解决融资难题，极大地促进了中国农牧业的发展和经营方式的变革。“政府＋龙头企业＋农业专业合作社＋银行”的“四位一体”农业发展新模式，形成从养殖到屠宰加工、食品物流、餐桌的现代化完整产业链。“四位一体”模式以政府为主导、以农民专业合作社为主体，借鉴BOT模式，委托专业公司融资、建设，引入现代农业龙头企业——正大集团专业化的运营管理，合作社获取固定回报，为入社农户带来持续稳定的长期收益。这种“产权+BOT外包”的农业运行新模式解决了融资问题，解决了合作社不擅长的产前（建设）、产中（运营）、产后（销售）服务等一系列问题，从而为促进畜禽产业向专业化、标准化、规模化升级换代开辟了一条新的路径。“三定”模式即定仔猪价格、定饲料价格、定毛猪收购价格，在这种模式下发挥龙头企业的帮带机制，由农户参与成立新型产业组织，具有重要的意义，第一可以减少千家万户分散养殖对土地资源的浪费。第二通过“三定”模式保证了合作社的可持续稳定收益与发展，真正做到产业扶贫项目，加速农户脱贫致富。“蛋鸡产业链”模式即蛋鸡苗、饲料、兽药、回收鸡蛋，专业技术服务团队提供优质的技术服务以保证养殖户的高效、高产，提供安全的食品，实现双方共赢。

正大集团根植中国，同中国的改革开放事业共同成长，取得了长足的发展和进步。未来，伴随着中国改革开放事业的不断深化，以及投资环境的不断完善，正大集团将进一步加大在中国的各项投资投入，为促进中泰友好和经贸合作交流发挥更大作用。秉持“做世界的厨房、人类能源的供应者”的企业愿景，提供“从农场到餐桌”的全产业链产品和服务。

坚持技术创新和市场开拓并重

——厦门市海林生物饲料有限公司

1. 基本情况。厦门市海林生物饲料有限公司（以下简称海林生物公司）于2002年4月25日成立，注册资金为4 000万元，厂区占地面积17 300多m^2，注册生产地址为厦门市翔安区巷北工业区内田路599号，是一家亚洲配套齐全、规模大、面向世界的专业研发、生产和销售鱼、虾种苗专用饵料的高新技术企业。公司产品可全面取代从美国、日本、比利时及台湾等国家和地区进口的水产幼苗生物饵料。公司还有配备海水鱼配合饲料、虾类配合饲料、观赏鱼/虾配合饲料等水产饲料生产线。

海林生物公司创始人自1985年开始致力于高档鱼虾种苗室内工厂化繁育，并创办了同安区海滨水产养殖公司，是国内进行虾苗人工繁育的先行者之一，并于2002年4月创立了厦门市海林生物科技有限公司，成为大陆最早专业从事水产育苗及饲料加工生产、销售一体的企业。

2. 公司管理。海林生物公司是国内生产水产幼体生物饵料齐全的高新技术企业，公司按照ISO 9001质量管理体系认证的要求和《饲料质量安全管理规范》的规定，制订并执行了一系列严格规范的管理制度。公司建设了拥有200多m^2的检化验室，有效保障公司相关检验，确保原料和产品的质量，为社会提供安全、高效、环境友好型的水产配合饲料产品。

公司一直坚持技术创新和市场开拓并重的经营方针，注重吸收消化国内外先进技术，培养独立自主开发产品的能力，在技术上一直与集美大学、厦门大学、国家海洋三所等高等院校和科研单位建立深层次的合作关系，通过不断的技术创新，推出引领潮流的各类高新技术生物饲料产品，开发产品的质量、成本均优于进口产品，已可以全面取代进口。公司已经建立了通畅的销售渠道，形成了包括直销、企业代理等多种方式相结合的独具特色的营销模式。

2004年以来，公司先后主持并完成科技部国家高技术产业化示范工程项目“用于高档水产种苗的系列微粒生物饵料”，科技部星火计划“微生态高效防病虾片产业化技术（2006EA721006）”，国家发展和改革委员会中小企业发展专项资金“微生态低污染抗病毒多肽BP产业化”，厦门市科技局农业科技创新项目“微生态高效防病虾片产业化技术”“微生态低污染抗病毒多肽BP产业化”，厦门市翔安区科技局项目“营养免疫与水质改良多功效的黑粒精饵料产业化”和“可完全替代活饵的系列装用虾苗微粒生物饵料”等虾苗用饲料产业化项目。

近年来，公司连续承担国家“十二五”“十三五”海洋经济发展项目，获得了国家专项资金扶持，并已顺利通过验收。通过重点开发虾青素、海藻寡糖等新型饲料添加剂，研发虾苗人工全价配合饲料和亲虾人工饵料，提高亲虾/虾苗的营养水平、抗病免疫力和消化率；研发微生物高效水质改良剂及抗菌肽等产品；对新型微粒子饵料加工关键技术进行集成；通过改造超微粉碎生产线等生产系统并建设全自动多功能饵料包装生产线实现微粒子虾类育苗配合饵料，开展功能饲料在对虾种苗产业链中的应用示范，开展功能饲料和健康优质对虾种苗产业链协同创新示范，为实现对虾种质的提纯复壮，培育优质国产种虾奠定基础。

公司现自有商标13个，分别为“HL”“HZL”“虾贝特”等，已获得授权国家发明专利3项、实用新型专利9项。多年来，公司连续获“省级重点龙头企业”“厦门市海洋新兴产业龙头企业”“厦门市高新技术企业”“福建省著名商标”“厦门市科技小巨人企业”“厦门市守合同重信用企业”等荣誉，曾被科技部评为“星火科技先进单位”荣誉称号。

3. 未来发展目标及规划。公司在虾苗饲料领域的规模化生产能力、优秀的研发设计能力、高品质的产品保障、稳定的客户资源、完善的产业链保障等方面具有竞争优势，公司将通过产能扩张、产品研发、市场开拓以及加强合作等措施来保持公司持续并进一步快速发展。

调整优化产品结构，建立完整的虾饲料系列。结合市场需求与行业发展，进一步升级并优化产品结构，研发无病毒虾片、虾奶粉、微粒子、PL、ZM等新产品，已全面推向市场，并取得客户高度认可，现进一步提升产量，以满足市场客户需求。公司发挥自身研发设计优势，持续提供顺应市场发展潮流的新产品，研发建设亲虾饲料、饲料添加剂、动物保健品等生产线，从亲虾繁育、幼体孵化、虾苗培育、中成虾养殖一条线服务，丰富公司产品体系，满足客户多样化需求。

扩大产能，满足大企业合作需求。在与大企业合作同时，大大加大产能，同时不断提升生产智能化水平和经营效率，扩大规模化生产，满足大企业、大客户的需求，提升大企业的合作信心。

积极开拓国内外市场。公司积极开拓国内外市场，加强国际市场营销渠道建设，推建“互联网+”渠道，深耕“一带一路”沿线市场，大力扩展东南亚市场。

企 业 简 介

北 京 市

北京康华远景科技股份有限公司

北京康华远景科技股份有限公司成立于 2001 年，位于北京市密云区经济开发区，是一家专业从事天然植物中草药在畜牧水产动物饲料和养殖中的应用研究、生产和销售的国家级高新技术和北京市专精特新“小巨人”企业。

公司拥有天然植物饲料研究与应用技术北京市工程实验室，是《天然植物饲料原料通用要求》（GB/T 19424—2018）制定单位、天然植物饲料创新研究与开发北京市国际科技合作基地、北京市自然科学基金依托单位。

公司目前已获得 30 余项复方中药国家发明专利授权，14 项新技术新产品，完成 10 余项科技部和北京市重大科技项目。多年来在推动中国饲料无抗生素添加和把中草药—天然植物列入《饲料原料目录》等法规方面做出了重要贡献。特别在中医辨证、中药配伍、炮制工艺和定性定量质量控制等方面取得了优异成果。

公司已实现了畜、禽和水产动物养殖生产全程所用的饲料不添加任何抗生素，且生产性能更高、发病率更低、养殖效益更高的目标，在运用中医药减少和防控养殖现场疾病等方面不断取得系列突破。产品除广泛应用于中国饲料和养殖企业外，还得到北美、欧盟和东南亚等地区客户的青睐，已远销海内外。

北京市金闰牧丰生物营养科技有限公司

北京市金闰牧丰生物营养科技有限公司，位于美丽迷人的北京东部平谷区夏各庄镇陈太务北 68 号。自 2011 年 9 月 28 日成立以来，公司一直致力于微量元素预混料、复合预混料的研发、生产、销售，以及单项微量元素贸易的工作。

多年来公司一直为多家知名央企、上市公司提供优质、高性价比的微量元素产品。旗下的“金闰牧丰”品牌微量元素预混料、复合预混料以其优质稳定、高效实惠的优点赢得了广大客户的支持与信赖。这种坚定的承诺也使合作伙伴遍布中国的主要养殖区。

公司拥有混合型饲料添加剂生产许可证和添加剂预混合饲料生产许可证，且被北京市平谷区授予“安全生产标准化三级企业”荣誉，并已开始启动高新技术企业及专精特新企业申报工作。

公司研发实力雄厚，与中国农业科学院北京畜牧兽医研究所、华南农大、河北农大、中国科学院南海海洋研究所海洋生物技术研究所等机构有着密切的技术交流与联系。

作为一家有社会责任感的企业，金闰牧丰积极参与社会公益事业，希望为世界带来一份温暖和爱，荣获北京市平谷区红十字会的“公益明星企业”荣誉称号、天津市宝坻饲料工业联合会颁发的“爱心助学企业”荣誉、平谷区夏各庄“文明企业”称号。

天 津 市

天津纳尔生物科技有限公司

天津纳尔生物科技有限公司成立于 2005 年，是集研发、生产、销售于一体的国家高新技术企业、国家科技型中小企业，是天津市饲料工业协会理事单位，2018 年与中国工程院李德发院士共建“院士专家工作站”。

公司始终坚持质量为先，建立了完善的经营体制和管理制度，产、研、供、销体系完善，目前已顺利通过 ISO 9001 质量管理体系、ISO 14001 环境管理体系和知识产权管理体系的认证。公司拥有一支由博士、硕士及专业技术人才组成的科研团队，专业涵盖动物营养、水产养殖、食品检验等多个领域，团队研发实力强大，为公司的产品质量、配方更新、工艺改进、售后服务起到了关键作用。公司不断提出产品研发新要求，科研开发力度不断加强，前后承接国家科技创新、科技支撑、天津市科技小巨人等 10 多项部级、省级科技项目。目前，公司拥有授权专利 105 项，其中授权发明专利 5 项，授权实用新型专利 94 项，授权外观设计专利 6 项，曾获天津优秀专利奖，产品获国家科技创新项目、天津市科技支撑重点项目等资助，并荣获农业农村部优秀产品奖、天津市科技进步奖等荣誉，技术成果达到国际先进水平。

十多年来，公司始终秉承“绿色饲料领航者，健康养殖新动源”的核心理念，致力于在植物提取技术方面精耕细作，努力开发生产安全高效的新型饲料添加剂。先后与中国农业科学院饲料研究所、四川农业大学动物营养研究所、中牧研究院、中国农业大学、天津大学、天津科技大学、天津农学院等多家科研院所进行“产—学—研—推”合作，实现资源共享的同时，也为公司的产品研发、科技创新提供了强大动力。

公司生产设备属国内领先，拥有现代化、智能化的预混料生产线和饲料添加剂生产线，目前拥有饲料生产设备、试验设备、检测仪器共计 36 台套，年生产能力可达 1.2 万 t，主要销售区域为广东、江苏、河北、天津、山东、东北等区域。

天津瑞孚饲料有限公司

天津瑞孚饲料有限公司创立于 2003 年 9 月，现已成为京津冀地区猪饲料研发、生产与销售的领先企业。公司位于静海子牙经济技术开发区高新产业园，是国家级高新技术企业、天津市农业产业化经营市级重点龙头企业。2017 年 7 月天津瑞孚农牧科技集团成立，目前拥有员工近 600 人，子公司分别设于天津、南通、潍坊、沈阳、许昌及济宁等地。

公司早在 2010 年，先后获得 ISO 9001 质量管理体系认证和 ISO 22000 食品安全管理体系认证，并连年通过复审认证。2017 年获得了天津市饲料质量安全管理规范示范企业的荣誉称号。

2015 年公司通过自主研发，实现了新型无抗乳猪饲料的全面独立规模生产。实现连年销售额过亿元的经济指标。2018 年公司建立了天津市市级企业技术中心，每年开展 5 项以上的新项目研发，并积极进行产学研合作模式。

截至 2022 年底，瑞孚技术中心共拥有专利 38 项，其中发明专利 2 项、实用新型专利 31 项，拥有科技成果登记 2 项。公司在无抗产品方面始终走在行业前列，2017 年获得天津市科技局撒手锏产品（新型无抗乳猪饲料产品）认定，2019 年获得天津市科技领军培育企业认定，2020 年度创新无抗饲料产品称号、北京论坛无抗饲料推荐企业等多项荣誉。新型无抗饲料系列产品得到了广大养殖户的充分认可。

“瑞，美好吉祥的事物；孚，信也。”瑞孚始终秉承“做美好和信任的创造者与传播者”的企业核心价值观、“为客户创造价值，让客户感知价值”的服务理念、“精准营养，系统解决”的产品理念，怀着“以领先的营养科技推动畜牧行业发展，创造健康美好生活”的使命感，团结、诚实、开放、共赢，以行业进步和社会发展为己任，做值得信赖的农牧企业，共创百年瑞孚。

公司一直深耕京津冀市场，面对大好的“乡村振兴战略”发展机遇，依靠公司技术服务团队的人才和技术优势，与乡村代理商一起成立技术服务站，服务于广大养殖户/场农民。扩大公司的经营规模，走出京津冀市场。致力于提高在乡村振兴中的贡献。

2023 年 3 月，总投资 1.5 亿元的瑞孚集团创新发展基地项目启动，占地面积 58 亩，建设一家以自动化、智能化、数据化升级传统饲料企业的创新发展基地，瑞孚企业发展走上新的台阶。

河 北 省

邢台安佑饲料科技有限公司

一、基本情况

邢台安佑饲料科技有限公司（以下简称邢台安佑）是安佑生物科技集团股份有限公司（以下简称安佑集团）在河北投资兴建的首家子公司，位于邢台市南和区经济开发区，于 2012 年 9 月份动工，2014 年完工投产。

安佑集团本身就是乳猪料产销量全球领先、亚太地区幼畜料的优质品牌。公司以“科技安佑、幸福中国、低碳地球”为使命，以“社会为先，客户为根，员工为本”作为企业行为准则。始终秉承服务“三农”，促进当地农民创收，带动当地农民就业为宗旨，守法经营，环保经营，绿色发展。

二、发展历程

2017 年，企业荣获邢台市南和区利税前 10 名。

2019 年，邢台安佑荣获市级龙头企业称号。

2020 年，邢台安佑饲料提前步入无抗时代。荣登饲料界环保引领企业。

2021 年，被认定为省级农业产业化重点龙头企业。

2022 年，邢台安佑禽料生产线正式投产。

三、生产经营状况

2021 年产值 19 291 万元，利税 343 万元。

2022 年产值 23 030 万元，利税 158 万元。

2023 年至今，邢台安佑实际固定投资 7 500 万元，占地 50 亩，猪料年计产量 12 万 t。力争利税 500 万元。

四、愿景

邢台安佑严格奉行“成为全球动物精准营养领导品牌，中国低碳农牧产业链整合者”的伟大愿景，汇集多方优势资源，凭借雄厚经济实力，定会为河北乃至全国养殖界朋友们助力。

东方希望（内丘）动物营养食品有限公司

东方希望（内丘）动物营养食品有限公司坐落于河北省内丘县工业园北园，是东方希望集团下属全资子公司。

东方希望集团由我国著名民营企业家刘永行先生于 1982 年创立，是伴随我国改革开放成长的第一批民营企业。集团总部位于上海浦东，是首批入选上海民营企业总部的 44 家企业之一，经过 40 年的发展，东方希望集团已发展成为集重化工业（矿山、发电、铝业、硅业、水泥、化工等 10 多个行业）、农业（饲料、养殖等）、商业地产为一体的特大型跨国民营企业集团。

东方希望（内丘）动物营养食品有限公司占地 25.5 亩，总建筑面积 9 210m^2，其中综合楼建筑面积为 1 822m^2，生产车间和仓库占地面积为 7 235m^2，于 2017 年 3 月竣工投产，是一家从事饲料加工生产企业。生产设备采用牧羊集团最新的饲料加工成套机械，由唐山金海盛进行电控设备安装，实现投料、配料自动化，减少人员使用，降低员工劳动强度，一条生产线仅需 4 人便可运行，公司固定资产投入达 3 300 万元。主要产品涉及畜、禽、反刍配合饲料和浓缩饲料以及鱼、兔等配合饲料的生产，设计年产 20 万 t 饲料。现有厂内员工 27 人，销售人员 8 人，其中本科学历 7 人、专科学历 4 人、专职技术人员 7 人。

公司 2018 新增年投资 150 万元，改进生产线，安装饲料舒化设备，提高公司乳猪料工艺水平，生产的舒化乳猪料——舒乳康，熟化度高、适口性好，小猪肯吃、肯长、不腹泻，获得广大养殖户的好评。

公司技术部配有专职技术人员：动物营养师 1 人，质量品控师 1 人，专职化验员 2 人，建有完善的饲料化验检测实验室，配备全套上海纤检饲料检测仪器，德国布鲁克近红外扫描仪，可在 30s 内扫描检测饲料产品、原料营养指标。

产品以猪、鸡全价配合饲料为主，销售范围覆盖邢台、邯郸、石家庄以及山东、山西、河南部分地区，2018 年产值 7 186 万元，2019 年产值 11 354 万元，2020 年产值 18 714 万元，2021 年产值 10 562 万元。实现利税 135 万元。

为支持地方经济发展，建立上下游产业集群，发展产业链。依托集团优势，在内丘县投资建设两个种猪繁育场，可年出栏生猪 30 万头，带动周边养殖户 500 多户养殖致富。

东方希望（内丘）动物营养食品有限公司以“诚信、正气、正义”为公司行为准则，“事事追求点点滴滴的合理化”为日常行为指导，在工作中精益求精，秉承集团“四大观念”理念，立足于品质，服务于客户，奉献于社会。

河北乐寿鸭业有限责任公司饲料事业部

河北乐寿鸭业有限责任公司饲料事业部（以下简称饲料事业部）含河北通达饲料有限公司、河北乐寿鸭业有限责任公司饲料分公司、河北乐通饲料有限公司，主要生产肉鸭、肉鸡、猪、蛋鸡、种鸭等配合饲料、浓缩饲料和核心预混料共 60 多个品种。

饲料事业部拥有先进的颗粒饲料生产线和粉料生产线 5 条，年生产能力 40 万 t，配有全自动配料系统和近红外分析仪、酶标仪、高效液相色谱仪、高效气相色谱仪、原子吸收分光光度计等先进检测设备，确保了产品品质。

饲料事业部先后注册了“献通”“君达”“乐寿”等商标，“通达饲料”已成为河北省饲料行业知名品牌，多次被评为河北省和沧州市饲料行业优秀企业，“乐寿”牌鸭料已成为国内同行业名牌产品。

近年来，集团加快“四化四体系”的建设步伐（“四化”即标准化、信息化、数字化、自动化，“四体系”即技术体系、质量体系、生产体系、营销体系），饲料事业部成为“四化四体系”的积极践行者。力求稳步高效，落地有声。

利用帆软和 ERP 系统，完成地磅与系统对接，生产配料与系统对接等自动化工作，大幅减少事业部多年来以人工统计为主且量大烦琐的日报工作，正在实施中的地磅无人值守系统、扫码出入库系统等一大批项目，必将为推动集团的快速发展，尽快实现集团的发展目标，做出突出的贡献。

石家庄希望饲料有限责任公司

一、基本情况

石家庄希望饲料有限责任公司是 1995 年由中国最大的民营企业——希望集团投资 1 000 多万元兴建

的年设计生产能力达 20 万 t 的现代化大型饲料加工企业，2006 年，响应政府号召、支持石家庄市三环建设，公司进行了搬迁，在鹿泉高新技术产业园区重新择址，投资 3 000 多万元建成了一座大型的现代化饲料加工企业，设计年饲料加工能力 30 万 t；并且先后投产了 2 条先进生产线，能够生产各种畜禽饲料，严格按照质量管理规范的要求进行生产，大大地满足了市场的需要，公司位于河北省鹿泉市经济开发区，地处石太高速公路和 307 国道交会处，交通便利。

公司注册商标为“东方希望”，该品牌国内属于知名商标，公司主要品种包括猪、鸡、鸭、鱼、牛、羊、兔等系列配合饲料、浓缩饲料、精料补充饲料。在秉承集团的企业文化的前提下，员工把“事事追求点点滴滴合理化，竭尽全力创造企业相对优势，为消费者付出多一点、贡献多一点”的价值观念合理应用到实际工作中，使我们的业务范围拓展之快。公司产品主要销往距离较近的河北、北京、天津、山西、山东等地，主销区在河北省，占总销量的 85%，其中石家庄地区占总销量的 60%以上。

品种的多元化带给我们的既是机遇又是挑战。为了保证产品质量的稳定，我们从原料到厂、生产加工、产品出厂，层层把控，使养殖户喂上放心料，人民吃上放心肉。不仅如此，研发部门还要根据品种的不同，进行饲料的优势发掘，比如引进真正意义上的膨化生产工艺，入口即化，适口性好，保证幼畜禽的吸收转化率，减少应激的出现，使养殖户少花钱、多赚钱，达到诚信合作、互利共赢的效果。

除了在生产工艺上下功夫外，我们的营销人员也在了解公司产品特点后制定出相应模式：母猪（6＋6）模式，大大提高了母猪的生产性能，提高了母猪的质量，缩短繁殖周期，经过大量的实证数据显示，按照公司提供的模式进行饲喂，母猪产仔率高，存活率高；母猪泌乳多，能提高仔猪初生重和断奶重。

公司从建立之初，就一直坚持走农业产业化经营道路，公司“让农民富裕，让市民满意，让政府放心”的“三让”经营理念中，“让农民富裕”放在第一位，十分注重与当地农民建立利益联合，成为快速高效促进农业增效、农民增收的带动力量。

二、核心优势

石家庄希望饲料有限责任公司获得了高效技术企业称号，并获得了多项专利；通过了三项体系国际认证，即 ISO 9001 质量管理体系、ISO 22000 食品管理体系、ISO 14001 环境管理体系；通过从原料采购到产品销售全过程的管理，有效保证了饲料产品品质和养殖效益，我们的目标是饲料安全、养殖高效。

河北鲲鹏饲料集团

河北鲲鹏饲料集团始建于 1994 年，至今已有 29 年的历史，扎根致力于饲料生产、生猪和商品鸡养殖，宗旨是为老百姓提供更多的“高端绿色健康农产品”，让更多的消费者可以吃上放心、健康、更好吃的农产品，体验更完美、更幸福的生活。河北鲲鹏饲料集团沧州有限公司注册资金 1.2 亿元，年生产能力 50 万 t。

公司先后获得河北省农业产业化重点龙头企业、沧州市饲料领军企业、沧州市饲料质量安全管理规范示范企业。2020 年河北鲲鹏饲料集团沧州有限公司通过了高新技术企业认定，荣获河北省工业企业研发机构 A 级证书，拥有省级技术创新中心等荣誉。拥有自主知识产权 15 项，其中发明专利 1 项、实用新型专利 14 项。

公司目前拥有 8 个生猪养殖基地、62 家合作养殖户，年出栏可达 4 万余头，并全部以“慢仰猪”品牌理念进行饲养，采用中国农业大学许剑琴教授及其团队食药同源技术，饲养出安全健康有特色的“慢仰猪”，目前“慢仰猪”品牌肉分别在石家庄、沧州以品牌模式进行推广。

根据沧县养殖产业发展现状，以市场为导向，以科技进步为动力，以提升成果转化能力、建立健全科技服务体系、提高农民科技创收能力和促进农民增收为目标，以合理布局，集中连片，规模化、产业化经营为原则，从实际出发打造一二三产业融合发展。

内蒙古自治区

内蒙古富川饲料科技股份有限公司

内蒙古富川饲料科技股份有限公司是富川科技集团的基石，有 3 条饲料生产线，分别是 18 万 t 智能饲料生产线、24 万 t 反刍动物饲料生产线、微生态饲料生产线，年生产能力 42 万 t，是全国单厂生产能力最大的饲料生产企业、国家农业产业化重点龙头企业、高新技术企业、中国驰名商标单位、第一批国家级“星创天地”实施单位。

内蒙古富川饲料科技股份有限公司拥有自己的研究所和研发中心，技术人员 65 人，有 26 人组成的研发团队，是自治区“企业研究开发中心”“龙头企业创新中心”。与中国农业科学院饲料研究所、北京畜牧兽医研究所、内蒙古大学、内蒙古农业大学、西北农林科技大学、内蒙古农牧科学院、河套学院等科研院校建立了长期的产学研合作关系，为研发适销对路的新产品奠定了坚实的基础。公司承担国家重点星火计划项目2项、火炬计划项目1项、自治区重大科技专项1项、自治区重点科技项目1项、自治区科技推广项目1项、科技创新奖励引导项目3项、科技兴蒙重大项目3项等。在饲料生产工艺技术改进中获得国家发明专利2项、实用新型专利14项，正在申报发明专利2项。公司自主研发了羊、猪、牛、蛋鸡、肉鸡、鱼、兔7个系列52个品种182个规格的高科技饲料产品。其中，2007年“富川689增绒保羔浓缩颗粒饲料”获巴彦淖尔科技进步二等奖，并获得科技部等四部委颁发的国家重点新产品证书。2008年“富川810肉鸡浓缩料”荣获巴彦淖尔市科技局2007年度科技进步二等奖。2011年“反刍动物饲用微生态制剂的研究与推广”获巴彦淖尔市科技进步一等奖。2019年优质饲料获得内蒙古“名特优”集体标识认证，2020年列入内蒙古农牧业品牌目录。

内蒙古富川饲料科技股份有限公司饲料产品畅销内蒙古、山西、宁夏、陕西、河北、甘肃及蒙古国，产品质量深得人心，忠实用户数量与日俱增。富川拥有700多个经销商、500个畜牧养殖技术服务站点，带动各类农牧户总数30万户。年使用当地玉米、葵仁粕等优质、特色原料8万t，占企业加工所需原料的70%以上，解决直接就业人员2 000多名，间接就业人员1万多名。

辽 宁 省

沈阳波音饲料有限公司

沈阳波音饲料有限公司是东北地区预混合饲料专业研究者和生产商。1990年沈阳饲料科学研究所与美国波音饲料公司合资组建，1999年完成民营股份制改造。专业生产制造各种比例的维生素、微量元素、复合预混料和全价配合饲料。公司获得农业产业化国家重点龙头企业、国家高新技术企业、国家三十强优秀创新型饲料企业、国家饲料行业科技进步先进集体、国家农业科技成果转化资金项目单位、辽宁省专精特新“小巨人”企业等殊荣。

公司拥有生产优质预混合饲料产品的关键技术。产品设计提出动物营养研究要与动物育种、畜舍设备、疫病控制、饲养管理、饲料原料相匹配的“无缝营养技术概念”，研发的“百赢”牌预混合饲料被评为中国驰名商标。公司是动物营养领域省级预混合饲料企业技术中心、技术创新中心、重点工程实验室。拥有控温、控湿的专业预混合饲料生产车间和布勒公司制造的生产设备；拥有维生素、微量元素和氨基酸分析实验室；建立了环境可控的蛋鸡、肉鸡、猪营养试验基地；逐步建设完善动物育种数据库、饲料原料数据库、动物饲养环境数据库，结合用户的育种、饲料原料、畜舍设备、疫病防控、饲养管理水平及畜产品要求，为肉鸡、蛋鸡、生猪、肉牛产业提供预混合饲料和全面系统的动物营养解决方案。公司通过了ISO 9001质量管理体系认证和ISO 22000食品安全管理体系认证。承担国家、省、市科技支撑项目28项，3项农业科技成果荣获辽宁农业科技贡献奖，其中一等奖1项、二等奖2项，设计生产的猪只安全预混合饲料荣获辽宁省新产品二等奖，肉种鸡预混合饲料被评为辽宁省“专精特新”产品。

公司作为专业的动物营养研究者，在微量营养研究领域极致深耕并坚守着那份初心，秉承学习、创造、服务、共赢的宗旨，不断为中国畜牧饲料行业的发展做出贡献。

辽宁泰高饲料有限公司简介

一、公司介绍、发展历程

辽宁泰高饲料有限公司（以下简称辽宁泰高）2020年3月成立，隶属于欧亚泰高集团，集团2014年成立初期业绩平平，2018年、2019年运用科技时代网络平台销售方法，与自身产品优势相结合公司迅猛发展，2020年以来辽宁、吉林、黑龙江、河北地区成立8家专业猪、反刍饲料生产线。

辽宁泰高饲料有限公司位于沈阳市于洪区白沙街15-1号，公司占地50亩，年产能30万t，辽宁泰高成立后，跳出传统的经营理念，与快手、抖音和京东以及多家快递公司合作，成功打造引领畜牧业线上销售模式，让养殖户的利益最大化，坚持把产品质量做得更好，把采购利润回馈给养殖户，把中间环节省去，直接让利给客户，服务市场。销售区域覆盖主要在辽宁省、吉林省、黑龙江省、河北省、河南省、山东省、内蒙古和甘肃等地，2022年销售达到19万余t，创下了行业奇迹。

二、公司理念

辽宁泰高饲料有限公司经过探索与总结，让公司逐渐将重心从生产转移到服务客户的方向上，走质量路线，技术是辽宁泰高饲料有限公司的优势，诚信是辽宁泰高饲料有限公司的本质，质量是辽宁泰高饲料有限公司的生命。用大爱，成就客户；用感恩，铸就品质；用共赢，造就未来为理念的科技服务型企业。

三、农业带头

辽宁泰高每年采购玉米60 000余t、豆粕100 000余t，有效地带动了周边农产品的消费，促进农产品的循环利用，也带动周边人员就业。

四、质量保障

辽宁泰高自主研发生产和实验，针对不同时期的猪群，研发出多种产品，并申请了国家专利，创新技术，营养配比更均衡，未来，辽宁泰高会带着客户与员工的期待稳步、高效地发展，扩大规模，建立物流终端，加快运输速度，降低客户成本。

泰高人秉承着爱、感恩、共赢的企业精神，对待员工与客户如家人，同信念为伍，以创新为擎，伴随着终极品质深入人心，用信心迎战即将到来的新篇章。

英联饲料（辽宁）有限公司

英联饲料（辽宁）有限公司（以下简称英联饲料）是英联农业abagri集团在辽宁鞍山投资建立的一家集饲料研究、生产与开发于一体的专业化大型饲料生产企业。公司于1998年合资，2004年独资，投资总额为3.8亿元，注册资本为2.4亿元。2007年公司再投资5 000万元在黑龙江省成立哈尔滨分公司。公司在职员工330人，分布于8个部门。6条生产线分别生产畜禽料、反刍料、预混料，以直销和经销模式到达客户终端，销售省份包括辽宁、吉林、黑龙江、河北、内蒙古等。公司年销售饲料34万t，年销售超过10亿元。

英联饲料（辽宁）有限公司于2011年通过了ISO 9001及IOS 22000质量管理体系认证，建立了相应的岗位制度、人员培训制度、供应商管理制度、产品检验控制程序、不合格品控制程序、仓储管理制度、产品标识及可追溯性程序等管理措施。公司拥有3条专业生产线，一条为设计产能为年产18万t的畜禽粉料生产线，一条为设计产能为年产12万t的畜禽颗粒料生产线，一条为设计产能为年产6万t的反刍颗粒生产线。

英联饲料有超过20年在中国饲料生产的经验，在畜禽料、反刍料、预混料方面给用户提供产品，拥有“英联爱农”“英联爱民”“爱博恩”“英联”“英联辽河”品牌，满足中国消费者不同的需求，我们的企业宗旨是“食品安全为本，产品质量为先，坚持诚信经营，追求顾客满意”。我们的目标是为客户提供与生活息息相关的高质量产品和服务。

昌图牧士饲料有限责任公司

昌图牧士饲料有限责任公司（以下简称昌图牧士饲料）位于辽宁昌图经济开发区，为铁岭市昌图县2021年重点招商引资项目，由赤峰牧士集团投资建设年产50万t反刍饲料、畜禽饲料项目。该项目占地约70亩，总投资12 000万元。项目签约后，在牧士集团各部门的协同努力下，在昌图县政府各职能部门的大力支持下，克服了工期紧张和疫情影响等不利因素，实现了当年拿地、当年建设、当年投产、当年入规的既定目标，2022年实现年销量10万t。

昌图牧士饲料拥有“牧士”和“宏牧”两个饲料品牌，销售业务范围覆盖内蒙古自治区、黑龙江省、吉林省、辽宁省等广大牛羊养殖地区，主营犊牛羔羊开口料系列、犊牛羔羊保育料系列、母牛母羊料系列、牛羊日常补料系列、育肥牛育肥羊饲料系列。产品用料少，成本低，省时省力，为用户节约养殖成本，能解决养殖户急难愁盼问题。

昌图牧士饲料设备产能大，智能化程度高，配料数据精准，原料选用标准高，配方技术先进，质量控制全程可追溯。项目达产后每年使用当地玉米8万～10万t，玉米、水稻副产品8万～10万t，年实现产值10亿～15亿元、利税1 500万～2 000万元，创造就业80余人。

昌图牧士饲料践行“帮养殖户赚更多的钱，让我们一起过上好生活”的企业使命和愿景，产品质量和销量在国内肉牛羊反刍饲料领域处于领先地位，牧士饲料立志成长为代表专业的领导者品牌。

辽宁中信生物科技有限公司

辽宁中信生物科技有限公司坐落于辽宁省铁岭市昌图县老四平工业园区；公司前身是四平昊华所属大型国有企业，1984年建厂，是国内最早生产氯化胆碱企业之一，公司有着40年的氯化胆碱生产历史，目前是东北地区唯一的氯化胆碱生产企业，氯化胆碱的首个国家标准就在此厂做试验制定。辽宁中信生物科技有限公司成立于2007年8月，占地面积3.5万m^2，建筑面积1.2万m^2。

公司主要产品是饲料添加剂氯化胆碱，主要原料是盐酸、三甲胺、环氧乙烷。公司现有水剂、粉剂、硅载体生产线，同时配备配套公用工程设施，质检部配备各种先进的检测设备。公司年生产氯化胆碱11万t，公司产品主要应用于饲料行业、石油开采等，现产品已销往全国23个省、4个直辖市、5个自治区，并远销至亚洲、欧洲、南北美洲、非洲在内的40多个国家和地区。

公司秉承“安全的饲料，从安全的饲料添加剂开始”为原则，以“FAMI-QS欧洲饲料添加剂和添加剂预混合饲料质量体系”及“GB/T 19001—2016 ISO 9001：2015质量管理体系”为基础，建立完整的企业质量保证体系，拥有健全、完善、可靠的质量检测手段，确保为客户提供一流的产品和服务。经过多年的努力，“天翅”牌氯化胆碱成为国内外市场上公认的优质产品，是东北地区优质氯化胆碱生产代表。

中信优势：A级原料，以中石油、中石化为主要原料供应商，以世界黄金玉米带的优质玉米芯为载体原料；A级工艺，40余年的专业生产经验，设备先进，工艺精湛；A级品质，低碳排放、环保生产、品质优良、低毒素、低残留、高流动性。

中信公司生产的“天翅”牌氯化胆碱粉剂载体选用世界三大黄金玉米带之一的中国吉林玉米黄金带内的玉米芯，成熟期120～150d，这里属于中温带亚湿润大陆性季风气候，四季分明，干燥，多大风，这样的气候决定了玉米芯自然风干快、霉变率低，氯化胆碱粉剂成品呈淡黄色，颗粒饱满，吸附性强，便于消耗吸收，混合均匀度高，便于配置各种饲料，特别是各种预混合饲料，保证氯化胆碱在饲料中混合均一，使畜禽食用更安全。

细节决定成败，诚信铸就辉煌，我们致力于服务全球企业，成为可靠的专业氯化胆碱供应商。从每批原材料严格的入库检测，到生产环节的每一个控制点的严格监控，乃至半成品、成品的严格检测，中信人一直坚持产品质量至上。

近年来，公司不断促进科技创新，加大品牌推广，提升客户满意度，获得了行业协会、媒体及广大用户的一致好评。先后荣获优秀供应商、民营企业十强、A级纳税人、全省模范职工小家、先进单位、先进基层党组织、对外开放贡献奖、年度纳税贡献奖、辽宁省饲料工业协会先进集体等荣誉称号。

优秀的企业品质和良好的企业信誉为公司赢得了国内外客户的信赖和支持。中信生物与大北农集团、帝斯曼、艾地盟、禾丰集团、海大集团、东方希望集团、成三集团、嘉吉集团、通威集团、正大康地集团、泰高集团、帝斯曼海外等100多家国内外饲料知名企业建立起良好的战略合作关系，国外市场包括俄罗斯、美国、日本、欧盟等多数国家。

经过了17年的发展与沉淀，辽宁中信生物科技有限公司建立完整的企业质量保证体系，拥有健全、完善、可靠的质量检测手段，在严抓生产质量的同时，以可持续发展为理念不断加大对技术科研的投入力度，企业一直坚信，通过领先技术促进科学生产，凭借科学生产打造名优质量，依靠名优质量树立知名品牌。

“时时提高、事事提高、永不自满、抢占先机”是中信人不懈的努力和追求，“专业制造氯化胆碱，诚信服务广大客户”是中信人矢志不渝的目标，中信生物公司不仅仅是一个企业，而且是一项事业，真诚服务社会是中信人崇高的理念。

吉林省

吉林道勤农牧有限公司

道勤农牧有限公司创立于2013年6月3日，历经多年的不懈奋斗，已成为同业公认的最有竞争力和最具发展潜力的农牧贸易公司之一。业务范围包括兽药、中成药、饲料、饲料原料，并涉猎国内外高品质动物保健、饲料添加剂、核心预混料等相关领域。

秉承“品质源于专业，服务创造价值”的经营理念，一直以来公司立志于改善和保护畜禽动物健康、追求绿色环保、最大化挖掘动物生产性能，整合国内外最新资源、技术和产品，为客户及合作伙伴创造了经济效益与社会效益的同步良性增长。

公司与国际众多知名饲料原料生产企业，如荷兰皇家帝斯曼、意大利施华特、西班牙乐达、美国奥特奇、美国伊士曼、法国安迪苏安、英国安彭利等企业建立长期稳定的合作关系，作为桥梁和纽带将国际先进的产品及技术对接给亟须改进的农牧企业，同时和国内知名企业如安琪酵母、山东胜利股份、华中正大、宁夏泰瑞、南京中牧等，同荣辱、共进退，为振兴民族企业做出应有贡献。

在人才建设方面，公司和各大院校及检测鉴定机构保持长期稳定的合作关系，同时聘请国内外动物营养、畜牧兽医等行业的知名专家为技术顾问，结合东北地域特点，提供饲料配方、技术咨询等方面的精准服务，与顾客相互依托、合作共赢，为顾客的生产经营及科研能力的进一步提升奠定了坚实的基础。

长春博瑞科技股份有限公司

长春博瑞科技股份有限公司（简称博瑞科技）创建于2009年，是一家专注反刍动物科技的国家高新技术企业，10余年来始终致力于为中国牧场提供一体化精准营养综合解决方案，专注于对反刍动物饲料领域的技术研究、产品开发、成果应用和价值共享，持续为国内养殖业者提供精准且有效的技术服务，并传授科学、先进的养殖管理技术经验。形成了以科技研发、生物技术、饲料加工、技术服务、牧业发展为一体的事业布局。

博瑞科技总部位于吉林省长春市，全国拥有28家公司，员工数量近千余名，建立了动物营养研究院、饲料工程技术研究中心、10个反刍动物营养检测中心的科研阵营，全国布局50余个精准营养服务站，产品销售和技术服务推广遍及全国20多个省份，并先后与蒙牛、伊利、完达山、贝因美、君乐宝、现代牧业、飞鹤、光明、新疆天润等国内知名乳品企业建立了长期战略合作关系。全国奶牛饲料市场化销量排名第一。

博瑞科技现已成为“国际后备牛培育协作创新平台理事单位”“中国饲料工业协会副会长单位”“中国奶业协会副会长单位”“国家博士后科研工作站”国家“饲料质量安全管理规范示范企业”“吉林省博士

后创新实践基地”“省级企业技术中心”“吉林省饲料工业协会会长单位”。

企业还获得“农业产业化国家重点龙头企业”、“国家高新技术企业”、国家级专精特新“小巨人”企业、“中国十强反刍动物饲料企业”、“国家神农中华农业科技奖一等奖”、“中国畜牧饲料行业十大科技进步奖”、“全国饲料优秀创新企业”、“中国奶业行业提升贡献奖”、“中国饲料行业扶贫先进集体”、“吉林省名牌产品”、“吉林省农产品加工和食品产业百强企业”、“吉林省科技小巨人企业”等荣誉，中国农业企业500强。

面向未来，博瑞将继续凝铸“诚信、专业、创新、卓越”的企业价值观，秉承“成为世界一流农牧企业”的愿景，遵循“专注反刍科技”的企业定位，通过“使命、担当、奋斗者”的精神，践行“帮助员工实现梦想，帮助行业伙伴不断成长，促进社会和谐富强”的使命，为中国畜牧业发展贡献博瑞力量。

公司营业收入总额连续三年超过10亿元，三年纳税总额过亿元，全国带动就业人数1 000余人，带动省内就业人员达300余人。

公司主营饲料研发与生产销售、饲料原料贸易、粮食收购及牧业养殖技术咨询服务等几大核心业务，形成了以科技研发、生物技术、饲料加工、技术服务、牧业发展为一体的事业布局。

黑龙江省

黑龙江诺潽生物科技有限公司

黑龙江诺潽生物科技有限公司（以下简称诺潽生物），位于黑龙江省佳木斯市富锦经济技术开发区，总占地面积约38万m^2。公司成立于2019年4月，注册资金1.3亿元，现有员工200余人。诺潽生物一期已投资3亿元，设计产能6 000t，可实现4亿元/年的销售额，可有效带动当地就业。

诺潽生物依托富锦优质玉米资源的优势，以玉米淀粉为原料生产氨基酸及肽类产品；公司生产的产品广泛应用于人类健康与动物营养领域。

诺潽生物拥有先进的连续化自动生产设备、研发设备及检验检测设备，建立了完善的质量管理体系，具有专业的检测人员和先进的检测设备，具备产品全项检测能力，达到ISO 17025检测实验室能力通用要求，保证检测结果准确可靠。与国内多家知名高校签订产学研合作协议，已获授权国家发明专利2项，实用新型专利13项，受理中专利2项。

诺潽生物将遵循总公司“集天然精华，造绿色健康”的使命，以开放式思维在大健康领域精耕细作，逐步将业务拓展至生物医药、动物营养、环保及健康新材料等其他领域，将诺潽生物打造成科技领先的营养健康领域卓越企业。

上 海 市

上海比瑞吉宠物用品股份有限公司

上海比瑞吉宠物用品股份有限公司由留学归国人员于2002年5月创立，注册资本9 347.2万元，前身为上海诺瑞宠物用品有限公司。公司于2016年5月完成股份改制。

公司实行董事会领导下的总经理负责制，现有职工300人，其中研发人员36人，中层以上管理人员总数28，本科以上学历89人。

公司从事犬猫主粮的研发、生产和销售，是国家认定的高新技术企业、上海市“专精特新”中小企业，中国饲料工业协会授予的“十强宠物饲料企业”和“一带一路”国际合作先进饲料企业，上海经济和信息化委员会授予的“上海市企业技术中心”，获得中国和欧盟授权专利53项（其中8项发明专利，欧盟授权专利9项），软件著作权1项。自有品牌热销30多个国家。拥有ISO 9001、ISO 22000、BRC以及HACCP、GMP的符合性验证资格证书。

公司现任中国饲料工业协会常务理事单位、中国饲料工业协会宠物饲料（食品）分会副会长单位、中国饲料工业协会宠物饲料标准化委员会成员单位、上海市宠物行业协会副理事长单位和上海饲料兽药行业协会副理事长单位。

20年犬猫主粮的研发、生产和销售，拥有“灵萃”“比瑞吉”“开饭乐”等全系列高中低档自主品牌和产品研发的核心技术，相继研制的近350款不同规格和专业营养配方的犬猫粮。

上海艾魁英生物科技有限公司

上海艾魁英生物科技有限公司成立于2007年，是一家专业从事生物领域产品创新、研发、生产的国家级高新技术企业。

公司秉承科技创新理念，与著名院校通过产学研合作创新研发溶菌酶产品，期间由四川农业大学动物营养所、农业农村部兽药安全监督检测测试中心等农业农村部指定机构，经过有效性、耐受性、毒性安全性等临床验证，于2008年获得了饲料添加剂新产品证书。公司编制的溶菌酶质量标准经国家饲料质量监督检验中心（北京）复核，同时农业农村部发布1136号公告宣布上海艾魁英生物科技有限公司溶菌酶产品允许在中华人民共和国境内生产、销售、使用，部颁 2045 号公告饲料添加剂目录附录二内明确写明溶菌酶产品由上海艾魁英生物科技有限公司生产，目前第一代、第二代溶菌酶产品已获得 7 项发明专利，同时用于溶菌酶生产的配套设备均由公司根据生产工艺自主研发，且已获得 10 多项实用新型专利，至此溶菌酶产品从研发、临床验证、质量标准、生产工艺、配套生产设备等具备了完整的质量体系和知识产权。

溶菌酶二聚体产品经科技部和中国科学院上海科技咨询中心查证：溶菌酶二聚体产品综合技术达到国际先进水平，具有新颖性，完全符合农业农村部关于在饲料中全面禁止使用抗生素的相关规定，符合市场的需求行业的发展，溶菌酶是一种将生物工程技术推向饲料领域的高科技产品，填补了我国饲料添加剂的空白，是药物添加剂向生物制剂转变的一大创举，对于推动我国畜牧产业、改善畜牧产品品质，提高食品安全人类健康具有不可估量的重要意义。我们正在用自己的实际行动倡导无公害的畜牧业养殖、无残留的动物产品的生产，打造健康、安全、绿色的生物链，为动物健康、人类安全，我们始终在路上。

上海新农科技股份有限公司

上海新农科技股份有限公司（以下简称新农）成立于 1994 年，是一家集专业育种、生猪养殖、种猪销售、教槽料研发生产和食品产业链为一体的专业化集团公司。

新农集团始终坚持“踏实、专业、诚信、创新”的企业精神，抓住时代机遇，砥砺奋进、稳健发展，已成为“国家农业产业化重点龙头企业”“高新技术企业”“上海科技小巨人企业”“上海市专利工作试点企业”，拥有“上海市企业技术中心”和“院士专家工作站”等研发机构，并全面通过 ISO 9001 质量管理体系认证和 HACCP 食品安全管理体系认证，授权专利 40 余项，多年来运行效果显著。

公司总部位于上海市松江区文翔路 4263 号。新农饲料业务板块现拥有上海、郑州、武汉 3 家饲料生产工厂，销售服务网络遍布全国多个省市，近年来公司经营业绩良好，发展势头迅猛。

1999 年，新农率先在国内开展教槽料的研发和生产，与国内外高校和科研机构合作，解决仔猪早期断奶问题，立足于行业。2003 年，新农建立养猪试验基地，自主研发的饲料产品在猪场内使用，得到应用实证和精准数据，为后续产品研发做出指导。2011 年，新农先后从国外引进“法系”、“加系”、杜洛克等优质种源，建立了国内先进水平的种猪基因库，建设四个专业化育种基地和一个专业公猪站。

2001 年被中国饲料工业协会授予“中国饲料行业百强企业”称号，2005 年被上海市科学技术委员会授予“上海市民营科技企业 100 强”称号，2010 年被上海市农业委员会授予“上海市农业产业化重点龙头企业”，2011 年被上海市科学技术委员会、市国税局、地税局、财政局联合评定为“上海市高新技术企业”，2014 年 1 月 28 日新农商标（商标注册号：3898218）被国家工商行政管理总局商标局认定为“中国驰名商标”，2016 年 7 月被上海市农业委员会评为“上海市重点龙头企业”；2019 年 12 月被农业农村部评为“国家级重点农业龙头企业”；2022 年 8 月喜获第一批上海市“专精特新”企业称号。

上海成大饲料有限公司

上海成大饲料有限公司成立于 2002 年 12 月，是一家专业从事畜禽系列配合饲料、浓缩饲料和预混合饲料，集研发、生产与经营相结合的私营企业。

公司以质量赢得生存。每批进货原料，均要求供方提供检测报告，公司检验合格后，方能入库；所有出厂成品需化验室检验合格后方能出厂。每批原料、成品、半成品均要留样。质检部对产品质量实行一票否决权。

公司对生产车间进行了全程实时监控，以方便对生产细节的把控，使得一些错误的行为能得到及时的遏制、纠正。在质量设备控制上更是不遗余力，很多设备仪器已经更新到国际前沿水平。

秉着“实干、创新、学习、责任、感恩”的企业精神，我们始终坚持以高科技、高品质和诚信的服务来赢得市场。亲自做，抓落实，跟踪过程，关注细节，使得公司不断发展。在公司企业精神的熏陶下，公司员工得到了长足的发展，如质检部，公司现拥有专职中高级化验员对公司的原料和成品质量进行严格的把控，大批高级学历者亲自在生产销售第一线。公司依托上海的物流运输优势，成功地把畜禽水产饲料销往福建、河南、山东、江西、江苏等几个大省，未来增长空间较大。

上海禾丰饲料有限公司

上海禾丰饲料有限公司（以下简称上海禾丰）成立于 2003 年 1 月，位于上海市嘉定区，由禾丰食品股份有限公司与上海美农生物科技股份有限公司合作兴建。上海禾丰专注于高档复合预混合饲料、浓缩饲料和配合饲料的生产和销售，致力于成为华东地区规模化牧场顶级饲料综合服务商。

上海禾丰目前拥有 3 条智能化生产线，采用基于 PLC 的自动化全流程控制系统，年生产能力达 8 万 t。公司建立健全的非洲猪瘟防控体系，实行分区管理、单向流通、清洗消毒，做到跨区必隔必消。秉承禾丰股份一贯的高品质与专业精神，公司应用世界一流的BRILL配方软件设计和开发产品，形成涵盖猪、鸡、反刍三大类别的产品矩阵，其中“禾丰”牌8%、4%系列预混料，40%、12%乳猪浓缩料，5%系列蛋鸡预混料等产品成为江浙皖闽等地养殖户的主要选择，为数万养殖户提供优质的饲料产品和养殖解决方案。

近20年的时间里，上海禾丰获得上海市多项荣誉称号。2011年被评为“上海城市公众满意企业”；2016年被评为“上海市饲料质量安全管理规范示范企业”，同年主营收入突破1亿元。

作为禾丰股份的华东区总部，上海禾丰将充分发挥龙头旗舰作用，重点布局、着力创新，吸纳豪杰、文化赋能，为实现千亿禾丰发展目标，也为上海饲料行业发展做出自己应有的贡献。

江 苏 省

江苏迈达新材料股份有限公司

江苏迈达新材料股份有限公司于1998年成立，位于南京市江北新区新材料科技园，是专业从事高品质抗氧化剂以及相关系列产品的研发、生产与销售的高新技术企业。

公司以生产高品质饲料抗氧化剂BHT为基础，拥有全球同业单台套最大规模自动化生产装置和先进的生产工艺，获评国家级专精特新“小巨人”企业、国家级制造业单项冠军产品制造企业。公司年生产能力10 000t，2022年总产量8 024t，产值3.2亿元。公司产品在饲料、食品、石油化工、航煤、军工基础材料、生物医药、医疗器械等领域已逐渐替代进口产品，公司与中粮、中石油、中石化、美国DH公司及韩国LG公司等多个著名企业建立了长期合作关系，并以媲美国际标准的质量赢得国际认可，出口到日本、韩国、东南亚、中国台湾、欧洲及美洲等国际市场。

公司汇聚动物营养学、生物专业等高端技术人才，以市场需求和研发创新为导向，联合开展多项抗氧化活性和能力比较、饲料贮运抗氧化应用等试验研究。公司积极参与产品国家标准、行业标准制修订，与南京农业大学联合起草了农业行业标准《饲料添加剂 二丁基羟基甲苯》（NY/T 3971—2021），申请修订了《国家食品安全标准食品添加剂 二丁基羟基甲苯（BHT）》，NY/T 3971—2021已于2021年11月9日发布、2022年5月1日实施，引领行业同类产品提高产品质量，提升发展水平。

公司建立了完善的管理标准，先后通过了ISO 9001、ISO 14001、ISO 45001、ISO 22000、ISO 50001体系、FAMI-QS欧盟饲料体系、HALAL美国食品体系、KOSHER CERTIFICATE犹太食品等体系认证。公司力争提高市场竞争力和品牌影响力，共同为推动中国饲料行业实现高质量发展做出努力。

常州市宏寰机械有限公司概况

常州市宏寰机械有限公司，是一家专注于智能化、数字化饲料厂成套交钥匙工程及各种配套饲料机械装备、配件、电控、钢结构设计生产与销售的高新技术企业。

自2006年8月初创以来，公司坚持发展创新，不断突破，实现业绩三年一个台阶稳步成长，塑造了一个个行业里程碑。公司不仅在国内拥有众多的合作伙伴，而且与东南亚、非洲、南美洲等国家和地区建立了良好合作关系。

公司拥有一支多年从事饲料智能装备设计生产、成套工程设计和生产安装的研发团队、生产以及管理团队。十多年来，坚持打造站在技术前沿的各类工程项目，从国内到国际，从畜禽到预混料到反刍到水产，不断拓展成熟。

全体同仁紧紧围绕“品质当先，智造未来”的战略目标，在开拓国内外市场中，以“我就是用户”的服务理念，快速响应，竭诚服务。

近年来，公司紧跟工业企业数字化转型升级的步伐，利用ERP、PMS信息化系统实现了从订单到销货出库到工程项目施工全流程管理。并获得“两化融合管理体系”证书，为公司管理升级、智改数转奠定了坚实的基础。

公司始终秉承“成为值得员工和客户信赖的，具有成长性的，饲料工程与机械企业”的发展愿景，坚持“员工幸福，客户满意”的企业价值观，初心坚定，执着创新，携手客户持续前行。

江苏省协同医药生物工程有限责任公司

江苏省协同医药生物工程有限责任公司成立于1997年11月，由江苏省医药工业研究所投资成立，1999年改制，坐落于南京市江宁区谷里工业园。公司致力于实验动物食品、用品的研发、产销和服务。

公司本部拥有动物食品生产小试、中试和自动化生产设备3套；2022年成立协同生物（扬州）公司，新建万吨级实验动物食品制造厂已投产。实验动物食品年生产能力5万t以上。公司成立了协同研究院，对标国际优质产品，为各类实验动物造模饲料提供定制化产品。

公司主要产品有大小实验鼠粮、转基因鼠粮、免疫缺陷鼠粮、无菌鼠专用粮、实验猴粮、实验犬粮、特定实验造模饲料 20 余种。经过 25 年的匠心营造，形成了实验动物食品行业的核心品牌。2018 年以来，产量和销售额平均增长 32%。

公司设有技术研发中心和产品检测中心，本科以上学历的技术人员占 30%以上。已获授权专利 36 件，其中发明专利 3 件。检测中心配备原子吸收分光光度计、高效液相色谱仪、无菌检验室等仪器和设施，并通过了 CNAS 认可。公司先后通过了 ISO 9001质量管理体系、ISO 22000 食品安全管理体系、ISO 14001 环境管理体系的专业认证，通过了国家级高新技术企业评定。2022 年荣登南京市瞪羚企业榜，获南京市“专精特新”、南京市实验动物食品工程技术研究中心称号。

公司秉承“尊重生命，产品制胜，诚信正直，协同创新”的价值观；坚守安全、环保底线；坚持“为好客户做好产品”“您的信任，我的责任”的经营理念；探索创新“服务个性化，产品定制化”，为生命科学和生物医药产业提供独特的实验动物食品和用品。

公司愿景目标是建设成为全球产销量最大、品质稳定、管理规范的实验动物食品和用品研发生产基地。公司坚信，与强者同行能攀得更高，向智者问道能走得更远。面向世界，为生物医药、生命科学健康产业发展做出新贡献。

溧阳市久和饲料有限公司简介

溧阳市久和饲料有限公司是海大集团和正昌集团共同经营和管理的一家综合性饲料公司。

公司坐落于溧阳市高新技术产业开发区，占地 80 多亩，总投资 8 800 万元，是以从事畜禽、水产饲料生产、销售及技术服务为主的规模化企业，公司建有颗粒配合饲料生产线 5 条，年生产能力 30 万 t。经过 20 多年的发展，已成为华东地区单厂规模最大的综合性饲料生产企业之一，产品覆盖江苏、安徽、浙江、福建、江西、河南、四川市场。2018 年被认定为“省级农业产业化龙头企业”，2022 年被评为“十三五”江苏省饲料工业“十强企业”。

公司建有完善的生产和质量保证体系，重视产品研发，严控产品质量，在蛋禽、肉禽和鳊颗粒料的技术处于行业领先地位。实验室采用先进的 NIR 检测设备，可准确、快速地检测饲料原料和成品。完备的售后服务体系，使“久和”“正昌”系列产品品质更加优秀，使用效果更加稳定，在华东地区具有较高的市场占有率。

公司秉承“信誉、信心、信任”的经营思想和“共创、共赢、共享”的合作理念，广纳人才，不断加强团队建设，重视技术创新，充分把握优质资源，探索最佳经营模式。

无锡三智生物科技有限公司

无锡三智生物科技有限公司（以下简称三智生物）是一家聚焦动物健康养殖领域，专业从事微生物、天然植物的研发、生产、销售和服务的现代化生物企业。

技术是公司发展的依托，也是公司持续发展的动力。公司研发中心 700 多 m^2，建立有微生物研发中心、天然植物研发中心、养殖技术研发中心。主要致力于保障养殖动物健康，增强机体免疫力；利用生物方式改善养殖环境，创造优质的养殖环境；解决养殖问题，降低养殖成本。

公司拥有多名硕士、博士、工程师，专业致力于微生物、天然植物、藻类的研发应用。并聘请苏州大学、江南大学、山东省农业科学院等科研院校的专家教授作为公司的技术顾问，为公司产品的研发和持续发展奠定了坚实的基础。2019 年公司被评为高新技术企业，成为苏州大学研究生工作站。拥有自主知识产权的科研成果 10 余项、专利 50 余项，发表论文数篇。

公司通过了 ISO 9001 质量管理体系认证和 ISO 22000食品安全管理体系认证，从原材料、生产、成品等各方面严格把关，确保产品质量，为客户提供安全、稳定、高效的产品。

三智生物以“自然、健康、安全”为核心理念，怀揣“高效、诚信、感恩、敬畏”之心，坚持以“产品＋系统标准技术”为灵魂、服务为导向、市场为基础的原则，做好全产业链的资源整合，实现畜、禽、水产品的绿色无公害健康养殖。

为了畜禽水产品质量安全，三智生物一直在路上。

安 徽 省

上海衡威生物技术长丰有限公司

上海衡威生物技术长丰有限公司（以下简称衡威公司）成立于 2017 年 6 月，是一家集产、供、销、研发、贸易于一体的现代化农牧企业，是一家为养殖行业提供专业化产品和管理技术服务的企业。公司坚持“以人为本，和谐共赢”的核心理念，以“树百年衡威，做行业典范”为目标，重视专业能力打造，以人才培养战略作为基本战略打造高效率团队。技术上与科研单位及技术领先企业合作，逐步加大投入，建立自己的研发队伍，对配方、添加剂使用进行筛选、改良。通过自身智能化、数字化建设，消除时间、人力、物力和资金在生产、流通、服务环节上的浪费，更好地为客户提供定制服务需求的个性化方案。

衡威公司是国家级高新技术企业、合肥市科技型中小企业、合肥市农业产业化龙头企业、合肥市服务型制造示范企业，被长丰县评为农业产业化发展“十佳龙头企业”、AAA级信用企业、安徽省十佳饲料产业融合企业、安徽省2020“百社进百村”脱贫攻坚先进单位，浓缩仔猪饲料生产车间获合肥市数字化车间认定，公司于2020年通过了ISO 9001质量管理体系、ISO 14001环境管理体系、ISO 45001职业健康安全管理体系三体系认证。公司坚持创新理念，坚持科技发展为第一动力，创建国家级高新技术企业，公司申请专利17项，其中获授权实用新型专利7项，处于实审阶段的发明专利5项、实用新型专利5项。大力推动智能化、信息化升级，促进创新链和产业链深度融合。投资数百万元成立研发中心，与安徽农业大学联合建设高效生态饲料研发平台，大力推动产品绿色升级。

衡威公司所在地为长丰县杨庙未来食品工业园。长丰县是产粮大县、生猪调出大县，杨庙未来食品工业园定位是农副食品加工基地。为响应市政府号召，衡威公司2023年投资1.68亿元兴建30万t配合饲料加工项目，占地20 000m^2，建设现代化配合饲料加工基地3 000m^2，着力发展设施农业、精准农业、精深加工、现代营销，推动农业全环节升级、全链条增值，围绕农业优势产业、特色产业和产业转型升级，促进农产品加工龙头企业做大做强，实现产业高效健康发展，专业化生产高档次、高质量、高效益的饲料产品，持续提高所服务客户的核心竞争力和利润增长率，从根本上构建农牧企业稳定发展、有序经营的保障平台。衡威公司坚持“以人为本，和谐共赢”的核心理念，以“树百年衡威，做行业典范”为目标，以“打造质量根基，为用户创造价值”为使命，本着“合作、相容、发展”的公司核心价值观，做有利于用户、有利于员工、有利于企业、有利于社会的伟大事业。发展中的衡威公司与合作伙伴砥砺前行，共同成长，以正确领先的态度、远大宽广的胸怀和睿智长远的眼光为中国畜牧业的发展贡献自己的力量。

福 建 省

福建闽科饲料有限公司

福建闽科饲料有限公司（以下简称闽科）以预混合饲料和高档乳猪料为主，并大力发展涵盖行业上游的微元素添加剂加工改造、微生物添加剂和发酵产品的研发和生产，是兼具规模化养殖等一条龙的农牧企业集团。公司具备着福建省领先的年产5万t饲料添加剂、12万t添加剂预混合饲料和10万t高档配合饲料的生产能力，所开发的预混料和高档配合饲料产销量居省内同行业前茅，产品畅销全国十多个省市自治区，企业子公司所开发的高效缓释微量元素系列产品在业内处于领导地位，在东南亚区域有一定的影响力。

闽科重视前瞻性基础研发与产业化相结合，近两年，公司在功能性原料开发、微生物发酵饲料技术开发与推广、替抗技术优化与应用等领域有所突破，是福建省农牧行业少有的具有原创性研发技术及平台的公司之一，2022年，企业再次被评为国家高新技术企业，并获得2021年度福建省科技进步奖三等奖。企业在近两年实现营业收入增长30%以上，并且在非洲猪瘟疫情下一直致力于畜禽养殖领域综合技术开发和健康养殖体系的建立与推广，推动行业实现健康养殖和抵御市场波动的抗风险能力。

福建省漳州市华龙饲料有限公司

福建省漳州市华龙饲料有限公司是华龙集团所属子公司之一，创建于2011年12月，地处芗城区石亭镇南山工业园，专业化生产“华龙”牌畜禽配合饲料，年产量达30余万t，是农业部（现农业农村部）首批《饲料质量安全管理规范》示范企业、福建省工业龙头培育企业、漳州市农业产业化市级龙头企业、漳州市重合同守信用企业。“华龙”牌商标被认定为福建省著名商标，“华龙牌蛋鸭饲料”是首届中国饲料工业博览会认定产品。

公司以“安全、高效、环保”作为研究开发方向，采用先进的自动化生产设备和工艺，经过多年实践积累，着重从三方面入手，走出了一条适应市场需求的发展之路。一是注重产品质量，丰富产品品种，满足市场多元化需求。全面开发猪料、鸡料、鸭料、鹅料、鸽子料等饲料品种，全面开展养殖终端直销、定制、代工等多种经营模式，以减少因疫情、行情对销量的影响。二是对工艺、设备不断进行优化改造，逐步实现提高产品质量、提升饲料产能、节能降耗的目标。三是做好饲料售后技术服务，开展饲养技术咨询服务，提高养殖效益，助力农户增收致富。

放眼未来，公司仍将科技创新作为立业之本，以“奉行绿色理念，造福人类社会”为企业发展愿景，始终发扬“团结、拼搏、求实、创新”的华龙精神，倡导“思路决定出路，品质成就未来”的企业文化理念，用实际行动践行着自己的诺言，为促进与推动饲料工业和经济社会的发展做出应有的贡献。

福建省新华港生物科技有限公司

福建省新华港生物科技有限公司位于莆田市秀屿

区笏石镇荔港北大道1171号，成立于2016年，注册资金1 000万元人民币，拥有国内一流的年生产15万t饲料自动生产流水线。专业生产猪、鸡、鸭三大系列的颗粒全价饲料，拥有现代化的生产厂房、完善的检测手段、丰富的管理经验。产品定位坚持“引导市场发展、高起点、优质优价”的思路，牢固树立全员质量意识，保证质量体系有效运行，树立与众不同的产品形象。公司饲料配方技术达到国内先进水平，产品品质稳定可靠。

公司的经营指导思想是“助农民富裕，让社会满意，让政府放心”。公司在竭诚为客户提供优质产品的同时，永远从客户的需要出发，不断开发新产品。

公司坚持“以人为本，科技驱动，用户至上，奋发进取，追求卓越，爱国守法，兴我中华”的管理理念，勇于挑战和超越自我，满怀信心，以饲料加工业为基点，大力促进畜牧业的发展。

福建省邵武市华龙饲料有限公司

福建省邵武市华龙饲料有限公司成立于1988年12月，是福建省华龙集团饲料有限公司的骨干企业。公司坐落于邵武市养马洲食品工业园，占地35亩，建筑面积12 447.6m^2，固定资产总投资4 000多万元，目前公司资产总额达到1亿元。公司拥有环保型配合饲料生产线一条（420型制粒机3台），先后研制、开发、生产和推广了八大系列近100多个品种的各类畜禽、水产配合饲料，产品质量达到国内先进水平，深受市场的认可和农户的青睐，产品销往南平、三明、宁德、龙岩及江西、浙江等地。

公司历经30多年的探索与发展，先后荣获南平市“诚信用工企业”“龙头企业”、邵武市“平安企业”等荣誉；并连续27年被评为南平市“守合同重信用”单位，连续8年被评为省级“守合同重信用”单位；2015年荣获省农业厅授予的“饲料质量安全管理规范示范企业”。2016年荣获国家级“守合同重信用”企业称号，2020—2022年连续被评为邵武市纳税大户及“先进民营企业”称号。

宁德傲农生物科技有限公司

宁德傲农生物科技有限公司（以下简称宁德傲农）成立于2020年08月，位于宁德市屏南县棠口镇凤林村溪角洋工业园区9号，由傲农集团和大创集团共同控股。傲农集团是一家以标准化、规范化、集约化和产业化为导向的高科技农牧企业，公司主营业务包括饲料、养猪、食品、贸易等产业。2017年9月，傲农集团在上海证券交易所挂牌上市。

该项目是屏南县委、县政府招商引资项目，总用地面积63亩，总投资1亿元，总建筑面积约18 000m^2，规划建设5个1 500t、6个350t的钢板原料筒仓；安装2条国内领先的制粒线，以及1条原料膨化线，正式投产后，年产24万t高效配合饲料，产值达7.2亿元。该项目总建设期为9个月，在县委县政府及相关主管部门大力推动下于2020年11月底动工，项目进展非常顺利，于2021年8月底试机，2021年9月1日正式投产。2022年一季度新建入库，2022年饲料总产量85 039.4t，完成规上工业产值3亿元，同比增长204%。

公司一直坚持“精益管理、专项整治、安全生产”的管理理念，在满足了猪场项目用料需求的前提下，也为周边养殖户提供了安全、均衡、高效的配合饲料，更有效缓解当地就业压力，提供就业机会。

过去10年，从0到1，从小到大，宁德傲农始终在各级党委和政府的领导支持和关心下，不忘初心，践行“为客户创造价值，为员工提供发展，为社会做出贡献”的核心价值观，深刻理解农业发展的要义和责任，始终以“农牧＋食品”为核心布局产业链，合规经营、稳健发展，不断提升专业化发展水平，主动创新产品与服务，加强创业型人才队伍建设，积极承担社会责任，致力于推动农业更好发展，满足人民对美好生活的向往。宁德傲农现已成为较具品牌影响力、敢担当有作为的新时代农牧企业。宁德傲农持续坚持“立农、为农、兴农”的原则，积极承担起企业应有的责任和担当。

江 西 省

江西赣达牧业有限公司

江西赣达牧业有限公司是一家集饲料自主研发、生产、销售于一体的省级农业产业化龙头企业。

公司成立于1994年10月，位于南昌市南大门的南昌县银三角经济技术开发区，占地面积50亩。公司拥有先进的布勒全自动化生产设备、精密的科研检测设备和高效的管理团队，采用自主研发的饲料配方技术和科学管理方法进行饲料加工生产。公司主要生产蛋鸭料、肉鸭料、蛋鸡料、猪料等四大系列30余个品种。在疫情等各种不利因素影响下，企业发展仍然一路向好，产销量稳步上升，2022年销量突破15.5万t，年产值达5.3亿元。

企业经过20多年的发展，得到了各级政府和上级主管部门的大力支持和高度认可。曾先后荣获农业农村部（原农业部）认证达标企业、省级农业产业化龙头企业、国家高新技术企业、一级诚信企业、江西省禽饲料工程技术研究中心等称号，历年被农业农村部、省、市、县各级管理部门抽查认定为质量合格产品。

公司始终以质量和安全为企业发展的根本，以技术和创新为企业发展的动力。不忘初心、牢记使命，诚信至上、守法经营。为数以万计的养殖场提供了优质安全的高性价比产品和养殖服务。公司生产的饲料每年为社会产出了将近5万t禽蛋、0.5万t猪肉、1.5万t禽肉，解决了农村万余剩余劳动力转岗就业的问题，为保障江西省肉蛋奶的食品安全和菜篮子工程做出了重要贡献，为县域经济发展、改善民生、精准扶贫、社会稳定做出了重要贡献。

江西天新药业股份有限公司概况

江西天新药业股份有限公司成立于2004年9月，是一家致力于单体维生素研发、生产与销售的国家级高新技术企业。历经近20年的发展，公司迅速成长为全球领先的维生素产品制造商之一，并于2022年7月12日在上交所主板成功首发上市。

公司占地面积1 100多亩，现有员工2 200多人。产品有维生素B_6、维生素B_1、叶酸、维生素D_3、生物素和抗坏血酸棕榈酸酯等，主要用于原料药、食品添加剂、饲料添加剂等。其中，维生素B_6、维生素B_1市场占有率全球领先，叶酸、生物素等产品在市场上同样具有重要地位。2022年实现销售收入23.0亿元，出口创汇1.9亿美元，上缴税收3.0亿元。

公司秉承“日日新，又日新”的文化理念，深耕产品，精耕细作，建立了上海研发中心，以及江西省维生素工程技术研究中心，研发团队由美国哈佛大学博士后领衔，专注于产品的研发与创新。目前，公司积极参与了维生素B_6饲料添加剂和硝酸硫胺素食品添加剂等国家标准制订工作。

公司坚持“悉心打造产品，用心关爱健康”的质量方针，建立了完善的质量、环境、职业健康与安全管理体系，通过了FMIA－QS等多项质量标准认证，产品远销海内外，广受赞誉。

公司发展前景广阔，正大力推天新维生素科技园项目。项目占地700亩，累计投入50多亿元。随着天新维生素科技园的建成投产，公司将再次实现新的跨越。面向未来，天新药业将以做优做强企业为目标，健康人类为使命，服务社会为宗旨，坚定不移地走生态文明、绿色发展道路，为实现民族工业振兴而砥砺前行。

河 南 省

河南海创牧业有限公司

河南海创牧业有限公司成立于2008年，位于河南省周口市商水县产业区，总投资1.5亿元，总占地50余亩，是一家以生产高档教槽料、保育料和母猪料（中草药）为主的高科技饲料生产企业，业务遍及全国20多个省和地区。

2018年公司与欧盟动物营养研究所深度合作，引进全球最先进的母猪营养和饲养技术，集合古方中药酵素和高分子技术，研发出了高端中草药精准营养母猪料，开启母猪美好时代。其产品多次被评为“中国名优产品”“中国3·15消费者可信赖产品”；公司一直以高端精准营养引领业界母猪料发展趋势，2023年海创研发中心与欧洲DNCS饲料研究中心联合推出“母猪围产期专用料”，产品设计处于先进水平。生产的母猪料荣获行业口碑品牌，获得国家专利20多项，2021年10月被认定为“国家级高新技术企业”，2023年4月被河南省认定为“专精特新中小企业”。

海创公司不仅在行业中率先通过“饲料质量安全管理规范示范企业”，并且先后屡获了“农业产业化重点龙头企业”“饲料协会副会长单位”“饲料工业协会成长型十优企业”等荣誉和奖项。

公司始终坚持为客户创造更大的价值，围绕卓越的营养产品和精细化饲养，与客户建立更宏大的价值主张。以“精准、高效”为产品研发方向，坚持以新技术、新工艺不断满足市场需求，做好研发、生产、品控及技术服务工作，达到提高养殖收益的目的。

中农颖泰林州生物科园有限公司

中农颖泰集团是一家涵盖生物和化工两大板块的高新技术企业，拥有10余家下属公司和业务实体，涉足饲料添加剂、动物保健、保健品、化妆品等多个领域，并正在向新医药领域延伸，产品销售遍及国内外。

中农颖泰林州生物科园有限公司（以下简称中农颖泰）成立于2008年，注册资金15 000万元，占地1 037亩，毗邻景色壮美的国家5A旅游景区——红旗渠·太行大峡谷。

中农颖泰先后建有农业农村部饲用抗生素替代技术重点实验室、院士工作站、博士后科研工作站、河南省抗菌肽工程技术研究中心、河南省企业技术中心、兽用抗菌肽河南省工程实验室、安阳市多肽工程技术研究中心、安阳市抗菌肽重点实验室、兽用抗菌肽安阳市工程实验室等研发平台。并与国内十余所科研院所紧密合作，从抗菌肽的基础、工艺、应用等方向开展深度研究，源源不断地为企业研发提供支持。2022年，中农颖泰的“枯草三十七肽”获得国家新饲料添加剂证书。2014年，N－氨甲酰谷氨酸（NCG）获得国家新饲料添加剂证书，并荣获国家技术发明奖。

中农颖泰已通过 ISO 9000、ISO 14000、ISO 22000、ISO 45001 等认证，是河南省“省级农业产业化龙头企业”“高新技术企业”，先后获得“国家高技术产业化示范工程项目”“全国二十强饲料添加剂企业”“河南省创新十佳企业”“安阳市市长质量奖”等荣誉。中农颖泰生物板块一直秉持“让抗菌肽造福全人类”的核心价值观，专注于抗菌肽的研发。通过矢志不渝的探索和投入，中农颖泰已率先开发出三个抗菌肽，取得了一大批国际领先的具有自主知识产权的科技成果。在抗菌肽生产上，中农颖泰先后攻克了“菌种优化、产品纯化、定量检测”三大国际性技术难题，在抗菌肽的高水平生产上具有深厚的基础和显著优势。当今，养殖减抗是全面提升绿色养殖水平、推动现代畜牧业高质量发展的关键，中农颖泰将以此为契机，高举发展抗菌肽事业的旗帜，发挥科研和产业化的优势，用创新性的抗菌肽产品和应用方案服务于现代畜牧业，践行“让抗菌肽造福全人类”的使命。

湖 北 省

凯恩格生物科技（宜昌）有限公司

凯恩格生物科技（宜昌）有限公司是北京和联四海生物科技有限公司的全资实体子公司，公司生产研发基地位于湖北省宜昌市生物产业园国家级高新开发区。2021 年工厂完工并投入运营，建有万级微生物实验室、理化分析实验室、液态发酵车间等。

公司立足于生物科技、饲料和养殖行业，致力于生产和发展关键核心成分，为饲料及养殖企业提供有针对性的解决方案。

公司与国内外可靠的原料供应商建立了稳定的合作，并与国内知名的科研院所建立了研发合作，汇集了经验丰富的技术团队和专业技能过硬的检化验分析人员，不断创新，研发出了包括增强肠道和瘤胃功能的益生菌，以及抗应激、提升免疫力、增强繁殖能力的产品，涵盖了猪、禽、反刍等多个品种。

公司拥有现代化生产设备、自动化生产控制系统、全程可追溯二维码系统，具备高要求的品控制度，通过 ISO 9001 认证，建立了严格的质量检验标准与要求，保证产品的质量和安全。

公司以“为动物健康领域提供整体解决方案”为愿景，秉承“连接新技术创造高价值”的核心理念，将带着诚信与责任，致力于绿色、环保的可持续发展，不断创新、持续改进，为畜牧禽业的发展做出一份贡献。

武汉科缘生物发展有限责任公司

武汉科缘生物发展有限责任公司为武汉科前生物股份有限公司控股的全资子公司，注册资金 3 366 万元。注册地址位于武汉东湖新技术开发区光谷八路 101 号，公司主体由一批长期深耕于养殖服务领域的科研和技术人员组成，以华中农业大学动物科技学院和台湾中兴大学为技术依托，以为动物养殖、食品安全、生态环境提供先进的高效产品及优质的技术服务为宗旨，是一家集科研创新、技术开发、原药生产、制剂加工及销售于一体的高新技术企业。

科缘生物长期与华中农业大学农业微生物学国家重点实验室、湖北省生猪健康养殖协同创新中心进行合作，也依托于母公司武汉科前生物的研发团队。武汉科前生物现有工艺研究室、病毒疫苗研究室、细菌疫苗研究室、生物制剂研究室及诊断试剂研究室、微生态制剂研究室。2018 年投资 1 亿元，在武汉东湖光谷生物城购买 50 亩地，建立了科缘生物新的研发基地和建成一座现代化的微生态制剂生产基地，涵盖液固发酵、固体干燥、固体混合、发酵饲料、特种配合饲料等 5 大生产平台，配置国际标准化实验室，形成了分子生物学、菌种微生物、理化评估、发酵工艺、后处理工艺、应用评估一体化研发体系构架，为科缘生物的发展提供了坚实的基础。

公司致力于畜禽饲料添加剂、环境微生物产品、水产微生物制剂产品的研究、开发、生产、销售、技术转让，公司成功地开发了枯草芽孢杆菌、地衣芽孢杆菌、巨大芽孢杆菌、侧孢芽孢杆菌、凝结芽孢杆菌、丁酸梭菌、粪肠球菌、屎肠球菌、酿酒酵母、植物乳酸杆菌、嗜酸乳杆菌、乳酸片球菌等微生物饲料添加剂，其中枯草芽孢杆菌、屎肠球菌、丁酸梭菌、植物乳杆菌都是公司的专利菌株，研发技术达到国际先进水平。产品销往全国各地，成为国内知名的饲料类益生菌原粉供应商，并且根据不同菌的互相作用效果以最适当的比例进行复配，研发出科益康、科泻宝、科益肽、科球净、科益生家禽、科降氮、科底改、科健态等多种混合型饲料益生菌，对畜禽营养健康有显著效果，制定了精细化的质量管理体系，为高品质产品的生产提供了有力保障。公司始终以市场为导向，以人才为根本，以研发为核心，以质量为生命，铸造高端品牌形象；产品先后进入了湖北、湖南、广东、广西、四川、贵州、山东、辽宁、内蒙古等省份，形成了以湖北为中心，辐射全国的市场销售态势；产品以其抗病、营养、绿色、高效的功效受到广大养殖朋友的欢迎和认可。从 2020 年 7 月 1 日起，开始了全面禁止在饲料中添加使用促生长药物饲料添加剂，我国正式迈入“饲料无抗”的畜牧养殖新时代。微生态制剂以其具有“患病治病，未病防病，无病保健”的效果，是抗生素的最佳替代品，国家的政策环境为微生态制剂产业的发展创造了良好的机遇。把握现在，放眼未来，我们将始终以“为畜牧健康养殖服务，助推行业发展”为使命，抢抓机遇，通过不断的技术创新和精细化管理，为饲料企业和养殖客户提供创新的生态技术、产品及服务，为促进中国畜牧产业健康发展增光添彩。

科缘生物 2019 年被评选为湖北省饲料工业协会颁发的改革开放 40 周年湖北省饲料行业最具成长型企业，2020 年获得高新技术企业称号，科缘公司目前已获得 6 项国家发明专利、11 项实用新型专利、8 项已进入实质审查阶段发明专利、46 个饲料添加剂批准文号。

荆州市天佳饲料有限公司简介

荆州市天佳饲料有限公司创建于 2004 年，是一家专业从事水产配合饲料生产销售、水产品养殖及粮食农副产品收购销售的湖北省农业产业化重点龙头企业。公司位于湖北省荆州市沙市开发区，占地面积 45 000m^2。

截至 2022 年 12 月 31 日，公司资产总额 21 271 万元，其中固定资产 9 132 万元。现有饲料生产线 10 条（膨化饲料生产线 3 条、虾料专用生产线 3 条、普通颗粒饲料生产线 4 条），水产饲料年产能可达 36 万 t，日产能 1 000t。2022 年公司生产销售水产配合饲料 10 万 t，销售收入 3.9 亿元。

公司拥有与中国农业科学院饲料研究所、华中农业大学、中山大学等国内顶尖农业科研院所紧密合作的技术背景，注重科技创新，研发能力强。历经近 20 年的发展，公司饲料产销量均跻身于湖北省饲料行业前列，成为湖北水产饲料研发、生产、销售骨干企业之一，被湖北省农业农村厅、湖北省饲料工业协会评选为“湖北省十佳行业领军企业”，在两湖地区水产饲料行业有着举足轻重的地位。

公司及其产品曾先后获得荆州市明星饲料企业、湖北省著名商标、湖北省饲料十佳品牌、湖北省最受欢迎饲料产品、湖北省重信用守合同企业、湖北省十佳行业领军企业等荣誉称号，被政府认定为湖北省农业产业化重点龙头企业，被行业推选为中国饲料工业协会理事单位、湖北省饲料工业协会副会长单位、荆州市饲料工业协会会长单位等。

湖 南 省

湖南正虹科技发展股份有限公司简介

湖南正虹科技发展股份有限公司是一家集饲料、养殖、贸易与肉食品加工于一体，拥有自主知识产权的现代农牧业大型企业集团。公司创立于 1986 年，于 1997 年在深圳证券交易所 A 股市场上市，被业界誉为“中国饲料第一股”。公司是农业农村部等八部委联合评定的第一批“农业产业化国家重点龙头企业”和农业农村部评选的第一批“全国农产品加工业示范企业”。公司在全国设有数十家全资、控股、参股企业，综合实力位列“全国饲料企业 30 强”。

公司拥有国内领先的科研人才和基地。公司现有员工 1 164 人，其中大专及本科以上学历的各类专业技术人员 300 余人，博士 3 人，硕士 9 人。科研试验基地 3 个（其中专业科研试验场 2 个），一流的化验室 2 个，其科研中心被科技部认定为“国家认定企业技术中心”“国家饲料加工技术研发分中心”，拥有“国家生猪核心育种场”“企业博士后科研工作站”。

2022 年，正虹科技实现改革重组，改革重组后湖南城陵矶新港区岳阳观盛农业科技有限公司为正虹科技大股东，新注册地为岳阳城陵矶综合保税区。改革后的正虹，将依托大股东的优势，努力振兴“正虹”品牌，着力打造“饲料＋养殖＋贸易＋食品加工”全产业链升级，实现公司发展战略目标。

湖南华佑生物科技有限公司简介

湖南华佑生物科技有限公司坐落于浏阳市荷花工业小区，占地 50 亩，总投资 1.2 亿元，是一家集畜、禽、反刍饲料的研发、生产、销售、生猪养殖与定宰、动保技术服务于一体的现代化农牧企业。公司拥有年产能 20 万 t 3 条饲料生产线及上万吨仓储系统，公司 2023 年投资近 1 000 万元建设成湖南首条 10 万 t 反刍饲料生产专线，有效填补了湖南反刍草颗粒全混日粮饲料无生产专线的空白，公司拥有总投资 600 多万元、面积达 500m^2 的现代化品控检测中心，可检测上百种原料及饲料的营养成分指标，全方位打造公司原料及成品饲料质量保障体系。

公司依托中国人民大学、中国农业科学院、四川农业大学、湖南农业大学的技术支撑，成立了华佑生物研究院，确保研发理念及精准营养技术保持行业领先。公司通过了“ISO 国家质量管理体系认证”，先后获得“国家高新技术企业”“湖南省农业产业化龙头企业”“湖南省名牌产品”“浏阳市创新先锋企业”等一系列荣誉称号。

公司始终秉承“宁可为价格解释一阵子，也不愿为质量道歉一辈子”的产品质量信念，拥有上百个产品商标。诚信赢得市场，质量铸造品牌，公司凭借过硬的产品质量和企业诚信，赢得了市场和客户的高度认可，为公司的品牌战略奠定了坚实的市场基础。公司拥有 15 人组成的配方技术及养殖技术团队，为养殖场全方位的饲养管理保驾护航。

公司秉承“信守承诺，成就他人，谦虚学习，敢于担当”的价值理念，在“为人类健康食品而奋斗”使命感召下，为实现公司“最具核心竞争力的农牧企业”的美好愿景而倾情奋斗，为助力乡村振兴战略工程做出新的贡献。

湖南普菲克生物科技有限公司简介

湖南普菲克生物科技有限公司（以下简称普菲克）成立于2005年11月，总部设在湖南省长沙市，是一家集研发、生产、销售于一体的综合性集团公司，是国家高新技术企业，湖南省专精特新“小巨人”企业，湖南省农业产业化龙头企业，湖南省饲料工业协会会长单位，科技部、教育部联合授予的“益生菌高效利用特色产业基地”，湖南省智能智造示范车间，产品通过欧盟质量标准认证。

普菲克现拥有湖南中联生物技术有限公司、湖南希母生物科技有限公司、湖南达斯宠物食品有限公司等4家控股子公司，是业务覆盖全中国及欧洲、北美、东南亚地区经销网络的农牧产业链上游集团化企业。

“发酵和制剂，让世界更美好”，普菲克致力运用先进的发酵和制剂工程手段，立足动物营养科学，成为动物全营养解决方案引领者。围绕微生物发酵、油脂微囊乳化、缓控释精准释放等研发生产领域，制定行业团体标准4项，获得专利39项。

普菲克的发展宗旨为“对生命负责，让世界更美好”，我们做到了动物更健康，食品更安全，环境更友好，资源更节约，并将持续前进，为全球畜牧行业的发展不断奉献自己的力量。

岳阳市新宏饲料有限公司简介

岳阳市新宏饲料有限公司创建于1999年3月，坐落于湖南省岳阳市岳阳楼区，是一家以生产、销售饲料为主营业务，集动物营养研究与开发、生态养殖于一体的大型农牧企业，总资产近6亿元，是湖南省级农业龙头企业。

公司拥有5条常规饲料生产线和2条国内最先进的膨化饲料生产线，年生产能力达30万t。公司始终坚持以“新宏饲料，健康食品的源头”为己任，以“减少资源浪费，让养殖更健康”为使命，严格控制质量，做安全、健康的饲料，产品畅销全国各地。

公司在湖南、湖北等地设立了“谷城新宏农业科技有限公司”和“洪湖市新宏水产养殖有限公司”两个子公司，建立了4个鱼类养殖场（其中，两个建成了国家级尾水处理排放标准）、5个虾蟹养殖场，现拥有养殖面积达6万余亩，主要以鳜、鮰为主，辅以其他四大家鱼、黄颡鱼等品种，年产鲜鱼2 000多万kg，虾蟹500多万kg。养殖基地从不同养殖品种、不同养殖环境、不同养殖模式上，研究各类水产动物对饲料营养的需要及探索优质高产的养殖方法，带动周边养殖致富，为水产养殖业起到了一定的示范作用。

近些年来，公司获得各类荣誉称号：在湖北潜江龙虾节上2017年“新宏虾”被评定为“中国小龙虾十大品牌供应商”的称号，2020年新宏饲料被评为“2020年度中国小龙虾产业十强饲料企业”。公司还先后被评为“国家高新技术企业”“省级信用3A企业”“湖南省二十强饲料企业”及湖南省名牌产品，新宏商标被评为“湖南省著名商标”“中国驰名商标”等多项国家、省市级荣誉和奖励。

根据公司制定的十年发展计划，2019年建成投产岳阳市新宏食品有限公司，主要从事水产品的生产、加工和销售，新宏食品的建成投产，标志着新宏完成了水产品全产业链的建设，实现了从上游养殖，到饲料、动保产品的研发，水产品深加工，以及下游销售体系的建成，让新宏产品从源头到消费端，都由新宏体系生产控制，从而达到让健康放心的新宏产品走入千家万户。

2021年公司在岳阳城陵矶临港国家级自贸区征地100亩，拟对饲料板块进行新项目建设，项目总投资计划3亿元，拥有最先进的膨化饲料生产线常规饲料生产线。并同时利用处于城陵矶港区的有利条件（周边分布有大型粮油生产企业、仓储企业、港口和码头），将项目建成集饲料生产、原材料贸易及仓储于一体的综合性企业。

目前新项目土地“五通一平”已完成，厂房仓储和办公设施的设计，以及机械设备的设计与采购均在按计划推进。

张家界市新瑞生物饲料有限公司简介

张家界市新瑞生物饲料有限公司坐落于风景秀丽的湖南省张家界市慈利县，成立于2013年7月，注册资金2 000万元，注册于慈利县工业集中区，生产经营地址在零溪镇岩溪村，是一家以特种水产饲料研发、生产、销售为基础，集成饲料原料资源开发，微生物肥、土壤、水质修复产品技术开发、养殖技术推广服务等一体化的高效农业产业化现代企业。公司目前特种水产饲料年产能可达15万t，可提供就业岗位近200个，2022年销售收入4.6亿元，销量6万t，税收150万元。

目前公司拥有国内技术领先的智能化超微粉、膨化工艺多条生产线，主要产品有甲鱼、黄颡鱼、翘嘴红鲌、泥鳅、草鱼、鳝、牛蛙、青蛙、乌龟、叉尾鮰、青鱼、鲫、龙虾、螃蟹等20多个系列饲料品种；同时公司具有动物营养、生物工程、生产管理、品质检测等方面的专业技术人才和资深的高素质营销团队。

作为华中地区饲料工业行业明星企业及特种水产饲料行业中的佼佼者，公司始终坚持高品质、高服务、高效益、高价值的四高理念，实行“科技创新、质量兴企、精诚服务”的发展战略，严格按照《饲料行业质量安全管理规范》管理经营。公司经营的“佰多一”“鑫瑞特”“宜万佳”等品牌，均已成为行业内知名品牌。

公司传统优势产品“佰多一”甲鱼料因品质优良，产销量居湖南省第一，占有湖南汉寿甲鱼之乡近九成的市场份额，河南、安徽近六成的市场份额。公司研发的甲鱼生态膨化饲料投入市场，质量稳定反响很好，并成功销往广东、河南、安徽等甲鱼密集养殖市场。新型优势产品青蛙料、牛蛙料、虾蟹料在两湖、江西、江苏等地区广受好评。

公司与湖南农业大学等高校建立了长期产学研用合作关系，并挂牌成立了“湖南农业大学动科院教学科研基地”。相继开发了“鱼康宝”“虾康宝”特色生态发酵型饲料，公司拥有专利17项，其中发明专利2项。公司先后参与制定了湖南省地方标准《青蛙配合饲料》《稻田综合种养病害防控技术规程》，为湖南饲料工业发展做出了重大贡献。

在产品品质方面公司严格把控，配备有专业化的实验室检测设备及品控人员，从原材料购进到成品产出，全程监控跟踪，生产按标准化流程管理，问题原材料坚决不用，问题产成品坚决不流向市场，保证产品质量，着眼公司长期发展。

企业2018年、2021年相继被认定为国家高新技术企业，2019年成为省级工业品牌培育试点企业，2022年获评为省企业技术中心、湖南省专精特新“小巨人”企业、湖南省“上云上平台”标杆企业、湖南省制造业品牌培育示范企业等荣誉。

展望未来，公司将继续精进努力，不断打造更具竞争优势的产品和品牌，逐步发展成全国乃至世界的优秀企业。

广 东 省

广东省庞顺微量元素科技有限公司

广东省庞顺微量元素科技有限公司由从事矿物质微量元素研发、生产、经营多年的行业资深者创建，主要致力于矿物质微量元素添加剂、微量元素预混合饲料和复合预混合饲料的研发与生产。公司现拥有3名博士生导师研发团队，与多所大学及研究所建立产学研一体化模式，以及一批经验丰富的精细化工、畜牧兽医、动物营养专业的研发生产团队。

在过去2022年中，在大环境诸多不利因素的情况下，公司逆势上行，矿物质微量元素产品产销量和营收均创历史新高，年产销量超25 000t，营收超1.2亿元。展望未来，公司在原产品结构基础上，加大力度研发生产新一代有机微量元素产品，丰富产品结构，为客户提供产品多样化选择，发挥更大作用。

仪器精良，品控筑基。公司质检部配备多种高端检测仪器，从源头保证原材料及产品的质量安全、质量稳定。为专业化采购、质检、生产和应用技术体系建立夯实了根基。工艺精湛，应用领先。生产车间装配成套年产5万t添加剂和预混料生产线3条，全面执行ISO 9001质量管理体系，建立和完善了生产全过程监控和质量追溯系统。

真诚相伴，共赢未来。庞顺为饲料企业全程提供“微量元素预混合饲料配方设计方案”一站式服务。

广州科城环保科技有限公司简介

广州科城环保科技有限公司（以下简称科城）专注于环境与资源循环领域，侧重于从工业过程回收材料和物质，在材料学、化学等方面积累了较强的技术实力，集研发、生产、销售、服务于一体，产品涉及饲料微量元素添加剂、高纯度电子化学品等，是一家技术领先的材料科技公司。2011年投产，占地约3万m^2，拥有饲料添加剂生产线3条，年产能达2.5万t。

科城遵循并实施的管理体系包括ISO 9001、FAMI-QS、ISO 14001和ISO 45001。质量检测中心贯彻执行CNAS认可的实验室标准规范，保障检测结果的公正性、科学性和准确性。

科城拥有独立且全面的质量管控稽查系统，对产品全过程进行监督检测，保障了稳定的产品品质。

科城的饲料添加剂“碱式氯化铜”“硫酸铜”和“碱式氯化锌”产品上市以来受到国内外用户的一致好评，已成为全球知名农牧企业的首选饲料添加剂。其中，科城制备碱式氯化铜的技术研究成果先后获得广东省科技进步奖二等奖和广东省专利优秀奖。科城在铜、锌、锰等营养元素产品的研发还在持续推进。

以客户为中心，公司致力于以循环模式帮助客户赢得价值，创造一个更加绿色的生产和生态环境。

广州优百特科技有限公司

广州优百特科技有限公司（以下简称优百特）始创于2008年，总部位于广州增城，总注册资本超过1亿元，总资产约2亿元，现拥有广州、湖北、沈阳、长春四大生产基地，优佰特生命科学研究院，省级工程中心、市级研发机构及三所高校级博士后创新实践基地科研中心，安身于民生大健康产业链的上游环节，立命于生命健康、食品安全和低碳环保等高科技制造业，是专业致力于功能性脂肪酸平衡营养研发、生产与经营的科创型企业。

公司先后与东北农业大学、华南理工大学、华南农业大学、广东省农业科学院及武汉轻工大学等国内知名高校院所开展产学研合作。建有东农博士后创新实践基地、农业硕士实践基地、优百特脂立方功能性脂肪酸研究中心及功能性脂质产业研究院等产学研平台，科研成果处在国际领先水平。15 年创新发展，优百特掌握了脂肪营养的关键核心技术，通过提高产业效益，针对国内油料依靠进口“卡脖子”问题获得突破，节省饲粮用油量 40%，促进行业低碳环保可持续性发展，相关产品畅销全国各地。

截至 2023 年，优百特已拥有 102 件国家专利，其中发明专利 45 件，通过“国家知识产权优势企业”认定，CMA 中国计量检测机构认定、“两化融合”贯标认证、广东省创新型企业认定、广东省和湖北省“专精特新”企业双认定等资质，研发成果获“湖北省科技进步二等奖”“大北农科技二等奖”，另主导参与 3 项饲用脂肪行业标准制定。

未来 5 年，公司战略规划将继续保持高增长率的发展态势，实行集团化发展模式，建立国际领先的研究机构和技术研发平台，实现“集团化、公众化、国际化”发展战略目标。

广西壮族自治区

广西商大科技股份有限公司简介

广西商大科技股份有限公司成立于 2005 年，位于广西东盟经济技术开发区，是一家聚焦于种猪营养研究、产品开发与技术推广的国家高新技术企业。公司建有年产 10 万 t 种猪高端专用预混合饲料生产线、年产 5 万 t 猪用浓缩饲料和配合饲料生产线、年产 2 万 t 国内领先动物功能性膳食纤维生产线。公司的总体目标是打造“中国种猪营养第一品牌”，使一头母猪一年出栏 25 头肉猪，一头母猪一生出栏 80 头肉猪。

公司现有 120 人，有专职研发人员 43 人，其中博士 2 人、硕士 6 人。公司拥有包含广西种猪营养工程技术研究中心、四川农业大学动物营养研究所、广西商大科技股份有限公司博士工作站等科研创新平台。近年来，公司开发了 36 个种猪专用新产品，取得自主知识产权科技成果 13 项，申请发明专利 23 项，不同成果先后荣获国家科技进步二等奖、自治区科技进步二等奖、四川省科技进步一等奖、四川省科技进步二等奖。公司先后被认定为国家高新技术企业、农业产业化国家重点龙头企业、广西专精特新中小企业。公司产品目前推广到了全国 15 个省市，已有超过 3 000 家集约化猪场、约 500 万头种猪在不同阶段使用了公司的营养与饲养方案，其中上市公司 6 家、国家核心育种场 15 家。

广西新天地农牧集团有限公司

广西新天地农牧集团有限公司创于 2004 年，2010 年成立为集团公司。广西新天地农牧集团有限公司一直专注致力于饲料生产加工、畜禽育种、畜禽养殖、粮食贸易、畜禽食品深加工的农牧业产业化发展，目前为止已拥有 30 多家集团直属分公司，分布于广西壮族自治区及广东省。集团饲料重点企业有广西陆川新天地饲料有限公司、北海新天地生物科技有限公司、钦州新天地饲料有限公司、隆安新天地饲料有限公司、玉林市超翔饲料有限公司、南宁市振林饲料有限公司、江门市振林饲料有限公司等，2022 年饲料产业生产销售配合饲料 80 多万 t。肉猪、种猪重点企业有广西新杰富农牧科技有限公司、南宁精菲生态农业有限公司、南宁赛嘉种猪有限公司、玉林新天地养猪服务有限公司、钦州新天地猪业有限公司、南宁市振林养猪有限公司等，以种猪繁育、肉猪养殖、“公司＋农户”的肉猪养殖产业分公司。肉猪养殖产业优质种猪存栏 2 万多头，年产商品生猪和猪苗 20 多万头；肉猪养殖、种猪育种产业出栏生猪和猪苗 30 多万头。种鸡繁殖产业方面，有广西桂绿凤农牧科技有限公司，种鸡存栏达到 60 万套，年产鸡苗 6 000 多万羽。肉鸡养殖重点企业有广西玉林山凤养殖有限公司、南宁市山凤农牧投资有限公司、钦州山凤养殖有限公司、江门桂山凤农牧有限公司等 6 个肉鸡养殖公司和相关服务部，养殖优质三黄鸡、灵土花鸡、文昌鸡、瑶鸡品种，“公司＋农户”肉鸡养殖产业出栏肉鸡 5 000 多万羽。2022 年集团所辖企业实现年产值近 50 亿元。集团成立以来，先后荣获市农业产业化重点龙头企业、广西水产畜牧行业重点龙头企业、广西饲料工业协会广西十强饲料企业等称号，以及 2022 年广西民营企业制造业 100 强第 66 位。

南宁市泽威尔饲料有限责任公司简介

公司始建于 1995 年，位于广西南宁市良庆区，现有员工 120 人，其中技术人员 25 人。

公司是螯合营养为核心技术的专业化生产厂家，一直从事有机微量元素螯合物的研发生产和销售，技术实力居全国前列。

公司通过了 ISO 9001 质量管理体系和 FAMI－

QS 体系认证，荣获“国家高新技术企业”、“瞪羚企业”、广西专精特新中小企业认定、“自治区级农业产业化重点龙头企业”、2020 年获南宁市市长质量奖提名奖第一名。

公司是国家标准《饲料添加剂 富马酸亚铁》《饲料添加剂 柠檬酸钙》第一提出及制定单位，参与国家标准《饲料添加剂 蛋氨酸锰络（螯）合物》《饲料添加剂 蛋氨酸锌络（螯）合物》的修订。

公司自成立以来，获得区、市、城区科技进步一、二、三等奖 6 项，国家和自治区科技成果登记 11 项，国家授权发明专利 10 项、受理专利 14 项，并于 2022 年 1 月与中国工程院院士印遇龙团队共建“糖微量元素络合物产业技术研究院”。

公司是“中国饲料工业协会理事”“中国畜牧业协会禽业分会副会长”“中国畜牧业协会生物分会副会长”“广西饲料工业协会副会长”单位。

公司 28 年来专注于螯合物的研发，以“捍卫螯合纯度”为己任，致力于成为享誉国内、辐射全球的专业高纯有机微量元素体系完全服务供应商。

广西华港农牧发展有限公司简介

广西华港农牧发展有限公司成立于 1995 年，是集“农业＋工业＋畜牧业”等产业发展相结合的企业。公司作为农副食品加工业产业链链主型龙头企业，致力扎根祖国大西南，以饲料加工为主导产业，延伸发展大宗农产品、饲料原料贸易和畜禽养殖（生猪、肉禽、种鸡、蛋鸡、鸡苗）、塑料包装等产业，并通过“公司＋基地＋合作社＋农户”的经营模式养殖肉禽，助力乡村振兴。

在各级党委政府的支持下，经过 20 多年的稳健发展，公司成长为广西工业龙头企业、广西专精特新中小企业、广西质量管理标杆企业、广西 500 强工业企业、广西农业产业化重点龙头企业、广西农产品加工 100 强企业、广西十强饲料企业、纳税信用 A 级企业、南宁市扶贫助学爱心企业。

“饲料还是华港好”，是广西华港严把产品质量关，做大做强饲料品牌的不懈追求。“养殖要致富，华港来相助”，是广西华港助力乡村振兴的己任。广西华港将一如既往地坚持“安全、稳定、高效”的质量方针，不断提高公司综合竞争力，携手广大客商和养殖户，紧密合作，共赢发展，为促进现代畜牧业健康、绿色发展贡献力量。

广西南宁骏威饲料有限公司

广西南宁骏威饲料有限公司成立于 1993 年，是一家专业生产各种优质饲料及单项微量元素和复合微量元素预混料的企业，是国内同行业中最早拥有自主进出口权的企业之一。公司生产设备精良，工艺技术先进，质量控制严格，管理体系完善，于 2005 年通 ISO 9001 质量管理体系认证和 IQnet 认证，旗下全资子公司广西南宁益维饲料科技有限公司于 2012 年通过欧盟 FAMI－QS 认证和 HACCP 体系许可证。2004 年公司荣获中国饲料工业协会授予“饲料行业信得过产品”称号企业。2008 年至今，“骏威”商标被评为广西壮族自治区著名商标。

公司占地面积 2 万多 m^2，厂房面积 8 000 多 m^2，工艺先进，设施精良。现有员工 60 人，其中大学本科以上的专业技术人员有 12 人。目前公司拥有 4 条化工生产线、4 条烘干生产线、1 条超微粉碎生产线、7 条混合工艺生产线和 1 条反渗透生产用纯净水生产线，每年可生产各种单项的无机微量元素添加剂 5 万 t 以上及微量元素预混料 5 000t 以上。公司自创办以来一直致力于畜禽微量元素的应用与研究，建立了规范的检化验室及样品留样观察室，配备了先进、齐全的检验设备和仪器，可检测公司生产的所有原料、产品的主元素含量、重金属含量及维生素等指标。质量技术人员均具有相应专业的专本科毕业证书及检化验员证书，公司同时与国内外多所高校及化工类研究院合作，为公司产品质量的保证提供了坚实的基础。公司拥有自主进出口权，公司的产品不仅畅销全国各地，还出口到美国、比利时、丹麦、智利、英国、日本、韩国、越南、巴基斯坦以及中国台湾等 20 多个国家和地区。产品质量和服务得到了国内外用户的广泛认可。

桂林力源粮油食品集团有限公司

桂林力源集团成立于 1953 年，2022 年改制成为一家全体员工分散持股的企业，作为一家广西本土培育出来并走向全国的大型农牧企业集团，在全国拥有 150 多家分公司，遍布全国 12 个省份，是广西首批农业产业化国家重点龙头企业、中国制造业 500 强企业、广西民营企业前 3 名，2022 年集团产值超 400 亿元，同比增长 28%。

主要经营产业有粮油、生鲜超市、肉禽养殖（含鸡、鸭、生猪）、种禽繁育、饲料加工、生物科技等。企业积极践行国家乡村振兴战略，用产业健康发展推动乡村振兴，在龙胜、上林等民族地区成立帮扶公司，直接带动经销商、家庭农场等微观市场主体超过 5 万个，建档帮扶户超 1 000 人，实现了多方持续共赢。

力源集团在各级党委和政府的关怀与支持下，与桂林龙胜、南宁上林、崇左龙州、百色田东、河池大化等五个县建立了乡村振兴合作项目。从 2020 年到 2022 年，累计采购当地优质稻谷 230 多万 kg，蔬菜

5.4 万 kg，产值 1.5 亿元，创造税收近 400 万元，村集体收入 120 余万元，致富带头人收入 90 余万元，直接和间接带动脱贫人口 1 800 余人。

其次，我们始终坚定依靠广大劳动者，走共同富裕的道路。企业的快速增长离不开广大人民群众的努力奋斗，力源从改制之初的不足 300 人，经过 20 年发展，目前拥有 1.4 万员工，其中 6 100 人拥有企业的股份，最大的股东股份占比也不到 3%。依靠广大劳动者，我们还通过公司＋农户的合作模式，带动订单农户上万户，农户实现总收益 12.6 亿元，一些合作大户年收益达上百万元，极大地调动了广大合作农户的生产积极性，带动了相关产业和从业人员的经济生产和发展，实现了共同进步、共同富裕的目标。

海 南 省

海南歌颂饲料有限公司简介

海南歌颂饲料有限公司的前身文昌琼文歌颂饲料厂于 2008 年 5 月筹建，位于文昌市东路镇东侧琼文公路 41km 处。厂区邻近大致坡镇和潭牛镇，该地区周边乡镇文昌鸡、罗非鱼等养殖业较为发达，具有较大的需求市场。为进一步加大品牌影响力及提高公司形象，公司于 2017 年 5 月 22 日进行升级更名为“海南歌颂饲料有限公司”。

公司占地面积 25 582.9m^2（38.4 亩），采用先进工艺技术，选用布勒公司的成套饲料生产线，设备技术达到国内先进水平，自动化水平高，为公司生产高质量的产品提供硬件上的保证。现有畜禽饲料生产线 2 条，生产能力 25t/h；浮性水产饲料生产线 2 条，生产能力 15t/h。能够生产鸡、鸭、猪、蛙及罗非鱼饲料。公司自有养殖基地对公司产品先行试验，提供科学数据，确保产品配方最优化。

公司现有员工 90 人，其中技术人员 21 人。公司依托技术优势，同时引进一批有管理经验和技术水平的人才，管理人员均拥有丰富的饲料生产、营销及管理经验，并建立了一套先进的管理机制和架构，建立了企业管理信息系统，原料、成品、质量检验情况等随时可以在信息系统中查询，极大地提高了工作效率，并最大限度地为生产提供保障。

公司实行“质量为先，管理为本，信誉为重，服务为诚”的质量方针，根据 ISO 9001 质量管理体系和《饲料质量安全管理规范》建立了比较完善的质量安全管理体系。于 2014 年 1 月通过了 ISO 9001 质量管理体系认证及 ISO 22000 食品安全管理体系认证。2019 年被海南省农业农村厅授予“海南省农业产业化重点龙头企业”称号，2020 年被海南省企业联合会授予“海南省优秀企业”称号，2020 年 11 月被认定为“高新技术企业”，2021 年在海南省工商联评定的“2021 海南民营企业 100 强”中排名第 61 位，2021 年在海南省工商业联合会、海南省科学技术厅评定的“2021 海南民营企业研发投入 50 强”中排名第 39 名，2023 年 5 月被认定为“农业产业化国家重点龙头企业”。

公司利用“歌颂”的品牌优势（“歌颂”商标为海南省著名商标，公司猪料、文昌鸡料、罗非鱼料 2015 年被海南省农业厅评为“海南省饲料品牌产品”)，立足本地，服务本地养殖户，采用“公司＋专业户＋农户”的营销模式，节省流通成本，让利于养殖户，提高养殖户的养殖利润，带动养殖户共同发展，同时也将带动本地经济发展。

公司 2022 年实现营业收入 5.5 亿元，销售饲料 11.5 万 t，其中膨化罗非鱼饲料 9.2 万 t。

海南西南红农牧科技有限公司企业介绍

一、企业介绍

海南西南红农牧科技有限公司是西南农牧集团于 2013 年开始投资兴建，于 2015 年 01 月正式开始投产；公司位于海南省澄迈县老城经济开发区南一环路 3.5km 处。公司拥有一批饲料营养、畜牧兽医方面的专家和多年从事企业生产管理、质量管理和饲料营销的专业人员。公司拥有 3 条饲料生产线，设计年生产能力 18 万 t，采用了现代饲料工业的膨化、熟化和后喷涂等新技术，使公司的产品质量可靠、稳定。公司主要生产“西南红”牌猪、鸡、鸭饲料。公司秉承“以人为本、以德从业、利益共享、追求卓越”的企业理念，愿与广大农牧业同仁携手合作、共创辉煌。

二、产品控制与研发

（一）产品控制

1. 引入国内外知名原料供应商，保证原料质量稳定供应。

2. 引入丹麦 Foss 公司的近红外检测仪，对原材料和成品可进行 100%检测。

（二）生产设备

1. 引入新型膨化熟化一体机，对原料进行预处理。

2. 精准后喷涂设备。

3. 饲料用蒸汽为华能热电厂蒸汽的接入，环保节能。

（三）技术研发

（1）本地文昌鸡风味的调节，引导文昌鸡杂乱无章的养殖模式的改变。

（2）引入 Brill 配方软件，建立本地土黑猪的营养需求标准数据库。

（3）新原料的替代，降低畜禽氮的排放。

（4）特种动物饲料的研发和产品效果取得客户高度认可。

（5）与云南西南农牧集团股份有限公司总部院士工作站保持着技术沟通与支持合作。

三、公司荣誉

海南省饲料兽药行业协会会长单位、海南大学实训基地、海南省农业学校产学研究合作基地、2016—2021年度中国饲料工业协会理事单位（2022年转为西南农牧集团统筹）。

海南响亮饲料有限公司简介

海南响亮饲料有限公司（以下简称海南响亮）于2020年在海南省洋浦经济开发区投产。公司秉承“合作、创造、共赢”的核心价值理念，三年来坚持为农民服务，“响亮饲料，用心做料”的精神不断传承，形成了“做良心料”和“全面代工”两大市场服务理念。

海南响亮占地50亩，建有10个圆筒仓、18个隔板仓，仓储能力达2万t。当前设立饲料生产线4条，年产配合饲料24万t，生产的产品有猪、鸡、鸭系列配合饲料，受到了同行和广大客户的高度支持，产品覆盖全省，是省内代工量最大的公司。

海南响亮秉承“响亮饲料、做良心料”的制造精神，在原料的采购、原料的检验、生产制造、成品检验、成品的出库等各环节均采用了先进的设备和严格的标准。

公司现有员工139人，其中大专及以上学历55人，随着公司业务发展的需要，队伍仍在不断壮大。目前公司已与海南大学、海口经济学院等省内高等院校建立了校企合作，每年都不断吸引着各类人才加入，为响亮公司的稳步发展奠定了坚实的基础。

“响亮饲料、用心做料”，公司本着“用心做料”的原则，致力为繁荣海南饲料行业，为保障海南菜篮子工程贡献自己应有的力量。

屯昌天之虹生态农牧有限公司简介

屯昌天之虹生态农牧有限公司成立于2015年12月，位于屯昌县新兴镇土锡农场，占地300亩，总投资5 200万元，栏舍总建设面积16 000m^2，种猪存栏逾2 000余头，年出栏商品育肥黑猪6万头，畅销海南全岛及华南珠三角地区，是目前海南省黑猪养殖的龙头企业之一。

公司主要采用生态循环养殖模式从事屯昌黑猪种猪的纯化、改良及商品黑猪养殖，旨在通过全产业链的把控，为社会提供生态、安全、无药残的高品质肉食品。公司猪栏舍采用现代化全密封控温控湿设计，全自动流质料线、母猪智能化电子饲喂系统等先进工艺，在粪污处理上采用底层生物发酵技术。公司采用生态循环零排放养殖模式，结合构树种植，使猪→排泄物→有机肥、沼液→牧草（构树）→猪形成闭环，让养殖场的物质、能量、生态形成良性循环，是现代资源节约型、环保型生态循环农业的示范园。

自2016年起，公司先后获得省级和国家级“生猪标准化示范场”“扶贫龙头企业”“安全食品诚信企业”“有机认证”“海南猪（屯昌猪）保种场”等资质。

公司在海南屯昌投资不低于3亿元，完成饲料加工、生态养殖、黑猪种猪选育、生猪屠宰、肉食品深加工的产业链布局，组建一个综合的农牧食品集团公司：

（1）为配合做大做强屯昌黑猪产业，降低养殖成本，公司在屯昌县郊建设一个总投资1.2亿元、占地50亩、年产36万t的现代化大型饲料加工厂——海南天之虹生物科技有限公司，该项目已于2022年底建成投产。项目对接中国农业大学李德发（教授）院士团队的前沿技术，生产销售无抗型生物发酵饲料，有效解决了黑猪产业化后生物饲料供应问题和猪肉的药物残留问题。

（2）为完成一二三产业的融合发展和产业链布局，公司拟建一个占地77亩、投资9 850万元的食品加工厂——海南天之虹食品有限公司，年屠宰能力30万头生猪，项目土地已于2020年11月通过招拍挂落实，预计2023年开工建设，2024年完工投产。食品加工厂建成后，公司将会从饲料生产、畜禽养殖、畜禽屠宰、肉食品加工的各个环节严格把控，为社会提供绿色、无药残、无公害的高品质放心肉食品。

公司与旗下关联公司海南天之虹生物科技有限公司、海南天之虹食品有限公司一起，以“生态循环农业 共享食品安全”为企业愿景和发展理念，坚持不懈走黑猪产业化发展之路，旨在通过全产业链的把控，为社会提供生态、安全的高品质黑猪肉食品，为食品安全事业的进步做出贡献。

文昌青牧原实业有限公司企业介绍

文昌青牧原实业有限公司成立于2019年11月，是一家集饲料研发、生产、销售于一体的大型农牧公司，主要产品为猪、禽配合饲料和浓缩饲料。公司生产主车间面积4 073m^2，生产线年设计产能24万t。公司建有3 564m^{2}的原料仓库和2 925m^{2}的成品仓库，原料筒仓容量可达6 000t。

公司依托安佑生物科技集团和罗牛山股份多年的生产经验和技术优势，建立了经验丰富的动物营养、畜牧兽医高级技术人员和原料研究专家组成的产品技术研究队伍。公司生产配方按照国际先进水平设计，完全能满足畜禽等养殖动物各个生产阶段的营养需要，达到集约化饲养高产、高效、高回报的目标。同时，公司引进了一系列国际先进生产设备并建有专业检化验室，可实现生产过程全流程追溯。

重 庆 市

重庆大北农饲料科技有限责任公司简介

大北农集团是以邵根伙博士为代表的农业科技工作者创立的农业高科技企业。自 1993 年创建以来，大北农集团始终秉承“强农报国、争创第一、共同发展”的企业理念，致力于以科技创新推动我国现代农业发展。2010 年，大北农集团在深圳证券交易所挂牌上市，成功登陆资本市场。经过近 30 年的发展，大北农发展成为一家涵盖种业、食品、农业互联网、饲料、动保、养殖等大农业全产业链的高科技国际集团公司。拥有 300 多家生产基地和近 300 家分子公司。

重庆大北农饲料科技有限责任公司（以下简称重庆大北农）位于重庆市合川工业园区城北拓展区，占地 31.4 亩，总建筑面积 10 579.7m^2；是北京大北农科技集团股份有限公司全资子公司，项目集生产、科研于一体，总投资 12 000 万元，其中一期投资 7 000 万元，主要设施为饲料生产设施、办公设施；二期投资 5 000 万元，主要设施为科研楼，用于饲料科技、养殖服务研发。

重庆大北农现有员工 70 人，本科学历员工达 30%以上，其中博士 2 人，硕士 3 人，专业从事预混料、高档教乳料、浓缩料以及猪配合料的研发、生产、营销与服务，是集团向农牧产业跨越式发展的重要组成部分。公司采用国内外最先进成套饲料生产设备，主要产品为猪系列高档饲料，设计产能 18 万 t；项目核心生产设备由美国 CPM 及瑞士布勒公司提供，公司工艺设计先进，采用全自动配料系统、微量元素自动配料系统，公司具备强大的产品研发和品控团队，产品质量一流；项目建成投产后，产品主要辐射合川区附近区县以及川东部分区域。

重庆汇光饲料有限公司简介

重庆汇光饲料有限公司成立于 2014 年，公司位于中国畜牧科技城重庆市荣昌高新区，公司是一家集动物营养研究、饲料生产销售、养殖为一体的创新型国家高新技术农牧企业。公司目前旗下拥有重庆汇光生物技术研究院有限公司、重庆西谷生物科技有限公司、重庆市涪陵区金汇光饲料有限公司、重庆汇农农牧有限公司等企业。公司技术力量雄厚，遵循“专注动物营养研究，倡导绿色健康养殖”的企业产品研发思路，发挥自身专业优势，与西南大学、中国农业大学、李德发院士工作站、江西农业大学、重庆市畜牧科学院、广东农业科学院等科研院所开展紧密技术交流与合作，目前公司已获得独创的有关发酵饲料、生物饲料、母猪高产饲料、反刍饲料、无抗饲料等 30 余项国家专利，公司技术中心是荣昌区工业和信息化重点实验室、荣昌区级企业技术中心。公司是西南地区最大的专业化猪场饲料供应商之一，是专业化高产母猪料制造商和母猪高产方案提供商。公司秉承好原料、好饲料、好效益的“三好”理念，服务于养殖行业。公司在四川、重庆、贵州等地建有养殖基地，存栏种母猪及各类猪只 10 000 余头，作为公司产品研发测试和转换的试验基地。

公司主要业务围绕猪、反刍动物（牛、羊）、鸡、鸭等预混料、浓缩饲料、配合饲料的研发、生产、销售，产品主销重庆、四川、云南、贵州、湖北、湖南、陕西、甘肃、宁夏等地区，其中猪用教槽料、乳猪保育料、母猪料、猪用浓缩料、牛羊料、种鸭料深得大型养殖场的认可。公司及产品在行业和客户心目中赢得了极好的口碑和信誉，已成为众多养殖场的首选品牌之一。

公司荣誉：

国家高新技术企业、重庆市专精特新认定企业、重庆市饲料工业协会常务副会长单位、重庆市畜牧业协会副会长单位、重庆市畜牧业协会牛羊分会会长单位、西南大学动物科学技术学院教学科研实习基地、西南大学动物医学院教学科研实习基地、西南大学学生创新创业实践基地、重庆市畜牧科学院试验料生产基地、中国饲料工业协会会员单位、中国畜牧业协会会员单位、重庆市科技型企业、企业知识产权管理规范企业、重庆市发酵饲料数字化车间、信息化和工业化融合管理体系认证企业。

重庆优宝生物技术股份有限公司

重庆优宝生物技术股份有限公司（以下简称重庆优宝）成立于 2007 年，由留德博士孟怀旺先生及一批在跨国集团从事动物保健品研发、技术服务和质量管理专家创建。重庆优宝是饲料养殖行业中一家专注于清洁健康养殖产品的研发和生产企业，致力于动物的清洁健康养殖，倡导最佳动物生产源于预防保健和生物安全，通过非药物途径的清洁健康养殖方案和产品，来解决养殖生产和饲料工业中所面临的突出问题。

公司现有标准化生产厂房 2 260m^2，场地规范，建立了天然植物提取、生物发酵、添加剂和预混料四个生产车间，以及生物发酵和生化两个实验室，建立了科学的生产质量管理体系，也通过 ISO 质量管理体系认证。产品生产过程严格按照 ISO 22000 食品安全管理体系和 ISO 9001 质量管理体系的要求进行控制，并配置气相色谱仪、高效液相色谱仪、原子吸收分光光度计、红外风光光度计等精密检测器和微生物无菌实验室，保障产品质量合格出厂。

重庆优宝是重庆市高新技术企业，专精特新企业，获得 6 项发明应用专利，并与四川农业大学动物营养所共建博士工作站和动物抗病营养教育部工程研究中心产业化示范基地。公司参与的四川农业大学陈代文教授主持的“猪抗病营养技术体系创建与应用”荣获 2018 年国家科学技术进步奖二等奖。

最佳动物生产源于预防保健和生物安全。重庆优宝专注于动物的应激与免疫力、肠道健康、生理调节、改善养殖环境几个方向，研发和生产的产品包括营养性生理调节剂“优乐舒”，微生态制剂“优菌素/优长素”，植物提取物产品“母猪乐”，复合短链脂肪酸制剂“优酸净”和养殖场水线专用清洁剂“优垢净”，在众多大型养殖集团得到广泛应用。公司所有产品，均保障有明确效果评价指标、可重复的生产效果，能直观显示差异化，有显著的经济价值。

重庆优宝自成立开始，一直践行动物清洁健康养殖，与四川农业大学、浙江大学、中国农业大学、西南大学等国内知名农业院校紧密合作，应用抗病营养技术，制定具有自身优势的非药物途径健康养殖策略，结合养殖应用实际，为畜牧生产提供清洁健康养殖肠道保健方案、应激防控方案、饮水卫生方案（避免饮水二次污染）、空气卫生方案，养殖场蚊蝇控制方案等。所有方案安全、有效，操作简单、方便。这些方案已经在正大集团、正邦集团、新希望集团、德康集团、河南大用、北京华都、山东大成、山东中慧、山东金锣、四川铁骑力士等中国大型养殖企业得到成功验证和推广。产品也出口到越南、菲律宾、马来西亚等东南亚国家和地区。我们深信，清洁健康养殖方案是养殖场生产力得到保障的最佳途径，也将推动畜牧行业健康养殖和可持续发展。

“忧于思，精于行”（Responsible Thinking，Professional Action），借助中国医药原料和精细化工产品在全球领先的生产优势，以及中国养殖业、饲料工业蓬勃发展的大好时机，重庆优宝将着力创立一个国际化的民族动保品牌。

四 川 省

四川康泉生物科技有限公司简介

四川康泉生物科技有限公司位于四川省大英县，紧邻蜚声中外、充满异域风情的浪漫地中海之滨，毗连历史沉淀与时尚浪漫交相辉映的丝路奇幻城，地处中国“十四五”规划的成渝双城经济圈的硬核之心，距遂宁市火车站 28km，距大英火车东站 5min 车程，地理位置优越，交通十分便利。

公司成立于 2017 年 6 月，是一家专业从事宠物药品、宠物营养品、饲料添加剂的集研发、生产和销售于一体的新型的现代化生物科技公司。公司秉承“健康人之本，泉润细无声”的企业理念，不断吸收各专业高科技人才，拥有由四川大学、四川农业大学、成都农业科技职业学院等科研院校的兽医、药理、药学、动物营养学专家及临床病理学教授 10 余人组成的科研团队，建有四川农业大学的博士工作站。

公司于 2019 年底顺利通过宠物饲料车间验收，是川内首家集固态、半固态、液态宠物预混合饲料于一体的饲料企业，公司目前主要有宠康源、珍宠卫士依宠和康泉系列品牌产品：宠物猫咪化毛膏、宠物综合营养膏、微量元素（粉）片、复合维生素片、宠物益生菌、低聚壳聚糖、4,7-二羟基异黄酮（大豆黄酮）、杜仲叶提取物（有效成分为绿原酸、杜仲多糖、杜仲黄酮）、（肉桂醛+百里香酚）等。

先进、高效的工艺设备为产品的产能奠定了坚实的基础，高端、精良的检验仪器，完善的质量管理体系和技术过硬的质量管理团队为产品质量保驾护航。专业知识和技术服务经验丰富的科研团队为产品的售后提供了可靠的保障。

专业铸就品质，技术创造价值。康泉人诚挚欢迎各界新老朋友光临，交流洽谈，共谋发展，携手康泉，共赢明天！

四川省旺达饲料有限公司简介

四川省旺达饲料有限公司（简称旺达集团）成立于 1995 年，是四川崇州本土培育的一家集专业研发、生产和销售畜禽生物饲料的高新技术企业。企业现拥有全资子公司 5 家、2 个动物实验基地以及饲料连锁店 2 000 余家，畜禽生物饲料年产能达 120 万 t，拥有“旺达”和“金旺达”两大生物饲料系列品牌，2022 年生物饲料产值达 20 亿元。

企业专注于动物营养及生物发酵技术研究，建立有国家级企业技术中心、四川省工程实验室和四川省专家工作站等平台。借助崇州深厚的现代农业底蕴，抢抓“天府粮仓”核心示范区建设有利契机，企业与国内多所高等院校开展产学研专项合作，在专利申请、标准制定等方面取得了丰硕成果。

企业先后荣获“饲料质量安全管理规范示范企业”“四川名牌”“四川省著名商标”“扶贫先进集体”

和“农业产业化省级重点龙头企业”等荣誉称号，入选2022年中国农业企业500强、全国三十强饲料企业、四川省饲料行业十大领航企业、四川企业技术创新发展能力百强企业、2022成都市民营企业100强以及2022成都市制造业100强。

未来，企业将始终致力于生产全国一流的生物饲料，力争2025年生物饲料产销量突破100万t，产值突破30亿元；积极响应国家乡村振兴战略，发挥龙头企业带动作用，通过“企业＋农户”模式实现共同富裕，推动农村经济发展。

宜宾雅泰生物科技有限公司简介

宜宾雅泰生物科技有限公司成立于2014年6月，是宜宾丝丽雅集团有限公司旗下的一家混合所有制的生物高科技企业，公司注册资本6 500万元，占地面积20余亩。公司以生产膳食纤维、饲料级低聚木糖等产品为主，是以木质半纤维素为原料制备低聚木糖的企业。低聚木糖年生产能力4 200t。

公司先后成为四川省饲料工业协会理事单位、中国饲用抗生素替代品产业创新联盟理事单位、四川省专精特新企业、宜宾市建立现代企业制度达标企业，通过ISO 9001质量管理体系认证，建立宜宾市市级企业技术中心，申请发明专利30余件。公司积极与四川农业大学动物营养研究所等重点高校和科研机构共建博士工作站，进行深度合作，探索低聚木糖作用机理及应用，实现优势互补、协同创新，共同致力于可持续发展，为“无抗减抗”、健康中国贡献雅泰力量。

通过不断升级技术创新，丰富产品架构体系，公司已形成低聚木糖含量多规格的产品规格体系，可为用户提供多方面的产品选择。目前，公司产品已广泛应用于养殖、饲料、动保等领域，销往国内20余个省市，与双汇、拜耳、河北远征等行内优秀企业建有良好的合作关系，优越的品质和贴心的服务获得了广大用户的高度赞赏。2022年，公司营业收入6 285余万元，利润总额499.1万元。产品市场占有率60%以上，位居行业第一位。

公司以“绿色、环保、高效、安全”为经营理念，致力于以领先的科技和创新的管理推动企业可持续发展，坚持实施清洁生产，大力发展循环经济，为广大用户奉献“绿色、环保、优质、安全”的无公害饲料添加剂产品，与您共创绿色养殖之路。

贵州省

安龙温氏畜牧有限公司概况

安龙温氏畜牧有限公司（以下简称安龙温氏）位于安龙县工业园区，是温氏食品集团股份有限公司下属子公司。历经四年的发展，公司累计投资建成年产仔猪33万头的普坪种猪场和戈塘种猪场，年上市肉猪33万头的技术服务中心、产品检测中心、公司总部及饲料厂。公司通过“政府平台＋公司＋扶贫小区＋贫困户”的合作经营模式，发展150家农户，公司提供种苗、饲料、药物保健和技术服务，家庭农场在统一规划的场地进行养殖生产，公司对产品保价回收，确保农场主的利润回报。

安龙温氏拥有完备化验室检验设备和配合饲料成套生产线一条，设计规模年产18万t，最大年产能可达到22万t。安龙温氏饲料厂2022年购进原料158 115t，其中进口能量原料3.1万t，生产成品猪用混合饲料158 534t。由于豆粕一直处于高价位运行，公司选用菜粕及谷物酒精糟等进行替代。

安龙温氏将坚持优质、高效、绿色、生态的发展理念，本着高标准、高质量、环境友好原则进行项目建设，与当地政府及人民群众建立长期稳定、互利共赢的合作关系，使温氏模式与安龙县农村经济相契合，为促进安龙县农业增效、农民增收和农村稳定做出贡献，为实现农业强、农村美、农民富发挥龙头企业带头作用。

贵阳倍隆生物科技有限公司概况

贵阳倍隆生物科技有限公司成立于2001年，注册资本1 000万元，位于贵州省修文县扎佐镇新材料科技产业示范园内，占地21 095m^2，厂房10 000m^2。公司主要业务是发展贵州五倍子特色产业，以五倍子为原料生产食品、制药、饲料用单宁酸及抗氧化剂没食子酸丙酯等产品。公司是涉农、涉林、外向型企业。成立至今，出口创汇累计近亿美元。公司通过了ISO 22000/FAMI-QS质量体系认证，已取得食品、饲料等生产许可证。

公司团队从事五倍子单宁生产、研究30余年，参与国家及行业有关标准的起草工作，集体和个人荣获贵州省科学技术进步奖。2022年公司被评为贵州省高成长及专精特新企业，企业技术中心获政府授牌，连续三年被贵州省林业厅授予“贵州省林业产业化经营省级龙头企业”称号。公司拥有院士领衔的八位博士专家团队，是单宁替抗生素、替氧化锌研发、实战的先锋。“嘟嘟康”天然单宁酸用于猪、禽、反刍动物及水产，已服务国内多家饲料、畜牧集团。

打造单宁系列产品研发高地平台，提供健康产品，健康大众生活是公司追求的目标。公司将不断创新，完善生产、管理，为用户提供安全、优质的产品和服务。

贵阳正大有限公司概况

贵阳正大有限公司（以下简称贵阳正大）是泰国正大集团下属正大（中国）投资有限公司设立的外商独资企业，坐落于素有“川黔锁钥，黔中咽喉”之誉的息烽县。公司成立于2012年7月，占地63亩。至今陆续投资超过1.1亿元。是一个以世界先进生产工艺为核心的现代化饲料加工厂。公司技术雄厚，产品配方来自拥有百年经营经验的正大集团泰国总部饲料配方中心，符合国际、国内最新营养标准。

公司主要生产和销售“正大牌”猪、鸡两大系列配合饲料及浓缩饲料。产品辐射贵州全省，全年共生产销售饲料19.5万t，同比增长7.0%，全年产值7.9亿元，共纳税929.5万元。目前公司共有员工112人，其中专业技术人员80人。

5月公司通过中国青年创业就业基金会向2022年“正大杯”大学生创新创业实战营销大赛捐赠赞助3万元。9月贵州疫情再次暴发，公司在保供的同时通过北京市正大慈善基金会向贵阳政府捐赠价值5万元的抗疫物资。

正大集团投资建设饲料加工厂的最终目标是要发展人类食品行业，做人类能源的供应者，做世界的厨房。贵阳正大在贵州地区的发展始终坚持正大集团“利国、利民、利企业”的原则，不断为社会做贡献，面对竞争激烈的市场环境，不断有力地推动贵州地区养殖业的进步和发展。

贵州船牌饲料有限公司概况

贵州船牌饲料有限公司成立于2003年5月20日，注册资本1 000万元，根据贵阳市农投集团脱贫攻坚战略部署，2017年在修文县久长镇投资1.06亿元建成年产能20万t的饲料厂，建有贵州省唯一的特种膨化水产饲料线1条、乳猪教槽料与膨化饲料线2条、中大猪饲料线1条、预混料生产线1条。公司是一家集水产、畜禽饲料研发、生产、销售和技术服务于一体的农垦企业。

主要产品有膨化鲟、鲈、叉尾鮰等水产饲料，膨化乳猪教槽料、保育料、猪用配合饲料等，2022年收入达4.3亿元。公司高度重视饲料产品研发，现拥有专利12项，其中发明2项，实用新型10项。配套有约220m^2的饲料检测中心，可检测维生素、微量元素、矿物质及饲料常规营养指标等。公司水产饲料线填补了贵州无膨化特种水产饲料加工的空白，帮助贵州及周边省份水产养殖户摆脱用料难、用料贵的困境，深得用户好评。“船”牌商标及品牌也先后获得“贵州省著名商标”“贵州省名牌产品”，“中国农垦品牌”等诸多荣誉。

展望未来，公司将继续在党的领导下助力乡村振兴，以“强质量、优服务”，拼搏创新，苦干实干，发挥国企担当，以“精、尖、特、新”的工艺和技术，努力打造贵州乃至全国特种水产饲料优质品牌。

贵州大台农饲料有限公司概况

贵州大台农饲料有限公司隶属于大台农集团，公司成立于2016年8月，注册资本7 000万元，原址位于贵阳市修文县经开区，为适应饲料行业快速发展和生产设备升级换代的需要，提升产品核心竞争力，公司于2019年6月在修文县久长工业园区总投资1.5亿元建设新的饲料生产基地。

公司生产基地占地60亩，引进牧羊、广州拓立威等先进成套生产设备。公司严格按照《饲料质量安全管理规范》的要求生产、控制品质，生产销售猪、禽、反刍3大类饲料产品。2022年饲料产销已突破10万t，其中102A＋B教槽料及2011、4011、1211乳猪保育浓缩料、母猪料、肉禽料、蛋禽料、牛料等产品获得贵州省多家规模养殖场的好评。

贵州大台农饲料有限公司积极实施“人才第一战略、整合资源战略、系统领先战略”，坚持“成长、成就、共赢、共享”的核心价值观，秉承“利他、利己、共赢”的经营理念，以“关爱健康，福祉民众，改善养猪品质”为己任，做专、做精、做透各种饲料，力争成为引领贵州畜禽、反刍饲料走向高品质、高性价比的优质企业。为消费者提供优质食品，实现美好幸福新生活。

云 南 省

昆明邦云饲料有限公司简介

昆明邦云饲料有限公司成立于2006年，占地20余亩，从事畜禽浓缩饲料及配合饲料生产。公司秉承“真实高效”的工作作风、“廉洁奉献”的道德标准、“公平公正”的处事原则，让企业在竞争激励的今天茁壮成长，不断壮大。2017年12月通过ISO 9001质量体系认证，2018年11月荣获“云南省高新技术企业”“云南省科技型中小企业”荣誉称号，被评为“云南省空港经济区2021年度安全生产先进企业”。

目前公司控股公司有：贵阳邦云饲料有限公司，成立于2011年；宜宾邦云饲料有限公司，成立于2011年；昆明德大饲料有限公司，成立于2016年；云南荣强饲料有限公司，成立于2014年；江安县银杏山庄农业科技发展有限公司，成立于2015年；重庆维德嘉饲料有限公司，成立于2021年。

昆明三正生物科技（集团）有限公司概况

在我国动物营养与饲料科学家、饲料生物学评定理论奠基人霍启光先生的引领下，昆明三正生物科技（集团）有限公司于2022年创立。公司秉承霍启光先生为养殖节粮的毕生夙愿，依托云南丰富而宝贵的生物多样性资源，通过生物技术与营养技术的创新整合，以推动养殖节粮为使命，致力于全球畜牧业生物节粮事业的研究和发展。

在生物技术领域，公司与云南师范大学生物工程中心合作设立了“三正饲用生物技术研究中心”，与昆明理工大学进行了“生物无抗技术研究”及“高温噬菌体裂解酶研究”等项目的合作，与云南大学合作开展了“节粮益生菌”筛选等工作。

在畜牧业应用领域，公司与四川农业大学吴德老师合作建立了吴德专家工作站，开展节粮益生菌的评估与机制研究等，与云南农业大学、西南大学等合作建立动物试验基地，先后开展了畜、禽、水产等多项节粮技术的应用研究。

公司先后获得了国家高新技术企业认定、云南省专精特新中小企业以及云南省创新型企业、云南省科技型中小企业、昆明市企业技术中心、知识产权优势企业等多项荣誉，并于2016年获得了“凝结芽孢杆菌产业化技术研究”市级科学技术奖。为促进科技成果转化和人才培养，公司还承担了云南省酶资源开发与应用工程研究中心饲用酶应用示范基地、西南大学动物科学系教学科研实习基地等、昆明市就业见习基地等。

20年来，公司通过生物技术、营养技术的开发和创新，推出了肠酸宁、菌克、正健生、优集、倍和酵素等系列生物节粮产品，并结合国内外畜牧、饲料企业用户特点，研发定制相应的生物节粮方案，先后协助千余家企业实现了饲料营养方案的优化和经济效益的提升。

未来，全球人口持续增长，工业用粮不断增加，每一粒粮食都弥足珍贵，节粮已成为每一位畜牧业者的责任，三正将以高效的生物节粮方案和全球畜牧业者一起，为世界节粮，为养殖增效，为健康添彩。

昆明云盘山农牧科技有限公司简介

昆明云盘山农牧科技有限公司位于云南省昆明市西山区海口工业园区，成立于2009年12月9日，在职员工450余名。公司主要从事精细级磷酸盐的生产与销售，聚集了一批具有各类专业技术特长和实践经验丰富的磷化工人才。公司厂区占地面积163亩，渣场（磷石膏尾矿库）占地面积415亩，项目总投资3.5亿元。每年现有20万t饲料级磷酸氢钙盐（其中饲料级磷酸氢钙15万t、饲料级磷酸二氢钙5万t）、肥料级磷酸氢钙5万t、磷矿浮选65万t的生产能力，实现年产值7.5亿元，是国内具有影响力的、知名的规模以上饲料添加剂生产企业。

公司生产工艺由云南省化工研究院提供技术支持，技术先进，成熟可靠，设备全部实现先进化。公司建立健全了从总经理到员工、从管理部门到班组的各项规章管理制度。这些制度融进了科学性与产业性、人文性与合法性的重要元素，为公司规范化、制度化管理提供了保证措施。

公司通过ISO 9001：2015质量管理体系认证。先后荣获“安全生产先进单位”“云南省成长型企业”“中国AAA级信用企业”“全国诚信经营示范单位”“西山区知识产权试点企业”及云南省“高新技术企业”等荣誉称号。

公司生产的“云盘山”牌系列产品远销东南亚等海内外，所售产品遍及全国各地（西藏以外），且产品质量在广大用户中享有良好的声誉。

云南绿宝香精香料股份有限公司概况

云南绿宝香精香料股份有限公司始于1954年，70年来，我们秉承“坚守天然，呵护健康”的理念，专业从事云南特色天然植物精油的研发和生产，是国内最早做精油的企业之一，是生产和出口蓝桉叶油的源头龙头企业，是国家高新技术企业、专精特新成长型企业、农业产业化重点龙头企业、出口先进企业等，拥有通过欧盟GMP原料药认证的桉叶油和桉叶素的两条高标准、现代化生产线，有多项发明专利和国际认证。自有1 500亩种植基地，采取“公司+农户”的形式，带动数10万亩的蓝桉林农户脱贫致富，助力乡村振兴。主营产品以蓝桉叶油为主，95%以上的产品出口，与食品、药品、日化、高端化妆品等行业全球著名龙头企业紧密合作，绿宝的“E”牌商标是的国际著名品牌。蓝桉叶油，是卫健委推荐新冠防治目录中呼吸道系统推荐药桉柠蒎胶囊的主要成分。桉宝是以蓝桉叶油为主的饲料添加剂产品，大量应用效果表明，桉宝提高动物成活率效果明显，对呼吸道和肠道健康均有改善作用，有驱虫、促进采食和增重、降低料重比、降低氨味等功效，对抑制病毒复制、抑制有害病菌、降低炎症、缓解应激、提高免疫力等作用机理明确。桉宝的应用，可以减少抗生素的应用，提升畜禽产品的风味和品质，有益于食品安全和人类健康。

甘 肃 省

甘肃润牧生物工程有限责任公司

甘肃润牧生物工程有限责任公司（以下简称甘肃

润牧）创建于 2017 年 3 月，注册资本 1 690 万元，位于甘肃省金昌市永昌县朱王堡镇绿色工业园区。近两年投资设立了全资子公司甘肃兰天同和农业有限公司（天祝县）和控股子公司甘肃羊如祥农业有限公司（古浪县），主要从事饲料和饲料添加剂加工和销售，肉羊育种与养殖，反刍动物生产技术研发与推广，畜牧兽医技术咨询、服务和培训等。目前建有年产 24 万 t的反刍动物饲料加工线 2 条，年产 12 万 t 的畜禽饲料加工线 1 条，规模化羊场 2 个。

甘肃润牧拥有工艺先进的饲料加工机组，自主研发设计的全混合日粮颗粒饲料生产线技术国内领先，率先通过 ISO 9001、ISO 14000、ISO 22000 和职业病危害现状评价权威体系认证，生产的 30 多个品种的“润牧泽农”品牌精料补充料、浓缩饲料、配合饲料畅销甘肃境内，并远销新疆、青海、宁夏，在市场上口碑良好，其中“羔羊料 551”获得“甘肃省优秀新产品”和 2019 年“中国创新创业大赛（甘肃赛区）成长组第一名”。甘肃润牧是国家级“星创天地”、甘肃省“农业产业化重点龙头企业”、甘肃省专精特新企业、甘肃省认定的“企业技术中心”、甘肃省“科技型中小企业”、甘肃省院士专家工作站建设领导小组认定的“协同创新基地”，建有金昌市“工程技术研究中心”。

2022 年产值 1.9 亿元，产量 6 万 t，实现了高质量发展、经营业绩增长迅速、科技创新成果丰硕的战略目标。

临夏州小康村饲料有限责任公司

临夏州小康村饲料有限责任公司位于甘肃省临夏回族自治州临夏县北塬镇朱潘村，于 2006 年 10 月建成投产，是一家集饲料研发、加工、生产、销售、技术服务于一体的专业饲料生产企业。2022 年饲料总产量 4.3 万 t，产值 1.6 亿元。公司占地面积 34 亩，现有职工 51 人，其中具有中高级专业技术职称人员 10 人、初级专业技术职称人员 16 人、技术熟练工 20 人；拥有授权专销商 30 多个，销售商 300 多个。常年生产销售猪、蛋鸡、肉鸡、牛、羊 5 大系列各阶段的全价料、浓缩料、精料补充料等 30 多个品种，年设计生产能力 12 万 t，产品除满足当地市场外，还远销兰州、武威、张掖、白银、定西及青海省等地。公司于 2010 年 6 月份被农行临夏县支行评定为“A+”级信用企业，2011 年被评为甘肃省农业产业化重点龙头企业。

公司自成立以来，始终坚持“科技是第一生产力”的发展理念，运用现代饲料技术前沿并结合公司自建的蛋鸡场、肉鸡场及猪场的生产实践，形成了一整套产品设计和加工技术，使公司的产品定位、科技含量及知名度大大提升，为公司的进一步发展奠定了坚实的技术保障。

公司每年可消化利用当地及周边地区生产的玉米及农副产品约 2 万多 t，可通过带动养殖、种植、运输、商贸、轻工等相关产业的发展，直接或间接利用当地剩余劳动力 1 000 多个，极大地带动了当地农业和农村经济的快速发展。

永昌天康饲料有限公司

天康集团成立于 1993 年，从一个单一的饲料加工企业，历经十余年的发展，现已成长为集良种畜禽繁育、饲料及饲料添加剂生产、兽用生物及化学制药、屠宰加工及肉食品连锁配售为一体的产业化、集团化公司，天康集团是国家级农业产业化重点龙头企业、全国饲料工业 30 强企业、新疆优秀高新技术企业、新疆重点支持 30 户成长型企业。

2006 年 12 月 26 日，集团所属的新疆天康畜牧生物技术股份有限公司以“天康饲料”在深圳证券交易所成功上市，借助资本市场平台，品牌效应进一步得到提升，各项业务已经由新疆走向全国。

2020 年 11 月 18 日注册成立全资子公司永昌天康饲料有限公司，投资 2 亿元在甘肃省金昌市永昌县清河现代循环农业产业园区建设年产 57 万 t 综合性饲料加工厂项目，项目分两期建设，一期已建成年产 33 万 t 畜禽和反刍生产线及相关配套设施，于 2021 年 12 月建成投产，年产值 6 亿元。公司主要是以生产、销售畜禽及反刍浓缩饲料、猪教保料、配合饲料、精料补充料、反刍全混日粮和畜牧养殖技术服务的现代化农牧企业；产品远销西北五省区，为畜牧业产业化发展发挥着重要作用，目前已成为甘肃乃至西北最具实力的饲料生产企业之一。

公司拥有员工 196 人，本科以上学历人员占 66%，拥有研发、技术、管理等各类人才；公司引进国内最先进、最智能、现代化的高档饲料生产线，包括中央控制设备、CPM 制粒机、膨胀器、高效双轴混合机等设备；公司具有独立的技术研发中心，配套先进的检化验设备，具备各种高端饲料产品的研发、检测能力；公司严格按照《饲料质量安全管理规范》建立了完善的质量管理体系；天康人视产品质量为生命，“使用好原料、使用好设备、生产好产品”“精心操作、一丝不苟”是天康人对产品质量的终极追求，从原料的进厂检验到生产过程的全程监控再到产品出厂批批检验，既保证了产品品质，又实现了产品可追溯性，给客户提供性价比高的优质产品，给客户创造价值。

公司以“健康养殖服务商、安全食品供应商”为己任，践行“天康品质、深得信赖”天康理念，以客户价值为导向，以创新为动力，以质量求生存，以发展求壮大，一定会赢得更好的明天。

宁夏回族自治区

宁夏丰牧饲料科技服务有限公司简介

宁夏丰牧饲料科技服务有限公司成立于 2017 年 7 月，是宁夏盐池滩羊产业发展集团有限公司的全资子公司，下设 8 家社会化服务分公司。2021 年，盐池县委、县政府积极筹措资金，并在自治区农业农村厅、科技厅等部门的大力支持下，建设了占地面积 105 亩的饲料加工厂，主要建设了生产车间、成品库、原料库、草料棚、粉草车间、检验化验室等基础设施，引进了国内技术水平领先的常州布勒公司的反刍动物配合饲料成套技术与生产设备，年生产能力 10 万 t。

公司立足当地饲草料资源优势，以服务滩羊产业高质量发展为宗旨，根据滩羊不同生理阶段及生产性能的营养需要，主要开展以滩羊专用饲料为主的研发、生产、销售等工作。并与宁夏大学、宁夏农林科学院等教学单位和科研院所合作开发以滩羊专用饲料为主的羊牛两大类 4 个系列 10 种饲料。目前，公司拥有“兴盖”“宁盐丰牧”“盐州丰牧”3 个饲料品牌，取得了多项科技成果，为盐池滩羊肉品质风味稳定、质量安全和产业振兴、农民增收致富发挥了积极作用。

宁夏和生源饲料有限公司简介

宁夏和生源饲料有限公司是 2020 年成立的一家专业从事反刍动物营养研究、饲料研发、生产、销售、养殖服务于一体的专业化、现代化的饲料企业。公司地处于石嘴山市平罗县工业园区 59 号。

公司占地面积 2.2 万 m^2，拥有国内先进的反刍动物饲料生产线 3 条，年生产能力 20 万 t 以上。拥有专业化、标准化饲料检测化验室 1 个，化验室拥有世界最先进的近红外检测分析仪及光谱分析仪等设备 30 余台。现有在职人员 62 人，其中大专以上 20 多人，动物营养博士 1 人，畜牧兽医专业人员 13 人，化验员 2 人。

2022 年，公司被评为国家科技型中小企业。公司产品涉及牛羊浓缩饲料、精补料及肉羊育肥全混合日粮等，采用先进的自动化配料系统，按照《饲料质量安全管理规范》严格管理，产品的品质赢得了养殖户的高度认可和一致好评。

公司与西北农林科技大学、兰州大学、甘肃农业大学等单位的专家教授具有良好的合作关系，掌握最前沿的科研成果并在实践中得以应用；并且公司依托武威合生源饲料公司十几年的技术沉淀，在反刍动物饲料研究领域一直处于西北地区前沿。公司育肥羊的快速饲养模式，简单、方便、效益高，成为行业学习的典范。

宁夏首朗吉元新能源科技有限公司企业简介

宁夏首朗吉元新能源科技有限公司（以下简称首朗吉元）成立于 2019 年 5 月，由北京首钢朗泽新能源科技有限公司（以下简称首钢朗泽）和宁夏吉元冶金集团有限公司（以下简称吉元集团）共同出资组建，注册资本 2 亿元人民币，其中首钢朗泽持股 58%，吉元集团持股 42%。

首朗吉元以铁合金矿热炉尾气为原料，通过全球领先的生物发酵技术直接将无机一氧化碳转化为有机燃料乙醇、蛋白饲料等高附加值产品，有效拓宽了饲料蛋白的来源，实现了工业尾气资源的高效清洁利用，开启碳捕捉、碳利用和碳循环的革命，践行绿色低碳、循环经济和可持续发展。项目于 2021 年 5 月正式投产，标志着首钢朗泽在中国西北地区成功实现铁合金工业尾气高效清洁回收和碳循环、碳利用、碳铺集的重大科技创新。

未来，首钢朗泽团队将在全国推广复制气体发酵制乙醇技术，在实现全球首套钢铁、铁合金 CO 尾气工业化应用基础上，拓展电石 CO 尾气工作化应用，同时与国内外科技院所、专业机构强强联合，重点突破 CO_2 转化清洁能源和蛋白饲料技术，助力我国 2030 年前碳达峰、2060 年前碳中和宏伟目标顺利实现。

大 连 市

大连金亿丰饲料有限公司

大连金亿丰饲料有限公司成立于 2012 年 4 月 18 日，注册资金 5 000 万元，坐落于庄河市栗子房镇双庙村，加工车间面积 3.1 万 m^2，项目总投资 2.1 亿元，可年产饲料 60 万 t，辐射带动农户发展种、养业致富，带动当地畜、肉鸡、种鸡标准化养殖，玉米、大豆种植，对调整农业和农村经济结构、加快农村脱贫速度、促进农业产业化发展均具有带动意义。

大连金亿丰饲料有限公司是一家以肉鸡放养、回收、饲料原料销售、粮食收购、配合饲料、浓缩饲料、售后服务为一体的企业。公司在农业产业化经营过程中，以科技为支撑，以基地为阵地，以合作社为载体，以农民为员工，以利益为配为纽带，采用“公司＋合作社＋基地＋农户”的经营模式，聘请农业、畜牧等专家做顾问，与多家权威机构紧密合作，组建研发团队，因地制宜，立足现代化农业，实行标准化开发，企业化管理，集约化经营，市场化运作，品牌化发展。

几年来，大连金亿丰饲料有限公司在庄河市党委和政府的领导和关心下，在相关职能部门的支持、帮助和监督下，全体员工把握机遇，迎接挑战，与时俱进，发扬“勤奋、务实、创新、求效”的企业精神，恪守“以质量求生存，以诚信求发展，以科技为动力，以人才为资本”的企业理念，不断向“做强做大、做精做深”的目标前进。公司始终把实现可持续发展作为工作重点。不断加大投入，扩大厂房规模，对设备进行改造、提升、添置，对公司的生存发挥了积极作用。

公司诚信是金亿丰人立足之本，服务是金亿丰发展之魂。“面向市场，满足客户要求，竭诚为客户提供最优质的服务”是金亿丰人开拓市场、服务客户的最根本要义。公司始终坚持以“让农民朋友富起来”为目的，把“以人为本，优质产品，服务社会”作为企业宗旨，愿竭力让每一位客户在与金亿丰合作中获取最大效益。

大连荣泰大腾饲料有限公司

大连荣泰大腾饲料有限公司成立于2022年4月22日，公司类型为有限责任公司，经营范围为饲料生产、饲料原料销售、粮食收购、粮食仓储等，公司坐落在辽宁省大连市庄河市吴炉镇吴炉村，公司占地面积147 000m^2，厂年可生产饲料30多万t。公司配备了牧羊集团最先进的计算机系统控制的投料系统、粉碎系统、配料系统、制粒系统、打包系统、机械手等全套肉鸡高档饲料生产设备；为了保证质量，提高生产效率，降低能耗节约成本，公司特别安装了噪声低、故障低、效率高、产品质量稳定的国内最先进的K35全自动颗粒机，以及可提升颗粒料成型率、减少粉化率的油脂后喷涂设备。

在技术研发方面，质量控制从原材料采购入库至成品出厂全过程，严格按照国家《质量安全管理规范》文件规定建立了相关制度、标准，配置了先进的化验检测设备，具有自主的检测能力；并比照要求进行操作，保证过程质量管控符合规范要求；从原料入场到生产制程再到成品出厂全程质量跟踪，以“杜绝不合格原料入厂、不合格饲料品出厂”为服务宗旨，切实保证养殖场的利益。

青 岛 市

青岛根源生物集团简介

青岛根源生物集团（以下简称根源集团）是一家以微生物为核心，聚焦微生态制剂、酶制剂和生物原料三大生物类产品和系统解决方案的综合性集团公司。

根源集团始终将用户价值放在第一，立足“科技、专精”。自2009年成立以来，集团以复合增长率39%的速度迅速发展壮大。目前拥有14家子公司，员工600余人，年销售额超过8亿元。产品覆盖饲用生物制剂、饲用生物原料、农业微生物、食品益生菌/酶制剂和环保微生物五大领域。

根源集团高度重视技术研发，拥有一支由22名博士和100余名硕士组成的高素质研发队伍，每年投入销售额的10%作为科研经费。获得“国家企业技术中心”“山东省益生菌工程研究中心”“山东省益生菌工程技术研究中心”“山东省技术创新中心”“山东省博士后创新实践基地”等认定。承担国家级课题20余项，省、市级课题50余项，拥有科研成果10余项，申请国家及国际专利170余项，是中国生物发酵产业协会酶制剂分会理事单位，中国畜牧兽医学会动物微生态学分会副理事长单位。

凭借完善的研发体系、严格的质量控制、优异的产品表现，根源集团已经与温氏、双胞胎、正大等中国农牧集团前50强企业达成战略合作关系，产品销售遍布国内，并远销东南亚、南亚、中东、非洲、美洲。

青岛普维动物保健品有限公司简介

青岛普维动物保健品有限公司是中国和西班牙合资企业。公司位于青岛市即墨区环保产业园正望路2号，2013年5月8日取得农业部（现农业农村部）颁发的全国第一个混合型饲料添加剂生产许可证，2016年6月获得欧盟FAMI－QS质量体系认证，注册号FAM－1067。

公司拥有粉剂和水剂两条生产线，使用植物提取物等原料，生产针对家禽、猪、家兔、反刍和水产动物的10余个产品，维护畜禽的消化道和呼吸道健康，减少养殖过程中的抗生素使用，从而提升肉蛋奶的安全性。目前产品已被多个国内品牌蛋鸡和肉鸡养殖集团长期使用，并多批次出口我国台湾地区，以及东南亚、中东和南美等多个国家。

公司对产品质量高度重视，拥有液相色谱和气相色谱等精密分析仪器，执行农业农村部质量安全管理规范和欧盟FAMI－QS质量体系，在供应商、原料、生产过程和最终产品等多环节进行品质控制，确保产品符合质量标准，且品质稳定，在用户端产生应有的效果。公司创始人 Teresa M. Agulles 是西班牙植物疗法协会会员。公司与很多国内国际知名的科研机构合作。公司成立10年来，多次接受农业农村部和省市级畜牧部门质量抽检，同时品控部员工参加多次检测能力比对，结果均为合格和优异。

近年来，公司在使用天然产品，控制畜禽体内外寄生虫，以及通过抗氧化、提高动物健康度和生产性能方面做了更多的研发和现场验证，得到了积极的反馈。以上产品能够显著改善肉品质量和产量，最终为畜牧业的健康发展做出贡献。

青岛质德动物营养有限公司

青岛质德动物营养有限公司成立于2020年10月27日，位于山东省青岛市莱西市院上镇工业园区，公司占地35亩，拥有员工35人。机构设置分为销售部、技术部、品管部、生产部、采购部、财务部6个部门。

公司拥有两条420制粒机组，1台$4m^3$混合机，全自动电脑配料，生产能力20t/h，生产设备由济南正新集团提供并进行设计和安装。主要生产设备有自动配料秤、自动打包秤、粉碎机、提升机、混合机、制粒机、冷却器、分级筛、除尘设备，结合国内先进饲料加工工艺设计参数，产能高、能耗低，节能环保。

公司建立了完善的质量保证体系，设立质检部门，品管部拥有万分之一分析天平、752可见分光光度计、高温炉、恒温干燥箱、定氮仪、恒温水浴锅、万能粉碎机、真空泵、脂肪提取装置等全套检化验设备，主要负责原料和成品的检验，可进行水分、粗蛋白质、粗脂肪、粗灰分、钙、磷、氯化钠、粒度、均匀度等指标的检测，有效地保证了原料、产品的质量和稳定性。同时执行农业农村部饲料质量安全管理规范，建立了原料、成品档案，做到全程监控、双人复核，实现产品全程可追溯。2022年11月份，青岛质德动物营养有限公司通过了《山东省饲料质量安全管理规范》示范企业验收。企业产品销售覆盖青岛、烟台、潍坊等地市，获得良好的市场口碑、客户认可。产品多次获得省级博览会荣誉。

厦门市

厦门华鼎动物保健品有限公司

厦门华鼎动物保健品有限公司成立于1995年1月，坐落于美丽的滨海城市——厦门，厂房面积2 000m^2。公司专业从事养殖动物营养与养殖技术的研究，水产养殖水环境改良产品的研发、生产、销售及相关的技术咨询与服务。

公司主要围绕鳗、甲鱼、对虾、海参、牛蛙、黄鳝等特种水产养殖和畜禽养殖行业研发产品，为水产饲料企业提供维生素预混料、微量元素预混料、水产复合预混料，近30年的服务经验，积累了大量精、专、特、新，能全方位为客户提供饲料加工、养殖端等一揽子解决方案。

2021年公司经过改制，新一代华鼎人会更加努力，精益求精。秉承“创新、敬业、谨慎、诚信”的精神，为养殖行业的健康发展贡献出一份自己的力量。

厦门嘉盛生物科技有限公司

厦门嘉盛生物科技有限公司创立于2017年，是一家致力于农业生物技术和动物营养免疫制剂的研发、生产、销售及技术服务为一体的现代化科技型企业，公司研发实力雄厚，长期与厦门大学、长江大学、集美大学、厦门海洋学院、江西农业大学、广东农业科学院等多家科研院所进行产学研合作。公司拥有一批动物营养、水产养殖、畜牧兽医及食品检验等专业背景和现场经验丰富的高素质人才，组成一支富有团结协作和开拓创新精神的优秀团队，先后获得“国家高新技术企业”“科技型中小企业”等资质证书。公司注册资本450万元，固定资产达250余万元。公司占地面积2 500余m^2，生产车间1 300m^2，仓储1 000m^2，研发中心200余m^2。

公司主要生产枯草芽孢杆菌、胆汁酸、红法夫酵母、嗜酸乳杆菌、牛磺酸、dl-α-生育酚乙酸酯、L-抗坏血酸-2-磷酸酯、硫酸镁、液态葡萄糖酸钙等产品，拥有先进的成套设备的混合型饲料添加剂加工生产线2条（固体和液体）、添加剂预混合饲料生产线1条、全自动发酵设备线1条，设计生产能力达到2t/h，年产能达2 000t，目前年产值达到2 000多万元。

公司重视研发，建有专业的研发中心和研发队伍，现有授权发明专利1项，实用新型专利19项，并承担政府项目1项暨与厦门大学、集美大学、厦门嘉康饲料有限公司共同承接厦门市海洋渔业局专项项目——“海水鱼肠道功能微生物的产业化应用”，联合嘉康饲料在漳州龙海设有近50亩的养殖试验基地，主要用于产品研发验证及养殖模式梳理。同时与集美大学海洋食品与生物工程学院签订了战略合作协议。

经过4年来的发展沉淀，目前核心创业团队人员稳定，经营营业额大幅提升，客户数量大幅增长，研发项目立项及各项工作正有条不紊地持续开展，产品体系和竞争力效果已逐步显现，2020年的经营营业额较2019年同比增长148%，同时近年来在疫情的压力下，仍实现持续高速发展的态势。2021年产值突破1 500万元，2022年产值突破2 000万元，并且多次获得相关单位的荣誉证书：功能类发酵系列产品——“嘉多宝”获得2019年中国小龙虾产业风云“年度最佳动保产品”，多矿产品暨国家发明专利产品“嘉速补”于2020年荣获第十五届中国国际（厦门）渔业博览会暨水产养殖展览会“最佳创新奖”产品，在2019年中国水产（动保）风云榜中荣获“年度成长力企业”，公司于2020年11月在2020中国水产业（动保）风云榜中荣获“年度新锐品牌”，公司于2021年11月在2021中国水产业（动保）风云榜中荣获“年度影响力企业”，公司于2021年11月在2021中国虾蟹产业荣耀榜中“嘉多维”产品荣获“年度口碑力产品”。

统计资料

中国饲料工业统计资料

2022 年全国饲料工业总产值和营业收入情况

单位：万元

地区	饲料工业总产值	饲料工业总营业收入	饲料产品		饲料添加剂		饲料机械	
			总产值	营业收入	总产值	营业收入	总产值	营业收入
全国总计	131 684 934	126 172 610	118 165 890	113 638 001	12 677 100	11 678 572	841 944	856 037
北京	821 683	816 675	786 769	784 015	34 914	32 659	—	—
天津	1 218 410	1 227 836	1 160 860	1 169 143	57 551	58 694	—	—
河北	5 890 969	5 526 816	5 431 939	5 128 815	453 951	393 146	5 079	4 855
山西	1 792 713	1 626 619	1 774 124	1 605 042	18 589	21 576	—	—
内蒙古	3 042 202	2 904 801	2 271 584	2 196 450	770 618	708 350	—	—
辽宁	6 793 938	6 006 915	6 595 610	5 806 588	198 328	200 327	—	—
吉林	2 713 400	2 691 735	1 982 962	1 957 186	583 858	578 515	146 581	156 034
黑龙江	2 656 510	2 575 011	1 841 651	1 738 740	814 859	836 271	—	—
上海	898 383	876 906	682 954	700 544	215 429	176 362	—	—
江苏	7 410 499	7 407 028	6 264 800	6 233 031	528 789	540 782	616 910	633 215
浙江	3 523 097	3 272 953	2 448 737	2 370 929	1 074 359	902 024	—	—
安徽	4 569 590	3 631 582	4 369 735	3 460 187	199 855	171 394	—	—
福建	4 823 601	4 832 842	4 707 986	4 718 260	115 616	114 582	—	—
江西	4 479 281	4 385 133	4 010 441	3 922 548	468 023	461 769	817	817
山东	19 696 778	19 143 334	17 119 755	16 689 425	2 510 060	2 397 210	66 963	56 698
河南	5 834 393	4 614 552	5 586 097	4 388 499	248 296	226 053	—	—
湖北	6 489 283	5 900 545	5 410 071	5 341 917	1 079 212	558 628	—	—
湖南	5 294 243	5 281 765	5 132 882	5 122 668	160 893	158 630	468	468
广东	15 780 883	15 934 658	15 174 901	15 343 404	605 982	591 254	—	—
广西	7 738 853	7 398 277	7 580 744	7 246 730	158 109	151 548	—	—
海南	1 340 751	1 315 482	1 338 717	1 313 485	2 035	1 998	—	—
重庆	1 840 860	1 795 558	1 785 159	1 742 104	55 701	53 453	—	—
四川	6 331 064	6 404 777	5 984 443	6 053 455	341 495	347 372	5 126	3 950
贵州	1 833 678	1 772 414	1 577 079	1 518 712	256 598	253 703	—	—
云南	3 704 473	3 702 970	2 753 023	2 736 588	951 450	966 383	—	—
陕西	1 680 609	1 672 861	1 666 589	1 645 958	14 020	26 903	—	—
甘肃	906 371	880 710	901 229	876 298	5 141	4 412	—	—
青海	50 526	43 553	50 283	43 267	243	286	—	—
宁夏	837 076	838 678	463 206	476 649	373 870	362 028	—	—
新疆	955 512	954 095	852 441	844 570	103 071	109 525	—	—
新疆兵团	735 306	735 529	459 120	462 795	276 186	272 735	—	—

2022 年全国饲料加工企业生产综合情况（总表）

单位：t

地　区	饲料总产量	配合饲料	浓缩饲料	添加剂预混合饲料
全国总计	302 234 307	280 212 417	14 262 262	6 522 482
北　　京	1 477 156	884 822	196 969	370 692
天　　津	2 270 239	1 467 762	477 420	303 528
河　　北	14 453 851	12 732 718	929 005	409 433
山　　西	5 042 876	4 794 242	183 289	65 345
内 蒙 古	6 507 981	5 626 599	737 634	143 189
辽　　宁	17 070 602	14 338 995	2 506 459	213 159
吉　　林	5 767 778	4 952 312	730 901	84 565
黑 龙 江	5 427 690	4 161 315	1 177 905	88 449
上　　海	1 028 860	816 930	19 629	80 743
江　　苏	14 860 247	14 104 841	304 230	403 869
浙　　江	5 325 238	5 075 588	71 975	82 619
安　　徽	11 915 400	11 399 797	205 516	218 006
福　　建	12 006 912	11 680 447	155 467	168 018
江　　西	10 838 676	10 403 979	93 832	328 958
山　　东	44 848 003	42 347 924	1 193 383	932 063
河　　南	16 116 279	14 918 667	615 499	575 785
湖　　北	14 082 401	13 531 495	292 385	258 190
湖　　南	13 138 646	12 563 121	201 260	371 914
广　　东	35 272 440	34 346 664	277 537	619 724
广　　西	20 243 069	19 923 672	179 154	140 118
海　　南	3 381 164	3 380 305	—	859
重　　庆	4 465 794	4 193 361	239 248	33 185
四　　川	14 390 697	13 557 459	488 675	326 625
贵　　州	3 925 211	3 348 842	572 916	3 453
云　　南	6 984 340	5 712 029	1 217 588	54 723
陕　　西	4 164 422	3 574 695	470 432	114 914
甘　　肃	2 297 625	1 958 990	323 006	15 489
青　　海	130 862	122 050	6 913	1 900
宁　　夏	1 167 651	847 294	270 371	49 987
新　　疆	2 399 610	2 295 498	84 022	20 043
新疆兵团	1 232 587	1 150 006	39 643	42 938

2022年全国饲料加工企业生产综合情况（分品种）

单位：t

地　区	饲料总产量	猪饲料	蛋禽饲料	肉禽饲料	水产饲料	反刍动物饲料	宠物饲料	其他饲料
全国总计	302 234 307	135 975 483	32 108 889	89 253 970	25 257 333	16 168 407	1 237 145	2 233 081
北　京	1 477 156	537 171	227 123	182 306	14 456	470 097	24 673	21 331
天　津	2 270 239	723 053	226 471	332 530	391 312	538 126	21 529	37 219
河　北	14 453 851	3 474 372	4 160 951	4 387 579	269 833	1 603 471	382 695	174 950
山　西	5 042 876	2 754 901	679 457	1 445 133	90	132 565	—	30 731
内蒙古	6 507 981	2 439 066	251 682	426 977	2 032	3 373 331	559	14 333
辽　宁	17 070 602	5 438 597	1 866 393	7 169 642	401 393	1 916 451	11 989	266 137
吉　林	5 767 778	2 630 948	740 052	1 779 584	4 537	575 623	—	37 034
黑龙江	5 427 690	3 126 154	226 320	705 250	82 245	1 161 766	21	125 933
上　海	1 028 860	258 938	307 713	144 986	21 615	180 843	111 559	3 206
江　苏	14 860 247	3 914 827	2 028 953	4 176 716	4 114 318	488 608	47 307	89 517
浙　江	5 325 238	2 241 175	602 136	1 190 133	994 423	161 602	95 056	40 713
安　徽	11 915 400	4 800 323	1 352 267	4 933 501	495 846	234 991	92 081	6 392
福　建	12 006 912	5 115 673	1 008 427	3 892 908	1 913 523	229	2 980	73 171
江　西	10 838 676	6 911 542	1 302 521	1 847 819	734 790	26 436	11 906	3 662
山　东	44 848 003	11 486 903	3 209 550	27 631 766	455 346	981 345	374 632	708 460
河　南	16 116 279	10 645 652	1 963 441	2 582 236	316 429	520 719	6 329	81 474
湖　北	14 082 401	6 868 698	3 218 017	898 562	3 033 896	35 333	331	27 564
湖　南	13 138 646	8 626 989	1 324 458	1 653 262	1 505 961	2 113	2 351	23 511
广　东	35 272 440	13 736 889	2 216 581	11 004 496	8 049 959	93 306	28 516	142 693
广　西	20 243 069	12 386 314	961 130	6 221 349	634 655	22 892	126	16 603
海　南	3 381 164	1 451 884	304 467	1 151 686	417 193	—	—	55 934
重　庆	4 465 794	3 152 518	430 006	602 464	211 774	19 652	1	49 379
四　川	14 390 697	9 780 776	1 407 713	2 151 763	725 799	175 475	17 938	131 232
贵　州	3 925 211	3 139 441	233 869	374 509	14 867	136 287	—	26 238
云　南	6 984 340	4 860 347	403 067	1 280 716	280 876	157 277	—	2 058
陕　西	4 164 422	2 754 503	707 377	327 717	23 664	341 426	4 381	5 355
甘　肃	2 297 625	1 109 519	149 762	256 638	966	778 790	140	1 811
青　海	130 862	14 283	66	89	—	116 425	—	—
宁　夏	1 167 651	163 036	44 942	25 978	23 923	899 673	—	10 100
新　疆	2 399 610	830 863	377 633	360 462	97 769	706 834	47	26 003
新疆兵团	1 232 587	600 126	176 347	115 213	23 842	316 721	—	338

2022 年全国配合饲料加工企业生产情况

地 区	猪饲料		蛋禽饲料		肉禽饲料		水产饲料		精料补充料		其他饲料	
	产量（t）	比重（%）	产量（t）	比重（%）	产量（t）	比重（%）	产量（t）	比重（%）	产量（t）	比重（%）	产量（t）	比重（%）
全国总计	124 051 443	44.3	29 179 983	10.4	88 064 677	31.4	24 783 623	8.8	12 063 122	4.3	2 069 570	0.7
北 京	266 108	30.1	107 429	12.1	172 558	19.5	8 242	0.9	315 828	35.7	14 657	1.7
天 津	301 707	20.6	102 843	7.0	323 164	22.0	381 789	26.0	321 269	21.9	36 990	2.5
河 北	2 864 480	22.5	3 938 206	30.9	4 360 608	34.2	266 573	2.1	1 155 249	9.1	147 601	1.2
山 西	2 639 759	55.1	604 870	12.6	1 423 118	29.7	83	0.002	95 682	2.0	30 731	0.641
内蒙古	2 327 600	41.4	233 769	4.2	407 621	7.2	1 892	0.0	2 652 317	47.1	3 401	0.1
辽 宁	4 203 312	29.3	1 366 302	9.5	7 000 916	48.8	387 819	2.7	1 201 492	8.4	179 154	1.2
吉 林	2 206 067	44.5	691 994	14.0	1 677 750	33.9	3 923	0.1	341 853	6.9	30 724	0.6
黑龙江	2 386 546	57.4	137 463	3.3	660 004	15.9	68 924	1.7	789 606	19.0	118 773	2.9
上 海	207 969	25.5	281 583	34.5	140 241	17.2	19 541	2.4	165 575	20.3	2 021	0.2
江 苏	3 548 210	25.2	1 847 275	13.1	4 121 117	29.2	4 101 701	29.1	399 093	2.8	87 446	0.6
浙 江	2 117 333	41.7	590 819	11.6	1 182 428	23.3	992 357	19.6	151 938	3.0	40 713	0.8
安 徽	4 498 683	39.5	1 327 498	11.6	4 890 774	42.9	492 890	4.3	183 921	1.6	6 030	0.1
福 建	4 904 498	42.0	977 973	8.4	3 831 098	32.8	1 893 574	16.2	229	0.002	73 075	0.6
江 西	6 551 558	63.0	1 289 788	12.4	1 840 251	17.7	715 496	6.9	3 226	0.03	3 661	0.0
山 东	10 382 337	24.5	2 693 630	6.4	27 342 092	64.6	446 437	1.1	784 513	1.9	698 915	1.7
河 南	9 827 139	65.9	1 703 269	11.4	2 550 160	17.1	307 708	2.1	449 487	3.0	80 905	0.5
湖 北	6 489 619	48.0	3 077 382	22.7	896 426	6.6	3 006 890	22.2	33 614	0.2	27 564	0.2
湖 南	8 135 673	64.8	1 272 315	10.1	1 633 650	13.0	1 497 910	11.9	80	0.001	23 493	0.2
广 东	13 245 337	38.6	2 150 025	6.3	10 921 235	31.8	7 795 794	22.7	93 030	0.3	141 242	0.4
广 西	12 128 309	60.9	942 707	4.7	6 184 980	31.0	628 248	3.2	22 855	0.1	16 572	0.1
海 南	1 451 884	43.0	304 467	9.0	1 151 686	34.1	416 334	12.3	—	—	55 934	1.7
重 庆	2 907 824	69.3	411 873	9.8	599 287	14.3	211 680	5.0	13 329	0.3	49 368	1.2
四 川	9 205 629	67.9	1 306 985	9.6	2 119 622	15.6	677 688	5.0	117 549	0.9	129 986	1.0
贵 州	2 578 466	77.0	229 872	6.9	368 966	11.0	14 867	0.4	130 434	3.9	26 238	0.8
云 南	3 653 333	64.0	372 242	6.5	1 261 423	22.1	280 152	4.9	142 820	2.5	2 058	0.04
陕 西	2 524 682	70.6	512 795	14.3	283 507	7.9	23 244	0.7	225 117	6.3	5 350	0.1
甘 肃	1 014 807	51.8	138 615	7.1	238 686	12.2	966	0.0	564 105	28.8	1 811	0.1
青 海	13 694	11.2	66	0.1	89	0.07	—	—	108 201	88.7	—	—
宁 夏	109 351	12.9	42 261	5.0	15 633	1.8	23 897	2.8	646 103	76.3	10 049	1.2
新 疆	792 409	34.5	356 228	15.5	353 425	15.4	95 851	4.2	672 814	29.3	24 772	1.1
新疆兵团	567 118	49.3	167 441	14.6	112 163	9.8	21 153	1.8	281 792	24.5	338	0.03

2022年全国浓缩饲料加工企业生产情况

地区	猪饲料		蛋禽饲料		肉禽饲料		水产饲料		反刍动物饲料		其他饲料	
	产量（t）	比重（%）	产量（t）	比重（%）	产量（t）	比重（%）	产量（t）	比重（%）	产量（t）	比重（%）	产量（t）	比重（%）
全国总计	9 182 758	64.4	1 099 854	7.7	728 327	5.1	69 675	0.5	3 074 270	21.6	107 379	0.8
北京	153 380	77.9	1 906	1.0	1 360	0.7	—	—	40 323	20.5	—	—
天津	333 772	69.9	5 939	1.2	315	0.1	—	—	137 394	28.8	—	—
河北	526 964	56.7	98 435	10.6	20 385	2.2	—	—	279 679	30.1	3 542	0.4
山西	87 831	47.9	55 164	30.1	8 134	4.4	—	—	32 160	17.5	—	—
内蒙古	72 938	9.9	15 614	2.1	19 178	2.6	—	—	629 796	85.4	108	
辽宁	1 172 621	46.8	448 359	17.9	136 420	5.4	9 978	0.4	653 276	26.1	85 807	3.4
吉林	407 993	55.8	27 656	3.8	92 508	12.7	8	0.00	196 426	26.9	6 310	0.9
黑龙江	722 671	61.4	61 057	5.2	43 711	3.7	13 298	1.1	332 095	28.2	5 072	0.43
上海	15 016	76.5	905	4.6	—	—	—	—	3 707	18.9	—	—
江苏	233 973	76.9	20 841	6.9	7 270	2.4	189		40 583	13.3	1 374	0.5
浙江	71 157	98.9	261	0.4	515	0.7	—	—	42	0.06	—	—
安徽	155 656	75.7	602	0.3	35 568	17.3	1 599	1	12 092	5.9	—	—
福建	89 354	57.5	18 754	12.1	46 091	29.6	1 267	0.8	—	—	—	—
江西	93 537	99.7	62	0.066	5	0.01	—	—	228		—	—
山东	896 595	75.1	44 638	3.7	173 076	14.5	2 750	0.2	71 685	6.0	4 639	0.4
河南	509 378	82.8	41 836	6.8	17 052	2.8	7 002	1.14	40 231	6.5	—	—
湖北	282 542	96.6	4 119	1.4	8		4 019	1.4	1 697	0.6	—	—
湖南	193 060	95.9	2 241	1.1	5 959	3.0	—	—	—	—	—	—
广东	238 532	85.9	2 444	0.9	8 975	3.2	27 580	9.9	7		—	—
广西	163 413	91.2	4 074	2.3	11 666	6.5	—	—	—	—	—	—
海南	—	—	—	—	—	—	—	—	—	—	—	—
重庆	216 889	90.7	16 690	7.0	2 918	1.2	—	—	2 751	1.1	—	—
四川	415 559	85.0	39 664	8.1	1 111	0.2	222	0.0	32 120	6.6	—	—
贵州	560 975	97.9	544	0.1	5 544	1.0	—	—	5 853	1.0	—	—
云南	1 184 321	97.3	3 989	0.3	14 943	1.2	—	—	14 335	1.2	—	—
陕西	197 537	42.0	152 405	32.4	41 701	8.9	—	—	78 789	16.7	—	—
甘肃	92 644	28.7	9 861	3.1	17 397	5.4	—	—	203 105	62.9	—	—
青海	393	5.7	—	—	—	—	—	—	6 520	94.3	—	—
宁夏	49 953	18.5	1 363	0.5	10 215	3.8	—	—	208 840	77.2	—	—
新疆	30 628	36.5	17 392	20.7	5 366	6.4	1 764	2.1	28 347	33.7	526	0.6
新疆兵团	13 476	34.0	3 040	7.7	938	2.4	—	—	22 189	56.0	—	—

全国添加剂预混合饲料加工企业生产情况

地 区	猪饲料		蛋禽饲料		肉禽饲料		水产饲料		反刍动物饲料		其他饲料	
	产量（t）	比重（%）	产量（t）	比重（%）	产量（t）	比重（%）	产量（t）	比重（%）	产量（t）	比重（%）	产量（t）	比重（%）
全国总计	2 741 282	42.0	1 829 052	28.0	460 966	7.1	404 035	6.2	1 031 015	15.8	56 132	0.9
北 京	117 683	31.7	117 788	31.8	8 388	2.3	6 213	1.7	113 945	30.7	6 674	1.8
天 津	87 574	28.9	117 689	38.8	9 051	3.0	9 523	3.1	79 463	26.2	230	0.08
河 北	82 927	20.3	124 309	30.4	6 587	1.6	3 260	0.8	168 543	41.2	23 807	5.8
山 西	27 310	41.8	19 423	29.7	13 881	21.2	7		4 723	7.2	—	—
内蒙古	38 529	26.9	2 299	1.6	179	0.1	141	0.1	91 217	63.7	10 824	7.6
辽 宁	62 664	29.4	51 732	24.3	32 307	15.2	3 596	1.7	61 683	28.9	1 176	0.6
吉 林	16 888	20.0	20 402	24.1	9 325	11.0	606	0.7	37 344	44.2	—	—
黑龙江	16 938	19.1	27 800	31.4	1 535	1.7	24	0.027	40 065	45.3	2 088	2.4
上 海	35 953	44.5	25 225	31.2	4 745	5.9	2 074	2.6	11 561	14.3	1 185	1.5
江 苏	132 644	32.8	160 838	39.8	48 330	12.0	12 428	3.1	48 933	12.1	697	0.2
浙 江	52 685	63.8	11 056	13.4	7 190	8.7	2 066	2.5	9 622	11.6	—	—
安 徽	145 984	67.0	24 167	11.1	7 159	3.3	1 356	0.6	38 978	17.9	361	0.2
福 建	121 821	72.5	11 700	7.0	15 720	9.4	18 682	11.1	—	—	96	0.1
江 西	266 448	81.0	12 672	3.9	7 563	2.3	19 294	5.9	22 981	7.0	1	
山 东	207 970	22.3	471 283	50.6	116 597	12.5	6 160	0.7	125 148	13.4	4 906	0.5
河 南	309 135	53.7	218 336	37.9	15 025	2.6	1 719	0.3	31 001	5.4	569	0.1
湖 北	96 538	37.4	136 516	52.9	2 128	0.8	22 987	8.9	21	0.0	—	—
湖 南	298 256	80.2	49 902	13.4	13 654	3.7	8 051	2.2	2 033	0.5	17	0.00
广 东	253 019	40.8	64 112	10.3	74 287	12.0	226 585	36.6	270	0.04	1 451	0.2
广 西	94 592	67.5	14 348	10.2	24 703	17.6	6 407	4.6	37	0.03	31	0.02
海 南	—	—	—	—	—	—	859	100.0	—	—	—	—
重 庆	27 805	83.8	1 443	4.3	259	0.8	94	0.3	3 572	10.8	12	0.04
四 川	159 588	48.9	61 064	18.7	31 031	9.5	47 889	14.7	25 806	7.9	1 247	0.4
贵 州	—	—	3 453	100.0	—	—	—	—	—	—	—	—
云 南	22 693	41.5	26 836	49.0	4 349	7.9	724	1.3	121	0.2	—	—
陕 西	32 284	28.1	42 177	36.7	2 508	2.2	420	0.4	37 519	32.6	5	0.00
甘 肃	2 068	13.4	1 286	8.3	556	3.6	—	—	11 579	74.8	—	—
青 海	196	10.3	—	—	—	—	—	—	1 704	89.7	—	—
宁 夏	3 732	7.5	1 318	2.6	130	0.3	26		44 731	89.5	51	0.1
新 疆	7 827	39.0	4 012	20.0	1 671	8.3	154	0.8	5 674	28.3	706	3.5
新疆兵团	19 532	45.5	5 866	13.7	2 111	4.9	2 689	6.3	12 740	29.7	—	—

2022 年全国饲料添加剂产量情况（一）

单位：t

地 区	饲料添加剂产品总产量	饲料添加剂	混合型饲料添加剂
全国总计	14 687 989	13 687 471	1 000 518
北 京	17 822	5 378	12 443
天 津	59 456	54 211	5 244
河 北	397 070	321 774	75 296
山 西	8 130	3 852	4 278
内蒙古	941 275	899 128	42 146
辽 宁	294 554	250 982	43 571
吉 林	758 551	755 866	2 685
黑龙江	1 075 640	1 070 470	5 170
上 海	64 125	13 913	50 212
江 苏	572 154	469 851	102 303
浙 江	168 711	158 652	10 059
安 徽	89 902	72 804	17 098
福 建	81 189	69 400	11 789
江 西	467 536	434 697	32 838
山 东	2 948 480	2 729 064	219 416
河 南	288 003	221 909	66 093
湖 北	989 674	926 290	63 385
湖 南	314 174	296 975	17 198
广 东	212 383	81 401	130 982
广 西	388 975	376 169	12 806
海 南	1 345	193	1 151
重 庆	47 224	29 279	17 945
四 川	678 647	636 495	42 152
贵 州	619 443	619 443	—
云 南	2 345 134	2 343 716	1 419
陕 西	88 747	82 836	5 910
甘 肃	3 743	1 261	2 482
青 海	532	—	532
宁 夏	322 697	320 216	2 481
新 疆	35 454	34 342	1 112
新疆兵团	407 221	406 901	320

2022 年全国饲料添加剂产量情况（二）

单位：t

地区	氨基酸、氨基酸盐及其类似物		维生素及类维生素		矿物元素及其络（螯）合物		酶制剂	
	饲料添加剂	混合型饲料添加剂	饲料添加剂	混合型饲料添加剂	饲料添加剂	混合型饲料添加剂	饲料添加剂	混合型饲料添加剂
全国总计	4 480 870	10 761	1 358 944	141 512	6 701 764	113 332	118 786	113 972
北　京	—	56	1 976	—	—	78	—	729
天　津	—	17	32	147	922	1 554	7 192	12
河　北	11 575	570	95 195	9 547	187 907	13 405	4 893	13 014
山　西	59	301	125	907	178	151	1 598	170
内蒙古	823 504	—	1 538	496	31 294	202	528	10 063
辽　宁	61 802	198	11 114	29 439	159 793	8 639	343	1 603
吉　林	672 579	—	8 601	21	—	20	—	12
黑龙江	1 065 102	82	209	530	543	632	2 550	815
上　海	—	—	12 774	43	857	1 988	103	3 171
江　苏	190 466	544	15 239	21 766	150 379	3 702	6 536	7 931
浙　江	9 457	35	102 966	554	7 646	93	356	462
安　徽	18 824	208	14 871	1 850	11 877	6 273	—	473
福　建	—	281	2 981	678	779	1 675	1 300	70
江　西	8 402	310	18 935	4 429	387 335	12 857	168	147
山　东	827 354	3 306	1 013 645	50 065	585 741	3 603	51 310	18 135
河　南	696	981	18 774	10 380	118 867	976	3 389	9 646
湖　北	21 421	222	17 223	715	826 650	2 682	2 784	36 353
湖　南	1 239	13	146	196	221 594	4 016	6 292	4 999
广　东	29	1 011	4 990	9 131	33 480	21 598	18 427	3 972
广　西	—	1	—	24	325 474	7 481	4 136	14
海　南	—	11	—	94	—	66	—	17
重　庆	—	25	3 469	133	25 718	682	—	54
四　川	61 824	107	6 915	104	556 361	19 487	4 889	1 230
贵　州	—	—	—	—	619 295	—	—	—
云　南	—	—	1 020	—	2 338 814	9	618	605
陕　西	—	1	—	265	82 679	1 077	—	60
甘　肃	—	—	29	—	—	—	1 085	215
青　海	—	—	—	—	—	280	—	—
宁　夏	299 334	2 481	6 179	—	12 422		284	—
新　疆	17 614	—	—	—	15 162	107	—	—
新疆兵团	389 589	—	—	—	—	—	4	—

2022年全国饲料添加剂产量情况（三）

单位：t

地区	微生物		非蛋白氮		抗氧化剂		防腐剂、防霉剂和酸度调节剂	
	饲料添加剂	混合型饲料添加剂	饲料添加剂	混合型饲料添加剂	饲料添加剂	混合型饲料添加剂	饲料添加剂	混合型饲料添加剂
全国总计	68 957	198 909	74 036	57 236	14 025	52 009	475 004	150 563
北京	3 403	2 086	—	—	—	939	—	471
天津	105	1 418	11 595	—	—	48	—	817
河北	9 871	12 408	211	21 301	60	137	125	1 471
山西	1 873	1 927	—	3	—	28	5	246
内蒙古	3 060	11 542	—	18 907	—	—	38 183	234
辽宁	1 708	2 612	—	—	—	—	271	53
吉林	1 223	1 951	—	252	—	—	73 463	—
黑龙江	1 877	2 428	—	5	—	—	—	112
上海	—	1 565	—	4 993	179	3 008	—	29 039
江苏	1 562	7 676	6 202	185	9 402	31 294	41 132	22 104
浙江	1 661	1 754	268	—	2 003	2 046	18 077	1 934
安徽	280	3 255	—	—	509	24	6 833	2 062
福建	186	1 215	—	—	—	905	4 312	4 691
江西	544	4 513	—	—	196	505	16 953	8 053
山东	23 172	72 575	—	9 608	7	5 817	146 048	33 432
河南	3 249	32 781	—	1	—	27	72 046	2 660
湖北	6 522	10 993	—	—	581	843	45 211	1 068
湖南	903	5 903	55 761	—	874	247	9 467	524
广东	1 499	9 397	—	—	97	5 116	487	17 334
广西	1 397	233	—	—	—	13	2 390	3 390
海南	193	889	—	—	—	—	—	—
重庆	85	1 403	—	—	—	958	—	11 658
四川	763	3 251	—	—	14	18	—	7 595
贵州	—	—	—	—	58	—	—	—
云南	316	788	—	—	—	—	—	—
陕西	56	3 978	—	—	45	33	—	122
甘肃	145	285	—	1 981	—	—	—	—
青海	—	—	—	—	—	—	—	252
宁夏	—	—	—	—	—	—	—	—
新疆	675	—	—	—	—	—	—	1 003
新疆兵团	2 630	80	—	—	—	—	—	240

2022年全国饲料添加剂产量情况（四）

单位：t

地区	着色剂		调味和诱食物质		黏结剂、抗结块剂、稳定剂和乳化剂		多糖和寡糖		其他	
	饲料添加剂	混合型饲料添加剂	饲料添加剂	混合型饲料添加剂	饲料添加剂	混合型饲料添加剂	饲料添加剂	混合型饲料添加剂	饲料添加剂	混合型饲料添加剂
全国总计	34 433	21 331	9 832	71 467	255 043	16 121	4 261	5 783	91 514	47 523
北　京	—	—	—	777	—	—	—	—	—	7 307
天　津	—	4	—	931	34 366	—	—	34	—	262
河　北	1 469	862	1 714	348	8 735	—	9	102	12	2 132
山　西	—	13	2	107	8	2	3	139	—	284
内蒙古	—	—	311	206	659	323	—	—	51	174
辽　宁	—	—	31	924	15 921	—	—	4	—	100
吉　林	—	—	—	—	—	—	—	12	—	417
黑龙江	186	—	—	75	—	1	—	55	4	435
上　海	—	—	—	6 389	—	—	—	16	—	—
江　苏	—	19	141	2 429	48 111	725	415	2 023	265	1 907
浙　江	1 360	—	1	984	14 845	199	—	6	12	1 991
安　徽	89	1	—	41	1 004	734	—	14	18 519	2 163
福　建	82	—	45	2 021	59 671	198	2	53	43	4
江　西	—	3	1 415	699	620	221	—	124	129	976
山　东	982	7 177	276	4 049	8 197	2 129	288	1 084	72 044	8 435
河　南	—	19	4 622	1 104	158	15	89	496	18	7 008
湖　北	43	279	466	5 620	4 619	80	694	91	75	4 439
湖　南	—	—	18	663	535	20	—	27	148	591
广　东	8 817	12 951	632	31 845	12 893	11 435	47	305	2	6 885
广　西	—	—	83	125	40 318	—	2 369	843	1	682
海　南	—	5	—	—	—	—	—	7	—	63
重　庆	—	—	8	2 460	—	19	—	29	—	523
四　川	1 007	—	12	9 662	4 232	—	345	295	134	405
贵　州	35	—	56	—	—	—	—	—	—	
云　南	2 799	—	—	6	150	—	—	3	—	8
陕　西	—	—	—	2	—	20	—	21	57	332
甘　肃	—	—	—	—	—	—	—	—	2	1
青　海	—	—	—	—	—	—	—	—	—	—
宁　夏	1 996	—	—		—	—	—	—	—	—
新　疆	891	—	—		—	—	—	1	—	—
新疆兵团	14 678	—	—	—	—	—	—	—	—	—

2022年全国饲料添加剂单项产品生产情况（一）

单位：t

地　区	赖氨酸及其类似物	蛋氨酸	苏氨酸	色氨酸
全国总计	2 764 489	454 550	870 975	23 942
北　京	—	—	—	—
天　津	—	—	—	—
河　北	—	755	996	—
山　西	—	—	—	—
内蒙古	336 755	—	484 969	—
辽　宁	—	—	—	—
吉　林	672 579	—	—	—
黑龙江	595 492	8	309 372	7 457
上　海	—	—	—	—
江　苏	—	186 796	—	—
浙　江	—	276	896	4 852
安　徽	16 593	—	—	—
福　建	—	—	—	—
江　西	—	—	—	—
山　东	634 556	179 493	—	2
河　南	13	—	—	—
湖　北	—	—	—	—
湖　南	—	24	—	—
广　东	4	—	—	—
广　西	—	—	—	—
海　南	—	—	—	—
重　庆	—	—	—	—
四　川	—	—	—	—
贵　州	—	—	—	—
云　南	—	—	—	—
陕　西	—	—	—	—
甘　肃	—	—	—	—
青　海	—	—	—	—
宁　夏	189 721	87 198	6 180	—
新　疆	—	—	—	11 631
新疆兵团	318 776	—	68 562	—

2022 年全国饲料添加剂单项产品生产情况（二）

单位：t

地　区	氯化胆碱	维生素 A	维生素 E	维生素 B_{12}	维生素 B_2	维生素 C
全国总计	954 536	7 216	92 386	728	5 534	35 458
北　京	—	—	—	—	—	—
天　津	—	—	—	—	—	—
河　北	71 496	—	27	1	10	4 988
山　西	26	—	—	—	25	55
内蒙古	—	—	—	—	1 072	—
辽　宁	5 579	—	—	—	—	630
吉　林	—	—	8 601	—	—	—
黑龙江	—	—	—	—	9	30
上　海	—	—	—	—	—	—
江　苏	7	—	361	—	—	1 329
浙　江	1 550	7 210	47 414	—	—	13 189
安　徽	—	—	—	—	—	2 642
福　建	—	—	242	—	—	47
江　西	—	—	—	—	—	15
山　东	875 832	—	35 740	3	1 716	6 976
河　南	—	7	—	—	2 560	94
湖　北	—	—	—	—	130	9
湖　南	46	—	—	—	—	—
广　东	—	—	—	—	—	—
广　西	—	—	—	—	—	—
海　南	—	—	—	—	—	—
重　庆	—	—	—	—	11	—
四　川	—	—	—	—	—	—
贵　州	—	—	—	—	—	—
云　南	—	—	—	—	—	—
陕　西	—	—	—	—	—	—
甘　肃	—	—	—	—	—	—
青　海	—	—	—	—	—	—
宁　夏	—	—	—	724	—	5 455
新　疆	—	—	—	—	—	—
新疆兵团	—	—	—	—	—	—

2022 年全国饲料添加剂单项产品生产情况（三）

单位：t

地　区	硫酸铜	硫酸亚铁	硫酸锌	硫酸锰	磷酸氢钙
全国总计	15 837	107 034	88 443	182 574	3 692 074
北　京	—	—	—	—	—
天　津	—	—	—	—	—
河　北	—	—	—	—	32 550
山　西	—	—	—	—	—
内蒙古	—	—	—	—	1 400
辽　宁	817	—	—	724	—
吉　林	—	—	—	—	—
黑龙江	24	—	—	15	—
上　海	—	—	—	—	—
江　苏	541	—	—	—	93
浙　江	—	—	—	—	—
安　徽	—	—	—	—	—
福　建	—	—	5	5	—
江　西	—	—	53 886	—	—
山　东	—	—	—	—	100 619
河　南	—	—	—	—	—
湖　北	1	—	—	—	449 413
湖　南	2 201	—	—	34 053	—
广　东	11 719	—	—	346	—
广　西	195	31 940	25 031	133 363	122 859
海　南	—	—	—	—	—
重　庆	—	—	—	—	—
四　川	338	75 094	6 287	14 050	261 036
贵　州	—	—	—	18	439 104
云　南	—	—	—	—	2 284 999
陕　西	—	—	—	—	—
甘　肃	—	—	—	—	—
青　海	—	—	—	—	—
宁　夏	—	—	3 234	—	—
新　疆	—	—	—	—	—
新疆兵团	—	—	—	—	—

2022年全国饲料企业年末职工人数情况

单位：人

地区	职工总数	其中职工学历构成					其中技术工种人员构成		
		博士	硕士	大学本科	大学专科	其他	小计	检验员、化验员	维修工
全国总计	883 614	6 053	16 248	172 887	238 805	449 621	80 161	41 328	38 934
北　京	4 423	102	277	1 085	967	1 992	352	205	147
天　津	12 694	85	420	3 375	4 981	3 833	1 364	585	779
河　北	41 839	281	676	5 081	10 263	25 538	5 341	3 129	2 212
山　西	7 867	38	113	963	1 662	5 091	1 047	558	489
内蒙古	29 499	103	342	3 971	8 156	16 927	3 080	1 517	1 563
辽　宁	31 340	221	563	4 755	7 336	18 465	3 390	1 821	1 569
吉　林	20 590	70	240	3 002	5 012	12 266	2 619	1 192	1 440
黑龙江	23 114	110	293	3 330	5 698	13 683	3 003	1 409	1 594
上　海	4 568	49	297	953	847	2 422	422	223	199
江　苏	47 519	333	1 164	9 045	12 046	24 931	5 398	2 833	2 605
浙　江	26 942	294	943	5 589	5 992	14 124	2 654	1 572	1 082
安　徽	28 921	190	384	3 460	5 653	19 234	2 563	1 261	1 302
福　建	20 888	131	365	3 087	3 950	13 355	2 156	1 198	958
江　西	20 866	131	333	2 716	4 470	13 216	2 296	1 193	1 103
山　东	254 583	1 548	3 519	75 067	90 192	84 257	13 687	7 431	6 273
河　南	38 974	482	932	5 768	12 487	19 305	4 494	2 491	2 003
湖　北	43 425	251	1 091	7 918	10 388	23 777	3 347	1 758	1 589
湖　南	30 440	256	727	4 570	5 766	19 121	2 242	1 148	1 097
广　东	56 503	784	1 573	8 673	10 990	34 483	4 933	2 508	2 425
广　西	27 687	84	306	3 723	5 455	18 119	2 920	1 314	1 606
海　南	3 240	5	35	608	616	1 976	275	135	140
重　庆	8 229	69	182	1 424	1 833	4 721	892	399	493
四　川	35 977	188	589	4 174	6 906	24 120	4 025	1 831	2 222
贵　州	5 632	35	112	1 025	1 386	3 074	541	293	248
云　南	17 614	62	186	2 559	3 761	11 046	2 359	975	1 384
陕　西	10 681	69	199	1 788	3 325	5 300	1 094	589	505
甘　肃	3 931	30	120	933	1 157	1 691	414	230	184
青　海	347	4	9	63	90	181	69	35	34
宁　夏	8 403	23	147	1 617	2 519	4 097	1 138	443	695
新　疆	12 412	22	84	1 768	3 772	6 766	1 441	719	722
新疆兵团	4 466	3	27	797	1 129	2 510	605	333	272

大事记

农业农村部畜牧兽医局饲料饲草处

2022年1月6日　农业农村部制定印发《"十四五"全国渔业发展规划》（以下简称《规划》），系统总结了"十三五"渔业发展成就，研判面临的挑战和机遇，对"十四五"全国渔业发展做出总体安排。《规划》提出，要夯实渔业生产基础，提升水产品稳产保供水平。推动配合饲料替代野生幼杂鱼，严格限制冰鲜杂鱼等直接投喂。鼓励深远海大型养殖、自动饲喂等设施装备研发和推广应用。

2022年1月7日　农业农村部决定对28部规章和规范性文件的部分条款予以修改，对1部规章予以废止。其中包括《饲料和饲料添加剂生产许可管理办法》《饲料添加剂和添加剂预混合饲料产品批准文号管理办法》《新饲料和新饲料添加剂管理办法》《农业部关于印发〈奶畜养殖和生鲜乳收购运输环节违法行为依法从重处罚的规定〉的通知》等规章和规范性文件。

2022年2月9日　农业农村部根据党中央、国务院关于加强法治政府建设的要求，发布《中华人民共和国农业农村部公告 第522号》现行有效规章和规范性文件目录。其中，涉及饲料行业规章目录5项及规范性文件目录20项。

2022年2月16日　农业农村部印发《"十四五"全国饲草产业发展规划》（农牧发〔2022〕7号），以拓面增量、提质增效为主攻方向，优布局、壮主体、育良种、强支撑，加快建立规模化种植、标准化生产、产业化经营的现代饲草产业体系，推动饲草产业高质量发展。

2022年2月28日　农业农村部办公厅印发《2022年饲料质量安全监管工作方案》（农办牧〔2022〕6号），部署开展饲料质量安全监督抽查、饲料和饲料添加剂产品风险监测等重点工作。

2022年3月21日　农业农村部、最高人民法院、最高人民检察院、工业和信息化部、公安部、市场监管总局、供销合作总社等七部门在京联合召开2022年全国农资打假专项治理行动视频会议。会议指出，2021年各地区各部门紧盯突出问题，强化监管执法，全国种子、农药、兽药、饲料和饲料添加剂的抽检合格率分别为98.7%、95.3%、98.4%和98%，农资质量总体有保障。

2022年3月25日　农业农村部、财政部明确2022年粮食生产重点工作及一揽子支持政策，要求各地全力以赴保夏粮小麦丰收，千方百计扩种大豆油料，紧盯不放做好农资稳价保供，毫不松懈抓好农业防灾减灾救灾，稳住农业基本盘，为推动经济社会平稳健康发展提供有力支撑。

2022年5月24日　农业农村部发布《养殖场青贮饲料生产技术指导意见》（以下简称《意见》）。《意见》按照种养结合、以需定产、高效利用的总体思路，优先利用配套饲草料地种植，统筹实施订单生产收储方式，在确保粮食安全的基础上，充分挖掘利用各种可耕作土地资源，鼓励实施粮草轮作复种，提高土地利用率和产出率。根据气候、水土等自然条件，因地制宜选用高产高效的青贮饲料作物品种，避免使用口粮小麦品种，科学抓好田间管理和收储加工，提高青贮饲料产量和质量，充分满足牛羊养殖场青贮饲料的正常需求，保障奶类和牛羊肉供给。

2022年6月30日　农业农村部、国家发展改革委印发《农业农村减排固碳实施方案》（以下简称《方案》）。《方案》要求，推广精准饲喂技术，推进品种改良，提高畜禽单产水平和饲料报酬，降低反刍动物肠道甲烷排放强度。以畜禽规模养殖场为重点，推广低蛋白日粮、全株青贮等技术和高产低排放畜禽品种，改进畜禽饲养管理，实施精准饲喂。持续推进秸秆肥料化、饲料化和基料化利用，发挥好秸秆耕地保育和种养结合功能。

2022年9月3日　农业农村部公告第600号发布《动物毛发中克仑特罗、莱克多巴胺、沙丁胺醇和苯乙醇胺A的测定　液相色谱—串联质谱法》检测方法，自发布之日起实施。

2022年9月17日　农业农村部办公厅公布3项饲料中豆粕减量替代技术模式和8家企业典型案例，引导饲料养殖企业加快技术创新，广泛推行豆粕减量替代措施。

2022年9月19日　农业农村部召开豆粕减量替代行动工作推进视频会，深入学习贯彻习近平总书记重要指示精神，落实党中央、国务院关于开展粮食节约行动的决策部署，全面推进豆粕减量替代行动，促进养殖业节粮降耗，保障国家粮食安全。农业农村部副部长马有祥出席会议并讲话。

2022年11月3日　农业农村部公告发布第614号。批准广州英赛特生物技术有限公司、南雄英赛特精细化工科技有限公司联合申请的鞣酸蛋白，武汉泛华生物技术有限公司、湖北浩华生物技术有限公司联合申请的三丁酸甘油酯，晨光生物科技集团股份有限公司申请的万寿菊提取物（有效成分为槲皮万寿菊素），中农颖泰林州生物科园有限公司申请的枯草三十七肽，重庆市畜牧科学院、安杰利（重庆）生物科技有限公司联合申请的腺苷七肽为新饲料添加剂，并准许在中华人民共和国境内生产、经营和使用，核发饲料和饲料添加剂新产品证书。扩大 L-硒代蛋氨酸、胆汁酸、地顶孢霉培养物、丙酸铬等 4 个饲料添加剂品种适用动物范围。增补奇亚籽进入《饲料原料目录》。

中国饲料工业协会

2022 年 1 月 12 日　民政部授予中国饲料工业协会“全国先进社会组织”称号。

2022 年 1 月 18 日　中国饲料工业协会公布《生猪低蛋白低豆粕多元化日粮生产技术规程》等 3 项团体标准，作为 2022 年第一批团体标准予以立项。

2022 年 1 月 7—21 日　中国饲料工业协会以通讯形式召开了第七届理事会第六次会议。会议全票通过了《中国饲料工业协会 2021 年度工作报告》《中国饲料工业协会 2021 年度财务报告》《中国饲料工业协会换届工作领导小组名单》《中国饲料工业协会第八次会员代表大会换届选举工作方案》《中国饲料工业协会章程（审议稿）》和《中国饲料工业协会第八次会员代表大会选举办法》等 6 项提案。

2022 年 1 月 25 日　为落实《关于促进畜牧业高质量发展的意见》（国办发〔2020〕31 号）中“全面推广饲料精准配方和精细加工技术，调整优化饲料配方结构，促进玉米、豆粕减量替代”的有关要求，全国畜牧总站和中国饲料工业协会计划对部分饲料生产企业开展玉米豆粕减量替代应用情况问卷调查。

2022 年 1 月 27 日　为促进我国生物饲料规范化管理，充分发挥生产、管理、科研、教学、推广等方面专家的作用，加强各方面交流与合作，推动微生物、酶制剂、发酵饲料、可饲用天然植物及其提取物等相关产业高质量发展，结合饲料行业的发展需要，中国饲料工业协会成立中国饲料工业协会生物饲料技术委员会。

2022 年 2 月 18 日　为深入贯彻落实中共中央、国务院《国家标准化发展纲要》精神，推动饲料行业标准体系建设，加大标准有效供给，根据《中国饲料工业协会团体标准管理办法（试行）》，面向全行业征集中国饲料工业协会 2022 年度团体标准。

2022 年 2 月 23 日　为促进优质饲料为主的粗饲料规范化管理，推进粗饲料专业化生产，充分发挥教学、科研、推广、生产、管理等方面专家的作用，加强各方面交流与合作，推动粗饲料品种、添加剂、收贮加工设备、粗饲料产品、反刍动物饲料、进出口贸易等相关产业高质量发展，结合饲料行业的发展需要，中国饲料工业协会成立中国饲料工业协会粗饲料技术委员会。

2022 年 2 月 25 日　《中国饲料工业史》编纂提纲专家审定会在中国饲料工业协会召开。会上，专家组听取了《中国饲料工业史》编纂提纲的详细介绍，围绕编纂提纲的主题架构、逻辑层次、主要内容和重大历史事件、重要时间节点等进行了认真研究和充分讨论，提出了宝贵意见与建议，并最终形成了审定意见。

2022 年 3 月 10 日　中国饲料工业协会《生猪低蛋白低豆粕多元化日粮生产技术规范》团体标准审查会在京召开，该标准由中国农业大学谯仕彦院士团队牵头起草，全国畜牧总站等多家单位参与制定。该标准自立项后成立工作组，拟定标准方向、落实任务分工、明确进度要求，形成《生猪低蛋白低豆粕多元化日粮生产技术规范》团体标准（送审稿），并通过专家审定，为下一步豆粕减量替代工作的标准化与规范化奠定了重要基础。

2022 年 3 月 14 日　中国饲料工业协会邀请中国工程院李德发、麦康森、印遇龙、姚斌、谯仕彦、侯水生等 6 位院士莅临中国饲料工业协会对《中国饲料工业史》编纂工作指导、把关。

2022 年 4 月 14 日　根据《中国饲料工业协会团体标准管理办法（试行）》规定，经中国饲料工业协会团体标准技术委员会审查通过，中国饲料工业协会批准发布《生猪低蛋白低豆粕多元化日粮生产技术规范》等 15 项团体标准，自 2022 年 5 月 13 日起实施。

2022 年 4 月 25 日　在农业农村部直属机关团委指导下，全国畜牧总站、中国饲料工业协会、中国奶业协会、中国畜牧业协会、中国马业协会 5 家单位在中国饲料工业协会会议室联合开展“庆共青团百年华诞，助畜牧业高质量发展”主题团日活动，号召畜牧系统青年同志积极学习，传承、发扬五四精神，争做新时代的奋进者、开拓者、奉献者。

2022 年 5 月 12 日　中国饲料工业协会宠物饲料（食品）分会成立大会暨第一次会员代表大会在京召开，会议审议通过了宠物饲料（食品）分会筹备工作报告、选举办法等，选举产生了第一届理事会理事和负责人。

2022 年 5 月 13 日　全国畜牧总站、中国饲料工业协会联合召开饲料原料价格形势分析会。会议从饲料生产实际情况出发，聚焦原料价格变化与生产经营中存在的问题和困难，基于全局思考和理性分析，反馈行业诉求，提出意见建议。

2022 年 6 月 17 日　中国饲料工业协会生物饲料技术委员会会议正式召开。旨在进一步明确委员会职能职责，建立健全相关工作机制，规范工作程序，加强委员会自身建设，集思广益、勠力同心，更好发挥技术委员会的作用，加快推动我国生物饲料产业和饲料安全与食品安全深度融合，促进饲料产业健康可持续发展。

2022年6月21日　中国饲料工业协会正式加入全球宠物食品协会联盟（GAPFA），是国内唯一正式加入GAPFA的协会。

2022年7月5日　为配合2022年农业农村部畜牧兽医局聚焦“提效减量、开源替代”，发挥好“豆粕减量替代工作专班”作用，促进产品创新挖掘替代资源，引导饲料企业积极参与，推动豆粕减量替代行动深入实施，中国饲料协会拟成立中国饲料工业协会原料分会。

2022年8月31日　2022年中国饲料工业展览会新闻发布会在京召开。

2022年9月2日　中国饲料工业协会粗饲料技术委员会第一次会议暨粮改饲GEAF大赛筹备会以云会议形式成功召开。

2022年10月10日　中国饲料工业协会联合国家粮食和物资储备局粮食研究培训中心召开线上线下饲料形势分析会。针对当前饲料粮和生猪行情特点、成因及影响进行了深入分析，交流讨论了饲料养殖企业的急难愁盼问题，并提出了建设性的意见和建议。

2022年10月18日　中国饲料工业协会发布《关于举办2022/2023中国饲料工业展览会的通知》。本届展览会以“聚焦高质量，启航新征程”为主题，为畜牧饲料行业和广大饲料企业搭建展示交流新技术、新产品、新工艺的平台，更好地为行业持续稳定发展服务，促进行业迈向新征程。

2022年11月1日　中国饲料工业协会组织召开《中国饲料工业史》编纂工作会，编纂工作步入新阶段。

2022年11月2日　为树立典型、激励先进、弘扬正气，促进饲料行业的健康持续发展，根据《评比达标表彰活动管理办法》和《社会组织评比达标表彰活动管理办法》等要求，中国饲料工业协会拟组织开展2022中国饲料工业协会先进集体和先进工作者评选活动。活动开展时间为2022年11月至2023年3月。

内蒙古自治区

2022年3月　为认真落实内蒙古自治区农牧厅农牧业高质量发展，全面提升饲料行业管理水平，进一步加强饲料质量安全监管、严厉打击养殖环节违法使用“瘦肉精”等违禁添加物行为，有效保障了饲料和畜产品质量安全。内蒙古自治区农牧厅印发《关于下达2022年饲料质量安全监管工作方案》（内农牧饲发〔2022〕162号）。

2022年为更好地贯彻落实《饲料和饲料添加剂管理条例》及其配套规章，内蒙古自治区举办饲料质量安全监管线上和现场两次培训班。

辽宁省

2022年6月1日　辽宁省农业农村厅副厅长刘怀野带队到阜新市双汇集团饲料厂调研。

2022年9月7日　辽宁省农业农村厅印发《辽宁省农业农村厅办公室关于深入开展饲料中玉米豆粕减量替代行动的通知》（辽农办畜发〔2022〕418号），聚焦饲用豆粕减量替代，结合辽宁省实际，提出具体工作部署。

上海市

2022年1月　上海市农业农村委员会印发了《关于实施2022年上海市地产生猪、肉羊出栏前“瘦肉精”及其替代品监测计划的通知》，布置了“瘦肉精”等违禁药物出栏前监测9 600批任务。

2022年1月　上海市农业农村委员会与所有饲料生产企业签订质量安全承诺书，要求企业作为质量安全的第一责任人，自觉遵守国家的相关法规要求。

2022年3月　上海市农业农村委员会完成饲料和饲料添加剂许可事项有关数据平台使用情况调查。

2022年4月　根据农业农村部办公厅印发《关于统筹做好新冠肺炎疫情防控和维护畜牧业正常产销秩序的紧急通知》《农业农村部畜牧兽医局关于妥善处置群众反映畜牧业产销秩序有关问题的通知》工作要求，上海市农业农村委员会积极受理并及时妥善协调解决市民反映的宠物饲料保供问题。

2022年5月　针对社会关注热点“疫情期间宠物饲料供应链”问题，做了相关工作调研，形成《当前新冠疫情影响下上海宠物饲料企业生产情况及面临的问题调研》报告。

2022年6月　根据《农业农村部畜牧兽医局关于编纂〈中国饲料工业年鉴〉（2022）有关事项的函》的相关规定，上海市农业农村委员会完成了本市3家优秀企业、5家重点企业的推荐和《中国饲料工业年鉴》（2022）地方篇和大事记的编写工作。

2022年6月　围绕上海市饲料安全监管重点，上海市农业农村委员会制订了《2022年上海市饲料质量安全监督抽查计划》，全年计划监测总数200批。

2022年7月　上海市农业农村委员会组织开展饲料生产企业标签专项整治行动。

2022年8月　上海市农业农村委员会根据《农业农村部畜牧兽医局关于开展安全生产大检查工作的通知》要求，做好上海市饲料生产企业安全检查工作。

2022年9月　上海市农业农村委员会根据全国豆粕减量替代行动工作推进视频会精神，聚焦“提效减量、开源替代”，扎实推进全市豆粕减量替代行动。

2022 年 11 月　为进一步规范饲料兽药生产经营和使用行为，提高饲料兽药生产经营水平和从业人员业务素质，确保畜禽投入品和畜产品质量安全，上海市组织举办饲料兽药监督管理专题培训班。

江苏省

2022 年 4 月 2 日　江苏省农业农村厅印发 2021 年《关于做好 2022 年全省饲料、生鲜乳和养殖环节“瘦肉精”监管工作的通知》（苏农办牧〔2022〕13 号），从优化行政服务规范许可审批行为、加强监督检查规范企业生产经营行为、强化抽样监测保障产品质量安全、落实企业主体责任提升安全生产水平等方面部署全年饲料管理工作。

2022 年 5 月 9 日　江苏省农业农村厅印发《关于开展混合型饲料添加剂生产企业专项检查的通知》，组织各地对从原料管理、生产管理、产品质量控制、产品标签、产品销售等方面对全省混合型饲料添加剂生产企业开展专项检查。

2022 年 5 月 15 日　江苏省农业农村厅印发通知，组织各地及时调度牧草种植和青贮饲料供应需求情况，积极组织供需对接，做好青贮饲料供应保障工作。

2022 年 8 月 1—5 日　江苏省农业农村厅组织开展省级“瘦肉精”飞行检查，对徐州市、连云港市 41 家肉牛肉羊养殖场突击开展现场检查和抽样监测。

2022 年 8 月 25 日　江苏省农业农村厅印发生猪、肉鸡、蛋鸡、肉鸭饲料玉米豆粕减量替代技术指导方案，征集汇编部分企业的减量替代应用案例，大力推动饲料玉米豆粕减量替代行动。

2022 年 9 月 9 日　江苏省农业农村厅召开江苏省饲料管理工作会议，各市、县市农业农村局分管负责人和饲料管理人员参加会议。会议开展玉米豆粕减量替代技术、饲料生产数字化发展培训，交流和研究部署当前及今后一段时间的工作。

江西省

2022 年 10 月 28 日　江西省农业农村厅畜牧兽医局在南昌组织举办全省兽药饲料监管培训班。各设区市饲料兽药管理人员、省兽药 GMP 检查员和省饲料专家共 60 人参加了培训。

山东省

8 月 23—24 日　山东省畜牧局、山东省人社厅、山东省总工会、山东省妇联在青岛即墨区联合举办“技能兴鲁”职业技能大赛 2022 山东省第一届饲料兽药监管执法岗比武竞赛决赛，农业农村部畜牧兽医局副局长辛国昌莅临现场指导。此次活动推动“大学习、大练兵、大考试”活动走深走实、监管执法队伍整体素质和人员办案能力提升。

湖北省

2022 年 5 月 5 日　湖北省农业农村厅畜牧兽医处李健副处长一行赴应城市湖北益佳饲料生物科技有限公司开展现场检查，孝感市、应城市农业农村部门相关负责同志参加检查活动。

2022 年 5 月 11 日　为全面提高湖北省饲料行业标签标准管理水平，湖北省《饲料标签》标准和企业标准编写培训班在华中农业大学进行，湖北省饲料企业近 360 人在线上参加了培训。

2022 年 9 月 2—7 日　根据农业农村部畜牧兽医局统一安排，全国畜牧总站副站长杨劲松一行在宜昌等地开展饲料企业现场检查以及产品抽样工作，湖北省农业农村厅二级巡视员程正志陪同检查。检查组随机抽取宜昌正大饲料有限公司等 10 家饲料企业，对企业生产现场、制度文件、生产记录和检验记录等进行检查，共抽取饲料及饲料添加剂样品 67 份。检查组对湖北省饲料监管工作给予充分肯定，并进一步对强化饲料质量安全规范管理，从源头上保障畜产品质量安全提出要求。

2022 年 9 月 14—20 日　根据农业农村部畜牧兽医局统一安排，中国农业科学院北京畜牧兽医研究所纪委书记王勇一行在仙桃等地检查自配料工作，湖北省农业农村厅二级巡视员程正志陪同检查。检查组随机抽取 65 家养殖户（合作社），共采集自配料样品 80 份。通过检查，进一步推动湖北省提升自配料行业监管，提高畜产品质量安全水平。

广东省

2022 年 5 月　由广东省饲料行业协会宠物营养与产业分会组织起草的 2 项团体标准《宠物猫 营养补充剂》T/GDNB 93—2022 和《宠物犬 营养补充剂》T/GDNB 94—2022 正式发布。

2022 年 6 月 16—17 日　举办饲料生产信息统计监测暨法规规章及安全生产培训班，加强广东省饲料生产信息管理，提升饲料统计工作质量，强化饲料生产企业法律法规意识，督促指导企业依法依规安全生产。

2022 年 7 月 23 日　广东省饲料行业协会邀请中国绿色食品协会专家以线上形式进行了“如何申报绿色饲料认证”专题讲座，助推广东省饲料产业转型升级，大力发展绿色食品生产资料，破解畜禽水产品品牌发展的瓶颈。

2022年10月18日　调整后的广东省饲料和饲料添加剂生产许可证专家审核委员会成员名单正式公布。

2022年10月20日　广东省农业农村厅新增补了90名广东省饲料和饲料添加剂生产许可证现场审核专家。

2022年11月23日　广东省农业农村厅印发了《广东省饲料和饲料添加剂生产许可证专家审核委员会现场审核专家管理办法》。

2022年12月　《广东饲料》杂志社编辑出版《广东饲料创刊30周年纪念会刊》祝贺杂志创刊30周年，该刊物30年来共发行360期杂志，收录了广东省饲料行业的政策法规、行业要闻、试验研究、健康养殖等优秀文章。

广西壮族自治区

2022年3月　根据《农业农村部办公厅〈关于印发2022年饲料质量安全监管工作方案〉的通知》要求，印发《2022年全区饲料质量安全监管工作方案》，开展饲料质量安全监督监管工作。

2022年6月　举办广西壮族自治区畜牧兽医行业安全生产管理视频培训班，进一步增强畜牧兽医行业安全生产责任意识，提高安全生产监管水平。

2022年9月　开展饲料精准配方高效加工技术调研。充分了解饲料生产企业当前豆粕减量替代的做法和存在困难，积极引导企业通过优化产品配方、原料质量安全风险防控和饲料精细化加工来提升产品竞争力和服务水平。

2022年11月　召开2022年广西动物营养与饲料学术年会来自全国知名专家、学者、兄弟省市饲料行业协会代表、企业管理者与科技人员约500人参加了会议。大会表彰了广西饲料工业协会成立36周年、广西畜牧兽医学会动物营养与饲料学分会成立25周年以来，为广西动物营养和饲料工业做出贡献的单位和个人。

2022年11月　广西华港农牧发展有限公司与中国农业科学院饲料研究所开展全区首个饲料精准营养与精细加工技术合作，这是广西全面推动豆粕减量替代，确保粮食安全的重要举措。

四 川 省

2022年6月7—8日　四川省农业农村厅饲料兽药处、四川省饲料工作总站、四川省饲料工业协会有关人员，到四川特驱集团、四川铁骑力士集团、新希望六和股份有限公司、四川生力源生物工程有限公司和四川农业大学动物营养所开展实地调研，与企业技术负责人和专家学者座谈交流，深入了解四川省玉米豆粕减量替代现状以及替代应用技术方案研发和储备情况。

2022年8月　在四川省夏季高温停限电期间，四川省农业农村厅积极协调经信厅、国家电网公司支持保障饲料企业生产用电，加强饲料生产，全力保障畜禽“口粮”供给。

2022年9月5日　甘孜州泸定县发生6.8级地震，四川省饲料行业积极响应捐赠号召，大北农、特驱、巨星、铁骑力士、旺达、万家好等企业紧急生产饲料一百多吨，陆续运往地震灾区，解决灾区“口粮”断供危机。同时，新希望、通威、正大等饲料企业第一时间通过四川省光彩事业促进会、四川省华侨公益基金会向灾区捐赠资金及生活物资，共计5 000余万元支持抗震救灾。

2022年9月19日　新希望六和股份有限公司“猪禽多元化日粮应用”、四川铁骑力士实业有限公司“杂粮杂粕原料精细加工利用”模式成功入选农业农村部“饲料中豆粕减量替代典型案例”。

2022年9月19日　四川省农业农村厅组织饲料管理人员、许可审核委专家和企业相关人员参加农业农村部召开的豆粕减量替代行动工作推进视频会，新希望六和股份有限公司代表四川企业在会上做经验交流。

2022年9月30日　四川省农业农村厅总畜牧师李春华率饲料兽药处负责人赴德阳市检查饲料兽药行业安全工作，先后深入四川益瑞源药业有限公司、四川吉隆达生物科技集团有限公司和正大预混料（广汉）有限公司开展实地检查，并与当地农业农村部门和饲料兽药生产企业负责人座谈交流。

2022年10—12月　按照《四川省饲料兽药生产企业重点监控名单和黑名单制度》规定，对生产不合格饲料产品的3家饲料生产企业予以警示备案，向企业发出警示函，并监督落实整改措施。

2022年11月8—11日　四川省农业农村厅特邀应急厅专家对绵阳、内江等市20家饲料兽药生产企业开展“双随机、一公开”联合监督检查。

云 南 省

2022年10月31日　云南省饲料工业协会第八次会员大会在昆明云安会都召开。协会会长、常务副会长、副会长、理事及会员单位代表等150多人参加了本次会议。协会监事、专家咨询工作委员会部分委员列席本次会议。云南省农业农村厅畜牧兽医处二级调研员王文惠、畜牧兽医处干部张帅、昆明市农业农村局畜牧兽医处副科长李锐等到会指导。会议由协会会长张曦主持。

2022 年 11 月 1 日　云南省饲料工业协会技术交流会在昆明云安会都召开。协会会长、常务副会长、副会长、理事、专家咨询工作委员会部分委员及会员单位代表等 160 余人参加了本次会议。

甘 肃 省

2022 年 3 月 15 日　甘肃省畜牧兽医局制定印发《甘肃省 2022 年饲料质量安全监管工作方案的通知》，在甘肃省范围内开展饲料质量安全监管工作。

2022 年 5 月 9 日—6 月 30 日　甘肃省畜牧兽医局在张掖、武威、白银市的 9 个县（区）135 个牛、羊养殖场（户）抽样 621 批，其中尿样 324 批、毛发 297 批，进行克伦特罗、莱克多巴胺、沙丁胺醇等 3 种“瘦肉精”的检测，结果均为阴性。

2022 年 9 月 26—30 日　甘肃省畜牧兽医局组织专项检查组，对张掖、金昌、武威、平凉、庆阳、白银 6 市和兰州新区的 28 家饲料生产和 13 家经营企业进行现场检查，填写《饲料和饲料添加剂生产企业现场检查表》30 份。

2022 年 11 月 1—30 日　甘肃省检查饲料生产和经营企业饲料标签 600 多个，其中 5 家混合型饲料添加剂企业的 18 个产品标签全部检查，并对发现的不合格标签依法依规处理。

2022 年 7 月 1 日—12 月 30 日　对《甘肃省重点物资运输车辆通行证办理系统》中饲料、牛奶、活畜和畜产品等相关申请运输车辆进行 24 小时审核，审核发放运输车辆通行证 2 833 个。

宁夏回族自治区

2022 年 4 月 25 日　宁夏回族自治区农业农村厅下发了《关于印发 2022 年全区饲料质量安全监管监测方案的通知》（宁农局（牧）发〔2022〕9 号），采取联合执法和专项整治方式，对全区 81 家饲料企业、355 家饲料经销店和规模以上的养殖场进行全覆盖监督检查和 200 批次的抽样监测。

2022 年 9—12 月　宁夏回族自治区农业农村厅统筹做好疫情防控工作，为饲料生产企业办理重点物资运输电子通行证，并积极协调各部门保障饲料物资的运输通行，对受阻车辆积极协调属地农业农村局给予放行，确保了疫情期间饲料产品产得出、运得走、供得上。

新疆生产建设兵团

2022 年 3 月 11 日　新疆生产建设兵团党委常委、副司令员鲁旭平赴新疆天康饲料有限公司五家渠生产基地就企业科技研发进行调研。

2022 年 3 月 22 日　新疆生产建设兵团农业农村局印发了《关于印发 2022 年兵团饲料质量安全监管工作方案的通知》（兵农牧发〔2022〕2 号），按照上下联动、分级负责的原则，在兵团开展饲料产品质量安全监管工作。

2022 年 7—12 月　新疆生产建设兵团开展饲料质量安全监管工作。共抽检饲料样品 240 批次，抽检范围包括饲料生产企业、经营门店、养殖场（户），检测项目包含质量、卫生、兽药及非法添加物等指标。检测合格率为 100%。

索　引

Z